J. von Staudingers
Kommentar zum Bürgerlichen Gesetzbuch
mit Einführungsgesetz und Nebengesetzen
Buch 2 · Recht der Schuldverhältnisse
§§ 311, 311a, 312, 312a–f
(Vertragsschluss)

Kommentatorinnen und Kommentatoren

J. von Staudingers
Kommentar zum Bürgerlichen Gesetzbuch
mit Einführungsgesetz und Nebengesetzen

Buch 2
Recht der Schuldverhältnisse
§§ 311, 311a, 312, 312a–f
(Vertragsschluss)

Neubearbeitung 2005
von
Manfred Löwisch
Gregor Thüsing

Redaktor
Dieter Reuter

Sellier – de Gruyter · Berlin

Die Kommentatorinnen und Kommentatoren

Neubearbeitung 2005
§§ 311, 311a: MANFRED LÖWISCH
§§ 312, 312a–f: GREGOR THÜSING

Neubearbeitung 2001
§§ 305, 306–309: MANFRED LÖWISCH
HWiG: OLAF WERNER

13. Bearbeitung
§§ 305, 306–309: MANFRED LÖWISCH (1998)
HWiG: OLAF WERNER (1995)

Sachregister

Rechtsanwalt Dr. Dr. VOLKER KLUGE, Berlin

Zitierweise

STAUDINGER/LÖWISCH (2005) Vorbem 1 zu
§§ 311 f
STAUDINGER/THÜSING (2005) § 312 Rn 1

Zitiert wird nur nach Paragraph bzw Artikel und Randnummer.

Hinweise

Das Vorläufige Abkürzungsverzeichnis 1993 für das „Gesamtwerk STAUDINGER" befindet sich in einer Broschüre, die den Abonnenten zusammen mit dem Band §§ 985–1011 (1993) bzw seit 2000 gesondert mitgeliefert wird. Eine aktualisierte Neubearbeitung befindet sich in Vorbereitung und wird den Abonnenten wiederum kostenlos geliefert werden.

Der Stand der Bearbeitung ist jeweils mit Monat und Jahr auf den linken Seiten unten angegeben.

Am Ende eines jeden Bandes befindet sich eine Übersicht über den aktuellen Stand des „Gesamtwerk STAUDINGER".

Die Deutsche Bibliothek verzeichnet diese Publikation in der Deutschen Nationalbibliografie; detaillierte bibliografische Daten sind im Internet über http://dnb.ddb.de abrufbar.

ISBN-13: 978-3-8059-1001-9
ISBN-10: 3-8059-1001-0

© Copyright 2005 by Dr. Arthur L. Sellier & Co. – Walter de Gruyter GmbH & Co. KG, Berlin. – Printed in Germany.

Satz: fidus Publikations-Service, Augsburg.

Druck: H. Heenemann GmbH & Co., Berlin.

Bindearbeiten: Lüderitz und Bauer classic GmbH, Berlin.

Umschlaggestaltung: Bib Wies, München.

♾ Gedruckt auf säurefreiem Papier, das die DIN ISO 9706 über Haltbarkeit erfüllt.

Inhaltsübersicht

Seite[*]

Allgemeines Schrifttum ⎯⎯⎯⎯⎯⎯⎯⎯⎯⎯⎯⎯⎯ IX

Buch 2 · Recht der Schuldverhältnisse

Abschnitt 3 · Schuldverhältnisse aus Verträgen
Titel 1 · Begründung, Inhalt und Beendigung
Untertitel 1 · Begründung ⎯⎯⎯⎯⎯⎯⎯⎯⎯⎯⎯ 1
Untertitel 2 · Besondere Vertriebsformen ⎯⎯⎯⎯⎯⎯⎯ 77

Sachregister ⎯⎯⎯⎯⎯⎯⎯⎯⎯⎯⎯⎯⎯⎯⎯ 399

---

[*] Zitiert wird nicht nach Seiten, sondern nach
Paragraph bzw Artikel und Randnummer; siehe
dazu auch S VI.

Allgemeines Schrifttum

Das Sonderschrifttum ist zu Beginn der einzelnen Kommentierungen bzw in Fußnoten innerhalb der Kommentierung aufgeführt.

1. Kommentare

BAUMBACH/LAUTERBACH/ALBERS/HARTMANN, Kommentar zur ZPO (63. Aufl 2004)

BAUMBACH/HOPT, Handelsgesetzbuch (31. Aufl 2003)

BAUMBACH/HUECK, GmbH-Gesetz (18. Aufl 2005)

CANARIS, Bankvertragsrecht, 1. Teil, in: STAUB, Großkommentar zum HGB (4. Aufl, 10. Lieferung 1988)

DAUNER-LIEB/HEIDEL/LEPA/RING, Anwaltkommentar Schuldrecht (2002); zitiert: AnwKomm/BEARBEITER

EBENROTH/JOOST/BOUJONG, HGB-Kommentar (2001)

EMMERICH/HABERSACK, Aktien- und GmbH-Konzernrecht (4. Aufl 2005)

ERMAN, Handkommentar zum Bürgerlichen Gesetzbuch (11. Aufl 2004)

HEIDEL/HÜSSTEGE/MANSEL/NOACK, Anwalt-Kommentar BGB, Allgemeiner Teil mit EGBGB (2005)

HERBERGER/MARTINEK/RÜSSMANN/WETH, juris Praxiskommentar BGB (2. Aufl 2005); zitiert: juris PK

HÜFFER, Aktiengesetz (6. Aufl 2004)

JAUERNIG/BERGER/MANSEL/STADLER/STÜRNER/TEICHMANN/VOLLKOMMER, Bürgerliches Gesetzbuch (11. Aufl 2004)

KOHTE/MICKLITZ/ROTT/TONNER/WILLINGMANN, Das neue Schuldrecht – Kompaktkommentar (2003); zitiert: KompaktKommBGB/BEARBEITER

Kölner Kommentar zum Aktiengesetz (3. Aufl 2004); zitiert: BEARBEITER, in: Kölner Kommentar zum AktG

Münchener Kommentar zum BGB (4. Aufl 2000 ff); zitiert: MünchKomm/BEARBEITER

Münchener Kommentar zur ZPO (2. Aufl 2001 ff); zitiert: MünchKommZPO/BEARBEITER

OERTMANN, Bürgerliches Gesetzbuch, Recht der Schuldverhältnisse (5. Aufl 1928)

PALANDT, Kommentar zum BGB (64. Aufl 2005)

PLANCK, Kommentar zum Bürgerlichen Gesetzbuch (4. Aufl 1913 ff)

PRÖLLS/KNAPPMANN/KOLLHOSSER/VOIT/ARMBRÜSTER, Kommentar zum VVG (27. Aufl 2004)

Reichsgerichtsrätekommentar zum BGB (12. Aufl 1974 ff)

ROTH/ALTMEPPEN, GmbHG (5. Aufl 2005)

SCHMOECKEL/RÜCKERT/ZIMMERMANN, Historisch-kritischer Kommentar zum BGB (2003 ff)

SCHULZE/DÖRNER/EBERT/ECKERT/HOEREN/KEMPER/SAENGER/SCHULTE-NÖLKE/STAUDINGER, Bürgerliches Gesetzbuch Handkommentar (4. Aufl 2005); zitiert: Hk-BGB/BEARBEITER

SOERGEL, Kommentar zum BGB (13. Aufl 1999 ff)

STEIN/JONAS, Kommentar zur ZPO (22. Aufl 2002 ff)

THOMAS/PUTZO, Kommentar zur ZPO (26. Aufl 2004)

ZÖLLER, Kommentar zur ZPO (25. Auflage 2005).

2. Lehrbücher

BAUR/STÜRNER, Sachenrecht (17. Aufl 1999); zitiert: BAUR/STÜRNER, Sachenrecht

BROX/WALKER, Allgemeines Schuldrecht (30. Aufl 2004)

DAUNER-LIEB/HEIDEL/LEPA/RING, Das neue Schuldrecht (2002)

ENNECCERUS/LEHMANN, Lehrbuch des Bürgerlichen Rechts (15. Aufl 1959)

Erfurter Kommentar zum Arbeitsrecht (5. Auflage 2005)

ESSER/SCHMIDT, Schuldrecht Band 1, Allgemeiner Teil Teilbd 2 (8. Aufl 2000)

ESSER/WEYERS, Schuldrecht Besonderer Teil Band 1 (9. Aufl 2005)

FIKENTSCHER, Schuldrecht (9. Aufl 1997)

GERNHUBER (Hrsg), Handbuch des Schuldrechts in Einzeldarstellungen; Bd V: SELB, Mehrheiten von Gläubigern und Schuldnern (1984); zitiert: SELB

GRUNEWALD, Gesellschaftsrecht (6. Aufl 2005)

HECK, Grundriß des Schuldrechts (1929; unveränderter Nachdruck 1958)

HUECK/WINDBICHLER, Gesellschaftsrecht (20. Aufl 2003)

KÜBLER, Gesellschaftsrecht (5. Aufl 1999)

LARENZ, Schuldrecht Band 1 (14. Aufl 1987)

LARENZ/CANARIS, Schuldrecht Besonderer Teil Band 2 (13. Aufl 1994)

LARENZ/WOLF, Allgemeiner Teil des BGB (9. Aufl 2004)

LOOSCHELDERS, Schuldrecht AT (3. Aufl 2005)

MEDICUS, Schuldrecht I Allgemeiner Teil (16. Aufl 2005)

MEDICUS, Bürgerliches Recht (20. Aufl 2004)

MUSIELAK, Kommentar zur Zivilprozessordnung (4. Aufl 2004)

K MÜLLER, Sachenrecht (4. Aufl 1997)

ROSENBERG/SCHWAB/GOTTWALD, Zivilprozeßrecht (16. Aufl 2004)

SCHELLHAMMER, Zivilrecht nach Anspruchsgrundlagen, BGB und Schuldrecht (3. Aufl 1999)

SCHLECHTRIEM, Schuldrecht Allgemeiner Teil (5. Aufl 2003)

K SCHMIDT, Handelsrecht (5. Aufl 1999)

ders, Gesellschaftsrecht (4. Aufl 2002)

SCHWAB/PRÜTTING, Sachenrecht (31. Aufl 2003)

WESTERMANN, Sachenrecht (10. Aufl 2002)

WESTERMANN/BYDLINSKI/WEBER, BGB-Schuldrecht Allgemeiner Teil (5. Aufl 2003)

E WOLF, Lehrbuch des Schuldrechts, Erster Band: Allgemeiner Teil (1978).

Abschnitt 3
Schuldverhältnisse aus Verträgen
Titel 1
Begründung, Inhalt und Beendigung
Untertitel 1
Begründung

Vorbemerkungen zu §§ 311, 311a

Während das allgemeine Schuldrecht des BGB (§§ 241–432) sonst für alle Schuld- **1** verhältnisse gilt, gleichgültig, auf welchem Entstehungsgrund sie beruhen, hebt das Gesetz im dritten Abschnitt (§§ 311–359) die **Schuldverhältnisse aus Verträgen** besonders hervor und stellt eine Reihe von nur auf sie zugeschnittenen Regeln auf. Diese Regeln betreffen die Begründung von Schuldverträgen (§ 311 Abs 1), die Begründung von Schuldverhältnissen aus culpa in contrahendo (§ 311 Abs 2 und 3), die Folgen von Leistungshindernissen, die schon bei Vertragsschluss bestehen (§ 311a), einige Fragen des zulässigen Inhalts und der Formbedürftigkeit von Verträgen über Grundstücke, das Vermögen und den Nachlass (§ 311b), die Erstreckung von Verträgen über Sachen auf das Zubehör (§ 311c), besondere Vertriebsformen, insbesondere Haustürgeschäfte und Fernabsatzverträge (§§ 312–312 f), die Störung der Geschäftsgrundlage und die Kündigung von Dauerschuldverhältnissen aus wichtigem Grund (§§ 313 und 314), die Art und Weise, wie der Inhalt von bei Vertragsschluss noch nicht hinreichend festgelegten Verträgen näher bestimmt werden kann (§§ 315–319), die Besonderheiten des gegenseitigen Vertrags bei der Erfüllung und bei Leistungsstörungen (§§ 320–326), den Vertrag zugunsten Dritter (§§ 328–335), Draufgabe und Vertragsstrafe (§§ 336–345), den Rücktritt (§§ 346–354) und das Widerrufs- und Rückgaberecht bei Verbraucherverträgen (§§ 355–359).

Die Vorschriften des 3. Abschnitts haben ihre jetzige Gestalt durch die **Schuldrechts-** **2** **reform** erhalten (zur Entwicklung s STAUDINGER/LÖWISCH [2001] Vorbem 3 zu §§ 305–309). Teilweise ist es bei den bisherigen Vorschriften geblieben (§§ 315–319, §§ 328–335, §§ 336–345). Zum Teil sind die Vorschriften inhaltlich unverändert geblieben, haben aber ihren Standort gewechselt (§ 311 Abs 1 anstelle des bisherigen § 305, § 311b anstelle der bisherigen §§ 310–314). Zum Teil ist auch der Inhalt verändert worden (Vorschriften über Leistungshindernisse bei Vertragsschluss in § 311a anstelle der Vorschriften über die anfängliche Unmöglichkeit in den früheren §§ 305–309, Vorschriften über den gegenseitigen Vertrag in §§ 320–326 anstelle der früheren §§ 320–327, Vorschriften über den vertraglichen und gesetzlichen Rücktritt in §§ 346–354 anstelle der bisherigen §§ 346–361 und des bisherigen § 327, Vorschriften über das Widerrufsrecht und das Rückgaberecht bei Verbraucherverträgen in §§ 355–359 anstelle der bisherigen §§ 361a–361b). Mit den Vorschriften über besondere Vertriebsformen (§§ 312–312 f) sind verbraucherschutzrechtliche Vorschriften in das BGB inkorporiert worden. Schließlich ist durch die §§ 311 Abs 2, 3, 313 und 314 bisher nicht geschriebenes Recht kodifiziert worden.

Manfred Löwisch

3 Die §§ 311–359 enthalten **keine vollständige Regelung** der spezifischen Fragen des Schuldvertrags. Die *Regeln über den Vertrag überhaupt* setzen sie voraus, insbesondere diejenigen über das Zustandekommen des Vertrags, die in den §§ 145 ff getroffen sind und außer für den Schuldvertrag auch für andere vertragliche Einigungen, insbesondere für den Verfügungsvertrag wie die dingliche Einigung (§§ 929, 873, 925) und die Abtretung (§ 398) gelten (hierzu STAUDINGER/BORK [2003] Vorbem 5 ff und 87 ff zu §§ 145 ff mit einem Überblick über die Vertragsarten). Andererseits finden sich für die wesentlichen im Rechtsverkehr gebrauchten Vertragstypen spezielle Regelungen in den §§ 433–808 im achten Abschnitt „Einzelne Schuldverhältnisse". Auch muss stets beachtet werden, dass es den Parteien offen steht, für die zwischen ihnen geschlossenen Verträge selbst Regeln zu vereinbaren, die Vorrang vor den gesetzlichen Bestimmungen haben, soweit diese nicht zwingend sind (vgl hierzu § 311 Rn 20 ff).

4 Das Recht des **öffentlich-rechtlichen Vertrages** ist durch die §§ 54 ff des VwVfG des Bundes sowie durch die VwVfGe der Länder besonders geregelt. Die VwVfGe sehen eine ergänzende Geltung der Vorschriften des BGB und damit auch der §§ 311 ff vor (vgl etwa § 62 S 2 VwVfG. Zu diesem Problemkreis STELKENS/BONK/SACHS-BONK, Verwaltungsverfahrensgesetz [6. Aufl 2001] § 62 Rn 22 ff; KOPP/RAMSAUER, Verwaltungsverfahrensgesetz [8. Aufl 2003] § 62 Rn 6 ff; MEYER, Das neue öffentliche Vertragsrecht und die Leistungsstörungen, NJW 1977, 1705; KLÜCKMANN, Zum öffentlich-rechtlichen Vertrag des Verwaltungsverfahrensgesetzes, Staats- und Kommunalverwaltung 1977, 98 ff; BULLINGER, Leistungsstörungen beim öffentlich-rechtlichen Vertrag, DÖV 1977, 812 ff).

5 Aus § 62 S 2 VwVfG ergibt sich, dass auch die **Verhandlungen über den Abschluss von öffentlich-rechtlichen Verträgen** den Regeln des BGB über die Haftung für Verschulden bei Vertragsschluss unterliegen. Diesbezügliche Streitigkeiten gehören nach Auffassung des BGH gem § 40 Abs 2 S 1 VwGO vor die Zivilgerichte (BGH LM § 40 VwGO Nr 31 = NJW 1986, 1109, str; wie der BGH LÜKE JuS 1980, 647; SCHOCH/EHLERS, VwGO [Stand September 2003] § 40 Rn 545; aA KOPP/SCHENKE, VwGO [13. Aufl 2003] § 40 Rn 71; EYERMANN/RENNERT, VwGO [11. Aufl 2000] § 40 Rn 121). Das BVerwG ist dieser Auffassung ausdrücklich gefolgt, sofern ein sachlicher Zusammenhang zwischen dem Anspruch aus Verschulden bei Vertragsschluss und einem entsprechenden Amtshaftungsanspruch besteht (BVerwG NJW 2002, 2894). Soweit öffentlich-rechtliche Körperschaften privatrechtliche Verträge abschließen, gilt § 311 Abs 2, 3 ohnehin.

§ 311*

Rechtsgeschäftliche und rechtsgeschäftsähnliche Schuldverhältnisse

(1) Zur Begründung eines Schuldverhältnisses durch Rechtsgeschäft sowie zur Änderung des Inhalts eines Schuldverhältnisses ist ein Vertrag zwischen den Beteiligten erforderlich, soweit nicht das Gesetz ein anderes vorschreibt.

(2) Ein Schuldverhältnis mit Pflichten nach § 241 Abs. 2 entsteht auch durch

---

* Frau Rechtsanwältin SILVIA BRAUN ist für
ihre Mitwirkung zu danken.

1. die Aufnahme von Vertragsverhandlungen,

2. die Anbahnung eines Vertrags, bei welcher der eine Teil im Hinblick auf eine etwaige rechtsgeschäftliche Beziehung dem anderen Teil die Möglichkeit zur Einwirkung auf seine Rechte, Rechtsgüter und Interessen gewährt oder ihm diese anvertraut, oder

3. ähnliche geschäftliche Kontakte.

(3) Ein Schuldverhältnis mit Pflichten nach § 241 Abs. 2 kann auch zu Personen entstehen, die nicht selbst Vertragspartei werden sollen. Ein solches Schuldverhältnis entsteht insbesondere, wenn der Dritte in besonderem Maße Vertrauen für sich in Anspruch nimmt und dadurch die Vertragsverhandlungen oder den Vertragsschluss erheblich beeinflusst.

Materialien: BGB § 305 aF: E I § 342; II § 310; III § 290; JAKOBS/SCHUBERT 365–370. **Zu Abs 1:** BGB-KE S 142; DE S 20; KF S 23; RegE BT-Drucks 14/6040, S 12, S 161; Beschlussempfehlung und Bericht des Rechtsausschusses, BT-Drucks 14/7052, S 36. **Zu Abs 2 und 3:** BGB-KE S 142; DE S 20; KF S 23 f; RegE BT-Drucks 14/6040, S 12, S 161 ff; Beschlussempfehlung und Bericht des Rechtsausschusses, BT-Drucks 14/7052, S 36 f, S 292 f.

Schrifttum

1. Zum Vertragsprinzip (Abs 1)
a) Vor der Schuldrechtsreform
BADURA, Grundprobleme des Wirtschaftsverfassungsrechts, JuS 1986, 205
BAUER/DILLER, Zur Inhaltskontrolle von Aufhebungsverträgen, DB 1995, 1810
BECKER, Vertragsfreiheit, Vertragsgerechtigkeit und Inhaltskontrolle, WM 1999, 709
BORK, Der Vergleich (1988)
BYDLINSKY, Kontrahierungszwang und Anwendung allgemeinen Zivilrechts, JZ 1980, 378
CANARIS, Verfassungs- und europarechtliche Aspekte der Vertragsfreiheit in der Privatrechtsgesellschaft, in: FS Lerche (1993) 873
ders, Wandlungen des Schuldvertragsrechts. Tendenzen zu seiner „Materialisierung", AcP 200 (2000) 273
ders, Drittwirkung der gemeinschaftsrechtlichen Grundfreiheiten, in: BAUER/CZYBULKA/KAHL/VOSSKUHLE (Hrsg), Umwelt, Wirtschaft und Recht (2002) 29
CHARMATZ, Zur Geschichte und Konstruktion der Vertragstypen im Schuldrecht mit besonderer Berücksichtigung der gemischten Verträge,

Rechts- und staatswissenschaftliche Abhandlungen (1937; Neudruck 1968)
DELLIOS, Zur Präzisierung der Rechtsfindungsmethode bei „gemischten" Verträgen (1981)
FECHT, Neuverhandlungspflichten zur Vertragsänderung (Diss München 1987)
GERNHUBER, Die Erfüllung und ihre Surrogate (1994) §§ 17 und 18
ders, Das Schuldverhältnis (1989) §§ 7, 27 und 31
GRÖSCHLER, Zur Frage der einvernehmlichen Fortsetzung erloschener Verbindlichkeiten: Wiederherstellung oder Neubegründung?, NJW 2000, 247
GROSSFELD, Zivilrecht als Gestaltungsaufgabe (1977)
HELLWIG, Verträge auf Leistung an Dritte (1899; Neudruck 1968) 70
HÖFLING, Vertragsfreiheit (1991)
HOENIGER, Untersuchungen zum Problem der gemischten Verträge, 1. Bd: Die gemischten Verträge in ihren Grundformen (1910)

ders, Das Problem der gemischten Verträge, DJZ 1913, 263

Hönn, Kompensation gestörter Vertragsparität (1982)

Horn, Neuverhandlungspflicht, AcP 181 (1981) 255

U Huber, Typenzwang, Vertragsfreiheit und Gesetzesumgehung, Jura 1970, 784

Kilian, Kontrahierungszwang und Zivilrechtssystem, AcP 180 (1980) 47

Löwisch, Schutz der Selbstbestimmung durch Fremdbestimmung – Zur verfassungsrechtlichen Ambivalenz des Arbeitnehmerschutzes, ZfA 1996, 293

Lotmar, Arbeitsvertrag (2. Aufl 2001) hrsg v M Rehbinder

Martinek, Moderne Vertragstypen, Bd I: Leasing und Factoring (1991), Bd II: Franchising, Know-how-Verträge, Management- und Consultingverträge (1992), Bd III: Computerverträge, Kreditkartenverträge sowie sonstige moderne Vertragstypen (1993)

Michalski, Die Formbedürftigkeit von Abänderungs- und Aufhebungsverträgen, WiB 1997, 785

Müller-Graff, Gemeinsames Privatrecht in der Europäischen Gemeinschaft (2 Aufl 1999)

L Raiser, Vertragsfreiheit heute, JZ 1958, 1

Reuter, Freiheitsethik und Privatrecht, DZWiR 1993, 45

Rieble, Arbeitsmarkt und Wettbewerb – Der Schutz von Vertrags- und Wettbewerbsfreiheit im Arbeitsrecht (1996)

Rittner, Über das Verhältnis von Vertrag und Wettbewerb, AcP 188 (1988) 101

ders, Die wirtschaftsrechtliche Ordnung der EG und das Privatrecht, JZ 1990, 838

Rümelin, Dienst- und Werkvertrag (1905) 320

Schelp, Gemischte Rechtsverhältnisse mit arbeitsrechtlichen Elementen, in: FS Herschel (1955) 87

Schmidt-Rimpler, Zum Vertragproblem, in: FS L Raiser (1974) 3

Schreiber, Gemischte Verträge, JherJb 60, 106

Siber, Die schuldrechtliche Vertragsfreiheit, JherJb 70, 278

Sigulla, Vertragstypologie und Gesetzesleitbilder im modernen Dienstleistungsrecht (1987)

Singer, Vertragsfreiheit, Grundrechte und der

Schutz des Menschen vor sich selbst, JZ 1995, 1133

Westermann, Vertragsfreiheit und Typengesetzlichkeit im Recht der Personengesellschaften (1970)

M Wolf, Rechtsgeschäftliche Entscheidungsfreiheit und Interessenausgleich (1970)

ders, Die Privatautonomie, in: Grundlagen des Vertrags- und Schuldrechts, Bd 1 (1972) 20

Zöllner, Privatautonomie und Arbeitsverhältnis, AcP 176 (1976) 221

ders, Der Arbeitsvertrag – Restposten oder Dokument der Selbstbestimmung? Zum Stellenwert der Arbeitsvertragsfreiheit, Sonderbeilage zu NZA 3/2000, 1

Zwanziger/Bengelsdorf, Aufhebungsverträge und Vertragsfreiheit, BB 1996, 903.

S zum älteren Schrifttum außerdem Staudinger/Löwisch (2001) § 305.

b) Zu und nach der Schuldrechtsreform

Drexl, Zwingendes Recht als Strukturprinzip des Europäischen Verbrauchervertragsrechts?, in: FS Sonnenberger (2004) 771

Grundmann, Harmonisierung, Europäischer Kodex, Europäisches System der Vertragsrechte – Die Perspektiven der Kommissionsmitteilung zum Europäischen Vertragsrecht, NJW 2002, 393

Riesenhuber, System und Prinzipien des Europäischen Vertragsrechts (2003)

Schulte-Nölke, Vertragsfreiheit und Informationszwang nach der Schuldrechtsreform, ZGS 2002, 72

Zimmermann, Vertrag und Versprechen – deutsches Recht and principles of european contract law im Vergleich, in: FS Heldrich (2005) 467.

2. Zum Verschulden bei Vertragsschluss (Abs 2 und 3)

a) Vor der Schuldrechtsreform

Assmann, Der Inhalt des Schadensersatzanspruchs fehlerhaft informierter Kapitalanleger, in: FS Lange (1992) 345

Ballerstedt, Zur Haftung für culpa in contrahendo bei Geschäftsabschluss durch Stellvertreter, AcP 151 (1950/1951) 501

vBar, Verkehrspflichten. Richterliche Gefahrsteuerungsgebote im deutschen Deliktsrecht (1980)

Battis, Culpa in contrahendo im Beamtenrecht, ZBR 1971, 300

Brandner, Haftung des Gesellschafters/Geschäftsführers einer GmbH aus c. i. c., in: FS Werner (1984) 53

Canaris, Geschäfts- und Verschuldensfähigkeit bei Haftung aus „culpa in contrahendo", Gefährdung und Aufopferung, NJW 1964, 1987

ders, Die Vertrauenshaftung im deutschen Privatrecht (1971)

ders, Die Haftung des Sachverständigen zwischen Schutzwirkungen für Dritte und Dritthaftung aus culpa in contrahendo, JZ 1998, 603

ders, Die Reichweite der Expertenhaftung gegenüber Dritten, ZHR 163 (1999) 206

ders, Die Schadensersatzpflicht der Kreditinstitute für eine unrichtige Finanzierungsbestätigung, in: FS Schimansky (1999) 43

ders, Wandlungen des Schuldvertragsrechts – Tendenzen zu seiner „Materialisierung", AcP 200 (2000) 273, 304

ders, Die Vertrauenshaftung im Lichte der Rechtsprechung des Bundesgerichtshofs, in: Festgabe 50 Jahre BGH (2000) Band I 129

Dahm, Die dogmatischen Grundlagen und tatbestandlichen Voraussetzungen des Vertrages mit Schutzwirkung für Dritte unter besonderer Berücksichtigung des vorvertraglichen Bereichs (Diss Münster 1988)

ders, Vorvertraglicher Drittschutz, JZ 1992, 1167

Fischer, C. i. c. im internationalen Privatrecht, JZ 1991, 168

Fleischer, Konkurrenzprobleme um die culpa in contrahendo – fahrlässige Irreführung versus arglistige Täuschung, AcP 200 (2000) 91

ders, Vertragsschlussbezogene Informationspflichten im Gemeinschaftsprivatrecht, ZEuP 2000, 772

Grigoleit, Vorvertragliche Informationshaftung: Vorsatzdogma, Rechtsfolgen, Schranken (1997)

ders, Neuere Tendenzen zur schadensrechtlichen Vertragsaufhebung, NJW 1999, 900

Grunewald, Aufklärungspflichten ohne Grenzen?, AcP 190 (1990) 609

K Heldrich, Das Verschulden beim Vertrags-

schluss im klassischen römischen Recht und in der späteren Rechtsentwicklung (1924)

Jhering, Culpa in contrahendo, JherJb 4 (1861) 1

D Kaiser, Schadensersatz aus culpa in contrahendo bei Abbruch von Vertragsverhandlungen über formbedürftige Verträge, JZ 1997, 448

Krebs, Sonderverbindung und außerdeliktische Schutzpflichten (2000)

Kreuzer, Culpa in contrahendo und Verkehrspflichten – Ein rechtsvergleichender Beitrag zur Begrenzung der Haftung nach Vertragsrecht (1972)

Küpper, Das Scheitern von Vertragsverhandlungen als Teilgruppe der c. i. c. (1988)

Larenz, Bemerkungen zur Haftung für „culpa in contrahendo", in: FS Ballerstedt (1975) 397

Lieb, Vertragsaufhebung oder Geldersatz?, in: FS Universität zu Köln (1988) 251

ders, Culpa in contrahendo und rechtsgeschäftliche Entscheidungsfreiheit, in: FS Medicus (1999) 337

Liebs, „Fahrlässige Täuschung" und Formularvertrag, AcP 174 (1974) 26

Littbarski, Die Haftung aus c. i. c. im öffentlichen Recht, JuS 1979, 537

Lobinger, Rechtsgeschäftliche Verpflichtung und autonome Bindung (1999)

St Lorenz, Der Schutz vor dem unerwünschten Vertrag (1997)

ders, Vertragsaufhebung wegen culpa in contrahendo: Schutz der Entscheidungsfreiheit oder des Vermögens?, ZIP 1998, 1053

Medicus, Grenzen der Haftung für culpa in contrahendo, JuS 1965, 209

ders, Zur Entstehungsgeschichte der culpa in contrahendo, in: FS Kaser (1986) 169

ders, Zur Eigenhaftung des GmbH-Geschäftsführers aus Verschulden bei Vertragsverhandlungen, in: FS Steindorff (1990) 725

ders, Ansprüche auf das Erfüllungsinteresse aus Verschulden bei Vertragsverhandlungen, in: FS Lange (1992) 539

Messer, Schadensersatzansprüche aus c. i. c. wegen der Verletzung für den Vertragsinhalt wesentlicher vorvertraglicher Pflichten, in: FS Steindorff (1990) 743

Niemann, Verschulden beim Vertragsschluss (1932)

Manfred Löwisch

NIRK, Rechtsvergleichendes zur Haftung für culpa in contrahendo, RabelsZ 1953, 310
ders, Culpa in contrahendo – eine richterliche Rechtsfortbildung in der Rechtsprechung des Bundesgerichtshofes –, in: 1. FS Möhring (1965) 385
ders, Culpa in contrahendo – eine geglückte richterliche Rechtsfortbildung – Quo vadis?, in: 2. FS Möhring (1975) 71
PICKER, Vertragliche und deliktische Schadenshaftung, JZ 1987, 1041
R SCHUHMACHER, Vertragsaufhebung wegen fahrlässiger Irreführung unerfahrener Vertragspartner (1979)
W SCHUHMACHER, Verbraucherschutz bei Vertragsanbahnung (1983)
SIEG, Zur Haftung des Versicherers aus culpa in contrahendo, BB 1987, 352
HANS STOLL, Tatbestände und Funktionen der Haftung für culpa in contrahendo, in: FS vCaemmerer (1978) 433
ders, Vertrauensschutz bei einseitigen Leistungsversprechen, in: FS Flume Bd I (1978) 741
ders, Haftungsfolgen fehlerhafter Erklärungen beim Vertragsschluss, in: FS Riesenfeld (1983) 275
ders, Schädigung durch Vertragsschluss, in: FS Deutsch (1999) 361
HEINRICH STOLL, Haftung für das Verhalten während der Vertragsverhandlungen, LZ 1923, 523
TIEDTKE, Der Inhalt des Schadensersatzanspruchs aus Verschulden bei Vertragsschluss wegen fehlender Aufklärung, JZ 1989, 569
ders, Schadensersatzverpflichtungen aus Verschulden beim Vertragsabschluss nach Abbruch der Vertragsverhandlungen ohne triftigen Grund, ZIP 1989, 1093
TITZE, Das Verschulden beim Vertragsschlusse, DJZ 1925, 490.
WEIMAR, Das Verschulden beim Vertragsabschluss bei Geschäftsräumen und Gaststätten, MDR 1967, 459
WIEDEMANN, Zur culpa in contrahendo beim Abschluss des Arbeitsvertrages, in: FS Herschel (1982) 463
ZAHRNT, Die Rechtsprechung zu Aufklärungs- und Beratungspflichten bei der Beschaffung von EDV-Leistungen, BB 1992, 720

ZIEGLER, Die Beschränkung der Haftung aus c. i. c. in allgemeinen Geschäftsbedingungen, BB 1990, 2345.
S zum älteren Schrifttum außerdem
STAUDINGER/LÖWISCH (2001) Vorbem zu §§ 275–283 aF.

b) Zu und nach der Schuldrechtsreform

BRORS, Vertrauen oder Vertrag – gibt es eine Haftung für Wertgutachten nach § 311 Abs. 3 BGB?, ZGS 2005, 142
CANARIS, Die Reform des Rechts der Leistungsstörungen, JZ 2001, 499
ECKEBRECHT, Vertrag mit Schutzwirkung für Dritte – Die Auswirkungen der Schuldrechtsreform, MDR 2002, 425
GRIGOLEIT, Reformperspektiven der vortraglichen Informationshaftung, in: SCHULZE/SCHULTE-NÖLKE (Hrsg), Die Schuldrechtreform vor dem Hintergrund des Gemeinschaftsrechts (2001) 269
HÄUBLEIN, Der Beschaffenheitsbegriff und seine Bedeutung für das Verhältnis der Haftung aus culpa in contrahendo zum Kaufrecht, NJW 2003, 388
HENCKEL, Neues Allgemeines Schuldrecht im Staudinger, JZ 2005, 606
U HUBER, Das allgemeine Recht der Leistungsstörungen im Diskussionsentwurf eines Schuldrechtsmodernisierungsgesetzes, in: ERNST/ZIMMERMANN, Zivilrechtswissenschaft und Schuldrechtsreform (2001) 31
KATZENSTEIN, Die Bedeutung der vertraglichen Bindung für die culpa-Haftung des Vertragsschuldners auf Schadensersatz (Teil 1), JURA 2004, 800
KOCH, § 311 Abs. 3 BGB als Grundlage einer vertrauensrechtlichen Auskunftshaftung, AcP 204 (2004) 59
KÖNDGEN, Die Positivierung der culpa in contrahendo als Frage der Gesetzgebungsmethodik, in: SCHULZE/SCHULTE-NÖLKE (Hrsg), Die Schuldrechtsreform vor dem Hintergrund des Gemeinschaftsrechts (2001) 231
LIEB, Culpa in contrahendo und Dritthaftung, in: DAUNER-LIEB/HEIDEL/LEPA/RING, Das neue Schuldrecht (2002) 138
MERTENS, Die Rechtsfolgen einer Haftung aus culpa in contrahendo beim zustande gekom-

menen Vertrag nach neuem Recht, ZGS 2004, 67
RIEBLE, Die Kodifikation der culpa in contrahendo, in: DAUNER-LIEB/KONZEN/SCHMIDT, Das neue Schuldrecht in der Praxis (2003) 137
R SCHAUB, Beratungsvertrag und Sachmängelgewährleistung nach der Schuldrechtsmodernisierung, AcP 202 (2002) 757
SCHUMACHER/LADA, Culpa in contrahendo und Sachverständigenhaftung nach neuem Schuldrecht, ZGS 2003, 450

M SCHWAB, Grundfälle zur culpa in contrahendo, Sachwalterhaftung und Vertrag mit Schutzwirkung für Dritte nach neuem Schuldrecht, JuS 2002, 773 und 872
TEICHMANN, Strukturveränderungen im Recht der Leistungsstörungen nach dem RegE eines Schuldrechtsmodernisierungsgesetzes, BB 2001, 1485
WEILER, Culpa in contrahendo, Anfechtung und Kaufrecht – alte Konkurrenzfragen in neuem Licht, ZGS 2003, 249.

Systematische Übersicht

A. Vertragsprinzip

I. **Allgemeines** _____ 1

II. **Vertragliche Begründung von Schuldverhältnissen** _____ 7

III. **Vertragliche Inhaltsbestimmung von Schuldverhältnissen**
1. Allgemeines _____ 20
2. Atypische und gemischte Verträge _ 27

IV. **Vertragliche Änderung von Schuldverhältnissen**
1. Vertrag als Voraussetzung _____ 54
2. Form des Änderungsvertrages _____ 61
3. Inhalt des Änderungsvertrages ____ 65
4. Rechtsfolgen _____ 68
5. Abänderungsvertrag oder Schuldersetzung _____ 71

V. **Vertragliche Aufhebung von Schuldverhältnissen**
1. Inhalt und Form _____ 76
2. Schuldersetzung _____ 82

B. Verschulden bei Vertragsschluss

I. **Allgemeines** _____ 92

II. **Haftung der potentiellen Vertragspartner**
1. Entstehung des Rücksichtnahmeschuldverhältnisses _____ 99
2. Ausprägungen der Rücksichtnahmepflichten _____ 107
   a) Schutzpflichten _____ 107
   b) Enttäuschung des Vertrauens auf das Zustandekommen des Vertrages ___ 109
   c) Pflichtwidrige Herbeiführung des Vertragsschlusses _____ 116
3. Schadenshaftung _____ 130
   a) Voraussetzungen des Ersatzanspruchs _____ 130
   b) Umfang des Ersatzanspruchs _____ 137
   c) Verjährung _____ 147
   d) Beweislast _____ 148

III. **Haftung Dritter**
1. Allgemeines _____ 149
2. Haftung des Verhandlungsgehilfen _ 151
3. Haftung bei wirtschaftlichem Eigeninteresse _____ 155
4. Kein weiterer Anwendungsbereich _ 161

Alphabetische Übersicht

Abbruch von Vertragsverhandlungen 109, 111
Absorptionsprinzip _____ 33 f, 42, 45
Abtretung _____ 65, 114
Akkreditiv _____ 110

Aktienanleihe _____ 124
Allgemeine Geschäftsbedingungen ___ 21, 56
Änderung des Schuldverhältnisses
– durch einseitiges Rechtsgeschäft _____ 55 f

Manfred Löwisch

– durch Vertrag _____ 4, 54, 61 ff, 71 ff

Anfechtung _____ 55, 115 f

Anpassungsklausel _____ 60

Anweisung _____ 10, 15

Arbeitnehmerüberlassungsvertrag _____ 30

Arbeitsverhältnis _____ 10, 12, 16, 23,
   39, 54, 65, 67, 71, 79, 110 f, 125, 128, 139, 144

Arglistige Täuschung _____ 116

Arztvertrag _____ 30, 42, 121

Aufhebungsvertrag _____ 4, 62, 76 ff

Aufklärungspflicht ____ 118, 124, 128, 136, 145

Aufwendungen, vergebliche ____ 138, 142, 144

Ausbildungsvertrag _____ 29

Auslobung _____ 15, 103

Ausschreibung _____ 110 f, 117, 123, 140

Automatenaufstellungsvertrag _____ 30, 120

Bankvertrag _____ 30

Baubetreuungsvertrag _____ 30, 50, 120

Bauherrenmodell _____ 126 f, 157

Bauträgervertrag _____ 30, 120, 126, 157

Bedingung _____ 53, 114

Befristung _____ 10, 67

Begebungsvertrag _____ 15

Begründung des Schuldverhältnisses

– durch einseitiges Rechtsgeschäft ____ 5, 15

– durch Vertrag _____ 3, 7

Beherbergungsvertrag _____ 30

Beschaffenheitszusage _____ 43

Bestätigung _____ 51, 58

Beurkundung _____ 10, 62

Beweislast _____ 75, 91, 148

Bezugnahmeklausel

– deklaratorische _____ 25

– konstitutive _____ 26

Bierlieferungsvertrag _____ 30, 50

Bühnenaufführungsvertrag _____ 30, 37

Bürgschaftsvertrag _____ 10, 68, 117, 122

culpa in contrahendo _____ 92 ff

Consultingvertrag _____ 30

CISG _____ 98

Darlehensvermittlungsvertrag _____ 10

Darlehensvertrag _____ 39, 65, 83, 86, 88

Dauerschuldverhältnis _____ 59 f, 67, 76

Deklaratorisches Anerkenntnis _____ 86

Deliktsrecht _____ 95, 104, 162 f

Dienstverschaffungsvertrag _____ 30

Dienstvertrag ____ 38, 42, 44, 47, 54, 59, 65, 71

Direktunterrichtsvertrag _____ 30

Diskontierungsvertrag _____ 30

Distributionsvertrag _____ 30

Drohung _____ 116

Eigenhändlervertrag _____ 30

Eigeninteresse, wirtschaftliches ____ 149, 155 f

Einrede _____ 57

Einseitiges Rechtsgeschäft _____ 5, 15, 55

Energielieferungsvertrag _____ 30

Erbrecht _____ 99

Erbschaftskauf _____ 10

Erbvertrag _____ 10, 81

Erfüllung _____ 76, 85

Erfüllungsgehilfe _____ 133

Erfüllungsinteresse _____ 115, 139, 141

Erlass _____ 66, 77

Erschließungsvertrag _____ 111

Expertenhaftung _____ 161

Factoringvertrag _____ 30, 46

Familienrecht _____ 99

Fernunterrichtsvertrag _____ 29

Fertighausvertrag _____ 30

Filmbezugsvertrag _____ 30

Filmverwertungsvertrag _____ 30, 41

Form _____ 10, 48, 61 f, 71, 78 ff, 112

Franchisingvertrag _____ 30, 31, 46

Garantievertrag _____ 31

Gastaufnahmevertrag _____ 30

Gefälligkeitsverhältnis _____ 11, 97

Geldanlagegeschäft _____ 124

Genehmigung

– behördliche _____ 64, 114, 119, 123

– durch Private _____ 114

Gesamtzusage _____ 16

Geschäftlicher Kontakt _____ 13, 46, 93 f, 101

Geschäftsbesorgungsvertrag _____ 127

Geschäftsgrundlage _____ 53

Gesellschaftsverhältnis _____
   _____ 12, 37, 59, 88, 110, 144, 151, 155

Gesetzesrecht

– dispositives _____ 24

– zwingendes _____ 1, 20, 22, 27

Gesetzlicher Vertreter _____ 133

Gesetzliches Schuldverhältnis _____ 13, 92

Gesetzliches Verbot _____ 113

Gestattungsvertrag — 30
Gewährleistungsrechte — 41, 129, 147
Gewinn, entgangener — 145
Gewohnheitsrecht — 92
Girovertrag — 18, 29
Grundschuld — 122
Grundstückskaufvertrag — 10, 50, 78, 114, 145

Haftungsausschluss — 20, 158
Heimvertrag — 30, 39
Hofübergabevertrag — 30
Honorarverteilungsvertrag — 30

Immobilienfonds — 124
Informationslieferungsvertrag — 30
Inhaltskontrolle — 20
Inkassovertrag — 30 f
Integritätsinteresse — 137

Joint-Venture-Vertrag — 30
Just-in-time-Vertrag — 30

Kaufvertrag — 38, 42,
  44 f, 50, 52, 62, 72, 83, 108, 119, 123, 131, 144
Know-how-Vertrag — 30
Kombinationsprinzip — 33, 35, 38
Kombinationsvertrag — 37 f
Kontokorrent — 90, 126
Kontrahierungszwang — 1, 139
Kreditkartenvertrag — 30
Kreditgeschäft — 126
Kündigung — 40, 48, 55, 67

Leasingvertrag — 30, 46
Lebensversicherung — 125
Leibrente — 10
Leihe — 71
Lieferungsvertrag — 30, 42
Lizenzvertrag — 30

Mängelhaftung — 129, 147
Managementvertrag — 30
Massenverkehr — 12
Mietrechtsreformgesetz — 26
Mietvertrag —
  — 10, 30, 39, 40, 62, 65, 71, 73, 108, 114, 120
Minderjährige — 104, 132
Mitverschulden — 146

Naturalrestitution — 142
Nichtigkeit — 51, 58, 113
Novation — 71

Optionsgeschäft — 124
Optionsrecht — 18

Patronatsvertrag — 30
Pay-TV-Abonnementvertrag — 30
penny stock — 124
Pfandrecht — 68
Poolvertrag — 30
Prospekthaftung — 157
Prozessfinanzierungsvertrag — 30

Qualitätssicherungsvereinbarung — 30

Rahmenvertrag — 22 f, 53
Rechtsbindungswille — 11
Reisevertrag — 29
Rücksichtnahmepflicht — 94, 105, 116
Rücksichtnahmeschuldverhältnis — 99 ff
Rücktritt — 40, 48, 51, 55, 111
Ruhegeldversprechen — 16

Sachenrecht — 99
Sachwalterhaftung — 149
Schadensersatz — 116, 130 ff
Schadensersatz statt der Leistung — 48, 51
Scheck — 84
Schenkung — 10, 62, 131
– gemischte — 35, 46
Schiedsgutachtervertrag — 30
Schiedsrichtervertrag — 30
Schriftform — 10
Schuldanerkenntnis — 10, 84, 86 f
Schuldersetzung — 71, 77, 82 ff
Schuldmitübernahme — 30, 65
Schuldneuschaffung — 84
Schuldrechtsreform — 93
Schuldübernahme — 65
Schuldumschaffung — 83
Schuldverschreibung — 15
Schuldversprechen — 10, 18, 84, 87 f
Schutzpflicht — 95 f, 107 f, 137
Sicherungsrechte — 68, 71, 74
Sittenwidrigkeit — 20, 112, 116, 138
Softwarevertrag — 31
Sozietätszusage — 37 f

Spekulationsgeschäft _____ 20

Sponsoringvertrag _____ 30

Stiftungsgeschäft _____ 17

Tankstellenvertrag _____ 30

Teilzahlungsgeschäft _____ 10

Teilzeit-Wohnrechtevertrag _____ 10, 29

Trödelvertrag _____ 30

Turnkey-Vertrag _____ 30

Überweisungsvertrag _____ 29

Unmöglichkeit _____ 70, 113

Unzumutbarkeit _____ 70, 113

Verbraucherdarlehensvertrag _____ 10, 29

Vereinbarungsdarlehen _____ 65, 72

Verfilmungsvertrag _____ 30

Vergleich _____ 44 f, 89

Verhandlungsgehilfe _____ 135 f, 151 ff

Verjährung _____ 147

Vermächtnis _____ 17

Vermögensschaden _____ 143

Vermögensverfügung _____ 10

Verschulden _____ 130 ff

Verschulden bei Vertragsschluss _____ 92 ff

Versicherungsvertrag _____ 125

Vertrag

– atypischer _____ 28, 31

– faktischer _____ 12

– gemischter _____ 30, 32 ff

– mit Schutzwirkung für Dritte _____ 161

– öffentlich-rechtlicher _____ 96

– über Buchhaltungsarbeiten _____ 30

– über die nichteheliche Lebensgemeinschaft _____ 30

– über ein wettbewerbliches Unterlassen _ 30

– zugunsten Dritter _____ 8

– zu Lasten Dritter _____ 9

– zusammengesetzter _____ 48 ff

Vertragsanpassung _____ 144

Vertragsauflösung _____ 142 f

Vertragsfreiheit _____ 1, 76

Vertragsprinzip _____ 1

– europäisches Recht _____ 6

Vertragsschluss

– pflichtwidrige Herbeiführung _____ 116 ff

– Vereitelung _____ 109 ff

Vertragstypen _____ 27 ff, 118

– verschmolzene _____ 44 ff

– aneinander gereihte _____ 37 ff

– doppelter Typus _____ 47

Vertragsübernahme _____ 65

Vertragsverhandlungen _____ 99 f

Vertrauenshaftung _____ 95, 109 ff

Vertrauensschaden _____ 115, 116, 138, 144

Verwahrungsvertrag _____ 88

Verzicht _____ 57

Vorkaufsrecht _____ 62, 65

Vorvertrag _____ 14, 60

Warentermindirektgeschäft _____ 124

Wartungsvertrag _____ 30

Wechsel _____ 30, 84, 87

Weisungsrecht des Arbeitgebers _____ 55

Werbeagenturvertrag _____ 30

Werkförderungsvertrag _____ 30

Werkverschaffungsvertrag _____ 30

Werkvertrag _____ 37, 42, 108, 144

Wettbewerbsrecht _____ 20

Wettbewerbsverbot _____ 23

Willenserklärung _____ 12

Wirtschaftsprüfer _____ 157

Wohnungsvermittlungsvertrag _____ 29

Zahlungsvertrag _____ 29

Zeitschriftenbezugsvertrag _____ 30

Zeitschriftenhändlervertrag _____ 30

Zwittervertrag _____ 47

A.   Vertragsprinzip

I.   Allgemeines

1 Unsere Privatrechtsordnung baut entsprechend den durch Art 2 Abs 1, Art 12 und 14 GG getroffenen Entscheidungen auf dem **Grundsatz der Vertragsfreiheit** auf: Vorbehaltlich eines in besonderen Fällen, insbesondere in Monopolsituationen zulässigen Kontrahierungszwangs und vorbehaltlich der für den Inhalt von Verträgen zwingenden Gesetzesbestimmungen ist es Sache der Teilnehmer am Rechtsverkehr, ob, mit wem, über welchen Gegenstand und mit welchem Inhalt sie rechtsverbindliche Geschäfte abschließen wollen (zum Grundsatz der Vertragsfreiheit in diesem Sinne vgl BVerfGE 8, 274, 328 und 12, 341, 347; speziell für die Arbeitsvertragsfreiheit BVerfGE 65, 196, 210 und 81, 242, 254 ff; Löwisch ZfA 1996, 294 ff; Badura JuS 1986, 210 ff; zur Vertragsfreiheit im Falle sittenwidriger Bürgschaften naher Familienangehöriger BVerfGE 89, 214, 231 ff; s im übrigen ausf Höfling mit zahlreichen Nw; Staudinger/Dilcher[12] Einl 5 ff zu §§ 104–185; Staudinger/Bork [2003] Vorbem 12 ff zu §§ 145 ff).

Die Vertragsfreiheit ist zentrales Element der **marktwirtschaftlichen Wirtschaftsord-** **2** **nung**. Insbesondere Vertrag und Wettbewerb bedingen einander. Für sich den günstigen Vertragsschluss zu erreichen, ist das Ziel der im Wettbewerb stehender Marktteilnehmer. Zugleich begrenzt damit der Wettbewerb die Marktmacht des einzelnen und trägt damit zur Vertragsgerechtigkeit bei. Zu diesen Zusammenhängen im einzelnen Schmidt-Rimpler, in: FS Raiser 3 ff; Rittner AcP 188 (1988) 126 ff; Rieble Rn 828 ff.

§ 311 Abs 1 setzt den Grundsatz der Vertragsfreiheit in die Rechtsanwendung des **3** Privatrechts um: Indem er den Vertrag zwischen den Beteiligten zur Begründung eines zwischen ihnen bestehenden Schuldverhältnisses führen lässt, stellt er die Durchführung des Vereinbarten sicher. Denn kraft des so entstandenen Schuldverhältnisses können die Beteiligten gem § 241 Abs 1 S 1 die vereinbarten Leistungen von Rechts wegen verlangen. § 311 Abs 1 ist so zunächst und vor allem die *Normierung des Satzes* **„pacta sunt servanda"** für das Privatrecht (Löwisch, Rechtswidrigkeit und Rechtfertigung von Forderungsverletzungen, AcP 165 [1965] 421, 422 f).

Der Grundsatz der Vertragsfreiheit erschöpft sich nicht in der Befugnis der Teil- **4** nehmer am Rechtsverkehr, einen Vertrag zu schließen und ihm einen bestimmten Inhalt zu geben. Zur Vertragsfreiheit gehört genauso die Möglichkeit, einen einmal abgeschlossenen Vertrag *abzu ändern* und wieder *aufzuheben* (BAG AP Nr 37 zu § 123 BGB). Auch dafür ebnet § 311 Abs 1 den Weg ins Privatrecht, indem er den Parteien ermöglicht, den Inhalt eines Schuldverhältnisses durch einen zwischen ihnen geschlossenen Vertrag zu ändern.

§ 311 Abs 1 beschränkt die rechtsgeschäftliche Begründung von Schuldverhältnissen **5** für den Regelfall auf Verträge. Eine Begründung durch **einseitiges Rechtsgeschäft** ist nur in den Fällen zulässig, in denen das Gesetz dies vorsieht (s dazu noch unten Rn 15 ff) oder die Befugnis dazu durch Vertrag eingeräumt wird. Auch die grundsätzliche Ablehnung rechtsverbindlicher einseitiger Schuldverpflichtungen durch das BGB lässt sich auf den Grundsatz der Vertragsfreiheit zurückführen. Ihm entspricht es auch, dass niemandem eine Forderung aus dem Leistungsversprechen eines anderen ungewollt aufgedrängt werden kann (s Staudinger/Jagmann [2004] Vorbem 7, 42 ff zu §§ 328–335, § 333 Rn 2).

Die Vertragsfreiheit ist auch Grundlage des **Europäischen Gemeinschaftsrechts**. So **6** bekennt sich die europäische Wirtschaftsordnung, deren Ziel die Errichtung eines gemeinsamen Marktes ist, als offene Marktwirtschaft mit freiem, unverfälschtem Wettbewerb (Art 3 Abs 1 lit g, 4 Abs 1, 98, 105 Abs 1 EG) zur Freiheit von Vertrag und Wettbewerb (Riesenhuber 240; Rittner JZ 1990, 838, 840 f; Canaris, in: FS Lerche 873,

889 f; ders AcP 200 [2000] 273, 363 f; SCHWARZE EuZW 2004, 135, 139 mit Fn 50). Hinzu kommt die Gewährleistung der Grundfreiheiten (Art 14 Abs 2 EG), die die Vertragsfreiheit grenzüberschreitend gegen nicht gerechtfertigte Beschränkungen des Waren-, Personen-, Dienstleistungs- und Kapitalverkehrs absichert (MÜLLER-GRAFF 9 ff, 28 f). Im europäischen Sekundärrecht wird die **Vertragsabschlussfreiheit** der Verbraucher durch zahlreiche Widerrufsrechte, die das Eintreten der vertraglichen Bindungswirkung über einen bestimmten Zeitraum aufschieben, erweitert. Gemeinschaftsrechtliche Einschränkungen der **Vertragsinhaltsfreiheit** ergeben sich zum einen aus zwingendem Vertragsrecht (s DREXL, in: FS Sonnenberger 771 ff mit Nachweisen), zum anderen aus der vom EuGH angenommenen unmittelbaren Drittwirkung der Grundfreiheiten, namentlich von Art 12, 39, 49 und 141 EG (s nur EuGH v 6.6.2000, Rs C-281/98 [Angonese], NJW 2000, 3634 zu Art 39 EG; v 8.4.1976, Rs 43/75 [Defrenne], NJW 1976, 2068, Rn 38 ff zu Art 141 EG). Die letztgenannte Einschränkung der Vertragsfreiheit wird zT als unangemessen angesehen (CANARIS, in: Umwelt, Wirtschaft und Recht 29, 42 ff; STREINZ/ LEIBLE EuZW 2000, 459, 464 f). Der EuGH hat die Vertragsfreiheit in einigen Entscheidungen als „Grundrecht" bezeichnet (vgl nur EuGH v 16.12.1992, Rs C-132/91 ua [Katsikas], NZA 1993, 169, 170 Rn 32 f – freie Wahl des Arbeitgebers). Auch bleiben nach Art 6 Abs 2 EUV und ständiger Rechtsprechung des Gerichtshofs die Gemeinschaftsgrundrechte nicht hinter den nationalen Grundrechten zurück (EuGH v 11.7.1989, Rs 265/87 [Schräder], Slg 1989, 2237, Rn 14 mwN) Die noch nicht ratifizierte Europäische Verfassung erkennt die Vertragsfreiheit in ihrem Art II-76 an, welcher Art 16 der Charta der Grundrechte der Europäischen Union entspricht. Die auf rechtsvergleichender Grundlage gewonnenen Grundregeln des Europäischen Vertragsrechts (deutsche Ausgabe hrsg von vBAR/ZIMMERMANN 2002) der LANDO-Kommission gewährleisten in Art 1:102 PECL die Vertragsfreiheit. Der sogenannte GANDOLFI-Entwurf der Akademie Europäischer Privatrechtswissenschaftler (abgedruckt in ZEuP 2002, 139 ff) normiert in Art 2 unter der Überschrift „Vertragsautonomie" die Inhaltsfreiheit.

II. Vertragliche Begründung von Schuldverhältnissen

7   § 311 Abs 1 verlangt für die Begründung eines Schuldverhältnisses durch Rechtsgeschäft den Abschluss eines **Vertrages** zwischen den Beteiligten. Gemeint ist damit die gem *§§ 145 ff* erfolgende vertragliche Einigung über die rechtliche *Verpflichtung* eines oder beider Teile zur Leistung.

8   Regelmäßig ist die Leistung dabei an den anderen am Vertragsschluss Beteiligten zu erbringen, so dass dieser Gläubiger des Forderungsrechts aus dem Schuldverhältnis ist. Notwendig ist dies aber nicht. Vielmehr kann das Forderungsrecht auch einem Dritten eingeräumt werden. Es liegt dann ein **Vertrag zugunsten Dritter** iS der §§ 328 ff vor (dazu STAUDINGER/JAGMANN [2004] § 328 Rn 2 ff).

9   Dagegen ist die vertragliche Verpflichtung Dritter ausgeschlossen, da sie dem Grundsatz der Vertragsfreiheit widerspricht (vgl zu diesem **Verbot des „Vertrages zu Lasten Dritter"** und den scheinbaren Ausnahmen STAUDINGER/JAGMANN [2004] Vorbem 42 ff zu § 328).

10 Einer Form bedarf der Abschluss eines Schuldvertrages im allgemeinen nicht. Grundsätzlich besteht **Formfreiheit**. Ausnahmsweise schreibt das Gesetz aber eine bestimmte Form für den Vertragsabschluss vor. So ist zB *Schriftform* (§§ 126, 126a) vorgeschrieben für Verbraucherdarlehensverträge (§ 492), für Teilzahlungsgeschäfte

mit Verbrauchern (§§ 501, 502), für Teilzeit-Wohnrechteverträge (§ 484), für den Mietvertrag, der für längere Zeit als ein Jahr geschlossen wird (§ 566), für den befristeten Arbeitsvertrag (§ 14 Abs 4 TzBfG) und den Vertrag zur Aufhebung eines Arbeitsverhältnisses (§ 623), für Darlehensvermittlungsverträge mit Verbrauchern (§ 655b), für das abstrakte Schuldversprechen und das Schuldanerkenntnis (§§ 780, 781), für die Annahme einer Anweisung (§ 784), für das Versprechen einer Leibrente (§ 761) und für die Bürgschaftserklärung (§ 766). Eine gerichtliche oder notarielle *Beurkundung* (§ 128) ist erforderlich für den Vertrag, durch den sich ein Teil verpflichtet, sein gegenwärtiges Vermögen oder einen Bruchteil seines gegenwärtigen Vermögens zu übertragen oder mit einem Nießbrauch zu belasten (§ 311b Abs 3), für den Vertrag, der unter künftigen gesetzlichen Erben über den gesetzlichen Erbteil oder den Pflichtteil eines von ihnen geschlossen wird (§ 311b Abs 5), für die vertragliche Verpflichtung, das Eigentum an einem Grundstück zu übertragen oder zu erwerben (§ 311b Abs 1), für das Schenkungsversprechen (§ 518 Abs 1) und für den Erbschaftskauf (§ 2371). Weitere Formerfordernisse sind aufgestellt für den Abschluss eines Erbvertrages (§ 2276). Vgl im übrigen STAUDINGER/ DILCHER[12] § 125 Rn 32 ff.

Das vertragliche Schuldverhältnis ist vom bloßen **Gefälligkeitsverhältnis** zu unter- **11** scheiden. Kennzeichen des Gefälligkeitsverhältnisses ist es, dass die Beteiligten *ohne Rechtsbindungswillen* handeln, dh gerade keine Verpflichtung zu der aus Gefälligkeit zugesagten Leistung vereinbart haben. Das Gefälligkeitsverhältnis schließt aber entspechend dem Rechtsgedanken des § 814 einen Bereicherungsanspruch auf Rückgewähr der einmal erbrachten Leistung aus. Zur Entstehung von Schutzpflichten bei Gefälligkeitshandlungen s Rn 97. Das Gefälligkeitsverhältnis und seine Abgrenzung zum aus Gefälligkeit abgeschlossenen, rechtlich verbindlichen Schuldverhältnis ist ausführlich bei STAUDINGER/J SCHMIDT (1995) Einl 214 ff zu §§ 241 ff sowie STAUDINGER/BORK (2003) Vorbem 79 ff zu §§ 145 ff dargestellt.

Vertragliche Schuldverhältnisse können **nur durch** entsprechende **Willenserklärungen** **12** der Beteiligten entstehen. Die insbesondere von HAUPT (Über faktische Vertragsverhältnisse, in: FS Siber II [1943] 1) begründete Auffassung, Vertragsverhältnisse könnten auch durch tatsächliche Vorgänge entstehen, kann heute als im wesentlichen überwunden gelten. Die Sachprobleme dieser sog *„faktischen Vertragsverhältnisse"* lassen sich teilweise – so bei der Gesellschaft und beim Arbeitsverhältnis – dadurch lösen, dass die Nichtigkeitsfolgen eingeschränkt werden, teilweise – so bei den Verträgen des Massenverkehrs und der Massenversorgung – mit einer zweckentsprechenden Anpassung der Voraussetzungen für eine vertragliche Einigung. Auch dieser Fragenkreis ist bei STAUDINGER/DILCHER[12] Einl 27 ff zu §§ 104–185 ausführlich dargestellt.

Kein vertragliches, sondern ein gesetzliches Schuldverhältnis ist das Schuldverhält- **13** nis, welches nach § 311 Abs 2 und 3 aus **geschäftlichem Kontakt**, insbesondere aus der Aufnahme von Vertragsverhandlungen entsteht, mag es auch in einzelnen Punkten den Regeln des Vertrages folgen, um dessen Abschluss es ging. S zu diesem Problemkreis des Verschuldens bei Vertragsschluss unten Rn 92 ff.

Nur eine besondere Art des Schuldvertrags ist der Vertrag, durch den die Verpflich- **14** tung übernommen wird, ein Schuldverhältnis erst einzugehen **(Vorvertrag)**. Der Vorvertrag ist wegen der Verwandtschaft mit den Problemen des bindenden Vertragsantrags dort behandelt, s dazu STAUDINGER/BORK (2003) Vorbem 51 ff zu §§ 145 ff.

15 § 311 Abs 1 anerkennt die Begründung von Schuldverhältnissen durch **einseitiges Rechtsgeschäft** nur in den Fällen, in denen dies *gesetzlich geregelt* ist. Die einzige im Schuldrecht des BGB vorgesehene Ausnahme dieses Inhalts ist § 657, nach dem durch die *Auslobung* einseitig die Verpflichtung des Auslobenden zur Entrichtung der Belohnung begründet wird. Die Schuldverschreibung auf den Inhaber (§§ 793 ff) und die Annahme einer Anweisung (§§ 783 ff) bilden nach dem BGB keine Ausnahme, weil bei ihnen nach hM regelmäßig ein sog Begebungsvertrag vorliegen muss, um eine Verpflichtung des Ausstellers oder des Annehmers zu begründen. Vgl hierzu STAUDINGER/MARBURGER (2002) § 783 Rn 16 und § 793 Rn 12 ff.

16 Nach einer von HILGER (Das betriebliche Ruhegeld [1959] 58 ff) begründeten, vom BAG (BAGE 14, 126 = NJW 1963, 1996) zunächst übernommenen Auffassung soll das in Form einer „**Gesamtzusage**" für alle oder eine Gruppe von Arbeitnehmern des Betriebes abgegebene einseitige *Ruhegeldversprechen* des Arbeitgebers diesen zur Leistung von Ruhegeldern verpflichten, ohne dass es einer vertraglichen Einigung mit den bedachten Arbeitnehmern bedürfte. Diese Auffassung durchbricht den Grundsatz des § 311 Abs 1 ohne Not, weil es zur Sicherung der Arbeitnehmerinteressen vollkommen genügt, einen Vertragsschluss anzunehmen, für den der Annahmewille gem § 151 nicht erklärt zu werden braucht (darauf stützt sich inzwischen auch das BAG: BAGE 22, 252, 258 = AP Nr 142 zu § 242 BGB Ruhegehalt). Sie ist deshalb *abzulehnen* (zutr ZÖLLNER in der Anm zu diesem Urteil des BAG in AP Nr 90 zu § 242 BGB Ruhegehalt; vgl mit weiteren Nachweisen auch STAUDINGER/RICHARDI [1999] § 611 Rn 235 ff).

17 Keine eigentlichen Ausnahmen von § 311 Abs 1 sind das **Stiftungsgeschäft** iS der §§ 80 ff und das **Vermächtnis** iS der §§ 1930, 2147 ff. Das Stiftungsgeschäft verpflichtet zwar den Stifter, das zugesicherte Vermögen an die vor der behördlichen Genehmigung als selbständige Rechtsperson noch gar nicht existierende Stiftung zu übertragen und bindet so, ohne dass es einer Annahme bedürfte, den Stifter. Aber das Stiftungsgeschäft ist ein Rechtsgeschäft besonderer Art, welches sich den Kategorien des Schuldvertrags nicht unterordnen lässt (s STAUDINGER/RAWERT [1995] § 80 Rn 11). Und das Vermächtnis, welches durch das einseitige Rechtsgeschäft des Testaments ein Schuldverhältnis zwischen dem Beschwerten und dem Bedachten begründet, ohne dass einer von ihnen zustimmen müsste, gehört dem Erbrecht an und hat dort eine besondere Regelung gefunden (s STAUDINGER/OTTE [2000] § 1939 Rn 1 ff).

18 Mit § 311 Abs 1 im Einklang stehen Verträge, nach deren Inhalt die eine Partei infolge bestimmter einseitiger Maßnahmen der anderen Forderungen gegen diese erwerben können soll. Hauptfall ist das **Optionsrecht**. Zu finden sind solche Vereinbarungen im Bankverkehr beim **Girovertrag** nach den §§ 676f–676h. Der Inhaber des Bankkontos erwirbt aus einseitigen, des Zugangs nicht bedürftigen Erklärungen der Bank Gutschriften, dh Forderungen gegen die Bank. Rechtlich wird hier ein abstraktes Schuldversprechen durch das Gestaltungsrecht der Bank begründet; zur Gestaltung ist sie aufgrund des Girovertrages ermächtigt (CANARIS, Bankvertragsrecht [3. Aufl 1988] Rn 415 ff; FISCHER/KLANTEN, Bankrecht [3. Aufl 2000] Rn 6.8 ff).

Soweit einseitige Verpflichtungserklärungen nach dem BGB verbindlich sind, gelten **19** auch für sie die Vorschriften der *§§ 311 Abs 1, 311a entsprechend.* Der E I hatte dies in § 343 besonders bestimmt; die Zweite Kommission hat die Bestimmung als selbstverständlich weggelassen (Prot I 448).

III. Vertragliche Inhaltsbestimmung von Schuldverhältnissen

1. Allgemeines

Die Befugnis, durch Vertrag Schuldverhältnisse zu begründen, schließt die Befugnis **20** ein, durch Vertrag auch den **Inhalt** der so begründeten Schuldverhältnisse zu bestimmen: Den Teilnehmern am Rechtsverkehr steht es grundsätzlich frei, ihre Verträge so auszugestalten, wie sie dies für richtig halten. Eine **Grenze** zieht ihnen insoweit nur das aus besonderen Gründen zwingend ausgestaltete Gesetzesrecht. Solche Gründe sind der Schutz des wirtschaftlich Schwächeren (zB im Arbeitsrecht, Mietrecht), die Gewährleistung einer intakten Wirtschaftsordnung (GWB, Art 81 ff EG), der redliche Geschäftsverkehr (geschützt durch die übrigen Wettbewerbsgesetze, insbesondere durch das UWG) sowie die Rechtsklarheit und die Rechtssicherheit (Typenzwang des Sachenrechts, der Güterstände und des Gesellschaftsrechts). Darüber hinaus schränkt das Gesetz den zulässigen Inhalt von Verträgen durch Vorschriften ein, die allgemeine Wertvorstellungen aufnehmen und umsetzen. Hierher gehören das Verbot von Haftungsausschlüssen bei vorsätzlichem und arglistigem Verhalten (zB §§ 276 Abs 3, 444), der Erhalt der Chance, Vermögen zu erwerben (§ 311b Abs 2), die Einschränkung spekulativer Geschäfte (§ 311b Abs 4 und 5, §§ 762 ff) und vor allem die Unzulässigkeit sittenwidriger Verträge (§ 138). Hingegen kennt die Rechtsordnung keine allgemeine Kontrolle des Inhalts der Verträge auf „Angemessenheit". Eine solche Inhaltskontrolle bedarf der besonderen Rechtfertigung aus dem jeweiligen Sachzusammenhang. S zu diesem Fragenkreis STAUDINGER/J SCHMIDT (1995) § 242 Rn 457 ff und FASTRICH, Richterliche Inhaltskontrolle im Privatrecht (1992) 12 ff, 36 ff, 77 f.

Ein Mittel zur Inhaltsgestaltung von Verträgen sind auch die **Allgemeinen Geschäfts-** **21** **bedingungen**, die, meist auf Veranlassung einer Partei, dem Vertrag zugrunde gelegt werden. Gegenüber den AGB ordnen §§ 305 ff eine Kontrolle des Inhalts auf seine Angemessenheit an.

Die Parteien können den Vertragsinhalt auch dadurch gestalten, dass sie vereinba- **22** ren, für künftig von ihnen abzuschließende Verträge sollten bestimmte Bedingungen gelten, ohne dass diese jeweils neu vereinbart werden müssten. Solche **Rahmenverträge** nehmen ein Stück des Inhalts der künftigen Einzelverträge vorweg, werden aber erst mit den später abgeschlossenen Einzelverträgen wirksam. Die Parteien sind nur insoweit gebunden, als sie, wenn sie einen Einzelvertrag abschließen, die im Rahmenvertrag vereinbarten Bedingungen gelten lassen müssen, es sei denn, sie vereinbaren bei Abschluss des Einzelvertrages etwas anderes (zu den Rahmenverträgen vgl BAG Betrieb 1985, 1240, 1241; OLG Frankfurt NJW-RR 1995, 1204; LARENZ I § 7 I; FIKENTSCHER 106 ff; LÖWISCH, Rahmenvereinbarungen für befristete Arbeitsverträge, RdA 1987, 97). Auch die Rahmenverträge sind an das zwingende Gesetzesrecht gebunden.

23 Im Rahmenvertrag können auch über die Einzelverträge hinausgreifende Rechte und Pflichten festgelegt werden, etwa bei einem Rahmenvertrag für befristete Arbeitsverträge ein Wettbewerbsverbot oder die Verpflichtung zur Zahlung eines Übergangsgeldes bei Beendigung des Arbeitsverhältnisses (Löwisch RdA 1987, 98). Betreffen solche Rahmenverträge die von einer Partei verwendeten AGB (sog Pauschalvereinbarungen), sind auf sie §§ 305 ff anwendbar (§ 305 Abs 3; BGH NJW-RR 1987, 112; OLG Frankfurt NJW-RR 1995, 1204; s hierzu auch Palandt/Heinrichs[63] § 305 Rn 45; Erman/Roloff [2004] § 305 Rn 44). Der Rahmenvertrag kann für bestimmte, von vornherein ins Auge gefasste Einzelverträge abgeschlossen werden; möglich ist es aber auch, dass er für alle künftigen Einzelverträge gelten soll. Im letzteren Fall endet er entweder mit dem Ablauf der Zeit, für die er eingegangen ist, andernfalls durch Kündigung, wobei die für die Einzelverträge geltenden Kündigungsfristen analog anzuwenden sind (Löwisch RdA 1987, 98).

24 Soweit die Parteien von ihrem Recht zur inhaltlichen Gestaltung des von ihnen abgeschlossenen Vertrages keinen Gebrauch gemacht haben, greift das **Gesetz mit dispositiven Regeln** für die Inhaltsbestimmung, insbesondere für die Abwicklung der Verträge und für Leistungsstörungen ein. Neben den allgemeinen Bestimmungen des Schuldrechts für Schuldverhältnisse und Verträge sind dabei für bestimmte **typische Verträge** im BGB (§§ 433–808), aber auch in anderen Gesetzen spezielle Rechtsnormen vorgesehen. Ein Vertrag, der mit dem von ihm verfolgten geschäftlichen, wirtschaftlichen und sonstigen Zweck einem solchen geregelten Typus entspricht, ist, wenn keine besonderen Anhaltspunkte dagegen sprechen, als von den Parteien den Regeln dieses Typus unterstellt anzusehen.

25 Die Parteien können im Vertrag **auf bestehendes Gesetzesrecht Bezug nehmen**, sei es, dass sie erklären, die gesetzliche Regelung solle unberührt bleiben, sei es, dass sie bestimmte gesetzliche Regelungen als auf den Vertrag anwendbar erklären, sei es, dass sie den Wortlaut von gesetzlichen Bestimmungen im Vertrag wiederholen. An der Anwendung des für den Vertrag einschlägigen zwingenden Gesetzesrechts ändert eine solche Bezugnahme nichts. Im übrigen entsteht die Frage, ob die Bezugnahme nur deklaratorisch gemeint ist, also auf das einschlägige Gesetzesrecht hinweisen soll, oder ob ihr konstitutiver Charakter mit der Folge zukommt, dass die gesetzlichen Bestimmungen ohne Rücksicht darauf gelten, ob sie für den Vertrag an sich einschlägig sind oder nicht. Im Zweifel werden pauschale Verweisungen eher für einen deklaratorischen Charakter sprechen, während differenzierte Bezugnahmen auf einzelne Vorschriften auf einen konstitutiven Charakter hinweisen.

26 Besondere Bedeutung hat die Unterscheidung zwischen deklaratorischem und konstitutivem Charakter der Bezugnahme **im Falle einer Gesetzesänderung**. Ist sie konstitutiv gemeint, bleibt es dann, soweit das geänderte Recht nicht zwingend ist, beim bisherigen Rechtszustand. Ist sie deklaratorisch gemeint, greift das geänderte Gesetzesrecht ein. In Formularmietverträgen festgelegten Kündigungsfristen misst der BGH konstitutiven Charakter zu, mit der Folge, dass die entsprechenden Klauseln gem Art 229 § 3 Abs 10 EGBGB auch nach der Änderung der Kündigungsfristen durch das Gesetz zur Reform des Mietrechts vom 19. 6. 2001 (BGBl I 1149) fortbestehen (BGH NJW 2003, 2739; ausführlich zu dieser Problematik Staudinger/ Rolfs [2003] § 573c Rn 49 ff). Zu der Problematik, die insoweit im Verhältnis von Tarifverträgen zu geändertem Gesetzesrecht besteht, BAG AP Nr 133 zu § 1 TVG

Auslegung; BAG AP Nr 212 zu § 1 TVG Tarifverträge Bau (MünchArbR/Löwisch/
Rieble² § 265 Rn 37 ff).

2. Atypische und gemischte Verträge

Der Befugnis zur Inhaltsbestimmung entspricht es auf der anderen Seite, dass die **27**
Parteien Verträge abschließen können, die von den besonders geregelten Vertrags-
typen ganz oder teilweise abweichen. § 311 Abs 1 ermöglicht es den Parteien so, die
Ausgestaltung ihrer Rechtsbeziehungen in den Grenzen des zwingenden Rechts
(Rn 20) den gesellschaftlichen und wirtschaftlichen Entwicklungen anzupassen (Mar-
tinek I § 2).

Die **nicht kodifizierten Vertragstypen** (Martinek I § 1 II spricht von Innominatverträgen) **28**
lassen sich danach unterscheiden, ob sie ihrem Inhalt nach unter keinen der im
Gesetz geregelten Vertragstypen geordnet werden können, oder ob sie sich aus
Tatbestandsmerkmalen verschiedener geregelter und/oder nicht geregelter Vertragstypen zusammensetzen. Im ersten Fall spricht man von atypischen Verträgen im
engeren Sinne, im zweiten Fall von gemischten Verträgen.

Im Zuge der ständigen Fortentwicklung des Rechts haben sich im Laufe der Zeit **29**
festumrissene Vertragsgestaltungen entwickelt, die wegen ihres häufigen Vorkom-
mens verbreitete Geltung besitzen. Die Rechtsprechung hat zu bestimmten Gestal-
tungsarten wiederholt sehr ins einzelne gehende Grundsätze gleichsam „kodifiziert",
so dass die für solche Fälle zusammengefassten Vertragsnormen **zu typischen Ver-
tragsbildungen herangewachsen** sind. Von Fall zu Fall werden diese Vertragstypen
dann auch vom Gesetzgeber aufgenommen und näher, mitunter auch die Rechtsprechung korrigierend, ausgestaltet. Beispiele bilden der Vertrag über die Teil-
zeitnutzung von Wohngebäuden (§§ 481–487), der Verbraucherdarlehensvertrag
(§§ 491–498), der Reisevertrag (§§ 651a ff), der Überweisungsvertrag (§§ 676a ff),
der Zahlungsvertrag (§§ 676d f), der Girovertrag (§§ 676f–h), der Fernunterrichtsvertrag (Fernunterrichtsschutzgesetz in der Fassung v 4. 12. 2000, BGBl I 1670), der
Wohnungsvermittlungsvertrag (Gesetz zur Regelung der Wohnungsvermittlung vom
4. 11. 1971, BGBl I 1745, 1747) und der Ausbildungsvertrag (§§ 3 ff BBiG).

Zu den **gemischten Verträgen** gehören: *Arbeitnehmerüberlassungsvertrag* (BGH NJW **30**
2002, 3317; BGH NJW 2000, 1557; BGHZ 75, 299; Marschner, Die Abgrenzung der Arbeitnehmerüberlassung von anderen Formen des Personaleinsatzes, NZA 1995, 668; Becker, Abgrenzung
der Arbeitnehmerüberlassung gegenüber Werk- und Dienstverträgen, Betrieb 1988, 2561); *Automatenaufstellungsvertrag* (BGH NJW 1998, 76; BGHZ 47, 202; Gitter, Gebrauchsüberlassungsverträge § 9 B IV 2 [1988]); *Bankvertrag* (BGH NJW 2002, 3695; BGH NJW 1996, 840;
BGH NJW 1985, 2699; OLG Celle MDR 1999, 107; Einsele, Das neue Recht der Banküberweisung,
JZ 2000, 9; Köndgen, Die Entwicklung des privaten Bankrechts in den Jahren 1992–1995, NJW
1996, 558; Canaris, Bankvertragsrecht [3. Aufl 1988] Rn 1 ff, insbes Rn 300 ff zum Girovertrag
[1988]); *Baubetreuungsvertrag* (BGH NJW 1999, 3118; BGHZ 126, 326 = NJW 1994, 2825;
Jagenburg/Weber, Die Entwicklung des Baubetreuungs-, Bauträger- und Wohnungseigentums-
rechts seit 1997, NJW 1999, 2855); *Bauträgervertrag* (BGH NJW 1986, 925; Jagenburg/Weber
aaO) *Beherbergungsvertrag* (BGH NJW 1978, 1426; Gitter, Gebrauchsüberlassungsverträge
§ 7 A II 1); *Belegarztvertrag* (OLG Stuttgart v 31.1.2001, OLGR Stuttgart 2001, 447; OLG
München VersR 1997, 977; OLG Hamm MedR 1989, 148; Franzki/Hansen, Der Belegarzt –

Stellung und Haftung im Verhältnis zum Krankenhausträger, NJW 1990, 737); *Bierlieferungsvertrag* (BGH NJW 2001, 2331; BGH NJW 1998, 2286; BGHZ 129, 371; WALTER, Kaufrecht [1987] § 3 II 3); *Bildüberlassungsvertrag* (BGH NJW-RR 2002, 1027); *Vertrag über Buchhaltungsarbeiten und Entwurf von Jahresabschlüssen* (BGH NJW 2002, 1571); *Bühnenaufführungsvertrag* (BGHZ 13, 115); *Consultingvertrag* (OLG Dresden NJW-RR 2000, 652; MARTINEK II § 21 III 2 [1992]); *Dienstverschaffungsvertrag* (OLG Koblenz MDR 2004, 386; BGH NJW-RR 1995, 659; OLG Celle NJW-RR 1997, 469; BECKER, Zur Abgrenzung des Arbeitnehmerüberlassungsvertrages gegenüber anderen Vertragstypen mit drittbezogenem Personaleinsatz, ZfA 1978, 131, 145 ff); *Direktunterrichtsvertrag* (OLG Saarbrücken v 23. 12. 2003, OLGR Saarbrücken 2004, 295; OLG Köln MDR 1998, 1212; OLG Celle NJW-RR 1995, 1465; WIENANDS, Neue Tendenzen im Recht des Direktunterrichts, MDR 1996, 659); *Diskontierungsvertrag* (BGH NJW 1995, 3315; BGHZ 126, 261 = NJW 1994, 2483; BGH WM 1972, 582; LIESECKE, Neuere Entwicklungen im internationalen Wechselrecht – 2. Teil, WM 1971, 366, 370 ff); *Distributionsvertrag* (BGH NJW-RR 1996, 1126); *Eigenhändlervertrag* (BGH NJW 1996, 2159; OLG Köln BB 1997, 2451; STUMPF, Vertragshändlerausgleich analog § 89b HGB – praktische und dogmatische Fehlverortung, NJW 1998, 12); *Energielieferungsvertrag* (OLG München NJW-RR 1999, 421); *Factoringvertrag* (BGH NJW-RR 1997, 1054; BGH NJW 1987, 1878; OLG Köln VersR 1997, 623; STAUDINGER/RIEBLE [1999] Einl 136 ff zu §§ 398 ff; MARTINEK I § 10 II); *Fertighausvertrag* (BGH NJW-RR 1995, 749; OLG Hamm NJW-RR 1995, 1045; WALTER, Kaufrecht [1987] § 1 II 5a); *Filmbezugs- oder Filmbestellungsvertrag* (OLG Celle NJW 1965, 1667); *Filmverwertungsvertrag* (OLG München NJW-RR 1997, 1405; BGHZ 2, 331; GITTER, Gebrauchsüberlassungsverträge [1988] § 12 B II 3); *Franchisingvertrag* (BGH LM § 305 BGB Nr 76; BGH NJW 1999, 1177; GIESLER, das Minderungsrecht des Franchisenehmers, ZIP 2000, 2098; WOLF/UNGEHEUER, Vertragsrechtliche Probleme des Franchising, BB 1994, 1027; MARTINEK II § 14); *Gastaufnahmevertrag* (AG Burgwedel NJW 1986, 2647; RAMRATH, Vertragsbeendigung bei mangelhaften Restaurantleistungen, AcP 189 [1989] 559 ff); *Gestattungsvertrag* (zur Errichtung einer Breitbandkabelanlage BGH NJW 2002, 3322; zur Anbringung von Werbetafeln auf Golfplatzgelände BGH NJW-RR 1994, 558); *Heimvertrag* (BGH NJW-RR 2004, 160; BGH NJW 2002, 507; BGH NJW 2001, 2971; BGH NJW 1995, 1222; GAISER, Fallstricke bei der Altenheim-Vertragsgestaltung, NJW 1999, 2311); *Hofübergabevertrag* (BGHZ 3, 206; LÜDTKE-HANDJERRY, Hofübergabe als vertragliche und erbrechtliche Nachfolge, DNotZ 1985, 322); *Honorarverteilungsvertrag* (OLG München NJW-RR 1996, 561); *Informationslieferungsvertrag* (WALTER, Kaufrecht [1987] § 3 II 2d); *Inkassovertrag* (BGH LM § 667 BGB Nr 17; MICHALSKI, Die Befugnis von Inkassounternehmen zur gerichtlichen Durchsetzung von Forderungen, BB 1995, 1361); *Joint-venture-Vertrag* (BGHZ 62, 193; EBENROTH, Das Verhältnis zwischen Joint-venture-Vertrag, Gesellschaftssatzung und Investitionsvertrag, JZ 1987, 265; MARTINEK III § 25 II); *Just-in-time-Vertrag* (GRUNEWALD, Just-in-time-Geschäfte – Qualitätssicherungsvereinbarungen und Rügelast, NJW 1995, 1777; STECKLER, Das Produkthaftungsrisiko im Rahmen von Just-in-Time-Lieferbeziehungen, BB 1993, 1225; MARTINEK III § 28 II); *Know-how-Vertrag* (BGH NJW-RR 1998, 1502; BGH GRUR 76, 140; MARTINEK II § 19 III); *Kreditkartenvertrag* (BGHZ 152, 75; BGHZ 137, 27 = NJW 1998, 383; BGHZ 125, 343 = NJW 1994, 1532; METZ, Aktuelle Fragen der Kreditkartenpraxis, NJW 1991, 2804; BITTER, Zum Widerruf der Anweisungen im Kreditkartenverfahren, BB 1997, 480; MARTINEK III § 23 II); *Leasingvertrag* (BGHZ 144, 371 = NJW 2000, 3133; BGHZ 81, 298; KNEBEL, Zur typologischen Einordnung des Leasingvertrags, WM 1993, 1026; MARTINEK I § 4. S auch ausführlich STAUDINGER/STOFFELS [2004] Leasingrecht nach §§ 433 ff); *Lieferungsvertrag mit Montageverpflichtung* (BGH NJW 1998, 3197; BGH WM 1986, 714; WALTER, Kaufrecht [1987] § 1 II 5b); *Lizenzvertrag* (BGH NJW-RR 1997, 1467; BGH GRUR 1979, 768; PRES, Gestaltungsformen urheberrechtlicher Softwarelizenzverträge, CR 1994, 520; STUMPF/GROSS, Der Lizenzvertrag [1993] Rn 19 ff); *Managementvertrag* (BGH NJW 1982, 1817; MARTINEK II § 20 I 3); *Mietvertrag mit*

Gestellung des Bedienungspersonals (BGH WM 1996, 1785); *Vertrag über die nichteheliche Lebensgemeinschaft* (BGH NJW 1997, 3371; Grziwotz, Partnerschaftsverträge für nichteheliche Lebensgemeinschaften, MDR 1999, 709; Weimar, Ausgleichsansprüche bei Auflösung nichtehelicher Lebensgemeinschaften?, MDR 1997, 713); *Patronatsvertrag* (OLG Nürnberg IPRax 1999, 464 [rechtskräftig]; OLG Düsseldorf NJW-RR 1989, 1116; Habersack, Patronatserklärungen ad incertas personas, ZIP 1996, 257; Michalski, Die Patronatserklärung, WM 1994, 1229); *Pay-TV-Abonnementvertrag* (BGH NJW 2003, 1932); *Poolvertrag* (BGH NJW 1998, 2592; OLG Köln ZIP 1994, 1461 und 1464; Serick, Probleme des Sicherheitenpools der Gläubiger in der Insolvenz des Schuldners, KTS 1989, 743; Martinek III § 24 II 3); *Prozessfinanzierungsvertrag* (Bruns, Das Verbot der quota litis und die erfolgshonorierte Prozessfinanzierung, JZ 2000, 232; Dethloff, Verträge zur Prozessfinanzierung gegen Erfolgsbeteiligung, NJW 2000, 2225; Grunewald, Prozessfinanzierungsvertrag mit gewerbsmäßigem Prozessfinanzierer – ein Gesellschaftsvertrag, BB 2000, 729). *Verträge über die Verpflichtung zu einem bestimmten prozessualen Verhalten* (BGH VersR 1993, 714); *Qualitätssicherungsvereinbarung* (Grunewald, Just-in-time-Geschäfte – Qualitätssicherungsvereinbarungen und Rügelast, NJW 1995, 1777; Ensthaler, Haftungsrechtliche Bedeutung von Qualitätssicherungsvereinbarungen, NJW 1994, 817); *Schiedsgutachtervertrag* (BGH NJW 1996, 452; BGH NJW-RR 1994, 1314; Gehrlein, Wirksamkeitsmängel von Schiedsgutachten, VersR 1994, 1009); *Schiedsrichtervertrag* (BGH NJW 1954, 1763; Breetzke, Vertrag und Vergütung des Schiedsrichters, NJW 1968, 1113); *Schuldmitübernahmevertrag* (BGH NJW 2000, 575; BGHZ 133, 71 = NJW 1996, 2156; Fischer, Aktuelle Rechtsprechung des Bundesgerichtshofs zur Bürgschaft und zum Schuldbeitritt, WM 1998, 1705; Kohte, Die Stellung des Schuldbeitritts zwischen Bürgschaft und Schuldübernahme, JZ 1990, 997); *Sponsoringvertrag* (BGH NJW 1992, 2690; Weiand, Rechtliche Aspekte des Sponsoring, NJW 1994, 227); *Tankstellenvertrag* (BGHZ 143, 104 = NJW 2000, 1110; BGH NJW 1969, 1662; Gitter, Gebrauchsüberlassungsverträge [1988] § 10b I); *Trödelvertrag* (Mot II 516); *Turnkey-Vertrag* (BGH NJW 1982, 1458; Fikentscher, Der Werkverschaffungsvertrag, AcP 190 [1990] 34, 49 ff; Martinek III § 26 II); *Verfilmungsvertrag* (Kreile, Aktuelle Probleme der Vertragsgestaltung bei der Produktion von Filmen und Fernsehfilmen – „Auftragsproduktion", ZUM 1991, 386; BGHZ 27, 90); *Vertrag über ein wettbewerbliches Unterlassen* (BGH NJW 1998, 1144; BGH NJW 1997, 3087; Köhler, Der wettbewerbsrechtliche Unterlassungsvertrag, in: FS vGamm [1990] 57 ff); *Wartungsvertrag* (BGH WM 2003, 448; BGH NJW-RR 2004, 788; OLG Köln VersR 2000, 335; OLG Frankfurt ZIP 1983, 702; Redeker, Die Ausübung des Zurückbehaltungsrechts im Wartungs- und Pflegevertrag, CR 1995, 385; Schmid, Probleme der Rechtsnaturbestimmung moderner Vertragstypen – am Beispiel des „Back-up-Vertrages", CR 1994, 543); *Wechselvertrag* (BGH ZIP 1999, 1561; BGH NJW-RR 1998, 1124; Hueck/Canaris, Recht der Wertpapiere [1986] § 7 III 3; Stöcker/Heidinger, Zum Wesen des „Begebungsvertrages" im Wechselrecht, NJW 1992, 880); *Werbeagenturvertrag* (OLG München NJW-RR 1996, 626, NJW-RR 1996, 176; Sosnitza, Plagiate, Prozesse und Provisionen – Rechtsfragen bei der Tätigkeit von Werbeagenturen, ZUM 1998, 631); *Werkförderungsvertrag* (BGH NJW 1967, 2261; Roquette, Werkförderungsverträge als Verträge zugunsten Dritter, NJW 1967, 2239); *Werkverschaffungsvertrag* (Fikentscher, AcP 190 [1990] 34); *Zeitschriftenbezugsvertrag* (BGHZ 70, 357; BGH NJW 1986, 3134; H D Schmid, Arbeitskampfklauseln in den allgemeinen Geschäftsbedingungen des Zeitungsbezugsvertrags, NJW 1979, 15); *Zeitschriftenhändlervertrag* (BGH JZ 1969, 71).

Reine **atypische Verträge** sind selten. Genannt werden können im Grunde nur der **31** *Garantievertrag* (RGZ 146, 123; 165, 47; BGH WM 1982, 1324; BGHZ 140, 49 = NJW 1999, 570; Gröschler, Einwendungsausschluss bei der Garantie auf erstes Anfordern und der einfachen Garantie, JZ 1999, 822; Staudinger/Horn [1997] Vorbem 194 ff zu §§ 765 ff) und der *Softwarevertrag* (BGH NJW 2001, 1718; OLG Celle CR 1996, 539; OLG Hamm NJW-RR 1992, 953;

vWESTPHALEN, Der Software-Entwicklungsvertrag – Vertragstyp – Risikobegrenzung, CR 2000, 73 ff; JUNKER, Die Entwicklung des Computerrechts im Jahre 1998, NJW 1999, 1294; VOLLE, Rechtliche Einordnung der EDV-Systemverträge, CR 1996, 139). Allerdings weichen manche der gemischten Verträge so weit von den Tatbestandsmerkmalen der gesetzlich geregelten Vertragstypen ab, dass sie den atypischen Verträgen nahekommen. Das gilt etwa für Franchising- und Inkassoverträge.

32 Die entscheidende Frage bei den atypischen und gemischten Verträgen geht dahin, **welche Rechtsnormen** auf den einzelnen Vertrag Anwendung finden. Auch für die **gemischten Verträge** lässt sich darauf entgegen der älteren Lehre (HOENIGER 314 f) wegen der Vielgestaltigkeit der geregelten Lebenssachverhalte keine allgemeingültige Antwort geben. Besondere Rücksicht verdienen bei der Entscheidung stets die von den Parteien gestaltete *jeweilige Interessenlage* und die besonderen Umstände des Einzelfalles (GERNHUBER, Schuldverhältnis § 7 V 2; SOERGEL/WOLF § 305 Rn 26 f).

33 Praktisch am wichtigsten ist, ob der gemischte Vertrag sowohl hinsichtlich der den Parteiwillen ergänzenden (nachgiebigen) als auch hinsichtlich der die Vertragsfreiheit einengenden (zwingenden) Normen den für einen bestimmten Vertragstyp oder den für verschiedene Vertragstypen geltenden Vorschriften unterworfen ist. Das erstere lehren die Vertreter des sog **Absorptionsprinzips** (insbes LOTMAR 215 ff, 709 ff). Danach sei eine der im Vertrag bedungenen Leistungen die Hauptleistung; diese bestimme die Natur des Vertrages. Im Gegensatz dazu vertreten die Anhänger des sog **Kombinationsprinzips** (insbes RÜMELIN 320 ff; HOENIGER aaO) die Auffassung, dass in jedem Einzelfall die Normen aus den in dem gemischten Vertrag enthaltenen verschiedenen Vertragstypen zu kombinieren sind (abw, aber doch dem Kombinationsprinzip nahestehend und entschieden gegen das Absorptionsprinzip SCHREIBER JherJb 60, 106 ff, 203 ff, 213). Je nachdem, ob man das Absorptionsprinzip oder das Kombinationsprinzip vertritt, gelangt man auch zu anderen Antworten auf die Frage, ob die Nichtigkeit der einem der verschiedenen Vertragstypen angehörenden Verpflichtungen die Nichtigkeit des ganzen Vertrages bewirkt oder nicht. Der Anhänger des Absorptionsprinzips wird dies bei Nichtigkeit der ihm als Hauptverpflichtung erscheinenden Verbindlichkeit und nur bei dieser annehmen. Der Vertreter des Kombinationsprinzips wird zu vorsichtigeren Entscheidungen und zu komplizierteren Ergebnissen gelangen.

34 Das **Absorptionsprinzip** ist zu einfach, um richtig zu sein. Es wird der Vielgestaltigkeit des Lebens nicht gerecht. Denn es trifft ganz offensichtlich nicht zu, dass in jedem Falle eine Leistung als Hauptleistung gelten könne. Etwa kann jemand für Wohnung und für Unterricht Geld zahlen, und es kann ihm beides gleich wichtig sein. Oder ein Vertrag über eine Schiffsreise kann Vereinbarungen enthalten, die die Beförderung zur See nebst Verpflegung, die Miete einer Schiffskabine, den Kauf von Lebensmitteln oä, also Leistungen betreffen, die den Umständen und der Interessenlage nach durchaus nicht nebensächlich zu sein brauchen. Solchen Fällen tut das Absorptionsprinzip Gewalt an, indem es den gemischten Vertrag unter einen bestimmten Vertragstypus als den Typus der vermeintlichen Hauptleistung zwingen will.

35 Aber auch das **Kombinationsprinzip** trifft nicht immer zu. Einmal gibt es tatsächlich Fälle, in denen eine Leistung so sehr überwiegt, dass sie dem Vertrag ihren Cha-

rakter aufzwingen muss. Niemand wird bezweifeln, dass in dem oft erörterten Beispiel der Vermietung eines Zimmers mit Bedienung (Enneccerus/Lehmann § 100 B I;
Hoeniger 111) ein Mietvertrag, oder beim Kauf von Getreiden in Säcken, die erst
nach einiger Zeit zurückgegeben werden sollen, ein Kaufvertrag abgeschlossen wird.
Zum anderen muss berücksichtigt werden, dass zwingende Rechtsvorschriften, insbesondere soweit sie dem Schutz eines Vertragsteils dienen, ihrem Zweck nach
Geltung für den gesamten Vertrag beanspruchen können, auch wenn der Vertragstyp, für den sie aufgestellt sind, nur ein Element des Vertrages ausmacht (Schelp, in:
FS Herschel 94 ff). So muss etwa für die Kündigung eines aus Arbeitsvertrags-, Miet-
vertrags- und Darlehensvertragselementen zusammengesetzten Vertrags regelmäßig
das KSchG gelten (BAG NJW 1969, 1192). Weder mit dem Absorptionsprinzip noch mit
dem Kombinationsprinzip lässt sich auch das Problem der sog gemischten Schenkung bewältigen. Hier müssen der entgeltliche und der unentgeltliche Teil des Geschäftes für sich behandelt werden (s Staudinger/Cremer [1995] § 516 Rn 42 ff).

Deshalb gilt für das auf einen gemischten Vertrag **anzuwendende Recht**: Nur auf- **36**
grund einer sorgfältigen Beurteilung der in dem Vertragswerk jeweils zusammen-
gefügten Lebensvorgänge und Rechtsverhältnisse, und zwar nicht nach den verein-
zelten Vorgängen, sondern ihrer Gesamtheit (RGZ 161, 323; OGHZ 3, 26 zu der Frage, ob
ein Vergleich auch einen Kaufvertrag enthält; BGH NJW 1951, 150) einerseits, und andererseits des Zwecks, des Geltungsanspruchs und der Funktionsweise der in Betracht kommenden verschiedenen Rechtsnormen kann entschieden werden, welche Regeln
gelten (MünchKomm/Emmerich [2003] § 311 Rn 46). Verallgemeinerungen können dabei
nur nach und nach in einem Diskurs von Rechtspraxis und Rechtslehre herausge-
bildet werden (zutreffend Martinek I 29 ff). Nur unter diesem Vorbehalt kann man der
Systematisierung der gemischten Verträge folgen, wie sie in der Rechtslehre von
Enneccerus/Lehmann (§ 100 B) entwickelt worden ist. Nach ihr können folgende
Arten von gemischten Verträgen unterschieden werden:

Gemischter Vertrag mit aneinandergereihten Typen und mit gleichwerten Leistungen: **37**
Hier verpflichten sich ein Vertragspartner oder auch mehrere Vertragspartner nebeneinander zu mehreren Leistungen, von denen jede einem anderen Vertragstyp
angehört, die aber nach Absicht der Parteien gleich wichtig sind. Enneccerus/
Lehmann sprechen hier von einem *„Kombinationsvertrag"*. Beispiele sind die Gewährung von Kost und Wohnung gegen Geld, der Verkauf eines Kraftfahrzeuges mit
Übernahme der Verpflichtung, dem Käufer Fahrunterricht zu erteilen, die Übernahme der zusätzlichen Aufgabe der Geschäftsführung einer Tochterfirma durch
einen Angestellten (BAG BB 1973, 91) oder die Anstellung eines Anwalts mit Sozietätszusage (BAG BB 1976, 139). Die Vermietung eines Schiffes mit der dazugehörenden
Mannschaft ist als Sachmiete in Verbindung mit der Verschaffung von Dienstleistungen angesehen worden (RGZ 69, 129); Bühnenaufführungsverträge enthalten häufig Elemente des Pacht-, Gesellschafts- und Werkvertrages und oft auch solche des
Verlagsrechts (BGHZ 13, 119). Zu den „Kombinationsverträgen" gehören aber auch
solche Verträge, in denen auf Seiten beider Vertragspartner Leistungen mehrerer
Typen aneinander gereiht werden. Beispiel ist die Gewährung von Kost und Wohnung gegen Geld und Unterricht.

Entscheidend ist in allen „Kombinationsverträgen", dass die Verpflichtungen, die an **38**
sich verschiedenen Vertragstypen angehören, nur lose aneinander gereiht sind, nur

addiert werden. Hier gilt in der Regel das *Kombinationsprinzip* (Rn 33, 35). Bei einem Vertrag über die Gewährung von Kost und Wohnung gegen Geld und Unterricht gilt für die Überlassung der Wohnung Mietrecht, für die Gewährung der Kost Kaufrecht und für die Erteilung des Unterrichts das Recht des Dienstvertrages. Bei Anstellung eines Anwalts mit Sozietätszusage gilt für den Anstellungsvertrag das Recht des Arbeitsverhältnisses und für die Sozietätszusage allgemeines Zivilrecht. Übernimmt ein Arbeitnehmer zusätzlich die Geschäftsführung einer Tochterfirma, gilt für den Geschäftsführungsvertrag das allgemeine Dienstvertragsrecht, während es im übrigen beim Arbeitsrecht bleibt. Die im einzelnen Fall oft sehr schwierige Frage, wie die verschiedenen hiernach maßgebenden Normen zu kombinieren sind, ist unter sorgfältiger Erforschung des Parteiwillens, insbesondere des beabsichtigten Vertragszweckes einerseits und des Zwecks der Funktionsweise der in Betracht kommenden Rechtsnormen andererseits zu lösen.

39 *In aller Regel* wird durch die Kündigung eines Teils des Vertrages der *gesamte Vertrag aufgehoben*. Wird etwa die Benutzung einer Fabrik und die Lieferung der zu ihrem Betrieb erforderlichen Energie für eine einheitliche Gegenleistung versprochen, und erweist sich die Gebrauchsgewährung als unerfüllbar, kann der Vertrag nach Pachtvertragsrecht insgesamt gekündigt werden. Ebenso kann der Arbeitgeber den Arbeitsvertrag, der mit Elementen des Mietvertrages und Darlehensvertrages gemischt ist, insgesamt kündigen, wenn ein arbeitsvertraglicher Auflösungsgrund vorhanden ist. Und so ist beim Altenheimvertrag für die Auflösung Mietvertragsrecht zugrunde zu legen (BGH NJW 1979, 1288; auf die Gestaltung im einzelnen hebt demgegenüber ab BGH NJW 1981, 341, 342).

40 Nur *ausnahmsweise* berührt die **Kündigung** eines Vertragsteils oder der **Rücktritt** von einem Vertragsteil die Wirksamkeit des übrigen Vertrages nicht. Ist etwa in dem Vertrag über Gewährung von Kost und Wohnung gegen Geld und Unterricht der Vermieter gem § 543 berechtigt, den Mietvertrag zu kündigen, so wird er auch durch die Kombination der verschiedenen Vertragsleistungen nicht daran gehindert, dies zu tun. Mit der Kündigung wird nicht der ganze Vertrag aufgelöst, weil die übrigen Vertragsleistungen nach der Absicht der Parteien ebenso wichtig sind wie die Miete. Infolgedessen muss der Mieter nach Kündigung des Mietvertragsteils gem § 242 berechtigt sein, die in Geld zu zahlende Miete (die zugleich Kaufpreis für die Kost ist) entsprechend herabzusetzen und gegebenenfalls sogar für den Unterricht eine angemessene Vergütung zu fordern.

41 Interessenlage und besondere Umstände können ausnahmsweise auch dazu führen, dass bestimmte Rechtsfolgen, zB die **Gewährleistungsrechte**, dem spezifischen Sinngehalt des Vertrages entsprechend durch das Heranziehen vergleichbarer Bestimmungen aus anderen Rechtsgebieten zu beurteilen sind (s folgende Entscheidungen zum sog Filmverwertungsvertrag: RGZ 158, 328, 330; 161, 321, 324; BGHZ 2, 331, 334 f; 9, 262, 264; 27, 96 und SCHRÖCKER, Probleme des Filmverwertungsvertrages, NJW 1952, 652; s ferner BGHZ 19, 269, 275, betreffend die Umdeutung eines nichtigen Vertrages über die Errichtung einer BGB-Gesellschaft, für die in den Grenzen des rechtlich Möglichen die Vorschriften der OHG gelten).

42 Gemischter Vertrag mit aneinandergereihten Typen und Überwiegen des einen Typus: Hier werden ebenfalls mehrere verschiedenen Vertragstypen angehörige Leistungen lose aneinandergereiht; nach der Absicht der Parteien ist aber eine Leistung die

Hauptleistung, während die anderen von untergeordneter Bedeutung sind. Hierher gehören der oben erwähnte Fall der Vermietung eines Zimmers mit Bedienung (RGSt 20, 417), regelmäßig der Kauf mit Montageverpflichtung (vgl OLG Stuttgart BB 1971, 239), der Verkauf von Flaschenbier unter gleichzeitiger Verleihung der Flaschen an den Käufer und auch die Lieferung von Getreide in Säcken, die nach einer gewissen Zeit zurückzugeben sind (vgl für die mit der Verpackung zusammenhängenden Rechtsfragen Staudinger/Matusche-Beckmann [2004] § 434 Rn 180 ff; Staudinger/Beckmann [2004] § 447 Rn 21, 41; § 448 Rn 15 ff). dass eine Leistung nach dem Willen der Parteien der oder den anderen übergeordnet sein soll, bewirkt in diesen Fällen regelmäßig die Geltung des *Absorptionsprinzips*: Die Vermietung eines Zimmers mit Bedienung ist Miete (RGZ 169, 87, 88 mNw), der Verkauf von Flaschenbier unter Verleihung der Flaschen ist Kauf mit Flaschenleihe oder Flaschendarlehen (vgl BGH NJW 1956, 298 mNw). Neben den für den vorherrschenden Vertragstypus geltenden Rechtsnormen sind untergeordnet und gegebenenfalls entsprechend auch die Vorschriften anzuwenden, die für die in ihrer Bedeutung zurücktretenden Leistungen gelten (vgl RGZ 161, 321, 323 f), sofern Zweck und Eigenart des Gesamtvertrages nicht entgegenstehen. Etwa gilt bei einem auf zahnprothetische Behandlung gerichteten Dienstvertrag das Gewährleistungsrecht des Werkvertrages, soweit es nicht um die spezifisch zahnärztliche Heilbehandlung, sondern um die technische Anfertigung der Prothese geht (BGHZ 63, 306). dass ein Hauptvertragstypus vorherrscht, hindert auch nicht, hinsichtlich der Hauptleistung nach § 242 vom Recht des Haupttypus mit Rücksicht auf die Nebenleistungen abzuweichen.

Von der eben erörterten Fallgruppe sind diejenigen Tatbestände zu unterscheiden, in **43** denen nur scheinbar verschiedenartige Leistungen aneinandergereiht werden, sich ein Vertragspartner in Wirklichkeit aber nur eine *bestimmte Beschaffenheit zusagen* oder eine *bestimmte Eigenschaft zusichern* lässt (§§ 434 Abs 1 S 1, 536 Abs 2, 633 Abs 2 S 1). Hierher gehört etwa der Fall, dass sich der Hauseigentümer vor Einzug des Mieters verpflichtet, Zimmer in bestimmter Weise tapezieren zu lassen (vgl Hoeniger 369 f).

Gemischter Vertrag mit verschmolzenen Typen: Hier sind nicht Leistungen, die zu **44** verschiedenen Vertragstypen gehören, aneinandergereiht, sondern ein Bestandteil des Vertrages stellt sich gleichzeitig als ein anderer Vertragstypus dar. So kann im Rahmen eines Vergleichs ein Kaufvertrag abgeschlossen werden, wenn etwa eine Forderung gegen Verkauf eines Tisches ermäßigt wird. Ebenso kann ein Dienstvertrag zugleich einen Gesellschaftsvertrag enthalten, etwa wenn sich jemand verpflichtet, die landwirtschaftlichen Bücher eines Gutsbesitzers zu führen und dafür als Gegenleistung in die Branntweinbrennerei des Gutsbesitzers als Teilhaber aufgenommen wird (ein von Enneccerus/Lehmann § 100 B IV entlehntes Beispiel). Zu einem Vertrag, in dem einem Partner das Recht eingeräumt wird, auf zu errichtenden Anschlagsäulen Reklame anzubringen, vgl BGH NJW 1952, 620.

Wesentlich ist hier, dass die Vertragstypen miteinander *verschmolzen* sind: Der **45** Verkauf des Tisches ist einerseits das Nachgeben des einen Teils im Rahmen des Vergleichs, andererseits die Vertragsleistung im Rahmen eines Kaufvertrages. In diesen Fällen gilt daher insofern das *Absorptionsprinzip*, als der ganze Vertrag zunächst dem Recht desjenigen Vertragstypus unterworfen ist, dem jeder Bestandteil des Vertrages angehört, im Beispielsfalls also dem Recht des Vergleichs. Für den

Vertrag gilt deshalb zunächst zB § 779. Soweit aber der Vertragsbestandteil betroffen ist, hinsichtlich dessen die Vertragstypen verschmolzen sind, gilt auch das *Kombinationsprinzip*: So bestimmt sich die Gewährleistungspflicht des Verkäufers im Beispielsfall nach dem Kaufvertragsrecht. Wenn sich etwa herausstellt, dass dem Verkäufer der Tisch gar nicht gehört, so bestimmen sich die Rechte der anderen Vergleichspartei nach §§ 435, 437.

46 Zu der Gruppe der gemischten Verträge mit verschmolzenen Typen gehören die sog gemischte Schenkung (vgl dazu STAUDINGER/CREMER [1995] § 516 Rn 42 ff), der Leasingvertrag (entgeltliche Gebrauchsüberlassung mit kaufvertraglichen und kreditvertraglichen Elementen, s STAUDINGER/BECKMANN [2004] Vorbem 163 ff zu §§ 433 f; STAUDINGER/STOFFELS [2004] Leasingrecht nach 433 ff Rn 8 ff), der Franchisingvertrag (Mischung zahlreicher Vertragstypenelemente, insbesondere des Geschäftsbesorgungsvertrages, des Lizenzvertrages, des Kaufvertrages und des Handelsvertretervertrages) und der Factoringvertrag (Elemente des Kaufvertrages, des Darlehensvertrages und des Geschäftsbesorgungsvertrages).

47 **Gemischter Vertrag mit doppeltem Typus**: Hier gehört der Vertrag zwei Vertragstypen an; er ist seinem Inhalt nach sowohl ein Vertrag des einen als auch ein Vertrag des anderen Typus. Der von ENNECCERUS/LEHMANN (§ 100 B III) für diese Fälle geprägte Name *„Zwittervertrag"* ist treffend. Ebenso ist das dort gewählte Beispiel anschaulich: Es wird freie Wohnung gegen Leistung von Hausmeisterdiensten versprochen (sog Hausmeistervertrag); dieser Vertrag ist seinem ganzen Inhalt nach sowohl Mietvertrag als auch Dienstvertrag. Oder ein Gastwirt verspricht einem Studenten täglich einen Mittagstisch gegen Gewährung von Nachhilfestunden für seinen Sohn; dieser Vertrag ist sowohl Tauschvertrag als auch Dienstvertrag. Diese Verträge unterstehen den *Normen beider Vertragstypen* (MünchKomm/EMMERICH [2003] § 311 Rn 43). Widersprechen diese Normen einander, so müssen der Zweck des Vertrages einerseits und der Zweck der Rechtsnormen andererseits darüber entscheiden, welche Rechtsnorm Anwendung finden soll. In Einzelfällen enthält schon das Gesetz eine ausdrückliche Regelung, etwa für die Werkdienstwohnung in § 576b. S ferner BGH NJW 1951, 150, 151 zu einem einheitlichen Gemüseanbau- und Gemüselieferungsvertrag mit der Nebenverpflichtung des Käufers, das Saatgut zu liefern; s auch SCHELP, in: FS Herschel 98 ff.

48 Vom gemischten Vertrag wird der **zusammengesetzte Vertrag** unterschieden. Während beim gemischten Vertrag ein einheitlicher Vertrag vorliegt, besteht der zusammengesetzte Vertrag aus mehreren an sich *selbständigen Teilen*, die aber nach dem Willen der Parteien *voneinander abhängig* sein sollen (BGHZ 76, 43, 49; 78, 346, 348 ff). Beim zusammengesetzten Vertrag folgt jeder Vertrag grundsätzlich den Regeln seines Vertragstypus. Die Tatsache, dass die verschiedenen Vertragsteile zu einem zusammengesetzten Vertrag verbunden sind, ist vor allem für die Anwendung des § 139 wesentlich: Ist einer der verbundenen Verträge nichtig, trifft das regelmäßig auch die anderen Verträge (s näher STAUDINGER/ROTH [2003] § 139 Rn 36 ff). Weiter folgt aus der Verknüpfung der Verträge, dass die für einen Vertrag geltende Formvorschrift, etwa § 311b Abs 1, auch für den anderen Vertrag und für die beiderseitige Verknüpfung gilt (BGHZ 76, 43, 49; 78, 346, 348; 89, 41, 43; 104, 18, 22 f; STAUDINGER/WUFKA [2001] § 313 Rn 172 ff). Schließlich kann auch das Synallagma erweitert sein, so dass Rücktritt, Schadensersatz statt der Leistung oder Kündigung aus wichtigem Grund hinsichtlich eines Vertrages den gesamten einheitlichen Vertrag umfassen (BGH NJW 1976, 1931). In diesem Fall nähert sich der zusammengesetzte Vertrag in seinen Rechtsfolgen stark dem gemischten Vertrag an.

Ob mehrere Verträge in einem zusammengesetzten Vertrag verbunden sind, kann **49** nur nach dem *Willen der Parteien* entschieden werden, nicht nach äußerlichen Merkmalen. Etwa ist die Tatsache, dass die Verträge in einer oder in verschiedenen Urkunden vereinbart sind, nur ein Indiz (s einerseits BGHZ 76, 43, 49; 78, 346, 348 ff; andererseits BGH NJW 1970, 1414, 1415: der BGH spricht von einer Vermutung für einen zusammengesetzten Vertrag bei Vereinbarung in einer Urkunde, meint damit aber ersichtlich keine eigentliche Beweisregel). Ein solches Indiz kann auch der wirtschaftliche Zusammenhang der zusammengesetzen Verträge sein (BGH NJW 1987, 1069).

Beispiele für zusammengesetzte Verträge können sein: Verpachtung der einer Braue- **50** rei gehörenden Wirtschaft oder Verkauf eines Gastwirtschaftsgrundstücks bei gleichzeitigem Abschluss eines Bierbezugsvertrages (RGZ 67, 101, 104); die Gewährung eines Baukredits durch einen Holzhändler bei gleichzeitigem Abschluss eines Kaufvertrages über das zum Bau verwendete Holz und der gleichzeitige Abschluss eines Baubetreuungs- und eines Grundstückskaufvertrages (BGH NJW 1976, 1931).

Die Parteien können einen einmal hergestellten Zusammenhang zweier Verträge **51** auch nachträglich *wieder aufheben*, insbesondere sich darüber einigen, dass Rücktritt oder Schadensersatz statt der Leistung auf einen Vertrag beschränkt werden. Soweit der zusammengesetzte Vertrag nach § 139 nichtig war, liegt in dieser Einigung über die nachträgliche Auflösung des zwischen den Verträgen bestehenden Zusammenhangs eine – gegebenenfalls formbedürftige – Bestätigung iS des § 141 Abs 1.

Im genannten Sinne zusammengesetzt werden können auch *Verträge zwischen unter-* **52** *schiedlichen Parteien* (BGH NJW 1970, 1414: Grundstückskaufvertrag mit einer Erbengemeinschaft und einem ihrer Mitglieder, das Eigentümer einer Grundstückshälfte ist; BGHZ 76, 43; NJW 1976, 1931: Grundstückskaufvertrag und Baubetreuungsvertrag mit einer vom Grundstücksverkäufer verschiedenen Person). Die Verträge gelten als zusammengesetzt zwischen den Parteien, die den Zusammenhang hergestellt haben. Beim Kauf von Miteigentümern werden meist beide Kaufverträge voneinander abhängig sein; es ist aber auch denkbar, dass eine solche Abhängigkeit lediglich für den einen Kaufvertrag hergestellt wird, während der andere, weil der Verkäufer darauf besteht, in jedem Fall wirksam sein soll.

Nicht zu verwechseln mit den zusammengesetzten Verträgen ist der Fall, dass die **53** Wirksamkeit eines Vertrages von der **aufschiebenden oder auflösenden Bedingung** der Wirksamkeit eines anderen Vertrages abhängig gemacht wird. Rechtsfolge ist bei der aufschiebenden Bedingung lediglich, dass der bedingte Vertrag solange nicht wirksam wird, wie auch der andere nicht wirksam wird; bei der auflösenden Bedingung, dass die Wirksamkeit des bedingten Vertrages mit Bedingungseintritt endet (s STAUDINGER/BORK [2003] § 158 Rn 18 ff). Vom Fall des zusammengesetzten Vertrages zu unterscheiden ist weiter der Fall, dass ein Vertrag im Sinne von § 313 **Geschäftsgrundlage** eines anderen ist (dazu STAUDINGER/SCHMIDT-KESSEL [2006] § 313). Denkbar ist ferner eine **Rahmenvereinbarung**, mit deren Hilfe Verträge zwischen mehr als zwei Parteien miteinander gekoppelt werden, ohne dass die Parteien der einzelnen Verträge jeweils an allen Verträgen beteiligt wären (RGZ 86, 109).

IV. Vertragliche Änderung von Schuldverhältnissen

1. Vertrag als Voraussetzung

54 Auch die rechtsgeschäftliche Abänderung des einmal begründeten vertraglichen oder gesetzlichen Schuldverhältnisses bedarf nach § 311 Abs 1 des Vertrages. Soll etwa der Arbeitnehmer einer GmbH zu deren Geschäftsführer berufen werden, ist eine Änderung des Arbeitsvertrages in einen selbständigen Dienstvertrag erforderlich (BAG BB 2000, 2154; dazu auch Löwisch/Spinner KSchG [9. Aufl 2004] § 14 Rn 10).

55 Eine Änderung des Vertragsinhalts durch **einseitiges Rechtsgeschäft** ist *nur* möglich, soweit das Gesetz sie zulässt, oder die Parteien dies vereinbart haben. Gesetzlich zugelassen sind zB Gestaltungsrechte wie das Wahlrecht nach § 263 oder das Leistungsbestimmungsrecht gem §§ 315 ff, etwa das Weisungsrecht des Arbeitgebers (§ 106 GewO), die Konkretisierung einer Gattungsschuld in eine Speziesschuld nach § 243 Abs 2, die Fristsetzung gem §§ 281, 323 und die Kündigungs-, Rücktritts- und Anfechtungsrechte. Aber auch die Erhöhung der Wohnraummiete nach den §§ 559–561 zählt hierzu (s Staudinger/Emmerich [2003] § 558 Rn 4).

56 Ob die Parteien ein einseitiges Änderungsrecht eines Vertragspartners *vereinbart* haben, ist eine Frage des Einzelfalls; in Allgemeinen Geschäftsbedingungen kann eine solche Vereinbarung unwirksam sein, § 308 Nr 4. Bei Fragen geringerer Bedeutung wird man ein solches Recht durch Auslegung des Vertrages nach Treu und Glauben mit Rücksicht auf die Verkehrssitte (§§ 157, 242) ableiten können, wenn hierdurch der Vertragsgegner nicht belastet wird. Deshalb ist etwa eine abändernde Anweisung des Gläubigers über die Art und Weise oder das Ziel der Verpfändung der verkauften Ware nach der Rspr (vgl RG JW 1917, 215, 284) ebenso zulässig wie ein nachträgliches Verlangen des Gläubigers, die Leistung gegen Erstattung etwaiger Mehrkosten an einen Dritten zu erbringen (Erman/Kindl [2004] § 311 Rn 7).

57 Keine Ausnahme von dem Grundsatz des § 311 Abs 1 gilt für den **Verzicht auf Rechte aus einem Vertrag**. Ein solcher Verzicht ändert den Inhalt des Schuldverhältnisses und erfordert deshalb nach § 311 Abs 1 einen Vertrag (RGZ 72, 171 für § 397; RGZ 110, 408 allgemein für den Verzicht). Allerdings wird man allgemein sagen können, dass die Verzichtserklärung, weil sie dem anderen Vertragspartner nur einen Vorteil bringt, gem § 151 stillschweigend angenommen werden kann. Einseitig verzichtet werden kann nach neuerer Auffassung aber auf eine **Einrede**. Für sie genügt in Analogie zu § 144 eine Erklärung des Verzichtenden, die auch konkludent abgegeben werden kann und des Zugangs nicht bedarf (für die Einrede der Verjährung RGZ 78, 131; BGH VersR 1972, 394; NJW 1973, 1690; Roth, Die Einrede des bürgerlichen Rechts [1988] 148; Jauernig/Jauernig [2004] § 202 Rn 3)

58 Auf den **Einwand der Nichtigkeit des Vertrages** kann nicht einseitig verzichtet werden. Hier ist der Verzicht als Neuvornahme zu verstehen, die nur vertraglich möglich ist, *§ 141*. Wenn beispielsweise nach Abschluss eines Scheingeschäfts der eine Vertragspartner nachträglich auf die Einrede oder (richtiger) den Einwand der Simulation Verzicht leistet, so genügt dies, solange der Verzicht vom anderen Vertragspartner nicht angenommen ist, keineswegs, um das Scheingeschäft nachträglich in ein gültiges Geschäft umzuwandeln. Einseitig möglich ist aber die Bestätigung eines anfechtbaren Rechtsgeschäfts, § 144.

Bei **Dauerschuldverhältnissen** kann eine Änderung des Vertragstyps durch Änderung **59** der tatsächlichen Verhältnisse eintreten. Etwa wandelt sich ein Arbeitsvertrag in einen freien Dienstvertrag um, wenn infolge einer Änderung in der Stellung des Dienstverpflichteten dessen persönliche Unselbständigkeit wegfällt. Ein Beispiel bietet der Erwerb der Stimmenmehrheit durch den Gesellschafter einer GmbH, der bei dieser bisher als Arbeitnehmer angestellt war (BAG AP Nr 95 zu § 611 BGB Abhängigkeit). Der Wechsel des Vertragstyps tritt in einem solchen Fall *automatisch* ein (BAG aaO, näher LÖWISCH, Verlust des Arbeitnehmerstatus durch Erwerb einer Gesellschafterstellung mit maßgebendem Einfluss, in: FS Kraft [1998] 375, 378 ff).

Die Vertragspartner können auch **verpflichtet** sein, sich auf eine vertragliche Abän- **60** derung des Schuldverhältnisses einzulassen (ausf GERNHUBER, Schuldverhältnis § 27 II). Eine solche Verpflichtung kann sich einmal aus dem Gesetz ergeben. Beispiel ist § 558 Abs 1 BGB, nach dem der Vermieter vom Mieter die Zustimmung zu einer Erhöhung des Mietzinses verlangen kann. Eine solche Verpflichtung kann auch bei der Begründung des Vertrages von den Parteien festgelegt werden. Die Situation ist dann ähnlich wie bei einem Vorvertrag (LARENZ I § 7 II Fn 17). So wird man etwa bei „Anpassungsklauseln" uU eine aufschiebend bedingte Verpflichtung zum Abschluss von Änderungsverträgen anzunehmen haben (BILDA, Besondere Arten von Anpassungsklauseln in Verträgen, Betrieb 1969, 427).

2. Form des Änderungsvertrages

Der Änderungsvertrag bedarf in den Fällen der für die Begründung des Schuldver- **61** hältnisses erforderlichen Form, in denen der **Zweck der betreffenden Formvorschrift** deren Anwendung gebietet. Das wird immer dann der Fall sein, wenn Verpflichtungen, deren Übernahme das Gesetz an bestimmte Formen gebunden hat, erweitert, verschärft oder aber, zB indem die Gegenleistung herabgesetzt wird, wirtschaftlich in einer Weise verändert werden sollen, die nicht lediglich eine Erleichterung bedeutet. War die Form nur mit Rücksicht auf die Willenserklärung *einer* Partei vorgeschrieben, ist auch nur bei Änderung der Leistungsverpflichtungen dieser Partei die Form zu beachten. Besteht die Formvorschrift im Interesse der Rechtsklarheit, so müssen alle Abänderungen formgerecht vereinbart werden (BGH NJW 1974, 271). Vgl zu diesem Fragenkreis STAUDINGER/DILCHER[12] § 125 Rn 15 ff sowie ausführlich STAUDINGER/WUFKA (2001) § 313b Rn 152 ff; MICHALSKI WiB 1997, 785 ff.

Auch die **Änderung eines an sich nicht formbedürftigen Vertrages** kann formbedürftig **62** sein. Das gilt zB wegen § 550 bei der Verlängerung eines *Mietvertrages* zu einer über ein Jahr hinausgehenden Dauer (BGH LM § 566 BGB Nr 30) oder bei Mieterhöhungen im Rahmen eines solchen langfristigen Vertrages (STAUDINGER/EMMERICH [2003] § 550 Rn 28 f) sowie wegen § 14 Abs 4 TzBfG (früher § 623 BGB) bei der befristeten Verlängerung eines ursprünglich unbefristeten gekündigten Arbeitsvertrags (CASPERS, Rechtsfolgen des Formverstoßes bei § 623 BGB, RdA 2001, 28, 33 ff). Dasselbe gilt, wenn erst mit der Vertragsänderung eine Verpflichtung zur Grundstücksübertragung in den Vertrag aufgenommen wird, zB ein Pachtvertrag durch Einräumen eines persönlichen Vorkaufrechts ergänzt wird. Ebenso ist wegen § 518 Abs 1 die Änderung eines Kaufvertrages in ein *Schenkungsversprechen* formbedürftig, selbst wenn die Vertragsänderung lediglich im Erlass der Kaufpreisforderung besteht. Demgegenüber kann einem Schenkungsversprechen formfrei eine Auflage beigefügt werden, weil die Auflage den Umfang der Schenkerverpflichtung lediglich einschränkt. Hingegen unterliegt die schenkweise Erhöhung der geschenkten Summe oder das Auswechseln des Gegenstands der Schenkung wiederum der notariellen Form des § 518. Da andererseits der Aufhebungsvertrag, der eine vollzogene Schenkung rückgängig machen soll, selbst kein Schenkungsversprechen enthält, bedarf die Erklärung des Beschenkten, durch die er sich zu der Rückgabe des Geschenkes verpflichtet, nicht der Form des § 518 (hierzu STAUDINGER/CREMER [1995] § 518 Rn 6).

63 Soweit der Änderungsvertrag keiner Form bedarf, kann er auch **stillschweigend** abgeschlossen werden. Dies ist insbesondere anzunehmen, wenn der Vertrag, nachdem eine Partei abgeänderte Bedingungen mitgeteilt hat, beiderseits fortgesetzt wird (BAG AP § 305 BGB Nr 4 für die Änderung eines Arbeitsvertrages; BGH NJW 1996, 1678).

64 Bedurfte die Begründung des Schuldverhältnisses einer **behördlichen Genehmigung**, so gilt dies in der Regel auch für seine Abänderung, sofern durch die Änderung diejenigen Bestandteile des Vertrages betroffen sind, deretwegen das Genehmigungserfordernis aufgestellt ist (BGH NJW 1974, 1081 für eine im konkreten Fall unnötige erneute Genehmigung einer Wertsicherungsklausel durch die Landeszentralbank, wenn lediglich ein Miet- oder Pachtvertrag verlängert wird; ERMAN/KINDL [2004] § 311 Rn 6).

3. Inhalt des Änderungsvertrages

65 Die Abänderung des Schuldverhältnisses kann sich auf die **Zukunft** beschränken (so etwa häufig bei Dienst-, Arbeits- und Mietverhältnissen). Die Parteien können aber ebenso vereinbaren, den Vertrag so zu ändern, als habe er **von Anfang an** den geänderten Inhalt gehabt. Ob die Änderung zurückwirken oder nur für die Zukunft gelten soll, ist durch Auslegung des konkreten Vertrages festzustellen (BGH Betrieb 1978, 1831 für den Aufhebungsvertrag; LARENZ I § 7 II). **Gegenstand** der abändernden Absprache kann der gesamte Inhalt des Schuldverhältnisses, eine Mehrheit von Ansprüchen oder ein einzelner Anspruch sein. Sie kann eine Erweiterung oder Beschränkung der Leistungspflicht eines Vertragspartners oder beider Partner bezwecken. Die Absprache kann sich auf die Änderung von Nebenleistungen oder auf die Änderung der Art und Weise beschränken, wie der Vertrag durchgeführt werden soll (zB Hinausschieben von Lieferterminen oder Zahlungsfristen). Die Parteien können aber auch die Leistungspflicht eines Vertragspartners oder beider Vertragspartner ändern. Die Parteien können zB vereinbaren, dass die Miete von einem bestimmten Zeitpunkt an herauf- oder herabgesetzt wird; eine Geldzahlungspflicht kann gestundet, Darlehensbedingungen können geändert, einer Schenkung nachträglich eine Auflage hinzugefügt, ein unübertragbares, persönliches Vorkaufsrecht in ein übertragbares umgewandelt werden (RGZ 148, 105 ff) usw. Besonders häufig und wichtig ist in der Praxis die Umwandlung einer beliebigen Schuld in eine Darlehensschuld (sog Vereinbarungsdarlehen; s dazu PALANDT/PUTZO[63] § 488 Rn 27; ERMAN/I SAENGER [2004] § 488 Rn 20). Fälle der Abänderung sind auch die Abtretung von Forderungen oder Rechten (§§ 398 ff), die Schuldübernahme (§§ 414 ff), die Vertragsübernahme (hierzu STAUDINGER/RIEBLE [1999] § 414 Rn 30 ff), das Hinzutreten eines weiteren Gläubigers (BGHZ 64, 67) und das Hinzutreten eines weiteren Schuldners.

Werden durch den Änderungsvertrag **Leistungen herabgesetzt**, so bedeutet die Zu- **66** stimmung des Gläubigers hierzu eine Verfügung über seine Forderung in dem Maße, in dem er sie „erlässt" (§ 397). Werden die bisherigen Leistungspflichten **erweitert** oder werden zusätzliche übernommen, so handelt es sich um einen verpflichtenden Änderungsvertrag. Enthält der Änderungsvertrag, wie in der Praxis häufig, sowohl verfügende als auch verpflichtende Elemente, so berührt dies gleichwohl seine einheitliche Struktur als Änderungsvertrag nicht; er ändert das gesamte Schuldverhältnis und ist so eine gemeinsame Verfügung der Vertragspartner über das Schuldverhältnis als Ganzes (so zutr LARENZ I § 7 II; ENNECCERUS/LEHMANN § 42 II 1; RGZ 136, 400; s auch SIBER JherJb 70, 278; GIERKE III 282 nennt „gestaltende schuldrechtliche Verträge" Verfügungsgeschäfte).

Eine Vertragsänderung ist auch die **Verlängerung eines befristeten Dauerschuldver-** **67** **hältnisses** (BGHZ 42, 333, 337). Ein Dauerschuldverhältnis kann auch durch einverständliche Aufhebung einer bereits ausgesprochenen Kündigung verlängert werden (BGH NJW 1974, 1081; BAG NJW 1983, 663; STAHLHACKE/PREIS/VOSSEN, Kündigung und Kündigungsschutz [8. Aufl 2002] Rn 237). Das ist allerdings nur möglich, solange die Kündigungsfrist noch nicht abgelaufen ist. Nach Ablauf der Kündigungsfrist ist der ursprüngliche Vertrag aufgehoben, und es muss ein neuer Vertrag abgeschlossen werden, um das Dauerschuldverhältnis wieder aufzunehmen (BGH NJW 1998, 2664, 2666; BGB-RGRK/BALLHAUS § 305 Rn 5). Die Konsequenz ist, dass etwaige Formvorschriften und Genehmigungserfordernisse erneut beachtet werden müssen (BGH aaO für § 566, anderer Meinung GRÖSCHLER NJW 2000, 247, 250 f). Wenn das BAG aus dem Umstand, dass die Vertragsparteien die Ungewissheit über die Wirksamkeit oder Unwirksamkeit einer Kündigung einvernehmlich bindend regeln können, die Möglichkeit einer Fortsetzung des ursprünglichen Arbeitsverhältnisses ableiten will (BAG BB 1986, 2202; ebenso STAHLHACKE/PREIS/VOSSEN [8. Aufl 2002] Rn 238), kann dem nicht gefolgt werden. Materiellrechtlich besteht das ursprüngliche Arbeitsverhältnis nur fort, wenn die Kündigung tatsächlich unwirksam war. War sie wirksam, hat sie das Arbeitsverhältnis zunächst beseitigt und kann die Rücknahme nur die Verpflichtung bedeuten, einander so zu stellen, wie wenn nicht gekündigt worden wäre.

4. Rechtsfolgen

Der Änderungsvertrag hebt das bestehende Schuldverhältnis nicht auf, es bleibt – **68** trotz der Abänderung in einzelnen Teilen – **mit dem alten identisch** (LARENZ I § 7 II; ENNECCERUS/LEHMANN § 42 II 1; GERNHUBER, Schuldverhältnis [1989] § 27 I 7). Deshalb bleiben alle nicht von der Abänderung betroffenen Bestimmungen wirksam: Bürgschaft, Pfandrecht und sonstige **Sicherungsrechte** bestehen grundsätzlich weiter, und zwar auch dann, wenn gerade die Schuld, deren Sicherung sie dienen, abgeändert worden ist. Sicherungsrechte können sich indessen auf etwaige Erweiterungen der Schuld nur dann erstrecken, wenn der Sicherungsgeber (Bürge, Garant) oder der Eigentümer des Sicherungsguts bzw der Pfandsache einwilligen (§§ 767 Abs 1 S 3; 1210 Abs 1 S 2; 185; 401; s auch GERNHUBER aaO).

Die Identität des abgeänderten mit dem ursprünglichen Schuldverhältnis hat zur **69** Folge, dass nach wie vor alle *Verpflichtungen solche des ursprünglichen Schuldverhältnisses* sind. Besteht daher ein Schuldverhältnis nicht, können auch aus dem dann wirkungslosen Abänderungsvertrag keine selbständigen Verpflichtungen hervorgehen (Larenz I § 7 II). Weitere Folge der Identität ist, dass, wenn das ursprüngliche Schuldverhältnis ein Gegenseitigkeitsverhältnis ist, auch die abgeänderte Forderung nunmehr im Synallagma steht und ihr gegebenenfalls die Einrede des nicht erfüllten Vertrages entgegengehalten werden kann (§ 320).

70 Wird dem Schuldner die Erfüllung der abgeänderten Forderung *nachträglich unmöglich*, lebt nicht etwa die ursprüngliche Forderung wieder auf. Vielmehr wird der Schuldner nach § 275 Abs 1 von der Verpflichtung zur Leistung frei. Im Falle der *Unzumutbarkeit* bleibt es bei dem Leistungsverweigerungsrecht des Schuldners nach § 275 Abs 2 und 3. Das Schicksal eines etwaigen Anspruchs auf eine Gegenleistung richtet sich nach § 326. Auch wenn die Erfüllung der geänderten Forderung schon *von Anfang an unmöglich* ist, bleibt der Änderungsvertrag gem § 311a Abs 1 bestehen. Die Rechtsfolgen richten sich nach § 311a Abs 2 (s auch § 311a Rn 18 ff).

5. Abänderungsvertrag oder Schuldersetzung

71 Die Frage, ob durch eine rechtsgeschäftliche Vereinbarung das ursprüngliche Schuldverhältnis nur **abgeändert** wird, **oder** ob es aufgehoben und ein gänzlich **neues** an seine Stelle gesetzt worden ist (Schuldersetzung, Novation), lässt sich nicht immer ohne weiteres beantworten. Sie ist, wie in Rn 68 ausgeführt, von praktischer Bedeutung für die Frage nach dem Fortbestand der für die ursprünglichen Verpflichtungen bestellten Sicherungsrechte, die nur bei einer Schuldabänderung erhalten bleiben, welche die Identität mit dem Ausgangsschuldverhältnis wahrt. Auch kann sowohl die Begründung eines gänzlich neuen Schuldverhältnisses als auch die Aufhebung des ursprünglichen (zB gem § 623) einer Formvorschrift unterliegen. Für die Einordnung als Änderungsvertrag oder Schuldersetzung sind entscheidend der Wille der Parteien, die wirtschaftliche Bedeutung der Abänderung für das Vertragsgefüge und die Verkehrsauffassung (BGH MDR 1970, 311). Ob der geänderte Vertrag unter denselben rechtlichen Vertragstypus subsumiert werden kann, ist nicht maßgebend (vgl Larenz I § 7 II). Auch bei einer Änderung des Vertragstypus kann das Rechtsverhältnis dann dasselbe bleiben, wenn zB die Leistungspflicht des einen Teiles nicht geändert wird (zB Umwandlung eines Leih- in ein Mietverhältnis oder eines Arbeitsverhältnisses in einen freien Dienstvertrag). Auch ein Auswechseln des einen Leistungsgegenstandes durch einen gleichartigen anderen (zB die Wohnung im 1. Stock soll, statt der im 2. Stock, Mietgegenstand werden) braucht die Identität des Schuldverhältnisses nicht aufzuheben, wenn der Vertragszweck beider Parteien (wie im Beispielsfall) derselbe bleibt (Larenz aaO; einschränkend Enneccerus/Lehmann § 42 II 2). S noch unten Rn 85 ff.

72 Andererseits kann mit dem ursprünglichen Schuldverhältnis, wie der nun von § 311 Abs 1 mitumfaßte Fall des Vereinbarungsdarlehens zeigt (dazu Palandt/Putzo[63] § 488 Rn 27; Jauernig/Hansel [11. Aufl 2004] vor § 488 Rn 6 ff; Erman/I Saenger [2004] § 488 Rn 20 ff), ein weiterer wirtschaftlicher Zweck verbunden werden. So wird zB beim Vereinbarungsdarlehen der Austauschzweck des Kaufvertrags mit dem der Kreditgewährung verbunden, wobei der Leistungsgegenstand, eine bestimmte Summe Geld, derselbe ist. Freilich muss der Leistungsgegenstand nicht derselbe bleiben. Die Parteien können auch eine neue, fortan selbständige Schuld an die Stelle der ursprünglichen setzen wollen und damit statt der Schuldabänderung eine Schuldersetzung meinen. Eine Identität des Schuldverhältnisses darf mithin in der Regel immer dann angenommen werden, wenn entweder, wie beim Vereinbarungsdarlehen, die geschuldete Leistung dieselbe bleibt, oder wenn trotz einer Änderung des Leistungsgegenstandes der wirtschaftliche Zweck beider Vertragsteile nicht geändert wird. Wo weder das eine noch das andere zutrifft, kann nicht mehr von einer Identität der Vereinbarungen ausgegangen werden (Larenz I § 7 II).

Ausgeschlossen ist die Annahme einer bloßen Schuldabänderung, wenn die neue **73** Verpflichtung *von der alten wesentlich abweicht*; so erscheint es nicht möglich, ein Schuldverhältnis in ein anderes mit wesentlich anderen Rechten und Pflichten zu überführen. Deshalb kann ein Mietvertrag über einen einzelnen Gegenstand nicht in einen solchen über das ganze Inventar und ein Kaufvertrag über Vieh nicht in einen über andere Sachen verändert werden, ohne dass die Identität endet. In derartigen Vereinbarungen kann nur die Beendigung des bisherigen und die Vereinbarung eines gänzlich neuen Schuldverhältnisses gesehen werden, so dass die alten Vertragsbedingungen nur insoweit fortgelten, wie sie Inhalt auch der neuen Vereinbarung geworden sind (Larenz I § 7 II).

Bleiben nach den genannten Auslegungskriterien im Einzelfall **Zweifel** bestehen, so **74** ist regelmäßig anzunehmen, dass die Parteien lediglich einen **Änderungsvertrag** gewollt haben, weil damit die für die Forderungen gestellten Sicherheiten erhalten bleiben (vgl BGH NJW 1986, 1490; RG JW 1938, 1391; HRR 1928 Nr 1970; 1934 Nr 1105; insbes zur Beweispflicht RGZ 119, 24, 25).

Inhalt und Umfang einer Änderung von Schuldverhältnissen hat derjenige zu **be- 75 weisen**, der Rechte aus ihr herleiten will (BGH NJW 1995, 49 ff).

V.   Vertragliche Aufhebung von Schuldverhältnissen

1.   Inhalt und Form

Dass zur Aufhebung eines Schuldverhältnisses ein Vertrag erforderlich sei, konnte in **76** § 311 Abs 1 nicht bestimmt werden. Denn das Schuldverhältnis erlischt ja auch auf andere Weise, insbesondere durch Erfüllung (§ 362), oder aber es endet mit dem Tod einer Partei, wie zB bei höchstpersönlichen Leistungen, je nach den besonderen Umständen auch in anderen Fällen (BGHZ 37, 319, 329: Die Verpflichtung eines Erbanwärters gegenüber dem Erblasser zum Abschluss eines Erbverzichtsvertrags endet zB, wenn man eine solche Verpflichtung für rechtlich möglich hält, jedenfalls mit dem Tod des Erblassers). Selbstverständlich aber **kann** ein Schuldverhältnis **durch Vertrag aufgehoben** werden. Den Verfassern des BGB war es nach den Grundsätzen der Vertragsfreiheit „zweifellos, dass, wenn noch von keiner Seite eine Leistung erfolgt ist, es den Parteien freisteht, einen Vertrag bzw einen neuen Vertrag des Inhalts zu schließen, der frühere Vertrag solle dergestalt außer Kraft treten, als wäre das betreffende Schuldverhältnis nie begründet, insbesondere der frühere Vertrag nicht geschlossen" (Mot II 79). Allerdings ist im konkreten Fall genau zu prüfen, ob die Vertragsparteien tatsächlich eine rückwirkende Aufhebung in diesem Sinne gemeint haben, oder ob sie, wie das insbesondere bei Dauerschuldverhältnissen naheliegt, die Vertragswirkungen nur für die Zukunft beseitigen wollten (BGH LM § 305 BGB Nr 18; s zum gleichen Punkt bei der Schuldabänderung oben Rn 61).

77 Das Schuldverhältnis kann aufgehoben werden durch einfache Vereinbarung, dass der bestehende Vertrag aufgehoben werden soll **(Aufhebungsvertrag)**, oder durch **Schuldersetzung** (Novation), dh durch Verbindung der Aufhebung eines Schuldverhältnisses mit der Begründung eines neuen (zum Aufhebungsvertrag STAUDINGER/OLZEN [2000] Einl 47 ff zu §§ 362 ff; zur Novation Einl 35 ff). Die Aufhebung des Vertrages ist vom *Erlass* iS des § 397 zu unterscheiden. Die Aufhebung hat das Schuldverhältnis zum Gegenstand, der Erlass eine Forderung (§ 397); beim Erlass einer Forderung ist das Erlöschen des Schuldverhältnisses, dem die Forderung angehörte, nur eine mögliche Folge.

78 Soweit gesetzlich nichts anderes bestimmt ist, richtet sich die **Formbedürftigkeit** des Aufhebungsvertrages nach den gleichen Grundsätzen wie die Formbedürftigkeit des Änderungsvertrages (s oben Rn 71). Daraus folgt, dass die Formvorschriften für die Begründung des Schuldverhältnisses *in der Regel nicht* für den Aufhebungsvertrag gelten, weil durch ihn keine Verpflichtungen begründet, sondern gerade aufgehoben werden. Dies gilt insbesondere für die Aufhebung eines Grundstückskaufvertrages, solange er noch nicht durch Auflassung und Eintragung vollzogen ist (s die nachfolgende Rn und STAUDINGER/WUFKA [2001] § 313 Rn 212 ff).

79 Eine ausdrückliche gesetzliche Formvorschrift für Aufhebungsverträge enthält § 623. Danach bedarf die Beendigung von Arbeitsverhältnissen durch Auflösungsvertrag zu ihrer Wirksamkeit der Schriftform (s dazu CASPERS, Rechtsfolgen des Formverstoßes bei § 623 BGB, RdA 2001, 28, 33).

80 Soweit eine Formvorschrift ihrem Zweck nach Klarheit darüber schaffen soll, ob ein Vertrag besteht oder nicht, muss sie auch für den Aufhebungsvertrag gelten (bedenklich deshalb BAG BB 1977, 94, wenn dort für die Beendigung eines Tarifvertrages durch Aufhebungsvertrag trotz der für den Tarifvertrag geltenden Formvorschrift des § 1 Abs 2 TVG keine Form verlangt wird; s dazu LÖWISCH/RIEBLE TVG [2. Aufl 2004] § 1 Rn 544). Formbedürftig ist der Aufhebungsvertrag insbesondere auch, wenn durch ihn Verpflichtungen begründet werden sollen, für deren Eingehung eine Form vorgeschrieben ist (MICHALSKI WiB 1997, 785, 789 f). Dies ist nicht nur für die Schuldersetzung, sondern auch für den einfachen Aufhebungsvertrag von Bedeutung. Sind nämlich vor Abschluss des Aufhebungsvertrages von beiden Teilen bereits Leistungen erbracht worden, so wird der Wille der Vertragsparteien in der Regel dahingehen, dass diese Leistungen zurückzugewähren sind. Dabei kann es sich aber um eine formbedürftige Verpflichtung handeln. Wird etwa ein Grundstückskaufvertrag aufgehoben, nachdem der Verkäufer durch Auflassung und Eintragung erfüllt hat, der Käufer also bereits Eigentümer geworden ist, so wird durch den Aufhebungsvertrag bezweckt, dass der Käufer zu einer Rückübertragung des Grundeigentums verpflichtet wird. Deswegen ist für diesen Aufhebungsvertrag, der die Verpflichtung zur Übertragung von Grundstückseigentum begründet, die Form des § 311b Abs 1 erforderlich (BGHZ 83, 395, 397; vgl STAUDINGER/WUFKA [2001] § 313 Rn 216). Soweit der Aufhebungsvertrag keiner Form bedarf, kann er auch durch schlüssiges Handeln zustandekommen.

81 Wird der Aufhebungsvertrag später seinerseits durch einen Aufhebungsvertrag aufgehoben, führt das nicht zum Wiederaufleben des ursprünglichen Vertrages, da die Rechtswirkung der Aufhebung des früheren Vertrages bereits eingetreten war. Wollen die Parteien die ursprüngliche Rechtslage wieder herstellen, müssen sie den ersten Vertrag neu begründen. Eine Ausnahme gilt insoweit nur für die Aufhebung eines Erbvertrages, auf die § 2258 Abs 2 analog angewandt werden kann (Staudinger/Kanzleiter [1998] § 2290 Rn 19).

2. Schuldersetzung

Die **Schuldersetzung** ist von der bloßen Änderung des Inhalts eines Schuldverhält- **82** nisses (oben Rn 71 ff) zu unterscheiden: Bei einer Schuldersetzung wird nicht nur die den Gegenstand des Schuldverhältnisses bildende Verpflichtung selbst oder eine Leistungsmodalität (Zeit, Ort usw) abgeändert, sondern unter *Aufhebung des bisherigen Rechtsgrundes* zugleich ein *neuer Rechtsgrund*, sei es unter denselben Beteiligten, sei es unter Übertragung einer oder beider Seiten des Schuldverhältnisses auf andere Personen, geschaffen, so dass lediglich die Identität des wirtschaftlichen Zwecks gewahrt bleibt (so BayObLGZ 1926, 85; oben Rn 67 ff). Rechtlich bedeutet Schuldersetzung also, dass eine neue Verbindlichkeit begründet wird, welche die alte aufhebt, weil sie nach der Parteivereinbarung an deren Stelle treten soll. Folgende rechtliche Möglichkeiten der Schuldersetzung sind zu unterscheiden:

Dass eine neue Schuld begründet und dass diese die bisherige Schuld ersetzen soll, **83** kann Inhalt eines *kausalen Vertrages* sein. Aus ihm wird ersichtlich, dass die Parteien die Schuld umwandeln wollen, und dass die neue Schuld von dem rechtlichen Bestand der alten Schuld unmittelbar abhängig ist. Besteht die alte Schuld nicht oder wird ihre beabsichtigte Aufhebung nicht erreicht, so entsteht eine neue Schuld ebenfalls nicht (vgl RGZ 62, 52; offengelassen allerdings in RGZ 138, 55). Man kann diese *„kausale Schuldersetzung"* (Fikentscher Rn 301), die systematisch zwischen der Schuldabänderung und der gleich zu erörternden „abstrakten Schuldersetzung" steht, mit Enneccerus/Lehmann (§ 75 IV 1) als **„Schuldumschaffung"** kennzeichnen. Sie ist zB anzunehmen bei der Umwandlung einer Kaufpreisforderung in einen Darlehensanspruch, wenn die Parteien diese nicht nur als Schuldabänderung verstanden wissen wollten (BGHZ 28, 164, 166).

Die Parteien können auch ein *neues, abstraktes Schuldverhältnis* vereinbaren, das **84** nach einer weiteren, eventuell stillschweigenden Vereinbarung das alte Schuldverhältnis ersetzen soll (Fikentscher Rn 302). Man kann hier mit Enneccerus/Lehmann (§ 75 IV 1) von **„Schuldneuschaffung"** sprechen: Dem neugeschaffenen Schuldverhältnis ist nicht zu entnehmen, auf welche alte Schuld es sich gründet. Infolge seiner abstrakten Natur entsteht das neugeschaffene Schuldverhältnis unabhängig von dem Bestand des alten und ist unabhängig von diesem rechtswirksam. Es ist von dem alten Schuldverhältnis nur mittelbar in der Weise abhängig, dass der Schuldner eine *Kondiktionsmöglichkeit* nach § 812 Abs 2 und gegebenenfalls Einreden aus § 821 besitzt (vgl RGZ 119, 12; RG JW 1906, 350; WarnR 1915 Nr 177). Beispiele für eine solche Schuldneuschaffung sind etwa das Schuldanerkenntnis, das Schuldversprechen, die Wechsel- oder die Scheckhingabe.

Für die Frage, ob eine Schuldersetzung oder eine bloße Schuldabänderung im oben **85** Rn 71 ff dargelegten Sinne vereinbart ist, ist der **Parteiwille** maßgebend; im Zweifel ist stets die schwächere Wirkung, also nur Veränderung, keine Schuldersetzung, anzunehmen. Sind die Parteien des alten und des neuen Schuldverhältnisses identisch, so ist im Zweifel überdies anzunehmen, dass die neue Verbindlichkeit nur erfüllungshalber übernommen wird, also neben die alte Schuld tritt, die fortbestehen bleibt (§ 364 Abs 2; vgl auch RGZ 134, 156; FIKENTSCHER Rn 302; STAUDINGER/OLZEN [2000] § 364 Rn 38 ff).

86 *Keine Schuldersetzung* sind demnach das sog deklaratorische Anerkenntnis, durch das das alte Schuldverhältnis lediglich gefestigt, aber kein neues Schuldverhältnis begründet wird (vgl OLG Braunschweig HEZ 1, 78, 81; s hierzu auch STAUDINGER/MARBURGER [2002] § 781 Rn 8) und ebensowenig Wiederholungen, die Änderungen enthalten (RGZ 109, 27). Auch sind Änderungen der Zinspflichten, Stundungsabreden oder die längere Jahre unterlassene Einforderung eines Guthabens keine Schuldersetzung (RGZ 119, 24); ferner nicht eine mündliche Vereinbarung zwischen Darlehensgeber und Darlehensnehmer dahin, dass die Darlehensschuld in Form von Rentenbeträgen zurückgezahlt werden soll (RG DRWiss 1942, 174).

87 Nur wenn die Parteien *unzweideutig vereinbaren*, dass die bisherige Schuld mit der neuen Verbindlichkeit (zB einem selbständigen Schuldversprechen oder einem Schuldanerkenntnis, §§ 780, 781; einem Wechselakzept, einem Darlehensversprechen statt der Kaufpreisforderung) erlöschen soll, kann eine Schuldersetzung angenommen werden. Diese Annahme ist zB sicher dann gerechtfertigt, wenn für einen Wechsel nach seinem Verfall ein sog „Prolongationswechsel" ausgestellt und der alte zurückgegeben wird (RGZ 107, 35).

88 Eine Schuldersetzung *kann* anzunehmen sein bei der Umwandlung des Auseinandersetzungsguthabens aus einer Gesellschaft oder einer Kaufpreisforderung in ein Darlehen (RGZ 124, 96; 134, 155, ein dahingehender Parteiwille war dort der Ausstellung eines besonderen Schuldscheins zu entnehmen; vgl auch RGZ 119, 94; RG JW 1928, 167, 1815; HRR 28, 49; BGH LM § 18 Abs 1 UmstG Nr 3). Ebenso kann eine Kaufpreistilgung durch Hingabe eines abstrakten Schuldversprechens (RGZ 119, 5, 12); die Hingabe von Schuldverschreibungen an Zahlungs statt (RGZ 124, 365); die Umwandlung einer Bauschuld in ein Darlehen (RGZ 62, 51) und die Umwandlung eines irregulären Verwahrungsvertrags in ein verzinsliches Depositum (RGZ 67, 264) eine Schuldersetzung sein.

89 Dagegen enthält der *Vergleich* in der Regel keine Schuldersetzung (BGHZ 52, 46; BGH WM 1961, 25, 27; 1966, 13, 15 f; NJW-RR 1987, 1426, 1427; s aber RGZ 164, 217, das eine Schuldersetzung angenommen hat; vgl ferner STAUDINGER/MARBURGER [2002] § 779 Rn 38).

90 Als Fall der Schuldersetzung wird von der Rechtsprechung die Anerkennung des jeweiligen Saldos beim *Kontokorrentverhältnis* angesehen (RGZ 87, 435; 125, 416; BGHZ 26, 150; 58, 260; 84, 371, 376). Dagegen bestehen insofern Bedenken, als nach § 356 Abs 1 HGB im kaufmännischen Kontokorrentverhältnis die Sicherheiten auch für den Saldo nur bestehen bleiben, soweit sich dieser mit den ursprünglichen Forderungen deckt (vgl hierzu CANARIS, Bankvertragsrecht [3. Aufl 1988] Rn 484 ff; LARENZ I § 7 III). Jedenfalls ist die Übersendung von Tagesauszügen im Sparkassenkontokorrent keine Schuldersetzung (BGHZ 50, 277; 73, 207, 210). S zu den Fragen des Kontokorrents näher STAUDINGER/MARBURGER (2002) § 782 Rn 4 ff.

91 **Beweispflichtig** ist, wer sich auf die Schuldersetzung beruft (RGZ 119, 24, 25).

B.   Verschulden bei Vertragsschluss

I.   Allgemeines

Das ALR I 5 § 284 hatte allgemein angeordnet, dass das, „was wegen des bei **92** Erfüllung des Vertrages zu vertretenden Grades der Schuld Rechtens ist, auch für den Fall gilt, wenn einer der Kontrahenten bei Abschließung des Vertrages die ihm obliegenden Pflichten vernachlässigt hat". Das BGB hatte diesen Satz als ausdrückliche Vorschrift zunächst nicht übernommen. Daraus wurde früher geschlossen, dass eine Haftung für Verschulden bei Vertragsschluss (culpa in contrahendo) nach dem BGB nur in den Fällen bestehe, für die das Gesetz dies ausdrücklich vorschreibt, so in den Fällen des § 122 (diese Vorschrift gehört aber nur in einem weiteren Sinne hierher, weil die Haftung dort kein Verschulden voraussetzt; vgl Larenz I § 9 I) und der §§ 179, 663, 694 und die früheren §§ 307, 309, 463 S 2. Das unabweisbare Bedürfnis des Verkehrs, entgegengebrachtes Vertrauen zu schützen, hatte aber zunehmend zu der entgegengesetzten Auffassung geführt, dass aus den genannten Einzelbestimmungen der *Grundsatz* folge, *die Aufnahme von Vertragsverhandlungen lasse ein gesetzliches Schuldverhältnis entstehen*, welches die Verhandlungsparteien einander zu Sorgfalt und Rücksichtnahme verpflichte (BGHZ 6, 330, 333; Larenz aaO; Frotz, in: GS Gschnitzner 163 ff; s weiter Staudinger/Bork [2003] Vorbem 48 f zu §§ 145 ff), und zwar auch, wenn der abgeschlossene oder in Aussicht genommene Vertrag unwirksam ist (BGH LM § 276 [Fa] Nr 148). Dieser Grundsatz konnte als **Gewohnheitsrecht** gelten (Larenz aaO).

Die Frage, ob die Haftung für Verschulden bei Vertragsschluss kodifiziert werden **93** sollte, ist im Zuge der Schuldrechtsreform Gegenstand ausführlicher Diskussion gewesen (zum Gang der Gesetzgebung s Staudinger/Löwisch [2001] Vorbem 60 zu §§ 275–283; für die Kodifizierung insbes Canaris JZ 2001, 499, 519 f; Fleischer, Vorvertragliche Pflichten 250 ff; krit dagegen Rieble, Kodifikation der cic 137 ff; Köndgen, Positivierung der cic 231 ff). Das Schuldrechtmodernisierungsgesetz (SRMG) hat sich letztlich für die Kodifizierung entschieden. § 311 Abs 2 formuliert als Grundsatz, dass ein in der amtlichen Überschrift als „rechtsgeschäftsähnlich" bezeichnetes Schuldverhältnis mit der Pflicht zur Rücksichtnahme auf die Rechte, Rechtsgüter und Interessen des anderen Teils (§ 241 Abs 2) auch durch die Aufnahme von Vertragsverhandlungen, die Anbahnung eines Vertrags und ähnliche geschäftliche Kontakte entstehen kann. § 311 Abs 3 ergänzt diesen Grundsatz durch die gewohnheitsrechtlich auch bereits zuvor anerkannte Entstehung eines solchen rechtsgeschäftlichen Schuldverhältnisses auch zu dritten Personen, insbesondere wenn der Dritte besonderes Vertrauen für sich in Anspruch nimmt und dadurch die Vertragsverhandlungen oder den Vertragsschluss erheblich beeinflusst.

Dass § 311 Abs 2 ein Schuldverhältnis mit Pflichten nach § 241 Abs 2 entstehen lässt, **94** wirft die Frage auf, ob die potentiellen Vertragsparteien einander auf Erfüllung der sich aus diesem Schuldverhältnis ergebenden Rücksichtnahmepflichten in Anspruch nehmen können. Die durch die Inbezugnahme von § 241 Abs 2 erfolgte systematische Gleichschaltung mit den sich aus einem geschlossenen Vertrag ergebenden Nebenpflichten, für die der Erfüllungsanspruch heute weitgehend bejaht wird (Stürner, Der Anspruch auf Erfüllung von Treue- und Sorgfaltspflichten, JZ 1976, 384 ff; Erman/Westermann [2004] § 241 Rn 13, nach dem die grundsätzliche Klagbarkeit der Schutz- und Obhutspflichten angesichts der Tatsache, dass § 241 Abs 2 ausdrücklich von einer Verpflichtung spricht, nicht mehr zu leugnen ist), spricht dafür. Indessen würde ein solches Verständnis die Funktion von § 311 Abs 2 überdehnen. Nicht nur die Vorstellung, der ein Kaufhaus betretende potentielle Kunde könne die Entfernung der auf dem Boden liegenden Bananenschale verlangen und diesen Anspruch im Wege der einstweiligen Verfügung durchsetzen, ist absurd. Überhaupt lässt sich die Annahme der gerichtlichen Durchsetzbarkeit von Nebenpflichten mit dem vorläufigen Charakter der in § 311 Abs 2 geregelten vorvertraglichen Schuldverhältnisse nicht vereinbaren. Dem Schadensverhütungsinteresse der potentiellen Vertragsparteien ist dadurch genügt, dass sie die Vertragsverhandlungen oder den geschäftlichen Kontakt jederzeit abbrechen können. Der potentielle Kunde, dem der Gang durch das Kaufhaus zu riskant ist, mag von diesem Abstand nehmen. Der potentielle Kreditnehmer, der sich nicht genügend informiert fühlt, mag die Verhandlungen über den Kredit abbrechen. Dem Institut des Verschuldens bei Vertragsschluss geht es auch nach seiner Kodifizierung in § 311 Abs 2 und 3 nur darum, eine Grundlage für den Ausgleich der Schäden zu schaffen, die infolge von Vertragsverhandlungen und anderen geschäftlichen Kontakten entstehen.

95 Die Kodifizierung des Verschuldens bei Vertragsschluss knüpft an die in der Rechtsprechung und der Literatur entwickelten Grundsätze an (vgl RE BT-Drucks 14/6040, S 161 ff). Erfasst werden damit von § 311 Abs 1 nach wie vor im wesentlichen drei Fallgruppen, in denen ein Bedürfnis nach Haftung nach Vertragsgrundsätzen besteht. Einmal soll die Deliktshaftung für Verkehrspflichten durch vorvertragliche **Schutzpflichten** ergänzt werden, da das Deliktsrecht wegen der Möglichkeit des Entlastungsbeweises bei Tätigwerden einer Hilfsperson (§ 831) und wegen des Fehlens einer Ersatzvorschrift für fahrlässige Vermögensbeschädigungen nicht ausreicht. Zum anderen geht es um ein Verschulden *im Hinblick auf den abzuschließenden Vertrag* selbst. Eine zweite Gruppe erfasst deshalb die Fälle, in denen das dem Verhandlungspartner entgegengebrachte **Vertrauen in das Zustandekommen des Vertrages enttäuscht** wird. Drittens geht es um die Fälle, in denen der eine Teil den anderen **pflichtwidrig zum Abschluss des Vertrages veranlasst** hat. Die unterschiedliche Funktion, die dem Institut der Haftung für Verschulden bei Vertragsschluss zukommt, ist nicht ohne Auswirkungen auf ihre Voraussetzungen und Rechtsfolgen, insbesondere den zu leistenden Schadensersatz. Deswegen sollen die drei Fallgruppen im Nachfolgenden jeweils für sich behandelt werden (Rn 107 ff).

96 Die Regeln über die Haftung für Verschulden bei Vertragsschluss gelten auch für Verhandlungen über den Abschluss von **öffentlich-rechtlichen Verträgen**, § 62 S 2 VwVfG; diesbezügliche Streitigkeiten gehören nach Auffassung des BGH gemäß § 40 Abs 2 S 1 VwGO vor die Zivilgerichte (BGH LM § 40 VwGO Nr 31 = NJW 1986, 1109, str; wie der BGH Lüke JuS 1980, 647; Schoch/Ehlers, VwGO [Stand September 2003] § 40 Rn 545; aA Kopp/Schenke, VwGO [11. Aufl 1998] § 40 Rn 71; Eyermann/Rennert, VwGO [10. Aufl 1998] § 40 Rn 121). Das BVerwG ist dieser Auffassung ausdrücklich gefolgt, sofern ein sachlicher Zusammenhang zwischen culpa in contrahendo und einem entsprechenden Amtshaftungsanspruch besteht (BVerwG NJW 2002, 2894). Soweit öffentlich-rechtliche Körperschaften privatrechtliche Verträge abschließen, gilt § 311 Abs 2, 3 ohnehin.

97 Dass auch bei **Gefälligkeitshandlungen** – ähnlich wie bei Vertragsverhandlungen – Schutzpflichten durch die Anknüpfung rechtlicher Beziehungen oder eines vertragsähnlichen Vertrauensverhältnisses entstehen können, deren Verletzung den Schuldner schadensersatzpflichtig macht, ist in der Rechtsprechung anerkannt (BGHZ 21, 102, 107; RGZ 162, 129, 156; s auch OLG Düsseldorf BB 1955, 1935 m zust Anm von CARL; OLG Karlsruhe NJW 1961, 1866). Heute folgt dies aus § 311 Abs 2 Nr 3 (MünchKomm/EMMERICH [2003] § 311 Rn 73; CANARIS JZ 2001, 499, 520).

Zur Frage der Anwendbarkeit des CISG auf das Stadium der Vertragsverhandlun- **98** gen s SCHLECHTRIEM/SCHWENZER, Kommentar zum Einheitlichen UN-Kaufrecht – CISG (4. Aufl 2004) Vor Art 14–24 Rn 6 ff, sowie STAUDINGER/MAGNUS (1999) Art 4 CISG Rn 42 f.

II.   Haftung der potentiellen Vertragspartner

1.   Entstehung des Rücksichtnahmeschuldverhältnisses

Nach § 311 Abs 2 Nr 1 entsteht ein Rücksichtnahmeschuldverhältnis durch die Auf- **99** nahme von **Vertragsverhandlungen**. Solche liegen vor, wenn zwei oder mehr Personen mit dem Ziel in Verhandlungen treten, einen bindenden Vertrag abzuschließen. Um welche Art von Vertrag es sich handelt, spielt keine Rolle. Erfasst werden alle schuldrechtlichen Verträge, aber auch solche des Familienrechts, insbesondere über den Güterstand (§ 1408) und den Versorgungsausgleich (§ 1587o), des Erbrechts, insbesondere der Erbvertrag (§ 2274 ff) und die Erbauseinandersetzung (§ 2042), und des Sachenrechts. Ist zwischen zwei Personen streitig, ob die eine der anderen aus ungerechtfertigter Bereicherung zur Auflassung eines Grundstücks verpflichtet ist und wird zwischen den Personen über die Auflassung verhandelt, entsteht ein Rücksichtnahmeschuldverhältnis, ohne dass es darauf ankäme, ob ein Bereicherungsschuldverhältnis tatsächlich besteht oder nicht.

Nach § 311 Abs 2 Nr 2 genügt für die Entstehung eines Rücksichtnahmeschuldver- **100** hältnisses auch die **Anbahnung eines Vertrages**, bei welcher der eine Teil im Hinblick auf eine etwaige rechtsgeschäftliche Beziehung dem anderen Teil die Möglichkeit zur Einwirkung auf seine Rechte, Rechtsgüter und Interessen gewährt oder ihm diese anvertraut. Gemeint sind mit dieser Fallgruppe vor allem Vorgespräche und der Austausch schriftlicher Positionen vor der Aufnahme eigentlicher Vertragsverhandlungen. Aber auch mit dem Ziel von Vertragsverhandlungen erfolgende Reaktionen auf Werbemaßnahmen und ähnliche Aufforderungen zu einem Angebot gehören hierher. Notwendig ist aber immer das Einverständnis beider Seiten über die Möglichkeit einer späteren rechtsgeschäftlichen Beziehung (aA wohl MünchKomm/ EMMERICH [2003] § 311 Rn 71). dass jemand einseitig einen Vertrag anbahnen möchte, etwa indem er einem anderen ungefragt ein Vertragsangebot unterbreitet, führt nicht zu einem Rücksichtnahmeschuldverhältnis nach Abs 2 Nr 2, selbst wenn das Angebot Angaben enthält, durch die der Anbietende dem Angebotsempfänger Einwirkungsmöglichkeiten auf seine Interessen gewährt. In einem solchen Fall fehlt es an der von der Vorschrift vorausgesetzten Rechtsgeschäftsähnlichkeit. Unter die Nr 2 fallen etwa die Durchführung einer Probefahrt vor dem Kauf eines Kraftfahrzeuges (BGH WarnR 1968 Nr 124), das Abstellen eines Bootes auf dem Gelände einer Bootswerft zu dessen Instandsetzung (BGH NJW 1977, 376) oder die Einholung eines Kostenvoranschlags.

101 Nach Abs 2 Nr 3 genügt auch die Aufnahme **ähnlicher geschäftlicher Kontakte** zur Begründung eines Rücksichtnahmeschuldverhältnisses. Damit trägt das Gesetz dem Umstand Rechnung, dass potentielle Vertragspartner auch schon im Stadium vor der eigentlichen Vertragsanbahnung ihre Rechtsgüter der Einflussnahme der anderen Seite öffnen. Wo und wie der geschäftliche Kontakt aufgenommen wird, ist dabei gleichgültig. Der praktisch wichtigste Fall ist der, dass ein potentieller Kunde die Geschäftsräume, zB ein Kaufhaus oder eine Gastwirtschaft, betritt. In Betracht kommt eine Haftung wegen Verschuldens bei Vertragsschluss aber auch, wenn sich das schädigende Ereignis sonstwo, zB bei der Vorführung eines Gerätes auf einem Marktplatz abspielt. dass Verkaufsräume existieren (so MünchKomm/Emmerich [2003] § 311 Rn 89), fordert die Vorschrift nicht.

102 Voraussetzung für die Haftung aus Verschulden bei Vertragsschluss ist dabei stets, dass es sich wirklich um einen „geschäftlichen" Kontakt handelt. Deshalb kann derjenige, der ein Kaufhaus oder eine Gastwirtschaft betritt, einen solchen Anspruch nur geltend machen, wenn er sich als möglicher Kunde oder Gast dorthin begeben hat, dagegen nicht, wenn er die Räume aus anderen Gründen aufgesucht hat, zB um dem Regen auszuweichen (BGH NJW 1962, 31; BGHZ 66, 51, 54 f; Nirk, in: 1. FS Möring 392; Larenz I § 9 I 1; Hohloch JuS 1977, 302 ff; MünchKomm/Emmerich [2003] § 311 Rn 68; abweichend Dölle ZStW 103, 67, der allein den „sozialen" Kontakt genügen lassen will).

103 Auch Abs 2 Nr 3 verlangt das Einverständnis beider Teile mit dem Zustandekommen des Kontakts. Einseitige Kontaktaufnahme begründet noch kein Rücksichtnahmeschuldverhältnis, auch wenn der Initiator seine Interessen der Einwirkung des gewünschten Partners öffnet. Auch das ergibt sich aus der von Abs 2 vorausgesetzten Rechtsgeschäftsähnlichkeit des entstehenden Rücksichtnahmeschuldverhältnisses. Auf der anderen Seite genügt es aber, wenn der einverständliche Kontakt überhaupt im Hinblick auf ein Rechtsgeschäft erfolgt. Dies braucht nicht unbedingt ein Vertrag zu sein. Auch die Kontaktaufnahme im Zuge einer Auslobung (§ 657) begründet ein Rücksichtnahmeschuldverhältnis.

104 **Minderjährige** haften aus Verschulden bei Vertragsschluss nur, wenn sie die Zustimmung des gesetzlichen Vertreters zur Aufnahme des geschäftlichen Kontakts besaßen; auch insoweit schlägt der rechtsgeschäftliche Charakter des Rücksichtnahmeschuldverhältnisses durch (Canaris NJW 1964, 1987 ff; Erman/Kindl [2004] § 311 Rn 24; MünchKomm/Emmerich [2003] § 311 Rn 88). Die fehlende Zustimmung steht einer Haftung des Minderjährigen aus unerlaubter Handlung gem §§ 827, 828 aber nicht entgegen (BGH NJW 1973, 1790, 1791). Ansprüche aus Verschulden bei Vertragsschluss stehen Minderjährigen unabhängig davon zu, wenn sie die Zustimmung des gesetzlichen Vertreters zur Aufnahme der Vertragsverhandlungen nicht hatten (BGH aaO; Canaris aaO).

105 Die Entwicklung des geschäftlichen Kontakts kann zur Entstehung von Rücksichtnahmepflichten führen, die bei seiner Aufnahme noch nicht bestanden haben. Wird zB einem Autohändler ein Kraftfahrzeug zum Kauf angeboten, so muss er das Fahrzeug nicht nur bei der Besichtigung pfleglich behandeln. Vielmehr ist er auch verpflichtet, einen von ihm erst entdeckten unfallträchtigen Mangel dem Anbieter mitzuteilen.

Das Rücksichtnahmeschuldverhältnis **endet** mit dem Zeitpunkt, in dem der geschäft- **106**
liche Kontakt ohne Abschluss eines Vertrages abgebrochen wird. Kommt es zum
Abschluss eines wirksamen Vertrages, so geht die Haftung in eine solche aus Vertrag
über (PALANDT/HEINRICHS [2005] § 311 Rn 19; vgl auch schon BGHZ 63, 383, 387 = NJW 1975,
642, 644, nach dem die Haftung aus Verschulden bei Vertragsschluss im Augenblick des Vertragsschlusses von der Haftung aus Vertrag gleichsam „überholt" wird). Die Auffassung, das gesetzliche Rücksichtnahmeschuldverhältnis überdaure auch den Vertragsschluss (etwa
KATZENSTEIN JURA 2004, 805 f), wird der Interessenlage nicht gerecht. Dies zeigt sich
insbesondere an der Frage, inwieweit Haftungsfreizeichnungen auf die Folgen von
Schutzpflichtverletzungen zu erstrecken sind: Allein die Auslegung des konkreten
Vertrages kann ergeben, worauf die Parteien die Haftungsfreizeichnung erstrecken
wollten. Wer von einem vom Vertrag gelösten gesetzlichen Schuldverhältnis ausgeht,
gerät in Gefahr, dieses von den Haftungsfreizeichnungen auszunehmen (so tatsächlich
ESSER/SCHMIDT I 2 § 29 III 2 c). Richtig ist nur, dass das gesetzliche Rücksichtnahmeschuldverhältnis im Falle der Nichtigkeit des Vertrages wirkt.

2.   Ausprägungen der Rücksichtnahmepflichten

a)   Schutzpflichten
Mit dem Verweis auf § 241 Abs 2 knüpft § 311 Abs 2 in erster Linie an die Vielzahl **107**
von Aufklärungs-, Auskunfts-, Fürsorge-, Rücksichtnahme- und Schutzpflichten an,
wie sie von der Rechtsprechung als Nebenpflichten des eigentlichen Schuldverhältnisses entwickelt worden sind. Das Rücksichtnahmeschuldverhältnis nach § 311
Abs 2 soll potentielle Vertragsparteien in gleicher Weise zur Rücksichtnahme verpflichten, wie das nach Vertragsschluss für Vertragsparteien gilt.

Art und Umfang der Schutzpflichten richten sich sachlich nach den verschiedenen **108**
Vertragsverhältnissen, auf die sich die Vertragsverhandlungen, die Vertragsanbahnung oder der geschäftliche Kontakt beziehen. Sie sind deshalb im Zuge der Kommentierung der einzelnen Schuldverhältnisse dargestellt. Verwiesen wird für den
Kaufvertrag auf STAUDINGER/BECKMANN (2004) § 433 Rn 93 ff, für den Werkvertrag
auf STAUDINGER/PETERS (2003) § 634 Rn 139 ff, für den Mietvertrag STAUDINGER/
EMMERICH (2003) Vorbem 62 ff zu § 535. S im übrigen die Erl bei STAUDINGER/
J SCHMIDT (1994) § 242 Rn 863 ff, sowie die zukünftigen Erl bei STAUDINGER zu
§ 241 Abs 2.

b)   Enttäuschung des Vertrauens auf das Zustandekommen des Vertrages
An sich ist es das gute Recht eines jeden an Vertragsverhandlungen Beteiligten, vom **109**
Vertragsschluss letztlich doch Abstand zu nehmen, ohne dies irgendwie begründen
zu müssen (BGH NJW-RR 2001, 381). Wenn der andere Teil sich ausgerechnet hat, der
Vertrag werde zustandekommen, und aus diesem Grund etwa Aufwendungen gemacht hat, so ist dies seine Sache (BGH NJW 1967, 2199). Auch wenn der andere Teil
von diesen Aufwendungen weiß, begründet allein das keine Haftung aus Verschulden bei Vertragsschluss (BGH WM 1972, 772; NJW 1975, 43, 44; WM 1977, 620). **Erweckt**
aber der eine Teil durch sein Verhalten im anderen Teil das **berechtigte Vertrauen,
dass es mit Sicherheit zum Abschluss des Vertrages kommen** werde, so ist es gerechtfertigt, ihn wegen eines Verschuldens bei den Vertragsverhandlungen haften zu
lassen, wenn er vom Vertragsschluss dann *ohne einen triftigen Grund Abstand nimmt*
(BGHZ 120, 281 ff; BGHZ 139, 259 ff; zuvor schon BGH LM § 276 BGB [Fa] Nr 3; BB 1955, 429;

MDR 1961, 49; NJW 1967, 2199; WM 1968, 531; MDR 1969, 641, 642; NJW 1970, 1840 f; NJW 1975, 1774; Betrieb 1977, 1548; NJW-RR 1989, 627, 628; BAG NJW 1963, 1843, 1844; AP Nr 8 zu § 1 BeschFG 1985). Der Grund für diese Haftung ist nach der Kodifizierung der culpa in contrahendo in der sich aus Abs 2 iVm § 241 Abs 2 ergebenden Verpflichtung der potentiellen Vertragspartei zu sehen, Rücksicht auf das Interesse des anderen Vertragsteils am Zustandekommen des Vertrags zu nehmen.

110 Wann davon zu sprechen ist, dass der eine Teil im anderen das **berechtigte Vertrauen** erweckt hat, es werde mit Sicherheit zum Vertragsschluss kommen, lässt sich nur für den *Einzelfall* beurteilen. Wird der potentielle Vertragspartner zu Maßnahmen ermuntert, die nur bei einem Zustandekommen des Vertrages sinnvoll sind, liegt darin in der Regel ein solcher Haftungsgrund (BGH LM § 276 BGB [Fa] Nr 102 = NJW-RR 1989, 627, 628). Der BGH hat auf ein berechtigtes Vertrauen auf den Vertragsschluss etwa in dem Fall geschlossen, dass sich die Verhandlungspartner über die wesentlichen Punkte eines abzuschließenden Gesellschaftsvertrages geeinigt und beiderseits Vorbereitungen für die Zusammenarbeit nach Vertragsabschluss getroffen, sich insbesondere finanziell engagiert hatten (BGH MDR 1969, 641, 642; ähnlich BGH BB 1974, 1039 f für den Fall der beabsichtigten Bildung einer Bauarbeitsgemeinschaft). Auch einen Fall, in dem eine Lizenzvergabe an eine neu zu gründende Gesellschaft in Aussicht gestellt worden war, und diese Gesellschaft daraufhin gegründet wurde und alle Anforderungen des Lizenzgebers erfüllte, die Lizenz aber trotzdem nicht erhielt, hat der BGH hierher gerechnet (BGH NJW 1975, 1774). Erweckt eine Bank bei einem Kunden fälschlich das Vertrauen, sie werde ein Akkreditiv stellen können, und hält sie den Kunden so davon ab, sich das Akkreditiv anderweit zu besorgen, haftet sie wegen des dadurch beim Kunden erweckten Vertrauens (BGH LM § 276 BGB [Fa] Nr 79 = NJW 1984, 866, 867). Eine Ausschreibung begründet dagegen kein Vertrauen darauf, dass es auch tatsächlich zur Durchführung des ausgeschriebenen Vorhabens kommt (BGH LM § 276 BGB [Fa] Nr 67 = NJW 1981, 1673), wohl aber darauf, dass sie nicht ohne Vorliegen eines der in §§ 26 VOB/A genannten Gründe aufgehoben wird (BGHZ 139, 259, 262 ff). Das BAG bejaht eine Haftung aus culpa in contrahendo, wenn der Arbeitgeber bei Verhandlungen über den Abschluss eines Arbeitsvertrages den Anschein erweckt, der Vertrag werde sicher geschlossen, und der Arbeitnehmer im Vertrauen darauf sein altes Arbeitsverhältnis kündigt (BAG NJW 1963, 1843, 1844; LAG Köln LAGE § 276 BGB Verschulden bei Vertragsschluss Nr 2; vgl auch Grunsky BB 1973, 194 f).

111 Eine Haftung aus Verschulden bei Vertragsschluss scheidet aus, wenn derjenige, der beim anderen Teil das Vertrauen auf den Vertragsabschluss geweckt hat, einen **triftigen Grund zum Abbruch der Vertragsverhandlungen** hat. Dies ist zunächst dann der Fall, wenn sich der Verhandlungspartner den Abbruch der Verhandlungen aus bestimmten Gründen ausdrücklich vorbehalten hat. Deshalb stellt die Aufhebung einer Ausschreibung bei Vorliegen eines der Aufhebungsgründe nach § 26 VOB/A kein Verschulden bei Vertragsschluss dar (BGHZ 139, 280, 283). Vertragsverhandlungen können weiter dann abgebrochen werden, wenn der Partner seinerseits nicht in angemessener *Frist* Klarheit darüber schafft, ob er den Vertrag wie vorgeschlagen abschließen werde, wobei die Frist in Analogie zu den §§ 145 ff bestimmt werden kann (BGH NJW 1970, 1840, 1841). Im übrigen wird ein triftiger Grund nur dann anzunehmen sein, wenn sich der Verhandlungspartner auf einen Umstand berufen kann, der ihn von einer *Verpflichtung zur Leistung* auch nach Abschluss des Vertrages befreit hätte (Hans Stoll, in: FS vCaemmerer 433, 450). Ist ihm etwa die Leistung, ohne dass er das zu vertreten hat, unmöglich geworden, oder ist dem Partner ein Verhalten zur Last zu legen, welches ihn nach Abschluss des Vertrages gem § 324 zum Rücktritt wegen Vertragsverletzung berechtigt hätte (dazu STAUDINGER/OTTO [2004] § 324 Rn 23 ff), so ist das ein Grund, der ihn zum Abbruch der Vertragsverhandlungen berechtigt. Dagegen genügt es nicht, wenn derjenige, der das Vertrauen in den Vertragsschluss geweckt hat, seine Dispositionen ändert, etwa der potentielle Arbeitgeber die Stelle einspart, für die er dem Arbeitnehmer die Einstellung in Aussicht gestellt hat (BAG NJW 1963, 1843). Auch eine Gemeinde darf nach erfolgter Teilungsgenehmigung die Verhandlungen mit dem Eigentümer über den Abschluss eines Erschließungsvertrages nicht aus sachfremden Gründen abbrechen (BGHZ 76, 343, 348 ff).

Wegen Verschuldens bei Vertragsverhandlungen haftet auch derjenige, der gegen- **112** über seinem Verhandlungspartner unredlicherweise den Anschein erweckt, ein **formbedürftiger Vertrag** sei gar nicht formbedürftig oder der Vertrag werde mit Sicherheit formgerecht abgeschlossen. Vereitelt hier derjenige, der den Anschein erweckt hat, ohne triftigen Grund den formgerechten Vertragsschluss, haftet er dem anderen Teil (BGH LM Nr 3 [Fa] zu § 276 BGB; NJW 1965, 812, 813; NJW 1967, 2199; NJW 1970, 1840, 1841; NJW 1975, 43; NJW 1977, 1446; Betrieb 1988, 223; NJW 1996, 1885; BGH DStR 2001, 802; krit zu diesen Fällen FIKENTSCHER Rn 72). Unredlich ist das Verhalten des Verhandlungspartners in der Regel nur, wenn er vorsätzlich handelt (BGH NJW 1996, 1885; DStR 2001, 802). Doch kann je nach den Umständen auch grobe Fahrlässigkeit genügen. Etwa muss von einem in Form einer Handelsgesellschaft geführten gemeinnützigen Wohnungsunternehmen erwartet werden, dass es in geeigneter Weise Rechtsauskunft über zu beachtende Formvorschriften erteilt (BGH NJW 1965, 812, 814). Zu der Frage, wann die Berufung auf den Formmangel wegen Arglist unbeachtlich ist s STAUDINGER/DILCHER[12] § 125 Rn 38 ff sowie STAUDINGER/WUFKA (2001) § 313 Rn 253 ff. Auch die Herbeiführung eines nach § 138 Abs 1 wegen Benachteiligung des anderen Teils sittenwidrigen Vertrages stellt ein Verschulden bei Vertragsschluss dar (BGH LM § 138 BGB [Bb] Nr 53 = NJW 1987, 639, 640).

Während es sich in den bisher erörterten Fällen des enttäuschten Vertrauens auf das **113** Zustandekommen des Vertrages darum handelte, dass ein Verhandlungspartner aus eigenem Entschluss den Vertrag scheitern lässt, geht es in einem weiteren Teil der Fälle darum, dass er ein **objektives Hindernis** für das Zustandekommen des Vertrages **kennt oder kennen muss**, gleichwohl aber das Vertrauen auf das Zustandekommen des Vertrages hervorruft. Soweit es darum geht, dass die beabsichtigte Vertragsleistung von Anfang an *unmöglich* oder *unzumutbar* ist, haben diese Fälle in § 311a eine ausdrückliche Regelung gefunden. Zur Haftung aus Verschulden bei Vertragsschluss, wenn der Vertrag gegen ein gesetzliches Verbot verstößt und damit gem § 134 nichtig ist, s § 311a Rn 15.

Ein Verschulden bei Vertragsverhandlungen kommt insoweit auch in Betracht, wenn **114** die Wirksamkeit des Vertrages von der **Genehmigung** eines Dritten abhängt. Ist eine behördliche Genehmigung des Vertrages notwendig, etwa die der Aufsichtsbehörde zu einem von der Gemeinde abgeschlossenen Grundstückskaufvertrag (BGH MDR 1974, 918) oder zu einer Bürgschaft (BGH NJW 1999, 3335) oder die Zustimmung einer Privatperson, etwa die des Grundstückseigentümers zu einem vom Erbbauberechtigten abgeschlossenen Mietvertrag (BGH MDR 1967, 835) oder die des Schuldners zu der an seine Zustimmung gebundenen Abtretung (BGH WM 1968, 531), kann das in Kenntnis dieses Hindernisses erweckte Vertrauen auf den Vertragsabschluss ebenfalls die Haftung aus culpa in contrahendo auslösen. Auch wenn der Vertrag von einer aufschiebenden Bedingung abhängig ist, kommt eine Haftung in Betracht (BGH Betrieb 1967, 1315).

115 Ein weiterer Fall der Haftung für enttäuschtes Vertrauen auf das Zustandekommen des Vertrages ist schließlich gegeben, wenn der Vertrag durch **Anfechtung** rückwirkend wieder beseitigt worden ist. Handelt es sich um eine Irrtumsanfechtung, so muss der Anfechtende dem auf die Gültigkeit vertrauenden Vertragspartner schon nach dem Gesetz, § 122, den auf den Betrag des Erfüllungsinteresses begrenzten Vertrauensschaden ersetzen.

c) Pflichtwidrige Herbeiführung des Vertragsschlusses

116 Veranlasst jemand einen anderen durch **arglistige Täuschung** oder **Drohung** zum Abschluss eines Vertrages, so wird dadurch nicht nur ein Anfechtungsrecht gem § 123 begründet. Vielmehr liegt in dem Verhalten des Täuschenden oder Drohenden *auch* die Verletzung einer selbstverständlichen Rücksichtnahmepflicht auf die Interessen des anderen Teils, welche ihn zum Schadensersatz verpflichtet, selbst wenn der andere Teil den Vertrag angefochten hat (BGH WM 1968, 892, 893). Gleiches gilt, wenn der Vertrag, etwa wegen einer heimlichen Schmiergeldzahlung, gem § 138 nichtig ist (BGH NJW 2001, 1065). Darüber hinaus ist in der Rechtsprechung anerkannt, dass die Haftung wegen Verschuldens bei Vertragsschluss den Getäuschten oder Bedrohten auch noch *nach Ablauf der* Anfechtungsfrist des § 124 berechtigt, die *Rückgängigmachung des Vertrages* zu verlangen und dementsprechend dessen Erfüllung zu verweigern (BGH NJW-RR 2002, 308; BGH LM § 123 BGB Nr 55 = NJW 1979, 1983 f; FIKENTSCHER Rn 80; aA GRIGOLEIT NJW 1999, 902 f und FLEISCHER AcP 200 [2000] 91, 119, die auch auf diesen Anspruch § 124 anwenden wollen). Voraussetzung ist, dass die Täuschung für den Vertragsabschluss kausal gewesen ist. Diese Kausalität ist gegeben, wenn der Getäuschte zur Abgabe der Vertragserklärung bestimmt worden ist; ein Unterschied zu § 123 besteht insoweit nicht (aA ST LORENZ S 75 ff und ZIP 1998, 1056, der einen – aber nicht greifbaren – Unterschied darin sehen will, dass bei § 123 jeder Einfluss auf die Willensbildung genüge, während im Rahmen der Haftung für Verschulden bei Vertragsschluss notwendig sei, dass der Vertrag ohne die Täuschung überhaupt nicht geschlossen worden wäre).

117 Auch abgesehen von den Fällen des § 123 kann den einen Teil ein Verschulden an der Herbeiführung des Vertragsschlusses treffen. Dies kommt einmal in Betracht, wenn er bei den Vertragsverhandlungen **fahrlässig falsche Angaben** macht. Etwa führt derjenige den Abschluss eines Bürgschaftsvertrages schuldhaft herbei, der als Gläubiger der zu sichernden Forderung den Bürgen durch ein unrichtiges Vertragsformular über die Rechtsnatur der Forderung und damit über den Umfang des Bürgschaftsrisikos getäuscht hat (BGH NJW 1968, 986, 987; vgl auch BGH Betrieb 1974, 2200). Auch der Fuhrunternehmer, der dem Auftraggeber wahrheitswidrig erklärt, der Zielort liege in der Nahverkehrszone, haftet aus Verschulden bei Vertragsschluss (BGH NJW 1968, 1136, 1137; vgl ferner BGH WM 1977, 756, 758: unrichtige Angaben über erfolgte geologische Untersuchungen bei einem Vertrag über die Gestattung von Sickerbrunnen; RGZ 95, 58, 61: falsche Angaben über die Höhe der Straßenoberkante gegenüber dem mit einer Rohrverlegung beauftragten Bauunternehmer durch eine Stadtgemeinde). Ein öffentlicher Auftraggeber schuldet Schadensersatz aus Verschulden bei Vertragsschluss, wenn die Leistungsbeschreibung unvollständig ist, der Auftragnehmer auf die Richtigkeit der Ausschreibung vertrauen durfte und deshalb für dasselbe Entgelt mehr Leistungen erbringen muss (BGH NJW 1994, 850 f).

Zum anderen kann das Verschulden an der Herbeiführung des Vertragsschlusses in **118** der **Verletzung von Aufklärungspflichten** liegen. Umfang und Intensität solcher Aufklärungspflichten hängen einmal von den *Vertragstypen* ab, für die die Rechtsprechung Standards entwickelt hat. Zum anderen kommt es auf die *konkrete Verhandlungssituation* an, insbesondere auf die persönlichen Umstände der Verhandlungspartner.

Aufklärungspflichten bestehen zB vor Abschluss von Kaufverträgen: Der Verkäufer **119** eines Grundstücks muss den Käufer über schikanöses Nachbarverhalten aufklären (BGH LM § 276 BGB [Fa] Nr 117), der Verkäufer eines Gastbetriebes darüber, dass der Betrieb bisher als Stundenhotel bekannt war (BGH LM § 276 BGB [Fa] Nr 127 = NJW 1992, 2564). Bei Verkaufsverhandlungen über einen Seglerhafen muss der Verkäufer offenbaren, dass ein Teil der Liegeplätze ohne behördliche Genehmigung angelegt wurde (BGH LM § 276 BGB [Fa] Nr 108 = NJW 1990, 1661, 1662). Dagegen muss der Verkäufer einen erfahrenen Käufer nicht auf Zweifel an dessen Kalkulation hinweisen, sofern er nicht die Unrichtigkeit kennt (BGH WM 1972, 854, 855 f). Ebensowenig ist der Verkäufer einer Gewerbeeinheit grundsätzlich verpflichtet, dem Käufer ungefragt Angaben zu etwaigen negativen persönlichen und wirtschaftlichen Verhältnissen des Mieters des Objekts zu machen; zur Aufklärung ist er nur verpflichtet, wenn er zuvor durch irreführende Angaben den falschen Eindruck erweckt hat, die Immobilie sei an jemanden vermietet, dessen Bonität bei Vertragsschluss außer Zweifel steht (BGH NJW-RR 2003, 700). Eine Wohnungsbaugesellschaft muss den Käufer einer Eigentumswohnung über die monatliche Dauerbelastung informieren (BGH NJW 1974, 849, 851); nicht aber muss sie den Käufer ungefragt im Hinblick auf seine monatlichen Belastungen umfassend beraten (BGH NJW 2001, 2021). Informiert eine Immobilienfirma einen Kaufinteressenten über die Steuervorteile, die mit dem Erwerb einer bestimmten Immobilie verbunden sind, braucht sie nicht ungefragt auf die steuerlichen Aspekte ganz anderer Anlageobjekte hinzuweisen, selbst wenn diese weitergehende Steuerersparnismöglichkeiten bieten (OLG München OLGR 1996, 221). Der Bauherr eines mit öffentlichen Mitteln errichteten Kaufeigenheims ist einem potentiellen Käufer schon während der Vertragshandlungen zur Offenbarung seiner Selbstkosten verpflichtet (BGH MDR 1970, 127).

Bei Abschluss eines Mietvertrages für ein Gastspiel kann die Pflicht bestehen, über **120** eine für den gleichen Termin geplante Festaufführung aufzuklären (vgl BGH VersR 1971, 155, 156). Der Verpächter einer Gaststätte muss über die erzielbaren Umsätze zutreffend informieren; maßgeblich ist dabei das branchenübliche Verständnis (BGH NJWE-MietR 1997, 150). Sog Automatenaufsteller müssen ihre Kunden über das Risiko dieses Geschäftes belehren (OLG Hamm MDR 1963, 48, 49; BB 1973, 1510; OLG Frankfurt NJW 1964, 256, 257). Ein Bauträger muss den Käufer eines noch zu erstellenden Einfamilienhauses auf die Notwendigkeit einer Baugenehmigung für Sonderwünsche hinweisen (BGH ZfIR 2002, 975). Ein Baubetreuungsunternehmen ist verpflichtet, den Kunden offenzulegen, dass es nicht im Sinne des Wohnungsbaurechtes zugelassen ist (OLG Düsseldorf MDR 1972, 688; zur Aufklärungspflicht des Maklers hinsichtlich des Fertigstellungstermins eines Einfamilienhauses vgl OLG Köln NJW 1972, 1813).

121 Ein Arzt hat einen potentiellen Patienten über die wahre Situation und die realistischen Chancen der ins Auge gefassten Therapie aufzuklären (OLG Hamm NJW 2002, 307). Den Arzt trifft auch die Pflicht, den wegen Betriebsunfalls behandelten Patienten darüber aufzuklären, dass dieser Ansprüche auf Kostenersatz gegen die Berufsgenossenschaft hat und den Unfall der Berufsgenossenschaft deshalb melden muss; er darf ihn nicht ohne diese Information einfach als Privatpatienten behandeln (LG Göttingen NdsRpfl 1952, 9).

122 Übernimmt jemand eine Bürgschaft, nachdem er es abgelehnt hat, zur Absicherung der Forderung eine Grundschuld an seinem Grundstück als seinem einzigen nennenswerten Vermögensgegenstand zu bestellen, so ist der Gläubiger, wenn für ihn erkennbar der Bürge nicht weiß, dass die Bürgschaft im wirtschaftlichen Ergebnis den Zugriff auf das Grundstück ebenso ermöglicht wie eine dingliche Belastung, verpflichtet, ihn hierauf hinzuweisen (BGH NJW 1999, 2814).

123 Eine **Gemeinde** muss bei Abschluss von privatrechtlichen Verträgen auf etwaige planungsrechtliche Probleme hinweisen (BGH LM § 276 BGB [Fa] Nr 71) und offenlegen, wenn in einem Flächennutzungsplan Bestimmungen über das Erbbaugrundstück getroffen werden, die den Vertragszweck gefährden (BGH JZ 1976, 647). Sie muss die Bieter bei Ausschreibungen informieren, wenn die Erstellung der ausgeschriebenen Baumaßnahme aus finanziellen Gründen nicht innerhalb der Zuschlagsfrist vorgenommen werden kann (OLG Düsseldorf NJW 1977, 1064: Hallenbad). Auch auf ein aufsichtsbehördliches Zustimmungs- oder Genehmigungserfordernis muss hingewiesen werden (BGH WM 2000, 1840). Kauft eine Gemeinde zur Errichtung eines Rückhaltebeckens ein Grundstück, das bis dahin landwirtschaftlich genutzt wurde, ohne den Verkäufer darauf hinzuweisen, dass der bestehende Flächennutzungsplan geändert und ein großer Teil der Fläche Bauland werden soll, liegt darin eine Pflichtverletzung, aus der dem Verkäufer unter dem Gesichtspunkt des Verschuldens bei Vertragsverhandlungen ein Anspruch auf Rückübereignung der nicht für das Rückhaltebecken benötigten Fläche zusteht (BGH ZfIR 2003, 783).

124 Besondere Aufklärungspflichten bestehen auch bei **Geldanlagegeschäften**. Etwa haben Vermittler von *Warentermindirektgeschäften* ihre Kunden über die wesentlichen Grundlagen solcher Geschäfte, die wirtschaftlichen Zusammenhänge, die damit verbundenen Risiken und eine etwaige Verminderung der Gewinnchancen durch die höher als üblich liegende Provision ungefragt aufzuklären (BGH LM § 276 BGB [Fa] Nr 125 = NJW 1992, 1879, 1880; vgl a LM § 276 BGB [Fa] Nr 97 = NJW 1988, 2882, 2883). Die Aufklärung muss, damit sie ihren Zweck erfüllt, grundsätzlich *schriftlich* erfolgen (BGH aaO). Hingegen genügt im Rahmen von Geschäften mit Aktienanleihen die mündliche Aufklärung (BGH NJW 2002, 1943). Der Partner des Anlagegeschäfts haftet für *alle* mit einer nachteiligen Anlageentscheidung verbundenen Schäden, wenn er seine Pflichten auch nur hinsichtlich eines Einzelpunktes verletzt und dadurch die Anlageentscheidung verursacht hat (BGHZ 116, 209, 212 f; NJW 2001, 962). Der Vermittler von *Penny Stocks* muss den Geldanleger über die besonderen Risiken dieser Form der Geldanlage informieren (BGH LM § 276 BGB [Fa] Nr 116 = NJW 1991, 1108). Den Vermittlern von geschlossenen Immobilienfonds trifft eine Aufklärungspflicht über hohe Innenprovisionen (BGH EWiR 2004, 543). Bei *Optionsgeschäften* ist schriftlich über die wesentlichen Grundlagen, die wirtschaftlichen Zusammenhänge und die besonderen Risiken einschließlich etwaiger Prämienaufschläge aufzuklären

(BGHZ 105, 108, 110; NJW 1991, 1106; NJW 1994, 512 und 997); bei börsenerfahrenen Kaufleuten genügt eine mündliche Aufklärung (BGH NJW 1995, 321, 322). Auf der anderen Seite sind an die Aufklärung beim bankmäßigen Effektengeschäft nicht die gesteigerten Anforderungen wie bei Optionsgeschäften zu stellen, insbesondere genügt eine mündliche Aufklärung (BGH NJW 1998, 2675). Eine *Bausparkasse* haftet für fahrlässig unrichtige Zuteilungsprognosen (BGH NJW 1976, 892, 893; NJW 1991, 694, 695). Im Emmissionsprospekt eines geschlossenen Immobilienfonds müssen einem Gründungsgesellschafter gewährte Sondervorteile offengelegt werden (BGH NJW-RR 2003, 1054).

Vor Abschluss eines Vertrages über die Anlage *vermögenswirksamer Leistungen* als **125** außerbetriebliche stille Beteiligung nach § 2 Abs 1 Nr 1 lit i des 5. Vermögensbildungsgesetzes aF musste der Arbeitgeber einen Arbeitnehmer, bei dem die Kenntnis der wirtschaftlichen Zusammenhänge nicht vorausgesetzt werden konnte, über die für seine Anlageentscheidung wesentlichen Punkte, insbesondere die Renditeerwartung unter Berücksichtigung der bisherigen Ertragssituation des Unternehmens, aufklären (BGH NJW 1993, 2107). Eine *Versicherung* muss den zu Versichernden über Risikoausschlüsse unterrichten, mit denen dieser nicht rechnen kann (BGH NJW 1963, 1978, 1979 f; vgl aber auch BGH LM § 4 AHB Nr 7 und LM § 276 BGB [Fa] Nr 16), und ebenso über den Zeitraum, den die Bearbeitung eines Antrags in Anspruch nimmt, wenn es dem Versicherungsnehmer darauf ersichtlich besonders ankommt (BGH MDR 1976, 128 [im konkreten Fall verneint]). Bei einer fremdfinanzierten Lebensversicherung muss der zu Versichernde aufgeklärt werden, wenn das Geschäft auf der Grundlage des bestehenden Zinsniveaus wirtschaftlich sinnlos ist (BGH NJW 1998, 2898). Wirbt ein Versicherer für ein Rentenversicherungsmodell mit infolge steigender Lebenserwartung nicht mehr realistischen Gewinnanteilen, stellt das ein Verschulden bei Vertragsschluss dar (OLG Düsseldorf NJW-RR 2000, 1626).

Auch bei **Kreditgeschäften** bestehen besondere Aufklärungspflichten. Etwa muss **126** eine Bank, die einem Verbraucher unter der Bezeichnung „Idealkredit" einen *Kontokorrentkredit* mit variablem Zinssatz und festen Rückzahlungsmindestraten anbietet, den Kreditnehmer über die speziellen Nachteile und Risiken dieses Kredits aufklären (BGH LM § 138 BGB [Bc] Nr 66 = NJW 1991, 832, 834). Lässt eine Bank sich im Prospekt eines Bauherrenmodells (vgl noch Rn 157) nicht nur als Vertragspartner für die Finanzierung, sondern auch als Referenz benennen, so ist sie deswegen gegenüber Anlegern, die mit ihr über eine Finanzierung verhandeln, verpflichtet, die Richtigkeit der Prospektangaben und die Bonität der Initiatoren in banküblicher Weise zu überprüfen und die Kreditinteressenten über bestehende Bedenken aufzuklären (BGH LM § 276 BGB [Cc] Nr 32 = NJW 1992, 2148, 2149). Andererseits trifft den Kunden, wenn seine Vermögensverhältnisse unsicher sind, eine Pflicht, über seine *Kreditwürdigkeit* aufzuklären (BGH MDR 1967, 667; vgl aber auch BGH WM 1977, 638: grundsätzlich keine Pflicht der diskontierenden Bank, über die Vermögensverhältnisse der Wechselbeteiligten aufzuklären). Die kreditgebende Bank ist bei steuersparenden Bauherren-, Bauträger- und Erwerbermodellen zur Risikoaufklärung über das finanzierte Geschäft nur dann verpflichtet, wenn sie im Zusammenhang mit der Planung, der Durchführung oder dem Vertrieb des Projekts über ihre Rolle als Kreditgeberin hinausgeht, wenn sie einen zu den allgemeinen wirtschaftlichen Risiken hinzutretenden besonderen Gefährdungstatbestand für den Kunden schafft oder dessen Entstehung begünstigt, wenn sie sich im Zusammenhang mit der Kreditgewährung sowohl an den Bauträger als auch an die einzelnen Erwerber in schwerwiegende Interessenkonflikte verwickelt, oder wenn sie in Bezug auf spezielle Risiken des Vorhabens einen konkreten Wissensvorsprung vor dem Darlehensnehmer hat und dies auch erkennen kann (BGH ZIP 2004, 209).

127 Schließt ein Finanzierungsberatungsunternehmen mit einem unerfahrenen Bauherrn einen Geschäftsbesorgungsvertrag über die Buchhaltung von Baugeld und die wirtschaftliche Betreuung des Bauvorhabens, muss es für den Bauherrn ein solides, auf dessen Einkommenssituation ausgerichtetes Finanzierungskonzept entwickeln (OLG Köln OLGR 1996, 261). Bei steuersparenden Bauherren- und Erwerbermodellen muss sich das in den Vertrieb nicht eingeschaltete Kreditinstitut Erklärungen des Vermittlers zu Wert und Rentabilität des Kaufobjekts nicht zurechnen lassen. Sie betreffen nicht das Kreditgeschäft, sondern das zu finanzierende Geschäft und liegen damit außerhalb des Pflichtenkreises der Bank (BGH NJW 2003, 2088).

128 Der Arbeitgeber muss den Arbeitnehmer bei Abschluss des **Arbeitsvertrages** auf Umstände aus seiner Sphäre hinweisen, aufgrund derer die Notwendigkeit droht, das als Dauerstellung gedachte Arbeitsverhältnis möglicherweise schon nach kurzer Frist kündigen zu müssen (BAG BB 1977, 246; Betrieb 1977, 1322 f; LAG Düsseldorf LAGE § 276 BGB Verschulden bei Vertragsschluss Nr 4, dort auch zur Beweislast; vgl auch BAG NJW 1975, 708). Hat der Arbeitgeber in Stellenanzeigen unzutreffende Angaben über die Höhe eines zu erzielenden Mindestjahreseinkommens gemacht und weist er den Bewerber im Vorstellungsgespräch nicht darauf hin, dass das angegebene, durch Provisionen erreichbare Einkommen nur von wenigen Mitarbeitern tatsächlich erreicht wird, verstößt er gegen die ihm Bewerbern gegenüber obliegende Aufklärungspflicht (LAG Hessen NZA 1994, 884, 885 f). Der Arbeitgeber ist aber nicht verpflichtet, den Arbeitnehmer über die üblichen Anforderungen an den in Aussicht genommenen Arbeitsplatz eigens zu informieren (BAGE 5, 182 = NJW 1958, 727; LAG Düsseldorf LAGE § 276 BGB Verschulden bei Vertragsschluss Nr 1). Umgekehrt muss der Arbeitnehmer dem Arbeitgeber bei den Einstellungsverhandlungen seinen Gesundheitszustand offenbaren, wenn er damit rechnen muss, dass er infolge einer bereits bestehenden Krankheit die vertraglich geschuldete Arbeit nicht oder nicht ordnungsgemäß wird leisten können (BAGE 15, 26, 264 = NJW 1964, 1197, 1198). Hingegen braucht sich der Arbeitnehmer nicht selbst strafrechtlicher Verfehlungen zu bezichtigen; hierüber kann der Arbeitgeber nach der Verkehrsauffassung keine Aufklärung erwarten (zur Frage der Offenbarungspflicht des Arbeitnehmers über Vorstrafen vgl STAUDINGER/ DILCHER[12] § 123 Rn 26 ff und STAUDINGER/RICHARDI [1999] § 611 Rn 86 ff).

129 An sich gehören in diese Fallgruppe auch **unrichtige Angaben oder mangelnde Aufklärung über Eigenschaften des Vertragsgegenstandes**, insbesondere einer verkauften oder vermieteten Sache oder eines herzustellenden Werkes. Insoweit stellen aber die Bestimmungen über die Mängelhaftung der §§ 434 ff und 634 ff eine Sonderregelung dar, welche die Haftung aus Verschulden bei Vertragsschluss weitgehend ausschließt (s dazu im einzelnen STAUDINGER/MATUSCHE-BECKMANN [2004] § 437 Rn 66 ff; STAUDINGER/ PETERS [2003] § 634 Rn 140 f; STAUDINGER/EMMERICH [2003] Vorbem 62 ff zu § 535).

3. Schadenshaftung

a) Voraussetzungen des Ersatzanspruchs

Die Verletzung der sich aus § 311 Abs 2 iVm § 241 Abs 2 ergebenden Pflichten führt **130**
zum Schadensersatz wegen Pflichtverletzung nach § 280 Abs 1. Dieser setzt nach
§ 280 Abs 1 S 2 voraus, dass der in Anspruch genommene potentielle Vertragspartner seine Pflichtverletzung zu vertreten hat. Damit gelten auch im Rahmen des
Verschuldens bei Vertragsschluss die Maßstäbe der §§ 276 ff. Im einzelnen gilt:

Regelmäßig hat der potentielle Vertragspartner gem § 276 Abs 1 S 1 Vorsatz und **131**
Fahrlässigkeit zu vertreten. Gesetzliche oder vertragliche Beschränkungen des normalen Verschuldensmaßstabes auf grobe Fahrlässigkeit oder die eigenübliche Sorgfalt erstrecken sich auf das Verschulden bei Vertragsschluss nur, soweit die verletzte
Pflicht sich auf den Zweck des angestrebten Vertrages bezieht. Um den Kartoffel-
pülpe-Fall des BGH (BGHZ 93, 23 ff) aufzugreifen und abzuwandeln: Wird im Zuge
der Verhandlungen über die Schenkung der Kartoffelpülpe diese probeweise an
einen Bullen verfüttert und verendet dieser, gilt der Haftungsmaßstab des § 521.
Verletzt der potentielle Schenker den potentiell Beschenkten durch eine Unachtsamkeit mit einem Gerät, bleibt es dagegen beim normalen Haftungsmaßstab des
§ 276. Auch aus dem Inhalt des Schuldverhältnisses kann sich ein abweichender
Verschuldensmaßstab ergeben. Für Probefahrten im Rahmen der Kaufverhandlun-
gen über einen Pkw nimmt die Rechtsprechung eine Beschränkung der Haftung des
Kaufinteressenten an, wenn Verkäufer oder Kaufvermittler ein gewerblicher Kraftfahrzeughändler ist (BGH NJW 1972, 1363; NJW 1979, 643), während es bei Kaufver-
handlungen unter Privaten bei der Haftung auch für leichte Fahrlässigkeit bleibt
(OLG Köln NJW 1996, 1288; s zum Ganzen NIRK, in: 2. FS Möhring 86).

Minderjährige haften aus Verschulden bei Vertragsschluss nur, wenn sie schuldfähig **132**
sind (§ 276 Abs 1 S 2). Vorausgesetzt ist außerdem, dass sie die Zustimmung des
gesetzlichen Vertreters zur Aufnahme der Vertragsverhandlungen besaßen (s oben
Rn 104).

Auch im Rahmen des Verschuldens bei Vertragsschluss haften die Beteiligten für ein **133**
Verschulden ihrer Erfüllungsgehilfen und ihrer *gesetzlichen Vertreter* (§ 278). Gerade
dies ist eine wesentliche Funktion des Rechtsinstituts des Verschuldens bei Vertragsschluss (oben Rn 95).

Wo das **Verschulden** bei Vertragsschluss in der **Enttäuschung des Vertrauens auf das** **134**
Zustandekommen des Vertrages besteht (oben Rn 109 ff), genügt zur Begründung des
Verschuldens regelmäßig **Fahrlässigkeit**. Dies gilt entgegen der Auffassung des BGH
(NJW 1996, 1885; ebenso OLG Koblenz NJW-RR 1997, 974) auch in dem Fall, dass der
Abschluss eines formbedürftigen Vertrages als sicher dargestellt wird. Es ist kein
Grund vorhanden, die Verpflichtung der potentiellen Vertragspartner zu redlichem
Verhalten in diesem Fall über einen erhöhten Verschuldensmaßstab einzuschränken
(zutr D KAISER JZ 1997, 450 ff; wie hier auch MünchKomm/EMMERICH [2003] § 311 Rn 184 f).

Ob das Vertrauen von dem potentiellen Vertragspartner selbst oder von einem **135**
seiner **Verhandlungsgehilfen** erweckt wird, ist gleichgültig. Auch wenn dem Verhandlungsgehilfen die Vertretungsmacht fehlt, muss sich der potentielle Vertragspartner

in Anwendung der Grundsätze des § 278 dessen Verhalten zurechnen lassen (BGH LM § 276 BGB [Fa] Nr 3; BGH NJW-RR 1997, 116; BGHZ 92, 164, 175 f für die Haftung einer Gemeinde bei nicht ordnungsgemäßer Vertretung; NJW 1998, 2898; BAG Betrieb 1974, 2060, 2061; krit hierzu PETERS, in: FS Reinhardt 127 ff).

136 Macht ein **Verhandlungsgehilfe** bei den Vertragsverhandlungen fahrlässig falsche Angaben oder unterlässt er die gebotene Aufklärung, ist **dessen Verschulden** dem **Verhandlungspartner gem § 278 zuzurechnen.** Das gilt unabhängig davon, ob der Verhandlungsgehilfe eine Vollmacht zum Vertragsschluss hatte oder nicht (BGH WM 1964, 224, 226; WM 1968, 531 und LM § 276 BGB [Fb] Nr 38 = NJW-RR 1988, 241, 242: Lieferant als Verhandlungsgehilfe des Leasinggebers; BGHZ 72, 93, 103: Arbeitgeber als Verhandlungsgehilfe einer Bank bei vermögenswirksamen Leistungen). Der Personenkreis, für den der Geschäftsherr wegen culpa in contrahendo unbedingt einzustehen hat, ist der gleiche wie bei § 123 Abs 2 (BGH LM § 276 BGB [Fa] Nr 108 = NJW 1990, 1661, 1662). Bestehen und Umfang der Aufklärungspflicht richten sich nicht nur nach dem Kenntnisstand des Geschäftsherrn, sondern auch nach dem des Verhandlungsgehilfen. Dabei sind dem Geschäftsherrn auch früher erworbene Kenntnisse eines Gehilfen zuzurechnen, der bei den Vertragsverhandlungen gar nicht anwesend war, soweit ein Informationsaustausch erwartet werden muss (BGH LM § 142 BGB Nr 10 = NJW 1989, 2881, 2882). Auch für das Verschulden seines gesetzlichen Vertreters haftet der Verhandlungspartner nach § 278. Die Haftung für einen Makler kommt in Betracht, wenn diesem alle im Zusammenhang mit der Vertragsanbahnung zu führenden Gespräche anvertraut waren (OLG München OLGR 1996, 221).

b)   Umfang des Ersatzanspruchs

137 Verletzt ein Verhandlungspartner im Zuge des geschäftlichen Kontakts Rechtsgüter des anderen, ist er nach § 280 Abs 1 S 1 zum Ersatz des hierdurch entstehenden Schadens verpflichtet. Der zu ersetzende Schaden besteht bei Schutzpflichtverletzungen im Ersatz des *Integritätsinteresses* des Betroffenen. Schließt der andere in Unkenntnis der Schutzpflichtverletzung den Vertrag, kann er Schadensersatz statt der Leistung verlangen, wenn ihm die Leistung wegen der Schutzpflichtverletzung nicht zumutbar ist (§§ 280 Abs 2, 282). Richtet ein Handwerker bei der Besichtigung einer Baustelle vor Auftragserteilung durch grobe Unachtsamkeit erhebliche Schäden an, kann der Bauherr, der in Unkenntnis der Schäden den Werkvertrag abschließt, von der Erfüllung des Vertrages Abstand nehmen und Schadensersatz statt der Leistung verlangen. Die Aussage des Bundestags-Rechtsausschusses, Schadensersatz statt der Leistung komme in Fällen vorvertraglicher Pflichtverletzung nicht in Betracht, weil gar kein Leistungsanspruch bestehe (BT-Drucks 14/7052, S 186; ebenso JAUERNIG/STADLER [11. Aufl 2004] § 282 Rn 2; ERMAN/WESTERMANN [11. Aufl 2004] § 282 Rn 2), ist insoweit missverständlich. Schließt der Verhandlungspartner in Unkenntnis der vorvertraglichen Pflichtverletzung den Vertrag, entsteht der Leistungsanspruch und ist es angemessen, ihm im Falle der Unzumutbarkeit Schadensersatz statt der Leistung zuzubilligen (s zum Ganzen auch STAUDINGER/OTTO [2004] § 282 Rn 46 f; zu ihm HENCKEL JZ 2005, 606, 609).

138 Ist das Vertrauen auf das **Zustandekommen des Vertrages** pflichtwidrig und schuldhaft **enttäuscht** worden, beschränkt sich die Haftung auf den Ersatz des *Vertrauensschadens* (BGH NJW-RR 2001, 1524; BGH NJW 1996, 1885 für den Fall des Scheiterns eines formbedürftigen Vertrags; ausf zu diesem Fall auch D KAISER JZ 1997, 452 f; vgl weiter auch die in

Rn 140 und 144 aufgeführte Rspr). Der Vertrauensschaden kann insbesondere in *vergeblichen Aufwendungen* für die Vorbereitung der Vertragsdurchführung oder in dem *Entgehen eines gewinnbringenden Geschäfts* bestehen, das der Geschädigte ansonsten abgeschlossen hätte. Veranlasst etwa der eine Teil den anderen durch ein pflichtwidriges Verhalten zu *vergeblichen Aufwendungen*, zB zur Reise an einen falschen Besichtigungs- oder Verhandlungsort oder zur Abgabe von Angeboten, obwohl über die Vergabe eines Auftrags schon entschieden ist, so rechtfertigt der Umstand, dass der Betroffene seine Rechtssphäre der Einflussnahme durch den anderen geöffnet hat, auch hier die Ersatzpflicht des Schädigers (LARENZ, in: FS Ballerstedt 397 ff, 403 f; KREUZER X III ff; **aA** insoweit HANS STOLL, in: FS vCaemmerer 433, 452 f). Ist ein Handelskauf über marktgängige Ware zum Marktpreis nicht abgeschlossen worden, so braucht der Verkäufer nicht darzulegen und nachzuweisen, dass er einen anderen Abnehmer für die Ware gehabt hätte (BGH LM § 252 BGB Nr 37 = NJW 1988, 2234). Der *Vertrauensschaden* ist aus Verschulden bei Vertragsschluss auch dann zu ersetzen, wenn ein Teil den Abschluss eines sittenwidrigen und deshalb gem § 138 unwirksamen Vertrages herbeigeführt hat (oben Rn 112).

Ein Ersatz des *Erfüllungsinteresses* würde, worauf HANS STOLL (in: FS vCaemmerer 433, **139** 445 f; ebenso MünchKomm/EMMERICH [2003] § 311 Rn 86) hingewiesen hat, wirtschaftlich einem Kontrahierungszwang gleichkommen, der nicht gewollt sein kann. Aus diesem Grund kann auch nicht zugegeben werden, dass, wie es der BGH (BGH NJW 1965, 812, 814; BB 1974, 1039, 1040; NJW 1998, 2900: Der Fall gehört aber in die Gruppe der pflichtwidrigen Herbeiführung des Vertragsschlusses, s dazu unten Rn 88 ff) und das BAG (AP Nr 8 zu § 1 BeschFG) formuliert haben, die Haftung dann auf Ersatz des Erfüllungsinteresses geht, wenn ohne das zum Schadensersatz verpflichtende Verhalten der Vertrag zustande gekommen wäre (ähnlich LARENZ I § 10 III; krit hiergegen vor allem FLUME, AT § 15 III 4 cc). Jedenfalls in den vom BGH entschiedenen Fällen ließ sich schon mit dem Ersatz des Vertrauensinteresses helfen, denn es konnte jeweils angenommen werden, dass der in seinem Vertrauen auf den Vertragsschluss enttäuschte Partner ohne die Einleitung oder Fortführung der Vertragsverhandlungen oder die Durchführung des vermeintlich abgeschlossenen Vertrages ein gleichwertiges Geschäft abgeschlossen hätte (dh im Fall BGH NJW 1965, 812 anderweit ein Baugrundstück erworben hätte und im Fall BGH BB 1974, 1039 auf andere Weise an den Bauaufträgen beteiligt worden wäre). Im Fall des BAG wäre zu prüfen gewesen, ob nicht aus der Erklärung des Arbeitgebers, „Ihrem Wunsch entsprechend weisen wir darauf hin, dass bei Eignung und Einhaltung der og Arbeitsbedingungen eine unbefristete Übernahme beabsichtigt ist", unter Berücksichtigung weiterer Umstände im konkreten Fall auf eine Einstellungszusage hätte geschlossen werden können.

Auch im Falle der **Aufhebung einer Ausschreibung** ohne Vorliegen eines Aufhebungs- **140** grundes beschränkt sich die Haftung grundsätzlich auf den *Vertrauensschaden*, regelmäßig also auf den Ersatz der mit der Teilnahme am Verfahren verbundenen Aufwendungen (BGHZ 139, 259, 261 f). Eine Ausnahme gilt aber, wenn öffentliche Auftraggeber gegen Ausschreibungsvorschriften verstoßen. Denn die Bewerber um öffentliche Aufträge haben nach Art 3 Abs 2 GG einen Anspruch auf Zugang zu den Aufträgen nach Leistungsfähigkeit und Eignung (BGHZ 120, 281, 284 f = NJW 1993, 520, 521 f, wo zugleich zutr darauf hingewiesen ist, dass der öffentliche Auftraggeber als rechtmäßiges Alternativverhalten einwenden kann, er hätte bei Kenntnis der Pflichtwidrigkeit die Ausschreibung aufgehoben; BGH NJW 2004, 2165; ERMAN/KINDL [2004] § 311 Rn 35). Unabhängig davon haften öffentliche Auftraggeber nach § 126 S 1 GWB für die Kosten der Vorbereitung des Angebots oder der Teilnahme an einem Vergabeverfahren, wenn sie gegen eine den Schutz von Unternehmen bezweckende Vorschrift verstoßen und das Unternehmen ohne diesen Verstoß bei der Wertung der Angebote eine echte Chance gehabt hätte, den Zuschlag zu erhalten. Dieser Anspruch lässt aber nach der ausdrücklichen Vorschrift des § 126 S 2 GWB weiterreichende Schadensersatzansprüche und damit auch solche aus Verschulden bei Vertragsschluss unberührt (JE-BENS, Schadensersatzansprüche bei Vergabeverstößen, Betrieb 1999, 1741, 1745).

141 Das **Erfüllungsinteresse** bildet die **Obergrenze** der Haftung. Denn mehr als Vertragserfüllung konnte der Verhandlungspartner in keinem Fall erwarten (RGZ 151, 357, 358 f; SOERGEL/WIEDEMANN Vorbem 105; D KAISER JZ 1997, 453; aA BAG Betrieb 1974, 2060, 2061 f; der entschiedene Fall ließ sich aber mit einer immaterielle Vorteile einschließenden Berechnung des Erfüllungsinteresses lösen, vgl HANS STOLL, in: FS vCaemmerer 433, 451; JAUERNIG/ STADLER [11. Aufl 2004] § 311 Rn 54; ERMAN/KINDL [2004] § 311 Rn 36; MünchKomm/EMMERICH [2003] § 311 Rn 234).

142 Im Falle **pflichtwidriger Herbeiführung des Vertragsschlusses** bedeutet Schadensersatz in erster Linie, dass der zum Vertragsschluss Veranlasste im Wege der Naturalrestitution nach § 249 Abs 1 *Rückgängigmachung des Vertrages* und zusätzlich Ersatz eines *Vertrauensschadens*, etwa von *vergeblichen Aufwendungen*, verlangen kann (BGH NJW 1962, 1196, 1198; NJW 1968, 986, 987; NJW 1969, 1625, 1626; NJW 1974, 849, 851 f; OLG Hamm MDR 1963, 48 f; OLG Bamberg NJW-RR 1997, 694; NIRK, in: 1. FS Möhring 398 f; ders, in: 2. FS Möhring 90; LARENZ, in: FS Ballerstedt 405; HANS STOLL, in: FS vCaemmerer 433, 466; krit MEDICUS JuS 1965, 209 ff; LIEBS AcP 174 [1974] 26 ff; teilweise auch HARTWIEG JuS 1973, 733 ff).

143 Für die Vertragsaufhebung zusätzlich zu verlangen, dass der Vertrag für den Betroffenen wirtschaftlich nachteilig und ihm so ein **Vermögensschaden** entstanden ist (BGH NJW 1998, 302 ff) leuchtet nicht ein. Der Schaden, der im Wege der Naturalrestitution nach § 249 Abs 1 zu beseitigen ist, besteht in der eingetretenen Vertragsbindung des Betroffenen. dass diese möglicherweise nur die immaterielle Folge der Beeinträchtigung der Dispositionsfreiheit des Betroffenen hat, steht diesem Anspruch trotz § 253 Abs 1 nicht entgegen, denn diese Vorschrift verbietet nur den Ersatz des immateriellen Schadens in Geld, nicht aber in Naturalrestitution (FLEISCHER AcP 200 [2000] 91, 111 f; GRIGOLEIT NJW 1999, 901 f; GRUNSKY EWiR 1998, 727 f; ST LORENZ ZIP 1998, 1055; WIEDEMANN JZ 1998, 1176; dem BGH folgend LIEB, in: FS Medicus 373 ff; vermittelnd STOLL, in: FS Deutsch 361 ff, der zwar eine Vermögensschädigung verlangt, diese aber schon in der Enttäuschung der berechtigten Erwartungen des Betroffenen über den Vertrag erblickt). Der vom BGH und insbes auch von LIEB (aaO) befürchteten Aufweichung des Grundsatzes „pacta sunt servanda" muss durch genügend strenge Anforderungen an die Annahme einer Pflichtverletzung begegnet werden.

144 Häufig wird der geschädigte Vertragspartner den Vertrag allerdings nicht auflösen, sondern an diesem gerade festhalten wollen und einen **Ausgleich für seine enttäuschte Leistungserwartung** verlangen. Auch dies ist möglich. Der betroffenen Vertragspartei muss zugebilligt werden, den Vertrag als zur Erfüllung teilweise geeignet zu akzeptieren und dementsprechend die *eigenen Aufwendungen*, soweit sie *vergeblich* waren, als *Vertrauensschaden* zu liquidieren (HANS STOLL, in: FS Riesenfeld 285; ders, in:

FS Deutsch 371 f; MünchKomm/EMMERICH [2003] § 311 Rn 242; abl ST LORENZ S 78 ff und NJW 1999, 1002 sowie GRIGOLEIT S 182 ff). Insbes kann der Geschädigte eine *Anpassung* der zu erbringenden Leistungen verlangen. So muss etwa beim Kauf der Kaufpreis herabgesetzt werden, wenn der Gebrauchswert der gekauften Sache niedriger ist als angegeben (BGH LM § 249 BGB [E] Nr 6 = NJW 1981, 1035; LM § 631 BGB Nr 65 = NJW 1989, 1793, 1794 f) oder wenn sich bei einem Unternehmenskauf die angegebenen Umsatzzahlen als zu hoch erweisen (BGHZ 69, 53, 56 = NJW 1977, 1536, 1538). Entstehen dem Werkunternehmer höhere Aufwendungen, als sie aufgrund der mangelhaften Aufklärung durch den Vertragspartner zu erwarten waren, muss der Werklohn heraufgesetzt werden (vgl BGH NJW 1994, 850 zu einer unvollständigen Leistungsbeschreibung des öffentlichen Auftraggebers in dessen Ausschreibung, wobei ein solcher Anspruch im konkreten Fall abgelehnt wird, weil der Auftragnehmer die Unvollständigkeit hätte bemerken müssen; zutr HANS STOLL, in: FS vCaemmerer 433, 466). Der Arbeitnehmer hat Anspruch auf die Differenz zwischen der tatsächlichen und der in der Stellenanzeige als Mindesteinkommen bezeichneten Summe, wenn ihn der Arbeitgeber im Vorstellungsgespräch nicht darauf hingewiesen hatte, dass das durch Provisionen zu erzielende Einkommen tatsächlich nur von wenigen Mitarbeitern erreicht wird, und der Bewerber im Vertrauen auf das Mindesteinkommen die Arbeit aufgenommen hat (LAG Hessen NZA 1994, 884, 886; s auch Rn 96). Berechnet der Verkäufer den Kaufpreis auf andere Weise als von den Vertragsparteien in den Vertragsverhandlungen übereinstimmend angenommen, und unterlässt er es, den Käufer darauf hinzuweisen, ist die Differenz zwischen dem tatsächlich vereinbarten und dem der ursprünglichen Annahme entsprechenden Kaufpreis als Schaden zu ersetzen (BGH LM § 276 BGB [Fc] Nr 12 = NJW 1981, 2050, 2051). Behauptet ein GmbH-Gesellschafter bei Veräußerung seines Gesellschaftsanteils wahrheitswidrig, die Bilanz der Gesellschaft sei ausgeglichen, so hat der Käufer Anspruch auf Ersatz des Geldes, den der Gesellschaftsanteil wegen der tatsächlichen Gesellschaftsschulden weniger wert ist (BGH LM § 276 [Fc] Nr 9 = NJW 1980, 2408, 2410). Klärt eine Wohnungsbaugesellschaft den Kunden nicht darüber auf, dass sie mit dem in Aussicht genommenen Baubetreuer eine Provisionsabsprache getroffen hat, kann der Kunde als Schaden den Betrag fordern, um den er die Bauleistung zu teuer erworben hat (BGHZ 114, 87, 94 f).

Hat der Vertragspartner wegen des schuldhaft herbeigeführten Vertragsschlusses auf **145** ein anderes Geschäft verzichtet, kann er als Vertrauensschaden den Ersatz des daraus **entgangenen Gewinns** verlangen, soweit dieser den aus dem abgeschlossenen Geschäft erwachsenen Gewinn übersteigt. Hätte etwa der Verkäufer, dem gegen den Käufer ein Schadensersatzanspruch aus Verhandlungsverschulden wegen Verletzung einer Aufklärungspflicht zusteht, bei ordnungsgemäßer Aufklärung statt mit dem Käufer mit einem Dritten ein anderes Geschäft abgeschlossen, so kann er das ersetzt verlangen, was ihm aus diesem Geschäft zugeflossen wäre. Auch wenn die Vertragspartner selbst ohne Verletzung der Aufklärungspflicht ein für den Betroffenen günstigeres Geschäft abgeschlossen hätten, hat dieser Anspruch auf die fiktive Differenz (BGH NJW 1998, 2900; zust ST LORENZ NJW 1999, 1001). Der Käufer eines Grundstücks, dem das Bestehen eines Mietvertrages verschwiegen worden ist, kann verlangen, so gestellt zu werden, als wäre es ihm bei Kenntnis der wahren Sachlage gelungen, den Kaufvertrag zu einem günstigeren Preis abzuschließen; die Beweislast dafür, dass der Käufer auch bei erfolgter Aufklärung zum höheren Preis abgeschlossen hätte, liegt beim Verkäufer (BGH NJW 2001, 2875, 2876 f; zur Beweislast s auch STAUDINGER/OTTO [2004] § 280 F 33).

Manfred Löwisch

146 Bei der Höhe des zu ersetzenden Schadens ist ein **Mitverschulden des Geschädigten** zu berücksichtigen (s BGH NJW 2002, 1335; OLG Düsseldorf DAR 1967, 323). Sind etwa die vom Verhandlungspartner gemachten Aufwendungen so hoch, dass er sich sagen musste, insoweit handele er angesichts des noch nicht vollkommen perfekten Vertrages auf eigenes Risiko, so können ihm die überhöhten Aufwendungen wegen seines Mitverschuldens nicht ersetzt werden (BGH MDR 1974, 918; krit hierzu Nɪʀᴋ, in: 2. FS Möhring 94 f). Möglich ist auch, dass sich der zu ersetzende Vertrauensschaden auf bestimmte Aufwendungen **beschränkt**, weil sich das enttäuschte Vertrauen nur darauf bezog, dass jedenfalls ein Vertrag über den Ersatz *dieser* Aufwendungen zustande kommen werde (BGH WM 1976, 923, 924; Hᴀɴѕ Stoʟʟ, in: FS vCaemmerer 433, 445 Fn 42).

c) Verjährung

147 Für die **Verjährung** des Schadensersatzanspruchs wegen Verschuldens bei Vertragsschluss gilt die regelmäßige Verjährungsfrist von drei Jahren (§§ 195, 199; vgl zum früheren Recht BGHZ 49, 77, 80 f; BGH WM 1974, 51; NJW 1990, 1658, 1659). Nur soweit dem Schuldverhältnis, über dessen Abschluss verhandelt wurde, entnommen werden kann, dass eine kurze Verjährungsfrist auf bestimmte Pflichtverletzungen erstreckt werden soll, muss dies auch für den Anspruch aus Verschulden bei Vertragsschluss gelten (für die zweijährige Verjährungsfrist des § 12 Abs 1 VVG BGH NJW 2004, 1161). Für die Verjährungsfrist der §§ 438 und 634a stellt sich die Frage nicht mehr, weil die Vorschriften über die Mängelansprüche in ihrem Anwendungsbereich § 311 Abs 2 vollständig verdrängen (s oben Rn 129).

d) Beweislast

148 Zur Beweislast für Verschulden bei Vertragsschluss vgl Sᴛᴀᴜᴅɪɴɢᴇʀ/Oᴛᴛᴏ (2004) § 280 Rn F 33.

III. Haftung Dritter (Abs 3)

1. Allgemeines

149 Auch mit der Vorschrift des Abs 3 schließt das Gesetz an eine Entwicklung von Rechtsprechung und Literatur an, die auch schon bisher eine Eigenhaftung solcher Personen kennt, die als qualifizierte Verhandlungsgehilfen („Sachwalter) zusätzliche Gewähr für das Geschäft bieten oder die mit den Verhandlungen ein für den Vertragspartner erkennbares starkes wirtschaftliches Eigeninteresse verbinden (s dazu die Nachweise bei Sᴛᴀᴜᴅɪɴɢᴇʀ/Lᴏ̈ᴡɪѕᴄʜ [2001] Vorbem 98 ff zu §§ 275–283). Die Figur des Verhandlungsgehilfen ist in Abs 3 S 2 eigens angesprochen, die Figur der mit starkem Eigeninteresse handelnden Personen lässt sich ohne weiteres der allgemein formulierten Vorschrift des Abs 3 S 1 unterordnen (MünchKomm/Eᴍᴍᴇʀɪᴄʜ [2003] § 311 Rn 217). Im einzelnen gilt insoweit:

150 Die Haftung Dritter nach Vertragsgrundsätzen ist auf Abs 3 beschränkt. Insbesondere § 311a ist auf sie nicht anwendbar. S dazu § 311a Rn 4.

2. Haftung des Verhandlungsgehilfen

151 Die Eigenhaftung des Verhandlungsgehilfen setzt zunächst voraus, dass er im **Pflich-**

tenkreis des potentiellen Vertragspartners tätig gewesen ist. Dies ist von der Rechtsprechung für die Anlagegesellschafter einer Publikums-KG verneint worden: Diese seien im Verhältnis zu neuen Anlegern nicht zur Aufklärung verpflichtet, weil die Beitrittsverhandlungen ihrem Einflussbereich typischerweise entzogen seien (BGH LM § 132 HGB Nr 3 = NJW 1973, 1604, 1605; LM § 278 BGB Nr 120 = NJW-RR 1992, 542). Nehmen die Anlagegesellschafter allerdings Einfluss auf die Verhandlungen oder gestalten sie die Geschäfte der Anlagegesellschaft, etwa durch Bürgschaften, aktiv mit, sind solche Pflichten zu bejahen (BGH aaO; LM § 278 Nr 115 = NJW 1991, 1608).

Voraussetzung ist weiter, dass der Gehilfe eine Position eingenommen hat, aufgrund **152** derer der Geschäftspartner darauf vertrauen konnte, dass er gerade von ihm die notwendigen Informationen erhalten werde. Das ist einmal anzunehmen, wenn der Gehilfe als **uneingeschränkter Sachwalter** des Geschäftsherrn auftritt. Dies kann etwa aufgrund der persönlichen Beziehungen zwischen Geschäftsherrn und Gehilfen, etwa unter Ehegatten, der Fall sein (BGHZ 14, 313, 318; MDR 1968, 231). Häufiger sind die Fälle, in denen die Sachwalterstellung auf der besonderen, nur dem Gehilfen zukommenden **Sachkunde** beruht. Eine solche Sachkunde hat etwa der GmbH-Geschäftsführer, der mit Dritten für die Gesellschaft über die Verwertung eines von ihm entwickelten neuen Herstellungsverfahrens verhandelt (BGH LM § 276 BGB [Fa] Nr 109 = NJW-RR 1990, 614, 615). Das gleiche gilt für einen Unternehmensberater, der die Geschäftsführung eines sanierungsbedürftigen Unternehmens übernommen hat, wenn er bei Vertragsverhandlungen auf seine früheren Sanierungserfolge hinweist (BGH LM § 276 BGB [Fa] Nr 110 = NJW 1990, 1907, 1908; s auch LM § 276 BGB [Fa] Nr 119 = NJW-RR 1991, 1312). dass der Gehilfe die normale von ihm zu erwartende Sachkunde in die Verhandlungen einbringt, genügt nicht (BGH LM § 164 BGB Nr 65 = NJW 1990, 506; LM § 276 BGB [Fa] Nr 118 = NJW-RR 1991, 1241, 1242, gegen die Eigenhaftung eines Versicherungsvertreters, der sich auf die Übermittlung eines Änderungsantrages zum bestehenden Versicherungsvertrag beschränkt).

Schließlich kommt auch in Betracht, dass dem Gehilfen das Vertrauen nicht auf- **153** grund besonderer Sachkunde, sondern aufgrund *besonderer persönlicher Beziehungen* zwischen Getäuschtem und Gehilfen entgegengebracht wird (vgl BGH LM § 276 BGB [Fa] Nr 112 = NJW-RR 1991, 289, 290).

Voraussetzung ist immer, dass der Gehilfe *über das allgemeine Vertrauen hinaus* **154** zusätzliche Gewähr für die Erfüllung oder Seriosität des Geschäfts bietet. Ein Vertreter nimmt nicht dann bereits besonderes persönliches Vertrauen in Anspruch, wenn er bei Vertragsverhandlungen als Wortführer auftritt (BGH § 276 BGB [Fa] Nr 131 = NJW-RR 1993, 342, 344). Auch die *berufliche Stellung* des Gehilfen reicht grundsätzlich nicht, sondern nur in solchen besonderen Fallkonstellationen, bei denen der beruflichen Qualifikation in typisierender Betrachtungsweise eine maßgebliche und ausschlaggebende Bedeutung für die Willensentschließung des anderen Teils zukommt (BGH NJW 1995, 1213, 1214; s aber auch CANARIS, Schutzwirkungen zugunsten Dritter bei „Gegenläufigkeit" der Interessen, JZ 1995, 441, 445). Etwa reicht die besondere Funktion als öffentlich bestellter Vormund, Pfleger oder Betreuer dafür nicht aus (BGH aaO).

3.   Haftung bei wirtschaftlichem Eigeninteresse

Ein die Eigenhaftung des Dritten rechtfertigendes **starkes wirtschaftliches Eigenin- 155**

teresse an dem Geschäft kann etwa vorliegen bei dem Geschäftsführer einer GmbH, der zugleich Allein- oder Mehrheitsgesellschafter ist (BGH NJW 1983, 676, 677) oder bei einem Kommanditisten, der wegen der Übernahme unbeschränkter Bürgschaften das gesamte unternehmerische Risiko trägt (BGH NJW 1984, 2284, 2286). Das wirtschaftliche Eigeninteresse muss über das Interesse am Entgelt für die Gehilfentätigkeit hinausgehen. Deshalb genügt etwa das Interesse des Vertreters an seiner Provision nicht (BGHZ 88, 67, 70; LM § 276 BGB [Fa] Nr 105 = NJW 1990, 389, 390; LM § 276 BGB [Fa] Nr 122 = NJW-RR 1992, 605). Auch eine zusätzlich zum Gehalt eines GmbH-Geschäftsführers gezahlte Erfolgsbeteiligung begrenzten Umfangs begründet keine Eigenhaftung des Geschäftsführers wegen Eigeninteresses (BGH LM § 276 BGB [Fa] Nr 124), ebensowenig, dass der Geschäftsführer **Begründung, Inhalt, Beendigung** der GmbH Sicherheiten aus eigenem Vermögen zur Verfügung gestellt hat (BGHZ 126, 181, 182 ff).

156   Bejaht wird das starke wirtschaftliche Eigeninteresse regelmäßig für den als Vermittlungs- und Abschlussvertreter auftretenden Gebrauchtwagenhändler (BGHZ 79, 281, 283, 286; 87, 302, 304). Hingegen fehlt es bei einem Kraftfahrzeughändler, der durch seinen Angestellten nach dem Verkauf maßgebenden Einfluss auf den Weiterverkauf nimmt, an diesem wirtschaftlichen Eigeninteresse. In Betracht kommt nur eine Haftung wegen der Inanspruchnahme besonderen Vertrauens (BGH NJW 1997, 1232).

157   Ein Sonderfall pflichtwidriger Herbeiführung des Vertragsschlusses durch Dritte ist die Veranlassung zur Kapitalanlage durch unrichtige Prospektangaben (sog **Prospekthaftung**). Sie ist für den Erwerb zum Börsenhandel zugelassener Wertpapiere in §§ 44 ff BörsG, von Anteilsscheinen an Kapitalanlagegesellschaften in § 20 KaGG und von ausländischen Investmentanteilen in § 12 AuslInvestmG besonders geregelt. Im übrigen richtet sie sich nach von der Rechtsprechung entwickelten Grundsätzen, die an die erwähnten Vorschriften angelehnt sind (BGHZ 83, 222, 223 ff zur Anlagen-Kommanditgesellschaft; BGHZ 111, 314, 317 ff zum Bauherrenmodell; NJW 2001, 436 ff zum Bauträgermodell; BGHZ 115, 213, 218 ff für Mischmodelle; LM § 276 BGB [Fa] Nr 133 = NJW 1993, 2865 für den Erwerb von Aktien außerhalb geregelter Aktienmärkte): Die Prospekthaftung knüpft an ein typisiertes Vertrauen des Anlegers auf die Richtigkeit und Vollständigkeit der von den Prospektverantwortlichen gemachten Angaben an. Als **verantwortlich** werden angesehen die **Initiatoren, Gründer und Gestalter der Gesellschaft**, soweit sie das Management bilden oder beherrschen, und die Personen, die hinter der Anlagegesellschaft stehen und neben der Geschäftsleitung besonderen Einfluss ausüben und deshalb Mitverantwortung tragen (BGHZ 79, 337, 340; NJW 2001, 360, 363; BGH NJW-RR 2003, 1351). Die Prospektverantwortlichkeit trifft darüber hinaus auch diejenigen Personen, die aufgrund ihrer besonderen beruflichen und wirtschaftlichen Stellung oder aufgrund ihrer Fachkunde eine Garantenstellung einnehmen und durch ihr Mitwirken am Emissionsprospekt einen Vertrauenstatbestand schaffen (BGH NJW 1995, 1025; s auch oben Rn 124). dass ein Rechtsanwalt im Emissionsprospekt namentlich als Treuhänder benannt ist, reicht dafür jedoch nicht aus (BGH aaO). Auch dass ein Wirtschaftsprüfer Prüftestate für die Kapitalanlagegesellschaft abgibt, begründet keine Prospekthaftung; doch kann der Wirtschaftsprüfer durch die Testate einen zusätzlichen Vertrauenstatbestand schaffen, mit der Folge, dass er aus Verschulden bei Vertragsschluss haftet, wenn den Testaten unvollständige Prüfungen zugrunde liegen (BGH NJW 2001, 360, 363 ff). S auch HK-BGB/SCHULZE (2005) § 311 Rn 22.

Die Eigenhaftung des Dritten geht nur **soweit** wie die Haftung **des Geschäftsherrn**.   158
Deshalb kommen ihm Haftungsausschlüsse zugute (BGHZ 79, 281, 287 = NJW 1975, 642,
645).

Auch die Schadensersatzhaftung des Dritten setzt gem § 280 Abs 1 S 2 ein **Vertre-**   159
tenmüssen voraus. Es gelten insoweit die gleichen Grundsätze wie für die Haftung
des potentiellen Vertragspartners. Dies gilt auch für die Haftung des Dritten für
seinen Erfüllungsgehilfen (BGH NJW 1997, 1233, 1234 f).

Für den **Umfang** des durch den Dritten zu ersetzenden Schadens gelten ebenfalls die   160
gleichen Grundsätze wie für die Haftung des potentiellen Vertragspartners. Insbesondere haftet er in der gleichen Weise wie dieser, wenn infolge fehlerhafter Aufklärung ein Vertrag geschlossen wird, der bei pflichtgemäßer Aufklärung überhaupt
nicht oder mit einem anderen Inhalt geschlossen worden wäre (s oben Rn 137 ff).

4. Kein weiterer Anwendungsbereich

In der Literatur wird die Auffassung vertreten, § 311 Abs 3 S 1 erfasse die Konstella-   161
tion des **Vertrages mit Schutzwirkung für Dritte**, die Pflichten nach § 241 Abs 2 trage
in diesem Fall die Vertragspartei gegenüber dem Dritten, der seinerseits nicht selbst
Vertragspartei werden solle. Insbesondere die sog Expertenhaftung lasse sich so
begründen (etwa CANARIS JZ 2001, 520 sowie ZHR 163, 220 ff; ECKEBRECHT MDR 2002, 427;
weitere Nachweise bei STAUDINGER/JAGMANN [2004] § 328 Rn 92). Dem ist nicht zu folgen.
§ 311 Abs 2 und 3 sind, wie die amtliche Überschrift zeigt, auf „rechtsgeschäftsähnliche Schuldverhältnisse" bezogen, wie sie **vor** einem Vertragsschluss bestehen.
Sie meinen damit nicht den Fall, dass sich aus einem geschlossenen Vertrag Ansprüche Dritter, und seien es auch Sekundäransprüche auf Schutz, ergeben. Der
Vertrag mit Schutzwirkung für Dritte hat seine Rechtsgrundlage vielmehr nach wie
vor in einer ergänzenden Auslegung (§ 157) des betreffenden Vertrages (str; wie hier
BRORS ZGS 2005, 142; PALANDT/HEINRICHS [2005] § 311 Rn 60; aA KOCH AcP 204 [2004] 59, 70 ff
für die Auskunftshaftung). S dazu ausführlich STAUDINGER/JAGMANN (2004) § 328
Rn 90 ff.

In der Literatur wird auch erwogen, § 311 Abs 3 S 1 eine Haftung zwischen den   162
Parteien stehender Dritter, etwa der Veranstalter von Versteigerungen und Inter-
netmärken zu entnehmen (RIEBLE, in: DAUNER-LIEB/KONZEN/SCHMIDT [Hrsg], Das neue
Schuldrecht in der Praxis 144 f). Dieser Auffassung, die konsequenterweise auch zur
Haftung gesetzlicher Schlichter, etwa von Einigungsstellenvorsitzenden nach § 76
BetrVG, führen müsste, ist ebenfalls nicht zu folgen. § 311 Abs 3 zielt nur auf eine
die Haftung des potentiellen Vertragspartners ergänzende Haftung. Wo der Dritte
nicht auf der Seite eines potentiellen Vertragspartners auftritt, sondern eine neutrale
Zwischenstellung einnimmt, bedarf es für seine Haftung einer vertraglichen oder
vorvertraglichen Rechtsbeziehung mit ihm selbst. Ist eine solche nicht gegeben,
bewendet es bei der deliktischen Haftung.

§ 311 Abs 3 S 1 ist an sich so weit formuliert, dass ihm sogar ein Rücksichtnah-   163
meschuldverhältnis zu Lasten jedes Dritten entnommen werden könnte, der im
Umfeld eines angeknüpften geschäftlichen Kontakts auf der Seite einer der potentiellen Vertragsparteien tätig wird. Auf diese Weise Schutzpflichten von Gehilfen der

potentiellen Vertragspartner entstehen zu lassen, überdehnt indessen den Sinn von § 311 Abs 3. Er zielt lediglich auf eine Komplettierung der Haftung für die Verletzung von Aufklärungs- und Informationspflichten. Eine Erweiterung der Deliktshaftung des Dritten ist mit ihm nicht beabsichtigt.

§ 311a*
Leistungshindernis bei Vertragsschluss

(1) Der Wirksamkeit eines Vertrags steht es nicht entgegen, dass der Schuldner nach § 275 Abs. 1 bis 3 nicht zu leisten braucht und das Leistungshindernis schon bei Vertragsschluss vorliegt.

(2) Der Gläubiger kann nach seiner Wahl Schadensersatz statt der Leistung oder Ersatz seiner Aufwendungen in dem in § 284 bestimmten Umfang verlangen. Dies gilt nicht, wenn der Schuldner das Leistungshindernis bei Vertragsschluss nicht kannte und seine Unkenntnis auch nicht zu vertreten hat. § 281 Abs. 1 Satz 2 und 3 und Abs. 5 findet entsprechende Anwendung.

Materialien: E I § 344; II § 259 Abs 1; III § 300; JAKOBS/SCHUBERT 370–373; BGB-KE S 145 f; DE S 338 f; KF S 24; RegE BT-Drucks 14/6040 S 164 ff; Beschlussempfehlung und Bericht des Rechtsausschusses, BT-Drucks 14/7052, S 37.

Schrifttum

1. Vor der Schuldrechtsreform (zu §§ 306–309 aF und zum anfänglichen Unvermögen)

ARP, Anfängliche Unmöglichkeit (1988)

BITTNER, Die Auswirkungen des Irak-Embargos für Warenlieferungsverträge: Zivilrechtliche Folgen von Handelsbeschränkungen, ZVglRWiss 93 (1994) 268

BREHM, Der Begriff des Unvermögens – Bemerkungen zum Wert der Dogmatik in der Jurisprudenz, JZ 1987, 1089

CAYTAS, Der unerfüllbare Vertrag – Anfängliche und nachträgliche Leistungshindernisse und Entlastungsgründe (Wilmington 1984)

EHMANN, Unmöglichkeitslehre, JuS 1998, 481

ENDEMANN, Die zivilrechtliche Wirkung der Verbotsgesetze (1887), Lehrbuch I § 11 2

EVANS-VKRBEK, Gleichstellung des anfänglichen Schuldnerunvermögens mit dem nachträglichen?, AcP 177 (1977) 35

HOFHERR, Die illegale Beschäftigung ausländischer Arbeitnehmer und ihre arbeitsvertragsrechtlichen Folgen (1999)

OEHLER, Die Haftung des Vermieters für unbehebbare Mängel der Mietsache, JZ 1980, 794

SCHOPP, Das Verhältnis von §§ 306, 307 zu §§ 537, 538 BGB, ZMR 1982, 193

HANS STOLL, Tatbestände und Funktionen der Haftung für culpa in contrahendo, in: FS vCaemmerer (1978) 435

WAGNER, Ansprüche auf Unmögliches, JZ 1998, 482

VWALLENBERG, Rechtsfolgen bei anfänglicher Unmöglichkeit der Leistung, ZRP 1994, 306

L-C WOLFF, Sollen impliziert Können: Der Er-

---

* Frau Referendarin CORNELIA FELDMANN ist für ihre Mitwirkung zu danken.

füllungsanspruch bei anfänglichem Unvermögen, JZ 1995, 280.
Für ältere Literatur s Vorlauflage bei §§ 306, 307 und 309.

2. Zu und nach der Schuldrechtsreform

AHRENS, Mietrechtliche Garantiehaftung – Widersprüchlichkeiten im neuen Schuldrecht, ZGS 2003, 134

ALTMEPPEN, Untaugliche Regeln zum Vertrauensschaden und Erfüllungsinteresse im Schuldrechtsmodernisierungsentwurf, DB 2001, 1399

ders, Nochmals: Schadensersatz wegen Pflichtverletzung, Anfängliche Unmöglichkeit und Aufwendungsersatz im Entwurf des Schuldrechtsmodernisierungsgesetzes, DB 2001, 1821

CANARIS, Das allgemeine Leistungsstörungsrecht im Schuldrechtsmodernisierungsgesetz, ZRP 2001, 329

ders, Grundlagen und Rechtsfolgen der Haftung für anfängliche Unmöglichkeit nach § 311a Abs 2 BGB, in: FS Heldrich (2005) 11

ders, Zur Bedeutung der Kategorie der „Unmöglichkeit" für das Recht der Leistungsstörungen, in: SCHULZE/SCHULTE-NÖLKE, Die Schuldrechtsreform vor dem Hintergrund des Gemeinschaftsrechts (2001) 43

ders, Die Reform des Rechts der Leistungsstörungen, JZ 2001, 499

ders, Schadensersatz wegen Pflichtverletzung, anfängliche Unmöglichkeit und Aufwendungsersatz im Entwurf des Schuldrechtsmodernisierungsgesetzes, DB 2001, 1815

CEKOVIC-VULETIC, Haftung wegen Unmöglichkeit nach dem Schuldrechtsmodernisierungsgesetz – Haftungsregime, Haftungsfolgen, Grenzen der Haftung (2003)

DÖTSCH, Neues Leistungsstörungsrecht – Noch einmal: Burra –, ZGS 2002, 160

EHMANN/SUTSCHET, Schadensersatz wegen kaufrechtlicher Schlechtleistungen – Verschuldens- und/oder Garantiehaftung?, JZ 2004, 62

EMMERICH, Neues Mietrecht und Schuldrechtsmodernisierung, NZM 2002, 362

GIESELER, Die Strukturen des Leistungsstörungsrechts beim Schadensersatz und Rücktritt, JR 2004, 133

GRUNEWALD, Vorschläge für eine Neuregelung der anfänglichen Unmöglichkeit und des anfänglichen Unvermögens, JZ 2001, 433

HAMMEN, Stellvertretendes commodum bei anfänglicher Unmöglichkeit für jedermann?, in: FS Hadding (2004) 41

HIRSCH, Schadensersatz statt der Leistung, Jura 2003, 289

HORST, Mietrechtliche Schnittstellen der Schuldrechtsreform, DWW 2002, 6

JOUSSEN, Der anfängliche Mangel im Mietrecht – das Verhältnis von § 536a zu § 311a BGB, ZMR 2004, 553

KATZENSTEIN, Die Nichterfüllungshaftung nach § 311a Abs 2 BGB, JR 2003, 447

KOHLER, Bestrittene Leistungsunmöglichkeit und ihr Zuvertretenhaben bei § 275 – Prozesslage und materielles Recht, AcP 205 (2005) 93

LOBINGER, Die Grenzen rechtsgeschäftlicher Leistungspflichten (2004)

LÖWISCH, Auswirkungen der Schuldrechtsreform auf das Recht des Arbeitsverhältnisses, in: FS Wiedemann (2002) 311

MATTHEUS, Schuldrechtsmodernisierung 2001/2002 – Die Neuordnung des allgemeinen Leistungsstörungsrechts, JuS 2002, 209

MEIER, Neues Leistungsstörungsrecht: Anfängliche Leistungshindernisse, Gattungsschuld und Nichtleistung trotz Möglichkeit, Jura 2002, 187

VOLSHAUSEN, Die Haftung des Insolvenzverwalters von Masseverbindlichkeiten und das Gesetz zur Modernisierung des Schuldrechts (§ 311a Abs 2 BGB nF), ZIP 2002, 237

SCHULTE-NÖLKE/BEHREN, Der unglückliche Autokauf, ZGS 2002, 256

SCHWARZE, Unmöglichkeit, Unvermögen und ähnliche Leistungshindernisse im neuen Leistungsstörungsrecht, Jura 2002, 73

WINDEL, Was nie sich fügt, was nie gelingt – Systematisierungsversuche zu § 311a BGB, JR 2004, 265

ders, „Unsinnige", rechtlich unmögliche und verbotswidrige Leistungsversprechen, ZGS 2003, 466.

Systematische Übersicht

I. **Allgemeines** _____ 1

II. **Wirksamkeit trotz Leistungshindernis**
1. Erfasste Leistungshindernisse _____ 14
2. Wirksamkeit _____ 18

III. **Schadensersatzverpflichtung**
1. Schadensersatz statt der Leistung __ 32
2. Vertretenmüssen _____ 43

3. Mitverschulden des Gläubigers ____ 49
4. Schadensersatz bei Teilunmöglichkeit _____ 51

IV. **Gesetzwidriger Vertrag**
1. Nichtigkeitsfolge _____ 56
2. Schadensersatz aus Verschulden
   bei Vertragsschluss _____ 67

Alphabetische Übersicht

Anfangstermin _____ 6, 66
Arbeitnehmer _____ 45, 61
Arbeitsvertrag _____ 58, 60 f
Aufklärungspflicht _____ 3
Aufwendungen _____ 3, 40 ff, 49, 54, 73
Auslegung _____ 29, 35

Bedingung _____ 6, 24 ff, 65 f
Behördliche Genehmigung _____ 64
Beschaffungsrisiko _____ 47
Beschäftigungsverbot _____ 60
Beschlagnahme _____ 28, 62 f, 65

CISG _____ 13

Dispositivität _____ 35

Einrede des nichterfüllten Vertrages _____ 23
Einseitiges Versprechen _____ 8
Embargo _____ 65 f
Erbfall _____ 9
Erfüllungsinteresse _____ 27, 47
Ersatzanspruch _____ 9, 22

Fälligkeit _____ 19, 39
Fristsetzung _____ 36

Garantie _____ 47, 62
Gegenleistung _____ 23
Geschäftsgrundlage _____ 30
Gesetzliches Schuldverhältnis _____ 10
Gesetzliches Verbot _____ 7, 9, 15, 56 ff

Insolvenzverwalter _____ 12, 27
Interesse

– negatives _____ 3, 12, 32 f, 35, 48
– positives _____ 3 f, 12 f, 32 f

Kaufvertrag _____ 5, 28, 57
– grenzüberschreitend _____ 13

Masseverbindlichkeit _____ 12
Mietvertrag _____ 5
Mitverschulden _____ 17, 49 ff, 74
Mutterschutz _____ 60

Nebenpflichten _____ 21
Nichtigkeitsdogma _____ 2

Öffentlich-rechtlicher Vertrag _____ 11

Qualitätsmangel _____ 43, 55

Rechtsmängelhaftung _____ 5, 62

Sachmängelhaftung _____ 5
Schenkung _____ 35
Schuldrechtsreform _____ 1 f
Schwarzarbeit _____ 57
Sittenwidrigkeit _____ 17
Stellvertretendes Commodum _____ 22
StPO _____ 62

Treu und Glauben _____ 27, 29, 57

Unmöglichkeit
– anfängliche ___ 1, 14 f, 19, 24, 29, 36, 40, 51
– teilweise _____ 51 ff
– vorübergehende _____ 37
Unvermögen _____ 1, 9, 14 f, 18, 23

Unzumutbarkeit _____ 16, 23 f, 30, 36 f, 40, 51

Verhandlungsgehilfe _____ 4, 72

Vermächtnis_____ 9

Verschulden _____ 27

– bei Vertragsschluss_____ 15

Vertrag, öffentlich-rechtlicher _____ 11

Vertreter_____ 46

Werkvertrag_____ 5, 14

Zwangsvollstreckung _____ 27

I. Allgemeines

Mit § 311a hat der Gesetzgeber der Schuldrechtsreform die Abkehr vom früheren **1**
§ 306 vollzogen: Ein auf eine unmögliche Leistung gerichteter Vertrag ist nicht mehr
nichtig, sondern **bleibt wirksam**; lediglich der Anspruch auf die Leistung nach dem
nunmehr auch auf die anfängliche Unmöglichkeit anwendbaren § 275 Abs 1 ist
ausgeschlossen. Zugleich ist damit der Fall des anfänglichen Unvermögens geregelt
worden: Er untersteht, wie die Bezugnahme auf § 275 ergibt, ebenfalls den Bestimmungen des § 311a. Die Gleichschaltung von anfänglichen und nachträglichen Leistungshindernissen erstreckt sich schließlich auch auf die Fälle der Unzumutbarkeit,
wie sie in § 275 Abs 2 und 3 geregelt sind.

Dass nach dem Verweis auf § 275 Abs 1 der Schuldner von der Verpflichtung zur **1a**
Leistung frei wird, gilt auch, wenn er sein Unvermögen zur Leistung zu vertreten hat.
Die gegenteilige Auffassung von KOHLER (AcP 205 [2005] 118 ff) hat zwar die Erwägung für sich, dass so die Leistung einklagbar bleibt, wie das nach § 283 aF möglich
war (STAUDINGER/LÖWISCH [2001] § 283 Rn 3). Aber der Wortlaut von § 275 Abs 1 lässt
diese Wiederherstellung der bisherigen Rechtslage nicht zu, mag man diese auch als
erwünscht ansehen. S STAUDINGER/LÖWISCH § 275 Rn 101.

Mit der Abkehr vom Nichtigkeitsdogma des § 306 aF ist der Gesetzgeber der **2**
Schuldrechtsreform einer im Schrifttum lange erhobenen Forderung nachgekommen, die ihren Niederschlag im Bericht der Kommission zur Überarbeitung des
Schuldrechts (Abschlussbericht 145 f) und diesem folgend im Diskussionsentwurf eines
Schuldrechtsmodernisierungsgesetzes des Bundesjustizministeriums (S 38 f) gefunden hatte. Entgegen diesen Vorschlägen hat es der Gesetzgeber aber schließlich
dabei belassen, in § 311a Abs 2 eine besondere Regelung für den Schadensersatz iF
von Leistungshindernissen bei Vertragsschluss zu treffen. S zur Entstehungsgeschichte des § 311a ausführlich STAUDINGER/LÖWISCH (2001) § 306 Rn 3 ff.

§ 311a Abs 2 stellt eine Sondervorschrift zu § 311 Abs 2 dar: Ist dem Schuldner **3**
vorzuwerfen, dass er eine vertragliche Verpflichtung übernommen hat, obwohl er
wusste oder wissen musste, dass der Leistung schon bei Vertragsschluss ein Hindernis iS des § 275 Abs 1–3 entgegenstand, haftet er dem Gläubiger nicht wie das § 311
Abs 2 entspräche auf das negative, sondern auf das positive Interesse; allerdings
kann der Gläubiger an dessen Stelle auch Ersatz seiner Aufwendung nach § 284
verlangen (PALANDT/HEINRICHS § 311a Rn 13; ERMAN/KINDL § 311a Rn 11; offengelassen bei
MünchKomm/ERNST § 311a Rn 21). Im übrigen bleibt § 311 Abs 2 aber anwendbar: Hat
der Schuldner den Vertragsschluss abgesehen von seiner Kenntnis oder fahrlässigen
Unkenntnis arglistig oder unter Verletzung einer besonderen Aufklärungspflicht
herbeigeführt, haftet er dem Gläubiger nach § 311 Abs 2 auf das negative Interesse

Manfred Löwisch

(vgl näher § 311 Rn 92 ff). Stellt der Schuldner nach Zustandekommen des Vertrages das Leistungshindernis fest, muss er dies dem Gläubiger mitteilen. Dies ergibt sich freilich nicht aus § 311 Abs 2 (so aber PALANDT/HEINRICHS § 311a Rn 13), sondern, da der Vertrag wirksam ist, direkt aus § 241 Abs 2.

4 § 311a Abs 2 begründet **keine Haftung Dritter**. Dass Verhandlungsgehilfen oder Dritte, die mit dem Vertragsschluss ein starkes wirtschaftliches Eigeninteresse verbinden, ein der Leistung entgegenstehendes Hindernis kennen oder kennen können, kann nicht zu deren Haftung auf das positive Interesse führen. Vielmehr ist diese auf den Schuldner beschränkt, der Partner des nach § 311a Abs 1 wirksamen Vertrages ist. Die Haftung Dritter richtet sich allein nach § 311 Abs 3 und den dazu entwickelten Grundsätzen (vgl § 311 Rn 149 ff).

5 § 311a gilt auch, wenn das anfängliche Leistungshindernis in einem unbehebbaren **Sach- oder Rechtsmangel** im Sinne des Kaufrechts besteht. Für die Zeit vor Übergabe der verkauften Sache ergibt sich das direkt aus § 311a, nach erfolgter Übergabe aus § 437 Nr 3 iVm § 311a und dann mit der Maßgabe, dass die besonderen Verjährungsvorschriften des § 438 gelten (STAUDINGER/MATUSCHE-BECKMANN [2004] § 437 Rn 19. Für direkte Anwendung des § 311a auch nach Übergabe jetzt OLG Karlsruhe ZGS 2004, 477, 480). Gleiches gilt für den Werkvertrag nach § 634 Nr 4 (s dazu STAUDINGER/PETERS [2003] § 634 Rn 136). Beim Mietvertrag verdrängt die in § 536a Abs 1 S 1 angeordnete Garantiehaftung für bei Vertragsschluss vorhandene Mängel die Haftung nach § 311a (s dazu STAUDINGER/EMMERICH [2003] § 536a Rn 2 ff, dort auch zu der umstrittenen Frage, ob diese Garantiehaftung erst nach Überlassung der Mietsache an den Mieter eintritt und damit vor Überlassung § 311a gilt, zu dieser Frage inzwischen auch JOUSSEN ZMR 2004, 557, der für eine unterschiedslose Anwendung von § 536a eintritt). An der Anlehnung des § 311a ändert sich beim Kaufvertrag auch dann nichts, wenn es sich bei der Sache, deren Lieferung von Anfang an unmöglich ist, um eine vertretbare oder ersetzbare Sache handelt. Für einen Nacherfüllungsanspruch nach § 437 Nr 1 iVm § 439, für den BALTHASAR/BOLTEN (Untergang der verkauften Sache: Unmöglichkeit oder Ersatzlieferungsanspruch, ZGS 2004, 411 ff) bei nachträglicher Unmöglichkeit eintreten, fehlt der gesetzliche Anhaltspunkt (FEST, Kann der Käufer Ersatzlieferung verlangen, wenn die geschuldete Leistung vor Übergabe untergeht?, ZGS 2005, 18 ff).

6 Während die bisherigen §§ 306 und 307 ihre Entsprechung in den Abs 1 und 2 des § 311a gefunden haben, fehlt für den bisherigen § 308 eine Nachfolgevorschrift. Sie erscheint im Prinzip als entbehrlich: Da der auf eine unmögliche oder unzumutbare Leistung gerichtete Vertrag ohnehin wirksam ist, bedarf es keiner besonderen Anordnung der Wirksamkeit für den Fall, dass der Vertrag im Hinblick auf ein späteres Möglichwerden der Leistung geschlossen wird. Auch ist ein unter einer anderen aufschiebenden Bedingung oder unter Bestimmung eines Anfangstermins geschlossener Vertrag unabhängig davon gültig, ob ein anfängliches Leistungshindernis vor dem Eintritt des Termins behoben wird oder nicht. Zu dem Fall eines Verstoßes gegen ein gesetzliches Verbot s Rn 56 ff.

7 Der bisherige § 309 hatte den gegen ein **gesetzliches Verbot** verstoßenden Vertrag der entsprechenden Anwendung der bisherigen §§ 307 und 308 unterstellt. § 311a äußert sich demgegenüber zum gesetzeswidrigen Vertrag nicht. Die Begründung zum Regierungsentwurf meint nur, dass sich durch die Vorschrift nichts daran ändere, dass ein Vertrag, der gegen ein gesetzliches Verbot iS von § 134 verstößt, nichtig sei und so zugleich mit dem bisherigen § 306 „zwangsläufig" die Anspruchsgrundlage des bisherigen § 309 entfalle (RegEntw S 379, so auch MünchKomm/Ernst § 311a Rn 25). Das harmoniert nicht damit, dass die Begründung „die rechtliche Unmöglichkeit, etwa bei einem Arbeitsverbot", ausdrücklich der Vorschrift des § 275 Abs 1 über die nachträgliche Unmöglichkeit zuordnet (S 293). Braucht aber der Schuldner in einem solchen Falle nach § 275 Abs 1 nicht zu leisten, ist § 311a an sich einschlägig, wenn das Leistungshindernis schon bei Vertragsschluss vorliegt. Auf der anderen Seite würde die Anwendung von § 311a Abs 2 auf den gesetzeswidrigen Vertrag aber insofern in die Irre führen, als vermöge des dort gewährten Anspruchs auf Schadensersatz statt der Leistung der wirtschaftliche Erfolg des gesetzeswidrigen Vertrages doch erreicht würde (vgl Löwisch, in: FS Wiedemann S 325 f). Deshalb muss die Lösung dieser Fälle außerhalb von § 311a, nämlich bei § 311 Abs 2 gesucht werden (so im Ergebnis auch Canaris JZ 2001, 506). S dazu im einzelnen unten 67 ff.

Trotz Wortlaut und systematischer Stellung muss § 311a analog auf Schuldverhält- **8** nisse angewandt werden, die durch die Auslobung (§ 657) durch **einseitiges Versprechen** begründet werden (Erman/Kindl § 311a Rn 2; Jauernig/Stadler § 311a Rn 2).

Für das Vermächtnis gelten die Sondervorschriften der §§ 2171, 2170 Abs 2. Nach **9** § 2171 ist ein auf eine **zur Zeit des Erbfalls** jedermann unmöglichen Leistung gerichtetes oder gegen ein zu dieser Zeit bestehendes gesetzliches Verbot verstoßendes Vermächtnis unwirksam. Auch steht – nach dem Vorbild des früheren § 308 – die Unmöglichkeit der Leistung der Gültigkeit des Vermächtnisses nicht entgegen, wenn die Unmöglichkeit behoben werden kann und das Vermächtnis für den Fall zugewendet ist, dass die Leistung möglich wird. Nach § 2170 Abs 2 führt das anfängliche Unvermögen des Beschwerten zur Beschaffung des Vermächtnisses zu einem Wertersatzanspruch. Für § 311a Abs 1 ist neben diesen Vorschriften kein Raum (s näher Staudinger/Otte [2002] § 2174 Rn 29).

Auf **gesetzliche Schuldverhältnisse** ist § 311a **nicht** anzuwenden. Dass ein Gesetz **10** niemandem zu einer unmöglichen Leistung verpflichten kann, folgt schon aus dem Rechtsstaatsprinzip.

Auf **öffentlich-rechtliche Verträge** (dazu §§ 54 ff VwVfG) ist § 311a gem § 62 VwVfG **11** entsprechend anwendbar (die Entscheidung RGZ 110, 293 ist insoweit überholt; Kopf/Ramsauer, Verwaltungsverfahrensgesetz [8. Aufl 2003] § 59 Rn 16, § 62 Rn 6a, 9; und einschränkend für § 306 aF Bullinger, Leistungsstörungen beim öffentlich-rechtlichen Vertrag, DÖV 1977, 815 ff).

Nach § 61 InsO kann der **Insolvenzverwalter** einem Massegläubiger zum Schadenser- **12** satz verpflichtet sein, wenn eine durch eine Rechtshandlung des Insolvenzverwalters begründete Massenverbindlichkeit aus der Insolvenzmasse nicht erfüllt werden kann. Diese auf das negative Interesse beschränkte Haftung des Insolvenzverwalters kann nicht durch die auf das positive Interesse gerichtete Haftung des § 311a Abs 2 überspielt werden. § 61 InsO geht als eine für den speziellen Fall der Insolvenz getroffene Sondervorschrift der allgemeinen Vorschrift des § 311a vor (vOlshausen ZIP 2002, 239).

Für **grenzüberschreitende Kaufverträge** stellen die Art 25, 45 ff und 74 ff CISG das **13** anfängliche Leistungshindernis dem nachträglichen ohne weiteres gleich (s dazu

SCHLECHTRIEM/SCHWENZER/STOLL, Kommentar zum einheitlichen UN-Kaufrecht [4. Aufl 2004] Art 79 Rn 12 f; STAUDINGER/MAGNUS [1999] Wiener UN-Kaufrecht [CISG] Art 79 Rn 33). Die UNIDROIT Principles of International Commercial Contracts von 1994 (Rom 1994) und die Principles of European Contract Law (The Hague/London/Bosten 2000; deutsche Übersetzung von DROBNIG/ZIMMERMANN/WICK ZeuP 2000, 675 ff) gehen demgegenüber zwar vordergründig von der Unterscheidung zwischen anfänglicher und nachträglicher Unmöglichkeit aus, indem sie erstere ausdrücklich ansprechen und – wie § 311a Abs 1 – die Nichtigkeitsfolge ausschließen (s Art 3.3 PICC UND Art 4:102 PECL). Im Übrigen jedoch differenzieren sie weder bei den Grenzen der Durchsetzung der Erfüllung in Natur (s Art 7.2.2 PICC und Art 9:102 PECL) noch bei der Frage der Haftungsentlastung wegen höherer Gewalt (s Art 7.1.7 PICC und Art 8:108 PECL) nach dem Zeitpunkt, in welchem das Hindernis eintritt. Wie sich ein künftiges Europäisches Zivilgesetzbuch zu der Frage verhalten wird, muss als offen bezeichnet werden. Allerdings zeichnet sich nach der jüngsten Mitteilung der Kommission (KOM [2004] 651 endgültig) ab, dass die Struktur, des künftigen Gemeinsamen Referenzrahmens, der Vorläufer des Europäischen Zivilgesetzbuches ist, den Principles of European Contract Law weitgehend entsprechen wird (s dazu SCHMIDT-KESSEL GPR 2005, 2).

II.   Wirksamkeit trotz Leistungshindernis

1.   Erfasste Leistungshindernisse

14 Aus dem Verweis auf § 275 Abs 1 folgt, dass die Vorschrift für alle Fälle der **anfänglichen objektiven Unmöglichkeit und des anfänglichen Unvermögens** des Schuldners gilt. Erfasst werden damit alle Fälle der tatsächlichen anfänglichen Unmöglichkeit (STAUDINGER/LÖWISCH [2004] § 275 Rn 7 ff) und die Fälle, in denen das Leistungssubstrat schon bei Abschluss des Vertrages nicht vorhanden ist oder bei denen der Zweck, zu dem die Leistung des Gläubigers dienen sollte, von vornherein nicht erreicht werden kann (STAUDINGER/LÖWISCH [2004] § 275 Rn 20 ff). Ebenso erstreckt sich die Vorschrift auf alle Fälle des schon bei Vertragsschluss bestehenden Unvermögens des Schuldners zur Leistungserbringung, wie sie insbesondere bei persönlichen Leistungsverpflichtungen, vor allem wie bei Dienst- und Werkverträgen, gegeben sein kann (STAUDINGER/LÖWISCH [2004] § 275 Rn 55 ff).

15 Beruhen anfängliche Unmöglichkeit oder anfängliches Unvermögen allerdings **auf rechtlichen Gründen**, ist zu differenzieren. Ist der Vertrag wegen eines gesetzlichen oder behördlichen Verbots gem § 134 nichtig (dazu Rn 56 ff sowie STAUDINGER/SACK [2003] § 134 Rn 57 ff), kann auch § 311a Abs 1 an der Nichtigkeit nichts ändern. Etwaige Schadensersatzansprüche richten sich nicht nach § 311a Abs 2, sondern nach den Grundsätzen des Verschuldens bei Vertragsschluss (s Rn 7 und unten Rn 67 ff). Soweit lediglich der Erbringung der Leistung ein rechtliches Hindernis entgegensteht, insbesondere die fehlende Verfügungsmacht des Schuldners über den Leistungsgegenstand (s STAUDINGER/LÖWISCH [2004] § 275 Rn 31, 39 f, 61 f), bleibt der Vertrag nach § 311a Abs 1 wirksam und gilt § 311a Abs 2.

16 Aus dem Verweis auf § 275 Abs 2 und 3 ergibt sich, dass auch eine **Unzumutbarkeit** der Leistung iS dieser Vorschriften der Wirksamkeit des Vertrages nicht entgegensteht. Dabei spielt es für die Anwendbarkeit der Vorschrift keine Rolle, ob der

Schuldner von seinem Leistungsverweigerungsrecht Gebrauch gemacht hat oder nicht. An der Wirksamkeit des Vertrages ändert sich im einen wie im anderen Fall nichts.

§ 311a zu unterstellen sind auch die Fälle von Leistungsversprechen, die mittels **17** übernatürlicher Kräfte erbracht werden sollen (vgl LG Kassel NJW 1985, 1642 und NJW-RR 1988, 1517; LG Mannheim NJW 1992, 1488; AG Bühl vom 25.8.1998 – 3 C 151/98; AG Grevenbroich NJW-RR 1999, 133). Sofern nicht im Einzelfall Sittenwidrigkeit im Sinne des § 138 gegeben ist, besteht kein Grund, die Parteien nicht an den von ihnen geschlossenen Vertrag mit der Schadensersatzverpflichtung des § 311a Abs 2 fest-zuhalten. Deren Ausgestaltung ist mit der Voraussetzung des Kennen oder Kennenmüssens des Schuldners (Rn 43 ff) und der Berücksichtigung des Mitverschuldens des Gläubigers nach § 254 (dazu Rn 49 f) elastisch genug, um dem Interesse der Parteien ausgewogen Rechnung zu tragen (Windel ZGS 2003, 467 f; Grunewald JZ 2001, 435; **aA** Lobinger S 277 f).

2. Wirksamkeit

Aus § 311a Abs 1 folgt, dass das Vorliegen eines Leistungshindernisses schon bei **18** Vertragsschluss anders als nach dem bisherigen § 306 nichts an der Wirksamkeit des Vertrages selbst ändert. Ausgeschlossen ist lediglich der Anspruch auf die Leistung und zwar im Falle der Unmöglichkeit und des Unvermögens automatisch (§ 275 Abs 1) und im Falle der Unzumutbarkeit, wenn der Schuldner die Leistung verweigert hat (§ 275 Abs 2 und 3).

Mit der Aufgabe der Nichtigkeitsfolge hat sich die in Rechtsprechung und Literatur **19** zum bisherigen § 306 streitige Frage erledigt, ob der für die anfängliche Unmöglichkeit maßgebliche Zeitpunkt der des Vertragsschlusses oder der der Fälligkeit der Leistung ist (dazu ausführlich Staudinger/Löwisch [2001] § 306 Rn 41 f): Der Vertrag ist in jedem Fall unwirksam. Ob die Leistung zu erbringen ist, hängt davon ab, ob sie dauernd unmöglich ist oder zum Fälligkeitszeitpunkt doch noch möglich wird, etwa weil ein behördliches Ausführverbot in der Zeit zwischen Vertragsschluss und Fälligkeit aufgehoben wird.

Aus § 311a Abs 1 folgt weiter, dass Verträge auch dann **rückwirkend abgeschlossen** **20** werden können, wenn die Leistung ganz oder teilweise in der Vergangenheit nicht erbracht werden kann. Dementsprechend ist auch die Verurteilung zum Abschluss eines rückwirkenden Vertragsverhältnisses in diesen Fällen nicht ausgeschlossen; lediglich die Leistungspflicht entfällt für die Vergangenheit (BAG NZA 2004, 1226, 1227; Canaris JZ 2001, 506).

Dass der Vertrag wirksam bleibt, hat zur Folge, dass den Schuldner wie den Gläu- **21** biger die mit dem Vertrag verbundenen **Nebenpflichten** treffen, insbesondere gilt § 241 Abs 2 und in Verbindung damit § 280 Abs 1. Hat sich der Schuldner zum Transport einer Ladung auf einem bestimmten Schiff verpflichtet, das für die Ladung zu schmal ist (vgl den Fall OLG Hamm TranspR 1996, 245), ist zwar der Leistungsanspruch ausgeschlossen, der Schuldner aber gleichwohl zur Fürsorge für die ihm überlassene Ladung verpflichtet. Scheitert die Erfüllung der Verpflichtung, ein Bett zu liefern und in einer Wohnung aufzustellen, weil die Zugänge so beschaffen sind, dass das

Bett erst mit erheblichen Mehrkosten in seine Einzelteile zerlegt und wieder zusammengesetzt werden muss (vgl den Fall LG Nürnberg/Fürth NJW-RR 1995, 180), ist der Gläubiger verpflichtet, das angelieferte Bett bis zur Abholung durch den Verkäufer zu sichern.

22   Weiterhin kann der Gläubiger statt der unmöglichen oder unzumutbaren Leistung **Herausgabe des Ersatzes nach § 285** verlangen (STAUDINGER/LÖWISCH [2004] § 285 Rn 28; jetzt auch CANARIS, in: FS Heldrich 38 gegen HAMMEN, in: FS Hadding 41 ff). Ist die zu liefernde Sache, ohne dass der Schuldner das wusste, schon zum Zeitpunkt des Vertragsschlusses von einem Dritten zerstört worden, hat der Gläubiger Anspruch auf Abtretung eines Schadensersatzanspruches gegen den Dritten und eines etwaigen Versicherungsanspruches.

23   Für den **gegenseitigen Vertrag** hat § 311a Abs 1 zur Konsequenz, dass sich die Abwicklung nach den Vorschriften der §§ 320 ff richtet. Soweit der Anspruch des Gläubigers nach § 275 ausgeschlossen ist, entfällt nach § 326 Abs 1 S 1 auch der Anspruch des Schuldners auf die Gegenleistung. Dies gilt auch dann, wenn der Gläubiger die Unmöglichkeit oder Unzumutbarkeit bei Vertragsschluss kannte oder hätte kennen müssen, denn darin liegt noch keine Verantwortlichkeit des Gläubigers für die Unmöglichkeit oder Unzumutbarkeit iS des § 326 Abs 2 S 1 (s näher STAUDINGER/OTTO [2004] § 326 Rn C19). Voraussetzung dafür ist, dass der Gläubiger die Unmöglichkeit oder Unzumutbarkeit positiv herbeiführt. Was die Einrede des nicht erfüllten Vertrages nach § 320 angeht, so ist sie zwar ausgeschlossen, wenn feststeht, dass die Leistung nicht zu erbringen ist, weil sie entweder unmöglich ist oder weil der Schuldner die Erbringung wegen Unzumutbarkeit wirksam verweigert hat. Solange der Ausschluss der Leistungspflicht aber streitig ist, kann der Gläubiger die Einrede erheben (so schon für das frühere Recht BGH NJW 1997, 938; ausführlich jetzt STAUDINGER/OTTO [2004] § 320 Rn 21).

24   Die Parteien können einer bestehenden anfänglichen Unmöglichkeit oder Unzumutbarkeit dadurch Rechnung tragen, dass sie den Vertrag nur für den Fall schließen, dass die Leistung später möglich oder zumutbar wird. Die Wirksamkeit des Vertrages steht dann unter der **aufschiebenden Bedingung der Beseitigung der Unmöglichkeit**. Es liegt nicht anders als in den sonstigen Fällen, in denen die Parteien die Wirksamkeit des Vertrages von dem Eintritt einer Bedingung abhängig machen, etwa davon, dass sich der Zweck, zu dem die Leistung dem Gläubiger dienen soll, tatsächlich verwirklichen lässt.

25   Die Beseitigung der Unmöglichkeit ist keine bloße Rechtsbedingung, sondern ist als **eigentliche aufschiebende Bedingung** iS des § 158 Abs 1 aufzufassen (für den früheren § 308 BGH NJW-RR 1992, 558, 559). Dies folgt schon daraus, dass die Parteien die Gültigkeit des Vertrages durch ihre Vereinbarung unter den ungewissen Eintritt der späteren Möglichkeit der Leistung gestellt haben: Das ist die Situation, auf die die §§ 158 ff gemünzt sind. Die Parteien sind also bereits mit Abschluss des Vertrages schuldrechtlich gebunden, wenngleich die Verpflichtung zur Leistung erst mit dem Eintritt der Bedingung, dh mit Möglichkeit der Leistung entsteht (§ 158 Abs 1).

26   Die Parteien können die Bedingung auch so ausgestalten, dass sie den Vertrag für den Fall schließen, dass die Leistung **innerhalb eines bestimmten Zeitraumes** wirksam

wird. Wird die Leistung in einem solchen Fall nicht innerhalb der gesetzten Frist möglich, ist der Vertrag wegen Ausfalls der Bedingung unwirksam; es gelten die §§ 158 ff.

Aus der **Anwendbarkeit der §§ 158 ff** folgt weiter: Die Vertragspartner können ver- 27 einbaren, dass der Eintritt der Bedingung (im Wege der Fiktion) zurückdatiert wird, dass also der Verpflichtete dem Berechtigten im Falle des Möglichwerdens der Leistung das gewähren soll, was dieser hätte, wenn die Leistung bereits bei Abschluss des Vertrages möglich gewesen wäre, § 159. Der Gläubiger kann *Schadensersatz* verlangen, wenn der Schuldner das Möglichwerden der Leistung durch sein Verschulden vereitelt oder beeinträchtigt, § 160. Hat der Schuldner unter der Bedingung des späteren Möglichwerdens über einen Gegenstand verfügt (zB eine noch nicht existierende Sache veräußert, verpfändet, ein Recht daran bestellt), so ist jede weitere Verfügung, die er vor dem Eintritt der Möglichkeit über denselben trifft, insoweit unwirksam, als sie das Recht des Gläubigers beeinträchtigen würde. Seiner eigenen Verfügung steht eine Verfügung gleich, die bis zum Eintritt der Möglichkeit im Wege der Zwangsvollstreckung oder der Arrestvollziehung oder durch den Insolvenzverwalter erfolgt, § 161 Abs 1. Doch bleiben die Vorschriften, die zugunsten der Sicherheit des Verkehrs den Rechtserwerb durch Nichtberechtigte gestatten (originärer Rechtserwerb im derivativen Gewande, §§ 405, 892, 893, 932, 936, 1032, 1138, 1155, 1207, 1208, 1244) unberührt, § 161 Abs 3. Der Schuldner darf das Möglichwerden der Leistung nicht wider Treu und Glauben vereiteln; tut der das, so gilt die Bedingung als eingetreten, dh die Leistung als möglich, § 162 Abs 2, weswegen der Gläubiger einen Anspruch auf das Erfüllungsinteresse und nicht bloß auf das negative Vertragsinteresse hat. Vgl hierzu ausführlich STAUDINGER/BORK (2003) § 162 Rn 3 ff, 11 ff.

Die Absicht der Vertragspartner, den Vertrag durch die Beseitigung der Unmög- 28 lichkeit aufschiebend zu bedingen, bedarf **keiner ausdrücklichen Erklärung**. Es genügt, dass diese Absicht vorhanden war und den Umständen nach festgestellt werden kann (RGZ 102, 254; 138, 52, 55; BGH NJW-RR 1992, 558). Dabei wird regelmäßig davon ausgegangen werden können, dass die Parteien einen Vertrag schließen wollten, der einen praktischen Wert hat. War den Parteien die im Zeitpunkt des Vertragsschlusses bestehende Unmöglichkeit der Leistung bekannt, so wird man daraus – trotz Fehlens einer gesetzlichen Vermutung – im Zweifel ableiten müssen, dass die Parteien den Vertrag gerade für den Fall des Möglichwerdens der Leistung geschlossen haben. So wird in der Regel anzunehmen sein, dass die Lieferung eines zum Zeitpunkt des Vertragsschlusses nur als Idee vorhandenen Pkw-Modells für den Fall versprochen wird, dass das Modell später tatsächlich hergestellt wird. Dies gilt jedenfalls dann, wenn der Vertrag die Klausel „nach Liefermöglichkeit" enthält (BGH NJW 1994, 515). Auch die Lieferung einer beschlagnahmten Ware wird regelmäßig für den Fall zugesagt sein, dass die beschlagnahmende Stelle die Lieferung genehmigt oder die Ware freigibt (RGZ 102, 254; 138, 52, 55). Ein Grundstückskaufvertrag wird regelmäßig für den Fall geschlossen, dass die erforderlichen Genehmigungen erteilt werden (BGH aaO). Ein nicht übertragbares Recht wird in der Regel für den Fall abgetreten, dass die Übertragung gesetzlich gestattet wird (vgl RGZ 159, 203; s auch BGH LM § 134 BGB Nr 3). Bei wesentlichen Bestandteilen, die gem § 93 nicht sonderrechtsfähig, aber trotzdem Gegenstand eines besonderen Kaufvertrages sind, wird in der Regel anzunehmen sein, dass der Kaufvertrag unter der aufschiebenden

Bedingung abgeschlossen worden ist, dass die Bestandteile von der eigentlichen Sache getrennt werden (vgl ZITELMANN, Übereignungsgeschäft und Eigentumserwerb an Bestandteilen, JherJb 70, 56; FILIOS, Die Gefahrtragung beim Kauf [§ 446 BGB] im Rahmen des Synallagmas [1964] 48).

29 Im Einzelfall kann sich auch aus einer an Treu und Glauben und der Verkehrssitte orientierten ergänzenden Vertragsauslegung (§ 157) ergeben, dass Vertragsparteien, die die anfängliche Unmöglichkeit der Leistung nicht gekannt haben, für den Fall, dass sie sie **erkannt hätten**, den Vertrag unter die aufschiebende Bedingung des Eintritts der Möglichkeit gestellt hätten (BGH MDR 1975, 747 für einen Fall, in dem die Parteien in Verkennung der Rechtslage vereinbart hatten, einen nicht abtretbaren Deckungsanspruch gegen einen Haftpflichtversicherer alsbald abzutreten und in dem anzunehmen war, dass die Verpflichtung zur Abtretung notfalls auch für den Fall gewollt war, dass diese erst später zulässig werden sollte).

30 Haben sich die Parteien hinsichtlich des Zeitraums **geirrt**, in dem die Unmöglichkeit oder Unzumutbarkeit würde behoben werden können, kann darin ein beiderseitiger Irrtum über die Geschäftsgrundlage iS des § 313 Abs 2 liegen. Haben die Parteien einen Vertrag über die Schaffung eines Kunstwerks geschlossen und bestimmt, dass dieser in Kraft treten solle, wenn der Künstler eine bestehende Erkrankung überwunden haben würde und sind sie dabei davon ausgegangen, dass die Wiederherstellung der Gesundheit nach einigen Monaten erfolgen würde, verzögert sich diese aber auf unabsehbare Zeit, kann das für den Besteller das Festhalten am Vertrag unzumutbar machen (s allgemein dazu STAUDINGER/SCHMIDT-KESSEL [2006] zu § 313).

31 Zu Verträgen, die für den Fall der Aufhebung eines gesetzlichen oder behördlichen Verbots geschlossen werden, s Rn 65.

III. Schadensersatzverpflichtung

1. Schadensersatz statt der Leistung

32 Aus dem Wirksambleiben des Vertrages trotz Bestehens eines Leistungshindernisses bei Vertragsschluss zieht § 311a Abs 2 die Konsequenz: Der Schuldner der anfänglichen unmöglichen oder unzumutbaren Leistung haftet nicht wie bisher nach dem früheren § 307 auf das negative, sondern auf das positive Interesse. Er ist dem Gläubiger zum **Schadensersatz statt der Leistung** verpflichtet. S auch STAUDINGER/OTTO (2004) Vorbem 34 zu §§ 280–285.

33 In seiner Untersuchung der Grenzen rechtsgeschäftlicher Leistungspflichten plädiert LOBINGER für eine teleologische Reduktion von § 311a Abs 2. Die dort vorgesehene Erfüllungshaftung sei lediglich bei überwindbaren und dem Schuldner bekannten Leistungshindernissen angemessen. Nur dann nämlich werde die Verpflichtung zur Erbringung der unmöglichen Leistung von einem entsprechenden Willen des Schuldners getragen. Sei hingegen die Unmöglichkeit nicht überwindbar und/oder kenne der Schuldner die Unmöglichkeit nicht, könne ihm nur ein Fehlverhalten bei Vertragsschluss zur Last gelegt werden, welches lediglich die Haftung auf das negative Interesse (das nur ausnahmsweise zum Ersatz des positiven Interesses führe) rechtfertigen könne (LOBINGER 273 ff, insbesondere 286 ff).

Der Auffassung von LOBINGER kann nicht gefolgt werden. Zwar lässt sich die 34
Auffassung, in den meisten Fällen der Unmöglichkeit sei nach wie vor eine Haftung
auf das negative Interesse angemessen, rechtspolitisch durchaus vertreten. Der Gesetzgeber hat aber anders entschieden. Willkürlich ist diese Entscheidung nicht.
Vielmehr findet sie ihre Basis in einer Risikozuordnung. Der Gesetzgeber bürdet
mit § 311a Abs 2 dem Schuldner vorbehaltlich des Vertretenmüssens das Risiko der
Vertragserfüllung auf, das sonst der Gläubiger tragen müsste. Auf diese Weise den
Grundsatz „pacta sunt servanda" trotz gegebener anfänglicher Unmöglichkeit wirtschaftlich durchschlagen zu lassen, ist jedenfalls vertretbar.

Die Ausführungen von LOBINGER lenken allerdings die Aufmerksamkeit auf die 35
Dispositivität des § 311a Abs 2. Im Einzelfall kann ein Vertrag dahingehend auszulegen sein, dass für den Fall, dass sich die Erbringung der Leistung als von Anfang
an unmöglich erweist, nur eine Haftung auf das negative Interesse eintreten soll. So
wird man bei einer Schenkung oder einem anderen unentgeltlichen Vertrag häufig
annehmen müssen, dass eine Haftung auf das Erfüllungsinteresse für das anfängliche
Unvermögen des Schuldners dem Parteiwillen nicht entspricht (vgl für das frühere Recht
BGH BGHZ 144, 118 = JZ 2001, 353 mit Anm LÖWISCH, HUBER ZIP 2000, 1372, 1375).

Die Entstehung des Anspruchs auf Schadensersatz statt der Leistung ist abgesehen 36
vom Vertretenmüssen (dazu Rn 43 ff) von keinen weiteren Voraussetzungen abhängig.
Insbesondere ist anders als in § 281 Abs 1 eine **Fristsetzung nicht erforderlich**. Allerdings ist dem Gläubiger, der von der anfänglichen Unmöglichkeit oder Unzumutbarkeit nichts weiß oder über diese im Zweifel ist, unbenommen, den Weg des § 281
Abs 1 S 1 zu gehen. Eine von ihm erhobene Klage ist dann in jedem Fall, entweder
nach § 281 Abs 1 S 1 oder § 311a Abs 2 begründet, so dass es einer Beweiserhebung
über das Vorliegen der anfänglichen Unmöglichkeit oder Unzumutbarkeit nicht
bedarf, soweit es nicht für die Höhe des Schadens auf den Zeitpunkt der Entstehung
des Schadensersatzanspruches ankommt (dazu unten 39). Zur Verfolgung des Erfül-
lungsanspruchs muss der Gläubiger die Leistung aufgeben (KOHLER AcP 205 [2005]
106 f). Zu dessen Auffassung auch Rn 1a.

Ist dem Schuldner die Leistung zwar von Anfang an, aber **nur vorübergehend** un- 37
möglich oder unzumutbar, greift der Schadensersatzanspruch des § 311a Abs 2 nur
für den Zeitraum der vorübergehenden Unmöglichkeit oder Unzumutbarkeit. Für
die Zeit nach Ende der vorübergehenden Unmöglichkeit oder Unzumutbarkeit
kommt ein Schadensersatzanspruch statt der Leistung nur nach Maßgabe des
§ 281 Abs 1 S 1 in Betracht. Stellt allerdings die vorübergehende Unmöglichkeit
die Erreichung des Geschäftszwecks in Frage und ist dem anderen Teil deshalb das
Festhalten am Vertrag bis zum Wegfall des Leistungshindernisses nicht zuzumuten,
ist die vorübergehende der dauernden Unmöglichkeit gleichzustellen (OLG Karlsruhe
ZGS 2004, 477, 478; STAUDINGER/LÖWISCH [2004] § 275 Rn 43 ff).

Der Begriff des Schadensersatzes statt der Leistung ist derselbe wie in §§ 280 Abs 3 38
und 281–283. Der Gläubiger ist so zu stellen, wie er bei ordnungsgemäßer und
rechtzeitiger Erfüllung stünde (STAUDINGER/OTTO [2004] § 280 Rn E5 ff; ERMAN/KINDL
§ 311a Rn 8). S zum Umfang des Schadensersatzes statt der Leistung STAUDINGER/
OTTO (2004) § 280 Rn E8 ff und § 281 Rn B39 ff.

39 Maßgeblicher zeitlicher Ausgangspunkt für die Schadensberechnung ist der, zu dem die Leistung nach dem Vertrag hätte erbracht werden müssen, also der **Fälligkeitszeitpunkt**. Zu vergleichen ist die tatsächlich eingetretene Vermögenslage mit der, die bestünde, wenn zu diesem Zeitpunkt erfüllt worden wäre. Anders als im Falle des § 281 Abs 1 S 1 kommt die Wahl eines anderen Ausgangszeitpunkts als des Zeitpunkts der Fälligkeit nicht in Betracht. Auch wenn der Gläubiger dem Schuldner eine Frist zur Leistung gesetzt hat, kann er nicht auf den Zeitpunkt des Fristablaufs abstellen, wenn sich herausstellt, dass die Leistung von Anfang an unmöglich oder unzumutbar war.

40 Alternativ zum Schadensersatz statt der Leistung kann der Gläubiger **Ersatz vergeblicher Aufwendungen** nach § 284 verlangen (Hk-BGB/Schulze § 311 Rn 7 f). Voraussetzung dafür ist zunächst, dass der Gläubiger die Aufwendungen im Vertrauen auf den Erhalt der Leistung gemacht hat, die infolge der anfänglichen Unmöglichkeit oder Unzumutbarkeit ausbleibt. In Betracht kommen insbesondere die Anschaffung von Betriebsmitteln, die nicht verwendet oder die Einstellung von Hilfskräften, die nicht beschäftigt werden können. Aber auch Aufwendungen für geplante private Nutzungen der ausgebliebenen Leistung gehören hierher.

41 Weiter mussten die Aufwendungen vom Gläubiger „billigerweise" gemacht werden dürfen. Unbillig in diesem Sinne handelt der Gläubiger insbesondere, wenn er die Aufwendungen voreilig tätigt oder noch tätigt, obwohl ihm bereits Anzeichen für ein Scheitern des Vertrages bekannt sind oder bekannt sein müssten (Canaris JZ 2001, 517; Löwisch, Ersatz vergeblicher Aufwendungen bei Verletzung arbeitsvertraglicher Pflichten, in: FS Wißmann [2005] S 37, 40 f).

42 Ausgeschlossen ist der Aufwendungsersatzanspruch, wenn der Zweck der Aufwendungen auch ohne Ausbleiben der Leistung des Schuldners **nicht erreicht worden wäre**. Verfehlte Aufwendungen soll der Gläubiger nicht ersetzt verlangen können. Hätte beispielsweise die vom Gläubiger mit Aufwendungen vorbereitete Produktion auch dann nicht durchgeführt werden können, wenn der Schuldner geleistet hätte, scheidet ein Aufwendungsersatzanspruch aus (Löwisch aaO). S im übrigen die Erl zu § 284 bei Staudinger/Otto (2004).

2. Vertretenmüssen

43 Der Anspruch auf Schadensersatz statt der Leistung oder auf Ersatz der vergeblichen Aufwendungen ist nach § 311a Abs 2 S 2 ausgeschlossen, wenn der Schuldner bei Vertragsschluss das Leistungshindernis **nicht kannte und seine Unkenntnis auch nicht zu vertreten hat**. Kenntnis in diesem Sinne bedeutet das Wissen um die anfängliche Unmöglichkeit oder Unzumutbarkeit, Kennenmüssen die auf Fahrlässigkeit zurückführende Unkenntnis (§ 122 Abs 2). Der Maßstab für die Fahrlässigkeit ergibt sich dabei, wie aus § 276 Abs 1 S 1 folgt, aus dem abgeschlossenen Vertrag. Dementsprechend haftet der an der Gründung einer Gesellschaft Beteiligte für das Ausbleiben eines Beitrags, dessen Erbringung von Anfang an unmöglich oder unzumutbar ist, nur nach Maßgabe des § 708.

44 In der Rechtsprechung ist fahrlässige Unkenntnis in einem Fall angenommen worden, in dem ein vermietetes Grundstück wegen eines Bebauungsplanes, den der

Vermieter hätte kennen müssen, für den vorgesehenen Zweck auf unabsehbare Zeit nicht genutzt werden konnte (OLG Celle NJW 1973, 2289). Ebenso entschieden wurde in einem Fall, in dem bei dem Verkauf einer Erfindung das mitgeteilte Verfahren nicht geeignet war, den zugesicherten Erfolg zu erreichen, wovon sich der Verkäufer aufgrund eigener Versuche hätte überzeugen können (BGH GRUR 1960, 44), und schließlich in einem Fall, in dem sich der Verkäufer eines Kraftfahrzeuges verpflichtete, dem Käufer Fahrunterricht zu geben, obwohl er dazu nicht befugt war (OLG München LZ 1928, 138). Hingegen kann einem GmbH-Gesellschafter nicht ohne weiteres zur Last gelegt werden, dass er nicht weiß, dass die Gesellschafter keine selbständigen Nutzungsrechte an einem der GmbH zustehenden Patent haben können (OLG Saarbrücken ZIP 1999, 2054, 2056).

Ein **Arbeitnehmer**, dem die Arbeitsleistung wegen einer schon zum Zeitpunkt des **45** Vertragsschlusses bestehenden Erkrankung unmöglich oder unzumutbar ist (STAUDINGER/LÖWISCH [2004] § 275 Rn 55, 82), haftet bei fahrlässiger Unkenntnis, ohne dass ihm die Grundsätze zur Arbeitnehmerhaftung zugute kämen (zu ihnen STAUDINGER/LÖWISCH [2004] § 276 Rn 133). Diese gelten nur für durch den Betrieb veranlasste Tätigkeiten, weil sich nur in diesen die Organisationsmacht des Arbeitgebers verwirklicht, welche die Beschränkung der Haftung rechtfertigt (vgl BAG AP Nr 103 zu § 611 BGB Haftung des Arbeitnehmers = NJW 1995, 210, BGH AP Nr 109 zu § 611 BGB Haftung des Arbeitnehmers = NJW 1996, 1532).

Ist der auf eine unmögliche oder unzumutbare Leistung gerichtete Vertrag durch **46** einen *Stellvertreter* abgeschlossen worden, kommt es gem § 166 Abs 1 auf dessen Kenntnis oder Kennenmüssen an (anders BAMBERGER/ROTH/GERLEIN § 311a Rn 8 für die Anwendung des § 278, sowohl § 176 Abs 1 als auch § 278 anwenden will MünchKomm/ERNST § 311a Rn 58 ff). Unter den Voraussetzungen des § 166 Abs 2 muss sich auch der Vertretene seine Kenntnis und sein Kennenmüssen zurechnen lassen. Dasselbe gilt, wenn kein Stellvertreter, sondern ein sog *Wissensvertreter* tätig geworden ist. Wissensvertreter ist jeder, der nach der Arbeitsorganisation des Geschäftsherrn dazu berufen ist, im Rechtsverkehr als dessen Repräsentant bestimmte Aufgaben in eigener Verantwortung zu erledigen und die dabei angefallenen Informationen zur Kenntnis zu nehmen sowie gegebenenfalls weiterzuleiten (BGHZ 117, 104, 106 f; s im einzelnen STAUDINGER/SCHILKEN [2004] Vorbem 86 f zu §§ 164 ff und § 166 Rn 4 ff).

§ 311a Abs 2 S 2 schließt nicht aus, dass im Einzelfall eine Haftung des Schuldners **47** auf Schadensersatz statt der Leistung oder Ersatz der vergeblichen Aufwendungen des Gläubigers auch ohne Kenntnis oder fahrlässige Unkenntnis von der Unmöglichkeit oder Unzumutbarkeit eintritt. Entsprechend § 276 Abs 1 S 1 kann sich eine solche **strikte Haftung** entweder aus einer entsprechenden Vereinbarung oder aus dem sonstigen Inhalt des Vertrages ergeben. Ersteres ist der Fall, wenn der Schuldner vertraglich das Beschaffungsrisiko übernimmt, etwa als Unternehmer die Herstellung des Werkes aus erst noch zu beschaffenden Gegenständen verspricht. Letzteres kommt nur ausnahmsweise in Betracht. Eine allgemeine Garantie für das Leistungsvermögen – wie sie früher bei persönlich zu erbringenden Leistungen angenommen worden ist – (vgl STAUDINGER/LÖWISCH [2001] § 306 Rn 21), kann heute nicht mehr angenommen werden. Dies würde der Entscheidung des Gesetzgebers widersprechen, die Haftung auf das Erfüllungsinteresse regelmäßig von dem Vertretenmüssen auf Seiten des Schuldners abhängig zu machen (zutreffend OLG Karlsruhe ZGS 2004, 477, 479).

48 Dass § 311a Abs 2 S 2 die Haftung des Schuldners **von einem Vertretenmüssen abhängig** macht, führt dazu, dass der Schuldner, wenn es an einem solchen Vertretenmüssen fehlt, dem Gläubiger überhaupt nicht, auch nicht auf das negative Interesse haftet. Canaris will dem im Wege einer „Rechtsfortbildung praeter legem" durch eine Analogie zu § 122 BGB abhelfen. Er sieht einen untragbaren Wertungswiderspruch darin, dass sich der Schuldner im Falle eines Eigenschaftsirrtums im Sinne von § 119 Abs 2 BGB nur um den Preis einer verschuldensunabhängigen Haftung auf das negative Interesse vom Vertrag lösen kann, in dem ganz ähnlichen Fall des Irrtums über die Möglichkeit oder Zumutbarkeit der Leistung aber nur bei Vorliegen von Verschulden haftet (Canaris JZ 2001, 507 f und in: Schulze/Schulte-Nölke 64 f, ebenso Schulze, in: Hk-BGB § 311a Rn 9). Dem ist nicht zu folgen. Die Schadensersatzpflicht nach § 122 Abs 2 soll die Interessen desjenigen wahren, der sich infolge einer wirksamen Irrtumsanfechtung einem nichtigen Rechtsgeschäft gegenübersieht. Demgegenüber lässt es § 311a gerade bei der Wirksamkeit des Vertrages. Zu bewältigen ist nur die infolge der anfänglichen Unmöglichkeit oder Unzumutbarkeit eintretende Leistungsstörung. Dass für den zur Bewältigung erforderlichen Schadensausgleich wie sonst auch das Verschuldensprinzip gilt, ist nur folgerichtig. Dementsprechend wird die Auffassung von Canaris überwiegend abgelehnt (Schulte-Nölke/Behren ZGS 2002, 256, 258 f; MünchKomm/Ernst § 311a Rn 41; Palandt/Heinrichs § 311a Rn 14; Huber/Faust, Schuldrechtsmodernisierung Kap 7 Rn 38; Dauner-Lieb § 311a Rn 18; Dötsch ZGS 2002, 160, 164; Lobinger S 297 ff).

3. Mitverschulden des Gläubigers

49 Nach dem früheren § 307 Abs 2 S 2 war die Ersatzpflicht ausgeschlossen, wenn auch der andere Teil die Unmöglichkeit kannte oder kennen musste. Eine entsprechende Vorschrift enthält § 311a Abs 2 nicht. Indessen ist ein solches Kennen oder Kennenmüssen des Gläubigers auch heute zu berücksichtigen. Für den Anspruch des Ersatzes der vergeblichen Aufwendungen ergibt sich dies schon daraus, dass nach § 284 nur diejenigen Aufwendungen zu ersetzen sind, die der Gläubiger billigerweise machen durfte: Weiß der Gläubiger, dass die Leistung dem Schuldner unmöglich oder unzumutbar ist oder musste er dies wissen, kann er Aufwendungen billigerweise nur machen, wenn er sich mit dem Schuldner abgestimmt hat; sonst handelt er auf eigenes Risiko.

50 Soweit es um den Schadensersatz statt der Leistung geht, ist § 254 Abs 1 anwendbar. Dem Gläubiger, der die anfängliche Unmöglichkeit oder Unzumutbarkeit kennt oder kennen muss, trifft ein Mitverschulden an der Entstehung des Schadens, wenn er nicht vorsorgt, sei es, dass er sicherstellt, dass ihm durch das Ausbleiben der Leistung kein Schaden entsteht, sei es, dass er den Schuldner veranlasst, das wirtschaftliche Risiko des Ausfalls zu übernehmen (im Ergebnis ebenso MünchKomm/Ernst § 311a Rn 68; Erman/Kindl § 311a Rn 10).

4. Schadensersatz bei Teilunmöglichkeit

51 § 311a Abs 2 S 2 erklärt die Vorschriften des § 281 Abs 1 S 2 und 3 und Abs 5 für entsprechend anwendbar. Gezielt ist damit auf den Fall, dass dem Schuldner nur die Erbringung eines Teils der Leistung von Anfang an unmöglich oder unzumutbar ist. Mit der in einem solchen Fall möglich bleibenden Teilleistung soll sich der Gläubiger nicht unter allen Umständen abfinden müssen.

Aus dem Verweis auf § 281 Abs 1 S 2 ergibt sich, dass der Gläubiger in einem **52** solchen Fall dann Schadensersatz statt der ganzen Leistung verlangen kann, wenn er **an der Teilleistung kein Interesse** hat, insbesondere wenn er die Zwecke, die er mit der Leistung verbunden hat, im Falle einer Teilleistung auch nicht teilweise verwirklichen kann (s zum Interessenfortfall in diesem Sinne im einzelnen Staudinger/Otto [2004] § 281 B167 ff). Für den Anspruch des Schadensersatzes statt der Leistung gilt auch im Falle der Teilunmöglichkeit oder -unzumutbarkeit § 311a Abs 2 S 2. Er entfällt, wenn der Schuldner die Teilunmöglichkeit oder -unzumutbarkeit nicht kannte und seine Unkenntnis auch nicht zu vertreten hat.

Betrifft die anfängliche Unmöglichkeit oder Unzumutbarkeit die **Qualität** der als **53** solche möglich und zumutbar bleibenden Leistung, ist § 281 Abs 1 S 3 einschlägig. Schadensersatz statt der ganzen Leistung kann der Gläubiger, auch wenn er an der Leistung wegen ihres Qualitätsmangels kein Interesse hat, dann nicht verlangen, wenn der Qualitätsmangel gemessen am Vertragsinhalt als unerheblich einzustufen ist (s hierzu Staudinger/Otto [2004] § 281 Rn C31 ff).

Erhält der Gläubiger in den Fällen der Rn 51 f keinen Schadensersatz statt der **54** ganzen Leistung, bleibt ihm doch der kleine Schadensersatz wegen ausgebliebener vollständigen oder mangelfreien Leistung. In diesem Fall steht ihm auch der alternative Anspruch auf Ersatz seiner Aufwendungen nur insoweit zu (MünchKomm/Ernst § 311a Rn 74).

Kann der Gläubiger in diesen Fällen Schadensersatz statt der ganzen Leistung **55** verlangen und verlangt er diesen, hat der Schuldner, wenn er die Leistung teilweise oder im Falle des Qualitätsmangels ganz aber mangelhaft erbracht hat, Anspruch auf Rückgewähr des Geleisteten nach Maßgabe der §§ 346–348 (Abs 5).

IV. Gesetzeswidriger Vertrag

1. Nichtigkeitsfolge

§ 311a erfasst gegen ein gesetzliches Verbot verstoßenden Vertrag nicht (Rn 7, 15). **56** Ein solcher Vertrag ist nach § 134 nichtig, sofern sich nicht aus dem Verbotsgesetz etwas anderes ergibt. § 134 gilt sowohl in den Fällen, in denen der **Abschluss eines Vertrages** gesetzlich verboten ist, als auch in denjenigen, in denen die **Erbringung der Leistung** gesetzlich verboten ist.

In beiden Fällen (Verbot des Vertragsabschlusses oder Verbot der Vertragserfül- **57** lung) muss jeweils genau geprüft werden, ob das gesetzliche Verbot tatsächlich die **Nichtigkeit des Vertrags** nach sich zieht, und welche Folgen an die Nichtigkeit auch unter Berücksichtigung von Treu und Glauben zu knüpfen sind. So ist zB ein Kaufvertrag nicht schon deswegen nichtig, weil er außerhalb der nach dem Ladenschlussgesetz zulässigen Ladenöffnungszeiten abgeschlossen worden ist (RGZ 60, 276; vgl auch

Manfred Löwisch

RGZ 103, 264). Ein Spekulationsgeschäft ist nicht deshalb nichtig, weil dem Effekten-händler die Erlaubnis nach § 32 Abs 1 KWG fehlt (LG Essen NJW-RR 1993, 303). Ebensowenig ist die Erfüllung eines Vertrages schon deswegen verboten, weil mit dem Vertrag eine Steuerhinterziehung verbunden ist, es sei denn, die Steuerhinter-ziehung ist der alleinige Geschäftszweck (BGHZ 25, 30 f unter Aufrechterhaltung der Rspr des RG). Dass ein Vertrag durch Betrug herbeigeführt wird, ändert nichts an seiner Wirksamkeit (WINDEL ZGS 2003, 472). Schwarzarbeitsverträge sind gem § 134 nur nichtig, wenn beide Vertragspartner den Verstoß kennen (BGHZ 85, 39, 43 ff; 89, 369, 373 ff). Auch bei einem beiderseitigen Verstoß gegen das Schwarzarbeitsgesetz kann es aber gegen Treu und Glauben verstoßen, wenn sich ein Vertragspartner auf die Nichtigkeit des Vertrages oder für etwaige Bereicherungsansprüche auf § 817 S 2 beruft (BGHZ 85, 39, 47 ff; 111, 308, 311 ff). Vgl noch STAUDINGER/SACK (2003) § 134 Rn 275 ff.

58 Fälle, in denen das Gesetz ausdrücklich schon das **Verpflichtungsgeschäft verbietet**, sind selten. Hierher gehören etwa das Verbot der Vereinbarung von Zinseszinsen nach § 248 Abs 1; das an Notare gerichtete Verbot des § 14 Abs 4 BNotO, Grund-stücksgeschäfte zu vermitteln (BGHZ 147, 39, 44); die Nichtigkeit von Vereinbarungen über Wettbewerbsverbote nach § 74a Abs 2 HGB, § 110 GewO, § 5 Abs 1 BBiG; das Verbot, Auszubildende vertraglich zur Zahlung von Lehrgeld zu verpflichten, § 5 Abs 2 BBiG. Hierher gehört auch das Verbot der gewerbsmäßigen Arbeitnehmer-überlassung ohne die erforderliche Erlaubnis in § 1 Abs 1 S 1 AÜG, die nach § 9 Nr 1 AÜG zur Unwirksamkeit des Arbeitsvertrages zwischen Verleiher und Leih-arbeitnehmer führt. An die Stelle dieses Arbeitsvertrages tritt aber nicht nur der Anspruch des Arbeitnehmers auf Vertrauensschadensersatz nach § 10 Abs 2 AÜG, sondern gem § 10 Abs 1 AÜG gilt auch ein Arbeitsverhältnis zwischen Entleiher und Leiharbeitnehmer als zustande gekommen (s dazu BAG NZA 1994, 217; MünchArbR/MARSCHALL [2. Aufl 2000] § 176 Rn 50 ff; BECKER/WULFGRAMM [3. Aufl 1985] Art 1 AÜG § 10 Rn 8 ff; SCHÜREN, AÜG [2. Aufl 2003] § 10 Rn 18 ff).

59 Fälle, in denen das **Verbot der Leistungserbringung** zur Nichtigkeit auch des Ver-pflichtungsgeschäfts führt, sind zunächst strafrechtliche Verbotsgesetze. Etwa führt § 203 Abs 1 Nr 1 StGB nicht nur zu dem Verbot, eine Patientenkartei oder Man-dantenakten weiterzugeben, sondern auch zur Nichtigkeit eines entsprechenden Verpflichtungsgeschäfts (BGHZ 116, 268, 276; BGH NJW 1995, 2026). Weiter gehört hier-her der Fall, dass dem Käufer eines Handelsgeschäfts die unveränderte Fortführung einer Firma gestattet wird, obwohl diese wegen ihrer Eignung, den Rechtsverkehr zu täuschen, unzulässig ist (RGZ 162, 123; zu der Frage, ob und unter welchen Voraussetzungen der dortige Fall – Fortführung einer Firma mit Doktortitel ohne Nachfolgezusatz – auch heute noch unzulässig und der Kaufvertrag damit nichtig wäre s BAUMBACH/HOPT, Handelsgesetzbuch [31. Aufl 2003] § 22 HGB Rn 15).

60 Nichtig sind auch Verträge, die nur unter Verstoß gegen **öffentlich-rechtliche Tätig-keits- und Beschäftigungsverbote** erfüllt werden können. Zu nennen sind etwa Ver-stöße gegen § 42 Infektionsschutzgesetz vom 20. 7. 2000 (BGBl I 1045) und gegen § 2 Abs 1 Bundesärzteordnung vom 16. 4. 1987 (BGBl I 1218). Nichtig ist daher ein Ar-beitsvertrag mit einem Arzt, dem die erforderliche Approbation fehlt (BAG MDR 2005, 637 = EzA § 134 BGB 2002 Nr 3). Hierher gehören ferner – zumeist – Verstöße gegen Arbeitnehmerschutzvorschriften, etwa gegen §§ 5 und 7 JArbSchG (Verbot

der Kinderarbeit und der Arbeit von Jugendlichen, die der Vollzeitschulpflicht unterliegen, und § 20 BBiG (Verbot der Einstellung Auszubildender durch persönlich und fachlich Ungeeignete). Hingegen führt ein Verstoß gegen die Schutzvorschriften des MuSchG, insbesondere § 4 MuSchG (Verbot der Beschäftigung von Schwangeren mit gesundheitsgefährdenden Arbeiten) und § 6 Abs 1 MuSchG (Verbot der Beschäftigung von Wöchnerinnen für die Dauer von 8 Wochen nach der Niederkunft) nach der Rechtsprechung des EuGH nicht zur Nichtigkeit des Arbeitsvertrages, weil darin ein Verstoß gegen die Gleichbehandlungsrichtlinie (76/207/EWG) läge (EuGH AP Nr 3 zu Art 2 EWG/Richtlinie 76/207). Allerdings hat der Arbeitgeber in einem solchen Fall nach Treu und Glauben das Recht, die Arbeitnehmerin auf einen zumutbaren Arbeitsplatz umzusetzen, der einem Beschäftigungsverbot nicht unterfällt (vgl BAG NJW 2001, 1517).

Zur Nichtigkeit der Arbeitsverträge führt nicht der Verstoß gegen *§ 2 Abs 1 S 1 HS 2* **61** *ArbZG*. Nach dieser Vorschrift sind die Arbeitszeiten bei mehreren Arbeitgebern zusammenzurechnen, dh dürfen, wenn ein Arbeitnehmer bei mehreren Arbeitgebern beschäftigt ist, die einzelnen Beschäftigungen insgesamt die gesetzliche Höchstgrenze des § 3 ArbZG nicht überschreiten. Damit ist aber keine Priorität des zuerst abgeschlossenen Arbeitsvertrages festgelegt. Deshalb ist es möglich, auch das später abgeschlossene Arbeitsverhältnis ohne Verstoß gegen § 2 Abs 1 S 1 HS 2 ArbZG zu erfüllen, wenn im Gegenzug das erste nicht erfüllt wird, soweit die Höchstgrenze überschritten würde. Erst wenn der Arbeitnehmer in einem Arbeitsverhältnis bis zur Höchstgrenze des § 3 ArbZG arbeitet, kann er das andere nicht mehr erfüllen. Ihm ist dann die Erfüllung dieses Arbeitsvertrages nachträglich rechtlich unmöglich geworden, so dass § 275 Abs 1 und § 326 gelten (so im Ergebnis schon BAG AP Nr 2 zu § 1 AZO).

Gemäß § 134 nichtig ist ein Vertrag, wenn der vertraglich versprochene Leistungs- **62** gegenstand bereits bei Vertragsschluss wirksam **beschlagnahmt** worden war und damit einem **absoluten Verfügungsverbot** unterliegt (vgl RGZ 95, 348; 99, 149; 100, 161; 102, 294; 105, 138; RGWarnR 1918 Nr 217; Erman/Palm § 136 Rn 2). Hierher gehören auch Beschlagnahmen nach der StPO, da der Leistungsgegenstand nach den Vorschriften der StPO einem absoluten Verfügungsverbot unterliegt. Allerdings steht der Zweck solcher absoluter Verfügungsverbote einer Haftung des Verpflichteten auf das Erfüllungsinteresse nicht entgegen. Deshalb ist die Übernahme einer Garantie für die Beschlagnahmefreiheit möglich. Einer Rechtsmängelhaftung nach § 437 Nr 3 iVm § 435 scheidet aber aus, weil es am wirksamen Kaufvertrag fehlt (zum Vertragsschluss unter der Bedingung der Aufhebung eines absoluten Verfügungsverbotes s Rn 65).

Bezweckt ein Veräußerungsverbot allein den Schutz bestimmter Personen, so ist **63** eine dennoch erfolgende Veräußerung nur diesen Personen gegenüber unwirksam (sogenanntes **relatives Veräußerungsverbot**, vgl dazu ausf Staudinger/Kohler [2003] § 135 Rn 14 ff). Das Versprechen einer Leistung die gegen ein relatives Veräußerungsverbot verstößt, ist wirksam; § 311a ist anwendbar.

Gesetzlich verboten ist die Erbringung der Leistung in den Fällen, in denen ein **64** Vertrag nur mit **behördlicher Genehmigung** erfüllt werden darf, wenn mit der Erteilung der Genehmigung von vornherein nicht gerechnet werden kann, etwa im Falle eines Embargos (RG WarnR 1918, 157; Recht 1919 Nr 213, 296; BGH WM 1978, 18, 19;

ausf Bittner ZVglRWiss 93, 269 ff) oder eines Abbruchsverbotes (BGH WM 1978, 18, 19).
Ist die Erteilung einer entsprechenden Genehmigung möglich, so ist der Vertrag
gültig. Die Leistung ist dann nur solange zeitweise unmöglich (dazu Staudinger/
Löwisch [2004] § 275, Rn 59) wie die Genehmigung nicht vorliegt; wird die Genehmigung endgültig versagt, wird die Leistung nachträglich unmöglich. Nicht zu verwechseln mit dem Fall, dass die Leistungserbringung einer behördlichen Genehmigung
bedarf, ist der Fall, dass schon die *Wirksamkeit des Verpflichtungsgeschäfts* von einer
Genehmigung abhängig ist. Hier ist der Vertrag bis zur Entscheidung über die
Genehmigung schwebend und nach deren endgültiger Versagung endgültig unwirksam (vgl hierzu Staudinger/Sack [2003] § 134 Rn 103 ff und Staudinger/Löwisch [2004] § 275
Rn 29).

65 Die Parteien können auch einem bestehenden gesetzlichen Verbot dadurch Rechnung tragen, dass sie den Vertrag nur für den Fall schließen, dass das gesetzliche
Verbot, etwa eine strafprozessrechtliche Beschlagnahme oder ein Embargo, später
wegfällt. Die Wirksamkeit des Vertrages steht dann unter der aufschiebenden Bedingung der Beseitigung des gesetzlichen Verbots. Die Grundsätze, die für den Fall
des Vertragsschlusses unter der aufschiebenden Bedingung der Beseitigung einer
anfänglichen Unmöglichkeit oder Unzumutbarkeit gelten (Rn 24 ff), sind auch hier
anwendbar.

66 Es kann sein, dass eine gegen ein gesetzliches Verbot verstoßende Leistung unter
einer anderen aufschiebenden Bedingung oder unter Bestimmung eines Anfangstermins versprochen worden ist und das gesetzliche Verbot vor dem Eintritt der
Bedingung oder des Termins entfällt. Trotz Fehlens einer dem früheren § 308 Abs 2
entsprechenden Bestimmung, muss man in einem solchen Fall die Gültigkeit des
Vertrages annehmen: Unter regelmäßigen Umständen ist davon auszugehen, dass
die Parteien, wenn sie um die Nichtigkeit des Vertrages gewusst hätten, diesen
jedenfalls für den Fall schließen wollten, dass das zur Nichtigkeit führende Verbot
wegfällt; es gilt § 140 (im Ergebnis ähnlich Dedek, in: Henssler/Graf von Westphalen,
Schuldrechtsreform [2. Aufl 2003] § 311a Rn 11). Ist die Lieferung einer einem Embargo
unterliegenden Sache für kommendes Jahr zugesagt und wird das Embargo im
laufenden Jahr aufgehoben, muss sich der die Lieferung Versprechende an den
Vertrag festhalten lassen.

66a Die Abwicklung des nichtigen Vertrages richtet sich nach Bereicherungsrecht, insbesondere nach §§ 812, 817 S 2 (BAG MDR 2005, 637 = EzA § 134 BGB 2002 Nr 3).

2. Schadensersatz aus Verschulden bei Vertragsschluss

67 Beim gesetzeswidrigen Vertrag kann die Haftung der Vertragspartner nicht auf
§ 311a Abs 2 gestützt werden. Es fehlt einmal an der beim lediglich anfänglich
unmöglich oder unzumutbaren Vertrag nach § 311a Abs 1 gegebenen Wirksamkeit,
auf der § 311a Abs 2 aufbaut. Vor allem aber lässt sich die in § 311a Abs 2 angeordnete Haftung auf den Schadensersatz statt der Leistung regelmäßig nicht mit dem
Zweck des gesetzlichen Verbots vereinbaren (s oben Rn 7). Dies gilt entgegen Dedek
(Henssler/Graf von Westphalen, Schuldrechtsreform [2. Aufl 2003] § 311a Rn 11) auch, wenn
sich die Gesetzeswidrigkeit nicht auf den Vertragsschluss, sondern auf den Leistungs-
inhalt bezieht, also im Sinne der Rn 59 Gesagten nur die Leistungserbringung ver-

boten ist. Denn auch dann verstieße ein Ersatz des positiven Interesses, weil er den Gläubiger wirtschaftlich gleichstellt, wie wenn der Vertrag wirksam wäre, gegen den Zweck des gesetzlichen Verbots.

Anspruchsgrundlage für die Schadenshaftung ist § 311 Abs 2: Die Vertragspartner **68** trifft die Pflicht, einander über Umstände zu informieren, auf denen sich die Gesetzeswidrigkeit des Vertrages selbst oder der nach dem Vertrag zu erbringenden Leistung ergibt. Diese **Informationspflicht** trifft jeden Partner im Hinblick auf die von ihm zu erbringende Leistung. Wer eine vertragliche Verpflichtung übernimmt, erweckt in seinem Vertragspartner das Vertrauen in seine Leistungsfähigkeit. Über mögliche Zweifel an der Wirksamkeit seiner Verpflichtung muss er deshalb aufklären. Nur wenn dem Vertragspartner die Zweifel bekannt sind, entfällt diese Pflicht. Die Frage ist dann, ob die Parteien bewusst einen gesetzeswidrigen und damit nichtigen Vertrag geschlossen haben oder ein Fall vorliegt, in dem die Wirksamkeit entsprechend dem in Rn 65 Gesagten unter der aufschiebenden Bedingung des Verbotswegfalls steht.

Eine Schadenshaftung wegen Verletzung der Informationspflicht setzt **Vertretenmüs- 69 sen** voraus: Nach § 280 Abs 1 S 2 ist der Anspruch auf Schadensersatz ausgeschlossen, wenn der in Anspruch genommene Vertragspartner die Verletzung der Informationspflicht nicht zu vertreten hat. Zu vertreten sind nach § 276 Abs 1 regelmäßig Vorsatz und Fahrlässigkeit. Allerdings sind gesetzliche oder vertragliche Beschränkungen des normalen Verschuldensmaßstabs auf grobe Fahrlässigkeit oder die eigenübliche Sorgfalt zu beachten, weil sich die Informationspflicht auf den angestrebten Vertrag bezieht (vgl § 311 Rn 131).

Ausschlaggebend ist regelmäßig, ob der in Anspruch genommene Vertragspartner **70** die Gesetzeswidrigkeit des Vertrages oder der von ihm zu erbringenden Leistung **kannte oder kennen musste**: Denn wenn er die Gesetzeswidrigkeit nicht kennt und auch nicht kennen muss, kann ihm nicht vorgeworfen werden, dass er seinen Vertragspartner nicht informiert hat.

Allerdings kann es ausnahmsweise auch bei Kenntnis am Vertretenmüssen fehlen, **71** nämlich wenn der Verpflichtete den Vertragspartner zwar informieren wollte, die Information aber ohne sein Verschulden nicht zum Vertragspartner gelangt ist. Insoweit besteht ein Unterschied zu § 311a Abs 2 S 2, der für die dortige Haftung allein die Kenntnis oder fahrlässige Unkenntnis genügen lässt.

Soweit sich der Schuldner bei den Vertragsverhandlungen eines **Verhandlungsgehil- 72 fen** bedient, haftet er nach § 278 auch für diesen. Auch für Verschulden seines gesetzlichen Vertreters hat der Schuldner nach dieser Vorschrift einzustehen (§ 311 Rn 133 ff). In Betracht kommt gemäß § 311 Abs 3 auch eine Eigenhaftung von Verhandlungsgehilfen und von Personen, die mit den Vertragsverhandlungen ein starkes wirtschaftliches Eigeninteresse verbinden (dazu § 311 Rn 149 ff).

Zu ersetzen ist nach § 280 Abs 1 S 1 der **Schaden**, der durch die Verletzung der **73** Pflicht zur Information über die Möglichkeit eines Verstoßes gegen ein gesetzliches Verbot eingetreten ist. Dieser Schaden kann insbesondere in vergeblichen Aufwendungen für die Vorbereitung der Vertragsdurchführung oder in dem Entgehen eines gewinnbringenden Geschäftes bestehen, welches der Geschädigte ansonsten abgeschlossen hätte. Dabei bildet das Erfüllungsinteresse keine Obergrenze für die Haftung. Die Fälle liegen anders als diejenigen, in denen der eine potentielle Vertragspartner das Vertrauen des anderen auf das Zustandekommen des Vertrages pflichtwidrig und schuldhaft enttäuscht. Dort hätte das Unterbleiben der Pflichtverletzung nur zum Abschluss und Erfüllung des in Aussicht genommenen Vertrages führen können (s zu diesen Fällen § 311 Rn 138 ff). Hier hätte die Erfüllung der Informationspflicht gerade dazu geführt, dass der potentielle Vertragspartner den Vertragsschluss unterlassen hätte; deshalb müssen ihm der Ersatz vergeblicher Aufwendungen und der aus einem anderen Geschäft entgangene Gewinn ungeschmälert erhalten bleiben (im Ergebnis HUBER/FAUST Kap 3 Rn 222).

74 Der Schadensersatzanspruch unterliegt gemäß § 254 der Begrenzung durch ein **Mitverschulden** des potentiellen Vertragspartners. Weiß dieser oder müsste dieser bei Anwendung der verkehrserforderlichen Sorgfalt wissen, dass der beabsichtigte Vertrag gegen ein gesetzliches Verbot verstößt, hängt sein Ersatzanspruch und dessen Umfang von den Umständen, insbesondere davon ab, inwieweit der Schaden vorwiegend von ihm oder vom Schuldner verursacht worden ist. Trifft den Schuldner lediglich Fahrlässigkeit, weiß aber der potentielle Gläubiger von der Gesetzeswidrigkeit, scheidet ein Ersatzanspruch regelmäßig ganz aus. Umgekehrt bleibt der Anspruch im vollen Umfang bestehen, wenn der Schuldner Kenntnis hat und den Gläubiger lediglich ein Fahrlässigkeitsvorwurf trifft. Auch wenn den Gläubiger nicht der Vorwurf der Kenntnis oder fahrlässigen Unkenntnis der Gesetzeswidrigkeit trifft, kann ein Mitverschulden nach § 254 Abs 2 S 1 gegeben sein, insbesondere wenn er es unterlässt, nach Kenntnisnahme Schadensminderungsmaßnahmen zu ergreifen.

§§ 311b und 311c

Die §§ 311b und c werden in dem Band STAUDINGER/WUFKA (2006) §§ 311b und 311c mit dem Untertitel „Verträge über Grundstücke, das Vermögen und den Nachlass" kommentiert.

Untertitel 2
Besondere Vertriebsformen*

Vorbemerkung zu §§ 312, 312a

Schrifttum

BÄLZ, Haustürgeschäfte in Schweden, ZEuP 1997, 1097

BAMBERGER/ROTH, Kommentar zum Bürgerlichen Gesetzbuch (2003)

BARTL, Verbraucherschutz im Durchbruch, ZRP 1976, 13

BASEDOW, Zur Umsetzung der Richtlinie über den Widerruf von Haustürgeschäften, ZEuP 1997, 1075

BAUMANN, Haustürgeschäfte in Frankreich, GRUR Int 1977, 268

BECKER, Generelle Freistellung vom Vertrag aus culpa in contrahendo beim Haustürgeschäft, AnwBl 1984, 531

BÖNNEKE, Abwicklungsprobleme beim Widerruf von Fernabsatzgeschäften, MMR 2004, 127

BÖRNKE, Rechtsanwendungsprobleme im Zusammenhang mit den sonderprivatrechtlichen Gerichtsstandsregelungen der §§ 7 Abs 1 HWiG, 6 Abs 2 AuslInvestG, 26 Abs 1 FernUSG (Diss Frankfurt aM 1995)

BÜLOW/ARTZ, Fernabsatzverträge und Strukturen eines Verbraucherprivatrechts im BGB, NJW 2000, 2049

CASTELLO, Haustürwiderrufsgesetz und Umgehungsversuche, VuR 1988, 1

CEBULLA/PÜTZHOVEN, Geschäfte nach dem Haustürwiderrufsgesetz und die Schlüsselgewalt des § 1357 I BGB, FamRZ 1996, 1124

CLAUSSEN, Widerrufsrecht bei Versicherungsverträgen, JR 1991, 360

DÄUBLER, Die Auswirkung der Schuldrechtsmodernisierung auf das Arbeitsrecht, NZA 2001, 1329

EDELMANN, Die Haftung der Banken bei der Finanzierung von Fondsbeteiligungen im Bereich der HWiG – Die Auswirkungen des BGH-Urteils vom 2.7.2001 – II ZR 304/00, DB 2001 S 1775 ff –, DB 2001, 2434

DRYGALA, Wohnungsmietverträge als Haustürgeschäft?, NJW 1994, 3260

EHRICKE, Die Einbeziehung des Immobilienkaufs in die Folgen eines Widerrufs des Darlehensgeschäfts nach der Richtlinie 85/577/EWG, ZIP 2004, 1025

ENGELHARDT/JAEGER, Der Direktvertrieb von konsumtiven Leistungen, 1998

vFALKENSTEIN, Die Bekämpfung unlauterer Geschäftspraktiken durch Verbraucherverbände (1977)

FIEBIG, Der Arbeitnehmer als Verbraucher, DB 2002, 1608

FISCHER, Richtlinienwidrigkeit des § 357 Abs 3 BGB bei Fernabsatzverträgen? Zugleich eine

---

* Amtlicher Hinweis:

Dieser Untertitel dient der Umsetzung

1. der Richtlinie 85/577/EWG des Rates vom 20. Dezember 1985 betreffend den Verbraucherschutz im Falle von außerhalb von Geschäftsräumen geschlossenen Verträgen (Abl. EG Nr. L 372 S. 31),
2. der Richtlinie 97/7/EG des Europäischen Parlaments und des Rates vom 20. Mai 1997 über den Verbraucherschutz bei Vertragsabschlüssen im Fernabsatz (ABl. EG Nr. L 144 S. 19) und
3. der Artikel 10, 11 und 18 der Richtlinie 2000/31/EG des Europäischen Parlaments und des Rates vom 8. Juni 2000 über bestimmte rechtliche Aspekte der Dienste der Informationsgesellschaft, insbesondere des elektronischen Geschäftsverkehrs, im Binnenmarkt („Richtlinie über den elektronischen Geschäftsverkehr", ABl. EG Nr. L 178 S. 1).

Gregor Thüsing

kritische Betrachtung der Rechtsfolgen verbraucherschützender Widerrufsrechte, K & R 2004, 223

ders, „Heininger" geht in die Verlängerung – oder: das „Wunder von Bochum" (?), VuR 2004, 8

FISCHER/MACHUNSKY, Haustürwiderrufsgesetz-Kommentar (2. Aufl 1995)

FRANZEN, „Heininger" und die Folgen: ein Lehrstück zum Gemeinschaftsprivatrecht, JZ 2003, 321

ders, Privatrechtsangleichung durch die EG, 1999

FRINGS, Bürgschaftsvermittlung durch den Ehepartner kein Haustürgeschäft?, ZIP 1996, 1193

FUCHS, Das Fernabsatzgesetz im neuen System des Verbraucherschutzes, ZIP 2000, 1273

GALLOIS, Die Anwendung des Haustürwiderrufsgesetzes auf den Vertrieb von Bauherren- und Erwerbsmodellen, BB 1990, 2062

GAUL, Zum Begriff der vorherigen Bestellung im Haustürwiderrufsgesetz, NJW 1987, 2852

GILLES, Das Gesetz über den Widerruf von Haustürgeschäften und ähnlichen Geschäften, NJW 1986, 1131

ders, Das Recht des Direktmarketing, Kundenwerbung und Verträge außerhalb von Geschäftsräumen (1982)

GOLLER, Das neue Gesetz über den Widerruf von Haustürgeschäften und ähnlichen Geschäften, GewArch 1986, 73

GOTTWALD, Die Haftung für culpa in contrahendo, JuS 1982, 877

HABERSACK, Haustürgeschäfterichtlinie und Realkreditverträge, WM 2000, 981

ders, Widerruf notariell beurkundeter Willenserklärungen?, Überlegungen zum Anwendungsbereich des § 1 Abs 2 Nr 3 HWiG, ZIP 2001, 353

HADDING/HÄUSER, Die zivilrechtliche Reichweite des Verbots der Vermittlung und des Abschlusses von Darlehensverträgen im Reisegewerbe, WM 1984, 1413

HAHN/BROCKMANN, Der Einwendungsdurchgriff auf dem Weg zu einem wirksamen Verbraucherschutzrecht? – zugleich ein Beitrag zu BGH, Urt v 21.7.2003 – II ZR 387/02 – und

BGH, Urt v 23.9.2003 – XI ZR 135/02, VuR 2004, 173

dies, Das Haustürwiderrufsrecht bei finanzierten Immobilienanlagen auf dem Weg zu einem wirksamen Verbraucherschutzrecht?, VuR 2004, 207

HÄRTING/SCHIRMBACHER, Finanzdienstleistungen im Fernabsatz, CR 2002, 809

HATTENHAUER, Scheingeschäft und Einwendungsdurchgriff beim finanzierten Grundstückskauf – OLG Koblenz, NJW-RR 2002, 194, JuS 2002, 1162

HENSSLER, Arbeitsrecht und Schuldrechtsreform, RdA 2002, 129

HENSSLER/GRAF V WESTPHALEN (Hrsg), Praxis der Schuldrechtsreform (2. Aufl 2003)

HERBERT/OBERRATH, Rechtsprobleme des Nichtvollzugs eines abgeschlossenen Arbeitsvertrags, NZA 2004, 121

vHIPPEL, Fortschritte beim Verbraucherschutz im Versicherungswesen, JZ 1990, 730

vHOFFMANN, Inländische Sachnormen mit zwingendem internationalem Anwendungsbereich, IPrax 1989, 261

HOPT, Die Nichtigkeit von Darlehensverträgen bei Abschluss oder Vermittlung im Reisegewerbe, NJW 1985, 1665

HÜMMERICH, Alea iacta est – Aufhebungsvertrag kein Haustürgeschäft, NZA 2004, 809

HÜMMERICH/HOLTHAUSEN, Der Arbeitnehmer als Verbraucher, NZA 2002, 173

HUFF, Haustürwiderrufsgesetz und Freizeitveranstaltung -ein erster Überblick, VuR 1988, 306

HUHS, Vereinbarkeit der Ausnahme für Versicherungsverträge von der Geltung des Gesetzes über den Widerruf von Haustürgeschäften und ähnlichen Geschäften mit Art 3 GG, VuR 1987, 74

JAYME, Haustürgeschäfte deutscher Urlauber in Spanien: Horizontale Wirkungen der EG-Richtlinien und internationales Vertragsrecht, IPrax 1990, 200

KAISER, Zum Begriff der Freizeitveranstaltung im Haustürwiderrufsgesetz, NJW 1989, 1717

dies, Rechtsanwendungsprobleme und Auslegungsfragen beim Widerrufsrecht für Vertragsabschlüsse anläßlich von Freizeitveranstaltungen im Sinne des Haustürwiderrufsgesetzes, WRP 1989, 222

KIPP, Über Doppelwirkungen im Recht, in: FG v Martitz (1911) 211

KLAUSS/OSE, Verbraucherkreditgeschäfte, zum Gesetz über den Widerruf von Haustürgeschäften und ähnlichen Geschäften, zum Gesetz betreffend die Abzahlungsgeschäfte (2. Aufl 1988)

KLEIN, Zur Anwendbarkeit des Haustürwiderrufsgesetzes auf Bürgschaften, DZWir 1996, 230

KLINGSPORN, Der Schutz des Verbrauchers im internationalen Privatrecht, WM 1994, 1093

ders, Zum Widerruf von Bürgschaftserklärungen bei Haustürgeschäften, NJW 1991, 2259.

ders, Die Bürgschaft als Haustürgeschäft, WM 1993, 829

ders, Zum Widerruf telefonisch angebahnter Haustürgeschäfte, NJW 1997, 1546

KNAUTH, Die Bedeutung des Gesetzes über den Widerruf von Haustürgeschäften und ähnlichen Geschäften für die Kreditwirtschaft, WM 1987, 517

ders, Das Gesetz über den Widerruf von Haustürgeschäften und ähnlichen Geschäften, WM 1986, 509

KNÖFEL, Auf dem Weg zu einem neuen Schuldrecht für den Fernabsatz von Finanzdienstleistungen, ZGS 2004, 182

KNÜTEL, Der eigene Ehemann – ein von der Bank beauftragter „Hausbesucher"?, NJW 1983, 1839. ders, Widerrufsbelehrung und Unterschrift in § 1b ABZG, ZIP 1987, 273

KREBS, Verbraucher, Unternehmer oder Zivilpersonen, DB 2002, 517

KRESSE/SPRINGER, Verbraucherausstellungen – Freizeitveranstaltungen iSd Haustürwiderrufsgesetzes?, WRP 2000, 479

LANGENFELD, Noch einmal – Die EG-Richtlinie zum Haustürwiderrufsgesetz und deutsches IPR, IPRax 1993, 155

LARENZ/WOLF, Allgemeiner Teil des Bürgerlichen Rechts (8. Aufl 1997)

LEDER/MORGENROTH, Die Vertragsstrafe im Formulararbeitsvertrag, NZA 2002, 952

LEMBKE, Das „Aus" für das Widerrufsrecht des Arbeitnehmers bei arbeitsrechtlichen Aufhebungs- und Abwicklungsverträgen, NJW 2004, 2941

LIEBS, Reurecht des Käufers „an der Haustür"? (1970)

LORENZ, Arbeitsrechtlicher Aufhebungsvertrag, Haustürwiderrufsgesetz und „undue influence", JZ 1997, 277

ders, Richtlinienkonforme Auslegung, Mindestharmonisierung und der „Krieg der Senate" – Zur Anwendung des Haustürwiderufsgesetzes auf Bürgschaften, NJW 1998, 2937

LÖWE, Schutz gegen Überrumplung beim Vertragsabschluss, BB 1986, 821

ders, Endlich mehr Verbraucherschutz bei Haustürgeschäften, ZIP 1985, 1363

LÜTCKE, Fernabsatzrecht – Kommentar (1. Aufl 2002)

MANKOWSKI, Beseitigungsrechte, Anfechtung Widerruf und verwandte Institute (Habil Tübingen 2003.)

ders, Zur Neuregelung der Widerrufsfrist bei Fehlen einer Belehrung im Verbraucherschutzrecht, JZ 2001, 745

ders, § 312 BGB 1/03, Kurzkommentar zu ArbG Frankfurt/O, Urteil v 29. 5. 2002 – 6 Ca 500/02, EWiR 2003, 15

MARTIS/MEINHOF, Voraussetzungen des Widerrufs nach § 355 BGB, MDR 2004, 4

MARTIS, Aktuelle Entwicklungen im Recht der Haustürgeschäfte, MDR 2003, 961

ders, Aktuelle Entwicklungen im Recht der Haustürwiderrufsgeschäfte, MDR 1999, 198

ders, Verbundene Geschäfte nach § 9 VerbrKrG, MDR 1999, 65

ders, Verbraucherschutz, 1 (998)

MERK, Geschäfte an der Haustür, in: CHIOTELLIS/FIKENTSCHER, Rechtstatsachenforschung (1985) 329

MICHAELIS, Sind an der Wohnungstür gegebene Zustimmungen zu Mieterhöhungen wirksam?, WuM 1989, 2

MICHALSKI, Das Haustürwiderrufsgesetz, Jura 1996, 169

MICKLITZ, Gemeinschaftsrechtliche Vorgaben für ein Verbrauchervertriebsrecht oder für eine Regelung der Vertragsschlussmodalitäten?, in: SCHULZE/SCHULTE-NÖLKE, Die Schuldrechtsreform vor dem Hintergrund des Gemeinschaftsrechts (2001)

MICKLITZ/TONNER, Vertriebsrecht, Haustür-, Fernabsatzgeschäfte und elektronischer Geschäftsverkehr, Handkommentar (2002)

MORGENROTH, Die Umsetzung der Verbrauchsgüterkaufsrichtlinie 1999/44/EG in Spanien, RIW 2003, 837

PFEIFFER, Vom kaufmännischen Verkehr zum Unternehmensverkehr – Die Änderungen des AGB-Gesetzes durch das Handelsrechtsreformgesetz, NJW 1999, 169

ders, Die Bürgschaft unter dem Einfluss des deutschen und europäischen Verbraucherrechts, ZIP 1998, 1129

PFEIFFER/DAUCK, BGH-Rechtsprechung aktuell: Haustürwiderrufsgesetz, NJW 1996, 2077

RECHMANN, Die richtlinienkonforme Auslegung (1994)

REINICKE/TIEDTKE, Kaufrecht (7. Aufl 2004)

REITHER/METHNER, Staatshaftung wegen europarechtswidriger Widerrufsregelung, VuR 2004, 52

REUTER, Integration des Verbraucherschutzrechts in das BGB, in: ECKERT/DELBRÜCK, Reform des deutschen Schuldrechts (2003)

RIEHM, Aktuelle Fälle zum Bürgschaftsrecht, JuS 2000, 138

ROTT, „Heininger" und die Folgen für das Widerrufsrecht, VUR 2002, 49

ders, Die Umsetzung der Haustürwiderrufsrichtlinie in den Mitgliedstaaten (2000)

RÖRIG, Zu den Aufklärungspflichten der Bank bei Finanzierung eines Bauherrnmodells, zur Zurechnung der „Haustürsituation", zu verbundenen Geschäften und europarechtlichen Fragen, ZIP 2003, 26

SCHADE, Geschäfte an der Haustür durch unbestellte Vertreter (1978)

SCHANBACHER, Zur Frage der Anwendbarkeit des Haustürwiderrufsgesetzes auf Bürgschaften, NJW 1991, 3263

SCHERPE, Haustürgeschäfte in Dänemark, ZEuP 1997, 1078

SCHLAUS, Rechtsfragen der Haustürgeschäfte unter besonderer Berücksichtigung der Kredit- und Wertpapiergeschäfte, ZHR 151 (1987) 180

SCHMIDT/RÄNTSCH, Die aktuelle Rechtslage bei sog Schrottimmobilien, MDR 2005, 6

STILLNER, Die wettbewerbsrechtliche Relevanz von Abzahlungsgesetz und Haustürwiderrufsgesetz, VuR 1986, 72

TAUPITZ, Kaffeefahrten deutscher Urlauber auf

Gran Canaria: Deutscher Verbraucherschutz im Urlaubsgepäck?, BB 1990, 643

TEPPER, Einige Bemerkungen zur Wirksamkeit von Hautürgeschäften im Kreditgewerbe, JR 1990, 356

TESKE, Das neue Gesetz über den Widerruf von Haustürgeschäften und ähnlichen Geschäften, ZIP 1986, 624

ders, Verbraucherschutz beim Abschluß von Versicherungsverträgen an der Haustür, ZRP 1990, 412

TESKE/SIMON, Verbraucherschutz bei Haustürgeschäften? In: Recht und Ökonomie beim Konsumentenschutz und Konsumentenkredit (1985) 15

THÜSING, Arbeitsverträge, in: GRAF VON WESTPHALEN, Vertragsrecht und AGB-Klauselwerke (2002)

ders, Versandhandel, in: GRAF VON WESTPHALEN, Vertragsrecht und AGB-Klauselwerke (2003)

THÜSING/LEDER, Neues zur Inhaltskontrolle von Formulararbeitsverträgen, BB 2004, 42

TIEDTKE, Rechtsprechung des BGH auf dem Gebiet des Bürgschaftsrechts seit 1997, NJW 2001, 1015

UNGERBIELER, Zur Nichtigkeit von Darlehensverträgen wegen Verstoßes gegen § 56 I 1 Nr 6 GewO, NJW 1980, 565

VOWINKEL, Unanwendbarkeit des § 312 BGB nF (Widerrufsrecht bei Haustürgeschäften) auf die Bürgschaft, DB 2002, 1362

WASSERMANN, Grundfälle zum Recht der Haustürgeschäfte – Teil 1, JuS 1990, 548

ders, Grundfälle zum Recht der Haustürgeschäfte – Teil 2, JuS 1990, 723

ders, Zur Anwendbarkeit des Haustürwiderrufsgesetzes auf Bürgschaftsverträge – BGHZ 113, 287 und BGH NJW 1991, 2905, JuS 1992, 908

WEILER, Die Zurechnung einer drittverursachten Haustürsituation, BB 2003, 1397

WENZEL, Keine Anwendung des Haustürwiderrufsgesetzes auf Bürgschaften, NJW 1993, 2781

ZERRES, Bedeutung der Verbraucherschützenden Umgehungsverbote am Beispiel der „Haustürgeschäfte", MDR 2004, 1334.

Systematische Übersicht

I. Allgemeines — 1

II. Regelungsgegenstand — 3
1. Verbrauchergeschäfte — 4
a) Verbraucher — 5
b) Unternehmer — 6
2. Besondere Vertriebsformen — 7
a) Gefahren des Direktvertriebs — 7
b) Nachträgliche Überlegungsfrist — 11
c) Gefährdeter Verbraucherkreis — 13

III. Entstehungsgeschichte — 14
1. Kodifizierungen von 1986 und 2000 — 19
2. Schuldrechtsreform 2002 — 22
3. OLG-Vertretungsänderungsgesetz — 25

IV. Haustür- und Fernabsatzgeschäfte — 26

V. Europarechtliche Vorgaben
1. Die Haustürwiderrufsrichtlinie als Maßstab richtlinienkonformer Auslegung — 30
a) Das deutsche Haustürwiderrufsrecht als Gegenstand richtlinienkonformer Auslegung — 30
b) Der Grundsatz richtlinienkonformer Auslegung — 32
c) Rechtsprechung des EuGH — 33
d) Einfluss auf die Regelungen des Haustürwiderrufsrechts im Übrigen — 34

2. Richtlinie des Rates vom 20. Dezember 1985 betreffend den Verbraucherschutz im Falle von außerhalb von Geschäftsräumen geschlossenen Verträgen (85/577/EWG) — 38

VI. Verhältnis der §§ 312, 312a zu anderen zivilrechtlichen Rechtsbehelfen — 39
1. Sittenwidrigkeit gem § 138 — 41
2. Gesetzeswidrigkeit gem § 134 — 42
3. Anfechtung gem §§ 119 ff, 142 — 44
4. Gewährleistungsvorschriften — 48
5. Culpa in contrahendo gem § 311 Abs 2 — 49

VII. Verhältnis der §§ 312, 312a zu anderen Rechtsbereichen — 50
1. Gewerberecht — 51
2. Wettbewerbsrecht — 53

VIII. Internationaler Anwendungsbereich — 54
1. Internationales Privatrecht der Art 27 bis 29 EGBGB — 55
a) Zwingendes Recht bei Verbraucherverträgen, Art 29 EGBGB — 55
b) Rechtswahl, Art 27 EGBGB — 56
c) Engste Verbindung, Art 28 EGBGB — 57
2. Anwendung auf andere Auslandssachverhalte? — 58

IX. Ausländisches Recht — 62

Alphabetische Übersicht

Anfechtung — 44 ff
Ansprechen von Passanten — 53
Ausländisches Recht — 62
– Belgien — 64
– Dänemark — 65
– Frankreich — 66
– Großbritannien — 67
– Irland — 68
– Italien — 69
– Österreich — 75
– Portugal — 70
– Schweden — 71 f
– Spanien — 73 f

Auslandssachverhalte — 58 ff

Besondere Umstände — 12
Besondere Vertriebsformen — 3, 7 ff

culpa in contrahendo — 49

Dietzinger-Urteil — 33
Direktvertrieb — 7 ff, 11

Engste Verbindung — 57

Freizeitveranstaltungen — 12, 35

Gesetzeswidrigkeit _____ 42

Gewährleistungsvorschriften _____ 48

Gewerberecht _____ 51 f

Gleichwertiger Verbraucherschutz _____ 67

Gran-Canaria-Fälle _____ 59 f

Haustürwiderrufsgesetz _____ 1 f, 21

Haustürwiderrufsrichtlinie _____ 30 ff

Internationaler Anwendungsbereich _____ 54 ff

Internationales Privatrecht _____ 55 ff

Mindestschutzcharakter der Haustür-
    widerrufsrichtlinie _____ 27, 30

Ordre Public _____ 61

Pflicht zur Rücksichtnahme _____ 49

Rechtswahl _____ 56 f

Reisegewerbe _____ 42, 51 f

Richtlinienkonforme Auslegung _____ 36 ff

Schutzgesetz _____ 17

Sittenwidrigkeit _____ 41

Teilzeitwohnrechte _____ 33

Teilzeitwohnrechterichtlinie _____ 33

Telefonwerbung _____ 53

Unterlassen ordnungsgemäßer Belehrung _ 46

Verbotsgesetz _____ 42 f, 52

Verhältnis zu anderen zivilrechtlichen
    Rechtsbehelfen _____ 39 ff

Verhandlungsführer _____ 36

Wettbewerbsrecht _____ 53

Zurechnung des Verhaltens Dritter _____ 36

Zwingendes Recht _____ 55

I. Allgemeines

1 Das Recht der Haustürgeschäfte nach §§ 312, 312a ist ein **wesentlicher Bestandteil des Verbraucherschutzrechts**. Es steht in engem Zusammenhang zu der allgemeinen Rechtsgeschäftslehre, insbesondere dem Vertragsrecht und den übrigen verbraucherschützenden Regelungen des Fernabsatzes, Verbraucherkredites und des Wettbewerbsrechts. Regelungskern der Haustürgeschäfte ist das Widerrufs- oder Rückgaberecht des Verbrauchers beim Abschluss von Haustürgeschäften oder ähnlichen Geschäften für den privaten Bedarf (§ 312 Abs 1). Durch das Widerrufs- oder Rückgaberecht wird dem Verbraucher eine zusätzliche Bedenkzeit nach dem Abschluss von Verträgen eingeräumt, die auf die Initiative des Unternehmers zurückgehen, bei denen der Verbraucher typischerweise keine hinreichende Möglichkeit hat, vorab andere Angebote zu prüfen oder sich den Vertragsabschluss sorgfältig zu überlegen (Begründung des Bundesrates zum Haustürwiderrufsgesetz, BT-Drucks 10/2876, S 1, 8 f). Nach § 312 Abs 3 werden Haustürgeschäfte aus dem Anwendungsbereich ausgenommen, die angesichts des Normzwecks des Schutzes des Verbrauchers vor einer Überraschungssituation keine besondere Schutzbedürftigkeit des Verbrauchers begründen.

2 Das Haustürwiderrufsrecht beruht auf gesetzgeberischen Initiativen aus dem Jahr 1975. Die spezialgesetzliche Vorgängerregelung des Haustürwiderrufsrechts der §§ 312, 312a, das **Haustürwiderrufsgesetz (HWiG)**, trat am 1. 5. 1986 in Kraft. Der Anwendungsbereich des Gesetzes war zunächst eng gefasst, so dass durch die Rechtsprechung und Praxis eine Erweiterung auf neue verbraucherschutzrelevante Geschäftsformen erfolgte. Im Zuge der Schuldrechtsmodernisierung wurde das HWiG gemeinsam mit den übrigen spezialgesetzlichen Verbraucherschutzvorschriften weitgehend unverändert in das Allgemeine Schuldrecht des BGB überführt (Martis MDR

2003, 961–970). Das Widerrufsrecht befindet sich nunmehr in § 355, das bereits durch das Gesetz vom 27.6.2000 (Gesetz über Fernabsatzverträge und andere Fragen des Verbraucherrechts, BGBl I 897) bekannt gegeben und durch das mit Wirkung zum 1.10.2000 geschaffene Rückgaberecht in § 356 ergänzt wurde, die Folgen der Ausübung sind in § 357 und die verbundenen Verträge in § 358 geregelt; der Gerichtsstand für Haustürgeschäfte ist nunmehr in § 29c ZPO zu finden. Entfallen ist § 2 HWiG mit seiner Regelung zum Ende der Widerrufsfrist. Neu eingefügt wurde die Belehrungspflicht nach § 312 Abs 2. Zum 1.8.2002 wurde § 312a erstmals geändert (s § 312a Rn 5).

II. Regelungsgegenstand

Die §§ 312 ff sind Teil des Verbraucherschutzrechts im BGB. Sie dienen dem **Schutz** **3** **des Verbrauchers** beim Geschäftsabschluss **im Rahmen besonderer Vertriebsformen**. Das Allgemeine Schuldrecht des BGB enthält damit eine Zusammenfassung der Regeln über außerhalb eines Ladengeschäfts – an der Haustür, im elektronischen Geschäftsverkehr oder sonst im Fernabsatzhandel – abgeschlossene oder angebahnte Verträge. Sie sind im Zusammenhang mit der allgemeinen Rechtsgeschäftslehre, insbesondere des Vertragsrechts, und diesbezüglich verbraucherschützenden Verbraucherschutzregelungen – insbesondere des BGB – anzuwenden.

1. Verbrauchergeschäfte

Dem Regelungsbereich der §§ 312 ff unterfallen **Geschäfte zwischen Verbrauchern** **4** **und Unternehmern**. Dies galt bereits für die Vorgängerregelung des § 1 Abs 1 S 1 HWiG in der Fassung vom 1.10.2000 bis 31.12.2001. Dagegen fand das HWiG in der bis zum 30.9.2000 geltenden Fassung nur für **Kunden** Anwendung. Unter diesen Begriff fielen Verbraucher, die eine auf den Abschluss eines Vertrages über eine entgeltliche Leistung gerichtete Willenserklärung abgegeben haben. Die Begriffe des Verbrauchers und des Unternehmers sind durch das Gesetz über Fernabsatzverträge und andere Fragen des Verbraucherrechts sowie zur Umstellung von Vorschriften auf den Euro vom 27.6.2000 (BGBl I 897) in §§ 13, 14 als zentrale Begriffsdefinitionen eingefügt worden.

a) Verbraucher

Verbraucher ist nach § 13 jede natürliche Person, die ein Rechtsgeschäft zu einem **5** Zweck abschließt, der weder ihrer gewerblichen noch ihrer selbständigen beruflichen Tätigkeit zugerechnet werden kann. Der Verbraucherbegriff geht auf den europäischen Gesetzgeber zurück, der den Verbraucher in den Richtlinien 85/577/EG vom 20.12.1985 betreffend den Verbraucherschutz im Falle von außerhalb von Geschäftsräumen geschlossenen Verträgen (Abl EG Nr L 372, S 31), 87/102/EWG vom 22.12.1986 zur Angleichung der Rechts- und Verwaltungsvorschriften der Mitgliedstaaten über den Verbraucherkredit (Abl EG Nr 42, S 48, mehrfach geändert), 94/47/EG vom 26.10.1994 zum Schutz der Erwerber im Hinblick auf bestimmte Aspekte von Verträgen über den Erwerb von Teilnutzungsrechten an Immobilien (ABL EG Nr L 280, S 82) und 97/7/EG vom 20.5.1997 über den Verbraucherschutz bei Vertragsabschlüssen im Fernabsatz (ABL EG Nr L 144, S 19) definiert hat. Der deutsche Gesetzgeber hat den Verbraucherbegriff in § 13 überobligatorisch weit ausgestaltet, indem ihm auch natürliche Personen in Ausübung einer unselbständigen beruflichen Tätigkeit unterfallen. Die EG-Richtlinie über den Fernabsatz von Finanzdienstleistungen 2002/65/EG an Verbraucher hat die Definition des Verbraucherbegriffs der vorangehenden Verbraucherschutz-Richtlinien übernommen (Art 2 Buchst d der Richtlinie) und zwingt den deutschen Gesetzgeber daher nicht zu einer Einschränkung des weiten Verbraucherbegriffs in § 13 (Härting/Schirmbacher CR 2002, 809, 810). Der Gesetzgeber hat sich deshalb für die Beibehaltung des bisherigen Verbraucherbegriffs entschieden (BT-Drucks 15/2946). Eingehend zum Verbraucherbegriff Staudinger/Weick (2004) § 13 Rn 30.

b) Unternehmer

6 Unternehmer ist gemäß § 14 Abs 1 eine natürliche oder juristische Person oder eine rechtsfähige Personengesellschaft, die bei Abschluss eines Rechtsgeschäfts in Ausübung ihrer gewerblichen oder selbständigen beruflichen Tätigkeit handelt. Der Umfang der Tätigkeit ist nicht entscheidend (Bamberger/Roth/Schmidt-Räntsch § 14 Rn 3). Natürliche Personen können danach also nicht nur Verbraucher, sondern auch Unternehmer sein. Dagegen können juristische Personen nicht Verbraucher, aber Unternehmer sein. Es kann sich um juristische Personen des Privatrechts (Gesellschaften mit beschränkter Haftung, Aktiengesellschaften, Vereine und Stiftungen) oder des öffentlichen Rechts (Körperschaften, Anstalten und Stiftungen des öffentlichen Rechts) handeln (Einzelheiten s Staudinger/Weick [2004] § 14 Rn 32 f).

2. Besondere Vertriebsformen

a) Gefahren des Direktvertriebes

7 Das Vertragsrecht des BGB, insbesondere beim Kauf und den sonstigen täglichen Geschäften, geht grundsätzlich davon aus, dass die Parteien nicht unvorbereitet und überrascht in Vertragsverhandlungen eintreten und den Vertragsabschluss herbeiführen. Die Bedürfnis- und Inhaltsüberlegungen hat die Partei getroffen, bevor sie den Unternehmer in seinem Geschäftslokal aufsucht oder nach Ankündigung dessen Besuch erwartet. Der Verbraucher trifft gewollt und vorbereitet auf die andere Partei. Ebenso wird sein Gegenüber den Weg zum Vertragspartner nur gehen, wenn er einen Geschäftsabschluss erwarten kann, also seinen Besuch angekündigt hat oder eingeladen wurde. Beide konnten mit hinreichender Überlegung und Vorbereitung feststellen, ob und zu welchen Bedingungen ein Vertragsschluss interessant ist. Allein aufgrund dieser Vorbereitung kann eine Bindung an den später geäußerten Vertragswunsch als willensgemäß akzeptiert, eine grundsätzliche Bindung an den Vertrag festgelegt werden.

8 Anders als bei Abschluss eines Vertrages im Geschäftslokal des Unternehmers werden beim sog **Direktvertrieb** Geschäfte verschiedenster Art außerhalb der Geschäftsräume des Unternehmers, in der Wohnung des Verbrauchers, bei sonstigen Veranstaltungen oder in öffentlich zugänglichen Bereichen (Straße, öffentliche Verkehrsmittel usw) getätigt (sog Direktmarketing). Bei den von § 312 Abs 1 erfassten Verhandlungssituationen geht die Initiative des Vertragsschlusses nicht vom Verbraucher aus, sondern von der anderen Vertragspartei als Unternehmer (BT-Drucks 10/2876, S 7), die eine Situation herbeiführt, in sie persönlich auf den Verbraucher einwirken und sich der Verbraucher meist nur unter Schwierigkeiten entziehen kann (Fischer/Machunsky, HWiG Einl Rn 21). Der Unternehmer tritt in der Regel durch geschulte Vertreter, Verbraucherberater, Reisende oder sonstiges Personal an den

Verbraucher heran, zumeist für diesen überraschend. Er hat den Vertragskontakt zu dieser Zeit und an diesem Ort nicht erwartet; der Verbraucher ist unvorbereitet (ERMAN/SAENGER [2004] Vor §§ 312–312 f Rn 3). Der Unternehmer kann über die bloße Werbung hinaus auf den Verbraucher zugehen. Er muss nicht auf dessen „Besuch" warten. Zudem besteht keine Bindung an Ladenschluss- und Bürozeiten. Der Verbraucher muss nicht die Unbequemlichkeit des Weges zum Unternehmer auf sich nehmen. Der Direktvertrieb von Waren und Dienstleistungen aller Art hat daher seit geraumer Zeit wirtschaftlich erhebliche Bedeutung erlangt. Es werden mit zunehmender Tendenz hohe Umsätze erreicht. Der Umsatz der Mitgliedsunternehmen des Bundesverbandes Direktvertrieb Deutschland eV belief sich im Jahr 2002, trotz der weltwirtschaftlichen Abkühlung, auf ca 2,25 Milliarden Euro (Pressemitteilung des Bundesverbandes Direktvertrieb Deutschland eV).

Das in der Regel ganz persönliche Gespräch mit dem Verbraucher kann besonders **9** beratungsintensiv geführt werden, andererseits gerät dieser dadurch in einen gewissen „Abschlusszwang", insbesondere, weil der verkaufspsychologisch geschulte „Vertreter" es versteht, durch aggressives oder Mitleid erheischendes, gefühlsbetontes Verhalten Druck auszuüben. In der Praxis ist darüber hinaus ein täuschendes Verhalten nicht selten (ERMAN/SAENGER Vor §§ 312–312 f Rn 4). Auf die damit verbundenen großen Risiken für den Verbraucher wurde und wird ausführlich in Rechtsprechung und Literatur hingewiesen (ERMAN/SAENGER Vor §§ 312–312 f Rn 3; GILLES, Direktmarketing Rn 46; MERK S 333; SCHADE S 65). So heben REINICKE/TIEDTKE (Rn 1262) hervor, dass es sich bei den Geschäften an der Haustür „nicht um Bagatellgeschäfte ohne wirtschaftliche Bedeutung" handele, sondern der durchschnittliche Geschäftswert ca 500 DM (ca 250 Euro) betrage und Verträge über 20 000 DM (ca 10 000 Euro) keine Seltenheit darstellen.

Aus vielerlei Gründen, insbesondere, um den anderen zu überraschen, ihn durch **10** Überrumpelung zum Vertragsschluss zu verleiten, werden die unangekündigten Hausbesuche, das überraschende Ansprechen in der Öffentlichkeit gewählt. Eine deshalb – weil unüberlegt und unvorbereitet handelnd – nicht zu kritische und nicht an den wirklichen Bedürfnissen orientierte Person ist leichter zum Vertragsschluss zu verleiten. Und zwar oft zu Bedingungen, die bei voriger reiflicher Überlegung nicht akzeptiert worden wären, besonders, weil sie der finanziellen Situation des Verbrauchers oft nicht entsprechen (PALANDT/PUTZO [2005] § 312 Rn 3). Können in einer Vorbereitungszeit Vergleiche zu anderen Angeboten eingeholt werden, findet die eigene oder zeitlich vorher vereinbarte Kontaktaufnahme mit der anderen Seite in der Regel erst statt, wenn nach reiflicher Überlegung selbst das Bedürfnis zum Vertragsabschluss entwickelt worden ist. Wird dagegen – wie bei Haustürgeschäften – eine Seite von der anderen unvorbereitet angetroffen, werden oft überflüssige Verträge und/oder diese zu Bedingungen eingegangen, die sonst nicht akzeptiert worden wären (BGH NJW 1992, 1889). Durch die Überraschung gewinnt die eine Seite zumindest intellektuelle Überlegenheit und die Schwäche der anderen Seite wird ausgenutzt. Die unserem Vertragsrecht entsprechende **Chancengleichheit** beider Seiten, die zu einem akzeptablen Interessenausgleich führt, ist nicht gewährleistet. Wie bei anderen Verbraucherschutzregeln bedarf es daher des Schutzes des Unterlegenen. Er muss über die allgemeinen Regelungen des BGB hinausgehende Rechte bei Abschluss, Rücktritt, Kostenerstattung und bei der Beweislast haben. Dieser Schutz vor übereilter Entscheidung, Überrumpelung und Überraschung fordert eine – wenn auch befristete – freie Lösung vom Vertrag, weil die fehlenden vorbereiteten Abwägungen und Überlegungen nach dem durch Überrumplung herbeigeführten Vertragsschluss nachgeholt werden und zu einer Ablehnung des Vertrages führen können.

b) Nachträgliche Überlegungsfrist

11 Wesentlicher Ansatz für den **Verbraucherschutz beim Direktvertrieb**, bei dem Verträge über Dienstleistungen und Waren nicht in Ladengeschäften, sondern über persönliche Kontaktaufnahme mit dem Verbraucher abgeschlossen werden, ist der unter bestimmten Voraussetzungen nach § 312 mögliche **Widerruf der Vertragserklärung** innerhalb einer bestimmten Frist. Dies verschafft dem Verbraucher des Direktvertriebsunternehmens eine nachträgliche Überlegungsfrist, da ihm eine solche vor Vertragsschluss aufgrund des überraschenden Angebotes nicht zur Verfügung stand (s Begr des Bundesrates BT-Drucks 10/2876, S 1, 8 f; REICH/MICKLITZ Rn 111; GILLE NJW 1986, 1131; GOLLER GewArch 1986, 73; LÖWE BB 1986, 821; TESKE ZiP 1986, 625 f). Um diese Entscheidungsfreiheit voll zu erhalten und nicht einzuengen, bedarf es nach § 355 Abs 1 S 2 keinerlei Begründung des Widerrufs. Er kann **willkürlich** erfolgen: aus jedem Grund oder keinem Grund, schlicht weil es den Verbraucher reut, den Vertrag getätigt zu haben.

12 Eines derartigen Verbraucherschutzes bedarf es jedoch nur in den **typischen tatsächlichen Situationen**, in denen eine Seite überrumpelt und aufgrund besonderer Umstände nicht in der Lage ist, in Ruhe vor dem Vertragsschluss Abwägungen und Überlegungen sowie Vergleiche und eine Bedürfnisprüfung anzustellen. § 312 führt diese Tatbestände in Abs 1 Nr 1–3 auf, wobei es sich um Geschäfte handelt, bei denen die Initiative nicht vom Verbraucher, sondern vom Unternehmer ausgeht und die außerhalb eines vom Verbraucher aufzusuchenden Ladenlokals geschlossen werden. Das Gesetz nennt die Fälle des Vertragsschlusses am Arbeitsplatz oder in der Privatwohnung des Verbrauchers, soweit es sich um unbestellte Vertreterbesuche handelt (Abs 1 Nr 1), ferner anlässlich einer nicht vom Verbraucher durchgeführten Freizeitveranstaltung (zB Kaffeefahrten, Einkaufsfahrten, Abs 1 Nr 2) und weiterhin im Anschluss an ein überraschendes Ansprechen in Verkehrsmitteln oder im Bereich öffentlich zugänglicher Verkehrswege (Abs 1 Nr 3), so dass auch Fälle der Straßenwerbung erfasst werden. Abgesichert wird der befristete Widerruf durch die Belehrungspflicht des Unternehmers über das Widerrufsrecht gegenüber dem Verbraucher und die Beweispflicht des Erklärenden hierüber. Eine abstrakte Gefahr der Überrumpelung, Überraschung und Überforderung des Verbrauchers genügt (FISCHER/MACHUNSKY, HWiG vor § 1 Rn 7). Die Gefahr muss sich nicht konkret verwirklicht haben.

c) Gefährdeter Verbraucherkreis

13 **Adressaten** der unter den von § 312 erfassten Vertragsangebote sind nicht von ungefähr die Personen, die bisher nicht an einem entsprechenden Vertragskontakt oder Vertragsschluss interessiert waren (BT-Drucks 10/2876, S 6), die geschäftlich unerfahren und gegenüber dem geschulten Unternehmer (Vertreter) unterlegen sind. Die von § 312 erfassten Vertriebsformen werden zuweilen von unseriösen Unternehmern gewählt, so dass diese Gefahr einer der wesentlichen Gründe für die Verbraucherschutzregelung war (ERMAN/SAENGER [2004] Vor §§ 312–312 f Rn 4; MünchKomm/ULMER[4] Vor §§ 312, 312a Rn 2). Weniger schutzbedürftig sind dagegen geschäftserfahrene Personen.

Dies hat auch im Anwendungsbereich des § 312 seinen Ausdruck gefunden. Ein geschäftliches Ungleichgewicht, verbunden mit der Ausnutzung der Unterlegenheit des Anderen, ist der Anknüpfungspunkt für einen gesetzlichen Schutz des Unterlegenen und die Festlegung immanenter Grenzen der Privatautonomie. Der Gesetzgeber hat aus Beweis- und Rechtssicherheitsgründen auf die Feststellung einer konkret vorliegenden Überrumpelung und Ausnutzung der Unerfahrenheit des Verbrauchers verzichtet (Fischer/Machunsky § 1 HWiG Rn 5 f). Hinzu kommt, dass sich der Verbraucher in der Regel nicht wie im Ladengeschäft abwenden und zurückziehen kann, sondern der entsprechende Unternehmer entscheidet, wie lange er auf den Verbraucher einwirken will und kann (Begr BT-Drucks 10/2876, S 6).

III. Entstehungsgeschichte

Ein befristetes Widerrufsrecht des Verbrauchers bei Vertragsabschlüssen außerhalb **14** der ständigen Geschäftsräume des Unternehmers sahen bereits der am 1. 10. 1974 (Gesetz v 15. 5. 1974) eingefügte § 1b des Gesetzes betreffend die Abzahlungsgeschäfte vom 16. 5. 1984 (AbzG, RGBl I 450; BGBl III 402-2), am 1. 1. 1991 ersetzt durch das Verbraucherkreditgesetz vom 17. 12. 1990 (BGBl I 2840), § 11 des Gesetzes über den Vertrieb ausländischer Investmentanteile und über die Besteuerung der Erträge aus ausländischen Investitionsanteilen vom 28. 7. 1969 (BGBl I 986), § 23 des Gesetzes über Kapitalanlagegesellschaften idF vom 14. 1. 1970 (BGBl I 127) sowie § 4 des Gesetzes zum Schutz der Teilnehmer am Fernunterricht vom 24. 8. 1976 (BGBl I 2525) vor.

Ein darüber hinausgehendes Bedürfnis bei den in § 312 aufgeführten Vertragsschlüs- **15** sen der immanenten Beeinträchtigung der Entscheidungsfreiheit zu begegnen, war schon in den 70er Jahren anerkannt, denn nach dem allgemeinen Vertragsrecht konnte sich ein Verbraucher von derartigen Verträgen nur in wenigen Ausnahmen lösen; dies unter schwieriger Beweislage. Seriöse Unternehmer hatten zu diesem Zeitpunkt bereits freiwillig dem Verbraucher ein Widerrufsrecht eingeräumt. Nur in Einzelfällen wurde eine Nichtigkeit bei den Haustürgeschäften über §§ 134, 138 (BGH NJW 1982, 1455; 1982, 1457; WM 1988, 624; LG Frankfurt aM NJW 1964, 255; AG Frankfurt aM MDR 1963, 591; AG Trier NJW 1972, 160) bzw über §§ 142, 123 (BGH NJW 1979, 1593; LG Frankfurt aM NJW 1964, 255) im engeren Rahmen angenommen (Erman/Saenger [2004] Vor §§ 312–312 f Rn 4).

Aufgrund und unterstützt durch rechtstatsächliche Untersuchungen (zB Falkenstein **16** [1977]; Schade [1978]; Merk, Geschäfte an der Haustür, in: Chiostelles/Fikentscher [1985]) und der Diskussion im Schrifttum in Kenntnis der bisherigen unzulässigen Maßnahmen wurde ein verstärkter Schutz des Verbrauchers gefordert (zB Liebs, Reurecht des Käufers „an der Haustür"? [1970]; Bertl ZRP 1976, 13, 16). Orientiert am Abzahlungsgesetz erfolgten im Hinblick auf Geschäfte außerhalb von Ladengeschäften im Jahre 1975 Initiativen gerichtet auf ein gesetzliches Widerrufsrecht bei Vertragsabschlüssen nach überraschenden oder überrumpelnden Angeboten (zur Geschichte des Abzahlungsgesetzes: Fischer/Machunsky Einl Rn 21 ff; Erman/Klingsporn [9. Aufl] Vorbem AbzahlG Rn 3–6a; 9–15, dort auch zur Entstehungsgeschichte unter Rn 9 ff), wobei zunächst versucht wurde, ein solches **Widerrufsrecht** nur bei Abzahlungskäufen außerhalb der Geschäftsräume des Verkäufers festzulegen (BT-Drucks IV 1864, 1895; V 2309; VI 578; VII 598). Zutreffend wurde aber erkannt, dass eine Beschränkung des Widerrufsrechts bei Haustürgeschäften gerichtet auf Ratengeschäfte den tatsächlichen Bedürfnissen nicht gerecht wurde und die Gefahr bei Ratengeschäften und bei Geschäften im Geschäftslokal des Unternehmers ebenso groß seien wie außerhalb, andererseits bei Haustürgeschäften das Risiko und der Schutz des Verbrauchers nicht auf Ratengeschäfte beschränkt bleiben könne (ERMAN/SAENGER [2004] Vor §§ 312–312 f Rn 4).

17 Wie auch die bis dahin bestandenen Verbraucherschutzgesetze wurde auch das Haustürwiderrufsrecht im HWiG als **Sonderprivatrecht außerhalb des BGB** geschaffen. Hierfür hat man inhaltliche Gründe herangezogen, da es schwieriger erschien, alle Verbraucherschutzrechte und das als sachliche Regelungseinheit anzusehende HWiG an einer Stelle im BGB darzustellen und man annahm, eine Verteilung im BGB würde die Übersichtlichkeit und Verständlichkeit erschweren (Begr BT-Drucks 10/2876, 10).

18 Der gewünschte **Verbraucherschutz** erschien – wollte man es nicht bei der bisherigen Rechtslage belassen – auf drei verschiedenen Wegen möglich, (1) durch eine über eine Inhaltskontrolle hinausgehende Möglichkeit mit Hilfe des damaligen AGB-Gesetzes, (2) über eine generelle Nichtigkeit der betreffenden Direktgeschäfte oder (3) über ein Widerrufsrecht in Abweichung vom Grundsatz *pacta sunt servanda*. Der Gesetzgeber hat sich mit dem Widerrufsrecht zu Recht für die letzte Lösung entschieden, ist sie doch am ehesten mit dem Grundsatz der **Vertragsfreiheit** in Einklang zu bringen. Es bleibt letztlich den Beteiligten überlassen, ob sie einen bestimmten Vertrag wollen, insbesondere steht es in der freien Entscheidung des Verbrauchers, ob der Vertrag Wirkung entfaltet oder nicht. Dem praktischen Bedürfnis nach Direktvertrieb ist genüge getan. Seriöse Unternehmer müssen mit dem Scheitern des Geschäftes und damit vergeblichem Aufwand rechnen. Somit erfüllt das Widerrufsrecht auch eine gewünschte **Erziehungswirkung**, denn der Unternehmer wird zu einem fairen Vertragsverhalten gezwungen, will er eine endgültige Wirksamkeit des Vertrages erreichen.

1. Kodifizierung von 1986 und 2000

19 Die Länder Bayern und Bremen (BR-Drucks 384/75; BR-Drucks 394/75) ergriffen 1975 die ersten **Gesetzesinitiativen**, einen Widerruf für Verträge einzuräumen, die ein Verbraucher außerhalb ständiger Geschäftsräume des Unternehmers getätigt hat, wobei der Bremer Entwurf dies in das bereits bestehende Abzahlungsgesetz einfügen wollte, während Bayern eine dem späteren HWiG weitgehend entsprechende, ja sogar noch weitergehende Sonderregelung im Rahmen einer eigenen Gesetzesinitiative vorschlug. Der Rechts- und Wirtschaftsausschuss schloss sich dem bayerischen Entwurf mit einigen unwesentlichen Änderungen an. Der Bundesrat beschloss, den bayerischen Entwurf in leicht geänderter Form als Gesetz über den Widerruf von Haustür- und ähnlichen Geschäften in das Gesetzgebungsverfahren einzubringen. Dieser **Entwurf** vom 11. 7. 1975 (BT-Drucks 384/75 – Beschluss BT-Drucks 7/4078) entsprach bereits weitgehend der späteren Gesetzesfassung. Die grundsätzlich zustimmende Stellungnahme der Bundesregierung (BT-Drucks 7/4078 Anl 2) erweiterte die zu erfassenden Geschäfte, führte die Fallgruppen des späteren § 1 HWiG aF, die nunmehr in § 312 zu finden sind, enumerativ auf und befürwortete eine Beschränkung der Beweisregelung. Weitere Bedenken der Stellungnahmen fanden im HWiG keine Berücksichtigung. Es gelang jedoch nicht, das Gesetz in der 7., 8. oder 9. Wahlperiode zu verabschieden (BT-Drucks 8/130 mit Stellungnahmen der BR in Anl 2 mit dem Versuch, diese Regelung in das BGB aufzunehmen, BT-Drucks 9/278/81, 9/2294).

Vornehmlich der Freistaat Bayern ergriff 1984 wiederum die Initiative, die zu einem **20** auf dem bayerischen Entwurf beruhenden **Bundesratsentwurf** führte (BT-Drucks 10/ 584; 10/2876), der nach der Empfehlung des Rechtsausschusses (BT-Drucks 10/4210) die wesentliche Grundlage für das am 14. 11. 1985 vom BT verabschiedete Gesetz wurde (Verhandlungen des Deutschen Bundestags 10. Wahlperiode 174. Sitzung S 1310 ff). Die Verkündung des Gesetzes erfolgte am 16. 1. 1986, es trat am 1. 5. 1986 in Kraft. Die Diskussion im Gesetzgebungsverfahren erstreckte sich im Wesentlichen auf die Regelung des sachlichen Anwendungsbereiches und der Beweislastverteilung, zudem um den in § 1 Abs 2 Nr 2 HWiG aF vorgesehenen Bagatellbetrag.

Durch Art 3 des Gesetzes über Verbraucherkredite, zur Änderung der Zivilprozess- **21** ordnung und anderer Gesetze vom 17. 12. 1990 (BGBl I 2840, 2844) wurde durch eine begriffliche Aktualisierung des HWiG der Ersetzung des „Gesetzes betreffend die Abzahlungsgeschäfte" durch das „Verbraucherkreditgesetz" Rechnung getragen. Durch das Gesetz über die Veräußerung von Teilnutzungsrechten in Wohngebäuden vom 20. 12. 1996 (BGBl I 2154) erfolgte eine weitere Änderung des HWiG. Durch den Erlass des **Fernabsatzgesetzes** am 27. 6. 2000 wurde eine weitere Änderung des HWiG zur Umsetzung der europäischen Richtlinie 97/7/EG (Abl EG Nr L 144 S 19) durchgeführt. Im Rahmen des Gesetzgebungsverfahrens wurden Änderungen des Bürgerlichen Gesetzbuches, des Verbraucherkreditgesetzes und des Haustürwiderrufsgesetzes (BGBl I 857, 955) mit Wirkung vom 1. 10. 2000 beschlossen. Eine einheitliche Regelung der Rechte des Verbrauchers zum Widerruf bzw zur Rückgabe hat erstmals durch das Fernabsatzgesetz durch die bis zur Schuldrechtsreform geltenden **§§ 361a und 361b aF** Eingang in das BGB gefunden, die nunmehr durch die weiter vereinheitlichten und umfassenderen Regeln des Widerrufs- und Rückgaberechts bei Verbraucherverträgen in den **§§ 355 ff** ersetzt sind. Neben der Regelung des Widerrufs- und Rückgaberechts wurde zur Harmonisierung spezieller Verbraucherschutzvorschriften als weitere allgemeingültige grundlegende Regelung die Definitionen der Begriffe Verbraucher und Unternehmer in §§ 13 und 14 eingeführt (Fuchs ZIP 2000, 1273; Bülow/Artz NJW 2000, 50 ff). Durch das Gesetz über Fernabsatzverträge und andere Fragen des Verbraucherrechts sowie zur Umstellung von Vorschriften auf den Euro (vom 27. 6. 2000, BGBl I 897) wurden im HWiG die DM- auf Euro-Beträge umgestellt.

2.   Schuldrechtsreform 2002

Unter dem 2. Untertitel **„Besondere Vertriebsformen"** hat der Gesetzgeber nunmehr **22** die Vorschriften über **Haustürgeschäfte** und **Fernabsatzverträge** sowie die Regelungen über den **Vertragsabschluss im elektronischen Geschäftsverkehr** im Allgemeinen Schuldrecht des BGB zusammengefasst. Gemeinsam haben diese Verträge, dass sie **außerhalb der Geschäftsräume des Unternehmers** abgeschlossen werden (BT-Drucks 14/ 6040, S 167). Im Vorlauf der Entstehung des Schuldrechtsmodernisierungsgesetzes ist gefordert worden, die genannten Vorschriften weitergehender unter dem Oberbegriff „Verträge im Direktvertrieb" zu vereinheitlichen (so Micklitz/Reich Nr 101 ff, S 51 ff; Micklitz, in: Schulze/Schulte-Nölke S 203 ff, 218 ff). Vereinzelt ist auch der Ruf nach einem vereinheitlichten Verbrauchergesetzbuch laut geworden (Rott VUR 2002,

49, 55). Der Gesetzgeber hat sich jedoch auf eine Vereinheitlichung des Widerrufs-
bzw Rückgaberechts und deren Modalitäten beschränkt (BT-Drucks 14/6040, S 167), mit
der Begründung, dass die zugrunde liegenden EG-Richtlinien nicht aufeinander
abgestimmt seien und eine überobligatorische Umsetzung die Folge wäre.

23 Die **Widerrufs- und Rückgaberechte** in Verbraucherverträgen finden in den §§ 355 bis
359 eine vereinheitlichte Regelung. Zur Gewährleistung des Verbraucherschutzes
enthalten die §§ 312 ff Widerrufs- und vertraglich alternativ vereinbarte Rückgaberechte. So § 312 für Haustürgeschäfte und § 312d für Fernabsatzverträge. Im Bereich
der Fernabsatzverträge, dh auch der Verträge im elektronischen Geschäftsverkehr,
bestehen darüber hinaus besondere Unterrichtungspflichten seitens des Unternehmers gegenüber dem Verbraucher. Diese Informationspflichten sind in §§ 1 und 3
der BGB-InfoVO auf der Grundlage der gesetzgeberischen Ermächtigung in Art 240
und 241 EGBGB näher spezifiziert (s hierzu die Kommentierung STAUDINGER/THÜSING
[2003] Art 240 EGBGB Rn 1 ff).

24 Durch das Schuldrechtsmodernisierungsgesetz, das zum 1. Januar 2002 in Kraft trat,
sind das **Gesetz über den Widerruf von Haustürgeschäften und ähnlichen Geschäften
(HWiG)** und das **Fernabsatzgesetz (FernAbsG)** in die §§ 312 ff eingefügt worden.
Damit enthält das BGB nunmehr als zentrale Kodifikation eine zusammenfassende
Regelung der im geschäftlichen Verkehr üblichen, besonderen Vertriebsformen (so
ausdrücklich der Untertitel 2). Durch die Integration der Verbraucherschutzvorschriften in das BGB beabsichtigt der Gesetzgeber, die Rechtszersplitterung der
verbraucherrelevanten Schutzvorschriften zu beseitigen und dem Verbraucher einen
unkomplizierten Zugriff zu Vertragsschluss, Informationspflichten und Widerrufsrechten gewissermaßen „aus einer Hand", dem BGB, zu ermöglichen (BT-Drucks 14/
6040, S 166).

3.   OLG-Vertretungsänderungsgesetz

25 Die letzte wesentliche Änderung der gesetzlichen Regelungen des Haustürwider-
rufsrechts bildete die durch das **OLG-Vertretungsänderungsgesetz** vom 1.8.2002
(BGBl I 2850) eingeführte Reform des § 312a aufgrund der Heininger-Entscheidung
des EuGH vom 13.12.2001 (Slg 2001, I-9945, NJW 2002, 281) und der Entscheidung des
BGH vom 9.4.2002 (NJW 2002, 1881), nach der § 312a nunmehr klarstellt, dass das
Widerrufs- bzw Rücktrittsrecht des § 312 nur zurücktritt, wenn und soweit dem
Verbraucher aus einem anderen Rechtsgrund ein entsprechendes Widerrufs- oder
Rücktrittsrecht zusteht. Für das Verhältnis des Widerrufs- bzw Rücktrittsrechts aus
Fernabsatzverträgen gem § 312d Abs 1 zu dem Widerrufsrecht bei Verbraucherkre-
ditverträgen aus § 495 trifft § 312d Abs 5 die parallele Entscheidung: Hat der Ver-
braucher wegen des Abschlusses eines Verbraucherkreditvertrages ein Widerrufs-
recht aus § 495, so steht ihm nicht gleichzeitig das Widerrufsrecht aus § 312d zu,
wenn der Vertragsabschluss im Wege des Fernabsatzes erfolgte. Nach § 312d Abs 5
S 2 finden aber auch dann die fernabsatzrechtlichen Verbraucherschutzvorschriften
des § 312d Abs 2 über den Beginn der Widerrufsfrist, der hiernach nicht vor der
Erfüllung der Informationspflichten nach § 312c Abs 2 erfolgt, Anwendung.

IV. Haustür- und Fernabsatzgeschäfte

Haustür- und Fernabsatzgeschäfte können nicht nebeneinander vorliegen und schlie- **26**
ßen sich daher bereits tatbestandlich aus (zum Verhältnis beider Geschäfte zueinander
THÜSING, Versandhandel Rn 9). Die gesetzlichen Fernabsatzregelungen sind dazu geschaffen worden, den **spezifischen Gefahren** des Fernabsatzes für den Verbraucher
Rechnung zu tragen, die sich ganz grundsätzlich von denen der Haustürgeschäfte
unterscheiden. So dient die Vorschrift des § 312 dazu, der Überrumplungsgefahr der
Haustürsituation zu begegnen. Dagegen haben die Fernabsatzvorschriften der
§§ 312b ff zum Ziel, dem mit der Art des Vertragsabschlusses, dh der Unsichtbarkeit
von Vertragspartner und Produkt für den Verbraucher, verbundenem Informationsdefizit entgegen zu treten. Eine Regelungslücke des § 312 im Hinblick auf Fernabsatzverträge ist daher ausgeschlossen (MünchKomm/ULMER § 312 Rn 58). Bei Fernabsatzgeschäften kommen für den Widerruf und dessen tatbestandliche Anforderungen grundsätzlich nur die §§ 312b ff zur Anwendung.

Zur **Abgrenzung von Haustür- und Fernabsatzgeschäften** ist maßgeblich darauf abzu- **27**
stellen, ob der Vertragsschluss bereits durch das Ansprechen des Verbrauchers in der
Haustürsituation veranlasst wurde oder der Verbraucher seine Entscheidung unbenommen des Ansprechens etwa anhand eines an der Haustür ausgehändigten Katalogs unter ausschließlicher Verwendung von Fernkommunikationsmitteln zum Vertragsabschluss getroffen hat. Im letzteren Fall greift die Vorschrift des § 312b Abs 1
über Fernabsatzgeschäfte. Wurde der Verbraucher bereits an der Haustür zum
Vertragsabschluss veranlasst und wurde lediglich der Abschluss des Vertrages durch
den anschließenden Einsatz von Fernkommunikationsmitteln vollzogen, so kommt
§ 312 Abs 1 S 1 Nr 1 zur Anwendung (MünchKomm/ULMER § 312 Rn 59; PALANDT/HEIN-
RICHS § 312b Rn 8).

Bis zur Neufassung der Ausschlussklausel des § 312a zwischen dem 1.1.2002 und **28**
dem 1.8.2002 bestand das Problem der **Konkurrenz** der Vorschriften des Fernabsatz-
oder Haustürwiderrufsrechts, wenn die Tatbestände beider Regelungen erfüllt waren. In diesen Sonderfällen, bei denen die Veranlassung des Verbrauchers durch eine
Haustürsituation zum Vertragsabschluss und späteres durch Fernkommunikationsmittel bewirktes Zustandekommen des Vertrages zugleich gleichwertig vorlagen,
sprachen angesichts der verschiedenen Schutzzwecke des § 312 und des § 312b und
mangels einer Vorrangregelung in § 312a gute Gründe dafür, dem Verbraucher den
Widerruf nach beiden Regelungen gleichrangig nebeneinander zuzubilligen (Münch-
Komm/ULMER § 312 Rn 60). Die Rechtsfolgen des Widerrufs sind nach § 357 für Fern-
absatz- und Haustürwiderrufsgeschäfte zwar grundsätzlich dieselben. Je nach ange-
wandtem Recht unterschieden sich aber die Anforderungen an die Belehrung des
Verbrauchers oder der Beginn der Widerrufsfrist, der nach § 312d Abs 2 bis zum
Eingang der bestellten Ware beim Verbraucher herausgeschoben ist. Außerdem
gelten nach § 312 Abs 3 bzw § 312d Abs 4 jeweils unterschiedliche Ausschlusstatbestände.

Nach der Neufassung der **Ausschlussklausel des § 312a** im Rahmen des OLG-Ver- **29**
tretungsrechtsänderungsgesetzes zum 1.8.2002 ist die Frage des Vorrangs des Widerrufsrechts nach § 312d geklärt. Die Frage spielt weiterhin dann eine Rolle, wenn
die Ausschlusstatbestände des § 312d Abs 4 eingreifen.

V.   Europarechtliche Vorgaben

1.   Die Haustürwiderrufsrichtlinie als Maßstab richtlinienkonformer Auslegung

a)   Das deutsche Haustürwiderrufsrecht als Gegenstand richtlinienkonformer Auslegung

30 Die Auslegung der §§ 312, 312a, § 312f iVm §§ 355 ff über Haustürgeschäfte hat sich an der **Haustürwiderrufsrichtlinie** (EG-Richtlinie 85/577/EWG des Rates vom 20.12.1985 betreffend den Verbraucherschutz im Falle von außerhalb von Geschäftsräumen geschlossenen Verträgen, ABlEG Nr L 372/31 v 31.12.1985 abgedruckt nachfolgend unter Rn 38) zu orientieren, die die Behandlung der Haustürwiderrufgeschäfte europaweit harmonisiert hat. Dies gilt entsprechend für die BGB-Vorschriften über Fernabsatzverträge der §§ 312b bis 312d, 312f und für die BGB-Regelung über den Geschäftsabschluss im elektronischen Geschäftsverkehr des § 312e, die ihrerseits auf europäischen Richtlinien basieren (EG-Richtlinie 97/7/EG über den Verbraucherschutz bei Vertragsabschlüssen im Fernabsatz, ABlEG Nr L 144/19 v 4.6.1997, und EG-Richtlinie 2000/31/EG über den elektronischen Rechtsverkehr, ABlEG Nr L 178/1 v 8.6.2000).

31 Die **Entwicklung und inhaltliche Konzeption der Haustürwiderrufsrichtlinie** verlief parallel zur Entstehung des HWiG (zur Entstehungsgeschichte der Richtlinie: ERMAN/SAEN-GER [10 Aufl 2000] Vorbem HWiG Rn 38 ff; MünchKomm/ULMER[3] Vor § 1 HWiG Rn 6; TESKE/SIMON S 355 ff; GILLES NJW 1986, 1135 f). Die Richtlinie trat erst wenige Monate nach dem deutschen HWiG in Kraft, der deutsche Gesetzgeber hat aber bereits die vorgesehene europäische Rechtsangleichung zu berücksichtigen gesucht (so der BT-Rechtsausschuss BT-Drucks 10/4210, 10; MünchKomm/ULMER[4] Vor §§ 312, 312a Rn 14). Nach allgemeiner Ansicht wurde das HWiG als eine vorweggenommene Rechtsharmoni-sierung angesehen (MünchKomm/ULMER[3] Vor § 1 HWiG Rn 6, 34; GOLLER GewArch 1986, 73, 78; LOEWE BB 1986, 821 f). Das HWiG war folgerichtig gemeinschaftskonform nach der EG-Richtlinie auszulegen (BGH NJW 1994, 1390) und anzuwenden (BGH NJW 1994, 2759; REINICKE/TIEDKE Rn 1264; MünchKomm/ULMER[3] Vor § 1 HWiG Rn 6, 17, 35). Denn die richt-linienkonforme Ausgestaltung der gesetzlichen Regelungen der Haustürgeschäfte ist dem deutschen Gesetzgeber in der Vergangenheit nicht durchgängig gelungen (eine Übersicht über die richtlinienwidrigen Regelungen findet sich in MünchKomm/ULMER[3] Vor § 1 HWiG Rn 8). Die **Heininger-Entscheidung** des EuGH (NJW 2002, 281) hat zuletzt Nach-besserungen durch den deutschen Gesetzgeber auch an den erst durch die Schuld-rechtsmodernisierung 2002 in das BGB eingefügten Haustürwiderrufsvorschriften erforderlich gemacht. Durch das **OLG-Vertretungsrechtsänderungsgesetz** sind in der Folge Anpassungen in den §§ 312a, 355 Abs 3 erfolgt (hierzu unter Rn 25). Damit sind Abweichungen von der Richtlinie beseitigt worden, die nicht durch **richtlinienkon-forme Auslegung** behoben werden konnten.

b)   Der Grundsatz richtlinienkonformer Auslegung

32 Die gesetzlichen Regelungen des aufgrund von EG-Richtlinien harmonisierten deut-schen Rechts sind zur Sicherung der Umsetzung der verbindlichen europäischen Richtlinien-Vorgaben richtlinienkonform auszulegen. Dies wird im Grundsatz von der deutschen Rechtsprechung gem der Pflicht aus Art 10 EG zur Beachtung der Handlungen der Gemeinschaftsorgane auch so praktiziert und ebenfalls vom deut-schen Schrifttum anerkannt, wenn auch der methodische Ansatz hinsichtlich der Art der Auslegung und auch die Reichweite der Auslegung der nationalen Vorschriften noch immer nicht geklärt ist (hierzu BRECHMANN, Die richtlinienkonforme Auslegung; FRAN-ZEN, Privatrechtsangleichung durch die EG; s auch THÜSING ZIP 2004, 2301 mwN). Zwar entfalten Richtlinien gemäß dem Wortlaut des Art 249 Abs 3 EG im Regelfall erst nach Umsetzung durch die Mitgliedstaaten ihre Wirkung, doch gilt dies nicht, wenn die Umsetzungsfrist abgelaufen ist und die Richtlinie so genau formuliert ist, dass daraus unmittelbar, dh ohne Umsetzungsspielraum für den nationalen Gesetzgeber, Rechte des Bürgers abgeleitet werden können (grundlegend EuGH, Slg 1974, 1337 Rn 12 [van Duyn/Home Office]; EuGH, Slg 1982, S 53 Rn 21 ff. [Becker]; in neuerer Rspr EuGH, Slg 1997 I, S 1653 Rn 37 [Kommission/Deutschland]). Hier kann sich der Bürger gegenüber dem Staat und seinen Untergliederungen auf die Richtlinien berufen (st Rspr s EuGH, NJW 1982, 499; EuGH, EuZW 1998, 48). Anerkannt ist damit eine vertikale unmittelbare Geltung zu Lasten des Staates, die von der horizontalen Geltung zu unterscheiden ist. In einem Rechtsstreit unter Privatleuten ist es den Parteien nicht möglich, sich auf die Richtlinie zu berufen, soweit sie zu einer Verpflichtung Privater führen würde (s insb EuGH EuZW 1994, 498; EuGH EuZW 1996, 236; EuGH EuZW 1998, 563). Hier ist die Richtlinie also nie *self-executing*; der Wortlaut des Art 249 Abs 3 EG ist insoweit prohibitiv (EuGH, Slg 1986, 723, Rn 48 [Marshall]; EuGH, Slg 1990 I, 4135, Rn 6 [Marleasing]; zu Grenzbereichen zwischen beiden Gestaltungen s EuGH, EuZW 2001, S 153 [Unilever]).

b) Rechtsprechung des EuGH

In der **Heininger-Entscheidung** hat der EuGH (NJW 2002, 281) ausgesprochen, dass die   **33** Haustürwiderrufsrichtlinie auf Realkreditverträge grundsätzlich anwendbar ist, so dass dem Verbraucher, der den Vertrag in einer Haustürsituation abgeschlossen hat, regelmäßig das Widerrufsrecht aus Art 5 der Richtlinie zusteht. Der Entscheidung hat der BGH mit seiner Folgeentscheidung (NJW 2002, 2029) entsprochen. Der Heininger-Entscheidung ging das **Dietzinger-Urteil des EuGH** (NJW 1998, 1295) voraus, in der es um die Einordnung eines in einer Haustürsituation veranlassten Abschlusses einer Verbraucherbürgschaft als Vertrag über die Lieferung von Waren oder die Erbringung von Dienstleistungen ging. Auch dieser EuGH-Entscheidung leistete der BGH (NJW 1998, 2356) entsprechend Folge. Weitere Vorgaben zur Auslegung der Haustürwiderrufsrichtlinie entwickelte der EuGH auf die Vorlage eines spanischen Gerichts zur Beurteilung von in Haustürsituationen geschlossenen Verbraucherverträgen über **Teilzeitwohnrechte** und hiermit verbundenen Dienstleistungen des Unternehmers. Der EuGH (WM 1999, 2074) entschied, dass die Haustürwiderrufsrichtlinie in ihrem Anwendungsbereich nicht von der Teilzeitwohnrechterichtlinie ausgeschlossen wird. Dies berücksichtigt die Neufassung der Ausschlussregelung des § 312a, die nur eingreift, wenn dem Verbraucher das Widerrufsrecht nach § 485 Abs 1 iVm § 355 zusteht (hierzu § 312a Rn 15 f). Des weiteren gab der EuGH der nationalen Rechtsordnung vor, dass sich der Ausnahmetatbestand des Art 3 Abs 2 lit a der Haustürwiderrufsrichtlinie bezüglich Immobilienverträge nicht auf solche Verträge erstreckt, die neben dem Erwerb eines Teilzeitwohnrechts auch die Erbringung von im Vergleich zum Teilzeitwohnrecht höherwertigen Dienstleistungen an den Verbraucher umfassen (EuGH WM 1999, 2074, 2078). § 312 Abs 3 Nr 3 ist daher entsprechend richtlinienkonform auszulegen (hierzu unter § 312 Rn 14 f). Gleichzeitig stellte der EuGH fest, dass ein Vertragsschluss während einer Ausflugsfahrt vorliegt, wenn er auf einer Veranstaltung des Unternehmers zustande kommt, zu der der Unternehmer den Verbraucher eingeladen hat, und der Ort des Vertragsschlusses nicht zu den gewöhnlichen Geschäftsräumen des Unternehmers gehört (EuGH WM

1999, 2074, 2077). Das deutsche Recht entspricht dieser Vorgabe mit der Regelung des
§ 312 Abs 1 S 1 Nr 2. In derselben Entscheidung urteilte der EuGH (WM 1999, 2074,
2077), dass das Widerrufsrecht des Art 5 der Richtlinie nur das Vorliegen eines
objektiven Tatbestandsmerkmals des Art 1 voraussetzt. Eine darüber hinausgehende
Manipulierungsabsicht des Unternehmers oder eine sonstige Beeinflussung des Ver-
braucherwillens muss nicht nachgewiesen werden. Dem entspricht § 312 Abs 1 S 1,
auch wenn die Vorschrift auf einen regelmäßig vorliegenden Kausalzusammenhang
zwischen der Vertragsanbahnung in der Haustürsituation und dem Vertragsabschluss
abstellt. Außerdem hat der EuGH auch die formfreie, konkludente Ausübung des
Widerrufsrechts zugelassen und entschieden, dass dem die Art 5 und 7 der Richtlinie
nicht entgegenstehen. Im Rahmen des Umsetzungsspielraums der Richtlinie liegt
insoweit die in § 355 Abs 1 S 2 geregelte Widerrufsmöglichkeit durch schlichte
Rücksendung der Sache (hierzu STAUDINGER/KAISER [2004] § 355 Rn 28). Nach dem EuGH
(WM 1999, 2074, 2078) ist eine solche Vertragsklausel mit Art 5 Abs 2 der Haustürwiderrufsrichtlinie unvereinbar, wonach der Verbraucher bei der Ausübung des
Widerrufsrechts einen pauschalen Schadensersatz, etwa einen bestimmten Prozent-
satz der Vertragssumme, zu zahlen hat. Denn nach der Richtlinie ist der Verbraucher
nach der Ausübung des Widerrufsrechts aus allen vertraglichen Pflichten entlassen.
Dies steht der Wertersatzpflicht des Verbrauchers nach § 357 Abs 3 jedoch grundsätzlich nicht entgegen (hierzu STAUDINGER/KAISER [2004] § 357 Rn 22 f).

c)   Einfluss auf die Regelungen des Haustürwiderrufsrechts im Übrigen

34 Auch dort, wo der EuGH einen Konflikt zwischen dem deutschen Recht und seinen
europäischen Vorgaben (bislang) nicht festgestellt hat, ist nach der Europarechts-
konformität des deutschen Rechts zu fragen. Die Richtlinie räumt dem Verbraucher
in Art 5 ein Widerrufsrecht ein, jedoch können gem Art 8 der Richtlinie die Mitgliedstaaten auch günstigere Regelungen für Verbraucher treffen. Wegen dieses, den
Verbraucherschutzrichtlinien eigenen, **Mindestschutzcharakters** sind nationale Regelungen, die über den Schutz der Richtlinie hinausgehen, dem Verbraucher etwa auch
ein Rückgaberecht – wie in § 356 – einräumen, gemeinschaftsrechtlich unbedenklich.

35 § 312 Abs 1 selbst geht ebenfalls mit der in der Richtlinie vorgegebenen Haustürsituation konform und hinsichtlich der **Freizeitveranstaltungen** (§ 312 Abs 1 Nr 2)
sogar über Art 1 Abs 1 Spiegelstrich 1 hinaus. Die Ausschlussregelung des § 312
Abs 2 deckt sich mit den Festlegungen des Art 3 Abs 2 der Richtlinie. Die Baga-
tellregelung des § 312 Abs 2 Nr 2 schöpft die Umsetzungsoption des Art 3 Abs 1 der
Richtlinie ordnungsgemäß aus. Ebenso stimmen die Belehrungspflicht in § 312 Abs 2
und Art 4 der Richtlinie überein. Im Hinblick auf Art 3 Abs 2 lit a der Richtlinie ist
der Ausnahmetatbestand des § 312 Abs 3 Nr 3 richtlinienkonform auszulegen (hierzu
unter § 312 Rn 15).

36 Schwierigkeiten bereiten gerade Bereiche, zu denen sich die Haustürwiderrufsrichtlinie nicht ausdrücklich einlässt. Über die **Zurechnung des Verhaltens Dritter (Verhandlungsführer)** zu dem Unternehmer, der sich in der Praxis häufig solcher Vermittler bedient, enthält die Richtlinie etwa keine Vorgaben. Art 2 der Richtlinie
setzt vielmehr voraus, dass der Gewerbetreibende selbst oder ein Vertreter den
Verbraucher besucht. Das deutsche Recht enthält mit § 123 jedoch eine sachgerechte
Zurechnungsnorm, die auch im Rahmen des vermittelten Haustürgeschäfts Anwendung findet (zu den Voraussetzungen der Zurechnung unter § 312 Rn 36 f). Somit gewährt das

deutsche Recht sogar einen gegenüber der Richtlinie erweiterten Verbraucherschutz.

Wesentliche Unsicherheiten der Rechtsanwendung der deutschen Haustürwiderrufs- **37** regelungen in der Vergangenheit und in der Gegenwart liegen in der Frage der richtlinienkonformen Auslegung der **den Widerruf ausgestaltenden Regeln der §§ 355 ff.** Denn auch zur konkreten Ausgestaltung des Widerrufs lässt sich die Haustürwiderrufsrichtlinie nicht ausdrücklich ein. Es ist daher im Hinblick auf die Heininger-Entscheidung des EuGH die Streitfrage zwischen dem II. und XI. Senat des Bundesgerichtshofes entstanden, ob beim Widerruf kreditfinanzierter Immobiliengeschäfte der Kredit- und der Immoblienkaufvertrag als verbundene Geschäfte iSd §§ 358, 359 zu behandeln sind. In einem Vorabentscheidungsverfahren gem Art 234 EG, initiiert durch die Vorlage des LG Bochum (Vorlagebeschluss v 29. 7. 2003 – 1 O 795/ 02, NJW 2003, 2612) urteilt hierüber der EuGH (Rs C 350/03) wohl in absehbarer Zeit. Richtigerweise ist zugunsten der Rechtsansicht des XI. Senats des Bundesgerichtshofs zu entscheiden, der davon ausgeht, dass die Haustürwiderrufsrichtlinie für den Kauf von Immobilien selbst nicht gilt und der in einer Haustürsituation geschlossene, widerrufbare Darlehens- und der Immobilienkaufvertrag als zwei verschiedene Verträge zu behandeln sind. Eine richtlinienkonforme Auslegung des § 358 Abs 3 S 3 scheidet mangels einer entsprechenden Grundentscheidung des europäischen Gesetzgebers in der Haustürwiderrufsrichtlinie daher aus (s auch Schlussanträge des Generalanwalts Léger vom 28. 9. 2004 mit berechtigten Zweifeln zur Zulässigkeit der Vorlage; ähnlich die Vorlage des OLG Bremen vom 27. 5. 2004 Rs C-229/04 – Crailsheimer Volksbank eG gegen Klaus Conrads).

2. Richtlinie des Rates vom 20. Dezember 1985 betreffend den Verbraucherschutz im Falle von außerhalb von Geschäftsräumen geschlossenen Verträgen (85/577/EWG)

Der Rat der Europäischen Gemeinschaften – gestützt auf den Vertrag zur Gründung der Europä- **38** ischen Wirtschaftsgemeinschaft, insbesondere auf Artikel 100, auf Vorschlag der Kommission (1), nach Stellungnahme des Europäischen Parlaments (2), nach Stellungnahme des Wirtschafts- und Sozialausschusses (3), in Erwägung nachstehender Gründe: Der Abschluss von Verträgen oder einseitigen Verpflichtungserklärungen zwischen einem Gewerbetreibenden und einem Verbraucher außerhalb der Geschäftsräume des Gewerbetreibenden bildet eine Form der Handelspraxis, die in den Mitgliedstaaten häufig vorkommt. Solche Verträge und Verpflichtungserklärungen sind durch unterschiedliche Rechtsvorschriften der Mitgliedstaaten geregelt. Die Unterschiede zwischen diesen Rechtsvorschriften können sich unmittelbar auf das Funktionieren des Gemeinsamen Marktes auswirken. Daher ist es nötig, die einschlägigen Bestimmungen anzugleichen. Die Nummern 24 und 25 des Ersten Programms der Europäischen Wirtschaftsgemeinschaft für eine Politik zum Schutz und zur Unterrichtung der Verbraucher (4) sehen unter anderem vor, dass geeignete Maßnahmen zum Schutz der Verbraucher vor missbräuchlichen Handelspraktiken bei Haustürgeschäften getroffen werden. Das zweite Programm der Europäischen Wirtschaftsgemeinschaft für eine Politik zum Schutz und zur Unterrichtung der Verbraucher (5) hat die Fortführung der Aktionen und Prioritäten des ersten Programms bestätigt. Verträge, die außerhalb der Geschäftsräume eines Gewerbetreibenden abgeschlossen werden, sind dadurch gekennzeichnet, dass die Initiative zu den Vertragsverhandlungen in der Regel vom Gewerbetreibenden ausgeht und der Verbraucher auf die Vertragsverhandlungen nicht vorbereitet ist. Letzterer hat häufig keine Möglichkeit, Qualität und Preis des Angebots mit anderen Angeboten zu vergleichen. Dieses Überraschungsmoment gibt es nicht nur bei Haustürgeschäften, sondern auch bei anderen Verträgen, die auf Initiative des Gewerbetreibenden außerhalb seiner Geschäftsräume abgeschlossen werden. Um dem Verbraucher die Möglichkeit zu geben, die Verpflichtungen aus dem Vertrag noch einmal zu überdenken, sollte ihm das Recht eingeräumt werden, innerhalb von mindestens sieben Tagen vom Vertrag zurückzutreten. Außerdem ist es geboten, geeignete Maßnahmen zu treffen, um sicherzustellen, dass der Verbraucher schriftlich von seiner Überlegungsfrist unterrichtet ist. Die Freiheit der Mitgliedstaaten, das Verbot des Abschlusses von Verträgen außerhalb von Geschäftsräumen teilweise oder vollständig beizubehalten oder einzuführen, sofern sie der Auffassung sind, dass dies im Interesse der Verbraucher liegt, sollte nicht beeinträchtigt werden – HAT FOLGENDE RICHTLINIE ERLASSEN:

Artikel 1
(1) Diese Richtlinie gilt für Verträge, die zwischen einem Gewerbetreibenden, der Waren liefert oder Dienstleistungen erbringt, und einem Verbraucher geschlossen werden: – während eines vom Gewerbetreibenden außerhalb von dessen Geschäftsräumen organisierten Ausflugs, oder – anlässlich eines Besuchs des Gewerbetreibenden i) beim Verbraucher in seiner oder in der Wohnung eines anderen Verbrauchers, ii) beim Verbraucher an seinem Arbeitsplatz, sofern der Besuch nicht auf ausdrücklichen Wunsch des Verbrauchers erfolgt. (2) Diese Richtlinie gilt auch für Verträge über andere Warenlieferungen oder Dienstleistungen als diejenigen, für die der Verbraucher den Gewerbetreibenden um einen Besuch gebeten hat, sofern der Verbraucher zum Zeitpunkt seiner Bitte nicht gewusst hat oder aus vertretbaren Gründen nicht wissen konnte, dass die Lieferung bzw Erbringung dieser anderen Ware oder Dienstleistung zu den gewerblichen oder beruflichen Tätigkeiten des Gewerbetreibenden gehört. (3) Diese Richtlinie gilt auch für Verträge, bei denen der Verbraucher unter ähnlichen wie in Absatz 1 oder Absatz 2 genannten Bedingungen ein Angebot gemacht hat, obwohl der Verbraucher durch sein Angebot vor dessen Annahme durch den Gewerbetreibenden nicht gebunden war. (4) Diese Richtlinie gilt auch für vertragliche Angebote, die ein Verbraucher unter ähnlichen wie in Absatz 1 oder Absatz 2 genannten Bedingungen macht, sofern der Verbraucher durch sein Angebot gebunden ist.

Artikel 2
Im Sinne dieser Richtlinie bedeutet – „Verbraucher" eine natürliche Person, die bei den von dieser Richtlinie erfassten Geschäften zu einem Zweck handelt, der nicht ihrer beruflichen oder gewerblichen Tätigkeit zugerechnet werden kann. – „Gewerbetreibender" eine natürliche oder juristische Person, die beim Abschluss des betreffenden Geschäfts im Rahmen ihrer gewerblichen oder beruflichen Tätigkeit handelt, sowie eine Person, die im Namen und für Rechnung eines Gewerbetreibenden handelt.

Artikel 3
(1) Die Mitgliedstaaten können entscheiden, dass diese Richtlinie nur auf Verträge angewandt wird, bei denen der vom Verbraucher zu zahlende Gegenwert über eine bestimmte Höhe hinausgeht. Dieser Betrag darf 60 ECU nicht übersteigen. Der Rat überprüft auf Vorschlag der Kommission diesen Betrag alle zwei Jahre, zum erstenmal spätestens vier Jahre nach Bekanntgabe dieser Richtlinie, und ändert ihn gegebenenfalls, wobei er die wirtschaftliche und monetäre Entwicklung in der Gemeinschaft berücksichtigt. (2) Diese Richtlinie gilt nicht für a) Verträge über den Bau, den Verkauf und die Miete von Immobilien sowie Verträge über andere Rechte an Immobilien; Verträge über die Lieferung von Waren und über ihre Einfügung in vorhandene Immobilien oder Verträge über die Reparatur bestehender Immobilien werden von dieser Richtlinie erfasst. b) Verträge über die Lieferung von Lebensmitteln oder Getränken oder sonstigen Haushaltsgegenständen des täglichen Bedarfs, die von ambulanten Einzelhändlern in kurzen Zeitabständen und regelmäßig geliefert werden; c) Verträge über die Lieferung von Waren und die Erbringung von Dienstleistungen,

vorausgesetzt, dass die drei folgenden Bedingungen erfüllt sind: i) Der Vertrag wird anhand eines Katalogs eines Gewerbetreibenden geschlossen, den der Verbraucher in Abwesenheit des Vertreters des Gewerbetreibenden eingehend zur Kenntnis nehmen konnte; ii) es wird vorgesehen, dass zwischen dem Vertreter des Gewerbetreibenden und dem Verbraucher im Zusammenhang mit diesem oder einem anderen, später abzuschließenden Geschäft eine ständige Verbindung aufrechterhalten wird; iii) der Katalog und der Vertrag weisen den Verbraucher deutlich auf das Recht hin, dem Lieferer die Waren mindestens binnen sieben Tagen nach Erhalt zurückzusenden oder innerhalb dieser Frist vom Vertrag zurückzutreten, ohne dass ihm dadurch außer der Verpflichtung, die Waren angemessen zu behandeln, irgendwelche Verpflichtungen entstehen; d) Versicherungsverträge; e) Verträge über Wertpapiere. (3) Die Mitgliedstaaten haben abweichend von Artikel 1 Absatz 2 die Möglichkeit, diese Richtlinie nicht auf Verträge über Warenlieferungen oder Dienstleistungen anzuwenden, die unmittelbar mit der Ware oder der Dienstleistung in Verbindung stehen, für die der Verbraucher den Gewerbetreibenden um einen Besuch gebeten hat.

Artikel 4

Der Gewerbetreibende hat den Verbraucher bei Geschäften im Sinne des Artikels 1 schriftlich über sein Widerrufsrecht innerhalb der in Artikel 5 festgelegten Fristen zu belehren und dabei den Namen und die Anschrift einer Person anzugeben, der gegenüber das Widerrufsrecht ausgeübt werden kann. Diese Belehrung ist zu datieren und hat Angaben zu enthalten, die eine Identifizierung des Vertrages ermöglichen. Sie ist dem Verbraucher auszuhändigen im Fall von Artikel 1 Absatz 1 zum Zeitpunkt des Vertragsabschlusses; b) im Fall von Artikel 1 Absatz 2 spätestens zum Zeitpunkt des Vertragsabschlusses; c) im Fall von Artikel 1 Absatz 3 und Artikel 1 Absatz 4 zum Zeitpunkt der Abgabe des Angebots durch den Verbraucher. Die Mitgliedstaaten sorgen dafür, dass ihre innerstaatlichen Rechtsvorschriften geeignete Maßnahmen zum Schutz des Verbrauchers vorsehen, wenn die in diesem Artikel vorgesehene Belehrung nicht erfolgt.

Artikel 5

(1) Der Verbraucher besitzt das Recht, von der eingegangenen Verpflichtung zurückzutreten, indem er dies innerhalb von mindestens sieben Tagen nach dem Zeitpunkt, zu dem ihm die in Artikel 4 genannte Belehrung erteilt wurde, entsprechend dem Verfahren und unter Beachtung der Bedingungen, die im einzelstaatlichen Recht festgelegt sind, anzeigt. Die Frist gilt als gewahrt, wenn die Anzeige vor Fristablauf abgesandt wird. (2) Die Anzeige bewirkt, dass der Verbraucher aus allen aus dem widerrufenen Vertrag erwachsenden Verpflichtungen entlassen ist.

Artikel 6

Der Verbraucher kann auf die ihm aufgrund dieser Richtlinie eingeräumten Rechte nicht verzichten.

Artikel 7

Übt der Verbraucher sein Rücktrittsrecht aus, so regeln sich die Rechtsfolgen des Widerrufs nach einzelstaatlichem Recht, insbesondere bezüglich der Rückerstattung von Zahlungen für Waren oder Dienstleistungen und der Rückgabe empfangener Waren.

Artikel 8

Die vorliegende Richtlinie hindert die Mitgliedstaaten nicht daran, noch günstigere Verbraucherschutzbestimmungen auf dem Gebiet dieser Richtlinie zu erlassen oder beizubehalten.

Artikel 9

(1) Die Mitgliedstaaten treffen die erforderlichen Maßnahmen, um dieser Richtlinie innerhalb von vierundzwanzig Monaten nach ihrer Bekanntgabe (1) nachzukommen. Sie setzen die Kommission

unverzüglich hiervon in Kenntnis. (2) Die Mitgliedstaaten teilen der Kommission den Wortlaut der wichtigsten innerstaatlichen Rechtsvorschriften mit, die sie auf dem unter diese Richtlinie fallenden Gebiet erlassen.

Artikel 10

Diese Richtlinie ist an die Mitgliedstaaten gerichtet.
Geschehen zu Brüssel am 20. Dezember 1985.

VI. Verhältnis der §§ 312, 312a zu anderen zivilrechtlichen Rechtsbehelfen

39 Durch den in § 312 manifestierten Verbraucherschutz werden die daneben bestehenden Vorschriften des BGB grundsätzlich **nicht verdrängt**. Somit kann der Verbraucher grundsätzlich wählen, ob er sich zur Lösung vom ungewollten Vertrag auf das Widerrufsrecht des § 312 Abs 1 beruft oder einen der allgemeinen Rechtsbehelfe des BGB geltend macht (MünchKomm/Ulmer[4] Vor §§ 312, 312a Rn 19). Der Widerruf des Vertrags gem § 312 Abs 1 ist für den Verbraucher regelmäßig günstiger, so dass ein Vertragsauflösungsverlangen des Verbrauchers regelmäßig als Widerruf nach § 312 Abs 1 auszulegen ist („Kundenmeistbegünstigungstheorie" nach Gilles NJW 1986, 1131, 1146; Fischer/Machunsky Vor § 1 HWiG Rn 56; MünchKomm/Ulmer[4] Vor §§ 312, 312a Rn 19). Ist ausdrücklich eine Anfechtung erklärt, so kann sie unter den Voraussetzungen des § 140 in einen Widerruf umgedeutet werden (Fischer/Machunsky Vor § 1 HWiG Rn 58).

40 Das Recht der Haustürgeschäfte beinhaltet einige ausdrückliche **Sonderregelungen**. Zum einen ist das Widerrufsrecht des § 312 Abs 1 zugunsten anderer sondergesetzlicher Widerrufsrechte nach § 312a subsidiär, zum anderen sind Haustürgeschäfte während der Widerrufsfrist wegen § 355 Abs 1 S 1 schwebend unwirksam und der Widerruf weicht wegen § 357 teilweise von den allgemeinen Rücktrittsregelungen der §§ 346 ff ab (hierzu Staudinger/Kaiser [2004] § 357 Rn 1 f).

1. Sittenwidrigkeit gem § 138

41 Besondere Sittenwidrigkeitsgründe iSd § 138 mit Nichtigkeitsfolge ergeben sich nicht schon aus der besonderen Vertragsschlusssituation des § 312 Abs 1, sonst hätte es des speziellen Widerrufsrechts nicht bedurft (BGH NJW 1988, 1373; OLG Frankfurt aM NJW-RR 1988, 51). Es erfordert daher **besonderer Umstände**, um eine Nichtigkeit nach § 138 herbeizuführen. Dies ist nach dem BGH insb bei sog Ansparverträgen der Fall, dh solchen Verträgen, bei denen der Verbraucher für ihn ungünstige, seine Bedürfnisse und finanziellen Möglichkeiten überschreitende Erwerbsgeschäfte tätigt, sofern konkret die Ausnutzung der Unerfahrenheit und Unterlegenheit des Verbrauchers nachweisbar ist. Nach Auffassung des BGH (BGH NJW 1988, 1373, 1378) soll die Situation des § 1 Abs 1 HWiG aF (jetzt § 312 Abs 1) als Indizien für eine Sittenwidrigkeit des ganzen Vertrags sprechen. § 138 stellt auf die Gesamtumstände, also auch auf diejenigen, die zum Vertragsschluss geführt haben, ab. Da jedoch nur die Ausnutzung der Machtposition, nicht aber deren Bestehen, aufgrund Überrumpelung und Überraschung in intellektueller Überlegenheit zur Unwirksamkeit des Geschäfts führen kann, muss der konkrete Vertragsschluss im **Einzelfall** überprüft und bewertet werden. Die Verhandlungssituation des § 312 Abs 1 soll nach dem Willen des Gesetzgebers eben nicht schon die Nichtigkeit bedeuten, sondern nur zum Widerruf berechtigen. § 312 soll ein Widerrufsrecht ohne Prüfung des Einzelfalls begründen, weil keine Vermutung oder grundsätzliche Annahme einer Sittenwidrigkeit besteht. § 312 gibt wegen der nicht automatisch vorliegenden Nichtigkeit ein Widerrufsrecht, und zwar wegen der fehlenden Überlegungs- und Abwägungsmöglichkeit des Verbrauchers, nicht schon allein wegen der unterstellten Machtposition des Unternehmers. Das Gesetz schafft mit der Möglichkeit des Widerrufs einen Ausgleich für die sonst vor Vertragsschluss bestehende Bedenkzeit. Diese wird nach dem Abschluss des Vertrags nachgeholt und damit der Mangel ausgeglichen, so dass die Ausnutzung der Machtposition des Unternehmers nicht mehr relevant ist. Verzichtet der Verbraucher auf den Widerruf, kann von einer kausalen Ausnutzung der besonderen Position nicht mehr die Rede sein. Die anschließende Überlegungsfrist beseitigt eine eventuelle auf der besonderen Situation beruhende Machtausnutzung, so dass weder von einer Sittenwidrigkeit allein schon durch die Situation des § 312 Abs 1 noch von einem diesbezüglichen Indiz gesprochen werden kann.

2.   Gesetzeswidrigkeit gem § 134

42 Die Nichtigkeitsfolge des § 134 wird durch den **Verstoß gegen ein Verbotsgesetz** herbeigeführt. Bis zum Inkrafttreten des HWiG hat die Rechtsprechung die im Reisegewerbe ohne vorherige Vertreterbestellung abgeschlossenen Darlehensverträge als Verstoß gegen **§ 56 Abs 1 Nr 6 GewO** angesehen und über § 134 für nichtig erklärt (BGHZ 71, 358, 360 ff; 93, 264 = NJW 1978, 1970 = LM § 134 BGB Nr 84; BGH WM 1978, 1154; NJW 1991, 923 = LM § 55 GewO = WM 1991, 313; NJW 1992, 425, 426 = LM § 134 BGB Nr 136 = WM 1992, 8, 9; NJW 1992, 2560, 2561; ebenso Hadding/Hauser WM 1984, 1413; Hopt NJW 1985, 1665; Teske ZIP 1986, 624, 649; Ungerbieler NJW 1980, 565), insbesondere wenn der Darlehensnehmer geschäftlich unerfahren und geistig unterlegen war. Da § 56 Abs 1 Nr 6 GewO seit dem 1. 1. 1991 nur noch die entgeltliche Darlehensvermittlung erfasst, ist die Anwendung dieser Norm iVm § 134 weitgehend aus tatsächlichen Gründen auf die Zeit vor Inkrafttreten der Änderung beschränkt. § 56 Abs 1 Nr 6 GewO aF sollte wie § 312 den Verbraucher vor Überrumplung schützen (BGH NJW 1992, 425, 426 = WM 1992, 8).

43 § 56 Abs 1 Nr 6 GewO wird weiterhin als **Verbotsgesetz** iSd § 134 anerkannt (BGH NJW 1999, 1636 für entgeltliche Darlehensvermittlungsverträge, in Abgrenzung zu BGH NJW 1996, 926). Das ist nicht selbstverständlich. Mit § 312 besteht jedoch regelmäßig ein hinreichender Schutz des unerfahrenen Verbrauchers bei Haustürgeschäften. Diese nach § 312 Abs 1 typische Vertragssituation wird durch das Widerrufsrecht ausgeglichen. Soweit also § 312 eingreift, kommt eine Nichtigkeit über § 134 grundsätzlich nicht mehr in Betracht. Ebenso wie bei § 138 (siehe oben unter Rn 41), führt die Vertragssituation des § 312 Abs 1 nicht zur Nichtigkeit, sondern nur zur Widerrufbarkeit des Vertrags. Auch die Rechtsprechung hatte den Weg über § 56 Abs 1 GewO vor allem mangels einer spezialgesetzlichen Regelung eingeschlagen (BGHZ 93, 264, 269; OLG München WM 1991, 523; Knauth WM 1987, 517 ff; s auch Hadding/Häuser WM 1984, 1413, 1419; **aA** Tepper JR 1990, 356, nach dem § 134 iVm § 56 GewO weiter uneingeschränkt anwendbar ist). Die Verbotsqualität des § 56 GewO ändert aber nichts an der Rechtslage, dass ein Verstoß gegen diese Norm die Nichtigkeit nach § 134 nach sich zieht, wenn das Widerrufsrecht nach § 312 Abs 1 nicht eingreift. Insbesondere also, wenn bei Haustürgeschäften § 312 nicht zum Widerrufsrecht führt, kann die Nichtigkeit des § 134 eingreifen (BGH WM 1992, 8 = NJW 1992, 2560, 2561), denn das Widerrufsrecht kann nur vorgehen, wenn hierdurch der Schutz des Verbrauchers gewährleistet und verwirklicht werden kann, nicht aber, wenn § 312 aus zeitlichen oder sachlichen Gründen nicht eingreift. Anders als bei Darlehensverträgen, die in der Regel über einen längeren Zeitraum abgewickelt werden und damit mehr Zeit für einen Widerruf bei fehlender Widerrufsbelehrung lassen, wird die Leistung des Darlehensvermittlungsvertrages mit Zahlung der Provision erfüllt. Weil das Widerrufsrecht schnell erlischt ist daher der Rechtsprechung zuzustimmen, dass entgeltliche Darlehensvermittlungsverträge im Reisegewerbe nichtig nach § 134 sind (BGH NJW 1999, 1636).

3. Anfechtung gem §§ 119 ff, 142

44 Die Anfechtung nach §§ 119 ff, 142 erlangt bei Haustürgeschäften keine besondere praktische Bedeutung. Liegen Anfechtungsgründe der §§ 119, 123 bei Haustürgeschäften vor, können Verbraucher und Unternehmer die entsprechenden Verträge neben einem Widerruf nach § 312 Abs 1 – auch während der Widerrufsfrist – außerdem anfechten (MünchKomm/Ulmer[4] Vor §§ 312, 312a Rn 23). Nach der Kipp'schen Lehre von den Doppelwirkungen im Recht können auch (wegen § 355 Abs 1) schwebend unwirksame und selbst nichtige Verträge zulässigerweise angefochten werden (Kipp, in: FG v Martitz 211 ff, 224 ff; MünchKomm/Ulmer[4] Vor §§ 312, 312a Rn 23).

45 Neben dem Widerrufsrecht des § 312 wird der Verbraucher – vor allem, wenn er Zweifel hat, ob sein Widerruf rechtzeitig erfolgt ist – eine Anfechtung wegen arglistiger Täuschung nach § 123 in Erwägung ziehen. Wegen der Schadensersatzpflicht aus § **122** wird er von einer Anfechtung nach § 119 dagegen regelmäßig absehen (Fischer/Machunsky Vor § 1 HWiG Rn 61; MünchKomm/Ulmer[4] Vor §§ 312, 312a Rn 23).

46 Die **unterlassene ordnungsgemäße Belehrung** über das Widerrufsrecht ist nicht für den Vertragsschluss kausal. Der Verbraucher hätte den Vertrag auch bei ordnungsgemäßer Belehrung typischerweise geschlossen. Die unterlassene ordnungsgemäße Belehrung gibt bereits kein Anfechtungsrecht, stellt insbesondere keinen relevanten Täuschungstatbestand nach § 123 dar (MünchKomm/Ulmer[4] Vor §§ 312, 312a Rn 24). In der Haustürsituation des § 312 Abs 1 selbst liegt außerdem grundsätzlich kein Anfechtungsgrund iSd § 123, so dass der konkrete Einzelfall – wie auch bei sonstigen Verträgen – im Hinblick auf die Voraussetzungen der §§ 119 ff geprüft werden muss. Aufklärungspflichten des Unternehmers gegenüber dem Verbraucher – insbesondere aus der mit einem Haustürgeschäft typischerweise verbundenen Überraschungssituation –, deren Verletzung den Täuschungstatbestand des § 123 erfüllen könnten, lassen sich regelmäßig nicht herleiten (Fischer/Machunsky Vor § 1 HWiG Rn 62; Münch-Komm/Ulmer[4] Vor §§ 312, 312a Rn 24). Diesen Weg weiter zu beschreiten erübrigt sich ohnedies, da der Verbraucher durch Ausübung seines Widerrufsrechts in die Lage versetzt wird, sich noch nach dem Vertragsschluss die erforderlichen Informationen über den Vertragsgegenstand zu verschaffen und durch eine nachträgliche Frist des Widerrufs zu entscheiden, ob er an dem in der Haustürsituation geschlossenen Vertrag weiter gebunden bleiben oder diesen widerrufen will.

47 Hat der Verbraucher sein Widerrufsrecht wegen Vorliegens einer Haustürsituation ausgeübt und ist zudem der Tatbestand einer arglistigen Täuschung erfüllt, so kann der Verbraucher den Ersatz eines über den Vertragsschluss hinausgehenden Schadens aus § 823 Abs 2 iVm § 263 verlangen (Teske/Simon 346; MünchKomm/Ulmer[4] Vor §§ 312, 312a Rn 24).

4. Gewährleistungsvorschriften

Da § 312 unabhängig von einer Vertragswidrigkeit des Vertragsgegenstandes ein **48** willkürliches Widerrufsrecht gewährt, bestehen bei vertragswidriger Lieferung Ansprüche aus den Gewährleistungsvorschriften (uU iVm mit den Rechtsbehelfen des allgemeinen Schuldrechts).

5. Culpa in contrahendo gem §§ 311 Abs 2

Sofern dem Verbraucher bei den sog Haustürgeschäften der Vertrag aufgedrängt, er **49** überrumpelt wird, verletzt der Unternehmer seine vorvertragliche **Pflicht zur Rücksichtnahme** auf den Verbraucher. Vor Geltung des HWiG wurde daher versucht, über die Grundsätze der culpa in contrahendo im Wege der Naturalherstellung eine Lösung vom Vertrag zu begründen (so LG Landau MDR 1974, 41; GOTTWALD JuS 1982, 877, 882 mwN; dagegen BECKER AnwBl 1984, 531). Da die spezialgesetzliche Regelung vorgeht, ist dieser Ansatz für die Fälle des § 312 nicht mehr zulässig (GOTTWALD JuS 1982, 877, 882 zu § 1 HWiG aF). Eine Heranziehung der Grundsätze der culpa in contrahendo kommt somit nur noch für Pflichtverletzungen in Betracht, die über die Vertragssituation des § 312 Abs 1 hinausgehen und wie bei anderen Verträgen eine solche Haftung begründen, dh bei Verletzung der allgemeinen Aufklärungspflichten (BGH NJW 1982, 1457; MünchKomm/ULMER[4] Vor §§ 312, 312a Rn 26; FISCHER/MACHUNSKY Vor § 1 HWiG Rn 68, dort auch eine Aufzählung sonstiger vom HWiG aF unberührter Rücktrittsgründe in Rn 87 ff).

VII. Verhältnis der §§ 312, 312a zu anderen Rechtsbereichen

Das Recht der Haustürgeschäfte weist Berührungspunkte zu anderen Rechtsberei- **50** chen auf, die den Vertragsschluss außerhalb von Ladengeschäften regeln. Dies sind insbesondere das Gewerbe- und das Wettbewerbsrecht.

1. Gewerberecht

Regelungen über den Geschäftsabschluss außerhalb des stationären Geschäftsbe- **51** triebs enthält die Gewerbeordnung. In den §§ 55 ff GewO finden sich mehrere Sondervorschriften über das **Reisegewerbe**. Dies sind solche gewerblichen Tätigkeiten, die der Gewerbetreibende gem § 55 Abs 1 GewO ohne vorhergehende Bestellung des Kunden entweder außerhalb seiner gewerblichen Niederlassung oder ohne eine solche zu haben ausübt. Für das Betreiben eines Reisegewerbes ist grundsätzlich die Erlaubnis, dh die Erteilung einer Reisegewerbekarte erforderlich (§ 55 Abs 2 GewO). Die Reisegewerbekarte ist nunmehr unbefristet. Die §§ 55a und 55b GewO enthalten einen umfangreichen Katalog reisegewerbekartenfreier Tätigkeiten. Im Reisegewerbe sind nach § 56 GewO bestimmte Tätigkeiten, wie der Vertrieb und das Feilbieten und der Ankauf von bestimmten Waren grundsätzlich verboten. Hierunter fallen insbesondere Gifte und gifthaltige Waren, medizinische Waren, Wertpapiere, Edelmetalle und Edelsteine, Bäume und Sträucher sowie geistige Getränke und die für den Darlehensnehmer entgeltliche Vermittlung von Darlehensgeschäften. Der Abschluss von Darlehensverträgen im Reisegewerbe ist jedoch grundsätzlich zulässig. Es gilt dann das Widerrufsrecht des § 495 Abs 1.

52 Das Reisegewerberecht überschneidet sich mit dem Recht der Haustürgeschäfte aufgrund des in weiten Teilen **übereinstimmenden Regelungsbereichs und Regelungszwecks** des Verbraucherschutzes (MünchKomm/ULMER[4] Vor §§ 312, 312a Rn 28). Daher war das Reisegewerberecht schon bisher auch Vorbild für die Regelung der Vorschriften über Haustürgeschäfte. So ist insbesondere die Tatbestandsvoraussetzung der vorigen Bestellung aus der Ausnahmeregelung des § 312 Abs 3 Nr 1 dem § 55 Abs 1 GewO entnommen. Eine unmittelbare Konkurrenz der Reisegewerberechtsvorschriften zu den §§ 312f ist indes ausgeschlossen, da sich die §§ 55 GewO lediglich als Gewerbeaufsichtsrecht an den Gewerbetreibenden wenden und keine zivilrechtlichen Sanktionen vorsehen. Ein Verstoß gegen die §§ 55 ff GewO kann jedoch die Nichtigkeitsfolge des § 134 nach sich ziehen. Ein Verstoß gegen § 56 GewO kann einen Verstoß gegen ein Verbotsgesetz iSv § 134 darstellen. Da § 56 Abs 1 Nr 6 GewO seit 1991 nur noch die entgeltliche Darlehensvermittlung erfasst, war aus tatsächlichen Gründen die Anwendung dieser Norm iVm § 134 weitgehend auf die Zeit vor Inkrafttreten der Änderung beschränkt (siehe hierzu oben unter Gesetzeswidrigkeit Rn 42).

2.   Wettbewerbsrecht

53 Das UWG schützt neben den Interessen des Mitbewerbers auch die der Allgemeinheit und damit auch die des Verbrauchers, an den sich die Werbung richtet (BGHZ 54, 180, 190; BGH NJW 1972, 293). Verstöße gegen das Aufklärungsgebot des § 312 und ein überrumpelndes bzw überraschendes Verhalten gegenüber dem Verbraucher kann daher im Einzelfall als wettbewerbswidrige Handlung geahndet werden (dazu OLG Köln NJW 1987, 1205, 1206; BGH NJW 2002, 3396). Als grundsätzlich wettbewerbswidrig wird die **unaufgeforderte Telefonwerbung** und das **gezielte Ansprechen von Passanten** bewertet (MünchKomm/ULMER[4] § 312 Rn 29). Fehlt es jedoch an diesen Negativmerkmalen, greift das UWG nicht ein; allein das Haustürgeschäft nach § 312 ist nicht wettbewerbswidrig. § 312 erfasst die abstrakte Gefahr, das UWG hingegen die konkrete Verwirklichung einer solchen (BT-Drucks 10/2876, S 7), so dass der Einzelfall ohne Einwirkung des § 312 nach dem UWG zu beurteilen ist (Beispiele bei FISCHER/MACHUNSKY Vor § 1 HWiG Rn 100 ff). Zudem führt ein Verstoß gegen die Vorschriften des Wettbewerbsrechts nicht zwangsläufig zur Unwirksamkeit des Vertrages (hM BGH NJW 1952, 1076; OLG Frankfurt aM GRUR 1978, 720; LG Trier NJW 1974, 151; MünchKomm/ULMER[4] § 312 Rn 31).

VIII. Internationaler Anwendungsbereich

54 § 312 enthält selbst keine Regelung für internationale Sachverhalte, also Fälle mit Auslandsberührung. Das Widerrufsrecht für Haustürgeschäfte aus § 312 findet daher in diesen Fällen nur nach den Grundsätzen der Art 29, 27 EGBGB Anwendung.

1.   Internationales Privatrecht der Art 27 bis 29 EGBGB

a)   Zwingendes Recht bei Verbraucherverträgen, Art 29 EGBGB
55 Haben die Parteien deutsches Recht gewählt, ist § 312 auf den Vertrag voll anwendbar. Ist das Haustürgeschäft **ein Verbrauchervertrag iSd Art 29 EGBGB** und ist dieser Vertrag nach Maßgabe der Voraussetzungen des Art 29 Abs 1 Nr 1–3 EGBGB im Inland, wo der Verbraucher seinen gewöhnlichen Aufenthalt hat, angebahnt worden,

gelten zwingend die Vorschriften der §§ 312, 312a iVm §§ 355 ff (Einzelheiten bei STAUDINGER/MAGNUS [2002] Art 29 EGBGB Rn 34).

b)   Rechtswahl, Art 27 EGBGB

Wird ein Haustürgeschäft nicht vom Anwendungsbereich des Art 29 EGBGB er- **56** fasst, können die Parteien grundsätzlich nach **Art 27 EGBGB** das anzuwendende Recht frei wählen. Die Vereinbarung über die Rechtwahl muss dabei nach Art 27 Abs 4, 31 Abs 1 EGBGB grundsätzlich der Form des gewählten Rechts entsprechen (BAMBERGER/ROTH/ANN § 312 Rn 46). Für die Rechtswahl gelten die Grenzen der Sonderregelung des Abs 3 dieser Norm für die Fälle, in denen der Sachverhalt nur mit einem Staat verbunden ist (Einzelheiten bei STAUDINGER/MAGNUS [2002] Art 27 EGBGB Rn 33 f). Die von den Parteien gewollte Rechtswahl kann nicht dazu führen, dass zwingende Vorschriften dieses Staates unberücksichtigt bleiben. Zwar ist durch den Abschluss in einem ausländischen Staat der Sachverhalt des Vertragsschlusses mit diesem Staat verbunden, trotzdem darf dieser Weg nicht zu einer Umgehung des von Art 27 Abs 3 EGBGB gewollten Schutzes führen (Umgehungsverbot), wenn zwar ein deutscher Verbraucher von einer ausländischen anderen Vertragspartei mit Vereinbarung des ausländischen Rechts unter den Voraussetzungen des § 312 Abs 1 eine Leistung erwirbt, diese aber von einem deutsche Hersteller, der mit der anderen ausländischen Vertragspartei zusammenarbeitet, in Deutschland erbracht werden soll, der deutsche Hersteller die Garantie, insbesondere Nacherfüllungspflichten übernimmt und die ausländische andere Vertragspartei dem deutschen Hersteller seine Ansprüche gegen den deutschen Verbraucher aus dem Vertrag überträgt. Das OLG Hamm (NJW-RR 1989, 496; ebenso LG Würzburg NJW-RR 1988, 1324, 1325; LG Stuttgart NJW-RR 1990, 1394; LG Hamburg NJW-RR 1990, 495, 496; 1990, 495) sah hier zu Recht aufgrund der tatsächlichen Auswirkungen keine Beziehung zur ausländischen Rechtsordnung gegeben und wertete den Fall so, als wenn der Vertrag in Deutschland zwischen einem deutschen Verbraucher und einem deutschen anderen Vertragspartner unter Vereinbarung ausländischen Rechts geschlossen worden wäre, da durch das arglistige Zusammenwirken zwischen dem ausländischen anderen Vertragspartner und dem deutschen Hersteller der Schutz des Art 27 Abs 3 EGBGB ausgeschlossen werden sollte (ebenso im Ergebnis: REINICKE/TIEDTKE Rn 1289 f; vHOFFMANN IPRax 1989, 261).

c)   Engste Verbindung, Art 28 EGBGB

Ist Art 29 EGBGB nicht einschlägig und haben die Parteien keine wirksame Rechts- **57** wahl nach Art 27 EGBGB getroffen, so richtet sich das anzuwendende Recht nach **Art 28 EGBGB**. Es gilt das Recht des Staates, mit dem der Vertrag die engsten Verbindungen aufweist. Nach der Vermutung von Art 28 Abs 2 EGBGB ist das der Staat, in dem die Partei, welche die charakteristische Leistung zu erbringen hat, im Zeitpunkt des Vertragsschlusses ihren gewöhnlichen Aufenthalt hat. Die charakteristische Leistung wird bei Haustürgeschäften von dem Unternehmer als Verkäufer erbracht (OLG Düsseldorf MDR 2000, 575, 576; MünchKomm/ULMER[4] Vor §§ 312, 312a Rn 34). Maßgebend ist deshalb das Recht des Staates in dem der Unternehmer seinen Sitz hat.

2.   Anwendung auf weitere Auslandssachverhalte?

Schwieriger zu beurteilen ist, ob der internationale Anwendungsbereich des deut- **58** schen Haustürwiderrufsrechts aus Verbraucherschutzgesichtspunkten auf weitere ausländische Sachverhalte anzuwenden ist.

59 Umstritten ist insbesondere, ob in den Fällen, in denen ein Inlandsbezug der Vertragsanbahnung fehlt, eine **analoge Anwendung von Art 29 Abs 1, 2 EGBGB** in Betracht kommt. Diese Konstellation war in den sog **Gran-Canaria-Fällen** gegeben, in denen die Verbraucher erstmals im Ausland angesprochen wurden, wobei die Reise selbst nicht von dem Unternehmer mit dem Ziel herbeigeführt wurde, die Verbraucher zum Vertragsschluss zu bewegen. In diesen Fällen ausländischer Vertragsanbahnung sprachen sich Instanzgerichte zunächst für eine analoge Anwendung aus (OLG Stuttgart NJW-RR 1990, 1081, 1083; LG Hamburg NJW-RR 1990, 1083, 1084; LG Konstanz NJW-RR 1992, 1332, 1333). Es handelte sich zum Teil um Sachverhalte, in denen die Gerichte zu dem Ergebnis kamen, dass nicht nur die Vertragsdurchführung in Deutschland erfolgte, sondern auch der endgültige Vertragsschluss erst in Deutschland zustande gekommen sei (OLG Stuttgart NJW-RR 1990, 1081, 1082; LG Hamburg NJW-RR 1990, 695, 696). Der BGH (BGHZ 135, 124, 135 = NJW 1997, 1697) hat einer analogen Anwendung des Art 29 Abs 1, 2 EGBGB jedoch für alle diejenigen Fälle abgelehnt, in denen der in Art 29 Abs 1 Nr 1–3 EGBGB geforderte Inlandsbezug fehlt. Das Ergebnis ist zutreffend, da mangels Bezugs zum Aufenthaltsrecht des Verbrauchers eine Rechtfertigung der Erweiterung des Schutzbereichs des § 312 entfällt (Bamberger/Roth/Ann § 312 Rn 45; aA Staudinger/Werner [2001] § 1 HWiG Rn 24 ff). Gegen eine Analogie spricht überdies auch die detaillierte Aufzählung der Vertragsanbahnungssituationen mit Inlandsbezug in Art 29 Abs 1 Nr 1–2 EGBGB (Bamberger/Roth/Ann, aaO). Ein entsprechender Inlandsbezug ist dagegen gegeben, wenn der Unternehmer das vom Verbraucher im Ausland entgegengenommene Angebot im Inland annimmt und dadurch erst hier der Vertragsschluss zustande kommt. Nicht entschieden hat der BGH aber bisher, ob eine Analogie über den sachlichen Anwendungsbereich der aufgezählten Vertragstypen des Art 29 Abs 1 EGBGB hinaus zulässig ist (BGHZ 135, 124, 135 f; hierzu unter Art 29 EGBGB).

60 Das Ergebnis ist auch nicht, wie verschiedentlich durch die Literatur (etwa vHoffmann IPrax 1989, 261, 266; Jayme IPrax 1990, 200, 222) gefordert, durch eine Sonderanknüpfung des § 312 nach **Art 34 EGBGB** zu korrigieren (OLG Düsseldorf MDR 2000, 575, 576; Bamberger/Roth/Ann § 312 Rn 45). Verbraucherschutzregelungen können zwar zwingende Vorschriften iSv Art 34 EGBGB sein, Art 29 EGBGB kommt aber für Verträge der in Art 29 Abs 1 EGBGB genannten Art, also bei der Lieferung beweglicher Sachen oder der Erbringung von Dienstleistungen, der grundsätzliche Vorrang vor Art 34 EGBGB zu, da anderenfalls ein Wertungswiderspruch entstünde, wandte man in den Fällen, in denen es an einem Inlandsbezug nach Art 29 Abs 1 Nr 1–3 EGBGB fehlt, Art 34 EGBGB an (BGHZ 135, 124 ff; MünchKomm/Ulmer⁴ Vor §§ 312, 312a Rn 37). Dagegen kommt die Anwendung der verbraucherschützenden Vorschrift über Art 34 EGBGB – ohne dass dieser durch Art 29 EGBGB gesperrt wäre – in Betracht, wenn der Inlandsbezug nach Art 29 Abs 1 Nr 1–3 EGBGB gegeben ist, der Vertragstyp aber nicht von Art 29 Abs 1 EGBGB erfasst wird (BGHZ 123, 380, 391; MünchKomm/Ulmer aaO).

61 Das Widerrufsrecht für Haustürgeschäfte aus § 312 Abs 1 ist außerdem nicht aus den Grundsätzen des **ordre public** auf weitere Auslandssachverhalte anzuwenden (MünchKomm/Ulmer⁴ Vor §§ 312, 312a Rn 38; so hingegen aber OLG Celle WM 1991, 110, 112; LG

Bamberg NJW-RR 1990, 694; AG Lichtenfels IPrax 1990, 235; LG Limburg NJW-RR 1989, 119). Das Widerrufsrecht bei Haustürgeschäften zu einem unverzichtbaren Grundsatz der deutschen Rechtsordnung als einen *ordre public* zu erheben erscheint aufgrund der in seiner Entstehungsgeschichte nicht unumstrittenen Einführung äußerst zweifelhaft (MünchKomm/ULMER[4] Vor §§ 312, 312a Rn 38). Ist überdies die Anwendung von Art 34 EGBGB für Verbraucherschutznormen durch Art 29 EGBGB ausgeschlossen, verbietet sich auch der Rückgriff auf ordre public-Grundsätze (MünchKomm/ ULMER[4] Vor §§ 312, 312a Rn 38); Art 6 EGBGB kennt nur noch die Abwehrfunktion des ordre public, nicht aber einen positiven Geltungsbefehl. Dem Verbraucherschutz für Haustürgeschäfte wird durch das Umgehungsverbot aus Art 27 Abs 3 EGBGB hinreichend Rechnung getragen.

IX. Ausländisches Recht

Soweit nach den unter Rn 54 bis 61 dargelegten Ausführungen ausländisches Recht **62** zur Anwendung kommt, ist zu beachten, dass zahlreiche Länder den §§ 312, 312a entsprechende Regelungen erlassen haben und ein weitgehend **gleichwertiger Verbraucherschutz** mit Widerrufsrecht gilt, insbesondere in den Mitgliedstaaten der EU aufgrund der Umsetzung der EG-Haustürwiderrufsrichtlinie vom 20.12.1985 (vgl Rn 38).

Die Umsetzung der EG-Richtlinie hat in den Mitgliedstaaten der Europäischen **63** Union zu zahlreichen Publikationen geführt (zu den **Einzelheiten und Entwicklungen** der nationalen Vorschriften des Haustürwiderrufsrechts siehe eingehend ROTT, Die Umsetzung der Haustürwiderrufsrichtlinie in den Mitgliedstaaten [2000]). Eine Prägung durch gerichtliche Entscheidungen ist aber bisher nur in *Deutschland, Frankreich* und *Schweden* erfolgt, geringfügig lediglich aufgrund späterer Umsetzung in *Italien* (BASEDOW ZEuP 1997, 1075). In *Großbritannien* wurde die Richtlinie zügig im Jahre 1987 nicht durch Gesetz, sondern mittels Rechtsverordnung, den Consumer Protection Regulations herbeigeführt. Diese erlangten jedoch kaum praktische Bedeutung (BASEDOW ZEuP 1997, 1075). Dies beruht auf der verschiedenen Bedeutung des Direktmarketings in den jeweiligen Ländern, die diese Vertragsart zum Teil stark einschränken oder völlig untersagen (zB in Dänemark, dazu BASEDOW ZEuP 1997, 1075 f mit Hinweis auf die teilweise generell nach allgemeinem Zivilrecht nicht entstehende Bindung des Verbrauchers an seine Vertragserklärung, vgl Rn 48).

Belgien hat mit Umsetzung der EG-Richtlinie eine vergleichbare Rechtslage wie **64** nach dem deutschen Recht, allerdings beginnt eine siebentägige Widerrufsfrist bereits mit dem Zeitpunkt des Vertragsabschlusses, nicht erst mit dem der Belehrung (BASEDOW ZEuP 1997, 1076).

In **Dänemark** bestehen bereits im Hinblick auf die Bedürfnisse des Verbraucher- **65** schutzes allgemeine zivilrechtliche Generalklauseln. Aufgrund eines „Ansprechverbotes" besteht bereits ein grundsätzliches Verbot des Haustürverkaufs und Telefonverkaufs und eine dem deutschen Recht vorgreifende Regelung, weitgehend auch hinsichtlich der Verhandlungsorte, Wohnung, Arbeitsstätte und nicht allgemein zugänglichen Orten, sofern keine Bitte des Verbrauchers vorliegt (SCHERPE ZEuP 1997, 1078, 1080). Eine trotzdem erfolgte Vertragserklärung ist für den Verbrauer nicht bindend. Eine zusätzliche Widerrufsmöglichkeit entsprechend dem deutschen

Recht erübrigt sich damit weitgehend (Scherpe ZEuP 1997, 1081). Zudem nimmt in
Dänemark ein „Verbraucherombudsmann" die Interessen der Verbraucher wahr,
über eine besondere Beschwerdestelle können die Verbraucher ohne ein Gerichtsverfahren ihre Rechte durchsetzen (Scherpe ZEuP 1997, 1081 f). Aufgrund dieser bereits bestehenden Verbraucherschutzmechanismen konnte die erforderliche Umsetzung der EG-Richtlinie in den Gesetzen nur zu geringfügigen Änderungen führen.
Ein Rücktrittsrecht besteht in weitgehender Übereinstimmung mit den Regelungen
des deutschen HWiG unter richtlinienkonformer Umsetzung sogar über die Mindestanforderungen hinaus. Insbesondere wird die Rücktrittsfrist weitgehend an den
tatsächlichen Erhalt geknüpft (Scherpe ZEuP 1997, 1087). Form und Inhalt der Rück-
trittserklärung sind durch besondere Bestimmungen des Justizministeriums festgelegt (Bekanntmachung Nr 599 v 12.7.1993). Sie kann nur durch ein separates Formular
auf der Vertragsurkunde oder auf der Rechnung unter deutlicher textlicher Abhe-
bung erfolgen (Scherpe ZEuP 1997, 1087). Der Rücktritt ist auch durch Verweigerung
der Annahme möglich, wobei die Beweislast für die Ausübung des Rücktritts beim
Verbraucher liegt (Scherpe ZEuP 1997, 1088). Der Ausschlussgrund des erbetenen Be-
suches unterscheidet zwischen Verträgen über Waren und Dienstleistungen. Bei ersteren entfällt das Rücktrittsrecht nur, wenn der Verbraucher persönlich in Geschäftsräumen der anderen Vertragspartei um den Besuch gebeten hat, wobei über
eine enge Auslegung telefonische und schriftliche Besuchsbitten nicht genügen
(Scherpe ZEuP 1997, 1089). Eine Einschränkung des Rücktrittsrechts erfolgt durch
Ingebrauchnahme der Ware und dadurch naturbedingte Wertminderung (Scherpe
ZEuP 1997, 1090). Das Risiko des zufälligen Unterganges trägt der Unternehmer
(Scherpe ZEuP 1997, 1090 f). Im Falle des Rücktritts hat der Verbraucher die bereits
erhaltene Ware für den Unternehmer zur Abholung bereit zu halten. Erfolgt die
Abholung nicht innerhalb einer Frist von drei Monaten, fällt sie – unter Fortbeste-
hen eines Rückzahlungsanspruchs – dem Verbraucher zu (Scherpe ZEuP 1997, 1091, zu
den sonstigen ergänzenden Verbraucherschutzbestimmungen für Immobilien-, Versicherungsverträgen und unaufgefordert zugesandte Waren vgl Scherpe ZEuP 1997, 1092 f).

66 **Frankreich** hat mit Umsetzung der EG-Richtlinie eine zum deutschen Recht parallele Rechtslage geschaffen, s Art L 121-21 code de la consommation. Die Ausübung
des Widerrufs bedarf allerdings der Schriftform durch Einschreiben mit Rückschein.
Der Widerruf führt wie in *Spanien* (vgl Rn 55) nur zu einer relativen Unwirksamkeit,
dh erst auf Klage des Verbrauchers wird der Vertrag durch Urteil für nichtig erklärt
(Basedow ZEuP 1997, 1076). Anders als im deutschen HWiG beginnt eine siebentägige
Widerrufsfrist nicht erst mit der Belehrung, sondern bereits mit dem Vertragsabschluss (Basedow ZEuP 1997, 1076).

67 In **Großbritannien** gilt weitgehend eine parallele Regelung zum deutschen Recht
durch die Umsetzung der EG-Richtlinie. Bei fehlender Widerrufsbelehrung ist der
Vertrag nicht gegen den Verbraucher gerichtlich durchsetzbar („enforceable"). Eine
Widerrufsfrist von sieben Tagen beginnt – anders als nach § 2 – bereits mit dem
Vertragsabschluss (Basedow ZEuP 1997, 1076).

68 In **Irland** ist ebenso wie in Großbritannien die EG-Richtlinie fast vollständig umge-
setzt und bei Fehlen bzw nicht ordnungsgemäßer Widerrufsbelehrung kann der
Unternehmer seine Ansprüche gegen den Verbraucher nicht einklagen (Basedow
ZEuP 1997, 1076).

Italien hat – orientiert an der EG-Richtlinie – weitgehend eine dem deutschen Recht **69** vergleichbare Situation, allerdings mit längeren Widerrufsfristen zugunsten des Verbrauchers (BASEDOW ZEuP 1997, 1076).

Auch **Portugal** hat aufgrund der Umsetzung der EG-Richtlinie eine weitgehend dem **70** deutschen HWiG vergleichbare Rechtslage. Die Ausübung des Widerrufs ist nicht an eine Form gebunden und kann daher – wie im spanischen Recht (vgl Rn 55) – konkludent, insbesondere durch Verweigerung der Warenannahme bzw durch Rücksendung der Ware ausgeübt werden (BASEDOW ZEuP 1997, 1077).

In **Schweden** hat der Gesetzgeber durch Änderung des Gesetzes über den Haustür- **71** kauf aus dem Jahre 1982 die Umsetzung der EG-Richtlinie im Jahre 1992 vollzogen. Ebenso wie in *Dänemark* (vgl Rn 65) bestand seit 1971 ein gesetzliches Widerrufsrecht für den Verbraucher bei Haustürgeschäften (BÄLZ ZEuP 1997, 1095 f). Daneben gewährleisten Institutionen wie der Konsumentenombudsmann und der Marktgerichtshof als spezielles Gericht für Verbraucherangelegenheiten die Durchsetzung des Verbraucherschutzes. Mit der Umsetzung der EG-Richtlinie wurde der Anwendungsbereich des bisherigen Gesetzes auf die sog Telefonverkäufe erweitert (BÄLZ ZEuP 1997, 1096, 1097, 1099). Wegen der EG-Richtlinie besteht hinsichtlich der Widerrufsvoraussetzungen weitgehend Übereinstimmung mit dem deutschen HWiG, allerdings kann nur eine natürliche Person als Verbraucher das Widerrufsrecht haben (BASEDOW ZEuP 1997, 1076). Die Abschlusssituationen des § 1 erstrecken sich auf einen Vertragsschluss bei einem Hausbesuch des Unternehmers, auf Verträge im Rahmen eines Telefonverkaufs oder einer ähnlichen Tätigkeit sowie auf solche, die auf einem von dem gewerbetreibenden Unternehmer organisierten Ausflug geschlossen werden (BÄLZ ZEuP 1997, 1099). Der Hausbesuch wird dabei sehr weit legal definiert als Vertragsgespräch in der Wohnung des Verbrauchers oder eines anderen Verbrauchers sowie an sonstigen Orten, an denen sich der Verbraucher nicht nur kurzfristig aufhält, so dass neben den Privatwohnungen auch der Arbeitsplatz, die Schule und das Krankenhaus erfasst sind (BÄLZ ZEuP 1997, 1099).

Es bestehen sechs Ausnahmetatbestände hinsichtlich der Bagatellverträge (unter **72** 300 Kronen), für Lieferung von Lebensmitteln durch bestimmte Unternehmer (zu weiteren Ausnahmegegenständen vgl BÄLZ ZEuP 1997, 1100 f). Wie nach § 1 Abs 2 Ziffer 1 HWiG entfällt das Widerrufsrecht ebenfalls, wenn der Hausbesuch des Unternehmers auf ausdrücklichem Wunsch des Verbrauchers erfolgte. Die Belehrung über das Widerrufsrecht geht über § 2 Abs 1 HWiG insoweit hinaus, als ihr eine vom Aufsichtsamt entworfenes Blankett für die Widerrufserklärung beigefügt sein muss, dies, um die Ausübung des Widerrufs zu erleichtern (BÄLZ ZEuP 1997, 1101 f). Bei Telefonmarketing muss eine Vertragsbestätigung mit Widerrufsbelehrung und Widerrufsformular innerhalb von drei Tagen ab telefonischem Vertragsabschluss abgesandt oder direkt übergeben werden. Bei fehlerhafter oder unterbliebener Belehrung kann der Verbraucher innerhalb eines Jahres ab Vertragsabschluss den Vertrag rückgängig machen. Eines Beweises des Zugangs bedarf es nicht, so dass die andere Vertragspartei neben dem Postlaufrisiko auch das Zugangsrisiko trägt (BÄLZ ZEuP 1997, 1103). Die einwöchige Widerrufsfrist bei erfolgter Belehrung beginnt bei Veräußerungs- und Überlassungsverträgen grundsätzlich erst, wenn der Verbraucher die Ware bzw einen wesentlichen Teil derselben erhalten hat und überprüfen konnte (BÄLZ ZEuP 1997, 1103 f). Ein Ausschluss des Widerrufs besteht, wenn sich die vom

Gregor Thüsing

Verbraucher bereits erhaltene Ware wesentlich verschlechtert hat, sofern die Verschlechterung nicht notwendigerweise mit der Untersuchung verbunden ist. Besondere Regelung hat eine grundsätzliche Pflicht des Verbrauchers erfahren, indem er nach Widerruf die erhaltene Ware der anderen Vertragspartei zur Verfügung zu stellen hat an dem Ort, an dem er sie erhalten hat. Er kann jedoch die Abholung an einem anderen Ort verlangen, wenn dies für den Unternehmer keinen erhöhten Aufwand bedeutet. Holt der Unternehmer die Ware nicht innerhalb von drei Monaten ab oder wird bei Zusendung per Post der Kaufpreis nicht innerhalb dieser Frist erstattet, geht die Ware ohne Vergütung an den Verbraucher. Bei einer Warenzusendung per Post muss die Rücksendung auf demselben Wege erfolgen, sofern die andere Vertragspartei geeignete Verpackung zur Verfügung stellt und die Portokosten trägt. Ein Wertersatz für bereits erhaltene Dienstleistungen hat der Verbraucher nicht zu leisten (BÄLZ ZEuP 1997, 1104 f). Abweichend von der deutschen Regelung ist die Zurechnung der Vertretereigenschaft geregelt (BÄLZ ZEuP 1997, 1105 f).

73 **Spanien** hat die EG-Richtlinie erst am 21. 11. 1991 mit der Schaffung eines Spezialgesetzes zum Haustürwiderruf (Ley 26/1991, de 21 de noviembre, sobre contratos celebrados fuera de los establecimientos mercantiles; BOE Nr 283 vom 26. 11. 1991) umgesetzt (SCHLENKER ZEuP 1997, 1109). Das Gesetz ergänzt damit das Allgemeine Verbraucherschutzgesetz vom 19. 7. 1984 (LEY 26/1984, de 19 de julio, general para la defensa de los consumidores y usuarios). Wie im deutschen Recht werden die Vertragserklärungen des Verbrauchers (zum Begriff SCHLENKER ZEuP 1997, 1111 f) erfasst, ohne Rücksicht darauf, ob sie die Vertragsannahme oder das Angebot enthalten (SCHLENKER ZEuP 1997, 1110). Bei den mit dem deutschen Recht übereinstimmenden Erklärungsorten besteht darüber hinaus in *Spanien* eine widerlegbare Vermutung dahingehend, dass alle Vertragserklärungen, die außerhalb der Geschäftsräume des Unternehmers (zum Begriff SCHLENKER ZEuP 1997, 1112 f) geschlossen worden sind, dem Anwendungsbereich des Gesetzes unterliegen. Allerdings beschränkt sich der spanische Gesetzgeber mit einer solchen Ortsbestimmung „außerhalb der Geschäftsräume" unter Verzicht auf eine enumerative Aufzählung wie in der EU-Richtlinie. Ein Kausalitätserfordernis (dazu § 1 Rn 68 ff) enthält das spanische Gesetz nicht (SCHLENKER ZEuP 1997, 1113). Ein Ausschluss des Widerrufsgesetzes gilt bei Bagatellgeschäften unter 8000 Peseten (ca 50 €), Verträge über Lebensmittel, Getränke, Haushaltsgegenstände des täglichen Bedarfs, Immobilien betreffende Geschäfte sowie solche über Versicherungen, Wertpapiere und bei notarieller Beurkundung (SCHLENKER ZEuP 1997, 1113 f). Im Rahmen der spezialgesetzlichen Umsetzung der EG-Verbrauchsgüterkaufrichtlinie 1999/44 hat sich der spanische Gesetzgeber nunmehr verpflichtet, in einem Zeitraum von drei Jahren die speziellen Verbraucherschutzgesetze in das Allgemeine Verbraucherschutzgesetz, als zentrale Verbraucherschutzkodifikation, zurückzuführen (MORGENROTH RIW 2003, 837 ff).

74 Zur Wirksamkeit der Direktverträge ist deren Schriftform bzw zumindest die der Verbrauchererklärung erforderlich sowie die Beifügung eines Widerrufsblanketts, um die Ausübung des Widerrufsrechts zu erleichtern. Die wie im deutschen Recht erforderliche Widerrufsbelehrung muss auf die Folgen der Rechtsausübung hinweisen. Die Nichtbeachtung dieser Formalia führt zur Nichtigkeit der Verbrauchererklärung bzw des gesamten Vertrages, auf die sich jedoch allein der Verbraucher, nicht die andere Vertragspartei, berufen kann (SCHLENKER ZEuP 1997, 1114 ff). Der Widerruf selbst ist formlos gültig, also auch durch Rückgabe der erhaltenen Ware.

Der Widerruf selbst kann wiederum widerrufen werden (SCHLENKER ZEuP 1997, 1117). Hinsichtlich der Rückabwicklung besteht weitgehende Übereinstimmung mit der deutschen Rechtslage (SCHLENKER ZEuP 1997, 1119 f).

In **Österreich** versuchte der Gesetzgeber zunächst durch verwaltungs- und wettbe- **75** werbsrechtliche Vorschriften einen Konsumentenschutz herbeizuführen. Den wesentlichen zivilrechtlichen Ansatz bot dabei das Ratengesetz von 1961 (BGBl 1961/ 279). Mit Inkrafttreten des Konsumentenschutzgesetzes am 1. 10. 1979 (BGBl 1979/140) wurden ua die Problematiken des Haustürgeschäftes (§§ 6 ff), des Abzahlungsgeschäftes (§§ 13 ff) und der Abdingbarkeit von Gewährleistungsrechten (§§ 6 ff) einer Vertragskontrolle zugunsten des Verbrauchers unterworfen. Das österreichische Konsumentenschutzgesetz (KSchG) stellte entgegen seiner Benennung keineswegs eine einheitliche Kodifikation des gesamten Konsumentenschutzes dar; es diente lediglich der Klärung einiger ausgewählter zivil- und verfahrensrechtlicher Ordnungsfragen des Konsumentenschutzes. Das Rücktrittsrecht bei Haustürgeschäften behandeln die §§ 3, 4. Die Novelle von 1993 (BGBl 1993/247) führte zur Anpassung an die europäischen Richtlinien über Haustürgeschäfte. Mit dem Beitritt *Österreichs* zur Europäischen Union wurden die Richtlinien der Gemeinschaft über Haustürgeschäfte vom 20. 12. 1985 und die Richtlinien vom 20. 5. 1997 über den Verbraucherschutz bei Vertragsabschlüssen im Fernabsatz in nationales Recht umgesetzt, wodurch das Rücktrittsrecht in § 3 KSchG eine Neugestaltung erfuhr. Die österreichischen Regelungen enthalten somit keine wesentlichen Abweichungen von der europäischen Richtlinie (KILCHES, Medien und Recht 1997, 276 ff).

§ 312
Widerrufsrecht bei Haustürgeschäften

(1) Bei einem Vertrag zwischen einem Unternehmer und einem Verbraucher, der eine entgeltliche Leistung zum Gegenstand hat und zu dessen Abschluss der Verbraucher

1. durch mündliche Verhandlungen an seinem Arbeitsplatz oder im Bereich einer Privatwohnung,

2. anlässlich einer vom Unternehmer oder von einem Dritten zumindest auch im Interesse des Unternehmers durchgeführten Freizeitveranstaltung oder

3. im Anschluss an ein überraschendes Ansprechen in Verkehrsmitteln oder im Bereich öffentlich zugänglicher Verkehrsflächen

bestimmt worden ist (Haustürgeschäft), steht dem Verbraucher ein Widerrufsrecht gemäß § 355 zu. Dem Verbraucher kann anstelle des Widerrufsrechts ein Rückgaberecht nach § 356 eingeräumt werden, wenn zwischen dem Verbraucher und dem Unternehmer im Zusammenhang mit diesem oder einem späteren Geschäft auch eine ständige Verbindung aufrechterhalten werden soll.

(2) Die erforderliche Belehrung über das Widerrufs- oder Rückgaberecht muss auf die Rechtsfolgen des § 357 Abs. 1 und 3 hinweisen.

(3) Das Widerrufs- oder Rückgaberecht besteht unbeschadet anderer Vorschriften nicht bei Versicherungsverträgen oder wenn

1. **im Falle von Absatz 1 Nr.1 die mündlichen Verhandlungen, auf denen der Abschluss des Vertrags beruht, auf vorhergehende Bestellung des Verbrauchers geführt worden sind oder**

2. **die Leistung bei Abschluss der Verhandlungen sofort erbracht und bezahlt wird und das Entgelt 40 Euro nicht übersteigt oder**

3. **die Willenserklärung des Verbrauchers von einem Notar beurkundet worden ist.**

Materialien: BT-Drucks 7/4078; 10/2876; 10/4210; 10/4227; 11/5462; 14/7052.

Systematische Übersicht

I.   Allgemeines
1.   Regelungsgegenstand _____ 1
2.   Widerruf kreditfinanzierter Immo-
     biliengeschäfte (sog Schrottimmobi-
     lienfälle) und darlehensfinanzierter
     Beitritte zu geschlossenen Immo-
     bilienfonds _____ 3
a)   XI. Zivilsenat des BGH _____ 4
b)   II. Zivilsenat des BGH und Instanz-
     gerichte _____ 5
c)   Vorlagebeschluss des LG Bochum
     an den EuGH _____ 6
3.   Schuldrechtsmodernisierungsgesetz
     2002 _____ 7
4.   Halbzwingender Charakter _____ 8
5.   Anwendungsbereich _____ 9
a)   Persönlicher Anwendungsbereich:
     Verbrauchervertrag _____ 10
b)   Sachlicher Anwendungsbereich:
     Haustürgeschäfte _____ 13
aa) Verträge über eine entgeltliche
     Leistung _____ 14
bb) Einzelne Vertragsarten _____ 19
α)   Grundsätzlich erfasste Vertragsarten 19
β)   Anlage- und Anlagevermittlungs-
     verträge _____ 21
γ)   Gesellschaftsbeitritt _____ 22
δ)   Darlehensverträge _____ 23
ε)   Immobilienverträge _____ 26
ζ)   Bürgschaftsverträge _____ 27

η)   Verpflichtung zur Bestellung einer
     Sicherungsgrundschuld _____ 28
ϑ)   Vereinsbeitritt _____ 29

**II.   Widerrufbare Vertragserklärung
       des Verbrauchers** _____ 30

**III. Widerrufsberechtigung
       des Verbrauchers** _____ 33
1.   Handelnder Verbraucher _____ 34
2.   Personenmehrheiten _____ 35

IV.   An der Vertragsanbahnung Beteiligte
1.   Allgemeines _____ 36
2.   Beteiligung auf Seiten des Verbrau-
     chers _____ 38
a)   Vertretung des Verbrauchers _____ 38
b)   Widerrufsrecht des Vertretenen _____ 40
c)   Zusätzliches Recht des Vertreters __ 41
d)   Vollmachtserteilung _____ 42
e)   Falsus procurator _____ 43
f)   Mitverpflichteter Ehegatte _____ 52
g)   Gesamtschuldner und Gesamt-
     gläubiger _____ 53
h)   Beschränkt geschäftsfähiger
     Verbraucher _____ 54
3.   Beteiligung auf Seiten des Unter-
     nehmers _____ 56
a)   Bestimmung des Verbrauchers zur

Willenserklärung (Kausalzusammenhang der Haustürsituation für den
Vertragsabschluss) _____ 56
b) Verhandlungsführerschaft für den
Unternehmer _____ 57
c) Vertreter- oder Vermittlungstätigkeit
für den Unternehmer _____ 60
d) Verhandlungen durch einen selbständigen Verhandlungsführer _____ 61
e) Handeln des Ehepartners für den
Unternehmer _____ 65
f) Grundsatz persönlicher Verhandlungsführung _____ 67

V. Kausalität
1. Bestimmung des Verbrauchers
(„bestimmt worden ist") _____ 68
2. Zeitlicher Zusammenhang _____ 70
3. Beweislast _____ 71

VI. Haustürsituationen, Abs 1 S 1 Nr 1–3
1. Allgemeines _____ 72
a) Telefon-Marketing und Teleshopping _____ 74
b) Ort der Erklärung _____ 76
c) Mündlichkeit _____ 77
2. Mündliche Verhandlung am Arbeitsplatz oder in einer Privatwohnung
(Abs 1 S 1 Nr 1) _____ 78
a) Mündliche Verhandlung am Arbeitsplatz (Abs 1 S 1 Nr 1 Alt 1) _____ 82
aa) Haustürwiderrufssituationen im
Arbeitsrecht? _____ 82
bb) Änderungen von Arbeitsverträgen _ 85
cc) Klageverzichtsvereinbarungen _____ 88
b) Mündliche Verhandlungen in einer
Privatwohnung (Abs 1 S 1 Nr 1
Alt 2) _____ 89
3. Anlässlich einer vom Unternehmer
oder von einem Dritten zumindest
auch im Interesse des Unternehmers
durchgeführten Freizeitveranstaltungen (Abs 1 S 1 Nr 2) _____ 94
a) Freizeitveranstaltungen _____ 94
aa) Begriff _____ 95
bb) Ort _____ 97
cc) Tatsächlicher Ablauf _____ 98
dd) Ankündigung _____ 99
ee) Intension des Verbrauchers _____ 101

ff) Kenntnis der Verkaufsabsicht schadet
nicht _____ 102
gg) Organisation _____ 103
hh) Dauer _____ 105
ii) Veranstalter („Unternehmer" oder
„Dritter") _____ 106
kk) Zusammenhang („anlässlich") _____ 107
b) Beispiele _____ 108
aa) Freizeitveranstaltungen _____ 108
bb) Keine Freizeitveranstaltungen _____ 109
4. Geschäftsabschluss im Anschluss an
ein überraschendes Ansprechen in
Verkehrsmitteln oder im Bereich
öffentlich zugänglicher Verkehrsflächen (Abs 1 S 1 Nr 3) _____ 110
a) Verkehrsmittel (Abs 1 S 1 Nr 3
Alt 1) _____ 110
aa) Begriff _____ 112
bb) „Überraschendes Ansprechen" _____ 114
α) Überraschungsmoment _____ 115
β) „Ansprechen" _____ 116
cc) Zusammenhang („im Anschluss") _ 117
b) Öffentlich zugängliche Verkehrsflächen (Abs 1 S 1 Nr 3 Alt 2) _____ 118
aa) Begriff _____ 119
bb) Überraschungsmoment _____ 123
cc) Zusammenhang _____ 124
5. Beweislast _____ 125

VII. Rechtsfolgen: Das Widerrufs- und
Rückgaberecht _____ 127

VIII. Spezielle Belehrungserfordernisse
(Abs 2) _____ 129

IX. Ausschluss des Widerrufs- oder
Rückgaberechts (Abs 3)
1. Allgemeines _____ 131
2. Ausschluss für Versicherungsverträge _____ 133
a) Anderweitiger Verbraucherschutz _ 135
b) Sachlicher Anwendungsbereich ____ 137
3. Ausschlusssituationen des Abs 3
Nr 1–3 _____ 138
a) Mündliche Verhandlung nach Abs 1
S 1 auf vorhergehende Bestellung des
Verbrauchers (Abs 3 Nr 1) _____ 140
aa) Bedeutung _____ 141
bb) Bestellende Person _____ 144

cc) Vornahme der Bestellung _____ 145

dd) Initiative des Verbrauchers _____ 147

ee) Bestehende Geschäftsbeziehungen _ 149

ff) Telefonische Anfrage _____ 150

gg) Provozierte Bestellung _____ 151

hh) Überraschungsmoment _____ 154

ii) Eindeutigkeit _____ 157

kk) Zeitpunkt der Aufforderung _____ 162

b) Sofortige Leistung und Barzahlung
bei Kleingeschäften (Abs 3 Nr 2) __ 164

aa) Wertgrenze _____ 167

bb) Sofortige Erfüllung _____ 168

c) Notarielle Beurkundung der
Willenserklärung des Verbrauchers
(Abs 3 Nr 3) _____ 169

X. Ausschluss des § 312 durch § 312a __ 174

XI. Darlegungs- und Beweislast _____ 175

Alphabetische Übersicht

Ambiente _____ 96

Angestellter _____ 61, 66

Anlageberatungsverträge _____ 21

Anlagevermittlungsverträge _____ 21

Anlageverträge _____ 25, 39

Arbeitsplatz _____ 78, 82 ff

Arbeitsrecht _____ 82 f

Ausdrücklicher Wunsch des Verbrauchers _____ 140, 145 ff

Ausschlussgründe _____ 138 ff

Bagatellgeschäft _____ 13

Bauhandwerker _____ 159

Bauherrn- und Erwerbsmodelle _____ 173

Beförderungsmittel _____ 110, 112 ff

Besuch zur Abgabe eines Angebotes ___ 159

Beweis des ersten Anscheins _____ 77, 117

Beweislast _____ 71, 125 ff, 175 ff

Bürgschaftsverträge _____ 27

Darlegungs- und Beweislast _____ 125 f, 175 ff

Darlehensverträge _____ 4 f, 23 ff, 63

Dienstverträge _____ 20, 34

Dietzinger-Urteil des EuGH _____ 15, 18, 27

Doppelter Verbraucherbegriff _____ 33

Doppeltes Erfordernis der Verbrauchereigenschaft und der Haustürsituation ___ 27

Dritter _____ 56, 62, 80, 106

Dual Use _____ 11

Ehegatten _____ 52, 66

Eigentümergrundschuld _____ 28

Einseitig verpflichtende Verträge ____ 14

Entgelt _____ 13 ff

Entgeltliche Leistung _____ 13 ff, 17 f

Erkennbarkeit der Verkaufsabsicht ___ 101

Erwerbstätigkeit _____ 38, 48 f

Falsus procurator _____ 43, 46 ff

Fernabsatzgeschäfte _____ 75

Fernabsatzverträge _____ 75

Fortbewegung _____ 119 f

Freizeitveranstaltung _____ 94 f, 100 f, 108 f

Gegenseitige Verträge _____ 15

Gemischte Verträge _____ 15

Genehmigung _____ 46 ff, 162

Gesamtbild _____ 95

Gesamtschuldner _____ 35, 53

Geschäftlicher Charakter _____ 95

Geschäftsähnliche Handlung _____ 141

Geschäftsräume _____ 93, 97

Gesetz zur Modernisierung des Schuldrechts _____ 7, 131

Haustürgeschäfte _____ 1 ff, 13, 127 ff

Haustürsituation _____ 56, 72 ff

Haustürwiderrufsgesetz _____ 7

Heininger-Entscheidung _____ 24

Immobiliengeschäfte _____ 3, 30

Kaufverträge _____ 4, 19

Kausalität _____ 68 ff

Kenntnis der Verkaufsabsicht _____ 102

Klageverzichtsvereinbarungen _____ 88

Kleingeschäfte _____ 164 ff

Kostenvoranschlag _____ 160

Kreditfinanzierte Immobiliengeschäfte _ 3, 81

Mietverträge über Wohnraum _____ 20

Mittelbarer Beitritt _____ 22

Notariell beurkundete Vollmachtsurkunde _____ 172

Notarielle Beurkundung _____ 169 ff

Objektive Auslegung der Anbahnungssituation _____ 150

Öffentlich zugänglich _____ 112, 118 ff

Öffentliche zugängliche Gebäude _____ 120

Pachtverträge _____ 20

Partnervermittlungsverträge _____ 20

Partyverkäufe _____ 91

Private Baustelle _____ 79, 93

Private Reisen _____ 104

Privatwege _____ 121

Privatwohnung _____ 89 ff

Psychologischer Druck _____ 96, 178

Publikumsgesellschaft _____ 22

Realkredite _____ 24

Rechtsgrundverweisung _____ 130

Repräsentant _____ 66, 156

Richtlinienkonforme Auslegung _____
_____ 15, 145 ff, 170 ff

Rückgaberecht _____ 127 ff

Schrottimmobilien _____ 3, 62, 81

Schuldrechtsmodernisierungsgesetz ___ 7, 131

Schweigen _____ 154

Selbständiger Verhandlungsführer _____ 62 ff

Situativer Übereilungsschutz _____ 1

Spezielle Belehrungsanforderungen ____ 129 f

Stellvertretung _____ 37, 67

Telefon-Marketing _____ 74 f

Teleshopping _____ 74 f

Treuhänder _____ 22

Übereilungsschutz _____ 1

Überraschungsmoment _____
_____ 86, 115, 123, 139, 147, 154

Überwiegender Vertragszweck _____ 11

Unaufgeforderter Anruf _____ 153

Unlautere Mittel _____ 59

Unterhaltungsangebot _____ 96

Unvollkommen zweiseitige Verträge _____ 18

Veranstalter _____ 106

Verbrauchergeschäfte _____ 38

Verbraucherverträge zugunsten Dritter ___ 15

Verbraucherwunsch _____ 140

Verbrauchsgüterkauf _____ 19

Vereinsbeitritt _____ 29

Vergleich _____ 15

Verhandlungsführer _____ 36, 56 ff, 62 ff

Verkaufsveranstaltung _____ 99 f

Verkehrsmittel _____ 110, 112 f

Verkehrswege _____ 119 f

Vermittler _____ 59, 61 ff

Versicherungsverträge _____ 30, 133 ff

Vertrag über eine andere Leistung _____ 161

Vertrag über eine entgeltliche Leistung ___
_____ 14, 17

Vertreter _____ 38 ff, 61 ff, 80 f

Vertreter ohne Vertretungsmacht ___ 44, 47 ff

Vollmachtloser Vertreter _____ 46

Vollmachtsurkunde _____ 42, 172

Vollmachtswiderruf _____ 42

Vorhergehende Bestellung _____ 140, 144 ff

Werklieferungsverträge _____ 20

Werkverträge _____ 20

Wertgrenze _____ 167

Widerruf _____ 15, 30 ff, 127 ff

Widerrufsbelehrung _____ 33, 127, 169

Widerrufsberechtigung _____ 33

Widerrufsrecht _____ 2 ff, 40, 127 ff, 131 ff

I.   Allgemeines

1.   Regelungsgegenstand

§ 312 enthält die Regelung des Widerrufs- bzw Rückgaberecht des Verbrauchers bei **1**
Haustürgeschäften. Die Überschrift des § 312 ist insoweit, im Gegensatz zu § 312d,
nicht vollständig. Die Regelung des § 312 dient dem Schutz des Verbrauchers vor
den Folgen von Verträgen, die an der Haustür oder in vergleichbaren Situationen

abgeschlossen oder angebahnt wurden. Der Schutz beruht auf dem Gedanken, dass der Verbraucher in solchen Situationen, in denen er keine oder keine ausreichende Zeit zum Überdenken des Vertragsschlusses erhält, tendenziell überrumpelt oder übervorteilt zu werden droht (sog **situativer Übereilungsschutz**). Gleichzeitig ist nicht jeder Vertrag erfasst. §§ 312 ff gehen damit von einem doppelten – situations- und vertragstypenbezogen – Schutzbedürfnis aus (BAG 27.11.2003, BB 2004, 1858, PREIS Sonderbeilage NZA Heft 16/2003, 19, 30). Die zu § 1 UWG ergangene Rechtsprechung zeichnet ein hilfreiches Bild für Fälle der Anbahnung und des Abschlusses von Geschäften unter Anwendung unlauterer Geschäftsmethoden. Der Gesetzgeber hat dem Verbraucher – zunächst durch das Haustürwiderrufsgesetz, nunmehr durch § 312 – eine nachträgliche Überlegungsfrist eingeräumt und ihm die Möglichkeit gegeben, einen möglicherweise übereilten Vertragsabschluss rückgängig zu machen (BT-Drucks 10/2876, S 10). Kommen **darüber hinausgehende, den Verbraucher belastende Umstände** hinzu, kann der Vertrag nach §§ 134, 138 nichtig sein (s hierzu die Vorbem 41 ff).

2 Das Widerrufsrecht bei Haustürgeschäften beruht auf der europäischen **Richtlinie über den Widerruf von Haustürgeschäften 85/577/EWG (Haustürwiderrufsrichtlinie)**, die das erste Widerrufsrecht des europäischen Verbraucherschutzrechts begründete (zur Haustürwiderrufsrichtlinie s o Vorbem 30 f, 38). Die gesetzlichen Vorschriften über den Haustürwiderruf in den §§ 312, 312a dienen der Umsetzung der Haustürwiderrufsrichtlinie 85/577/EWG, die jedoch ihrerseits auf die Regelung des Vertragsabschlusses beschränkt ist. Eine Pflicht zur richtlinienkonformen Auslegung der §§ 312, 312a besteht nur hinsichtlich der Richtlinie unterfallender Sachverhalte und zugunsten des Schutzes des Verbrauchers. Art 8 der Richtlinie lässt ausdrücklich strengere nationale Umsetzungsvorschriften zugunsten des Schutzes des Verbrauchers zu (s Vorbem 34 zu §§ 312, 312a).

2. Widerruf kreditfinanzierter Immobiliengeschäfte (sog Schrottimmobilienfälle) und darlehensfinanzierter Beitritte zu geschlossenen Immobilienfonds

3 Es besteht insbesondere **keine europarechtliche Richtlinienvorgabe für die Behandlung sog verbundener Geschäfte**. In der deutschen höchstrichterlichen Rechtsprechung ist es daher in der jüngeren Vergangenheit zu gegensätzlichen Entscheidungen des IX. Zivilsenats des BGH sowie des II. Zivilsenats des BGH und Instanzgerichten hinsichtlich des **Widerrufs kreditfinanzierter Immobiliengeschäfte** und **darlehensfinanzierter Beitritte zu geschlossenen Immobilienfonds** durch den Verbraucher gekommen (s auch SCHMIDT-RÄNTSCH MDR 2005, 6 ff, zur aktuellen Rechtslage in sog Schrottimmobilienfällen):

a) XI. Zivilsenat des BGH
4 Nach der bisherigen restriktiven Rechtsprechung des **XI. Senats des BGH** können Verbraucher gescheiterte Investitionen in steuersparende Immobilienanlagen nicht im Wege des Haustürwiderrufs auf die finanzierenden Banken abwälzen. Der finanzierte Kaufvertrag und der Darlehensvertrag sind nach der Rechtsprechung des XI. Senats des BGH **keine verbundenen Geschäfte iSd § 358 Abs 3 S 3**, sondern rechtlich selbständig. Der XI. Senat befürchtet, dass der Verbraucher, wenn er den in einer Haustürsituation geschlossenen Darlehensvertrag unter Hinweis auf die von ihm erworbene Immobilie widerriefe, er das Risiko der Verwendung des empfan-

genen Darlehens zu Unrecht auf den Kreditgeber abwälzen könnte (BGH NJW 2004, 1376, 1378). Der Darlehensnehmer trägt jedoch nach Ansicht des XI. Senats allein das wirtschaftliche Verwendungsrisiko der Darlehenssumme, da er wisse, dass er das ihm nur zur zeitweiligen Nutzung überlassene Kapital letztlich nicht behalten darf; er stünde daher dem Empfänger einer Leistung gleich, der den Mangel des Rechtsgrundes kennt und deshalb nach § 819 verschärft haftet (BGH aaO mwN). Er bliebe daher zur Rückzahlung des ausbezahlten Darlehenskapitals auch bei verlustreichen Geschäften verpflichtet. § 312 bzw § 3 HWiG aF diene dagegen dem Zweck, die rechtsgeschäftliche Entscheidungsfreiheit des Kunden zu gewährleisten, indem ihm die Möglichkeit eingeräumt wird, einen aufgrund einer mit einem Überraschungsmoment verbundenen Haustürsituation geschlossenen Vertrag zu lösen. Bei einem Darlehensvertrag dient das Widerrufsrecht jedoch nicht dem Ziel, das wirtschaftliche Risiko der Verwendung des Darlehens vom Darlehensnehmer auf den Darlehensgeber zu übertragen. Andernfalls stünde der Darlehensnehmer besser als ein Anleger, der den Immobilienerwerb aus Eigenmitteln finanziert (BGH aaO). Eine **geschäftliche Einheit zwischen Erwerbs- und Finanzierungsgeschäft ergebe sich auch nicht gem § 242 aus Treu und Glauben** unter Bezugnahme auf den von der Rechtsprechung für finanzierte Abzahlungsgeschäfte entwickelten und auf fremdfinanzierte Geschäfte aller Art ausgeweiteten Einwendungsdurchgriff (zu § 9 VerbrKrG aF BGH NJW 2004, 1376, 1378). Dem Gesetzgeber war die Rechtsprechung bekannt, die er in § 9 VerbrKrG aF teils übernahm und teils durch objektive Umstände modifizierte (BT-Drucks 11/5462, S 23). Mit der Spezialvorschrift des § 358 dieses Gesetzes bzw § 9 VerbrKrG habe der Gesetzgeber bewusst eine abschließende Regelung getroffen, durch die er Realkreditverträge grundsätzlich von den verbundenen Verträgen ausnimmt und den Rückgriff auf den aus § 242 hergeleiteten richterrechtlichen Einwendungsdurchgriff ausschließt (BGH NJW 2004, 1376, 1378; HATTENHAUER JuS 2002, 1162, 1163). Der Verbraucher nehme regelmäßig durch den getrennten Abschluss der Verträge im Übrigen kein gesteigertes Risiko auf sich, das eine erweiternde Auslegung gebieten könnte. Er steht nicht schlechter als ein Eigenkapitalanleger, der sich bei seiner Investition verspekuliert hat und diese daher verliert. Der XI. Senat des BGH betont durch seine Rechtsprechung die **getrennte Rückabwicklung** der Vertragsverhältnisse zwischen Vermittlern und Darlehensgebern, wenn diese die Haustürsituation nicht zurechenbar verursacht haben.

b) II. Zivilsenat des BGH und Instanzgerichte
Der **II. Zivilsenat des BGH** hat dagegen bei **darlehensfinanzierten Beitritten zu ge-** **5** **schlossenen Immobilienfonds** zu Recht grundsätzlich das Vorliegen **verbundener Geschäfte** angenommen, da sich Fondsgesellschaft und Geldinstitute derselben Vertriebsmitarbeiter im Außendienst bedient hatten, und äußerte erhebliche Bedenken gegen die Rechtsprechung des XI. Senats (DB 2003, 2059; NJW 2004, 2731, 2735, 2736). Eine **wirtschaftliche Einheit** zwischen dem Darlehensvertrag und dem **Beitritt zu einem Fonds** ist dieser Linie entsprechend nach instanzgerichtlicher Rechtsprechung insbesondere auch dann gegeben, wenn der Kreditvertrag nicht auf eigene Initiative des Kreditnehmers zustande kommt, der von sich aus die Bank um die Finanzierung seines Gesellschaftsbeitritts ersucht, sondern deshalb, weil der Vertriebsbeauftragte des Fondsvertreibers dem Interessenten im Zusammenhang mit den Beitrittsunterlagen einen Kreditantrag des Finanzierungsinstituts vorgelegt hat, das sich zuvor dem Fondsvertreter gegenüber zur Finanzierung grundsätzlich bereit erklärt hat (LG Bielefeld VuR 2004, 380).

c) Vorlagebeschluss des LG Bochum an den EuGH

6 Auf einen **Vorlagebeschluss des LG Bochum** (NJW 2003, 2612, zu dem Inhalt des Vorlage-
beschlusses näher unter der Vorbem 37) hin, wird nunmehr der **EuGH** (Schulte versus Deutsche Bausparkasse Badenia AG – RS C-350/03) entscheiden, ob die restriktive Rechtsprechung des XI. Zivilsenats des BGH zur Rückabwicklung im Strukturvertrieb vermittelter kreditfinanzierter Immobiliengeschäfte, die dieser jüngst durch zwei
Nichtvorlagebeschlüsse bestätigt hat (BGH NJW 2004, 153; WM 2003, 2186), richtlinienkonform sind. Die Schlussanträge des Generalanwalts LÉGER vom 29. 9. 2004 werten
die Vorlage als unzulässig. Hilfsweise stellt der Generalanwalt fest: „Artikel 3 Absatz 2 Buchstabe a der Richtlinie 85/577/EWG des Rates vom 20. Dezember 1985
betreffend den Verbraucherschutz im Falle von außerhalb von Geschäftsräumen
geschlossenen Verträgen ist dahin auszulegen, dass die Richtlinie nicht auf einen
Immobilienkaufvertrag anwendbar ist, auch wenn dieser zu einem einheitlichen
Finanzgeschäft gehört, das daneben einen ausschließlich zur Finanzierung des Immobilienkaufs abgeschlossenen Realkreditvertrag, den Beitritt zu einer Mieteinnah-
mengemeinschaft und zwei Bausparverträge umfasst." Im Fall eines einheitlichen
Finanzgeschäfts, zu dem ein Immobilienkaufvertrag und ein zur Finanzierung des
Immobilienkaufs abgeschlossener Realkreditvertrag gehören, stehen Artikel 95 Absatz 3 EG und die Richtlinie 85/577/EWG einer nationalen Vorschrift nicht entgegen, nach der die Ausübung des Widerrufsrechts im Sinne des Artikels 5 der Richtlinie nur den Widerruf des Realkreditvertrags und nicht den Widerruf des Immo-
bilienkaufvertrags zur Folge hat. Die Entscheidung des EuGH lag bis zur
Drucklegung der Kommentierung noch nicht vor.

3. Schuldrechtsmodernisierungsgesetz 2002

7 Die Vorschrift des § 312 weist keine wesentlichen inhaltlichen Änderungen gegenüber ihrer Vorgängernorm des § 1 **Haustürwiderrufgesetz (HWiG)** auf, die durch das
Schuldrechtsmodernisierungsgesetz (Gesetz zur Modernisierung des Schuldrechts v
29. 11. 2001, BGBl I 2000, 3138) in das BGB überführt wurde. Gerichtliche Entscheidungen und Schrifttum zu § 1 HWiG sind daher auch bei der Auslegung des § 312
weiterhin zu beachten. Als textliche Präzisierung hat der Gesetzgeber in § 312 **Abs 1
S 1** nunmehr eine Legaldefinition des Haustürgeschäfts in den Gesetzestext aufgenommen und darüber hinaus den Begriff der „anderen Vertragspartei" in Nr 2 durch
den des Unternehmers ersetzt und nimmt damit auch in soweit auf die Legaldefinition des Unternehmers in § 14 Bezug. Damit hat der Gesetzgeber die Verbraucher-
vertragsparteien auch in § 312 nach den abstrakten Begriffsdefinitionen in §§ 13 und
14 einheitlich als „Verbraucher" und „Unternehmer" bezeichnet und damit klarer
als bisher der **Einheitlichkeit des Verbraucherschutzes** Rechnung getragen. Im Übrigen verweist § 312 **Abs 1** auf die Widerrufs- und Rückgabevorschriften der §§ 355 ff
und nicht mehr auf die alten Vorschriften der §§ 361a und 361b. Nach § 312 **Abs 2**
muss die erforderliche Belehrung über das Widerrufs- und Rückgaberecht gem
§§ 355, 356 auch auf die Rechtsfolgen des § 357 Abs 1 und 3 hinweisen. § 312 **Abs 3**
enthält in **Halbsatz 1** die Ausnahme für das Widerrufs- und Rückgaberecht für
Versicherungsverträge aus § 6 HWiG. Weitere Ausnahmen sind in **Abs 3 Nr 1–3**
enthalten, die zuvor in § 1 Abs 2 HWiG geregelt waren.

4. Halbzwingender Charakter

Von der **zwingenden Verbraucherschutzvorschrift** des § 312 darf, wie für alle Vor- **8** schriften des Untertitels 2 „Besondere Vertriebsformen", nach der Maßgabe des § 312f nicht zum Nachteil des Verbrauchers abgewichen werden. § 312 hat daher einen **halbzwingenden Charakter** (s hierzu die Kommentierung zu § 312f Rn 5 f). Zur Bedeutung verbraucherschützender Umgehungverbote am Beispiel des § 312f für Haustürgeschäfte Zerres MDR 2004, 1334.

5. Anwendungsbereich

Bei Vorliegen der Tatbestandsmerkmale des § 312 Abs 1 S 1 kommt der Vertrag **9** trotzdem wirksam zustande, der Verbraucher erhält aber ein Widerrufsrecht nach § 355 bzw ein Rückgaberecht nach § 356. Die Tatbestandsmerkmale vereinen personelle (siehe Rn 10 ff zu der Verbraucher- und Unternehmereigenschaft), sachliche (siehe Rn 13 ff zur entgeltlichen Leistung) und situative Anwendungsvoraussetzungen (siehe Rn 72 ff zu Haustürsituationen gem § 312 Abs 1 S 1 Nr 1–3).

a) Persönlicher Anwendungsbereich: Verbrauchervertrag

Für die Anwendbarkeit des § 312, die Annahme eines Haustürgeschäfts und eines **10** Widerrufs- bzw Rückgaberechts, muss zunächst ein Verbrauchervertrag gegeben sein, dh die personelle Voraussetzung des § 312 erfüllt sein. Das Haustürwiderrufs recht findet gem § 312 Abs 1 S 1 lediglich auf zwischen Verbrauchern und Unternehmern geschlossene Verträge Anwendung. Der persönliche Anwendungsbereich ergibt sich somit aus § 13, der den Begriff des **Verbrauchers** bestimmt, und § 14, der den Begriff des **Unternehmers** definiert. Verträge zwischen Unternehmern und solche allein unter Verbrauchern fallen nicht in den Anwendungsbereich des § 312.

Bei sog **dual use**-Geschäften, bei denen der Vertragsgegenstand sowohl der privaten **11** als auch der beruflichen Nutzung dient, entscheidet der **überwiegende Vertragszweck** über die Rechtsnatur des Vertrages (Erman/Saenger [2004] § 312 Rn 5; Palandt/Heinrichs[64] § 312 Rn 4; aA Jauernig/Jauernig[11] I 13 Rn 3, da eine Doppelverwendung einen nicht schutzbedürftigen Freiberufler nicht zum schutzbedürftigen Privatmann mache).

Arbeitsverträge sowie arbeitsrechtliche Änderungs-, Aufhebungs- und Abwicklungs- **12** verträge unterfallen auch dann nicht den Haustürgeschäftsvorschriften der §§ 312, 312a, wenn man den Arbeitnehmer als Verbraucher ansieht (hierzu eingehend unter Rn 85).

b) Sachlicher Anwendungsbereich: Haustürgeschäfte

Die Legaldefinition der Haustürgeschäfte in § 312 Abs 1 verlangt, dass der Ver- **13** braucher zum Abschluss eines Vertrages über eine **entgeltliche Leistung** bestimmt wird. Der sachliche Anwendungsbereich des Gesetzes erstreckt sich daher zunächst nur auf Willenserklärungen des Verbrauchers, die auf den Abschluss eines schuldrechtlichen Vertrages über entgeltliche Leistungen gerichtet sind und auf den in § 312 Abs 1 Nr 1–3 aufgeführten Verhandlungssituationen beruhen. Obwohl diese Voraussetzungen vorliegen, kann das Widerrufsrecht nach § 312 Abs 3 ausgeschlossen sein, so im Fall des Abs 3 Ziff 1 bei vorhergehender Bestellung durch den Verbraucher, in allen Fällen des Abs 1, sofern es sich um ein von beiden Seiten sofort erfülltes Bargeschäft handelt und das Entgelt 40 Euro nicht übersteigt (**Baga-tellgeschäft**, Abs 3 Ziff 2) oder die Willenserklärung des Verbrauchers von einem Notar beurkundet worden ist (Abs 3 Ziff 3).

aa) Vertrag über eine entgeltliche Leistung

14 Der zwischen Unternehmer und Verbraucher geschlossene Vertrag muss eine entgeltliche Leistung, dh den Vertrieb von Waren oder Dienstleistungen gegen ein – nicht allein pekuniär zu verstehendes – „Entgelt" zum Gegenstand haben. Die genaue Bezeichnung des „Entgelts" (Gebühr, Honorar, Preis etc) ist unerheblich. Auch auf die Gleichwertigkeit von Leistung und Entgelt kommt es nicht an (Münch-Komm/ULMER[4] § 312 Rn 20). Entscheidend ist, dass es sich nicht allein um einen einseitig verpflichtenden Vertrag handelt und etwaige Pflichten des Verbrauchers im Interesse und zum Nutzen des Unternehmers vereinbart wurden. Pflichten, die allein die einseitige Leistung des Unternehmers beschränken – zB Schenkung eines Gegenstands mit der Verpflichtung, sie beim Unternehmer abzuholen – begründen *keine* Entgeltlichkeit, solange diese Pflicht nicht selbständig einklagbar sein soll und im Interesse des Unternehmers vereinbart wurde.

15 In **richtlinienkonformer Auslegung** zur Haustürwiderrufsrichtlinie, die ihrerseits in ihrem Anwendungsbereich nicht auf entgeltliche Geschäfte beschränkt ist, ist – vor allem bei Sicherungsgeschäften – auch ein sonstiger Vorteil oder eine Leistung an Dritte ausreichend (BGH NJW 2003, 1190). Entscheidend ist, dass der von dem Unternehmer zu erbringenden Leistung auch eine Verpflichtung des Verbrauchers gegenübersteht. Leistungen und Entgelt müssen Gegenstand eines einheitlichen Vertrages sein. Erfasst werden insbesondere **gegenseitige Verträge** und ferner solche, die eine Leistung zum Gegenstand haben, die andere zur Bedingung und Verpflichtung machen (SCHANBACHER NJW 1991, 3263). Zu den gegenseitigen Verträgen iSv Abs 1 gehören auch Verbraucherverträge zugunsten Dritter (EuGH NJW 1998, 1295, 1296 – Dietzinger-Urteil) und der Vergleich gem § 779 (MünchKomm/ULMER[4] § 312 Rn 20). Auch sog **gemischte Verträge** werden grundsätzlich erfasst, soweit sie entgeltliche Vertragsteile enthalten. Jedoch besteht dann das Widerrufsrecht des Verbrauchers nur im Hinblick auf die den entgeltlichen Vertragsteil betreffende Willenserklärung des Verbrauchers (MünchKomm/ULMER[4] § 312 aaO). Wird die Willenserklärung des Verbrauchers nicht als ganze durch den Widerruf zurückgenommen, so bemisst sich der Bestand des restlichen Vertrages nach § 139 (MünchKomm/ULMER[4] § 312 aaO).

16 Die Verpflichtung des Verbrauchers muss nicht in einem synallagmatischen Verhältnis iSd §§ 320 ff stehen (SCHANBACHER NJW 1991, 3263, 3264). Es genügt eine kausale Verknüpfung mit den vom Verbraucher übernommenen Verpflichtungen. So kann zB der Verbraucher eine Leistung an Dritte versprechen oder aber die Versandkosten, Verpackungskosten usw übernehmen. Entscheidend ist, ob der Verbraucher eine Verpflichtung eingeht. Es genügt jedwede Verpflichtung des Verbrauchers, so dass auch eine beliebige Leistung Gegenstand des Vertrages und der Vertragserklärung des Verbrauchers sein kann (FISCHER/MACHUNSKY § 1 HWiG Rn 25, 26).

17 **Kein Vertrag über eine entgeltliche Leistung** liegt vor, wenn der Verbraucher eine Leistung erhält, ohne selbst dafür eine Gegenleistung erbringen zu müssen, denn nur bei einer derart einseitig begünstigenden Vereinbarung ist der Verbraucher nicht schutzbedürftig (BGH NJW 1993, 1595). Keine Entgeltlichkeit, dh Unentgeltlichkeit iS der Schenkung, Leihe usw liegt nur vor, wenn der Verbraucher keinerlei, auch nicht Nebenpflichten, übernimmt. Der BGH (aaO) betont sogar die erhöhte Schutzbedürftigkeit bei Verträgen, die eine einseitige Leistungspflicht des Verbrauchers, aber kein von der anderen Vertragspartei zu zahlenden Entgelt vorsehen. Der Schutzzweck verlange eine Anwendung des § 312 auf jeden Fall, wenn eine Gegenleistung der anderen Vertragspartei zwar nicht zu einem Vertragsinhalt gehöre, der Verbraucher aber sein Leistungsversprechen in der erkennbaren Erwartung abgebe, ihm selbst oder einem erkennbaren Dritten werde dadurch ein Vorteil erwachsen (BGH NJW 1993, 1595; KLINGSPORN NJW 1991, 2259; aA WENZEL NJW 1993, 2781, 2782).

Da § 312 auf die Willenserklärung des Verbrauchers abstellt und diesen vor unüber- **18** legten Verpflichtungen schützen will, besteht auch bei **einseitig verpflichtenden Erklärungen**, die lediglich eine Verpflichtung, nicht aber eine Gegenleistung der anderen Vertragspartei begründen, und bei **unvollkommen zweiseitigen verpflichtenden Verträgen**, wie dem Auftrag, das Widerrufsrecht und der Schutz durch § 312. § 312 erfasst damit etwa auch **Bürgschaftsverträge** und die Abgabe eines **Schuldanerkenntnisses** oder einer **Verzichtserklärung** (FISCHER/MACHUNSKY § 1 HWiG Rn 37 ff; MünchKomm/ULMER[4] § 312 Rn 21; aA REUTER, Integration des Verbraucherschutzrechts in das BGB 108). Nach der Präambel der Haustürwiderrufsrichtlinie soll diese auch „einseitige Vertragserklärungen" regeln (EuGH NJW 1998, 1295, 1296 – Dietzinger-Urteil). Der Wortlaut des § 312 Abs 1 S 1, der eine „entgeltliche Leistung" verlangt, greift daher zu kurz und ist richtlinienkonform auszulegen (MünchKomm/ULMER[4] § 312 aaO). Die unentgeltliche Leistungsübernahme durch den Verbraucher steht der Anwendung von § 312 Abs 1 nicht entgegen (MünchKomm/ULMER[4] aaO).

bb) Einzelne Vertragsarten

α) Grundsätzlich erfasste Vertragsarten

Typischerweise ist ein **Kaufvertrag** (etwa ein Kaufvertrag über den Erwerb eines Grundstücks **19** BGH NJW 2002, 1881), auch ein **Verbrauchsgüterkauf** nach § 474, ein solcher Vertrag über eine entgeltliche Leistung. Das Haustürwiderrufsrecht greift selbst dann ein, wenn der Verbraucher bei dem Verkauf von Antiquitäten als Anbieter solcher Waren auftritt (MünchKomm/ULMER[4] § 312 Rn 24).

Erfasst werden daneben auch **Dienst-, Dienstleistungs-, Werk- bzw Werklieferungs- 20 verträge, Pacht- oder Mietverträge** (auch über Wohnraum: LG Zweibrücken NJW-RR 1999, 809 mit weiteren Nachweisen zu § 1 HWiG aF), **Geschäftsbesorgungs-** (BGH NJW 1995, 324; OLG München NJW-RR 1990, 1528), **Berater-** (OLG München WM 1991, 523), **Makler-, Franchise-, Leasing-, Reiseverträge, Bauherren- und sonstige Erwerbsmodelle** (GALLOIS BB 1990, 2062), **Bauspar-, Verträge über Wasser-, Wärme Energieversorgung** (BT-Drucks 10/4210, 10), **Kredit-** oder auch **Partnervermittlungsverträge** (OLG Hamburg WRP 1990, 353; OLG Stuttgart NJW-RR 1990, 1136), wenn sie in einer Haustürsituation angebahnt oder abgeschlossen wurden. Dazu gehört auch der Schuldbeitritt zu einem Geschäft, das selbst nicht Haustürwiderrufgeschäft ist (FISCHER/MACHUNSKY § 1 HWiG Rn 49). Vereinbaren die Parteien im Mietvertrag ursprünglich eine Betriebskostenpauschale (s § 556 Abs 2 S 1), und wird bei einem Hausbesuch eines Beauftragten des gewerblich tätigen Vermieters bei dem Mieter ein Nachtrag zum Mietvertrag vereinbart, wonach an die Stelle der Betriebskostenpauschale eine Betriebskostenvorauszahlung treten sollte, so sind auch hier § 312 ff einschlägig (AG Löbau v 29.7.2004 –

§ 312   Buch 2

21–25   Abschnitt 3 · Schuldverhältnisse aus Verträgen

4 C 0641/03 4 C 641/03 im Anschluss an OLG Koblenz NJW 1994, 1418 – nachträgliche Vereinbarung einer Staffelmiete).

β) Anlageberatungs- und Anlagevermittlungsverträge

21 **Anlageberatungs- und Anlagevermittlungsverträge** können Haustürgeschäfte darstellen, wenn der vermittelnde Finanzberater nicht lediglich von dem Verbraucher bevollmächtigt wird, in seinem Namen einen Beteiligungsvertrag abzuschließen (BGH NJW 2003, 1190, 1191, dazu auch unten Rn 39). Anderenfalls ist nach § 166 Abs 1 auf die Person des Vertreters abzustellen, weshalb es in diesen Fällen in der Regel an einer Haustürsituation fehlt und ein Widerrufsrecht des Verbrauchers aus den Haustürwiderrufsregeln ausscheidet (BVerfG ZIP 2004, 62, dazu näher unten Rn 38 f, 42; zur Vollmachtserteilung s Rn 41 ff).

γ) Gesellschaftsbeitritt

22 Der Beitritt in eine Gesellschaft erfolgt bei Personengesellschaften wie bei Kapitalgesellschaften als Gründer oder späterer Anteilserwerber durch Vertrag, bei dem auf der anderen Seite zwar der Erwerb der Gesellschafterstellung, auf der anderen Seite die Begründung einer Gesellschafterverpflichtung, dh in der Regel auch eine Entgeltzahlung für den Gesellschaftsanteil steht. Es handelt sich damit – gleich welcher Gesellschaftsform – um einen entgeltlichen, den beitretenden Verbraucher verpflichtenden Vertrag iSd § 312 (so auch FISCHER/MACHUNSKY § 1 HWiG Rn 48 für § 1 HWiG aF). Erfasst wird auch der **mittelbare Beitritt in eine Publikums-BGB-Gesellschaft über einen Treuhänder** (BGH NJW 2001, 2718; s hierzu LOUVEN BB 2001, 1807; EDELMANN DB 2001, 2434; WAGNER DStR 2001, 1529; RENNER DStR 2001, 1988; SCHÄFER JZ 2002, 249; ULMER ZIP 2003, 1113). Bei dem damit abgeschlossenen Treuhandvertrag handelt es sich um einen „Vertrag über eine entgeltliche Leistung", weil sich der Verbraucher als Anleger in der Hoffnung auf Gewinnerzielung zur Entgeltzahlung für den Erwerb eines für ihn von der Treuhänderin zu haltenden Gesellschaftsanteils verpflichtet hat.

δ) Darlehensverträge

23 **Darlehensverträge** können auch unter § 312 fallen (BGH NJW 2002, 1881; OLG Stuttgart NZG 1999, 899), soweit nicht die vorrangigen Vorschriften über das Verbraucherdarlehen gem §§ 491 ff eingreifen oder der Verbraucher einen Vertreter zum Vertragsabschluss eingeschaltet hat.

24 Nach der **Heininger-Entscheidung** des EuGH (Heininger versus Bayerische Hypo-Vereinsbank, Urteil v 13.12.2001, Slg 2001, I-9945, NJW 2002, 281) ist nunmehr geklärt, dass die Haustürwiderrufsrichtlinie und damit § 312 auch auf **Realkreditverträge** Anwendung findet (hierzu Vorbem 33 f).

25 Ein Darlehensvertrag geht auf eine Haustürsituation iSd § 312, § 1 HWiG zurück, wenn der Darlehensvertrag ohne die Haustürsituation nicht oder nicht so wie geschehen zustande gekommen wäre (LG Bielefeld VuR 2004, 380). § 312 ist auch anwendbar, wenn über den Anlagevertrag in den Räumen des Anlageberaters verhandelt worden ist, der Kreditvertrag aber später in einer Haustürsituation geschlossen wurde (OLG Dresden VuR 2003, 70: In diesem Fall erschien der Vermittler nach Abschluss des notariellen Kaufvertrages zum Kauf einer Eigentumswohnung mit einem vorbereiteten Kreditvertrag in der Privatwohnung des Kreditnehmers, den dieser dort unterschrieb).

ε) Immobilienverträge

Immobilienbau-, Immobilienverkauf-, Immobilienmietverträge sind nach Art 3 **26**
Abs 2 lit a der Haustürwiderrufsrichtlinie (abgedr Vorbem 38) nicht dem Schutz dieser
Richtlinie unterstellt. Da aber der deutsche Gesetzgeber nach Art 8 der Richtlinie
nicht gehindert ist, den Schutz des Verbrauchers über die Richtlinie hinaus zu er-
weitern, hat der Bundesgesetzgeber in § 312 diesen Anwendungsbereich nicht aus-
geklammert. Daher können auch Immobilienverträge Gegenstand von § 312 sein
(LG Karlsruhe NJW-RR 1992, 973 für HWiG aF; **aA** OLG Koblenz NJW 1994, 1418; LG Frankfurt
NJW-RR 1989, 824, 825).

ζ) Bürgschaftsverträge

Nach der Rechtsprechung des BGH unterfallen auch **Bürgschaftsverträge** (BGH NJW **27**
1998, 2356 noch zu § 1 HWiG) den Haustürwiderrufsregeln. Der Widerruf des Bürgschaftsvertrages durch den Bürgen als Haustürgeschäft gem § 312 ist nach der
Rechtsprechung des EuGH (NJW 1998, 1295, 1296 [vgl Tz 22], sog **Dietzinger-Urteil**), der
sich die Rechtsprechung des BGH angeschlossen hat (NJW 1998, 2356), nur möglich,
wenn neben dem Bürgen auch der Hauptschuldner Verbraucher iSd § 13 ist, und
neben dem Bürgschaftsvertrag auch die durch die Bürgschaft gesicherte Hauptforderung als Haustürgeschäft im Sinne des § 312 zustande gekommen ist **(doppeltes
Erfordernis der Verbrauchereigenschaft und der Haustürsituation)**. Diese Rechtsprechung schränkt den Schutz des Verbrauchers, der in einer Haustürsituation zur
Sicherung einer bereits bestehenden Forderung veranlasst wird, unbillig ein und
wird daher im Schrifttum zu Recht überwiegend abgelehnt (so Thein, in: Henssler/
Graf von Westphalen § 312 Rn 14 f; Lorenz NJW 1998, 2937, 2939 f; MünchKomm/Ulmer⁴
§ 312 Rn 22; Pfeiffer ZIP 1998, 1129; Riehm JuS 2000, 138; Tiedtke NJW 2001, 1015; für überzeugend hält die Ansicht des ganz überwiegenden Schrifttums nunmehr auch Palandt/Heinrichs⁶⁴
§ 312 Rn 8; **aA** Vowinckel DB 2002, 1362, 1363 f). Die Begründung der einschränkenden
Auslegung durch die Rechtsprechung mit einer Parallele zum Vertrag zugunsten
Dritter und der Akzessorietät der Bürgschaft überzeugt nicht, da sie für die Einschätzung des Schutzzwecks des § 312 hinsichtlich des bürgenden Verbrauchers ohne
Belang ist (MünchKomm/Ulmer⁴ § 312 Rn 22). Hinsichtlich der umfangreichen Pflichten
des Verbrauchers als Bürgen liegt eine Auslegung des § 312 näher, die die Bürgschaft
unabhängig davon, ob auch bezüglich des Hauptschuldners eine Haustürsituation
vorliegt, entgeltlichen Verträgen gleichstellt. Aufgrund des Mindestschutzcharakters
der Haustürwiderrufsrichtlinie gem Art 8, steht diese einer solchen für den Verbraucher günstigeren Auslegung der Widerrufsberechtigung nach nationalem Recht
nicht entgegen.

η) Verpflichtung zur Bestellung einer Sicherungsgrundschuld

Daneben können auch andere Sicherungsgeschäfte, wie die **Verpflichtung zur Be-** **28**
stellung einer Eigentümergrundschuld (BGH NJW 1995, 2027 zu § 1 HWiG) ein entgelt-
liches Geschäft iSd § 312 darstellen. Für die Entgeltlichkeit hält der Bundesgerichts-
hof für ausreichend, dass der Verbraucher eine Verbindlichkeit „in der dem Gegner
erkennbaren Erwartung eingehe, ihm oder einem bestimmten Dritten werde daraus
ein Vorteil erwachsen", namentlich die Kreditgewährung an den Schuldner der
gesicherten Hauptforderung (BGH NJW 1996, 55). Die Bestellung der Grundschuld
selbst ist als dingliches Geschäft dagegen kein entgeltlicher Vertrag iSd § 312 (OLG
Koblenz NJW-RR 1999, 1178).

ϑ) Vereinsbeitritt

29 Die Erklärung des Vereinsbeitritts ist, da der Beitritt als Vertrag zu qualifizieren ist, eine Willenserklärung, aufgrund derer Mitgliedschaftspflichten entstehen sollen. Daher kann der Vereinsbeitritt ein entgeltlicher Vertrag iSd § 312 sein (OLG München NJW 1996, 263; STAUDINGER/WERNER § 1 HWiG [2001] Rn 65; **aA** OLG Karlsruhe NJW 1991, 433; OLG München ZIP 1991, 756; MünchKomm/ULMER⁴ § 312 Rn 26, der von einem organisationsrechtlichen Geschäft ausgeht; PALANDT/HEINRICHS⁶⁴ § 312 Rn 10). Auf die Art und Zweckrichtung des Vereins (wirtschaftlich, sozial usw) kommt es dabei nicht an, da allein auf die Entgeltlichkeit, dh die Verpflichtung des Beitretenden abzustellen ist. Ob und welche Leistung der Verein für den Beitretenden erbringt, ist ebenso unerheblich, denn § 312 stellt allein auf die entgeltliche Willenserklärung des Verbrauchers ab. Nicht zu berücksichtigen ist daher auch, ob der Beitretende lediglich Leistungen in Anspruch nehmen will und keine echte Mitgliedschaft anstrebt. Einer Heranziehung des Umgehungsverbots aus § 312f (so BT-Drucks 10/2876, 9 für § 5 HWiG aF; für eine Ergänzung des § 1 HWiG aF um einen Abs 3 BT-Drucks 10/4227; OLG Karlsruhe NJW 1991, 433, 434; FISCHER/MACHUNSKY Rn 46 mwN) bedarf es daher nicht (s auch § 312f Rn 16). Die gegenteilige Ansicht in Rechtsprechung und Schrifttum kommt zur Anwendung des § 312, wenn zwischen dem Verein und seinen Mitgliedern Verträge über Leistungen geschlossen werden, die nicht schon aufgrund der Mitgliedschaft beansprucht werden können (MünchKomm/ULMER⁴ § 312 Rn 26), oder wenn die vereinsrechtliche Gestaltung lediglich verdeckt, dass die Erbringung entgeltlicher Leistungen vereinbart wird (BGH NJW 1997, 1069; PALANDT/HEINRICHS⁶⁴ § 312 Rn 10).

II. Widerrufbare Vertragserklärung des Verbrauchers

30 Anders als die meisten verbraucherschützenden Regelungen erstreckt sich der Anwendungsbereich der §§ 312, 312a nicht auf bestimmte Vertragsarten, dementsprechend auch nicht auf bestimmte Vertragserklärungen des Verbrauchers. Solche können auf den Abschluss sämtlicher Arten von Verträgen gerichtet sein. Art 3 Abs 2 der Haustürwiderrufsrichtlinie schließt von ihrem Schutz aus (a) Immobiliengeschäfte (BGH NJW 2000, 2270 ff), (b) Geschäfte über Gegenstände des täglichen Bedarfs, die regelmäßig von ambulanten Einzelhändlern geliefert werden, (c) Versicherungsverträge und (d) Verträge über Wertpapiere. Der Gesetzgeber ist in dem Schutzbereich der §§ 312, 312a über den Mindestschutzcharakter der Richtlinie gem Art 8 zulässigerweise hinausgegangen.

31 Die **Vertragserklärung** des Verbrauchers ist Gegenstand des Widerrufs und muss auf den Abschluss eines Vertrages über eine entgeltliche Leistung gerichtet gewesen sein. Dies ist eine Willenserklärung iSd § 104 ff (FISCHER/MACHUNSKY § 1 HWiG Rn 291; TESKE ZIP 1986, 624, 631), die als Angebot oder Annahme gem §§ 145 ff zum Vertragsabschluss führen sollte. Dabei ist hinsichtlich der Form des Vertrages keine besondere Vorgabe durch §§ 312, 312a aufgestellt. Dh die Vertragserklärungen richten sich allein nach allgemeinen Formerfordernissen. In den Schutzbereich des § 312 fallen dadurch Vertragserklärungen, die ausdrücklich oder konkludent, mündlich oder schriftlich abgegeben wurden.

32 Eine Eingrenzung wird durch § 312 nur insoweit vorgenommen, als der Verbraucher zu seiner Vertragserklärung unter den Voraussetzungen des Abs 1 S 1 Nr 1–3 **bestimmt** worden ist.

III. Widerrufsberechtigung des Verbrauchers

Widerrufsberechtigt ist gem § 312 Abs 1 S 1 der Verbraucher, also nur die Person, **33** die zur Vertragserklärung unter den Umständen des § 312 Abs 1 S 1 Nr 1–3 bestimmt worden ist (hierzu die Kommentierung der Haustürsituation unter Rn 72 f). Dieses Recht geht auf seine Rechtsnachfolger (zB Erbe) über (FISCHER/MACHUNSKY § 1 HWiG Rn 294). Dabei ging der Gesetzgeber, wie bei den Vorgängerregelungen, jedoch von dem Regelfall aus, dass der Verbraucher auch gleichzeitig die Vertragspartei ist. Der „Verbraucher" soll entscheiden, ob er einen wirksamen Vertrag durch Nichtausübung des Widerrufsrechts will, ob die Rechte und Pflichten aus dem Vertrag für ihn eintreten sollen. Damit kann und muss auch grundsätzlich die Person über den Widerruf entscheiden und ihn ausüben können, die die Rechte und Pflichten treffen. Dies ist die gewollte Vertragspartei, unabhängig davon, ob sie persönlich zum Vertragsabschluss bestimmt worden ist oder ihr Vertreter (dazu unter Rn 38 f). Damit ist nicht zwingend eine Identität der Personen gegeben, die zur Abgabe der Vertragserklärung bestimmt worden ist und derjenigen, der das Widerrufsrecht zusteht (**„doppelter Verbraucherbegriff"** in § 312). Entscheidend ist diese Bestimmung des Verbrauchers iSd § 312 ua für den Adressaten der Widerrufsbelehrung.

1. Handelnder Verbraucher

Erklärender Verbraucher und damit grundsätzlich widerrufsberechtigt ist nach § 312 **34** Abs 1 derjenige, der zu einer auf den Abschluss eines Vertrages über eine entgeltliche Leistung gerichtete Willenserklärung bestimmt wird. Verbraucher ist somit zunächst einmal grundsätzlich der Erklärende. Es ist dabei unerheblich, ob der Verbraucher das Vertragsangebot oder die Vertragsannahme erklärt hat, da jede auf einen Vertragsabschluss gerichtete Willenserklärung nach dem eindeutigen Wortlaut des Gesetzes erfasst werden soll. § 312 Abs 1 S 1 stellt generell auf eine solche Vertragserklärung ab, so dass der Verbraucher nicht nur der Erwerber, sondern in Einzelfällen auch der Veräußerer einer Leistung sein kann, zB Ankäufer gebrauchter Gegenstände (Antiquitäten, Nachlass, Bibliotheken) bestimmen bei Hausbesuchen den Wohnungsinhaber zum Verkauf. Weitere Beispiele sind der Heimarbeitervertrag, Dienstverträge, Verträge über Leistungsrechte für Energieversorgungsunternehmen (MünchKomm/ULMER[4] § 312 Rn 10; GILLES NJW 1986, 1138; WASSERMANN JuS 1990, 548; **aA** mit systematischen Erwägungen REUTER, Integration des Verbraucherschutzes in das BGB 108). Wegen der Voraussetzungen des § 13 bzgl gewerblichem und selbständigen Handelns werden derartige Verträge eines Verbrauchers als Unternehmer jedoch selten sein.

2. Personenmehrheiten

Auf der „Verbraucherseite" können ebenso wie auf der Seite des Unternehmers **35** **mehrere Personen** stehen (zB Gesamthänder, Gesamtschuldner, Gesamtgläubiger, Miteigentümer usw). Hier ergibt sich beim Handeln einzelner die Mitverpflichtung der anderen nach den allgemeinen Grundsätzen (ERMAN/SAENGER [2004] § 312 Rn 5). Vgl näher Rn 53.

IV. An der Vertragsanbahnung Beteiligte

1. Allgemeines

36 An der Vertragsanbahnung können auf Seiten des Unternehmers und des Verbrauchers auch andere Personen als der jeweilige Vertragspartner selbst beteiligt sein. Insbesondere muss der den Verbraucher zum Vertragsabschluss Bestimmende nicht der Vertragspartner persönlich sein (BGH ZIP 1999, 2006). § 312 spricht ganz allgemein nur von einer Bestimmung des Verbrauchers (Nr 1–3). Letztlich ist nach § 312 also nicht entscheidend, wer für den Unternehmer die Vertragsverhandlungen mit dem Verbraucher führt (WEILER BB 2003, 1397). Daher können für den Unternehmer auch Dritte (sog **Verhandlungsführer**) auftreten. Eine Regelung der Fälle, in denen ein Dritter den Verbraucher zum Vertragsschluss bestimmt hat, enthält § 312 jedoch nicht.

37 Verbraucher und Unternehmer können bei dem Abschluss von Haustürgeschäften nach Maßgabe der §§ **164 ff** rechtsgeschäftlich vertreten werden. Bei der **Stellvertretung** trifft zwar nach § 164 die Wirkung einer Willenserklärung des Vertreters den Vertretenen, trotzdem ist dieser nicht zum Vertragsschluss unter den Umständen des § 312 Abs 1 S 1 bestimmt worden, denn er ist idR bei dem Vertragsschluss nicht anwesend, kann also nicht von dem anderen Vertragspartner überrascht bzw überrumpelt werden. Abzustellen ist hinsichtlich der Situation des § 312 Abs 1 S 1 Nr 1–3 vielmehr auf die **Person des Vertreters** (BGH NJW-RR 1991, 1074; NJW 2000, 2268, 2270; NJW 2004, 154, 155; BVerfG NJW 2004, 15; PALANDT/HEINRICHS⁶⁴ § 312 Rn 5; REINICKE/TIEDTKE Rn 1270). Dieser muss unter den Voraussetzungen des § 312 Abs 1 S 1 zur Abgabe der Willenserklärung bestimmt worden sein.

2. Beteiligung auf Seiten des Verbrauchers

a) Vertretung des Verbrauchers

38 Auf die Person des Vertreters ist im Hinblick auf den Anwendungsbereich des § 312 bei einem Geschäftsabschluss abzustellen, bei dem sich der Verbraucher iSd § 13 rechtsgeschäftlich vertreten lässt. Damit ist hinsichtlich der Überrumplung auf die Person abzustellen, die die Vertragserklärung abgibt und überrumpelt werden kann. Dies ist der Vertreter, nicht der Vertretene. Daher ist die Erwerbstätigkeit des Vertretenen ohne Bedeutung (ERMAN/SAENGER [2004] § 312 Rn 14 ff). Der Vertretene muss sich die Willenserklärung des überrumpelten Vertreters über § 164 zurechnen lassen. Letzterer ist die entscheidende Person, die unter den Voraussetzungen des § 312 handelt und damit dem Schutzzweck des Gesetzes unterliegt. Ist der Vertreter Verbraucher iSd § 13 findet § 312 grundsätzlich Anwendung. Dies gilt selbst dann, wenn der Vertretene selbst die Voraussetzungen der Norm nicht erfüllt, insbesondere kein Verbraucher iSv § 13 ist. Ist also richtigerweise für die Beurteilung des Vorliegens eines Haustürgeschäfts iS eines Verbrauchergeschäfts auf die Person des Vertreters abzustellen, so entfällt das Widerrufsrecht, wenn für einen Verbraucher ein Unternehmer als Vertreter rechtsgeschäftlich auftritt. Denn schließt jemand einen Vertrag als Vertreter in Ausübung seiner selbständigen Erwerbstätigkeit ab, fehlt das den Schutzzweck des § 312 ausfüllende Überrumplungsrisiko. Nach seinem Sinn und Zweck schließt § 312 die Anwendung des Widerrufsrechts wegen eines Haustürgeschäfts auf das Handeln eines Unternehmers aus (BGH NJW 2000, 2268).

Nach der zutreffenden Rechtsprechung des BGH, handelt es sich bei dem durch den **39**
Finanzberater vermittelten **Anlagevertrag** jedenfalls dann nicht um ein Haustürge-
schäft, wenn der Finanzberater von dem Verbraucher in einer Situation des § 1
HWiG aF lediglich dazu bevollmächtigt wird, in seinem Namen einen **Beteiligungs-**
vertrag abzuschließen (BGH NJW 2003, 1190, 1191; BGHZ 144, 223 [226 ff] = NJW 2000, 2268;
BGHZ 147, 262 [266 f] = NJW 2001, 1931; BGH, NJW 2002, 1425).

b) Widerrufsberechtigung des Vertretenen
Da aber die Wirkung der Erklärung über § 164 den Vertretenen trifft, dieser also **40**
Vertragspartner und damit verpflichtet und berechtigt werden soll, ist der **Vertretene**
widerrufsberechtigt (ERMAN/SAENGER [2004] § 312 Rn 8; FISCHER/MACHUNSKY § 1 HWiG
Rn 63; KLAUSS/OSE Rn 58).

c) Zusätzliches Recht des Vertreters
Ob neben dem Vertretenen auch den Vertreter ein Widerrufsrecht zusteht, ist eine **41**
Frage des Umfanges der Vertretungsmacht. Die Entscheidung über den Bestand des
Vertrages durch Ausübung des Widerrufs gem § 312 steht grundsätzlich nur der
Vertragspartei, also dem Verbraucher zu. Zwar ist die überraschte und überrumpelte
Person diejenige, die zur Abgabe der „unüberlegten" Erklärung verleitet worden ist;
dies war der Vertreter. Trotzdem darf er kein grundsätzliches Widerrufsrecht haben,
um seine Zusage zu korrigieren und eine Überlegungsfrist zu haben, denn bei der
Frage über die Ausübung des Widerrufsrechts geht es um die Nachholung der
Überlegungsfrist und damit um die Entscheidung, ob der Vertrag wirksam sein soll
oder nicht. Der Verbraucher hat zunächst den Vertreter nur zur Abgabe der Vertragserklärung ermächtigt, nicht aber zu einem weiteren Geschäft, nämlich der
Ausübung des Widerrufs. Entscheidend ist also, ob der vertretene Verbraucher dem
Vertreter auch noch die Möglichkeit der nachträglichen Überlegung und Abwägung
und damit letztgültigen Entscheidung über den Bestand des Vertrages überlassen
will. Dies wird letztlich eine Frage des Zugangs und Adressaten der Widerrufsbelehrung sein, denn nur wer aufgrund der Belehrung oder durch Erhalt der Leistung
die Widerrufsfrist wahren kann, soll auch im Interesse des Verbrauchers den Widerruf ausüben dürfen. Grundsätzlich wird jedoch davon auszugehen sein, dass ein
Verbraucher gegenüber seinem Vertreter die Entscheidung über den Abschluss des
Vertrages mit der Widerrufsmöglichkeit verbindet (FISCHER/MACHUNSKY § 1 HWiG
Rn 64), denn ebenso wie der Vertreter den Vertragsschluss hätte verweigern können,
so ist aufgrund derselben Überlegungen die spätere Verhinderung des Vertrages von
der Vertretungsmacht mit abgedeckt. Die Begrenzung oder der Entzug der Vertretungsmacht über den Widerruf ist somit die Ausnahme und von demjenigen zu
beweisen, der sich auf die Unwirksamkeit des Vertreterwiderrufs beruft.

d) Vollmachtserteilung
Die Erteilung der Vollmacht in einer Haustürsituation allein macht den später durch **42**
den Vertreter abgeschlossenen Vertrag nicht zu einem Haustürgeschäft (ständige
Rechtsprechung: BGH, NJW 2000, 2268; 2001, 1931, 2002, 1425; 2003, 1190; 2004, 154, 155). Nach
§ 168 S 2 ist die erteilte Vollmacht durch den Verbraucher grundsätzlich jedoch *ex*
nunc **frei widerruflich**. Sie ist in richtlinienkonformer Auslegung des § 312 auch
widerruflich **ex tunc**, wenn denn der Vertreter Unternehmer ist und die Vollmachtserteilung ein Haustürgeschäft war (MünchKomm/ULMER § 312 Rn 27; s auch HOFFMANN ZIP
1999, 1586, 1587; MÖLLER ZIP 2002, 333, 337). Die Rechtsprechung hat dies noch offen

gelassen (BGH NJW 2000, 2268, 2270). Der Unternehmer mit dem in Ausübung der Vollmacht ein Geschäft getätigt wurde, wird auch hier durch die Rechtswirkung der §§ 171–173 geschützt, wenn der Verbraucher dem Vertreter eine Vollmachtsurkunde ausgehändigt und der Vertreter die Urkunde dem Unternehmer vorgelegt hat. Grundsätzlich hat der Unternehmer bei dem Vertragsschluss mit dem Vertreter keine Veranlassung anzunehmen, dass die Vollmacht in einer Haustürsituation abgeschlossen wurde und der Verbraucher nicht über sein Widerrufsrecht aufgeklärt worden ist (PALANDT/HEINRICHS[64] § 312 Rn 5). Wird die Vollmacht freilich nach § 312 widerrufen, dann muss auch das Ausführungsgeschäft widerrufen werden, um eine Rückabwicklung des Geschäfts nach den Regeln des Haustürwiderrufsrechts zu erreichen. Will der Verbraucher dies nicht oder – wie im Regelfall – ist dies nicht möglich, sind die Rechtsfolgen des Widerrufs- und Rückgaberechts anzupassen, die auf den Widerruf einer Vollmacht nicht passen.

e) **Falsus procurator**

43 Im Fall des § 179 tritt der **falsus procurator** an die Stelle des „Vertretenen", so dass Ersteren nicht nur die „Vertragspflichten", sondern auch die „Vertragsrechte" treffen, ihm damit auch das Widerrufsrecht zukommt (BGH NJW-RR 1991, 1074; ERMAN/SAENGER [2004] § 312 Rn 13; MünchKomm/ULMER[4] § 312 Rn 30).

44 Schließt ein **Vertreter ohne Vertretungsmacht** einen Vertrag unter den Umständen des § 312, gelten grundsätzlich die allgemeinen Regelungen, insbesondere § 177. Erst mit der Genehmigung durch den „Vertretenen" erwirbt dieser das Widerrufsrecht. Der Vertreter kann daneben allenfalls nach den dargelegten Grundsätzen (vgl Rn 41) widerrufsberechtigt sein. Allerdings dürften hier die Umstände gegen eine Bevollmächtigung sprechen, denn genehmigt wird nur die vorhergehende Erklärung; darin liegt keine Erteilung der Vertretungsmacht für ein weiteres Verhalten, so dass eine Widerrufsermächtigung des vollmachtlosen Vertreters idR ausscheidet.

45 Durch die Genehmigung erlischt ein Widerrufsrecht weder in der Person des Vertretenen noch – sofern sich die Genehmigung darauf erstreckt (vgl Rn 44) – des Vertreters, denn das Widerrufsrecht ist weder abdingbar noch verzichtbar (s § 312f), so dass in der Genehmigung kein Verzicht auf das Widerrufsrecht liegen kann.

46 **Vor bzw ohne Genehmigung seitens des Vertretenen** ist der vollmachtlose Vertreter widerrufsberechtigt (ERMAN/SAENGER [2004] § 312 Rn 13; MünchKomm/ULMER[4] § 312 Rn 30; FISCHER/MACHUNSKY § 1 HWiG Rn 65). Er ist zum anderen auch derjenige, der zur Abgabe der Erklärung bestimmt worden ist und daher die Überlegungs- und Korrekturmöglichkeit durch den Widerruf haben muss; außerdem ist bis zur Genehmigung kein anderer Widerrufsberechtigter vorhanden. Sein Widerruf würde zudem von einer späteren Genehmigung durch den „Vertretenen" miterfasst. Unterbleibt die Genehmigung, trifft den Vertreter das Rechtsgeschäft gem § 179 persönlich, so dass er gegenüber dem gewollten Vertragspartner auch hinsichtlich der Rechte gleichbehandelt werden muss, denn ihn treffen dann die Rechte und Pflichten des Vertrages. Zwar wird der *falsus procurator* über § 179 Abs 1 auch dann nicht Vertragspartner, wenn der andere Teil Vertragserfüllung wählt, jedoch entsteht **kraft Gesetzes** ein **Schuldverhältnis** mit dem gleichen Inhalt wie der für den „Vertretenen" geschlossene Vertrag. Damit hat der *falsus procurator* auch die gleichen Rechte wie

sie der Vertretene bei bestehender Vertretungsmacht oder bei Genehmigung hätte (PALANDT/HEINRICHS[64] § 312 Rn 2). Ebenso richtet sich der Schadensersatzanspruch auf das Erfüllungsinteresse und stellt den *falsus procurator* damit einem Vertragspartner gleich.

Hatte der **Vertreter ohne Vertretungsmacht seine Vertragserklärung bereits widerrufen** **47** **und genehmigt nunmehr der „Vertretene" gem § 177**, kann der Vertrag nicht mehr wirksam werden, denn mit dem erklärten Widerruf des *falsus procurator* ist ein durch die Regelung des § 312 ermöglichter „Rücktritt" erfolgt, da der Vertreter ohne Vertretungsmacht ein ihm zustehendes Widerrufsrecht ausgeübt hat (vgl Rn 43 f). Mit der Genehmigung übernimmt der „Vertretene" das Geschäft so, wie es sich im Zeitpunkt der Genehmigungserklärung darstellt, als ein bereits widerrufenes Geschäft, ohne Rücksicht darauf, ob dem Vertretenen der Widerruf bekannt war.

Umstritten ist, ob die Widerrufsberechtigung des vollmachtlosen Vertreters auch dann **48** **besteht, wenn das Geschäft nicht für ihn, wohl aber für den Vertretenen ein gewerb-** **liches Geschäft wäre** (ERMAN/SAENGER [2004] § 312 Rn 15; FISCHER/MACHUNSKY § 1 HWiG Rn 65). Es ist grundsätzlich hinsichtlich des Anwendungsbereiches auf die Person des Vertreters abzustellen und dies gilt insbesondere, wenn bei einer vollmachtlosen Vertretung die Wirkungen des Rechtsgeschäfts bis zur oder bei verweigerter Genehmigung gem § 179 Abs 1 den *falsus procurator* treffen würde. Ohne Genehmigung gem § 177 bleibt der „Vertretene" außen vor. Seine Erwerbstätigkeit ist ohne Bedeutung (so im Ergebnis auch AG Reutlingen NJW-RR 1988, 826 f; ERMAN/SAENGER [2004] § 312 Rn 15; FISCHER/MACHUNSKY § 1 HWiG Rn 65).

Bis zur bzw bei verweigerter Genehmigung kann daher der „Vertreter", der Verbrau- **49** **cher gem § 13 ist**, den Widerruf erklären, selbst wenn der „Vertretene" eine Erwerbstätigkeit iSd Norm ausübt. **Nach Genehmigung** des Geschäfts durch den Vertretenen besteht das Widerrufsrecht des Vertreters grundsätzlich nicht mehr (Rn 46 f). Die Entscheidung über dessen Ausübung liegt allein bei dem Vertretenen, so dass nunmehr auch im Hinblick auf § 13 auf dessen Person abzustellen ist, dh sofern das Widerrufsrecht noch nicht von dem *falsus procurator* ausgeübt worden ist, kann es der **Vertreter, der kein Verbraucher iSd § 13 ist**, nicht mehr ausüben. Er hatte mit der Entscheidung über die Genehmigung seine Überlegungsmöglichkeit; es bedarf keines zusätzlichen Schutzes. Insoweit unterscheiden sich die Situationen bei dem Handeln eines Bevollmächtigten von denen eines nicht bevollmächtigten Vertreters.

Erfüllt der **Vertreter ohne Vertretungsmacht nicht die Voraussetzungen des § 13**, ist er **50** also **nicht Verbraucher iSd Norm**, wohl aber der **„Vertretene"**, hat ersterer bis zur Genehmigung durch den Vertretenen kein Widerrufsrecht. Erklärt der „Vertretene" die Genehmigung iSd § 177, wird er in diesem Zeitpunkt Vertragspartei und erhält dieselbe Stellung wie bei einer vorher erteilten Vollmacht (PALANDT/HEINRICHS[64] § 177 Rn 8). Insoweit darf der Vertretene hinsichtlich der Entstehung eines Widerrufsrechts nicht besser stehen, denn es ist dann auf die Position des Vertreters, nicht des Vertretenen abzustellen. Ein zusätzliches Schutzbedürfnis für den Vertretenen besteht nicht. Er hat bei der Erteilung der Genehmigung dieselbe Überlegungsmöglichkeit wie bei Geschäften, die nicht unter § 312 fallen. Ein Widerrufsrecht des Vertretenen entsteht und besteht bei Genehmigungen nicht, wenn der „Vertreter ohne Vertretungsmacht" wegen des Fehlens der Verbrauchereigenschaft ein solches nicht besaß.

51 Dies gilt auch, wenn nicht der Unternehmer, sondern auf dessen Veranlassung der **Ehepartner** des Verbrauchers in der ehelichen Wohnung mit dem „Verbraucher" über den Vertrag gesprochen und letzteren zur Unterzeichnung (bzw Vertragserklärung) der vorbereiteten Erklärung bestimmt (BGH NJW 1993, 1595), denn der Ehepartner ist weder Vertreter noch Verhandlungsgehilfe der anderen Vertragspartei (**aA** MünchKomm/ULMER⁴ § 312 Rn 30). § 312 soll den Verbraucher nur vor dem Druck und der Überraschung durch die andere Vertragspartei, nicht aber vor den Überredungskünsten eines mit der anderen Vertragspartei nicht verbundenen Dritten schützen (BGH NJW 1993, 1595 zum HWiG).

f) Mitverpflichteter Ehegatte

52 Fällt eine unter den Situationen des § 312 Abs 1 S 1 Nr 1–3 getätigte Verbrauchererklärung eines Ehegatten unter die Regelung des **§ 1357**, wird auch der andere **Ehegatte mitverpflichtet** (LG Würzburg NJW-RR 1988, 1324 für § 1 Abs 1 Nr 1–3 HWiG aF; MünchKomm/ULMER⁴ § 312 Rn 30; CEBULLA/PÜTZHOVEN FamRZ 1996, 1124 ff). Die besondere Situation des § 312 beeinträchtigt die Wirkung des § 1357 insoweit nicht. Entsprechend dem in Rn 38 f festgestellten **doppelten Verbraucherbegriff** steht das Widerrufsrecht nicht nur der Vertragspartei zu, die eine Willenserklärung iSd § 312 Abs 1 S 1 abgegeben hat, sondern auch demjenigen, der aus dem Vertrag verpflichtet wird. Sind beide Ehegatten verpflichtet, können auch beide das Widerrufsrecht ausüben und müssen dementsprechend auch beide gem § 312 Abs 2 belehrt werden (FISCHER/ MACHUNSKY § 1 HWiG Rn 67). Der Widerruf eines Ehegatten macht das gesamte Rechtsgeschäft idR endgültig unwirksam (CEBULLA/PÜTZHOVEN FamRZ 1996, 1124 ff). Dies ist letztlich eine Frage des **§ 139** (FISCHER/MACHUNSKY § 1 HWiG Rn 294).

g) Gesamtschuldner und Gesamtgläubiger

53 Sind mehrere Verbraucher zum Vertragsabschluss bestimmt worden, so kann bei Gesamtschuldnern bzw Gesamtgläubigern (vgl Rn 53) **jeder einzelne seine Vertragserklärung widerrufen**, denn jeder ist individuell bestimmt worden und genießt daher den Schutz des Gesetzes (ERMAN/SAENGER [2004] § 312 Rn 6). Ob bei **Widerruf nur einzelner**, nicht aller widerrufsberechtigten Gesamtgläubiger bzw Gesamtschuldner die Erklärungen der Nichtwiderrufenden mit Ablauf der Widerrufsfrist Wirksamkeit erlangen, bestimmt sich nach **§ 139** und damit danach, ob die nicht widerrufenden Vertragspartner auch ohne die widerrufenden die Vertragserklärung abgegeben, den Vertrag abgeschlossen hätten bzw abschließen konnten.

h) Beschränkt geschäftsfähiger Verbraucher

54 Wird die Verbrauchererklärung unter den Situationen des § 312 Abs 1 S 1 Nr 1–3 von einer **beschränkt geschäftsfähigen** Person abgegeben, so ist darauf abzustellen, ob diese Willenserklärung der Einwilligung des gesetzlichen Vertreters bedarf (§ 107). Ist die Erklärung von §§ 110, 112, 113 gedeckt, liegt die Entscheidung allein bei dem beschränkt Geschäftsfähigen, da ihm insoweit vom gesetzlichen Vertreter pauschal die Entscheidung über den Vertrag überlassen ist (**aA** FISCHER/MACHUNSKY § 1 HWiG Rn 66). Bei lediglich rechtlich vorteilhaften Erklärungen ist – abgesehen von der Problematik der „Entgeltlichkeit" (vgl Rn 14 f) – der Erklärende geschäftsfähig auch hinsichtlich der Widerrufserklärung, da diese über die Wirksamkeit des Vertrages selbst entscheidet und wegen der schwebenden Wirksamkeit keinen Verzicht auf eine Forderung gegen die andere Vertragspartei bedeutet (**aA** FISCHER/MACHUNSKY § 1 HWiG Rn 294).

Anders verhält es sich bei den Geschäften, die nach § 107 der Einwilligung des **55** gesetzlichen Vertreters bedürfen. Erklärt der gesetzliche Vertreter seine Zustimmung bzw Genehmigung (§§ 107, 108), wird davon das Widerrufsrecht grundsätzlich nicht berührt (FISCHER/MACHUNSKY § 1 HWiG Rn 66). Allerdings kann in dem Widerruf des gesetzlichen Vertreters die Verweigerung der Genehmigung liegen (§§ 182 Abs 1, 108). Im Übrigen entscheidet selbst bei vorheriger Zustimmung bzw erteilter Genehmigung allein der gesetzliche Vertreter über die Ausübung des Widerrufsrechts (FISCHER/MACHUNSKY § 1 HWiG Rn 66).

3. Beteiligung auf Seiten des Unternehmers

a) Bestimmung des Verbrauchers zur Willenserklärung (Kausalzusammenhang der Haustürsituation für den Vertragsabschluss)

Die Person des Bestimmenden, dh diejenige, die den Verbraucher in einer Situation **56** des § 312 Abs 1 S 1 Nr 1–3 überrumpelt und zum Vertragsschluss verleitet, ist nicht auf den anderen Vertragspartner persönlich beschränkt (BGH ZIP 2003, 22; OLG Stuttgart ZIP 1999, 2006 zu § 1 Abs 1 HWiG aF), denn § 312 spricht lediglich in Abs 1 S 1 Nr 2 pauschal von einer Bestimmung durch den Unternehmer oder einen „Dritten" (sog **Verhandlungsführer**). „Dritter" iSd § 312 Abs 1 S 1 Nr 2 ist weit zu verstehen und umfasst alle Formen der Vertretungs- und Vermittlungstätigkeit als auch eingeschränkt den Begriff des „Dritten" nach § 123 Abs 2 analog (s auch Rn 61). Es ist daher für die Herstellung des **Kausalzusammenhangs** der Haustürsituation für den Vertragsabschluss grundsätzlich gleichgültig, wer für den anderen Vertragspartner des Verbrauchers (oder Vertreters mit Verbrauchereigenschaft) die Verhandlungen mit letzterem führt.

b) Verhandlungsführerschaft für den Unternehmer

Die Einwirkung auf den Verbraucher kann von einem für den Unternehmer auf- **57** tretenden Verhandlungsführer, eventuell von diesem auch unabhängigen „Dritten", ausgehen. Ein Widerrufsrecht des Verbrauchers besteht aber jeweils nur dann, wenn dem Unternehmer das Verhalten des Verhandlungsführers auch tatsächlich zuzurechnen ist. Nach ganz herrschender Meinung, sowohl in der jüngeren BGH- und obergerichtlichen Rechtsprechung als auch im Schrifttum, sind die zu § **123** entwickelten Rechtsgrundsätze zur Beantwortung der Frage **entsprechend** anzuwenden, unter welchen Voraussetzungen die Vertragsanbahnung durch den Verhandlungsführer dem Unternehmer **zuzurechnen** ist (BT-Drucks 10/2876; BGH NJW 2003, 424, 425; BGH NJW 2003, 1390; BGH NJW-RR 2004, 1126; BGH NJW 2004, 1126; OLG Hamm WM 1995, 1872, 1873; OLG Stuttgart WM 1999, 2310, 2313; inzident auch OLG Frankfurt aM WM 2002, 545, 547; ERMAN/SAENGER [2000] § 1 HWiG Rn 28 f; MICKLITZ/TONNER § 312 Rn 53; FISCHER/MACHUNSKY § 1 Rn 57 f; KLAUSS/OSE § 1 Rn 77; WASSERMANN JuS 1990, 548, 552; kritisch HAHN/BROCKMANN VuR 2004, 207, 208; RÖRIG ZIP 2003, 26, 27; **aA** OLG Bremen Vorlagebeschluss v 27.5.04 – 2 U 20/02, 2 U 23/02, 2 U 53/02, NJW 2004, 2238 [Az beim EuGH C-229/04; Schlussanträge des Generalanwaltes Léger vom 2.6.2005]; KG Berlin WM 1996, 1219, 1220).

Der herrschende Ansatz findet bereits in der amtlichen Begründung zu § 1 HWiG **58**

seine Grundlage, da hier bereits zur Auslegung des § 1 HWiG auf die Rechtsprechung und Literatur zu § 123 verwiesen wurde (BT-Drucks 10/2876, S 11). Es reicht
daher für die Zurechnung des Verhaltens des Dritten nicht aus, wenn der Unternehmer sich lediglich das Handeln dieses Vermittlers **objektiv zunutze gemacht** hat.
Denn es ist nicht ersichtlich, warum der in einer Haustürsituation Überrumpelte und
zur Abgabe einer Willenserklärung Veranlasste, besser gestellt werden sollte, als
derjenige, der dazu durch eine arglistige Täuschung bestimmt wurde (BGH NJW 2003,
424, 425). Wesentliches übereinstimmendes Kriterium zwischen § 312 und § 123 ist,
dass der Vertragspartner jeweils durch **unlautere Mittel** zum Vertragsabschluss bestimmt, mithin durch das Verhalten des Vertreters kausal in seiner rechtsgeschäftlichen Entscheidungsfreiheit beschränkt wird. Die Lage des Verbrauchers und sein
Verhältnis zum Unternehmer stimmen damit im Grundsatz überein. Die bewährten
Maßstäbe der Zurechnung des § 123 entsprechend gewährleisten eine sach- und
interessengerechte Abgrenzung der Zurechnung des Verhaltens des Verhandlungsführers.

59 Unabhängig von Art und Maß der Beeinträchtigung der Entschließungsfreiheit ist
durch die Heranziehung der zu § 123 entwickelten Rechtsgrundsätze die zuverlässige
Beurteilung der **Kausalität** des Verhaltens des Verhandlungsführers für den Vertragsschluss sichergestellt.

c)   Vertreter- oder Vermittlertätigkeit für den Unternehmer
60 Bedient sich der Unternehmer eines Vertreters oder Vermittlers zum Vertragsschluss, so muss er sich dessen Verhandlung in einer Haustürsituation ohne Einschränkung zurechnen lassen (OLG Stuttgart ZIP 2004, 891, 896). Das Verhalten des
Verhandlungsführers ist dem Unternehmer daher nach § 123 Abs 1 analog dann
zuzurechen, wenn er entweder dessen **Angestellter, Mitarbeiter** oder **Beauftragter** ist
oder **wegen seiner engen Beziehung zu diesem als dessen Vertrauensperson erscheint**
(BGH NJW 2003, 424, 425; BGH DB 2004, 647 ff; zuvor bereits BGH WM 1990, 479, 480; BGH WM
1992, 1016). Der Verbraucher kann bei einem ihm erkennbaren Vertrauensverhältnis
zwischen Verhandlungsführer und dem Unternehmer davon ausgehen, dass die
Verhandlungen mit dem Wissen und Willen der anderen Vertragspartei erfolgten.

d)   Verhandlungen durch einen selbständigen Verhandlungsführer
61 Ist der Verhandlungsführer **Dritter im Sinne des § 123 Abs 2 analog**, dh ist er am
Geschäft gänzlich unbeteiligt, steht er also nicht auf Seiten des Unternehmers und
hat auch nicht maßgeblich am Zustandekommen des Vertrages mitgewirkt (PALANDT/
HEINRICHS[64] § 123 Rn 13 mwN), geht auch hier die Rechtsprechung des XI. und II.
Senats des BGH auseinander (vgl zu der unterschiedlichen Rechtsprechung der Zivilsenate
des BGH zu den sog Schrottimmobilien bereits die Vorbem 33, 37). Die **Haustürwiderrufsricht-**
linie enthält jedenfalls keine Regelung der Zurechnung des Verhaltens Dritter. **Art 2**
der Richtlinie setzt voraus, dass der Gewerbetreibende selbst oder ein Vertreter den
Verbraucher besuchen. Der erweiterte Verbraucherschutz bei dem vermittelten Abschluss von Haustürgeschäften im deutschen Recht ist aufgrund des Mindestschutzcharakters gem Art 8 mit der Richtlinie vereinbar.

62 Nach der restriktiven **Rechtsprechung des XI. Zivilsenats des BGH** ist das Handeln
eines unabhängigen Verhandlungsführers dem Unternehmer nur zuzurechnen, wenn
dieser **die genauen Umstände des Vertragsschlusses kannte oder kennen musste** (BGH

NJW 2003, 424, 425). Über einen Vermittler gewerblich tätige Bauträgergesellschaften, die an Verbraucher Grundstücke oder Eigentumswohnungen verkaufen und diesen **Darlehensverträge** mit Banken vermitteln, sind für die kreditgewährenden Banken „Dritte" iSd § 123 Abs 2 analog (zuletzt BGH DB 2004, 647; aA Hahn/Brockmann VuR 2004, 207, 209, die Vermittler finanzierter Anlagemodelle als Verhandlungsführer iSv § 123 Abs 1 ansehen). Für die Annahme **fahrlässiger Unkenntnis** genügt, dass die Umstände des Einzelfalls den Unternehmer veranlassen mussten, sich danach zu erkundigen, auf welchen Umständen die ihm von dem Verbraucher übermittelte Willenserklärung beruht (BGH DB 2004, 647; BGH NJW 2003, 424, 425; BGH WM 1992, 1016 f). Fahrlässigkeit ist nach dem BGH bei der Finanzierung des Erwerbs eines Grundstücks oder einer Eigentumswohnung durch eine Bank **nicht** jedoch bereits deshalb anzunehmen, weil die **Bank Kenntnis davon hat, dass die Eigentumswohnung nicht von einer Privatperson, sondern von einer gewerblich tätigen Bauträgergesellschaft über einen Vermittler verkauft und der Darlehensvertrag über ihn vermittelt wurde** (BGH NJW-RR 2004, 1126). Diese Umstände lassen nach Ansicht des XI. Senats nicht ohne weiteres auf das Vorliegen einer Haustürsituation schließen: Die Bank muss hieraus, ohne – insbesondere bei einem ersten geschäftlichen Kontakt mit dem Vermittler – weitere Anhaltspunkte über die Geschäftspraktiken bei der Vermittlung des konkreten Objekts zu haben, hiernach nicht schließen, dass die Darlehenserklärung des Verbrauchers auf eine mündliche Verhandlung ohne vorherige Bestellung an deren Arbeitsplatz oder Privatwohnung beruht. Die kreditgebende Bank ist demnach auch nicht ohne weiteres verpflichtet, Nachfragen zu den Umständen der Vertragsanbahnung zu stellen (BGH aaO; BGH NJW 2003, 424, 425).

Dagegen hat der **II. Zivilsenat des BGH** entschieden, dass dem Darlehensgeber die **63** Haustürsituation zuzurechnen ist, wenn er dem **von einem Fondsanbieter eingeschalteten Vermittler** die Anbahnung auch des Kreditvertrages überlässt und Anhaltspunkte dafür bestehen, dass der Anleger in einer Haustürsituation geworben worden ist (BGH NJW 2004, 2731). Dies erscheint als ein deutlicher großzügiger Maßstab, denn hier wird eher eine Obliegenheit zur Erkundigung angenommen. Eine solche Erkundigungspflicht kann sich ergeben, wenn die Bank in irgendeiner Form in das Vertriebssystem des Fonds eingebunden ist, etwa dadurch, dass sie dem Vermittler ihre Vertragsformulare überlassen hat. Im Interesse eines systemstimmigen Verbraucherschutzes scheint diese Richtung die bessere; zumutbar ist es für die Bank allemal.

Hiervon scheint der Senat auch in neuerer Rechtsprechung nicht abgerückt zu sein. **64** Zwar betont er, dass eine Haustürsituation einem Kreditinstitut, das eine Beteiligung an einem geschlossenen Immobilienfonds finanziert, in entsprechender Anwendung der zu § 123 Abs 2 entwickelten Grundsätze zuzurechnen ist. Dabei erstrecke sich das Erfordernis einer Kenntnis oder einer zumindest fahrlässigen, durch Erkundigung vermeidbaren Unkenntnis vom Vorhandensein der Haustürsituation ausschließlich auf die tatsächlichen Umstände, unter denen es zur Abgabe der Vertragserklärung des Kunden gekommen ist, nicht aber auf rechtliche Erwägungen. Gleichzeit betont er aber wiederum eine sich ggf ergebende Pflicht zur Erkundigung (BGH WM 2005, 1408). Zu beachten ist allerdings, dass diese Rechtsprechung auf dem Prüfstand des Europarechts steht: Das OLG Bremen (Vorlagebeschl v 27. 5. 2004 – 2 U 20/02, 23/02 und 53/02) hält für die Zurechnung allein das Vorliegen einer Haustürsituation für entscheidend und hat die Frage dem EuGH vorgelegt. Inzwischen hat General-

anwalt Léger seine Schlussanträge gestellt (2. 6. 2005 – C-229/04): Er hält – trotz Zweifel
an der Zulässigkeit der Vorlage – die Rechtsprechung des BGH, die für die Zurechnung des Handelns Dritter subjektive Erfordernisse aufstellt, für nicht sekun-
därrechtskonform (s auch Vorbem 37).

e)　Handeln des Ehepartners für den Unternehmer

65　Ähnlich liegt die Problematik, wenn der Unternehmer den Ehepartner oder einen
nahen Verwandten (Angehörigen) des Verbrauchers gewinnt, letzteren in der ehelichen Wohnung zum Vertragsschluss zu bestimmen. Auch hier will der Unternehmer in Kenntnis der Umstände das entsprechende Verhalten des von ihm Ange-
sprochenen bewirken. Trotzdem hat der BGH (WM 1993, 683 = NJW 1993, 1594 = DB
1993, 1182; WM 1995, 2133, 2134; zustimmend Erman/Saenger [2004] § 312 Rn 38; Fischer/
Machunsky § 1 HWiG Rn 60; Reinicke/Tiedtke Rn 1300) mangels einer Überrumplungsgefahr die Heranziehung des HWiG aF im Wege teleologischer Reduktion ausgeschlossen, da der Verbraucher die Angelegenheit in Ruhe überlegen könne und
seine Privatsphäre nicht verletzt werde (Reinicke/Tiedtke Rn 1300). Dabei wird jedoch
übersehen, dass § 312, wie § 1 HWiG aF, nicht auf eine konkret nachzuweisende
Überrumplungsgefahr abstellt, sondern auf eine **typische und abstrakte Gefahren-
situation** des Abs 1 S 1 (vgl Rn 1 f; so bereits Staudinger/Werner [2001] § 1 Rn 34). Außerdem erwartet der Verbraucher von denen ihm nahe stehenden Personen nicht, dass
sie ihn im Auftrag und Interesse eines Unternehmers zum Vertragsschluss bewegen.
Dieses Angebot ist für den Verbraucher ebenso überraschend wie das des Unternehmers selbst und erfolgt zudem idR unter Ausnutzung des entgegengebrachten
besonderen persönlichen Vertrauens. Zudem kann die Verletzung der Privatsphäre
nicht als Argument herangezogen werden, denn diese erfolgt ebenso bei einem
Gespräch mit dem Unternehmer nicht, wenn der Verbraucher diesen in seine Wohnung lässt bzw das Gespräch im Rahmen der Orte des Abs 1 S 1 Nr 1–3 führt.

66　Der BGH und die ihm folgende Rechtsprechung und Literatur gelangen jedoch
dann zu einer Anwendung des § 312, wenn der die Verhandlung führende Ehegatte
oder ein naher Angehöriger des Verbrauchers allgemein werbend als **Angestellter
oder Repräsentant des Unternehmers** tätig ist (BGHZ 133, 254, 258 = NJW 1996, 3414;
Erman/Saenger [2004] § 312 Rn 38; Reinicke/Tiedtke Rn 1302). Wird der Widerspruch
offenbar, besteht Einigkeit darüber, dass kein Grund für den Ausschluss des Schutzes besteht, denn es kommt in diesem Fall nicht mehr auf die Beziehungen zum
Verbraucher an, sondern nur auf die zur anderen Vertragspartei. Der Verbraucher
ist in gleicher Weise schutzbedürftig und die Verhandlungssituationen des § 312
Abs 1 S 1 Nr 1–3 sind gegeben, unabhängig davon, ob der andere Vertragsteil zu
dem Ehegatten bzw Angehörigen in enger dauernder Beziehung steht oder diesen
nur für das konkrete Verbrauchergespräch gewonnen hat. Der Verbraucher soll im
konkreten Einzelfall durch § 312 geschützt sein (im Ergebnis ebenso Frings ZIP 1996,
1193). Das Gleiche gilt für einen auf Veranlassung des Unternehmers handelnden
Nachbarn (Palandt/Heinrichs[64] § 312 Rn 6; **aA** KG Berlin NJW 1996, 1480).

f)　Grundsatz persönlicher Verhandlungsführung

67　Mit dem Verbraucher (bzw mehreren Verbrauchern) müssen die **Verhandlungen
persönlich** erfolgen, dessen Ehegatte genügt nicht (BGH NJW 1993, 1594, vgl Rn 52),
sofern keine Stellvertretung oder ein Sonderfall des § 1357 vorliegt (vgl Rn 52).

V. Kausalität

1. Bestimmung des Verbrauchers („bestimmt worden ist")

Der Verbraucher muss zur Abgabe der Willenserklärung **bestimmt** worden sein. **68**
Diese Formulierung entspricht § 123 (BT-Drucks 102876, 11). Allerdings sagt allein
Abs 1 S 1 Nr 1, worin der bestimmende Faktor liegen muss; für Ziffer 2 genügt,
dass der Verbraucher „anlässlich" oder in Ziffer 3 „im Anschluss an" die Verhandlungssituation bestimmt worden ist. Es geht damit um den Rahmen der Vertragsanbahnung. Der entscheidende Beweggrund für die Verbrauchererklärung muss
durch einen der in Abs 1 S 1 Nr 1–3 aufgeführten Umstände erfolgen. Die Situation
des Abs 1 S 1 Nr 1–3 muss ursächlich (kausal) für den Vertragsabschluss gewesen
sein (BGHZ 131, 385; BGH NJW 1996, 3416). Es genügt, wenn die Vertragsanbahnung in
einer Haustürsituation erfolgt ist und **zumindest mitursächlich** für den späteren
Vertragsschluss ist (BGH WM 2003, 1370, 1372; BGH VersR 1999, 321; BGH ZIP 1999, 2006;
OLG Stuttgart EWiR § 1 HWiG 1/2000, 179 mit Anm von KESSAL-WULF; BGH WM 1996, 390;
PALANDT/HEINRICHS[64] § 312 Rn 13; REINICKE/TIEDTKE Rn 1292; GILLES NJW 1986, 1131, 1139).
Entscheidend ist allein, ob der Verbraucher seine Vertragserklärung nicht oder nicht
so ohne die vorherige Kontaktaufnahme iSd § 312 Abs 1 S 1 abgegeben hätte (BGH
NJW 1996, 926; OLG Stuttgart NJW-RR 1989, 956, 957; MünchKomm/ULMER[4] § 312 Rn 29;
FISCHER/MACHUNSKY § 1 HWiG Rn 52; REINICKE/TIEDTKE Rn 1292; LÖWE BB 1986, 821, 823).
Nicht erforderlich ist eine überwiegende Verursachung, eine – regelmäßig gegebene
– Adäquanz, eine wesentliche Bedingung. Dieses Kausalitätserfordernis gilt für alle
in Abs 1 S 1 Nr 1–3 aufgeführten Vertragsschlüsse (FISCHER/MACHUNSKY § 1 HWiG
Rn 50 f).

Als unschädlich für die Anwendung des § 312 sind vorab übersandte Probeexem- **69**
plare, Werbegeschenke, Freiexemplare etc anzusehen, wenn diese neben dem entscheidenden bestimmenden Gespräch oder in einer Situation des § 312 Abs 1 S 1
Nr 1–3 gewährt wurden. Jedoch findet § 312 keine Anwendung, wenn bereits außerhalb der Örtlichkeiten des Abs 1 S 1 Nr 1–3 die entscheidenden Verhandlungen
stattgefunden und den Verbraucher bestimmt haben, bevor es in den genannten
Orten zum offiziellen Vertragsschluss kommt (OLG Hamm NJW 1994, 2159 für § 1 Abs 1
Nr 1 HWiG aF).

2. Zeitlicher Zusammenhang

Ein enger **zeitlicher Zusammenhang** zwischen mündlicher Verhandlung und der **70**
Vertragserklärung ist nicht erforderlich (BGH, Urteil v 20.5.2003 – XI ZR 248/02, WM
2003, 1370, 1371 f; BGH ZIP 1999, 2006; BGH NJW 1996, 926, 928; BGH NJW 1994, 262; LG
Zweibrücken NJW-RR 1999, 809; REINICKE/TIEDTKE Rn 1293; aA KNAUTH WM 1986, 509, 513 f).
Das Widerrufsrecht kann nicht durch eine Aufspaltung der Überrumplungssituation
und des später abgeschlossenen Vertrags ausgeschlossen werden (BGH ZIP 1999, 2006).
Entscheidend ist allein die **Fortwirkung der durch die besondere Situation hervorge-
rufenen Wirkung** (OLG Stuttgart ZIP 1999, 2005; ERMAN/SAENGER [2004] § 312 Rn 32; PALANDT/
HEINRICHS[64] § 312 Rn 13). Es reicht aus, wenn der Verbraucher das ihm in der Situation
des § 312 Abs 1 S 1 übergebene Vertragsformular nicht sofort während des Vertrags-
gesprächs, sondern später, also nach möglicher Überlegungsfrist, unterzeichnet und
absendet (BGH ZIP 1996, 1943) oder wenn der Verbraucher den anderen Vertrags-

§ 312   Buch 2

71, 72   Abschnitt 3 · Schuldverhältnisse aus Verträgen

partner aufgrund eines vorangegangenen Gesprächs unter den Bedingungen des § 312 Abs 1 S 1 später in dessen Geschäftslokal aufsucht und nach nochmaliger Besprechung seine Vertragserklärung abgibt (REINICKE/TIEDTKE Rn 1292). Ein Haustürgeschäft liegt daher auch dann vor, wenn der erste Besuch des Vertreters zwar bereits mehrere Wochen zurücklag, die Überraschungssituation und die Beeinträchtigung der Entschließungsfreiheit aber dadurch fortwirken, dass der Vertreter Finanzunterlagen zur Prüfung erhalten und auf deren Grundlage vereinbarungsgemäß ein Anlagenkonzept erarbeitet hat (OLG Frankfurt v 3. 2. 2005 – 21 AR 150/04). Ein enger zeitlicher Zusammenhang hat allerdings **Indizwirkung** für das Vorliegen der vorausgesetzten Kausalität. Bei zunehmendem zeitlichen Abstand kann aber die Indizwirkung dafür entfallen, dass die ursprüngliche Haustürsituation ursächlich für die Abgabe der widerrufenen Willenserklärung geworden ist (BGH ZIP 2003, 984; BGH WM 2003, 483; BGHZ 131, 385, 392; BGH NJW 1996, 3416). Den widersprechenden Verbraucher trifft dann die **Beweislast** für das Vorliegen der Kausalität (s auch OLG Zweibrücken NJW-RR 1999, 809).

3. Beweislast

71 Der Verbraucher muss beweisen, dass seine Erklärung auf dem Abschluss eines Vertrags über eine entgeltliche Leistung gerichtet war (MünchKomm/ULMER[4] § 312 Rn 31; FISCHER/MACHUNSKY § 1 HWiG Rn 47). Ebenso hat der Verbraucher die Kausalität des Verkaufsgesprächs unter den Voraussetzungen des § 312 Abs 1 S 1 für den Vertragsschluss zu beweisen, also dass er durch das Verhalten des anderen Vertragspartners hierzu bestimmt worden ist. Liegt zwischen dem Gespräch und seiner Vertragserklärung nur eine kurze Zeitspanne bzw erfolgt diese während der Situation des § 312 Abs 1 S 1, spricht der **Beweis des ersten Anscheins** für die Kausalität (OLG Stuttgart NJW-RR 1989, 1144; OLG Koblenz NJW 1994, 1418, 1420; LG Zweibrücken NJW-RR 1999, 809; FISCHER/MACHUNSKY § 1 HWiG Rn 53; REINICKE/TIEDTKE Rn 1293). Bei zunehmendem zeitlichen Abstand zwischen den Situationen des § 312 Abs 1 S 1 und dem Vertragsschluss kann dagegen die Indizwirkung für die Kausalität entfallen (BGH WM 2003, 1370, 1372; MünchKomm/ULMER[4] § 312 Rn 32; ERMAN/SAENGER [2004] § 312 Rn 33; FISCHER/MACHUNSKY § 1 HWiG Rn 54; REINICKE/TIEDTKE Rn 1293). Bei einem zeitlichen Abstand von rund drei Wochen zwischen Vertragsverhandlung und -abschluss kann es daher an der Fortdauer des Überrumplungseffekts fehlen (BGH WM 2003, 1370, 1371 f). Der Nachweis gleichwohl bestehender Kausalität bleibt dem Verbraucher im Einzelfall jedoch unbenommen (BGH WM 2003, 483; NJW 1996, 926, 928; MünchKomm/ULMER[4] § 312 Rn 32). Eine Haustürsituation kann etwa fortdauern, wenn der Vermittler den Darlehensnehmer zur Unterschriftsleistung in die Geschäftsräume der darlehensgewährenden Bank begleitet (OLG Karlsruhe, Urteil v 1. 4. 2004 – 19 U 162/02); auch hier ist die Kausalität durch den Verbraucher jedoch gesondert darzulegen.

VI. Haustürsituationen, Abs 1 S 1 Nr 1–3

1. Allgemeines

72 Im Gegensatz zum zeitlichen Zusammenhang bei der Vertragsbestimmung (vgl Rn 70) sind in Abs 1 S 1 Nr 1–3 die örtlichen Situationen, in denen die Verhandlungen und damit die Bestimmung des Verbrauchers zum Vertragsschluss erfolgen, das entscheidende Moment für die Überrumplung und Ausnutzung des Überraschungseffekts (vgl Vorbem 3 f) und damit auch für das Bestehen des Widerrufsrechts. Es handelt sich um Vertragsverhandlungen außerhalb der ständigen Geschäftsräume der anderen Partei (FISCHER/MACHUNSKY, HWiG Einl Rn 38).

Die **Aufzählung** (BT-Drucks 10/2876, 9 f zu § 1 Abs 1 HWiG aF) in Abs 1 ist **abschließend** **73** und lässt aus Gründen der Rechtsklarheit, Rechtssicherheit und des Ausnahmecharakters eine analoge Anwendung auf andere Vertragsabschlussorte nicht zu: *enumeratio unius, exclusio alterius* (**aA** MünchKomm/ULMER[4] § 312 Rn 33 und nunmehr auch PALANDT/HEINRICHS[64] § 312 Rn 11). Allerdings können im Einzelfall vergleichbare Situationen der Vertragsanbahnung, in denen der Verbraucher gleichfalls schutzwürdig ist, dem **Umgehungsverbot des § 312f Abs 2** unterfallen. Die abschließende Regelung war jedoch vom Gesetzgeber ausdrücklich gewollt (BT-Drucks 10/2876, S 9 f), so dass keine einer Analogie zugängliche Regelungslücke bestehen kann. Der Gesetzgeber wollte nur die bisher bekannten typischen Fälle einer Verbrauchergefährdung erfassen. Im Ergebnis besteht jedoch weitgehend Einigkeit; es offenbart sich hier die allgemein verschwommene Grenze zwischen Analogie und Umgehungsverbot (s § 312f Rn 14).

a) Telefon-Marketing und Teleshopping

Für die Vorgängernorm des § 312, § 1 HWiG aF, war lange Zeit umstritten, ob der **74** telefonische Vertragsschluss eines Verbrauchervertrages, der auf einen vom Unternehmer veranlassten Telefonanruf zurückgeht, und Bestellungen des Verbrauchers im Anschluss an Werbesendungen im Fernsehen, als Haustürgeschäfte erfasst werden. Für das Vorliegen eines Haustürgeschäfts wurde vorgebracht, dass das Telefongespräch an den in Abs 1 genannten Orten den Verbraucher ebenso unerwartet und unvorbereitet treffe wie der persönliche Besuch des Unternehmers; nichts anderes gelte für entsprechende Werbesendungen des Unternehmers (STAUDINGER/WERNER [2001] Rn 74 ff mwN). Die herrschende Meinung lehnte dagegen die Annahme eines Haustürgeschäfts in den genannten Fällen unter Hinweis auf die Gesetzesbegründung (BT-Drucks 10/2876, S 11) ab, da es in diesen Fallgestaltungen grundsätzlich an einer der Haustürsituation entsprechenden Gefahrenlage fehle. So lehnte auch der BGH und das herrschende Schrifttum eine Ausdehnung des Anwendungsbereichs des HWiG aF im Hinblick auf eine telefonisch erfolgte Kontaktaufnahme ab (BGH NJW 1996, 929; LÖWE BB 1986, 821, 824; GOLLER GewArch 1986, 73, 75; REINICKE/TIEDTKE Rn 1274; SCHLAUS ZHR 151, 180, 182; TESKE ZIP 1986, 624, 628; KNAUTH WM 1987, 517, 528; KLAUSS/OSE Rn 97 f; FISCHER/MACHUNSKY Rn 77).

Nach der gesetzlichen Verankerung eines Widerrufsrechts für **Fernabsatzgeschäfte** **75** im Jahre 2000, das sich nach der Schuldrechtsmodernisierung in den **§§ 312b, 312d** wiederfindet, wird den Gefahren der Fernabsatzgeschäfte für Verbraucher – auch über die Wege des Telefon-Marketing und Teleshopping – ausreichend Rechnung getragen. Die gesetzlichen Vorschriften über Fernabsatzgeschäfte schützen den Verbraucher vor den mit der Unsichtbarkeit des Vertragspartners und der Produkte verbundenen Gefahren dieser spezifischen Vertragssituationen, die auf dem technisch-strukturellen Informationsdefizit des Verbrauchers beruhen (vgl Vorbem 3). Für eine Regelungslücke des § 312 im Hinblick auf Fernabsatzverträge bleibt kein Raum (MünchKomm/ULMER[4] § 312 Rn 58, s auch Vorbem §§ 312, 312a Rn 26). Haustür- und Fernabsatzgeschäfte können nicht nebeneinander vorliegen und schließen sich bereits tatbestandlich aus (zum Verhältnis beider Geschäfte zueinander s auch THÜSING, Versandhandel

Rn 9). In den Fällen des Telefon-Marketings und des Teleshoppings finden daher regelmäßig im Hinblick auf das Widerrufsrecht des Verbrauchers und dessen Voraussetzungen nur die Regelungen der §§ 312b, 312d über Fernabsatzgeschäfte Anwendung.

b)   Ort der Erklärung

76 Da der Verbraucher lediglich aufgrund der Situation des Abs 1 S 1 Nr 1–3 zu seiner Vertragserklärung bestimmt werden muss, ist es unerheblich, wo er diese Erklärung abgibt. Dh der Ort der Abgabe seiner Vertragserklärung muss nicht mit dem der Bestimmung iSd Abs 1 S 1 Nr 1–3 identisch sein (MünchKomm/Ulmer[4] § 312 Rn 34; Palandt/Heinrichs[64] § 312 Rn 12).

c)   Mündlichkeit

77 In ausdrücklicher Gesetzesformulierung beschränkt § 312 Abs 1 S 1 Nr 1 den Schutz des Verbrauchers auf Vertragsschlüsse, zu denen der Verbraucher durch mündliche Verhandlung, in Nr 3 durch Ansprechen bestimmt worden ist.

2.   Mündliche Verhandlungen am Arbeitsplatz oder in einer Privatwohnung (Abs 1 S 1 Nr 1)

78 „Verhandlungen" iS des § 312 Abs 1 S 1 Nr 1 beginnen nicht erst dann, wenn es um Einzelheiten der Vertragsgestaltung geht. Der Begriff umfasst vielmehr schon jedes werbemäßige Ansprechen eines Kunden, jede anbieterinitiierte Kontaktaufnahme (MünchKomm/Ulmer[4] § 312 Rn 34, 35), die auf einen späteren Vertragsabschluss abzielt (vgl Soergel/Wolf § 1 HWiG Rn 13). § 312 Abs 1 S 1 Nr 1 kann schon dann eingreifen, wenn bei dem Gespräch am Arbeitsplatz lediglich der Besuch des Kunden in den Geschäftsräumen der anderen Vertragspartei vorbereitet oder verabredet wird, der Geschäftsabschluss aber erst dort erfolgt (BGH NJW 1996, 926, 928; Fischer/Machunsky § 1 HWiG Rn 76).

79 Ein Vertrag über die Bestellung von Fenstern und Türen, zu dem der Besteller auf einer **von der Wohnung räumlich getrennten privaten Baustelle** bestimmt worden ist, kann als Haustürgeschäft widerrufen werden (AG Ettenheim NJW-RR 2004, 1429). Bietet der Unternehmer oder ein Vertreter des Unternehmers dem Verbraucher auf der Baustelle seine Produkte an, ohne dass sich der Verbraucher zuvor über die Firma des Unternehmers hätte unterrichten können, wird für den auf der Baustelle arbeitenden Verbraucher eine Situation geschaffen, die Verhandlungen im Bereich der Privatwohnung entspricht (AG Ettenheim aaO).

80 Regelmäßig tritt nicht der Unternehmer selbst, sondern ein Dritter als **Vertreter des Unternehmers** an der Haustür oder am Arbeitsplatz des Verbrauchers auf. Nach dem Wortlaut des § 312 Abs 1 Nr 1 ist für das Widerrufsrecht des Verbrauchers unerheblich, ob die Haustürsituation durch den Unternehmer selbst oder einen Dritten geschaffen wurde (Weiler BB 2003, 1397, 1400). Andernfalls würde der Schutz des Verbrauchers gemäß § 312 leer laufen (Fischer/Machunsky § 1 HWiG Rn 57; Weiler BB 2003, 1397). Die Zurechnung des Vertreterverhaltens richtet sich nach § 123 (dazu bereits oben Rn 56, 60 f).

81 Tritt bei Vertragsabschluss ein **Vertreter des Verbrauchers** auf, scheitert der Widerruf dagegen regelmäßig an dem Erfordernis einer Haustürsituation. Mangels Haustür-situation steht daher auch den Erwerbern von kreditfinanzierten Immobilien, **sog Schrottimmobilien** (grundsätzlich zu der Problematik des Widerrufs von kreditfinanzierten Im-mobiliengeschäften s Vorbem 33), hinsichtlich der zur Finanzierung abgeschlossenen Darlehensverträge kein Widerrufsrecht nach den Haustürwiderrufsregeln zu. Denn zur Beurteilung der Situation des Vertragsabschlusses ist nach **§ 166 Abs 1** auf den Vertreter des Verbrauchers abzustellen, der sich bei Abschluss des Darlehensver-trages selbst **nicht in einer Haustürsituation iSv § 312 Abs 1** befand (s auch BVerfG NJW 2004, 151 für einen Treuhänder als Vertreter).

a)   Mündliche Verhandlung am Arbeitsplatz (Abs 1 S 1 Nr 1 Alt 1)

aa)   Haustürwiderrufssituationen im Arbeitsrecht?
Die dem Verbraucher zur Vertragserklärung bestimmenden Verhandlungen am   **82** Arbeitsplatz beziehen sich nur auf den Arbeitsplatz des Verbrauchers, nicht der anderen Vertragspartei oder eines Dritten. An seinem Arbeitsplatz rechnet der Verbraucher in der Regel nicht mit derartigen Verhandlungen und bedarf daher grundsätzlich des von § 312 bezweckten Schutzes. Allerdings ist der „Arbeitsplatz" nicht allein auf die dem Verbraucher zugewiesene Arbeitsstelle im engeren Sinne beschränkt. Der Begriff des Arbeitsplatzes im Sinne der Bestimmung wird allgemein weit verstanden und umfasst das gesamte Betriebsgelände einschließlich der Perso-nalabteilung (BAG BB 2004, 1858; PALANDT/HEINRICHS[64] § 312 Rn 14; THEIN, in: HENSSLER/ GRAF VON WESTPHALEN, Praxis der Schuldrechtsreform § 312 Rn 23; AnwKomm-BGB/RING § 312 Rn 15; BAUER NZA 2002, 169, 171).

Grundsätzlich ist auch die Arbeitsstelle eines **Selbständigen oder Freiberuflers** als   **83** Arbeitsplatz iSv § 312 Abs 1 S 1 Nr 1 Nr 1 anzusehen. Auch der Selbständige oder Freiberufler kann nach § 13 Verbraucher sein, da grundsätzlich jede natürliche Person ohne Rücksicht auf ihren wirtschaftlichen Status erfasst wird. Vom Verbrau-cherschutz ausgenommen sind nur solche Rechtsgeschäfte, die zu Zwecken abge-schlossen werden, die der gewerblichen oder selbständigen beruflichen Tätigkeit zuzurechnen sind. Danach kann selbst ein Unternehmer Verbraucher sein, wenn das abgeschlossene Rechtsgeschäft nicht den genannten Zwecken dient. Betriebsinhaber und Freiberufler werden regelmäßig an ihrer Arbeitsstelle mit außerbetrieblichen Angelegenheiten befasst. Sie sind in der Regel über die allgemein übliche Arbeits-zeit hinaus an ihrem Arbeitsplatz tätig und tätigen von dort aus in lebensnaher Anschauung für gewöhnlich auch über ihre berufliche Tätigkeit hinausgehende private Geschäfte. Daher können sie Vertragsangebote an ihrem Arbeitsplatz un-vorbereitet treffen (OLG Düsseldorf BB 1999, 1784; MARTIS MDR 1999, 1989; PALANDT/HEIN-RICHS[64] § 312 Rn 14; PFEIFFER/DAUCK NJW 1996, 2077, 2078; **aA** STAUDINGER/WERNER [2001] § 1 HWiG, Rn 80). Für § 13 und § 312 ist unerheblich, ob die Tätigkeit in einem Ange-stelltenverhältnis ausgeübt wird, in ihrer typischen Umgebung beschränkt ist oder einen begrenzten Inhalt oder Umfang hat. Bei einem Selbständigen oder Freibe-rufler ist der räumliche Schutzbereich indes weiter als bei abhängig Beschäftigten, da sich ihr Arbeitsplatz immer gerade dort befindet, wo sie beruflich tätig sind (BAM-BERGER/ROTH/ANN § 312, Rn 14).

Nicht gefolgt werden kann aber der Auffassung, dass grundsätzlich auch alle Ge-   **84** schäfte zwischen Arbeitnehmer und Arbeitgeber von § 312 erfasst werden, da das

Gesetz hierzu keine Unterscheidung treffe (FISCHER/MACHUNSKY § 1 HWiG Rn 90). Diese Argumentation trägt nur soweit, als sich die Verträge nicht auf das Arbeitsverhältnis beziehen. Nur solche erwartet der Arbeitnehmer nicht. Verträge, die das Arbeitsverhältnis selbst betreffen, werden durch das insoweit speziellere Arbeitsrecht erfasst und ausgeglichen (s Rn 85).

bb) Änderung von Arbeitsverträgen

85 Die Vereinbarung von **Änderungen bzw die Aufhebung eines Arbeitsvertrages** nach mündlicher Verhandlung am Arbeitsplatz unterfällt entgegen dem Wortlaut des § 312 Abs 1 Nr 1 und der grundsätzlichen **Verbrauchereigenschaft des Arbeitnehmers** (ablehnend zur Verbrauchereigenschaft des Arbeitnehmers: BAUER NZA 2002, 169, 171; BAUER/KOCH DB 2002, 42, 44; HENSSLER RdA 2002, 129, 133 f; HROMADKA NJW 2002, 2523, 2524; LIEB, in: FS Ulmer S 1231, 1236; LÖWISCH NZA 2001, 465, 466; REICHOLD ZTR 2002, 202, 203; RIEBLE/KLUMPP ZIP 2002, 2153, 2155; wie hier BAG 25. 5. 2005 – 5 AzR, 572/04; KITTNER/ZWANZIGER/BACHNER, Arbeitsrecht § 104 Rn 81; ErfK/MÜLLER-GLÖGE § 620 BGB Rn 13; BOEMKE DB 2002, 96, 97; GOTTHARDT Arbeitsrecht nach der Schuldrechtsreform [2002] Rn 173; PREIS Sonderbeilage NZA Heft 16/2003, 19, 23 f; REINECKE DB 2002, 583, 587; SINGER RdA 2003, 194, 195, THÜSING BB 2002, 2666) **nicht § 312** (BAG NJW 2004, 2401, für einen Vertragsabschluss in einem Personalbüro, wobei aber die Frage der Verbrauchereigenschaft des Arbeitnehmers offen gelassen wurde; LEMBKE NJW 2004, 2941; THÜSING FAZ v 3. 12. 2003, S 14; LAG Rostock, Urteil vom 11. 6. 2003 – 2 Sa 64 und 65/03, sowie vom 29. 1. 2003 – 2 Sa 492 – EzA-SD 2003, Nr 9, 8; LAG Rheinland-Pfalz, Urteil v 3. 4. 2003 – 6 Sa 109/03; LAG Hamm NZA-RR 2003, 401, 402 f; LAG Köln ZIP 2003, 2089, das allerdings auch die Verbrauchereigenschaft des Arbeitnehmers verneint; LAG Potsdam ZIP 2003, 1214; ebenso THÜSING/LEDER BB 2004, 42 ff; LEDER/MORGENROTH NZA 2002, 952, 953; STAUDINGER/WERNER [2001] § 1 HWiG Rn 81; **aA** ArbG Berlin, Urteil v 2. 4. 2003 – 31 Ca 33694/02 – EzA-SD 2003, Nr 18, 5, unter Berufung auf den Wortlaut des § 312). Dies ergibt sich bereits aus der Überschrift des 2. Untertitels „Besondere Vertriebsformen" und dem systematischen Zusammenhang der verbraucherschützenden Widerrufsregelungen (**aA** HÜMMERICH/HOLTHAUSEN NZA 2002, 173, 178, die aufgrund des Wortlauts des § 312 eine klarstellende Gesetzesänderung für erforderlich halten). In den §§ 312 ff sind nur drei Vertriebsformen geregelt: Haustürgeschäfte, Fernabsatzverträge und Geschäftsabschlüsse im Rahmen des elektronischen Geschäftsverkehrs. Die Einbeziehung arbeitsrechtlicher (Änderungs-)Verträge hat hier, im Gegensatz etwa zur Regelung der Klauselkontrolle in § 310 Abs 4 S 2, im Gesetz keinen Niederschlag gefunden. Der Gesetzgeber hat bei der Einschmelzung des Haustürwiderrufsgesetzes in das BGB nicht den arbeitsrechtlichen Schutz erhöhen wollen. Auch aus der Haustürwiderrufsrichtlinie 85/577/EWG lassen sich keine Anhaltspunkte für die Einbeziehung arbeitsrechtlicher Verträge entnehmen. Dieses Ergebnis wird durch die teleologische Auslegung bestätigt: Durch die Regelungen der §§ 312 ff, insbesondere des § 312, sollen Verbraucher vor den typischen Vertriebssituationen geschützt werden, in denen sie überraschend mit einem Vertragsangebot konfrontiert werden und keine ausreichenden Vergleichsmöglichkeiten besitzen. Die in § 312 Abs 1 aufgezählten Alternativen betreffen allesamt solche Überraschungskonstellationen. Ein zwingendes Widerrufsrecht des Arbeitnehmers wäre bei einer Verhandlung einer Änderung des Arbeitsvertrages am Arbeitsplatz sinnwidrig. Der Arbeitnehmer befindet sich nicht typischerweise in einer Überraschungssituation, weil er am Arbeitsplatz angesprochen wird (**aA** DÄUBLER NZA 2001, 1329, 1334, der bei Änderungs- und Aufhebungsverträgen einen Überraschungseffekt für möglich hält). Der Arbeitsplatz ist der übliche Ort, an dem Änderungen des Arbeitsvertrages verhandelt werden (BAG aaO). Die Gefahr einer

situativen Überrumplung, vor der das Widerrufsrecht den Verbraucher schützen soll, besteht daher bei einem Vertragsabschluss am Arbeitsplatz nicht typischerweise (ablehnend Hümmerich NZA 2004, 809). Der Arbeitnehmer kann sich wohlüberlegt, rechtlich gut beraten und auf eigenen Wunsch zu einem Aufhebungsvertrag entschließen. Es wäre daher lebensfremd und stände mit dem Normzweck des § 312 nicht im Einklang, den Arbeitgeber für verpflichtet zu halten, Gespräche über das Arbeitsverhältnis stets nicht im Betrieb, sondern an „neutraler Stelle" zu führen (in der Vorauflage Staudinger/Werner [2001] § 1 HWiG Rn 81). Der auf das Vertriebsrecht zugeschnittene Normzweck des § 312 passt daher nicht auf Verträge zwischen Arbeitnehmern und Arbeitgebern, die sich auf das Arbeitsverhältnis beziehen (Henssler RdA 2002, 129, 135; ErfK/Preis § 611 BGB Rn 208, S 1390; Mankowski § 312 BGB 1/03, EWiR 2003, 15). Eine Privilegierung des Arbeitnehmers durch ein Widerrufsrecht ist nicht gerechtfertigt. § 312 ist daher auf die Vereinbarung von **Änderungen bzw die Aufhebung eines Arbeitsvertrages** nach mündlicher Verhandlung am Arbeitsplatz nicht anwendbar (Thüsing, Arbeitsverträge Rn 19).

Bislang offen ist, ob dies auch bei einem **Vertragsabschluss in der Wohnung des** **86** **Arbeitnehmers** gilt (so jedenfalls LAG Hamm ZIP 2004, 476; Palandt/Heinrichs[64] § 312 Rn 4). Sollte dieser Gedanke fehlenden situativen Überraschungsmoments tatsächlich entscheidend für das BAG gewesen sein, dann müsste es bei Abschlussverträgen, die in den Wohnräumen des Arbeitnehmers abgeschlossen wurden, noch einmal nachdenken und ggf – so denn der Arbeitnehmer Verbraucher ist – ein Widerrufsrecht bejahen. Für ein solches neues Nachdenken mag es sprechen, dass das BAG auch die Fälle aus dem Anwendungsbereich des § 312 herausnehmen will, in denen nur ein situations-, aber kein vertragstypenbezogenes Schutzbedürfnis besteht. Es geht um eine Reduktion des Wortlauts, und die sollte beim Schutzbedürfnis des Arbeitnehmers halt machen: Zu entscheiden wäre nicht mehr über eine pauschale Erstreckung des § 312 auf jeden Aufhebungsvertrag, sondern nur um eine Anwendung, wo vom Wortlaut der Norm gedeckt ein der Regelanwendung vergleichbares Schutzbedürfnis besteht. Teleologische Reduktionen sind nur da angebracht, wo sicher ist, dass der Gesetzgeber dem Zweck der Norm nach einen bestimmten Fall nicht erfassen wollte. Ansonsten besteht eine Zweifelsregelung, dass er auch das tatsächlich gemeint hat, was er gesagt hat. Festzustellen, dass ein konkreter Sachverhalt vom Wortlaut der Norm erfasst ist *und* ein vergleichbares Schutzbedürfnis zum klassischen Haustürwiderrufsgeschäft besteht, aber dennoch das Widerrufsrecht zu versagen mag daher unbefriedigend sein. Die Rechtsprechung hat aber deutlich gemacht, dass sie den Weg über § 312 nicht gehen will, und die starken systematischen Argumente zeigen, dass sie hier richtig liegt: Der Aufhebungsvertrag ist keine besondere Vertriebsform; die Erheblichkeitsschwelle von 40 € passt nicht, ebenso die jederzeitige Widerrufbarkeit bei fehlender Belehrung, die sich kaum mit der Dreiwochenfrist des § 4 KSchG und § 17 TzBfG verträgt (BAG aaO).

Der Schutz des § 312 Abs 1 Nr 1 erfasst also nur am Arbeitsplatz geschlossene **87** Verträge, die sich nicht auf das Arbeitsverhältnis beziehen. Verträge, die das Arbeitsverhältnis selbst betreffen, werden hinsichtlich der Ungleichgewichtigkeit der Parteien durch das insofern speziellere Arbeitsrecht erfasst und ausgeglichen. Einen möglichen Weg zu mehr Vertragsgerechtigkeit weist das BAG selber in seiner Entscheidung vom 27. 11. 2003 (BAG BB 2004, 1858; BAG NZA 2004, 597; bestätigt BAG NZA 2004, 1295; BAG v 3. 6. 2004, 2 AZR 427/03). Es stellt anknüpfend an Stefan Lorenz fest, dass der allgemeinen Gefahr einer möglichen Überrumpelung des Arbeitnehmers über Informationspflichten und mit dem Gebot fairen Verhandelns begegnet werden kann (St Lorenz JZ 1997, 277, 281 f; aufgegriffen bereits durch Däubler NZA 2001, 1329, 1334; Henssler RdA 2002, 129, 135; Reinecke NZA 2004, Sonderbeilage zu Heft 18, 27; s auch Thüsing, in: FS Wiedemann [2002] 559, 572).

cc) Klageverzichtsvereinbarungen

88 Kein Haustürgeschäft gem § 312 S 1 Nr 1 liegt – ebenso wie bei einem Aufhebungsvertrag – bei einer am Arbeitsplatz oder im Bereich der Privatwohnung des Arbeitnehmers verhandelten **Klageverzichtsvereinbarung** vor (LAG Hamm ZGS 2004, 118, 120). Dieses Ergebnis ergibt sich ebenfalls aus der systematischen Stellung des § 312 im 2. Untertitel „Besondere Vertriebsformen" und aus dem Zweck der Regelung, Verbraucher vor den besonderen Gefahren des Abschlusses entgeltlicher Rechtsgeschäfte und während der bei deren Anbahnung entstehenden Überraschungssituationen zu schützen. Bei den zwischen Arbeitgeber und Arbeitnehmer ausgehandelten Klageverzichtsvereinbarungen handelt es sich, auch wenn der Arbeitgeber sich zu einer Abfindungszahlung verpflichtet, zwar um entgeltliche, jedoch nicht um Vertriebsgeschäfte.

b) Mündliche Verhandlung in einer Privatwohnung (Abs 1 S 1 Nr 1 Alt 2)

89 Die Privatwohnung erstreckt sich auf die nicht jedermann zugänglichen Räumlichkeiten, die dem **Aufenthalt** einer oder mehrer Personen dienen, die dort ihren ständigen oder vorübergehenden **privaten Lebensmittelpunkt** haben (MünchKomm/ Ulmer[4] § 312 Rn 50; Fischer/Machunsky § 1 HWiG Rn 92). Es kann sich sowohl um eine Erst- als auch Zweitwohnung handeln, wobei es auf die Eigentumsverhältnisse (Miete oder Eigentum) nicht ankommt. Erfasst werden Ferienwohnungen, Studenten- oder Schwesternwohnheime, die der Verbraucher für eine begrenzte Zeit bewohnt, ferner Senioren- oder Pflegeheime. Sofern Campingwagen, Wohnmobile und Hausbote nicht vornehmlich als Verkehrsmittel benutzt werden, besitzen auch sie die Zuordnung als „Privatwohnung" iSd § 312 Abs 1 S 1 Nr 1 (Fischer/Machunsky § 1 HWiG Rn 93).

90 Abzugrenzen von den Privatwohnungen sind die Orte, die der Verbraucher zwecks geschäftlicher Tätigkeit (etwa das Betreten von Geschäftsräumen zum Vertragsabschluss), Freizeitgestaltung, Erholung, ärztlicher Behandlung oder Kulturgenuss aufsucht (Kino, Theater, Klinik, Hotel). Hier kann jedoch gegebenenfalls Abs 1 S 1 Ziffer 2, 3 in Betracht kommen.

91 Da § 312 Abs 1 S 1 Nr 1 von „seinem Arbeitsplatz", aber dagegen von „im Bereich einer Privatwohnung" spricht, unterfallen nicht nur die Geschäfte dem Schutz des § 312, zu denen der Verbraucher in **seiner** Privatwohnung bestimmt worden ist. Es muss nur **irgendeine Privatwohnung** sein (OLG Hamm NJW-RR 1991, 121, 122), also auch die eines Dritten, nicht notwendig die des Verbrauchers. Die Privatwohnung des Unternehmers oder einer für diesen handelnden Person kann die Voraussetzungen des Abs 1 S 1 Nr 1 erfüllen. Der BGH sieht dies anders. Der Kunde ist nicht zur Abgabe einer Willenserklärung durch mündliche Verhandlungen im Bereich einer Privatwohnung im Sinne des § 1 Abs 1 Nr 1 HWiG bestimmt, wenn er die Privatwohnung des Vertragspartners zu Vertragsverhandlungen aufsucht und dort der Vertrag geschlossen wird (BGH ZIP 2000, 1057). Dies hat einige Stützen in den gesetzgeberischen Materialien, verträgt sich jedoch nicht mit dem Willen des Gesetzgebers, dass auch die sog **Partyverkäufe** dem Schutz des Gesetzes unterfallen (BT-Drucks 10/2876, 11; Fischer/Machunsky § 1 HWiG Rn 92). Um Partyverkäufe handelt es sich, wenn eine von dem Unternehmer gewonnene Privatperson Bekannte in ihre Wohnung einlädt, wobei dort Leistungen des Unternehmers angeboten werden. Entscheidend ist der Begriff der Privatwohnung: Ist der Ort erkennbar als Ort des Wohnens und Lebens des Unternehmers wahrnehmbar, dann ist der Verbraucher Gast in der Wohnung, und bereits dieses Bewusstsein kann Zwänge schaffen, denen ein Kunde im Regelfall nicht ausgesetzt ist. Das Merkmal der „Privatwohnung" erfasst damit auch Gestaltungen, in denen eine von dem Direktvertreiber gewonnene Privatperson ihre Wohnung als Verhandlungsort zur Verfügung stellt (ohne gelungene Abgrenzung zu BGH ZIP 2000, 1057 nun auch BGH ZIP 2005, 67; ebenso OLG Hamm NJW-RR 1991, 121 f; Vorauflage Staudinger/Werner [2001] § 1 HWiG Rn 84). Selbst wenn in einer Wohnung regelmäßig bzw häufig Geschäfte getätigt werden, behält sie den Charakter der Privatwohnung und unterliegt dem Schutz des § 312. Die Schutzbedürftigkeit ergibt sich aus der Partyatmosphäre und der dadurch beeinträchtigten Entscheidungsfreiheit (MünchKomm/Ulmer⁴ § 312 Rn 54), die zu unüberlegten Geschäftsabschlüssen führen kann.

Wie sich der Bereich des Arbeitsplatzes auf das gesamte Betriebsgebäude und **92** -gelände (Rn 82) erstrecken kann, ist auch der geschützte Bereich der „Privatwohnung" derjenige, in dem der Verbraucher sich als zugehörend bewegt und sich in seinem Privatbereich oder in dem eines Dritten fühlt, also einschließlich Hausflur, Haustür, Garten, Schreber- und Kleingarten, Garage, gleich ob es sich um Ein- oder Mehrfamilienhäuser handelt (Fischer/Machunsky § 1 HWiG Rn 95, 100; Palandt/Heinrichs⁶⁴ Rn 15).

Nicht erfasst werden daher **Geschäftsräume.** Grundsätzlich nicht unter § 312 Abs 1 **93** S 1 Nr 1 fallen auch eine vom Verbraucher noch zu beziehende, zurzeit leerstehende oder erst noch zu errichtende Wohnung (Baustelle). Das AG Ettenheim hat dennoch zuerst § 312 Abs 1 S 1 Nr 1 auch auf die Bestellung von Baumaterialien auf einer privaten Baustelle durch einen Verbraucher angewendet, da die Initiative zum Vertragsschluss vom Unternehmer ausging (Fensterbestellung auf einer privaten Baustelle: AG Ettenheim, Urteil v 20.4.2004 – 1 C 270/03, NJW-RR 2004, 1429, 1430; ähnlich OLG Zweibrücken NJW 1995, 140; s auch die Kommentierung zu § 312f Rn 16).

3. Anlässlich einer vom Unternehmer oder von einem Dritten zumindest auch im Interesse des Unternehmers durchgeführten Freizeitveranstaltung (Abs 1 S 1 Nr 2)

a) Freizeitveranstaltungen
Die Regelung des Abs 1 S 1 Nr 2 (§ 1 Abs 1 Nr 2 HWiG aF) steht gleichrangig neben **94** Nr 1 und 3 (Fischer/Machunsky § 1 HWiG Rn 116, 117). Allerdings gilt der Ausschlusstatbestand des § 312 Abs 3 Nr 1 nach eindeutigem Gesetzeswortlaut nicht für § 312 Abs 1 S 1 Nr 2.

aa) Begriff
Nach überwiegender Auffassung erfüllen diejenigen Situationen die Voraussetzun- **95** gen der Nr 2, die als gewerbliche oder gewerblich motivierte Veranstaltungen in

ihrem **Gesamtbild** von einem Freizeiterlebnis ausgehen, das zur Unterhaltung oder Belehrung der Teilnehmer dient (OLG Düsseldorf NJW-RR 1993, 1533; Fischer/ Machunsky § 1 HWiG Rn 122 ff, insbes 128). Das Freizeitangebot und das auf geschäftliche Vertragsabschlüsse gerichtete Interesse sind dabei derart organisatorisch miteinander verknüpft, dass der Verbraucher in eine unbeschwerte Stimmung und unkritische Kaufbereitschaft versetzt wird (BGH NJW 1992, 1889). Gemeinsam ist allen diesen Veranstaltungen die Verschleierung und Verdrängung des geschäftlichen Charakters, so dass der Verbraucher mit dem Vertragsgespräch überrumpelt wird (OLG Hamm NJW-RR 1989, 117 = VuR 1989, 51; AG Altenkirchen MDR 1989, 357; AG Hamburg VuR 1994, 19, 22).

96 Das **Ambiente** und die durch Unterhaltungen herbeigeführte Stimmung sollen bei dem Verbraucher das Bewusstsein einer besonderen Vertragssituation verdrängen und in gelockerter Atmosphäre, abgelenkt durch das **Unterhaltungsangebot**, erhöhte und vorbehaltlose Vertragsabschlussbereitschaft fördern. Der Verbraucher soll unter **psychologischem Druck** Leistungen erwerben, die er eigentlich nicht erwerben wollte. Er soll mit seinem Interesse an der Unterhaltung zum Besuch gewonnen werden und nicht wie beim Abschluss im Geschäftslokal des Unternehmers schon mit vorherigen Vertragsvorstellungen und konkretisierten Wünschen in die Vertragsverhandlung eintreten. Auch die Veranstalter der Freizeitveranstaltungen wollen daher den unvorbereiteten und unentschlossenen Verbraucher zu einem Vertragsabschluss gewinnen.

bb) Ort

97 Der Ort, an dem die Freizeitveranstaltung stattfindet, wird zwar in der Regel außerhalb des Geschäftslokals des Unternehmers liegen. Dies ist jedoch kein Abgrenzungskriterium, so dass die Veranstaltungen an allen erdenklichen Orten, auch in den Geschäftsräumen des Unternehmers stattfinden können (BGH NJW-RR 1991, 1524; OLG Celle OLGZ 1991, 485; LG Hanau NJW 1995, 1100; AG Maulbronn MDR 1990, 444; Münch-Komm/Ulmer⁴ § 312 Rn 42; Fischer/Machunsky § 1 HWiG Rn 138; aA Schlauss ZHR 151, 180, 187). Entscheidend ist lediglich, dass der Verbraucher mit der angebotenen Unterhaltungsveranstaltung in den Räumen zur Teilnahme gewonnen wird. Da bei Einladungen in Geschäftsräume des Unternehmers der Verbraucher hinsichtlich Veranstaltungszwecks (Verkauf usw) vorgewarnt und daher vorsichtiger ist, dort zudem trotz dieser zusätzlichen Unterhaltungsprogramme die gewollte gelockerte Stimmung nicht so leicht zu erreichen ist, werden Freizeitveranstaltungen meist außerhalb gewöhnlicher Geschäftslokale durchgeführt (OLG Frankfurt NJW-RR 1990, 374). Zu **Freizeitveranstaltungen im Ausland** s Vorbem 54 f.

cc) Tatsächlicher Ablauf

98 Ist der Veranstaltungsort kein Abgrenzungskriterium für das Vorliegen einer Freizeitveranstaltung von einer normalen Vertragsverhandlung, kann allein der **tatsächliche Ablauf** die Anwendung des § 312 Abs 1 S 1 Nr 2 bestimmen (so auch Palandt/ Heinrichs⁶⁴ § 312 Rn 16). Bei einer am Gesetzeswortlaut orientierten Auslegung wird vom BGH (NJW 1992, 1889, 1890 = WM 1992, 1494, 1496; dem folgend Reinicke/Tiedtke Rn 1287) eine Freizeitveranstaltung gesehen als „von zwei zusammenwirkenden in einer Wechselwirkung zueinander stehenden Faktoren bestimmt, einmal durch den Freizeitcharakter der Veranstaltung, die den Verbraucher in eine seine Entschließungsfreiheit beeinflussende Freizeitstimmung versetzt und zum anderen durch die

Organisationsform der Veranstaltung, der sich der Verbraucher nur schwer entziehen kann" (s auch BGH NJW 2004, 362; BGH NJW 2002, 3100). Der BGH hat klargestellt, dass die Haustürwiderrufsrichtlinie 85/577/EWG des Rates vom 20. 12. 1985 keine Veranlassung gibt, ohne Rücksicht auf die von der höchstrichterlichen Rechtsprechung aufgestellten Kriterien jede Verbrauchermesse oder Verbraucherausstellung als Freizeitveranstaltung iSd § 1 Abs 1 Nr 2 HWiG aF (§ 312 Abs 1 Nr 2 nF) anzuerkennen (BGH NJW 2004, 362, 363).

dd) Ankündigung

Nicht entscheidend ist, unter welchem Titel die Ankündigung erfolgt, ob als Reise, **99** Schlagerparade, Besichtigungsfahrt, selbst die Ankündigung als „Verkaufsveranstaltung", „gewerbliche Veranstaltung", „Verkaufsfahrt" usw schließt die Anwendung des Abs 1 S 1 Nr 2 nicht aus (KG Berlin NJW-RR 1994, 951 für § 1 Abs 1 Nr 2 HWiG aF). Entscheidend ist, dass der Unterhaltungswert bei der Einladung im Vordergrund gestellt wird und der eigentliche Zweck des Geschäftsabschlusses zurückbleibt. Insoweit weckt die Art und der Inhalt der Ankündigung bestimmte Erwartungen bei den teilnehmenden Verbrauchern (OLG Frankfurt NJW-RR 1990, 374, 375; 1996, 1270; OLG Stuttgart VuR 1989, 345; AG Hamburg VuR 1994, 19, 22; FISCHER/MACHUNSKY § 1 HWiG Rn 130). Wird also eine Veranstaltung gerade als Freizeitveranstaltung beworben, so hat dies eine starke Indizfunktion auch im Hinblick auf ihre Einordnung in § 312.

Andererseits muss nicht das volle Unterhaltungsprogramm bzw eine eventuelle **100** Bewirtung vorher angekündigt sein (BGH NJW 1990, 3265, 3266), sofern der Veranstalter mit anderen „Attraktionen" die Verbraucher anlockt, die über seine Geschäftswünsche hinausgehen, so zB wenn ein Verkauf allein unter der Ankündigung einer „Modenschau" oder „Tanzveranstaltung" erfolgt (AG Dortmund MDR 1991, 718) und dort Getränke kostenlos serviert werden, um die Verbraucher zusätzlich vertragsgeneigt zu machen. Allerdings wird der Unternehmer idR mit der „kostenlosen Bewirtung" locken, um die Verbraucher anzuziehen, die nicht allein nur zum Vertragsabschluss erscheinen würden. So erfolgen „Einladungen" zur Bewirtung in einem Café, zu einem Abendessen oder zu einer Weinprobe idR mit dem Ziel, den Verbraucher zum Vertragsabschluss zu gewinnen (OLG Stuttgart NJW-RR 1989, 144; OLG Hamm NJW-RR 1989, 117, 118 = VuR 1989, 51; LG Braunschweig NJW-RR 1989, 1147; LG Berlin VuR 1994, 32, 34; AG Altenkirchen MDR 1989, 357). Demgegenüber ist **eine reine Verkaufsveranstaltung, die als solche angekündigt und durchgeführt wird, keine Freizeitveranstaltung** iSd § 312 Abs 1 S 1 Nr 2 (OLG Frankfurt NJW-RR 1989, 562 = WM 1989, 897 = DB 1989, 974 = VuR 1989, 290; KB Berlin NJW-RR 1990, 1338; LG Kleve NJW-RR 1988, 825, 826; LG Bremen NJW-RR 1988, 1325; LG Heilbronn NJW-RR 1989, 1145; LG Braunschweig NJW-RR 1992, 1401; **aA** FISCHER/MACHUNSKY § 1 HWiG Rn 152).

ee) Intention des Verbrauchers

Die **Erkennbarkeit der Verkaufsabsicht** schließt allein neben dem im Vordergrund **101** stehenden Freizeitzweck die Anwendung des § 312 Abs 1 S 1 Nr 2 **nicht** aus (OLG Düsseldorf NJW-RR 1993, 1533, 1534; OLG Celle OLGZ 1991, 485 ff; FISCHER/MACHUNSKY § 1 HWiG Rn 130). Eine Irreführung des Verbrauchers verlangt das Gesetz nicht. Wenn aber eine Messe von ihren Besuchern zunächst als Freizeitveranstaltung besucht wird, es sich dabei aber rein tatsächlich um eine Verkaufsausstellung handelt und auch als solche organisiert ist, liegt keine Freizeitveranstaltung im Sinne des Haustürwiderrufsgesetzes vor (LG Braunschweig v 15. 4. 2004 – 4 S 643/03).

ff)   Kenntnis der Verkaufsabsicht schadet nicht

102 Da es lediglich auf den objektiven Tatbestand, nicht aber auf eine tatsächliche Überrumplung ankommt, schließt das tatsächliche Erkennen der Verkaufsabsicht und eine deshalb tatsächlich nicht erfolgte Überrumplung des Verbrauchers im Einzelfall die Anwendung des § 312 Abs 1 S 1 Nr 2 nicht aus. Bei sog Kaffeefahrten sind nach Angaben des Bundesverbands Deutscher Vertriebsfirmen über 80% der Teilnehmer Stammkunden, die also um die Verkaufsabsicht des Veranstalters wissen (www.bdv-aktuell.de). Dennoch kommt ihnen der Schutz des § 312 zugute.

gg)   Organisation

103 Mangels Organisation durch einen Veranstalter und Teilnahme an einer solchen Unterhaltungsveranstaltung an besonderen Orten fallen die in einer **Privatwohnung** getätigten Vertragserklärungen **nicht** unter Ziffer 2, selbst wenn diese dort als „Verkaufsparty" uä abgehalten werden. Insoweit ist **Abs 1 S 1 Nr 1 die speziellere Vorschrift** und deckt den Bereich der Privatwohnung abschließend ab.

104 **Private Reisen** einer Person fallen mangels Veranstalter iSd § 312 Abs 1 S 1 Nr 2 nicht unter den Schutz der Norm. Deswegen sind Vertragsverhandlungen mit einem auf einer eigenständigen oder privaten bzw geschäftlichen Reise befindlichen Verbraucher in der Hotelhalle nicht von § 312 Abs 1 S 1 Nr 2 erfasst (OLG Frankfurt NJW 1994, 1806, 1807; LG Limburg NJW-RR 1989, 119, das allerdings über § 5 HWiG aF [§ 312f BGB nF] wohl zurecht zu einer Anwendung des HWiG gelangte, s auch § 312f Rn 16).

hh)   Dauer

105 Die Dauer der Veranstaltung ist letztlich nicht entscheidend, wobei jedoch längere Zeiten die Möglichkeit der Verbraucherbeeinflussung erhöhen. Daher fallen sowohl kurze (mehrere minuten- oder stundenlange) Veranstaltungen ebenso unter Nr 2 wie ganze oder mehrtägige Veranstaltungen (Tagungen, Wanderungen, Ausflugsfahrten, Erholungsreisen, Bildungsreisen, Sport- und Musikveranstaltungen), wenn damit gleichzeitig Geschäftsabschlüsse verbunden sein sollen (OLG Hamm NJW-RR 1989, 117; OLG München NJW-RR 1991, 122).

ii)   Veranstalter („Unternehmer" oder „Dritter")

106 Der Veranstalter, dh derjenige, der die Freizeitveranstaltung durchführt und organisiert, kann sowohl der Unternehmer selbst oder ein Dritter sein. Entscheidend ist allein, dass die Durchführung **„zumindest auch im Interesse des Unternehmers"** erfolgt (ERMAN/SAENGER [2004] § 312 Rn 54; REINICKE/TIEDTKE Rn 1286), der entweder den Dritten beauftragt, sich einer bereits geplanten Veranstaltung anzuschließen, oder wenn der Veranstalter weiß, dass der Unternehmer auf der Veranstaltung für seine Produkte wirbt und Vertragsabschlüsse tätigen will (BGH NJW-RR 1991, 1524; WM 1991, 1634; PALANDT/HEINRICHS[64] § 312 Rn 19; REINICKE/TIEDTKE Rn 1286). Auch hier ist wiederum entsprechend dem Schutzzweck eine weite Auslegung geboten und der Verbraucher in den Fällen zu schützen, in denen jemand die Situation (Stimmung) und das Umfeld der Veranstaltung benutzt, um die Verbraucher für Vertragsabschlüsse zu gewinnen. Luxuskreuzfahrten werden vom Veranstalter jedoch nicht deshalb ausgeführt, um die Reisenden unter Ausnutzung der entspannten und gelösten Stimmung zur Buchung weiterer Kreuzfahrten zu veranlassen (AG Limburg RRa 2005, 31). Wird während der Reise die nächste Reise gebucht, dann greift der Schutz der §§ 312 ff nicht.

kk) Zusammenhang („anlässlich")

Die Bestimmung des Verbrauchers muss „anlässlich" der Freizeitveranstaltung er- **107** folgen, dh diese muss (mit-)kausal für die Entscheidung des Verbrauchers zum Vertragsabschluss sein. Es muss ein sachlicher und räumlicher Bezug zwischen der Veranstaltung und der Vertragserklärung des Verbrauchers bestehen. Die besondere Situation und Stimmung soll ausgenutzt werden, also muss sie zZ des Vertragsschlusses schon und noch bestehen bzw fortwirken (OLG Stuttgart NJW 1995, 141). Das Bestehen dieser Voraussetzungen ist eine Frage des Einzelfalles. Jedoch spricht eine Vermutung für die Kausalität, wenn der Verbraucher ein auf der Freizeitveranstaltung angebotenes Produkt erwirbt, es sei denn, der Unternehmer kann nachweisen, dass der Verbraucher bereits vorher zum Erwerb entschlossen war (WASSERMANN JuS 1990, 548, 551 erkennt auf einen Anscheinsbeweis; dem hat sich PALANDT/HEINRICHS[64] § 312 Rn 20 angeschlossen; so auch hier).

b) Beispiele

aa) Freizeitveranstaltungen

Häufigste Beispiele für **Freizeitveranstaltungen** sind die sog Kaffee- und Butterfahr- **108** ten, dh Bus-, Flug- oder Schiffsreisen zwecks preisgünstigen Einkaufs, Filmvorführungen, wobei neben unterhaltenden Beiträgen Produkte des Unternehmers vorgestellt und anschließend zum Verkauf angeboten werden (LG Hanau NJW 1995, 1100). Selbst mehrtägige Fahrten mit derartigem Verkaufsangebot sind trotz der hier in größerem Umfang vorhandenen Freizeitangebote von § 312 Abs 1 S 1 Nr 2 (§ 1 Abs 1 Nr 2 HWiG aF) erfasst (weitere Beispiele bei FISCHER/MACHUNSKY § 1 HWiG Rn 139 ff).

bb) Keine Freizeitveranstaltungen

Keine Freizeitveranstaltungen iSv § 312 Abs 1 S 1 Nr 2 (§ 1 Abs 1 Nr 2 HWiG aF) **109** sind nach der Rechtsprechung grundsätzlich markt- oder messeähnliche Leistungsschauen, bei denen es sich trotz eines möglicherweise bestehenden unterhaltenden Rahmenprogrammes um gewöhnliche Verbraucherausstellungen (vgl § 65 GewO) handelt, wie die „Grüne Woche Berlin" (BGH NJW 2002, 3100; zuvor bereits BGH NJW 1992, 1889), die Verbraucherausstellung „SIVA" in Göttingen (BGH NJW 2004, 362), die Verbrauchermesse Haus und Familie – „HAFA 2000" in Stuttgart (OLG Stuttgart NJOZ 2003, 996, 998 f), die „Consumenta 2002" in Nürnberg (AG Nürnberg NJOZ 2004, 2682, 2683), die Ausstellung „Du und Deine Welt" (LG Hamburg v 25.2.2004 – 318 S 89/02). Diese Verbraucherausstellungen sind nur ausnahmsweise als Freizeitveranstaltungen iSv § 312 Abs 1 S 1 Nr 2 zu qualifizieren; die unterhaltenden Elemente der Präsentation und Demonstration der Produkte dienen nur der Darstellung der gewerblichen Leistung und auch die Größe solcher Veranstaltungen macht es dem Verbraucher für gewöhnlich leicht, sich Verkaufsgesprächen zu entziehen (KRESSE/SPRINGER WRP 2000, 479, mit einem Überblick über die einschlägige Rechtsprechung zur gleich lautenden Regelung des § 1 Abs 1 Nr 2 HWiG aF). Das LG Braunschweig v 15.4.2004 – 4 S 643/03 hat die Ausstellung „Harz & Heide" nicht als Freizeitveranstaltung angesehen: Zur Beurteilung hat das Gericht die Ankündigung und Bewerbung (ua im Internet) sowie die tatsächliche Ausgestaltung untersucht. Die Räumlichkeiten für Freizeitangebote und Räumlichkeiten für Verkaufsausstellungen seien räumlich klar getrennt gewesen. Der Verbraucher habe daher zwischen Unterhaltungs- und Verkaufsangeboten leicht unterscheiden können, beide Angebote seien organisatorisch nicht miteinander verknüpft gewesen, so dass der Verbraucher auch nicht schutzbedürftig gewesen sei: „Die Kammer sieht ... nicht die typische Drucksituation gegeben, wie sie bei sog „Kaffeefahrten" der Fall ist". **Zumeist ist man also recht streng**. Demgegenüber hat das OLG Jena den „Hessentag 2000" als Freizeitveranstaltung gewertet (OLG Jena v 7. 4. 2004 – 2 U 794/02), weil es sich bei der Landesausstellung um ein „Event mit Schwerpunktsetzung bei den Kulturveranstaltungen" handelte. Es wurde eine Fülle von Veranstaltungen unterschiedlichsten Charakters (kulturell, folkloristisch, politisch) sowie ein Jahrmarktbetrieb und ein Festumzug durchgeführt. Es fanden ferner Sonderschauen von Industrie, Gewerbe und Handwerk mit „Handels- und Verkaufsmesse" statt. Das OLG Dresden wertete gleichsinnig für die „Mittelsachsenschau Riesa 1994" (OLG Dresden NJW-RR 1997, 1346).

4. Geschäftsabschluss im Anschluss an ein überraschendes Ansprechen in Verkehrsmitteln oder im Bereich öffentlich zugänglicher Verkehrsflächen (Abs 1 S 1 Nr 3)

a) Verkehrsmittel (Abs 1 S 1 Nr 3 Alt 1)

110 In Verkehrsmitteln erwartet der Verbraucher nur die Beförderung, nicht aber das Ansprechen oder Anbieten von außerhalb der Beförderung liegenden Leistungen.

111 Die **EG-Haustürwiderrufsrichtlinie** enthält keine der Nr 3 entsprechende Fallgruppe. § 312 Abs 1 S 1 Nr 3 schützt daher den Verbraucher in größerem Umfang als die EG-Richtlinie erfordert. Dies ist nach dem in Art 8 der Richtlinie festgelegten Mindestschutzcharakter der Richtlinie zulässig (siehe bereits die Vorbem 34).

aa) Begriff

112 Als Verkehrsmittel iSd § 312 Abs 1 Nr 3 gelten alle Arten von Transportmitteln zum Personenverkehr, gleich, ob Individual- oder Massenverkehr (MünchKomm/ULMER[4] § 312 Rn 46 sieht dagegen den Individualverkehr gänzlich nicht erfasst). Sie müssen **öffentlich zugänglich** sein (MünchKomm/ULMER[4] § 312 Rn 47; FISCHER/MACHUNSKY § 1 HWiG Rn 172 f). Derartige Verkehrsmittel sind Bahnen, Busse, Flugzeuge und Schiffe etc. Auch Taxis, jedoch **nicht** private Personenkraftwagen bzw Mitfahrgelegenheiten in solchen (umstritten – so wie hier PALANDT/HEINRICHS[64] § 312 Rn 21; MünchKomm/ULMER[4] § 312 Rn 46; **aA** BAMBERGER/ROTH/ANN Rn 20; MARTIS MDR 2003, 961, 966). Nach dem klaren Wortlaut und Zweck des Gesetzes beschränkt sich die Verhandlungssituation auf die Gespräche in dem Verkehrsmittel selbst. Außerhalb derselben – einschließlich der unmittelbaren Umgebung – kann jedenfalls eine öffentlich zugängliche Verkehrsfläche (vgl Rn 118) gegeben sein (**aA** FISCHER/MACHUNSKY § 1 HWiG Rn 174).

113 Die Verkehrsmittel müssen öffentlich, dh grundsätzlich jedermann zugänglich sein, und nicht nur einer geschlossenen Personengruppe dienen. Auf die **Art der Betreibung**, ob in privatrechtlicher oder öffentlich-rechtlicher Trägerschaft, kommt es nicht an.

bb) „Überraschendes Ansprechen"

114 Das Widerrufsrecht des § 312 dient dem Schutz des Verbrauchers vor Überrumplungssituationen, in denen er besonders schutzbedürftig ist, da er mit dem Angesprochenwerden zur Aufnahme geschäftlichen Kontakts und einem Vertragsschluss nicht rechnet.

α) Überraschungsmoment

Der Verbraucher muss in dem Verkehrsmittel überraschend hinsichtlich des späte- **115** ren Vertrages angesprochen worden sein, dh in einer Situation, in der nicht mit Vertragsgesprächen rechnen musste. Das Ansprechen erfolgt **subjektiv** für den Verbraucher unerwartet. Dies ist bei Verkaufsausstellungen, Märkten, Festwiesen, Verkaufsständen auf großen Fähren und Passagierschiffen, in Flugzeugen hinsichtlich (zollfreier) Waren nicht der Fall, weil der Verbraucher dies erwartet (KG Berlin NJW 1990, 1340; REINICKE/TIEDTKE Rn 1291; MünchKomm/ULMER⁴ § 312 Rn 46).

β) „Ansprechen"

Zudem erfordert das überraschende **„Ansprechen"** mehr als eine an die Allgemein- **116** heit gerichtete Werbung. Das Ansprechen muss von dem Unternehmer oder von einer für diesen handelnden Person ausgehen. Der Unternehmer oder die für ihn handelnde Person muss auf den Verbraucher zugehen, nicht umgekehrt der Verbraucher auf den Unternehmer. Der Verbraucher braucht das Ansprechen an einem solchen Ort grundsätzlich nicht zu erwarten.

cc) Zusammenhang („im Anschluss")

Vertragsschluss „im Anschluss an ein überraschendes Ansprechen" bedeutet einen **117** zeitlichen Zusammenhang zwischen Ansprechen und Vertragsschluss. Eine **Kausalität** wird bei einem kurzen Zeitraum zwischen Ansprechen und Vertragsschluss vermutet (Beweis des ersten Anscheins, vgl Rn 71).

b) Öffentlich zugängliche Verkehrsflächen (Abs 1 S 1 Nr 3 Alt 2)

Die beiden Alternativen der Nr 3 stehen gleichberechtigt nebeneinander (FISCHER/ **118** MACHUNSKY § 1 HWiG Rn 168, 169).

aa) Begriff

Der Zugang zu Verkehrsflächen (bis 2000: „Verkehrswege") ist **öffentlich**, wenn **119** dieser nicht auf bestimmte Personen beschränkt wird (OLG Stuttgart NJOZ 2003, 996, 997; FISCHER/MACHUNSKY § 1 HWiG Rn 179). Für die Öffentlichkeit kommt es nicht darauf an, ob für die Benutzung des Weges ein Entgelt (zB Eintritt, Maut) verlangt wird (OLG Stuttgart aaO; FISCHER/MACHUNSKY § 1 HWiG Rn 179, 181). Zu den gesetzlich erfassten **Verkehrsflächen** zählen damit alle **allgemein zugängliche Wege und Plätze**, zB Straßen, Fußwege, Radwege, öffentliche Gärten, Parkanlagen, Bus- und Straßenbahnhaltestellen, Busbahnhöfe, Bahnsteige, Autobahnrastplätze (nicht dagegen Autobahnraststätten), Parkplätze, aber auch solche **privaten Unternehmen** wie etwa Parkhäuser und auch Privatwege (siehe weiter nachfolgend unter Rn 121), also alle Orte, die ihrer **wesentlichen Bestimmung** nach für Zwecke der **Fortbewegung** errichtet und diesen gewidmet sind. Entscheidend ist, dass der in Frage stehende Bereich vorrangig dem Verkehr dient und sich die Mehrzahl der Personen dort nur zum Zwecke der Fortbewegung aufhält und nicht darauf eingestellt ist, rechtsgeschäftliche Entscheidungen treffen zu müssen (STAUDINGER/WERNER [2001] HWiG § 1 Rn 110; FISCHER/MACHUNSKY § 1 HWiG Rn 176). Der **Grund der Fortbewegung ist unerheblich**, zB Ortsveränderung, Wandern, Erholung, Sport, Einkaufsbummel (FISCHER/MACHUNSKY § 1 HWiG Rn 117). Jedenfalls alle öffentlichen Verkehrsflächen im Sinne der StVO sind erfasst.

Nicht erfasst werden von dem Begriff der „öffentlichen Verkehrsflächen" des Abs 1 **120**

S 1 Nr 3 **öffentlich zugängliche Gebäude**, zB Amts-, Dienstgebäude, Kinos, Theater, Hotelhallen und Museen, und regelmäßig auch nicht Einkaufszentren, da sie nicht der öffentlichen Fortbewegung dienen (FISCHER/MACHUNSKY Rn 178; **aA** MünchKomm/ ULMER[4] § 312, Rn 47). Dies sind öffentliche Flächen, nicht aber öffentliche Verkehrs- flächen. Die Änderung des Gesetzeswortlauts im Jahr 2000 von Verkehrswege in Verkehrsfläche wollte nicht jeden öffentlich zugänglichen Bereich erfassen. Der Gesetzgeber hätte sich andernfalls auf ein überraschendes Ansprechen in der Öf- fentlichkeit als Tatbestandsmerkmal beschränken können. Das hat er nicht getan.

121 Die **Verkehrsflächen** müssen öffentlich zugänglich sein. Dies kann auch bei **Privat- wegen** der Fall sein (BT-Drucks 10/2876, 12). Lediglich bei Beschränkungen des Zugangs auf bestimmte Personen (zB Firmenangehörige, Angestellte, Vereinsmitglieder) ist das Öffentlichkeitsmerkmal nicht gegeben.

122 **Ebenfalls nicht erfasst** werden von § 312 Abs 1 S 1 Nr 3 vom allgemeinen Verkehr abgetrennte und nur einer bestimmten Gruppe Berechtigter zugängliche private Campingplätze, private Sportanlagen, private Parkanlagen (KNAUTH WM 1986, 509, 516).

bb) Überraschungsmoment

123 Hinsichtlich des überraschenden Ansprechens und der zeitlichen Komponente „im Anschluss" gilt dasselbe wie bei den Verkehrsmitteln (Rn 15). Daher werden Märkte und Festplätze nicht von dem Schutz der Norm erfasst, sofern dort übliche Ver- kaufsangebote erwartet werden müssen (MünchKomm/ULMER[4] § 312 Rn 48).

cc) Zusammenhang

124 Die **Kausalität** zwischen dem Ansprechen und den Orten des Abs 1 S 1 Nr 3 und dem späteren Vertragsschluss ist ebenso wie bei den anderen Ziffern des Abs 1 erforder- lich (Rn 68 f).

5. Beweislast

125 Die Darlegungs- und Beweislast für eine Verbraucherbestimmung unter den Vor- aussetzungen des Abs 1 S 1 Nr 1–3 trägt entsprechend den allgemeinen Grundsätzen der **Verbraucher** (OLG Hamm NJW 1994, 2159; MünchKomm/ULMER[4] § 312 Rn 31; FISCHER/ MACHUNSKY § 1 HWiG Rn 164).

126 Der Verbraucher muss daher alle Tatsachen vortragen, aus denen sich ergibt, dass er seine Vertragserklärung unter kausalen Vertragsverhandlungen an Orten des Abs 1 abgegeben hat, dh alle Merkmale, die die Situationen des Abs 1 S 1 Nr 1–3 aus- füllen. Da eine konkrete Überrumpelung nicht erforderlich ist, sondern allein die Situation des Abs 1, muss der Verbraucher eine tatsächliche Einschränkung seiner Entscheidungsfreiheit nicht nachweisen (so jedoch FISCHER/MACHUNSKY § 1 HWiG Rn 164; zum Kausalitätsnachweis s Rn 68 f, 175).

VII. Rechtsfolgen: Das Widerrufs- und Rückgaberecht

127 Nach § 312 besteht für den Verbraucher bei Nachweis einer Haustürsituation nach Abs 1 bei Vertragsschluss mit einem Unternehmer ein Widerrufs- oder Rückgaberecht, sofern ein solches Recht nicht nach Abs 3 oder aufgrund eines anderen tatsächlich zugleich bestehenden Widerrufs- oder Rückgaberechts gem § 312a ausgeschlossen ist. Die Einzelheiten des **Widerrufsrechts** (Rechtsnatur, Frist, Ausübungsvoraussetzungen sowie Rechtsfolgen des Widerrufs) ergeben sich aus § **355** (s Kommentierung dort). Bei **Haustürgeschäften über Warenlieferungen** kommt es für den Beginn der Widerrufsfrist, der allgemeinen Regel des § 355 Abs 2 S 1 folgend und mangels einer entsprechenden Ausnahmevorschrift, auf die ordnungsgemäße Widerrufsbelehrung an, nicht jedoch auf den Eingang der Waren beim Empfänger (LG Dortmund NJW 2003, 3355, 3356). Die Regelung des § 355 Abs 3 S 2, wonach der Lauf der Frist auch vom Eingang der Waren beim Empfänger abhängt, ist auf die allgemeinen Fälle des § 355 Abs 2 S 1 nicht anwendbar. Nach Systematik und Zweck der Regelung bezieht sie sich allein auf die lange, sechsmonatige Frist des § 355 Abs 3 S 1 und nicht auch auf die allgemeine Widerrufsfrist des vorstehenden Abs 2 (zutreffend LG Dortmund NJW 2003, 3355, 3356). Eine § 312c Abs 2 S 2 entsprechende Ausnahmevorschrift hat der Gesetzgeber für den Fall des Vertragsschlusses in Haustürsituationen in § 312 nicht vorgesehen.

Nach § **356** kann das Widerrufsrecht des Verbrauchers mittels eines Vertrages zwischen Verbraucher und Unternehmer durch ein **Rückgaberecht** ersetzt werden. Bei Haustürgeschäften kann ein Rückgaberecht nach § 312 Abs 1 S 2 nur vorgesehen werden, wenn zwischen dem Unternehmer und dem Verbraucher im Zusammenhang mit diesem oder einem anderen Geschäft eine ständige Verbindung aufrecht erhalten werden soll. Die Regelung – so wird vermutet – soll den Erfordernissen und Gepflogenheiten des Versandhandels entsprechen (PALANDT/HEINRICHS⁶⁴ § 312 Rn 23); dies wird aber eher für § 312d Abs 1 S 2 zutreffen, denn ein Fernabsatzgeschäft kann kein Haustürgeschäft sein. Der Sinn der Vorschrift ist dunkel (MünchKomm/ULMER⁴ § 312 Rn 10). Unklar ist, ob der – etwa in der Übergabe eines zum Verbleib überlassenen Katalogs – nach außen manifestierte Wille des Unternehmers reicht (SOERGEL/WOLF § 5 HWiG Rn 10). Dies wird man wohl verneinen müssen: Eine Rückführung des Verbraucherschutzes kann nicht vom Geschäftswillen des Unternehmers, sondern nur vom gewandelten Schutzinteresse des Verbrauchers abhängen (ebenso MünchKomm/ULMER⁴ § 312 Rn 10).   **128**

VIII. Spezielle Belehrungserfordernisse (Abs 2)

Der Unternehmer hat der Verbraucher über sein Widerrufs- oder Rückgaberecht zu belehren. Der Inhalt und die an die Belehrung gestellten Anforderungen ergeben sich im Grundsatz aus der allgemeinen Regelung des § 355 Abs 2 (s STAUDINGER/KAISER [2004] § 355 Rn 33 f).   **129**

§ 312 Abs 2 gilt ergänzend zu den allgemeinen Regeln. Danach muss die nach den allgemeinen Vorschriften erforderliche Belehrung über das Widerrufs- oder Rückgaberecht auf die Rechtsfolgen des § 357 Abs 1 und 3 hinweisen. Es handelt sich hierbei um Rechtsgrundverweisung. Die Einzelheiten des Widerrufsrecht finden sich in § 357 (s Kommentierung bei STAUDINGER/KAISER [2004]). Ausreichend ist daher auch bei Haustürgeschäften die anderweitige Kenntnisnahme des Verbrauchers nach § 357 Abs 3 Satz 3 aE von dem Widerrufsrecht (unentschieden FISCHER K & R 2004, 223, 225).   **130**

IX. Ausschluss des Widerrufs- oder Rückgaberechts (Abs 3)

1. Allgemeines

131 § 312 Abs 3 sieht einen Ausschluss des Widerrufs- und Rückgaberechts für Versicherungsverträge (vgl § 6 HWiG aF) und die Vertragsschlusssituationen des Abs 3 Nr 1–3 vor. Im Wesentlichen gehen die Ausnahmetatbestände auf die EG-Haustürwiderrufsrichtlinie zurück und wurden im Rahmen des Schuldrechtsmodernisierungsgesetzes (vgl Vorbem 22) in Wortlaut und Bedeutung unverändert aus §§ 1 Abs 2, 6 Nr 2 HWiG aF übernommen.

132 Der Zusatz „**unbeschadet anderer Vorschriften**" hat keine von dem ursprünglichen Regelungszweck abweichende eigenständige rechtliche Bedeutung (MünchKomm/ ULMER[4] § 312 Rn 66). Diese auf den Rechtsausschuss des Bundestags zurückgehende redaktionelle Änderung des Gesetzestextes hat lediglich klarstellende Bedeutung insofern, als das hiermit deutlich gemacht werden soll, dass sich der Ausschluss des Widerrufs- oder Rückgaberechts des § 312 auch aus anderen Vorschriften außerhalb des § 312 ergeben kann (Bericht des BT-Rechtsausschusses, BT-Drucks 14/7052, S 294, 295). Zu nennen ist in diesem Zusammenhang insbesondere die **Ausschlussklausel des § 312a**, die in ihrer Fassung durch das OLG-Vertretungsrechtsänderungsgesetz den Haustürwiderruf nach § 312 grundsätzlich ausschließt, wenn andere den Verbraucher schützenden Widerrufs- oder Rückgaberechte **tatsächlich uneingeschränkt** bestehen (vgl zu dieser Problematik § 312a Rn 15).

2. Ausschluss für Versicherungsverträge

133 Beim Abschluss von Versicherungsverträgen ist der Direktvertrieb von besonderer Bedeutung. Etwa 80% aller Vertragsschlüsse erfolgen im Wege des Direktvertriebs (ENGELHARD/JAEGER, Der Direktvertrieb von konsumtiven Leistungen [1998]). Dennoch hat der Gesetzgeber Versicherungsverträge von dem Anwendungsbereich des Widerrufs- und Rückgaberechts nach § 312 Abs 3 bewusst ausgeschlossen. Bereits in der Vorgängerregelung des § 6 Nr 2 HWiG aF hatte der Gesetzgeber die in Art 3 Abs 2 lit d EG-Haustürwiderrufsrichtlinie eingeräumte Möglichkeit der Ausnahme für in einer Haustürsituation angebahnte Versicherungsverträge vom Haustürwiderruf im deutschen Recht umgesetzt. Denn mit § **5a und 8 Abs 4, 5 Versicherungsvertragsgesetz (VVG)** besteht seit 1994 (nach dem Gesetz zur Durchführung versicherungsrechtlicher Richtlinien des EG-Rates v 21. 7. 1994, BGBl I S 1630) eine adäquate Widerrufsmöglichkeit für den Verbraucher. Es bedurfte daher nicht des Schutzes des § 312.

134 An der vom Gesetzgeber gewählten Regelung bestanden vor der Reform der §§ 5a und 8 Abs 4, 5 VVG nicht nur hinsichtlich ihrer systematischen Einordnung außerhalb der Haustürwiderrufsregelung des § 312, sondern auch wegen ihres Regelungsinhalts erhebliche Bedenken (FISCHER/MACHUNSKY § 1 HWiG Rn 31; GILLES NJW 1986, 1131, 1147; LÖWE BB 1986, 821, 830; ZIP 1985, 1363; SCHLAUS ZHR 151, 180, 190 f; TESKE ZIP 1986, 624, 634). Die Ausklammerung der Versicherungsverträge ist an sich nicht gerechtfertigt, denn die von § 312 erfasste Vertragssituation gilt grundsätzlich für jede Vertragsart. Die Überrumpelungs- und Überraschungssituation kann auch bei Abschluss von Versicherungsverträgen außerhalb der Geschäftsräume vorliegen. Es besteht keine rechtssoziologisch begründete Erfahrung, dass Versicherungsvertreter dem Verbraucher gegenüber ihre Überlegenheit nicht ausnutzen. Das Risiko derartiger über Jahre hinaus mit regelmäßig nicht unerheblichen Prämienzahlungen verbundenen Verträge ist sogar für den Verbraucher größer als bei den von § 312 erfassten Verträgen auf einmaligen Leistungsaustausch. Die Privilegierung des Versicherers wurde daher überwiegend als unberechtigt und als Verletzung des Gleichbehandlungsgebotes abgelehnt (STAUDINGER/WERNER [2001] § 6 HWiG Rn 5; vHIPPEL JZ 1990, 730, 733; TESKE ZIP 1986, 624, 634; ZRP 1990, 412; WASSERMANN JuS 1990, 548, 554 f). Dieser Problematik wurde jedoch durch die Neufassung der §§ 5a, 8 Abs 4, 5 VVG weitestgehend Rechnung getragen.

a) Anderweitiger Verbraucherschutz
Für Versicherungsverträge im nichtkaufmännischen Verkehr mit einer Laufzeit von **135** länger als einem Jahr besteht nach §§ **5a, 8 Abs 4, 5 VVG** ein vierzehntägiges Widerrufsrecht mit einer entsprechenden Belehrungspflicht des Versicherers. Damit hat der Gesetzgeber die Ausnahmevorschrift des § 312 Abs 3 annähernd ausgeglichen.

Das Widerrufsrecht ist allerdings **ausgeschlossen**, wenn der Versicherer auf Wunsch **136** des Versicherten einen sofortigen Versicherungsschutz gewährt. Außerdem gilt das versicherungsrechtliche Widerrufsrecht – vorbehaltlich Lebensversicherungen nach § 8 Abs 5 VVG – nur für Versicherungsverträge mit einer längeren Laufzeit als ein Jahr. In diesen Belangen bleibt der Verbraucherschutz durch die Widerrufsregelungen des Versicherungsrechts zu Lasten des Verbrauchers deutlich hinter dem Schutz für Haustürgeschäfte durch § 312 zurück. Dennoch erscheint die Ausnahmeregelung für Versicherungsverträge wegen des verbleibenden Schutzes durch das VVG insgesamt sachgerecht. Sie entspricht der EG-Richtlinie, dient daher der europäischen Rechtsvereinheitlichung, und trägt den Besonderheiten des Versicherungsmarktes angemessen Rechnung (MünchKomm/ULMER[4] § 312 Rn 68 mwN).

b) Sachlicher Anwendungsbereich
Die Ausschlussregelung erfasst **alle Versicherungsverträge iSd § 1 VVG** (BGH NJW **137** 1995, 324; KG Berlin NJW 1995, 324, 325; FISCHER/MACHUNSKY Rn 36), dh des Verbrauchers als Versicherungsnehmer mit dem Versicherer, der sich gegen Prämienzahlung zu einer Leistung zwecks Deckung des verwirklichten Risikos des Versicherten verpflichtet. Das Risiko wird durch die Prämienzahlung einer Vielzahl ebenso versicherter Personen im Wege einer Gefahrengemeinschaft verteilt (BGH NJW 1995, 324, 325; KG Berlin DB 1993, 2174). Die Art des versicherten Risikos ist für § 312 ohne Bedeutung (FISCHER/MACHUNSKY § 1 HWiG Rn 36). Die Ausschlussnorm greift nur ein, wenn die **Versicherung Hauptzweck des Vertrages** ist (FISCHER/MACHUNSKY § 1 HWiG Rn 36 mwN). Nicht hierunter fallen daher sog **gemischte Verträge**, bei denen der Versicherungszweck nicht im Vordergrund steht, sondern eine Nebenabrede ist (BGH NJW 1995, 324; **aA** KG Berlin DB 1993, 2174 für Schlüsseldienst).

3. Ausschlusssituationen des Abs 3 Nr 1–3

Unter den in Abs 3 aufgezeigten Situationen sah der Gesetzgeber eine Notwendig- **138** keit für den Schutz des Verbrauchers durch § 312 nicht für gegeben. Die in Abs 3 Nr 1–3 aufgezählten Ausschlussgründe stehen enumerativ nebeneinander und stellen jeweils einen separaten Ausschlussgrund dar (OLG Koblenz NJW-RR 1991, 1020).

139 Während der Ausschlussgrund des Abs 3 Nr 1 sich nur auf die Situation des Abs 1 S 1 Nr 1 beschränkt, da hier der Überraschungseffekt eingreifen kann, bedarf es für Abs 1 S 1 Nr 2 einer solchen Regelung nicht, da der Verbraucher aus eigenem Willen an der Freizeitveranstaltung teilnimmt, so dass seine vorherige Einstimmung möglich ist. Abs 1 S 1 Nr 2 knüpft wiederum bei dem Erfordernis des überraschenden Ansprechens an der Bestellung an, denn bei vorheriger Bestellung ist das „Überraschungsmoment" nicht gegeben (Fischer/Machunsky § 1 HWiG Rn 199).

a) Mündliche Verhandlung nach Abs 1 Nr 1 auf vorhergehende Bestellung des Verbrauchers (Abs 3 Nr 1)

140 Die EG-Haustürwiderrufsrichtlinie (vgl Vorbem 38) wollte zunächst jede Initiative des Verbrauchers als Ausschluss des Widerrufs festlegen (BT-Drucks 7/4078, 10). Die endgültige Fassung stellt dagegen in Art 1 Abs 1 auf den „ausdrücklichen Wunsch des Verbrauchers" ab. Dieser „Verbraucherwunsch" ist daher bei der richtlinienkonformen Auslegung zu beachten (Fischer/Machunsky § 1 HWiG Rn 197).

aa) Bedeutung

141 Abs 3 Nr 1 bezieht sich allein auf die Verhandlungssituation des Abs 1 Nr 1 und entspricht dem Wortlaut und Sinn des **§ 55 Abs 1 GewO** (BGH NJW 1989, 584). Daher sind die zu dieser Norm gewonnenen Auslegungsergebnisse im Rahmen des § 312 Abs 3 Nr 1 (§ 1 Abs 2 Nr 1 HWiG aF) heranzuziehen (BT-Drucks 10/2876, 12; Fischer/Machunsky Rn 201, 202; Reinicke/Tiedtke Rn 1275). Hat der Verbraucher den Unternehmer zum Vertragsgespräch bestellt, trifft ihn dies nicht unvorbereitet. Er kann sich – ebenso wie bei seinem Gang in das Geschäft des anderen Vertragspartners – vorher informieren. Er wird nicht überrumpelt. Erforderlich ist daher die Bestellung des Unternehmers durch den Verbraucher. Es handelt sich hierbei nicht um eine Willenserklärung, sondern um eine **geschäftsähnliche Handlung** (Erman/Saenger [2004] § 312 Rn 70; MünchKomm/Ulmer[4] § 312 Rn 72; Palandt/Heinrichs[64] § 312 Rn 27; Fischer/Machunsky § 312 Rn 198).

142 Die Bestellung bezieht sich auf die Person der anderen Vertragspartei, den Unternehmer, nicht auf das Bestellen einer Ware (Reinicke/Tiedtke Rn 1275). Es enthält die Aufforderung an den Unternehmer und damit die Willensäußerung des Verbrauchers, ihn an seinem Arbeitsplatz (Rn 82) oder in seiner Privatwohnung (Rn 89) zwecks mündlicher Vertragsverhandlungen aufzusuchen.

143 Das Bestellen ist mangels Qualifikation als Willenserklärung **jederzeit widerrufbar**, bedarf also nicht eines besonderen Widerrufsrechts (BGH WM 1989, 1083, 1084; LG Baden-Baden BB 1987, 1066, 1067; Fischer/Machunsky § 1 HWiG Rn 1, 200).

bb) Bestellende Person

144 Die vorhergehende Bestellung hat nach dem klaren Gesetzeswortlaut von dem Verbraucher iSd § 13 auszugehen. Der bestellende Verbraucher kann sich bei der Bestellung eines **Dritten** bedienen, indem ihn hierzu ermächtigt (entspr § 164). Diese Ermächtigung setzt eine Äußerung des Verbrauchers voraus. Ein lediglich am Vertragsschluss bestehendes Interesse eines Dritten (Ehepartner etc) genügt dagegen nicht (Fischer/Machunsky § 1 HWiG Rn 224 mit weiteren Beispielen; BGH NJW 1983, 868, 869; 1991, 923, 924 zu § 55 GewO). Da es sich bei der Bestellung nicht um eine Willenserklärung, sondern um eine tatsächliche Erklärung handelt und der spätere Verbraucher von dem Besuch der anderen Vertragspartei wissen und diesen wollen muss, können die Regeln einer Rechtsscheinsvollmacht keine Anwendung finden (Fischer/ Machunsky § 1 HWiG Rn 225).

cc) Vornahme der Bestellung

Die Aufforderung ist **nicht formbedürftig**, sie kann also schriftlich, mündlich oder 145 telefonisch erfolgen (BGH NJW 2001, 509; Palandt/Heinrichs[64] § 312 Rn 27; Fischer/ Machunsky § 1 HWiG Rn 222), auch formularmäßig, zB durch Ankreuzen einer Antwortkarte. Sie muss allerdings **eindeutig den Wunsch des Verbrauchers zum Ausdruck bringen**, dass Vertragsverhandlungen an den Orten des § 312 Abs 1 S 1 Nr 1 über ein konkretes Projekt gewünscht sind, dh auf Vertragsverhandlungen gerichtet Ort und Zeitpunkt des gewünschten Gespräches festlegen. Von der herrschenden Meinung im Schrifttum wird darüber hinausgehend die Ansicht vertreten, dass eine vorherige Bestellung auch durch konkludentes Handeln zustande kommen kann (Staudinger/ Werner [2001] § 1 HWiG Rn 125; Gilles NJW 1986, 1131, 1142; Knauth WM 1986, 509, 515; dies WM 1987, 517, 527 restriktiv für die erstmalige Anbahnung der geschäftlichen Beziehung; Löwe BB 1986, 821, 827). Nach dem Wortlaut des § 1 Abs 1 der EG-Haustürwiderrufsrichtlinie scheidet das Widerrufsrecht jedoch nur bei einem ausdrücklichen Wunsch des Verbrauchers nach einem Hausbesuch des Unternehmers aus (vgl den Wortlaut der Richtlinie in der Vorbem 38). In **richtlinienkonformer Auslegung** des § 312 Abs 3 Nr 1 reicht daher ein konkludentes Handeln für das Erkennen auf eine vorhergehende Bestellung regelmäßig nicht aus (MünchKomm/Ulmer[4] § 312 Rn 78). Etwas anderes gilt nur für die nach Art 3 Abs 2 lit b der EG-Haustürwiderrufsrichtlinie aus ihrem Anwendungsbereich ausgenommenen Verträgen über die Lieferung von Lebensmitteln oder Getränken oder sonstigen Haushaltsgegenständen des täglichen Bedarfs, die von ambulanten Einzelhändlern in kurzen Zeitabständen und regelmäßig geliefert werden (Erman/Saenger [2004] § 312 Rn 80; MünchKomm/Ulmer[4] § 312 Rn 78).

Der Verbraucher kann nur ausreichend für die Vornahme einer vorhergehenden 146 Bestellung des Unternehmers vorbereitet sein, wenn er um den Besuch und den konkreten Gegenstand des Gespräches weiß (so im Ergebnis auch Knauth WM 1986, 509, 515). Die Einladung zu einer Information oder Präsentation allein genügt nicht (BGHZ 109, 127; OLG Frankfurt NJW-RR 1989, 1342 = WM 1988, 1184, 1185; Erman/Saenger [2004] Rn 74; Reinicke/Tiedtke Rn 1275).

dd) Initiative des Verbrauchers

Eine „Bestellung" beschränkt sich auf die Initiative des Verbrauchers (BGH NJW 147 1994, 3351, 3352; Hopt NJW 1985, 1665). Sie darf **nicht von dem Unternehmer ausgehen** (OLG Köln NJW-RR 1991, 377 = MDR 1990, 444; OLG Frankfurt NJW-RR 1989, 494; Palandt/ Heinrichs[64] § 312 Rn 27; MünchKomm/Ulmer[4] § 312 Rn 70; **aA** Staudinger/Werner [2001] HWiG § 1 Rn 126). Der Verbraucher muss den Unternehmer zu Vertragsverhandlungen an den Arbeitsplatz oder in eine Wohnung eingeladen haben (BGHZ 109, 127). Durch richtlinienkonforme Auslegung der Norm muss sichergestellt werden, dass der Schutz des Verbrauchers durch den Haustürwiderruf nicht unangemessen und richtlinienwidrig verkürzt wird. Die „vorhergehende Bestellung des Verbrauchers" muss nach Art 1 Abs 1 der Richtlinie eine solche „auf ausdrücklichen Wunsch des Verbrauchers" sein, um einen richtlinienkonformen Ausnahmetatbestand zu bilden. Soll der Verbraucherschutz der Haustürwiderrufsregelungen wirkungsvoll gegen Überrumpelungen des Verbrauchers durch den Unternehmer schützen, so sind alle

Kontaktanbahnungssituationen mit dem Ziel des Vertragsschlusses auf Initiative des Unternehmers dem Schutzbereich dieser Regelungen zu unterziehen. Dies war auch Absicht des europäischen Richtliniengebers, wie sich aus der Präambel der Richtlinie ergibt („…Dieses Überraschungsmoment gibt es nicht nur bei Haustürgeschäften, sondern auch bei anderen Verträgen, die auf Initiative des Gewerbetreibenden außerhalb seiner Geschäftsräume abgeschlossen werden. …", vgl den Richtlinientext Vorbem 38).

148 Soll auf Anregung des Verbrauchers eine Terminabsprache erfolgen, so muss deutlich werden, dass nicht nur ein unverbindlicher Besuch erfolgen, sondern dieser zu konkreten Vertragsverhandlungen führen soll (BGH NJW 1990, 181, 183; 1990, 1732; OLG Düsseldorf NJW-RR 1992, 506; LG Münster NJW 1987, 2876; LG Karlsruhe VuR 1988, 271, 272).

ee) Bestehende Geschäftsbeziehungen
149 Bestehende Geschäftsbeziehungen zwischen den Parteien ersetzen eine vorherige Bestellung nicht (MünchKomm/Ulmer[4] § 312 Rn 82; Fischer/Machunsky § 1 HWiG Rn 213; Reinicke/Tiedtke Rn 1284; tendenziell aA OLG Hamm NJW 1994, 2159; LG Hannover WM 1988, 1609; s auch BGH NJW 1990, 1732, 1733, wonach die Kontaktaufnahme durch den Verbraucher bei Bestehen einer Geschäftsbeziehung eher als eine Bestellung des Vertreterbesuchs ausgelegt werden kann), denn der Besuch außerhalb des Geschäftslokals der anderen Vertragspartei kommt für den Verbraucher ebenso überraschend, es sei denn, zwischen den Beteiligten fänden die Vertragsgespräche in der Regel unter den von § 312 Abs 1 S 1 Nr 1 erfassten Situationen statt. Dann rechnete der Verbraucher mit dem Besuch des Unternehmers und akzeptierte diesen (Reinicke/Tiedtke Rn 1284).

ff) Telefonische Anfrage
150 Führt der **Unternehmer** auf seine Veranlassung hin mit dem Verbraucher ein Telefon-Marketing-Gespräch, durch das es zu einem telefonischen Vertragsabschluss kommt, so liegt ein Fernabsatzgeschäft vor, das die gleichzeitige Annahme eines Haustürgeschäfts im Grundsatz ausschließt (vgl Vorbem 28). Der Annahme eines Haustürwiderrufsrechts steht jedoch nicht entgegen, dass der **Verbraucher** aus eigener Initiative mit dem Unternehmer ein Telefongespräch geführt hat und sich der Verbraucher mit dem Besuch des Unternehmers einverstanden erklärt hat (BGH NJW 2003, 1190, 1191). Eine die Anwendbarkeit des Gesetzes ausschließende „vorhergehende Bestellung des Kunden" iS des § 1 Abs 1 Nr 1 HWiG aF (§ 312 Abs 3 Nr 1) liegt nach der Rechtsprechung des BGH jedenfalls dann nicht vor, wenn sich der Kunde im Verlauf eines nicht von ihm veranlassten Telefonanrufs des Anbieters mit einem Hausbesuch einverstanden erklärt (BGHZ 109, 127, 132 ff = NJW 1990, 181). Instanzgerichtliche Rechtsprechung vollzieht das nach und füllt es aus. Nach dem AG Ettenheim ist die Bestellung eines Besuchs durch den Verbraucher ganz zu recht unschädlich, wenn diese zur Abgabe eines Angebots zu Informationszwecken erfolgt, und der Besuch des Verkäufers nicht bereits zum Zweck des Abschlusses des Vertrages erfolgen soll. Hierbei kommt es zutreffend auf die **objektive Auslegung der Anbahnungssituation** an. Für die Einholung eines Angebots zu Informationszwecken spricht, wenn es sich objektiv um ein Geschäft mit erheblichen finanziellen Belastungen handelt (für die Fensterbestellung auf einer privaten Baustelle: AG Ettenheim NJW-RR 2004, 1429, 1430).

gg) Provozierte Bestellung

Die Aufforderung darf, da sie auf dem unbeeinflussten Willen des Verbrauchers **151** beruhen muss, von dem Unternehmer nicht provoziert bzw durch überraschenden Anruf oder Besuch, dh durch eine Situation des Abs 1 herbeigeführt werden. Hierzu gehört auch die überraschende telefonische bzw persönliche Nachfrage, ob ein Besuch erwünscht sei (BGH WM 1982, 1429, 1430; OLG Köln NJW 1988, 1985; OLG Stuttgart NJW-RR 1989, 1144; LG Tübingen NJW-RR 1988, 821; LG Rostock NJW-RR 1994, 2015; AG Schöneberg NJW-RR 1988, 115, 116; MünchKomm/ULMER[4] § 312 Rn 81; PALANDT/HEINRICHS[64] § 312 Rn 28; REINICKE/TIEDTKE Rn 1275; GAUL NJW 1987, 2852; KNAUTH WM 1986, 509, 514, 516; ders WM 1987, 517, 527; LÖWE BB 1986, 821, 827). Dies führt ebenso zu einer von § 312 Abs 1 erfassten Überrumpelung und würde lediglich eine Umgehung der Verbraucherschutznorm bedeuten. Eine solche private provozierte Bestellung begründet daher nicht den Tatbestand des § 312 Abs 3 Nr 1 (OLG Brandenburg MDR 1998, 207; OLG Stuttgart NJW-RR 1989, 1144; LG Dortmund NJW-RR 1988, 316; LG Tübingen NJW-RR 1988, 821; LG Zweibrücken NJW 1988, 823,; 1988, 583, 584; LG Arnsberg NJW-RR 1992, 692; AG Michelstadt NJW-RR 1987, 1461; AG Schöneberg NJW-RR 1988, 115; AG Dortmund MDR 1988, 145 = NJW-RR 1988, 314).

Der Begriff der Bestellung erfordert im Interesse des angestrebten Verbraucher- **152** schutzes und als Ausnahmeregelung in Anlehnung an die Handhabung des § 55 GewO eine **enge Auslegung** mit der Folge, dass der Begriff der provozierten Bestellung einer weiten Auslegung zugänglich wird (BGHZ 108, 127, 135, OLG Köln WM 1988, 1605; LG Tübingen NJW-RR 1988, 821; AG Schöneberg NJW-RR 1988, 115; FISCHER/MACHUNSKY § 1 HWiG Rn 204; REINICKE/TIEDTKE Rn 1275).

Bereits der **unaufgeforderte Anruf** des Unternehmers bei dem Verbraucher und die **153** während des Gesprächs von Letzterem geäußerte Bitte, der Unternehmer möge ihn in seiner Wohnung aufsuchen, bedeutet für den Verbraucher eine vorher nicht überlegte Äußerung und kann von einem geübten Unternehmer leicht herbeigeführt werden, so dass im Interesse des Schutzzweckes auch hierin keine vorhergehende Bestellung gesehen werden kann, sondern eine provozierte Bestellung vorliegt (BGHZ 109, 128, 136; BGH NJW 1989, 1800; NJW 1989, 584, 585; 1989, 3217; 1996, 55, 56; ERMAN/SAENGER [2004] § 312 Rn 76; MünchKomm/ULMER[4] § 312 Rn 80; REINICKE/TIEDTKE Rn 1276, 1277; FISCHER/MACHUNSKY § 1 HWiG Rn 233 ff mit Beispielen in Rn 241 ff).

hh) Überraschungsmoment

Da eine eindeutige Verbrauchererklärung erforderlich ist, genügt das bloße **Schwei-** **154** **gen** des Verbrauchers auf einen angekündigten (unaufgeforderten) Besuch nicht (PALANDT/HEINRICHS[64] § 312 Rn 29; MünchKomm/ULMER[4] § 312 Rn 81).

Eine nach Sinn und Zweck der Ausnahmeregelung der „vorhergehenden Bestel- **155** lung" unbeachtliche provozierende Bestellung ist anzunehmen, wenn die Bitte des Verbrauchers unter denselben **Umständen wie in § 312 Abs 1 S 1** herbeigeführt worden ist. Nicht ausreichend hierzu ist allein, dass der Unternehmer den Verbraucher durch sein rein werbendes Handeln (vorher zugesandte Werbung, Informationsmaterial, durch Werbung im Rundfunk oder Fernsehen usw) den Verbraucher zur Bestellung angeregt hat, dem Verbraucher jedoch die Initiative zur Kontaktaufnahme überlassen bleibt (BGHZ 109, 127, 136; BGH NJW 1989, 584, 585; NJW 1989, 3217; OLG

Frankfurt WM 1989, 1184; FISCHER/MACHUNSKY § 1 HWiG Rn 240 f; MünchKomm/ULMER⁴ § 312
Rn 80; REINICKE/TIEDTKE Rn 1281).

156 Die Bestellung iSd § 312 Abs 3 Nr 1 erfordert **mehr als ein lediglich „Rechnenmüssen"** mit der Verhandlung (so jedoch das OLG Hamburg DB 1988, 2049). Letzteres mindert
zwar den Überraschungseffekt, widerspricht aber eindeutig den vom Gesetz aufgestellten Anforderungen („Bestellung") und der EG-Haustürwiderrufsrichtlinie. Zudem würde eine solche Reduzierung dem Verbraucherschutz vor aufgedrängten
Verhandlungen nicht gerecht (so auch FISCHER/MACHUNSKY Rn 205). Das OLG Dresden
kommt selbst dann nicht zur Annahme einer „vorhergehenden Bestellung", wenn
der Verbraucher mit einer Antwortkarte auf einem Werbezettel einen Repräsentanten des Unternehmers in die Privatwohnung bestellt (VuR 1998, 310, 311).

ii)   Eindeutigkeit
157 Die Bestellung des Unternehmers durch den Verbraucher muss eindeutig zum
Zweck des Führens konkreter Vertragsverhandlungen erfolgen (OLG Köln NJW
1988, 1985, 1986; OLG Stuttgart NJW 1988, 1986, 1987; OLG Frankfurt NJW-RR 1988, 494; WM
1989, 1184, 1185; OLG Düsseldorf NJW-RR 1996, 1269; LG Hamburg NJW-RR 1988, 824, 825; LG
Berlin VuR 1988, 102, 104; FISCHER/MACHUNSKY § 1 HWiG Rn 208). Allein bei dieser Erwartung kann der Verbraucher die nötige Vorbereitung treffen und einer Überrumplung
entgegentreten.

158 Ein Wunsch nach konkreten Vertragsverhandlungen liegt nicht vor, wenn der Verbraucher lediglich aufgrund einer Werbung (zB Zeitungs-, Kinoanzeige oder durch
Anforderung eines Kataloges usw) bei dem Werbenden weitere Informationen,
insbes Prospekt-, Werbematerial, Beratung (BGH NJW 1990, 181, 182) anfordert (OLG
Köln NJW 1988, 1985; LG Dortmund NJW-RR 1988, 316; LG Arnsberg NJW-RR 1992, 692; AG
Dortmund MDR 1988, 145 = NJW-RR 1988, 314; FISCHER/MACHUNSKY Rn 210 mwN in Fn 29, 30).
Die Äußerung eines lediglich allgemeinen Interesses am Angebot des Unternehmers
reicht nicht zur Annahme einer vorhergehenden Bestellung (BGHZ 109, 127, 136; 110,
308, 309; OLG München WM 1991, 523, 524; MünchKomm/ULMER⁴ Rn 72).

159 Vereinbart der Verbraucher mit dem Unternehmer den **Besuch zur Abgabe eines
Angebotes**, insbes bei Bauhandwerkern, ist es eine Frage des Einzelfalles, ob ein
entsprechend hinreichend konkretisierter Verhandlungsgrund vorliegt (BGHZ 110,
308; BGH NJW 1990, 1732, 1733; FISCHER/MACHUNSKY § 1 HWiG Rn 213). Die Aufforderung
des Kunden zur Abgabe eines Angebotes kann die Einleitung von Vertragsverhandlungen bedeuten. Bringt der Kunde diese Aufforderung klar und eindeutig zum
Ausdruck, so wird häufig ein Wunsch nach Abgabe einer die andere Vertragspartei
bindenden rechtsgeschäftlichen Erklärung und damit der Auftakt zu Vertragsverhandlungen vorliegen. In diesem Fall muss der Kunde redlicherweise damit rechnen,
dass der Anbieter über das gewünschte Angebot verhandeln und einen Vertrag
schließen will; er wird mithin nicht überraschend und unvorbereitet mit einem
Vertragsangebot konfrontiert. Die Bitte um Unterbreitung eines Angebotes kann
aber auch nur das allgemeine Interesse des Kunden zum Ausdruck bringen, zunächst
unverbindlich über Art und Qualität der Ware sowie über den Preis unterrichtet zu
werden (BGHZ 110, 308). Der Verbraucher äußert etwa lediglich einen Informationswunsch, nicht schon einen Verhandlungswunsch, wenn er anlässlich eines Messebesuchs einen Besuchstermin vereinbart, um an Ort und Stelle die Kosten für ein

Angebot festzustellen (Einbaufenster), um dann den Preis zu errechnen (OLG Stuttgart NJW-RR 1989, 956); ebenso die Fensterbestellung auf privater Baustelle (AG Ettenheim NJW-RR 2004, 1429, 1430 – für die Einholung des Angebots zu Informationszwecken spricht hiernach, wenn objektiv ein Geschäft mit erheblichen finanziellen Belastungen vorliegt). Eine vorhergehende Bestellung kann auch dann abzulehnen sein, wenn vorher Verhandlungen über den Vertragsgegenstand stattgefunden haben (BGH NJW 1994, 3351).

Ähnlich wie bei der Anforderung eines Angebotes liegt bei der Bitte des Verbrauchers um Erstellung eines **Kostenvoranschlages** grundsätzlich noch keine vorhergehende Bestellung des Verbrauchers zu konkreten Vertragsverhandlungen in den Räumen des § 312 Abs 1 S 1 Nr 1 vor (BGHZ 110, 308; OLG Jena VuR 2003, 100; OLG Stuttgart NJW 1988, 1986, 1987; OLG Frankfurt WM 1989, 1184, 1185; AG Hamburg NJW-RR 1988, 824; FISCHER/MACHUNSKY § 1 HWiG Rn 212). Der Kostenvoranschlag muss zum einen nicht in der Wohnung des Verbrauchers übergeben werden. Er kann mit der Post zugestellt werden. Zum anderen soll diese Information erst die Überlegung ermöglichen, ob überhaupt konkrete Vertragsverhandlungen aufgenommen werden sollen.   **160**

Hat der Verbraucher den Unternehmer zu einer Verhandlung über einen hinreichend bestimmten Vertragsgegenstand bestellt, kommt aber ein **Vertrag über eine andere Leistung** zustande, liegt ebenfalls der Vertrag außerhalb der erbetenen konkreten Vertragsverhandlungen und beruht nicht auf der vorhergehenden Bestellung (BT-Drucks 10/2876, 12; BGH NJW 1990, 1048, 1049; 1992, 425, 426; OLG Koblenz NJW-RR 1990, 56; LG Hamburg NJW-RR 1988, 824, 825; GILLES NJW 1986, 1131, 1142; FISCHER/MACHUNSKY § 1 HWiG Rn 217, 218, mit Beispielen; REINICKE/TIEDTKE Rn 1275).   **161**

kk) Zeitpunkt der Aufforderung

Die Bestellung muss der Vertragsverhandlung in den Räumen des § 312 Abs 1 S 1 Nr 1 **vorangehen**, dh sie muss vor der Aufnahme der Vertragsverhandlungen liegen, kann also **nicht** im Rahmen bereits aufgenommener mündlicher Verhandlung durch eine Genehmigung **nachgeholt** werden (REINICKE/TIEDTKE Rn 1275; PALANDT/HEINRICHS[64] § 312 Rn 27) und muss eindeutig konkretisiert sein. Dem Verbraucher muss die Bestellung Zeit zur Vorbereitung auf den Besuch des Unternehmers und das dabei erfolgende Vertragsgespräch geben (OLG Bamberg BB 1988, 1072; OLG Stuttgart NJW 1988, 1986; OLG München NJW-RR 1990, 1528, 1529; OLG Hamm NJW-RR 1991, 121, 122; LG Görlitz VuR 1993, 301, 302; PALANDT/HEINRICHS[64] § 312 Rn 27; ERMAN/SAENGER [2004] § 312 Rn 71; FISCHER/MACHUNSKY § 1 HWiG Rn 226, 227; **aA** STAUDINGER/WERNER [2001] HWiG § 1 Rn 140).   **162**

Die vorangehende Bestellung soll dem Verbraucher die Einstimmung auf das Vertragsgespräch und die Vorbereitung ermöglichen, und damit eine Überrumpelung verhindern. Insoweit ist der Verbraucher auf den vereinbarten Gesprächstermin fixiert und hält die vorgegebene Zeit für seine Überlegungen und seine Informationen als ausreichend. Hat der Verbraucher den Unternehmer zwar zu einem **bestimmten Zeitpunkt** bestellt, erscheint letzterer aber erheblich früher bei dem Verbraucher, ist die Vorbereitungszeit noch nicht abgeschlossen, so dass das Vertragsgespräch für den Verbraucher überraschend mit der Gefahr der Überrumpelung stattfindet. Der Ausschlussgrund des § 312 Abs 3 Nr 2 liegt dann nicht vor (OLG Stuttgart WM 1988, 1607; MünchKomm/ULMER[4] § 312 Rn 79; ERMAN/SAENGER [2004] § 312 Rn 71; REINICKE/TIEDTKE Rn 1280). Ähnliches mag gelten, wenn der Vertreter erheblich später kommt, zu einem Zeitpunkt, zu dem der Verbraucher nicht mehr ihm rechnet.   **163**

b) Sofortige Leistung und Bezahlung bei Kleingeschäften (Abs 3 Nr 2)

164 Erfüllen beide Seiten das Geschäft, ist für den Verbraucher das Risiko deutlich. Es entspricht einem allgemeinen Rechtsgedanken, dass Schutzvorschriften dann nicht in vollem Umfang erforderlich sind, wenn durch die Erfüllung das Rechtsgeschäft transparent ist (§§ 518, 766). Ebenso soll bei geringwertigen Geschäften aus Gründen der Justizentlastung der Schutz des Verbrauchers nicht in gleichem Maße geboten sein. Beide Rechtsgedanken finden sich kombiniert in Abs 3 Nr 2.

165 Die EG-Haustürwiderrufsrichtlinie räumt den Mitgliedstaaten in Art 3 Abs 1 die Möglichkeit eines solchen „Bagatellausschlusses" ein (bis zu einem vom Verbraucher zu zahlenden Gegenwert von höchstens 60 ECU).

166 Zunächst sollte des Widerrufsrecht unabhängig von einer festen Wertgrenze bei sofortiger beiderseitiger Leistungserbringung und bei geringem Entgelt ausgeschlossen sein (BT-Drucks 7/4078; BR-Drucks 278/; 337/84). Die Festlegung der Geringwertigkeitsgrenze sollte der Praxis überlassen bleiben. Aus Gründen der Rechtssicherheit und Rechtsklarheit wurde bereits in die Vorgängerregelung des § 1 HWiG aF ein fester Betrag von 40 Euro (in der bis zum 30. 9. 2000 geltenden Fassung 80 DM) eingesetzt. Damit ist bewusst das Problem des Kaufkraftschwundes bzw der Geldentwertung hingenommen worden (BT-Drucks 10/2876, 12). Diese Entwicklung wirkt sich letztlich zugunsten der Verbraucher aus. Der Schutz des Haustürwiderrufs sollte darüber hinaus jedem Verbraucher – selbst bei geringwertigen Rechtsgeschäften dem meist wirtschaftlich schwächeren Verbraucher – zugute kommen. Die von der Gesetzesbegründung hervorgehobene Unverhältnismäßigkeit der Anwendung des § 312 auf abgewickelte Bagatellgeschäfte ist wenig überzeugend. Die Beurteilung der Verhältnismäßigkeit sollte den Verbrauchern überlassen werden.

aa) Wertgrenze

167 Die Wertgrenze von **40 Euro** ist aus Gründen der Rechtssicherheit **absolut** und bestimmt sich nach der Vertragsvereinbarung, dh erfasst wird das gesamte Entgelt (WASSERMANN JuS 1990, 554), das der Verbraucher zu erbringen hat, da die Norm die wirtschaftliche Belastung zugrunde legt (FISCHER/MACHUNSKY § 1 HWiG Rn 273, 274). Eine Aufteilung eines einheitlichen Geschäfts in mehrere Teile unter 40 Euro oder die Verlagerung des über 40 Euro hinausgehenden Preises auf sogenannte Nebenkosten führt nicht zur Anwendung des Ausschlussgrundes nach Abs 3 Nr 2. Es erfolgt eine **Zusammenrechnung** aller vom Verbraucher zu erbringenden Zahlungsverpflichtungen (ERMAN/SAENGER [2004] § 312 Rn 89; MünchKomm/ULMER[4] § 312 Rn 83; FISCHER/MACHUNSKY § 1 HWiG Rn 274). Das Umgehungsverbot des § 312f gilt auch für die Ausschlussregelung des Abs 3 (ERMAN/SAENGER [2004] § 312 Rn 89; PALANDT/HEINRICHS[64] § 312 Rn 30).

bb) Sofortige Erfüllung

168 Wie bei den sonstigen Bargeschäften des täglichen Lebens bedeutet „sofortige beiderseitige Erfüllung" die vollständige Leistungserbringung durch beide Seiten iSd § 362 unmittelbar im Anschluss an den Vertragsschluss. Der Leistende muss alles getan haben, um den Leistungserfolg herbeizuführen (FISCHER/MACHUNSKY § 312 Rn 271, 272). Ob der Erfolg eingetreten ist, ist dagegen unerheblich.

c) Notarielle Beurkundung der Willenserklärung des Verbrauchers (Abs 3 Nr 3)

Die Vorschrift entspricht § 1 Abs 2 Nr 3 HWiG aF. Das Widerrufsrecht ist bei einem **169** notariellen Kaufvertrag über eine Wohnung aufgrund der Beurkundung ausgeschlossen. Bei einer notariellen Beurkundung der Willenserklärung des Verbrauchers, die zu dem Vertragsschluss geführt hat, entfällt der Überrumplungseffekt (BGH ZIP 2003, 1240, 1241). Der Verbraucher ist dann nicht mehr im Sinne des Gesetzeszwecks hinsichtlich der Widerrufsbelehrung (§ 17 BeurkG) und des Widerrufsrechts schutzwürdig. Die notarielle Beurkundung muss den Anforderungen des BeurkG genügen. Sie kann entweder gesetzlich vorgesehen oder vertraglich vereinbart sein.

§ 312 Abs 3 Nr 3 bedarf **richtlinienkonformer Auslegung**, da die Ausschlussregelung **170** in richtlinienwidriger Weise hinter dem Verbraucherschutz der EG-Haustürwiderrufsrichtlinie zurückbleibt. Die EG-Richtlinie (vgl Vorbem 38) nennt die notarielle Beurkundung nicht als Ausschlussgrund für die Anwendbarkeit des Haustürwiderrufsrechts, sondern klammert in Art 3 Abs 2 lit a S 1 lediglich Verträge über Immobilien aus. Daher ist Nr 3 richtlinienkonform einschränkend als **nur für Verträge über Immobilien** geltend auszulegen (so auch MünchKomm/ULMER[4] § 312 Rn 85; PALANDT/ HEINRICHS[64] § 312 Rn 31; FISCHER/MACHUNSKY Rn 276). Im Übrigen kann ggf die Regelung des § 312f eingreifen (ERMAN/SAENGER [2004] § 312 Rn 91; MünchKomm/ULMER[4] § 312 Rn 86). Zu den Grenzen der richtlinienkonformen Auslegung s Vorbem 32.

Die notarielle Form wird vom Gesetzgeber idR als bester Weg der Aufklärung und **171** Beratung (§ 17 BeurkG – zu beachten ist insbes § 17 Abs 2a BeurkG für Verbraucherverträge) der Vertragsparteien gesehen (LÖWE BB 1986, 828). Mit Wegfall des Überraschungsmoments – neben der notariellen Belehrung auch durch das vorherige Wissen vom Notartermin – ist vom Gesetzeszweck des § 312 keine nachträgliche Überlegungsfrist mehr erforderlich (BT-Drucks 10/2876, 12). Der Verbraucher ist weder überrascht noch überrumpelt. Es ist daher unerheblich, ob der Vertrag erst vor dem Notar oder bereits vorher – selbst unter den Voraussetzungen des Abs 1 S 1 Nr 1–3 – ausgehandelt worden ist (ERMAN/SAENGER [2004] § 312 Rn 90; kritisch GILLES NJW 1986, 1131, 1143). Nach dem OLG Stuttgart (BB 1999, 1453, 1454) ist die Anwendung des Ausschlusstatbestandes bei notarieller Beurkundung nicht beurkundungsbedürftiger Willenserklärungen jedoch dann nicht gerechtfertigt, wenn der Verbraucher aufgrund anbieterinitiierter vorausgegangener Verhandlungen bereits zum Vertragsabschluss bestimmt worden ist und die notarielle Beurkundung sich aus seiner Sicht als reine Formalität darstellt. Eine solche Beurkundung kann dem Verbraucher ein Widerrufsrecht abschneiden, obwohl der entsprechende Tatbestand nach dem Willen des Gesetzgebers § 312 Abs 1 unterfallen sollte (ERMAN/SAENGER [2004] § 312 Rn 91; PALANDT/HEINRICHS[64] § 312 Rn 31; **aA** STAUDINGER/WERNER [2001] HWiG § 1 Rn 149).

Der Ausschlussgrund des Abs 3 Nr 3 setzt die **Beurkundung des Vertrages selbst** **172** voraus, allein die Beurkundung der Vollmacht für den Vertrag genügt nicht (BGH ZIP 1999, 2007 f). Die notarielle Beurkundung selbst regelt sich nach § 128. § 312 Abs 3 Nr 3 erfasst grundsätzlich auch die notarielle Beurkundung einer **Bevollmächtigung** (BGH NJW 2000, 2268; PALANDT/HEINRICHS[64] § 312 Rn 31). Insbes in einer Haustürsituation initiierte **Generalvollmachten zum Erwerb von kreditfinanzierten Immobilien** entfalten jedoch nicht die erforderliche Warnfunktion für den Verbraucher, um diesen hinreichend zu schützen, und stellen daher ein Umgehungsgeschäft dar (ERMAN/ SAENGER [2004] § 312 Rn 91; **aA** STAUDINGER/WERNER [2001] § 1 HWiG Rn 149). Dem Verbraucher steht in diesem Fall nach richtlinienkonformer Auslegung ein Widerrufs-recht zu, wenn und soweit die Vollmacht auch den Abschluss des Darlehensvertrages umfasst (ERMAN/SAENGER [2004] § 312 Rn 91; MünchKomm/ULMER[4] § 312 Rn 88). Der Fortbe-stand der Vollmacht bestimmt sich nach § 139. Bei der **Vorlage einer notariell beur-kundeten Vollmachtsurkunde** wird der Unternehmer durch §§ 172, 173 geschützt. Der Unternehmer darf bei der Hingabe eines Darlehens auf die Wirksamkeit einer ihm vorgelegten notariell beurkundeten Vollmachtserklärung vertrauen, wenn sich dem Unternehmer nicht die Unwirksamkeit oder Widerruflichkeit der Vollmacht wegen fehlender Belehrung aufdrängen musste (BGH MDR 2003, 797; NJW 2000, 2270, 2271; OLG Karlsruhe MDR 2001, 982 = WM 2001, 2002; ERMAN/SAENGER [2004] § 312 Rn 91; MARTIS MDR 2003, 961, 968).

173 Bei sog **Bauherrn- und Erwerbsmodelle** ist § 312 Abs 3 Nr 3 nicht anwendbar (GAL-LOIS BB 1990, 2062; PALANDT/HEINRICHS[64] § 312 Rn 31; aA STAUDINGER/WERNER [2001] HWiG § 1 Rn 150 unter Berufung auf den Gesetzeswortlaut). Die Ausschlussvorschrift ist richtlinien-konform einschränkend auszulegen, da der Notar üblicherweise nur mit einem Aus-schnitt des Vertragsabschlusses befasst ist und daher seine Belehrung den Verbrau-cher nicht umfassend aufzuklären und zu warnen vermag; die Überrumplungssitua-tion besteht daher fort (OLG Stuttgart OLGR 1999, 231; OLG Karlsruhe OLGR 2002, 272; PALANDT/HEINRICHS[64] § 312 Rn 31; aA OLG Stuttgart ZIP 2004, 946, 950: Der notariell beurkun-dete Beitritt zu einem geschlossenen Immobilienfonds kann nicht wegen Fortwirkung des Über-rumpelungseffekts nach dem HWiG widerrufen werden, da § 1 Abs 2 Nr 3 HWiG aF [jetzt § 312 Abs 3 Nr 3] ausnahmslos gilt; OLG Stuttgart OLGR 1999, 231; OLG Karlsruhe OLGR 2002, 272).

X. Ausschluss des § 312 durch § 312a

174 Nach § 312a sind auch **Verträge ausgeschlossen**, die den in § 312a aufgezählten Ver-braucherschutzregelungen unterliegen. Insoweit ist § 312 subsidiär (s hierzu § 312a Rn 1 f).

XI. Darlegungs- und Beweislast

175 Die Darlegungs- und Beweislast für das **Vorliegen der Widerrufsausschlussgründe** trägt der Unternehmer (OLG Frankfurt WM 1989, 1184, 1185; OLG München WM 1991, 523, 524; OLG Jena OLG-NL 1994, 78; MünchKomm/ULMER[4] § 312 Rn 90). Der Unternehmer hat die tatsächlichen Voraussetzungen für den Ausschluss des Widerrufsrechts aufgrund „vorhergehender Bestellung" zu beweisen (BGH NJW 1989, 584, 585; OLG Frankfurt WM 1989, 1184, 1185; OLG München WM 1991, 524; OLG Köln NJW 1988, 1985, 1986; OLG Düsseldorf NJW-RR 1992, 506; OLG Stuttgart VuR 1993, 321, 322; AG Schönberg NJW 1988, 115; ERMAN/ SAENGER [2004] Rn 72) und eine solche nicht provoziert worden ist (AG Schöneberg NJW-RR 1988, 115; REINICKE/TIEDTKE Rn 1283).

176 Die Rechtsprechung verlangt im Interesse des Verbrauchers **erhöhte Anforderungen** an die Darlegungslast des Unternehmers. Dieser muss substantiiert die konkreten Umstände (Zeit und Art) der vorhergehenden Bestellung vortragen, damit insbe-sondere deutlich wird, dass der Verbraucher mehr als nur eine Information ge-wünscht hat (OLG Köln VuR 1990, 56, 58; OLG Stuttgart NJW-RR 1990, 1135, 1136; OLG Düsseldorf NJW-RR 1992, 506).

Die Abänderung der Beweislast dadurch, dass sich der Unternehmer von dem Ver- **177**
braucher mit dessen Vertragserklärung das Vorliegen einer vorhergehenden Bestellung (Abs 3 Nr 1) bestätigen lässt, insbesondere wenn eine solche Bestätigung in
einem vorformulierten Text erfolgen, ist nach **§ 309 Nr 12b** nicht möglich (OLG Zweibrücken NJW-RR 1992, 565 und FISCHER/MACHUNSKY § 1 HWiG Rn 263, beide zu § 11 Nr 15b
AGBG aF; MünchKomm/ULMER[4] § 312 Rn 90).

Wer in seiner Privatwohnung mit einem Bankmitarbeiter eine Sicherungsvereinba- **178**
rung für einen Kredit seiner Söhne abgeschlossen hat, muss darlegen und beweisen,
dass er zu dem Vertragsschluss gerade durch die Situation in seiner Wohnung bestimmt worden ist, wenn die Sicherungsvereinbarung unter psychologischem Druck,
dh aus Gründen familiärer Verbundenheit für einen von den Söhnen dringend
benötigten, sonst nicht gewährten Geschäftskredit geschlossen wurde, und einer der
Söhne den Besuch des Bankmitarbeiters veranlasst und gegenüber dem Vater angekündigt hatte und bei dem Vertragsschluss in dessen Wohnung anwesend war
(BGH FamRZ 2004, 1865).

§ 312a
Verhältnis zu anderen Vorschriften

**Steht dem Verbraucher zugleich nach Maßgabe anderer Vorschriften ein Widerrufs-
oder Rückgaberecht nach § 355 oder § 356 dieses Gesetzes, nach § 126 des Invest-
mentgesetzes zu, ist das Widerrufs- oder Rückgaberecht nach § 312 ausgeschlossen.**

Materialien: BT-Drucks 14/6040; 14/9266.

Systematische Übersicht

I.   Allgemeines
1. Regelungsgegenstand _____ 1
2. Normänderungen _____ 5
a) Schuldrechtsmodernisierungsgesetz _ 6
b) OLG-Vertretungsrechtsänderungs-
    gesetz _____ 9
3. Normentwicklung _____ 14

II. Ausschlussregelung
1. Normzweck _____ 15
2. Klagen aus Haustürgeschäften § 29c
    ZPO _____ 16

III. Rechtsfolge _____ 22

Alphabetische Übersicht

Anlagevermittlungsvertrag _____ 19
Auffangtatbestand _____ 2, 14, 22
Ausschluss des Widerrufsrechts in
   § 312 Abs 3 _____ 19
Ausschlussregelung _____ 2, 15 ff

Bestimmung eines gemeinsamen Gerichts _ 21

culpa in contrahendo _____ 19

Erfüllungsansprüche _____ 19
Fernabsatzverträge _____ 2, 11
Fernunterrichtsverträge _____ 19
Finanzierungshilfen _____ 3, 6
Finanzierungsleasingverträge _____ 3
Folgeansprüche _____ 19

Geltungsvorrang _____ 1

Gesetz über den Vertrieb ausländischer
  Investmentanteile (AuslInvestmG) ____
  _____ 3, 6, 10, 15, 19
Gesetz über Kapitalanlagegesellschaften (KAGG) _____ 3, 6, 10, 15, 19

Haustürgeschäfte _____ 6 f, 13, 16 ff
Haustürsituation _____ 1, 15, 22
Heininger-Rechtsprechung _____ 7 f

Immobiliardarlehensverträge _____ 13
Investmentgesetz (InvG) _____ 3, 19

Klagearten _____ 19
Klagen aus Haustürgeschäften _____ 16, 19
Konkurrenzprobleme _____ 1, 15

Normentwicklung _____ 14

OLG-Vertretungsrechtsänderungsgesetz _ 5, 9

Positive Vertragsverletzung _____ 19

Ratenlieferungsverträge _____ 3, 10

Realkreditverträge _____ 7
Richtlinienkonforme Auslegung _____ 7

Schadensersatzansprüche _____ 19
Schuldrechtsmodernisierungsgesetz _____ 5 f
Subsidiaritätsklausel _____ 7, 12, 14

Teilzahlungsgeschäfte _____ 3
Teilzeitwohnrechteverträge _____ 3, 19
Teleologische Reduktion _____ 14

Unerlaubte Handlung _____ 19 f

Verbraucherdarlehensverträge ____ 3, 6, 10, 19
Verbraucherschutzniveau _____ 1
Versicherungsverträge _____ 19
Verträge nach § 11, 15h AuslInvestmG,
  § 22 KAGG _____ 3, 5, 10, 15, 19
Vertreter _____ 20

Widerklage _____ 18

Zahlungsaufschub _____ 3, 14

I. Allgemeines

1. Regelungsgegenstand

1 Nach § 312a ist das Widerrufsrecht nach § 312 ausgeschlossen, wenn dem Verbraucher bereits nach den anderen in der Vorschrift genannten Bestimmungen ein Widerrufs- oder Rückgaberecht zusteht (BT-Drucks 14/9266, S 44). Diese Regelungen überschneiden sich in ihren Anwendungsbereichen teilweise mit § 312 Abs 1, da dessen Widerrufs- bzw Rückgaberecht an eine für den Vertragsabschluss kausale Haustürsituation anknüpft, während die Sonderregelungen ihrerseits regelmäßig auf Art und Inhalt des Vertrages abstellen (dazu näher unter Rn 19). § 312 Abs 1 steht daher in einem **Konkurrenzverhältnis** zu den in § 312a genannten Normen. Diese enthalten zum Teil Bestimmungen, die sich hinsichtlich der Anforderungen an die Ausgestaltung der Widerrufsbelehrung (vgl §§ 312 Abs 2, 312d Abs 2, 485 Abs 2 S 1, 495 Abs 2 S 2), des Beginns der Widerrufsfrist (vgl § 312d Abs 2, § 4 Abs 1 S 2 FernUSG), der Ausübung des Widerrufs (vgl § 495 Abs 2) und der Rückabwicklung der abgeschlossenen Geschäfte von § 312 Abs 1 unterscheiden (zu Einzelheiten des Widerrufs- und Rückgaberechts der §§ 355 ff siehe auch die Kommentierung STAUDINGER/KAISER [2004]). Um Anwendungsschwierigkeiten und Doppelung von Widerrufs- und Rückgaberechten zu vermeiden (BT-Drucks 14/9266 S 44), begründet § 312a für diese Sonderregelungen einen **Geltungsvorrang** vor § 312 (BAMBERGER/ROTH/ANN § 312a Rn 2; MünchKomm/ULMER[4] § 312a Rn 1). Damit soll der sachnäheren Lösung für Konkurrenzsituationen und dem zT höheren Verbraucherschutzniveau der Spezialregelungen der Vorzug gegeben werden (ERMAN/SAENGER [2004] § 312a Rn 2; hierzu auch STAUDINGER/WERNER [2001] § 5 HWiG Rn 22).

Fernabsatzverträge (§ 312d Abs 1) sind von der Ausschlussregelung nicht erfasst, da **2** sich Fernabsatz- und Haustürwiderrufsgeschäfte von vornherein tatbestandlich ausschließen (dazu weiterführend Rn 19). Das Haustürwiderrufsrecht des Verbrauchers bildet, wenn die spezialgesetzlichen Widerrufsregelungen wegen einer Ausnahmebestimmung nicht eingreifen, einen **Auffangtatbestand**.

Ein Widerrufs- oder Rücktrittsrecht nach § 312 ist namentlich dann ausgeschlossen, **3** wenn dem Verbraucher bereits **„nach Maßgabe anderer Vorschriften"** ein Widerrufsrecht nach §§ 355, 356, also zB durch Einräumung in § 485 Abs 1 **(Teilzeitwohnrechtevertrag)**, § 495 Abs 1 **(Verbraucherdarlehensvertrag), Finanzierungshilfen** nach §§ 499 Abs 1, 500, 501 (Zahlungsaufschub, Finanzierungsleasingverträge und Teilzahlungsgeschäfte), § 505 Abs 1 Nr 1 **(Ratenlieferungvertrag)** und § 4 FernUSG **(Fernunterrichtsvertrag)** oder gemäß § 126 **Investmentgesetz (InvG)** v 15. 12. 2003 (BGBl I 2003, 2676), der §§ 11, 15h Gesetz über den Vertrieb ausländischer Investmentanteile (AuslInvestmG) und § 22 Gesetz über Kapitalanlagegesellschaften (KAGG), zusteht. Die zuletzt genannte Vorschrift des InvG wird in § 312a ausdrücklich genannt, da sie nicht auf §§ 355, 356 verweist und daher nicht vom ersten Halbsatz erfasst wird. § 4 FernUSG verweist nunmehr nach seiner Neufassung durch die Schuldrechtsreform ausdrücklich auf § 355 und bedurfte daher keiner ausdrücklichen Nennung in § 312a mehr.

Ist der Vertrag zwar nicht nach **§ 4 FernUSG**, aber nach **§ 3 II Nr 3 HS 2 und § 8** **4** **FernUSG** widerrufbar, findet § 312a entsprechende Anwendung (MünchKomm/ULMER[3] § 5 HWiG Rn 14a; MANKOWSKI, Beseitigungsrechte [2003] 1082 Fn 41).

2.   Normänderungen

§ 312a wurde durch das **Schuldrechtsmodernisierungsgesetz**, noch in inhaltlich mit § 5 **5** Abs 2, 3 HWiG übereinstimmender Fassung (vgl BT-Drucks 14/6040, S 168), in das BGB aufgenommen und zuletzt durch das am 1. 8. 2002 in Kraft getretene **OLG-VertrÄnderG** (Gesetz zur Änderung des Rechts der Vertretung der Rechtsanwälte vor dem Oberlandesgericht v 23. 7. 2002, BGBl I S 2850 ff) neu gefasst. Die heutige, sprachlich unsaubere Fassung des § 312a beruht auf einem Redaktionsversehen bei der Gesetzesänderung durch das Investmentmodernisierungsgesetz vom 15. 12. 2003 (BGBl I 2676). Hier wurde die Erwähnung des Widerrufsrechts nach § 126 InvG grammatisch fehlerhaft in den bestehenden Gesetzestext interpoliert. Die aktuelle Fassung gilt seit dem 1. 1. 2004.

a)   Schuldrechtsmodernisierungsgesetz

§ 312a aF bestimmte in seiner nach dem Schuldrechtsmodernisierungsgesetz vom **6** 1. 1. 2002 bis zum 31. 7. 2002 geltenden Fassung, dass auf Haustürgeschäfte, die zugleich den Regelungen über Verbraucherdarlehensverträge, Finanzierungshilfen oder Teilzeitwohnrechte unterfallen oder die Voraussetzungen der §§ 11, 15h AuslInvestmG, § 22 KAGG (nunmehr § 126 InvG nF) oder § 4 FernUSG erfüllen, ausschließlich die Vorschriften über diese Gesetze Anwendung fanden.

7 Anlass der Neufassung waren die **Heininger-Urteile** des EuGH vom 13. 12. 2001 (NJW 2002, 281 ff) und des BGH vom 9. 4. 2002 (NJW 2002, 1881 ff). Der EuGH hat in dem vielbeachteten Urteil entschieden, dass die Haustürwiderrufsrichtlinie auch auf **Realkreditverträge** Anwendung findet, so dass bei derartigen Verträgen dem Verbraucher das Widerrufsrecht nach Art 5 der Richtlinie einzuräumen ist. Der BGH hat in der genannten Folgeentscheidung die Vorgaben des EuGH umgesetzt und entschieden, dass die **Subsidiaritätsklausel des § 5 Abs 2 HWiG aF** einschränkend auszulegen ist. Dies geschah in der Weise, dass Kreditverträge insoweit nicht als Haustürgeschäfte im Sinne des § 5 Abs 2 HWiG aF angesehen wurden, die „die Voraussetzungen eines Geschäfts nach dem Verbraucherkreditgesetz" erfüllen, als das Verbraucherkreditgesetz ebenso weitreichendes Widerrufsrecht wie das Haustürwiderrufsgesetz einräumte. Die Subsidiaritätsklausel des § 5 Abs 2 HWiG aF verdrängte danach nur dann die Widerrufsvorschriften des Haustürwiderrufsgesetzes, wenn auch das Verbraucherkreditgesetz dem Verbraucher ein Widerrufsrecht gewährte. Bei Realkreditverträgen war dies nach § 3 Abs 2 Nr 2 VerbrKrG aF namentlich nicht der Fall. Auch § 312a war in seiner bis zum 31. 7. 2002 geltenden Fassung aufgrund der Heininger-Entscheidung des EuGH in der Weise richtlinienkonform auszulegen, dass die Vorschrift des § 312 Abs 1 trotz der Subsidiaritätsregelung des § 312a aF auch dann eingriff, wenn das bei Verbraucherkrediten grundsätzlich bestehende Widerrufsrecht gem § 495 nach § 491 Abs 3 Nr 1 aF (§ 495 Abs 1 nF) ausgeschlossen war.

8 Mit der Gesetzesänderung des § 312a hat der Gesetzgeber deutlich gemacht, dass er den Wortlaut des § 312a aF, der noch mit dem des § 5 Abs 2 HWiG aF identisch war, nicht in der von der zweiten Heininger-Entscheidung des BGH beabsichtigten Weise für auslegungsfähig hielt (FRANZEN JZ 2003, 321, 327). Mit der Neufassung hat der Gesetzgeber die EU-Rechtswidrigkeit der Vorgängerregelungen des § 5 Abs 2 HWiG aF und des § 312a aF hinsichtlich Ausnahmeregelungen – sog partieller Bereichsausnahmen – der spezielleren Verbraucherschutzvorschriften, die zu Lücken der Gewährleistung des Widerrufsrechts aus der Haustürwiderrufsrichtlinie führen konnten, behoben.

b) OLG-Vertretungsrechtsänderungsgesetz

9 Seit der Änderung durch das OLG-Vertretungsrechtsänderungsgesetz enthält § 312a keine abschließende Aufzählung der vorrangigen Spezialregelungen mehr, sondern führt nur noch explizit die Norm des § 126 InvG auf, und stellt für den Ausschluss des Widerrufs- oder Rückgaberecht des § 312 im Übrigen lediglich darauf ab, ob dem Verbraucher „nach Maßgabe anderer Vorschriften ein Widerrufs- oder Rückgaberecht nach § 355 oder § 356" zusteht. Der Gesetzgeber wollte damit zum Ausdruck bringen, dass der Ausschluss des Widerrufsrechts nach § 312 Abs 1 nur gilt, wenn nach anderen Vorschriften des BGB **tatsächlich** ein Widerrufsrecht gegeben ist (BT-Drucks 14/9266, S 44). Mit der Formulierung wird deutlich, dass der Ausschluss des § 312 nur dann greifen soll, wenn dem Verbraucher aus den „anderen Vorschriften" ein Widerrufs- oder Rückgaberecht tatsächlich, uneingeschränkt durch Ausnahmevorschriften, **„zusteht"**.

10 Danach steht dem Verbraucher ein Widerrufs- oder Rückgaberecht nach § 312 – trotz § 312a – im Falle der Ausnahmetatbestände nach § 312d Abs 4 (dies schon rein tatbestandlich ohne Rücksicht auf § 312a, siehe hierzu nachfolgend Rn 11), bei Unanwendbar-

keit der Verbraucherdarlehensregeln gem § 491 Abs 2 Nr 1–3, bei Ausschluss des
Widerrufsrechts hinsichtlich Verbraucherdarlehensverträge gem § 491 Abs 3 Nr 1
und 2, wenn nicht gleichzeitig der Ausnahmetatbestand des § 312 Abs 3 Nr 3 eingreift, und bei Ausschluss des Widerrufsrechts hinsichtlich Ratenlieferungsverträge
gem § 505 Abs 1 S 2 iVm § 491 Abs 2 oder 3 zu. Im Hinblick auf den Ausnahmetatbestand des § 126 InvG nF (vormals die §§ 11 Abs 3, 15h AuslInvestmG aF und
des § 23 Abs 3 KAGG aF) bleibt es dagegen bei der Ausschlussregelung des § 312a,
da dessen spezielle Ausnahme mit den sachlich-rechtlichen Grenzen des Widerrufsrechts nach § 312 übereinstimmt (MünchKomm/Ulmer[4] § 312a Rn 11).

Von der Ausschlussregelung des § 312a sind **Fernabsatzverträge ausgenommen**. Denn **11**
Haustür- und Fernabsatzgeschäfte schließen einander regelmäßig bereits **tatbestandlich** aus (Thüsing, in: Graf v Westphalen, Vertragsrecht und AGB-Klauselwerke, Versandhandel Rn 12; Bamberger/Roth/Ann § 312a Rn 2; Erman/Saenger [2004] § 312a Rn 9; hierzu
auch in den Vorbem 26 f). Aus diesem Grund können dem Verbraucher schon rein
begrifflich nicht nach § 312a „zugleich" ein Widerrufs- oder Rückgaberecht aus
einem Fernabsatz- und aus einem Haustürgeschäft zustehen. Das Widerrufs- oder
Rückgaberecht bei Fernabsatzverträgen aus § 312d ist daher nicht lediglich gem
§ 312a vorrangig gegenüber dem Widerrufs- oder Rückgaberecht aus § 312 Abs 1
(**aA** MünchKomm/Ulmer § 312a Rn 3, 6, 11), sondern tatbestandlich kann es zwischen
beiden Vertriebsformen, und somit auch hinsichtlich deren Widerrufs- bzw Rückgaberechte bereits nicht zu Überschneidungen kommen. Daher bedarf ihr Verhältnis
zueinander in § 312a keiner Regelung und ist dort auch nicht geregelt (Vorbem 26 f).

Aufgrund der gesetzlichen Neugestaltung stellt § 312a richtigerweise **keine Subsidia-** **12**
ritätsklausel – wie § 5 Abs 2 HWiG und § 312a in der bis zum 31. 7. 2002 geltenden
Fassung –, sondern vielmehr eine **Ausschlussklausel** dar, wie auch aus dem Wortlaut
von § 312a ersichtlich ist (Bamberger/Roth/Ann § 312a Rn 2; **aA** Henssler/Graf v West-
phalen/Thein § 312a Rn 4; MünchKomm/Ulmer § 312a Rn 1).

Zwischenzeitlich überholt ist es, dass das Widerrufsrecht nach § 495 gemäß § 506 **13**
Abs 3 bei **Immobiliardarlehensverträgen**, die keine Haustürgeschäfte sind, durch
besondere schriftliche Vereinbarung noch bis zum 30. 6. 2002 ausgeschlossen werden
konnte (Art 25 Abs 2 iVm Art 34 OLGVertrÄndG).

3. Normentwicklung

Die Ausschlussregelung des § 312a geht auf die Subsidiaritätsvorschrift des **§ 5 Abs 2** **14**
HWiG zurück. Nach § 5 Abs 2 HWiG war das HWiG gegenüber anderen gesetzlichen Vorschriften subsidiär, wenn diese ebenfalls ein Widerrufsrecht enthalten.
Das Gesetz nannte ausdrücklich und abschließend die Widerrufsregelung nach dem
Verbraucherkreditgesetz, nach dem Gesetz über den Vertrieb ausländischer Investmentanteile und über die Besteuerung der Erträge aus ausländischen Investmentanteilen, nach dem Gesetz über Kapitalgesellschaften oder dem Gesetz zum Schutz
der Teilnehmer am Fernunterricht. Das gesamte HWiG wurde durch die aufgeführten Sonderregelungen verdrängt und war damit nicht anwendbar (Fischer/
Machunsky HWiG § 5 Rn 3, 27 f). Das HWiG war somit insgesamt subsidiär (Fischer/
Machunsky HWiG § 5 Rn 28) und lediglich ein **Auffangtatbestand** bei Nichteingreifen
der speziellen Tatbestände. Diese gesetzgeberische Entscheidung wurde von dem

Gedanken getragen, dass die Sondergesetze einen größeren Verbraucherschutz gewährleisteten und der speziellen Vertragsart auf diese Weise besser Genüge getan werden konnte. Im Anwendungsbereich des VerbrKrG wurde eine **telelogische Reduktion** des § 5 Abs 2 HWiG erwogen, um Lücken im Verbraucherschutz zu vermeiden, da nach § 3 Abs 1 VerbrKrG Bagatellkredite bis 200 Euro und Zahlungsaufschübe bis 3 Monate nicht erfasst wurden (ERMAN/SAENGER[10] HWiG § 5 Rn 5; MünchKomm/ULMER[3] HWiG § 5 Rn 15; aA SOERGEL/WOLF HWiG § 5 Rn 6; SCHÖNFELDER WM 1999, 1497). Überschnitten sich die Tatbestände des VerbrKrG und des HWiG, galt für den Betrag über 40 Euro bis 200 Euro das HWiG (FISCHER/MACHUNSKY HWiG § 1 Rn 268). Auch die Gerichtsstandsregelung des § 7 Abs 1 HWiG fand im VerbrKrG keine entsprechende Regelung. Zum Schutz des Verbrauchers kam auch insoweit eine teleologische Reduktion in Betracht (ERMAN/SAENGER[10] HWiG § 5 Rn 5; MünchKomm/ULMER[3] HWiG § 5 Rn 15a).

II. Ausschlussregelung

1. Normzweck

15 § 312a regelt zur **Vermeidung von Konkurrenzproblemen** das Verhältnis des § 312 zu bestimmten sondergesetzlichen Regelungen des Widerrufs- und Rückgaberechts bei Verbraucherverträgen, namentlich der §§ 355, 356 und § 126 InvG (ehemals §§ 11 und § 15h AuslInvestmG und § 23 KAGG), und räumt ihnen den Vorrang vor § 312 mit ausschließlicher Wirkung ein. Kommt der speziell in einem anderen Gesetz geregelte Vertrag in einer Haustürsituation zustande, überschneidet sich der weite Anwendungsbereich der Haustürwiderrufsregelung mit der des speziell geregelten Vertrags, so dass eine Abgrenzung erforderlich ist, die § 312a im Wege eines Ausschlusses des Haustürwiderrufsrechts vornimmt.

2. Klagen aus Haustürgeschäften, § 29c ZPO

16 Für „Klagen aus Haustürgeschäften" ist gemäß § 29c Abs 1 S 1 ZPO, in den § 7 HWiG im Rahmen der Schuldrechtsreform mit Wirkung vom 1. 1. 2002 überführt wurde, das Gericht zuständig, in dessen Bezirk der Verbraucher zur Zeit der Klageerhebung seinen Wohnsitz hat. **§ 312a schließt die Anwendung des § 29c ZPO nicht aus** (ERMAN/SAENGER § 312a Rn 12; HENSSLER/GRAF VON WESTPHALEN/THEIN § 312a Rn 8; MünchKomm/ULMER § 312a Rn 5; ZÖLLER [23. Aufl] ZPO § 29c Rn 4), dh die Ausschlussregelung des § 312a ist auf den Gerichtsstand des § 29c ZPO für Klagen aus Haustürgeschäften nicht anwendbar. Dies ergibt sich aus der Systematik und aus dem Umstand, dass die ZPO keine weitere Spezialgerichtsstände für Klagen aus Verbraucherverträgen aufweist, die § 29c ZPO vorgehen könnten (MünchKomm/ULMER[4] § 312a Rn 5). Im Gegensatz zum Wortlaut des § 5 Abs 2 HWiG, der weitergehend auf alle „Vorschriften dieser (Spezial-)Gesetze" Bezug nahm, sieht § 312a nur einen Vorrang gegenüber dem „Widerrufs- oder Rückgaberecht nach § 312" vor (BGH NJW 2002, 2029 f; MünchKomm/ULMER[4] § 312a Rn 5).

17 Nach § 29c Abs 1 S 2 ZPO ist das Gericht im Bezirk des Wohnsitzes des Verbrauchers ausschließlich zuständig für **Klagen gegen den Verbraucher** aus Haustürgeschäften. § 29c ZPO gilt **zugunsten des Verbrauchers** gegen den der Unternehmer Ansprüche aus Haustürgeschäften verfolgt (ERMAN/SAENGER[10] § 312a Rn 13). Hat der

Verbraucher keinen entsprechenden Wohnsitz, so ist der Ort entscheidend, an dem er seinen gewöhnlichen Aufenthalt hat.

Für **Klagen des Verbrauchers** aus Haustürgeschäften handelt es sich um einen be- **18** sonderen Gerichtsstand, und nicht mehr, wie zuvor nach § 7 Abs 1 HWiG, um einen ausschließlichen Gerichtsstand. Der Gerichtsstand des § 29c ZPO sichert dem Verbraucher unabhängig vom jeweiligen Erfüllungsort gem § 29 ZPO den Gerichtsstand seines Wohnsitzes für Aktiv- und Passivprozesse (MünchKomm/ULMER[4] § 312a Rn 5). § 29c ZPO schützt den Verbraucher außerdem bei einer **Widerklage** vor der Anwendung des § 33 Abs 2 ZPO (ERMAN/SAENGER[10] § 312a Rn 13).

Maßgebend für die Annahme des Gerichtsstandes gem § 29c ZPO wegen Klagen aus **19** Haustürgeschäften ist, ob ein **Haustürgeschäft im Sinne des § 312** vorliegt. Der sachliche Anwendungsbereich des § 29c ZPO ist im Hinblick auf den Sinn und Zweck des Gesetzes weit auszulegen (BGH NJW 2003, 1190 = ZIP 2003, 2090, 2091; so bereits die Vorauflage STAUDINGER/WERNER [2001] § 7 HWiG Rn 7). Zur Auslegung des Tatbestandsmerkmals „Klagen aus Haustürgeschäften" in § 29c Abs 1 ZPO kommt es nicht darauf an, dass der Verbraucher aus einem Haustürgeschäft (noch) nicht die aus einem Widerruf resultierenden Ansprüche geltend macht, da ein entsprechender Rechtsstreit nach Widerruf jederzeit auf solche Ansprüche übergehen kann (OLG Celle NJW 2004, 2602). Der Sinn und Zweck des Gesetzes besteht darin, den Verbraucher im Prozessfall davor zu bewahren, seine Rechte bei einem möglicherweise weit entfernten Gericht geltend machen zu müssen, obwohl es der andere Vertragspartner gewesen ist, der am Wohnsitz des Verbrauchers die Initiative zu dem Vertragsschluss ergriffen hat (vgl BR-Drucks 384/75 S 26). § 29c ZPO erfasst deshalb mit der vom Gesetzgeber gewählten Formulierung „Klagen aus Haustürgeschäften" **ohne Rücksicht auf die Anspruchsgrundlage alle Klagearten**, mit denen Ansprüche geltend gemacht werden, die auf einem Haustürgeschäft iS des § 1 Abs 1 HWiG aF bzw des § 312 beruhen (OLG Celle NJW 2004, 2602). § 29c ZPO gilt auch für Haustürgeschäfte, die gleichzeitig **Verbraucherdarlehensverträge, Teilzeitwohnrechteverträge, Fernunterrichtsverträge** oder **Verträge nach § 126 InvG nF** (ehemals §§ 11, 15h AuslInvestmG, § 22 KAGG) darstellen. § 29c ZPO ist auch bei **Versicherungsverträgen** grundsätzlich anwendbar (LG Landshut NJW 2003, 1197). Der **Ausschluss des Widerrufsrechts in § 312 Abs 3** ändert nichts am Vorliegen eines Haustürgeschäfts (LG Landshut aaO; ZÖLLER/VOLLKOMMER ZPO [23. Aufl] § 29c Rn 4). Erfasst werden **Erfüllungsansprüche**; das Wohnsitzgericht des Verbrauchers ist aber auch für **Folgeansprüche aus Haustürgeschäften** zuständig: Klagen aus Haustürgeschäften gem § 29c ZPO sind also auch Klagen, mit der ein Verbraucher **Schadensersatzansprüche** wegen schuldhafter Verletzung vertraglicher Pflichten aus einem Haustürgeschäft (positive Vertragsverltzung), wegen **Verschuldens bei Vertragsschluss** (culpa in contrahendo, § 311 Abs 2, 3) oder wegen einer mit dem Haustürgeschäft begangenen **unerlaubten Handlung** geltend macht (BGH NJW 2003, 1190, 1191 = ZIP 2003, 2090, 2092 für einen Anlagevermittlungsvertrag, der den Unternehmer verpflichtete, über Risiken der angebotenen Anlage aufzuklären; so auch MünchKomm/ULMER[3] § 7 HWiG Rn 5; MünchKomm/PATZINA ZPO § 29c Rn 15; MUSIELAK/SMID ZPO § 29c Rn 6; SOERGEL/WOLF HWiG § 7 Rn 2; **aA** ZÖLLER/VOLLKOMMER[23] ZPO § 29c Rn 5, der sich jedoch für eine Zuständigkeit kraft Sachzusammenhangs ausspricht).

Das gilt auch insoweit, als Ansprüche aus Verschulden bei Vertragsschluss oder **20** unerlaubter Handlung nicht nur gegenüber der anderen Vertragspartei, sondern auch gegenüber ihrem **Vertreter** verfolgt werden (BGH aaO; OLG Celle NJW 2004, 2602).

21 Die **Bestimmung eines gemeinsamen Gerichts nach § 36 Abs 1 Nr 3 ZPO** scheidet aus, da ein gemeinsamer besonderer Gerichtsstand vorliegt (OLG Celle aaO). Unerheblich ist bei der Bestimmung des gemeinsamen Gerichts, dass § 29c Abs 1 S 2 ZPO eine ausschließliche Zuständigkeit nur für Klagen des Unternehmers gegen den Verbraucher bestimmt. Denn ein gemeinsamer Gerichtstand braucht kein ausschließlicher Gerichtsstand zu sein (OLG Celle aaO).

III. Rechtsfolge

22 Verbraucherverträge, die in einer Haustürsituation zustande gekommen sind und nicht aufgrund von Ausnahmetatbeständen zu einer Anwendbarkeit spezifischer Widerrufsrechte führen, werden weiterhin von § 312 erfasst. § 312 stellt insoweit, wie auch schon ehemals das HWiG, einen **Auffangtatbestand** dar (MünchKomm/ULMER[3] § 312a Rn 1).

Vorbemerkungen zu §§ 312b–f

Schrifttum

AHRENS, Das Herkunftslandprinzip in der E-Commerce-Richtlinie, CR 2000, 835

AIGNER/HOFFMANN, Fernabsatzrecht im Internet (2004)

ARNOLD, Verbraucherschutz im Internet, CR 1997, 526

ARTZ, Wirklich kein Umsetzungsbedarf bei Art 7 Abs 1 der Fernabsatzrichtlinie?, VuR 1999, 249

ders, Hürden auf dem Weg zu einem Fernabsatzgesetz, VuR 1999, 393

ASSMANN/SCHNEIDER, Wertpapierhandelsgesetz (2. Aufl 1999)

BAMBERGER/ROTH, Kommentar zum BGB (2003)

BAUM/TRAFKOWSKI, Anwaltstätigkeit und Fernabsatzgesetz, CR 2001, 459

BAUR/STÜRNER, Sachenrecht (17. Aufl 1999)

BECKER, Das neue Fernabsatzgesetz – Umsetzung in Onlinehandel und klassischem Vertrieb (2000)

BEUCHER/LEYENDECKER/ROSENBERG, Mediengesetze – Kommentar (1999)

BERGER, Die Neuregelung des verbraucherrechtlichen Widerrufsrechts in § 361a BGB, JURA 2001, 289

ders, Rechtliche Rahmenbedingungen anwaltlicher Dienstleistungen im Internet, NJW 2001, 1530

BERMANSEDER, Verbraucherschutz beim Teleshopping, MMR 1998, 342

GRAF vBERNSTORFF, Ausgewählte Rechtsprobleme im E-Commerce, RIW 2000, 14

BÖCKING/BIERSCHWALE, Wirtschaftliche Stabilität durch verbesserte Transparenz, BB 1999, 2235

BODENDIEK, Verbraucherschutz – Die neue Musterwiderrufsbelehrung, MDR 2003, 1

BODENSTEDT, „Alles für einen Euro?" – Zur Abgrenzung zwischen Zugangsbestätigungen und Annahmeerklärungen", MMR 2004, 719

ders, Anmerkungen zu LG Hamburg v 4.6.2004 – 306 O 440/03, EWiR 2004, 739

ders, Die Umsetzung der Fernabsatzrichtlinie im deutschen und englischen Recht (Diss Hamburg 2005)

BOENTE/RIEHM, Besondere Vertriebsformen im BGB, JURA 2002, 222

BODEWIG, Die neue europäische Richtlinie zum Fernabsatz, DZWir 1997, 447

BORGES, Verbraucherschutz beim Internet-Shopping, ZIP 1999, 130

BOOS/FISCHER/SCHULTE-MATTLER, Kreditwesengesetz (2000)

BOUSONVILLE, Rat und Auskunft am Telefon – Anwalts-Hotline, K&R 2003, 177

BRÄUTIGAM/LEUPOLD, Online-Handel (2003)

BRECHMANN, Die richtlinienkonforme Auslegung (1994)

BRINKHAUS/SCHERER, Gesetz über Kapitalanlagegesellschaften/Auslandinvestment-Gesetz (2003)

BRISCH, EU-Richtlinienvorschlag im elektronischen Geschäftsverkehr, CR 1999, 235

BRÖNNECKE, Abwicklungsprobleme beim Widerruf von Fernabsatzgeschäften, MMR 2004, 127

BULTMANN/RAHN, Rechtliche Fragen des Teleshopping, NJW 1988, 2432

BUSCHE/KRAFT, Werbung per electronic mail: Eine neue Herausforderung für das Wettbewerbsrecht?, WRP 1998, 1142

BÖHM, Unerlaubte Telefonwerbung im geschäftlichen Bereich, MMR 1999, 643

BÜRGER, Das Fernabsatzrecht und seine Anwendbarkeit auf Rechtsanwälte, NJW 2002, 465

BÜLOW, Fernunterrichtsvertrag und Verbraucherkreditgesetz, NJW 1993, 2837

ders, Fernabsatzrichtlinie und Verbraucherkreditgesetz, DZWir 1998, 89

ders, Unsinniges im Fernabsatz – Das Widerrufsrecht im Referentenentwurf für ein Fernabsatzgesetz, ZIP 1999, 1293

ders, Einseitiger Verzicht des Verbrauchers auf sein Widerrufsrecht?, ZIP 1998, 945

BÜLOW/ARTZ, Fernabsatzverträge und Strukturen eines Verbraucherprivatrechts im BGB, NJW 2000, 2049

CANARIS, Die richtlinienkonforme Auslegung und Rechtfortbildung im System der juristischen Methodenlehre, in: FS Bydlinski (2002)

CICHON, Zur Anwendbarkeit des HWiG auf im Internet geschlossene Verträge, CR 1998, 773

CICHON/PIGHIN, Transportschäden und Umtausch bei Online-Auktionen und anderen physisch abgewickelten Online-Geschäften, CR 2003, 435

CRISTEA, EU-Richtlinie zum Fernabsatz von Finanzdienstleistungen: der Entwurf und seine Rechtsfolgen, Kreditwesen 2002, 58

DETHLOFF, Europäisches Kollisionsrecht des unlauteren Wettbewerbs, JZ 2000, 179

DIETLEIN/WOESLER, Spielbank goes „online", K&R 2003, 458

DÖRNER, Rechtsgeschäfte im Internet, AcP 202 (2002) 363

DOMKE, Ewiger Widerruf und treuwidrige Ewigkeit, BB 2005, 1582

ENDE/KLEIN, Grundzüge des Vertriebsrechts im Internet (2001)

ENGEL-FLECHSIG/MAENNEL/TETTENBORN, Das neue Informations- und Kommunikationsdienste-Gesetz, NJW 1997, 2981

ERNST, Verbraucherschutzrechtliche Aspekte des EU Richtlinienvorschlags zum E-Commerce, VuR 1999, 397

ders, Die wettbewerbsrechtliche Relevanz der Online-Informationspflichten des § 6 TDG, GRUR 2003, 759

ders, Beweisprobleme bei E-mail und anderen Online-Willenserklärungen, MDR 2003, 1091

FABER, Elemente verschiedener Verbraucherbegriffe in EG-Richtlinien, zwischenstaatlichen Übereinkommen und nationalem Zivil- und Kollisionsrecht, ZEuP 1998, 854

FABER/SCHADE, Fernunterrichtsschutzgesetz (1980)

FELKE/JORDANS, Der Referentenentwurf für die Umsetzung der Fernabsatzrichtlinie für Finanzdienstleistungen, WM 2004, 166

dies, Umsetzung der Fernabsatz-Richtlinie für Finanzdienstleistungen, NJW 2005, 710

FEZER/KOOS, Das gemeinschaftsrechtliche Herkunftslandprinzip und die E-Commerce-Richtlinie, IPRax 2000, 350

FISCHER, Das neue Fernunterrichtsrecht, VuR 2002, 193

ders, Fernabsatzvertrag: Ausschluss des Widerrufsrechts wegen Anfertigung der Ware nach Kundenspezifikation?, DB 2003, 1103

FLEISCHER, Vertragsschlussbezogene Informationspflichten im Gemeinschaftsprivatrecht, ZEuP 2000, 773

FLUME, Allgemeiner Teil des Bürgerlichen
Rechts, Bd II: Das Rechtsgeschäft (3. Aufl 1979)
ders, Vom Beruf unserer Zeit für Gesetzgebung,
ZIP 2000, 1427
FRANZEN, Privatrechtsangleichung durch die
Europäische Gemeinschaft (1999)
ders, „Heininger" und die Folgen: ein Lehrstück
zum Gemeinschaftsprivatrecht, JZ 2003, 321
FREYTAG, Providerhaftung im Binnenmarkt –
Verantwortlichkeit für rechtswidrige Inhalte
nach der E-Commerce Richtlinie, CR 2000, 600
GRAF FRINGUELLI/WALLHÄUSER, Form-
erfordernisse beim Vertragsschluss im Internet,
CR 1999, 93
FRINGS, Das neue Verbraucherschutzrecht im
BGB 2002, VuR 2002, 390
FUCHS, Das Fernabsatzgesetz im neuen System
des Verbraucherschutzrechts, ZIP 2000, 1273
GAERTNER/GIERSCHMANN, Das neue Fern-
absatzgesetz, DB 2000, 1601
GAMERITH, Neue Herausforderungen für ein
europäisches Lauterkeitsrecht, WRP 2003, 143
GLATT, Vertragsschluss im Internet – die Artikel
9 bis 11 der E-Commerce Richtlinie und ihre
Umsetzung im deutschen Recht, ZUM 2001, 390
GÖSSMANN, Electronic Commerce – Die EU-
Fernabsatzrichtlinie und ihre Auswirkungen auf
den Handel über neue Medien, MMR 1998, 88
GOUNALAKIS/RHODE, Elektronische Kommu-
nikationsangebote zwischen Telediensten, Me-
diendiensten und Rundfunk, CR 1998, 487
GRABITZ/HILF, Das Recht der Europäischen
Union (Loseblatt Stand: August 2003)
GRAMLICH/ZERRES, Umgehungsverbote im
Verbraucherschutz – zur Auslegung des § 5
Abs 1 HWiG, ZIP 1998, 1299
GRIGOLEIT, Rechtsfolgenspezifische Analyse
„besonderer" Informationspflichten am Beispiel
der Reformpläne für die E-Commerce Richtlinie, WM 2001, 597
ders, Besondere Vertriebsformen im BGB, NJW
2002, 1151
GRUNDMANN, Das Internationale Privatrecht
der E-Commerce-Richtlinie – was ist kategorial
anders im Kollisionsrecht des Binnenmarkts und
warum?, RabelsZ Bd 67 (2003) 246
GÜNTHER, Erwünschte Regelung oder uner-
wünschte Werbung?, CR 1999, 172

HAAS/MEDICUS/ROLLAND/SCHÄFER/WENDT-
LAND, Das neue Schuldrecht (2002)
HALFMEIER, Vom Cassislikör zur E-Commerce-
Richtlinie: Auf dem Weg zu einem europäischen
Mediendeliktsrecht, ZEuP 2001.837
HANSEN, eBay & Co. – Verbraucherschutz und
Wettbewerbsrecht bei Internet-Auktionen, ZGS
2004, 455
HÄRTING, Referentenentwurf für ein neues
Fernabsatzgesetz, CR 1999, 507
ders, Fernabsatzgesetz (2000)
ders, Gesetzentwurf zur Umsetzung der
E-Commerce-Richtlinie, CR 2001, 271
ders, Der dauerhafte Datenträger, K&R 2001,
310
ders, Fernabsatz – Änderungen durch das
Schuldrechtmodernisierungsgesetz, MDR 2002,
61
ders, Informationspflichten der Anbieter von
Mehrwertdiensten – 0190-Nummern im Fernabsatzrecht, CR 2003, 204
HÄRTING/SCHIRMBACHER, Fernabsatzgesetz –
Ein Überblick über den Anwendungsbereich,
die Systematik und die wichtigsten Regelungen,
MDR 2000, 917
dies, Finanzdienstleistungen im Fernabsatz, CR
2002, 809
dies, Fernvertrieb von Finanzdienstleistungen an
Verbraucher: Umsetzung der Fernabsatzrichtlinie für Finanzdienstleistungen, DB 2003, 1777
dies, Finanzdienstleistungen im Fernabsatz, CR
2005, 48
HARTMANN, Richtlinienvorschlag zum Fernabsatz von Finanzdienstleistungen, Die Bank 1999,
163
HASSEMER, Elektronischer Geschäftsverkehr im
Regierungsentwurf zum Schuldrechtsmodernisierungsgesetz, MMR 2001, 635
HEIDERHOFF, Internetauktionen als Umgehungsgeschäfte, MMR 2001, 640
HEINRICHS, Das Gesetz zur Änderung des
AGB-Gesetzes – Umsetzung der EG-Richtlinie
über missbräuchliche Klauseln in Verbraucherverträgen durch den Bundesgesetzgeber, NJW
1996, 2190
ders, Das Widerrufsrecht nach der Richtlinie 97/
7/EG über den Verbraucherschutz bei Vertragsabschlüssen im Fernabsatz, in: FS Medicus
(1999)

HEISS, Die Richtlinie über den Fernabsatz von Finanzdienstleistungen an Verbraucher aus Sicht des IPR und des IZVR, IPRax 2003, 100
HENNING-BODEWIG, Das Europäische Wettbewerbsrecht: Eine Zwischenbilanz, GRURInt 2002, 389
HENSEN, Das Fernabsatzgesetz oder: Man könnte heulen, ZIP 2000, 1151
HENSSELER/WILLEMSEN/KALB, Arbeitsrecht Kommentar (2004)
HESS, Zur Frage der unmittelbaren Anwendbarkeit von EG-Richtlinien, JZ 1995, 150
HEYL, Teledienste und Mediendienste nach TDG und MDStV, ZUM 1998, 115
HOENIKE/HÜLSDUNK, Die Gestaltung von Fernabsatzangeboten im elektronischen Geschäftsverkehr nach neuem Recht, MMR 2002, 415
ders, Rechtliche Vorgaben für Fernabsatzangebote im elektronischen Geschäftsverkehr bei und nach Vertragsschluß, MMR 2002, 516
HOEREN, Vorschlag für eine EU-Richtlinie über E-Commerce, MMR 1999, 192
ders, Droht der Schuldrechtsmodernisierung der zeitliche Garaus, MMR 2001, Heft 9 V
HOFFMANN/HÖPFNER, Verbraucherschutz bei Internetauktionen, EWS 2003, 107
HOPPMANN, Der Vorschlag für eine Fernabsatzrichtlinie für Finanzdienstleistungen, VersR 1999, 673
HORN, Verbraucherschutz bei Internetgeschäften, MMR 2002, 209
HOSS, Web-Impressum und Wettbewerbsrecht, CR 2003, 687
KAESTNER/TEWS, Die Anbieterkennzeichnungspflichten nach § 6 TDG, WRP 2002, 1011
KAISER/VOIGT, Vertragsschluss und Abwicklung des E-Commerce im Internet – Chancen und Risiken, K&R 1999, 445
KAMANABROU, Die Umsetzung der Fernabsatzrichtlinie, WM 2000, 1417
KESSEL/KUHLMANN/PASSAUER/SCHRIEK, Informationspflichten und AGB-Einbeziehung auf mobilen Endgeräten, K&R 2004, 519
KIMMELMANN/WINTER, E-Commerce: Keine Herausforderung für das BGB! – AG Butzbach, NJW-RR 2003, S 54, JuS 2003, 532
KNÖFEL, Auf dem Weg zu einem neuen

Schuldrecht für den Fernabsatz von Finanzdienstleistungen, ZGS 2004, 182
KOCH, Fernabsatz von Finanzdienstleistungen (2005)
KOCHER, Neue Vorschriften für den Fernabsatz von Finanzdienstleistungen an den Verbraucher, DB 2004, 2679
KÖHLER, Die Rechte des Verbrauchers beim Teleshopping, NJW 1998, 185
KÖHLER/ARNDT, Recht des Internet (4. Aufl 2003)
KONZAK, Die Änderungsvorbehaltsverordnung als neue Mitwirkungsform des Bundestags beim Erlass von Rechtsverordnungen, DVBl 1994, 1107
KRIEGNER, Die Fernabsatz-Richtlinie für Finanzdienstleistungen an Verbraucher (2003)
KRÖGER/MOOS, Mediendienst oder Teledienst?, AfP 1997, 675
LARENZ/WOLF, Allgemeiner Teil des Bürgerlichen Rechts (8. Aufl 1997)
LEIBLE/SOSNITZA, Telefonwerbung und Fernabsatzrichtlinie, K&R 1998, 283
LEPA, Verfassungsrechtliche Probleme der Rechtssetzung durch Rechtsverordnungen, AöR 105 (1980) 337
LEUPOLD/BACHMANN/PELZ, Russisches Roulette im Internet? Zulässigkeit von Glücksspielen im Internet unter gewerbe- und strafrechtlichen Gesichtspunkten, MMR 2000, 648
LORENZ, Im BGB viel Neues: Die Umsetzung der Fernabsatzrichtlinie, JuS 2000, 833
LÖWE, AGBG Kommentar (1977)
LURGER/VALLANT, Grenzüberschreitender Wettbewerb im Internet, RIW 2002, 188
LÜTCKE, Fernabsatzrecht Kommentar (2002)
MAENNEL, Elektronischer Geschäftsverkehr ohne Grenzen – der Richtlinienvorschlag der Kommission, MMR 1999, 187
MAND, E-Commerce mit Arzneimitteln, MMR 2003, 77
MANKOWSKI, Das Herkunftslandprinzip als Internationales Privatrecht der e-commerce-Richtlinie, ZvglRWiss 100 (2001), 137
ders, Fernabsatzrecht: Information über das Widerrufsrecht und Widerrufsbelehrung bei Internetauftritten, CR 2001, 767
ders, Das Herkunftslandprinzip des E-Com-

merce-Rechts als Internationales Privatrecht, EWS 2002, 401

ders, Herkunftslandprinzip und deutsches Umsetzungsgesetz zur E-Commerce-Richtlinie, IPRax 2002, 258

ders, Welche Bedeutung hat das Fernabsatzrecht für die Wohnungswirtschaft?, ZMR 2002, 317

ders, Beseitigungsrechte (2003)

ders, Für einen Anscheinsbeweis hinsichtlich der Identität des Erklärenden bei E-mails, CR 2003, 44

ders, Anmerkungen zu LG Köln, Urt v 16.4.2003 – 9 S 289/02, EWiR 2003, 853

MARX, Nicht nur im Internet: harmonisierter Verbraucherschutz im Fernabsatz, WRP 2000, 1227

MEDICUS, Allgemeiner Teil des BGB (8. Aufl 2002)

MEENTS, Ausgewählte Probleme des Fernabsatzgesetzes bei Rechtsgeschäften im Internet, CR 2000, 610

MEHRINGS, Vertragsschluss im Internet: eine Herausforderung für das alte BGB, CR 1999, 93

MEINHOF, Neuerungen im modernisierten Verbrauchervertragsrecht durch das OLG-Vertretungsänderungsgesetz, NJW 2002, 2273

MEISTERERNST, Tücken des Fernabsatzgesetzes, ZLR 2001, 489

MELLER-HANNICH, Vertragslösungsrechte des Verbrauchers aus dem BGB – Geschichte und Gegenwart, JURA 2003, 369

MEENTS, Verbraucherschutz bei Rechtsgeschäften im Internet (Diss Köln 1998)

MEYER, Sektoraler RL-Vorschlag zum Fernverkauf von Finanzdienstleistungen, WM 1998, 2445

MICKLITZ, Der Vorschlag für eine Richtlinie des Rates über den Verbraucherschutz bei Vertragsabschlüssen im Fernabsatz, VuR 1993, 138

ders, Die Fernabsatzrichtlinie 97/7/EG, ZEuP 1999, 875

ders, Vertragsschlussmodalitäten im Diskussionsentwurf eines Schuldrechtsmodernisierungsgesetzes, VuR 2001, 71

ders, Fernabsatz und E-Commerce im Schuldrechtsmodernisierungsgesetz, EuZW 2001, 133

ders, Gemeinschaftsrechtliche Vorgaben für ein Verbrauchervertriebsrecht oder für eine Regelung der Vertragsschlussmodalitäten, in:

SCHULZE/SCHULTE-NÖLTE, Die Schuldrechtsreform vor dem Hintergrund des Gemeinschaftsrechts (2001) 189

ders, Richtlinie 97/7/EG über den Verbraucherschutz bei Vertragsabschlüssen im Fernabsatz (Fernabsatzrichtlinie) mit Nachbemerkungen, in: GRABITZ/HILF, Das Recht der Europäischen Union, Bd III: Sekundärrecht, (Loseblatt Stand 08/2002)

MICKLITZ/EBERS, Der Abschluss von privaten Versicherungsverträgen im Internet, VersR 2002, 641

MICKLITZ/REICH, Die Fernabsatzrichtlinie im deutschen Recht (1998)

dies, Die Umsetzung der EG-Fernabsatzrichtlinie, BB 1999, 2093

MICKLITZ/TONNER, Handkommentar Vertriebsrecht (2002)

MORATH, Anwendbarkeit des Fernabsatzgesetzes auf Immobiliennachweis- und -vermittlungsverträge?, NZM 2001, 883

MORITZ, Quo vadis elektronischer Geschäftsverkehr?, CR 2000, 61

Münchener Kommentar zum BGB, Bd 1 Allgemeiner Teil §§ 1–240, AGB Gesetz (4. Aufl 2001), Band 2a Schuldrecht Allgemeiner Teil §§ 241–432 (4. Aufl 2003)

NEISES, Konsequenzen für den Immobilienmakler aus dem Fernabsatzgesetz, NZM 2000, 889

NICKELS, Neues Bundesrecht für den E-Commerce, CR 2002, 302

OELRICHS, Fernabsatz von Lebensmitteln – Konsequenzen aus dem neuen FernAbsG, ZLR 2001, 45

OHLY, Herkunftslandprinzip und Kollisionsrecht, GRURInt 2001, 899

OTT, Informationspflichten in Internet und ihre Erfüllung durch das Setzen von Hyperlinks, WRP 2003, 945

PEIKENBROCK/SCHULZE, Die Grenzen richtlinienkonformer Auslegung – autonomes Richterrecht oder horizontale Drittwirkung, WM 2002, 521

PFEIFFER, Der Verbraucherbegriff als zentrales Merkmal im europäischen Privatrecht, in: SCHULTE-NÖLKE, Europäische Rechtsangleichung und nationale Privatrechte (1999) 21

PICHLER, Vorschlag für eine Richtlinie über den

elektronischen Geschäftsverkehr, European
Law Reporter 1999, 74

PIEPENBROCK/SCHMITZ, Fernabsatzgesetz: Neuer Rechtsrahmen für E-Commerce, K & R 2000,
378

PÜTZHOVEN, Europäischer Verbraucherschutz
im Fernabsatz (Diss München 2001)

RATH-GLAWATZ/DIETRICH, Zur Anwendbarkeit
des Fernabsatzgesetzes auf das Anzeigengeschäft, AfP 2000, S 505

REICH, Die neue Richtlinie 97/7/EG über den
Verbraucherschutz bei Vertragsabschlüssen im
Fernabsatz, EuZW 1997, 581

REICH/MICKLITZ, Europäisches Verbraucherrecht (4. Aufl 2003)

RIEHM, Das Gesetz über Fernabsatzverträge
und andere Fragen des Verbraucherrechts,
JURA 2000, 505

RIESENHUBER, Fernabsatz von Finanzdienstleistungen im europäischen Schuldvertragsrecht,
WM 1999, 1441

RING, Fernabsatzgesetz (2000)

RÖMER/LANGHEID, Versicherungsvertragsgesetz
(2. Aufl 2003)

ROSSNAGEL, Neues Recht für Multimediadienste, NVwZ 1998, 1

ROSSNAGEL/PFITZMANN, Der Beweiswert von
E-mail, NJW 2003, 1209

ROTH/SCHULZE, Verbraucherschutz im
E-Commerce, RIW 1999, 924

ROTH, Das Fernabsatzgesetz, JZ 2000, 1013

ders, Europäischer Verbraucherschutz und
BGB, JZ 2001, 475

ROTT, Die Umsetzung der Richtlinie über den
Fernabsatz von Finanzdienstleistungen im
deutschen Recht, BB 2005, 53

SACK, Das internationale Wettbewerbsrecht
nach der E-Commerce-Richtlinie und dem
EGG-/TDG-Entwurf, WRP 2001, 1408

ders, Herkunftslandprinzip und internationale
elektronische Werbung nach der Novellierung
des Teledienstgesetzes (TDG), WRP 2002, 271

SCHERER, Schutz „leichtgläubiger" und „geschäftlich unerfahrener" Verbraucher in § 4 Nr 2
UWG nF – Wiederkehr des alten Verbraucherleitbildes „durch die Hintertür"?, WRP 2004,
1355

SCHIMANSKI/BUNTE/LWOWSKI, Bankrechts-
Handbuch, Bd III (2001)

SCHMITTMANN, Aktuelle Entwicklungen im
Fernabsatzrecht, K&R 2003, 385

ders, Aktuelle Entwicklungen im Fernabsatzrecht, K&R 2004, 361

SCHMIDT-RÄNSCH, Zum Gesetz über Fernabsatzverträge und andere Fragen des Verbraucherrechts sowie zur Umstellung von Vorschriften auf Euro, VuR 2000, 427

SCHNEIDER, Zur Umsetzung der E-Commerce-
Richtlinie im Regierungsentwurf zur Schuldrechtsmodernisierung, K&R 2001, 344

SCHNEIDER, Umsetzung der Fernabsatzrichtlinie
2002/65/EG im VVG, VersR 2004, 696

SCHÖNKE/SCHRÖDER, Strafgesetzbuch (26. Aufl
2001)

SCHULTE/SCHULTE, Informationspflichten im
elektronischen Geschäftsverkehr – wettbewerbsrechtlich betrachtet, NJW 2003, 2140

SCHULTE-NÖLKE, Anmerkung zu BGH v
17. 3. 2004 – VIII ZR 265/03, LMR 2004, 138

SCHULZE, BGB-Handkommentar (2. Aufl 2002)

SIEGER/HASSELBACH, Konzernfinanzierung
durch Cash Pools und Kapitalerhöhung, BB
1999, 645

SIEKER, Umgehungsgeschäfte (Habilitationsschrift Tübingen 2001)

SOERGEL, Bürgerliches Gesetzbuch, Band 1:
Allgemeiner Teil (§§ 1–240), HWiG (12. Aufl
1988)

SPINDLER, Verantwortlichkeit von Dienstanbietern nach dem Vorschlag einer E-Commerce-
Richtlinie, MMR 1999, 199

ders, Vertragsrecht der Internet-Provider (2000)

ders, Internet, Kapitalmarkt und Kollisionsrecht
unter besonderer Berücksichtigung der
E-Commerce-Richtlinie, ZHR 165 (2001), 324

ders, Das Herkunftslandprinzip im neuen Teledienstgesetz, RIW 2002, 183

ders, Das Gesetz zum elektronischen Geschäftsverkehr – Verantwortlichkeit der
Diensteanbieter und Herkunftslandprinzip,
NJW 2002, 921

ders, Herkunftslandprinzip und Kollisionsrecht
– Binnenmarktintegration ohne Harmonisierung, RabelsZ Bd 66 (2002) 633

SPINDLER/KLÖHN, Neue Qualifikationsprobleme im E-Commerce, CR 2003, 81

STAUDINGER/MAGNUS, Wiener UN-Kaufrecht
(1999)

Gregor Thüsing

ders, Internationales Wirtschaftsrecht (13. Aufl 2000)

Steins, Anmerkungen zum Beschluss des OLG Frankfurt am Main v 17. 4. 2001 – 6 W 37/01, MMR 2001, 530

ders, Anmerkungen zum Urteil des OLG Dresden v 23. 8. 2001 – 8 U 1535/01, CR 2002, 180

Stuyxk, La directive vente à distance et le droit belge, in: Stauder/Stauder, La protection des consommateurs acheteurs à distance (1999) 89

Süchting/Paul, Bankmanagement (4. Aufl 1998)

Sujecki, Internetpräsentationen und elektronischer Vertragsabschluss nach dem niederländischen Gesetzentwurf zur Umsetzung der E-Commerce Richtlinie, MMR 2003, 378

Teichmann, Die Gesetzesumgehung (Habilitationsschrift Göttingen 1962)

ders, Zur Zulässigkeit von Vorauszahlungsklauseln in AGB der Reiseunternehmen, JZ 1985, 314

Tettenborn, Europäischer Rechtsrahmen für den elektronischen Geschäftsverkehr, K&R 1999, 252

ders, Die Entwicklung des IuKDG – Erfahrungen, Erkenntnisse und Schlußfolgerungen, MMR 1999, 516

Tettenborn/Bender/Lübben/Karenfort, Rechtsrahmen für den elektronischen Geschäftsverkehr, K&R 2001, Beilage 1 zu Heft 12

Thorn, Verbraucherschutz bei Verträgen im Fernabsatz, IPRax 1999, 1

Thünken, Die EG-Richtlinie über den elektronischen Geschäftsverkehr und das internationale Privatrecht des unlauteren Wettbewerbs, IPRax 2001, 15

Tonner, Das neue Fernabsatzgesetz – oder: System statt „Flickenteppich“, BB 2000, 1413

ders, Das Fernabsatzgesetz – (k)ein Thema für die Tourismuswirtschaft?, RRa 2000, 163

Ultsch, Zugangsprobleme bei elektronischen Willenserklärungen, NJW 1997, 3007

Ulmer/Brandner/Hensen, AGBG (9. Aufl 2001)

Van Den Bergh, Das neue belgische Gesetz über die Handelspraktiken und die Information und den Schutz des Verbrauchers, GRURInt 1992, 803

Vander, Verhaltenskodices im elektronischen Geschäftsverkehr, K&R 2003, 339

Vehslage, Das geplante Gesetz zur Anpassung der Formvorschriften des Privatrechts und anderer Vorschriften an den elektronischen Rechtsverkehr, DB 2000, 1801

ders, Anmerkungen zum Beschluss des OLG Frankfurt am Main v 17. 4. 2001, CR 2001, 783

Wagner, Die Einlagensicherung bei Banken und Sparkassen nach dem Einlagensicherungs- und Anlegerentschädigungsgesetz (2004)

Waldenberger, „Alles schwebend unwirksam“ – Distanzgeschäfte nach dem Referentenentwurf eines Fernabsatzgesetzes, K & R 1999, 345

ders, Electronic Commerce: der Richtlinienvorschlag der EG-Kommission, EuZW 1999, 296

Weber, Einlagensicherung europaweit, Die Bank 1994, 476

Wendehorst, Das neue Gesetz über Fernabsatzverträge und andere Fragen des Verbraucherrechts, DStR 2000, 1311

ders, Anm zu BGH v 19. 3. 2003, EWiR 2003, 711

Westermann, Anmerkung zu BGH v 17. 3. 2004 – VIII ZR 265/03, EWiR 2004, 899

Graf v Westphalen, Die Novelle zum AGBG, BB 1996, 2001

Graf v Westphalen/Emmerich/Rottenburg, Verbraucherkreditgesetz (2. Aufl 1996)

Wiebe, Vertragsschluss bei Online-Auktionen, MMR 2000, 323

Willingmann, Auf dem Weg zu einem einheitlichen Vertriebsrecht für Waren und Dienstleistungen in der Europäischen Union? – Die Richtlinie über den Verbraucherschutz bei Vertragsabschlüssen im Fernabsatz (97/7/EG), VuR 12/1998

Wilmer/Hahn, Fernabsatzrecht (2002)

Woitke, Informations- und Hinweispflichten im E-Commerce, BB 2003, 2469

Wolf/Horn/Lindacher, Gesetz zur Regelung des Rechts der Allgemeinen Geschäftsbedingungen (4. Aufl 1999)

Wölk, Die Umsetzung von Richtlinien der Europäischen Gemeinschaften (2001)

Ziem, Spamming – Zulässigkeit nach § 1 UWG, Fernabsatzrichtlinie und E-Commerce-Richtlinienentwurf, MMR 2000, 129.

Systematische Übersicht

I. Überblick
1. Allgemeines _____ 1
2. Gefahren des Fernabsatz-/
   E-Commerce-Geschäfts _____ 3
3. Herzstück der Regelungen _____ 8

II. Entstehungsgeschichte _____ 11
1. §§ 312b bis 312d _____ 12
a) Europäische Vorgaben _____ 13
b) Umsetzung der Fernabsatzrichtlinie
   in deutsches Recht _____ 15
c) Zeitlicher Anwendungsbereich ___ 19
2. § 312e _____ 23

III. Systematischer Standort/Methodische
   Fragen
1. Vereinheitlichung der Vorschriften? _ 27
2. Verhältnis der Regelungen
   zueinander _____ 29

3. Auslegung und Rechtsfortbildung __ 32

IV. Internationaler Geltungsbereich ____ 34
1. Völkerrechtliche Vorgaben _____ 36
a) CISG _____ 36
b) CMR _____ 38
2. Herkunftslandprinzip der E-Commerce-Richtlinie als Kollisionsnorm 40

V. Umsetzung der Fernabsatzrichtlinie
   in den Mitgliedstaaten _____ 45

VI. Umsetzung der E-Commerce-Richt-
   linie in den Mitgliedstaaten _____ 67

VII. Abdruck der Europäischen Richt-
   linien _____ 73

Alphabetische Übersicht

B2B _____ 1, 29, 39
Belgien _____ 47, 67, 68
BGB-InfoV _____ 10, 17, 18, 22, 26
Binnenmarkt _____ 5, 13, 67 ff, 74 f

CISG _____ 36 f
CMR _____ 38 f

Dänemark _____ 49

E-Commerce _____ 3 ff, 11, 34
E-Commerce-Richtlinie __ 1, 5, 11, 23 ff, 67 ff

FernAbsFinanzDienstRL _____ 11, 14, 72
FernAbsG _____ 17 ff, 35, 65 ff
FernAbsRL _____ 11, 13 ff, 30, 34 ff, 45 ff
Fernabsatzgeschäft _ 1, 3, 5, 8, 12, 16, 22, 27 ff
Finnland _____ 51, 67, 69
Frankreich _____ 53, 67, 69

Griechenland _____ 45, 67
Großbritannien _____ 67

Heininger _____ 18
Herkunftslandprinzip _____ 24, 40 ff

Informationsgesellschaft _____
_____ 6, 24, 30, 44, 67 ff, 74
Informationspflicht _____
_____ 8, 10 ff, 17, 19, 22, 26 ff, 46, 56, 60, 74
invitatio ad offerendum _____ 3
Irland _____ 57, 67
Italien _____ 59 f, 67

Kundenschutz _____ 1

OLG-Vertretungsänderungsgesetz _____ 21, 58
Online-Shopping _____ 1, 4

Portugal _____ 61, 69

Schuldrechtsmodernisierungsgesetz _____
_____ 11, 20, 23, 26 f
Schweden _____ 65 ff
Spanien _____ 63 f, 67, 69

TzWrG _____ 12, 27, 35

VerbrKrG _____ 12, 27
Vereinheitlichung _____ 27 f
Versandhandel _____ 4, 12 f

Vertriebssystem————————————— 6　Widerrufsrecht ————— 12, 16, 18, 27, 46 ff

I. Überblick

1. Allgemeines

1 Die §§ 312b bis 312e enthalten Vorschriften über **Fernabsatzgeschäfte** sowie Regelungen zu Geschäften im elektronischen Geschäftsverkehr. Ihnen liegen die europäischen Richtlinien 97/7/EG (Richtlinie über den Verbraucherschutz bei Vertragsabschlüssen im Fernabsatz/Fernabsatzrichtlinie), 2002/65/EWG (Richtlinie über den Fernabsatz von Finanzdienstleistungen an den Verbraucher und zur Änderung der Richtlinie 90/619/EWG des Rates und der Richtlinien 97/7/EG und 98/27/EG) und 2000/31/EG (Richtlinie über den elektronischen Geschäftsverkehr, sog **E-Commerce-Richtlinie**) zugrunde (s Rn 73). §§ 312b bis 312d sind originär verbraucherschützende Vorschriften und finden nur im Verhältnis zwischen Unternehmer und Verbraucher Anwendung. § 312e ist dagegen auch bei **„B2B"** *(„business to business")* Geschäften zwischen Unternehmern zu beachten. Neben dem Verbraucher kann sich jeder auf den Schutz der Vorschrift berufen, dem gegenüber sich der Unternehmer beim Abschluss des Vertrages eines Tele- oder Mediendienstes bedient. Die Vorschrift bezweckt einen allgemeinen **„Kundenschutz"** (BT-Drucks 14/6040, 169 f) vor den besonderen Gefahren des elektronischen Geschäftsverkehrs.

2 Gleichwohl ist auch § 312e eine spezifisch verbraucherschützende Vorschrift, denn sie gewährleistet durch Abs 2 S 2 ein erhöhtes Schutzniveau für Geschäfte, an denen ein Verbraucher beteiligt ist. Für eine partielle Zuordnung von § 312e zum Verbraucherschutzrecht spricht auch, dass § 2 Abs 2 Nr 2 UKlaG die Norm als verbraucherschützende Vorschrift bezeichnet.

2. Gefahren und Chancen des Fernabsatz-/E-Commerce-Geschäfts

3 Fernabsatz- und **E-Commerce-Geschäfte** werden in aller Regel in drei Stufen abgewickelt. Zunächst erhält der Verbraucher ein Angebot über ein Produkt oder eine Dienstleistung. Zur Übermittlung des Angebotes nutzt der Unternehmer Fernkommunikationsmittel bzw Tele- oder Mediendienste. Auf der zweiten Stufe kommt die Entscheidungsfindung beim Kunden. Für diesen Prozess stehen ihm nur die Angaben zur Verfügung, die der Unternehmer in seiner *invitatio ad offerendum* gemacht hat. Entschließt sich der Kunde, ein der *invitatio ad offerendum* entsprechendes Angebot abzugeben und nimmt der Unternehmer dieses Angebot dann an, wird in einem dritten Schritt die Ware oder Dienstleistung ausgeliefert. Ein persönlicher Kontakt zwischen Unternehmer und Verbraucher findet bei Fernabsatzgeschäften zu keinem Zeitpunkt und bei E-Commerce-Geschäften nur in Ausnahmefällen statt.

4 Während Unternehmer und Verbraucher bisher vor allen Dingen über die klassischen Medien des **Versandhandels** wie zB Kataloge kommuniziert haben, treten in jüngerer Zeit moderne Kommunikationsmittel immer mehr in den Vordergrund. Hierbei wachsen insbesondere elektronisch getätigte Käufe überproportional. In der Bundesrepublik wird für das Jahr 2004 allein im Bereich des sog **Online-Shoppings** ein Umsatz von bis zu 13 Milliarden Euro erwartet (so das Ergebnis einer Untersuchung des Hauptverbandes des deutschen Einzelhandels, http://www.hde.de/servlet/PB/menu/1021965/ index.html, abgefragt am 21. 7. 2005). In dem Maße, in dem moderne Kommunikationsmittel wie das Internet Bestandteil des gesellschaftlichen Alltags werden, wird auch die Wertentwicklung des Konsums über das Medium Internet weiter steigen. Konservative Schätzungen gehen davon aus, dass im Bereich des Online-Shoppings allein in Deutschland bereits jetzt ein Umsatzpotential von bis zu 40 Milliarden Euro besteht. Daneben tritt noch die volkswirtschaftliche Bedeutung des traditionell starken klassischen Versandhandels, der im Jahre 2002 17,9 Milliarden Euro umsetzte (Pressemitteilung des Statistischen Bundesamtes vom 11. 3. 2003).

Diese Entwicklung war für den europäischen Gesetzgeber Grund zu handeln. Be- **5** reits 1992, also zu einem Zeitpunkt, in dem das Internet noch in den Kinderschuhen steckte und seine zukünftige Bedeutung für die Wirtschaft im **Binnenmarkt** noch nicht abzusehen war, hat die Kommission einen Vorschlag für eine Richtlinie über den Verbraucherschutz bei Vertragsabschlüssen im Fernabsatz vorgelegt (ABlEG Nr C 156/14 – KOM [92] 11 endg). Dieser Vorschlag wurde dann 1997 in die Richtlinie 97/7/ EG (ABlEG Nr L 144/19) umgesetzt, deren maßgebliche Regelungen sich heute in §§ 312b bis d wiederfinden lassen. § 312e setzt Art 10 und 11 **E-Commerce-Richtlinie** um und folgt dem Ziel der EU, dem elektronischen Geschäftsverkehr einen harmonisierten Rechtsrahmen zu geben. § 312f wiederum genießt innerhalb des gesamten Untertitels einen Sonderstatus, da diese Vorschrift für Haustürgeschäfte, Fernabsatzgeschäfte und Geschäfte im elektronischen Geschäftsverkehr in gleicher Weise gilt und in konzentrierter Form die in FernAbsRL, E-Commerce-Richtlinie und Haustürgeschäftsrichtlinie verankerte Unabdingbarkeit der verbraucherschützenden Vorgaben umsetzt.

Fernabsatz- und E-Commerce-Geschäfte bieten für den Verbraucher neben einer **6** Reihe von Risiken auch deutliche **Vorteile**. Das Internet kennt keine räumlichen Grenzen und ermöglicht einen weltweiten Produkt- und Preisvergleich innerhalb von Sekunden. Auch der Konsum selbst wird deutlich erleichtert. Der Verbraucher der Informationsgesellschaft kann ohne weiteres jedwede Produkte oder Dienstleistungen zu einer beliebigen Zeit bestellen, ohne sein Haus dabei zu verlassen. Hierdurch wird insbesondere Verbrauchern, die in wirtschaftlich gering erschlossenen Gebieten leben, die Möglichkeit eröffnet, ohne größere Schwierigkeiten in den Genuss eines umfassenden Waren- und Dienstleistungsangebotes zu kommen. Darüber hinaus bietet gerade der elektronische Geschäftsverkehr die Chance von verbraucherfreundlichen Preisen. Dem Unternehmer bieten sich in diesem Segment nicht unerhebliche Einsparmöglichkeiten im Bereich der Personalkosten und des Vertriebssystems, die an den Kunden weitergegeben werden können. Daneben entsteht durch den einfachen Preisvergleich Druck auf den Unternehmer, sich an die günstigeren Preise der Wettbewerber anzupassen.

Neben solchen Vorteilen können sich für den Kunden auch **Nachteile im Fernabsatz 7 und elektronischen Geschäftsverkehr** ergeben. Der Kunde kauft gewissermaßen die Katze im Sack, wenn er die Ware nicht vor dem Kauf in Augenschein nehmen kann. Ebenso kann er sich in der Regel nicht über die Person des Unternehmers und damit über dessen Zuverlässigkeit, geschäftliche Seriosität und wirtschaftliche Bonität informieren. Er kann nicht überprüfen, ob die gekaufte Ware auch tatsächlich die versprochenen Eigenschaften aufweist oder ob sie gegenüber der möglicherweise aufwändigen Präsentation qualitativ minderwertig ist. Auch besteht für den Verbraucher das Risiko, dass er über den Endpreis des angebotenen Produktes im Unklaren gelassen wird. Zusatzkosten wie etwa die Kosten für den Versand können versteckt angegeben werden, so dass der vermeintlich preisgünstige Einkauf durch die zusätzlichen Kosten auf einmal keinen wirtschaftlichen Vorteil gegenüber dem traditionellen Kauf mehr mit sich bringt. Weitere Nachteile können dem Verbraucher dadurch entstehen, dass bei Online-Verkäufen häufig Zahlungsmodalitäten vorgesehen sind, durch die der Verbraucher vor Erhalt der Ware belastet wird. Hierdurch entsteht für ihn das Risiko, die Ware bei bereits erbrachter Gegenleistung nicht oder nur mängelbehaftet zu erhalten. Eine Zurückhaltung des Kunden beim Abschluss von Verträgen im elektronischen Geschäftsverkehr beruht auch auf der Gefahr, dass die bei der Zahlung übermittelten Daten missbräuchlich verwendet werden. Schließlich ist die Rückabwicklung eines möglicherweise fehlgeschlagenen Vertrages besonders bei grenzüberschreitenden Fernabsatzkäufen und der hiermit verbundenen Unsicherheit hinsichtlich der Rechtsanwendung nicht unproblematisch.

3. Herzstück der Regelungen

8 Einigen der besonderen Gefahren des **Fernabsatzgeschäftes** sollen die §§ 312b bis 312e vorbeugen. Kern der Regelungen sind die **Informationspflichten** des Lieferers und Widerrufs- und Rückgaberechte des Verbrauchers. Da der Verbraucher sich vor dem Erhalt der Ware kein persönliches Bild von ihren Eigenschaften machen kann, soll er die Möglichkeit haben, seine auf den Abschluss eines Vertrages gerichtete Willenserklärung binnen zwei Wochen zu widerrufen, wenn die Ware nicht seinen Erwartungen entspricht. Diese „verlängerte Überlegungsfrist" soll garantieren, dass der Verbraucher nicht übervorteilt wird, indem etwa eine aufwändige Präsentation über die tatsächliche Qualität der Ware hinwegtäuscht und der Verbraucher hierdurch vorschnell zum Abschluss des Vertrages bewogen wird.

9 Dem Schutz des Verbrauchers soll neben dem Widerrufs- und Rückgaberecht auch die Verpflichtung des Unternehmers zur umfassenden Information dienen. Ob diese Wirkung allerdings tatsächlich zu erzielen ist, mag oftmals bezweifelt werden. Die für den Unternehmer bestehenden Informationsverpflichtungen haben inzwischen einen weiten Umfang angenommen, so dass es bei ordnungsgemäßer Erfüllung der Pflicht für den Durchschnittsverbraucher kaum möglich sein wird, einen Überblick zu bewahren. Die zu erwartende Flut an Informationen könnte daher auch einen geradezu kontraproduktiven Effekt entfalten, da dem Verbraucher in Anbetracht der Masse der zur Verfügung stehenden Informationen deren wesentlichen Inhalte womöglich verborgen bleiben (krit insoweit auch GRIGOLEIT NJW 2002, 1152, 1155; FLEISCHER ZEuP 2000, 772, 787; MANKOWSKI CR 2001, 767, 771; FRINGS VuR 2002, 390, 397).

10 Zweifel daran, ob die umfangreichen **Informationspflichten** des Unternehmers tatsächlich geeignet sind, dem Verbraucherschutz zu dienen, bestehen auch insoweit, als ihre vollständige Erfüllung nur schwer darstellbar ist. Die grundsätzliche Pflicht des Unternehmers zur Unterrichtung des Verbrauchers ergibt sich zwar bereits aus § 312c. Der konkrete Inhalt dieser Pflichten folgt aber erst aus der aufgrund der Ermächtigung in Art 240 f EGBGB erlassenen Verordnung über Informations- und Nachweispflichten nach bürgerlichem Recht (BGB-InfoV, vgl hierzu STAUDINGER/THÜSING

[2003] Art 240 EGBGB Rn 5 ff). Die **BGB-InfoV** wurde aus dem BGB ausgelagert, um es von den Regelungsdetails der verschiedenartigen Informationsquellen zu entlasten und um die schnellere Änderung der Informationspflichten im Wege der Verordnung zu ermöglichen (BT-Drucks 14/6040, 168). In der BGB-InfoV finden sich eine Vielzahl von zum Teil recht vage formulierten Informationspflichten. Ungewiss bleibt, ob es für den Unternehmer wirtschaftlich zumutbar ist, die umfangreichen Informationspflichten zu erfüllen (zweifelnd insoweit auch GRIGOLEIT NJW 2002, 1151, 1156).

II. Entstehungsgeschichte

Die Vorschriften über Fernabsatzverträge und E-Commerce-Geschäfte lassen sich **11** auf europäische Vorgaben zurückführen. §§ 312b bis 312d gehen auf die Fernabsatzrichtlinie und die Richtlinie über den Fernabsatz von Finanzdienstleistungen **(FernAbsFinanzDienstRL)** zurück, § 312e beruht auf Art 10 und 11 **E-Commerce-Richtlinie**. Die Fernabsatzrichtlinie wurde zunächst durch das Gesetz über Fernabsatzverträge und andere Fragen des Verbraucherrechts (BGBl I 2000, 887) umgesetzt, deren Vorschriften dann im Rahmen des **Schuldrechtsmodernisierungsgesetzes** (SMG, BGBl I 2001, 3138) in das BGB integriert wurden. §§ 312b bis 312d wurden dann bei der Umsetzung der FernAbsFinanzDienstRL in weitreichender Hinsicht geändert. Art 10 und 11 E-Commerce-Richtlinie dagegen wurden mit dem Schuldrechtsmodernisierungsgesetz umgesetzt.

1. §§ 312b bis § 312d – Entstehungsgeschichte und zeitlicher Anwendungsbereich

Bis zur Verkündung des Fernabsatzgesetzes am 30. 6. 2000 (BGBl 2000 I 897 ff) blieb **12** der Verbraucher bei Fernabsatzgeschäften in der Regel ohne den Schutz, der ihm bei anderen Vertriebsformen – namentlich dem Haustürgeschäft – bereits gewährt wurde. Nur wenn ein Verbraucherkredit, ein Teilzeit-Wohnrecht oder Fernunterricht im Fernabsatz vertrieben wurde, gab es bereits Widerrufsrechte und Informationspflichten. Der ehemalige § 8 Abs 2 VerbrKrG garantierte dem Verbraucher bei Kreditverträgen im Versandhandel ein erweitertes Widerrufsrecht und legte die Kosten für die Rücksendung des gekauften Gegenstandes dem Unternehmer auf. §§ 2 ff des Teilzeit-Wohnrechtegesetz (TzWrG) etablierte Widerrufsrechte des Verbrauchers und Informationspflichten des Unternehmers bei Verträgen, durch die ein Unternehmer einem Verbraucher gegen Zahlung eines Gesamtpreises das Recht verschafft, ein Wohngebäude für einen Zeitraum von mindestens drei Jahren zu nutzen. § 4 des Gesetzes zum Schutz der Teilnehmer am Fernunterricht (Fernunterrichtsgesetz) sah ein Widerrufsrecht des Verbrauchers hinsichtlich der Teilnahme am Fernunterricht vor. Der Verbraucher war bei diesen Vertragstypen auch dann geschützt, wenn das Geschäft im Wege des Fernabsatzes getätigt wurde. Für andere Vertragstypen existierte ein solcher Schutz zunächst nicht.

a) Europäische Vorgaben
Auf europäischer Ebene wurde bereits Mitte der 80er Jahre die steigende Bedeutung **13** des Versandhandels erkannt. In einer Mitteilung der Kommission an den Rat mit dem Titel „Neuer Impuls für die Politik zum Schutz der Verbraucher" (KOM [85] 314 endg v 23. 7. 1985) wurde angekündigt, Vorschläge zur Verwendung neuerer Informationstechnologien zu unterbreiten, die es dem Verbraucher ermöglichen, Bestellungen von zu Hause aus zu tätigen. Diese Mitteilung wurde vom Rat ausdrücklich

gebilligt (Entschließung des Rates vom 23. 6. 1986 betreffend die künftige Ausrichtung der Politik
der Europäischen Wirtschaftsgemeinschaft zum Schutz und zur Förderung der Interessen der Verbraucher, ABlEG Nr C 167/01) und die Kommission wurde aufgefordert, Vorschläge zur
Umsetzung der Mitteilung in Rechtsakte zu unterbreiten, die dann vom Rat unter
Beachtung des Ziels, Verbraucherinteressen im Rahmen der Vollendung des Binnenmarktes zu schützen, Berücksichtigung finden würden. 1989 legte die Kommission nach Aufforderung des Rates (Entschließung des Rates vom 9. 11. 1989 über künftige
Prioritäten bei der Neubelebung der Verbraucherschutzpolitik, ABlEG Nr C 294/01 v 22. 1. 1989)
einen Dreijahresplan mit den Zielen der Gemeinschaft für eine Politik zum Schutz
und zur Förderung der Verbraucherinteressen vor (Dreijahresplan für die Verbraucher-
politik in der EWG [1990–1992], KOM [90] 98 v 3. 5. 1990), in dem die Verabschiedung einer
Fernabsatzrichtlinie vorgeschlagen wurde. Der Entwurf einer solchen Richtlinie
wurde nach langwierigen Beratungen mit den Verbraucher- und Wirtschaftsverbän-
den 1992 von der Kommission vorgelegt. Nahezu zeitgleich präsentierte die Kommission eine Empfehlung, in der den Berufsvereinigungen von Lieferern vorgeschlagen wurde, sich Verhaltenscodices zu geben, in denen die in der Richtlinie vorgesehenen Mindestvorschriften über Vertragsabschlüsse ergänzt werden sollten.
Nachdem der erste Entwurf der Fernabsatzrichtlinie in der Stellungnahme des Wirt-
schafts- und Sozialausschusses (ABlEG Nr C 19/111 v 25. 1. 1993) erheblicher Kritik ausgesetzt war (vgl hierzu MICKLITZ VuR 1993, 138), legte die Kommission 1993 einen
geänderten Richtlinienvorschlag vor (ABlEG Nr C 308/18 v 15. 11. 1993). Der geänderte
Vorschlag sollte auch für Finanzdienstleistungen gelten und sorgte daher für weitere
heftige Diskussionen in Rat und Parlament. 1995 verkündete der Rat schließlich in
einem gemeinsamen Standpunkt (ABlEG Nr C 288/1 v 30. 10. 1995) einen Kompromiss,
der Finanzdienstleistungen vollständig von dem Anwendungsbereich der Richtlinie
ausschloss. Dieser gemeinsame Standpunkt wurde 1996 ein weiteres Mal durch das
Parlament geändert (ABlEG Nr C 17/51 v 22. 1. 1996), bevor 1997 letztlich die Richtlinie
97/7/EG über den Verbraucherschutz bei Vertragsabschlüssen im Fernabsatz verabschiedet wurde (vgl zur **FernAbsRL** ARNOLD CR 1997, 526; BERMANSEDER MMR 1998, 342;
BODEWIG DZWir 1997, 447; BODENSTEDT, Die Umsetzung der Fernabsatzrichtlinie im deutschen
und englischen Recht [2006]; BORGES ZIP 1999, 130; BÜLOW DZWir 1998, 89; CICHON CR 1998, 773;
FABER ZEuP 1998, 854; GÖSSMANN MMR 1998, 88; GÜNTHER CR 1999, 172; LEIBLE/SOSNITZA
K&R 1998, 283; MARX WRP 2000, 1227; MICKLITZ ZEuP 1999, 875; MICKLITZ/REICH, Die Fern-
absatzrichtlinie im deutschen Recht; REICH EuZW 1997, 581; THORN IPRax 1999, 1; WILLINGMANN
VuR 1998, 395)

14 Der größte Streitpunkt im vergleichsweise langen Gesetzgebungsverfahren der
Fernabsatzrichtlinie war die Positionierung von **Finanzdienstleistungen**. Am Ende
stand ein Kompromiss: Zwar galt die Fernabsatzrichtlinie gemäß Art 3 Abs 1, erster
Spiegelstrich aF nicht für die Finanzdienstleistungen, jedoch erklärte die Kommission in einem Anhang zur Richtlinie, dass sie die Bedeutung des Verbraucherschutzes für Vertragsabschlüsse im Fernabsatz bei finanziellen Dienstleistungen aner-
kenne und prüfen werde, wie der Verbraucherschutz in diesem Bereich am effek-
tivsten zu gestalten sei. In dieser Erklärung liegt zugleich ein Startschuss für das
Gesetzgebungsverfahren der **FernAbsFinanzDienstRL**. In dem Grünbuch „Finanzdienstleistungen: Wahrung der Verbraucherinteressen" (KOM [1996] 209 endg) stellte
die Kommission fest, dass der Fernverkauf von Finanzdienstleistungen rasch zuneh-
me und der Verbraucherschutzaspekt angesichts der wachsenden Komplexität und
Diversität des europäischen Finanzsektors besondere Aufmerksamkeit verdiene.

Auf Aufforderung des Europäischen Parlaments legte die Kommission dann am 14. 10. 1998 einen Vorschlag für eine Richtlinie über den Fernabsatz von Finanzdienstleistungen an Verbraucher vor (KOM [1998] 468 endg, ABlEG Nr C 385 v 11. 12. 1998, 10, vgl hierzu CRISTEA Kreditwesen 2002, 12 ff; HARTMANN Die Bank 1999, 163 ff; HOPPMANN VersR 1999, 673; RIESENHUBER WM 1999, 1441 ff). Dieser Vorschlag wurde in den folgenden Jahren noch einige Male geändert. Im Mittelpunkt der Diskussionen stand hierbei insbesondere, ob die Richtlinie nur die im Verbraucherschutz üblichen Mindestvorgaben enthalten, oder ob eine vollständige Harmonisierung das Ziel sein sollte. Das ursprünglich vorgesehene Prinzip der Totalharmonisierung wurde durch einen am 6. 12. 2001 vom Rat verabschiedeten Gemeinsamen Standpunkt (ABlEG Nr C 58 E 32 v 5. 3. 2002) durch Öffnungsklauseln aufgeweicht. Am 23. 9. 2002 wurde die **FernAbsFinanzDienstRL 2002/65/EG** dann verabschiedet. Die Fernabsatzrichtlinie wurde durch Art 18 FernAbsFinanzDienstRL erstmalig geändert. Die Änderungen öffneten den Anwendungsbereich der Fernabsatzrichtlinie für Finanzdienstleistungen. Zu diesem Zweck wurde Art 3 Fernabsatzrichtlinie neu formuliert (zur FernAbsFinanzDLRL vgl REICH, in: REICH/MICKLITZ, Europäisches Verbraucherrecht 24. 14 ff; DRYGALA, in: FS Lutter [2000] 1653).

b) Umsetzung der Fernabsatzrichtlinie ins deutsche Recht

Die Fernabsatzrichtlinie wurde zunächst durch das „Gesetz über Fernabsatzverträge **15** und andere Fragen des Verbraucherrechts sowie zur Umstellung von Vorschriften auf Euro" vom 27. 6. 2000 (BGBl 2000 I 897) mit leichter Verspätung (nach Art 15 Abs 1 iVm Art 18 **FernAbsRL** wäre die Richtlinie bis zum 4. 6. 2000 in nationales Recht umzusetzen gewesen, das Gesetz trat am 30. 6. 2000 in Kraft) in das deutsche Recht umgesetzt. Die verspätete Umsetzung beruhte darauf, dass der Bundesrat kurz vor Erreichen der Umsetzungsfrist den Vermittlungsausschuss anrief, um die Frage, ob dem Verbraucher für den Fall der Ausübung des Widerrufs- bzw Rückgaberechts die Kosten für die Rücksendung vertraglich auferlegt werden können, klären zu lassen (Presseerklärung 69/2000, www.bundesrat.de/pr/pr69_00.html, abgefragt am 10. 5. 2005; Vorschlag des Vermittlungsausschusses vom 7. 6. 2000 BT-Drucks 14/3527).

Bevor das Gesetz jedoch verabschiedet wurde, hatte bereits der ihm vorhergehende **16** Referentenentwurf (v 31. 5. 1999, BMJ Referat I B 2 3420/12-4) für erhebliche Diskussionen gesorgt. Dieser sah in § 3 Abs 1 vor, dass die auf den Abschluss eines Fernabsatzvertrages gerichtete Willenserklärung eines Verbrauchers bis zum Ablauf der Widerrufsfrist schwebend unwirksam sein sollte, so dass der Verbraucher einen Erfüllungsanspruch erst nach Ablauf der Frist gehabt hätte. Diese dogmatische Konstruktion rief in der Literatur scharfe Kritik hervor. Dem Referentenentwurf wurde eine nicht richtlinienkonforme Umsetzung vorgeworfen, da das in der **FernAbsRL** vorgesehene Prüfungsrecht des Verbrauchers einen Erfüllungsanspruch voraussetze (so die Kritik von ARTZ VuR 1999, 393, 394; BÜLOW ZIP 1999, 1293, 1294; HÄRTING CR 1999, 505, 506; MICKLITZ/ REICH BB 1999, 2093, 2094; WALDENBERGER K&R 1999, 345, 347). Die Kritik wurde im „Regierungsentwurf eines Gesetzes über Fernabsatzverträge" (BT-Drucks 14/2658) aufgenommen und § 3 RegE legte nunmehr fest, dass im **Fernabsatzgeschäft** abgegebene Willenserklärungen bis zu ihrem Widerruf voll wirksam sein sollten. Im weiteren Gesetzgebungsverfahren kam es dann noch zu einigen kleineren Änderungen, bevor mit dem Gesetz über Fernabsatzverträge die Fernabsatzrichtlinie umgesetzt wurde. Dies geschah durch ein Artikelgesetz, das neben dem Fernabsatzgesetz auch das BGB, EGBGB, AGBG und andere verbraucherschützende Vorschriften änderte. Auch wenn der Gesetzgeber entgegen einigen in der Literatur geäußerten Hoffnungen die Chance verstreichen ließ, die Umsetzung der Richtlinie zur Schaffung eines umfassenden Vertriebsgesetzes oder sogar eines einheitlichen Verbraucherschutzgesetzes zu nutzen (vgl Reich EuZW 1997, 581, 589), so bot das „Gesetz über Fernabsatzverträge und andere Fragen des Verbraucherschutzrechts sowie zur Umstellung von Vorschriften auf Euro" dennoch einige wegweisende Neuerungen. Der Gesetzgeber erließ erstmals nicht nur ein neues Spezialgesetz auf dem Gebiet des Verbraucherschutzes, sondern nutzte die Gelegenheit, um allgemeine Regelungen zum Verbraucher- und Unternehmerbegriff (§§ 13, 14) und zum **Widerrufsrecht** (§ 361a und b aF) in das BGB zu integrieren (vgl zum Fernabsatzgesetz auch Bülow/Artz NJW 2000, 2049; Flume ZIP 2000, 1427; Fuchs ZIP 2000, 1273; Gaertner/Gierschmann DB 2000, 1601; Härting CR 1999, 507; Härting/Schirmbacher MDR 2000, 917; Hensen ZIP 2000, 1151; Piepenbrock/Schmitz K & R 2000, S 378; Riehm JURA 2000, 505; Roth JZ 2000, 1013; Schmidt-Räntsch VuR 2000, 427; Tonner BB 2000, 1413).

17 Das am 1.1.2002 in Kraft getretene **Schuldrechtmodernisierungsgesetz** (BGBl 2001 I 3138) integrierte zahlreiche Verbraucherschutzvorschriften – so auch die des Fernabsatzgesetzes – in das BGB. Obgleich von großer Auswirkung auf die Systematik, war eine entscheidende inhaltliche Änderung der Vorschriften hiermit nicht verbunden. Der Inhalt des FernAbsG wurde im Wesentlichen übernommen. Nur die in § 2 Abs 2 und 3 Fernabsatzgesetz geregelten Informationspflichten des Unternehmers wurden aus dem BGB ausgelagert und finden sich nunmehr in der „Verordnung über Informationspflichten nach Bürgerlichem Recht (BGB-InfoV)" wieder. Die durch die FernAbsRL vorgegebene Grundstruktur bleibt jedoch die gleiche – auch nach der Schuldrechtsmodernisierung besteht eine umfangreiche Informationspflicht des Unternehmers sowie ein Widerrufs- und Rückgaberecht des Verbrauchers (vgl zum Fernabsatz im SMG Härting MDR 2002, 61; Hassemer MMR 2001, 635; Horn MMR 2002, 209).

18 § 312d Abs 2 wurde durch das **OLG-Vertretungsänderungsgesetz** (OLGVertrÄndG) geändert, § 312d Abs 5 neu eingefügt. Durch das OLGVertrÄndG wurden auch § 355 Abs 2 und 3, auf die § 312d Abs 1 S 1 verweist, neugefasst. Die Vorschrift war in ihrer ursprünglichen Form nach Auffassung des EuGH (EuGH – **Heininger** – Slg 2001, I-9945 = NJW 2002, 281) gemeinschaftsrechtswidrig, so dass eine Änderung erforderlich wurde.

Um den Zusammenhang der Regelung der Vertragsschlüsse im Direktvertrieb zu sichern, ist der deutsche Gesetzgeber der Empfehlung des Schrifttums (vgl Härting/Schirmbacher CR 2002, 809, 817) gefolgt, die **FernAbsFinanzDLRL 2002/65/EG** vom 23.9.2002 in die §§ 312b ff umzusetzen, da insbesondere die Vorschriften über Fernabsatzverträge und des Widerrufs bereits weitgehend den Vorgaben der Richtlinie entsprachen (BT-Drucks 15/2946, S 15). Die Bundesregierung hat am 28.1.2004 einen **Entwurf eines Gesetzes zur Änderung der Vorschriften über Fernabsatzverträge bei Finanzdienstleistungen** vorlegte, der mit nicht unerheblichen Modifikationen **zum 8.12.2004 in Kraft** getreten ist (BGBl 2004 I 3102). Die Umsetzung hatte nach Art 21 der Richtlinie bis zum 9.10.2004 zu erfolgen. Die Richtlinie weist in der Reihe der Verbraucherschutzrichtlinien, die zumeist einen Mindeststandard setzen, die Besonderheit einer beabsichtigten Maximal- bzw Vollharmonisierung auf (Knöfel ZGS 2004, 182), es sei denn, die Richtlinie lässt selbst ausdrücklich eine Abweichung zu

(Erwägungsgrund 13 der Richtlinie). Eine solche ausdrückliche Abweichung ist dagegen etwa in Art 4 Abs 1 und 2 der Richtlinie hinsichtlich der Anforderungen an die Verbraucherinformationen vorgesehen. Die Gesetzgeber der Mitgliedstaaten dürfen insoweit bis zu einer weiteren Harmonisierung strengere gemeinschaftsrechtskonforme Vorschriften aufrechterhalten oder erlassen. Der deutsche Gesetzgeber schuf vor allem Änderungen der Vorschriften über Fernabsatzverträge (§§ 312b, 312c, 312d), der Widerrufsvorschriften (§ 355 Abs 3, 357 Abs 1 S 2 BGB), des § 1 InfoV, § 14 UklG und der §§ 48a ff VVG. Auf diese Weise sollen die Besonderheiten des

Synoptischer Überblick

FernAbsRL	Rechtslage vom 30. 6. 2000 bis 31. 12. 2001	derzeitige Rechtslage im BGB	derzeitige Rechtslage in der BGB-InfoV
Art 2 Nr 1	§ 1 Abs 1 **FernAbsG**	§ 312b Abs 1	
Art 2 Nr 2 und 3	§§ 13, 14	§§ 13, 14	
Art 2 Nr 4	§ 1 Abs 2 **FernAbsG**	§ 312b Abs 2	
Art 3	§§ 1 Abs 3, 3 Abs 2 Nr 5 **FernAbsG**	§§ 312b Abs 3, 312d Abs 4 Nr 5	
Art 4 Abs 1, Abs 2 1. HS	§ 2 Abs 1 S 3 **Fern-AbsG**	§ 312c Abs 1 S 1 iVm	§ 1 Abs 1
Art 4 Abs 1, Abs 2 2. HS	§ 2 Abs 1 S 3 **Fern-AbsG**	§ 312c Abs 4	
Art 4 Abs 3	§ 2 Abs 1 S 1 und 2 **FernAbsG**	§ 312c Abs 1 S 2	
Art 5 Abs 1	§ 2 Abs 3 S 1 und 2 **FernAbsG** § 361a Abs 3	§ 312c Abs 2 iVm	§ 1 Abs 2 und 3
Art 5 Abs 2	§ 2 Abs 3 S 3 und 4 **FernAbsG**	§ 312c Abs 3	
Art 6 Abs 1 und 2	§ 3 Abs 1 **FernAbsG**; §§ 361a und b	§ 312d Abs 1 bis 3 und 5, §§ 355–357	
Art 6 Abs 3	§ 3 Abs 2 **FernAbsG**	§ 312d Abs 4	
Art 7 bis 11; 13 bis 19	Der Gesetzgeber sah hier keinen oder nur (Regelungen außerhalb des **FernAbsG** betreffenden) eingeschränkten Umsetzungsbedarf.		
Art 12 Abs 1	§ 5 **FernAbsG**	§ 312f	
Art 12 Abs 2	Art 29a EGBGB	Art 29a EGBGB	

Gregor Thüsing

Finanzdienstleistungsvertriebs in die deutschen Verbraucherschutzvorschriften eingearbeitet werden. Angesichts des Vollharmonisierungscharakters der Richtlinie
hielt die Bundesregierung die Beibehaltung der geltenden Regelung des Widerrufsrechts für nicht richtlinienkonform (so die zuständige Referatsleiterin des Bundesjustizministeriums KNÖFEL ZGS 2004, 182, 186). Die qualifizierten Voraussetzungen des Widerrufsrechts der Richtlinie werden in die Regelung des Widerrufsrechts bei Fernabsatzverträgen in § 312d BGB aufgenommen. Das Formular über die Widerrufsbelehrung
erhält einen entsprechenden Hinweis (s unter § 312c Rn 45). Bei den Widerrufsfolgen
greifen die Umsetzungsvorschriften auf die geltenden Bestimmungen des § 357 und
§§ 346 ff zurück. Nach Art 7 der Richtlinie hat der Verbraucher nach erfolgtem
Widerruf den anteiligen Preis zu zahlen, vorausgesetzt, er ist vorher darauf hingewiesen worden, und er hat dem Leistungsbeginn durch den Unternehmer zugestimmt. Diese materiell-rechtliche Rechtsfolge ergibt sich bereits aus § 346 Abs 2
Nr 1.

c)   Zeitlicher Anwendungsbereich

19   Das Fernabsatzgesetz trat am 30. 6. 2000 in Kraft. Gemäß § 6 Abs 1 **FernAbsG** fand
das Gesetz keine Anwendung auf zuvor abgeschlossene Verträge. Der Zeitpunkt des
Vertragsschlusses richtet sich hierbei nach den allgemeinen Vorschriften, insb den
Regelungen in §§ 145 ff über das Zustandekommen eines Vertrages. Wurde also ein
vor dem 30. 6. 2000 abgegebenes Angebot zum Abschluss eines Vertrages erst nach
dem 1. 7. 2000 angenommen, so muss bereits das **FernAbsG** angewandt werden (so
auch MünchKomm/WENDEHORST[4] Vor § 312b Rn 16; LÜTCKE Einleitung Rn 32a). § 6 Abs 2
FernAbsG trifft eine Sonderregelung für Verkaufsprospekte, die vor dem 1. 10. 2000
hergestellt wurden und erlaubte deren Gebrauch bis zum 31. 3. 2001. Diese Regelung
wurde getroffen, um die durch die umfangreichen **Informationspflichten** des Fernabsatzrechts notwendig gewordenen Neubearbeitungen der Verkaufsprospekte zu
ermöglichen.

20   Das **Schuldrechtsmodernisierungsgesetz** trat zu seinen wesentlichen Teilen am
1. 1. 2002 in Kraft. Die für §§ 312b bis d relevante Übergangsvorschrift findet sich
in Art 229 EGBGB § 5: Verträge, die vor dem 1. 1. 2002 (aber nach dem 30. 6. 2000, vgl § 6
Abs 1 FernAbsG) abgeschlossen worden sind, unterliegen dem alten Recht, also dem
Fernabsatzgesetz. Für Dauerschuldverhältnisse gilt diese Regelung mit der Maßgabe, dass ab dem 1. 1. 2003 ausschließlich neues Recht angewandt wird. Verträge,
die ab dem 1. 1. 2002 geschlossen werden, unterliegen – unabhängig davon, ob sie
Dauerschuldverhältnisse betreffen – dem neuen Recht.

21   Die durch das **OLG-Vertretungsänderungsgesetz** erfolgten Änderungen, die zum
1. 8. 2002 in Kraft getreten sind, gelten gemäß Art 229 § 9 Abs 1 S 1 Nr 2 EGBGB
nur für Fernabsatzverträge, die nach dem 1. 11. 2002 entstanden sind. Die Neufassung des § 355 Abs 2 ist nach Art 229 § 9 Abs 2 EGBGB dagegen auch auf vor
diesem Zeitpunkt abgeschlossene Verträge anwendbar, wenn die Belehrung über
das Widerrufs- und Rückgaberecht nach dem 1. 11. 2002 erteilt wurde.

22   Nach den Überleitungsvorschriften zu dem **Gesetz zur Änderung der Vorschriften
über Fernabsatzverträge bei Finanzdienstleistungen** vom 2. 12. 2004 in Art 229 Abs 11
EGBGB finden auf Schuldverhältnisse, die bis zum Ablauf des 7. 12. 2004 entstanden
sind, das Bürgerliche Gesetzbuch und die BGB-Informationspflichten-Verordnung

in der bis zu diesem Tag geltenden Fassung Anwendung. Dies gilt für Vertragsverhältnisse im Sinne des § 312b Abs 4 S 1 mit der Maßgabe, dass es auf die Entstehung der erstmaligen Vereinbarung ankommt. Verkaufsprospekte, die vor dem Ablauf des 7. 12. 2004 hergestellt wurden und die der Neufassung der BGB-InfoV nicht genügen, dürfen bis zum 31. 3. 2005 aufgebraucht werden, soweit sie ausschließlich den Fernabsatz von Waren und Dienstleistungen betreffen, die nicht Finanzdienstleistungen sind. Neu dürfen sie also nicht hergestellt werden, vorhandene (nicht: bereits in Auftrag gegebene) dürfen weiter benutzt werden, auch wenn sie vorher noch nicht benutzt wurden.

Übersicht über den zeitlichen Anwendungsbereich

Zeitpunkt des Vertragsschlusses	Anwendendes Recht
bis zum 29. 6. 2000	Keine speziellen Regelungen für Fernabsatzgeschäfte
30. 6. 2000–31. 12. 2001	Fernabsatzgesetz **Ausnahme**: Der Gebrauch von vor dem 1. 10. 2000 hergestellten Verkaufsprospekten ist bis 31. 3. 2001 möglich.
ab dem 1. 1. 2002	§§ 312b (aF)–312d **Besonderheiten**: – Auch für Dauerschuldverhältnisse, die vor dem 1. 1. 2002 geschlossen wurden, gilt ab dem 1. 1. 2003 ausschließlich neues Recht. – § 355 Abs 2 nF wird angewandt, wenn die Belehrung nach dem 1. 11. 2002 erfolgte.
1. 11. 2002–7. 12. 2004	Änderungen in § 312b Abs 2 und § 312d Abs 5
ab dem 8. 12. 2004	Änderungen in § 312b Abs 1, 3, 4, 5, § 312c in allen Abs, § 312d Abs 3, 4, 5

2. § 312e

Mit dem durch das Schuldrechtsmodernisierungsgesetz neu eingefügten § 312e wurden Teile der E-Commerce-Richtlinie ins deutsche Recht umgesetzt. Im Unterschied zur FernAbsRL ist das Gesetzgebungsverfahren auf europäischer Ebene hier recht zügig vorangetrieben worden. So vergingen zwischen der ersten Initiative der Kommission über die Schaffung eines europäischen Rechtsrahmens für den elektronischen Geschäftsverkehr (Mitteilung der Kommission „Europäische Initiative für den elektronischen Geschäftsverkehr" vom 16. 4. 1997, KOM [97] 157 endg) bis zum Inkrafttreten der Richtlinie am 17. 7. 2000 nur gut drei Jahre – bis zur Veröffentlichung der FernAbsRL gingen demgegenüber nahezu zwölf Jahre ins Land, die zum Teil mit heftigen Auseinandersetzungen gefüllt waren. **23**

Schon 1999 legte die Kommission einen ersten Vorschlag für eine Richtlinie vor (KOM [1998] 586 endg – 98/0325 [COD], ABlEG Nr C 30/04), der als „Kernstück" (WALDENBERGER EuZW 1999, 296) der Initiativen der Kommission auf dem Weg zur europäischen **Informationsgesellschaft** gilt. Der Richtlinienvorschlag enthielt bereits wesentliche Regelungselemente der späteren **E-Commerce-Richtlinie**, so etwa das Herkunfts- **24** landprinzip, den Grundsatz der Zulassungsfreiheit und Regelungen über die kommerzielle Kommunikation (zum Richtlinienentwurf vgl BRISCH CR 1999, 235; HOEREN MMR 1999, 192; MAENNEL MMR 1999, 187; MICKLITZ/TONNER, Vertriebsrecht § 312e Rn 1 ff; SPINDLER MMR 1999, 199; TETTENBORN K&R 1999, 252; WALDENBERGER EuZW 1999, 296).

25 Die in der Stellungnahme des Wirtschafts- und Sozialausschusses (ABlEG Nr C 169/01 v 16. 6. 1999) sowie in der Stellungnahme des Europäischen Parlaments (EP-Report A4–0248/99 v 6. 5. 1999) geäußerte Kritik führte zu einem geänderten Richtlinienvorschlag (KOM [99] 427 endg), der vor allen Dingen die Bestimmungen über die elektronischen Verträge (Art 8 ff RL-Vorschlag) neu fasste und die hier zunächst vorgesehenen hohen Anforderungen an den elektronischen Vertragsschluss zurückschraubte. Nach dem Gemeinsamen Standpunkt des Rates vom 28. 2. 2000 (ABlEG Nr C 128/32) wurde die Richtlinie dann ohne weitere Änderungen am 17. 7. 2000 im Amtsblatt (ABlEG Nr L 178/01) veröffentlicht.

26 Die **E-Commerce-Richtlinie** war gemäß Art 22 bis zum 17. 2. 2002 in innerstaatliches Recht umzusetzen. Der deutsche Gesetzgeber kam dieser Verpflichtung in erster Linie durch das Gesetz über die rechtlichen Rahmenbedingungen für den elektronischen Geschäftsverkehr vom 14. 12. 2001 (BGBl 2001 I 3721) nach. Nur die Vorschriften über Informationspflichten im elektronischen Geschäftsverkehr (Art 10 E-Commerce-Richtlinie) und über Abgabe einer Bestellung im elektronischen Geschäftsverkehr (Art 11 E-Commerce-Richtlinie) wurden durch das Schuldrechtsmodernisierungsgesetz mit dem neu gefassten § 312e in das allgemeine Bürgerliche Recht integriert. Die speziellen, insbesondere in Art 10 Abs 1 geregelten Informationspflichten finden sich in § 312e Abs 1 S 1 Nr 2 iVm § 3 BGB-InfoV wieder.

III. Systematischer Standort/Methodische Fragen

1. Vereinheitlichung der Vorschriften?

27 Eines der Hauptziele des Gesetzgebers bei Erlass des Schuldrechtsmodernisierungsgesetzes (SMG) war es, das Schuldrecht zu vereinheitlichen und die gesamte Schuldrechtsordnung übersichtlicher zu gestalten (BT-Drucks 14/6040, 79 u 170). Aus diesen Gründen wurden verbraucherschützende Regelungen, die bisher in Nebengesetze wie dem FernAbsG, dem VerbrKrG, dem TzWrG, dem HWiG oder dem AGBG zu finden waren, in das BGB integriert. Der Gesetzgeber hatte jedoch nicht von Beginn an geplant, die unterschiedlichen Vertriebsformen Haustürgeschäft, Fernabsatzgeschäft und elektronischer Geschäftsverkehr in einem systematischen Zusammenhang im allgemeinen Teil des Schuldrechts zusammenzufassen. Im Diskussionsentwurf des SMG (SMG-DE), der vom BMJ am 4. 8. 2000 vorgelegt wurde und die heiße Phase der Schuldrechtsmodernisierung einläutete, waren die Vorschriften über Fernabsatz und Haustürgeschäfte noch in den §§ 477–482 SMG-DE geregelt und sollten einen neuen Titel im besonderen Teil des Schuldrechts bilden. Die Umsetzung von Art 10 und 11 E-Commerce-Richtlinie dagegen sollte getrennt davon durch die Neufassung des § 305b SMG-DE im allgemeinen Teil des Schuldrechts erfolgen. Diese Lösung stieß auf berechtigte Kritik in der Literatur. So wurde dem Gesetzgeber vorgeworfen, dass die von ihm gewählte Lösung zu unnötigen Verwirrungen führen würde, die hätten vermieden werden können, indem man die Vorschriften über die verschiedenen Formen des Vertriebes vereinheitlicht hätte (so

MICKLITZ EuZW 2001, 133, 143). Diese Lösung wäre auch insoweit nahe liegend gewesen, als sie den Überlegungen auf europäischer Ebene entsprochen hätte. Die Kommission hatte vom Europaparlament aufgrund der bei Haustür- und Fernabsatzgeschäften variierenden Anforderungen an die Ausgestaltung der Informationspflichten und des Widerrufsrechts den Auftrag erhalten, Vorschläge für eine Angleichung der Richtlinien 85/577/EWG und 97/7/EG zu schaffen.

Der Gesetzgeber nahm sich die Kritik zu Herzen und fasste in einer konsolidierten **28** Fassung des Diskussionsentwurfs (SMG-KE) die Vorschriften über Haustür- und Fernabsatzgeschäfte sowie den elektronischen Geschäftsverkehr in einem einheitlichen Titel über „Pflichten beim Direktvertrieb von Waren und Dienstleistungen" zusammen und verlegte diesen Titel in den allgemeinen Teil des Schuldrechts (§§ 311d ff SMG-KE). Von diesem Konzept ist jedoch im Regierungsentwurf wieder abgewichen worden. Der Gesetzgeber erkannte zwar den „Gewinn an Systematisierung und Transparenz" (BT-Drucks 14/6040, 167), den eine **Vereinheitlichung** der Vorschriften über die verschiedenen Vertriebsformen mit sich bringen würde. Er sah sich aber aufgrund der differierenden Anwendungsbereiche der europäischen Vorgaben im Anbetracht der drängenden Zeit nicht dazu in der Lage, eine überobligatorische Umsetzung der Richtlinien darzustellen (BT-Drucks 14/6040 167). Deshalb entschied er sich mit der weiteren Annäherung und Vereinheitlichung der Vorschriften in einem gemeinsamen Untertitel im Vergleich zu der konsolidierten Fassung des Diskussionsentwurfs für die kleine Lösung.

2.   Verhältnis der Absatzformen untereinander

Die Abgrenzung zwischen Fernabsatz- und Haustürgeschäften fällt vergleichsweise **29** leicht. Fernabsatzgeschäfte werden unter ausschließlicher Verwendung von Fernkommunikationsmitteln geschlossen und ein direkter Kontakt zwischen Unternehmer und Verbraucher findet nicht statt. Haustürgeschäfte sind demgegenüber durch den persönlichen Kontakt zwischen Unternehmer und Verbraucher gekennzeichnet. Die Beziehung zwischen Fernabsatzgeschäften und Geschäften im elektronischen Geschäftsverkehr ist weniger deutlich. Geschäfte im elektronischen Geschäftsverkehr sind nicht etwa als *aliud* zu Fernabsatzgeschäften zu bewerten. Der Anwendungsbereich der beiden Absatzformen überlappt sich meist- der elektronische Geschäftsverkehr ist zumindest bei den sog **B2C** (*„business to consumer"*)-Geschäften in der Regel eine besondere Form des Fernabsatzes und unterliegt daher regelmäßig ebenfalls den Bestimmungen der §§ 312b bis 312d. Dies folgt im Übrigen bereits aus § 312e Abs 3 S 1, der im elektronischen Geschäftsverkehr weitergehende **Informationspflichten** unberührt lässt (kritisch zu den insoweit bestehenden Überschneidungen im Anwendungsbereich äußern sich NORDHAUSEN JbJZW 2001, 297, 298; MICKLITZ EuZW 2001, 133, 137; ders VuR 2001, 71; ders, in: SCHULZE/SCHULTE-NÖLKE, Die Schuldrechtsreform vor dem Hintergrund des Gemeinschaftsrechts 189, 190). Ein Unterschied besteht freilich im personellen Anwendungsbereich der Vorschriften. Während §§ 312b bis d nur bei Verträgen zwischen Verbrauchern und Unternehmern angewandt werden, gilt § 312e auch im **„B2B"** (*„business to business"*)-Bereich. Darüber hinaus gilt § 312e – anders als § 312b bis 312d – nicht bei jedem Geschäft, das unter ausschließlicher Verwendung von Fernkommunikationsmitteln abgeschlossen wurde, sondern nur, wenn sich der Unternehmer zum Abschluss des Vertrages eines Tele- oder Mediendienstes bedient hat. Gebraucht der Unternehmer herkömmliche nichtelektronische Fernkommunikationsmittel wie etwa Telefon oder Brief, scheidet die Anwendung von § 312e aus.

30 Die dennoch große Schnittmenge im Anwendungsbereich der Vorschriften ist schon in deren europäischen Grundlagen angelegt. So wird im 11. Erwägungsgrund der E-Commerce-Richtlinie die FernAbsRL als wichtige Errungenschaft für den Verbraucherschutz im Bereich des Vertragsrechts bezeichnet, die „voll und ganz" auch für die Dienste der Informationsgesellschaft gilt (auch der deutsche Gesetzgeber hat die Überschneidung im Anwendungsbereich der Vorschriften gewollt, vgl RegE SMG BT-Drucks 14/6040, 170; vgl hierzu auch GRIGOLEIT NJW 2002, 1151, 1152; FRINGS VuR 2002, 390, 396 spricht dagegen missverständlich von „Abgrenzungsschwierigkeiten" zwischen den Absatzformen).

31 Geschäfte im elektronischen Geschäftsverkehr, die nicht zugleich auch Fernabsatzgeschäfte sind, dürften die Ausnahme bleiben. Jedes Geschäft zwischen Verbraucher und Unternehmer, das der Unternehmer unter ausschließlicher Verwendung von Tele- oder Mediendiensten abschließt, ist zugleich ein Fernabsatzgeschäft und unterliegt daher auch den hierfür geltenden Vorgaben.

3.   Auslegung und Rechtsfortbildung

32 Da die §§ 312b ff europäische Richtlinien umsetzen, gilt die Verpflichtung zur richtlinienkonformen Auslegung. Hierdurch wird ihre inhaltliche Anpassung an Vorschriften und Wertungen der **FernAbsRL** und der **E-Commerce-Richtlinie** ermöglicht. Auf der anderen Seite darf auch die gemeinschaftskonforme Auslegung der Vorschriften nicht dazu führen, dass das Verbot der horizontalen Wirkung von nicht umgesetzten Richtlinien zwischen Privatleuten (EuGH – Faccini Dori – Slg 1994, I-3325 ff) umgangen wird. Ein Ausgleich zwischen diesen beiden Vorgaben ist nicht immer leicht zu finden. Der EuGH hat in zwei wegweisenden Entscheidungen in den 90er Jahren die Grenzen richtlinienkonformer Auslegung sehr weit gezogen. In diesen Entscheidungen (EuGH – Marleasing/La Comercial – Slg 1990, 4135 und EuGH – Wagner Miret/Fondo de garantia – Slg 1993, 6932) wurde betont, dass die richtlinienkonforme Auslegung nationalen Rechts unabhängig davon zulässig sei, ob das auszulegende nationale Gesetz vor oder nach der Richtlinie erlassen wurde. Seitdem hat das Gericht daran festgehalten (s auch die Schlussanträge im Verfahren HELMS AuR 2005, 330).

33 Eine richtlinienkonforme Auslegung von nationalem Recht ist hingegen nicht möglich, wenn sie dem klaren Regelungsziel der auszulegenden Norm widerspräche. Der Wille des nationalen Gesetzgebers ist zu respektieren und kann nicht durch die Vermutung, der Gesetzgeber habe nicht gegen seine Umsetzungspflichten verstoßen wollen und die Vorschrift sei aus diesen Gründen entgegen ihrem Wortlaut entsprechend der Richtlinie auszulegen, überwunden werden (so auch WÖLK, Die Umsetzung von Richtlinien der Europäischen Gemeinschaften 70 ff). Die richtlinienkonforme Auslegung von nationalem Recht scheidet auch dann aus, wenn die Frist zur Umsetzung der Richtlinie noch nicht abgelaufen ist, da andernfalls keine Unterschiede zwischen unmittelbar wirkenden Verordnungen und mittelbar wirkenden Richtlinien bestünden (aA freilich der EuGH. siehe zuletzt die Schlussanträge des Generalanwaltes im Verfahren HELMS AuR 2005, 330). Es würde daher gegen den Willen des europäischen Gesetzgebers gehandelt, der sich bewusst für das Instrument einer Richtlinie entschieden hat. Die richtlinienkonforme Auslegung ist aber nicht etwa eine den nationalen

Auslegungsmethoden gegenüber vorrangige Interpretationsregel, sondern steht als gleichberechtigte Auslegungsmöglichkeit neben den herkömmlichen Regeln der Methodenlehre (zur richtlinienkonformen Auslegung von nationalem Recht vgl auch CANARIS, in: FS Bydlinski [2002] 47; FRANZEN JZ 2003, 321, 327; BRECHMANN, Die richtlinienkonforme Auslegung; FRANZEN, Privatrechtsangleichung durch die Europäische Gemeinschaft; PEIKENBROCK/SCHULZE WM 2002, 521; aus der neueren Rechtsprechung EuGH ZIP 2004, 2342; hierzu THÜSING ZIP 2004, 2301).

IV. Internationaler Geltungsbereich

Die Frage, welches Recht auf Fernabsatz- und E-Commerce-Geschäfte anzuwenden **34** ist, beantworten Fernabsatzrichtlinie und E-Commerce-Richtlinie unterschiedlich. Während Art 1 Abs 4 ECRL festlegt, dass durch die Richtlinie keine zusätzlichen Regeln im Bereich des Internationalen Privatrechts geschaffen werden sollen, verpflichtet Art 12 Abs 2 FernAbsRL die Mitgliedstaaten, Maßnahmen zu treffen, die eine Umgehung der Regelungen der FernAbsRL durch Rechtswahlklauseln verhindern (s ausführl HEISS IPRax 2003, 100).

Der **Grundsatz der freien Rechtswahl** gilt auch hier: Nach Art 27 Abs 1 EGBGB **35** können die Parteien das für ein Schuldverhältnis maßgebliche Recht selbst bestimmen. Auch Verbraucherverträge sind Schuldverhältnisse in diesem Sinne. Haben die Parteien deutsches Recht gewählt, gelten für Fernabsatzverträge also §§ 312b bis § 312e. Wenn jedoch das Recht eines Nicht-EU-Mitgliedstaates als anwendbares Recht gewählt wird und das Geschäft zugleich einen „engen Zusammenhang zu dem Gebiet eines Mitgliedstaates aufweist" (Art 12 Abs 2 2. Halbs FernAbsRL), soll der Verbraucher den Schutz der FernAbsRL nicht verlieren. Der deutsche Gesetzgeber hat diese Vorgabe durch die Einfügung von Art 29a EGBGB umgesetzt und die Gelegenheit zugleich genutzt, um Kollisionsnormen verschiedener Verbraucherschutzrechte zu vereinheitlichen. Kollisionsnormen, die das Ziel verfolgten, eine Umgehung von verbraucherschützenden Vorschriften durch Rechtswahlklauseln zu verhindern (so etwa § 12 AGBG, § 8 TzWrG) sind nunmehr in Art 29a EGBGB zusammengeführt. Der Gesetzgeber war der Auffassung, dass die bestehende verbraucherschutzrechtliche Kollisionsregel in Art 29 EGBGB nicht ausreicht, um die Vorgaben von Art 12 Abs 2 FernAbsRL vollständig umzusetzen (so die Begründung im Regierungsentwurf des FernAbsG, BT-Drucks 14/2658, 38 und 50). Der neueingefügte Art 29a EGBGB ist subsidiär zu Art 29 EGBGB (BT-Drucks 14/2658, 50). Sollte also bereits nach Art 29 EGBGB deutsches Recht zur Anwendung kommen, so kann dieses Ergebnis nicht mehr durch Art 29a EGBGB korrigiert werden. Auch die allgemeinen Regelungen über das bei Schuldverhältnissen anwendbare Recht (Art 27 ff EGBGB) finden als Kollisionsregeln Anwendung (ausführlicher STAUDINGER/MAGNUS [2002] Art 27 bis 37 EGBGB).

1. Völkerrechtliche Vorgaben

a) Wiener UN-Übereinkommen über Verträge über den internationalen Warenkauf (CISG)

Der Anwendungsbereich des **CISG-Übereinkommens** erfasst Kaufverträge über **36** Waren zwischen Parteien, die ihre Niederlassung in verschiedenen Staaten haben. Da das Übereinkommen mit der Veröffentlichung im Bundesgesetzblatt (BGBl 1989

II 588, berichtigt BGBl II 1990 II 1699) gemäß Art 59 Abs 2 GG unmittelbarer Bestandteil des Bundesrechts geworden ist, verdrängen die in dem Übereinkommen enthaltenen Kollisionsregelungen gemäß Art 3 Abs 2 S 1 EGBGB grundsätzlich die Vorgaben des EGBGB. Die in dem Übereinkommen enthaltenen Sachnormen verdrängen dann innerhalb ihres Anwendungsbereichs die nationalen Sachnormen. Dies hat freilich keine allzu weitreichenden Auswirkungen auf das Fernabsatzrecht. Zunächst gilt das CISG-Übereinkommen nur für Kaufverträge, so dass die ebenfalls von §§ 312b bis 312d erfassten Dienst- und Werkverträge hiervon nicht erfasst werden. Aber auch das nationale Recht über Kaufverträge bleibt weitestgehend zu beachten: Art 2 lit a CISG-Übereinkommen erklärt die Regelungen des Übereinkommens im Bereich des Verbrauchsgüterkaufs für nicht anwendbar, wenn der Verkäufer vor oder bei Vertragsschluss weder wusste noch wissen musste, dass die Ware für den Gebrauch in der Familie oder im Haushalt gekauft wurde. Auch in diesem Bereich werden daher weder die Sachnormen der §§ 312b bis 312d noch deren Kollisionsregeln – die Vorschriften setzen stets eine Rechtsbeziehung zwischen Verbraucher und Unternehmer voraus – durch die Regelungen des CISG-Übereinkommens verdrängt. Dieses Ergebnis entspricht dem rechtspolitischen Hintergrund des Art 2 lit a CISG, der den Zweck verfolgt, den Vorrang nationalen Verbraucherschutzrechts zu respektieren und Konflikte zwischen diesem Recht und der Konvention von vornherein auszuschließen (vgl hierzu Staudinger/Magnus Art 2 CISG Rn 29).

37 Überschneidungen können jedoch im Zusammenhang mit der Anwendung des § 312e auftreten, der auch Verträgen, die zwischen Unternehmern geschlossen werden, erfasst. Bei einem im elektronischen Geschäftsverkehr geschlossenen Vertrag, der den Kauf von Gegenständen zum Inhalt hat, die der Käufer zu professionellen Zwecken im Gewerbe oder Beruf verwenden will, werden daher die Vorgaben des § 312e und die entsprechenden Kollisionsregeln von denen des CISG-Übereinkommens verdrängt. Dieses enthält aber keine umfassenden Regelungen zum Vertragsschluss im elektronischen Geschäftsverkehr, sondern lediglich allgemeine Vorgaben zu Vertragsschluss und Mängelgewährleistung. Die verbleibenden Lücken werden gemäß Art 7 Abs 2 CISG-Übereinkommen durch eine subsidiäre Anwendung des nationalen Rechts gefüllt. Auch § 312e kann damit im Geltungsbereich des CISG-Übereinkommens zur Lückenfüllung herangezogen werden. Soweit nämlich Verträge den Kauf von Gegenständen, die der beruflichen Tätigkeit des Käufers dienen, zum Inhalt haben und im elektronischen Geschäftsverkehr zwischen Unternehmern geschlossen werden, die ihre Niederlassung in Staaten haben, die Vertragsstaaten zu dem CISG-Übereinkommen sind oder wenn die Regeln des Internationalen Privatrechts zur Anwendung des Rechts eines Vertragsstaates führen, findet § 312e Anwendung, wenn für die jeweilige Frage das CISG-Übereinkommen keine Vorgaben enthält.

b) Übereinkommen über den Beförderungsvertrag im internationalen Straßengüterverkehr (CMR)

38 Auch das **CMR-Abkommen** ist mit der Veröffentlichung im Bundesgesetzblatt (BGBl 1961 II 1119) unmittelbar geltendes Bundesrecht geworden und enthält Sachnormen, die im Rahmen ihres Anwendungsbereichs das nationale Recht verdrängen. Gemäß Art 1 Abs 1 CMR-Abkommen gilt das Regelwerk für Verträge über die entgeltliche Beförderung von Gütern auf der Straße mittels Fahrzeugen, wenn der Ort der

Übernahme des Gutes und der für die Ablieferung vorgesehene Ort in zwei verschiedenen Staaten liegen. Solche Verträge können auch als Fernabsatzverträge geschlossen werden. Diese können nach § 312b Abs 1 auch Dienstleistungen zum Inhalt haben. Der Begriff der Dienstleistung ist hierbei im europäischen Sinne weit auszulegen und umfasst auch Werk- und Werklieferungsverträge. Überschneidungen zwischen dem Fernabsatzrecht und dem CMR-Abkommen können sich jedoch nur ergeben, wenn der Vertrag zwischen einem Unternehmer und einem Verbraucher geschlossen wird. Bei der Beförderung von Gütern auf der Straße verringert sich die Schnittmenge zwischen Fernabsatzrecht und CMR-Abkommen noch durch die Bereichsausnahmen von § 312b Abs 3 Nr 5 und 6. Das Fernabsatzrecht gilt hiernach nicht für Verträge über die Lieferung von Lebensmitteln, Getränken oder sonstigen Haushaltsgegenständen des täglichen Bedarfs, die von Unternehmern im Rahmen häufiger und regelmäßiger Fahrten geliefert werden. Ausgeschlossen sind die Schutzvorschriften ferner bei Verträgen über die Erbringung von Dienstleistungen in den Bereichen Beförderung von Speisen und Getränken, wenn sich der Unternehmer verpflichtet, die Dienstleistungen innerhalb eines genau angegebenen Zeitraumes zu erbringen. Außerhalb dieses Bereichs werden die Vorgaben der §§ 312b bis 312d jedoch von den Regelungen des CMR-Abkommens – die ua Abschluss und Ausführung des Beförderungsvertrages und die Haftung des Frachtführers betreffen – verdrängt. Die hierbei möglichen Konstellationen sind durchaus vielfältiger, als es auf den ersten Blick den Anschein hat. So ist zB ein Vertrag zwischen einem Unternehmer und einem Verbraucher denkbar, in dem sich der Unternehmer verpflichtet, eine im Ausland erworbene Antiquität in das Herkunftsland des Verbrauchers zu transportieren.

39 Größere Bedeutung dürfte das CMR-Abkommen im **Bereich des elektronischen Geschäftsverkehrs** haben. § 312e gilt auch für Verträge, die zwischen Unternehmern geschlossen werden. Im **B2B** Bereich werden häufiger Verträge geschlossen, die eine grenzüberschreitende Beförderung von Handelsgütern zum Gegenstand haben. Dagegen ist ein solcher Vertrag im **B2C** Bereich nur schwer vorstellbar. § 312e dürfte daher häufiger von den Regelungen des CMR-Abkommens überlagert werden als §§ 312b bis d. Insbesondere die Vorgaben des CMR-Abkommens über Abschluss und Ausführung des Beförderungsvertrages müssen dann auch bei Verträgen im elektronischen Geschäftsverkehr beachtet werden.

2.   Herkunftslandprinzip der E-Commerce-Richtlinie als Kollisionsnorm

40 Das in **Art 3 Abs 1 E-Commerce-Richtlinie** verankerte Herkunftslandprinzip besagt, dass ein zB in Deutschland niedergelassener Internet-Anbieter grundsätzlich auch dann nur deutsches Recht zu beachten hat, wenn er in einem anderen Mitgliedstaat Teledienste anbietet. Wenn also etwa per Internet von Deutschland aus Produkte oder Dienstleistungen in einem EU-Mitgliedstaat angeboten werden, so muss der Unternehmer im Grundsatz nur deutsches Recht beachten und nicht – wie nach früherer Rechtslage – auch das Recht des Mitgliedstaates.

41 Art 3 Abs 1 E-Commerce-Richtlinie wurde in Deutschland durch § 4 Teledienstgesetz (TDG) umgesetzt und unterliegt zahlreichen Ausnahmen. Das Herkunftslandprinzip gilt ausdrücklich nicht bei Verbraucherverträgen (vgl Art 3 Abs 3 E-Commerce-Richtlinie iVm dem 6. Spiegelstrich des Anhangs sowie § 4 Abs 3 Nr 2

TDG), für die nach wie vor das Bestimmungsprinzip – der Verbraucher kann sich immer auf das Recht seines eigenen Staates berufen – Anwendung findet.

42 Von den in §§ 312b bis e enthaltenen Regelungen gilt nur § 312e auch für Geschäfte, die zwischen Unternehmern geschlossen werden. Ob durch das Herkunftslandprinzip der **E-Commerce-Richtlinie** neue Kollisionsregeln geschaffen werden, kann daher nur im Zusammenhang mit dieser Norm bedeutsam werden. Die Relevanz bleibt freilich auch in diesem Bereich gering. Art 3 Abs 3 iVm dem 5. Spiegelstrich des Anhangs und die Umsetzung in § 4 Abs 3 Nr 1 TDG lassen die Freiheit der Rechtswahl vom Herkunftslandprinzips unberührt. Eine Vereinbarung über das anzuwendende Recht ist in der unternehmerischen Praxis bei internationalen Geschäften eher die Regel. Die kollisionsrechtliche Wirkung des Herkunftslandprinzips besitzt daher auch für den elektronischen Geschäftsverkehr nur in einem schmalen Korridor praktische Relevanz. Gleichwohl dürfte die Beantwortung der Frage auch hier nur geringe Auswirkungen haben. Ob man bei der Bestimmung der anwendbaren Rechtsordnung das Herkunftslandprinzip oder das Kriterium der Niederlassung des Anbieters (Art 28 Abs 2 EGBGB) bemüht, führt in aller Regel zu denselben Ergebnissen. Nur wenn die Ausweichklausel des Art 28 Abs 5 EGBGB greift und der Vertrag eine engere Verbindung mit einem anderen Staat aufweist, erlangt die kollisionsrechtliche Bewertung des Herkunftslandprinzips auch praktische Bedeutung.

43 Ungeachtet der geringen praktischen Relevanz der Frage ist sie gleichwohl bis heute in der Literatur höchst umstritten. Es lässt sich im Wesentlichen zwischen zwei Auffassungen unterscheiden: Zum einen wird ungeachtet des entgegenstehenden Wortlauts von Art 1 Abs 4 E-Commerce-Richtlinie vertreten, dass Art 3 Abs 1 und 2 E-Commerce-Richtlinie die Mitgliedsstaaten verpflichten soll, ihr Kollisionsrecht zu ändern (so Mankowski ZvglRWiss 100 [2001] 137; ders CR 2001, 630, 632; ders EWS 2002, 401; ders IPRax 2002, 257; Thünken IPRax 2001, 15; Nickels CR 2002, 302, 304; Spindler ZHR 165 [2001] 324, 334; ders NJW 2002, 921; ders RIW 2002, 183, 185; ders RabelsZ Bd 66 [2002] 633, 649; Härting CR 2001, 271, 272; Henning-Bodewig GRURInt 2002, 389, 395; Grundmann RabelsZ Bd 67 [2003] 247, 293; MünchKomm/Wendehorst[4] Vorb § 312b Rn 21). Nur bei diesem Verständnis des Prinzips werde garantiert, dass der Anbieter sich ausschließlich um die Normen des Staates zu kümmern brauche, in denen er niedergelassen ist. Andernfalls müsse zunächst nach den anerkannten Kollisionsregeln das anwendbare Sachrecht gesucht werden, bevor dieses in einem zweiten Schritt durch das Herkunftslandprinzip einzuschränken sei. Dieses Vorgehen sei unpraktisch und führe in besonderen Konstellationen auch zu falschen Ergebnissen. Des Weiteren sei die Zielsetzung der Richtlinie, nämlich die Ermittlung des anwendbaren Rechts zu vereinfachen und optimale Bedingungen für ein einheitliches Euro-Marketing zu schaffen, nur bei einem kollisionsrechtlichen Verständnis des Herkunftslandprinzips zu erreichen. Der Wortlaut des Art 1 Abs 4 E-Commerce-Richtlinie wird entweder für unbeachtlich gehalten (zB Mankowski ZvglRWiss 100 [2001] 137, 138) oder aber es wird gemutmaßt, dass dieses wohl nur für das auf Verträge anzuwendende Recht gelten solle (Dethloff JZ 2000, 179, 181).

44 Überzeugender ist demgegenüber die unter Berücksichtigung des Wortlauts von Art 1 Abs 4 E-Commerce-Richtlinie vertretene Auffassung, dass dem Herkunftslandprinzip keine kollisionsrechtliche Bedeutung zukomme (so Staudinger/Fezer,

Internationales Wirtschaftsrecht [2000] Rn 449; Fenzer/Koos IPRax 2000, 349, 350; Ahrens CR 2000, 835, 837; Glöckner ZvglRWiss 99 [2000] 278, 305; Sack WRP 2001, 1408, 1417; ders WRP 2002, 271, 273; Gamerith WRP 2003, 143, 149; Ohly GRURInt 2001, 899, 902; Halfmeier ZEuP 2001, 837, 863 ff; Lurger/Vallant RIW 2002, 188, 194). Der europäischen Gesetzgeber hat seinen Willen, dem Herkunftslandprinzip keine kollisionsrechtlichen Wirkungen zukommen zu lassen, nicht nur in Art 1 Abs 4 E-Commerce-Richtlinie und dem 23. Erwägungsgrund der Richtlinie erkennen lassen. Die Kommission hat ua in dem Grünbuch „Urheberrecht und verwandte Schutzrechte in der Informationsgesellschaft" klargestellt, dass die der E-Commerce-Richtlinie vergleichbare Richtlinie zur Koordinierung bestimmter urheber- und leistungsschutzrechtlicher Vorschriften betreffend Satellitenrundfunk und Kabelweiterverbreitung nicht auf die Frage des anwendbaren Rechts eingehen wolle. Diese Frage sei vielmehr durch das Internationale Privatrecht der Mitgliedstaaten zu klären. Diese Position der Kommission tritt in gleicher Form im Vorschlag für die E-Commerce-Richtlinie zutage, wo im 7. Erwägungsgrund versichert wird, dass die Richtlinie nicht darauf abziele, spezifische Regeln des Internationalen Privatrechts betreffend das anwendbare Recht einzuführen, und aus diesem Grund die einschlägigen internationalen Übereinkommen unberührt lasse. Es liegt somit nahe, das Herkunftslandsprinzip als sachlich-rechtliche Rechtsanwendungsschranke zu begreifen mit der Folge, dass die zuständigen Gerichte der Mitgliedstaaten die nach den allgemeinen Kollisionsregeln ermittelten Sachnormen anzuwenden haben, sofern sie nicht aufgrund der Wertungen des Herkunftslandprinzips als gemeinschaftsrechtswidrig anzusehen sind (so auch Ohly GRURInt 2001, 899, 903; Fezer/Koos IPRax 2000, 349, 352, die das Herkunftslandsprinzip insofern als Fortführung der Cassis-Rechtsprechung des EuGH verstehen).

V.   Umsetzung der FernAbsRL in den Mitgliedstaaten

In **Griechenland** wurde die Fernabsatzrichtlinie durch Änderung des Gesetzes **45** Nr 2251/1994 zum Schutz der Verbraucher (VerbSchG, Amtlicher Beschluss Z1 496/ 07–12–2000, im Internet: http://www.acci.gr/ecomm/legal/pdf/2251new_02.pdf, recherchiert am 28.12.2004) umgesetzt. Die Regelungen über den Fernabsatz sind vorwiegend in Art 4 VerbSchG zu finden. Der griechische Gesetzgeber hat den durch Art 14 FernAbsRL gewählten Spielraum ausgenutzt und ist in folgenden Punkten von den Vorgaben der Richtlinie abgewichen:

Der Begriff des Verbrauchers in Art 1 Abs 4 VerbSchG ist weiter als die Definition **46** der Fernabsatzrichtlinie. Hieran hat sich auch durch die Umsetzung nichts geändert. Verbraucher ist jede natürliche oder juristische Person, die Waren oder Dienstleistungen erhält und letzter Abnehmer des Vertragsgegenstandes ist. Erfasst sind also auch Abnehmer, die in Ausübung ihrer gewerblichen oder selbständigen Tätigkeit handeln. Der Anwendungsbereich des griechischen Fernabsatzrechts geht über den der Richtlinie hinaus. Vom Anwendungsbereich ausgeschlossen sind nur Verträge, die unter Verwendung von Warenautomaten oder automatisierten Geschäftsräumen geschlossen werden. Darüber hinaus werden noch die Teilausnahmen von Art 3 Abs 2 der Richtlinie übernommen. Die Informationspflichten des Verbrauchers finden sich in Art 4 Abs 2 VerbSchG. Entgegen der Vorgabe aus Art 4 Abs lit 1a, Alt 2 FernAbsRL muss der Unternehmer den Verbraucher auch bei Verträgen, die eine Vorauszahlung erfordern, nicht über seine Anschrift informieren. Die schriftliche Bestätigung der Informationen muss nach Art 4 Abs 3 VerbSchG in der Sprache verfasst sein, die auch im Vorfeld verwandt wurde. Durch die Bestätigung und die Verwendung von Fernkommunikation im Rahmen der Vertragserfüllung dürfen dem Verbraucher keine unverhältnismäßigen Kosten entstehen, Art 4 Abs 3 VerbSchG. Diese Vorschrift ist disponibel. Wenn es der Unternehmer unterlässt, den Verbraucher schriftlich zu informieren, führt das zur Nichtigkeit des Vertrages. Die Schriftform ist auch bei E-Mails gewahrt, wenn der Unternehmer nachweisen kann, dass die Mail beim Verbraucher eingegangen ist. Neben den in Art 5 Abs 1 FernAbsRL genannten Informationen muss die schriftliche Bestätigung gem Art 4 Abs 9 VerbSchG ein Widerrufsformular, Name und Adresse des am leichtesten zugänglichen Adressaten für den Widerruf sowie Angaben über die Zahlungsmodalitäten enthalten. Dem Verbraucher steht ein Widerrufsrecht von zehn Tagen zu. Ein Widerrufsrecht besteht nicht in den von Art 3 Abs 2 FernAbsRL genannten Fällen.

47 Die Umsetzung der Fernabsatzrichtlinie in **Belgien** erfolgte durch eine Änderung des Gesetzes vom 14. 7. 1991 über die Handelsbräuche sowie die Information und den Schutz der Verbraucher (VerbISchG, Loi du 14 juillet 1991 sur les pratiques du commerce et sur l'information et la protection du consommateur; modifiée par la loi du 25 mai 1999 transposant la directive européenne concernant la protection du consommateur en matière de contrats à distance; http://bh.udev.org/oem/consom.pdf, abgefragt am 28–12.2004). Fernabsatzverträge sind im 9. Abschnitt des VerbISchG geregelt. Gegenüber den Vorgaben der Richtlinie sind folgende Besonderheiten zu bemerken:

48 Das belgische Fernabsatzrecht ist nur auf Finanzdienstleistungen nicht anwendbar, vgl Art 77 Abs 2 VerbISchG. Die übrigen Bereichsausnahmen der Richtlinie wurden nicht übernommen. Aufgrund königlicher Verordnung können weitere Waren oder Dienstleistungen aus dem Anwendungsbereich genommen werden, Art 83 Abs 1 VerbISchG. Die vorherige Unterrichtung des Verbrauchers muss gem Art 78 VerbISchG auch Informationen über den Austausch von Teilen und die Rückgabe der Ware, einschließlich der dafür anfallenden Kosten enthalten. Der Verbraucher muss auf sein Widerrufsrecht deutlich auf flämisch und französisch hingewiesen werden, Art 79 Abs 1 VerbISchG. Die Widerrufsfrist beginnt nach Artikel 80 Abs 1 VerbISchG erst mit dem auf den Wareneingang bzw den Abschluss des Dienstleistungsvertrages folgenden Tag und nicht wie in Art 6 Abs 1 erster Spiegelstrich der Fernabsatzrichtlinie vorgesehen mit dem Tag des Eingangs der Ware beim Verbraucher. Nach belgischem Recht steht dem Verbraucher ein Widerrufsrecht auch bei Verträgen zur Erbringung von Dienstleistungen zu, deren Preis von Schwankungen auf dem Finanzmarkt abhängt, die der Unternehmer nicht beeinflussen kann, Art 80 Abs 4 VerbISchG. Die Kosten für die Rücksendung können dem Verbraucher nicht für den Fall auferlegt werden, dass der Lieferer seine Unterrichtungs- oder schriftlichen Bestätigungspflicht aus Art 78 und 79 VerbISchG verletzt, Art 81 Abs 3 VerbISchG. Gleiches gilt, wenn die Ware oder Dienstleistung nicht mit einer im Angebot enthaltenden Beschreibung übereinstimmt. Eine Ausnahme von Art 9 FernAbsRL für das Verbot unbestellte Waren zuzusenden und unbestellte Dienstleistungen zu erbringen, wird für Angebote mit gemeinnütziger Zielsetzung gemacht, Art 79 VerbISchG. Auch hier muss der Verbraucher die Ware aber weder bezahlen noch zurücksenden.

49 In **Dänemark** wurde die Fernabsatzrichtlinie durch das Gesetz Nr 442 vom 27. 5. 2000 in das bestehende Verbrauchervertragsgesetz (VVertG) vom 23. 12. 1987 (Nr 886) eingefügt (http://www.cfje.dk/cfje/Lovbasen.nsf/ID/LB01874900?OpenDocument, abgefragt am 28.12.2004). Das dänische Verbrauchervertragsgesetz weicht wie folgt von der Richtlinie ab:

Verträge, die bei einer Versteigerung geschlossen werden, sind nur ausgeschlossen, **50** wenn eine größere Anzahl von Bietern am Ort der Versteigerung sichergestellt ist, §§ 10c, 10d VVertG. Der „dauerhafte Datenträger", auf dem der Unternehmer dem Verbraucher Informationen zu übermitteln hat, umfasst die Weitergabe der Informationen per E-Mail. Das Widerrufsrecht des dänischen Rechts übersteigt den von der Fernabsatzrichtlinie vorgesehenen Zeitrahmen. Nach § 10e VVertG hat der Verbraucher 14 Tage Zeit, seine auf den Abschluss eines Vertrages gerichtete Willenserklärung zu widerrufen. Das dänische Fernabsatzrecht wird nicht auf Verträge über die Lieferung von Büchern, Abonnements für Zeitungen/Zeitschriften und Dienstleistungen wie Versicherungen angewandt.

In **Finnland** ist die Fernabsatzrichtlinie vorwiegend in Kapitel 6 des Verbraucher- **51** schutzgesetzes 38/1978 (VerbSchG), geändert durch das Gesetz 1072/2000 (http://fin lex.fi/fi/laki/kaannokset/1978/en19780038.pdf, recherchiert am 21.9.2005; englische Version: http:// finlex.fi/pdf/saadkaan/E8.pdf, recherchiert am 28.12.2004) umgesetzt worden. In Finnland wurde in einigen Punkten von den Vorgaben der Richtlinie abgewichen.

Bei Verträgen, die bei einer Versteigerung geschlossen wurden, gilt das Fernabsatz- **52** recht nicht, wenn die Teilnahme auch ohne Verwendung von Fernkommunikationsmitteln möglich ist, § 7 Kap 6 VerbSchG. Die **FernAbsRL** sieht in Art 3 Abs 2, zweiter Spiegelstrich vor, dass der Unternehmer sich bei Freizeitveranstaltungen unter freiem Himmel das Recht vorbehalten kann, dem Verbraucher nicht eine qualitativ und preislich gleichwertige Dienstleistung anzubieten. Die finnische Umsetzung ist strenger und gibt dem Unternehmer dieses Recht nicht. Der Lieferant muss immer, also nicht nur bei Vorauszahlung, seine Anschrift mitteilen, § 13 Kap 6 VerbSchG. Besteht ausnahmsweise kein Widerrufsrecht, muss der Verbraucher hierauf hingewiesen werden. Ein dauerhafter Datenträger, auf dem der Unternehmer dem Verbraucher Informationen zur Verfügung stellen muss, kann nach § 14 Abs 1 Kap 6 VerbSchG auch eine elektronische Bestätigung sein, die nicht mehr einseitig verändert werden kann und für den Verbraucher zugänglich bleibt. Die Widerrufsfrist beträgt 14 Tage. Erfolgt keine schriftliche Bestätigung der Informationen, verlängert sich die Widerrufsfrist nach § 20 Kap 6 VerbSchG auf ein Jahr. Der Unternehmer kann die unmittelbaren Kosten der Rücksendung der Waren nicht auf den Verbraucher abwälzen, § 17 Abs 2 Kap 6 VerbSchG. Werden Waren auf elektronischem Wege mit Zustimmung des Verbrauchers vor Ablauf der Widerrufsfrist an den Verbraucher ausgeliefert, ist das Widerrufsrecht nach § 16 Abs 2 Kap 6 VerbSchG ausgeschlossen.

Frankreich hat am 23.8.2001 (Ordinance 2001/741; http://www.legifrance.gouv.fr/WAspad/ **53** UnTexteDeJorf?numjo=INTX0100032L, recherchiert am 30.12.2004) die Vorschriften zum Fernabsatz in den Code de la consommation (CCons) eingefügt. Der französische Gesetzgeber hat sich überwiegend an die Vorgaben der Richtlinie gehalten. Lediglich einige kleinere Abweichungen sind zu beobachten.

Der Unternehmer muss dem Verbraucher vor Abschluss des Vertrages auch bei **54**

Verträgen, die keine Vorauszahlung erfordern, seine Anschrift mitteilen, Art L 121–18-1 CCons. Erstattet der Unternehmer dem Verbraucher den Kaufpreis nach Ausübung des Widerrufsrechts nicht, wird der Betrag in marktüblicher Höhe verzinst, Art L 121–20-3 CCons.

55 Großbritannien setzte die Fernabsatzrichtlinie durch die Regierungsverordnung Consumer Protection (Distance Selling) Regulations 2000 (CPReg, http://www.hmso.gov. uk/si/si2000/20002334.htm, abgefragt am 30.12.2004) um (vgl zur englischen Rechtslage ausführlich BODENSTEDT, Die Umsetzung der Fernabsatzrichtlinie im englischen und deutschen Recht [2006]). Wie es britischer Gewohnheit entspricht, hat sich die Umsetzung weitestgehend am Wortlaut der Richtlinie orientiert.

56 Die Informationspflicht über das Widerrufsrecht in Sec 8 CPReg umfasst auch einen Hinweis, dass der Verbraucher die Ware im Fall des Widerrufs zurückzusenden hat und wer die Kosten hierfür trägt. Bei Verträgen über Dienstleistungen muss darauf hingewiesen werden, dass ein Widerruf ab Ausführung nicht mehr möglich ist. Die Widerrufsfrist beträgt wie in der Richtlinie 7 Tage. Wird der Verbraucher nicht ordnungsgemäß informiert, kann er nach Sec 11 subsec 4 CPReg noch innerhalb von drei Monaten und sieben Tagen widerrufen. Der Verbraucher muss nach Sec 14 CPReg die Kosten der Rücksendung tragen, wenn er darauf hingewiesen wurde, dass er die Ware im Falle des Widerrufes zurückzusenden hat.

57 Irland hat die Richtlinie umgesetzt in den European Communities (Protection of Consumers in Respect of Contracts Made by Means of Distance Communications) Regulations, 2001 (DcommReg, http://www.entemp.ie/tCMR/207of2001.htm, abgefragt am 30.12.2004). Auch Irland pflegt europäische Rechtsakte nahezu wortgetreu zu übernehmen.

58 Nimmt der Unternehmer telefonischen Kontakt mit dem Verbraucher auf, muss er nicht schon zu Beginn des Telefonates seine Identität offen legen, Sec 4 DcommReg.

59 In **Italien** wurde die Fernabsatzrichtlinie durch Verordnung No 185 (VO 185, http:// www.aeffemedia.com/download/diritto%20di%20recesso.pdf, abgefragt am 2.1.2005) vom 22.5. 1999 umgesetzt. Der italienische Gesetzgeber hat den durch Art 14 FernAbsRL gewählten Spielraum ausgenutzt und ist in folgenden Punkten von den Vorgaben der Richtlinie abgewichen:

60 Abweichend von der Richtlinie muss der Lieferer auch bei Freizeitveranstaltungen unter freiem Himmel ausnahmslos die geleisteten Zahlungen innerhalb von 30 Tagen erstatten. Art 4 VO 185 ergänzt die Informationspflicht des Lieferers um Angaben über die Ausübung des Widerrufsrechts. Art 4 Abs 2 FernAbsRL wird konkretisiert, indem der Lieferer gem Art 3 Abs 4 VO 185 verpflichtet wird, auf Anfrage Informationen in Italienisch zu erteilen. Die Widerrufsfrist beträgt 10 Tage, Art 5 VO 185. Der Widerruf muss nach Art 5 Abs 4 VO 185 durch einen Brief des Verbrauchers erfolgen und der Unternehmer muss den Eingang des Briefes bestätigen. Der Widerruf wird erst durch diese Bestätigung wirksam. Ergänzend zur Regelung der Richtlinie hat der Lieferer den Verbraucher nach Art 6 VO 185 für Nicht- oder Schlechtleistung zu entschädigen.

Portugal hat die Fernabsatzrichtlinie durch die Verordnung 143/2001 (VO 143/2001, **61** http://www.citiap.gov.pt/documentos/DL143_2001.pdf, abgefragt am 4.1.2005) vom 26.4.2001 in das nationale Recht umgesetzt und ist dabei wie folgt von der Vorgaben der Richtlinie abgewichen:

Die Verordnung verzichtet darauf, die beispielhafte Liste aus dem Anhang der **62** Richtlinie, durch die der Begriff Fernkommunikationstechnik erläutert wird, zu übernehmen. Dagegen definiert Art 2 (d) VO 143/2001 den dauerhaften Datenträger als Instrument, welches es dem Verbraucher ermöglicht, dauerhaft und ohne die Möglichkeit der einseitigen Änderung auf die Informationen zuzugreifen. Hierunter dürfte auch die Bestätigung der Informationen per E-Mail fallen. Die Widerrufsfrist beträgt nach Art 6 Abs 1 VO 143/2001 14 Tage. Das **Widerrufsrecht** muss durch Brief mit Empfangsbestätigung ausgeübt werden, Art 6 Abs 5 VO 143/2001.

In **Spanien** wurde die Richtlinie durch das Gesetz 47/2002 zur Änderung des Handel- **63** gesetzes 7/1996 (HandelsG, http://www.boe.es/boe/dias/2002–12–20/pdfs/A44764.pdf, abgefragt am 3.1.2005) umgesetzt. Im spanischen Recht finden sich einige deutliche Abweichungen von der Richtlinie.

Der Unternehmer muss den Verbraucher auch dann über seine Anschrift infor- **64** mieren, wenn der Vertrag eine Vorauszahlung nicht erfordert. Im Übrigen ist der Verbraucher rechtzeitig vor Abschluss des Vertrages über Konditionen zu infor- mieren, unter denen eine Nachlieferung möglich ist und der Unternehmer muss dem Verbraucher mitteilen, ob er Mitglied eines außergerichtlichen Streitbeilegungs- systems ist. Die Informationen müssen schriftlich in der Sprache des Vertrages erfolgen. Bei ausdrücklichem Wunsch des Verbrauchers kann auf die Schriftform verzichtet werden. Neben der Information über das Widerrufsrecht selbst muss der Unternehmer dem Verbraucher ein als solches gekennzeichnetes Widerrufsformular zur Verfügung stellen, Art 47 HandelsG. Der spanische Gesetzgeber hat die Aus- nahme des Art 5 Abs 2 der Richtlinie nicht umgesetzt. Auch bei Dienstleistungen, die unmittelbar durch Einsatz einer Fernkommunikationstechnik erbracht werden, müssen die Informationen daher schriftlich bestätigt werden. Die Widerrufsfrist beträgt 7 Werktage. Bei unterschiedlichen Regelungen über die Bedeutung des Begriffes ist die Auslegung am Ort der Lieferung der Ware entscheidend. Wenn nach Ausübung des Widerrufsrechts die vom Verbraucher geleisteten Zahlungen nicht binnen 30 Tagen erstattet werden, hat der Verbraucher einen Anspruch auf die zweifache Summe, unbeschadet hierüber hinausgehender Schadensersatzansprüche. Auch bei Nichterfüllung des Vertrages hat der Verbraucher nach Art 43 Abs 2 HandelsG einen Anspruch auf den zweifachen Betrag der von ihm geleisteten Zahlungen, wenn der Lieferer die Erstattung binnen 30 Tagen versäumt. Schadens- ersatzansprüche bleiben hiervon unberührt. Spanien hat die Option des Art 7 Abs 3 FernAbsRL wahrgenommen, so dass der Lieferer gem Art 43 Abs 3 HandelsG auch eine qualitativ und preislich gleichwertige Ware liefern oder Dienstleistung erbrin- gen kann. Unbestellte Waren kann der Verbraucher behalten, es sei denn, bei der Lieferung handelt es sich um einen offensichtlichen Fehler. Auch dann ist er jedoch für die ihm entstandenen Kosten oder Nachteile zu entschädigen, Art 42 HandelsG.

In **Schweden** wurde bei der Umsetzung mit dem Gesetz 2000/74 zur Regelung des **65** Fernabsatzes und der Haustürgeschäfte (FernAbsG, http://www.notisum.se/rnp/sls/lag/

20000274.htm, abgefragt am 6. 1. 2005) ein neues Vertriebsgesetz geschaffen. Das Marketing Gesetz 1995/450 wurde während der Umsetzung geändert.

66 In Schweden wurde darauf verzichtet, die Begriffe „Fernkommunikationstechnik" und „Betreiber einer Kommunikationstechnik" zu definieren. Auf Versteigerungen wird das Fernabsatzrecht nach Art 3 Abs 5 FernAbsG nur dann nicht angewandt, wenn nicht elektronisch geboten wird. Das schwedische Recht hat die in Art 3 Fernabsatzrichtlinie vorgenommene Binnendifferenzierung nicht übernommen. Auch bei Verträgen über die Lieferung von Lebensmitteln und über die Erbringung von Dienstleistungen im Gastronomiebereich müssen die Informationen somit schriftlich bestätigt werden. Die Widerrufsfrist beträgt 14 Tage, Art 13 FernAbsG.

VI. Umsetzung der E-Commerce-Richtlinie in den Mitgliedstaaten

67 Die Frist zur Umsetzung der E-Commerce-Richtlinie in nationales Recht lief am 17. 1. 2002 ab, dh 18 Monate nach ihrem Inkrafttreten am 17. 7. 2000. Der Rat und das Europäische Parlament hatten diese relativ kurze Umsetzungsfrist akzeptiert, da sie der Schaffung eines Rechtsrahmens für den elektronischen Geschäftsverkehr eine hohe Priorität eingeräumt hatten.

Belgien	Loi sur certains aspects juridiques des services de la société de l'information visés à l'article 77 de la Constitution – 11 mars 2003/Wet betreffende bepaalde juridische aspecten van de diensten van de informatiemaatschappif als bedoeld in artikel 77 van de Grondwet – 11 maart 2003
	Loi sur certains aspects juridiques des services de la société de l'information – 11 mars 2003/Wet betreffende bepaalde juridische aspecten van de diensten van de informatiemaatschappij – 11 maart 2003
	Moniteur belge du 17. 3. 2003, p 12960 et 12963.
	http://www.moniteur.be/index_fr.htm http://www.moniteur.be/index_nl.htm
Dänemark	Lov om tjenester i informationssamfundet, herunder visse aspekter af elektronisk handel; LOV nr 227 af 22/04/2002 (Gældende)
	http://www.retsinfo.dk/_GETDOC_/ACCN/A22730-REGL
Griechenland	ΠΡΟΕΔΡΙΚΟ ΔΙΑΤΑΓΜΑ ΥΠ'ΑΡΙΘ. 131 Προσαρμογή στην Οδηγία 2000/31 του Ευρωπαϊκού Κοινοβουλίου και του Συμβουλίου σχετικά με ορισμένερ νομικέρ πτυχέρ των υπηρεσιών τηρ κοινωνίαρ τηρ πληροφορίαρ, ιδίωρ του ηλεκτρονικού εμπορίου, στην εσωτερική αγορά.
	(Οδηγία για το ηλεκτρονικό εμπόριο).
	Αρ Φύλλου 116, 16 Μαΐου 2003, σελ. 1747
	Präsidialerlass Nr 131 zur Umsetzung der Richtlinie 2000/31 des Europäischen Parlaments und des Rates über bestimmte rechtliche Aspekte der Dienste der Informationsgesellschaft, insbesondere des elektronischen Geschäftsverkehrs, im Binnenmarkt (Richtlinie über den elektronischen Geschäftsverkehr)
	ABl 116 vom 16. 5. 2003, S 1747
Spanien	Ley 34/2002, de 11 de julio, de servicios de la sociedad de la información y de comercio electrónico
	BOE n° 166, 12. 7. 2002, p. 25388
	http://www.setsi.mcyt.es

Frankreich   Loi du 21 juin 2004 pour la confiance dans l'économie numérique JO n° 143 du
                       22 juin 2004 page 11168, http://lexinter.net/Doctrine/loi_pour_la_confiance_
                       dans_l'economie_numerique.htm oder über www.legisfrance,gouv.fr

Irland   European Communities (Directive 2000/31/EC) Regulations 2003 (S I No 68 of
                       2003 of 24.2.2003)
                       http://www.entemp.ie/ecd/ebusinfo.htm

Italien   Decreto legislativo 9/04/2003, n. 70
                       Supplemento ordinario alla Gazzetta Ufficiale della Repubblica Italiana – Serie
                       Generale – n 87 del 14/04/2003
                       http://www.senato.it/parlam/leggi/deleghe/03070dl.htm

Luxemburg   Loi du 14 août 2000 relative au commerce électronique modifiant le code civil, le
                       nouveau code de procédure civile, le code de commerce, le code pénal et trans-
                       posant la directive 1999/93 relative à un cadre communautaire pour les signa-
                       tures électroniques, la directive relative à certains aspects juridiques des services
                       de la société de l'information, certaines dispositions de la directive 97/7/CEE
                       concernant la vente à distance des biens et des services autres que les services
                       financiers
                       Memorial, Journal Officiel du Grand-Duché de Luxembourg, A – N° 96 du 8
                       septembre 2000, p. 2176
                       http://www.etat.lu/memorial/memorial/a/2000/a0960809.pdf

Niederlande   In den Niederlanden ist erst im Januar 2003, also ein Jahr nach dem Ende der
                       Umsetzungsfrist, ein Umsetzungsentwurf in das niederländische Parlament ein-
                       gereicht worden (vgl hierzu SUJECKI MMR 2003, 378). Hieraus wurde das Ge-
                       setz v 13.5.2004 zur Umsetzung der e-Commerce-Richtlinie 2000/31/EG, in
                       Kraft seit 30.6.2004, Staatsblad Nr 210 und Nr 285, 2004.

Österreich   152. Bundesgesetz, mit dem bestimmte rechtliche Aspekte des elektronischen
                       Geschäfts- und Rechtsverkehrs geregelt (E-Commerce-Gesetz – ECG) und das
                       Signaturgesetz sowie die Zivilprozessordnung geändert werden
                       BGBl 2001 vom 21.12.2001, Teil I S 1977.
                       http://bgbl.wzo.at

Finnland   Laki N: o 458 tietoyhteiskunnan palvelujen tarjoamisesta, 5.6.2002.
                       Suomen Säädöskokoelma N: o 458, 11.6.2002, p. 3039.
                       http://www.finlex.fi/pdf/sk/02/vihko072.pdf
                       Im Zuge der Umsetzung hat Finnland darüber hinaus noch drei weitere Rechts-
                       akte geändert (Suomen Säädöskokoelma Nos 459–61), die ebenfalls unter ob-
                       iger Internetadresse abrufbar sind.

Schweden   Lag om elektronisk handel och andra informationssamhällets tjänster av den 6
                       juni 2002; SFS 2002:562 av den 14 juni 2002
                       Elektronische Fassung abrufbar über http://www.regeringen.se, einen direkten
                       Link gibt es jedoch nicht.

Großbritannien   The Electronic Commerce (EC Directive) Regulations 2002
                       SI n° 2013 of 21.8.2002
                       http://www.legislation.hmso.gov.uk/si/si2002/20022013.htm
                       Gesonderte Umsetzung für den Bereich der Finanzdienstleistungen: http://
                       www.hm-treasry.gov.uk/Documents/Financial_Services/Regulating_Financial_
                       Services/fin_rsf_edirec.cfm?

68 Im Allgemeinen lehnen sich die nationalen Umsetzungsmaßnahmen in Form und Inhalt eng an die Richtlinie an. Das Vereinigte Königreich setzte die Richtlinie in zwei Teilen um und differenzierte zwischen den allgemeinen Aspekten und den Aspekten der Finanzdienstleistungen. Belgien nahm die Hauptteile der Richtlinie und das Verfahren nach Artikel 3 Absätze 4 bis 6 aus verfassungsrechtlichen Gründen in zwei getrennte Gesetze auf. Nähere Informationen im Ersten Bericht über die Anwendung der Richtlinie 2000/31/EG des Europäischen Parlaments und des Rates vom 8. 6. 2000 über bestimmte rechtliche Aspekte der Dienste der Informationsgesellschaft, insbesondere des elektronischen Geschäftsverkehrs, im Binnenmarkt (KOM[2003] 702 endg; einen Überblick über das Recht der Mitgliedstaaten vor Inkrafttreten der E-Commerce-Richtlinie findet sich in der Studie von Baker McKenzie, Doing E-Commerce in Europe, abrufbar unter http://www.bakernet.com/ecommerce/Doing%20E-Commerce%20in%20 Europe/Doing%20E-Commerce%20In%20Europe.pdf).

69 Die Aufmerksamkeit der meisten Mitgliedstaaten war in der Umsetzungsphase auf die Binnenmarktklausel und die Bestimmungen zur Verantwortlichkeit der Vermittler gerichtet. Darüber hinaus mussten einige Mitgliedstaaten für eine korrekte Umsetzung der Richtlinie bestehende Gesetze überprüfen und ändern, beispielsweise um Hindernisse für elektronische Vertragsabschlüsse zu beseitigen. Einige Mitgliedstaaten nahmen neben den Bestimmungen der Richtlinie zusätzliche Elemente in ihre Rechtsvorschriften auf: die Verantwortlichkeit von Anbietern von Hyperlinks und Suchmaschinen (Spanien, Österreich und Portugal), die so genannten „notice and take down-Verfahren" zur Meldung und Entfernung rechtswidriger Inhalte (zB Finnland), Registrierungsauflagen für Anbieter von Diensten der Informationsgesellschaft (Spanien und Portugal), Filter (Frankreich), Datenspeicherung (Spanien), Verschlüsselung (Frankreich und Luxemburg) sowie zusätzliche Vorschriften über elektronische Vertragsabschlüsse.

70 Einige Mitgliedstaaten deckten mit ihren Rechtsvorschriften über den elektronischen Geschäftsverkehr auch Punkte ab, die nicht in den Anwendungsbereich der Richtlinie fallen, wie beispielsweise das Online-Glücksspiel: Spanien, Österreich und Luxemburg haben Glücksspiele lediglich aus dem Bereich der Binnenmarktklausel ausgeschlossen, so dass andere Elemente der nationalen Umsetzungsmaßnahmen in vollem Umfang auf Online-Glücksspiele Anwendung finden.

71 In einigen frühen Fällen (Deutsche Bahn gegen XS 4ALL, Urteil des Gerechtshof te Amsterdam [Berufungsgericht], 762/02 SKG, vom 7. 11. 2002, und Deutsche Bahn gegen Indymedia, Urteil des Rechtbank Amsterdam, KG 02/1073, vom 20. 6. 2002, in den Niederlanden [Urteile abrufbar unter http://www.rechtspraak.nl]; sowie die Entscheidung Staat gegen Tele2 im EWR-Land Norwegen, Urteil des Borgarting Lagmannsrett, 02–02539 M/01, vom 27. 6. 2003. Tele2 wurde freigesprochen, nachdem der Staatsanwalt die Klage fallen ließ) waren nationale Gerichte bereits zur Auslegung der Richtlinie veranlasst. Allerdings waren in diesen Fällen die nationalen Maßnahmen zur Umsetzung der Richtlinie in den jeweils betroffenen Ländern noch nicht verabschiedet.

72 Auch die **Umsetzung der FernAbsFinanzDienstRL** ist in den meisten Ländern schon erfolgt. In **Österreich** trat zum 1. 10. 2004 das Bundesgesetz über den Fernabsatz von Finanzdienstleistungen an Verbraucher (Fern-Finanzdienstleistungs-Gesetz – FernFinG, BGBl I 62/2004)in Kraft (s auch KRIEGNER, Die Fernabsatz-Richtlinie für Finanzdienstleistungen an Verbraucher [Diss 2003]; s auch FORGO, Die Fernabsatzrichtlinie für Finanzdienstleistungen, VR 2002, 132; HADDING, Die Fernabsatzrichtlinie für Finanzdienstleistungen, ÖBA 2001, 105; Der Entwurf und seine Rechtsfolgen, Kreditwesen 2002, 58). Am 9.10.2004 traten im **Vereinigten Königreich** die Financial Services (Distance Marketing) Regulations 2004 in Kraft. Ein Entwurf liegt zurzeit von **Belgien** vor (Chambre de représentants de Belgique, 10.5.2005, DOC 51/1776/001).

VII. Abdruck der Europäischen Richtlinien

1. Richtlinie 97/7/EG des Europäischen Parlaments und des Rates vom 20. Mai 1997 über den Verbraucherschutz bei Vertragsabschlüssen im Fernabsatz

Das Europäische Parlament und der Rat der Europäischen Union (…) haben folgende Richtlinie erlassen: **73**

Artikel 1 Gegenstand

Gegenstand dieser Richtlinie ist die Angleichung der Rechts- und Verwaltungsvorschriften der Mitgliedstaaten über Vertragsabschlüsse im Fernabsatz zwischen Verbrauchern und Lieferern.

Artikel 2 Definitionen

Im Sinne dieser Richtlinie bezeichnet der Ausdruck

1. „Vertragsabschluß im Fernabsatz" jeden zwischen einem Lieferer und einem Verbraucher geschlossenen, eine Ware oder eine Dienstleistung betreffenden Vertrag, der im Rahmen eines für den Fernabsatz organisierten Vertriebs- bzw Dienstleistungssystems des Lieferers geschlossen wird, wobei dieser für den Vertrag bis zu dessen Abschluß einschließlich des Vertragsabschlusses selbst ausschließlich eine oder mehrere Fernkommunikationstechniken verwendet;

2. „Verbraucher" jede natürliche Person, die beim Abschluß von Verträgen im Sinne dieser Richtlinie zu Zwecken handelt, die nicht ihrer gewerblichen oder beruflichen Tätigkeit zugerechnet werden können;

3. „Lieferer" jede natürliche oder juristische Person, die beim Abschluß von Verträgen im Sinne dieser Richtlinie im Rahmen ihrer gewerblichen oder beruflichen Tätigkeit handelt;

4. „Fernkommunikationstechnik" jedes Kommunikationsmittel, das zum Abschluß eines Vertrags zwischen einem Verbraucher und einem Lieferer ohne gleichzeitige körperliche Anwesenheit der Vertragsparteien eingesetzt werden kann. Eine beispielhafte Liste der Techniken im Sinne dieser Richtlinie ist in Anhang I enthalten;

5. „Betreiber einer Kommunikationstechnik" jede natürliche oder juristische Person des öffentlichen oder privaten Rechts, deren gewerbliche oder berufliche Tätigkeit darin besteht, den Lieferern eine oder mehrere Fernkommunikationstechniken zur Verfügung zu stellen.

Artikel 3 Ausnahmen

(1) Diese Richtlinie gilt nicht für Verträge, die

– in einer nicht erschöpfenden Liste in Anhang II angeführte Finanzdienstleistungen betreffen;

– unter Verwendung von Warenautomaten oder automatisierten Geschäftsräumen geschlossen werden;

– mit Betreibern von Telekommunikationsmitteln aufgrund der Benutzung von öffentlichen Fernsprechern geschlossen werden;

– für den Bau und den Verkauf von Immobilien geschlossen werden oder die sonstige Rechte an Immobilien mit Ausnahme der Vermietung betreffen;

– bei einer Versteigerung geschlossen werden.

(2) Die Artikel 4, 5 und 6 sowie Artikel 7 Absatz 1 gelten nicht für

– Verträge über die Lieferung von Lebensmitteln, Getränken oder sonstigen Haushaltsgegenständen des täglichen Bedarfs, die am Wohnsitz, am Aufenthaltsort oder am Arbeitsplatz eines Verbrauchers von Händlern im Rahmen häufiger und regelmäßiger Fahrten geliefert werden;

– Verträge über die Erbringung von Dienstleistungen in den Bereichen Unterbringung, Beförderung, Lieferung von Speisen und Getränken sowie Freizeitgestaltung, wenn sich der Lieferer bei Vertragsabschluß verpflichtet, die Dienstleistungen zu einem bestimmten Zeitpunkt oder innerhalb eines genau angegebenen Zeitraums zu erbringen; ausnahmsweise kann der Lieferer sich bei Freizeitveranstaltungen unter freiem Himmel das Recht vorbehalten, Artikel 7 Absatz 2 unter besonderen Umständen nicht anzuwenden.

Artikel 4 Vorherige Unterrichtung

(1) Der Verbraucher muß rechtzeitig vor Abschluß eines Vertrags im Fernabsatz über folgende Informationen verfügen:

a) Identität des Lieferers und im Fall von Verträgen, bei denen eine Vorauszahlung erforderlich ist, seine Anschrift;

b) wesentliche Eigenschaften der Ware oder Dienstleistung;

c) Preis der Ware oder Dienstleistung einschließlich aller Steuern;

d) gegebenenfalls Lieferkosten;

e) Einzelheiten hinsichtlich der Zahlung und der Lieferung oder Erfüllung;

f) Bestehen eines Widerrufrechts, außer in den in Artikel 6 Absatz 3 genannten Fällen;

g) Kosten für den Einsatz der Fernkommunikationstechnik, sofern nicht nach dem Grundtarif berechnet;

h) Gültigkeitsdauer des Angebots oder des Preises;

i) gegebenenfalls Mindestlaufzeit des Vertrags über die Lieferung von Waren oder Erbringung von Dienstleistungen, wenn dieser eine dauernde oder regelmäßig wiederkehrende Leistung zum Inhalt hat.

(2) Die Informationen nach Absatz 1, deren kommerzieller Zweck unzweideutig erkennbar sein muß, müssen klar und verständlich auf jedwede der verwendeten Fernkommunikationstechnik angepaßte Weise erteilt werden; dabei sind insbesondere die Grundsätze der Lauterkeit bei Handelsgeschäften sowie des Schutzes solcher Personen, die nach den Gesetzen der einzelnen Mitgliedstaaten nicht geschäftsfähig sind (wie zum Beispiel Minderjährige), zu beachten.

(3) Bei Telefongesprächen mit Verbrauchern ist darüber hinaus zu Beginn des Gesprächs die Identität des Lieferers und der kommerzielle Zweck des Gesprächs ausdrücklich offenzulegen.

Artikel 5 Schriftliche Bestätigung der Informationen

(1) Der Verbraucher muß eine Bestätigung der Informationen gemäß Artikel 4 Absatz 1 Buchstaben a) bis f) rechtzeitig während der Erfüllung des Vertrags, bei nicht zur Lieferung an Dritte bestimmten Waren spätestens zum Zeitpunkt der Lieferung, schriftlich oder auf einem anderen für ihn verfügbaren dauerhaften Datenträger erhalten, soweit ihm diese Informationen nicht bereits vor Vertragsabschluß schriftlich oder auf einem anderen für ihn verfügbaren dauerhaften Datenträger erteilt wurden.

Auf jeden Fall ist folgendes zu übermitteln:

– schriftliche Informationen über die Bedingungen und Einzelheiten der Ausübung des Widerrufsrechts im Sinne des Artikels 6, einschließlich der in Artikel 6 Absatz 3 erster Gedankenstrich genannten Fälle;

– die geographische Anschrift der Niederlassung des Lieferers, bei der der Verbraucher seine Beanstandungen vorbringen kann;

– Informationen über Kundendienst und geltende Garantiebedingungen;

– die Kündigungsbedingungen bei unbestimmter Vertragsdauer bzw einer mehr als einjährigen Vertragsdauer.

(2) Absatz 1 ist nicht anwendbar auf Dienstleistungen, die unmittelbar durch Einsatz einer Fernkommunikationstechnik erbracht werden, sofern diese Leistungen in einem Mal erfolgen und über den Betreiber der Kommunikationstechnik abgerechnet werden. Allerdings muß der Verbraucher in jedem Fall die Möglichkeit haben, die geographische Anschrift der Niederlassung des Lieferers zu erfahren, bei der er seine Beanstandungen vorbringen kann.

Artikel 6 Widerrufsrecht

(1) Der Verbraucher kann jeden Vertragsabschluß im Fernabsatz innerhalb einer Frist von mindestens sieben Werktagen ohne Angabe von Gründen und ohne Strafzahlung widerrufen. Die einzigen Kosten, die dem Verbraucher infolge der Ausübung seines Widerrufsrechts auferlegt werden können, sind die unmittelbaren Kosten der Rücksendung der Waren.
Die Frist für die Wahrnehmung dieses Rechts beginnt
– bei Waren mit dem Tag ihres Eingangs beim Verbraucher, wenn die Verpflichtungen im Sinne des Artikels 5 erfüllt sind;
– bei Dienstleistungen mit dem Tag des Vertragsabschlusses oder dem Tag, an dem die Verpflichtungen im Sinne des Artikels 5 erfüllt sind, wenn dies nach Vertragsabschluß der Fall ist, sofern damit nicht die nachstehend genannte Dreimonatsfrist überschritten wird.
Falls der Lieferer die Bedingungen im Sinne des Artikels 5 nicht erfüllt hat, beträgt die Frist drei Monate. Diese Frist beginnt
– bei Waren mit dem Tag ihres Eingangs beim Verbraucher;
– bei Dienstleistungen mit dem Tag des Vertragsabschlusses.
Werden innerhalb dieser Dreimonatsfrist die Informationen gemäß Artikel 5 übermittelt, so beginnt die Frist von sieben Werktagen gemäß Unterabsatz 1 mit diesem Zeitpunkt.

(2) Übt der Verbraucher das Recht auf Widerruf gemäß diesem Artikel aus, so hat der Lieferer die vom Verbraucher geleisteten Zahlungen kostenlos zu erstatten. Die einzigen Kosten, die dem Verbraucher infolge der Ausübung seines Widerrufsrechts auferlegt werden können, sind die unmittelbaren Kosten der Rücksendung der Waren. Die Erstattung hat so bald wie möglich in jedem Fall jedoch binnen 30 Tagen zu erfolgen.

(3) Sofern die Parteien nichts anderes vereinbart haben, kann der Verbraucher das in Absatz 1 vorgesehene Widerrufsrecht nicht ausüben bei
– Verträgen zur Erbringung von Dienstleistungen, deren Ausführung mit Zustimmung des Verbrauchers vor Ende der Frist von sieben Werktagen gemäß Absatz 1 begonnen hat;
– Verträgen zur Lieferung von Waren oder Erbringung von Dienstleistungen, deren Preis von der Entwicklung der Sätze auf den Finanzmärkten, auf die der Lieferer keinen Einfluß hat, abhängt;
– Verträgen zur Lieferung von Waren, die nach Kundenspezifikation angefertigt werden oder eindeutig auf die persönlichen Bedürfnisse zugeschnitten sind oder die aufgrund ihrer Beschaffenheit nicht für eine Rücksendung geeignet sind oder schnell verderben können oder deren Verfallsdatum überschritten würde;
– Verträgen zur Lieferung von Audio- oder Videoaufzeichnungen oder Software, die vom Verbraucher entsiegelt worden sind;
– Verträgen zur Lieferung von Zeitungen, Zeitschriften und Illustrierten;
– Verträgen zur Erbringung von Wett- und Lotterie-Dienstleistungen.

(4) Die Mitgliedstaaten sehen in ihren Rechtsvorschriften folgendes vor:
– Wenn der Preis einer Ware oder einer Dienstleistung vollständig oder zum Teil durch einen vom Lieferer gewährten Kredit finanziert wird, oder
– wenn dieser Preis vollständig oder zum Teil durch einen Kredit finanziert wird, der dem Ver-

braucher von einem Dritten aufgrund einer Vereinbarung zwischen dem Dritten und dem Lieferer
gewährt wird,
wird der Kreditvertrag entschädigungsfrei aufgelöst, falls der Verbraucher von seinem Widerrufsrecht gemäß Absatz 1 Gebrauch macht.
Die Mitgliedstaaten legen die Einzelheiten der Auflösung des Kreditvertrags fest.

Artikel 7 Erfüllung des Vertrags

(1) Sofern die Parteien nichts anderes vereinbart haben, hat der Lieferer die Bestellung spätestens
30 Tage nach dem Tag auszuführen, der auf den Tag, an dem der Verbraucher dem Lieferer seine
Bestellung übermittelt hat, folgt.
(2) Wird ein Vertrag vom Lieferer nicht erfüllt, weil die bestellte Ware oder Dienstleistung nicht
verfügbar ist, so ist der Verbraucher davon zu unterrichten, und er muß die Möglichkeit haben, sich
geleistete Zahlungen möglichst bald, in jedem Fall jedoch binnen 30 Tagen, erstatten zu lassen.
(3) Die Mitgliedstaaten können indessen vorsehen, daß der Lieferer dem Verbraucher eine qualitätsmäßig und preislich gleichwertige Ware liefern oder eine qualitätsmäßig und preislich gleichwertige Dienstleistung erbringen kann, wenn diese Möglichkeit vor Vertragsabschluß oder in dem
Vertrag vorgesehen wurde. Der Verbraucher ist von dieser Möglichkeit in klarer und verständlicher
Form zu unterrichten. Die Kosten der Rücksendung infolge der Ausübung des Widerrufsrechts
gehen in diesem Fall zu Lasten des Lieferers; der Verbraucher ist davon zu unterrichten. In diesem
Fall handelt es sich bei der Lieferung einer Ware oder der Erbringung einer Dienstleistung nicht um
eine unbestellte Ware oder Dienstleistung im Sinne des Artikels 9.

Artikel 8 Zahlung mittels Karte

Die Mitgliedstaaten tragen dafür Sorge, daß geeignete Vorkehrungen bestehen, damit
– der Verbraucher im Fall einer betrügerischen Verwendung seiner Zahlungskarte im Rahmen eines
  unter diese Richtlinie fallenden Vertragsabschlusses im Fernabsatz die Stornierung einer Zahlung
  verlangen kann;
– dem Verbraucher im Fall einer solchen betrügerischen Verwendung die Zahlungen gutgeschrieben
  oder erstattet werden.

Artikel 9 Unbestellte Waren oder Dienstleistungen

Die Mitgliedstaaten treffen die erforderlichen Maßnahmen, um
– zu untersagen, daß einem Verbraucher ohne vorherige Bestellung Waren geliefert oder Dienstleistungen erbracht werden, wenn mit der Warenlieferung oder Dienstleistungserbringung eine
  Zahlungsaufforderung verbunden ist;
– den Verbraucher von jedweder Gegenleistung für den Fall zu befreien, daß unbestellte Waren
  geliefert oder unbestellte Dienstleistungen erbracht wurden, wobei das Ausbleiben einer Reaktion
  nicht als Zustimmung gilt.

Artikel 10 Beschränkungen in der Verwendung bestimmter Fernkommunikationstechniken

(1) Die Verwendung folgender Techniken durch den Lieferer bedarf der vorherigen Zustimmung des
Verbrauchers:
– Kommunikation mit Automaten als Gesprächspartner (Voice-Mail-System);
– Fernkopie (Telefax).
(2) Die Mitgliedstaaten tragen dafür Sorge, daß Fernkommunikationstechniken, die eine individuelle
Kommunikation erlauben, mit Ausnahme der in Absatz 1 genannten Techniken, nur dann verwendet
werden dürfen, wenn der Verbraucher ihre Verwendung nicht offenkundig abgelehnt hat.

Artikel 11 Rechtsbehelfe bei Gericht oder Verwaltungsbehörden

(1) Die Mitgliedstaaten sorgen im Interesse der Verbraucher für geeignete und wirksame Mittel, die die Einhaltung der Bestimmungen dieser Richtlinie gewährleisten.

(2) Die in Absatz 1 genannten Mittel schließen Rechtsvorschriften ein, wonach eine oder mehrere der folgenden, im innerstaatlichen Recht festzulegenden Einrichtungen im Einklang mit den innerstaatlichen Rechtsvorschriften die Gerichte oder die zuständigen Verwaltungsbehörden anrufen können, um die Anwendung der innerstaatlichen Vorschriften zur Umsetzung dieser Richtlinie zu erreichen:

a) öffentliche Einrichtungen oder ihre Vertreter;

b) Verbraucherverbände, die ein berechtigtes Interesse am Schutz der Verbraucher haben;

c) Berufsverbände mit berechtigtem Interesse.

(3) a) Die Mitgliedstaaten können bestimmen, daß der Nachweis, daß eine vorherige Unterrichtung stattfand, eine schriftliche Bestätigung erfolgte oder die Fristen eingehalten wurden und die Zustimmung des Verbrauchers erteilt wurde, dem Lieferer obliegen kann.

b) Die Mitgliedstaaten treffen die erforderlichen Maßnahmen, um sicherzustellen, daß die Lieferer und die Betreiber von Kommunikationstechniken, sofern sie hierzu in der Lage sind, Praktiken unterlassen, die nicht mit den gemäß dieser Richtlinie erlassenen Bestimmungen im Einklang stehen.

(4) Die Mitgliedstaaten können zusätzlich zu den Mitteln, die sie zur Gewährleistung der Einhaltung der Bestimmungen dieser Richtlinie vorsehen müssen, eine freiwillige Kontrolle der Einhaltung der Bestimmungen dieser Richtlinie durch unabhängige Einrichtungen sowie die Inanspruchnahme solcher Einrichtungen zwecks Streitschlichtung vorsehen.

Artikel 12 Unabdingbarkeit

(1) Der Verbraucher kann auf die Rechte, die ihm aufgrund der Umsetzung dieser Richtlinie in innerstaatliches Recht zustehen, nicht verzichten.

(2) Die Mitgliedstaaten ergreifen die erforderlichen Massnahmen, damit der Verbraucher den durch diese Richtlinie gewährten Schutz nicht verliert, wenn das Recht eines Drittlands als das auf den Vertrag anzuwendende Recht gewählt wurde und der Vertrag einen engen Zusammenhang mit dem Gebiet eines oder mehrerer Mitgliedstaaten aufweist.

Artikel 13 Gemeinschaftsbestimmungen

(1) Die Bestimmungen dieser Richtlinie gelten, soweit es im Rahmen von Rechtsvorschriften der Gemeinschaft keine besonderen Bestimmungen gibt, die bestimmte Vertragstypen im Fernabsatz umfassend regeln.

(2) Enthalten spezifische Rechtsvorschriften der Gemeinschaft Bestimmungen, die nur gewisse Aspekte der Lieferung von Waren oder der Erbringung von Dienstleistungen regeln, dann sind diese Bestimmungen – und nicht die Bestimmungen der vorliegenden Richtlinie für diese bestimmten Aspekte der Verträge im Fernabsatz anzuwenden.

Artikel 14 Mindestklauseln

Die Mitgliedstaaten können in dem unter diese Richtlinie fallenden Bereich mit dem EG-Vertrag in Einklang stehende strengere Bestimmungen erlassen oder aufrechterhalten, um ein höheres Schutzniveau für die Verbraucher sicherzustellen. Durch solche Bestimmungen können sie im Interesse der Allgemeinheit den Vertrieb im Fernabsatz für bestimmte Waren und Dienstleistungen, insbesondere Arzneimittel, in ihrem Hoheitsgebiet unter Beachtung des EG-Vertrags verbieten.

Artikel 15 Durchführung

(1) Die Mitgliedstaaten setzen die erforderlichen Rechts- und Verwaltungsvorschriften in Kraft, um

dieser Richtlinie spätestens drei Jahre nach ihrem Inkrafttreten nachzukommen. Sie setzen die Kommission unverzüglich davon in Kenntnis.

(2) Wenn die Mitgliedstaaten Vorschriften nach Absatz 1 erlassen, nehmen sie in den Vorschriften selbst oder durch einen Hinweis bei der amtlichen Veröffentlichung auf diese Richtlinie Bezug. Die Mitgliedstaaten regeln die Einzelheiten der Bezugnahme.

(3) Die Mitgliedstaaten teilen der Kommission die innerstaatlichen Rechtsvorschriften mit, die sie auf dem durch diese Richtlinie geregelten Gebiet erlassen.

(4) Spätestens vier Jahre nach Inkrafttreten dieser Richtlinie legt die Kommission dem Europäischen Parlament und dem Rat einen Bericht über die Anwendung dieser Richtlinie, gegebenenfalls verbunden mit einem Änderungsvorschlag, vor.

Artikel 16 Unterrichtung der Verbraucher
Die Mitgliedstaaten sehen angemessene Maßnahmen zur Unterrichtung der Verbraucher über das zur Umsetzung dieser Richtlinie erlassene innerstaatliche Recht vor und fordern, falls angebracht, Berufsorganisationen auf, die Verbraucher über ihre Verhaltenskodizes zu unterrichten.

Artikel 17 Beschwerdesysteme
Die Kommission untersucht, ob wirksame Verfahren zur Behandlung von Verbraucherbeschwerden, die den Fernabsatz betreffen, geschaffen werden können. Binnen zwei Jahren nach Inkrafttreten dieser Richtlinie legt die Kommission dem Europäischen Parlament und dem Rat einen Bericht über die Untersuchungsergebnisse gegebenenfalls zusammen mit Vorschlägen vor.

Artikel 18
Diese Richtlinie tritt am Tag ihrer Veröffentlichung im Amtsblatt der Europäischen Gemeinschaften in Kraft.

Artikel 19
Diese Richtlinie ist an die Mitgliedstaaten gerichtet.

2. Richtlinie 2000/31/EG des Europäischen Parlaments und des Rates vom 8. Juni 2000 über bestimmte rechtliche Aspekte der Dienste der Informationsgesellschaft, insbesondere des elektronischen Geschäftsverkehrs, im Binnenmarkt („Richtlinie über den elektronischen Geschäftsverkehr")

74 Das Europäische Parlament und der Rat der Europäischen Union (...) haben folgende Richtlinie erlassen:

KAPITEL I ALLGEMEINE BESTIMMUNGEN

Artikel 1 Zielsetzung und Anwendungsbereich
(1) Diese Richtlinie soll einen Beitrag zum einwandfreien Funktionieren des Binnenmarktes leisten, indem sie den freien Verkehr von Diensten der Informationsgesellschaft zwischen den Mitgliedstaaten sicherstellt.

(2) Diese Richtlinie sorgt, soweit dies für die Erreichung des in Absatz 1 genannten Ziels erforderlich ist, für eine Angleichung bestimmter für die Dienste der Informationsgesellschaft geltender innerstaatlicher Regelungen, die den Binnenmarkt, die Niederlassung der Diensteanbieter, kommerzielle Kommunikationen, elektronische Verträge, die Verantwortlichkeit von Vermittlern, Verhaltenskodizes, Systeme zur außergerichtlichen Beilegung von Streitigkeiten, Klagemöglichkeiten sowie die Zusammenarbeit zwischen den Mitgliedstaaten betreffen.

(3) Diese Richtlinie ergänzt das auf die Dienste der Informationsgesellschaft anwendbare Gemeinschaftsrecht und läßt dabei das Schutzniveau insbesondere für die öffentliche Gesundheit und den Verbraucherschutz, wie es sich aus Gemeinschaftsrechtsakten und einzelstaatlichen Rechtsvorschriften zu deren Umsetzung ergibt, unberührt, soweit die Freiheit, Dienste der Informationsgesellschaft anzubieten, dadurch nicht eingeschränkt wird.

(4) Diese Richtlinie schafft weder zusätzliche Regeln im Bereich des internationalen Privatrechts, noch befaßt sie sich mit der Zuständigkeit der Gerichte.

(5) Diese Richtlinie findet keine Anwendung auf

a) den Bereich der Besteuerung,

b) Fragen betreffend die Dienste der Informationsgesellschaft, die von den Richtlinien 95/46/EG und 97/66/EG erfaßt werden,

c) Fragen betreffend Vereinbarungen oder Verhaltensweisen, die dem Kartellrecht unterliegen,

d) die folgenden Tätigkeiten der Dienste der Informationsgesellschaft:

– Tätigkeiten von Notaren oder Angehörigen gleichwertiger Berufe, soweit diese eine unmittelbare und besondere Verbindung zur Ausübung öffentlicher Befugnisse aufweisen;

– Vertretung eines Mandanten und Verteidigung seiner Interessen vor Gericht;

– Gewinnspiele mit einem einen Geldwert darstellenden Einsatz bei Glücksspielen, einschließlich Lotterien und Wetten.

(6) Maßnahmen auf gemeinschaftlicher oder einzelstaatlicher Ebene, die unter Wahrung des Gemeinschaftsrechts der Förderung der kulturellen und sprachlichen Vielfalt und dem Schutz des Pluralismus dienen, bleiben von dieser Richtlinie unberührt.

Artikel 2 Begriffsbestimmungen

Im Sinne dieser Richtlinie bezeichnet der Ausdruck

a) „Dienste der Informationsgesellschaft" Dienste im Sinne von Artikel 1 Nummer 2 der Richtlinie 98/34/EG in der Fassung der Richtlinie 98/48/EG;

b) „Diensteanbieter" jede natürliche oder juristische Person, die einen Dienst der Informationsgesellschaft anbietet;

c) „niedergelassener Diensteanbieter" ein Anbieter, der mittels einer festen Einrichtung auf unbestimmte Zeit eine Wirtschaftstätigkeit tatsächlich ausübt; Vorhandensein und Nutzung technischer Mittel und Technologien, die zum Anbieten des Dienstes erforderlich sind, begründen allein keine Niederlassung des Anbieters;

d) „Nutzer" jede natürliche oder juristische Person, die zu beruflichen oder sonstigen Zwecken einen Dienst der Informationsgesellschaft in Anspruch nimmt, insbesondere um Informationen zu erlangen oder zugänglich zu machen;

e) „Verbraucher" jede natürliche Person, die zu Zwecken handelt, die nicht zu ihren gewerblichen, geschäftlichen oder beruflichen Tätigkeiten gehören;

f) „kommerzielle Kommunikation" alle Formen der Kommunikation, die der unmittelbaren oder mittelbaren Förderung des Absatzes von Waren und Dienstleistungen oder des Erscheinungsbilds eines Unternehmens, einer Organisation oder einer natürlichen Person dienen, die eine Tätigkeit in Handel, Gewerbe oder Handwerk oder einen reglementierten Beruf ausübt; die folgenden Angaben stellen als solche keine Form der kommerziellen Kommunikation dar:

– Angaben, die direkten Zugang zur Tätigkeit des Unternehmens bzw der Organisation oder Person ermöglichen, wie insbesondere ein Domain-Name oder eine Adresse der elektronischen Post;

– Angaben in Bezug auf Waren und Dienstleistungen oder das Erscheinungsbild eines Unternehmens, einer Organisation oder Person, die unabhängig und insbesondere ohne finanzielle Gegenleistung gemacht werden;

g) „reglementierter Beruf" alle Berufe im Sinne von Artikel 1 Buchstabe d) der Richtlinie 89/48/EWG des Rates vom 21. Dezember 1988 über eine allgemeine Regelung zur Anerkennung der

Hochschuldiplome, die eine mindestens dreijährige Berufsausbildung abschließen, oder im Sinne von Artikel 1 Buchstabe f) der Richtlinie 92/51/EWG des Rates vom 18. Juni 1992 über eine zweite allgemeine Regelung zur Anerkennung beruflicher Befähigungsnachweise in Ergänzung zur Richtlinie 89/48/EWG;

h) „koordinierter Bereich" die für die Anbieter von Diensten der Informationsgesellschaft und die Dienste der Informationsgesellschaft in den Rechtssystemen der Mitgliedstaaten festgelegten Anforderungen, ungeachtet der Frage, ob sie allgemeiner Art oder speziell für sie bestimmt sind.

i) Der koordinierte Bereich betrifft vom Diensteanbieter zu erfüllende Anforderungen in Bezug auf
– die Aufnahme der Tätigkeit eines Dienstes der Informationsgesellschaft, beispielsweise Anforderungen betreffend Qualifikationen, Genehmigung oder Anmeldung;
– die Ausübung der Tätigkeit eines Dienstes der Informationsgesellschaft, beispielsweise Anforderungen betreffend das Verhalten des Diensteanbieters, Anforderungen betreffend Qualität oder Inhalt des Dienstes, einschließlich der auf Werbung und Verträge anwendbaren Anforderungen, sowie Anforderungen betreffend die Verantwortlichkeit des Diensteanbieters.

ii) Der koordinierte Bereich umfaßt keine Anforderungen wie
– Anforderungen betreffend die Waren als solche;
– Anforderungen betreffend die Lieferung von Waren;
– Anforderungen betreffend Dienste, die nicht auf elektronischem Wege erbracht werden.

Artikel 3 Binnenmarkt

(1) Jeder Mitgliedstaat trägt dafür Sorge, dass die Dienste der Informationsgesellschaft, die von einem in seinem Hoheitsgebiet niedergelassenen Diensteanbieter erbracht werden, den in diesem Mitgliedstaat geltenden innerstaatlichen Vorschriften entsprechen, die in den koordinierten Bereich fallen.

(2) Die Mitgliedstaaten dürfen den freien Verkehr von Diensten der Informationsgesellschaft aus einem anderen Mitgliedstaat nicht aus Gründen einschränken, die in den koordinierten Bereich fallen.

(3) Die Absätze 1 und 2 finden keine Anwendung auf die im Anhang genannten Bereiche.

(4) Die Mitgliedstaaten können Maßnahmen ergreifen, die im Hinblick auf einen bestimmten Dienst der Informationsgesellschaft von Absatz 2 abweichen, wenn die folgenden Bedingungen erfüllt sind:

a) Die Maßnahmen
i) sind aus einem der folgenden Gründe erforderlich:
– Schutz der öffentlichen Ordnung, insbesondere Verhütung, Ermittlung, Aufklärung und Verfolgung von Straftaten, einschließlich des Jugendschutzes und der Bekämpfung der Hetze aus Gründen der Rasse, des Geschlechts, des Glaubens oder der Nationalität, sowie von Verletzungen der Menschenwürde einzelner Personen,
– Schutz der öffentlichen Gesundheit,
– Schutz der öffentlichen Sicherheit, einschließlich der Wahrung nationaler Sicherheits- und Verteidigungsinteressen,
– Schutz der Verbraucher, einschließlich des Schutzes von Anlegern;
ii) betreffen einen bestimmten Dienst der Informationsgesellschaft, der die unter Ziffer i) genannten Schutzziele beeinträchtigt oder eine ernsthafte und schwerwiegende Gefahr einer Beeinträchtigung dieser Ziele darstellt;
iii) stehen in einem angemessenen Verhältnis zu diesen Schutzzielen.

b) Der Mitgliedstaat hat vor Ergreifen der betreffenden Maßnahmen unbeschadet etwaiger Gerichtsverfahren, einschließlich Vorverfahren und Schritten im Rahmen einer strafrechtlichen Ermittlung,
– den in Absatz 1 genannten Mitgliedstaat aufgefordert, Maßnahmen zu ergreifen, und dieser hat dem nicht Folge geleistet oder die von ihm getroffenen Maßnahmen sind unzulänglich;

– die Kommission und den in Absatz 1 genannten Mitgliedstaat über seine Absicht, derartige Maßnahmen zu ergreifen, unterrichtet.

(5) Die Mitgliedstaaten können in dringlichen Fällen von den in Absatz 4 Buchstabe b) genannten Bedingungen abweichen. In diesem Fall müssen die Maßnahmen so bald wie möglich und unter Angabe der Gründe, aus denen der Mitgliedstaat der Auffassung ist; dass es sich um einen dringlichen Fall handelt, der Kommission und dem in Absatz 1 genannten Mitgliedstaat mitgeteilt werden.

(6) Unbeschadet der Möglichkeit des Mitgliedstaates, die betreffenden Maßnahmen durchzuführen, muß die Kommission innerhalb kürzestmöglicher Zeit prüfen, ob die mitgeteilten Maßnahmen mit dem Gemeinschaftsrecht vereinbar sind; gelangt sie zu dem Schluß, dass die Maßnahme nicht mit dem Gemeinschaftsrecht vereinbar ist, so fordert sie den betreffenden Mitgliedstaat auf, davon Abstand zu nehmen, die geplanten Maßnahmen zu ergreifen, bzw bereits ergriffene Maßnahmen unverzüglich einzustellen.

KAPITEL II GRUNDSÄTZE

(...)

Artikel 9 Behandlung von Verträgen

(1) Die Mitgliedstaaten stellen sicher, dass ihr Rechtssystem den Abschluß von Verträgen auf elektronischem Wege ermöglicht. Die Mitgliedstaaten stellen insbesondere sicher, dass ihre für den Vertragsabschluß geltenden Rechtsvorschriften weder Hindernisse für die Verwendung elektronischer Verträge bilden noch dazu führen, dass diese Verträge aufgrund des Umstandes, dass sie auf elektronischem Wege zustande gekommen sind, keine rechtliche Wirksamkeit oder Gültigkeit haben.

(2) Die Mitgliedstaaten können vorsehen, dass Absatz 1 auf alle oder bestimmte Verträge einer der folgenden Kategorien keine Anwendung findet:

a) Verträge, die Rechte an Immobilien mit Ausnahme von Mietrechten begründen oder übertragen;

b) Verträge, bei denen die Mitwirkung von Gerichten, Behörden oder öffentliche Befugnisse ausübenden Berufen gesetzlich vorgeschrieben ist;

c) Bürgschaftsverträge und Verträge über Sicherheiten, die von Personen außerhalb ihrer gewerblichen, geschäftlichen oder beruflichen Tätigkeit eingegangen werden;

d) Verträge im Bereich des Familienrechts oder des Erbrechts.

(3) Die Mitgliedstaaten teilen der Kommission mit, für welche der in Absatz 2 genannten Kategorien sie Absatz 1 nicht anwenden. Die Mitgliedstaaten übermitteln der Kommission alle fünf Jahre einen Bericht über die Anwendung des Absatzes 2, aus dem hervorgeht, aus welchen Gründen es ihres Erachtens weiterhin gerechtfertigt ist, auf die unter Absatz 2 Buchstabe b) fallende Kategorie Absatz 1 nicht anzuwenden.

Artikel 10 Informationspflichten

(1) Zusätzlich zu den sonstigen Informationspflichten aufgrund des Gemeinschaftsrechts stellen die Mitgliedstaaten sicher, dass – außer im Fall abweichender Vereinbarungen zwischen Parteien, die nicht Verbraucher sind – vom Diensteanbieter zumindest folgende Informationen klar, verständlich und unzweideutig erteilt werden, bevor des Nutzer des Dienstes die Bestellung abgibt:

a) die einzelnen technischen Schritte, die zu einem Vertragsabschluß führen;

b) Angaben dazu, ob der Vertragstext nach Vertragsabschluß vom Diensteanbieter gespeichert wird und ob er zugänglich sein wird;

c) die technischen Mittel zur Erkennung und Korrektur von Eingabefehlern vor Abgabe der Bestellung;

d) die für den Vertragsabschluß zur Verfügung stehenden Sprachen.

(2) Die Mitgliedstaaten stellen sicher, dass – außer im Fall abweichender Vereinbarungen zwischen

Parteien, die nicht Verbraucher sind – der Diensteanbieter alle einschlägigen Verhaltenskodizes angibt, denen er sich unterwirft, einschließlich Informationen darüber, wie diese Kodizes auf elektronischem Wege zugänglich sind.

(3) Die Vertragsbestimmungen und die allgemeinen Geschäftsbedingungen müssen dem Nutzer so zur Verfügung gestellt werden, dass er sie speichern und reproduzieren kann.

(4) Die Absätze 1 und 2 gelten nicht für Verträge, die ausschließlich durch den Austausch von elektronischer Post oder durch damit vergleichbare individuelle Kommunikation geschlossen werden.

Artikel 11 Abgabe einer Bestellung

(1) Die Mitgliedstaaten stellen sicher, dass – außer im Fall abweichender Vereinbarungen zwischen Parteien, die nicht Verbraucher sind – im Fall einer Bestellung durch einen Nutzer auf elektronischem Wege folgende Grundsätze gelten:

– Der Diensteanbieter hat den Eingang der Bestellung des Nutzers unverzüglich auf elektronischem Wege zu bestätigen;

– Bestellung und Empfangsbestätigung gelten als eingegangen, wenn die Parteien, für die sie bestimmt sind, sie abrufen können.

(2) Die Mitgliedstaaten stellen sicher, dass – außer im Fall abweichender Vereinbarungen zwischen Parteien, die nicht Verbraucher sind – der Diensteanbieter dem Nutzer angemessene, wirksame und zugängliche technische Mittel zur Verfügung stellt, mit denen er Eingabefehler vor Abgabe der Bestellung erkennen und korrigieren kann.

(3) Absatz 1 erster Gedankenstrich und Absatz 2 gelten nicht für Verträge, die ausschließlich durch den Austausch von elektronischer Post oder durch vergleichbare individuelle Kommunikation geschlossen werden.

(...)

KAPITEL IV SCHLUSSBESTIMMUNGEN

Artikel 21 Überprüfung

(1) Die Kommission legt dem Europäischen Parlament, dem Rat und dem Wirtschafts- und Sozialausschuss vor dem 17. Juli 2003 und danach alle zwei Jahre einen Bericht über die Anwendung dieser Richtlinie vor und unterbreitet gegebenenfalls Vorschläge für die Anpassung dieser Richtlinie an die rechtlichen, technischen und wirtschaftlichen Entwicklungen im Bereich der Dienste der Informationsgesellschaft, insbesondere in Bezug auf die Verbrechensverhütung, den Jugendschutz, den Verbraucherschutz und das einwandfreie Funktionieren des Binnenmarktes.

(2) Im Hinblick auf das etwaige Erfordernis einer Anpassung dieser Richtlinie wird in dem Bericht insbesondere untersucht, ob Vorschläge in Bezug auf die Haftung der Anbieter von Hyperlinks und von Instrumenten zur Lokalisierung von Informationen, Verfahren zur Meldung und Entfernung rechtswidriger Inhalte („notice and take down"-Verfahren) und eine Haftbarmachung im Anschluss an die Entfernung von Inhalten erforderlich sind. In dem Bericht ist auch zu untersuchen, ob angesichts der technischen Entwicklungen zusätzliche Bedingungen für die in den Artikeln 12 und 13 vorgesehene Haftungsfreistellung erforderlich sind und ob die Grundsätze des Binnenmarkts auf nicht angeforderte kommerzielle Kommunikationen mittels elektronischer Post angewendet werden können.

Artikel 22 Umsetzung

(1) Die Mitgliedstaaten setzen die erforderlichen Rechts- und Verwaltungsvorschriften in Kraft, um dieser Richtlinie vor dem 17. Januar 2002 nachzukommen. Sie setzen die Kommission unverzüglich davon in Kenntnis.

(2) Wenn die Mitgliedstaaten die in Absatz 1 genannten Vorschriften erlassen, nehmen sie in den Vorschriften selbst oder durch einen Hinweis bei der amtlichen Veröffentlichung auf diese Richtlinie Bezug. Die Mitgliedstaaten regeln die Einzelheiten der Bezugnahme.

Artikel 23 Inkrafttreten
Diese Richtlinie tritt am Tag ihrer Veröffentlichung im Amtsblatt der Europäischen Gemeinschaften in Kraft.

Artikel 24 Adressaten
Diese Richtlinie ist an die Mitgliedstaaten gerichtet.

3.   Richtlinie 2002/65/EG des Europäischen Parlaments und des Rates vom 23. September 2002 über den Fernabsatz von Finanzdienstleistungen an Verbraucher und zur Änderung der Richtlinie 90/619/EWG des Rates und der Richtlinien 97/7/EG und 98/27/EG

Das Europäische Parlament und der Rat der Europäischen Union (...) haben fol- **75** gende Richtlinie erlassen:

Artikel 1 Gegenstand und Anwendungsbereich
(1) Gegenstand dieser Richtlinie ist die Angleichung der Rechts- und Verwaltungsvorschriften der Mitgliedstaaten über den Fernabsatz von Finanzdienstleistungen an Verbraucher.
(2) Bei Verträgen über Finanzdienstleistungen, die eine erstmalige Dienstleistungsvereinbarung mit daran anschließenden aufeinander folgenden Vorgängen oder einer daran anschließenden Reihe von Vorgängen der gleichen Art umfassen, die in einem zeitlichen Zusammenhang stehen, gelten die Bestimmungen dieser Richtlinie nur für die erste Vereinbarung.
Falls es keine erstmalige Dienstleistungsvereinbarung gibt, aber die aufeinander folgenden oder getrennten Vorgänge der gleichen Art, die in einem zeitlichen Zusammenhang stehen, zwischen den gleichen Vertragsparteien abgewickelt werden, gelten die Artikel 3 und 4 nur für den ersten Vorgang. Findet jedoch länger als ein Jahr kein Vorgang der gleichen Art mehr statt, so gilt der nächste Vorgang als der erste einer neuen Reihe von Vorgängen, so dass die Artikel 3 und 4 Anwendung finden.

Artikel 2 Begriffsbestimmungen
Im Sinne dieser Richtlinie bezeichnet der Ausdruck
a) „Fernabsatzvertrag" jeden zwischen einem Anbieter und einem Verbraucher geschlossenen, Finanzdienstleistungen betreffenden Vertrag, der im Rahmen eines für den Fernabsatz organisierten Vertriebs- bzw Dienstleistungssystems des Anbieters geschlossen wird, wobei dieser für den Vertrag bis zu und einschließlich dessen Abschlusses ausschließlich ein oder mehrere Fernkommunikationsmittel verwendet;
b) „Finanzdienstleistung" jede Bankdienstleistung sowie jede Dienstleistung im Zusammenhang mit einer Kreditgewährung, Versicherung, Altersversorgung von Einzelpersonen, Geldanlage oder Zahlung;
c) „Anbieter" jede natürliche oder juristische Person des öffentlichen oder privaten Rechts, die im Rahmen ihrer gewerblichen oder beruflichen Tätigkeit Dienstleistungen aufgrund von Fernabsatzverträgen erbringt;
d) „Verbraucher" jede natürliche Person, die bei Fernabsatzverträgen zu Zwecken handelt, die nicht ihrer gewerblichen oder beruflichen Tätigkeit zugerechnet werden können;

Gregor Thüsing

e) „Fernkommunikationsmittel" jedes Kommunikationsmittel, das ohne gleichzeitige körperliche Anwesenheit des Anbieters und des Verbrauchers für den Fernabsatz einer Dienstleistung zwischen diesen Parteien eingesetzt werden kann;

f) „dauerhafter Datenträger" jedes Medium, das es dem Verbraucher gestattet, an ihn persönlich gerichtete Informationen derart zu speichern, dass er sie in der Folge für eine für die Zwecke der Informationen angemessene Dauer einsehen kann, und das die unveränderte Wiedergabe der gespeicherten Informationen ermöglicht;

g) „Betreiber oder Anbieter eines Fernkommunikationsmittels" jede natürliche oder juristische Person des öffentlichen oder privaten Rechts, deren gewerbliche oder berufliche Tätigkeit darin besteht, den Anbietern eine oder mehrere Fernkommunikationsmittel zur Verfügung zu stellen.

Artikel 3 Unterrichtung des Verbrauchers vor Abschluss des Fernabsatzvertrags

(1) Rechtzeitig bevor der Verbraucher durch einen Fernabsatzvertrag oder durch ein Angebot gebunden ist, sind ihm folgende Informationen zur Verfügung zu stellen:

1. betreffend den Anbieter

a) die Identität und Hauptgeschäftstätigkeit des Anbieters, die Anschrift seiner Niederlassung und jede andere Anschrift, die für die Geschäftsbeziehung zwischen dem Verbraucher und dem Anbieter maßgeblich ist;

b) die Identität des Vertreters des Anbieters in dem Mitgliedstaat, in dem der Verbraucher seinen Wohnsitz hat, und die Anschrift, die für die Geschäftsbeziehung zwischen dem Verbraucher und dem Vertreter maßgeblich ist, wenn es einen Vertreter gibt;

c) wenn der Verbraucher mit einer anderen gewerblich tätigen Person als dem Anbieter geschäftlich zu tun hat, die Identität dieser Person, die Eigenschaft, in der sie gegenüber dem Verbraucher tätig wird, und die Anschrift, die für die Geschäftsbeziehung zwischen dem Verbraucher und dieser Person maßgeblich ist;

d) wenn der Anbieter in ein Handelsregister oder ein vergleichbares öffentliches Register eingetragen ist, das Handelsregister, in das er eingetragen ist, und seine Handelsregisternummer oder eine gleichwertige in diesem Register verwendete Kennung;

e) soweit für die Tätigkeit des Anbieters eine Zulassung erforderlich ist, die Angaben zur zuständigen Aufsichtsbehörde;

2. betreffend die Finanzdienstleistung

a) eine Beschreibung der wesentlichen Merkmale der Finanzdienstleistung;

b) den Gesamtpreis, den der Verbraucher dem Anbieter für die Finanzdienstleistung schuldet, einschließlich aller damit verbundenen Provisionen, Gebühren und Abgaben sowie aller über den Anbieter abgeführten Steuern, oder, wenn kein genauer Preis angegeben werden kann, die Grundlage für seine Berechnung, die dem Verbraucher eine Überprüfung des Preises ermöglicht;

c) gegebenenfalls einen Hinweis darauf, dass sich die Finanzdienstleistung auf Finanzinstrumente bezieht, die wegen ihrer spezifischen Merkmale oder der durchzuführenden Vorgänge mit speziellen Risiken behaftet sind oder deren Preis Schwankungen auf dem Finanzmarkt unterliegt, auf die der Anbieter keinen Einfluss hat, und einen Hinweis darauf, dass in der Vergangenheit erwirtschaftete Erträge kein Indikator für künftige Erträge sind;

d) einen Hinweis auf mögliche weitere Steuern und/oder Kosten, die nicht über den Anbieter abgeführt oder von ihm in Rechnung gestellt werden;

e) Angaben zu einer etwaigen Beschränkung des Zeitraums, während dessen die zur Verfügung gestellten Informationen gültig sind;

f) Einzelheiten hinsichtlich der Zahlung und der Erfüllung;

g) alle spezifischen zusätzlichen Kosten, die der Verbraucher für die Benutzung des Fernkommunikationsmittels zu tragen hat, wenn solche zusätzlichen Kosten in Rechnung gestellt werden;

3. betreffend den Fernabsatzvertrag

a) Bestehen oder Nichtbestehen eines Widerrufsrechts gemäß Artikel 6 sowie für den Fall, dass ein solches Recht besteht, die Widerrufsfrist und Modalitäten für dessen Ausübung, einschließlich des Betrags, den der Verbraucher gegebenenfalls gemäß Artikel 7 Absatz 1 zu entrichten hat, sowie die Folgen der Nichtausübung dieses Rechts;

b) die Mindestlaufzeit des Fernabsatzvertrags, wenn dieser die Erbringung einer dauernden oder regelmäßig wiederkehrenden Finanzdienstleistung zum Inhalt hat;

c) Angaben zum Recht der Parteien, den Fernabsatzvertrag vorzeitig oder einseitig aufgrund der Vertragsbedingungen zu kündigen, einschließlich aller Vertragsstrafen, die in einem solchen Fall auferlegt werden;

d) praktische Hinweise zur Ausübung des Widerrufsrechts, darunter Angabe der Anschrift, an die die Mitteilung über den Widerruf zu senden ist;

e) den oder die Mitgliedstaaten, dessen bzw deren Recht der Anbieter der Aufnahme von Beziehungen zum Verbraucher vor Abschluss des Fernabsatzvertrags zugrunde legt;

f) Vertragsklausel über das auf den Fernabsatzvertrag anwendbare Recht und/oder über das zuständige Gericht;

g) Angaben darüber, in welcher Sprache oder in welchen Sprachen die Vertragsbedingungen und die in diesem Artikel genannten Vorabinformationen mitgeteilt werden, sowie darüber, in welcher Sprache oder in welchen Sprachen sich der Anbieter verpflichtet, mit Zustimmung des Verbrauchers die Kommunikation während der Laufzeit dieses Vertrags zu führen;

4. betreffend den Rechtsbehelf

a) Angaben darüber, ob der Verbraucher, der Vertragspartei ist, Zugang zu einem außergerichtlichen Beschwerde- und Rechtsbehelfsverfahren hat, und gegebenenfalls die Voraussetzungen für diesen Zugang;

b) Angaben über das Bestehen eines Garantiefonds oder anderer Entschädigungsregelungen, die nicht unter die Richtlinie 94/19/EG des Europäischen Parlaments und des Rates vom 30. Mai 1994 über Einlagensicherungssysteme(9) und die Richtlinie 97/9/EG des Europäischen Parlaments und des Rates vom 3. März 1997 über Systeme für die Entschädigung der Anleger(10) fallen.

(2) Die in Absatz 1 genannten Informationen, deren geschäftlicher Zweck unmissverständlich zu erkennen sein muss, sind auf klare und verständliche Weise in einer dem benutzten Fernkommunikationsmittel angepassten Weise zu erteilen; dabei ist insbesondere der Grundsatz von Treu und Glauben im Geschäftsverkehr sowie der Grundsatz des Schutzes der Personen, die nach dem Recht der Mitgliedstaaten nicht geschäftsfähig sind, wie zum Beispiel Minderjährige, zu wahren.

(3) Bei fernmündlicher Kommunikation

a) wird die Identität des Anbieters und der geschäftliche Zweck des vom Anbieter initiierten Anrufs zu Beginn eines jeden Gesprächs mit dem Verbraucher offen gelegt;

b) brauchen – vorbehaltlich der ausdrücklichen Zustimmung des Verbrauchers – nur folgende Informationen übermittelt zu werden:

– Identität der Kontaktperson des Verbrauchers und deren Verbindung zum Anbieter;

– Beschreibung der Hauptmerkmale der Finanzdienstleistung;

– Gesamtpreis, den der Verbraucher dem Anbieter für die Finanzdienstleistung schuldet, einschließlich aller über den Anbieter abgeführten Steuern, oder, wenn kein genauer Preis angegeben werden kann, die Grundlage für die Berechnung des Preises, die dem Verbraucher eine Überprüfung des Preises ermöglicht;

– Hinweis auf mögliche weitere Steuern und/oder Kosten, die nicht über den Anbieter abgeführt oder von ihm in Rechnung gestellt werden;

– Bestehen oder Nichtbestehen eines Widerrufsrechts gemäß Artikel 6 sowie für den Fall, dass ein Widerrufsrecht besteht, die Widerrufsfrist und Modalitäten für dessen Ausübung, einschließlich des Betrags, den der Verbraucher gegebenenfalls gemäß Artikel 7 Absatz 1 zu entrichten hat.

Der Anbieter informiert den Verbraucher darüber, dass auf Wunsch weitere Informationen übermittelt werden können, und welcher Art diese Informationen sind. Der Anbieter erteilt auf jeden Fall sämtliche Informationen, wenn er seinen Verpflichtungen nach Artikel 5 nachkommt.

(4) Informationen über vertragliche Verpflichtungen, die dem Verbraucher im Vorfeld des Vertragsabschlusses mitzuteilen sind, müssen im Einklang mit den vertraglichen Verpflichtungen stehen, die sich aufgrund des Rechts ergeben würden, dessen Anwendbarkeit auf den Fernabsatzvertrag im Falle seines Abschlusses angenommen wird.

Artikel 4 Zusätzliche Auskunftspflichten

(1) Enthalten die gemeinschaftlichen Rechtsvorschriften über Finanzdienstleistungen Bestimmungen mit zusätzlichen Anforderungen an eine vorherige Auskunftserteilung, die über die in Artikel 3 Absatz 1 genannten hinausgehen, so gelten diese Anforderungen weiterhin.

(2) Bis zu einer weiteren Harmonisierung können die Mitgliedstaaten strengere Bestimmungen über die Anforderungen an eine vorherige Auskunftserteilung aufrechterhalten oder erlassen, wenn diese Bestimmungen mit dem Gemeinschaftsrecht im Einklang stehen.

(3) Die Mitgliedstaaten teilen der Kommission die einzelstaatlichen Bestimmungen über die Anforderungen an eine vorherige Auskunftserteilung im Sinne der Absätze 1 und 2 mit, wenn es sich dabei um Anforderungen handelt, die zu den in Artikel 3 Absatz 1 genannten hinzukommen. Die Kommission berücksichtigt die mitgeteilten einzelstaatlichen Bestimmungen bei der Erstellung des Berichts gemäß Artikel 20 Absatz 2.

(4) Um durch alle geeigneten Mittel ein hohes Maß an Transparenz zu schaffen, trägt die Kommission dafür Sorge, dass die ihr mitgeteilten einzelstaatlichen Bestimmungen auch Verbrauchern und Anbietern zur Verfügung stehen.

Artikel 5 Übermittlung der Vertragsbedingungen und Vorabinformationen

(1) Rechtzeitig bevor der Verbraucher durch einen Fernabsatzvertrag oder durch ein Angebot gebunden ist, übermittelt der Anbieter dem Verbraucher alle Vertragsbedingungen sowie die in Artikel 3 Absatz 1 und Artikel 4 genannten Informationen in Papierform oder auf einem anderen dauerhaften Datenträger, der dem Verbraucher zur Verfügung steht und zu dem er Zugang hat.

(2) Der Anbieter kommt der Verpflichtung gemäß Absatz 1 unverzüglich nach Abschluss des Fernabsatzvertrags nach, wenn der Vertrag auf Ersuchen des Verbrauchers mittels eines Fernkommunikationsmittels geschlossen wurde, das die Vorlage der Vertragsbedingungen sowie der entsprechenden Informationen gemäß Absatz 1 nicht gestattet.

(3) Zu jedem Zeitpunkt des Vertragsverhältnisses kann der Verbraucher die Vorlage der Vertragsbedingungen in Papierform verlangen. Außerdem ist der Verbraucher berechtigt, ein anderes Fernkommunikationsmittel zu verwenden, es sei denn, dass dies mit dem geschlossenen Fernabsatzvertrag oder der Art der erbrachten Finanzdienstleistung unvereinbar ist.

Artikel 6 Widerrufsrecht

(1) Die Mitgliedstaaten tragen dafür Sorge, dass der Verbraucher innerhalb einer Frist von 14 Kalendertagen den Vertrag widerrufen kann, ohne Gründe nennen oder eine Vertragsstrafe zahlen zu müssen. Bei Fernabsatzverträgen über Lebensversicherungen, die unter die Richtlinie 90/619/EWG fallen, und bei Fernabsatzverträgen über die Altersversorgung von Einzelpersonen wird diese Frist jedoch auf 30 Kalendertage verlängert.

Die Widerrufsfrist beginnt zu laufen:

– am Tag des Abschlusses des Fernabsatzvertrags, außer bei den genannten Lebensversicherungen; bei diesen beginnt die Frist mit dem Zeitpunkt, zu dem der Verbraucher über den Abschluss des Fernabsatzvertrags informiert wird;

– oder an dem Tag, an dem der Verbraucher die Vertragsbedingungen und Informationen gemäß

Artikel 5 Absatz 1 oder 2 erhält, wenn dieser Zeitpunkt später als der im ersten Gedankenstrich genannte liegt.

Die Mitgliedstaaten können zusätzlich zum Widerrufsrecht vorsehen, dass die Wirksamkeit von Fernabsatzverträgen über Geldanlagedienstleistungen für die Dauer der in diesem Absatz vorgesehenen Frist ausgesetzt wird.

(2) Das Widerrufsrecht ist ausgeschlossen bei

a) Finanzdienstleistungen, deren Preis auf dem Finanzmarkt Schwankungen unterliegt, auf die der Anbieter keinen Einfluss hat und die innerhalb der Widerrufsfrist auftreten können, wie zB Dienstleistungen im Zusammenhang mit

– Devisen,

– Geldmarktinstrumenten,

– handelbaren Wertpapieren,

– Anteilen an Anlagegesellschaften,

– Finanztermingeschäften (Futures) einschließlich gleichwertiger Instrumente mit Barzahlung,

– Zinstermingeschäften (FRA),

– Zins- und Devisenswaps sowie Swaps auf Aktien- oder Aktienindexbasis („equity swaps"),

– Kauf- oder Verkaufsoptionen auf alle in diesem Buchstaben genannten Instrumente einschließlich gleichwertiger Instrumente mit Barzahlung. Zu dieser Kategorie gehören insbesondere die Devisen- und die Zinsoptionen;

b) Reise- und Gepäckversicherungspolicen oder bei ähnlichen kurzfristigen Versicherungspolicen mit einer Laufzeit von weniger als einem Monat;

c) Verträgen, die auf ausdrücklichen Wunsch des Verbrauchers von beiden Seiten bereits voll erfüllt sind, bevor der Verbraucher sein Widerrufsrecht ausübt.

(3) Die Mitgliedstaaten können bestimmen, dass das Widerrufsrecht in folgenden Fällen ausgeschlossen ist:

a) bei einem Kredit, der überwiegend für den Erwerb oder die Erhaltung von Eigentumsrechten an einem Grundstück oder einem bestehenden oder geplanten Gebäude oder zur Renovierung oder Aufwertung eines Gebäudes bestimmt ist; oder

b) bei einem Kredit, der entweder durch eine Hypothek auf einen unbeweglichen Vermögensgegenstand oder durch ein Recht an einem unbeweglichen Vermögensgegenstand gesichert ist; oder

c) bei Erklärungen von Verbrauchern, die unter Mitwirkung eines Amtsträgers abgegeben werden, unter der Voraussetzung, dass der Amtsträger bestätigt, dass die Rechte des Verbrauchers gemäß Artikel 5 Absatz 1 gewahrt wurden.

Das Recht auf eine Bedenkzeit zugunsten der Verbraucher mit Wohnsitz in einem Mitgliedstaat, in dem ein solches Recht zum Zeitpunkt der Annahme dieser Richtlinie besteht, bleibt von diesem Absatz unberührt.

(4) Die Mitgliedstaaten, die von der in Absatz 3 vorgesehenen Möglichkeit Gebrauch machen, teilen dies der Kommission mit.

(5) Die Kommission leitet die von den Mitgliedstaaten übermittelten Informationen an das Europäische Parlament und den Rat weiter und stellt sicher, dass diese auf Wunsch auch den Verbrauchern und Anbietern zur Verfügung stehen.

(6) Übt der Verbraucher sein Widerrufsrecht aus, so teilt er dies vor Fristablauf unter Beachtung der ihm gemäß Artikel 3 Absatz 1 Nummer 3 Buchstabe d) gegebenen praktischen Hinweise in einer Weise mit, die einen Nachweis entsprechend den einzelstaatlichen Rechtsvorschriften ermöglicht. Die Frist gilt als gewahrt, wenn die Mitteilung, sofern sie in Papierform oder auf einem anderen dauerhaften dem Empfänger zur Verfügung stehenden und ihm zugänglichen Datenträger erfolgt, vor Fristablauf abgesandt wird.

(7) Dieser Artikel gilt nicht für Kreditverträge, die gemäß Artikel 6 Absatz 4 der Richtlinie 97/7/EG oder Artikel 7 der Richtlinie 94/47/EG des Europäischen Parlaments und des Rates vom 26. Oktober

1994 zum Schutz der Erwerber im Hinblick auf bestimmte Aspekte von Verträgen über den Erwerb von Teilzeitnutzungsrechten an Immobilien(11) widerrufen wurden.

Wurde einem Fernabsatzvertrag über eine bestimmte Finanzdienstleistung ein anderer Fernabsatzvertrag hinzugefügt, der Dienstleistungen des Anbieters oder eines Dritten auf der Grundlage einer Vereinbarung zwischen dem Dritten und dem Anbieter betrifft, so wird dieser Zusatzvertrag ohne Vertragsstrafe aufgelöst, wenn der Verbraucher sein Widerrufsrecht nach Artikel 6 Absatz 1 ausübt.

(8) Dieser Artikel berührt nicht die Rechts- und Verwaltungsvorschriften der Mitgliedstaaten über die Kündigung, die Auflösung oder die Unwirksamkeit eines Fernabsatzvertrags oder das Recht eines Verbrauchers, seine vertraglichen Verpflichtungen vor der in dem Fernabsatzvertrag festgesetzten Frist zu erfüllen. Dies gilt ungeachtet der Bedingungen für eine Aufhebung des Fernabsatzvertrags und deren rechtlicher Wirkungen.

Artikel 7 Zahlung für eine vor Widerruf des Vertrags erbrachte Dienstleistung

(1) Übt der Verbraucher sein Widerrufsrecht gemäß Artikel 6 Absatz 1 aus, so darf von ihm lediglich die unverzügliche Zahlung für die vom Anbieter gemäß dem Fernabsatzvertrag tatsächlich erbrachte Dienstleistung verlangt werden. Mit der Erfüllung des Vertrags darf erst nach Zustimmung des Verbrauchers begonnen werden. Der zu zahlende Betrag darf

– einen Betrag nicht überschreiten, der dem Anteil der bereits erbrachten Dienstleistungen im Vergleich zum Gesamtumfang der im Fernabsatzvertrag vorgesehenen Dienstleistungen entspricht;

– nicht so bemessen sein, dass er als Vertragsstrafe ausgelegt werden kann.

(2) Die Mitgliedstaaten können bestimmen, dass der Verbraucher keinen Betrag schuldet, wenn er eine Versicherungspolice kündigt.

(3) Der Anbieter darf vom Verbraucher eine Zahlung gemäß Absatz 1 nur verlangen, wenn er nachweisen kann, dass der Verbraucher über den zu zahlenden Betrag gemäß Artikel 3 Absatz 1 Nummer 3 Buchstabe a) ordnungsgemäß unterrichtet worden ist. Er kann eine solche Zahlung jedoch nicht verlangen, wenn er vor Ende der Widerrufsfrist gemäß Artikel 6 Absatz 1 ohne ausdrückliche Zustimmung des Verbrauchers mit der Vertragsausführung begonnen hat.

(4) Der Anbieter erstattet dem Verbraucher unverzüglich und spätestens binnen 30 Kalendertagen jeden Betrag, den er von diesem gemäß dem Fernabsatzvertrag erhalten hat; hiervon ausgenommen ist der in Absatz 1 genannte Betrag. Diese Frist beginnt an dem Tag, an dem der Anbieter die Mitteilung über den Widerruf erhält.

(5) Der Verbraucher gibt unverzüglich und nicht später als binnen 30 Kalendertagen vom Anbieter erhaltene Geldbeträge und/oder Gegenstände an den Anbieter zurück. Diese Frist beginnt an dem Tag, an dem der Verbraucher die Mitteilung über den Widerruf abschickt.

Artikel 8 Zahlung mittels Karte

Die Mitgliedstaaten tragen dafür Sorge, dass geeignete Vorkehrungen bestehen, damit

– der Verbraucher im Falle einer betrügerischen Verwendung seiner Zahlungskarte im Rahmen eines Fernabsatzvertrags die Stornierung einer Zahlung verlangen kann;

– dem Verbraucher im Falle einer solchen betrügerischen Verwendung die Zahlung gutgeschrieben oder erstattet wird.

Artikel 9 Unaufgefordert erbrachte Dienstleistungen

Unbeschadet der Rechtsvorschriften der Mitgliedstaaten über die stillschweigende Verlängerung von Fernabsatzverträgen und soweit danach eine stillschweigende Verlängerung möglich ist, treffen die Mitgliedstaaten die erforderlichen Maßnahmen, um

– die Erbringung von Finanzdienstleistungen an Verbraucher, die diese nicht angefordert haben, zu untersagen, wenn mit dieser Leistungserbringung eine Aufforderung zur sofortigen oder späteren Zahlung verbunden ist;

– bei Erbringung unaufgefordert erbrachter Leistungen die Verbraucher von jeder Verpflichtung zu befreien; dabei darf das Ausbleiben einer Antwort nicht als Einwilligung gelten.

Artikel 10 Unerwünschte Mitteilungen

(1) Die Verwendung folgender Fernkommunikationsmittel durch einen Anbieter bedarf der vorherigen Einwilligung des Verbrauchers:

a) telefonische Kommunikation mit einem Anrufautomaten (Voice-Mail-System);

b) Telefax.

(2) Die Mitgliedstaaten tragen dafür Sorge, dass andere Fernkommunikationsmittel als die in Absatz 1 genannten, die eine individuelle Kommunikation erlauben,

a) ohne die Zustimmung des betreffenden Verbrauchers nicht zulässig sind, oder

b) nur benutzt werden dürfen, wenn der Verbraucher keine deutlichen Einwände dagegen erhebt.

(3) Die Maßnahmen nach den Absätzen 1 und 2 dürfen dem Verbraucher keine Kosten verursachen.

Artikel 11 Sanktionen

Die Mitgliedstaaten sehen angemessene Sanktionen zur Ahndung von Verstößen des Anbieters gegen in Umsetzung dieser Richtlinie erlassene einzelstaatliche Vorschriften vor.

Zu diesem Zweck können sie insbesondere vorsehen, dass der Verbraucher den Vertrag jederzeit kündigen kann, ohne dass ihm daraus Kosten entstehen oder er eine Vertragsstrafe zahlen muss. Diese Sanktionen müssen wirksam, verhältnismäßig und abschreckend sein.

Artikel 12 Unabdingbarkeit der Bestimmungen dieser Richtlinie

(1) Der Verbraucher kann auf die Rechte, die ihm durch diese Richtlinie eingeräumt werden, nicht verzichten.

(2) Die Mitgliedstaaten treffen die erforderlichen Maßnahmen um sicherzustellen, dass der Verbraucher den durch diese Richtlinie gewährten Schutz nicht dadurch verliert, dass das Recht eines Drittstaates als das auf den Vertrag anzuwendende Recht gewählt wird, wenn der Vertrag eine enge Verbindung mit dem Hoheitsgebiet eines oder mehrerer Mitgliedstaaten aufweist.

Artikel 13 Rechtsbehelfe vor Gericht oder bei den Verwaltungsbehörden

(1) Die Mitgliedstaaten sorgen für angemessene und wirksame Mittel, mit denen die Einhaltung dieser Richtlinie im Interesse der Verbraucher sichergestellt wird.

(2) Die in Absatz 1 genannten Mittel schließen Rechtsvorschriften ein, nach denen eine oder mehrere der folgenden nach den innerstaatlichen Rechtsvorschriften bestimmten Einrichtungen gemäß dem jeweiligen innerstaatlichen Recht die Gerichte oder die zuständigen Verwaltungsbehörden anrufen kann bzw können, um die Anwendung der innerstaatlichen Vorschriften zur Umsetzung dieser Richtlinie sicherzustellen:

a) öffentliche Einrichtungen oder ihre Vertreter;

b) Verbraucherverbände, die ein berechtigtes Interesse am Schutz der Verbraucher haben;

c) Berufsverbände, die ein Rechtsschutzinteresse haben.

(3) Die Mitgliedstaaten treffen die erforderlichen Maßnahmen, damit die Betreiber und Anbieter von Fernkommunikationsmitteln, sofern sie hierzu in der Lage sind, Praktiken einstellen, die durch eine ihnen zugestellte Entscheidung eines Gerichts, einer Verwaltungsbehörde oder einer Aufsichtsbehörde für nicht mit dieser Richtlinie vereinbar befunden worden sind.

Artikel 14 Außergerichtliche Rechtsbehelfe

(1) Die Mitgliedstaaten fördern die Einrichtung oder die Weiterentwicklung angemessener und

wirksamer außergerichtlicher Beschwerde- und Rechtsbehelfsverfahren für die Beilegung von Verbraucherrechtsstreitigkeiten über Finanzdienstleistungen im Fernabsatz.

(2) Die Mitgliedstaaten halten insbesondere die für die außergerichtliche Beilegung von Rechtsstreitigkeiten zuständigen Einrichtungen dazu an, bei der Beilegung grenzüberschreitender Rechtsstreitigkeiten über Finanzdienstleistungen im Fernabsatz zusammenzuarbeiten.

Artikel 15 Beweislast

Unbeschadet von Artikel 7 Absatz 3 können die Mitgliedstaaten bestimmen, dass die Beweislast für die Erfüllung der Verpflichtungen des Anbieters zur Unterrichtung des Verbrauchers und für die Zustimmung des Verbrauchers zum Abschluss des Vertrags sowie gegebenenfalls zur Durchführung des Vertrags beim Anbieter liegt.

Eine Vertragsbedingung, nach der die Beweislast für die Erfüllung aller oder eines Teils der Verpflichtungen des Anbieters, die diesem aufgrund dieser Richtlinie obliegen, beim Verbraucher liegt, gilt als missbräuchlich im Sinne der Richtlinie 93/13/EWG des Rates vom 5. April 1993 über missbräuchliche Klauseln in Verbraucherverträgen.

Artikel 16 Übergangsmaßnahmen

Die Mitgliedstaaten können auf Anbieter, die in einem Mitgliedstaat niedergelassen sind, der diese Richtlinie noch nicht umgesetzt hat und nach dessen Recht keine den Verpflichtungen dieser Richtlinie entsprechenden Verpflichtungen bestehen, nationale Bestimmungen anwenden, die den Bestimmungen dieser Richtlinie entsprechen.

Artikel 17 Richtlinie 90/619/EWG

Artikel 15 Absatz 1 Unterabsatz 1 der Richtlinie 90/619/EWG erhält folgende Fassung: „(1) Jeder Mitgliedstaat schreibt vor, dass der Versicherungsnehmer eines individuellen Lebensversicherungsvertrags von dem Zeitpunkt an, zu dem er davon in Kenntnis gesetzt wird, dass der Vertrag geschlossen ist, über eine Frist von 30 Kalendertagen verfügt, um von dem Vertrag zurückzutreten."

Artikel 18 Richtlinie 97/7/EG

Die Richtlinie 97/7/EG wird wie folgt geändert:

1. Artikel 3 Absatz 1 erster Gedankenstrich erhält folgende Fassung: „– Finanzdienstleistungen betreffen, die unter die Richtlinie 2002/65/EG des Europäischen Parlaments und des Rates vom 23. September 2002 über den Fernabsatz von Finanzdienstleistungen an Verbraucher und zur Änderung der Richtlinie 90/619/EWG des Rates und der Richtlinien 97/7/EG und 98/27/EG fallen;"

2. Anhang II wird gestrichen.

Artikel 19 Richtlinie 98/27/EG

Im Anhang zur Richtlinie 98/27/EG wird folgende Nummer eingefügt: „11. Richtlinie 2002/65/EG des Europäischen Parlaments und des Rates vom 23. September 2002 über den Fernabsatz von Finanzdienstleistungen an Verbraucher und zur Änderung der Richtlinie 90/619/EWG des Rates und der Richtlinien 97/7/EG und 98/27/EG(14)."

Artikel 20 Überprüfung

(1) Im Anschluss an die Umsetzung dieser Richtlinie prüft die Kommission das Funktionieren des Binnenmarktes für Finanzdienstleistungen, was die Vermarktung dieser Dienstleistungen anbelangt. Sie sollte dabei bestrebt sein, die Schwierigkeiten zu analysieren und im Einzelnen aufzuzeigen, die sich den Verbrauchern und den Anbietern stellen oder stellen können, insbesondere jene, die sich aus den unterschiedlichen einzelstaatlichen Bestimmungen über die Information und das Widerrufsrecht ergeben.

(2) Spätestens am 9. April 2006 unterbreitet die Kommission dem Europäischen Parlament und dem Rat einen Bericht zu den Problemen, die sich Verbrauchern und Anbietern beim Erwerb oder der Vermarktung von Finanzdienstleistungen stellen, sowie gegebenenfalls entsprechende Vorschläge zur Änderung und/oder weiterer Harmonisierung der Bestimmungen über die Information und das Widerrufsrecht in den gemeinschaftlichen Regelungen betreffend Finanzdienstleistungen und/oder der Bestimmungen in Artikel 3.

Artikel 21 Umsetzung
(1) Die Mitgliedstaaten setzen die erforderlichen Rechts- und Verwaltungsvorschriften in Kraft, um dieser Richtlinie spätestens am 9. Oktober 2004 nachzukommen. Sie setzen die Kommission unverzüglich davon in Kenntnis.
Wenn die Mitgliedstaaten diese Vorschriften erlassen, nehmen sie in den Vorschriften selbst oder durch einen Hinweis bei der amtlichen Veröffentlichung auf diese Richtlinie Bezug. Die Mitgliedstaaten regeln die Einzelheiten der Bezugnahme.
(2) Die Mitgliedstaaten teilen der Kommission den Wortlaut der wichtigsten innerstaatlichen Rechtsvorschriften mit, die sie auf dem unter diese Richtlinie fallenden Gebiet erlassen, und übermitteln eine Tabelle der Entsprechungen zwischen den Bestimmungen dieser Richtlinie und den von ihnen erlassenen innerstaatlichen Vorschriften.

Artikel 22 Inkrafttreten
Diese Richtlinie tritt am Tag ihrer Veröffentlichung im Amtsblatt der Europäischen Gemeinschaften in Kraft.

Artikel 23 Adressaten
Diese Richtlinie ist an alle Mitgliedstaaten gerichtet.

§ 312b
Fernabsatzverträge

(1) Fernabsatzverträge sind Verträge über die Lieferung von Waren oder über die Erbringung von Dienstleistungen einschließlich Finanzdienstleistungen, die zwischen einem Unternehmer und einem Verbraucher unter ausschließlicher Verwendung von Fernkommunikationsmitteln abgeschlossen werden, es sei denn, dass der Vertragsschluss nicht im Rahmen eines für den Fernabsatz organisierten Vertriebs- oder Dienstleistungssystems erfolgt. Finanzdienstleistungen im Sinne des Satzes 1 sind insbesondere Bankdienstleistungen sowie Dienstleistungen im Zusammenhang mit einer Kreditgewährung, Versicherung, Altersversorgung von Einzelpersonen, Geldanlage oder Zahlung.

(2) Fernkommunikationsmittel sind Kommunikationsmittel, die zur Anbahnung oder zum Abschluss eines Vertrags zwischen einem Verbraucher und einem Unternehmer ohne gleichzeitige körperliche Anwesenheit der Vertragsparteien eingesetzt werden können, insbesondere Briefe, Kataloge, Telefonanrufe, Telekopien, E-Mails sowie Rundfunk, Tele- und Mediendienste.

(3) Die Vorschriften über Fernabsatzverträge finden keine Anwendung auf Verträge

1. über Fernunterricht (§ 1 des Fernunterrichtsschutzgesetzes),

2. über die Teilnutzung von Wohngebäuden (§ 481),

3. über Versicherungen sowie deren Vermittlung,

4. über die Veräußerung von Grundstücken und grundstücksgleichen Rechten, die Begründung, Veräußerung und Aufhebung von dinglichen Rechten an Grundstücken und grundstücksgleichen Rechten sowie über die Errichtung von Bauwerken,

5. über die Lieferung von Lebensmitteln, Getränken oder sonstigen Haushaltsgegenständen des täglichen Bedarfs, die am Wohnsitz, am Aufenthaltsort oder am Arbeitsplatz eines Verbrauchers von Unternehmern im Rahmen häufiger und regelmäßiger Fahrten geliefert werden,

6. über die Erbringung von Dienstleistungen in den Bereichen Unterbringung, Beförderung, Lieferung von Speisen und Getränken sowie Freizeitgestaltung, wenn sich der Unternehmer bei Vertragsschluss verpflichtet, die Dienstleistungen zu einem bestimmten Zeitpunkt oder innerhalb eines genau angegebenen Zeitraums zu erbringen,

7. die geschlossen werden

   a) unter Verwendung von Warenautomaten oder automatisierten Geschäftsräumen oder

   b) mit Betreibern von Telekommunikationsmitteln auf Grund der Benutzung von öffentlichen Fernsprechern, soweit sie deren Benutzung zum Gegenstand haben.

(4) Bei Vertragsverhältnissen, die eine erstmalige Vereinbarung mit daran anschließenden aufeinander folgenden Vorgängen oder eine daran anschließende Reihe getrennter, in einem zeitlichen Zusammenhang stehender Vorgänge der gleichen Art umfassen, finden die Vorschriften über Fernabsatzverträge nur Anwendung auf die erste Vereinbarung. Wenn derartige Vorgänge ohne eine solche Vereinbarung aufeinander folgen, gelten die Vorschriften über Informationspflichten des Unternehmers nur für den ersten Vorgang. Findet jedoch länger als ein Jahr kein Vorgang der gleichen Art mehr statt, so gilt der nächste Vorgang als der erste Vorgang einer neuen Reihe im Sinne von Satz 2.

(5) Weitergehende Vorschriften zum Schutz des Verbrauchers bleiben unberührt.

Materialien zum Gesetz über Fernabsatzverträge und andere Fragen des Verbraucherrechts sowie zur Umstellung von Vorschriften auf Euro: Richtlinie 97/7/EG vom 20. 5. 1997 über den Verbraucherschutz bei Vertragsabschlüssen im Fernabsatz, ABlEG Nr L 144, 19; Referentenentwurf Fernabsatzgesetz Referat I B 2 3420/12-4; Regierungsentwurf BT-Drucks 14/ 2658, 30 ff; Stellungnahme des Bundesrates mit Gegenäußerung der Bundesregierung, BT-Drucks 14/2920, 3, 13; Beschlussempfehlung und Bericht des Rechtsausschusses, BT-Drucks 14/ 3195, 3; zur Schuldrechtsreform und später: Gesetz zur Modernisierung des Schuldrechts

Regierungsentwurf BT-Drucks 14/6040, 168; Stellungnahme des Bundesrats und Gegenäußerung der Bundesregierung BT-Drucks 14/6857, 18, 54 f; Bericht des Rechtsausschusses, BT-Drucks 14/7052, 191; zum Gesetz zur Änderung der Vorschriften über Fernabsatzverträge bei Finanzdienstleistungen: Richtlinie 2002/65/EG über den Fernabsatz von Finanzdienstleistungen an Verbraucher und zur Änderung der Richtlinie 90/619/EWG des Rates und der Richtlinien 97/7/EG und 98/27/EG, ABlEG Nr L 271, 16; Entwurf der Bundesregierung mit Stellungnahme des Bundesrats vom 12. 3. 2004 und Gegenäußerung der Bundesregierung, BT-Drucks 14/6557, 18 ff, 32, 37; Beschlussempfehlung des Vermittlungsausschusses zu dem Gesetz zur Änderung der Vorschriften über Fernabsatzverträge bei Finanzdienstleistungen, BT-Drucks 15/4062, S 2.

Systematische Übersicht

I.   **Allgemeines** — 1

II.   **Entwicklung der Vorschrift** — 3

III. **Fernabsatzverträge** — 6
1.   Persönlicher Anwendungsbereich — 7
a)   Fernabsatzrechtliche Besonderheiten beim Unternehmerbegriff — 8
b)   Beweislastverteilung — 9
2.   Sachlicher Anwendungsbereich — 11
a)   Lieferung von Waren oder Erbringung von Dienstleistungen — 12
aa)   Lieferung von Waren — 15
bb)   Erbringung von Dienstleistungen — 17
cc)   Finanzdienstleistungen — 23
b)   Fernkommunikationsmittel — 28
c)   Ausschließlichkeit der Verwendung — 34
aa)   Verwendung bei Vertragsanbahnung und Vertragsschluss — 35
bb)   Teleologische Reduktion des Merkmals „ausschließlich"? — 38
cc)   „Verwendung" des Fernkommunikationsmittels — 41
dd)   Vertragsschluss und Vertragserfüllung — 43
d)   Organisiertes Vertriebs-/Dienstleistungssystem — 46
aa)   Anforderungen — 48
bb)   Beweislastverteilung — 54
e)   Besonderheiten bei der Einbeziehung von AGB im Fernabsatz — 56
3.   Ausgenommene Verträge — 58
a)   Fernunterricht — 61

b)   Teilnutzung von Wohngebäuden — 64
c)   Versicherung und deren Vermittlung — 68
d)   Immobiliengeschäfte — 69
e)   Lieferung von Lebensmitteln und Bedarfsgegenständen — 74
f)   Unterbringung, Beförderung, Gastronomie, Freizeitgestaltung — 79
g)   Automatenverträge — 84
h)   Öffentliche Fernsprecher — 88
4.   Dauerschuldverhältnisse — 90

IV.   **Günstigkeitsprinzip und Konkurrenzen**
1.   Allgemeines — 93
2.   Einzelfälle — 97
a)   Finanzdienstleistungen — 98
aa)   Verbraucherdarlehens- uä Verträge — 99
α)   Verbraucherdarlehensverträge — 100
β)   Finanzierungshilfen — 102
γ)   Ratenlieferungsverträge — 103
bb)   Versicherungsvertragsgesetz — 104
cc)   Gesetz über Kapitalanlagegesellschaften (KAGG) — 105
dd)   Gesetz über den Vertrieb ausländischer Investmentanteile (AuslInvestmG) — 107
b)   Haustürgeschäfte — 109
c)   § 13a UWG — 110
d)   Arzneimittel- und Medizinprodukterecht — 111
e)   Preisangabeverordnung und andere Vorschriften — 113

Alphabetische Übersicht

Antiquariat _____ 14
Anwendungsbereich _____
_____ 1, 3, 7, 11 ff, 20, 23 ff, 58 ff, 94 ff
Arzneimittel _____ 93, 110 ff

Bedarfsgegenstände _____ 74
Bereichsausnahmen _____ 3, 5, 58, 60, 80
Bürgschaft _____ 21

Depotgeschäfte _____ 25
Download _____ 16

eBay _____ 8
E-Mail _____ 29, 89

Festplatte _____ 16
Freizeitgestaltung _____ 79, 81

Gas _____ 15
Gelegenheitskäufe _____ 46

Haustürgeschäfte _____ 38
Heizöl _____ 78
Hosting-Verträge _____ 17

Informationsveranstaltung _____ 42
Internet _____ 16, 22, 26, 29 f, 51 ff, 87
Internetapotheke _____ 112
invitatio ad offerendum _____ 42

Kapitalanlagegesellschaften _____ 98, 105
Küche _____ 66

Lebensmittel _____ 74, 76, 78, 80, 113
Leistungserbringung _____ 43 ff

Maklerverträge _____ 20
Mehrwertdienste _____ 22

Online-Zeitungen _____ 29

Pauschalreisen _____ 83
Powerseller _____ 8
Provider-Verträge _____ 22, 87

Rechtsberatung _____ 19
Rezensionsexemplar _____ 8

Software _____ 16
Spezialitätsprinzip _____ 95, 106
Strom _____ 15
Supermarkt _____ 76

Telefon _ 19, 22, 29 ff, 33 ff, 46, 49, 88 ff, 105, 107
Teleshopping _____ 29
Telespiel _____ 29
Timesharing _____ 66

Unternehmer _____ 7 ff

Verbraucher _____ 4, 7, 9
Verbraucherbegriff _____ 4, 8
Verbraucherdarlehensvertrag _____ 25, 99 f
Verbraucherschutzrecht _____ 3, 60, 94
Verbraucherschutzvorschriften _____ 5, 7
Versicherungen _____ 26, 68, 104
Versteigerung _____ 4, 59
Vertragsanbahnung _____ 29, 32, 35 ff, 40, 42
Vertragsschluss _____ 2, 28 f, 31 f, 35 ff, 43
Vertreter _____ 31 f, 40
Videotext _____ 29

Wasser _____ 15
Widerruf _____ 4, 106, 113
Widerrufsfrist _____ 12, 45, 79, 100, 106
Widerrufsrecht _ 4, 8, 12, 19, 22, 45, 59, 62, 64,
68, 74, 79, 81, 83 f, 86, 88, 90, 96 f, 99 ff, 105 ff
Wohngebäude _____ 64 ff

Zeitungsinserate _____ 16

I. Allgemeines

1 § 312b bestimmt den **sachlichen Anwendungsbereich** der Vorschriften über die Fernabsatzverträge und definiert hierfür den **Begriff des Fernabsatzvertrages** (Abs 1),
konkretisiert den **Begriff Fernkommunikationsmittel** (Abs 2) und nennt **Ausnahmen**

vom Anwendungsbereich (Abs 3). Im Zuge der Umsetzung der Richtlinie über den Fernabsatz von Finanzdienstleistungen (ABlEG Nr L 271/16 v 9.10.2002) wurde in die Norm eine Sonderregelung für Dauerschuldverhältnisse eingefügt (Abs 4) und das Günstigkeitsprinzip innerhalb der Regelung kodifiziert (Abs 5). Fernabsatzverträge im Sinne der §§ 312b bis 312d sind demnach Verträge über die Lieferung von Waren oder die Erbringung von Dienstleistungen, die zwischen einem Unternehmer und einem Verbraucher unter ausschließlicher Verwendung von Fernkommunikationsmitteln abgeschlossen werden, es sei denn, dass der Vertragsschluss nicht im Rahmen eines für den Fernabsatz organisierten Vertriebs- oder Dienstleistungssystems erfolgt (§ 312b Abs 1). Aus dieser Formulierung wird deutlich, dass die §§ 312b bis 312d nicht zufällig im Untertitel „Begründung von Schuldverhältnissen" und nicht etwa im 8. Abschnitt („Einzelne Schuldverhältnisse") zu finden sind: Die Vorschriften legen fest, unter welchen (technischen) Voraussetzungen ein Vertrag im Fernabsatz geschlossen wird, nicht jedoch den konkreten Inhalt des Schuldverhältnisses. Hierfür kommt eine Vielzahl von Vertragstypen in Betracht (zB Kauf-, Werk- oder Mietvertrag). §§ 312b bis 312d ändern nicht die Voraussetzungen für das Zustandekommen eines Vertrages, insbesondere bleiben die §§ 145 ff unberührt (vgl Hk-VertriebsR/Micklitz § 312b Rn 34; Micklitz EuZW 2001, 133, 134).

Wie die Formulierung „es sei denn, dass der **Vertragsschluss** nicht im Rahmen eines **2** für den Fernabsatz organisierten Vertriebs- oder Dienstleistungssystems erfolgt" verdeutlicht, ist die Struktur des anbietenden Unternehmens der entscheidende Anknüpfungspunkt für die Anwendbarkeit der §§ 312b bis 312d und nicht etwa der konkrete im Fernabsatz geschlossene Vertrag (vgl Bülow/Artz NJW 2000, 2049, 2053). Gleichwohl lässt diese Definition eine Vielzahl von Fragen offen, insbesondere bleibt unklar, wann die Schwelle zu einem – vom Gesetz geforderten – professionell organisierten Vertriebs- und Dienstleistungssystem überschritten wird. Der Gesetzgeber hat diese unbestimmte Definition sehenden Auges in das Gesetz eingefügt und lapidar festgestellt, dass die Grenze zum organisierten Fernabsatzsystem jedenfalls dann überschritten sein dürfte, wenn „der Inhaber eines Geschäfts Waren nicht nur gelegentlich versendet, sondern systematisch auch mit dem Angebot telefonischer Bestellung und Zusendung der Waren wirbt"; ansonsten ist die weitere Konkretisierung jedoch der Rechtsprechung überlassen (BT-Drucks 14/2658, 30 f).

II. Entwicklung der Vorschrift

§ 312b setzt Art 2 und 3 FernAbsRL sowie Art 2 lit b und Erwägungsgrund 16 **3** FernAbsFinanzDienstRL nahezu wörtlich um. Es wird darauf verzichtet, die ohnehin missglückte Formulierung „Lieferer" der deutschen Fassung der Richtlinie zu übernehmen und stattdessen wird ganz im Sinne einer Vereinheitlichung des **Verbraucherschutzrechts** der Begriff „Unternehmer" verwandt, dessen Legaldefinition sich in § 14 findet. Inhaltliche Auswirkungen hat das jedoch keine. Eine Definition des „Betreibers einer Kommunikationstechnik", wie sie Art 2 Nr 5 FernAbsRL enthält, fehlt in den §§ 312b bis 312d und ist auch entbehrlich, da der Begriff in diesem Zusammenhang keine Rolle spielt. Auch auf eine Binnendifferenzierung innerhalb der Bereichsausnahmen in § 312b Abs 3 wurde verzichtet, obwohl die Fernabsatzrichtlinie im Ausnahmekatalog des Art 3 zwischen Verträgen unterscheidet, die generell nicht in den Anwendungsbereich der Richtlinie fallen und solchen, für die nur bestimmte Vorschriften nicht gelten sollen. Diese gemeinschaftsrechtliche Regelung ist auf einige Kritik gestoßen und wurde als „wenig übersichtlich und überzeugend" bezeichnet (so MICKLITZ, in: GRABITZ/HILF Bd II A3 Rn 20). Da in den §§ 312b bis 312d ohnehin nur die Art 4, 5 und 6 FernAbsRL, auf die sich die weitergehende Differenzierung in Art 3 Abs 2 FernAbsRL bezieht, umgesetzt sind, erübrigt sich eine Unterscheidung zwischen den Ausnahmen im deutschen Recht auch aus diesem Grund (so auch die Begründung des Gesetzgebers, BT-Drucks 14/2658, 31).

4 Abgesehen von diesen Abweichungen, die allein die Wortwahl betreffen, hat der Gesetzgeber in einigen Bereichen auch inhaltliche Akzente gesetzt und insoweit von der Regelung des Art 14 FernAbsRL Gebrauch gemacht, die es ihm erlaubt, bei der Umsetzung zugunsten des Verbrauchers über die Vorgaben der Richtlinie hinauszugehen. So geht der auch für § 312b geltende Verbraucherbegriff des § 13 weiter als die europäische Vorgabe. Nach dem Verständnis des BGB ist auch die natürliche Person, die ein Rechtsgeschäft zu einem Zweck abschließt, der ihrer abhängigen beruflichen Tätigkeit zuzurechnen ist, als Verbraucher zu behandeln. Entsprechend der Definition in Art 2 Nr 2 FernAbsRL kann demgegenüber eine Person, die zu Zwecken handelt, die jedweder beruflichen Tätigkeit zugeordnet werden können, nicht als Verbraucher bezeichnet werden (zum Verbraucherbegriff ausführlich STAUDINGER/ WEICK [2004] § 13 Rn 30; s auch Vorbem 5 zu §§ 312, 312a). Darüber hinaus stellt § 312b Abs 1 eine Vermutung dafür auf, dass ein für den Fernabsatz organisiertes Vertriebs- oder Dienstleistungssystem vorliegt, wenn der Vertrag unter ausschließlicher Verwendung von Fernkommunikationsmitteln geschlossen wurde („es sei denn"). Eine solche Vermutung lässt sich der Definition aus Art 2 Nr 1 FernAbsRL nicht entnehmen. Der deutsche Gesetzgeber hat diesen Weg mit dem Ziel beschritten, eine „Erleichterung für die Praxis" (BT-Drucks 14/2658, 31) zu gewährleisten, indem dem Unternehmer die Beweislast dafür auferlegt wird, dass ein für den Fernabsatz organisiertes Vertriebssystem nicht vorliegt, sondern der Vertrag nur ausnahmsweise unter Zuhilfenahme von Mitteln der Fernkommunikation geschlossen wurde. Ferner wurde die in Art 3 Abs 1 Spiegelstrich 5 FernAbsRL vorgesehene Bereichsausnahme „Versteigerungen" nicht in den Katalog des § 312b Abs 3 übernommen, so dass auch bei Versteigerungen grundsätzlich die Vorgaben der §§ 312b bis 312d zu beachten sind. Gemäß § 312d Abs 4 Nr 5 entfällt allerdings in einem solchen Fall das Widerrufsrecht des Verbrauchers.

5 § 312b wurde durch das am 1.1.2002 in Kraft getretene **Schuldrechtsmodernisierungsgesetz** ins BGB eingefügt. Das Schuldrechtsmodernisierungsgesetz integrierte zahlreiche Verbraucherschutzvorschriften in das BGB, so auch das erst 18 Monate zuvor verkündete FernAbsG, an dessen Stelle die §§ 312b bis 312d getreten sind. § 312b entspricht im Wesentlichen dem früheren § 1 FernAbsG, auch die einzelnen Absätze sind weitestgehend gleich geblieben. Die jetzt in § 312b Abs 3 geregelten Bereichsausnahmen fanden sich zuvor in § 1 Abs 3 FernAbsG. Eine Änderung im Vergleich zum FernAbsG liegt jedoch insoweit vor, als nach § 312b Abs 3 Nr 3 nunmehr auch Darlehensvermittlungsverträge unter den Anwendungsbereich der §§ 312b bis d fallen. § 1 Abs 3 Nr 3 FernAbsG hatte demgegenüber festgelegt, dass die Vermittlung von Verbraucherkrediten aus dem Anwendungsbereich des Gesetzes komplett herausfällt. Neben den Vorgaben der §§ 655a ff (das frühere VerbrKrG) müssen Unternehmer, die im Fernabsatz Verbraucherkredite vermitteln, nach jetzt geltendem Recht daher auch die §§ 312b bis 312d beachten. Letztmalig geändert wurde die Vorschrift während der Umsetzung der FernAbsFinanz-

DienstRL durch das Gesetz zur Änderung der Vorschriften über Fernabsatzverträge bei Finanzdienstleistungen vom 7. 12. 2004 (BGBl I 3102, vgl hierzu ausführlich Rn 23 sowie zur Umsetzung KNÖFEL ZGS 2004, 182 ff; ROTT BB 2005, 53; FELKE/JORDANS NJW 2005, 710; HÄRTING/SCHIRMBACHER CR 2005, 48; KOCHER DB 2004, 2679).

III. Fernabsatzverträge

Fernabsatzverträge sind entsprechend der **Legaldefinition in Abs 1** Verträge über die 6 Lieferung von Waren oder über die Erbringung von Dienstleistungen, die zwischen einem Unternehmer und einem Verbraucher unter ausschließlicher Verwendung von Fernkommunikationsmitteln abgeschlossen werden, es sei denn, dass der Vertragsschluss nicht im Rahmen eines für den Fernabsatz organisierten Vertriebs- oder Dienstleistungssystems erfolgt.

1. Persönlicher Anwendungsbereich

Die den Fernabsatz betreffenden Regelungen in §§ 312b bis 312d gelten nicht für 7 alle Fernabsatzverträge, sondern nur für solche, an denen **Unternehmer** und **Verbraucher** beteiligt sind. Diese Einschränkung entspricht der europäischen Vorgabe und ist auch interessengerecht, da Vertragsparität nur dann nicht gegeben ist, wenn der geschäftlich unerfahrene Verbraucher auf einen routinierten Unternehmer trifft und hierbei in die Gefahr gerät, übervorteilt zu werden. Die Begriffe „Verbraucher" und „Unternehmer" waren vor der Umsetzung der Fernabsatzrichtlinie durch das Gesetz über Fernabsatzverträge und andere Fragen des Verbraucherrechts nicht im BGB, sondern in den verschiedenen Verbraucherschutzgesetzen unterschiedlich geregelt. Erst nach Inkrafttreten des Umsetzungsgesetzes finden sich einheitliche Definitionen der Begriffe in §§ 13, 14, um „erste Schritte zu einer Vereinheitlichung dieser Schlüsselbegriffe in Verbraucherschutzvorschriften zu unternehmen" (BT-Drucks 14/2658, 30; Kritik an dieser Form der Umsetzung äußert FLUME ZIP 2000, 1427, 1428, der insbesondere die Definition des Verbrauchers für „baren Unsinn" hält). Eine Erläuterung der Begriffe und der Zweifelsfälle findet sich in der Kommentierung zu § 13 (s dort Rn 30 ff). Im Folgenden soll nur auf einige Besonderheiten eingegangen werden, die sich im Fernabsatzrecht für die Bewertung des Unternehmerbegriffs ergeben haben.

a) Fernabsatzrechtliche Besonderheiten beim Unternehmerbegriff

Der Begriff des Unternehmers setzt sich aus persönlichen, funktionalen und sach- 8 lichen Kriterien zusammen und verlangt eine gewerbliche und selbständige berufliche Tätigkeit. **Unternehmer** sind ua Einzelhandelskaufleute, Angehörige der freien Berufe, Künstler, Wissenschaftler, Landwirte, Bauunternehmer, Werbeagenturen oder Autovermieter (LG Hof CR 2003, 854). Gewerbliches Handeln ist jede planvolle, auf gewisse Dauer angelegte, selbständige und wirtschaftliche Tätigkeit, die nach außen hervortritt. Auf eine Gewinnerzielungsabsicht kommt es hingegen bei gemeinschaftsrechtskonformer Auslegung des Begriffes nicht an (so auch MünchKomm/ WENDEHORST § 312b Rn 11; PALANDT/HEINRICHS[64] § 14 Rn 2; HÄRTING Einl Rn 64; MICKLITZ ZEuP 1999, 875, 878; FABER ZEuP 1998, 854, 869; **aA** ENDE/KLEIN 122; HORN, in: WOLF/HORN/ LINDACHER § 24a Rn 18; Gewinnerzielungsabsicht als Voraussetzung eines Gewerbebetriebes bejahte vor Integration der Verbraucherschützenden Regelungen in das BGB auch der BGH, zB in BGHZ 83, 382, 387). Entscheidend für die Beurteilung der Unternehmereigenschaft ist – wie beim Verbraucherbegriff – der **normative Empfängerhorizont**. Bietet etwa jemand auf seiner eigenen **Internetseite** in größerem Umfang Waren oder Dienstleistungen an, so ist das ein – widerlegbares – Indiz für unternehmerisches Handeln (vgl Hk-VertriebsR/MICKLITZ § 312b Rn 21). Jedoch kann allein aus der Tatsache, dass jemand als Käufer und Verkäufer eine Vielzahl von Rechtsgeschäften über eine Auktionsplattform im Internet abschließt, noch nicht auf eine gewerbliche Tätigkeit und damit auf die Unternehmereigenschaft der Person geschlossen werden (so zu Recht AG Gemünden am Main v 13.1.2004 – 10 C 1212/03; LG Hof CR 2003, 854; AG Detmold CR 2004, 859 – selbst wenn eigene AGB verwandt werden; verfehlt dagegen die Auffassung des AG Hof im erstinstanzlichen, nicht rechtskräftigen Urteil v 17.3.2003 – 14 C 1425/02, wonach eine Vielzahl von im Internet getätigten Geschäften auf die Unternehmereigenschaft der handelnden Person deuten soll; **aA** scheinbar auch AG Radolfzell NJW 2004, 3342: „Auch dann, wenn jemand aus Spaß an der Freude immer wieder auf Trödelmärkte geht und kauft und verkauft, liegt ein gewerbliches Handeln vor"). Diese Auffassung entspricht der Entwicklung im modernen Geschäftsverkehr. In Anbetracht der wachsenden Bedeutung moderner Medien gehen immer mehr Menschen dazu über, Geschäfte zur Deckung ihrer privaten Bedürfnisse über das Internet abzuwickeln. Um unternehmerisch tätig zu werden, muss hierbei zu gewerblichen Zwecken, also planmäßig und mit einer gewissen Kontinuität gehandelt werden. Das ist der Fall, wenn die betreffende Person regelmäßig Gegenstände ankauft, um sie über die Auktionsplattform im Internet weiter zu vertreiben. Kein gewerblicher Zweck liegt dagegen vor, wenn der Verkäufer Gegenstände, die er nicht mehr braucht, statt in einem Kleinanzeigenblatt auf einer Auktionsplattform im Internet veräußern will. Hieraus kann jedoch kein verallgemeinerungsfähiger Schluss gezogen werden. Entscheidend ist vielmehr eine wertende Betrachtung des Einzelfalls. So ist als Unternehmer zu bewerten, wer sich bei **eBay** als **„Powerseller"** bezeichnet und dadurch zu verstehen gibt, dass er Gegenstände nicht nur gelegentlich veräußert (vgl AG Radolfzell NJW 2004, 3342; LG Schweinfurt WRP 2004, 654 [Ls]). Nach der Einschätzung von eBay qualifizieren sich für den Titel eines „Powersellers" nur „Profi-Verkäufer, die kontinuierlich besonders viele Artikel bei eBay verkaufen oder ein hohes Handelsvolumen vorweisen können" (so die Definition auf der Internetseite von eBay, http://pages.eBay.de/Powerseller/index.html, recherchiert am 5.4.2005). Unter diese Definition fällt nicht der gelegentliche Verkauf nicht mehr benötigter Waren, sondern nur eine planvolle und auf wirtschaftlichen Gewinn ausgerichtete Tätigkeit. Damit erfüllt der „Powerseller" die Voraussetzungen eines Unternehmers und dem Verbraucher steht ein Widerrufsrecht zu, wenn er über die Auktionsplattform eBay einen Kaufvertrag schließt (zur rechtlichen Bewertung des Kaufes bei eBay vgl § 312d Rn 67). Ebenfalls als Unternehmer zu betrachten ist, wer innerhalb von 6 Wochen mehr als 40 „neue", „ungelesene" und „originalverpackte" Rezensionsexemplare über eBay verkauft (OLG Frankfurt NJW 2004, 2098, 2099).

b)   Beweislastverteilung

9 Nach zivilprozessualen Grundsätzen trägt derjenige, der sich auf die Schutzwirkungen der fernabsatzrechtlichen Regelungen beruft, die Beweislast für deren Voraussetzungen, so dass regelmäßig der **Verbraucher** seine **Verbrauchereigenschaft** nachweisen muss (ENDE/KLEIN 125 f; MünchKomm/WENDEHORST[4] § 312b Rn 20; SCHMITTMANN K&R 2004, 361, 362). In Fällen, in denen mit dem Rechtsgeschäft berufliche und private Zwecke verbunden werden (dual use), muss nachgewiesen werden, dass der private Zweck den beruflichen überwiegt, damit das Fernabsatzrecht gilt. Hierzu wird es erforderlich sein, den Umfang von privater und beruflicher Nutzung darzulegen und

einander gegenüberzustellen. Die Beweislast auch für die **Unternehmereigenschaft seines Gegenübers** trägt der **Verbraucher** (AG Gemünden am Main v 13.1.2004 – 10 C 1212/03).

Handelt eine der Vertragsparteien eindeutig als Verbraucher, so entspricht es dem **10** verbraucherschützenden Zweck der Regelungen, bei der Bewertung des anderen Teils den **Rechtsgedanken des § 344 HGB** heranzuziehen (vgl Wendehorst DStR 2000, 1311, 1312; **aA** Härting Einl Rn 56). Hieraus folgt, dass eine Person, die regelmäßig gewerblich bzw selbständig beruflich tätig wird, im Zweifel als Unternehmer anzusehen ist. Der Rechtsgedanke von § 344 HGB kann jedoch nicht herangezogen werden, um die Anwendung der verbraucherschützenden Vorgaben des Fernabsatzrechts für eine Person zu begründen, die ansonsten vorwiegend gewerblich tätig wird (vgl MünchKomm/Wendehorst[4] § 312b Rn 21).

2. Sachlicher Anwendungsbereich

Nach § 312d Abs 1 S 1 liegt ein Fernabsatzvertrag vor bei Verträgen über die Liefe- **11** rung von Waren oder die Erbringung von Dienstleistungen, die unter ausschließlicher Verwendung von Fernkommunikationsmitteln geschlossen werden und bei denen der **Unternehmer** über ein für den Fernabsatz organisiertes Vertriebs- oder Dienstleistungssystem verfügt.

a) Lieferung von Waren oder Erbringung von Dienstleistungen

Die Unterscheidung zwischen der Lieferung von Waren und der Erbringung von **12** Dienstleistungen in der Definition des Fernabsatzvertrages hat praktische Auswirkungen, die sich insbesondere bei der Ausgestaltung der **Widerrufs- und Rückgaberechte** in § 312d Abs 2 und 3 zeigen. Dort wird die **Widerrufsfrist** bei Verträgen über die Lieferung von Waren und über die Erbringung von Dienstleistungen unterschiedlich berechnet und darüber hinaus erlischt das **Widerrufsrecht** bei Dienstleistungen unter bestimmten Voraussetzungen, die § 312d Abs 3 genauer beschreibt. Obwohl § 312b bestimmt, dass Fernabsatzverträge die Lieferung von Waren oder die Erbringung von Dienstleistung betreffen, ist es zu Unstimmigkeiten darüber gekommen, ob auch solche Verträge, die nicht die Lieferung von Waren oder die Erbringung von Dienstleistungen betreffen, als Fernabsatzverträge bewertet werden können. Es finden sich Stimmen, die dem Wortlaut der Vorschrift keine besondere Bedeutung beimessen und davon ausgehen, dass der Anwendungsbereich der Vorschriften nicht eingeschränkt werden solle (MünchKomm/Wendehorst[4] § 312b Rn 22, Hk-BGB/Schulte-Nölke § 312b Rn 5, der sich jedoch darauf beschränkt, auf eine weite Auslegung der Begriffe hinzuweisen). Ein Fernabsatzgeschäft liege vielmehr unter Berücksichtigung des Wortlauts von § 312 Abs 1 S 1 bei jeder Leistung beliebiger Art vor, die geeignet ist, den Gegenstand von entgeltlichen Geschäften zu bilden. Die gleichwohl aufgrund der Unterschiede in § 312d erforderliche Binnendifferenzierung sei nach der Funktion der Begriffe vorzunehmen, so dass ein Vertrag über die Lieferung einer Ware bei gegenständlichen Leistungen vorliege, die zu einem bestimmten Zeitpunkt in die Verfügungsgewalt des Verbrauchers übergehen sollen und gegebenenfalls in natura zurückgewährt werden können; jeder andere Vertragsinhalt sei als Dienstleistung zu bewerten (MünchKomm/Wendehorst[4] § 312b Rn 22–25).

Durch einen solchen Ansatz wird die Rechtsanwendung unnötig erschwert, da au- **13** ßergesetzliche Unterscheidungskriterien in die Bewertung der Vorschriften einge-bracht werden sollen. Das hiermit verfolgte Ziel – einen möglichst weitgehenden Anwendungsbereich der Vorschriften zu schaffen – kann auch auf einfachere Weise erreicht werden, indem man die Tatbestandsmerkmale „Lieferung von Waren" und „Erbringung von Dienstleistungen" im europäischen Sinne auslegt. Dann kommt etwa dem Dienstleistungsbegriff, der im europäischen Recht äußerst weit ausgelegt wird, und zwar als alle entgeltlichen Leistungen, die nicht den anderen Freiheiten des Gemeinschaftsrechts unterfallen (vgl RANDELZHOFER/FORSTHOFF, in: GRABITZ/HILF Bd I Art 49/50 EGV Rn 24), eine Art Auffangfunktion für solche Geschäfte zu, die nicht unter die „Lieferung von Waren" fallen. Ein europäisches (weites) Verständnis insbesondere des Dienstleistungsbegriffs kann auch nicht mit einem Hinweis auf die Motive des Gesetzgebers abgelehnt werden (so aber MORAHT NZM 2001, 883, 884), der in der Gesetzesbegründung des Fernabsatzgesetzes angenommen hat, dass die Erbringung von Dienstleistungen Dienst-, Werk- oder Geschäftsbesorgungsverträge aller Art umfasst (BT-Drucks 14/2658, 30). Dass diese Aufzählung nicht abschließend zu verstehen ist, zeigt sich bereits aus dem Umkehrschluss zu § 312d Abs 3 Nr 3. Die dort vorgenommene Bezugnahme auf die Vermittlung von Finanzgeschäften wäre nicht erforderlich, wenn die Vermittlungstätigkeit bereits keine Dienstleistung im Sinne des Gesetzes ist und schon aus diesem Grund nicht in den Anwendungsbereich des § 312b fällt (so auch NEISES NZM 2000, 889, 890). Ein möglichst weitgehender Anwendungsbereich der Vorschriften über Fernabsatzverträge ist somit auch zu erreichen, indem man am Wortlaut der Vorschrift festhält und diesen im Zweifel europäisch, also weit, auslegt (so im Ergebnis auch SCHMIDT-RÄNTSCH, in: BAMBERGER/ROTH § 312b Rn 8; PALANDT/HEINRICHS[64] § 312b Rn 10; Hk-VetriebsR/MICKLITZ § 312b Rn 27 ff; HÄRTING § 1 FernAbsG Rn 52 ff; LÜTCKE § 312b Rn 47 ff; MANKOWSKI ZMR 2002, 317, 318; RATH-GLAWATZ/DIETRICH AfP 2000, 505).

14 Die Vorschriften gelten nicht, wenn der Verbraucher eine Lieferungspflicht über-nimmt, zB bei dem Verkauf von Büchern an ein **Antiquariat**. Aus dem sachlichen Zusammenhang der Regelungen wird deutlich, dass die Lieferung von Waren bzw die Erbringung von Dienstleistungen in den Pflichtenbereich des **Unternehmers** fällt (so auch PALANDT/HEINRICHS[64] § 312b Rn 10; MünchKomm/WENDEHORST[4] § 312b Rn 34).

aa) Lieferung von Waren

15 Waren sind in Übereinstimmung mit dem europäischen Warenbegriff alle beweg-lichen Güter, die einen Geldwert haben und Gegenstand von Handelsgeschäften sein können (vgl zum europäischen Warenbegriff WOLF, in: GRABITZ/HILF Bd I Art 23 Rn 12 ff). Hierzu zählt **Strom** (vgl EuGH – Gemeente Almelo/Energiebedrijf Ijsselmij – Slg 1994 I-1477, 1516: „Weder im Gemeinschaftsrecht noch in den nationalen Rechtssystemen wird bestritten, dass Strom [...] eine Ware darstellt") ebenso wie **Gas** (das im Code-Nr 2711 und 2705 der Kombi-nierten Nomenklatur als Ware bezeichnet wird) und **Wasser** (so auch SCHMIDT-RÄNSCH, in: BAMBERGER/ROTH § 312b Rn 8; PALANDT/HEINRICHS[64] § 312b Rn 10; Hk-VertriebsR/MICKLITZ § 312b Rn 30; LÜTCKE § 312b Rn 47; HÄRTING § 1 Rn 52). Nur vereinzelt wird in diesem Zusammenhang vertreten, dass Strom, Gas und Wasser nur dann als Ware zu be-trachten seien, wenn sie in einem Behältnis geliefert werden, also räumlich abgrenz-bar sind. Bei Versorgungsverträgen sei dagegen in der Bereitstellung von Strom, Gas und Wasser eine Dienstleistung zu sehen, die durch die gesonderte Grundgebühr vergütet werde (so MünchKomm/WENDEHORST § 312b Rn 32). Im Übrigen liege eine Dienstleistung vor, wenn nach dem objektiv zu bestimmenden Inhalt des Vertrages

die zeitweise Bereitstellung eines bestimmten Dienstes im Vordergrund stehe, eine
Ware hingegen, wenn die Lieferung durch eine Versorgungsleitung nur eine verein-
fachte Form des Vertriebes darstelle (MünchKomm/Wendehorst aaO). Eine solche
Auffassung widerspricht zum einen dem europäischen Warenbegriff und zum anderen hat bereits das Reichsgericht (RGZ 56, 403, 408; 67, 229, 232) entschieden, dass
auch Strom eine Ware ist. Die Arbeitsmethoden, mit denen Strom gewonnen wird,
sind denen ähnlich, die auch zur Herstellung herkömmlicher Wirtschaftsgüter gebraucht werden. Es bestehen auch sonst keine Besonderheiten, die eine unterschiedliche Behandlung rechtfertigen würden. Dasselbe gilt für die Qualifizierung von Gas
und Wasser.

Umstrittener noch ist die Situation bei der Lieferung von **Software**. Während Com-   **16**
puterprogramme, die auf einem Datenträger verkörpert sind, unabhängig davon, ob
es sich um Standard- oder Individualsoftware handelt, unzweifelhaft dem Warenbegriff unterfallen (für viele: Schmidt-Räntsch, in: Bamberger/Roth § 312b Rn 8), ist die
Lage bei Software, Text-, Musik- oder Bilddateien, die im Wege des Downloads
geliefert werden, weit weniger klar. Zum Teil wird alleine auf die Verkörperung der
Software auf einem materiellen Gedankenträger abgestellt, fehlt diese, so soll der
Download von Software und anderen Daten als Erbringung einer Dienstleistung zu
verstehen sein (so etwa Köhler/Arndt 91; Moritz CR 2000, 61, 67; Meents CR 2000, 610, 613;
Fuchs ZIP 2000, 1273, 1284; Spindler/Klöhn CR 2003, 81, 83; offen gelassen bei Schmidt-
Räntsch, in: Bamberger/Roth § 312b Rn 8). Auch die per Download erworbene Software
wird aber in der Regel vom Verbraucher auf seiner Festplatte oder mobilen Medien
gespeichert. Indem der Verbraucher die fortschreitenden Möglichkeiten der Technik
nutzt und sich dem Internet bedient, anstatt auf einen per Post versandten körper-
lichen Datenträger mit dem gleichen Inhalt zu warten, vereinfacht er den Vertrieb
der von ihm erworbenen Daten. Für die rechtliche Beurteilung der Software kann es
keinen Unterschied machen, auf welche Weise sie übertragen wird. Auch im Wege
des Downloads erworbene Software ist daher als Ware im Sinne des Fernabsatzrechts zu bewerten (so im Ergebnis auch MünchKomm/Wendehorst[4] § 312b Rn 31; Hk-Ver-
triebsR/Micklitz § 312b Rn 28; Härting § 1 FernAbsG Rn 54). Diese Auffassung wird bestätigt durch ein Urteil des BGH, in dem die Anwendbarkeit des Abzahlungsgesetzes auf den Software-Kauf überprüft wurde (BGH NJW 1990, 320, 321). Der
Entscheidung lag eine dem Download von Software ähnliche Situation zugrunde,
nämlich das Überspielen von Software mittels eines Kabels von einer Festplatte auf
die andere. Der BGH hatte keinen Zweifel daran, dass es sich hierbei um einen
Kaufvertrag über eine Sache und nicht etwa um einen Dienst- oder Werkvertrag
handelt. Per Download gelieferte Software kann unter Umständen auch als Erbringung einer Dienstleistung qualifiziert werden, jedoch nur, wenn bei objektiver Betrachtung nicht die hierbei übermittelten Daten der eigentliche Vertragsgegenstand
sind. Das ist zB der Fall, wenn die geschuldete Leistung vor allen Dingen in der
Zusammenstellung und Wartung von Daten besteht, wie es etwa bei einem Vertrag
über die Nutzung einer Datenbank der Fall ist (ebenso MünchKomm/Wendehorst[4] § 312b
Rn 31). Auch Verträge über die Erstellung von privaten (Klein-)Anzeigen sind Verträge über die Lieferung von Waren (ebenso Rath-Glawatz/Dietrich AfP 2000, 505, 506;
Hk-VertriebsR/Micklitz § 312b Rn 30). Solche **Zeitungsinserate** werden in der Zeitung
verkörpert, nachdem sie erstellt ist.

bb) Erbringung von Dienstleistungen

17 In der Begründung zum Regierungsentwurf des FernAbsG heißt es, dass die Erbringung von Dienstleistungen „Dienst-, Werk- oder Geschäftsbesorgungsverträge aller Art" umfasst (BT-Drucks 14/2658, 30). Aus dieser Begründung wird zum Teil geschlossen, dass nur Leistungen, die Gegenstand eines derartigen Vertrages sind, den Regelungen über Fernabsatzgeschäfte unterfallen sollen (so Roth JZ 2000, 1013, 1015; Fuchs ZIP 2000, 1273, 1274; Morath NZM 2001, 883, 884; Hk-VertriebsR/Micklitz § 312b Rn 31). Ein solches Verständnis des Dienstleistungsbegriffs ist jedoch zu eng und grenzt Rechtsgeschäfte ohne sachlichen Grund von den §§ 312b bis 312d aus. Die Anwendung der verbraucherschützenden Vorschriften über Fernabsatzgeschäfte würde vom Zufall abhängen, wenn man sie an der häufig zweifelhaften Bewertung eines Rechtsgeschäftes festmachte. Um ein möglichst hohes Schutzniveau für den Verbraucher zu gewährleisten, ist es erforderlich, den Dienstleistungsbegriff weit als Auffangtatbestand zu verstehen, der immer dann zum Tragen kommt, wenn es in dem Rechtsgeschäft nicht um die Lieferung einer Ware geht. Auch die Instanzgerichte neigen dazu, den Dienstleistungsbegriff nicht auf die in der Begründung des Regierungsentwurfes genannten Vertragstypen zu beschränken – Provider und **Hosting-Verträge**, die nach allgemeiner Auffassung als Mietverträge einzuordnen sind (Spindler, Vertragsrecht der Internet-Provider Teil V Rn 3 ff), wurden hier als Dienstleistungen qualifiziert, die als Fernabsatzgeschäft geschlossen werden können (LG Hamburg CR 2001, 475, 476; LG Itzehoe CR 2001, 788; s auch Rn 13).

18 Zu einem weiten Verständnis des Dienstleistungsbegriffs gelangt man zudem bei gemeinschaftskonformer Auslegung. Auch bei den Freiheiten des Gemeinschaftsrechts erfüllt der Dienstleistungsbegriff aus Art 50 EG eine Auffangfunktion und kommt immer dann zum Tragen, wenn die anderen gemeinschaftsrechtlichen Freiheiten nicht einschlägig sind. Eine Dienstleistung im Sinne von § 312b Abs 1 liegt daher vor bei allen Arten von geldwerten Leistungen, die nicht in der Lieferung einer Ware bestehen (für ein weites Verständnis des Begriffes auch Lütcke § 312b Rn 51; Härting § 1 Rn 55; Schmidt-Räntsch, in: Bamberger/Roth § 312b Rn 9; Palandt/Heinrichs[64] § 312b Rn 10; Härting/Schirmbacher MDR 2000, 917).

19 Auch wenn das Fernabsatzrecht vor dem Hintergrund des Versandhandels entstanden ist, so trifft es doch als „legislatorischer Querschläger" (Baum/Trafkowski CR 2001, 459, 463) auch andere Geschäftsbereiche. Eine Dienstleistung wird beispielsweise auch im Verhältnis zwischen Rechtsanwalt und Mandant erbracht. Die §§ 312b bis 312d sind daher zu beachten, wenn der Mandant als Verbraucher bewertet werden kann und die übrigen Voraussetzungen eines Fernabsatzgeschäftes gegeben sind (so auch Berger NJW 2001, 1530, 1532; Bürger NJW 2002, 465, 466; Baum/Trafkowski CR 2001, 459, 460). Das hat zur Folge, dass der Rechtsanwalt, der seinen Beratungsvertrag als Fernabsatzvertrag abschließt, Vorkehrungen zum Schutz des Verbrauchers treffen muss. Das Fernabsatzrecht gewinnt daher bei der **telefonischen Rechtsberatung** über sog Anwalts-Hotlines an Bedeutung. Diese Art der Beratung ist vom BGH für zulässig erachtet worden (BGH K&R 2003, 183, dazu Bousonville K&R 2003, 177). Der Rechtsanwalt muss bei telefonischer Beratung den Mandanten über das Widerrufsrecht spätestens bei Vertragsschluss schriftlich belehren. Zu beachten ist in diesem Zusammenhang, dass gemäß § 312d Abs 3 Nr 2 das Widerrufsrecht des Verbrauchers erlöschen kann, wenn der Rechtsanwalt mit der Bearbeitung fristgebundener Mandate beauftragt wurde.

Maklerverträge nach § 652 als Verträge über die Erbringung von Dienstleistungen **20** können ebenso den fernabsatzrechtlichen Vorschriften unterfallen wie Ehevermittlungsverträge nach § 656 (ausführlich STAUDINGER/REUTER [2003] §§ 652, 653 Rn 33). Die zum Teil vertretene Auffassung, der Maklervertrag falle als Vertrag eigener Art nicht unter den Dienstleistungsbegriff in § 312b Abs 1 (so MORAHT NZM 2001, 883, 884), verkennt den Auffangcharakter des Dienstleistungsbegriffes (s dazu Rn 13, 18). Im Übrigen ist ein Umkehrschluss aus der in § 312b Abs 3 Nr 3 in diesem Zusammenhang fruchtbar. Die Vorschrift schließt die Vermittlung von Finanzgeschäften vom Anwendungsbereich aus. Daraus folgt, dass die Vermittlung von Verträgen grundsätzlich ein Fernabsatzgeschäft darstellen kann. Andernfalls würde ein Ausschluss eines derartigen Rechtsgeschäftes keinen Sinn machen (vgl für die Einbeziehung von Maklerverträgen in den Dienstleistungsbegriff auch NEISES NZM 2000, 889, 890; MANKOWSKI ZMR 2002, 317, 326; PALANDT/HEINRICHS⁶⁴ § 312b Rn 10; STAUDINGER/REUTER [2003] § 652, 653 Rn 73; SCHMIDT-RÄNTSCH, in: BAMBERGER/ROTH § 312b Rn 9; MünchKomm/WENDEHORST⁴ § 312b Rn 28; Hk-VertriebsR/MICKLITZ § 312b Rn 32, wo die Begründung „Aus der Nichterwähnung des Maklervertrages in der Gesetzesbegründung kann nicht auf die Nichtanwendbarkeit der fernabsatzrechtlichen Vorschriften geschlossen werden" im Widerspruch zur zuvor geäußerten Auffassung, der Dienstleistungsbegriff umfasse nur Dienst-, Werk- und Geschäftsbesorgungsverträge, steht). Auch die Tätigkeit als Verwalter einer fremden Wohnungseigentumsanlage ist eine Dienstleistung (vgl MANKOWSKI ZMR 2002, 317, 322).

Übernimmt ein **Unternehmer** eine **Bürgschaft** gegenüber einem Dritten, um für eine **21** Schuld des Verbrauchers einzustehen, erbringt der Unternehmer dem Verbraucher eine Dienstleistung, so dass die §§ 312b ff Anwendung finden, wenn die übrigen Voraussetzungen gegeben sind. Die Schuld des Verbrauchers muss jedoch auf einem Rechtsgeschäft beruhen, das weder seiner gewerblichen noch seiner selbständigen beruflichen Tätigkeit zugerechnet werden kann. Ist der Verbraucher gegenüber seinem Gläubiger eine Verpflichtung eingegangen, die einen Zusammenhang zu seiner beruflichen Tätigkeit zeigt, spiegelt sich das im Verhältnis zwischen dem Bürgen (dem Unternehmer) und dem Verbraucher wieder, so dass die verbraucherschützenden Vorgaben über Fernabsatzgeschäfte nicht angewandt werden. Gleiches gilt, wenn der Unternehmer für die Schuld eines Dritten beim Verbraucher bürgt, wenn die Rechtsbeziehungen zwischen Drittem und Verbraucher privater Natur sind. Tritt jedoch der Verbraucher als Bürge für einen Unternehmer auf oder bürgt der Verbraucher einem Unternehmer für die Schuld eines Dritten, so liegt in keinem Fall ein Fernabsatzgeschäft vor. Sinn und Zweck der Vorschriften über Fernabsatzverträge ergeben ebenso wie deren systematischer Zusammenhang, dass der Unternehmer sich gegenüber dem Verbraucher zur Erbringung der Dienstleistung verpflichten muss. In den zuletzt genannten Fällen stellt aber der Verbraucher die Bürgschaft und erbringt damit die Dienstleistung, während der Unternehmer diese nur entgegennimmt. §§ 312b bis 312d können daher nicht zur Geltung kommen, wenn der Verbraucher bürgt oder eine andere Dienstleistung erbringt (MünchKomm/ WENDEHORST⁴ § 312b Rn 34 ff; LÜTCKE § 312b Rn 55; PALANDT/HEINRICHS⁶⁴ § 312b Rn 10, der von den erstgenannten im Übrigen zu Unrecht für die gegenteilige Auffassung genannt wird).

Verpflichtet sich der Unternehmer, dem Verbraucher den Zugang zum Internet zu **22** gewähren (sog **Provider-Vertrag**), so handelt es sich hierbei um die Verpflichtung zur Erbringung einer Dienstleistung mit der Folge, dass § 312b anzuwenden ist, wenn der Vertrag unter ausschließlicher Verwendung von Fernkommunikationsmitteln (zB per **Telefon**) geschlossen wurde (LG Hamburg CR 2001, 475, 476; LG Itzehoe CR 2001, 788). Auch Verträge über die Erbringung von **Mehrwertdiensten** im Fernsprechbereich wie etwa die Vermietung sog Dialer, die den Zugriff auf Datenbanken ermöglichen, werden in aller Regel als Fernabsatzverträge geschlossen und unterliegen damit den Bestimmungen des Fernabsatzrechts (LG Berlin CR 2003, 63, 64; HÄRTING CR 2003, 204). Auch wenn es zweifelhaft ist, inwieweit das Widerrufsrecht bei derartigen Verträgen wegen § 312b Abs 3 ausgeschlossen ist, so treffen den Unternehmer fraglos hier weitreichende Informationspflichten, die angesichts der Natur eines derartigen Geschäftes nur schwer zu erfüllen sein werden. Die durch ein Fernabsatzgeschäft angebotene Dienstleistung kann schließlich auch in der Weiterleitung eines Lottotipps an eine Lottogesellschaft bestehen (OLG Karlsruhe CR 2002, 682, 683).

cc) Finanzdienstleistungen

23 Abs 1 S 1 stellt nach der Neufassung der Vorschrift durch das Gesetz zur Änderung der Vorschriften über Fernabsatzverträge bei Finanzdienstleistungen nunmehr ausdrücklich klar, dass auch bei Verträgen über Finanzdienstleistungen die fernabsatzrechtlichen Vorgaben zu beachten sind. Das war nicht immer so. Das FernAbsG sah in § 1 Abs 3 Nr 3 in Übereinstimmung mit der Fernabsatzrichtlinie zunächst vor, dass Finanzdienstleistungen aus dem Anwendungsbereich des Gesetzes herausfallen. Im Zuge der Umsetzung der Richtlinie 2002/65/EG über den Fernabsatz von Finanzdienstleistungen an Verbraucher (FernAbsFinanzDienstRL) und die hiermit verbundene Änderung der Fernabsatzrichtlinie wurde diese Entscheidung dann rückgängig gemacht und der Anwendungsbereich der fernabsatzrechtlichen Regelungen auf Finanzdienstleistungen erweitert. In Anbetracht der früheren Rechtslage war es sinnvoll und richtig, dass der Gesetzgeber in Abs 1 S 1 betont hat, dass sich der Anwendungsbereich des Fernabsatzrechts nunmehr auch auf Finanzdienstleistungen erstreckt, die an und für sich als Unterfall des bereits in Abs 1 S 1 enthaltenen Dienstleistungsbegriffes keiner besonderen Erwähnung bedürften. Indem Finanzdienstleistungen extra erwähnt werden, wird darüber hinaus der Gefahr entgegengewirkt, dass Verwechslungen mit dem (inhaltlich unterschiedlichen) Finanzdienstleistungsbegriff aus § 1 Abs 1 lit a KWG auftreten.

24 **Finanzdienstleistungen** sind nach der **Legaldefinition** in Abs 1 S 2 „insbesondere" Bankdienstleistungen sowie Dienstleistungen im Zusammenhang mit einer Kreditgewährung, Versicherung, Altersversorgung von Einzelpersonen, Geldanlage oder Zahlung. Diese beispielhafte und nicht abschließend zu verstehende Aufzählung übernimmt damit den von Art 2 lit b FernAbsFinanzDienstRL vorgegebenen Finanzdienstleistungsbegriff, was dem aus dem 13. Erwägungsgrund der FernAbsFinanzDienstRL folgenden Prinzip der Maximal-Harmonisierung entspricht. Besonders gelungen ist diese Definition jedoch nicht, vermeidet sie es doch, eine allgemeingültige Erläuterung des Begriffes „Finanzdienstleistungen" zu geben und beschränkt sich stattdessen in einer beispielhaften Aufzählung von Rechtsgeschäften, die als Finanzdienstleistungen im Sinne von Abs 1 S 2 zu verstehen sind. Inhaltliche Unterschiede zwischen den nunmehr in den Anwendungsbereich eingeschlossenen Finanzdienstleistungen und der Bereichsausnahme aus Abs 3 Nr 3 aF bestehen nicht, so dass auf Erwägungen, die zum Begriff des Finanzgeschäfts im Sinne von Abs 3 Nr 3 aF angestellt worden sind, zurückgegriffen werden kann. Bei der Suche nach einer allgemeinverbindlichen Definition für den Begriff Finanzdienstleistung kann aber nicht auf die Erläuterung des Begriffes in § 1 Abs 1 lit a

KWG zurückgegriffen werden (so aber Lütcke § 312b Rn 98 ff). Der Gesetzgeber hat bewusst eine Legaldefinition in Abs 1 S 2 eingefügt, um die Unterschiede zu § 1 Abs 1 lit a KWG zu verdeutlichen (RegE Gesetz zur Änderung der Vorschriften über Fernabsatzverträge bei Finanzdienstleistungen, 18). Der in § 1 Abs 1 lit a KWG enthaltene Katalog bestimmt den Begriff der Finanzdienstleistung für den **Anwendungsbereich des KWG** abschließend (vgl Mattler-Fülbier, in: Boos/Fischer/Schulte § 1 KWG Rn 117) und stellt somit nur einen Teilbereich der Finanzdienstleistungen im Bereich des Fernabsatzrechts dar. Wie sich aus dem Wortlaut von Abs 1 S 2 ergibt („insbesondere"), ist das fernabsatzrechtliche Verständnis der Finanzdienstleistung umfassender als im KWG (so auch BT-Drucks 14/2658, 32). Neben den in Abs 1 S 2 genannten Beispielen muss daher auch bei anderen Dienstleistungen, die eine Erledigung von Finanzgeschäften betreffen, das Fernabsatzrecht beachtet werden.

Klassische Bankdienstleistungen sind die in § 1 Abs 1 KWG genannten Geschäfte, **25** also beispielsweise **Depotgeschäfte**, Einlagengeschäfte und Kreditgeschäfte, aber auch jedes andere Geschäft, das eine vergleichbare Dienstleistung zum Gegenstand hat. Eine typische Dienstleistung im Zusammenhang mit einer Kreditgewährung ist ein Darlehensvertrag, der zwischen einer Bank oder einem anderen unternehmerisch tätigen Darlehensgeber und dem Verbraucher geschlossen wird. Zu beachten ist bei **Verbraucherdarlehensverträgen** jedoch, dass diese bereits in den §§ 491 ff recht ausführlich geregelt sind und damit eine Konkurrenzsituation zu den verbraucherschützenden Vorschriften des Fernabsatzrechts entstehen kann, wenn der **Verbraucherdarlehensvertrag** unter ausschließlicher Verwendung von Fernkommunikationsmitteln geschlossen wird. Die Frage nach dem anwendbaren Recht beantwortet § 312b Abs 5 zwar im Sinne eines Günstigkeitsprinzips. Gleichwohl hätte bei Umsetzung der FernAbsFinanzDienstRL im Sinne einer besseren Übersichtlichkeit auch ein geschlossener Regelungsstandort geschaffen werden können, indem man die Vorgaben der Richtlinie durch eine Neufassung der §§ 491 ff umgesetzt und Verbraucherdarlehensverträge auch weiterhin vom Anwendungsbereich des Fernabsatzrechts ausgeschlossen hätte. Für diese Alternative hätte auch gesprochen, dass sich das Schutzniveau der §§ 491 ff nicht von dem der Fernabsatzregelungen unterscheidet. Der Gesetzgeber hat sich jedoch sehenden Auges dazu entschlossen, Verbraucherdarlehensverträge in den Anwendungsbereich des Fernabsatzrechts einzubeziehen und damit eine Konkurrenzsituation zwischen den unterschiedlichen verbraucherschützenden Vorschriften zu schaffen. Begründet wurde dies mit den unterschiedlichen Anforderungen an die Form der vom Unternehmer zu übermittelnden Informationen, die von der FernAbsFinanzDienstRL und § 492 gestellt werden. Eine umfassende Neuregelung der Informationspflichten beim Verbraucherdarlehensvertrag in § 492 hielt der Gesetzgeber vor allen Dingen im Hinblick auf die sich abzeichnende Richtlinie über den Verbraucherschutz bei Verbraucherkreditverträgen (Richtlinienvorschlag der Kommission v 11. 9. 2002, KOM [2002] 443 endg) für wenig sinnvoll, da noch erheblicher Beratungsbedarf hinsichtlich des genaueren Inhalts der neuen Richtlinie besteht (vgl RegE Gesetz zur Änderung der Vorschriften über Fernabsatzverträge bei Finanzdienstleistungen, BT-Drucks 15/2946, 19).

Die Vermittlung von Darlehensverträgen ist auch vor der Umsetzung der FernAbs- **26** FinanzDienstRL in den Anwendungsbereich des Fernabsatzrechts gefallen, so dass sich insoweit keine Änderungen ergeben. Eine Dienstleistung im Zusammenhang mit **Versicherungen** ist etwa der Vertrieb von **Lebensversicherungen** über das **Inter-**

net. Vertreibt der Unternehmer Rentenfonds über das Internet, erbringt er eine Dienstleistung im Zusammenhang mit der Altersversorgung von Einzelpersonen. Hierin kann aber – abhängig vom Anlageziel des Verbrauchers – auch eine Dienstleistung im Zusammenhang mit einer Geldanlage liegen. Es wird deutlich, dass im Sinne eines umfassenden Verbraucherschutzes der Begriff der Finanzdienstleistung weit zu verstehen ist. Verträge über die Führung eines Girokontos fallen ebenso hierunter wie Wertpapierkäufe und der Abschluss von Sparverträgen.

27 An der Bewertung von **Finanzierungsleasingverträgen** als Finanzdienstleistung könnten insofern Zweifel entstehen, als der Grundcharakter eines Leasingvertrages eher dem eines Mietvertrages entspricht. Bei Finanzierungsleasingverträgen hat die Leistung des Leasinggebers aber im Unterschied zum normalen Leasingvertrag keine nähere Beziehung zum Leasinggegenstand, sondern beschränkt sich auf die Vorfinanzierung. Der Leasingnehmer sucht im Allgemeinen den Leasinggegenstand nach von ihm bestimmten Kriterien aus, der Leasinggeber (in der Regel eine Bank) beschränkt sich auf die Finanzierung des Geschäftes. Auch beim Finanzierungsleasing handelt es sich daher um eine Finanzdienstleistung im Sinne von Abs 1 S 2 (so auch MünchKomm/WENDEHORST[4] § 312b Rn 74; SCHMIDT-RÄNTSCH VuR 2000, 427, 428; **aA** MICKLITZ/REICH 11).

b) Fernkommunikationsmittel

28 Die fernabsatzrechtlichen Regelungen können nur angewandt werden, wenn der **Vertragsschluss unter ausschließlicher Verwendung von Fernkommunikationsmitteln** erfolgt ist. § 312b Abs 2 definiert Fernkommunikationsmittel als Kommunikationsmittel, die zur Anbahnung oder zum Abschluss eines Vertrages zwischen einem Verbraucher und einem Unternehmer ohne gleichzeitige körperliche Anwesenheit der Vertragsparteien eingesetzt werden können. Der Gesetzgeber hat hierbei den Wortlaut von Art 2 Nr 4 FernAbsRL ohne Änderungen übernommen. Kommunikationsmittel in diesem Sinne ist jedes technische Hilfsmittel, das den zwischenmenschlichen Austausch von Informationen ermöglicht (vgl HÄRTING § 1 Rn 17).

29 Die FernAbsRL nennt in ihrem Anhang I eine beispielhafte, nicht abschließende Liste von Kommunikationstechniken, die als Fernkommunikationsmittel gelten sollen: Drucksachen ohne Anschrift, Drucksachen mit Anschrift, vorgefertigte Standardbriefe, Pressewerbung mit Bestellschein, Katalog, telefonische Kommunikation mit Person als Gesprächspartner, telefonische Kommunikation mit Automaten als Gesprächspartner (Voice-Mail-System, Audiotext), Hörfunk, Bildtelefon, Videotext (Mikrocomputer, Fernsehbildschirm) mit Tastatur oder Kontaktbildschirm, elektronische Post, Fernkopie (Telefax) sowie Fernsehen **(Teleshopping)**. Der deutsche Gesetzgeber hat bei der Umsetzung der Richtlinie darauf verzichtet, eine solche Liste zu übernehmen und stattdessen in Übereinstimmung mit der im deutschen Recht gängigen Regelungstechnik typische Beispiele in den Text der Vorschrift selbst aufgenommen. So nennt § 312b Abs 2 zweiter Halbsatz als Fernkommunikationsmittel Briefe, Kataloge, **Telefonanrufe**, Telekopien (hiermit ist die Kommunikation per Telefax gemeint), **E-Mails** (vgl zu Beweislastproblemen bei E-Mails und sonstigen online abgegebenen Willenserklärungen ERNST MDR 2003, 1091; ROSSNAGEL/PFITZMANN NJW 2003, 1209) sowie Rundfunk, Tele- und Mediendienste. Die Aufzählung ist nicht abschließend. Zu beachten ist, dass die Kommunikationsmittel des klassischen Versandhandels (zB Kataloge) ebenso genannt werden wie moderne elektronische

Medien (Tele- und Mediendienste). Der Begriff eines Tele- oder Mediendienstes entspricht hierbei den Definitionen in den einschlägigen Gesetzen. Ein Teledienst ist gemäß § 2 Abs 1 TDG jeder elektronische Informations- und Kommunikationsdienst, der für eine individuelle Nutzung von kombinierbaren Daten wie Zeichen, Bildern oder Tönen bestimmt ist und dem eine Übermittlung mittels Telekommunikation zugrunde liegt. Kommunizieren Verbraucher und Unternehmer über eine Plattform im Internet, so liegt ein Vertragsschluss per Teledienst vor. Entsprechend der Konkretisierung des Teledienst-Begriffes in § 2 Abs 2 TDG sind Telebanking (§ 2 Abs 2 Nr 1 TDG), das Abfragen von Informationen wie etwa Börsen- oder Wetterdaten (§ 2 Abs 2 Nr 2 TDG), die Teilnahme an einem **Telespiel** via **Internet** (§ 2 Abs 2 Nr 4 TDG) oder der **Erwerb von Waren über das Internet** (§ 2 Abs 2 Nr 5 TDG) Teledienste und damit Kommunikationsmittel nach § 312b Abs 2. Mediendienste sind nach § 1 Abs 1 MDStV an die Allgemeinheit gerichtete Informations- und Kommunikationsdienste in Text, Ton oder Bild, die unter Benutzung elektromagnetischer Schwingungen ohne Verbindungsleitung oder mittels eines Leiters verbreitet werden. Hinter dieser etwas sperrigen Definition verbergen sich zB **Videotext** (§ 2 Abs 2 Nr 3 MDStV), **Online-Zeitungen** (§ 2 Abs 2 Nr 4 MDStV) oder das **Teleshopping** (§ 2 Abs 2 Nr 1 MDStV). Ein Fernkommunikationsmittel, das in der beispielhaften Aufzählung nicht genannt ist, jedoch ebenso zur Anbahnung oder zum Abschluss eines Vertrages zwischen einem Verbraucher und einem Unternehmer ohne gleichzeitige Anwesenheit der Vertragsparteien eingesetzt werden kann, ist die Versendung sogenannter SMS (*„short message service"*) durch Mobiltelefone.

Das **Internet** kann ein Kommunikationsmittel sein, wenn es dazu genutzt wird, **30** Geschäfte zwischen **Verbrauchern** und **Unternehmern**, wie etwa der gewerblichen Betreibung eines Onlineportals, durch das Lottospieltipps gegen ein Entgelt an eine Lottospielgesellschaft weitergeleitet werden, zu ermöglichen (OLG Karlsruhe CR 2002, 682). Nicht erforderlich ist, dass ein und dasselbe Fernkommunikationsmittel bis zum Abschluss des Vertrages benutzt wird. Ein Fernabsatzvertrag liegt daher auch dann vor, wenn Unternehmer und Verbraucher ausschließlich über **Internet, Telefon** und **Briefe** kommuniziert haben.

Bei **Rechtsgeschäften, die unter Einschaltung von Stellvertretern** abgeschlossen wer- **31** den, müssen die fernabsatzrechtlichen Vorgaben nicht beachtet werden, sofern die Stellvertreter nicht selbst ausschließlich Fernkommunikationsmittel nutzen. Zwar sind auch Stellvertreter prinzipiell geeignet, den Vertragsschluss zwischen Verbraucher und Unternehmer ohne gleichzeitige Anwesenheit der Vertragsparteien zu ermöglichen. Jedoch widerspricht es bereits dem allgemeinen Sprachverständnis, natürliche Personen als Kommunikations*mittel* im Sinne von § 312b Abs 2 zu verstehen. Darüber hinaus sprechen der erkennbare Wille des Gesetzgebers wie Sinn und Zweck der Vorschriften dagegen, die Einschaltung von Stellvertretern als ausschließliche Verwendung von Fernkommunikationsmitteln zu verstehen (so auch MünchKomm/WENDEHORST[4] § 312b Rn 41; Hk-VertriebsR/MICKLITZ § 312b Rn 37; HÄRTING § 1 Rn 38; LÜTCKE § 312b Rn 67; FUCHS ZIP 2000, 1273, 1275; ROTH JZ 2000, 1013, 1015; WALDENBERGER K&R 1999, 345, 346). Aus den Wertungen der §§ 164 ff ergibt sich zudem, dass Handlungen des Vertreters denen des Vertretenen gleichstehen und dieser sich im Rahmen der Vertretungsmacht behandeln lassen muss, als habe er selbst die Erklärungen abgegeben. Vor diesem Hintergrund kann es keinen Unterschied machen, ob der Unternehmer selbst in persönlichen Kontakt zum Verbraucher tritt oder einen

Vertreter schickt. In beiden Fällen findet ein persönlicher Kontakt zwischen Verbraucher und Unternehmer statt, so dass das Fernabsatzrecht unanwendbar bleibt.

32 Lange Zeit war zweifelhaft, ob der **Einsatz von Boten beim Vertragsschluss** oder bei seiner Anbahnung stets bedeutet, dass zwischen Verbraucher und Unternehmer eine direkte Kommunikation stattfindet und damit das Fernabsatzrecht nicht angewandt werden kann. Vieles sprach dafür. Zwar treten Boten gerade nicht als Stellvertreter des Geschäftsherrn auf, sondern werden nach einer gängigen Definition „anstelle eines Briefes geschickt", so dass der Rechtsgedanke der §§ 164 ff nicht herangezogen werden kann. Gleichwohl tritt auch beim Vertragsschluss durch einen Boten dem Verbraucher eine menschliche Person unmittelbar gegenüber, so dass sich der Verbraucher ein Bild von dem Boten machen kann, welches unweigerlich auf den Unternehmer zurückfällt. Die Vertragsanbahnung bzw der Vertragsschluss erfolgt dann nicht durch die in § 312b Abs 2 zweiter Halbsatz genannten automatisierten Abläufe. Das Fernabsatzrecht will den Verbraucher aber gerade vor dem anonymen Unternehmer, der sich hinter Hochglanzprospekten und aufwändig gestalteten Werbeanzeigen versteckt, schützen. Für den Boten sollte schon deshalb nichts anderes gelten als für den Stellvertreter, so dass auch ein zur Vertragsanbahnung bzw zum Vertragsschluss eingesetzter Bote nicht als Fernkommunikationsmittel betrachtet werden kann (so auch Hk-VertriebsR/Micklitz § 312b Rn 37; Härting § 1 Rn 38; Lütcke § 312b Rn 67; Palandt/Heinrichs[64] § 312b Rn 8; Schäfer, Das neue Schuldrecht 8. Kapitel Rn 35; Fuchs ZIP 2000, 1273, 1275). Der **BGH** ist dieser Auffassung entgegengetreten (BGH ZIP 2004, S 2240, 2241). Tritt der Bote bei Vertragsschluss oder Vertragsanbahnung in direkten Kontakt zum Verbraucher, kann es jedoch über die Beschaffenheit des Vertragsgegenstandes keine näheren Auskünfte geben, steht das der Annahme eines Fernabsatzvertrages nicht entgegen. In dem der Entscheidung zugrundeliegenden Sachverhalt hatte der Unternehmer die Deutsche Post AG beauftragt, die Unterschrift des Verbrauchers unter das Vertragsformular im Wege des Postident 2-Verfahrens einzuholen. Der Mitarbeiter der Post konnte hier keine Auskünfte über den Vertragsinhalt geben. Ob diese Einzelfallentscheidung auf Sachverhalte übertragen werden kann, bei denen der Bote des Unternehmers kein Mitarbeiter der Deutschen Post AG ist, bleibt abzuwarten. Insbesondere in den oben geschilderten Fällen ist es auch weiterhin denkbar, dass der Verbraucher bei dem Einsatz eines Boten nicht mehr schutzbedürftig ist. Dem BGH ist aber zuzugestehen, dass kein Unterschied zwischen dem von ihm zu entscheidenden Sachverhalt und einem Vertragsschluss durch den Austausch von Briefen besteht, bei denen der Verbraucher dem Postzusteller nicht notwendigerweise persönlich gegenübersteht (BGH aaO, S 2242). Es wäre daher nicht gerechtfertigt, dem Verbraucher den Schutz des Fernabsatzrechts zu entziehen.

33 § 147 S 2 behandelt ein über das **Telefon** abgegebenes Angebot als Angebot unter Anwesenden. Hierdurch wird dem Umstand Rechnung getragen, dass der Gesprächspartner am Telefon die Möglichkeit besitzt, sofort auf das Angebot zu reagieren. Trotz der räumlichen Distanz besteht damit die Möglichkeit, den Vertragspartner unmittelbar wahrzunehmen (MünchKomm/Kramer[4] § 147 Rn 2). § 147 S 2 ändert freilich nichts daran, dass Telefone als Fernkommunikationsmittel im Sinne von § 312b Abs 1 anzusehen sind. „Ohne gleichzeitige körperliche Anwesenheit" im Sinne von § 312b Abs 2 meint, dass sich die Parteien nicht am selben Ort aufhalten, was bei einem Telefonat regelmäßig der Fall ist; hierüber geht die Fiktion des § 147

S 2 nicht hinaus. §§ 312b bis 312d enthalten ebenso wenig wie die Fernabsatzrichtlinie Regelungen darüber, wie der im Fernabsatz geschlossene Vertrag zustande
kommt (vgl RegE FernAbsG BT-Drucks 14/2658, 31). Insbesondere bleiben die Grundsätze
der §§ 145 ff unberührt. Der Zeitpunkt, in dem ein Vertrag mit der Annahme des
telefonisch unterbreiteten Angebots als geschlossen gilt, hat keine Auswirkungen
darauf, ob beim Vertragsschluss die fernabsatzrechtlichen Regelungen zu beachten
sind (so auch SCHMIDT-RÄNTSCH, in: BAMBERGER/ROTH § 312b Rn 17; MünchKomm/WENDE-
HORST[4] § 312b Rn 39; Hk-VertriebsR/MICKLITZ § 312b Rn 37; LÜTCKE § 312b Rn 70; HÄRTING § 1
Rn 21; ROTH JZ 2000, 1013, 1015).

c)   Ausschließlichkeit der Verwendung
Damit ein Fernabsatzvertrag angenommen werden kann, müssen bis zum **Vertrags-**   **34**
schluss ausschließlich Fernkommunikationsmittel eingesetzt worden sein.

aa)   Verwendung bei Vertragsanbahnung und Vertragsschluss
Der Wortlaut von § 312b Abs 1 legt den Schluss nahe, dass ein Fernabsatzvertrag   **35**
vorliegt, wenn allein der Vertragsschluss selbst unter ausschließlicher Verwendung
von Fernkommunikationsmitteln erfolgt ist, es dagegen unschädlich ist, wenn sich
Unternehmer und Verbraucher bei den **Vertragsverhandlungen** persönlich begegnet
sind. Das Fernabsatzrecht würde dann auch gelten, wenn die Vertragsverhandlungen
bei gleichzeitiger Anwesenheit von Unternehmer und Verbraucher etwa in den
Geschäftsräumen des Unternehmers stattgefunden hätten. Ein solches Verständnis
widerspricht jedoch dem Schutzzweck des Gesetzes. Der Verbraucher bedarf bei
einem Fernabsatzgeschäft insbesondere deshalb besonderen Schutzes, weil er sich
vor dem Abschluss des Vertrags gerade kein Bild von dem Unternehmer und dessen
wirtschaftlicher Seriosität machen konnte. Findet jedoch ein Treffen zwischen den
Vertragsparteien statt, so ist der Verbraucher zumindest in dieser Beziehung nicht in
besonderem Maße gefährdet und daher auch nicht besonders schutzbedürftig. Der
Verbraucher muss aber während des gesamten „Kontinuums der Vertragsbeziehungen" (REICH EuZW 1997, 581, 583) schutzbedürftig sein und § 312b Abs 1 muss daher so
verstanden werden, dass sowohl die Vertragsanbahnung als auch der Vertragsschluss
selbst unter ausschließlicher Verwendung von Fernkommunikationsmitteln zu erfolgen hat. Hat dagegen ein persönliches Verkaufsgespräch zwischen Verbraucher und
Unternehmer stattgefunden, so bleibt kein Raum für die Schutzvorschriften des
Fernabsatzrechtes. Das Fernabsatzrecht gilt jedoch auch dann bei Verträgen, die
auf telefonische Bestellung bei einer Bestellhotline zustande kommen, wenn bei
Auslieferung der Ware dem Verbraucher durch einen Mitarbeiter des Logistikun-
ternehmers ein Vertrag zur Unterschrift vorgelegt wird (so zu Recht OLG Schleswig NJW
2004, 231, 232; zustimmend SCHMITTMANN K&R 2004, 361, 362). Der Vertrag bestand schon
zuvor. Der Unternehmer hat das Angebot des Verbrauchers konkludent angenommen, indem er die Ware versandt hat. Die Unterzeichnung des Vertrages gehörte
dann zu den Versandmodalitäten und hat nur noch deklaratorische Bedeutung.

Im Übrigen spricht einiges dafür, dass die fehlende Erwähnung der **Vertragsanbah-**   **36**
nung in § 312b Abs 1 auf ein **Redaktionsversehen des Gesetzgebers** zurückzuführen
ist (so auch HÄRTING § 1 Rn 68). In der etwas kryptisch formulierten Definition des
Fernabsatzvertrages in § 1 Abs 1 RefE-FernAbsG hieß es, dass das dem Vertrag
zugrunde liegende Vertriebs- und Dienstleistungssystem so organisiert sein müsse,
dass für „**Vertragsanbahnung** und **Vertragsschluss**" ausschließlich Fernkommunika-

tionsmittel verwendet würden. Diese Formulierung wurde bei der Neufassung anscheinend übersehen – auch die Entwurfsverfasser gingen gleichwohl davon aus, dass
der Kontakt zwischen **Verbraucher** und **Unternehmer** nur über Fernkommunikationsmittel laufen sollte (BT-Drucks 14/2658, 30 f).

37 Auch eine **an der zugrundeliegenden Richtlinie orientierte Auslegung** der Vorschrift
spricht deutlich dafür, dass sich die Schutzwirkungen des Fernabsatzrechtes nur
entfalten, wenn während der gesamten Vertragsbeziehungen ausschließlich Fernkommunikationsmittel verwendet werden. Art 2 Nr 1 FernAbsRL setzt für den
Vertragsabschluss im Fernabsatz voraus, dass „für den Vertrag bis zu dessen Abschluss selbst" ausschließlich Fernkommunikationstechniken verwendet werden.
Aus dem vom europäischen Gesetzgeber gewählten Wortlaut wird deutlich, dass
Gespräche, die zur **Vertragsanbahnung** genutzt werden, ebenfalls unter ausschließlicher Verwendung von Fernkommunikationsmitteln geführt werden müssen, um die
tatbestandlichen Voraussetzungen eines Fernabsatzvertrages zu erfüllen (so auch
MünchKomm/WENDEHORST § 312b Rn 46; Hk-VertriebsR/MICKLITZ § 312b Rn 44; LÜTCKE
§ 312b Rn 61; HÄRTING § 1 Rn 69; MEENTS CR 2000, 610, 611).

bb) Teleologische Reduktion des Merkmals „ausschließlich"?

38 In Einzelfällen kann es unbillig sein, dass der Verbraucher die Schutzmechanismen
des Fernabsatzrechtes verlieren soll, nur weil im Zeitraum der Vertragsanbahnung
ein kurzer, persönlicher Kontakt zwischen Verbraucher und Unternehmer stattgefunden hat. So kann sich der Verbraucher, der anlässlich einer privaten Veranstaltung mit einem Unternehmer ins Gespräch kommt und hierbei erste Schritte der
Vertragsanbahnung unternimmt, ungeachtet der persönlichen Begegnung in der
Regel kein Bild von der wirtschaftlichen Zuverlässigkeit des Unternehmers und
dem Zustand der in Aussicht gestellten Ware machen. Um in diesen Fällen zu sach-
und interessengerechten Ergebnissen zu gelangen, wird vereinzelt vorgeschlagen, in
diesen Fällen nur dann das Fernabsatzrecht anzuwenden, wenn **eine den Haustürgeschäften nach §§ 312, 312a vergleichbare Situation** gegeben ist (so HÄRTING § 1 Rn 70 ff).
Dieser Ansatz verkennt jedoch, dass vielfältige Konstellationen denkbar sind, in
denen der persönliche Kontakt zwischen Unternehmer und Verbraucher nicht die
Voraussetzungen von § 312 Abs 1 Nr 1 erfüllt (überzeugend MünchKomm/WENDEHORST[4]
§ 312b Rn 47). So wird der Verbraucher vom Unternehmer nur dann im Sinne von
§ 312 Abs 1 S 1 „zum Vertragsschluss bestimmt", wenn die durch die Vertragsanbahnung an der Haustür hervorgerufene Überraschungssituation noch fortdauert.
Eine solche Überraschungssituation wurde zB verneint, als zwischen der Haustürsituation, bei der es der Verbraucher zunächst ablehnte, den ihm angetragenen Vertrag abzuschließen, und dem späteren telefonischen Vertragsschluss ein Zeitraum
von 6 Wochen gelegen hat (OLG Köln WM 2000, 2139, 2145). Hält man sich an den
Wortlaut von § 312b Abs 1, dann bleibt in einem solchen Fall – obschon der Vertragsschluss unter ausschließlicher Verwendung von Fernkommunikationsmitteln
erfolgt ist – für das Fernabsatzrecht kein Raum, da der Verbraucher sich ein persönliches Bild von der Zuverlässigkeit des Unternehmers machen konnte. Die Regelungen über Haustürgeschäfte in §§ 312, 312a sind daher ein untaugliches Mittel, um
in rechtssicherer Art und Weise für den Verbraucher auch dann einen möglichst
hohen Schutz zu gewährleisten, wenn die Schutzvorschriften des Fernabsatzrechtes
aufgrund einer vorherigen persönlichen Begegnung von Verbraucher und Unternehmer nicht angewandt werden können.

Damit der Verbraucher auch in der obigen Konstellation hinreichend geschützt ist, **39** wird vorgeschlagen, den **Begriff „Ausschließlichkeit" teleologisch zu reduzieren** (Hk-VertriebsR/Micklitz § 312b Rn 46; Lütcke § 312b Rn 62). Die Anwendung der Fernabsatzregelungen soll danach nur dann ausgeschlossen sein, wenn der Verbraucher bei dem persönlichen Kontakt zu dem Unternehmer die Möglichkeit hatte, sich über alle für den Vertragsschluss wesentlichen Umstände zu informieren (Palandt/Heinrichs[64] § 312b Rn 8; MünchKomm/Wendehorst[4] § 312b Rn 47; Hk-VertriebsR/Micklitz § 312b Rn 47; Lütcke § 312b Rn 62). Die für den Vertragsschluss wesentlichen Umstände seien dem Katalog in § 312c Abs 1 S 1 Nr 1 iVm § 1 BGB-InfoV zu entnehmen. Wenn dem Verbraucher die hier genannten Informationen zugänglich gemacht worden sind, könne von einer fernabsatztypischen Gefährdungssituation nicht mehr gesprochen werden (MünchKomm/Wendehorst[4] § 312b Rn 27). Darüber hinaus wird gefordert, dass zwischen dem ersten persönlichen Kontakt des Verbrauchers mit dem Unternehmer und dem eigentlichen Vertragsschluss selbst ein unmittelbarer zeitlicher Zusammenhang bestehen müsse, um die Anwendung des Fernabsatzrechts auszuschließen. Nur in einem solchen Fall könne davon gesprochen werden, dass der Vertrag unter ausschließlicher Verwendung von Fernkommunikationsmitteln geschlossen worden sei (Lütcke § 312b Rn 62; Palandt/Heinrichs[64] § 312b Rn 8). Bei Verträgen über die Lieferung von Waren wird darüber hinaus gefordert, dass der Verbraucher die Möglichkeit hatte, die Ware in Augenschein zu nehmen (Hk-VertriebsR/Micklitz § 312b Rn 47).

Im Hinblick auf einen möglichst weitgehenden Schutz für den Verbraucher ist es **40** unstreitig erforderlich, gewisse Mindestanforderungen an die Qualität des persönlichen Kontakts zwischen Verbraucher und Unternehmer zu stellen. Äußerst problematisch ist es aber, eine mit hinreichender Rechtssicherheit zu beurteilende Grenze zu benennen, deren Überschreitung dazu führt, dass der Verbraucher nicht in gleichem Maße schutzbedürftig ist, wie es die Regelungen des Fernabsatzes vorsehen. Eine solche Grenze ist unter Berücksichtigung des Wortlauts von § 312b Abs 1 nicht zu finden. Die zum Teil geäußerten Bedenken, dass der Unternehmer bei strenger Auslegung des Begriffs die Möglichkeit besitzt, den lästigen Vorgaben des Fernabsatzrechts zu entgehen, indem er persönlichen Kontakt zum Verbraucher aufnimmt, lassen sich auch mit Hilfe der geltenden Gesetzeslage beseitigen. Das Umgehungsverbot in § 312f S 2 bietet dem Verbraucher, der vom Unternehmer alleine deswegen kontaktiert wird, um die Anwendung der Fernabsatzregelungen auszuschließen, hinreichenden Schutz. Darüber hinaus ist auch der Gesetzgeber davon ausgegangen, dass jede Form des persönlichen Kontaktes zwischen Verbraucher und Unternehmer dazu führt, dass das Fernabsatzrecht unanwendbar bleibt. In der Begründung des Regierungsentwurfes zum Fernabsatzgesetz heißt es ohne weitere Einschränkung, dass Vertreterbesuche oder die Einschaltung eines Dritten, der nicht ausschließlich Fernkommunikationsmittel nutzt, zur Unanwendbarkeit der Fernabsatzvorschriften führt (BT-Drucks 14/2658, 30). Diese Entscheidung des Gesetzgebers ist zu respektieren, so dass – von Umgehungsfällen abgesehen – **jede Form des persönlichen Kontaktes im Zeitraum der Vertragsanbahnung** dazu führt, dass die Fernabsatzregelungen nicht anzuwenden sind (so auch Gössmann MMR 1998, 88, 89; Grigoleit NJW 2002, 1151, 1152; Fuchs ZIP 2000, 1273, 1275; Ring Teil III Rn 18).

cc) „Verwendung" des Fernkommunikationsmittels

Der Unternehmer „verwendet" Fernkommunikationsmittel, wenn er sie bewusst **41** und mit dem Ziel einsetzt, einen Vertrag mit einem Verbraucher abzuschließen. Das folgt aus dem Wortlaut von Art 2 Nr 1 FernAbsRL („wobei dieser [der Lieferer] für den Vertrag ausschließlich eine oder mehrere Fernkommunikationsmittel einsetzt" Vgl auch MICKLITZ, in: GRABITZ/HILF Bd 2 A3 Rn 18). Zwei Voraussetzungen müssen also erfüllt sein: Zum einen müssen die Fernkommunikationsmittel bewusst eingesetzt werden, zum anderen muss der Einsatz auf den Abschluss eines Vertrages gerichtet sein. Setzt der Unternehmer die Fernkommunikationsmittel nur zufällig ein, so kann von einer Verwendung im Sinne von § 312 Abs 1 keine Rede sein. Dass ein Unternehmer, der nur zufällig ein Fernkommunikationsmittel nutzt, nicht den Fallstricken des Fernabsatzrechts ausgeliefert sein soll, zeigt sich in einer weiteren Voraussetzung: der Vertragsschluss muss im Rahmen eines für den Fernabsatz organisierten Vertriebs- oder Dienstleistungssystems erfolgt sein. Liegt ein solches vor, ist es ausgeschlossen, dass der Unternehmer das Fernkommunikationsmittel nur zufällig gebraucht.

42 Schwierigkeiten dürfte es in der Praxis bereiten, Werbe- und **Informationsveranstaltungen** von **Vertragsanbahnungsgesprächen** abzugrenzen. Zum Teil wird deshalb vorgeschlagen, ein Vertragsanbahnungsgespräch nur anzunehmen, wenn der Einsatz der Medien eine *invitatio ad offerendum* darstellt (so Hk-VertriebsR/MICKLITZ § 312b Rn 38). Bei Unstimmigkeiten darüber, ob das Fernkommunikationsmittel zum Vertragsschluss eingesetzt wird oder nicht, ist auf die Sicht eines verständigen Verbrauchers abzustellen (für die FernAbsRL MICKLITZ, in: GRABITZ/HILF Bd 3 A3 Rn 25). Durfte dieser die Kontaktaufnahme durch den Unternehmer als Einladung zur Abgabe eines Angebotes zum Vertragsschluss verstehen, so liegt eine Verwendung eines Fernkommunikationsmittels im Sinne der Vorschrift vor.

dd) Vertragsschluss und Vertragserfüllung

43 Die Frage, ob nur der Vertragsschluss selbst oder auch die **Leistungserbringung** unter ausschließlicher Verwendung von Fernkommunikationsmitteln zu erfolgen hat, ist in erster Linie bei Verträgen über die Erbringung von Dienstleistungen von Bedeutung. Aus nicht ohne weiteres nachvollziehbaren Gründen wurde sie vereinzelt im Zusammenhang mit der Erläuterung des für den Fernabsatz organisierten Vertriebs- und Dienstleistungssystems diskutiert (etwa bei AG Wiesloch JZ 2002, 671; MünchKomm/ WENDEHORST § 312b Rn 50 ff). Die Frage, ob das Fernabsatzrecht nicht angewendet werden kann, weil bei der Erfüllung des Vertrages ein persönlicher Kontakt zwischen Unternehmer und Verbraucher stattgefunden hat, ist jedoch schon rein begrifflich losgelöst davon zu bewerten, ob der Unternehmer über ein für den Fernabsatz organisiertes Vertriebs- oder Dienstleistungssystem verfügt. Nichts anderes ergibt sich bei genauerer Betrachtung von Abs 1 S 1. Fernabsatzverträge sind danach Verträge, die unter ausschließlicher Verwendung von Fernkommunikationsmitteln geschlossen werden, es sei denn der Vertragsschluss selbst ist nicht im Rahmen eines für den Fernabsatz organisierten Vertriebs- und Dienstleistungssystems erfolgt. Will man nun das Fernabsatzrecht nicht auf solche Fälle anwenden, in denen die Vertragserfüllung unter gleichzeitiger Präsenz der Parteien erfolgt, so kann dies mit dem Wortlaut des Gesetzes nur dadurch vereinbart werden, dass man den Begriff des Vertragsschlusses weit auslegt und auch die Erfüllung des Vertrags hierunter fasst. Der Vertragsschluss selbst wird aber im systematischen Zusammenhang mit der ausschließlichen Verwendung von Fernkommunikationsmitteln geprüft. Auch wenn der Begriff „Vertragsschluss" bei der Formulierung „im Rahmen eines für den Fernabsatz organisierten Vertriebs- oder Dienstleistungssystems" erneut auftaucht, so kann hiermit kein anderer Vertragsschluss gemeint sein als der, der bereits im Rahmen der ausschließlichen Verwendung von Fernkommunikationsmitteln geprüft wurde.

Das AG Wiesloch geht in seiner Entscheidung (JZ 2002, 671) ohne nähere Begrün- **44** dung davon aus, dass auch die **Leistungserbringung im Fernabsatz** erfolgen müsse. Es sei nur möglich, nicht unter den Schutzzweck des Fernabsatzrechtes fallende Konstellationen von dessen Anwendung freizuhalten, wenn auch die Art und Weise der Leistungserbringung berücksichtigt werde. Diese Auffassung hat in der Literatur nur vereinzelt Unterstützung gefunden (MünchKomm/WENDEHORST[4] § 312b Rn 50 ff). Zur weiteren Begründung der Annahme, dass auch die Vertragserfüllung unter ausschließlicher Verwendung von Fernkommunikationsmitteln erfolgen müsse, wird vorgebracht, dass Verträge nur dann zum Schutzzweck des Fernabsatzrechtes passten, wenn der Unternehmer sich die Vorteile von Fernkommunikationsmitteln auch bei der Vertragserfüllung zugute kommen lasse.

Entgegen dieser Auffassung entspricht es aber sowohl der europäischen Vorgabe der **45** Fernabsatzrichtlinie als auch dem Sinn und Zweck des Fernabsatzbegriffes in § 312b Abs 1, dass die **Leistungserbringung** selbst nicht im Wege des Fernabsatzes erfolgen muss (so auch SCHMIDT-RÄNTSCH, in: BAMBERGER/ROTH § 312b Rn 11; LÜTCKE § 312b Rn 58; BÜRGER JZ 2002, 671, 672; PÜTZHOVEN, Europäischer Verbraucherschutz im Fernabsatzrecht 48). Art 2 Abs 1 der FernAbsRL stellt für die Anwendbarkeit der Richtlinie den auf Vertragsabschluss, nicht auf den Zeitpunkt der Leistungserbringung ab. Sieht man diese Regelung im Zusammenhang mit dem Schutzzweck der Richtlinie, der ua im 14. Erwägungsgrund deutlich wird und darin besteht, dass der Verbraucher in der Praxis keine Möglichkeit hat, vor Abschluss des Vertrags das Erzeugnis zu sehen oder die Eigenschaften der Dienstleistung im Einzelnen zur Kenntnis zu nehmen, so wird deutlich, dass allein auf den Zeitpunkt des Vertragsschlusses abzustellen ist. Zum Zeitpunkt der Leistungserbringung besteht bereits eine Leistungsverpflichtung des Unternehmers, von der sich der Verbraucher nur noch über das Widerrufsrecht trennen kann. Aus dem Kontext der fernabsatzrechtlichen Regelungen ergibt sich aber, dass der Verbraucher nur dann schutzwürdig ist, wenn er sich vor dem Vertragsschluss kein umfassendes Bild von seinem Vertragspartner machen konnte. Dieser Schutz kommt für den Verbraucher zu spät, wenn der Vertrag durch den Unternehmer bereits erfüllt wurde. Dies wird bei Verträgen, die die Erbringung von Dienstleistungen zum Gegenstand haben, in der Regel erst dann sein, wenn die Widerrufsfrist abgelaufen ist – wie sich aus der Wertung § 312d Abs 3 ergibt, wird kaum ein Unternehmer mit der Ausführung der Dienstleistung beginnen, bevor die Widerrufsfrist abgelaufen ist. Diese Regelung wäre sinnlos, wenn nach der Leistungserbringung eine neue Frist zu laufen begänne. Der Anwendung von § 312b steht es daher nicht entgegen, wenn die Leistungserbringung selbst nicht mehr im Wege des Fernabsatzes erfolgt.

d) Organisiertes Vertriebs-/Dienstleistungssystem

Die Anwendung des Fernabsatzrechts ist ausgeschlossen, wenn der Vertragsschluss **46** nicht im Rahmen eines für den Fernabsatz **organisierten Vertriebs- und Dienstleistungssystem**s erfolgt ist. Durch diese Einschränkung sollen Geschäfte, die unter gelegentlichem und eher zufälligem Einsatz von Fernkommunikationsmitteln geschlossen werden, vom Anwendungsbereich der Vorschriften ausgeschlossen werden

(RegE FernAbsG BT-Drucks 14/2658, 30). Bei **zufälligem Einsatz von Fernkommunikationsmitteln** greift der Schutzzweck der Regelungen nicht – in diesen Fällen besteht
kein erhöhtes Schutzbedürfnis des Verbrauchers und es wäre unangemessen, den
Unternehmer mit umfangreichen Informationspflichten zu belasten. Gedacht ist
hierbei insbesondere an Fälle, bei denen ein Einzelhändler ausnahmsweise ein Kaufangebot über das Telefon entgegennimmt und die bestellte Ware an den Verbraucher ausliefert. Warum sollte hier der Geschäftsverkehr des Unternehmers unangemessen belastet werden? Jedenfalls nicht, um die Interessen des Verbrauchers zu
schützen. Dieser befindet sich nicht in einer fernabsatztypischen Gefährdungslage.
Er schließt das Geschäft nicht mit einem anonymen Unternehmer, über den er keine
weitergehenden Informationen besitzt und auf den er durch einen Hochglanz-Wer-
beprospekt aufmerksam gemacht wurde, sondern mit einem ihm bekannten Ge-
schäftsmann. Aus diesem Grund fallen Gelegenheitskäufe, bei denen der Unternehmer nur zufällig Fernkommunikationsmittel verwandt hat, nicht unter den Begriff der Fernabsatzgeschäfte. Zum Teil wird vertreten, dass dies nicht gelten solle,
wenn die Initiative zum Vertragsschluss vom Unternehmer ausging, da sich dieser in
einem solchen Fall die Vorteile des Fernabsatzes bewusst zu Nutzen mache (so
Lütcke § 312b Rn 74). Hierdurch würde aber der Ausgleich, den das Fernabsatzrecht
zwischen den Interessen des Unternehmers und des Verbrauchers schafft, einseitig
zuungunsten des Unternehmers beseitigt. Der geregelte Geschäftsbetrieb eines Unternehmers, der nur ausnahmsweise einen Verbraucher telefonisch über etwa die
Veröffentlichung eines vom Verbraucher lang erwarteten Buchs informiert und es
diesem dann per Post zukommen lässt, würde unzumutbar beeinträchtigt werden,
wenn er in diesem Fall dem Fernabsatzrecht ausgesetzt wäre. Im Übrigen fehlt es
auch in dieser Konstellation an der für den Fernabsatz typischen Gefährdungslage.
Gelegenheitskäufe unterliegen deswegen auch dann nicht den Schutzregelungen des
Fernabsatzrechts, wenn die Initiative zum Vertragsschluss vom Verbraucher ausging
(so auch Schmidt-Räntsch, in: Bamberger/Roth § 312b Rn 14; Reich EuZW 1997, 581, 583).

47 Ebenfalls **nicht erforderlich** ist, dass der Unternehmer sein **gesamtes Vertriebssystem
über Fernkommunikationsmittel** abwickelt (so auch Lütcke § 312b Rn 73; Ring § 1 Rn 21).
Die fernabsatzrechtlichen Regelungen finden dann aber nur für den Teil des Vertriebs Anwendung, der im Wege des Fernabsatzes abgewickelt wird. Ob der Vertrag
zwischen Unternehmer und Verbraucher in einem solchen Fall im Rahmen eines für
den Fernabsatz organisierten Vertriebs- oder Dienstleistungssystems geschlossen
wurde oder ob sich der **Unternehmer** einer anderen Vertriebsform bedient hat, ist
aus der Sicht eines objektiven Dritten zu beurteilen (so auch Lütcke § 312b Rn 79;
Kamanabrou WM 2000, 1417, 1421; **aA** Reich EuZW 1997, 581, 583 der auf die subjektive Sicht
des vernünftigen Verbrauchers abstellt).

aa) Anforderungen

48 Bislang nur unscharf konturiert ist es, unter welchen Umständen ein für den Fernabsatz organisiertes Vertriebs- und Dienstleistungssystem angenommen werden
kann. Abgesehen von der vagen Erläuterung, dass der Unternehmer in personeller
und sachlicher Ausstattung innerhalb seines Betriebs die erforderlichen organisatorischen Voraussetzungen geschaffen haben muss, um regelmäßig im Fernabsatz zu
tätigende Geschäfte zu bewältigen, schweigt der Gesetzgeber zu dieser Frage und
will sogar „die **Konkretisierung der Abgrenzung im Einzelfall der Rechtsprechung**"
überlassen (RegE FernAbsG BT-Drucks 14/2658, 31). Soweit ersichtlich hat sich aus der

Rechtsprechung bislang nur das AG Wiesloch mit dem Thema beschäftigt (AG Wiesloch JZ 2002, 671), wenn auch nicht im systematisch korrekten Zusammenhang. Die in dem Urteil erörterte Frage, ob nur der Vertragsschluss oder auch die Leistungserbringung unter ausschließlicher Verwendung von Fernkommunikationsmitteln zu erfolgen hat, ist nämlich (wie dargestellt in Rn 34 f) eine Frage der in § 312b Abs 1 normierten Voraussetzung des ausschließlichen Gebrauchs von Fernkommunikationsmitteln.

Im **Schrifttum** lassen sich Ansätze für ein weites Verständnis des Begriffs und die **49** damit einhergehende Ausdehnung des Anwendungsbereichs des Fernabsatzrechts ebenso finden wie Argumente für eine restriktive Auslegung. So wird zum Teil vertreten, dass bereits das bloße Bereitstellen von Telefon und Telefax ausreiche, um ein organisiertes Vertriebs- und Dienstleistungssystem anzunehmen (so BAUM/ TRAFKOWSKI CR 2001, 459, 461). Während diese Position deutlich zu weit geht und bei konsequenter Anwendung zu einer uferlosen Ausweitung des Anwendungsbereichs der fernabsatzrechtlichen Regelungen führen würde, geht der überwiegende Teil der in der Literatur vertretenen Auffassungen (PALANDT/HEINRICHS[64] § 312b Rn 11; Hk-VertriebsR/MICKLITZ § 312b Rn 50; BECKER 14; HÄRTING § 1 Rn 74 ff; SCHMIDT-RÄNTSCH, in: BAMBERGER/ROTH § 312b Rn 11; MünchKomm/WENDEHORST[4] § 312b Rn 52 ff; FUCHS ZIP 2000, 1273, 1275; WENDEHORST DStR 2000, 1311, 1313; PIEPENBROCK/SCHMITZ K&R 2000, 378, 379; MEENTS CR 2000, 610, 611; LORENZ JuS 2000, 833, 838; KAMANABROU WM 2000, 1417, 1420) von dem Grundsatz aus, den der Gesetzgeber aufgestellt hat: „Die Existenz eines organisierten Vertriebssystems verlangt, dass der Unternehmer in personeller und sachlicher Ausstattung innerhalb seines Betriebs die Voraussetzungen geschaffen hat, die notwendig sind, um regelmäßig im Fernabsatz Geschäfte zu tätigen" (BT-Drucks 14/2658, 30). Dieser Weichenstellung folgend besteht **Uneinigkeit über die genauere Ausgestaltung seiner einzelnen Elemente**.

Zum Teil wird zwischen faktischen Fernabsatzsystemen, die wie etwa Handwerks-, **50** Reinigungs- oder Wartungsbetriebe schon allein aufgrund der Verkehrssitte einen Großteil ihrer Geschäfte im Fernabsatz abschließen und sich daher schon deshalb den Regelungen des Fernabsatzrechts unterwerfen müssen, und Schein-Fernabsatzsystemen unterschieden (MünchKomm/WENDEHORST[4] § 312b Rn 53). Bei einem **Schein-Fernabsatzsystem** könne ein organisiertes Vertriebssystem angenommen werden, wenn der Unternehmer dem Verbraucher gegenüber den Anschein erwecke, eine größere Anzahl von Verträgen im Fernabsatz zu tätigen. Als Indiz hierfür gelte, dass der Unternehmer mit der Möglichkeit der telefonischen Bestellung und der Zusendung der Ware werbe (so auch PALANDT/HEINRICHS[64] § 312b Rn 11) – nicht ausreichend sei demgegenüber, dass die Telefonnummer des Unternehmers auf dessen Internetseite oder im Telefonbuch abgedruckt ist, da diese auch nur dazu dienen könne, dass sich der Verbraucher mit Informationen versorgt, ohne dabei gleichzeitig einen Vertrag abzuschließen (MünchKomm/WENDEHORST[4] § 312b Rn 53).

Andere sehen ein Indiz dafür, dass die organisatorischen Voraussetzungen eines für **51** den Fernabsatz organisierten Vertriebs- oder Dienstleistungssystems gegeben sind, in erster Linie darin, dass der Unternehmer in der **Werbung** klar zu erkennen gibt, dass bei der Erfüllung des Vertrags gerade auf Fernkommunikationsmittel gesetzt wird (Hk-VertriebsR/MICKLITZ § 312b Rn 50). Überwiegend wird der Begriff des organisierten Vertriebssystems weit ausgelegt. So wird im Sinne eines möglichst weitgehenden Anwendungsbereichs der fernabsatzrechtlichen Regelungen wird eine **Internet-Seite, die dem Verbraucher eine Bestellung ermöglicht**, für ausreichend gehalten, wenn hierbei deutlich gemacht wird, dass die Abwicklung der Bestellung unter Zuhilfenahme von Fernkommunikationsmitteln erfolgt (so BECKER 15; LORENZ JuS 2000, 833, 838; PIEPENBROCK/SCHMITZ K&R 2000, 378, 379; KAMANABROU WM 2000, 1417, 1420 f).

52 Fast ebenso zahlreich sind jedoch Stimmen, die den **Begriff eng verstehen** wollen, um den Unternehmer nicht bei allen Verträgen, die im Zusammenhang mit Fernkommunikationsmitteln geschlossen werden, mit den umfangreichen Informationsverpflichtungen des Fernabsatzrechts zu belasten. So wird vertreten, dass es vor allen Dingen darauf ankomme, dass der Unternehmer einen eigenen Vertriebskanal für den Fernabsatz durch organisatorische Voraussetzungen eingerichtet hat (HÄRTING § 1 Rn 75; LÜTCKE § 312b Rn 75). Ein solcher Vertriebskanal liege vor, wenn dem Unternehmer in ausreichendem Maße Personal- und Sachmittel zur Verfügung stünden, die eine regelmäßige Abwicklung von Geschäften im Wege der Fernkommunikation ermöglichten (so HÄRTING § 1 Rn 76). Auch sei auf die Art der vom Unternehmer genutzten Kommunikationsmittel abzustellen, wobei ein Vertriebskanal aufgrund der fernabsatzspezifischen Gefahrenlage je nach Konstellation des Einzelfalls unterschiedlich zu beurteilen sei (LÜTCKE § 312b Rn 77).

53 In Ermangelung einer Konkretisierung des Begriffs eines organisierten Vertriebssystems durch die Rechtsprechung bringen auch die bisherigen Stimmen der Literatur **kaum Licht ins Dunkel** und bleiben ähnlich vage wie die Stellungnahme des Gesetzgebers. Ihnen ist jedoch zuzugestehen, dass in Anbetracht der bewusst offenen Formulierung die Konstellationen eines organisierten Vertriebssystems derartig vielfältig sind, dass eine umfassende Definition nicht zu finden sein dürfte. Nichtsdestotrotz spricht die **Entstehungsgeschichte von § 312b** ebenso wie die der Vorschrift zugrunde liegende Richtlinie dagegen, bei der Beurteilung der Frage, ob ein für den Fernabsatz organisiertes Vertriebs- bzw Dienstleistungssystem gegeben ist, allzu strenge Maßstäbe anzulegen. § 312b will einen möglichst weitgehenden **Schutz des Verbrauchers** erreichen. Dieses Ziel kann nicht erreicht werden, wenn dem Unternehmer durch ein enges Verständnis des Begriffs die Möglichkeit gegeben wird, sich der Anwendung der fernabsatzrechtlichen Regelungen zu entziehen. Der richtige Ansatz dürfte daher in der Tat darin liegen, darauf abzustellen, dass der Unternehmer sein Geschäft dem Verbraucher gegenüber so darstellt, als sei es zumindest zu einem nicht unerheblichen Teil darauf ausgerichtet, Geschäfte im Wege des Fernabsatzes zu schließen (so auch überzeugend MünchKomm/WENDEHORST[4] § 312b Rn 53 f). Ein derartiger Eindruck wird erweckt, wenn der Unternehmer ausdrücklich – in den Gelben Seiten, im Internet oder auf andere Weise – damit wirbt, dass Bestellungen auch unter Zuhilfenahme von Fernkommunikationsmitteln abgegeben werden können. So wird gewährleistet, dass der Unternehmer, der zu seinem Nutzen im Fernabsatz tätig wird auch dessen Nachteile zu tragen hat. Ein besonderer Aufwand in organisatorischer oder personeller Hinsicht ist hierbei nicht erforderlich, da solche Dinge nur die Innenstruktur des Unternehmens betreffen, für den Verbraucher aber keine Auswirkungen haben und er sie ja auch häufig gar nicht erkennen kann. Da die Regelungen den Schutz des Verbrauchers in fernabsatztypischen Gefährdungslagen bezwecken, ist darauf abzustellen, ob der Unternehmer – unabhängig von seiner personellen Struktur – den Eindruck vermittelt, als sei der Vertrieb im Wege des Fernabsatzes normaler, alltäglicher Teil seines Geschäfts.

bb) Beweislastverteilung

Die Fernabsatzrichtlinie sieht vor, dass der **Verbraucher** die Beweislast dafür trägt, **54** dass ein für den Fernabsatz organisiertes Vertriebs- oder Dienstleistungssystem vorliegt (MICKLITZ/REICH, Die Fernabsatzrichtlinie im deutschen Recht, 7). Der deutsche Gesetzgeber ist diesem Weg nicht gefolgt und hat „zur Erleichterung für die Praxis" (BT-Drucks 14/2658, 31) dafür gesorgt, dass das Fernabsatzrecht nur dann nicht gilt, wenn der **Unternehmer** nachweisen kann, dass er nicht über ein derartiges System verfügt. Gegen eine solche Verteilung der Beweislast wird vorgebracht, dass aufgrund der unscharfen Formulierung ein derartiger Beweis nur schwerlich gelingen mag und daher jedes unter Verwendung von Fernkommunikationsmitteln geschlossene Rechtsgeschäft für den Unternehmer mit den Schutzregelungen des Fernabsatzrechts belastet ist, wodurch der Unternehmer über das Maß des Vertretbaren hinaus benachteiligt würde (MEENTS CR 2000, 610, 611). Dies mag zutreffen, jedoch widerspricht es dem Schutzzweck des Gesetzes, die Beweislast dem Verbraucher aufzuerlegen. Der Verbraucher hat in aller Regel keinen Einblick in die Unternehmensstruktur seines Vertragspartners, so dass der Beweis für ein Vertriebssystem von ihm kaum zu führen sein wird. Der Unternehmer kann hingegen in den Fällen, in denen trotz ausschließlicher Verwendung von Fernkommunikationsmitteln der Anwendungsbereich des Fernabsatzrechts mangels Vertriebssystem nicht eröffnet ist, seine Strukturen leichter offen legen und dadurch den erforderlichen Nachweis erbringen.

Dafür, dass zum **Vertragsschluss** ausschließlich Fernkommunikationsmittel verwandt **55** worden sind, trägt nach den allgemeinen Regelungen der **Verbraucher** die Beweislast.

e) Besonderheiten bei der Einbeziehung von AGB im Fernabsatz

Verwendet der Unternehmer beim Vertragsschluss AGB, sind auch abseits der im **56** Rahmen der Informationspflichten auftretenden Probleme (s § 312c Rn 32) einige Besonderheiten zu beachten. Diese betreffen vor allem die **Einbeziehung der AGB** in den Fernabsatzvertrag. Schwierigkeiten können entstehen, wenn zu beurteilen ist, ob der Verbraucher ausdrücklich auf die AGB hingewiesen wurde, § 305 Abs 2 Nr 1. Insbesondere bei Fernabsatzverträgen, die über das **Internet** geschlossen werden, müssen einige Hürden überwunden werden, damit von einer wirksamen Einbeziehung ausgegangen werden kann. Den Anforderungen von § 305 Abs 2 Nr 1 ist jedoch Genüge getan, wenn auf der Internetseite des Unternehmers unmittelbar oberhalb der „Bestellen"-Schaltfläche ein deutlich hervorgehobener Hinweis zu lesen ist, dem entnommen werden kann, dass der Verbraucher durch die Bestellung erklärt, mit den AGB einverstanden zu sein und dem Verbraucher die Möglichkeit gegeben wird, die AGB abzurufen (so LG Essen MMR 2004, 49). Auf diese Weise kann der Hinweis von einem Durchschnittskunden selbst bei flüchtiger Betrachtung schwerlich übersehen werden. Im Übrigen erklärt der Verbraucher sich zumindest konkludent mit der Geltung der AGB einverstanden, indem er die Bestellung tätigt.

Bestimmungen in AGB benachteiligen den Verbraucher entgegen den Geboten von 57 Treu und Glauben unangemessen und sind daher nach § 307 Abs 1 unwirksam, wenn durch sie das Recht zur Rückgabe benutzter oder nicht mehr original verpackter Ware ausgeschlossen wird (LG Waldshut-Tiengen, Beschl v 7. 7. 2003 – 3 O 22/03; zustimmend SCHMITTMANN K&R 2004, 361, 362). Ebenso ist es dem Unternehmer verboten, in seine

AGB Regelungen aufzunehmen, die festlegen, dass die Frist zur Ausübung des
Rückgaberechts mit dem Rechnungsdatum beginnt und in denen als Erfüllungsort
der Gerichtsstand des Verkäufers bestimmt ist (vgl LG Waldshut-Tiengen, Beschl v
7.7. 2003 – 3 O 22/03).

3. Ausgenommene Verträge

58 Nicht bei allen Verträgen, die zwischen einem Verbraucher und einem Unternehmer
unter ausschließlicher Verwendung von Fernkommunikationsmitteln geschlossen
werden, müssen die Sonderregelungen des Fernabsatzrechts beachtet werden. Vielmehr sieht schon die Fernabsatzrichtlinie in Art 3 eine Reihe von Ausnahmen vor,
für die das Fernabsatzrecht nicht gelten soll. Die Fernabsatzrichtlinie nimmt in
diesem Katalog eine Binnendifferenzierung vor, durch die bestimmte Verträge vom
Anwendungsbereich der Richtlinie gänzlich, andere wiederum nur teilweise ausgenommen wurden (kritisch hierzu MICKLITZ, in: GRABITZ/HILF Bd 2 A3 Rn 11). Der deutsche
Gesetzgeber hat diese Unterscheidung nicht übernommen, da – abgesehen von den
den Anwendungsbereich regelnden Art 1 bis 3 der Richtlinie – nur Art 4, 6 und 7
Abs 1 Fernabsatzrichtlinie umgesetzt wurden, auf die sich auch die Ausnahmen von
Art 3 Abs 2, die eingeschränkt unter den Anwendungsbereich der Richtlinie fallen,
beziehen. Die übrigen Vorgaben der Fernabsatzrichtlinie wurden durch allgemeine,
für alle Verträge geltende Vorschriften umgesetzt, so dass sie auch für die in Art 3
Abs 2 genannten Bereichsausnahmen gelten (BT-Drucks 14/2658, 31; diese Position führt
freilich zu Problemen bei der Umsetzung von Art 7 der Richtlinie, vgl hierzu Hk-VertriebsR/MICK-
LITZ § 312b Rn 66 f; ARTZ VuR 1999, 249).

59 Im Übrigen wurden die Ausnahmeregelungen der **Richtlinie nahezu wortgleich** übernommen. Über den Anwendungsbereich der Richtlinie ist der deutsche Gesetzgeber
nur hinausgegangen, indem auch auf Verträge, die bei einer **Versteigerung** geschlossen wurden, das Fernabsatzrecht angewandt werden kann. Art 3 Abs 1 fünfter Spiegelstrich der Richtlinie hat demgegenüber solche Verträge vom Anwendungsbereich
der Richtlinie ausgeschlossen. Der Referentenentwurf des Fernabsatzgesetzes sah in
§ 1 Abs 3 Nr 7 lit c in Anlehnung an die Richtlinie noch vor, dass das Fernabsatzrecht für Versteigerungen überhaupt nicht gelten soll. Diese würden unangemessen
behindert, hätte der Verbraucher ein gesetzliches **Widerrufsrecht** (RefE FernAbsG
Referat I B 2 3420/12-4, 77). Der Gesetzgeber ließ sich aber anscheinend von kritischen
Stimmen (zB ROTH/SCHULZE RIW 1999, 924, 925 f) überzeugen, die zu Recht darauf
hinwiesen, dass der Verbraucher auch bei einer Versteigerung im Internet nicht die
Möglichkeit habe, die Ware vor Erteilung des Zuschlags in Augenschein zu nehmen
und daher unter den Schutzbereich des Fernabsatzrechts falle. Den Besonderheiten
einer Versteigerung ist der Gesetzgeber dann insofern gerecht geworden, als dem
Verbraucher nach geltendem Recht (§ 312d Abs 4 Nr 5) bei Versteigerungen kein
Widerrufsrecht zustehen soll. Die darüber hinausgehende Forderung, dem Verbraucher auch bei Online-Versteigerungen ein gesetzliches Widerrufsrecht zu gewähren,
da der Verbraucher hier durch den aleatorischen Reiz besonders schutzwürdig sei,
würde dazu führen, dass die Rechtssicherheit im Geschäftsverkehr verloren ginge.
Online-Auktionen (zu denen nicht die Fälle zählen, bei denen der Verkäufer auf einer Internetplattform seine Waren zum Verkauf anbietet und mit dem Höchstbietenden einen Kaufvertrag
schließt, vgl BGH NJW 2004, 2011) zeichnen sich wie reguläre Auktionen gerade dadurch
aus, dass der Zuschlag einen endgültigen Charakter besitzt.

Indem der Gesetzgeber wohl auch aus Zeitnot die **Bereichsausnahmen** der Richtlinie 60
nahezu wortgleich übernommen hat, wurde die Chance verpasst, die Lehren aus dem
Gesetzgebungsverfahren auf europäischer Ebene zu ziehen, das geprägt war von
Auseinandersetzungen um die Reichweite der **Bereichsausnahmen**. Hierzu sind Stellungnahmen verschiedenster Lobbyverbände erhältlich, die gute Argumente für eine
Lösung enthalten, die von der Richtlinie abweicht (vgl Hk-VertriebsR/Micklitz § 312b
Rn 64). Die in Abs 3 genannten Vertragstypen sind im Wesentlichen aus drei Erwägungen aus dem Anwendungsbereich herausgenommen worden – bei einem Teil
der Bereichsausnahmen liegt es in der Natur des Vertrags selbst, dass es zu unzweck-
mäßigen Ergebnissen führte, wenn man das Fernabsatzrecht auf sie anwendet (insb
Abs 3 Nr 5, 7a und b). Andere Bereichsausnahmen betreffen Rechtsgeschäfte, in
denen der Verbraucher bereits durch nationales Recht (Abs 3 Nr 4), bereits umge-
setzte (Abs 3 Nr 6) oder noch umzusetzende Richtlinien (Abs 3 Nr 3) in ausreichendem Maße geschützt wird, so dass ein zusätzlicher Schutz durch das Fernabsatzrecht
keine Vorteile mit sich brächte, sondern nur dazu führte, dass geltendes Verbraucherschutzrecht unübersichtlicher werden würde. Schließlich schließt Abs 3 Verträge
vom Anwendungsbereich aus, die im deutschen Recht in Spezialgesetzen bereits
abschließend geregelt sind und daher für den Verbraucher vergleichbare Schutz-
bestimmungen existieren (Abs 3 Nr 1 und 2).

a) Fernunterricht
Nicht angewandt werden die fernabsatzrechtlichen Regelungen auf Verträge, für die 61
das Fernunterrichtsschutzgesetz **(FernUSG)** gilt, § 312b Abs 3 Nr 1. Das sind gemäß
§ 1 Abs 1 FernUSG Verträge über Dienstleistungen, nämlich Fernunterricht, bei
denen Lernender und Lehrender zumindest überwiegend räumlich getrennt sind und
der Lehrende den Lernerfolg überwacht. Fernunterrichtsverträge werden häufig im
Fernabsatz geschlossen, jedoch ist das nicht zwangsläufig der Fall. Im Unterschied zu
§§ 312b bis 312d setzt das FernUSG nicht einen Vertrag zwischen Unternehmer und
Verbraucher voraus, sondern gilt auch bei Verträgen, die zwischen Unternehmern
geschlossen werden (vgl Bülow NJW 1993, 2387, 2388).

Auch wenn der grundsätzliche **Anwendungsbereich** des Fernabsatzrechts nur teil- 62
weise identisch mit dem des FernUSG ist, so sind die **Schutzmechanismen** doch
vergleichbar: die Informationspflichten aus § 3 FernUSG entsprechen nahezu wortgleich denen aus § 312c und das Widerrufsrecht des Verbrauchers, das nach § 4
FernUSG binnen einer Frist von 2 Wochen bzw 6 Monaten ausgeübt werden muss,
ist für den Verbraucher sogar günstiger als das Widerrufsrecht aus §§ 312d Abs 1,
355 Abs 1 S 2. Gleichwohl sah sich der Gesetzgeber durch die Besonderheiten des
Fernunterrichts – so ist zB in § 12 FernUSG vorgesehen, dass die Zulassung von
Fernunterrichtslehrgängen von einer Behörde überwacht wird – daran gehindert, das
FernUSG ins Fernabsatzrecht zu integrieren, und hat daher durch Art 5 des Ge-
setzes über Fernabsatzverträge und andere Fragen des Verbraucherrechts das Fern-
USG an die Vorgaben der Fernabsatzrichtlinie angeglichen (vgl BT-Drucks 14/2658, 31).
Insbesondere § 3 FernUSG, der Form und Inhalt des Fernunterrichtsvertrags regelt,
wurde im Zuge der Umsetzung der Fernabsatzrichtlinie an die Vorgaben des neuen
Rechts angepasst. Darüber hinaus entsprechen die in § 4 FernUSG geregelten Vor-
aussetzungen für die Ausübung des Widerrufsrechts nunmehr den Vorgaben des
Fernabsatzrechts – das zuvor bestehende Schriftformerfordernis wurde aufgegeben.

63 Im Fernunterrichtsrecht muss der **Lernerfolg vom Lehrenden überprüft** werden (§ 1 Abs 1 Nr 2 FernUSG). Auf **bloße Kaufverträge über Lehrmaterialien** wie Lehrbücher, Skripten oder CD-ROMs wird das FernUSG daher nicht angewandt, so dass ein Unternehmer, der diese Materialien im Fernabsatz vertreibt, die Vorgaben der §§ 312b bis 312d beachten muss. Gleiches gilt zB bei Verträgen, durch die dem Verbraucher der Zugriff auf online angebotene Lehrprogramme gewährt wird, wenn der Lernerfolg nicht von einem Lehrenden überprüft wird. Lehrender und Lernende müssen bei der entgeltlichen Vermittlung von Kenntnissen oder Fähigkeiten ausschließlich oder überwiegend räumlich getrennt sein, § 1 Abs 1 Nr 1 FernUSG, damit das FernUSG angewandt werden kann und damit die Vorgaben des Fernabsatzrechts nicht beachtet zu werden brauchen. Eine überwiegende räumliche Trennung liegt vor, wenn die wesentliche Vermittlung der Lerninhalte durch fernkommunikative Unterrichtsmethoden erfolgt (vgl Faber/Schade § 1 Rn 11 ff). Dies wird zu bejahen sein, wenn der Lernerfolg nicht in erster Linie durch Unterrichtsmethoden hervorgerufen wurde, die erfordern, dass Lehrender und Lernender unmittelbar zusammentreffen, sondern die erzielt wurden, indem Fernkommunikationsmittel genutzt wurden, um die Lerninhalte zu übermitteln. Selbst wenn Lehrender und Lernender während des Fernunterrichts kurzzeitig zusammentreffen, hat das nicht zwangsläufig zur Folge, dass kein Fernunterricht vorliegt. Solange die Treffen nur dazu dienen, bereits erworbene Kenntnisse zu wiederholen und zu vertiefen, bestehen keine Bedenken dagegen, das FernUSG anzuwenden.

b) Teilnutzung von Wohngebäuden

64 Nicht angewandt wird das Fernabsatzrecht ferner auf Verträge über die Teilnutzung von **Wohngebäuden**, § 312b Abs 1 Nr 2. Nach Art 13 Abs 1 FernAbsRL sollen die Regelungen der Richtlinie nicht gelten, wenn speziellere Gemeinschaftsvorschriften existieren. Solche bestehen hinsichtlich von Teilzeit-Wohnrechteverträgen in Gestalt der Richtlinie 94/47/EG des EP und des Rates vom 26.10.1994 zum Schutz der Erwerber in Hinblick auf bestimmte Aspekte von Verträgen über den Erwerb von Teilzeitnutzungsrechten an Immobilien (Time-Sharing-Richtlinie), die in Deutschland zunächst durch das Teilzeit-Wohnrechtegesetz (TzWrG) vom 1.1.1997 umgesetzt und dann im Zuge der Schuldrechtsreform in die §§ 481 ff eingefügt wurde. Diese Vorschriften bieten für den Verbraucher einen ausreichenden Schutz, so dass „eine unübersichtliche Kumulation von Rechten und Pflichten" (BT-Drucks 14/2658, 32) verhindert wurde, indem man Teilzeit-Wohnrechteverträge aus dem fernabsatzrechtlichen Anwendungsbereich herausnahm. In den Vorschriften über Teilzeit-Wohnrechteverträge finden sich die klassischen Instrumentarien des Verbraucherschutzes, die auch das Fernabsatzrecht zu bieten hat: § 482 in Verbindung mit § 2 BGB-InfoV verpflichtet den Unternehmer dazu, dem Verbraucher umfassende Informationen zukommen zu lassen und § 485 gewährt dem Verbraucher ein Widerrufsrecht, welches innerhalb einer Frist von zwei Wochen auszuüben ist.

65 **Teilzeit-Wohnrechteverträge** sind nach § 481 Abs 1 S 1 in Verbindung mit Abs 3 Verträge, durch die ein Unternehmer einem Verbraucher gegen Zahlung eines Gesamtpreises das Recht verschafft oder zu verschaffen verspricht, für die Dauer von mindestens drei Jahren ein Wohngebäude oder den Teil eines Wohngebäudes jeweils für einen bestimmten oder zu bestimmenden Zeitraum des Jahres zu Erholungs- oder Wohnzwecken zu nutzen. Das Fernabsatzrecht gilt also für Teilzeit-Wohnrechteverträge unter vier Voraussetzungen nicht: Der Vertrag muss zwischen einem Verbraucher und einem Unternehmer geschlossen werden; es muss sich um die (Teil-)Nutzung eines Wohngebäudes handeln; diese muss zu Erholungs- oder Wohnzwecken erfolgen; das Wohnrecht muss zu einem Zeitraum von mindestens 3 Jahren eingeräumt werden.

Unter einem **Wohngebäude** ist hierbei jedes Bauwerk zu verstehen, dessen primärer **66** Zweck es ist, den dauerhaften Aufenthalt von Menschen zu ermöglichen, wobei ein Wohngebäude nur aus einer Wohnung bestehen kann, es aber auch als Gebäudekomplex mit mehreren Wohneinheiten denkbar ist (vgl Staudinger/Martinek [2004] § 481 Rn 12). Ein Gebäude ermöglicht es Menschen, sich zu Wohnzwecken dauerhaft in ihm aufzuhalten, wenn die einzelnen Wohneinheiten voneinander abtrennbar, Schlafgelegenheiten und sanitäre Anlagen vorhanden sind. Dagegen ist eine Küche nicht erforderlich, um ein Bauwerk als Wohngebäude qualifizieren zu können (Staudinger/Martinek [2004] § 481 Rn 12). Erforderlich ist weiterhin, dass das Gebäude genutzt wird, um dort zu wohnen oder um sich in ihm zu erholen. Das bedeutet freilich nicht, dass der Erwerber des Teilzeit-Wohnrechts selbst das Gebäude zu diesen Zwecken nutzen muss, er kann das **Timesharing**-Objekt ohne weiteres vermieten oder es sogar mit dem Ziel erwerben, es mit Gewinn weiterzuveräußern, solange er hierbei zu privaten und nicht etwa zu gewerblichen bzw selbständigberuflichen Zwecken handelt (vgl Staudinger/Martinek [2004] § 481 Rn 24).

Ist eine der gesetzlich definierten Voraussetzungen nicht gegeben, weil etwa nur eine **67** Nutzung von zwei Jahren vereinbart wurde und haben die Parteien bei **Vertragsschluss** ausschließlich Fernkommunikationsmittel verwendet, so lebt das Fernabsatzrecht wieder auf und wird angewandt (vgl MünchKomm/Wendehorst[4] § 312b Rn 71).

c)   Versicherung und deren Vermittlung
Die fernabsatzrechtlichen Vorschriften gelten nicht für Verträge über **Versicherun-** **68** **gen** sowie deren Vermittlung. Die **Bereichsausnahme** scheint auf den ersten Blick im Widerspruch zu § 312b Abs 1 zu stehen. Dort heißt es, dass Fernabsatzverträge auch Finanzdienstleistungen zum Gegenstand haben können und dass unter anderem Dienstleistungen im Zusammenhang mit einer Versicherung als Finanzdienstleistung zu verstehen sind. Das klingt zunächst, als müssten auch bei Fernabsatzverträgen über **Versicherungen** die §§ 312b bis 312d beachtet werden. Der Widerspruch löst sich jedoch auf, wenn man die Umsetzung der FernAbsFinanzDienstRL betrachtet. Nach Art 2 lit b FernAbsFinanzDienstRL wird von der Richtlinie auch der fernabsatzrechtliche Vertrieb von Versicherungen an Verbraucher geregelt. Insbesondere die sog Direktversicherer sind von dieser Bestimmung betroffen. Der Gesetzgeber hat sich bei der Umsetzung der FernAbsFinanzDienstRL dazu entschlossen, eigenständige und abgeschlossene Regelungen ins Versicherungsvertragsgesetz (VVG) einzufügen und hat auf eine Verweisung auf die Vorschriften des BGB verzichtet. Stattdessen finden sich die Vorschriften über Informationspflicht und Widerrufsrecht nunmehr in den mit „Fernabsatzverträge" überschriebenen §§ 48a ff VVG. Dieses Vorgehen war sinnvoll. Das VVG ist dadurch von sich aus verständlich und seine Benutzer werden davon entlastet, weitere Gesetzestexte zu Rate zu ziehen (so die Begründung des Gesetzgebers, vgl RegE Gesetz zur Änderungen der Vorschriften über Fernabsatzverträge bei Finanzdienstleistungen, BT-Drucks 15/2946, 29). Auch die Pflicht zur Umsetzung der FernAbsFinanzDienstRL wurde erfüllt. Das von der Richtlinie geforderte Schutzniveau muss nicht notwendigerweise im Rahmen der §§ 312b bis 312d

geschaffen werden. Es bleibt somit festzuhalten, dass für Fernabsatzverträge über **Versicherungen** und deren Vermittlung §§ 312b bis 312d nicht gelten. Stattdessen ergibt sich für diese Verträge die Informationspflicht des **Unternehmers** aus § 48b VVG und das **Widerrufsrecht** des Versicherungsnehmers aus § 48c VVG. Ein Umgehungsverbot enthält § 48d VVG und in § 48e VVG finden sich Vorgaben für die Einrichtung einer Schlichtungsstelle für die Beilegung grenzüberschreitender Rechtsstreitigkeiten.

d) Immobiliengeschäfte

69 Nicht angewandt wird das Fernabsatzrecht nach § 312b Abs 3 Nr 4 auch bei Verträgen über die **Veräußerung von Grundstücken oder grundstücksgleichen Rechten**, die Begründung, Veräußerung und Aufhebung von dinglichen Rechten an Grundstücken und grundstücksgleichen Rechten sowie über die Errichtung von Bauwerken. Für Immobiliengeschäfte soll das Fernabsatzrecht nicht angewandt werden, weil sie zumeist eine enge Beziehung zum Eigentumsrecht der Mitgliedstaaten aufweisen, die Eigentumsordnung der Mitgliedstaaten aber nach Art 295 EGV vom EG-Vertrag unberührt bleiben soll (BT-Drucks 14/2658, 33). Darüber hinaus macht das deutsche Zivilrecht in § 311b Abs 1 S 1 und § 873 die dingliche Einigung über die Übertragung des Eigentums an einem Grundstück von bestimmten Formerfordernissen abhängig und verlangt in § 925 Abs 1 S 1, dass die Vertragsparteien zumindest bei der Auflassung gleichzeitig anwesend sind. Hierdurch kann schon rein begrifflich nicht mehr von einem Fernabsatzvertrag, der ja voraussetzt, dass die Parteien während der gesamten Vertragsbeziehungen nicht aufeinander treffen, gesprochen werden. Auch sind durch die Form- und Schutzvorschriften des deutschen Immobiliarsachenrechts darüber hinausgehende Regelungen zum Schutze des Verbrauchers überflüssig.

70 Mit Verträgen über die Veräußerung von Grundstücken sind Rechtsgeschäfte gemeint, in denen Grundstückseigentum im Sinne von § 311b Abs 1 S 1 übertragen wird. Es gilt die allgemeine Definition des Sachenrechts. Unter Grundstück ist ein katastermäßig vermessener und bezeichneter Teil der Erdoberfläche, der im Grundbuch als Grundstück – auf einem besonderen Grundbuchblatt oder unter der besonderen Nummer eines gemeinsamen Grundbuchblatts – geführt wird, zu verstehen (BAUR/STÜRNER § 15 Rn 18), wobei die wesentlichen Bestandteile bei der Veräußerung eines Grundstücks mit übertragen werden.

71 **Grundstücksgleiche Rechte** sind Rechte, die wie Grundstücke behandelt werden, etwa Erbbaurecht (§ 11 Abs 1 ErbbauVO) und Bergwerkseigentum (§ 9 Abs 1 S 2 BBergG). Auch bei Wohnungseigentum handelt es sich um ein grundstücksgleiches Recht (vgl BAUR/STÜRNER § 15 Rn 26; HÄRTING § 1 Rn 116; STAUDINGER/GURSKY § 890 Rn 20; **aA** die wohl herrschende Meinung, zB BayOBLG Rechtspfleger 1994, 108; PALANDT/BASSENGE Vor § 1 WEG Rn 2; LÜTCKE § 312b Rn 108, nach der gleichwohl das Fernabsatzrecht auch ausgeschlossen ist, wenn Wohnungseigentum veräußert wird, da Wohnungseigentum zu den dinglichen Rechten gehöre und somit ebenfalls von der **Bereichsausnahme** erfasst wäre). Veräußerung meint jede vollständige, entgeltliche oder unentgeltliche Übertragung eines Rechtes.

Dingliche Rechte an Grundstücken und grundstücksgleichen Rechten, bei denen das Fernabsatzrecht wegen § 312b Abs 3 Nr 4 ebenfalls nicht angewandt werden kann, sind die in den §§ 1018 ff genannten Rechte wie Grunddienstbarkeiten, Nießbrauch,

Hypotheken und Grundschulden. Auch diese Rechte können wegen der §§ 873 ff
nicht wirksam im Fernabsatz begründet werden, da sie nur bei gleichzeitiger Anwesenheit der Vertragsparteien übertragen werden können.

Eine Sonderstellung innerhalb der Bereichsausnahme des § 312b Abs 3 Nr 4 nehmen **72**
Verträge über die Errichtung von Bauwerken ein, bei denen das Fernabsatzrecht
ebenfalls keine Anwendung finden soll. Anders als die zuvor erörterten Immobiliengeschäfte bedürfen Verträge über die Errichtung von Bauwerken nämlich weder
einer besonderen Form noch ist die gleichzeitige körperliche Anwesenheit der
Vertragsparteien erforderlich. Der Grund für diese Bereichsausnahme ist fraglich
– warum soll ein Verbraucher, der im Fernabsatz einen Vertrag über die Errichtung
einer Garage abschließt, weniger schutzbedürftiger sein, als wenn er ein Auto erwirbt? In Anbetracht der Systematik von § 312b Abs 3 Nr 4, der vor allen Dingen
Verträge über dingliche Rechte betrifft, ist die Ausnahmeregelung hinsichtlich der
Errichtung von Bauwerken eng auszulegen (so zu Recht PALANDT/HEINRICHS[64] § 312b
Rn 14; MünchKomm/WENDEHORST[4] § 312b Rn 79). Unter einem Bauwerk ist nach allgemeinem Verständnis in Anlehnung an den Begriff in § 648 eine unbewegliche, durch
Verwendung von Arbeit und Material mit dem Erdboden hergestellte Sache zu
verstehen (BGHZ 57, 61, 61). Da der Gesetzgeber sich dazu entschlossen hat, nur die
Errichtung eines Bauwerks von der Anwendung des Fernabsatzrechts auszuschlie-
ßen, können Verträge über Erneuerungs- oder Umbauarbeiten auch dann als Fernabsatzverträge nach § 312b Abs 1 abgeschlossen werden, wenn sie ein Bauwerk im
Sinne von § 648 betreffen. Die Errichtung eines Bauwerkes liegt dementsprechend
nur dann vor, wenn das Grundstück wesentlich umgestaltet wird, was regelmäßig der
Fall sein wird, wenn dem Grundstück ein wesentlicher Bestandteil im Sinne von § 94
Abs 1 S 1 hinzugefügt wird. Da die Vorschrift eng auszulegen ist, liegt auch dann
keine (neue) Errichtung eines Bauwerks vor, wenn der Aufwand der vorgenomme-
nen Renovierungsarbeiten einer Neuerrichtung gleichkommt, wie zB bei einer umfangreichen Sanierung der Fall sein dürfte (so auch LÜTCKE § 312b Rn 115). Nimmt man
auch in diesen Fällen die Errichtung eines Bauwerks an (so HÄRTING § 1 Rn 124), so
widerspricht das nicht nur dem besonderen Charakter der **Bereichsausnahme**, sondern führt auch zu unnötigen Abgrenzungsschwierigkeiten.

Noch ungeklärt ist der **Widerruf kreditfinanzierter Immobiliengeschäfte**. Grundsätz- **73**
lich kann nach dem XI. Senat des BGH auch ein finanziertes Immobiliengeschäft
mit dem der Finanzierung dienenden Verbraucherkreditvertrag ein verbundenes
Geschäft bilden, sofern der Kreditvertrag dem Verbraucherkreditgesetz unterfällt
und mangels grundpfandrechtlicher Absicherung des Kredits die Ausnahmeregelung
des § 3 Abs 2 Nr 2 VerbrKrG aF nicht greift (BGH NJW 2003, 3703; **aA** OLG Karlsruhe,
Urteil v 1. 4. 2004 – 19 U 162/02; HAHN/BROCKMANN VuR 2004, 207, 208). Im Übrigen geht die
Rechtsprechung des II. und XI. BGH-Zivilsenats auseinander. In mehreren vielbeachteten Urteilen hat der II. Senat des BGH darüber hinaus bei darlehensfinanzierten Beitritten zu geschlossenen Immobilienfonds grundsätzlich das Vorliegen
verbundener Geschäfte angenommen, da sich Fondsgesellschaft und Geldinstitute
derselben Vertriebsmitarbeiter im Außendienst bedient hatten, und äußerte erhebliche Bedenken gegen die Rechtsprechung des XI. Senats (Urteil v 21. 7. 2003 – II ZR 387/
02, DB 2003, 2059; BGH NJW 2004, 2731, 2735, 2736). Der XI. Senat des BGH hält dagegen
hinsichtlich der Rückabwicklung im Strukturvertrieb vermittelter und kreditfinanzierter Immobiliengeschäfte bei grundpfandrechtlicher Sicherung der Darlehensver-

träge an seiner ständigen, restriktiven Rechtsprechung fest. Nach dem XI. Senat
bilden Realkredit- und Immobilienkaufverträge keine verbundenen Geschäfte (zu
§ 9 VerbrKrG aF), wie er noch in seinen „Nicht-Vorlagebeschlüssen" (BGH NJW 2004,
153; BGH WM 2003, 2184, 2186) bestätigt hat. Das LG Bochum (Vorlagebeschluss v
29.7.2003 – 1 O 795/02, NJW 2003, 2612 – Schulte ./. Deutsche Bausparkasse Badenia; EHRICKE
ZIP 2004, 1025; HÄUBLEIN ZBB 2004, 1; HOFFMANN ZIP 2004, 49) hält die Rechtsprechung
des BGH wegen Verstoßes gegen die Haustürwiderrufsrichtlinie 85/577/EWG für
gemeinschaftsrechtswidrig und hat die Frage, ob Art 3 Abs 2 lit a der Haustürwiderrufsrichtlinie auch in einer Haustürsituation abgeschlossene Immobilienkaufverträge
erfasst, die „lediglich" als Bestandteil eines kreditfinanzierten Kapitalanlagemodells
anzusehen sind, dem EuGH gem Art 234 EG zur Vorabentscheidung vorgelegt
(Schulte ./. Deutsche Bausparkasse Badenia AG – Rs C-350/03). Die sehr holzschnittartig
argumentierenden Schlussanträge des Generalanwalts Lèger vom 28. 9. 2004 bestä-
tigten diese Vermutung nicht. Danach können Verbraucher sich nicht auf die Haustürgeschäfterichtlinie berufen, um einen Immobilienkaufvertrag zu widerrufen. Die
Richtlinie finde auf Immobilienkäufe ausdrücklich keine Anwendung. Das gelte
auch, wenn der Immobilienkaufvertrag zu einem einheitlichen Finanzgeschäft gehört. Denn die Haustürgeschäfterichtlinie gelte ausdrücklich nicht für Immobilienkaufverträge und sehe für diese daher auch kein .Widerrufsrecht vor. Daher könnten
Verbraucher (unter weiteren Voraussetzungen) lediglich einen das Erwerbsgeschäft
finanzierenden Kreditvertrag widerrufen, nicht aber den Immobilienkaufvertrag
selbst. Zwar wäre es unter dem Aspekt des Verbraucherschutzes wünschenswert,
dass sich der Widerruf des Realkreditvertrags auch auf die Gültigkeit des Immobi-
lienkaufvertrags auswirkt. Für eine solche Auslegung sei aber auf Grund des eindeutigen Wortlauts der Richtlinie kein Raum. Würde man die Haustürgeschäfterichtlinie trotzdem auf Immobilienkaufverträge anwenden, würde man gegen den
fundamentalen Grundsatz der Rechtssicherheit verstoßen.

e)   Lieferung von Lebensmitteln und Bedarfsgegenständen

74 Das Fernabsatzrecht gilt nach § 312b Abs 3 Nr 5 nicht für **Verträge über die Lieferung
von Lebensmitteln, Getränken oder sonstigen Haushaltsgegenständen des täglichen
Bedarfs**, die am Wohnsitz, am Aufenthaltsort oder am Arbeitsplatz eines Verbrauchers von Unternehmern im Rahmen häufiger und regelmäßiger Fahrten geliefert
werden. Der Gesetzgeber hat diese als „Pizza-Klausel" (treffend MünchKomm/WENDE-
HORST[4] § 312b Rn 80) bezeichnete Bereichsausnahme damit begründet, dass bei Verträgen über Hauslieferungen Informationen nicht nötig und Widerrufsrechte nicht
zweckmäßig seien (BT-Drucks 14/2658, 33). Hiergegen ist vorgebracht worden, dass
auch bei Verträgen über den Erwerb von Gebrauchsartikeln des täglichen Bedarfs
der Verbraucher in den Schutzzweck des Fernabsatzrechts falle, so dass der Unternehmer zumindest die Informationsanforderungen aus § 312c iVm § 1 BGB-InfoV
erfüllen müsse (ROTH/SCHULZE RIW 1999, 924, 925; noch weitergehend SCHMITTMANN K&R
2003, 385, 387, der es unter Verbraucherschutzgesichtspunkten sogar für hinnehmbar hält, dass
Bestellungen von extra angefertigten Speisen widerrufen und die Speisen damit zurückgegeben
werden können). Verträge nach Abs 3 Nr 5 betreffen jedoch in aller Regel gering-
wertige Gegenstände, bei denen der Verbraucher wegen der geringen wirtschaftlichen Gefährdung weniger schutzbedürftig ist. Belastet man den Unternehmer auch
in diesen Fällen mit den kostenintensiven Schutzmitteln des Fernabsatzrechts, dürfte
ihm ein wirtschaftliches Handeln kaum noch möglich sein. Zum Teil wird auch daran
gezweifelt, dass nur bei Verträgen über Lebensmittel bzw Gegenstände des täglichen

Bedarfs, die im Rahmen häufiger und regelmäßiger Lieferungen geschlossen werden, das Fernabsatzrecht nicht angewandt werden kann (Lütcke § 312b Rn 123; Marx WRP 2000, 1227, 1230; zust Hk-VertriebsR/Micklitz § 312b Rn 85). Eine Begründung dieser Einschränkung ist jedoch schnell gefunden: Ein Unternehmer kann im Fernabsatz und im stationären Handel tätig werden. Da nicht jedes Geschäft eines solchen janusköpfigen Unternehmers den verbraucherfreundlichen Vorgaben des Fernabsatzrechts unterfallen soll und es insbesondere dann unbillig erscheint, dem Unternehmer die Informationspflichten aus § 312c iVm § 1 BGB-InfoV aufzuerlegen, wenn er nur ausnahmsweise einen Gegenstand des täglichen Bedarfs unter ausschließlicher Verwendung von Fernkommunikationsmitteln veräußert, soll das Fernabsatzrecht nur greifen, wenn die Gegenstände im Rahmen häufiger oder regelmäßiger Fahrten geliefert werden.

Abs 3 Nr 5 enthält diverse **unbestimmte Begriffe**, die aus EG-rechtlichen Bedenken **75** während des Gesetzgebungsverfahrens nicht weiter präzisiert wurden (BT-Drucks 14/3195, 30). Zu definieren ist gleichwohl, was denn nun unter einem Haushaltsgegenstand des täglichen Bedarfs zu verstehen ist, der im Rahmen häufiger und regelmäßiger Fahrten an Wohnsitz, Aufenthaltsort oder Arbeitsplatz des Verbrauchers geliefert wird.

Zum Teil wird vorgeschlagen, dass der **gesamte Warenbestand eines durchschnitt-** **76** **lichen Supermarkts** hierunter fallen solle (Palandt/Heinrichs[64] § 312b Rn 15; zust Schmidt-Räntsch, in: Bamberger/Roth § 312b Rn 42). Diese Auffassung knüpft an den Begriff des Haushaltsgegenstands in § 1369 Abs 1 an, der ähnlich weit zu verstehen ist und alle Sachen umfasst, die dem ehelichen Haushalt dienen. Lebensmittel, Getränke und Putzmittel sind daher ebenso als Haushaltsgegenstände des täglichen Bedarfs zu verstehen wie Bücher, Textilien und Tonträger. Andere wiederum wollen den Begriff so verstehen, dass nur Verbrauchs- nicht aber Gebrauchsgüter Haushaltsgegenstände des täglichen Bedarfs sind (Roth/Schulze RIW 1999, 924, 925, die als Beispiel Kaffeemaschine [Gebrauchsgegenstand] und Kaffeefilter [Verbrauchsgegenstand] nennen; zustimmend Lütcke § 312b Rn 118; zum gleichen Ergebnis gelangt auch Härting § 1 Rn 130, der jedoch – nicht überzeugend – die Rechtsprechung zu § 1 RabattG als Begründung heranzieht). Eine dritte Meinung will darauf abstellen, ob der Gegenstand des Vertrages von einem durchschnittlichen Verbraucher häufig und regelmäßig nachgefragt wird (Münch-Komm/Wendehorst § 312b Rn 81). In solchen Fällen sei davon auszugehen, dass der Verbraucher in ausreichender Weise über die Beschaffenheit des Gegenstands informiert ist, so dass eine Schutzbedürftigkeit im Sinne des Fernabsatzrechts nicht gegeben sei. Diese Argumentation ist plausibel. Den gesamten Warenbestand eines Supermarkts in den Geltungsbereich von Nr 5 einzubeziehen, würde dazu führen, dass die Ausnahmeregelung uferlos angewandt wird – Discounter verkaufen in jüngster Zeit neben Lebensmitteln nicht nur Computer und Fahrräder, sondern auch Fertighäuser und Autos. Solche Gegenstände, die ja erheblichen wirtschaftlichen Wert besitzen und vom Verbraucher in der Regel nur wenige Male während eines Lebens erworben werden, waren wohl kaum mit der Formulierung Haushaltsgegenstände des täglichern Bedarfs gemeint. Zu eng ist wiederum der Ansatz, nur Verträge über verbrauchbare Gegenstände vom Anwendungsbereich der Vorschriften auszunehmen. Insbesondere das genannte Beispiel, Kaffeefilter als Haushaltsgegenstände des täglichen Bedarfs zu verstehen, Kaffeemaschinen jedoch nicht, kann nicht überzeugen. Auch kleinere Elektrogeräte wie ein Toaster oder eben eine

einfache Kaffeemaschine dienen der häuslichen Lebensführung. Eine Differenzierung zwischen Verbrauchs- und Gebrauchsgegenständen ist zumindest bei kleineren
Gebrauchsgegenständen nicht sachgerecht und würde auch zu unnötigen Abgrenzungsschwierigkeiten führen: Wann handelt es sich um einen Gebrauchs- und wann
um einen Verbrauchsgegenstand? Liegt ein Verbrauchsgegenstand nur dann vor,
wenn die Sache nur zum einmaligen Gebrauch bestimmt ist, wie etwa der Einmal-
Putzlappen? Lässt sich eine unterschiedliche Behandlung von Putzmitteln und Putz-
geräten rechtfertigen? Dem Schutzzweck des Gesetzes entspricht es vielmehr, darauf abzustellen, ob der **Verbraucher die Gegenstände über einen längeren Zeitraum
benutzt oder ob in regelmäßigen, kürzeren Abständen erneute Anschaffungen notwendig werden** (so überzeugend MünchKomm/WENDEHORST[4] § 312b Rn 81; zustimmend SCHMIDT-
RÄNTSCH, in: BAMBERGER/ROTH § 312b Rn 42 f). Haushaltsgegenstände des täglichen Bedarfs sind daher zB Gartenartikel wie ein Gartenschlauch oder ein Sack Torfmull
ebenso wie Hygienebedarf, einfache Schreibmittel und kleinere Elektrogeräte. Das
Fernabsatzrecht bleibt dagegen anwendbar bei Gegenständen, die vom Verbraucher
über einen längeren Zeitraum benutzt werden. Hierunter fallen etwa Stereoanlagen
oder Sportgeräte wie Golfschläger. Dagegen muss der Unternehmer die fernabsatzrechtlichen Vorschriften beachten, wenn der Vertrag die Lieferung eine Fotokamera
zum Gegenstand hat (zu Recht LG Kleve MMR 2003, 424). Hierbei handelt es sich um
einen Gegenstand, der in der Regel eine längere Lebensdauer hat und den sich
zumindest der Durchschnittsverbraucher nicht mehrere Male im Jahr anschafft.

77 Der Haushaltsgegenstand muss im Übrigen **an den Wohnsitz, Aufenthaltsort oder
Arbeitsplatz des Verbrauchers geliefert werden**. Aus dem Wortlaut von Nr 5 ergibt
sich, dass der Unternehmer selbst oder einer seiner Mitarbeiter den Gegenstand
auszuliefern hat. Es reicht daher nicht aus, wenn der Unternehmer ein Logistik-
Unternehmen wie etwa die Post damit beauftragt, die Ware auszuliefern. Beim
herkömmlichen Versandhandel, für den auch weiterhin § 477 gilt, bleibt es bei der
Anwendbarkeit des Fernabsatzrechts. Keine Schwierigkeiten ergeben sich aus den in
Nr 5 genannten Orten, an denen die Lieferung erfolgen soll. Da Abs 3 Nr 5 dem
Unternehmer erlaubt, die Waren an den Wohnsitz, Aufenthaltsort oder Arbeitsplatz
zu liefern, ist der Lieferort unabhängig für die Anwendbarkeit der Bereichsaus-
nahme.

78 Die Ware muss **im Rahmen häufiger und regelmäßiger Fahrten geliefert** werden.
Hierbei soll es nicht darauf ankommen, ob der Verbraucher das Angebot häufiger
oder weniger häufig wahrnimmt, sondern vielmehr darauf, ob das Angebot selbst auf
regelmäßige Fahrten gerichtet ist (BT-Drucks 14/3195, 30). Die Ausnahmeregelung in
Nr 5 ist somit erfüllt, wenn dem Verbraucher täglich frische Brötchen geliefert
werden oder er sich seinen wöchentlichen Bedarf an Lebensmitteln ins Haus liefern
lässt. Entscheidend ist also, wie der Unternehmer sein Angebot objektiv ausgestaltet. Geschieht dies in einer Form, die es dem durchschnittlichen Verbraucher ermöglicht, den Bedarf an den Haushaltsgegenständen des täglichen Bedarfs zumindest überwiegend durch Lieferungen des Unternehmers zu decken, gelten die
Schutzregelungen des Fernabsatzrechts nicht. Ein innerer Zusammenhang zwischen
den Lieferungen besteht grundsätzlich, wenn die zeitlichen Abstände nicht zu groß
sind. Die regelmäßige Lieferung unterscheidet sich von der wiederholten Lieferung.
Verneint wird die regelmäßige Lieferung bei Heizöl, da dieses nur ein- bis zweimal
im Jahr geliefert werde (so PALANDT/HEINRICHS[64] § 312b Rn 15; zust MünchKomm/WENDE-

HORST[4] § 312b Rn 83). Das hängt jedoch vor allem davon ab, wie der Vertrag mit dem Unternehmer ausgestaltet ist. Abzustellen ist wie bei allen Verträgen auf die konkreten Umstände des Einzelfalls, wobei die zwischen Verbraucher und Unternehmer vereinbarten Lieferbedingungen entscheidend dafür sein dürften, ob von einer häufigen und regelmäßigen Lieferung ausgegangen werden kann.

f) Unterbringung, Beförderung, Gastronomie, Freizeitgestaltung

Die Vorschriften über Fernabsatzverträge gelten nach § 312b Abs 3 Nr 6 nicht für **79** **Verträge über die Erbringung von Dienstleistungen in den Bereichen Unterbringung, Beförderung, Lieferung von Speisen und Getränken sowie Freizeitgestaltung**, wenn sich der Unternehmer bei Vertragsschluss verpflichtet, die Dienstleistungen zu einem bestimmten Zeitraum oder innerhalb eines bestimmten Zeitraums zu erbringen. Hierunter sollen in erster Linie touristische Dienstleistungen fallen, bei denen der Verbraucher durch die Umsetzung der Pauschalreiserichtlinie 90/314/EWG bereits in hinreichendem Maße geschützt ist (BT-Drucks 14/2658, 33). Darüber ist ein Widerrufsrecht in den von Abs 3 Nr 6 gemeinten Fällen nicht zweckmäßig. Diese Dienstleistungen sind stets an Reservierungen gebunden, so dass der Unternehmer besondere Vorkehrungen treffen muss, um die geschuldete Leistung zum vereinbarten Termin erbringen zu können. Um das Risiko zu vermeiden, dass der Verbraucher nach bereits erbrachter Dienstleistung von seinem Widerrufsrecht Gebrauch macht, kann der Unternehmer aufgrund der besonderen Konstellation nicht abwarten, bis die Widerrufsfrist abgelaufen ist und trägt daher allein das erhöhte Risiko. Der Gesetzgeber wollte diese ungleiche Lastenverteilung in Übereinstimmung mit der europäischen Vorgabe vermeiden.

Der **Begriff der Dienstleistung** ist entsprechend der europäischen Vorgabe weit aus- **80** zulegen und umfasst daher alle Rechtsgeschäfte, bei denen es nicht um die Lieferung einer Ware geht (vgl oben Rn 17). **Abs 3 Nr 6 deckt sich zT mit Abs 3 Nr 5** bei Verträgen über die Lieferung von Speisen und Getränken, also bei Konstellationen, in denen der Verbraucher eine telefonische Reservierung in einem Restaurant abgibt oder einen Catering-Service zu einem bestimmten Termin in Anspruch nimmt. Entscheidender Unterschied zwischen den Bereichsausnahmen ist der zeitliche Faktor: Nr 6 verlangt die Lieferung zu einem bestimmten Zeitpunkt oder innerhalb eines bestimmten Zeitraums, Nr 5 stellt demgegenüber auf eine kontinuierliche Lieferung ab, die nicht an einen bestimmten Zeitpunkt gebunden ist. Wie auch bei den entsprechenden Ausnahmeregelungen der europäischen Vorlage liegt der Schwerpunkt bei Verträgen nach Nr 5 auf der „ambulanten Lieferung einer Pizza" (so sehr plastisch MICKLITZ, in: GRABITZ/HILF Bd 2 A3 Rn 26), bei Verträgen nach Nr 6 auf touristischen Dienstleistungen (BT-Drucks 14/2658, 33). Größere praktische Auswirkungen hat die Unterscheidung ohnehin nicht – für Verträge über die Lieferung von **Lebensmitteln** und Getränken gilt das Fernabsatzrecht nicht ohne Rücksicht darauf, ob es sich um einen Fall von Nr 5 oder Nr 6 handelt.

Mit **Unterbringung iS des Abs 3 Nr 6** ist nur die vorübergehende Beherbergung in **81** einem Hotelzimmer oder ähnlichem gemeint, nicht aber die ständige Gebrauchsüberlassung von Wohnraum, wie sie durch einen Mietvertrag vereinbart wird. Diese Sichtweise entspricht der europäischen Vorgabe: In Art 3 Abs 1 vierter Spiegelstrich Fernabsatzrichtlinie werden Immobiliengeschäfte mit Ausnahme der Vermietung vom Anwendungsbereich der Vorschriften ausgeschlossen. Verträge über **Beförde-**

rungsleistungen, für die nach Abs 3 Nr 6 das Fernabsatzrecht nicht gilt, betreffen jede Form des organisierten Transports, bei dem der Verbraucher nicht selbst am Steuer sitzt (vgl HÄRTING § 1 Rn 149). Mietet der Verbraucher ein Auto, so ist Abs 3 Nr 6 nicht einschlägig und das Fernabsatzrecht bleibt anwendbar. Auch wenn der Schwerpunkt bei Nr 6 auf touristischen Dienstleistungen liegt, umfasst die Bereichsausnahme doch auch Beförderungsverträge, die außerhalb des touristischen Sektors geschlossen werden. Nutzt der Verbraucher öffentliche Verkehrsmittel oder bedient er sich eines Taxis, so ist er nicht schutzbedürftig im Sinne des Fernabsatzrechts – hierbei handelt es sich schwerlich um Dienstleistungen, bei denen der Verbraucher vom Inhalt der Dienstleistung oder der Person seines Vertragspartners in besonderer Weise überrascht werden könnte (so auch Hk-VertriebsR/MICKLITZ § 312b Rn 89; HÄRTING § 1 Rn 150). **Dienstleistungen in der Freizeitgestaltung** haben Unterhaltungsdienstleistungen zum Gegenstand. Gedacht ist hierbei insbesondere an den Konzertkartenverkauf uä (vgl SCHMIDT-RÄNTSCH VuR 2000, 427, 429). Insbesondere bei Verträgen über die Eintrittskarten zu Veranstaltungen ist das erhöhte Schutzbedürfnis des Unternehmers zu beachten, der die Veranstaltung nicht mit hinreichender Planungssicherheit organisieren kann, wenn er davon ausgehen muss, dass die Verbraucher von ihrem Widerrufsrecht Gebrauch machen.

82 In Anbetracht der Entscheidung, dass das Fernabsatzrecht für Verträge über Unterhaltungsdienstleistungen nicht gelten soll, entsteht die Frage, warum für andere Dienstleistungen, bei denen der Unternehmer ebenso darauf angewiesen ist, dass der Verbraucher mit ihm kooperiert, das Fernabsatzrecht gelten soll. Eine sachliche Rechtfertigung dafür, einem Friseur, dem ja wie dem Theaterbetreiber nur eine begrenzte Kapazität an Plätzen zur Verfügung steht, die Pflichten des Fernabsatzrechts aufzuerlegen, dem Betreiber des Kinos oder des Theaters jedoch nicht, ist der Gesetzgeber schuldig geblieben (ähnliche Bedenken hegt MünchKomm/WENDEHORST[4] § 312b Rn 88).

83 Die in Nr 6 genannten Dienstleistungen können auch miteinander verschmolzen werden und im neuen Gewand als **Pauschalreise** angeboten werden. Der Gesetzgeber hat die Ausnahmeregelung in Nr 6 ua damit begründet, dass der Verbraucher bei den in Nr 6 genannten Verträgen zumindest teilweise durch die Pauschalreiserichtlinie und deren Umsetzung in §§ 651a ff geschützt sei (BT-Drucks 14/2658, 33). Das kann nur bedeuten, dass Pauschalreisen unter die Ausnahme von Nr 6 fallen sollen und damit nicht dem Fernabsatzrecht unterliegen. Dies wird auch von der ganz überwiegenden Meinung in der Literatur so gesehen (zB MünchKomm/WENDEHORST[4] § 312b Rn 86; PALANDT/HEINRICHS[64] § 312b Rn 16; Hk-VertriebsR/MICKLITZ § 312b Rn 87; RING § 312b Rn 61; GAERTNER/GIERSCHMANN DB 2000, 1601; ROTH JZ 2000, 1013, 1016). **Der Grund dafür ist jedoch nicht unmittelbar einsichtig.** Insbesondere ist der Hinweis auf die Pauschalreiserichtlinie und ihre Umsetzung in §§ 651a ff nur wenig tragfähig. Das Kernstück der verbraucherschützenden fernabsatzrechtlichen Vorschriften, das Widerrufsrecht des Verbrauchers, gibt es in dieser Form bei der Pauschalreise gerade nicht: § 651i, der dem Reisenden das Recht gibt, vor Reisebeginn vom Vertrag zurückzutreten, knüpft die Ausübung des Rücktrittsrechts nämlich an „eine angemessene Entschädigung", die an den Reiseveranstalter zu entrichten ist, § 651i Abs 2 S 2. Das Fernabsatzrecht gibt dem Verbraucher dagegen das Recht, vom Vertrag zurückzutreten, ohne Stornokosten befürchten zu müssen. Auch aus systematischer und teleologischer Sicht bestehen einige Bedenken, Verträge über Pauschalreisen aus dem Anwendungsbereich des Fernabsatzrechts herauszunehmen (hierzu ausführlich TONNER RRa 2000, 163, 164). Gleichwohl ist die vom Gesetzgeber getroffene Entscheidung als solche zu akzeptieren, so dass auch bei Pauschalreiseverträgen das Fernabsatzrecht nicht angewandt werden kann.

g) Automatenverträge

Nr 7 lit a schließt Verträge vom Anwendungsbereich aus, die unter Verwendung von **84** **Warenautomaten und automatisierten Geschäftsräumen** geschlossen werden, und übernimmt damit den Wortlaut von Art 3 Abs 1 zweiter Spiegelstrich FernAbsRL. Solche Verträge sind darauf gerichtet, dass die gegenseitig geschuldeten Leistungen sofort ausgetauscht werden und daher Informationspflichten nur rudimentär und Widerrufsrechte aus praktischen Gründen gar nicht durchgeführt werden können (vgl BT-Drucks 14/2658, 33). Im Übrigen werden Verträge, die unter Verwendung von Warenautomaten und automatisierten Geschäftsräumen geschlossen werden, nicht vom Schutzzweck des Fernabsatzrechts erfasst: Der Verbraucher bedarf in der klassischen Fernabsatzsituation ua deshalb eines besonderen Schutzes, weil er die Ware bei der Bestellung nicht begutachten kann. Das ist bei Automatenverträgen anders. Dort kann er sich ein Bild von der Ware machen, die in der Regel nur durch eine Glasscheibe von ihm getrennt ist.

Unter Warenautomaten sind technische Einrichtungen zu verstehen, durch die ein **85** Vertrag geschlossen und erfüllt werden kann und die zu diesem Zweck nicht auf Personal angewiesen sind. Klassische Warenautomaten, für die das Fernabsatzrecht wegen Abs 3 Nr 7 lit a nicht gilt, sind **Zigaretten-, Kaffee- oder Süßwarenautomaten**. Die fernabsatzrechtlichen Regelungen gelten dagegen weiterhin, wenn an dem Automat selbst nur eine Bestellung entgegengenommen wird, die dann zu einem späteren Zeitpunkt erfüllt wird.

Nach Nr 7 lit a ist das Fernabsatzrecht auch ausgeschlossen, wenn der Vertrag unter **86** der Verwendung von **automatisierten Geschäftsräumen** geschlossen wurde. Anders als bei der ersten Alternative der Vorschrift, den Warenautomaten, fällt es schwer, sich ein Bild von einem automatisierten Geschäftsraum zu machen. Aus dem systematischen Zusammenhang ergibt sich aber, dass der Gesetzgeber hierbei wohl an begehbare Warenautomaten gedacht hat (so auch Hk-VertriebsR/MICKLITZ § 312b Rn 95). Zum Teil wird in der Literatur die Hoffnung geäußert, der Gesetzgeber habe „einen Blick in die Zukunft" (HÄRTING § 1 Rn 161) gewagt, als er Verträge, die unter der Verwendung von automatisierten Geschäftsräumen geschlossen wurden, vom Anwendungsbereich des Fernabsatzrechts ausgeschlossen hat. Innovationen in der Entwicklung automatisierter Geschäftsabläufe werden jedenfalls nicht mehr dadurch behindert, dass der Unternehmer verbraucherschützende Einschränkungen wie zB Widerrufsrechte fürchten müsste. Zur Zeit ist der Anwendungsbereich dieser Ausnahme freilich noch sehr überschaubar und beschränkt sich auf Waschsalons, Sonnenstudios und Waschstraßen. Da mit Umsetzung der FernAbsFinanzDienstRL das Fernabsatzrecht auch für Finanzdienstleistungen gilt, besteht bei der Nutzung von Bankautomaten nunmehr wegen der Ausnahmeregelung in Nr 7 lit a kein Widerrufsrecht des Verbrauchers und keine Informationspflicht des Unternehmers.

Nicht erfasst von der Bereichsausnahme sind sog **Providerverträge**, bei denen der **87** Abschluss auf der Homepage des Unternehmers im Internet angeboten wird (so zu

Recht LG Hamburg CR 2001, 475, 476). Auch wenn die genaueren Konturen eines „automatisierten Geschäftsraums" noch im Dunkeln bleiben, so ist es doch wenig einleuchtend, hierbei an den Vertragsschluss im Internet zu denken. Zum einen kann der Unternehmer bei im Internet geschlossenen Verträgen seinen Informationspflichten ohne weiteres nachkommen. Vor allen Dingen aber schließt es der systematische Zusammenhang von Nr 7 lit a aus, die Vorschrift auf im Internet geschlossene Verträge auszudehnen: Aus dem Wortlaut geht hervor, dass der Vertrag unter Zuhilfenahme von Einrichtungen geschlossen wird, die sich nicht im räumlichen Rückzugsgebiet des Verbrauchers befinden und dass der Vertrag ohne wesentliche Verzögerung erfüllt wird. Beides ist bei Providerverträgen, die im Internet geschlossen werden, nicht der Fall.

h)   Öffentliche Fernsprecher

88 Nr 7 lit b nimmt Verträge vom Anwendungsbereich der Vorschriften aus, die mit Betreibern von Telekommunikationsmitteln aufgrund der Benutzung von **öffentlichen Fernsprechern** geschlossen werden, soweit sie deren Benutzung zum Gegenstand haben. Auch diese Verträge werden sofort erfüllt, so dass Informationspflichten und Widerrufsrechte nur zu einer unnötigen Belastung des Geschäftsverkehrs führen würden. Die Regelung gilt nicht für alle Fernkommunikationsanbieter, sondern nur für Telekommunikationsanbieter (vgl BT-Drucks 14/2658, 33). Vertragsgegenstand ist die Benutzung von öffentlichen Fernsprechern, hierunter fällt jedes Telefongespräch, das an einer öffentlichen Telefonzelle der Deutschen Telekom AG geführt wird. Nicht unter Nr 7 lit b fallen dagegen Dienstleistungsangebote der Betreiber von Fernkommunikationsmitteln, die der Verbraucher während eines Telefonats kostenpflichtig abrufen kann (so aber unverständlich Hk-VertriebsR/MICKLITZ § 312b Rn 97). Der Wortlaut der Vorschrift ist insoweit eindeutig: Nur bei Verträgen, die dadurch geschlossen werden, dass der Verbraucher öffentliche **Telefonzellen** nutzt, muss das Fernabsatzrecht nicht beachtet werden. Bei Telefon-Hotlines wie zB Wetterdiensten gilt dagegen das Fernabsatzrecht (wie hier SCHMIDT-RÄNTSCH, in: BAMBERGER/ROTH § 312b Rn 49; BAUM/TRAFKOWSKI CR 2001, 459, 461).

89 Der Wortlaut beschränkt die Ausnahme auf die Benutzung von Fernsprechern, also von Einrichtungen, die der Allgemeinheit für die technische Übermittlung von Sprache offen stehen. Sinn und Zweck sowie systematischer Zusammenhang gebieten es aber, sie auch auf **öffentlich zugängliche Fax-Geräte** und **E-Mail-Terminals** anzuwenden. Die Interessenlage ist dieselbe (wie hier MünchKomm/WENDEHORST[4] § 312b Rn 91; PALANDT/HEINRICHS[64] § 312b Rn 18; Hk-VertriebsR/MICKLITZ § 312b Rn 99; HÄRTING § 1 Rn 170; LÜTCKE § 312b Rn 139; **aA** PIEPENBROCK/SCHMITZ K&R 2000, 378, 392).

4.   Dauerschuldverhältnisse

90 Abs 4 wurde im Zuge der Umsetzung der FernAbsFinanzDienstRL in § 312b eingefügt und entspricht Art 1 Abs 2 S 1 und 2 der Richtlinie. Durch die Vorschrift soll es dem Unternehmer erleichtert werden, Verträge abzuwickeln, denen eine Rahmenvereinbarung zugrunde liegt, insbesondere soll er nicht bei jedem Vorgang die umfangreichen Informationspflichten zu beachten haben. Abs 4 unterscheidet insoweit zwischen **„Vereinbarungen"** und **„Vorgängen"**, wobei nach europäischem Verständnis als Vereinbarung zB der Erwerb einer Kreditkarte, eine Kontoeröffnung oder der Abschluss eines Portfoliovertrags und als Vorgang etwa die Zahlungen per

Kreditkarte, Abhebungen vom eigenen Konto oder die einzelnen Transaktionen im Rahmen eines Portfolioverwaltungsvertrags gelten (vgl Erwägungsgrund 17 Fern-AbsFinanzDienstRL). Innerhalb von Dauerschuldverhältnissen, die durch Vereinbarungen im Sinne der Vorschrift begründet werden, ist der Verbraucher nur bei seinem ersten Kontakt zum Unternehmer schutzbedürftig. Bei den sich an die Vereinbarung anschließenden Vorgängen ist der Verbraucher bereits entsprechend der Informationspflichten aus § 1 BGB-InfoV über die Person des Unternehmers und die Eigenheiten des jeweiligen Geschäfts informiert worden, so dass er insoweit nicht mehr schutzbedürftig ist (RegE Gesetz zur Änderung der Vorschriften über Fernabsatzverträge bei Finanzdienstleistungen, 19). Ist die den einzelnen Vorgängen zugrunde liegende Vereinbarung als Fernabsatzvertrag nach Abs 1 getroffen worden, so sind für sie die fernabsatzrechtlichen Regelungen zu beachten. Abs 4 wird insbesondere bei den reinen **Online-Banken**, die zum Verbraucher gar nicht in persönlichen Kontakt treten, für Erleichterung gesorgt haben – ihre Geschäftspraxis wäre allzusehr erschwert worden, müssten bei jeder Überweisung Widerrufsrechte und Informationspflichten beachtet werden.

Nach Abs 4 S 3 gelten die Vorschriften über Informations- und Mitteilungspflichten **91** des Unternehmers nur für den ersten Vorgang, wenn Vorgänge ohne eine Vereinbarung in einem Abstand von **nicht mehr als einem Jahr** aufeinander folgen. Das entspricht Art 1 Abs 2 S 2 FernAbsFinanzDienstRL und soll wie Abs 4 S 1 dazu führen, dass Dauerschuldverhältnisse ohne unnötige Behinderung abgewickelt werden können. Mit dem „ersten Vorgang" ist etwa die erste Transaktion, die der Verbraucher bei einem Unternehmer tätigt, gemeint. Auf diesen Vorgang muss, wenn die Voraussetzungen von Abs 1 erfüllt sind, ohnehin das Fernabsatzrecht angewandt werden, da der Verbraucher zum ersten Mal mit dem Unternehmer und dessen Geschäftsbetrieb konfrontiert wird und über seinen Geschäftspartner und den Geschäftsgegenstand informiert werden muss. Schließen sich an den ersten Vorgang aber weitere an, so ist der Verbraucher zumindest dann nicht im selben Maße schutzbedürftig, wenn zwischen dem ersten und dem zweiten Vorgang nicht mehr als ein Jahr vergangen ist. In diesem Fall sind ihm die Informationen vor einer überschaubaren Zeit zugetragen worden und er ist daher im Besitz aller notwendigen Informationen. Vergeht zwischen dem ersten und dem zweiten Vorgang dagegen mehr als ein Jahr, so ist nach der Wertung des Gesetzes genügend Zeit ins Land gegangen, um eine erneute Informationspflicht des Unternehmers zu begründen. Unter Berücksichtigung der europäischen Vorgabe ist Abs 4 S 3 darüber hinaus so zu verstehen, dass der Unternehmer seinen Informations- und Mitteilungspflichten immer dann nachkommen muss, wenn der Verbraucher für mehr als ein Jahr keinen Vorgang beim Unternehmer ausgeführt hat. Hat der Verbraucher also, nachdem er über mehrere Jahre hinweg jedes Jahr etliche Vorgänge ausgeführt hat, für einen ein Jahr überschreitenden Zeitraum keinen Vorgang mehr ausgeführt, so leben die Informations- und Mitteilungspflichten des Unternehmers wieder auf.

Richtig ist die Entscheidung, Art 1 Abs 2 S 1 und 2 FernAbsFinanzDienstRL **nicht 92 nur für Finanzleistungen, sondern für alle Fernabsatzverträge** umzusetzen (RegE Gesetz zur Änderung der Vorschriften über Fernabsatzverträge bei Finanzdienstleistungen, BT-Drucks 15/2946, 19). Das ist in Anbetracht der Interessenlage nur sachgerecht – der Verbraucher ist auch nur beim ersten von mehreren zeitnah aufeinander folgenden Kontakten schutzbedürftig, wenn der Vertrag keine Finanzdienstleistung zum Gegenstand hat, sondern die Lieferung einer Ware oder die Erbringung einer sonstigen Dienstleistung.

IV. Günstigkeitsprinzip und Konkurrenzen

1. Allgemeines

93 In der noch recht jungen Geschichte des Fernabsatzrechts ist Abs 5 die Vorschrift, die am meisten Stürme zu überstehen hatte. § 1 Abs 4 FernAbsG („Das Gesetz ist insoweit nicht anzuwenden, als andere Vorschriften für den Verbraucher günstigere Regelungen, insbesondere weitergehende Informationspflichten enthalten") setzte nach den Vorstellungen des Gesetzgebers (RegE FernAbsG BT-Drucks 14/2658, 34) Art 14 Fernabsatzrichtlinie um, der die Vorschriften der Richtlinie zu Mindestklauseln erklärt und es den Mitgliedstaaten erlaubt, Vorschriften aufrechtzuerhalten oder neu zu erlassen, die ein höheres Schutzniveau für den Verbraucher festlegen. Durch solche Bestimmungen kann nach Art 14 S 2 FernAbsRL der Vertrieb im Fernabsatz für bestimmte Waren und Dienstleistungen, insbesondere Arzneimittel, von den Mitgliedstaaten in ihrem Hoheitsgebiet unter Berücksichtigung des EG-Vertrages verboten werden.

94 Art 14 S 2 der Richtlinie wurde zT so verstanden, dass von den Vorgaben der Richtlinie zugunsten des Verbrauchers nur abgewichen werden darf, indem **verboten** wird, **bestimmte Waren oder Dienstleistungen im Fernabsatz zu vertreiben**. Regelungen, die in anderer Form von der Richtlinie abweichen, seien dagegen nicht von Art 14 gedeckt (so etwa BUSCHE/KRAFT WRP 1998, 1142, 1149; BÖHM MMR 1999, 643, 647; ZIEM MMR 2000, 129, 133; auch das LG Berlin MMR 1999, 43, 44, „neigt dazu", S 2 als Konkretisierung und Beschränkung des Anwendungsbereichs von Art 14 der Richtlinie anzunehmen, ohne jedoch abschließend über die Sache zu entscheiden). Ein solches Verständnis verstößt aber gegen wichtige Grundsätze des Verbraucherschutzrechts (so zu Recht MünchKomm//WENDE-HORST[4] § 1 FernAbsG Rn 97) und steht im Übrigen nicht im Einklang mit den Motiven des europäischen Gesetzgebers. Die in S 2 enthaltene Regelung wurde erst im gemeinsamen Standpunkt Nr 19/95 vom 29. 6. 1995 (AblEG Nr C 288/1 v 30. 10. 1995) in den Richtlinienentwurf eingefügt, wobei die Begründung (AblEG Nr C 288/12, 13 v 20. 10. 1995) zu verstehen gibt, dass durch die Neufassung von Art 14 S 2 der Anwendungsbereich der Richtlinie nur erweitert werden sollte. Art 14 S 2 ist daher so zu verstehen, dass die Mitgliedstaaten zugunsten des Verbrauchers auch dann von der Richtlinie abweichen können, wenn sie nicht den Vertrieb von Waren oder Dienstleistungen im Fernabsatz verbieten (so auch MünchKomm/WENDEHORST[4] § 1 FernAbsG Rn 97; MEENTS 178: WALDENBERGER K&R 1999, 345, 347; BÜLOW/ARTZ NJW 2000, 2049, 2053).

95 Keinen Umsetzungsbedarf hatte der Gesetzgeber dagegen hinsichtlich des **Spezialitätsprinzips** aus Art 13 der Richtlinie gesehen, da dieses im deutschen Recht seit langem als anerkannter Grundsatz *(lex specialis derogat legi generali)* verankert sei (BT-Drucks 14/2658, 33 f; der Gesetzgeber hat die Umsetzung sogar für schädlich gehalten, da sie nahe lege, in den Bereichen, in denen es an einer ausdrücklichen Kodifizierung des Grundsatzes mangele, vom Gegenteil auszugehen). Um sicherzustellen, dass der allgemeine Spezialitätsgrundsatz im Fernabsatzrecht nur dann gilt, wenn das speziellere Gesetz auch zugleich das günstigere ist, wurde Art 14 der Richtlinie umgesetzt (vgl BT-Drucks 14/2658, 34; dazu auch FUCHS ZIP 2000, 1273, 1286). Das Günstigkeitsprinzip ist insoweit als

Ausnahme zum allgemeinen Spezialitätsprinzip zu verstehen. Ob die Regelung für den Verbraucher günstiger ist, richtet sich nach normativen und nicht nach faktischen Gesichtspunkten (überzeugend bereits MünchKomm/WENDEHORST[4] § 1 FernAbsG Rn 98). Wie sich im weiteren Verlauf des Schicksals von § 1 Abs 4 FernAbsG zeigen sollte (vgl die jetzige Formulierung von § 312b Abs 5), war die Formulierung *(„Das Gesetz ist insoweit nicht anzuwenden [...]")* ein Redaktionsversehen. Der Gesetzgeber wollte keinesfalls durch das Günstigkeitsprinzip den Anwendungsbereich des Fernabsatzgesetzes einschränken (ausdrücklich erkennbar in BT-Drucks 14/2658, 37), sondern eine Konkurrenzregelung für den Fall schaffen, dass sich der Rechtsanwender zwei einander widersprechenden Regelungen gegenübersieht. Ist es dagegen möglich, die Regelungen kumulativ anzuwenden, etwa weil die Vorschriften sich ergänzen, so wurden auch nach § 1 Abs 4 FernAbsG die Normen nebeneinander angewandt (vgl FUCHS ZIP 2000, 1273, 1286; HÄRTING § 1 FernAbsG Rn 173).

Der **praktische Anwendungsbereich** von § 1 Abs 4 FernAbsG blieb jedoch gering. **96** Konkurrenzsituationen im Anwendungsbereich konnten vor allen Dingen auftreten, wenn auch andere Schutzgesetze ein Recht des Verbrauchers zur einseitigen Aufhebung der vertraglichen Bindung vorgesehen haben. Der Gesetzgeber hatte aber bereits bei der Umsetzung der Fernabsatzrichtlinie in §§ 361a, 361b aF begonnen, das verbraucherschützende Widerrufsrecht ins BGB zu integrieren und zu vereinheitlichen, so dass insoweit keine Konkurrenzsituation entstehen konnte. Da in § 2 Abs 4 FernAbsG (entspricht § 312c Abs 4) eine eigene Konkurrenzregelung für die Informationspflichten im Fernabsatzrecht getroffen wurde, war die Bedeutung von § 1 Abs 4 FernAbsG auch insoweit äußerst gering (vgl PALANDT/HEINRICHS[60] § 1 FernAbsG Rn 18). Diese Argumentation hat auch den Gesetzgeber überzeugt (BT-Drucks 14/6857, 55) und im Schuldrechtsmodernisierungsgesetz wurde das Günstigkeitsprinzip folgerichtig aus den Vorschriften über Fernabsatzverträge gestrichen – § 312b aF hatte zunächst nur 3 Absätze. Als jedoch nach der **Umsetzung der FernAbsFinanz-DienstRL** das Fernabsatzrecht auch für Finanzdienstleistungen geöffnet wurde, sah der Gesetzgeber eine Konkurrenzsituation zwischen dem Fernabsatzrecht und dem Recht der Verbraucherdarlehensverträge, die nicht nur unternehmerische Informationspflichten betraf (RegE Gesetz zur Änderung der Vorschriften über Fernabsatzverträge bei Finanzdienstleistungen, BT-Drucks 15/2946, 19 f). Die hierbei entstehende Frage nach dem Rangverhältnis der unterschiedlichen Normengruppen hat der Gesetzgeber durch den neu eingefügten Abs 5 im Sinne eines Günstigkeitsprinzips beantwortet (RegE Gesetz zur Änderung der Vorschriften über Fernabsatzverträge bei Finanzdienstleistungen, BT-Drucks 15/2946, 20). Der Gesetzgeber hat die sich bietende Gelegenheit im Übrigen genutzt, um ein bei der Umsetzung der FernAbsRL aufgetretenes Redaktionsversehen zu korrigieren. Dem Wortlaut nach schränkte § 1 Abs 4 FernAbsG den Anwendungsbereich des FernAbsG ein. Dessen Vorschriften sollten nicht anzuwenden sein, wenn andere Vorschriften für den Verbraucher günstigere Regelungen, insbesondere weitergehende Informationspflichten enthalten. Ausweislich der Materialien (RegE FernAbsG BT-Drucks 14/2658, 34) sollte eine Konkurrenzregelung jedoch nur geschaffen werden, wenn sich einander widersprechende Normbefehle gegenüberstehen. § 1 Abs 4 FernAbsG aF wurde daher allgemein so verstanden, dass die günstigeren Regelungen neben den Vorschriften des Fernabsatzrechts zur Anwendung kommen sollen (vgl MünchKomm/WENDEHORST[3] § 1 FernAbsG Rn 103; FUCHS ZIP 2000, 1273, 1286 mwN.). Auch wenn der Wortlaut von § 312b Abs 5 somit dem von § 1 Abs 4 FernAbsG aF zu widersprechen scheint, so ist doch dasselbe gemeint.

2. Einzelfälle

97 Konkurrenz zwischen zwei Normen kann nur entstehen, wenn ein entgegengesetzter Regelungsgehalt vorliegt, also die eine Norm etwa ein **Widerrufsrecht des Verbrauchers** vorsieht und die andere ein solches ausschließt. Kein Konkurrenzverhältnis liegt dagegen vor, wenn Regelungen nebeneinander anwendbar sind und sich ergänzen. In einem solchen Fall werden die Vorschriften im Interesse eines umfassenden **Verbraucherschutzes** nebeneinander angewandt.

a) Finanzdienstleistungen
98 Nachdem das Fernabsatzrecht nunmehr auch bei Verträgen über Finanzdienstleistungen anzuwenden ist, können Konkurrenzsituationen zwischen §§ 312b bis 312d und gesetzlich geregelten Finanzdienstleistungen entstehen. Zu denken ist hierbei neben den Regelungen des **Verbraucherkredits** in §§ 491 ff, vor allen Dingen an das Versicherungsvertragsgesetz, das Gesetz über den Vertrieb ausländischer Investmentanteile und über die Besteuerung der Erträge aus ausländischen Investmentanteilen sowie an das Gesetz über Kapitalanlagegesellschaften.

aa) Verbraucherdarlehen uä Verträge
99 Zu erheblichen Überschneidungen im fernabsatzrechtlichen **Anwendungsbereich** kann es kommen, wenn ein **Verbraucherdarlehensvertrag**, ein Ratenlieferungsvertrag oder ein Vertrag zwischen einem Verbraucher und einem Unternehmer über eine Finanzierungshilfe – allesamt Finanzdienstleistungen im Sinne von Abs 1 S 2 – im Fernabsatz geschlossen wird. In diesem Fall stehen den Vorschriften über Fernabsatzverträge die verbraucherschützenden Vorschriften aus §§ 491 ff gegenüber, die unter Anderem Informationspflichten und **Widerrufsrechte** enthalten. Durch die Rechtsprechung noch nicht ausgelotet ist, inwieweit sich für die einzelnen Vertragstypen, die im 3. Titel des 8. Abschnitts geregelt sind, hinsichtlich der Informationspflichten und Widerrufsrechte eine Konkurrenzsituation zum Fernabsatzrecht ergibt oder ob sich die verschiedenen Regelungen ergänzen und damit nebeneinander anwendbar bleiben.

α) Verbraucherdarlehensverträge
100 Beim **Verbraucherdarlehensvertrag** im Sinne von § 491 Abs 1 verpflichtet sich der Unternehmer, dem Verbraucher einen Geldbetrag zur Verfügung zu stellen und der Verbraucher verpflichtet sich im Gegenzug, Zinsen oder eine ähnliche Vergütung zu leisten. Zu beachten ist, dass die §§ 491 ff nicht angewandt werden, wenn der Verbraucher für nicht schutzwürdig gehalten wird. Hierfür gibt § 491 Abs 2 eine Reihe von Beispielen. So gelten die Regelungen über Verbraucherdarlehensverträge nicht, wenn das auszuzahlende Darlehen 200 Euro nicht übersteigt, die vereinbarten Zinsen unter den marktüblichen Werten liegen oder das Darlehen im Zusammenhang mit öffentlich-rechtlichen Subventionen gewährt wird und die Zinsen unter den marktüblichen Werten liegen. Ein Widerrufsrecht steht dem Verbraucher nach Abschluss eines Verbraucherdarlehensvertrages gemäß § 495 Abs 1 in Verbindung mit § 355 zu, wobei gemäß § 495 Abs 2 zu beachten ist, dass ein Widerrufsrecht nicht für Überziehungskredite gilt, wenn der Verbraucher das Darlehen jederzeit, ohne Einhaltung einer Kündigungsfrist und ohne zusätzliche Kosten zurückzahlen kann. Wird der Verbraucherdarlehensvertrag im Fernabsatz geschlossen, so tritt eine Konkurrenzsituation zum fernabsatzrechtlichen Widerrufsrecht nicht auf. Nach § 312d

Abs 5 besteht nämlich für Fernabsatzverträge kein Widerrufsrecht, wenn dem Verbraucher bereits aufgrund des § 495 ein solches Recht zusteht. Die Voraussetzungen, insbesondere die Widerrufsfrist, innerhalb der das Widerrufsrecht vom Verbraucher geltend gemacht werden muss, sind zwar bei dem Widerrufsrecht nach § 312d günstiger als nach §§ 495, 355, da § 312d Abs 2 abweichend von § 355 Abs 2 S 1 bestimmt, dass die Widerrufsfrist erst zu laufen beginnt, wenn der Unternehmer die Informationspflichten aus § 312c erfüllt hat bzw dem Verbraucher die bestellte Waren übergeben wurden. Dem wird jedoch dadurch Rechnung getragen, dass § 312d Abs 5 S 2 den § 312d Abs 2 bei Verbraucherdarlehensverträgen für entsprechend anwendbar erklärt, so dass der Verbraucher nicht schlechter gestellt wird, indem ihm das Widerrufsrecht aus § 312d verwehrt bleibt.

Eine Konkurrenzregel, die die Informationspflichten des **Unternehmers** betrifft, **101** findet sich in § 312c Abs 4. Als speziellere Norm geht sie § 312d Abs 4 vor.

β) Finanzierungshilfen

Finanzierungshilfen sind nach § 499 Abs 1 Verträge, durch die ein Unternehmer **102** einem Verbraucher einen entgeltlichen Zahlungsaufschub von mehr als drei Monaten oder eine andere entgeltliche Finanzierungshilfe gewährt. Dem Verbraucher steht bei solchen Verträgen ein Widerrufsrecht nach §§ 499 Abs 1, 495, 355 zu, so dass aus den oben erläuterten Gründen eine Konkurrenzsituation zum Fernabsatzrecht nicht denkbar ist. Zu beachten ist jedoch, dass dem Verbraucher nach § 503 Abs 1 anstelle des Widerrufsrechts ein Rückgaberecht nach § 356 eingeräumt werden kann. Eine ähnliche Regelung findet sich für das Fernabsatzrecht in § 312d Abs 1 S 2. Bei Finanzierungshilfen wird diese Vorschrift wegen § 312d Abs 5 nicht angewandt.

γ) Ratenlieferungsverträge

Dem Verbraucher steht bei Ratenlieferungsverträgen im Sinne von § 505 Abs 1 ein **103** Widerrufsrecht nach §§ 505 Abs 1 S 1, 355 zu. Wie bei Verbraucherdarlehensverträgen und Finanzierungshilfen auch besteht nach § 312d Abs 5 das fernabsatzrechtliche Widerrufsrecht in diesen Fällen nicht. Zu Konkurrenzsituationen kann es daher nicht kommen.

bb) Versicherungsvertragsgesetz

§§ 312b bis 312d gelten gemäß § 312b Abs 3 Nr 3 nicht für Verträge über **Versiche- 104 rungen** sowie deren Vermittlung (so Rn 68). Eine Konkurrenzsituation kann daher nicht auftreten.

cc) Gesetz über Kapitalanlagegesellschaften (KAGG)

Wird der Verbraucher vom Unternehmer durch mündliche Verhandlung außerhalb **105** dessen ständiger Geschäftsräume dazu bestimmt, eine auf den Kauf von Anteilscheinen gerichtete Willenserklärung abzugeben, so steht ihm nach § 23 Abs 1 KAGG ein Widerrufsrecht zu. § 23 KAGG ist zwar auch auf Unternehmer anwendbar, Abs 3 Nr 1 schließt ein Widerrufsrecht jedoch aus, wenn der Käufer die Anteilscheine im Rahmen seines Gewerbebetriebes erworben hat. Wenn der Wortlaut von § 23 Abs 1 KAGG auch eher darauf hinzeigt, dass zwischen Verbraucher und Unternehmer eine dem Haustürgeschäft im Sinne von § 312 vergleichbare Situation vorliegen muss, so erlaubt die Vorschrift gleichwohl, dass die Vertragsparteien sich bis zum Vertragsschluss selbst nicht begegnet sind. Mündliche Verhandlungen, durch die der Verbraucher zum Vertragsschluss bestimmt werden muss, können auch per Telefon erfolgen, so dass der Vertrag unter ausschließlicher Verwendung von Fernkommunikationsmitteln geschlossen wird und daher als Fernabsatzvertrag bewertet werden kann. Findet der Vertragsschluss auf telefonischem Wege statt, ist darauf abzustellen, dass sich der Verbraucher außerhalb der Geschäftsräume des Verkäufers oder Vermittlers der Anteilscheine befindet (vgl SCHÖDERMEIER/BALTZER, in: BRINKHAUS/SCHERER § 23 KAGG Rn 3).

106 Noch nicht abschließend geklärt ist, in welchem **Verhältnis das Widerrufsrecht nach dem KAGG zu dem Widerrufsrecht aus § 312d** steht. Als speziellere Regel geht es dem fernabsatzrechtlichen Widerrufsrecht grundsätzlich vor. Etwas anderes würde nur gelten, wenn § 23 KAGG für den Verbraucher ungünstiger wäre als § 312d. Da das Günstigkeitsprinzip aus § 312b Abs 5 als Ausnahme zum Spezialitätsprinzip zu verstehen ist (so Rn 95), würde in einem solchen Fall die allgemeinere, aber für den Verbraucher günstigere Regelung von § 312d gelten. Ob die eine Regelung aus verbraucherschutzrechtlicher Sicht günstiger ist als die andere, wird anhand von normativen Kriterien entschieden (vgl MünchKomm/WENDEHORST[3] § 1 FernAbsG Rn 98). Nach § 23 Abs 1 KAGG ist der Verbraucher innerhalb von zwei Wochen zum Widerruf seiner auf den Vertragsschluss gerichteten Willenserklärung berechtigt, die Frist entspricht also der aus §§ 312d Abs 1 S 1, 355 Abs 1 S 2. Zur Fristwahrung genügt wie im Fernabsatzrecht die rechtzeitige Absendung des Widerrufs. Die Frist beginnt gemäß § 23 Abs 2 S 2 KAGG zu laufen, wenn der Verkäufer dem Käufer einen Verkaufsprospekt ausgehändigt hat. Hierdurch wird § 19 KAGG Rechnung getragen, der bestimmt, dass dem Erwerber eines Anteilscheins ein detaillierter Verkaufsprospekt der Kapitalanlagegesellschaft vor Vertragsabschluss zur Verfügung zu stellen ist. § 19 KAGG dient dem Anlegerschutz und soll sicherstellen, dass der Erwerber durch Information eine seinen Bedürfnissen entsprechende Anlageentscheidung treffen kann (so die Begründung im Regierungsentwurf, BT-Drucks V/3494, 28). Im Fernabsatzrecht beginnt die Widerrufsfrist nach § 312d Abs 2 nicht vor der Erfüllung der unternehmerischen Informationspflichten. Auch diese Regelung, die ja von der allgemeinen Regelung über die Widerrufsfrist bei Verbraucherverträgen in § 355 Abs 2 abweicht, soll dazu dienen, dass sich der Verbraucher bis zu dem Zeitpunkt, an dem ihm alle für einen Vertragsschluss erforderlichen Informationen zur Verfügung stehen, noch nicht endgültig festzulegen braucht. Sinn und Zweck der Berechnung der Widerrufsfrist ist also im Fernabsatzrecht kein anderer als nach § 23 KAGG. Darüber hinaus lässt sich auch die Situation des Verbrauchers zu dem Zeitpunkt, in dem ihm nach § 23 Abs 2 S 2 KAGG der Verkaufsprospekt übergeben wurde, mit der vergleichen, in dem nach § 312d Abs 2 die Ware an ihn ausgeliefert bzw die relevanten Informationen durch den Unternehmer an ihn übermittelt wurden. In beiden Konstellationen stehen dem Verbraucher nunmehr alle Informationen zur Verfügung, um sich entscheiden zu können, ob er am Vertrag festhalten will oder nicht. Die Regelung über den Beginn der Widerrufsfrist in § 23 Abs 2 S 2 ist somit gegenüber der fernabsatzrechtlichen Regelung weder ungünstiger noch günstiger, sie ist als gleichwertig zu betrachten. In diesem Fall greift das Günstigkeitsprinzip aus § 312b Abs 5 nicht, sondern es gilt der Spezialitätsgrundsatz mit der Folge, dass § 312d von § 23 KAGG verdrängt wird.

dd) Gesetz über den Vertrieb ausländischer Investmentanteile und über die Besteuerung der Erträge aus ausländischen Investmentanteilen (AuslInvestmG)

Das **AuslInvestmG** (BGBl I 1969, 986) gewährt dem Käufer ausländischer Investment- **107** anteile in § 11 ein **Widerrufsrecht**, was nahezu wortgleich zu dem Widerrufsrecht aus § 23 KAGG ist. Wie § 23 KAGG ist § 11 AuslInvestmG nicht auf Verbraucher beschränkt. Nach § 11 Abs 3 Nr 1 AuslInvestmG besteht ein Widerrufsrecht jedoch nicht, wenn der Käufer die ausländischen Investmentanteile im Rahmen seines Gewerbebetriebs erworben hat. Ziel der Norm ist es, den Erwerber ausländischer Investmentanteile vor speziellen Vertriebsmethoden zu schützen, bei denen die Gefahr besteht, dass der Anleger überrumpelt wird (so die Begründung des Regierungsentwurfs, BT-Drucks V/3494, 16). Die Gefahr, beim Vertragsschluss durch die mündliche Verhandlung überrumpelt zu werden, besteht nicht nur in einer Haustürsituation. Ähnliches droht dem Verbraucher, wenn er durch ein Telefonat vom Unternehmer zur Abgabe einer auf den Kauf von Investmentanteilen gerichteten Willenserklärung bestimmt wird. In einem solchen Fall wird zugleich ein Vertrag über eine Finanzdienstleistung geschlossen, wobei bis zum Vertragsschluss selbst ausschließlich Fernkommunikationsmittel verwendet werden, so dass dem Verbraucher auch ein fernabsatzrechtliches Widerrufsrecht zusteht. Da das Widerrufsrecht aus § 11 AuslInvestmG von denselben Voraussetzungen abhängt wie das Widerrufsrecht aus § 23 KAGG (vgl Pfüller, in: Brinkhaus/Scherer § 11 AuslInvestmG Rn 1 f), ist auch die Konkurrenzsituation zwischen § 11 AuslInvestmG und § 312d dieselbe wie zwischen § 23 KAGG und § 312d: Das Widerrufsrecht aus § 11 AuslInvestmG ist gegenüber dem fernabsatzrechtlichen Widerrufsrecht für den Verbraucher nicht etwa günstiger, sondern gleichwertig. Aus Spezialitätsgründen geht § 11 AuslInvestmG daher § 312d vor (zur näheren Begründung vgl oben Rn 95).

Auch den **Verkäufer ausländischer Investmentanteile** trifft die Pflicht, einen detail- **108** lierten Verkaufsprospekt zu erstellen und dem Käufer zur Verfügung zu stellen, § 3 AuslInvestmG. In dem Verkaufsprospekt sind die allgemeinen Vertragsbedingungen oder die Satzung der Investmentgesellschaft zur Verfügung zu stellen und er muss alle Angaben enthalten, die im Zeitpunkt der Antragstellung für die Beurteilung der ausländischen Investmentanteile von wesentlicher Bedeutung sind. Das Verhältnis der Informationspflichten aus § 3 AuslInvestmG zu denen aus § 312c Abs 1 Nr 1 in Verbindung mit § 1 BGB-InfoV wird von § 312c Abs 4 als der spezielleren Vorschrift beantwortet.

b) Haustürgeschäfte

Eine Kollision zwischen **Haustürgeschäften** und Fernabsatzgeschäften kommt schon **109** aus tatbestandlichen Gründen nicht in Frage. Die beiden Absatzformen schließen einander aus (vgl Vorbem 26 zu §§ 312, 312a).

c) § 13a UWG

§ 13a Abs 1 S 1 UWG gewährt dem Verbraucher ein Rücktrittsrecht, wenn er durch **110** eine **unwahre oder zur Irreführung bestimmte Werbeangabe** im Sinne von § 4 UWG, die für den Vertragsschluss wesentlich ist, zur Abnahme bestimmt worden ist. Nach § 13a Abs 1 S 1 und 2 UWG muss dieses Rücktrittsrecht unverzüglich nach Kenntnis der das Rücktrittsrecht begründenden Umstände, spätestens aber nach 6 Monaten ausgeübt werden. Je nachdem, welche Konstellation vorliegt, ist das Rücktrittsrecht aus § 13a UWG also für den Verbraucher von Vorteil oder von Nachteil. In Anbetracht der verschiedenen Schutzzwecke von UWG und den fernabsatzrechtlichen Regelungen können die verschiedenen Rücktrittsrechte nebeneinander ausgeübt werden (so zutreffend BT-Drucks 14/2658, 36). Während dem Verbraucher im Fernabsatzrecht ein Rücktrittsrecht zugestanden wird, um ihm die Möglichkeit zu geben, seinen möglicherweise übereilt getroffenen Entschluss nochmals zu überdenken, sanktioniert § 13a UWG den Gebrauch von irreführender Werbung und gibt dem getäuschten Verbraucher die Gelegenheit, sich nachträglich von dem unliebsamen Vertrag zu lösen. Der Verbraucher hat somit die Wahl zwischen den Widerrufsrechten nach § 312d und den Rechten aus § 8 UWG. Die besonderen Voraussetzungen, die § 13a Abs 2 u 3 UWG an die Ausübung des Rücktrittsrechts knüpft, benachteiligen den Verbraucher nicht (so auch Härting § 1 Rn 194).

d) Arzneimittel- und Medizinprodukterecht

111 Den Regelungen des Arzneimittel- und Medizinprodukterechts lassen sich zwar keine klassischen verbraucherschützenden Instrumentarien wie Informationspflichten oder Widerrufsrechte entnehmen, jedoch enthalten Arzneimittelgesetz (AMG) und Medizinproduktegesetz (MPG) Vorgaben über Vertrieb und Vermarktung von Arzneimitteln (§§ 43 ff AMG) und über das Inverkehrbringen von Medizinprodukten (§ 2 Abs 1, § 3 Nr 12 MPG), die auch im Fernabsatzrecht relevant werden können. Zu beachten ist aber, dass dem Fernabsatzrecht eine andere Schutzrichtung zugrunde liegt als dem Arzneimittel- und Medizinprodukterecht: Während das Fernabsatzrecht den Verbraucher vor den spezifischen Gefahren dieser Vertriebsart schützen will, bezweckt es das Arzneimittel- und Medizinprodukterecht Sicherheit, Eignung und Leistung der Medizinprodukte zu gewähren. Hierdurch soll die Gesundheit der Patienten, Anwender und Dritter geschützt werden (so § 1 MPG). Dennoch beruht auch das Inverkehrbringen von Medizinprodukten auf einem schuldrechtlichen Vertrag, der im Fernabsatz geschlossen werden kann. Für diesen gelten dann aber die strengen Regularien von AMG und MPG, die gegenüber fernabsatzrechtlichen Vorgaben ein deutlich höheres Schutzniveau bieten. Der Gesetzgeber hat eine ausdrückliche Konkurrenzregel zurecht für entbehrlich gehalten, da schon nach dem im deutschen Recht verankerten Spezialitätsgrundsatz die Regelungen des Arzneimittel- und Medizinprodukterechts den Vorgaben des Fernabsatzrechts als speziellere Regelungen vorgehen (BT-Drucks 14/2658, 37; aA Härting § 1 Rn 177, nach dessen Auffassung schon kein Fall einer echten Überschneidung vorliegt).

112 Zur Jahreswende 2003/2004 hat sich für Unternehmer, die Arzneimittel im Fernabsatz vertreiben (insb sog **Internet-**Apotheken) die Rechtslage in wesentlicher Hinsicht geändert. Zunächst hat der EuGH in der DocMorris-Entscheidung (EuGH EuZW 2004, 21; vgl hierzu Mand MMR 2003, 77) das in Deutschland bis zum 31.12. 2003 geltende Verbot des Versandhandels von Arzneimitteln zumindest insoweit für gemeinschaftsrechtswidrig erklärt, als rezeptfreie Arzneimittel betroffen waren. Nur das Verbot, verschreibungspflichtige Arzneimittel im Versandhandel zu vertreiben, wurde für gemeinschaftsrechtskonform erachtet. In Deutschland hat dieses Urteil zwar großes Aufsehen erregt, jedoch noch nicht einmal einen Monat nach seiner Verkündung auch erheblich an Relevanz verloren: Am 1.1.2004 trat das GKV-Modernisierungsgesetz in Kraft und hierdurch wurde nicht nur – wie vom EuGH gefordert – der Vertrieb von rezeptfreien, sondern auch der von verschreibungspflichtigen Arzneimitteln freigegeben. Hiervon werden auch ausländische Unternehmer wie zB der Beklagte des Rechtsstreits vor dem EuGH, DocMorris, eine in den Niederlanden niedergelassene Aktiengesellschaft, die neben dem Versandhandel auch einen herkömmlichen Apothekenbetrieb ausübt, profitieren, da nach § 73 Abs 1 Nr 1a AMG dann auch einer Apotheke im EU-Raum der Versand an deutsche Endverbraucher gestattet wird, wenn das Recht im Land der Apotheke mit den deutschen Regelungen vergleichbar ist. Trotz der Änderung der Rechtslage zum 1.1.2004 wird die DocMorris-Entscheidung nicht nur in anderen Mitgliedstaaten, sondern auch in Deutschland Auswirkungen haben. Die Richter des EuGH haben deutlich werden lassen, dass sie je nach Art der versandten Arzneimittel weitere Sicherheitsmaßnahmen für erforderlich halten. Unter anderem wurde im Urteil diskutiert, inwieweit eine Internetapotheke eine hinreichende Beratung bieten kann und inwieweit interaktive Elemente des Internets dazu dienen können, Arzneimittelmissbrauch vorzubeugen. Inwieweit die Anregungen des EuGH umgesetzt werden, bleibt abzuwarten – der deutsche Gesetzgeber hat sich jedenfalls die Möglichkeit vorbehalten, im Verordnungswege Rechtsvorschriften zur genaueren Ausgestaltung des Arzneimittelversandes zu erlassen.

e)   Preisangabeverordnung und andere Vorschriften
Informationspflichten, die neben die Pflichten aus § 312c treten können, ergeben **113** sich noch aus den folgenden Vorschriften:

– § 69 Telekommunikationsgesetz verpflichtet die Betreiber von öffentlichen Telediensten, allgemein zugängliche Teilnehmerverzeichnisse zu führen;

– § 6 Teledienstgesetz verpflichtet den Dienstbetreiber eines Teledienstes, bestimmte unternehmerbezogene Informationen „leicht erkennbar, unmittelbar verfügbar und ständig erreichbar zu halten";

– § 10 Mediendienstestaatsvertrag verpflichtet den Dienstbetreiber von Mediendiensten, Informationen über Namen und Anschrift, gegebenenfalls auch Namen und Anschrift der Vertretungsberechtigten bei juristischen Personen bereitzuhalten;

– In der Preisangabeverordnung finden sich diverse Informationspflichten des Anbieters; so hat dieser zB gemäß § 1 Abs 1 die Preise einschließlich der Umsatzsteuer und sonstiger Preisbestandteile sowie Verkaufs- oder Leistungseinheit und Güte, auf die sich die Preise beziehen, anzugeben;

– Die Verordnung über Fertigpackungen verpflichtet den **Unternehmer** ua durch § 11 Abs 1 dazu, das Abtropfgewicht des verpackten **Lebensmittels** anzugeben.

Zu beachten bei diesen Regelungen ist, dass sie keine Spezialregelungen gegenüber dem Fernabsatzrecht darstellen und damit diese nicht verdrängen, sondern neben ihnen anwendbar bleiben (BT-Drucks 14/2658, 37).

§ 312c
Unterrichtung des Verbrauchers bei Fernabsatzverträgen

(1) Der Unternehmer hat den Verbraucher rechtzeitig vor Abgabe von dessen Vertragserklärung in einer dem eingesetzten Fernkommunikationsmittel entsprechenden Weise klar und verständlich und unter Angabe des geschäftlichen Zwecks die Informationen zur Verfügung zu stellen, für die dies in der Rechtsverordnung nach Artikel 240 des Einführungsgesetzes zum Bürgerlichen Gesetzbuche bestimmt ist. Der Unternehmer hat bei von ihm veranlassten Telefongesprächen seine Identität und den geschäftlichen Zweck des Kontakts bereits zu Beginn eines jeden Gespräches ausdrücklich offen zu legen.

(2) Der Unternehmer hat dem Verbraucher ferner die Vertragsbestimmungen einschließlich der Allgemeinen Geschäftsbedingungen sowie die in der Rechtsverordnung nach Artikel 240 des Einführungsgesetzes zum Bürgerlichen Gesetzbuche bestimmten Informationen in dem dort bestimmten Umfang und der dort bestimmten Art und Weise in Textform mitzuteilen, und zwar

1. bei Finanzdienstleistungen rechtzeitig vor Abgabe von dessen Vertragserklärung oder, wenn auf Verlangen des Verbrauchers der Vertrag telefonisch oder unter Verwendung eines anderen Fernkommunikationsmittels geschlossen wird, das die Mitteilung in Textform vor Vertragsschluss nicht gestattet, unverzüglich nach Abschluss des Fernabsatzvertrages;

2. bei sonstigen Dienstleistungen und bei der Lieferung von Waren alsbald, spätestens bis zur vollständigen Erfüllung des Vertrages, bei Waren spätestens bis zur Lieferung an den Verbraucher.

Eine Mitteilung nach Satz 1 Nr. 2 ist entbehrlich bei Dienstleistungen, die unmittelbar durch Einsatz von Fernkommunikationsmitteln erbracht werden, sofern diese Leistungen in einem Mal erfolgen und über den Betreiber der Fernkommunikationsmittel abgerechnet werden. Der Verbraucher muss sich in diesem Falle aber über die Anschrift der Niederlassung des Unternehmers informieren können, bei der er Beanstandungen vorbringen kann.

(3) Bei Finanzdienstleistungen kann der Verbraucher während der Laufzeit des Vertrages jederzeit vom Unternehmer verlangen, dass ihm dieser die Vertragsbestimmungen einschließlich der Allgemeinen Geschäftsbedingungen in einer Urkunde zur Verfügung stellt.

(4) Weitergehende Einschränkungen bei der Verwendung von Fernkommunikationsmitteln und weitergehende Informationspflichten auf Grund anderer Vorschriften bleiben unberührt.

**Verordnung über Informations- und Nachweispflichten nach bürgerlichem Recht
(BGB-Informationspflichten-Verordnung – BGB-InfoV)**

Abschnitt 1 Informationspflichten bei Verbraucherverträgen

§ 1 Informationspflichten bei Fernabsatzverträgen

(1) Der Unternehmer muss dem Verbraucher gemäß § 312c Abs 1 des Bürgerlichen Gesetzbuches folgende Informationen zur Verfügung stellen:

1. seine Identität, anzugeben ist auch das öffentliche Unternehmensregister, bei dem der Rechtsträger eingetragen ist, und die zugehörige Registernummer oder gleichwertige Kennung,

2. die Identität eines Vertreters des Unternehmers in dem Mitgliedstaat, in dem der Verbraucher seinen Wohnsitz hat, wenn es einen solchen Vertreter gibt, oder die Identität einer anderen gewerblich tätigen Person als dem Anbieter, wenn der Verbraucher mit dieser geschäftlich zu tun hat, und die Eigenschaft, in der diese Person gegenüber dem Verbraucher tätig wird,

3. die ladungsfähige Anschrift des Unternehmers und jede andere Anschrift, die für die Geschäftsbeziehungen zwischen diesem, seinem Vertreter oder einer anderen gewerblich tätigen Person gemäß Nummer 2 und dem Verbraucher maßgeblich ist, bei juristischen Personen, Personenvereinigungen oder -gruppen auch den Namen eines Vertretungsberechtigten,

4. wesentliche Merkmale der Ware oder Dienstleistung sowie darüber, wie der Vertrag zustande kommt,

5. die Mindestlaufzeit des Vertrages, wenn dieser eine dauernde oder regelmäßig wiederkehrende Leistung zum Inhalt hat,

6. einen Vorbehalt, eine in Qualität und Preis gleichwertige Leistung (Ware oder Dienstleistung) zu erbringen, und einen Vorbehalt, die versprochene Leistung im Fall ihrer Nichtverfügbarkeit nicht zu erbringen,

7. den Gesamtpreis der Ware oder Dienstleistung einschließlich aller Steuern und sonstiger Preisbestandteile oder, wenn kein genauer Preis angegeben werden kann, über die Grundlage für seine Berechnung, die dem Verbraucher eine Überprüfung des Preises ermöglicht,

8. gegebenenfalls zusätzlich anfallende Liefer- und Versandkosten sowie mögliche weitere Steuern oder Kosten, die nicht über den Unternehmer abgeführt oder von ihm in Rechnung gestellt werden,

9. Einzelheiten hinsichtlich der Zahlung und der Lieferung oder Erfüllung,

10. das Bestehen oder Nichtbestehen eines Widerrufs- oder Rückgaberechts sowie die Bedingungen, Einzelheiten der Ausübung, insbesondere Namen und Anschrift desjenigen, gegenüber dem der Widerruf zu erklären ist, und die Rechtsfolgen des Widerrufs oder der Rückgabe, einschließlich Informationen über den Betrag, den der Verbraucher im Falle des Widerrufs oder der Rückgabe gemäß § 357 Abs 1 des Bürgerlichen Gesetzbuchs für die erbrachte Dienstleistung zu zahlen hat,

11. Kosten, die dem Verbraucher durch die Nutzung der Fernkommunikationsmittel entstehen, sofern sie über die üblichen Grundtarife hinausgehen, mit denen der Verbraucher rechnen muss, und

12. eine Befristung der Gültigkeitsdauer der zur Verfügung gestellten Informationen, beispielsweise die Gültigkeitsdauer befristeter Angebote, insbesondere hinsichtlich des Preises.

(2) Bei Fernabsatzverträgen über Finanzdienstleistungen muss der Unternehmer den Verbraucher gemäß § 312c Abs 1 des Bürgerlichen Gesetzbuchs ferner folgende Informationen zur Verfügung stellen:

1. die Hauptgeschäftstätigkeit des Unternehmers und die für seine Zulassung zuständige Aufsichtsbehörde,

2. gegebenenfalls den Hinweis, dass sich die Finanzdienstleistung auf Finanzinstrumente bezieht, die wegen ihrer spezifischen Merkmale oder der durchzuführenden Vorgänge mit speziellen Risiken behaftet sind oder deren Preis Schwankungen auf dem Finanzmarkt unterliegt, auf die der Unternehmer keinen Einfluss hat, und dass in der Vergangenheit erwirtschaftete Erträge kein Indikator für künftige Erträge sind,

3. die Kündigungsbedingungen einschließlich etwaiger Vertragsstrafen,

Gregor Thüsing

4. die Mitgliedstaaten der Europäischen Union, deren Recht der Unternehmer der Aufnahme von Beziehungen zum Verbraucher vor Abschluss des Fernabsatzvertrages zugrunde legt,

5. eine Vertragsklausel über das auf den Fernabsatzvertrag anwendbare Recht oder über das zuständige Gericht,

6. die Sprachen, in welchen die Vertragsbedingungen und die in dieser Vorschrift genannten Vorabinformationen mitgeteilt werden, sowie die Sprachen, in welchen der Unternehmer sich verpflichtet, mit Zustimmung des Verbrauchers die Kommunikation während der Laufzeit dieses Vertrages zu führen,

7. einen möglichen Zugang des Verbrauchers zu einem außergerichtlichen Beschwerde- und Rechtsbehelfsverfahren und gegebenenfalls die Voraussetzungen für diesen Zugang und

8. das Bestehen eines Garantiefonds oder anderer Entschädigungsregelungen, die nicht unter die Richtlinie 94/19/EG des Europäischen Parlaments und des Rates vom 30. Mai 1994 über Einlagensicherungssysteme (ABl. EG Nr L 135 S 5) und die Richtlinie 97/9/EG des Europäischen Parlaments und des Rates vom 3. März 1997 über Systeme für die Entschädigung der Anleger (ABl. EG Nr L 84 S 22) fallen.

(3) Bei Telefongesprächen hat der Unternehmer dem Verbraucher gemäß § 312c Abs 1 des Bürgerlichen Gesetzbuchs nur Informationen nach Absatz 1 zur Verfügung zu stellen, wobei eine Angabe gemäß Absatz 1 Nr 3 nur erforderlich ist, wenn der Verbraucher eine Vorauszahlung zu leisten hat. S 1 gilt nur, wenn der Unternehmer den Verbraucher darüber informiert hat, dass auf Wunsch weitere Informationen übermittelt werden können und welcher Art diese Informationen sind, und der Verbraucher ausdrücklich auf die Übermittlung der weiteren Informationen vor Abgabe seiner Vertragserklärung verzichtet hat.

(4) Der Unternehmer hat dem Verbraucher gemäß § 312c Abs 2 des Bürgerlichen Gesetzbuchs folgende Informationen in Textform mitzuteilen:

1. die in Absatz 1 genannten Informationen,

2. bei Fernabsatzverträgen über Finanzdienstleistungen auch die in Absatz 2 genannten Informationen,

3. bei der Lieferung von Waren und sonstigen Dienstleistungen ferner

   a. die in Absatz 2 Nr 3 genannten Informationen bei Verträgen, die ein Dauerschuldverhältnis betreffen und für eine längere Zeit als ein Jahr oder für unbestimmte Zeit geschlossen sind, sowie

   b. Informationen über Kundendienst und geltende Gewährleistungs- und Garantiebedingungen.

Zur Erfüllung seiner Informationspflicht nach Absatz 1 Nr 10 über das Bestehen des Widerrufs- oder Rückgaberechts kann der Unternehmer das in § 14 für die Belehrung über das Widerrufs- und Rückgaberecht bestimmte Muster verwenden. Soweit die Mitteilung nach S 1 durch Übermittlung der Vertragsbestimmungen einschließlich der Allgemeinen Geschäftsbedingungen erfolgt, sind die Informationen nach Absatz 1 Nr 3 und 10, Absatz 2 Nr 3 sowie S 1 Nr 3 Buchstabe b in einer hervorgehobenen und deutlich gestalteten Form mitzuteilen.

Materialien: Zum Gesetz über Fernabsatzverträge und andere Fragen des Verbraucherrechts sowie zur Umstellung von Vorschriften auf Euro: Richtlinie 97/7/EG vom 20. 5. 1997 über den Verbraucherschutz bei Vertragsabschlüssen im Fernabsatz, ABlEG Nr L 144, 19; Referentenentwurf Fernabsatzgesetz Referat I B 2 3420/12-4; Regierungsentwurf BT-Drucks 14/2658, 37 ff; Stellungnahme des Bundesrates mit Gegenäußerung der Bundesregierung, BT-Drucks 14/2920, 5 f, 15; Beschlussempfehlung und Bericht des Rechtsausschusses, BT-Drucks 14/3195, 5.

Zur Schuldrechtsreform und später: Gesetz zur Modernisierung des Schuldrechts Regierungsentwurf BT-Drucks 14/6040, 168; Stellungnahme des Bundesrats und Gegenäußerung der Bundesregierung BT-Drucks 14/6857, 18 f, 55; Bericht des Rechtsausschusses, BT-Drucks 14/7052, 191; zum Gesetz zur Änderung der Vorschriften über Fernabsatzverträge bei Finanzdienstleistungen: Richtlinie 2002/65/EG über den Fernabsatz von Finanzdienstleistungen an Verbraucher und zur Änderung der Richtlinie 90/619/EWG des Rates und der Richtlinien 97/7/EG und 98/27/EG, ABlEG Nr L 271, 16;

Entwurf der Bundesregierung mit Stellungnahme des Bundesrats vom 12. 3. 2004 und Gegenäußerung der Bundesregierung, BT-Drucks 14/6557, 20 ff, 32, 37 f; Beschlussempfehlung des Vermittlungsausschusses zu dem Gesetz zur Änderung der Vorschriften über Fernabsatzverträge bei Finanzdienstleistungen, BT-Drucks 15/4062, S 2.

Systematische Übersicht

I.	**Allgemeines**	1
II.	**Entwicklung der Vorschrift**	5
III.	**Besonderheiten bei der Kontaktaufnahme per Telefon**	
1.	Allgemeines	8
2.	Inhalt	12
a)	Identität	12
b)	Geschäftlicher Zweck	13
c)	Zu Beginn des Gesprächs	14
d)	Rechtsfolgen eines Verstoßes	15
IV.	**Vorvertragliche Informationspflichten**	16
1.	Zeitpunkt	17
2.	Form	21
a)	Eine dem eingesetzten Fernkommunikationsmittel entsprechende Weise	22
b)	Transparenzgebot	27
aa)	Verbraucherleitbild	28
bb)	Einzelfälle	29
cc)	Übermittlung der Informationen durch AGB	32
dd)	Sprache	34
c)	Besonderheit bei Finanzdienstleistungen, § 312c Abs 2 S 1 Nr 1	36
aa)	Textform	37
α)	Wiedergabe in Schriftzeichen	39
β)	Dauerhaftigkeit	41
bb)	Besonderheit bei der Belehrung über das Widerrufsrecht	45
cc)	Ausnahme vom Textformerfordernis	46
α)	Vertragsschluss auf Verlangen des Verbrauchers	47
β)	Telefon oder ähnliches Fernkommunikationsmittel	49
γ)	Unverzüglich nach Abschluss des Fernabsatzvertrages	50
d)	Informationserfolg	51
3.	Umfang der Informationspflichten	52
a)	Allgemeine Fernabsatzverträge und Fernabsatzverträge über Finanzdienstleistungen	53
aa)	Identität des Unternehmers	54
bb)	Identität eines Vertreters im Mitgliedstaat des Verbrauchers	57
cc)	Ladungsfähige Anschrift	58
dd)	Wesentliche Produktmerkmale	61
ee)	Vertragslaufzeit	63
ff)	Austausch- und Leistungsvorbehalt	64
gg)	Preisangaben	65
hh)	Liefer- und Versandkosten	67
ii)	Zahlungs- und Lieferbedingungen	68
kk)	Widerrufs- und Rückgaberecht	69
ll)	Kosten für die Nutzung der Fernkommunikationsmittel	72
mm)	Gültigkeitsdauer der Informationen	73
b)	Fernabsatzverträge über Finanzdienstleistungen	74
aa)	Vertragsbestimmungen	75
bb)	Hauptgeschäftstätigkeit und Aufsichtsbehörde	77
cc)	Besondere Risiken von Finanzinstrumenten	80
dd)	Kündigungsbedingungen und Vertragsstrafen	81
ee)	Anwendbares Recht für die Aufnahme von rechtlichen Beziehungen	83
ff)	Rechtswahlklauseln	85
gg)	Zu verwendende Sprachen	86
hh)	Außergerichtliche Beschwerdeverfahren	87
ii)	Garantiefonds	89

4. Rechtsfolgen der Missachtung von
Informationspflichten _____ 92

V. **Nachvertragliche Informationspflichten** _____ 95

1. Zeitpunkt _____ 96
a) Fernabsatzverträge über Finanzdienstleistungen _____ 97
b) Allgemeine Fernabsatzverträge _____ 98
aa) Erfüllung vor Vertragsschluss _____ 99
bb) Vollständige Erfüllung _____ 101
cc) Ausnahmen bei Fernkommunikationsdienstleistungen _____ 106
α) Erbringung der Leistung in einem
Mal _____ 108
β) Unmittelbarer Einsatz von Fernkommunikationsmitteln _____ 109
γ) Abrechnung durch den Betreiber des
Fernkommunikationsmittels _____ 110
δ) Nach § 312c Abs 2 S 3 erforderliche
Mindestangaben _____ 112
2. Form _____ 114

3. Umfang _____ 115
a) Informationspflicht bei allgemeinen
Fernabsatzverträgen _____ 116
aa) Kündigungsbedingungen _____ 118
bb) Kundendienst _____ 120
b) Informationspflichten bei Fernabsatzverträgen über Finanzdienstleistungen _____ 122
4. Rechtsfolgen der Missachtung der
Informationspflichten _____ 123

VI. **Besonderheiten bei Fernabsatzverträgen über Finanzdienstleistungen,
§ 312c Abs 3** _____ 126

VII. **§ 312c Abs 4** _____ 128
1. Weitergehende Einschränkungen bei
der Verwendung von Fernkommunikationsmitteln _____ 129
2. Weitergehende Informationspflichten _____ 131

Alphabetische Übersicht

AGB _____ 32 f, 76, 93, 126 f
Anschrift _____ 5, 25 f, 58 ff

Bestellformular _____ 22
Börsengeschäft _____ 80

CD-ROM _____ 37, 40, 42
Cinema Leserservice _____ 54

Datenträger _____ 32 ff, 42, 44
Dauerschuldverhältnisse _____ 118 ff
Diskette _____ 37, 40, 42 f
Durchschnittsverbraucher _____ 28, 34

eBay _____ 71
E-Commerce _____ 29, 34, 51, 109
E-mail _____ 37, 39, 44, 50, 130
Entschädigungsregelungen _____ 89, 91
Erfüllung _____ 23, 26, 32, 50 f, 68 f, 99 ff, 123

FernAbsFinanzDienstRL _____ 2 f, 5 ff,
20, 23 f, 30, 33, 36, 46, 51 ff, 57 f, 61, 65, 69 f,
73 ff, 83, 85 f, 88 f, 93, 100, 106, 116, 126, 128
Fernkommunikationstechnik _____ 3, 9

Finanzdienstleistungen _____ 2 ff,
33, 36 f, 46, 52 ff, 74 ff, 93, 95, 97, 122, 126 ff
Finanzmarktgeschäft _____ 80
Funkgerät _____ 49

Handelsregisternummer _____ 56
Hauptgeschäftstätigkeit _____ 77 f
Hörfunkwerbung _____ 20

Impressum _____ 29 f
Internet _____ 22, 28, 30, 34, 71, 112

Kapitallebensversicherung _____ 81
Kontakt _____ 8, 12, 25 f, 30, 83 f
Kündigungsfrist _____ 82

Limited _____ 56
Link _____ 22, 29 f, 51, 112

Mobiltelefon _____ 111

Opt-in _____ 130
Opt-out _____ 130

Papierform ———————— 3, 126

Pdf-Datei ———————— 40

Rechtsbehelfsverfahren ———— 87 f

Rechtswahlklausel ————— 83, 85

Satellitentelefon ————— 49

Schriftzeichen ———— 38 f, 41 f, 44

Sorgfalt ———————— 124

Sprache 34 f, 37 f, 40, 42, 61, 70, 86, 121, 127

Sukzessivlieferungsverträge ——— 105

Telefax ——————— 9, 37, 130

Telefon ——— 8 ff, 22 ff, 49, 106, 112, 122

Textform —— 2, 36 ff, 46, 46 ff, 76, 93 ff, 114

Tonbandaufnahmen ————— 40

Transparenz ———— 27 ff, 56, 85 f, 93

Unterlassungsanspruch ———— 92

Unternehmer ————— 54 ff

Urkunde ————— 39, 126 f

Verbraucher ————— 47 ff

Versandkosten ————— 67, 71

Vertragserklärung ———— 2, 16 ff

Vertragsschluss ——— 16 ff, 47 ff, 99 f

Voice-Mail-System ———— 9

Volatilität ————— 80

Vorauszahlung ———— 5, 25 f, 68

Wettbewerbsrecht ——— 9, 17, 28, 92

I. Allgemeines

§ 312c normiert in Verbindung mit § 1 BGB-InfoV die unternehmerischen Informa- **1** tionspflichten und etabliert dadurch ein **„klassisches Instrument des Verbraucher-schutzes"** (BT-Drucks 14/2658, 37) auch im Fernabsatzrecht. Wird eine Ware oder eine Dienstleistung im Fernabsatz vertrieben, so entstehen für den Verbraucher gegenüber dem herkömmlichen Vertrieb im stationären Handel erhebliche Nachteile. Beim Vertrag über die Lieferung von Waren kann er vor dem Abschluss des Vertrages den Vertragsgegenstand nicht in Augenschein nehmen und sich damit persönlich ein Bild von ihm machen. Der Verbraucher ist allein auf die Angaben des Unternehmers angewiesen. Dieser hat seinerseits die Möglichkeit, mittels eines aufwändig gestalteten Verkaufsprospektes oder einer beeindruckenden Internetseite den Verkaufsgegenstand in besonders gutem Licht erscheinen zu lassen. Auch bei Verträgen über die Erbringung einer Dienstleistung kann der Verbraucher getäuscht werden. Zwar kann eine Dienstleistung im Unterschied zu einer Ware nicht in den Verkaufsräumen des Unternehmers begutachtet werden. Vereinbart der Verbraucher aber in einem persönlichen Gespräch mit dem Unternehmer einen Dienstleistungsvertrag, besteht für ihn die Möglichkeit, sich näher erläutern zu lassen, wie die Dienstleistung im Einzelnen ausgeführt wird und welche Bestandteile die Leistungsverpflichtung des Unternehmers hat. Für den Verbraucher ist ein persönliches Gespräch, in dem Rückfragen möglich sind, günstiger als ein einseitiger Kommunikationsfluss. Die zweite Konstellation ist typisch für den Fernabsatz. Der mit ihr verbundenen Gefahr für den Verbraucher wird dadurch begegnet, dass dem Unternehmer weitreichende Informationspflichten auferlegt werden. Erst wenn der Verbraucher über alle Informationen verfügt, kann er eine endgültige Entscheidung darüber treffen, ob er an seiner Willenserklärung, die zum Vertragsschluss führt, auch tatsächlich festhalten will. Will er das nicht, steht ihm als zweites klassisches Mittel des Verbraucherschutzes ein **Widerrufs- und Rückgaberecht aus §§ 312d Abs 1, 355, 356** zu, mit dessen Hilfe er sich vom Vertrag lösen kann. Das Widerrufsrecht gleicht das Informationsdefizit im Fernabsatzhandel aus. Hierfür ist es freilich erforderlich, dass der Verbraucher über das Widerrufsrecht informiert wird. Die Widerrufsfrist beginnt nach § 312d Abs 2 daher erst zu laufen, wenn das Informationsdefizit des Verbrauchers ausgeglichen ist.

2 Als der Gesetzgeber vor der Aufgabe stand, die **FernAbsFinanzDienstRL** (vgl Vorbem 14 zu §§ 312b ff) umzusetzen, plante er zunächst, die Struktur der Informationspflichten maßgeblich zu ändern. Anders als nach altem Recht (vgl hierzu SCHMIDT-RÄNTSCH, in: BAMBERGER/ROTH § 312c Rn 5 ff) sollten dem Verbraucher nunmehr im Grundsatz alle Informationen vor Abgabe seiner **Vertragserklärung** in **Textform** mitgeteilt werden (vgl § 312c Abs 2 S 1 Referentenentwurf Gesetz zur Änderung der Vorschriften über Fernabsatzverträge bei **Finanzdienstleistungen** Referat I B 2, dazu die Begründung 33 f; vgl hierzu im Übrigen FELKE/JORDANS WM 2004, 166, 167). Von diesem Plan wurde im weiteren Verlauf des Gesetzgebungsverfahrens wieder Abstand genommen. Die Informationen müssen dem Verbraucher nur bei Verträgen über Finanzdienstleistungen in Textform vor Abgabe der Vertragserklärung zur Verfügung gestellt werden, für die anderen Verträge bleibt es bei der bisherigen Regelung. Damit ist die Chance verpasst worden, für eine weitere Harmonisierung des Verbraucherschutzrechts zu sorgen. Die fernabsatzrechtlichen Informationspflichten wurden nicht an das Modell von § 484 iVm § 2 BGB-InfoV angepasst, wonach im Grundsatz dem Verbraucher die Informationen in einer Stufe, vor Abschluss des Vertrages mitzuteilen sind.

3 Wie schon nach altem Recht vorgeschrieben, bleibt der Unternehmer auch nach Umsetzung der FernAbsFinanzDienstRL verpflichtet, bei **von ihm veranlassten Telefongesprächen** bereits zu Beginn des Gesprächs auf seine Identität und den geschäftlichen Zweck des Anrufs hinzuweisen, § 312c Abs 1 S 2. § 312c Abs 2 S 2 schließt Informationspflichten aus bei sonstigen Dienstleistungen, die unmittelbar durch Einsatz einer Fernkommunikationstechnik erbracht werden, sofern sie in einem Mal erfolgen und über den Betreiber der Fernkommunikationsmittel abgerechnet werden (sog **Mehrwertdienste**). Da für derartige Leistungen ein Widerrufsrecht nach § 312d Abs 3 Nr 3 ohnehin nicht besteht, ist es nur konsequent, dem Unternehmer hier keine Informationspflichten aufzuerlegen. § 312c Abs 3 enthält eine Sonderregelung für Finanzdienstleistungen und gewährt dem Verbraucher das Recht, von dem Unternehmer jederzeit zu verlangen, dass er ihm die Vertragsbedingungen in Papierform zur Verfügung stellt. Bei Finanzdienstleistungen haben Vertragsbedingungen für den Verbraucher häufig eine besondere Bedeutung, da der Gegenstand des Vertrages erst durch die Vertragsbedingungen wirklich definiert wird. Der Verbraucher muss daher während der gesamten Laufzeit des Vertrages die Möglichkeit haben, sich über die Einzelheiten seines Vertrages zu informieren. § 312c Abs 4 entspricht dem bisherigen Abs 4, wobei während des Gesetzgebungsverfahrens diskutiert wurde, die Regelung in Anbetracht des in § 312b eingefügten Günstigkeitsprinzips zu streichen. Der Gesetzgeber hat sich dann aber „aus Gründen der Klarstellung" (RegE BT-Drucks 15/2946, 22) dazu entschlossen, die Vorschrift beizubehalten.

4 § 312c legt in einem **komplizierten Regelungsgeflecht** fest, wann, in welchem Umfang und in welcher Form der Unternehmer den Verbraucher informieren muss. Im Vergleich zum früheren Recht ist die bereits zuvor unübersichtlich gestaltete Norm insbesondere durch die Erweiterung der Vorschriften auf Finanzdienstleistungen noch verworrener geworden. Es bleibt zwar dabei, dass zwischen vorvertraglichen und nachvertraglichen Informationspflichten unterschieden wird. Bei Finanzdienstleistungen wird diese Unterscheidung jedoch durchbrochen, da gemäß Abs 2 Nr 1 grundsätzlich schon vor Abgabe der Vertragserklärung der Verbraucher in Textform zu informieren ist. Abs 1 S 1 iVm § 1 Abs 1, 2 und 3 BGB-InfoV betrifft Informationen, die dem Verbraucher vor der Abgabe seiner Vertragserklärung zur Verfügung zu stellen sind. Abs 2 iVm § 1 Abs 4 BGB-InfoV trifft dagegen eine Regelung über die Form, in der die Informationen dem Verbraucher übermittelt werden müssen. Hierbei stellt das Gesetz an Fernabsatzverträge über Finanzdienstleistungen höhere Anforderungen als an sonstige Fernabsatzverträge.

II. Entwicklung der Vorschrift

In § 312c werden mit der **FernAbsRL** sowie der **FernAbsFinanzDienstRL** europäische Vorgaben umgesetzt (s Vorbem 13 f zu §§ 312b). Als der Gesetzgeber aufgefordert war, die FernAbsFinanzDienstRL in die §§ 312b bis 312d zu integrieren, hat er – wie schon bei der Umsetzung der FernAbsRL – darauf verzichtet, den etwas holprigen europäischen Sprachgebrauch zu übernehmen und hielt an den bekannten Begrifflichkeiten fest. Nicht der „Anbieter" (vgl Art 2 lit c FernAbsFinanzDienstRL) muss den Verbraucher informieren, sondern der Unternehmer. Hiermit sind freilich keine inhaltlichen Änderungen verbunden. In anderen Bereichen ist jedoch auch in inhaltlicher Hinsicht einiges geschehen, seitdem das Fernabsatzgesetz im Juni 2000 in Kraft getreten ist. Die unternehmerischen Informationspflichten waren zunächst in § 2 FernAbsG geregelt. In der Vorschrift wurden die Regelungen von Art 4 und 5 FernAbsRL weitestgehend wörtlich übernommen. Insbesondere waren die einzelnen Informationspflichten noch in § 2 Abs 2 FernAbsG zu finden. Der Gesetzgeber ging aber schon damals über die europäischen Vorgaben hinaus. Wie in den meisten anderen Mitgliedstaaten muss der Unternehmer dem Verbraucher auch dann seine Anschrift mitteilen, wenn nach dem Inhalt des Vertrages eine Vorauszahlung nicht erforderlich ist, § 2 Abs 2 Nr 1 FernAbsG. Die FernAbsRL machte eine diesbezügliche Informationspflicht noch davon abhängig, ob der Vertrag eine Vorauszahlung erforderte und ist hierfür zu Recht kritisiert worden (vgl BODENSTEDT, Die Umsetzung der Fernabsatzrichtlinie im deutschen und englischen Recht [2006]; MICKLITZ, in: GRABITZ/HILF Bd 2 A3 Rn 44). Im Übrigen musste der Unternehmer den Verbraucher nach § 2 Abs 2 Nr 2 FernAbsG auch darüber informieren, wie der Vertrag zustande gekommen ist. Diese Informationspflicht fehlte der Richtlinie ebenfalls. Der Informationskatalog in § 2 Abs 2 Nr 1 bis 10 FernAbsG setzte neben Art 4 und 5 der Richtlinie auch Art 7 Abs 3 Fernabsatzrichtlinie um. Hiernach ist der Unternehmer verpflichtet, den Verbraucher von der Möglichkeit zu informieren, ihm eine qualitätsmäßig gleichwertige Ware oder Dienstleistung zu liefern, sollte die versprochene Leistung nicht verfügbar sein.

Mit der **Schuldrechtsreform** wurde aus § 2 FernAbsG dann § 312c, ohne dass hiermit inhaltliche Änderungen verbunden gewesen wären. Lediglich in redaktioneller Hinsicht sind einige Neuerungen zu beobachten. Um die Informationspflichten schneller ändern zu können und sie dadurch den rasch ändernden technischen Rahmenbedingungen anzupassen, wurden sie zunächst ohne inhaltliche Änderung in § 1 BGB-InfoV ausgelagert (vgl BT-Drucks 14/6040, 274). Nach einigen kleineren redaktionellen Änderungen von § 1 BGB-InfoV wurden die Vorschriften über die Informationspflichten des Unternehmers zuletzt nachhaltig im Rahmen der Umsetzung der **Fern-AbsFinanzDienstRL** geändert. Der Kreis der Informationspflichten ist hierbei nicht unerheblich erweitert worden. Zum einen wurden bei der Neufassung die technischen Änderungen berücksichtigt, durch die bereits bestehende Informationspflichten erweitert werden können. Zum anderen hat sich der Pflichtenkatalog auch inhaltlich erweitert, und damit den Anforderungen von Art 3 FernAbsFinanzDienstRL entsprochen.

7 Auch § 312c ist bei **Umsetzung der FernAbsFinanzDienstRL** neu gefasst worden. Neben kleineren redaktionellen Änderungen ist hierbei im Wesentlichen der Inhalt von Art 5 FernAbsFinanzDienstRL, der Vorgaben zur Übermittlung der Vertragsbedingungen und Vorabinformationen enthält, in § 312c eingefügt worden.

III. Besonderheiten bei der Kontaktaufnahme per Telefon

1. Allgemeines

8 Nutzt der Unternehmer das **Telefon**, um mit dem **Verbraucher** in **Kontakt** zu treten, greift er in besonderer Weise in dessen Privatsphäre ein. Er stört den Verbraucher in dessen vier Wänden und damit in seinem ureigenen persönlichen Rückzugsgebiet. Der Verbraucher ist hier in besonderem Maße schutzwürdig. Zum einen bringt das Telefongespräch eine größere Überrumpelungsgefahr als andere Fernkommunikationsmittel (vgl auch LÜTCKE § 312c Rn 74). Ein geschulter Verkäufer kann Verbraucher schnell davon überzeugen, Waren zu kaufen, die der Verbraucher an und für sich nicht benötigt. Auf der anderen Seite muss der Verbraucher vor Telefongesprächen besonders geschützt werden, weil sie massiver in seine Privatsphäre eindringen als etwa Briefe oder Kataloge. Der Gesetzgeber hat die besondere Schutzbedürftigkeit des Verbrauchers erkannt und bietet in § 312c Abs 1 S 1 sowie in § 1 Abs 3 BGBInfoV (vgl hierzu Rn 52 f) Regelungen, die für einen erhöhten Schutz des Verbrauchers sorgen sollen.

9 § 312c Abs 1 S 2 geht auf **Art 4 Abs 3 Fernabsatzrichtlinie** zurück. Keinen Umsetzungsbedarf sah der Gesetzgeber hingegen bei Art 10 der Richtlinie, wonach der Lieferer Voice-Mail-Systeme und Telefaxe nur verwenden darf, wenn der Verbraucher zuvor zugestimmt hat. Andere Fernkommunikationstechniken, die eine individuelle Kommunikation erlauben, dürfen nach der Richtlinie nur verwandt werden, wenn der Verbraucher nicht offenkundig abgelehnt hat. Der Gesetzgeber sah hierin einen „Mindeststandard", über den das deutsche Recht ohnehin hinausgehe (RegE FernAbsG BT-Drucks 14/2658, 25). Die höchstrichterliche **Rechtsprechung zu § 1 UWG und zu §§ 823, 1004** besagt seit langem, dass individuelle Werbeanrufe uä ohne Zustimmung des Verbrauchers als wettbewerbsrechtlich unzulässig anzusehen sind (vgl in jüngerer Zeit BGH NJW-RR 2002, 326, 328 mwNachw). Der Verbraucher muss also nach deutschem Recht stets ausdrücklich oder stillschweigend sein Einverständnis dazu erklären, dass der Unternehmer ihn anruft (opt-in). Wird er ohne sein Einverständnis kontaktiert, stehen ihm aus § 1 UWG bzw aus §§ 823, 1004 Unterlassungs- und Schadensersatzansprüche zu. Hieran wollte der Gesetzgeber nichts ändern. Die Materialien weisen ausdrücklich darauf hin, dass § 312c Abs 1 S 2 keine Aussage über die wettbewerbs- oder gewerberechtliche Zulässigkeit solcher Anrufe trifft (vgl zu einer wettbewerbsrechtlichen Bewertung der Informationspflichten im elektronischen Geschäftsverkehr SCHULTE/SCHULTE NJW 2003, 2140 ff). Die Offenbarungspflicht des Unternehmers bei Telefonanrufen greife vielmehr erst dann ein, wenn es nach wettbewerbsrechtlichen Regeln, insbesondere nach § 1 UWG, ohnehin zulässig sei, das

Telefon einzusetzen (RegE des Gesetzes zur Änderung der Vorschriften über Fernabsatzverträge bei Finanzdienstleistungen BT-Drucks 15/2946, 20). Da jedoch auch in § 1 UWG ein opt-in-Modell vorgesehen ist, dürfte die praktische Bedeutung der Vorschrift zu vernachlässigen sein (s auch MünchKomm/Wendehorst[4] § 312c Rn 13).

Nach Abs 1 S 2 muss der Unternehmer nur **bei „von ihm veranlassten" Telefonge-** **10** **sprächen** seine Identität und den geschäftlichen Zweck des Gespräches ausdrücklich offen legen. Die Einschränkung auf Telefongespräche, die vom Unternehmer veranlasst worden sind, wurde während der Umsetzung der FernAbsFinanzDienstRL „zur Klarstellung" (RegE eines Gesetzes zur Änderung der Vorschriften über Fernabsatzverträge bei Finanzdienstleistungen BT-Drucks 15/2946, 20) eingefügt. Auch vorher war man sich aber einig, dass in teleologischer Reduktion die Pflicht des Unternehmers, den geschäftlichen Zweck seines Anrufes zu offenbaren, entfallen müsse, wenn der Verbraucher das Telefonat selbst veranlasst hatte (MünchKomm/Wendehorst[4] § 312c Rn 15; Härting § 2 Rn 26; Lütcke § 312c Rn 74; Hk-VertriebsR/Micklitz § 312c Rn 24). Diesen Schluss bestätigt ein näherer Blick auf die Fernabsatzrichtlinie. Zwar lässt sich der Parallelvorschrift Art 4 Abs 3 FernAbsRL nicht entnehmen, dass der Unternehmer das Telefongespräch veranlasst haben muss, es ist nur von Telefongesprächen mit Verbrauchern die Rede. Jedoch ergibt sich insbesondere aus dem 12. Erwägungsgrund der Richtlinie, dass in der von Art 4 Abs 3 Fernabsatzrichtlinie gemeinten Situation der Verbraucher durch den Anruf des Unternehmers überrascht wird.

Neben dieser Erweiterung, die angesichts der ohnehin herrschenden Meinung wohl **11** nur deklaratorischen Charakter haben dürfte, sind bei **Umsetzung der FernAbsFi-** **nanzDienstRL** einige **redaktionelle Änderungen** an der Vorschrift vorgenommen worden. Der Gesetzgeber sah sich etwa unter Hinweis auf den Wortlaut der englischen Fassung der Richtlinie („any conversation") veranlasst, den Unternehmer zu verpflichten, zu Beginn „eines jeden" Gesprächs seine Identität und den geschäftlichen Zweck seines Anrufes offen zu legen, obwohl der Wortlaut der deutschen Fassung der Richtlinie dem bisherigen Gesetzestext entsprach („zu Beginn des Gesprächs") (vgl RegE Gesetz zur Änderung der Vorschriften über Fernabsatzverträge bei Finanzdienstleistungen, BT-Drucks 15/2946, 20).

2. Inhalt

a) Identität

Der Unternehmer muss dem Verbraucher seine **Identität und den geschäftlichen** **12** **Zweck des Kontaktes mitteilen.** Erforderlich ist, dass der Verbraucher neben dem Namen des Anrufenden auch den Namen des hinter diesem stehenden Unternehmens erfährt. Nicht nötig ist dagegen, dass der Verbraucher über die Rechtsform des Unternehmens informiert wird (so aber MünchKomm/Wendehorst[4] § 312c Rn 17; Palandt/ Heinrichs[64] BGB-InfoV 1 Rn 2). Für den Verbraucher dürfte es in diesem Stadium noch keine Rolle spielen.

b) Geschäftlicher Zweck

Weiterhin muss er dem Verbraucher gegenüber klarstellen, dass er diesen dazu **13** bewegen möchte, einen Vertrag abzuschließen. Auch der Gegenstand des Vertrages muss dem Verbraucher zumindest in grobem Umfang mitgeteilt werden. Es muss deutlich werden, welche Ware oder Dienstleistung der Unternehmer anzubieten hat.

Gregor Thüsing

Der Unternehmer verstößt deshalb gegen § 312c Abs 1 S 2, wenn er dem Verbraucher zu Beginn des Gespräches vorspiegelt, er wolle die Meinung des Verbrauchers zu einem bestimmten Thema erfahren, obwohl er tatsächlich versucht, den Verbraucher zum Vertragsschluss zu bewegen.

c) Zu Beginn des Gesprächs

14 Erforderlich ist, dass Identität des Anrufers und geschäftlicher Zweck des Anrufs bereits zu Beginn eines jeden Gesprächs offen gelegt werden. Es reicht daher nicht aus, wenn der Unternehmer zu einem späteren Zeitpunkt des Telefonats dem Verbraucher den tatsächlichen Zweck seines Anrufs mitteilt. Der Verbraucher soll sich schon bei Beginn des Gesprächs im Klaren über das tatsächliche Ziel des Gesprächs sein. Es soll verhindert werden, dass der Unternehmer ihn zunächst in ein belangloses Gespräch verwickelt und dann zu einem späteren Zeitpunkt überrumpelt. Der Unternehmer erfüllt diese Pflicht, wenn er den Verbraucher **unmittelbar nach der Begrüßung** auf seine Identität und den geschäftlichen Zweck des Anrufs hinweist. Der Verbraucher muss noch bevor er selbst erste Erklärungen abgegeben hat, die über die Erwiderung des Grußes hinausgehen, hierüber informiert sein.

d) Rechtsfolgen eines Verstoßes

15 Die Rechtsfolgen, die ein Verstoß des Unternehmers gegen die Informationspflicht aus Abs 1 S 2 nach sich zieht, normiert das Fernabsatzrecht nicht. Der Verbraucher kann sich in einem solchen Fall mit Unterlassungsansprüchen nach § 2 UKlaG sowie mit **Schadensersatz- und Unterlassungsansprüchen nach § 1 UWG** wehren (vgl Lütcke § 312c Rn 10; Reich EuZW 1997, 581, 586). Dem Grunde nach sind auch Schadensersatzansprüche aus § 823 Abs 2 in Verbindung mit § 312c Abs 1 S 2 denkbar. § 312c Abs 1 S 2 ist ein Schutzgesetz im Sinne von § 823 Abs 2. Die Vorschrift will Verbraucher vor Benachteiligungen im Rechtsverkehr schützen (auch andere verbraucherschützende Vorschriften sind als Schutzgesetze anerkannt worden, zB § 7 TzWrG aF, OLG Frankfurt aM NJW 1999, 296). In der Regel wird dem Verbraucher aber allein durch die verspätete Information kein Schaden entstanden sein, den er geltend machen könnte; hierfür sorgt schon das Widerrufsrecht, das erst ab ordnungsgemäßer Unterrichtung zu laufen beginnt, § 312d Abs 2 S 1. Hieran dürfte auch regelmäßig der Weg über § 311 Abs 2 scheitern (zur Einbeziehung von AGB s Rn 32 f).

IV. Vorvertragliche Informationspflichten

16 § 312c Abs 1 S 1 verpflichtet den Unternehmer, den Verbraucher rechtzeitig vor Abgabe von dessen Vertragserklärung in einer dem eingesetzten Fernkommunikationsmittel entsprechenden Weise klar und verständlich und unter Angabe des geschäftlichen Zweckes Informationen zur Verfügung zu stellen. Die Erfüllung der vorvertraglichen Informationspflichten soll dem Verbraucher helfen, eine **rationale Entscheidung über den Vertragsschluss** zu treffen (vgl Ring Art 1 FernAbsG Rn 117; Lütcke § 312c Rn 4). Genauerer Betrachtung bedürfen in diesem Zusammenhang Fragen nach dem Zeitpunkt, an dem die Informationspflichten zu erfüllen sind, sowie nach der Form, in der sie erfüllt werden müssen, und nach den konkreten Informationen, die der Unternehmer zur Verfügung zu stellen hat. Besondere Beachtung verdient die Sonderregelung, die in § 1 Abs 3 BGB-InfoV für Telefongespräche getroffen wird.

1. Zeitpunkt

Der Verbraucher muss rechtzeitig vor **Abgabe der Vertragserklärung** informiert **17** werden. In § 312c aF hieß es noch, dass der Verbraucher *rechtzeitig vor Abschluss* eines Fernabsatzvertrags informiert werden müsse. Mit der geänderten Formulierung ist auch eine Änderung der Rechtslage verbunden. Der Regelfall eines Fernabsatzvertrages liegt nicht in der individuellen Kommunikation zwischen Unternehmer und Verbraucher. Vielmehr ist es üblich, dass die Kontaktaufnahme durch einen Verkaufskatalog erfolgt, durch den der Verbraucher eingeladen wird, ein Angebot abzugeben (*invitatio ad offerendum*, vgl OLG Frankfurt/aM MMR 2003, 405, 406; AG Butzbach MMR 2002, 765; AG Westerburg MMR 2003, 609; PALANDT/HEINRICHS[64] § 312b Rn 4; BODENSTEDT MMR 2004, 719). Erst wenn der Unternehmer das Angebot annimmt – zB indem er die Ware ausliefert –, wird der Vertrag geschlossen. Nach altem Recht konnte der Unternehmer also seine Informationspflichten noch erfüllen, nachdem der Verbraucher bereits durch sein Angebot gemäß § 145 gebunden war. Das reicht jetzt nicht mehr. Vielmehr muss der Unternehmer den Verbraucher in der vorgeschriebenen Art und Weise informieren, bevor dieser ein Angebot abgibt. Hierdurch wird deutlich, dass der Unternehmer den Verbraucher selbst dann informieren muss, wenn es nicht zu einem Vertragsschluss kommt (vgl auch LG Frankfurt aM MMR 2002, 395, 396). Auch die Zustellung eines Werbefaxes ohne die von § 1 Abs 1 BGB-InfoV geforderten Pflichtangaben stellt daher einen wettbewerbsrechtlichen Verstoß dar, der Unterlassungsansprüche nach sich zieht (LG Frankfurt aaO).

Für den deutschen Juristen ungewohnt ist der Begriff **„Vertragserklärung"**. Dieser **18** findet sich zwar noch in den §§ 492 Abs 1 S 5, 502 Abs 1 S 1, durch die ebenfalls Richtlinien umgesetzt wurden, jedoch wird er dort in einem anderen Zusammenhang verwendet. Auch der Bundesrat hat sich im Gesetzgebungsverfahren an der Formulierung gestoßen und angeregt, das Wort „Vertragserklärung" durch die gebräuchliche Formulierung „Willenserklärung" zu ersetzen (Stellungnahme des Bundesrats, BT-Drucks 15/2946, 32). Dieser Vorschlag ist leider mit der wenig überzeugenden Begründung abgelehnt worden, der Begriff Vertragserklärung habe den Vorteil, dass er im Unterschied zu dem Begriff „Willenserklärung" stets die zum Vertragsschluss führende Erklärung meine – der Hinweis auf eine „Willenserklärung" sei insoweit nicht ausreichend (Gegenäußerung der Bundesregierung, BT-Drucks 15/2946, 37).

Zum **Verständnis des Begriffs „Vertragserklärung"**, lohnt es sich, einen Blick auf die **19** Parallelvorschrift in der Fernabsatzrichtlinie zu werfen. Dort heißt es in Art 3 Abs 1, dass der Unternehmer den Verbraucher informieren muss, bevor dieser durch den Fernabsatzvertrag oder durch ein Angebot gebunden ist. In diesem Sinne muss auch § 312c Abs 1 S 1 verstanden werden. Der Verbraucher muss dem Schutzzweck der Vorschrift entsprechend die Informationen erhalten, bevor er endgültig über den Vertragsschluss entscheidet. „Vertragserklärung" meint daher jede auf den Abschluss eines Vertrages gerichtete Willenserklärung, gleichgültig ob es sich um das Angebot oder die Annahme handelt (RegE eines Gesetzes zur Änderung der Vorschriften über Fernabsatzverträge bei Finanzdienstleistungen BT-Drucks 15/2946, 20). Dieses Verständnis entspricht dem Schutzzweck des Fernabsatzrechts.

Auch nach der Änderung der Vorschrift durch die Umsetzung der FernAbsFinanz- **20** DienstRL hat sich nichts daran geändert, dass die Informationen **rechtzeitig vor**

Abgabe der Vertragserklärung vorliegen müssen. Bei der Umsetzung der Fernabsatzrichtlinie vermutete der Gesetzgeber, dass sich keine konkretisierende, für alle Einzelfälle passende Beschreibung finden lasse und die Ausfüllung des Begriffes deshalb der Rechtsprechung überlassen bleiben müsse (BT-Drucks 14/2658, 20). Bisher hat die Rechtsprechung diesem Begriff noch keine Konturen verliehen. Der Begriff ist also unter Berücksichtigung des Schutzzweckes der Norm auszulegen. Hierbei ist zu bedenken, dass der Verbraucher die Informationen in zumutbarer Weise zur Kenntnis nehmen und eine informierte Entscheidung treffen können muss (so bereits die Begründung des RegE FernAbsG BT-Drucks 14/2658, 38). Wann das der Fall ist, bleibt abzuwarten. Stellt der Unternehmer aber die Informationen in seinen **Katalogen, Werbeprospekten oder Internetseiten** zur Verfügung, so bleibt damit für den Verbraucher die Möglichkeit gewahrt, in angemessener Zeit eine Entscheidung zu treffen (so auch MünchKomm/WENDEHORST[4] § 312c Rn 25; PALANDT/HEINRICHS[64] § 312c Rn 3; FUCHS ZIP 2000, 1273, 1277; KAMANABROU WM 2000, 1417, 1422). Daneben wird vertreten, dass zwischen der Erteilung der Informationen und der Abgabe des Angebotes eine bestimmte Mindestfrist von drei Tagen liegen müsse (so MICKLITZ, in: MICKLITZ/REICH, Die Fernabsatzrichtlinie im deutschen Recht 21). Diese Frist ist frei gegriffen. Hiergegen spricht, dass die konkreten Umstände des jeweiligen Einzelfalles häufig eine abweichende Bewertung verlangen werden. Eine solche Frist hat weder im Gesetz noch in der Richtlinie eine Stütze (so auch FUCHS ZIP 2000, 1273, 1276; LÜTCKE § 312c Rn 70; PALANDT/HEINRICHS[64] § 312c Rn 3). Richtigerweise kann es vielmehr auch dann noch rechtzeitig sein, wenn die Informationen unmittelbar vor Abgabe der Willenserklärung übermittelt werden (so MünchKomm/WENDEHORST[4] § 312c Rn 25; MANKOWSKI CR 2001, 767, 770). Es wurde als ausreichend betrachtet, dass bei einer **Hörfunkwerbung** die Preise der beworbenen Ware erst unmittelbar nach der Kontaktaufnahme durch den Kunden und nicht schon im Rahmen der Werbemaßnahme bekannt gegeben wurde (BGH GRUR 2003, 971, 973). Dagegen erfordert der Begriff „rechtzeitig" nicht, dass die geschuldeten Informationen ausnahmslos bereits im Rahmen von Werbemaßnahmen erteilt werden müssen (vgl OLG Hamburg MMR 2005, 318).

2. Form

21 Der Unternehmer muss dem Verbraucher in einer dem eingesetzten Fernkommunikationsmittel entsprechenden Weise klar und verständlich und unter Angabe des geschäftlichen Zweckes die erforderlichen Informationen zur Verfügung stellen.

a) Eine dem eingesetzten Fernkommunikationsmittel entsprechende Weise
22 Bevor der Verbraucher eine auf den Abschluss eines Vertrags gerichtete Willenserklärung abgibt, reicht es bei Verträgen, die **keine Finanzdienstleistungen zum Gegenstand** haben, aus, wenn dem Verbraucher die Informationen auf einer dem eingesetzten Fernkommunikationsmittel entsprechenden Art und Weise zur Verfügung gestellt werden. Der Unternehmer ist also an **keine besondere Form** gebunden. Vielmehr wird durch die Formulierung, die den Wortlaut der Fernabsatzrichtlinie wörtlich übernimmt, dem Umstand Rechnung getragen, dass nicht bei allen Fernkommunikationsmitteln eine Informationsübermittlung in gleicher Weise möglich ist (so auch der RA BT-Drucks 14/3195, 31). So dürfte es bei Vertragsabschlüssen im Briefverkehr kaum Schwierigkeiten bereiten, dem Verbraucher die erforderlichen Informationen auf einem gesonderten Papier zur Verfügung zu stellen. Bei telefonischen Vertragsabschlüssen bietet es sich dagegen an, dass dem Verbraucher die Informa-

tionen von einem Band vorgespielt werden. Im Internet entspricht es wiederum dem Wesen des eingesetzten Fernkommunikationsmittels am ehesten, die Informationspflichten durch einen deutlich gestalteten **Link** zu erfüllen. Dagegen können bei einem Katalog die Mitteilungen im **Bestellformular** aufgenommen werden (LÜTCKE [§ 312c Rn 65] nennt als weiteres Beispiel Angebote im Videotext, die eines deutlich sichtbaren Hinweises auf eine andere Seite bedürfen, unter der die Informationen eingesehen werden können). Es kann hingegen nicht ausreichen, wenn der **Verbraucher auf ein weiteres Fernkommunikationsmittel verwiesen** wird, durch das ihm dann die Informationen zur Verfügung gestellt werden. Hierdurch würde der Verbraucher unangemessen benachteiligt, da er nicht in jedem Fall über ein weiteres Fernkommunikationsmittel verfügt. Auch ist kein Fernkommunikationsmittel denkbar, das seiner Natur nach auf ein anderes Medium verweisen müsste (s Rn 31). Unzulässig ist es daher, wenn der Verbraucher im Versandhandel darauf hingewiesen wird, dass er weitere Einzelheiten über die (kostenlose oder gar kostenpflichtige) Servicenummer des Unternehmers erfahren kann (so auch LÜTCKE § 312c Rn 65).

Die Erfüllung der Informationspflicht ist unstreitig am **Telefon** schwierig. Ein erfolgreicher Vertragsabschluss am Telefon ist nur schwer vorstellbar, wenn der Unternehmer dem Verbraucher den gesamten Informationskatalog aus § 1 BGB-InfoV vorliest. Dieser Katalog hat den Umfang von zwei eng bedruckten DIN A 4-Seiten. Der Verbraucher wird das Telefonat wohl regelmäßig beenden, bevor der Unternehmer sein Angebot vortragen kann. Vor der Umsetzung der FernAbsFinanzDienstRL wurde diesen besonderen Umständen durch eine flexible Auslegung der Formulierung „in einer dem eingesetzten Fernkommunikationsmittel entsprechenden Weise" Rechnung getragen. Es war anerkannt, dass sich insbesondere bei Telekommunikations- und Telefondienstanbietern Einschränkungen bei der Informationspflicht ergeben können (PALANDT/HEINRICHS[64] § 312c Rn 4; LÜTCKE § 312c Rn 66; PIEPENBROCK/SCHMITZ K&R 2000, 378, 381; dem Grunde nach auch MünchKomm/WENDEHORST[4] § 312c Rn 31). Diese Einschränkungen sollten nicht so weit führen, dass die Informationspflicht komplett entfällt. Vielmehr musste der Unternehmer dem Verbraucher auf dessen Nachfrage die Informationen übermitteln. Eine Pflicht des Unternehmers, dem Verbraucher zu Beginn des Gespräches anzubieten, ihm die Informationen zur Verfügung zu stellen, bestand auch unter Gesichtspunkten des Verbraucherschutzes nur, wenn das Telefonat auf der Initiative des Unternehmers beruhte (so auch PALANDT/HEINRICHS[64] § 312c Rn 4; LÜTCKE § 12c Rn 65; **aA** MünchKomm/WENDEHORST[4] § 312c Rn 31, die eine vollständige Übermittlung der Informationen stets für erforderlich hält, dem Verbraucher aber die Möglichkeit geben will, die Abfrage der Informationen durch technische Mittel zu stoppen).

Ob die herrschende Meinung auch nach Umsetzung der FernAbsFinanzDienstRL **24** Bestand haben wird, bleibt abzuwarten. § 1 Abs 3 BGB-InfoV, der neu in die Vorschrift eingefügt wurde und im Wesentlichen auf Art 3 Abs 3 FernAbsFinanzDienstRL zurückgeht, erleichtert die Informationspflichten im telefonischen Fernabsatz. Die Vorschrift trifft zwar eine einheitliche Regelung für alle Fernabsatzverträge, da „der Sockel an Grundinformationen, der auch bei Finanzdienstleistungen nach der FernAbsFinanzDienstRL zu erteilen ist, im Wesentlichen dem deutlich verkürzten Informationskatalog der allgemeinen FernAbsRL entspricht" (RegE Gesetz zur Änderung der Vorschriften über Fernabsatzverträge bei Finanzdienstleistungen, BT-Drucks 15/2946, 26). Auswirkungen hat sie aber nur auf Fernabsatzverträge über Finanzdienstleistungen. Denn in der Regelung heißt es, dass der Unternehmer dem Verbraucher bei Telefongesprächen nur die Informationen zur Verfügung stellen muss, die in § 1 Abs 1 BGB-InfoV genannt sind. Die in § 1 Abs 2 BGB-InfoV aufgelisteten Informationen betreffen aber ohnehin nur Fernabsatzverträge über Finanzdienstleistungen. Bei allgemeinen Fernabsatzverträgen muss der Unternehmer auch bei Telefongesprächen seine Informationspflicht aus § 312c Abs 1 S 1 iVm § 1 Abs 1 BGB-InfoV nahezu komplett erfüllen. Nicht überzeugend ist es, dass der Gesetzgeber des Gesetzes zur Änderung der Vorschriften über Fernabsatzverträge bei Finanzdienstleistungen diese Vorschrift in die BGB-InfoV ausgelagert hat. § 1 Abs 3 BGB-InfoV konkretisiert das Transparenzgebot aus § 312c Abs 1 S 1. Es hätte daher nahe gelegen, einen dritten Satz in § 312c Abs 1 einzufügen. Stattdessen werden die Regelungen über fernabsatzrechtliche Informationspflichten noch unübersichtlicher. Selbst der kundige Leser hat Schwierigkeiten, § 1 Abs 3 BGB-InfoV mit dem Transparenzgebot aus § 312c Abs in Verbindung zu setzen.

25 Auch bei **allgemeinen Fernabsatzverträgen** muss **der Unternehmer nicht sämtliche Informationspflichten erfüllen, wenn er über das** Telefon mit dem Verbraucher in Kontakt tritt. Die ladungsfähige Anschrift des Unternehmers (§ 1 Abs 1 Nr 3 BGB-InfoV) muss dem Verbraucher bei Telefongesprächen nur mitgeteilt werden, wenn eine Vorauszahlung zu leisten ist. Diese Einschränkung nimmt die FernAbsRL in Art 4 Abs 1 lit a) nicht nur für Telefongespräche vor. Vielmehr sollte nach der europäischen Vorgabe dem Verbraucher die Anschrift des Unternehmers nur zur Verfügung gestellt werden, wenn die Verträge eine Vorauszahlung erfordern. Diese Einschränkung ist starker Kritik begegnet (vgl MEENTS, Verbraucherschutz im Internet 195; BODENSTEDT, Die Umsetzung der Fernabsatzrichtlinie im englischen Recht [2006]) und vom deutschen Gesetzgeber auch nicht übernommen worden. Warum dies nun bei Telefongespräche anders sein soll, ist nicht verständlich. Der Gesetzgeber hat die Einschränkung damit begründet, dass eine Anschriftangabe in Telefongesprächen nach der Lebenserfahrung unpraktikabel und ungewöhnlich erscheine (RegE Gesetz zur Änderung der Vorschriften über Fernabsatzverträge bei Finanzdienstleistungen BT-Drucks 15/ 2946, 27). Im Übrigen bestehe ein Bedürfnis nach dieser Information nur, wenn der Verbraucher zuvor bereits gezahlt habe, da er nur in einem solchen Fall die Anschrift des Unternehmers zur Geltendmachung etwaiger Rückzahlungsansprüche benötige (RegE aaO). Beide Argumente überzeugen nicht. Insbesondere das Argument der Unpraktikabilität erscheint angesichts der umfangreichen Informationen, die der Unternehmer dem Verbraucher während des Telefonates zur Verfügung stellen muss, wenig tragfähig. Der Unternehmer muss dem Verbraucher in dem Telefonat das öffentliche Unternehmensregister, bei dem der Rechtsträger eingetragen ist, und die zugehörige Registernummer ebenso mitteilen wie die Identität seines Vertreters in dem Mitgliedstaat, in dem der Verbraucher seinen Wohnsitz hat (§ 1 Abs 1 Nr 1 und 2 BGB-InfoV). Da bringt es für den Unternehmer keine spürbare Erleichterung, dass er dem Verbraucher uU seine Anschrift nicht mitzuteilen braucht. Auch das zweite Argument des Gesetzgebers steht auf tönernen Füßen. Der Verbraucher ist bei der Geltendmachung von Rückzahlungsansprüchen nicht darauf angewiesen, dass ihm der Unternehmer zuvor seine Adresse mitgeteilt hat. Vielmehr lässt sich diese ohne weiteres auch anhand der übrigen Informationen erfahren, die der Verbraucher zuvor zur Verfügung gestellt bekommen hat. Die Identität des Unternehmers und seine Eintragung im Unternehmensregister erlauben es, Rückschlüsse auf eine ladungsfähige Anschrift zu ziehen. Die Einschränkung in § 1 Abs 3 S 1 BGB-

InfoV ist daher sachlich nicht gerechtfertigt. Der Gesetzgeber wäre daher gut beraten gewesen, auf sie zu verzichten.

Nicht in jedem Fall werden die Informationspflichten für den Fall **telefonischer** **26** **Kontaktaufnahme** beschränkt. Nach **§ 1 Abs 3 S 2 BGB-InfoV** soll der Unternehmer nur dann diese Vergünstigungen genießen können, wenn er den Verbraucher darüber informiert hat, dass auf Wunsch weitere Informationen übermittelt werden können, und welcher Art diese Informationen sind. Der Verbraucher muss darüber hinaus ausdrücklich auf die Übermittlung der weiteren Informationen vor Abgabe seiner Vertragserklärung verzichtet haben. § 1 Abs 3 S 2 BGB-InfoV entspricht Art 3 Abs 3 S 2 FernAbsFinanzDienstRL. Bei der Umsetzung der Richtlinie wurde optimistisch festgestellt, dass S 2 eine allgemeine Regelung trifft, weil es auch für Fernabsatzverträge über Waren und sonstige Dienstleistungen sinnvoll erscheint, den Verbraucher zu unterrichten, welche Art von Informationen ihm noch erteilt werden können (RegE BT-Drucks 15/2946, 27). Diese Ankündigung klingt freilich für den Unternehmer positiver, als sie letztlich ist. Allgemeine Fernabsatzverträge sind von § 1 Abs 3 BGB-InfoV so gut wie nicht betroffen. Die einzigen zusätzlichen Informationen, die der Unternehmer dem Verbraucher übermitteln könnte, wären bei Verträgen, die keine Vorauszahlung erfordern, Angaben über seine ladungsfähige Anschrift. Alle übrigen Informationspflichten aus § 312c Abs 1 S 1 iVm § 1 Abs 1 BGB-InfoV bleiben bestehen. Da § 1 Abs 3 S 2 BGB-InfoV den Unternehmer aber ohnehin verpflichtet, dem Verbraucher die Art der Informationen mitzuteilen, die ihm vorenthalten werden, ergibt sich insbesondere für den Unternehmer kein Unterschied. Bei der Erfüllung der umfangreichen Informationspflichten wird er nicht nennenswert entlastet, wenn er dem Verbraucher statt der genauen ladungsfähigen Anschrift nur mitteilt, dass er ihm Informationen über diesen Punkt vorenthält.

b) Transparenzgebot
Der Unternehmer muss die Informationen „klar und verständlich und unter Angabe **27** des geschäftlichen Zwecks" zur Verfügung stellen. Der Inhalt des **Transparenzgebotes**, das durch diese Voraussetzungen verkörpert wird, hat sich durch die Änderungen der Vorschrift bei der Umsetzung der FernAbsFinanzDienstRL nicht geändert. Hierzu bestand auch kein Anlass. FernAbsRL und FernAbsFinanzDienstRL benutzen identische Formulierungen.

aa) Verbraucherleitbild
Im elektronischen Geschäftsverkehr hängt es stärker als in anderen Fällen von den **28** individuellen Fähigkeiten des Verbrauchers ab, ob den Anforderungen des Transparenzgebots entsprochen wird. Ist der Verbraucher im Umgang mit den modernen Medien geschult, wird es für ihn leichter möglich sein, die Informationen abzurufen. Es stellt sich deshalb die Frage, welche Anforderungen an die Kenntnisse des Verbrauchers zu stellen sind. Die zum Teil geäußerte Vermutung, dass der traditionelle Kunde des Versandhandels „naturgemäß" einfacher aufbereitete Informationen als der Internetnutzer benötige (REICH EuZW 1997, 581, 584), lässt sich in dieser Allgemeinheit sicher nicht halten. Eine solche Differenzierung wäre auch wegen des inzwischen weit verbreiteten Zugangs zum Internet verfehlt und würde den Verbraucher, der sich im elektronischen Geschäftsverkehr bewegt, benachteiligen. Es ist deshalb sachgerecht, auf das vom EuGH im Wettbewerbsrecht entwickelte Bild des

durchschnittlich aufmerksamen und verständigen Durchschnittsverbrauchers abzustellen (hierzu EuGH – Sabel – Slg 1997, I-6191, Rn 23; EuGH – Gut Springenheide und Tusky – Slg 1998, I-4657, Rn 31; EuGH – Lloyd Schuhfabrik Meyer – Slg 1999, I-3819, Rn 25 und 26; auch Lütcke § 312c Rn 56, will sich an diesem Leitbild orientieren). Dieses Bild weicht vom Verbraucherleitbild ab, das in der früheren deutschen Rechtsprechung vorherrschte (Emmerich, Das Recht des unlauteren Wettbewerbs 181 kritisiert das [damalige] Verbraucherleitbild als das eines „an der Grenze zur Debilität verharrenden, unmündigen, einer umfassenden Betreuung bedürftigen, hilflosen Verbrauchers"). Mit der Entwicklung des europäischen Begriffs vom verständigen Verbraucher begann jetzt auch die deutsche Rechtsprechung, dem Verbraucher mehr zuzutrauen (BGH GRUR 2000, 619, 621; eine Rückkehr zum alten Verbraucherleitbild aufgrund des neu formulierten § 4 Nr 2 UWG befürchtet freilich Scherer WM 2004, 1355, 1357). Dem Verbraucher kann daher unterstellt werden, dass er über eine gewisse Intelligenz und Erfahrung verfügt und hierdurch in der Lage ist, die ihm angebotenen Informationen richtig zu verarbeiten (vgl ausführlich zum europäischen Verbraucherleitbild Micklitz, in: Reich/Micklitz, Europäisches Verbraucherrecht § 6 Rn 6.9). Für die Informationspflichten im Fernabsatz bedeutet das, dass keine zu hohen Anforderungen an die Fertigkeiten des Verbrauchers im Umgang mit den modernen Medien zu stellen sind. Da aber auf einen durchschnittlich verständigen Durchschnittsverbraucher abzustellen ist, braucht auch nicht von einem Verbraucher ausgegangen werden, für den der Umgang mit den modernen Kommunikationsmitteln etwas völlig Unbekanntes ist. Welche Kenntnisse ausreichen, um von einer durchschnittlichen Verständigkeit ausgehen zu können, richtet sich nach den Umständen des Einzelfalles. Es ist aber davon auszugehen, dass langfristig die Anforderungen an die Verbraucher mit der weiteren Verbreitung des Internets steigen werden, die Anforderungen an die Transparenz dagegen sinken werden.

bb) Einzelfälle

29 Der Unternehmer muss das **Druckbild, den Aufbau und den Umfang der Informationen**, die er dem Verbraucher präsentiert, an die Anforderungen des Transparenzgebotes anpassen. Die Informationen müssen an gut wahrnehmbarer Stelle zu finden sein und ohne langes Suchen jederzeit wahrgenommen werden können (so die Begründung des Gesetzgebers zum Transparenzgebot aus § 6 TDG, BT-Drucks 14/6098, 21, das auf die E-Commerce-Richtlinie zurückgeht und wegen des gemeinschaftsrechtlichen Hintergrundes dieselbe Bedeutung wie das fernabsatzrechtliche Transparenzgebot hat, vgl LG München NJW-RR 2004, 913, zustimmend Hoenike/Hülsdunk MMR 2002, 415, 416). Eine generelle Präzisierung ist nicht möglich (vgl Lütcke § 312c Rn 56), einige **Beispiele aus der Rechtsprechung** mögen das Transparenzgebot jedoch mit Leben füllen. Seinen Anforderungen wird nicht entsprochen, wenn ein „Impressum" genannter Link auf einem kommerziellen Internetangebot so platziert ist, dass er bei einer Bildschirmauflösung von 1024 × 768 Bildpunkten erst mittels Scrollens auf der vierten Bildschirmseite sichtbar wird (OLG München MMR 2004, 321, 322 [nicht rechtskräftig] zu § 6 TDG). Ebenfalls reicht es nicht aus, wenn die Unterrichtung in kleiner Schrift an versteckter Stelle einer Werbeanzeige erscheint und der Verbraucher nach Sachlage keine Veranlassung hat, nach weiteren Angaben zu suchen, weil er annimmt, die vollständigen Informationen bereits erhalten zu haben (OLG Hamburg NJW 2004, 1114, 1116). Das Transparenzgebot verlangt dagegen nicht, dass die Informationen auf der Eingangsseite des Internetauftritts gegeben werden müssen, solange sichergestellt ist, dass der Verbraucher die Informationen auch tatsächlich zur Kenntnis nehmen kann (LG Stuttgart NJW-RR 2004, 911).

Nach Auffassung des OLG München (NJW-RR 2004, 913) sind die Informationen klar **30**
und verständlich, wenn sie nur indirekt über einen „**Kontakt**" genannten **Link** und
dort über einen weiteren **Link** „**Impressum**" zur Verfügung gestellt werden. Das
OLG Karlsruhe war anderer Meinung (OLG Karlsruhe CR 2002, 682, 683). Es genüge
nicht, wenn der Verbraucher durch den Unternehmer lediglich in die Lage versetzt
werde, sich die Informationen selbst zu verschaffen (OLG Karlsruhe aaO; in die gleiche
Kerbe schlägt ERNST GRUR 2003, 759, 760). Im Übrigen sei es unverständlich, wenn über
einen als „Kontakt" bezeichneten Link auf die Informationen verwiesen werde.
Dieser Begriff bezeichne im Internet nach deutschem Sprachverständnis eine Seite,
die den Benutzer in die Lage versetzen soll, mit dem Betreiber der Seite in Kontakt
zu treten. Andere Informationen als die E-Mail Adresse seien hier nicht zu erwarten. Beide Argumente des OLG Karlsruhe halten einer genaueren Betrachtung
nicht stand. Nach Umsetzung der FernAbsFinanzDienstRL stellt das Gesetz klar,
dass es ausreicht, wenn der Unternehmer dem Verbraucher die Möglichkeit gibt, die
Informationen zur Kenntnis zu nehmen (vgl hierzu unten Rn 27 f). Das entsprach entgegen der Auffassung des OLG Karlsruhe auch der früheren Rechtslage. Bereits der
Gesetzgeber des FernAbsG hielt es für ausreichend, dass der Verbraucher „die
Information zur Kenntnis nehmen und dadurch eine informierte Entscheidung treffen kann" (RegE FernAbsG BT-Drucks 14/2658, 38). Dieser Voraussetzung wird entsprochen, wenn der Verbraucher über einen Link die Möglichkeit erhält, die entsprechenden Informationen aufzurufen. Die Informationsmöglichkeit wird auch nicht
dadurch vernebelt, dass der Link Kontakt genannt wird. Entgegen der Auffassung
des OLG Karlsruhe wird dieser Begriff, sofern er in Beziehung zu Rechtsgeschäften
im Internet steht, so verstanden, dass unter ihm nicht nur ein Mailto-Link zu finden
ist, sondern Anschrift, Firmenname und ähnliches mitgeteilt werden (hierfür spricht
auch eine nicht-repräsentative Untersuchung bei den großen deutschen Online-Unternehmen Quel-
le und Otto. Auf deren Internetseiten finden sich unter dem Link „Kontakt" ebenfalls alle wesentlichen Firmendaten). Gerade im elektronischen Geschäftsverkehr haben sich die Be-
zeichnungen „Kontakt" oder „Impressum" durchgesetzt, um den Nutzer auf die
Person des Anbieters hinzuweisen (vgl OLG München NJW-RR 2004, 913; OLG Hamburg
CR 2003, 283, 285; KAESTNER/TEWS WRP 2002, 1011, 1016; OTT WRP 2003, 945, 949; HOSS CR
2003, 687, 689). Auch andere Begriffe als „Kontakt" sind denkbar. Unter Berücksichtigung des Verbraucherleitbildes sollten auch Links, die „Impressum" oder „Über
uns" genannt sind, den Anforderungen des Transparenzgebotes genügen (so auch
HOSS WRP 2003, 687, 689). Dem OLG Karlsruhe ist allerdings zugute zu halten, dass
sich der Sprachgebrauch und die technischen Voraussetzungen gerade im Bereich
des elektronischen Geschäftsverkehrs schnell verändern. Innerhalb von zwei Jahren
ist es da denkbar, dass sich das Verständnis eines Begriffes wandelt. Letztlich muss
der Unternehmer darauf achten, dass für den Verbraucher die Möglichkeit einer
einfachen und effektiven optischen Wahrnehmung besteht (so auch HOENIKE/HÜLSDUNK
MMR 2002, 4115, 417).

In jüngerer Zeit wird verstärkt diskutiert, wie die vorvertraglichen Informations- **31**
pflichten beim **M-Commerce** erfüllt werden können (vgl hierzu die Übersicht bei KESSEL/
KUHLMANN/PASSAUER/SCHRIEK K&R 2004, S 519, 521). Mobile Telefongeräte, die beim
M-Commerce am häufigsten eingesetzt werden, erlauben es wegen der geringen
Größe des Displays und der technischen Begrenzung der Nachrichtenlänge zurzeit
noch nicht, neben dem eigentlichen Vertragsinhalt umfangreiche Informationen
aufzunehmen. Es spricht vieles dafür, die Informationspflichten in diesen Fällen auf

das im Rahmen des betroffenen Mediums durchführbare Ausmaß zu beschränken
(so der Vorschlag bei GRAPENTIN, in: BRÄUTIGAM/LEUPOLD, Kapitel 10 Rn 56; zustimmend KESSEL/
KUHLMANN/PASSAUER/SCHRIEK K&R 2004, S 519, 521). Denn auch der Gesetzeswortlaut in
§ 312c Abs 1 sieht ausdrücklich vor, dass die Informationspflichten „in einer dem
Fernkommunikationsmittel entsprechenden Weise" zu erfüllen sind. Rechtssicherheit wird hierdurch freilich noch nicht gewonnen, da von der Rechtsprechung dieser
Maßstab noch nicht konkretisiert worden ist. Leitlinie muss hier sein, wie weit es
dem Anbieter möglich ist, zumutbar die für den Verbraucher relevante Information
verkürzt darzustellen oder erweiterte Abfragemöglichkeiten zu schaffen. Hier mag
ausnahmsweise der Verweis auf ein anderes Medium (s Rn 22) der geeignete Weg
sein. Dessen Nutzung muss dann freilich kostenfrei möglich sein.

cc) Übermittlung der Informationen durch AGB

32 Viel diskutiert wird die Frage, ob die Informationen klar und verständlich übermittelt werden, wenn sie in den **AGB** des Unternehmers eingearbeitet sind und dem
Verbraucher nur in diesen vorgelegt werden. Der Gesetzgeber des FernAbsG war
der Auffassung, dass die Informationen auch „im Rahmen von Allgemeinen Geschäftsbedingungen übermittelt werden können, wenn diese den Anforderungen des
Fernabsatzrechts entsprechen" (RegE FernAbsG BT-Drucks 14/2658, 38). Zugleich be-
tonte er aber, dass das **Transparenzgebot** aus § 312c Abs 1 S 1 (ehemals § 2 Abs 2
FernAbsG) je nach den Umständen des Einzelfalles über das **AGB-rechtliche Trans-
parenzgebot** hinausgehen könne (RegE FernAbsG aaO). Diese Aussagen haben für
Verwirrung gesorgt (vgl LÜTCKE § 312c Rn 59). Licht ins Dunkel konnte auch die
Entscheidung des LG Stuttgart nicht bringen (Urt v 11. 3. 2003 – 20 O 12/03). Das Gericht
vertrat hier die Auffassung, dass es gegen das Transparenzgebot verstoße, wenn der
Unternehmer seine Anbieterkennzeichnung im Zusammenhang mit Allgemeinen
Geschäftsbedingungen bereithalte. Dem Gebot, die Informationen in klarer und
verständlicher Weise zur Verfügung zu stellen, werde nicht entsprochen, wenn eine
wichtige Mitteilung wie die Anbieterkennzeichnung „quasi anonym als Vorspann
einer anderen wichtigen Kategorie (nämlich der AGB) mitgeteilt werde" (LG Stuttgart aaO). Aus dieser Entscheidung sollten keine Rückschlüsse über die generelle
Zulässigkeit der Verwendung von AGB bei der Erfüllung der Informationspflichten
gezogen werden. Vielmehr spricht auch weiterhin vieles dafür, dass der Unternehmer diesen Weg prinzipiell gehen kann (so auch MünchKomm/WENDEHORST⁴ § 312c Rn 38;
SCHMIDT-RÄNTSCH, in: BAMBERGER/ROTH § 312c Rn 18; FUCHS ZIP 2000, 1273, 1278; mit Einschränkungen HÄRTING § 2 FernAbsG Rn 73; MICKLITZ ZEuP 1999, 875, 881; unklar bei LÜTCKE
§ 312c Rn 59; **aA** REICH EuZW 1997, 581, 584). Die Verwendung von AGB darf aber nicht
dazu führen, dass Klarheit und Verständlichkeit der Informationen darunter leiden.
Das kann leicht passieren, wenn der Unternehmer umfangreiche AGB verwendet.
Hier ist das Risiko groß, dass die in § 1 BGB-InfoV enthaltenen Informationen in
der Flut der anderen Bestimmungen untergehen. Der Unternehmer ist daher in
einem solchen Fall gut beraten, die fernabsatzrechtlichen Informationen an expo-
nierter Stelle der AGB zu platzieren. Auch durch andere Maßnahmen muss sichergestellt sein, dass der Verbraucher einen raschen Überblick über die Informationen
erhält. Es dürfte zwar zu weit gehen, vom Unternehmer zu verlangen, den Umfang
seiner AGB zu reduzieren, um klare und verständliche Informationen zu gewährleisten (so aber HÄRTING § 2 FernAbsG Rn 73). Gleichwohl sollte der Unternehmer die
fernabsatzrechtlichen Pflichtangaben unabhängig vom Umfang seiner AGB besonders hervorheben. Das kann durch drucktechnische Maßnahmen erfolgen oder da-

durch, dass der Unternehmer die fernabsatzrechtlichen Informationen in einem gesonderten Abschnitt den AGB voranstellt. In jedem Fall muss gewährleistet sein, dass der Verbraucher die Informationen ohne langes Suchen finden und jederzeit wahrnehmen kann.

Diese Notwendigkeit wird durch **§ 1 Abs 4 S 3 BGB-InfoV** besonders betont. Die **33** Vorschrift verpflichtet den Unternehmer, bestimmte Informationen in einer hervorgehobenen und deutlich gestalteten Form mitzuteilen, wenn die Informationen in die Vertragsbestimmungen einschließlich der AGB des Unternehmers eingearbeitet sind und dem Verbraucher durch Übermittlung der Vertragsbestimmungen mitgeteilt werden. Bei den vorvertraglichen Informationspflichten spielt diese Anforderung auf den ersten Blick nur bei Fernabsatzverträgen über Finanzdienstleistungen eine Rolle. Nur diese betrifft § 1 Abs 4 S 3 BGB-InfoV direkt, da dieser die Mitteilung von Informationen nach § 312c Abs 2 meint. Dort ist in § 312c Abs 1 S 1 Nr 1 nur für Finanzdienstleistungen geregelt, dass die Informationen vor Vertragsschluss in Textform und damit gegebenenfalls durch AGB mitgeteilt werden müssen. Für allgemeine Fernabsatzverträge kann aber nichts anderes gelten, wenn der Unternehmer schon vor Vertragsschluss seine Pflicht aus § 312c Abs 2 S 1 Nr 2 erfüllt (vgl zu dieser Möglichkeit unten Rn 99 f). Fügt er dann die Informationen in seine AGB und damit in die Vertragsbestimmungen ein, muss der Verbraucher auch in diesem Fall auf die wesentlichen Informationen aufmerksam gemacht werden. Das ist der Zweck von § 1 Abs 4 S 3 BGB-InfoV. Dem Verbraucher soll erleichtert werden, die für ihn wesentlichen Informationen zu finden (RegE Gesetz zur Änderung der Vorschriften über Fernabsatzverträge bei Finanzdienstleistungen BT-Drucks 15/2946, 27). Der Katalog der hierbei hervorzuhebenden Bestimmungen entstammt Art 5 Abs 2 FernAbsRL, der diese Angaben als Mindestangaben hervorhebt, die „auf jeden Fall" übermittelt werden müssen. Auch wenn die FernAbsFinanzDienstRL eine solche Vorschrift nicht enthält, hielt der Gesetzgeber eine allgemeine Regelung zurecht für erforderlich, da die genannten Informationen auch bei Finanzdienstleistungen von besonderer Bedeutung für die Geltendmachung der Rechte des Verbrauchers sind (RegE Gesetz zur Änderung der Vorschriften über Fernabsatzverträge bei Finanzdienstleistungen BT-Drucks 15/2946, 27).

dd) Sprache

Ebenfalls unter das Transparenzgebot fällt die Frage, in welcher **Sprache** die Infor- **34** mationen zu übermitteln sind. Die FernAbsRL überlässt es im 8. Erwägungsgrund den Mitgliedstaaten, dieses Problem eigenständig zu regeln. Der deutsche Gesetzgeber hat von dieser Möglichkeit bei der Umsetzung der Richtlinie keinen Gebrauch gemacht. Der Gesetzgeber des FernAbsG hat jedoch klargestellt, dass es auch für deutsche Unternehmer erforderlich sein kann, die Informationen in einer **anderen Sprache als Deutsch** zur Verfügung zu stellen (RegE FernAbsG BT-Drucks 14/2658, 38). Entscheidend ist aber immer, mit welcher Zielgruppe es der Unternehmer zu tun hat (RegE FernAbsG BT-Drucks 14/2658, 38; zust MünchKomm/Wendehorst[4] § 312c Rn 39; Lütcke § 312c Rn 61; Reich EuZW 1997, 581, 584; Fuchs ZIP 2000, 1273, 1277). Hierbei fällt es in die Verantwortung des Unternehmers zu überprüfen, ob die von ihm verwendete Sprache für seinen Kundenkreis verständlich ist (Ring FernAbsG Teil III Art 1 Rn 153; MünchKomm/Wendehorst[4] § 312c Rn 39). Der Unternehmer wird vor allen Dingen auf eine zusätzliche Sprache zurückgreifen müssen, wenn er grenzüberschreitende Geschäfte tätigt. Da sich Englisch als *lingua franca* im Internet durchgesetzt hat (vgl Reich

EuZW 1997, 581, 584), reicht es für den internationalen Geschäftsbetrieb des **E-Commerce-Unternehmers** aus, wenn er die Informationen in englischer Sprache zur Verfügung stellt. Es ist ihm nicht zumutbar, die Mitteilungen in jede denkbare Sprache und in jeden denkbaren Dialekt übersetzen zu lassen (so auch BODENSTEDT, Die Umsetzung der Fernabsatzrichtlinie im englischen Recht [2006]). Das wäre aber die Folge einer zum Teil geäußerten Auffassung, der Unternehmer müsse die Informationen in der Sprache seines Heimatlandes und in der **Heimatsprache des Verbrauchers** zur Verfügung stellen (so MICKLITZ ZEuP 1999, 875, 884; MICKLITZ, in: MICKLITZ/REICH, Die Fernabsatzrichtlinie im deutschen Recht 22); einem Igusche könnte man dann den E-Commerce nur unter allzu großen Hürden erschließen. Ist der Unternehmer dagegen nur im deutschen Rechtskreis tätig und macht dies durch entsprechende Klauseln auch deutlich, genügt es nicht, Informationen in englischer Sprache zur Verfügung zu stellen. Der Unternehmer wird nicht damit rechnen können, dass der deutsche Durchschnittsverbraucher ohne weiteres Geschäftsbedingungen oder umfangreiche Leistungsbeschreibungen in englischer Sprache verstehen kann (RegE FernAbsG BT-Drucks 14/2658, 38; zust MünchKomm/WENDEHORST[4] § 312c Rn 39; LÜTCKE § 312c Rn 61). Es wird sich deshalb in der Regel empfehlen, solche Informationen auf Deutsch bereitzuhalten. Hat der Unternehmer die Lieferung seiner Ware auf wenige Länder beschränkt, dann muss er auch in diesen Sprachen informieren. Alle Sprachen der EU aber zu nutzen, wäre erkennbar zuviel.

35 Es ist gut möglich, dass sich das **fernabsatzrechtliche Transparenzgebot ähnlich entwickelt wie das AGB-rechtliche Klarheitsgebot**. Dort ist es allgemein anerkannt, dass die Informationen hinreichend klar und verständlich übermittelt werden, wenn dies in der **Verhandlungssprache** geschieht (statt vieler: OLG Hamburg NJW 1980, 1232; LINDACHER, in: WOLF/HORN/LINDACHER Anh § 2 AGBG Rn 38 ff; STAUDINGER/SCHLOSSER [1998] § 2 AGBG Rn 17/4; HÜBNER NJW 1980, 2601, 2606; FUCHS ZIP 2000, 1273, 1278). Wenn sich der Verbraucher auf einen Vertragsschluss in einer ihm unbekannten Sprache einlässt, ist er nicht schutzwürdig und muss hinnehmen, dass die Informationen nur in dieser Sprache zur Verfügung gestellt werden. Es spricht einiges dafür, diese Wertung auf die Übermittlung von Informationen im Fernabsatzrecht zu übertragen (so auch MünchKomm/WENDEHORST[4] § 312c Rn 40; HÄRTING § 2 FernAbsG Rn 66; PALANDT/HEINRICHS[64] § 312c Rn 2; ROTT ZvglRWiss 98 [1999] 382, 406; einschränkend FUCHS ZIP 2000, 1273, 1278, der diese Regel nur anwenden will, wenn die Informationen auch durch AGB übermittelt werden; **aA** KAMANABROU WM 2000, 1417, 1423, die dem Unternehmer abverlangt, die Informationen in der Sprache des Verbrauchers zur Verfügung zu stellen, wenn seine Internetseite nicht regional begrenzt ist). Aus denselben Erwägungen ist der Unternehmer nicht verpflichtet, seinem Internetauftritt einen Hinweis beizufügen, dass eine Lieferung nur in Staaten erfolgt, in denen eine bestimmte Sprache gesprochen wird (so aber LÜTCKE § 312c Rn 62). In welcher Sprache sollte ein solcher Hinweis auch erfolgen?

c) Besonderheiten bei Finanzdienstleistungen, § 312c Abs 2 S 1 Nr 1

36 Bevor der Verbraucher seine auf den Vertragsschluss gerichtete Willenserklärung abgegeben hat, muss der Unternehmer bei der Information des Verbrauchers keine besondere Form beachten, wenn der Vertrag keine Finanzdienstleistungen zum Gegenstand hat. Betrifft der Fernabsatzvertrag aber eine **Finanzdienstleistung**, sind die Formvorschriften nach Umsetzung der **FernAbsFinanzDienstRL** verschärft worden. Durch § 312c Abs 2 S 1 Nr 1 wurde Art 5 Abs 1 und 2 FernAbsFinanzDienstRL umgesetzt. Die Vorschrift besagt, dass bei Fernabsatzverträgen über Finanzdienst-

leistungen im Grundsatz dem Verbraucher die Information in **Textform** zur Verfügung stehen muss, bevor die auf den Abschluss eines Vertrages gerichtete Willenserklärung abgegeben wird. Im Zusammenhang mit § 1 Abs 4 BGB-InfoV folgt hieraus, dass der Unternehmer dem Verbraucher bereits vor Abgabe von dessen sog „Vertragserklärung" den Informationskatalog aus § 1 Abs 1 und Abs 2 BGB-InfoV in Textform zur Verfügung stellen muss. Von diesem Grundsatz erlaubt Abs 2 S 1 Nr 1, zweiter Halbsatz nur eine enge Ausnahme. Die Mitteilung in Textform kann unverzüglich nachgeholt werden, wenn auf Verlangen des Verbrauchers der Vertrag telefonisch oder mittels eines anderen Fernkommunikationsmittels abgeschlossen worden ist, das die Vorabübermittlung in Textform nicht gestattet.

aa) Textform

In **§ 2 Abs 3 FernAbsG** war noch vorgesehen, dass dem Verbraucher die Informa- **37** tionen nach Vertragsschluss auf einem dauerhaften Datenträger zur Verfügung stehen müssen. Hiermit hatte der Gesetzgeber einen Begriff des europäischen Sekundärrechts übernommen, der sich auch in Art 5 Fernabsatzrichtlinie finden lässt. Eine Definition des Begriffes sucht man jedoch im europäischen Recht vergeblich. Der deutsche Gesetzgeber definierte daher zunächst in § 361a Abs 3 S 1 aF den dauerhaften Datenträger als „Schriftstück oder andere lesbare Form". Diskette, CD-Rom oder andere elektronische Datenträge fielen ebenso hierunter wie ein Telefax oder eine E-Mail (vgl zum Begriff RegE FernAbsG BT-Drucks 14/2658, 40; HÄRTING CR 1999, 507, 509; ROTH/SCHULZE RIW 1999, 924, 926; WALDENBERGER K&R 1999, 345, 348). Während der Schuldrechtsreform sah es zunächst aus, als sollte an dem Begriff festgehalten werden. Erst der Rechtsausschuss empfahl, auf den Begriff der Textform aus § 126b zurückzugreifen und § 361a Abs 3 S 1 aF ersatzlos zu streichen. Diese Änderung war nicht etwa von inhaltlichen Beweggründen motiviert. Der Rechtsausschuss wollte gerade nicht die Informationspflichten verschärfen (RA BT-Drucks 14/7052, 14). Einer der Grundgedanken der Schuldrechtsreform veranlasste den Gesetzgeber dazu, auf den Begriff der Textform im Sinne des § 126b zurückzugreifen. Die Rechtssprache sollte vereinheitlicht werden und deshalb erschien es ratsam, auf die Formulierung des § 126b zu verweisen.

Diese Entscheidung ist an vielen Stellen kritisiert worden. Zum Teil wird einge- **38** wandt, dass die **Vereinheitlichung der Rechtssprache** auf Kosten einer kontinuierlichen Weiterentwicklung des Rechts gehe, da der **Begriff des dauerhaften Datenträgers** bereits Gegenstand von Rechtsprechung und Literatur geworden sei (so LÜTCKE § 312c Rn 106). Im Übrigen wird vorgebracht, dass der Begriff der Textform nicht der europarechtlichen Vorgabe gerecht werde. Teilweise gehe er über die Anforderungen der Richtlinie hinaus, zum Teil bleibe er aber auch dahinter zurück (so Münch-Komm/WENDEHORST[4] § 312c Rn 88–91). Letztlich besteht aber Übereinstimmung darin, dass eine richtlinienkonforme Auslegung von § 126b dazu führt, dass den Vorgaben der Richtlinie entsprochen werden kann. Diese Besonderheiten europarechtskonformer Auslegung im Kontext des § 312c können zu einem abweichenden Verständnis gegenüber der Auslegung des § 126 in anderen Bereichen führen (s ausführl Kommentierung durch HERTEL § 126b). Diese betreffen insbesondere die Wiedergabe in **Schriftzeichen** und die Dauerhaftigkeit der **Schriftzeichen**.

α) Wiedergabe in Schriftzeichen

Die verwendete Form muss zur Wiedergabe in **Schriftzeichen** geeignet sein. Diese **39**

Formulierung entspricht dem alten Recht. In § 361a Abs 3 S 1 aF hieß es, dass Informationen dem Verbraucher auf einem dauerhaften Datenträger zur Verfügung gestellt seien, wenn sie ihm in einer Urkunde oder einer anderen lesbaren Form zugegangen sind. Das Merkmal der lesbaren Form entspricht hierbei der neuen Formulierung, die auf die Wiedergabe in Schriftzeichen abstellt. Indem die Formulierung möglichst offen gehalten ist, bleibt jedoch eine Anpassung an die technischen Entwicklungen möglich. Darüber hinaus wird gerade der elektronische Geschäftsverkehr nicht in größerem Maße durch formale Anforderungen belastet, als es zum Schutz des Verbrauchers unbedingt notwendig ist. Dementsprechend ist es nicht erforderlich, dass die Informationen dem Verbraucher in körperlicher Form überreicht werden. Es reicht aus, wenn die Informationen den Verbraucher mittels der gewählten Übertragungsform tatsächlich erreichen. Unproblematisch erfüllt wird diese Voraussetzung daher, wenn die Informationen per E-Mail übermittelt werden.

40 Dem Wortlaut der Vorschrift wird aber nur entsprochen, wenn der Sinngehalt der Informationen durch Text verkörpert wird (so zum insoweit inhaltsgleichen Begriff des dauerhaften Datenträgers bereits der RegE FernAbsG BT-Drucks 14/2658, 41). Es kann daher nicht reichen, wenn der Unternehmer die Informationen auf sprachlichem Wege, etwa durch Tonbandaufnahmen, übermittelt (vgl RegE FernAbsG BT-Drucks 14/2658, 41; LÜTCKE § 312c Rn 111). Entscheidend ist weiterhin, dass die Informationen für den Verbraucher aufgrund seiner konkreten technischen Möglichkeiten lesbar sind. Der Unternehmer erfüllt daher seine Pflicht nicht, wenn er den Verbraucher auf einem Datenträger informiert und zuvor keine Rücksprache gehalten hat, ob der Datenträger mit den technischen Möglichkeiten des Verbrauchers kompatibel ist (Münch-Komm/WENDEHORST[4] § 312c Rn 92; LÜTCKE § 312c Rn 111). Ebenso wenig wird es ausreichen, wenn die Informationen in einem nicht ohne weiteres lesbaren Format, zB als pdf-Datei übermittelt werden (RegE FernAbsG BT-Drucks 14/2658, 41). Der Unternehmer sollte daher von der Möglichkeit, die Informationen auf einem elektronischen Datenträger zu übermitteln, nur Gebrauch machen, nachdem er sich beim Verbraucher erkundigt hat, ob und inwieweit diesem technische Mittel zur Nutzung des Datenträgers zur Verfügung stehen. Hierbei ist es unzulässig, auf besondere technische Kenntnisse des Verbrauchers zu vertrauen. Ebenso wenig darf von einem Mindeststandard an technischer Ausrüstung beim Verbraucher ausgegangen werden. Die technischen Gegebenheiten ändern sich zu schnell, um in diesem Zusammenhang Rechtssicherheit erlangen zu können. Das zeigt sich ua im Gesetzgebungsverfahren zum Fernabsatzgesetz. Dort ging man davon aus, dass zwar vorausgesetzt werden könne, dass der Verbraucher über ein funktionsfähiges Diskettenlaufwerk verfüge, nicht aber, dass er auch Zugriff auf ein CD-Rom Laufwerk habe (BT-Drucks 14/2658, 41; zust KAMANABROU WM 2000, 1417, 1419; LÜTCKE § 312c Rn 11; MünchKomm/WENDEHORST[4] § 312c Rn 93). Heute ist es genau umgekehrt. Kaum noch ein PC ist serienmäßig mit einem Diskettenlaufwerk ausgestattet. Ein CD-Rom Laufwerk dagegen gehört zur Standardausführung eines jeden Computers. Weitere Entwicklungen müssen berücksichtigt werden.

β) Dauerhaftigkeit

41 Erforderlich ist weiterhin, dass die genutzten Schriftzeichen geeignet sind, die **Informationen dauerhaft wiederzugeben**. In § 361a Abs 3 S 1 aF hieß es noch, dass die Informationen dem Empfänger in einer Form zugegangen sein müssen, die für eine den Erfordernissen des Rechtsgeschäfts entsprechende Zeit die unveränderte Widergabe erlaubt. Auch hier ergibt sich keine Änderung durch die Neufassung der Vorschrift. Dauerhaft meint nicht ewig, sondern lediglich für einen angemessenen Zeitraum (so bereits RegE FernAbsG BT-Drucks 14/2658, 41). Zur Auslegung des Begriffes kann daher auf die Legaldefinition des alten Rechts zurückgegriffen werden (vgl LÜTCKE § 312c Rn 112).

Wann der **Zeitraum angemessen** ist, richtet sich nach den Umständen des Einzelfal- **42** les. Der Gesetzgeber hatte bei der Einführung des dauerhaften Datenträgers in die deutsche Rechtssprache darauf gehofft, dass die flexible Formulierung eine schutz-zweckangemessene, an der Bedeutung des jeweiligen Rechtsgeschäfts sowie am technischen Fortschritt orientierte Auslegung im Einzelfall ermöglichen würde (RegE FernAbsG BT-Drucks 14/2658, 41). Diese Hoffnung wird durch die Neufassung der Vorschrift nicht getrübt. Selbst wenn die Vorschrift an den jeweiligen Einzelfall an-gepasst wird und sie einer allgemeingültigen Erläuterung nur schwer zugänglich ist, können doch einige Anhaltspunkte genannt werden. So dauert eine „den Erforder-nissen des Rechtsgeschäfts" entsprechende Zeit zumindest während der fernabsatz-rechtlichen Widerrufsfrist an. Darüber hinaus wird man aber richtigerweise davon ausgehen müssen, dass die genutzten Schriftzeichen auch die geltenden **Garantie- und Gewährleistungsfristen überdauern müssen** (so auch MünchKomm/WENDEHORST[4] § 312c Rn 94). Wird der Vertrag zwischen Verbraucher und Unternehmer für einen unbestimmten Zeitraum geschlossen, so muss die Verfügbarkeit in entsprechendem Umfang gewährleistet sein. In keinem Fall reicht es aus, dass die Informationen in flüchtigen Speichermedien wie etwa dem Arbeitsspeicher eines Computers über-mittelt werden (so bereits der RegE FernAbsG BT-Drucks 14/2658, 41, zust MünchKomm/WENDEHORST[4] § 312c Rn 94; LÜTCKE § 312c Rn 112). **CD-Roms** dagegen dürften gerade in Anbetracht ihrer Langlebigkeit die Voraussetzung der Dauerhaftigkeit erfüllen. Ob das für **Disketten** auch gilt, ist trotz ihrer größeren Unzuverlässigkeit zu bejahen. Der Unternehmer ist jedoch in jedem Falle gut beraten, den Verbraucher aufzufor-dern, die auf der Diskette enthaltenen Daten auszudrucken oder auf seiner Fest-platte zu speichern (so der Vorschlag von MünchKomm/WENDEHORST[4] § 312c Rn 94); recht-lich verpflichtet ist er zu diesem Hinweis nicht.

Der **Begriff der Textform in § 126b** stellt nicht mehr darauf ab, dass dem Empfänger **43** eine unveränderte Wiedergabe der Daten ermöglicht wird. Schon nach altem Recht grenzten die Formulierungen „eine den Erfordernissen des Rechtsgeschäfts entspre-chende Zeit" und „unveränderte Wiedergabe" an eine Tautologie. Mit dem neuen Sprachgebrauch wäre es überflüssig gewesen, neben der Dauerhaftigkeit die Voraus-setzung einer Unveränderbarkeit beizubehalten (so auch LÜTCKE § 312c Rn 112). Es kommt entscheidend darauf an, dass der Unternehmer die Daten nicht mehr nach-träglich abändern kann, nachdem sie in den Machtbereich des Verbrauchers gelangt sind. Ohnehin bezieht sich nach dem Schutzzweck der Vorschrift die Unveränder-lichkeit nur auf die Seite des Unternehmers. Eine **Diskette**, auf der durch den Verbraucher nachträglich Änderungen vorgenommen werden können, reicht aus, wenn es dem Unternehmer nicht mehr möglich ist, die Veränderungen selbst vor-zunehmen (RegE FernAbsG BT-Drucks 14/2658, 41, LÜTCKE § 312c Rn 112).

Unter Berücksichtigung dieser Voraussetzungen kann es nicht ausreichen, wenn die **44** Daten dem Verbraucher nur zur Ansicht zur Verfügung gestellt werden. Der Unter-nehmer erfüllt deshalb seine Pflicht nicht, wenn er die Informationen über einen

Faxabruf zur Verfügung stellt oder auf seiner Homepage veröffentlicht (so auch
LÜTCKE § 312c Rn 114; MünchKomm/WENDEHORST[4] § 312c Rn 95; **aA** für den Begriff des dauerhaften Datenträgers in § 8 VerbrKrG aF OLG München K&R 2001, 313, 316, vgl hierzu HÄRTING
K&R 2001, 310 ff). Zulässig ist es dagegen, wenn der Unternehmer seinen Informationspflichten durch die Versendung von **E-Mails** nachkommt (LÜTCKE § 312c Rn 113;
MünchKomm/WENDEHORST[4] § 312c Rn 95; zweifelnd OLG München K&R 2001, 313, 316). Das
war auch vom Gesetzgeber so vorgesehen (RegE FernAbsG BT-Drucks 14/2658, 41). Die
in der E-Mail enthaltenen Schriftzeichen können dauerhaft wiedergegeben werden,
wenn die Nachricht auf dem Server vom Provider des Verbrauchers eingegangen ist
und der Verbraucher die Möglichkeit hat, darauf zuzugreifen. Zum Teil wurde in
diesem Zusammenhang unter dem Stichwort „Zugangsvereitelung" diskutiert, ob es
dem Verbraucher zum Nachteil gereichen kann, wenn er die E-Mail, in der die
Informationen enthalten sind, aus Angst vor einer möglichen Verseuchung durch
Viren nicht öffnen mag. Richtigerweise wird man hier nach der Art der Datei, die
der Unternehmer an den Verbraucher versendet, unterscheiden müssen (so der über-
zeugende Vorschlag von MünchKomm/WENDEHORST[4] § 312c Rn 96). Grundsätzlich bleibt es
der alleinigen Entscheidung des Verbrauchers überlassen, ob er eine E-Mail, die sich
in seiner Mailbox befindet, öffnet oder nicht (so bereits BÜLOW/ARTZ NJW 2000, 2049,
2055; GAERTNER/GIERSCHMANN DB 2000, 1601, 1602; KAMANABROU WM 2000, 1417, 1423). Handelt es sich daher um eine vergleichsweise sichere Datei (MünchKomm/WENDEHORST[4]
aaO nennt als Beispiel eine sog rtf-Datei) und weist der Unternehmer den Verbraucher
zugleich auf Möglichkeiten hin, einer Gefahr durch Viren vorzubeugen, ist es dem
Verbraucher zuzumuten, die Datei zu öffnen. Unterlässt er das, so verhindert er den
Zugang der Nachricht und muss mit den hieraus folgenden Nachteilen leben. Insbesondere muss er sich so behandeln lassen, als sei ihm die Nachricht zugegangen, so
dass er nicht auf eine verlängerte Widerrufsfrist hoffen kann. Das ist nicht unbillig,
denn der Verbraucher macht allein durch seine Teilnahme am elektronischen Geschäftsverkehr deutlich, dass er gewisse technische Risiken zu tragen bereit ist. Zu
einem anderen Ergebnis gelangt man, wenn der Unternehmer die Informationen in
einer Dateiform verpackt, die für den Virusbefall anfällig ist, wie es bei einer Word-
Datei der Fall ist. Hier ist es dem Verbraucher nicht zuzumuten, das Risiko einzugehen, das entsteht, wenn er eine Datei ihm unbekannten Inhalts öffnet.

bb) Besonderheit bei der Belehrung über das Widerrufsrecht

45 Der Unternehmer muss den Verbraucher über die Einzelheiten des Widerrufs- und
Rückgaberechts informieren, § 312c Abs 2 S 1 Nr 1 BGB, § 1 Abs 1 Nr 10 BGB-
InfoV. Hierbei handelt es sich um einen der **Ecksteine des Fernabsatzrechts**. Es ist
daher besonders wichtig, dass der Verbraucher deutlich hierüber informiert wird.
Aufgrund der gesetzlichen Regelung hat auch der Unternehmer ein erhebliches
Interesse daran, diese Pflicht ordnungsgemäß zu erfüllen. Verletzt er seine Infor-
mationspflicht, verlängert sich gemäß § 312d Abs 2 S 1 die Widerrufsfrist. Dadurch
muss der Unternehmer länger damit rechnen, dass sich der Verbraucher von dem
Vertrag löst. Insbesondere bei der Belehrung über das Widerrufsrecht gibt es viele
Einzelheiten, die zu beachten sind. Der Unternehmer kann dadurch leicht einen
Fehler begehen und dadurch den Beginn der Widerrufsfrist verhindern. Der Gesetzgeber ist daher dem Unternehmer entgegengekommen und hat der BGB-InfoV
in der Anlage 2 ein Muster für die Widerrufsbelehrung eingefügt. Gemäß § 1 Abs 4
S 2 BGB-InfoV erfüllt der Unternehmer seine Informationspflicht über die Einzel-
heiten des Widerrufs- und Rückgaberechts, wenn er dieses Muster verwendet (vgl

zum vor Umsetzung der FernAbsFinanzDienstRL gültigen Muster Staudinger/Thüsing Art 240 EGBGB Rn 26; Dörrie ZfIR 2002, 685; Mausch NJW 2002, 2931; s auch Bodendiek MDR 2003, 1 ff).

cc) Ausnahmen vom Textformerfordernis

§ 312c Abs 2 S 1 Nr 1, HS 2 erlaubt auch bei Verträgen über **Finanzdienstleistungen** **46** eine Ausnahme von der Regel, dass die Informationen schon in Textform vorliegen müssen, bevor der Verbraucher seine sog „Vertragserklärung" abgegeben hat. Wird der Vertrag auf Verlangen des Verbrauchers telefonisch oder unter Verwendung eines anderen Fernkommunikationsmittels geschlossen, welches die Mitteilung in Textform vor Vertragsschluss nicht gestattet, reicht es aus, wenn der Unternehmer dem Verbraucher die Informationen in Textform unverzüglich nach Abschluss des Fernabsatzvertrages mitteilt. Durch diese Ausnahmeregelung wird Art 5 Abs 2 Fern-AbsFinanzDienstRL umgesetzt. Die Vorschrift dient zwei Zielen des Fernabsatzrechts: Einerseits soll der fernabsatzrechtliche Geschäftsverkehr nicht durch übertriebene Förmelei behindert werden. Das wäre aber letztlich die Konsequenz, wenn die Ausnahme nicht ins Gesetz aufgenommen wäre. Ein Fernabsatzvertrag über Finanzdienstleistungen könnte dann nicht über das Telefon oder ähnliche Fernkommunikationsmittel geschlossen werden, ohne dass der Unternehmer seine Informationspflichten vernachlässigt. Denn es liegt in der Natur der Sache, dass es bei telefonischen Vertragsschlüssen kaum möglich ist, Informationen in Textform zu übermitteln. Zum anderen wird durch die Voraussetzungen der Ausnahmevorschrift auch den Zielen des Verbraucherschutzes Genüge getan. Die Regelung kann nur angewandt werden, wenn die Initiative zum Vertragsschluss vom Verbraucher ausgegangen ist. In einem solchen Fall ist der Verbraucher weniger schutzbedürftig als wenn er durch einen Telefonanruf des Unternehmers überrumpelt wird. Im Übrigen müsste der Verbraucher nicht gänzlich auf die perpetuierten Informationen verzichten. Der Unternehmer muss sie ihm vielmehr nach wie vor unverzüglich nach Vertragsschluss zur Verfügung stellen, zu einem Zeitpunkt also, in der sich der Verbraucher immer noch durch seinen Widerruf vom Vertrag lösen kann.

α) Vertragsschluss auf Verlangen des Verbrauchers

Der Vertrag muss auf Verlangen des Verbrauchers telefonisch oder durch ein ähn- **47** liches Fernkommunikationsmittel geschlossen werden. Indem der Gesetzgeber auf das **„Verlangen des Verbraucher"** abstellt, wird der dritte Begriff für einen identischen Sachverhalt in die fernabsatzrechtlichen Vorschriften eingeführt. In § 312b Abs 3 Nr 1 bzw Nr 2 ist die Rede davon, dass der Verbraucher den Beginn der Ausführung der Dienstleistung *selbst veranlasst* bzw *ausdrücklich gewünscht* haben muss. Warum selbst innerhalb des relativ kurzen Untertitels nicht mit einheitlichen Formulierungen gearbeitet wird, bleibt unklar. **Die drei genutzten Begrifflichkeiten liegen dicht beieinander.** Ob der Verbraucher „verlangt" oder „ausdrücklich wünscht", macht keinen, ob er es „selbst veranlasst", der Sache nach kaum einen Unterschied.

In jedem dieser Fälle geht die **Initiative vom Verbraucher aus.** Jeder der Begriffe setzt **48** ein klar erkennbares Handeln oder Bekunden des Verbrauchers voraus. Es reicht nicht aus, auf den konkludent erklärten Willen des Verbrauchers zurückzugreifen. Ebenso wenig kann es dem Schutzzweck des Gesetzes entsprechen, wenn der Verbraucher eine vorformulierte Erklärung unterzeichnet, in der er sich damit einver-

standen erklärt, dass er von dem Unternehmer zum Zwecke eines nicht näher
spezifizierten Vertragsschlusses angerufen wird. Hierbei handelt es sich um eine
bloß untergeschobene Erklärung, die nicht auf der Initiative des Verbrauchers beruht. Es darf daher kein unmittelbarer zeitlicher Zusammenhag zwischen der Aktion
des Unternehmers und der Reaktion des Verbrauchers bestehen. Ebenso wenig
erfolgt der Vertragsschluss auf Veranlassung des Verbrauchers, wenn dieser dem
Unternehmer eine generelle Ermächtigung erteilt hat. Abzustellen ist auf den konkreten Vertragsschluss, der vom Verbraucher ausgegangen sein muss. Nicht unbedingt erforderlich ist dagegen, dass es der Verbraucher ist, der den Anruf tätigt. Der
Vertragsschluss erfolgt auch dann auf Verlangen des Verbrauchers, wenn der Verbraucher dem Unternehmer in einem Brief mitteilt, dass er einen Vertrag über eine
Finanzdienstleistung abschließen möchte und dass der Unternehmer ihn zu diesem
Zwecke anrufen möchte. Die Vorschrift stellt ihrem Wortlaut nach darauf ab, dass
das Verlangen des Verbrauchers darauf zielt, den Vertragsschluss telefonisch oder
ähnlich über die Bühne zu bringen. Die Vorschrift trifft keine Aussage darüber,
welche der Vertragsparteien anzurufen hat.

β) Telefon oder ähnliches Fernkommunikationsmittel

49 Der Vertrag muss via Telefon oder ein anderes Fernkommunikationsmittel geschlossen werden, das die Mitteilung in Textform vor Vertragsschluss nicht gestattet.
Entscheidend ist, dass das Gerät die Kommunikation durch direkte Sprachübermitt-
lung gestattet. Der Begriff **„Telefon"** ist hierbei im Sinne der Vorschrift weit auszulegen. Hierunter fallen daher neben dem klassischen Festnetzanschluss auch Mo-
bil- und Satellitentelefone. Indem der Gesetzgeber auch andere Fernkommunikationsmittel in den Anwendungsbereich der Vorschrift einbezieht, ermöglicht er
deren Anpassung an künftige technische Gegebenheiten. Ein Fernkommunikationsmittel, das die Mitteilung in Textform vor Vertragsschluss nicht gestattet, ist neben
dem Telefon noch das Funkgerät. Auch Bildtelefone fallen unter den Anwendungsbereich der Vorschrift. Dagegen ist der Online-Chat kein dem Telefon ähnliches
Fernkommunikationsmittel. Hierbei wird der Verbraucher während der Kommunikation nicht in derselben Form unter Druck gesetzt, wie es bei einem Telefonat der
Fall ist. Im Unterschied zum persönlichen Gespräch kann sich der Verbraucher seine
Antworten in Ruhe überlegen und steht nicht unter zeitlichem Zugzwang.

γ) Unverzüglich nach Abschluss des Fernabsatzvertrages

50 Der Unternehmer muss dem Verbraucher die Informationen unverzüglich nach
Abschluss des Fernabsatzvertrages mitteilen. „Unverzüglich" wird in § 121 Abs 1
S 1 definiert als „ohne schuldhaftes Zögern". Diese Definition kann auch für
§ 312c Abs 2 S 1 Nr 1 übernommen werden, obwohl die Vorschrift auf europarechtliche Vorgaben zurückgeht und EG-Richtlinien grundsätzlich autonom auszulegen
sind (vgl hierzu auch die Kommentierung bei § 312e Rn 12 f). Schon das Reichsgericht
wusste zwar, dass **„unverzüglich" nicht gleichbedeutend mit „sofort"** ist (RGZ 125,
115, 118) und dass dem Anfechtenden in den Fällen der §§ 119, 120 eine angemessene Überlegungszeit zur Verfügung stehen müsse. Das kann jedoch nicht für den
Unternehmer gelten, der seine Informationspflichten zu erfüllen hat. Dieser benötigt keine Überlegungsfrist, in der er sich entscheiden kann, welche Informationen
er erfüllen will. Vielmehr sind der Umfang und die Form seiner Informationspflicht
gesetzlich festgelegt und hieran hat er sich zu halten. Unter Berücksichtigung dieser Argumente verzögert der Unternehmer die Erfüllung seiner Informations-

pflichten schuldhaft, wenn er nicht spätestens am Tag nach dem Vertragsschluss dem Verbraucher die Informationen in Textform mitteilt. Keinen Unterschied kann es hier machen, ob der Vertrag an einem Werktag oder an einem Feiertag geschlossen wird. Der Unternehmer ist bei der formgerechten Erfüllung seiner Informationspflichten nicht auf die Öffnungszeiten der Post angewiesen. Dem Textform-Erfordernis ist Genüge getan, wenn der Unternehmer den Verbraucher per E-Mail informiert (s Rn 44). Das ist auch an einem Sonntag möglich.

d) Informationserfolg
In Abs 1 S 1 wurde im Zuge der **Umsetzung der FernAbsFinanzDienstRL** das Wort **51** „informieren" durch die Formulierung **„Informationen zur Verfügung stellen"** ersetzt. Mit der Neufassung zog der Gesetzgeber einen Schlussstrich unter die Diskussion, die durch ein Urteil des OLG Frankfurt aM aus dem Jahre 2000 (OLG Frankfurt MMR 2001, 529) stärker in das Bewusstsein der juristisch interessierten Öffentlichkeit getreten ist. Letztlich ging es hierbei um die Frage, ob der Verbraucher die Informationen auch tatsächlich zur Kenntnis genommen haben muss, damit der Unternehmer seine Informationspflichten erfüllt hat (MünchKomm/WENDEHORST[4] § 312c Rn 32 ff schlug in diesem Zusammenhang vor, § 305 Abs 2 Nr 2 analog anzuwenden, um zu gewährleisten, dass der Unternehmer dem Verbraucher die Möglichkeit verschafft, in zumutbarer Weise vom Inhalt der Informationen Kenntnis zu nehmen). Diese Diskussion war insbesondere im **E-Commerce** von Interesse. Viele Unternehmer erfüllten ihre Informationspflichten dadurch, dass der Nutzer die Möglichkeit erhält, mit Hilfe entsprechender **Links** zu den Informationen zu gelangen. Nach der Auffassung des OLG Frankfurt sollte das nicht ausreichen. Das Gericht vertrat die Auffassung, dass die Informationen „ihre verbraucherschützende Funktion nur erfüllen können, wenn der Nutzer sie aufrufen muss, bevor der den Vertrag schließt" (OLG Frankfurt aM 530). Damit entschied das Gericht eine zuvor viel diskutierte Frage. In der Literatur fanden sich schon vor dem Urteil des OLG Frankfurt in dieselbe Richtung weisende Auffassungen (MEENTS, Verbraucherschutz bei Rechtsgeschäften im Internet 188; ARNOLD CR 1997, 526, 530, der sogar noch hierüber hinausgeht und die Informationspflicht nur erfüllt wissen will, wenn der Verbraucher die Informationen bestätigt; **aA** FUCHS ZIP 2000, 1273, 1277 und KAMANABROU WM 2000, 1417, 1422 waren der Auffassung, dass ein deutlicher Link zur Erfüllung der Informationspflichten ausreicht). Das Urteil des OLG Frankfurt wurde in der Folgezeit scharf kritisiert (STEINS MMR 2001, 530, 531; VEHSLAGE CR 2001, 783; LÜTCKE § 312c Rn 68). Seit der Neufassung der Vorschrift ist der Streit obsolet. Der Gesetzgeber hat zudem klargestellt, dass die Neufassung lediglich eine „redaktionelle Klarstellung" sei (RegE Gesetz zur Änderung der Vorschriften über Fernabsatzverträge bei Finanzdienstleistungen BT-Drucks 15/2946, 20). Eine solche Auslegung ist auch richtlinienkonform. In Art 4 Abs 1 FernAbsRL heißt es, dass der Verbraucher über die Informationen verfügen muss. Art 3 Abs 1 FernAbsFinanzDienstRL besagt, dass dem Verbraucher die Informationen zur Verfügung zu stellen sind. Der deutsche Gesetzgeber konnte also die tatsächliche Kenntnisnahme der Informationen durch den Verbraucher für entbehrlich halten. Im Übrigen bestand auch bei der alten Fassung der Vorschrift nur wenig Anlass, an diesem Standpunkt zu zweifeln. Hieß es doch bereits im Gesetzgebungsverfahren zum FernAbsG, dass lediglich sichergestellt werden solle, dass der Verbraucher die Informationen „zur Kenntnis nehmen und eine informierte Entscheidung treffen kann" (RegE FernAbsG BT-Drucks 14/2658, 38).

3. Umfang der Informationspflichten

52 Die in § 312c enthaltenen Informationspflichten des Unternehmers werden in § 1 BGB-InfoV konkretisiert. Im Zuge der Schuldrechtsmodernisierung wandelte der Gesetzgeber die Verordnung über Informationspflichten von Reiseveranstaltern in eine übergreifende Verordnung über Informationspflichten im Bürgerlichen Recht um. Für die BGB-InfoV wurde in den Artikeln 240 EGBGB eine Verordnungsermächtigung für den Regelungsbereich Fernabsatz geschaffen (vgl hierzu STAUDINGER/ THÜSING [2003] Art 240 EGBGB). Vor der Schuldrechtsreform fanden sich die Informationspflichten noch in § 2 Abs 2 FernAbsG. Der Gesetzgeber des Schuldrechtsmodernisierungsgesetzes war aber der Auffassung, dass angesichts der schnellen Veränderungen gerade in den Bereichen des Fernabsatzes und des elektronischen Geschäftsverkehrs ein Bedürfnis danach bestehe, die Informationspflichten möglichst schnell an die neuere technische Entwicklung anpassen zu können (RegE SMG BT-Drucks 14/6040, 274). Die dynamische Anpassung des Pflichtenkataloges sei eher durch die Exekutive, also im Wege einer Verordnung, möglich (RegE SMG BT-Drucks 14/6040, 274). Der Gesetzgeber könnte hier geirrt haben, hat er doch die Verordnung im Änderungsgesetz selbst erlassen. Das ist zwar zulässig (vgl KONZAK DVBl 1994, 1107, 1109; LEPA AöR 105 [1980], 337, 351), jedoch bekommt die Verordnung dadurch die Qualität eines Parlamentsgesetzes und ist somit für den Verordnungsgeber nicht mehr änderbar (so auch HOENIKE/HÜLSDUNK MMR 2002, 415; vgl die allgemeinen Ausführungen bei KONZAK DVBL 1994, 1107, 1109 f; LEPA AöR 105 [1980] 337, 351 ff sowie die Entscheidung BVerfGE 22, 330, 346). Eine schnelle Änderung der Vorschrift ist daher wohl nicht möglich, wie sich auch bei der **Neufassung der Vorschrift im Zusammenhang mit der Umsetzung der FernAbsFinanzDienstRL** gezeigt hat (vgl oben die Anmerkungen zur Entwicklung der Vorschrift Rn 3 f). Hier wurde die Norm erneut durch ein Parlamentsgesetz geändert und musste in diesem Zusammenhang die bei Gesetzesänderungen üblichen, mitunter langwierigen Diskussionen überstehen.

a) Allgemeine Fernabsatzverträge und Fernabsatzverträge über Finanzdienstleistungen

53 § 1 Abs 1 BGB-InfoV konkretisiert die Vorabinformationspflicht des Unternehmers aus § 312c Abs 1 und gilt für allgemeine Fernabsatzverträge und für Fernabsatzverträge über Finanzdienstleistungen. Die Umsetzung der FernAbsFinanzDienstRL hat keine größeren Auswirkungen auf die Vorschrift. Nur an einigen Stellen wurden durch Art 3 Abs 1 FernAbsFinanzDienstRL bedingte Ergänzungen vorgenommen. Es war das Ziel des Gesetzgebers, dass dem Verbraucher bei riskanten Fernabsatzverträgen über Finanzdienstleistungen umfassende Informationen zur Verfügung stehen. Zugleich soll der Unternehmer durch die Pflichten nicht überlastet werden (RegE Gesetz zur Änderung der Vorschriften über Fernabsatzverträge bei Finanzdienstleistungen BT-Drucks 15/2946, 25).

aa) Identität des Unternehmers

54 § 1 Abs 1 Nr 1 BGB-InfoV verpflichtet den Unternehmer, dem Verbraucher gegenüber seine Identität anzugeben sowie ihm das öffentliche Unternehmensregister, bei dem der Rechtsträger eingetragen ist, und die zugehörige Registernummer oder gleichwertige Kennung mitzuteilen. Zur Angabe seiner Identität war der Unternehmer auch nach alter Rechtslage verpflichtet; insoweit kann auf die Kommentierung in STAUDINGER/THÜSING Art 240 EGBGB Rn 8 verwiesen werden. Anzumerken ist lediglich, dass der Unternehmer seine Pflicht nicht erfüllt, wenn er dem Verbraucher gegenüber nur eine Zuordnungsbezeichnung angibt, die keine Rückschlüsse auf die Rechtspersönlichkeit des Unternehmers erlaubt. So verletzt der Unternehmer die Pflicht aus § 1 Abs 1 Nr 1 BGB-InfoV, wenn er bei der Werbung für einen Filmkalender, der von der Zeitschrift „Cinema" herausgegeben wird, als Identität den **„Cinema Leserservice"** angibt (OLG Hamburg NJW 2004, 1114, 1115). Aus dieser Bezeichnung wird die Rechtspersönlichkeit des Unternehmers nicht hinreichend deutlich. Vielmehr wird nur eine Abteilung des Unternehmers genannt. Dadurch kann der Verbraucher keine ausreichenden Rückschlüsse auf seinen Vertragspartner ziehen.

Neu ist jedoch, dass der Unternehmer den Verbraucher auch über seine **Register-** **55** **nummer oder gleichwertige Kennung** informieren muss. Diese Informationspflicht entspricht Art 3 Abs 1 lit d FernAbsFinanzDienstRL. Der Begriff „Unternehmensregister" erfasst hierbei neben dem Handelsregister alle denkbaren weiteren Register, etwa solche für Genossenschaften, Vereine oder Partnerschaftsgesellschaften (RegE Gesetz zur Änderung der Vorschriften über Fernabsatzverträge bei Finanzdienstleistungen BT-Drucks 15/2946, 25). Die Informationspflicht wurde auf dem Hintergrund eines sich abzeichnenden europaweiten elektronischen Handelsregisters ergänzt (vgl hierzu den Vorschlag für eine Richtlinie des Europäischen Parlaments und des Rates zur Änderung der Richtlinie 68/151/EWG in Bezug auf die Offenlegungspflichten bestimmter Gesellschaftsformen vom 3. 6. 2002, AblEG Nr C 227 E, 377). Ebenso ist die Pflicht zur Information über „gleichwertige Kennungen" auf die Zukunft gerichtet. Zurzeit existieren keine Kennungen, die hierunter fallen würden. Denkbar ist aber die künftige Einführung einer einheitlichen Wirtschaftsnummer oä für Unternehmen, die dem Verbraucher dann ebenfalls mitgeteilt werden müsste (RegE Gesetz zur Änderung der Vorschriften über Fernabsatzverträge bei Finanzdienstleistungen BT-Drucks 15/2946, 25).

Die Pflicht zur Angabe einer **Handelsregisternummer** gilt auch für ausländische **56** Gesellschaften hinsichtlich des ausländischen Registers (LG Frankfurt aM MMR 2003, 597, 598 zu der Parallelvorschrift § 6 Nr 4 TDG). Von dieser Pflicht ist die ausländische Gesellschaft befreit, wenn sie in ein inländisches Handelsregister eingetragen ist. Auch für im Ausland registrierte Unternehmer, die im Inland ihre Geschäftätigkeit entfalten, gilt das **Transparenzgebot**. Der Verbraucherschutz würde geschwächt, wenn es im Ausland registrierten Gesellschaften gestattet wäre, ihre Registernummern geheim zu halten und sich in der Anonymität eines **„Limited"-Zusatzes** zu verlieren (LG Frankfurt aM aaO). Gerade im Ausland besteht für den Verbraucher ein berechtigtes Interesse, leicht erkennbare und unmittelbar erreichbare Informationen darüber zu erlangen, welchem Recht die ausländische **„Limited"** unterliegt, wer die Gesellschafter sind und wie die Vertretungsverhältnisse der Gesellschaft im Einzelnen aussehen (so auch das LG Frankfurt aM aaO). Der Begriff **Handelsregisternummer ist deshalb weit zu verstehen** und erfasst bei in Deutschland nicht registrierten Unternehmen deren ausländische Registereintragungen.

bb) Identität eines Vertreters im Mitgliedstaat des Verbrauchers

Der Unternehmer muss dem Verbraucher gemäß § 1 Abs 1 Nr 2 BGB-InfoV die **57** Identität seines Vertreters in dem Mitgliedstaat, in dem der Verbraucher seinen Wohnsitz hat, mitteilen. Fehlt ein solcher, hat er den Verbraucher über die Identität einer anderen gewerblich tätigen Person als dem Anbieter, wenn der Verbraucher mit diesem geschäftlich zu tun hat, und die Eigenschaft, in der diese Person gegenüber dem Verbraucher tätig wird, zu informieren. § 1 Abs 1 Nr 2 BGB-InfoV geht auf **Art 3 Abs 1 Nr 1 lit b und c FernAbsFinanzDienstRL** zurück. Der Gesetzgeber hielt es angesichts des Verhältnisses von Aufwand und Informationswert für sinnvoll, die Informationspflicht auf alle Fernabsatzverträge auszudehnen (RegE Gesetz zur Änderung der Vorschriften über Fernabsatzverträge bei Finanzdienstleistungen BT-Drucks 15/ 2946, 25). Der Verbraucher bedarf der genaueren Information über die Identität von Vertretern und „Beauftragten" des Unternehmers aus denselben Gründen, die eine Information über die Identität des Unternehmers erforderlich machen. Bevor er sich vertraglich bindet, soll er wissen, mit wem er es zu tun hat. Das gilt besonders, wenn es sich bei seinem Vertragspartner um ein ausländisches Unternehmen handelt. Nutzt ein ausländischer Unternehmer einen Dritten, um die Geschäfte mit dem Verbraucher abzuwickeln, richtet sich das Interesse des Verbrauchers auch auf die Person des Dritten. Durch die weite Formulierung erfasst die Vorschrift alle Personen, die als Vertreter im rechtstechnischen Sinne oder im Auftrag des Unternehmers im Staat des Verbrauchers tätig werden und die am Vertragsschluss mit dem Verbraucher beteiligt sind.

cc) Ladungsfähige Anschrift

58 Die Informationspflicht des Unternehmers umfasst auch seine **ladungsfähige Anschrift** und jede andere Anschrift, die für die Geschäftsbeziehung zwischen dem Unternehmer, seinem Vertreter oder einer anderen gewerblich für ihn tätigen Person und dem **Verbraucher** maßgeblich ist, § 1 Abs 1 Nr 3 BGB-InfoV. Bei juristischen Personen, Personenvereinigungen oder Personengruppen ist dem Verbraucher auch der Name des Vertretungsberechtigten zu nennen. Der Gesetzgeber sprach missverständlich davon, dass vor Umsetzung der FernAbsFinanzDienstRL die Mitteilung der ladungsfähigen Anschrift nur als nachvertragliche Informationspflicht existierte (RegE Gesetz zur Änderung der Vorschriften über Fernabsatzverträge bei Finanzdienstleistungen BT-Drucks 15/2946, 25). Das ist nicht richtig. § 1 Abs 1 Nr 2 BGB-InfoV aF verpflichtete den Unternehmer seit dem OLG-Vertretungsänderungsgesetz, den Verbraucher rechtzeitig vor Abschluss des Fernabsatzvertrags über seine ladungsfähige Anschrift zu informieren. Die Umsetzung der FernAbsFinanzDienstRL führte dazu, dass die Vorschrift ergänzt und an Art 3 Abs 1 lit a FernAbsFinanzDienstRL angepasst wurde.

59 Zur **grundsätzlichen Bedeutung** der Pflicht zur Nennung der ladungsfähigen Anschrift kann auf die Kommentierung bei STAUDINGER/THÜSING Art 280 EGBGB Rn 8 verwiesen werden. In diesem Zusammenhang hat ein BGH-Urteil zum Begriff der **Anschrift** iS des § 355 Abs 2 für Aufsehen gesorgt (NJW 2002, 2391). Der BGH vertrat hier die Auffassung, dass eine **Postfachanschrift** genüge. Es ist freilich unzulässig, aus diesem Urteil Rückschlüsse auf das Verständnis der ladungsfähigen Anschrift des § 1 Abs 1 Nr 3 BGB-InfoV zu ziehen (so auch OLG Hamburg NJW 2004, 1114, 1115). Schon der unterschiedliche Wortlaut der Vorschriften verbietet es, von einem identischen Verständnis auszugehen. § 355 Abs 2 S 1 verpflichtet den Unternehmer, dem Verbraucher „Namen und Anschrift" mitzuteilen, in § 1 Abs 1 Nr 3 BGB-InfoV heißt es dagegen ausdrücklich, dass der Unternehmer seine ladungsfähige Anschrift offen legen muss. Für den Begriff der ladungsfähigen Anschrift ist es allgemein anerkannt, dass die Angabe eines Postfachs nicht ausreicht (OLG Hamburg aaO).

Die Mitteilungspflichten, um die § 1 Abs 1 Nr 3 BGB-InfoV ergänzt wurde, entspre- **60** chen im Wesentlichen den Ergänzungen, die schon bei § 1 Abs 1 Nr 2 BGB-InfoV hinzugekommen sind. Es entspricht dem Sinn und Zweck der Vorschrift, dem Verbraucher umfangreiche Kontaktinformationen des Unternehmers zur Verfügung zu stellen. Hierzu gehören neben dessen eigener ladungsfähiger Anschrift auch die Anschriften seiner Vertreter und „Beauftragten". Ebenso gebietet es die Ratio der Vorschrift, dass der Unternehmer die Namen seines Vertretungsberechtigten angibt. Der Verbraucher kann gegen den Unternehmer nur dann gerichtlich vorgehen, wenn er weiß, gegen wen die Klage zu richten ist.

dd) Wesentliche Produktmerkmale

Nach § 1 Abs 1 Nr 4 BGB-InfoV hat der Unternehmer die wesentlichen Merkmale **61** der Ware oder Dienstleistung anzugeben sowie das Zustandekommen des Vertrags zu beschreiben. Da sich bei dieser Informationspflicht auch **durch die Umsetzung der FernAbsFinanzDienstRL nichts geändert** hat, kann insoweit auf die Kommentierung bei STAUDINGER/THÜSING (2003) Art 240 EGBGB Rn 9, 10 verwiesen werden. Zu ergänzen ist lediglich, dass der Unternehmer nach der FernAbsFinanzDienstRL nicht verpflichtet ist, den Verbraucher vor Abschluss des Vertrags darüber zu informieren, wie der Vertrag zustande kommt. Allerdings wird der Unternehmer hierdurch nicht übermäßig belastet, da diese Angaben in engem Zusammenhang zu der auch nach der FernAbsFinanzDienstRL vorgesehenen Informationspflicht über anwendbares Recht und Vertragssprache stehen (vgl RegE Gesetz zur Änderung der Vorschriften über Fernabsatzverträge bei Finanzdienstleistungen BT-Drucks 15/2946, 25).

Der Unternehmer erfüllt seine Informationspflicht nicht, wenn er dem Verbraucher **62** fehlerhafte oder widersprüchliche Angaben zum Zustandekommen des Vertrags zur Verfügung stellt (LG Magdeburg NJW-RR 2003, 409). Die Pflicht aus § 1 Abs 1 Nr 4 BGB-InfoV wird deshalb verletzt, wenn der Unternehmer dem Verbraucher Bedingungen über das Zustandekommen des Vertrags mitteilt, die von seinen AGB abweichen. Dagegen ist es nicht erforderlich, dass der Verbraucher über alle Einzelheiten der angebotenen Dienstleistung aufgeklärt wird (LG Magdeburg 410). Er muss aber alle wesentlichen Produktmerkmale kennen. Nur dann kann er sich ein fundiertes Urteil darüber bilden, ob er einen Vertrag schließen möchte. Zu den wesentlichen Produktmerkmalen gehören alle Eigenschaften, die preiserheblich sind. Hierunter fallen insbesondere Qualitätsmerkmale, die das Produkt charakterisieren. So muss der Unternehmer dem Verbraucher bei einem Kabelanschlussvertrag nur die Zahl der zu empfangenden Programme, nicht aber die Programme im Einzelnen benennen (so jedenfalls das LG Magdeburg 410).

ee) Vertragslaufzeit

Bei Fernabsatzverträgen über eine dauernde oder regelmäßig wiederkehrende Leis- **63** tung muss der Unternehmer dem Verbraucher die Mindestlaufzeit des Vertrags nennen, § 1 Abs 1 Nr 5 BGB-InfoV (vgl hierzu die ausführliche Kommentierung bei STAUDINGER/THÜSING [2003] Art 240 EGBGB Rn 11 f).

ff) Austausch- und Leistungsvorbehalt

Der Unternehmer muss dem Verbraucher Informationen über einen Vorbehalt zur **64** Verfügung stellen, eine in Qualität und Preis gleichwertige Leistung zu erbringen, und einen Vorbehalt, die versprochene Leistung im Falle ihrer Nichtverfügbarkeit nicht zu erbringen, § 1 Abs 1 Nr 6 BGB-InfoV (vgl hierzu umfassend STAUDINGER/THÜSING [2003] Art 240 EGBGB Rn 13 f).

gg) Preisangaben

65 Nach § 1 Abs 1 Nr 7 BGB-InfoV hat der Unternehmer den Verbraucher über den Gesamtpreis der Leistung einschließlich aller Steuern und sonstiger Preisbestandteile zu informieren. Kann kein genauer Preis angegeben werden, muss er Informationen über die Grundlagen seiner Berechnung zur Verfügung stellen, um dem Verbraucher eine Überprüfung des Preises zu ermöglichen. Schon § 1 Abs 1 Nr 6 BGB-InfoV aF verpflichtete den Unternehmer, dem Verbraucher den Preis der Leistung einschließlich der Steuern und sonstiger Preisbestandteile mitzuteilen (vgl hierzu STAUDINGER/THÜSING [2003] Art 240 EGBGB Rn 15). Der zweite Halbsatz der Vorschrift wurde aus **Art 3 Abs 1 Nr 2 lit b FernAbsFinanzDienstRL** wörtlich übernommen und dient dazu, die Entwicklung der Preise möglichst transparent zu halten. Er gewinnt etwa dann an Bedeutung, wenn der Unternehmer auf dritte Parteien angewiesen ist, um die versprochene Leistung erbringen zu können. In einem solchen Fall hängt der Preis der Leistung unter anderem davon ab, ob die Geschäftspartner des Unternehmers ihre Lieferpflichten dem Unternehmer gegenüber erfüllen können. Der Unternehmer muss dem Verbraucher dann die Preise der unterschiedlichen Lieferanten benennen, damit sich der Verbraucher ein Bild vom ungefähren Preisrahmen machen kann. Ein weiteres Beispiel ist ein im Fernabsatz geschlossener Mobilfunkvertrag. Hier kann nicht angegeben werden, welche Kosten dem Verbraucher pro Monat entstehen werden, da dieser Betrag zu einem großen Teil von variablen Elementen wie der Anzahl und Dauer der Telefonate abhängt. Der Unternehmer muss dem Verbraucher aber die Tarife nennen, die der Berechnung der einzelnen Gesprächspreise zugrunde liegen.

66 Handelt es sich bei dem Unternehmer um einen **Telekommunikationsdienstleister** und bewirbt dieser einen kostenpflichtigen Inlandsauskunftsdienst, so muss der Kunde noch nicht im Rahmen der Werbemaßnahme über die einzelnen Preise informiert werden, selbst wenn in dieser das „Angebot" konkret bezeichnet wird (BGH GRUR 2003, 971, 973). Es reicht aus, wenn die Preise unmittelbar nach der Kontaktaufnahme durch den Kunden offen gelegt werden (so auch MünchKomm/WENDEHORST[4] § 312c Rn 26; **aA** MICKLITZ, in: MICKLITZ/REICH, Die Fernabsatzrichtlinie im deutschen Recht 15; FUCHS ZIP 2000, 1273, 1276). Bei der Bestellung eines Loseblattwerks mit Ergänzungslieferungen genügt der Unternehmer den Anforderungen von § 1 Abs 1 Nr 7 BGB-InfoV nicht, wenn nur der Preis für das Grundwerk sowie der Preis für eine Seite der Ergänzungslieferung bekannt gegeben wird (LG Bonn VuR 2002, 257, 258). Erforderlich ist vielmehr, dass der Unternehmer die von ihm in Rechnung gestellten Gesamtkosten vor Abschluss des Kaufvertrags in bezifferter Form bekannt gibt. Hierzu muss er den Endpreis einer Ergänzungslieferung selbst ausrechnen.

hh) Liefer- und Versandkosten

67 Der Unternehmer muss dem Verbraucher ferner gemäß § 1 Abs 1 Nr 8 BGB-InfoV **Informationen über zusätzlich anfallende Liefer- und Versandkosten und mögliche weitere Steuern oder Kosten** zur Verfügung stellen, die nicht über den Unternehmer abgeführt oder von ihm in Rechnung gestellt werden. Auch diese Informationspflicht fand sich im Grundsatz schon nach altem Recht in der BGB-InfoV (vgl hierzu STAUDINGER/THÜSING [2003] Art 240 EGBGB Rn 16). Bei der Umsetzung der FernAbsFinanzDienstRL wurde dann Art 3 Abs 1 Nr 2 lit d FernAbsFinanzDienstRL wörtlich übernommen. Der Unternehmer erfüllt die Pflicht aus § 1 Abs 1 Nr 8 BGB-InfoV nicht, wenn er neben dem Preis der Leistung „zzgl Versandkosten" vermerkt (LG Frankfurt aM WRP 2002, 1309, 1310). Erforderlich ist eine umfassende Information über die konkrete Berechnung der tatsächlich anfallenden Versandkosten.

ii) Zahlungs- und Lieferbedingungen

Wie schon nach altem Recht muss der Unternehmer dem Verbraucher Informatio- **68** nen über die Einzelheiten hinsichtlich der Zahlung und der Lieferung oder Erfüllung zur Verfügung stellen (vgl hierzu umfassend STAUDINGER/THÜSING [2003] Art 240 EGBGB Rn 17). Diese Pflicht erfüllt der Unternehmer nicht, wenn er den Verbraucher nur über die Möglichkeit informiert, per Bankeinzug zu bezahlen (LG Magdeburg NJW-RR 2003, 409). Alle zulässigen Zahlungsmethoden, also die Leistung per Scheck, Banküberweisung oder Barzahlung, müssen genannt und erläutert werden. Hierbei kann der Unternehmer die zulässigen Zahlungsmittel frei beschränken. Insbesondere kann er entscheiden, ob die Zahlung per Lastschriftverfahren oder Kreditkarte zulässig sein soll und ob er auf Vorauszahlung besteht. In diesem Fall ist jedoch zu beachten, dass sich die Informationspflichten des Unternehmers bei Fernabsatzgeschäften, die über das Telefon geschlossen werden, gemäß § 1 Abs 3 S 1 BGB-InfoV erweitern.

kk) Widerrufs- und Rückgaberecht

§ 1 Abs 1 Nr 10 BGB-InfoV verlangt, dass der Unternehmer den Verbraucher über **69** die Einzelheiten der Ausübung und der Rechtsfolgen des Widerrufsrechts belehrt. Diese Informationspflicht ist **nach Umsetzung der FernAbsFinanzDienstRL wesentlich umfangreicher** geworden. Zuvor musste der Verbraucher vor Abschluss des Vertrags lediglich über das Bestehen eines Widerrufs- und Rückgaberechts informiert werden (vgl hierzu STAUDINGER/THÜSING [2003] Art 240 Rn 18 f). Umfangreichere Angaben, wie sie nach neuem Recht bereits vor Vertragsschluss zur Verfügung gestellt werden müssen, waren nach § 1 Abs 3 Nr 1 BGB-InfoV aF nur nach Vertragsschluss erforderlich (vgl hierzu ausführlich STAUDINGER/THÜSING [2003] Art 240 EGBGB Rn 25 ff). Da aber Art 3 Abs 1 Nr 3 lit a FernAbsFinanzDienstRL eine Vorabinformation über Einzelheiten der Ausübung des Widerrufsrechts verlangt und eine Widerrufsbelehrung wegen § 312d Abs 1 iVm § 355 Abs 2 ohnehin erforderlich ist, hat sich der Gesetzgeber dazu entschlossen, die Pflicht zur vorvertraglichen Information über das Widerrufsrecht auszuweiten (vgl RegE Gesetz zur Änderung der Vorschriften über Fernabsatzverträge bei Finanzdienstleistungen BT-Drucks 15/2946, 26). Dem Unternehmer, für den diese zusätzliche Informationspflicht eine verstärkte Belastung darstellt, wird entgegengekommen, da er zur Erfüllung seiner Pflicht das in Anlage 2 zur BGB-InfoV enthaltene Muster verwenden kann.

Art 3 Abs 1 Nr 3 lit a FernAbsFinanzDienstRL, der § 1 Abs 1 Nr 10 BGB-InfoV **70** zugrunde liegt, sieht im Übrigen vor, dass dem Verbraucher der **Betrag genannt wird, den er an den Unternehmer zu entrichten hat, wenn er vor Ablauf der Widerrufsfrist von seinem Widerrufsrecht Gebrauch gemacht und der Unternehmer bereits mit der Ausführung der Dienstleistung begonnen hat.** Die Umsetzung dieser Pflicht erfolgt durch den Verweis in § 1 Abs 1 Nr 10 aE auf **§ 357 Abs 1.** § 357 Abs 1 S 1 wiederum verweist für das fernabsatzrechtliche Widerrufs- und Rückgaberecht auf die Vorschriften über das gesetzliche Rücktrittsrecht und damit auch auf die Rückabwicklungsregelungen in § 346 Abs 1. Der Gesetzgeber ist von dem Wortlaut der Fern-AbsFinanzDienstRL abgewichen, indem er die Informationspflicht auf Informationen über den Betrag beschränkt hat. Hierbei wurde bedacht, dass in einer Reihe von Fallkonstellationen (etwa bei Zinszahlungen) eine genaue Bezifferung des Betrags nicht möglich sein dürfte (RegE Gesetz zur Änderung der Vorschriften über Fernabsatzverträge bei Finanzdienstleistungen BT-Drucks 15/2946, 26). Es ist daher praxisgerechter und entspricht im Übrigen auch den Fassungen der Richtlinie in den anderen Amtssprachen („information on the amount", „informations sur le montant"), wenn vom Unternehmer nicht verlangt wird, den konkreten Betrag zu benennen.

71 Der Verbraucher muss auch über das Widerrufs- bzw Rückgaberecht informiert werden, wenn der Unternehmer sich einer **Internet-Auktionsplattform** wie **eBay** zur Veräußerung seiner Waren bedient (LG Memmingen NJW 2004, 2389, 2390 – nicht rechtskräftig; LG Schweinfurt v 30. 12. 2003 – 110 O 32/03). Die Pflicht besteht unabhängig davon, ob sich der Unternehmer der „Sofortkauf-Option" bedient oder ob er seine Bereitschaft erklärt, die Ware an denjenigen zu veräußern, der nach Ablauf eines bestimmten Zeitraums das höchste Gebot abgegeben hat.

ll) Kosten für die Nutzung der Fernkommunikationsmittel

72 Nach § 1 Abs 1 Nr 11 BGB-InfoV muss der Unternehmer die Kosten mitteilen, die dem Verbraucher durch die Nutzung der Fernkommunikationsmittel entstehen, sofern sie über die üblichen Grundtarife hinausgehen, mit denen der **Verbraucher** rechnen muss (vgl zu der insoweit identischen Pflicht nach § 1 Abs 1 Nr 10 BGB-InfoV aF STAUDINGER/THÜSING [2003] Art 240 EGBGB Rn 20).

mm) Gültigkeitsdauer der Informationen

73 Der Verbraucher muss auch über eine Befristung der Gültigkeitsdauer der zur Verfügung gestellten Informationen informiert werden, § 1 Abs 1 Nr 12 BGB-InfoV. Hierunter fallen Informationen über die Gültigkeitsdauer befristeter Angebote, insbesondere hinsichtlich des Preises. Die Informationspflicht nach § 1 Abs 1 Nr 11 BGB-InfoV aF beschränkte sich auf die Pflicht, die Gültigkeitsdauer befristeter Angebote, insbesondere hinsichtlich des Preises, zu benennen (vgl hierzu STAUDINGER/THÜSING [2003] Art 240 EGBGB Rn 21). Bei der Umsetzung der FernAbsFinanz-DienstRL hat der Gesetzgeber die sich infolge der Umsetzung von Art 3 Abs 1 Nr 2 lit e FernAbsFinanzDienstRL bietende Gelegenheit genutzt und die Informationspflicht weiter präzisiert. Erfasst werden jetzt nicht nur befristete Angebote, sondern alle Informationen, deren Gültigkeit zeitlich begrenzt ist. In der Praxis wird es freilich dabei bleiben, dass die Information am häufigsten ein befristetes Angebot betrifft. Denkbar ist aber auch, dass sich die ladungsfähige Anschrift des Unternehmers in näherer Zukunft ändert. In einem solchen Fall müssen dem Verbraucher die aktuelle und die zukünftige Adresse zur Verfügung gestellt werden.

b) Fernabsatzverträge über Finanzdienstleistungen

74 Neben den in § 1 Abs 1 BGB-InfoV geregelten Informationspflichten muss der Unternehmer bei Fernabsatzverträgen über **Finanzdienstleistungen** dem Verbraucher noch weitere Informationen zur Verfügung stellen. Diese ergeben sich gemäß § 312c Abs 2 S 1 Nr 1 iVm § 1 Abs 4 S 1 Nr 2 BGB-InfoV aus § 1 Abs 2 Nr 1–8 BGB-InfoV. Der Gesetzgeber hat davon abgesehen, diese Pflichten in den Abschnitt über die allgemeinen Informationspflichten zu integrieren, um auch räumlich zu verdeutlichen, dass sie nur für Fernabsatzverträge über Finanzdienstleistungen gelten (vgl RegE Gesetz zur Änderung der Vorschriften über Fernabsatzverträge bei Finanzdienstleistungen BT-Drucks 15/2946, 26). § 1 Abs 2 BGB-InfoV setzt Art 3 Abs 1 Nr 1 bis 3 FernAbsFinanzDienstRL nur zum Teil um. Der große Teil der in der FernAbsFinanzDienstRL geregelten Informationspflichten musste bereits zuvor erbracht werden, so dass es keiner Umsetzung bedarf (vgl CRISTEA Kreditwesen 2002, 58, 60). Neben diesen speziellen Pflichten muss der Unternehmer den Verbraucher schon vor Abgabe seiner „Vertragserklärung" über die Vertragsbestimmungen einschließlich der Allgemeinen Geschäftsbedingungen informieren, § 312c Abs 2 S 1 Nr 1.

aa) Vertragsbestimmungen

Bei Fernabsatzverträgen über Finanzdienstleistungen muss der Unternehmer den **75** Verbraucher schon vor Vertragsschluss über die Vertragsbestimmungen einschließlich der Allgemeinen Geschäftbedingungen informieren. Diese Pflicht ergibt sich aus § 312c Abs 2 S 1 Nr 1 und entspricht Art 5 Abs 1 FernAbsFinanzDienstRL. Unter die Vertragsbestimmungen, die dem Verbraucher mitzuteilen sind, fallen nicht sämtliche Informationen, die den Vertrag betreffen. Insbesondere ist die Formulierung nicht als Oberbegriff der Informationen zu verstehen, die an anderer Stelle in § 312c zu finden sind. Vielmehr ist hiermit nur der eigentliche Vertragstext einschließlich der Allgemeinen Geschäftsbedingungen gemeint (vgl RegE Gesetz zur Änderung der Vorschriften über Fernabsatzverträge bei Finanzdienstleistungen BT-Drucks 15/2946, 21).

In **Art 5 Abs 1 FernAbsFinanzDienstRL** findet sich kein ausdrücklicher Hinweis **76** darauf, dass der Unternehmer dem Verbraucher die Allgemeinen Geschäftsbedingungen zur Verfügung stellen muss. Der Gesetzgeber des Umsetzungsgesetzes hat sich jedoch „der Klarheit halber und wegen ihrer besonderen praktischen Relevanz" dazu entschlossen, die **AGB** gesondert aufzuführen (RegE Gesetz zur Änderung der Vorschriften über Fernabsatzverträge bei Finanzdienstleistungen BT-Drucks 15/2946, 21). Eine solche Klarstellung war nicht notwendig. Hierfür spricht insbesondere, dass (ordnungsgemäß einbezogene) AGB wegen § 305 Abs 2 Bestandteil des Vertrags werden. Wenn sie aber Bestandteil des Vertrages sind, gehören sie ohne weiteres auch zum Vertragstext, so dass der Unternehmer sie bereits deshalb in Textform zur Verfügung stellen muss. Einer weiteren Erwähnung hätte es nicht bedurft, auch wenn für die wirksame Einbeziehung der AGB nicht zwingend eine Mitteilung in Textform erforderlich ist (so aber die Begründung des Gesetzgebers, BT-Drucks 15/2946, 21). Wenn die Vertragsbestimmungen wirksam in den Vertrag einbezogen worden sind, werden sie dessen Bestandteil. Dadurch gehören sie zu den Vertragsbestimmungen, die dem Verbraucher in Textform (bei Fernabsatzverträgen über Finanzdienstleistungen vor Vertragsschluss, bei allgemeinen Fernabsatzverträgen nach Vertragsschluss) mitgeteilt werden müssen.

bb) Hauptgeschäftstätigkeit und Aufsichtsbehörde

Der Unternehmer muss den Verbraucher über seine **Hauptgeschäftstätigkeit** und die **77** für seine Zulassung zuständige **Aufsichtsbehörde** informieren, § 1 Abs 2 Nr 1 BGB-InfoV. Die Information über die Hauptgeschäftstätigkeit des Unternehmers ist dem Verbraucher vor allem von Nutzen, wenn der angestrebte Vertragsabschluss nicht der Hauptgeschäftstätigkeit des Unternehmers zugerechnet werden kann (vgl HÄRTING/SCHIRMBACHER DB 2003, 1777, 1779). In diesem Fall wird der Verbraucher besonders vorsichtig sein, einen Vertrag abzuschließen. Dagegen dürfte sein Vertrauen in den Unternehmer gestärkt sein, wenn der Zweck des Vertrags für diesen das tägliche Brot darstellt. Es sind allerdings keine zu hohen Anforderungen an die Präzisierung der Hauptgeschäftstätigkeit zu stellen. So ist es ausreichend, wenn der Unternehmer „Finanzdienstleistungen" als Hauptgeschäftstätigkeit nennt. Er muss diesen weiten Begriff nicht näher präzisieren, insbesondere ist es zulässig, verschiedene Tätigkeiten desselben Gebietes zusammenzufassen.

78 Wann von einer **Hauptgeschäftstätigkeit** gesprochen werden kann, lässt sich nicht an der prozentualen Verteilung der verschiedenen Tätigkeiten ablesen. Entscheidend ist vielmehr, dass die Tätigkeit für den geschäftlichen Verkehr des Unternehmers prägend ist. Das kann durchaus bei Tätigkeiten zu bejahen sein, die weniger als 50% des unternehmerischen Geschäftsbetriebes ausmachen. Das Bild des Unternehmers in der Öffentlichkeit muss aber von dieser Tätigkeit bestimmt sein. Nur so ist gewährleistet, dass er eine gewisse Routine in diesem Bereich besitzt und dass der Verbraucher sicher sein kann, sich in guten Händen zu befinden. Es wäre nicht sachgerecht, auf eine strikte prozentuale Verteilung abzustellen. Es ist bereits problematisch, eine angemessene zeitliche Bemessungsgrundlage für die prozentuale Verteilung der verschiedenen Tätigkeitsfelder zu finden. Berücksichtigt man nur die jüngere Zeit, besteht die Gefahr, dass der Unternehmer gerade in diesem Abschnitt eher in Nebengebieten tätig geworden ist. Berücksichtigt man dagegen einen längeren Zeitraum, wird man dem Unternehmer nicht gerecht, der den Schwerpunkt seiner Geschäftstätigkeit geändert hat.

79 Der Unternehmer muss den Verbraucher auch über seine **Aufsichtsbehörde** informieren, soweit eine Zulassung erforderlich ist. Gedacht ist hierbei zB an eine Erlaubnis nach § 32 KWG oder § 34c GewO. In diesen Fällen werden an die Zuverlässigkeit des Unternehmers besondere Anforderungen gestellt, die von der zuständigen Behörde überwacht werden. Der Verbraucher soll die Möglichkeit haben, die Behörde von Umständen in Kenntnis zu setzen, die dazu führen würden, dass dem Unternehmer die Erlaubnis zum Betrieb seines Gewerbes entzogen wird. Die Informationspflicht dient damit neben dem individuellen Verbraucherschutz auch der Generalprävention.

cc)   Besondere Risiken von Finanzinstrumenten

80 § 1 Abs 2 Nr 2 BGB-InfoV schreibt eine Information des Verbrauchers darüber vor, dass sich die Finanzdienstleistung auf Finanzinstrumente bezieht, die wegen ihrer spezifischen Merkmale oder der durchzuführenden Vorgänge mit speziellen Risiken behaftet sind oder deren Preis Schwankungen auf dem Finanzmarkt unterliegt, auf die der Unternehmer keinen Einfluss hat. Ferner muss dem Verbraucher mitgeteilt werden, dass in der Vergangenheit erwirtschaftete Erträge kein Indikator für künftige Erträge sind. Diese Informationspflicht betrifft insbesondere Börsengeschäfte und andere Finanzmarktgeschäfte, bei denen das Risiko von Preisschwankungen und vergleichbaren Unsicherheiten besteht (HÄRTING/SCHIRMBACHER CR 2002, 809, 811). Der Verbraucher ist in diesem Bereich in besonderem Maße schutzbedürftig, weil er oftmals keinen Einblick in die Umstände hat, die die Entwicklung der Anlageprodukte bestimmen. Bereits vor Umsetzung der FernAbsFinanzDienstRL musste der Verbraucher bei solchen Risikogeschäften besonders aufgeklärt werden. Der Umfang der Aufklärung richtete sich dabei zwar auch nach dem Wissensstand des Kunden und dessen Risikobereitschaft (vgl BGH MDR 1993, 861). Die von § 1 Abs 2 Nr 2 BGB-InfoV geforderten Basisinformationen mussten aber auch dem erfahrensten Kunden zur Verfügung gestellt werden.

dd) Kündigungsbedingungen und Vertragsstrafen

Der Verbraucher muss ferner über die **vertraglichen Kündigungsbedingungen ein-** **81** **schließlich etwaiger Vertragsstrafen** informiert werden, § 1 Abs 2 Nr 3 BGB-InfoV. Diese Informationspflicht wird besonders bei Fernabsatzverträgen über längerfristige Finanzdienstleistungen, wie etwa Kapitallebensversicherungen relevant. Durch die lange Laufzeit entstehen für den Verbraucher besondere Risiken. Er muss seine finanziellen Verhältnisse für einen nicht unbeträchtlichen Zeitraum einschätzen und bedarf daher einer besonders umfassenden Beratung. Der Verbraucher ist nur in der Lage, sämtliche Risiken zu überblicken, wenn er zugleich über die Kündigungsmöglichkeiten der Finanzdienstleistung sowie die damit verbundenen Kosten informiert ist. Nur dann kann er abschätzen, ob die Finanzdienstleistung für seinen persönlichen Lebensplan geeignet ist. Der Unternehmer muss dem Verbraucher deshalb bei Fernabsatzverträgen über Kapitallebensversicherungen auch den Rückkaufswert der Lebensversicherung nennen. Hierbei handelt es sich um die Summe, die im Falle einer vorzeitigen Beendigung der Versicherung durch Rücktritt, Anfechtung oder Kündigung an den Verbraucher ausgezahlt wird. Der Rückkaufswert wird als Zeitwert der laufenden Versicherungsperiode nach den Grundsätzen der Versicherungsmathematik berechnet und ergibt sich aus dem vorhandenen Deckungskapital abzüglich eines angemessenen Abschlags. Der Rückkaufswert einer Kapitallebensversicherung ist Bestandteil ihrer vertraglichen Kündigungsbedingungen und muss dem Verbraucher somit gemäß § 1 Abs 2 Nr 3 BGB-InfoV mitgeteilt werden.

Der Unternehmer muss den Verbraucher über die **Voraussetzungen** informieren, **82** **unten denen dieser den Vertrag kündigen kann.** Hierunter fallen zunächst Umstände, die eine ordentliche oder eine außerordentliche Kündigung rechtfertigen. Ebenso muss ihm die Kündigungsfrist und die Form, in der die Kündigung zu erfolgen hat, mitgeteilt werden. Ähnlich detailliert muss die Information über drohende Vertragsstrafen sein. Genannt werden muss das mit Strafe bedrohte Verhalten (in der Regel die Kündigung des Vertrages) sowie die Höhe der zu erwartenden Strafe. Bei der Information über die Höhe der Vertragsstrafe ist es besonders wichtig, dass die Miteilung hinreichend bestimmt ist. Wenn es dem Unternehmer nicht möglich ist, die Höhe der Vertragsstrafe exakt zu bestimmen, so muss er dem Verbraucher die Berechnungsmöglichkeiten für die Bemessung der Strafe mitteilen.

ee) Anwendbares Recht für die Aufnahme von rechtlichen Beziehungen

Dem Verbraucher müssen gemäß § 1 Abs 2 Nr 4 BGB-InfoV die Mitgliedstaaten der **83** Europäischen Union benannt werden, deren Recht der Unternehmer der Aufnahme von Beziehungen zum Verbraucher vor Abschluss des Fernabsatzvertrags zugrunde legt. Die Informationspflicht setzt Art 3 Abs 1 Nr 3 lit e FernAbsFinanzDienstRL um. Es reicht aus, wenn er das Recht benennt, dem die Kontaktaufnahme zum Verbraucher unterliegt, jedoch hat diese Mitteilung – weil keine einseitige Rechtswahlklausel möglich ist, dazu sogleich Rn 85 – keine Konsequenzen für das tatsächlich anwendbare Recht (HÄRTING/SCHIRMBACHER DB 2003, 1777, 1780; HEISS IPRax 2003, 100, 102). Anzugeben ist das Recht, welches nach – möglicherweise unzutreffender –

Auffassung des Unternehmers anwendbar ist. Es wäre dem Unternehmer nicht zuzumuten, zunächst umfangreiche und kostspielige Gutachten zur Bestimmung des anwendbaren Rechts erstellen zu lassen, bevor er seine Informationspflicht erfüllen kann. Irrt er, dann handelt er, soweit er gutgläubig handelt, nicht wettbewerbswidrig; die falsche Information kann dann auch nicht wie eine fehlende Information behandelt werden. Alles andere hieße die Pflichten des Unternehmers zu überdehnen.

84 Die Information kann sehr knapp gehalten werden. Der Unternehmer erfüllt sie, indem er dem Verbraucher mitteilt, dass sich die Kontaktaufnahme nach (etwa) deutschem Recht richtet. Erforderlich ist dagegen nicht, dass er die einzelnen Vorschriften benennt. Im bisherigen Recht hat die Vorschrift kein Äquivalent. Der Wortlaut der Norm spricht *prima facie* dafür, dass der Unternehmer selbst entscheiden kann, welches mitgliedstaatliche Recht bei der Kontaktaufnahme zum Verbraucher gelten soll (ein Wahlrecht des Finanzdienstleisters wird auch von HÄRTING/SCHIRMBACHER CR 2002, 809, 812 angenommen). Er wäre hierbei völlig frei und insbesondere nicht auf eine Rechtsordnung angewiesen, die eine objektive Beziehung zu dem Vertragsverhältnis hat. Das gilt in den Grenzen des Art 29 EGBGB für die Rechtswahl bei Vertragsverhältnissen (vgl nur MünchKomm/MARTINY Art 27 EGBGB Rn 9, KREN ZvglRWiss 88 [1989] 54 ff, jeweils mwNachw) kann jedoch nicht im Sinne eines Analogieschlusses für die vorvertraglichen Beziehungen gelten. Denn eine Rechtswahl ist immer durch beide Vertragspartner konzediert, kann aber nicht durch einseitige Erklärung oktroyiert werden. Zur Bestimmung des Rechtsstatuts für vorvertragliche Rechtsbeziehungen s Art 31 Abs 1 EGBGB und Art 32 Abs 1 Nr 3 und 5 sowie die dortige Kommentierung.

ff) Rechtswahlklauseln

85 § 1 Abs 2 Nr 5 BGB-InfoV verpflichtet den Unternehmer, dem Verbraucher eine Vertragsklausel über das auf den Fernabsatzvertrag anwendbare Recht oder über das zuständige Gericht mitzuteilen. Diese Pflicht entspricht Art 3 Abs 1 Nr 3 lit f FernAbsFinanzDienstRL und soll dazu dienen, dem Verbraucher möglichst frühzeitig, und zwar rechtzeitig vor Abgabe der Vertragserklärung, klarzumachen, auf welches Recht er sich einzustellen hat. Die Formulierung „Vertragsklausel" ist in diesem Zusammenhang missverständlich. Die Pflicht muss vor Abschluss des Vertrags erfüllt werden, so dass eine Vertragsklausel schon begrifflich nicht vorliegen kann. Möglich ist es aber, dass der Unternehmer den Verbraucher bereits in diesem frühen Stadium der gegenseitigen Rechtsbeziehungen darauf hinweist, dass seine AGB-Klauseln Regelungen über das anwendbare Recht oder über das zuständige Gericht enthalten (s auch Vorbem 34 f zu §§ 312b ff). Zu diesem Zweck bietet es sich an, dem Verbraucher bereits im Vorfeld des Vertragsschlusses die AGB zur Verfügung zu stellen. Hierdurch verstößt der Unternehmer nicht gegen das Transparenzgebot aus § 312c Abs 1 S 1 (vgl oben Rn 27 f). Es empfiehlt sich aber, die Pflichtangaben aus § 1 Abs 1 und 2 BGB-InfoV – und damit auch die Information über eine Rechtswahl- oder Prorogationsklausel – besonders deutlich zu machen. Dieses Ziel kann erreicht werden, indem die einzelnen Punkte drucktechnisch besonders hervorgehoben werden. So wird der Gefahr entgegengewirkt, dass die Pflichtangaben in einer Flut von AGB untergehen und es bleibt gewährleistet, dass der Verbraucher zumindest durch einen besonders deutlichen Hinweis auf sie aufmerksam gemacht wird. Ob das freilich zu einem höheren Verbraucherschutz führt, steht auf einem anderen Blatt. Nach wie vor muss der Verbraucher eine Vielzahl von Informationen verarbeiten, was dazu führen kann, dass einzelne Informationen nicht in angemessener Form wahrgenommen werden können.

gg) Zu verwendende Sprachen

Der Unternehmer muss dem Verbraucher die Sprachen mitteilen, in denen die **86** Vertragsbedingungen und die in dieser Vorschrift genannten Vorabinformationen mitgeteilt werden, sowie die Sprachen, in welchen sich der Unternehmer verpflichtet, mit Zustimmung des Verbrauchers die Kommunikation während der Laufzeit des Vertrags zu führen, § 1 Abs 2 Nr 6 BGB-InfoV. Diese Vorschrift setzt Art 3 Abs 1 Nr 3 lit g FernAbsFinanzDienstRL um und wird besonders bei grenzüberschreitenden Geschäften praktisch relevant. Wickelt der Unternehmer seine Geschäfte nur im deutschsprachigen Raum ab, wird es keine Schwierigkeiten geben, dem Verbraucher mitzuteilen, dass die weitere Kommunikation auf Deutsch stattfinden soll. Schwieriger wird es, wenn der Unternehmer auch mit Verbrauchern, die nicht im deutschen Sprachraum leben, Geschäfte tätigen will. In welcher Sprache soll etwa ein schwedischer Verbraucher angesprochen werden? Der Wortlaut der Vorschrift legt es nahe, dass der Unternehmer wählen kann, welche Sprache er verwenden will. Das könnte jedoch kaum bedeuten, dass der schwedische Verbraucher auf serbokroatisch angesprochen werden soll. Vielmehr ist auch in diesem Zusammenhang das Transparenzgebot aus § 312c Abs 1 S 1 zu beachten (vgl hierzu oben unter Rn 34). Der Unternehmer wird daher seine Pflicht aus § 1 Abs 2 Nr 6 BGB-InfoV erfüllen, wenn er dem (nicht deutschsprachigen) Verbraucher auf Englisch mitteilt, in welcher Sprache die Vertragsbedingungen und die Vorabinformationen mitgeteilt werden. Damit schließt sich der Kreis. Auch das Transparenzgebot verlangt im Grundsatz, dass der Unternehmer seine Informationspflichten aus § 312c im internationalen Geschäftsverkehr auf Englisch erfüllt (vgl oben Rn 34). Das führt letztlich dazu, dass die Informationspflicht des § 1 Abs 2 Nr 6 BGB-InfoV recht formelle Züge erhält. Der Unternehmer muss nämlich dem Verbraucher auf Englisch mitteilen, dass er ihm die erforderlichen Informationen auf Englisch zur Verfügung stellen wird. Das wird aber selbst ein unterdurchschnittlich verständiger Verbraucher mit dem ersten Wort der Vorabinformationen erkannt haben. § 1 Abs 2 Nr 6 BGB-InfoV stärkt daher weder den Verbraucherschutz noch hat die Vorschrift sonst einen erkennbaren Nutzen.

hh) Außergerichtliche Beschwerdeverfahren

Gemäß § 1 Abs 2 Nr 7 BGB-InfoV muss der Unternehmer dem Verbraucher Infor- **87** mationen zur Verfügung stellen über einen möglichen Zugang zu einem **außergerichtlichen Beschwerde- und Rechtsbehelfsverfahren** sowie gegebenenfalls über die Voraussetzungen für diesen Zugang. Diese Informationspflicht trägt der Entwicklung auf europäischer Ebene Rechnung, verstärkt auf die außergerichtliche Beilegung von Verbraucherstreitigkeiten zu setzen (vgl zur Entwicklung seit der Entschließung des Rates vom 14.4.1975 zur außergerichtlichen Streitbeilegung MICKLITZ, in: REICH/MICKLITZ, Europäisches Verbraucherrecht § 32). Die immer stärkere Bedeutung des grenzüberschreitenden Handels und die gewachsene Mobilität des Verbrauchers brachte die Kommission zu der Einsicht, dass grenzüberschreitende Streitigkeiten nicht zufriedenstellend durch gerichtliche Verfahren zu lösen sind. Gegen gerichtliche Verfahren sprechen insbesondere die mitunter sehr streitigen Rechtsfragen des anwendbaren Rechts, die zuständige Gerichtsbarkeit, sowie praktische Hürden wie die Zustellung von Schriftstücken, die Übersetzung von Schriftstücken, die Beweiserhebung und die Vollstreckung von Urteilen (so ausdrücklich die Argumentation der Kommission im Grünbuch „Zugang der Verbraucher zum Recht und Beilegung von Rechtsstreitigkeiten der Verbraucher im Binnenmarkt" v 16. 11. 1993, KOM [1993] 576 endg). Neben sog sektorunabhängigen Empfehlungen zur Streitschlichtung wie etwa der Entwicklung eines Europäischen Netzes für die außergerichtliche Streitbeilegung (KOM [1998] 198 endg, 10) oder der Empfehlung für die einvernehmliche Beilegung von Verbraucherstreitigkeiten (KOM 2001/310/EG) finden sich im europäischen Sekundärrecht vielfach Vorgaben für die außergerichtliche Streitschlichtung, die jedoch in der Regel nicht darüber hinausgehen, die Mitgliedstaaten aufzufordern, die Einrichtung derartiger Systeme zu überprüfen.

88 Der Verbraucher muss nicht informiert werden über Einrichtungen, die ihm mitteilen, wie bei grenzüberschreitenden Verbraucherstreitigkeiten am besten vorgegangen werden sollte, sog **Clearingstellen**. Ähnlich wie Verbraucherverbände beraten diese den Verbraucher, sind aber selbst keine Schlichtungsstellen im Sinne von § 1 Abs 2 Nr 7 BGB-InfoV. Für Fernabsatzverträge über Finanzdienstleistungen gibt es noch keine speziellen Beschwerdesysteme auf Gemeinschaftsebene. Art 14 FernAbsFinanzDienstRL verpflichtet die Mitgliedstaaten aber, die Einrichtung und Weiterentwicklung angemessener und wirksamer außergerichtlicher Beschwerde- und Rechtsbehelfsverfahren zu fördern. Außerdem sollen sie die Zusammenarbeit der für die außergerichtliche Beilegung von Rechtsstreitigkeiten zuständigen öffentlichen und privaten Einrichtungen im Hinblick auf die Beilegung grenzüberschreitender Rechtsstreitigkeiten im Fernabsatz ermutigen. Solange es noch keine Vorgaben über ein besonderes System für die außergerichtliche Beilegung von Streitigkeiten über Fernabsatzverträge betreffend Finanzdienstleistungen gibt, muss der Unternehmer den Verbraucher über die allgemeinen Voraussetzungen der Inanspruchnahme einer Schlichtungsstelle informieren.

ii) Garantiefonds

89 Der Unternehmer muss den Verbraucher schließlich gemäß § 1 Abs 2 Nr 8 BGB-InfoV über das Bestehen von **Garantiefonds oder anderen Entschädigungsregelungen** informieren. Keine Informationspflicht besteht dagegen, wenn es sich um Garantiefonds nach der Richtlinie über Einlagensicherungssysteme (Richtlinie 94/19/EG des Europäischen Parlaments und des Rates v 30. 5. 1994 über Einlagensicherungssysteme, AblEG Nr L 135, 5) oder der Anlegerentschädigungsrichtlinie (Richtlinie 97/9/EG des Europäischen Parlaments und des Rates vom 3. 3. 1997 über Systeme für die Entschädigung der Anleger, AblEG Nr L 84, 22) handelt. Diese Richtlinien sehen spezielle Informationspflichten für den Anbieter vor, die die allgemeineren Informationspflichten nach der FernAbsFinanzDienstRL verdrängen.

90 Der Unternehmer muss den Verbraucher nur nach § 1 Abs 2 Nr 8 BGB-InfoV informieren, wenn tatsächlich ein Garantiefonds oder eine vergleichbare Entschädigungsregelung für die konkrete Finanzdienstleistung existiert. **Ist ein solches Sicherungsinstrument nicht vorgesehen, muss der Unternehmer den Verbraucher auch nicht informieren.** Garantiefonds sollen dem Anleger eine Art „Kapital-zurück-Garantie" mit der Aussicht auf eine gewisse Wertentwicklung unter Voraussetzung einer längerfristigen Kapitalbindung bieten. In Deutschland beruhte der Anlegerschutz traditionell auf einem System freiwillig errichteter und organisierter Sicherungsfonds. Hierbei handelt es sich um private Selbsthilfeeinrichtungen der Bankengruppen (vgl zu freiwilligen Sicherungsfonds SÜCHTING/PAUL 490 ff; WEBER, Die Bank 1994, 476, 478; BÖCKING/ BIERSCHWALE BB 1999, 2235, 2238). Lange Zeit wurde daher keine Notwendigkeit gesehen, gesetzlich vorgeschriebene Sicherungsfonds, wie sie in anderen Ländern existieren, aufzubauen. Erst durch die Umsetzung der EU-Richtlinien zur Mindestharmonisierung der Einlagensicherung und Anlegerentschädigung wurde auch in Deutschland zusätzlich zu den freiwilligen Sicherungssystemen eine gesetzliche Einlagensicherung etabliert. Die Richtlinien wurden durch das Einlagensicherungs- und Anlegerentschädigungsgesetz (ESEAG) umgesetzt, das am 1. 8. 1998 in Kraft trat. Seitdem bestehen in Deutschland nebeneinander zwei getrennte Systeme von Sicherungseinrichtungen, freiwillige und gesetzliche. Für den Anleger hat sich mit der Einführung der gesetzlichen Sicherungssysteme nichts Wesentliches geändert, das Schutzniveau der freiwilligen Einlagensicherungssysteme ist erhalten geblieben (vgl WAGNER, Die Einlagensicherung nach dem Einlagensicherungs- und Anlegerentschädigungsgesetz, 57 ff; SIEGER/HASSELBACH BB 1999, 645, 648; RÜMKER, in: SCHIMANSKY/BUNTE/LWOWSKY § 124 Rn 42 ff). Gleichwohl wurde erstmals eine gesetzliche Regelung für die Entschädigung von Einlegern und Anlegern geschaffen. Alle privaten und öffentlich-rechtlichen Einlagenkreditinstitute und alle Wertpapierhandelsunternehmen müssen ihre Einlagen und ihre Verbindlichkeiten aus Wertpapiergeschäften durch die Zugehörigkeit zu einer gesetzlichen Entschädigungseinrichtung sichern. Dies gilt auch für diejenigen Institute, die bereits freiwilligen Sicherungssystemen der Bankenverbände angehören. Ausgenommen sind nur diejenigen Einlagensicherungssysteme, deren freiwilliges Einlagensicherungssystem den Bestand eines Kreditinstituts selbst sichert. Das trifft nach § 12 ESEAG für die Sparkassenorganisationen und die Kreditgenossenschaften zu. Diese Kreditinstitute müssen deshalb nicht in die gesetzliche Einlagensicherung einbezogen werden.

Die Informationspflicht des Unternehmers bezieht sich in erster Linie auf die frei- **91** willigen Sicherungsfonds, da die gesetzlich verankerten Garantiefonds als Folge der Umsetzung der Richtlinien über Einlagensicherungssysteme bzw der Anlegerentschädigungssysteme von der Informationspflicht ausdrücklich ausgeschlossen sind. **„Andere Entschädigungsregelungen" iSd § 1 Abs 2 Nr 8 BGB-InfoV** sind Sicherungssysteme, die nicht in Fonds strukturiert sind und die dem Schutz des Anlegers vor dem Verlust seines Kapitals dienen.

4. Rechtsfolgen der Missachtung von Informationspflichten

Das Fernabsatzrecht selbst sieht keine Sanktionen für Unternehmer vor, die ihre **92** vorvertraglichen Informationspflichten verletzen (das wird zurecht kritisiert von MEENTS, Verbraucherschutz im Internet 195 ff; BODEWIG DZWiR 1997, 447, 452; ROTH/SCHULZE RIW 1999, 924, 926). In Betracht kommt aber ein **Unterlassungsanspruch** der Verbraucherschutzverbände. Ein solcher kann sich insbesondere aus § 2 UKlaG ergeben. Denkbar ist daneben auch ein Unterlassungsanspruch aus § 1 UKlaG (vgl GRIGOLEIT NJW 2002, 1151, 1155). Da es sich bei den Pflichten aus § 312c Abs 1 um wettbewerbsrechtliche Lauterkeitspflichten handelt (vgl REICH, EuZW 1997, 581, 586), ist es des Weiteren denkbar, dass der Unternehmer von seinen Konkurrenten nach § 1 oder § 3 UWG auf Unterlassung in Anspruch genommen wird (vgl SCHMITTMANN K&R 2004, 631, 634). Auch ein Anspruch aus § 823 Abs 2 in Verbindung mit § 312c Abs 1 S 1 ist dem Grunde nach denkbar (zu den denkbaren Ansprüchen bei einer Verletzung von § 312c Abs 1 S 2 s Rn 15 u Rn 94).

93 Der **Fernabsatzvertrag** als solcher bleibt ohne Rücksicht darauf **wirksam**, ob der Unternehmer den Verbraucher den Anforderungen des § 312d entsprechend informiert hat. Jedoch kann der Inhalt des Vertrages unter Umständen davon beeinflusst werden, inwieweit sich der Unternehmer an die Pflichten des Fernabsatzrechtes gehalten hat. Vor Umsetzung der FernAbsFinanzDienstRL gab es in der Literatur vereinzelte Stimmen, die in § 312c Abs 1 eine besondere Einbeziehungsvoraussetzung für bestimmte Klauseln gesehen haben, die §§ 305 Abs 2 und 3, 305a ergänzen sollte (so MünchKomm/WENDEHORST[4] § 312c Rn 21 ff; SCHÄFER, in: HAAS/MEDICUS/ROLLAND/ SCHÄFER/WENDTLAND, Das neue Schuldrecht § 8 Rn 37). Verletzt der Unternehmer seine vorvertraglichen Informationspflichten, sollte gemäß § 306 das dispositive Gesetzesrecht gelten. Begründet wurde diese Auffassung damit, dass § 312c Abs 1 auf eine bestimmte Form für die Übermittlung der Informationen verzichtet, zugleich aber Klarheit und Verständlichkeit verlange. Derartige **Transparenz** sei nur gewährleistet, wenn zugleich die **AGB-rechtlichen Einbeziehungsvoraussetzungen** erfüllt seien (so ausdrücklich SCHÄFER, in: HAAS/MEDICUS/ROLLAND/SCHÄFER/WENDTLAND, Das neue Schuldrecht § 8 Rn 37). Diese Auffassung ist auf breite Ablehnung gestoßen (zB PALANDT/HEINRICHS[64] § 312c Rn 10; MICKLITZ, in: MICKLITZ/REICH, Die Fernabsatzrichtlinie im deutschen Recht 39 ff; SCHMIDT-RÄNTSCH, in: BAMBERGER/ROTH § 312c Rn 27; GRIGOLEIT NJW 2002, 1151, 1156; RIEHM JURA 2000, 505, 510; SCHMIDT-RÄNTSCH VuR 2000, 427, 430, die in § 312c Abs 1 als rein wettbewerbsrechtliche Vorschrift ansahen). Spätestens seit der Umsetzung der FernAbs-FinanzDienstRL sind diese Überlegungen obsolet. Bei Fernabsatzverträgen über Finanzdienstleistungen muss der Unternehmer schon vor Abschluss des Vertrags die Informationen in Textform zur Verfügung stellen. Das wird in der Praxis dazu führen, dass letztlich alle Unternehmer schon vor Abgabe der „Vertragserklärung" des Verbrauchers die in § 312c Abs 2 geforderte Textform wahren. Auch aus verbraucherschutzrechtlichen Gesichtspunkten besteht daneben kein Bedarf mehr für die AGB-rechtlichen Einbeziehungsvorschriften.

94 Im Grundsatz kann sich der Unternehmer **schadensersatzpflichtig** machen, wenn er es versäumt, den Verbraucher entsprechend der Vorgaben aus § 312c Abs 1 zu informieren. Ein Schadensersatzanspruch kann sich hierbei aus §§ 280 Abs 1, 241 Abs 2, 311 Abs 2 Nr 1 ergeben (vgl PALANDT/HEINRICHS[64] § 312c Rn 10). In der Regel wird die Durchsetzung eines solchen Anspruchs aber daran scheitern, dass der Verbraucher keinen Schaden nachweisen kann. Einem Schaden dürften insbesondere das Widerrufs- und Rückgaberecht aus § 312d entgegenstehen.

V. Nachvertragliche Informationspflichten

95 § 312c Abs 2 verpflichtet den Unternehmer, dem Verbraucher bestimmte Informationen „in Textform" zur Verfügung zu stellen. Diese Pflicht als nachvertragliche Informationspflicht zu bezeichnen, entspricht nicht den systematischen Vorgaben des Gesetzes, da der Unternehmer sie bei Fernabsatzverträgen über Finanzdienstleistungen schon vor Abgabe der Vertragserklärung erfüllen muss. Derartige systematische Bedenken sollen aber hier im Interesse einer besseren Übersichtlichkeit der Darstellung zurückstehen.

1. Zeitpunkt

96 Anders als vor Umsetzung der FernAbsFinanzDienstRL entscheidet nach § 312c

Abs 2 nunmehr die Art des Fernabsatzvertrages darüber, wann die Informationspflichten zu erfüllen sind.

a)   Fernabsatzverträge über Finanzdienstleistungen

Bei **Fernabsatzverträgen über Finanzdienstleistungen** ändert sich für den Unterneh-   **97**
mer nichts. Er muss den Verbraucher nach § 312c Abs 2 S 1 Nr 1 im Grundsatz
rechtzeitig vor Abgabe der Vertragserklärung in Textform informieren (vgl hierzu oben
Rn 37 f).

b)   Allgemeine Fernabsatzverträge

Unterschiede ergeben sich dagegen bei **allgemeinen Fernabsatzverträgen**. Hier muss   **98**
die Mitteilung alsbald, spätestens aber bis zur vollständigen Erfüllung des Vertrags,
bei Waren spätestens bis zur Lieferung an den Verbraucher vorliegen. Die Formulierung entspricht § 312c Abs 2 aF und gibt dem Unternehmer dadurch etwas mehr
Zeit, als ursprünglich geplant war. Zunächst sollte der Unternehmer verpflichtet
werden, die Informationen „unverzüglich", also ohne schuldhaftes Zögern, zu übermitteln (so noch die Formulierung von § 312c im RegE FernAbsG BT-Drucks 14/2658). Hiervon
wurde jedoch Abstand genommen, was dem Unternehmer die Erfüllung seiner
Pflichten erleichtert und den Verbraucher nicht zusätzlich gefährdet.

aa)   Erfüllung vor Vertragsschluss?

Die Informationen müssen alsbald, spätestens aber bis zur **Erfüllung** des Vertrags,   **99**
übermittelt werden. Wann diese Voraussetzungen erfüllt sind, bestimmt sich nach
den Gepflogenheiten des Rechtsverkehrs (vgl MünchKomm/WENDEHORST[4] § 312c Rn 84).
Letztlich wird dieser zeitlichen Beschränkung aber nur dann eine eigenständige
Bedeutung zukommen, wenn zwischen dem Vertragsschluss und der vollständigen
Erfüllung des Vertrags ein unverhältnismäßig langer Zeitraum liegt. In allen anderen
Fällen muss der Verbraucher „spätestens" bis zur Erfüllung des Vertrags informiert
werden. Angesichts der unbestimmten Rechtsbegriffe „alsbald" und „spätestens"
kann es zu Unklarheiten darüber kommen, ob der Unternehmer seine Pflicht rechtzeitig erfüllt hat. Hierbei ist zu berücksichtigen, ob der Schutzzweck der Norm durch
die Mitteilung erfüllt ist (vgl RegE Gesetz zur Änderung der Vorschriften über Fernabsatzverträge bei Finanzdienstleistungen BT-Drucks 15/2946, 21). Dieser Schutzzweck lässt sich
unter Berücksichtigung des den Vorschriften zugrunde liegenden Umsetzungsgegenstandes ermitteln. Im 14. Erwägungsgrund der FernAbsRL wird betont, dass die mit
Hilfe elektronischer Technologien verbreiteten Informationen häufig nicht beständig
sind. Um zu gewährleisten, dass der Verbraucher in Ruhe die vom Gesetz
geforderten Informationen zur Kenntnis nehmen kann, verlangt § 312c Abs 2, dass
ihm die Informationen in Textform zur Verfügung gestellt werden. Der Unternehmer ist daher seiner Pflicht nur dann rechtzeitig nachgekommen, wenn gewährleistet
ist, dass dem Verbraucher genügend Zeit bleibt, die verkörperten Informationen zur
Kenntnis zu nehmen.

Das Wort „spätestens" ist darüber hinaus ein starkes Indiz dafür, dass der Unter-   **100**
nehmer seine Pflicht aus § 312c Abs 2 S 1 Nr 2 **auch erfüllen kann, bevor ein Vertragsschluss** vorliegt. Das ist für den kostenbewusst handelnden Unternehmer von besonderem Interesse. Für ihn kann es sinnvoll sein, die Informationspflichten aus
§ 312c Abs 1 mit denen aus § 312c Abs 2 S 1 Nr 2 zu verbinden und dadurch eine
Informationshandlung zu sparen. Dagegen sind zum Teil Bedenken geäußert wor-

den, die darauf beruhen, dass die FernAbsRL nur für einen Teil der Informationen vorsieht, dass sie „auf jeden Fall" schriftlich zu übermitteln sind (Art 5 Abs 1 S 2 FernAbsRL), während bei anderen Informationspflichten der Formzwang eingeschränkt wird, soweit sie schon vor **Vertragsschluss** in der geforderten Form vorlagen (Art 5 Abs 1 S 1 FernAbsRL, diese Auffassung wird vertreten von MICKLITZ, in: MICKLITZ/ REICH, Die Fernabsatzrichtlinie im deutschen Recht 16 f). Dieses Argument ist jedoch vor dem Hintergrund zu sehen, dass die verschiedenen Informationspflichten und ihr Verhältnis zueinander in der FernAbsRL kaum aufeinander abgestimmt sind. Art 5 Abs 1 S 1 und 2 FernAbsRL führen deshalb nicht zwingend zu dem Schluss, dass der Unternehmer seine Pflichten verletzt, wenn er den Verbraucher nur vor dem Vertragsschluss in der von § 312c Abs 2 geforderten Form informiert. Durch die Formulierung „spätestens" hat der deutsche Gesetzgeber aber ungeachtet der Auslegung des Umsetzungsgegenstands klargestellt, dass es ausreichen soll, wenn die Informationen dem Verbraucher schon vor dem Vertragsschluss in Textform vorliegen (so auch LÜTCKE § 312c Rn 102; differenzierend hinsichtlich der Art der Pflichten Münch-Komm/WENDEHORST⁴ § 312c Rn 83; zweifelnd MANKOWSKI CR 2001, 767, 769). Diese Position wurde nochmals bestätigt bei der Umsetzung der FernAbsFinanzDienstRL. Auch durch die Umsetzung hat sich nichts daran geändert, dass die Informationen bereits vor Vertragsschluss in Textform übermittelt werden (RegE Gesetz zur Änderung der Vorschriften über Fernabsatzverträge bei Finanzdienstleistungen BT-Drucks 15/2946, 21).

bb) Vollständige Erfüllung

101 Die Informationen müssen in verkörperter Form spätestens bis zur vollständigen **Erfüllung** des Vertrages vorliegen. Für Verträge über die Lieferung von Waren enthält § 312c Abs 2 S 1 Nr 2 aE eine Sonderregelung. Hier muss der Unternehmer die Informationspflicht spätestens zeitgleich mit der Lieferung der Waren erfüllen.

102 Bei Verträgen über die Erbringung von Dienstleistungen will es das Gesetz, dass die Informationen dem Verbraucher spätestens bei der vollständigen Erfüllung des Vertrages vorliegen. Auch wenn der Wortlaut in dieser Hinsicht etwas missverständlich ist, ist damit die **vollständige Erfüllung durch den Unternehmer gemeint** (so auch MünchKomm/WENDEHORST⁴ § 312c Rn 86; FUCHS ZIP 2000, 1273, 1278; HÄRTING § 2 FernAbsG Rn 208; RING FernAbsG Teil III Art 1 Rn 181). Jede andere Deutung würde den Verbraucher systemwidrig belasten. In diesem Zusammenhang ist aber auch § 312d Abs 3 Nr 2 zu beachten. Dort ist bestimmt, dass das Widerrufsrecht bei Verträgen über die Erbringung von Dienstleistungen erlischt, wenn der Unternehmer mit ausdrücklicher Zustimmung des Verbrauchers damit begonnen hat, die Dienstleistung auszuführen. Der Verbraucher verliert nach diesem Wortlaut die Möglichkeit, sich von dem Vertrag zu lösen ohne Rücksicht darauf, ob er in ausreichendem Maße informiert worden ist und sich damit eine fundierte Meinung zum Vertragsinhalt bilden konnte. Das kann nicht im Sinne eines angemessenen Verbraucherschutzes sein. § 312c Abs 2 S 1 Nr 2 ist daher so auszulegen, dass dem Verbraucher bei Verträgen über die Erbringung von Dienstleistungen die Informationen in einem angemessenen Zeitraum vor Beginn der Ausführung vorliegen müssen (so auch MünchKomm/ WENDEHORST⁴ § 312c Rn 87). Nur so bleibt der Verbraucher geschützt.

103 Für **Verträge über die Lieferung von Waren** enthält § 312c Abs 2 S 1 Nr 2 eine **Sonderregelung**. Hier muss der Unternehmer den Verbraucher informiert haben, bevor er die Ware geliefert hat. Diese Sonderregelung berücksichtigt die Interessen des

Unternehmers. Behält sich der Unternehmer bei Verträgen über die Lieferung von Waren das Eigentum am Vertragsgegenstand bis zur vollständigen Zahlung des Kaufpreises vor, hat er den Vertrag erst mit der vollständigen Übertragung des Eigentums erfüllt. Das kann lange nach dem Vertragsschluss sein. Es wäre unzumutbar, wenn die Widerrufsfrist erst jetzt gemäß § 312d Abs 2 zu laufen begänne (vgl dort Rn 20 f) und der Unternehmer befürchten müsste, dass der Verbraucher den Vertrag noch widerrufen könnte. Im Übrigen besteht auch aus Verbraucherschutzgesichtspunkten kein Anlass dafür, den Beginn der Widerrufsfrist so lange hinauszuzögern. Mit Lieferung der Ware kann sie der Verbraucher überprüfen und sich danach entscheiden, ob er an dem Vertrag festhalten möchte.

Auch bei Verträgen über die Lieferung von Waren sind ungeachtet des recht klaren **104** Wortlauts von § 312c Abs 2 S 1 Nr 2 einige **Besonderheiten** zu beachten. Zwar kommt der Unternehmer grundsätzlich seinen Pflichten nach, wenn er die Informationen dem Lieferschein beifügt und sie dadurch dem Verbraucher bei der Lieferung der Ware aushändigt. Im Unterschied zur europäischen Vorgabe soll nach deutschem Recht Gleiches auch gelten, wenn die Ware an einen Dritten geliefert wird (vgl RegE FernAbsG BT-Drucks 14/2658, 39). Die Möglichkeit, die Informationspflichten gemeinsam mit den Lieferpflichten zu erfüllen, wird dem Unternehmer entgegenkommen. Er kann Kosten sparen, indem ihm eine zusätzliche Übermittlung von Informationen erspart bleibt.

Bei **Sukzessivlieferungsverträgen** muss die Informationspflicht erfüllt sein, wenn der **105** Verbraucher die erste Teillieferung erhalten hat. Das ergibt sich bereits aus der Regelung über den Beginn der Widerrufsfrist bei Verträgen über die wiederkehrende Lieferung von Waren in § 312d Abs 2 (vgl die Kommentierung dort Rn 26 f). Zu diesem Zeitpunkt soll er in der Lage sein, den tatsächlichen Zustand der Ware mit den Angaben des Unternehmers zu vergleichen und eine Entscheidung darüber zu treffen, ob er an dem Vertrag festhalten möchte. Diese Entscheidung kann er nur treffen, wenn ihm die gesetzlich geforderten Informationen zur Verfügung stehen. Eine solche Lösung liegt auch im Interesse des Unternehmers. Er muss dann nicht befürchten, dass der Verbraucher den Vertragsschluss widerruft, nachdem der überwiegende Teil des Sukzessivlieferungsvertrages erfüllt wurde.

cc) Ausnahme bei Fernkommunikationsdienstleistungen
Eine Ausnahme von den nachvertraglichen Informationspflichten besteht bei **106** Dienstleistungen, die unmittelbar durch Einsatz von Fernkommunikationsmitteln erbracht werden, sofern diese Leistungen in einem Mal erfolgen und über den Betreiber der Fernkommunikationsmittel abgerechnet werden, § 312c Abs 2 S 2. Vor Umsetzung der **FernAbsFinanzDienstRL** war die Vorschrift in § 312c Abs 3 enthalten, von wo aus sie mit geringfügigen redaktionellen Änderungen übernommen wurde. Unter die Vorschrift fallen **telefonische Ansagedienste, Informationsdienste mittels SMS, Faxabrufdienste, Anwaltshotlines und Sex-Hotlines** (vgl MICKLITZ, in: MICKLITZ/REICH, Die Fernabsatzrichtlinie im deutschen Recht 23; LÜTCKE § 312c Rn 127; MünchKomm/WENDEHORST[4] § 312c Rn 113; SCHMIDT-RÄNTSCH, in: BAMBERGER/ROTH § 312c Rn 25; BÜRGER NJW 2002, 465, 568). Bei diesen Diensten ist es wegen der **sofortigen Leistungserfüllung** wenig sinnvoll, den Unternehmer mit umfangreichen Informationspflichten zu belegen. Der Verbraucher könnte sie auch nicht dem Sinn der Vorschrift entsprechend nutzen, denn der Vertrag ist ja bereits erfüllt, bevor ihm die

Informationen in verkörperter Form zur Verfügung gestellt werden könnten. In
Übrigen besteht bei derartigen Verträgen wegen § 312d Abs 3 Nr 2 in aller Regel
ohnehin kein Widerrufsrecht, so dass eine Informationspflicht auch insoweit ins
Leere ginge. Darüber hinaus lässt sich die Vorschrift auch mit rechtspolitischen
Erwägungen begründen. Es wäre der schnellen Geschäftsabwicklung – auf die
Rechtsgeschäfte im Sinne der Vorschrift ausgerichtet sind – abträglich, wenn der
Unternehmer dem Verbraucher Informationen über die bereits erbrachten Leistun-
gen überlassen müsste (vgl MEENTS CR 2000, 610, 612).

107 Nach der hier vertretenen Auffassung (vgl hierzu oben § 312b Rn 16, sowie die Kommentierung zur Abgrenzung zwischen einer Ware und einer Dienstleistung § 312b Rn 17) gilt die Ausnahmeregelung jedoch nicht für **Verträge über den Download von Software** (aA
LÜTCKE § 312c Rn 127). Hierbei handelt es sich um einen Vertrag über die Lieferung
von Waren. Für eine erweiternde Auslegung (so aber LÜTCKE § 312c Rn 127) bleibt
angesichts des insoweit eindeutigen Wortlauts kein Raum.

α)   Erbringung der Leistung in einem Mal
108 Die Leistung muss in einem Mal erbracht werden. Der Unternehmer kann sich
daher nicht auf die Ausnahme berufen, wenn es sich bei dem Vertragsgegenstand um
eine sukzessive Leistungserbringung handelt (vgl LÜTCKE § 312c Rn 129). Ob sich die
vertragliche Bindung auf einen einmaligen Leistungsaustausch beschränkt und damit
unter die Ausnahmeregelung fällt, muss nach der Verkehrsanschauung ermittelt
werden. Unklar ist insbesonder die Situation, in dem der Verbraucher die Dienstleistung mit Unterbrechungen konsumiert. Als Beispiel ist hierbei an einen Vertrag
über eine **Recherche in einer elektronischen Datenbank** zu denken, bei dem der
Verbraucher sich zwischendurch ausloggt. Dem Sinn und Zweck der Vorschrift wird
nicht entsprochen, wenn man die Ausnahmevorschrift immer dann gelten lassen will,
wenn der Verbraucher seine Recherche unterbricht (so aber MEENTS CR 2000, 610, 613;
zust MünchKomm/WENDEHORST[4] § 312c Rn 114). Sachgerechter ist es vielmehr auf die
Umstände des Einzelfalles abzustellen. Von einem einmaligen Leistungsaustausch
kann kaum ausgegangen werden, wenn der Verbraucher mit Unterbrechungen über
mehrere Tage in der Datenbank recherchiert. Dagegen sollte die Ausnahmeregelung
nicht schon deshalb ausgeschlossen sein, weil der Verbraucher sich kurzzeitig aus der
Datenbank ausgeloggt hat. Entscheidend ist stets, den Sinn der Vorschrift im Blick
zu behalten. Dieser liegt in der Förderung der Schnelligkeit des elektronischen
Geschäftsverkehrs. Leistungen die an einem Tage erfolgen, sind trotz kurzer zeitlicher Unterbrechung für den Regelfall als Leistung auf einem Mal zu begreifen;
Leistungen über mehr als eine Woche hinweg können es nicht mehr sein; dazwischen
liegt eine Grauzone, die nach den Wertungen des Einzelfalls entschieden werden
muss.

β)   Unmittelbarer Einsatz von Fernkommunikationsmitteln
109 Die Leistung muss unmittelbar durch Einsatz von Fernkommunikationsmitteln erbracht werden. Unklar ist, ob hierunter auch solche Verträge fallen, bei denen der
Unternehmer die Dienstleistung fernkommunikativ erbringt, zuvor jedoch auf andere Weise die Voraussetzungen für die Erbringung der Dienstleistung geschaffen
hat. Der Wortlaut spricht dafür, dass solche Verträge nicht von der Vorschrift erfasst
werden. Aus der Formulierung „(...) die unmittelbar durch Einsatz von Fernkommunikationsmitteln erbracht werden (...)" lässt sich deutlich entnehmen, dass eine

mittelbare Nutzung des Fernkommunikationsmittels nicht ausreicht. Das würde auch Sinn und Zweck der Vorschrift widersprechen. § 312c Abs 2 S 2 soll die schnelle Abwicklung im **E-Commerce** nicht beeinträchtigen. Das erfasst nicht die Fälle, wenn der Unternehmer das Fernkommunikationsmittel nur nutzt, um zuvor gesammelte Daten an den Verbraucher zu übermitteln (so aber MünchKomm/WENDEHORST[4] § 312c Rn 113, wie hier HÄRTING § 2 FernAbsG Rn 215). Das Fernkommunikationsmittel muss **im Mittelpunkt der Dienstleistung stehen.** Hieran mangelt es, wenn es nur als Transportmittel genutzt wird, mit dem eigentlichen Gegenstand des Fernabsatzvertrages aber in keinem Zusammenhang steht.

γ)   **Abrechnung über den Betreiber des Fernkommunikationsmittels**

Letztlich muss die Dienstleistung über den Betreiber des Fernkommunikationsmit- **110** tels abgerechnet werden, damit der Unternehmer von der Pflicht aus § 312c Abs 2 Nr 2 befreit wird. Hierzu reicht es aus, dass die Kosten für die Leistung **von der monatlichen Telefonleitung abgebucht** werden (vgl LÜTCKE § 312c Rn 130). Die Vorschrift verlangt dagegen nicht, dass die Leistung von dem Betreiber des Fernkommunikationsmittels erbracht wird. Von der Ausnahmevorschrift ebenfalls erfasst sind Verträge, bei denen der Unternehmer seinerseits einen Vertrag mit dem Betreiber des Fernkommunikationsmittels hat, in dem eine Vereinbarung über die Abrechnung der Dienstleistung getroffen wird.

Zu kaum zu rechtfertigenden Differenzierungen gelangt die Reglung, wenn die **111** Abrechnung durch Betreiber von Bezahlsystemen erfolgt, die unabhängig von dem Betreiber des Fernkommunikationsmittels arbeiten (zB **Bezahlsysteme wie paybox.net**, bei denen die Zahlung über das Mobiltelefon oder eine eigene Netzwerkverbindung erfolgt, vgl hierzu MEENTS CR 2000, 610, 613). Hier muss der Unternehmer den Verbraucher nach dem Wortlaut von § 312c Abs 2 S 2 im Umfang des § 312c Abs 2 S 1 Nr 2 informieren. Für eine derartige Ungleichbehandlung besteht jedoch kein Anlass. Zwischen der Abrechnung über den Betreiber des Fernkommunikationsmittels und der Abrechnung über einen Dritten besteht kein Unterschied, der eine abweichende Behandlung rechtfertigen würde. § 312c Abs 2 S 2 ist deshalb **analog auch auf diese Fälle anwendbar.** Der Gesetzgeber hat diese Fälle nicht gesehen; eine Regelungslücke liegt vor.

δ)   **Nach § 312c Abs 2 S 3 erforderliche Mindestangaben**

Selbst wenn § 312c Abs 2 S 2 den Unternehmer von den Pflichten des § 312c Abs 2 **112** S 1 Nr 2 befreit, hat das nicht zur Folge, dass der Verbraucher in der Folgezeit schutzlos dasteht. § 312c Abs 2 S 3 bestimmt, dass der Verbraucher sich über die Anschrift der Niederlassung des Unternehmers informieren können muss, bei der er Beanstandungen vorbringen kann. Das Gesetz stellt keine besonderen Anforderungen an die Form, in der diese Informationen zur Verfügung zu stellen sind. Insbesondere muss die Information nicht in Textform vorliegen. Bei Telefongesprächen reicht es aus, wenn der Unternehmer dem Verbraucher die Anschrift kurz mitteilt. Ebenso kann der Unternehmer bei Dienstleistungen, die unmittelbar durch Einsatz des Internets erbracht werden, einen Link auf seine Internetseite setzen, unter dem die Informationen abgerufen werden können. Zumindest muss der Verbraucher bei der Abrechnung auf die Anschrift hingewiesen werden, bei der er seine Beschwerden geltend machen kann (vgl MünchKomm/WENDEHORST[4] § 312c Rn 117). Zu diesem Zeitpunkt kann er spätestens beurteilen, ob der Unternehmer die geschuldete Leistung in dem vereinbarten Umfang erbracht hat.

§ 312c   Buch 2

113–116   Abschnitt 3 · Schuldverhältnisse aus Verträgen

113 Mit „**Anschrift**" ist hier nicht dasselbe gemeint wie bei § 1 Abs 1 Nr 3 BGB-InfoV.
Der Verbraucher soll die Möglichkeit haben, sich über die Anschrift des Unternehmers informieren zu können, damit er Beschwerden und Beanstandungen vorbringen kann. Das ist auch bei einer Postfachanschrift möglich, die den Anforderungen des § 312c Abs 2 S 3 genügt (vgl zu den Unterschieden hinsichtlich der ladungsfähigen
Anschrift oben Rn 58).

2. Form

114 Die in § 312c Abs 2 S 1 Nr 1 und 2 iVm § 1 Abs 4 BGB-InfoV genannten Informationen müssen dem Verbraucher in Textform mitgeteilt werden (vgl hierzu oben
Rn 39). Insofern ergibt sich nur für die allgemeinen Fernabsatzverträge eine Änderung. Bei Fernabsatzverträgen über Finanzdienstleistungen mussten die Informationen schon vor Vertragsschluss in Textform mitgeteilt werden (vgl hierzu oben Rn 37).
Bei der Information über die Einzelheiten des Widerrufs- und Rückgaberechts nach
§ 1 Abs 1 Nr 10 BGB-InfoV kann der Unternehmer auch bei allgemeinen Fernabsatzverträgen auf das Muster zurückgreifen, das der Gesetzgeber der BGB-InfoV
beigefügt hat, § 1 Abs 4 S 2 BGB-InfoV. Soweit der Unternehmer die Informationen
durch Übermittlung der Vertragsbestimmungen einschließlich der AGB mitteilt,
sind die wesentlichen Informationen hervorzuheben und besonders deutlich zu gestalten, damit es dem Verbraucher leichter fällt, von ihnen Kenntnis zu nehmen, § 1
Abs 4 S 3 BGB-InfoV (vgl hierzu ausführlich oben Rn 27 f).

3. Umfang

115 Der Umfang der Informationen, die der Unternehmer dem Verbraucher nach Vertragsschluss zur Verfügung stellen muss, richtet sich nach § 312c Abs 2 S 1 iVm § 1
Abs 4 BGB-InfoV. § 1 Abs 4 BGB-InfoV unterscheidet zwischen allgemeinen Fernabsatzverträgen und Fernabsatzverträgen über Finanzdienstleistungen.

a) Informationspflicht bei allgemeinen Fernabsatzverträge

116 Bei allgemeinen Fernabsatzverträgen muss der Unternehmer dem Verbraucher zunächst die Informationen in Textform mitteilen, die er ihm schon vor Vertragsschluss
unter Beachtung des Transparenzgebotes mitzuteilen hatte, § 1 Abs 4 S 1 Nr 1 BGB-
InfoV. Hierbei handelt es sich um den in § 1 Abs 1 Nr 1–12 BGB-InfoV enthaltenen
Pflichtenkatalog (vgl hierzu im Einzelnen oben Rn 52 f). Darüber hinaus müssen dem
Verbraucher auch bei allgemeinen Fernabsatzverträgen die Vertragsbestimmungen
einschließlich der Allgemeinen Geschäftsbedingungen in Textform zur Verfügung
gestellt werden, § 312c Abs 2 S 1 Nr 2 (vgl hierzu oben Rn 37 f). Diese Verpflichtung ist
in der allgemeinen Fernabsatzrichtlinie nicht vorgesehen und besteht nach den
europäischen Vorgaben nur für Fernabsatzverträge über Finanzdienstleistungen.
Der Gesetzgeber des Umsetzungsgesetzes zur FernAbsFinanzDienstRL war jedoch
der Auffassung, dass eine einheitliche Verbraucherschutzregelung getroffen werden
sollte (RegE Gesetz zur Umsetzung der Vorschriften über Fernabsatzverträge bei Finanzdienstleistungen BT-Drucks 15/2946, 21). Hierfür gibt es gute Gründe, zumal hierdurch auch der
Unternehmer nicht unzumutbar belastet wird. Dieser muss nach den allgemeinen
Vorschriften über die Einbeziehung von AGB dem Verbraucher im Fernabsatz in
der Regel die AGB ohnehin in Textform zur Verfügung stellen.

Wirklich **neue Informationspflichten** treffen den Unternehmer bei allgemeinen Fern- **117** absatzverträgen neben der Verpflichtung zur Übermittlung der Vertragsbestimmungen nur in zweifacher Hinsicht. Bei Verträgen, die ein **Dauerschuldverhältnis** betreffen, muss der Unternehmer die vertraglichen Kündigungsbedingungen einschließlich etwaiger Vertragsstrafen bekannt geben und er muss dem Verbraucher Informationen über den Kundendienst und geltende Gewährleistungs- und Garantiebedingungen zur Verfügung stellen, § 1 Abs 4 S 1 Nr 3 BGB-InfoV.

aa) Kündigungsbedingungen

Die zusätzlichen Informationspflichten, die der Unternehmer bei allgemeinen Fern- **118** absatzverträgen zu erfüllen hat, entstammen Art 5 Abs 1 S 2 FernAbsRL und waren bisher in § 1 Abs 3 Nr 3 und 4 BGB-InfoV umgesetzt. § 1 Abs 4 S 1 Nr 3 lit a BGB-InfoV verpflichtet den Unternehmer, dem Verbraucher Informationen über die vertraglichen Kündigungsbestimmungen einschließlich möglicher Vertragsstrafen (vgl hierzu die Kommentierung zu § 1 Abs 2 Nr 3, oben Rn 81) bei Verträgen, die ein Dauerschuldverhältnis betreffen und für eine längere Zeit als ein Jahr oder für unbestimmte Zeit geschlossen sind, zur Verfügung zu stellen. Bei Dauerschuldverhältnissen entstehen – anders als bei Schuldverhältnissen, die auf einmaligen Leistungsaustausch ausgerichtet sind – ständig neue Leistungs-, Neben- und Schutzpflichten (MünchKomm/GAIER[4] § 314 Rn 5 mwNachw). Miet- und Dienstverträge können ebenso Dauerschuldverhältnisse sein wie Dauerlieferungsverträge, Wartungsverträge und Providerverträge.

Damit den Unternehmer eine erhöhte Informationspflicht gemäß § 1 Abs 4 S 1 Nr 3 **119** lit a BGB-InfoV trifft, muss das **Dauerschuldverhältnis für eine längere Zeit als ein Jahr oder für unbestimmte Zeit geschlossen** sein. Aus dem Schutzzweck der Vorschrift ergibt sich und mit dem Wortlaut vereinbar ist, dass die Vorschrift auch für Verträge gilt, die nur für ein Jahr gelten, sich ohne Kündigung aber auf unbestimmte Zeit verlängern (so auch LÜTCKE § 312c Rn 97). Wenn der Verbraucher bei diesen Verträgen nicht deutlich darüber informiert wird, dass sich die Verträge gegebenenfalls in unbefristete Dauerschuldverhältnisse umwandeln, ist er ebenso gefährdet, wie bei Dauerschuldverhältnissen, die von vornherein unbefristet sind.

bb) Kundendienst

Der Verbraucher ist auch in Textform auf den **Kundendienst und geltende Gewähr- 120 leistungs- und Garantiebedingungen** hinzuweisen, § 1 Abs 4 S 1 Nr 3 lit b BGB-InfoV. Er muss aber nur auf den Kundendienst des Unternehmers aufmerksam gemacht werden, wenn ein solcher auch tatsächlich existiert. Das wird vor allen Dingen bei Dauerschuldverhältnissen während der Vertragslaufzeit der Fall sein. Der **Begriff des Kundendienstes** umfasst hierbei Wartungs-, Instandhaltungs-, Instandsetzungs- und Reparaturverpflichtungen des Unternehmers (vgl HÄRTING § 2 FernAbsG Rn 178). Aus der Vorschrift lässt sich nicht ohne weiteres erschließen, ob der Unternehmer die Kundendienstleistungen im Einzelnen benennen muss (so HÄRTING § 2 FernAbsG Rn 179, der sich dabei jedoch auf die nach dem Vertrag geschuldeten Dienstleistungen beschränkt) oder ob es ausreicht, wenn der Unternehmer eine Anlaufstelle für Kundendienstleistungen benennt (so grundsätzlich LÜTCKE § 312c Rn 92). Im Interesse eines umfassenden Verbraucherschutzes dürfte es jedoch geboten sein, dass dem Verbraucher genau klargemacht wird, auf welche Kundendienstleistungen er zählen kann. Hierzu gehören dann Informationen über die Kundendienstleistungen, zu denen der Unternehmer vertraglich verpflichtet ist. Daneben muss dem Verbraucher auch mitgeteilt werden, wie der Unternehmer bei Bedarf erreicht werden kann. Diese Information gewinnt insbesondere an Bedeutung, wenn der Kundendienst außerhalb der gewöhnlichen Geschäftszeiten in Anspruch genommen werden soll. Der Unternehmer muss den Verbraucher jedoch nicht über Serviceleistungen informieren, die nicht zu seinen vertraglichen Verpflichtungen gehören und die der Unternehmer gegen ein zusätzliches Entgelt anbietet (so auch HÄRTING § 2 FernAbsG Rn 179).

121 Es stellt sich im Übrigen die Frage, ob der Unternehmer den Verbraucher auch über die **gesetzlichen Gewährleistungsbedingungen** aufzuklären hat. In Art 5 Abs 1 S 2, 3. Spiegelstrich FernAbsRL, der § 1 Abs 4 S 1 Nr 3 lit b) BGB-InfoV zugrunde liegt, ist nur von Garantiebedingungen die Rede, die der Unternehmer dem Verbraucher zur Verfügung zu stellen hat. Dass der Gesetzgeber des FernAbsG bei der Umsetzung der Richtlinie über diese Formulierung hinausgegangen ist, scheint auf den ersten Blick dafür zu sprechen, dass die Informationspflicht auch die gesetzlichen Gewährleistungsregeln umfasst (so auch MünchKomm/WENDEHORST[4] § 312c Rn 109). Ein solches Verständnis würde jedoch zu weit führen (so im Ergebnis auch LÜTCKE § 312c Rn 93; HÄRTING § 2 FernAbsG Rn 177; jetzt auch PALANDT/HEINRICHS[64] § 1 BGB-InfoV Rn 13). Es ist dem Unternehmer nicht zuzumuten, die gesetzlichen Gewährleistungsregeln in eine **verbrauchergerechte Sprache** umzuformulieren und dadurch zum Rechtsberater des Verbrauchers zu werden. Weichen die Gewährleistungs- oder Garantiebedingungen des Unternehmers von den gesetzlichen Vorschriften (zu Gunsten oder zu Ungunsten des Verbrauchers) ab, so muss der Verbraucher hierauf aufmerksam gemacht werden, denn in diesem Fall wird von seinen üblichen Rechten abgewichen. Entsprechen die Gewährleistungsbedingungen des Unternehmers dagegen den gesetzlichen Vorgaben, ist der Verbraucher nicht schutzbedürftig. Es besteht insoweit kein Unterschied zum Vertragsschluss im stationären Handel, dem mangels entgegenstehender Vereinbarung ebenfalls die gesetzlichen Vorgaben zugrunde liegen. Im Übrigen besteht in einem solchen Fall auch kein Informationsgefälle zwischen Unternehmer und Verbraucher, das es auszugleichen gelten würde. Dem Verbraucher stehen seine üblichen Rechte zu und es kann nicht Aufgabe des Unternehmers sein, dem Verbraucher eine allgemeine Rechtsberatung zur Verfügung zu stellen.

b) Informationspflichten bei Fernabsatzverträgen über Finanzdienstleistungen

122 Bei **Fernabsatzverträgen über Finanzdienstleistungen** muss die Übermittlung der Informationen im Grundsatz gleichzeitig mit der Vorabinformation erfolgen, also rechtzeitig, bevor der Verbraucher durch eine Willenserklärung gebunden ist. Für den Umfang der Informationspflichten ergeben sich daher insoweit keine Veränderungen (vgl zum Umfang der vorvertraglichen Informationspflichten bei Fernabsatzverträgen über Finanzdienstleistungen oben Rn 74 f). § 312c Abs 2 S 1 Nr 2 erlaubt eine Ausnahme vom Grundsatz, dass die Informationspflichten vollumfänglich in Textform vor Abgabe der „Vertragserklärung" vorliegen müssen. Der Unternehmer kann die Informationen nachholen, wenn auf Verlangen des Verbrauchers der Vertrag telefonisch oder mittels eines anderen Fernkommunikationsmittels geschlossen wird, das die Übermittlung in Textform nicht gestattet. In diesem Fall muss die Mitteilung in Textform unverzüglich nach Abschluss des Fernabsatzvertrages nachgeholt werden.

4. Rechtsfolgen der Missachtung der Informationspflichten

Verletzt der Untermnehmer seine nachvertraglichen Informationspflichten hat er **123** **Unterlassungsansprüche von Verbraucherschutzverbänden** und der Konkurrenz zu befürchten (vgl hierzu oben Rn 92). Daneben hat es aber auch unmittelbare Auswirkungen auf den konkreten Fernabsatzvertrag, wenn der Unternehmer § 312c Abs 2 zuwiderhandelt. Die **Widerrufsfrist** beginnt gemäß § 312d Abs 2 nicht vor Erfüllung der Informationspflichten aus § 312c Abs 2 (vgl hierzu eingehend unten § 312d Rn 19 f).

Der Unternehmer sollte sein Augenmerk besonders darauf richten, dass er den **124** Verbraucher ordnungsgemäß über dessen Widerrufsrecht belehrt. Denn der **Verbraucher haftet** gemäß §§ 357 Abs 1 S 1, 346 Abs 3 Nr 3 nur dann auch bei leichter Fahrlässigkeit für die Verschlechterung oder den Untergang der Sache, wenn er zuvor ordnungsgemäß über das Widerrufsrecht belehrt wurde. Andernfalls beschränkt sich der Haftungsmaßstab gemäß § 346 Abs 3 Nr 3 auf die Sorgfalt, die der Verbraucher in eigenen Angelegenheiten anzuwenden pflegt *(diligentia quam in suis)*. Das führt nach § 277 dazu, dass der Verbraucher gegebenenfalls nur noch bei grober Fahrlässigkeit haftet. Die Haftungsprivilegierung des Verbrauchers wird aber nur durch die Verletzung der Pflicht, über die Einzelheiten des Widerrufsrechts zu informieren, ausgelöst. Vernachlässigt der Unternehmer andere Informationspflichten, hat das auf den Verschuldensmaßstab keine Auswirkung.

Im Übrigen kann sich der **Unternehmer** nach §§ 280 Abs 1, 241 Abs 2 **schadenser-** **125** **satzpflichtig** machen, wenn er den Verbraucher nicht ordnungsgemäß informiert. Dieser Anspruch dürfte in der Praxis häufiger gegeben sein als der Schadensersatzanspruch bei der Verletzung von vorvertraglichen Informationspflichten. Denn es ist gut vorstellbar, dass dem Verbraucher ein Schaden entsteht, weil ihn der Unternehmer unzureichend über sein Widerrufs- und Rückgaberecht oder andere Punkte informiert hat.

VI. Besonderheiten bei Fernabsatzverträgen über Finanzdienstleistungen, § 312c Abs 3

§ 312c Abs 3 entspricht **Art 5 Abs 3 S 1 FernAbsFinanzDienstRL**. Demnach ist der **126** Unternehmer verpflichtet, dem Verbraucher während der Laufzeit des Vertrages auf Wunsch jederzeit die Vertragsbestimmungen einschließlich der **AGB** (vgl hierzu oben Rn 32) in einer **Urkunde** zur Verfügung zu stellen. Die europäische Vorgabe benutzt den Begriff **„Papierform"** statt **„Urkunde"**. Es bot sich jedoch bei der Umsetzung an, nicht noch einen zusätzlichen Begriff in die deutsche Rechtssprache einzuführen (vgl RegE Gesetz zur Änderung der Vorschriften über Fernabsatzverträge bei Finanzdienstleistungen BT-Drucks 15/2946, 22). Der Gesetzgeber des Umsetzungsgesetzes entschloss sich daher, auf den Begriff der „Urkunde" aus § 126 zurückzugreifen. Zu beachten ist allerdings, dass auf den Formzwang der Schriftform im Sinne von § 126 Abs 1 verzichtet worden ist. Es bestand auch kein Anlass, die Formvorschriften in dieser Weise zu verschärfen, da der Umsetzungsgegenstand nicht verlangt, dass die Urkunde in unterzeichneter Form zur Verfügung gestellt wird.

Zur Erläuterung des Urkundsbegriffs kann auch auf die **gängige Definition des** **127** **Strafrechts** zurückgegriffen werden. Eine Urkunde ist hiernach jede verkörperte

Gedankenerklärung, die ihrem Inhalt nach geeignet und bestimmt ist, im Rechtsverkehr Beweis zu erbringen (vgl CRAMER, in: SCHÖNKE/SCHRÖDER § 267 StGB Rn 2
mwNachw). Keine Rolle spielt es, wie die Urkunde hergestellt wird. Sie kann vom
Unternehmer mit der Hand, der Schreibmaschine oder dem Computer geschrieben
werden (vgl PALANDT/HEINRICHS[64] § 126 Rn 2). Sie muss jedoch die gesamten Vertragsbestimmungen einschließlich der AGB enthalten. § 312c Abs 3 berechtigt den Verbraucher, während der gesamten Vertragslaufzeit vom Unternehmer zu verlangen,
dass ihm dieser die Informationen zur Verfügung stellt. Hierdurch dürfen dem
Verbraucher keine Kosten entstehen (vgl RegE Gesetz zur Änderung der Vorschriften über
Fernabsatzverträge bei Finanzdienstleistungen BT-Drucks 15/2946, 22).

VII. Konkurrenzen, § 312c Abs 4

128 Gemäß § 312c Abs 4 bleiben weitergehende Einschränkungen bei der Verwendung
von Fernkommunikationsmitteln und weitergehende Informationspflichten auf
Grund anderer Vorschriften unberührt. Bei der **Umsetzung der FernAbsFinanz-
DienstRL** hatte der Gesetzgeber zunächst erwogen, diese Vorschrift mit Rücksicht
auf den neu eingefügten § 312b Abs 5 zu streichen, sich dann aber „aus Gründen der
Klarstellung" dazu entschlossen, die Vorschrift beizubehalten (RegE Gesetz zur Änderung der Vorschriften über Fernabsatzverträge bei Finanzdienstleistungen BT-Drucks 15/2946, 22).
§ 312b Abs 5 verfestigt das sog Günstigkeitsprinzip für das Fernabsatzrecht (vgl hierzu
eingehend oben § 312b Rn 93 f), damit hat das Fernabsatzrecht zwei nebeneinander
geltende Konkurrenzregeln.

1. Weitergehende Einschränkungen bei der Verwendung
von Fernkommunikationsmitteln

129 Der Unternehmer darf nicht gegen andere Rechtsvorschriften verstoßen, wenn er
das konkrete Fernkommunikationsmittel einsetzt. Als „weitergehende Einschränkungen bei der Verwendung von Fernkommunikationsmitteln" kommen insbesondere § 1 UWG, §§ 823, 1004 sowie Sondervorschriften wie das Apothekenprivileg
aus § 43 AMG in Betracht (RegE FernAbsG BT-Drucks 14/2658, 41; PALANDT/HEINRICHS[64]
§ 312c Rn 10).

130 Besondere Relevanz gewinnt § 312c Abs 4 bei Unterlassungsansprüchen nach § 1
UWG bzw analog §§ 823, 1004 wegen eines Eingriffs in das allgemeine Persönlichkeitsrecht des Verbrauchers im Bereich des Direktmarketings. In der Rechtsprechung ist es seit langem anerkannt, dass im Privatbereich bei unerwünschten Tele-
fonanrufen (BGH NJW 1970, 1738, 1739 [Telefonwerbung I]; NJW 1989, 2820 [Telefonwerbung
II]), bei unerwünschter Werbung per Telefax (BGH NJW 1973, 42; 1996, 660, 661; KG NJW-
RR 1992, 1193, 1194; OLG Stuttgart CR 1995, 470, 471; OLG Oldenburg NJW 1998, 3208) und
auch bei unerwünschter E-Mail-Werbung (LG Traunstein K&R 1998, 117, 119; LG Berlin
CR 1998, 623; LG Berlin CR 1998, 499; LG Berlin MMR 1999, 43, 44; LG Hamburg CR 1999, 326;
LG Ellwangen CR 2000, 1188, 1189; LG Berlin CR 2000, 854; ein Eingriff in das allgemeine
Persönlichkeitsrecht des Verbrauchers bei unerwünschter E-Mail wird verneint von AG Kiel MMR
2000, 51, 52; LG Braunschweig MMR 2000, 50, 51) das opt-in-Modell gilt. Der Verbraucher
muss also seine Zustimmung erteilen, bevor ihn der Unternehmer mit dieser Art von
Werbung behelligt. Im Unterschied hierzu steht das opt-out-Modell, welches bei
Briefpostwerbung gilt (BGH NJW 1973, 119, 1120; 1989, 902, 903; 1992, 1958, 1959). Hierbei

gilt die unaufgeforderte Werbung so lange als zulässig, bis der Verbraucher widersprochen hat. Diese von der Rechtsprechung aufgestellten Regeln sind auch weiterhin neben den fernabsatzrechtlichen Vorgaben gültig. Der Gesetzgeber hat das inzident bestätigt, als er bei der Umsetzung der Fernabsatzrichtlinie darauf verzichtet hat, die Art 10 und 11 umzusetzen, in denen Regelungen hierzu getroffen wurden (vgl hierzu sowie zu der Frage, ob hierdurch die Richtlinie nicht in ausreichendem Maße umgesetzt wurde oben Rn 5).

2. Weitergehende Informationspflichten

§ 312c Abs 4 zweiter Halbsatz lässt weitergehende Informationspflichten nach anderen Regelungen von den fernabsatzrechtlichen Informationspflichten unberührt. **131** Zu denken ist hierbei zunächst an die Verpflichtung, über das Widerrufs- und Rückgaberecht nach § 355 Abs 2 S 1 zu belehren (vgl hierzu ausführlich STAUDINGER/KAISER [2004] § 355 Rn 2 ff). § 312c Abs 4 ist jedoch nicht wörtlich zu verstehen in dem Sinne, dass identische Informationspflichten nach anderen Normen jeweils für sich zusätzlich erfüllt werden müssten. Das würde in der Konsequenz dazu führen, dass der Unternehmer alleine nach den fernabsatzrechtlichen Vorschriften des BGB bis zu sechs Mal über das Rückgaberecht und bis zu vier Mal über das Widerrufsrecht belehren müsste (vgl die Aufzählung der unterschiedlichen Informationspflichten über das Widerrufs- und Rückgaberecht bei MünchKomm/WENDEHORST[4] § 312c Rn 129). Hierbei hätte jede einzelne Belehrung denselben Inhalt. Das kann nicht im Sinne einer Förderung des Fernabsatzgeschäfts sein. Es ergibt aus verbraucherschutzrechtlichen Gesichtspunkten keinen Sinn, den Verbraucher wiederholt über einen identischen Sachverhalt zu informieren. Darüber hinaus würde hierdurch der Unternehmer unangemessen belastet. **Es reicht also aus, dass der Unternehmer den Verbraucher einmal über sein Widerrufs- und Rückgaberecht belehrt** (so dezidiert MünchKomm/WENDEHORST[4] § 312c Rn 129; zust LÜTCKE § 312d Rn 45; HÄRTING § 3 FernAbsG Rn 20; MANKOWSKI CR 2001, 767, 773; inzwischen auch PALANDT/HEINRICHS[64] § 312d Rn 5). Da sich gemäß § 355 Abs 2 S 2 die Widerrufsfrist auf einen Monat verlängert, wenn der Unternehmer den Verbraucher nach Vertragsschluss über das Widerrufsrecht belehrt, empfiehlt es sich, dass der Unternehmer schon vor Vertragsschluss dem Verbraucher die Informationen über das Widerrufs- und Rückgaberecht in Textform zur Verfügung stellt. Das muss er bei Fernabsatzverträgen über Finanzdienstleistungen ohnehin tun und auch bei allgemeinen Fernabsatzverträgen ist ihm aus Gründen der Rechtssicherheit hierzu zu raten.

Weitergehende Informationspflichten können sich daneben aus den Informations- **132** pflichten des elektronischen Geschäftsverkehrs gemäß § 312e Abs 1 S 1 Nr 3 ergeben, die ohnehin auch im Fernabsatz gelten, wenn ein Unternehmer mit einem Verbraucher einen elektronischen Fernabsatzvertrag schließt (vgl zu der relativ großen Schnittmenge zwischen §§ 312b bis 312d sowie § 312e, s Vorbem 28 zu §§ 312 ff). Nachdem die **Finanzdienstleistungen** in den Anwendungsbereich der Fernabsatzverträge einbezogen worden sind, können sich weitergehende Informationspflichten auch aus den **verbraucherkreditrechtlichen Vorschriften der §§ 491 ff** ergeben.

Spezialgesetzliche Regelungen, die neben den fernabsatzrechtlichen Informations- **133** pflichten anwendbar bleiben, finden sich **in § 6 TDG sowie in §§ 6, 9 MDStV**. Diese Vorschriften bleiben zwar hinter dem Schutzniveau des Fernabsatzrechts zurück. Sie erhalten allerdings auch Sonderaspekte, die sich im Fernabsatzrecht nicht finden und bleiben damit neben den fernabsatzrechtlichen Informationspflichten anwendbar (vgl RegE FernAbsG BT-Drucks 14/2658, 37). Als weitergehende Vorschriften sind im Übrigen die §§ 10f AMG über die Kennzeichnung der Fertigarzneimittel und die Packungsbeilage zu nennen. Schließlich wird auf die Preisangabenverordnung hingewiesen (PrAngV), die insbesondere die Informationspflicht über die einzelnen Bestandteile des Preises der Ware sowie über die zusätzlich anfallenden Versand- und Lieferkosten aus § 1 Abs 1 Nr 7 und 8 BGB-InfoV weiter konkretisiert.

§ 312d
Widerrufs- und Rückgaberecht bei Fernabsatzverträgen

(1) Dem Verbraucher steht bei einem Fernabsatzvertrag ein Widerrufsrecht nach § 355 zu. Anstelle des Widerrufsrechts kann dem Verbraucher bei Verträgen über die Lieferung von Waren ein Rückgaberecht nach § 356 eingeräumt werden.

(2) Die Widerrufsfrist beginnt abweichend von § 355 Abs. 2 Satz 1 nicht vor Erfüllung der Informationspflichten gemäß § 312c Abs. 2, bei der Lieferung von Waren nicht vor dem Tage ihres Eingangs beim Empfänger, bei der wiederkehrenden Lieferung gleichartiger Waren nicht vor dem Tage des Eingangs der ersten Teillieferung und bei Dienstleistungen nicht vor dem Tage des Vertragsschlusses.

(3) Das Widerrufsrecht erlischt bei einer Dienstleistung auch in den folgenden Fällen:

1. bei einer Finanzdienstleistung, wenn der Vertrag von beiden Seiten auf ausdrücklichen Wunsch des Verbrauchers vollständig erfüllt ist, bevor der Verbraucher sein Widerrufsrecht ausgeübt hat,

2. bei einer sonstigen Dienstleistung, wenn der Unternehmer mit der Ausführung der Dienstleistung mit ausdrücklicher Zustimmung des Verbrauchers vor Ende der Widerrufsfrist begonnen hat oder der Verbraucher diese selbst veranlasst hat.

(4) Das Widerrufsrecht besteht, sofern nicht ein anderes bestimmt ist, nicht bei Fernabsatzverträgen

1. zur Lieferung von Waren, die nach Kundenspezifikation angefertigt werden oder eindeutig auf die persönlichen Bedürfnisse zugeschnitten sind oder die auf Grund ihrer Beschaffenheit nicht für eine Rücksendung geeignet sind oder schnell verderben können oder deren Verfalldatum überschritten würde,

2. zur Lieferung von Audio- oder Videoaufzeichnungen oder von Software, sofern die gelieferten Datenträger vom Verbraucher entsiegelt worden sind,

3. zur Lieferung von Zeitungen, Zeitschriften und Illustrierten,

4. zur Erbringung von Wett- und Lotterie-Dienstleistungen,

5. die in der Form von Versteigerungen (§ 156) geschlossen werden oder

6. die die Lieferung von Waren oder die Erbringung von Finanzdienstleistungen zum Gegenstand haben, deren Preis auf dem Finanzmarkt Schwankungen unterliegt, auf die der Unternehmer keinen Einfluss hat und die innerhalb der Widerrufsfrist auftreten können, insbesondere Dienstleistungen im Zusammenhang mit Aktien, Anteilsscheinen, die von einer Kapitalanlagegesellschaft oder einer ausländischen Investmentgesellschaft ausgegeben werden, und anderen handelbaren Wertpapieren, Devisen, Derivaten oder Geldmarktinstrumenten.

(5) Das Widerrufsrecht besteht ferner nicht bei Fernabsatzverträgen, bei denen dem Verbraucher bereits auf Grund der §§ 495, 499 bis 507 ein Widerrufs- oder Rückgaberecht nach § 355 oder § 356 zusteht. Bei solchen Verträgen gilt Absatz 2 entsprechend.

(6) Bei Fernabsatzverträgen über Finanzdienstleistungen hat der Verbraucher abweichend von § 357 Abs. 1 Wertersatz für die erbrachte Dienstleistung nach den Vorschriften über den gesetzlichen Rücktritt nur zu leisten, wenn er vor Abgabe seiner Vertragserklärung auf diese Rechtsfolge hingewiesen worden ist und wenn er ausdrücklich zugestimmt hat, dass der Unternehmer vor Ende der Widerrufsfrist mit der Ausführung der Dienstleistung beginnt.

Materialien: zum Gesetz über Fernabsatzverträge und andere Fragen des Verbraucherrechts sowie zur Umstellung von Vorschriften auf Euro: Richtlinie 97/7/EG vom 20. 5. 1997 über den Verbraucherschutz bei Vertragsabschlüssen im Fernabsatz, ABlEG Nr L 144, 19; Referentenentwurf Fernabsatzgesetz Referat I B 2 3420/12-4; Regierungsentwurf BT-Drucks 14/2658, 41 ff; Stellungnahme des Bundesrates mit Gegenäußerung der Bundesregierung, BT-Drucks 14/2920, 7 f, 17; Beschlussempfehlung und Bericht des Rechtsausschusses, BT-Drucks 14/3195, 6; zur Schuldrechtsreform und später: Gesetz zur Modernisierung des Schuldrechts Regierungsentwurf BT-Drucks 14/6040, 169; Stellungnahme des Bundesrats und Gegenäußerung der Bundesregierung BT-Drucks 14/6857, 19 f, 55 f; Bericht des Rechtsausschusses, BT-Drucks 14/7052, 191; Beschlussempfehlung und Bericht des Rechtsausschusses zum OLG-Vertretungsänderungsgesetz BT-Drucks 14/9266, 44 f; zum Gesetz zur Änderung der Vorschriften über Fernabsatzverträge bei Finanzdienstleistungen: Richtlinie 2002/65/EG über den Fernabsatz von Finanzdienstleistungen an Verbraucher und zur Änderung der Richtlinie 90/619/EWG des Rates und der Richtlinien 97/7/EG und 98/27/EG, ABlEG Nr L 271, 16; Entwurf der Bundesregierung mit Stellungnahme des Bundesrats vom 12. 3. 2004 und Gegenäußerung der Bundesregierung, BT-Drucks 14/6557, 20 ff, 32, 37 f; Beschlussempfehlung des Vermittlungsausschusses zu dem Gesetz zur Änderung der Vorschriften über Fernabsatzverträge bei Finanzdienstleistungen, BT-Drucks 15/4062, S 2.

Systematische Übersicht

I.	**Allgemeines**	1
II.	**Entwicklung der Vorschrift**	6
III.	**Voraussetzungen des Widerrufsrechts**	9
1.	Wirksamer Fernabsatzvertrag	10
2.	Widerrufserklärung	11
a)	Form der Widerrufserklärung	12

Gregor Thüsing

b)   Inhalt _____ 13

c)   Adressat des Widerrufs _____ 14

3.   Widerrufsfrist _____ 16

a)   Dauer der Widerrufsfrist _____ 17

b)   Beginn der Widerrufsfrist _____ 19

aa)   Erfüllung der Informationspflichten
      aus § 312d Abs 2 _____ 20

bb)   Einmalige Warenlieferung _____ 21

cc)   Wiederkehrende Warenlieferung __ 26

dd)   Dienstleistungen _____ 29

c)   Beweislast _____ 30

4.   Erlöschen des Widerrufsrechts bei
      Dienstleistungen _____ 31

a)   Finanzdienstleistungen _____ 32

aa)   Beidseitige und vollständige
      Erfüllung des Vertrages _____ 33

bb)   Auf ausdrücklichen Wunsch
      des Verbrauchers _____ 34

b)   Sonstige Dienstleistungen _____ 36

aa)   Beginn der Ausführung _____ 37

bb)   Ausdrückliche Zustimmung oder
      Veranlassung des Verbrauchers ___ 38

5.   Kein Ausschluss des Widerrufsrechts
      nach § 312d Abs 4 _____ 42

a)   Individuell gefertigte Waren _____ 45

b)   Ungeeignet für die Rücksendung __ 49

c)   Verderbliche Ware _____ 52

d)   Entsiegelte Ware _____ 57

e)   Zeitungen, Zeitschriften und
      Illustrierte _____ 62

f)   Wett- und Lotteriedienstleistungen _ 64

g)   Versteigerungen _____ 66

h)   Schwankungen auf dem Finanz-
      markt _____ 69

IV.   **Rückgaberecht** _____ 71

1.   Unterschiede zwischen Rückgabe-
      und Widerrufsrecht _____ 72

2.   Voraussetzungen des Widerrufs-
      rechts _____ 73

V.   **Konkurrenzen, § 312d Abs 5** ____ 75

VI.   **Wertersatz bei Fernabsatzverträgen
      über Finanzdienstleistungen** ____ 76

Alphabetische Übersicht

Akku _____ 48

Arzneimittel _____ 54, 56

Ausführung _____ 32, 34, 36 ff

Auslegung _____ 13, 34

Baukastensystem _____ 47

Buchclubvertrag _____ 28

Bücher _____ 27 f, 62

CD-Brenner _____ 48

Devisen _____ 70

Diskette _____ 12, 57

Doppelung _____ 75

Download _____ 40, 50, 61

eBay _____ 8

Empfangsbote _____ 15

FernAbsFinanzDienstRL   6, 8, 31, 42, 69 f, 75 f

Finanzmärkte _____ 42, 69

Formvorschrift _____ 12

Fristablauf _____ 5, 14, 17

Fristbeginn _____ 28, 30

Geldmarktinstrumente _____ 70

Gewährleistungsrecht _____ 13

Kaufvertrag _____ 25, 27, 67

Kundenspezifikation _____ 45, 48

Lebensmittel _____ 53 f, 56

Lotterie _____ 64 f, 70

Motherboard _____ 81

Notebook _____ 47 f

OLG-Vertretungsänderungsgesetz _ 8, 18, 75

Online-Versteigerung _____ 66, 68

Paket _____ 72 f

Risikoverteilung _____ 2

Rückabwicklung _____ 42 f, 46, 74

Schmuckstücke	45	Versandbedingungen	73
Schuldrechtsmodernisierung	8, 18, 71	Vertragserfüllung	37
Schwebezeit	21		
Software	28, 48, 57 f, 60 f	Warenwert	47
Sukzessivlieferung	26	Wertersatz	76 f
Überlegungsfrist	3, 25, 33	Zeitungen	62
Urkunde	12		

I. Allgemeines

Im 14. Erwägungsgrund der Fernabsatzrichtlinie heißt es: „Der Verbraucher hat in **1** der Praxis keine Möglichkeit, vor Abschluss des Vertrages das Erzeugnis zu sehen oder die Eigenschaften der Dienstleistung im Einzelnen zur Kenntnis zu nehmen. Daher sollte ein Widerrufsrecht bestehen, sofern in dieser Richtlinie nicht etwas anderes bestimmt ist." Dem Verbraucher wird nach deutschem Recht ein solches Widerrufsrecht durch § 312d Abs 1 S 1 iVm § 355 gewährt. **§ 312d selbst enthält spezielle Vorschriften für den Widerruf von Fernabsatzverträgen.** Durch den Verweis in § 312d Abs 1 S 1 wird jedoch deutlich, dass auch für das fernabsatzrechtliche Widerrufsrecht die Einzelheiten in § 355 geregelt sind. Sofern die Besonderheiten des Fernabsatzrechts Abweichungen von den allgemeinen Regelungen über Widerrufsrechte bei Verbraucherverträgen erfordern, finden sich diese in § 312d. Für die dort nicht geregelten Fragen kann auf die allgemeinen Vorschriften in §§ 355 ff zurückgegriffen werden.

Erst durch die Möglichkeit, sich durch einseitige Erklärung vom Vertrag zu lösen, **2** wird das Fernabsatzrecht zu einem **wirksamen Instrument des Verbraucherschutzrechts.** Der Verbraucher kann in Kenntnis des ihm zustehenden Widerrufsrechts unbesorgt Fernabsatzverträge schließen, die Ware in Ruhe überprüfen und sie – sollte sie ihm nicht gefallen – an den Unternehmer zurücksenden. Hierdurch wird der Verbraucher in eine Lage versetzt, die für ihn sogar komfortabler ist als bei Verträgen, die im stationären Handel abgeschlossen werden. Dort kann er sich nur unter wesentlich strengeren Voraussetzungen von dem Vertragsschluss lösen; Voraussetzung hierfür ist grundsätzlich, dass die Ware mangelhaft ist. Schließt der Verbraucher hingegen einen Vertrag über die identische Ware im Fernabsatz, kann er den Vertragsschluss ohne Rücksicht auf die Mangelhaftigkeit der Ware widerrufen. Hat der Verbraucher die Ware vor der Rückgabe nur auf die Funktionsfähigkeit getestet, muss er nach § 357 Abs 3 S 2 nicht einmal die Kosten tragen, die durch den bestimmungsgemäßen Gebrauch der Sache entstanden sind. Der Unternehmer trägt also das Risiko dafür, dass er die Ware nur noch zu einem reduzierten Preis verkaufen kann, nachdem der Verbraucher sein Widerrufsrecht genutzt hat. Diese Belastung des Unternehmers ist schon in der Richtlinie angelegt. Einige Stimmen werfen dem Gesetzgeber vor, es versäumt zu haben, für eine **marktgerechtere Risikoverteilung** zu sorgen. Dieses Ziel hätte erreicht werden können, indem mehr Verträge in den Ausnahmekatalog von § 312d Abs 3 eingefügt worden wären (so Arnold CR 1997, 526, 531).

3 Auch bei **Verträgen über Dienstleistungen**, die unter ausschließlicher Verwendung von Fernkommunikationsmitteln geschlossen werden, steht dem Verbraucher ein Widerrufsrecht zu. Bei dieser Art von Verträgen ist der Verbraucher aus denselben Gründen schutzbedürftig wie bei Verträgen über die Lieferung von Waren. Bevor der Vertrag geschlossen wird, kann er sich keinen eigenen Eindruck von der Qualität der angebotenen Dienstleistung verschaffen. Im Unterschied zu Verträgen über die Lieferung von Waren bietet das Widerrufsrecht bei Verträgen über Dienstleistungen freilich nur begrenzten Schutz. Es erlischt gemäß § 312d Abs 3 Nr 2, wenn der Unternehmer mit Zustimmung des Verbrauchers mit der Ausführung der Dienstleistung begonnen hat. Der Verbraucher hat also in aller Regel nicht die Möglichkeit, sich von dem Vertrag zu lösen, nachdem er die Ausführung der Dienstleistung bewerten konnte. Ein Bild von der Qualität, in der der Unternehmer die Dienstleistung ausführt, kann sich der Verbraucher nur machen, wenn er den Unternehmer dabei beobachtet, wie er dieselbe Dienstleistung für einen anderen Verbraucher ausführt. **Sinn und Zweck des Widerrufsrechts bei Verträgen über Dienstleistungen** ist daher in erster Linie dem Verbraucher eine **verlängerte Überlegungsfrist** zu gewähren (so auch MünchKomm/WENDEHORST[4] § 312d Rn 2; FUCHS ZIP 2000, 1273, 1280; RING Teil III Rn 195). Dem Verbraucher können aber durch die besondere Konstruktion des Widerrufsrechts bei Verträgen über Dienstleistungen durchaus auch andere Vorteile entstehen. Nach § 312d Abs 2 beginnt die Widerrufsfrist bei Verträgen über Dienstleistungen nicht vor dem Tag des Vertragsschlusses und nicht, bevor der Unternehmer den Verbraucher mit den nach § 312c erforderlichen Informationen versorgt hat. Zu dieser Pflicht gehört es nach § 312c Abs 1 S 1 iVm § 1 Abs 1 Nr 4 BGB-InfoV, den Verbraucher über die wesentlichen Merkmale der Dienstleistung zu informieren. Hierdurch erhält der Verbraucher die Möglichkeit, sich umfassend über die Details des unternehmerischen Angebots zu informieren. Anders als bei einem Vertrag, durch den sich der Unternehmer dazu verpflichtet, eine Dienstleistung zu erbringen, und der unter gleichzeitiger Anwesenheit der Vertragsparteien geschlossen wird, kann der Verbraucher bei Fernabsatzverträgen den Unternehmer nicht zu den Einzelheiten der angebotenen Dienstleistung befragen. Ebenso wenig kann er sich ein genaueres Bild von persönlichen Eigenschaften des Unternehmers wie dessen Zuverlässigkeit oder Seriosität machen. Es ist daher gut möglich, dass sich der Verbraucher vom Vertrag lösen möchte, nachdem er sich erstmals mit den näheren Einzelheiten der angebotenen Dienstleistung beschäftigt hat. Diese Möglichkeit wird ihm durch das Widerrufsrecht auch bei Verträgen über Dienstleistungen gegeben (grundsätzlich zum Widerrufsrecht: HEINRICHS, in: FS Medicus [1999] 177 ff; MELLER-HANNICH JURA 2003, 369 ff; MANKOWSKI CR 2001, 767 ff).

4 Bevor die Fernabsatzrichtlinie umgesetzt wurde, waren **Widerrufsrechte in den verschiedenen Verbraucherschutzgesetzen** unterschiedlich gestaltet, insbesondere fanden sich unterschiedliche Regelungen über Fristen und Rechtsfolgen des jeweiligen Widerrufsrechts. Mit Umsetzung der Richtlinie wurde dann ein erster Schritt unternommen, die Voraussetzungen, unter denen das Widerrufsrecht ausgeübt werden kann, zu vereinheitlichen. Um das Verbraucherschutzrecht übersichtlicher zu gestalten und um es den Gerichten zu erleichtern, das jeweils geltende Recht anzuwenden (RegE FernAbsG BT-Drucks 14/2658, 42), wurden mit Umsetzung der Fernabsatzrichtlinie nicht nur deren Vorgaben ins Fernabsatzgesetz übernommen. Darüber hinaus fügte der Gesetzgeber eine Vorschrift über Widerrufsrechte bei Verbraucherverträgen in das BGB ein. Die Vorschriften über Widerrufsrechte in anderen Verbraucherschutzgesetzen (AGBG, FernUSchG, VerbrKrG, HWiG) verwiesen von nun an auf die §§ 355 ff.

Das Gesetzgebungsverfahren zum Fernabsatzgesetz wurde bestimmt von Ausein- **5** andersetzungen um die **dogmatische Konstruktion des Widerrufsrechts**. Im Wesentlichen standen hierbei zwei Modelle zur Diskussion. Zum einen wurde darüber nachgedacht, das Fernabsatzgesetz dem Haustürwiderrufsgesetz und dem Verbraucherkreditgesetz anzugleichen. Der Vertrag sollte während der Widerrufsfrist schwebend unwirksam sein, so dass Erfüllungsansprüche erst nach Fristablauf entstünden. Gegen dieses Modell, das der Gesetzgeber bei der Umsetzung der FernAbsRL ursprünglich übernehmen wollte (RefE FernAbsG BMJ Referat I B 2 3420/12-4 97 ff), sind zahlreiche Bedenken geäußert worden. Am gewichtigsten war der Einwand, dass der Verbraucher vor Ablauf der Widerrufsfrist nicht vom Unternehmer hätte verlangen können, dass dieser ihm den Kaufgegenstand liefert (erstmals geäußert von HEINRICHS, in: FS Medicus [1999] 189 f). Das hätte aber gegen den Schutzzweck der Richtlinie verstoßen. Wie sich aus dem 14. Erwägungsgrund der Richtlinie ergibt, soll das Widerrufsrecht in erster Linie dazu dienen, dem Verbraucher zu ermöglichen, den Kaufgegenstand zu überprüfen. Hierzu muss er die Sache aber zunächst einmal in den Händen halten. Diese Möglichkeit wird ihm verwehrt, wenn der Anspruch gegen den Unternehmer auf Lieferung erst nach Ablauf der Widerrufsfrist entstehen soll. Der Gesetzgeber hat diese Kritik nur zögernd angenommen, letztlich jedoch erkannt, dass eine erneute Neuregelung über die Ausübung des Widerrufsrechts bei Fernabsatzverträgen die Rechtslage im Verbraucherschutzrecht noch unübersichtlicher werden ließe (RegE FernAbsG BT-Drucks 14/2658, 42). Aus diesem Grund wurde dazu übergegangen, ein einheitliches Widerrufsrecht nach dem Modell des Fernunterrichtsgesetzes in das BGB einzuführen. Dessen dogmatische Konstruktion sieht vor, dass der Vertrag schwebend wirksam ist, bis die Widerrufsfrist abgelaufen ist, wodurch die gegenseitigen Erfüllungsansprüche bereits mit Abschluss des Vertrags entstehen. Rechtstechnisch gesprochen handelt es sich bei dem Widerrufsrecht daher um ein **besonderes Rücktrittsrecht** (PÜTZHOVEN, Europäischer Verbraucherschutz im Fernabsatz 77 zeigt, dass im europäischen Sekundärrecht die Begriffe „Rücktritt" und „Widerruf" oftmals synonym gebraucht werden, so dass aus dem Wortlaut der Richtlinie nicht zwangsläufig auf den Charakter des Rechtsinstituts zu schließen ist. Ein „besonders ausgestaltetes Rücktrittsrecht" wird im Übrigen angenommen von ARNOLD CR 1997, 526, 530; BODEWIG DZWiR 1997, 447, 452; BORGES ZIP 1999, 130, 135; BÜLOW DZWiR 1998, 89, 90; FUCHS ZIP 2000, 1273, 1281; GÖSSMANN MMR 1998, 88, 90; HEINRICHS, in: FS Medicus [1999] 188–192; MICKLITZ, in: GRABITZ/HILF Bd 2 A3 Rn 67; MICKLITZ, in: MICKLITZ/REICH, Die Fernabsatzrichtlinie im deutschen Recht 23; REICH EuZW 1997, 581, 585; WALDENBERGER K&R 1999, 345, 349).

II.   Entwicklung der Vorschrift

§ 312d setzt **Art 6 Abs 1 bis 3 FernAbsRL, Art 6 Abs 2 lit a und c sowie Art 7 Abs 3** **6** **FernAbsFinanzDienstRL** detailgetreu um. Zum Teil wurde der Wortlaut der deutschen Fassung der Richtlinie übernommen, bei anderen Vorschriften bedingten sprachliche Gründe redaktionelle Änderungen. Von der durch Art 14 FernAbsRL gewährten Möglichkeit, zugunsten des Verbrauchers von den Vorgaben der Richtlinie abzuweichen, hat der Gesetzgeber nur zum Teil Gebrauch gemacht, als er das Widerrufsrecht regelte. So wurde die Widerrufsfrist nicht etwa auf sieben Werktage, wie es Art 6 Abs 1 S 1 FernAbsRL vorsieht, beschränkt, sondern der Verbraucher hat zwei Wochen (§ 312d Abs 1 S 1 iVm § 355 Abs 1 S 2) oder sogar einen Monat (§ 312d Abs 1 S 1 iVm § 355 Abs 2 S 2) Zeit, um seine Willenserklärung zu widerrufen. Schon der Wortlaut der Richtlinie hatte zu Beschwerden geführt, da der Begriff „Werktag" in den Rechtsordnungen der Mitgliedstaaten unterschiedlich besetzt ist (vgl hierzu die Übersicht bei BODENSTEDT, Die Umsetzung der Fernabsatzrichtlinie im deutschen und englischen Recht [2006]). Auch in Deutschland besteht ein Nord-Süd Gefälle bei der Anzahl der Feiertage. Neben diesem Grund sah der Gesetzgeber auch noch die Schwierigkeiten, die bei der Berechnung der Frist unter solchen Umständen entstehen könnten und nahm deshalb einen Abschlag bei der Länge der Frist zugunsten des Verbrauchers vor (RegE FernAbsG BT-Drucks 14/2658, 42).

7 Für den Verbraucher erheblich **günstiger als die europäische Vorgabe** in Art 6 Abs 1 dritter Unterabsatz FernAbsRL ist **§ 355 Abs 3**. Das Widerrufsrecht erlischt spätestens 6 Monate (FernAbsRL: 3 Monate), nachdem die Ware beim Verbraucher eingegangen ist. Nach Art 6 Abs 1 S 2 FernAbsRL können dem Verbraucher von den Kosten, die dadurch entstehen, dass er sein Widerrufsrecht ausübt, nur die Kosten auferlegt werden, die durch die unmittelbare Rücksendung der Waren entstehen. Auch in diesem Zusammenhang ist das deutsche Recht für den Verbraucher günstiger. Gemäß **§ 355 Abs 2 S 3** können ihm die Kosten der Rücksendung nicht unbegrenzt auferlegt werden. Eine vertragliche Verlagerung der Kosten auf den Verbraucher ist erst möglich, wenn der Bestellwert 40 Euro nicht übersteigt, § 357 Abs 2 S 3.

8 § 3 FernAbsG setzte Art 6 Abs 1 bis 3 FernAbsRL um. Im Zuge der **Schuldrechtsmodernisierung** integrierte der Gesetzgeber dann diverse Verbraucherschutzgesetze, so auch das Fernabsatzgesetz, in das BGB. Aus § 3 FernAbsG wurde hierbei, ohne dass sich inhaltlich etwas geändert hätte, § 312d. Der Gesetzgeber nahm lediglich einige kleinere redaktionelle Änderungen vor. Die Verweisungen wurden angepasst und die Sonderregelungen in § 3 Abs 1 S 3 FernAbsG konnten weitestgehend entfallen, da die Widerrufsfrist bei unterbliebener Belehrung in § 355 Abs 3 vereinheitlicht wurde. Durch das **OLG-Vertretungsänderungsgesetz** (BGBl I 2002, 53 v 31.7.2002) wurde dann Abs 5 in die Vorschrift eingefügt. Der Gesetzgeber sah sich durch das Heininger-Urteil des EuGH (Urteil v 13.12.2001, C-481/99, NJW 2002, 281, WM 2001, 2434) dazu gezwungen, neben den §§ 312, 312a auch die §§ 312b bis 312d auf ihr Verhältnis zu den §§ 499 ff zu überprüfen. Er entschied sich dafür, dass auch im Fernabsatz geschlossene Verträge nach Maßgabe der allgemeinen Vorschriften für widerruflich zu erklären sind (BT-Drucks 14/9266, 45), so dass die vorherige Regelung umzukehren war. § 312d unterlief im Anschluss noch einmal einer maßgeblichen Änderung, als die **FernAbsFinanzDienstRL umgesetzt** wurde. In diesem Zusammenhang wurde Abs 3 neu gefasst, Abs 4 und 5 geändert und Abs 6 neu eingefügt. Der Gesetzgeber integrierte hierdurch die rechtlichen Vorgaben, die bei Fernabsatzverträgen über Finanzdienstleistungen zu beachten sind, als Sondervorschriften in das Fernabsatzrecht des BGB.

III. Voraussetzungen des Widerrufsrechts

9 Der Verbraucher kann seine zum Vertragsschluss führende Willenserklärung widerrufen, wenn er mit dem Unternehmer einen wirksamen Fernabsatzvertrag geschlossen hat, den Widerruf dem Unternehmer gegenüber innerhalb der Widerrufsfrist

erklärt hat und das Widerrufsrecht nicht gemäß § 312d Abs 3 erloschen oder gemäß § 312d Abs 4 ausgeschlossen ist.

1. Wirksamer Fernabsatzvertrag

Der Verbraucher kann nach § 312d Abs 1 S 1 iVm § 355 Abs 1 S 1 seine „auf den **10** Abschluss eines Vertrages gerichtete Willenserklärung" widerrufen. Unerheblich ist, ob er mit der Willenserklärung ein Angebot zum Vertragsschluss abgegeben oder angenommen hat. Fraglich ist aber, ob die Willenserklärung und der durch sie geschlossene Vertrag wirksam sein müssen, damit der Verbraucher widerrufen kann. Einige verneinen das und meinen, dass keine Veranlassung bestehe, dem Verbraucher die Erleichterungen vorzuenthalten, die durch § 355 gewährt werden, nur weil der Vertrag unwirksam sei (MünchKomm/WENDEHORST[4] § 312d Rn 19; Hk-BGB/SCHULZE § 355 Rn 5). Hierfür spricht, dass nichtige Verträge über das Bereicherungsrecht rückabgewickelt werden, wodurch dem Verbraucher Nachteile entstehen können. Insbesondere würde er nicht durch die Regelungen in § 357 privilegiert werden und auch die sonstigen verbraucherschützenden Bestimmungen in §§ 355 ff, die es ihm erleichtern, seine Rechte gegenüber dem Unternehmer durchzusetzen, könnte er nicht nutzen. Allerdings widerspricht es den dogmatischen Strukturen des Vertragsrechts, wenn auch nichtige Verträge nach den Rücktrittsvorschriften rückabgewickelt werden. Um von einem Vertrag zurücktreten zu können, muss dieser zunächst einmal wirksam geschlossen sein. Nichtige oder angefochtene Verträge sind aber als *ex tunc* unwirksam anzusehen, so dass schon begrifflich kein Vertrag besteht, von dem der Verbraucher zurücktreten könnte. Derartige dogmatische Bedenken können wohl nicht mit Argumenten beseitigt werden, die in erster Linie den Schutz des Verbrauchers im Sinn haben (so auch LÜTCKE § 312d Rn 17). Der Verbraucher würde privilegiert, wenn die Nichtigkeit des Vertrags auf Umständen beruht, die er zu vertreten hat, und ihm dennoch die günstigen Regelungen von §§ 355 ff zur Verfügung stehen. Dem Missbrauch stünden Tür und Tor offen. Die Frage ist die allgemeine Frage nach den **Doppelwirkungen im Recht**, die eine allgemeine Antwort nicht erlaubt (grundlegend KIPP, in: FG vMartitz [1911] 211 ff, 224 ff; für eine Anfechtbarkeit widerruflicher oder nichtiger Rechtsgeschäfte FLUME Bd 2, § 31, 6 [S 566 ff]; **aA** OELLERS AcP 169 [1969] 67 ff; s auch STAUDINGER/DILCHER[12] Einl 80 zu § 104).

2. Widerrufserklärung

Der Verbraucher muss erklären, dass er seine zum Vertragsschluss führende Wil- **11** lenserklärung widerrufen möchte, §§ 357 Abs 1 S 1, 349. Nutzt er dieses Recht, so muss er sich zuvor darüber im Klaren sein, welcher Form seine Erklärung bedarf, wie er den Widerruf zu formulieren hat und wem gegenüber er ihn erklären muss.

a) Form der Widerrufserklärung
Der Fernabsatzrichtlinie selbst lässt sich kein Hinweis für die Form entnehmen, die **12** der Verbraucher zu beachten hat, wenn er seine Willenserklärung widerruft. Bevor die Richtlinie umgesetzt wurde, galt für andere verbraucherschützende Rechte, dass der Widerruf in Schriftform zu erfolgen hat. Mit Umsetzung der Richtlinie wurde den geänderten technischen Gegebenheiten Rechnung getragen und die Formerfordernisse lockerten sich. § 3 Abs 1 FernAbsG verwies auf § 361a Abs 1 S 2 aF und nach dieser Vorschrift konnte der Verbraucher den Widerruf auf anderen Daten-

trägern erklären, sowie dadurch, dass er dem Unternehmer die Ware zurücksandte. Auch nach der **Schuldrechtsreform** sind die **Formvorschriften** nicht verschärft worden. § 355 Abs 1 S 2 spricht weiterhin davon, dass der **Widerruf „in Textform"** oder durch Rücksendung der Ware erklärt werden kann. Der Begriff „Textform" ist seit dem Inkrafttreten des Gesetzes zur Anpassung der Formvorschriften des Privatrechts und anderer Vorschriften an den modernen Rechtsgeschäftsverkehr vom 13. 7. 2001 in § 126b definiert und umfasst Erklärungen, die „in einer Urkunde oder auf andere zur dauerhaften Wiedergabe in Schriftzeichen geeigneten Weise abgegeben werden, wenn die Person des Erklärenden genannt und der Abschluss der Erklärung durch Nachbildung der Namensunterschrift oder anders erkennbar gemacht wird". Der **Begriff „Urkunde"** ist in der Rechtssprache bekannt. Die „dauerhafte Wiedergabe von Schriftzeichen" dagegen war im deutschen Recht bisher in keiner Formvorschrift gefordert und bedarf daher einer genaueren Untersuchung. Anders als bei der Urkunde, die schriftlich abgefasst sein muss, genügen CD-Roms, Disketten, E-Mails oder Computerfaxe (vgl hierzu LG Kleve NJW-RR 2003, 196, 197) den Anforderungen, die an die zweite Alternative von § 126b zu stellen sind. Entscheidend ist aber, dass die Erklärung erkennen lässt, von wem sie stammt, und dass der Abschluss der Erklärung in geeigneter Weise, also durch eine Unterschrift, Datierung oder sonstige Grußformel, kenntlich gemacht wird. Ein telefonischer Widerruf freilich ist auch dann nicht genug, wenn der Verbraucher eine Nachricht auf einem Anrufbeantworter hinterlässt (vgl MünchKomm/Wendehorst[4] § 312d Rn 65; Lorenz JuS 2000, 833, 837; Schmidt-Räntsch VuR 2000, 427, 431; Ring, FernAbsG Teil IV Art 2 Rn 85). Zwar ist in einem solchen Fall die Nachricht dauerhaft gespeichert und kann vom Unternehmer beliebig oft abgefragt werden. Jedoch verlangt die in § 126b genannte Textform eine lesbare Form. Die Erklärung muss deshalb bereits in Schriftzeichen abgegeben sein, um den Verbraucher vor einem unüberlegten Widerruf zu schützen (vgl MünchKomm/ Wendehorst[4] § 312d Rn 65). Eine SMS hingegen reicht (Einzelheiten s Funk-Zeifang ITRB 2005, 121, 122 f).

b)   Inhalt

13   Auch an den Inhalt der Widerrufserklärung sind keine allzu hohen Anforderungen zu stellen. Es reicht aus, wenn sich der Erklärung des Verbrauchers nach **allgemeinen Auslegungsregeln** entnehmen lässt, dass er nicht mehr an die Willenserklärung gebunden sein möchte. Der Verbraucher muss also nicht ausdrücklich den Widerruf erklären; es genügt, wenn sich aus den Umständen ergibt, dass er sich vom Vertrag lösen möchte. Zu weit geht aber die Auffassung des OLG Karlsruhe, das entschieden hat, dass der Verbraucher bereits dann seine Willenserklärung widerruft, wenn er anzeigt, dass er sich gegen eine Klage verteidigen möchte, die aus dem zwischen ihm und dem Unternehmer geschlossenen Vertrag erhoben wird (so aber OLG Karlsruhe NJW-RR 1998, 1438, 1439; wie hier dagegen Palandt/Heinrichs[64] § 355 Rn 6). Dagegen kann aus der Ankündigung, eine Rechnung nicht zu bezahlen, geschlossen werden, dass der Verbraucher seine Vertragserklärung widerrufen möchte (so zu Recht AG Braunschweig CR 2004, 752, 753). Der Verbraucher verdeutlicht durch eine solche Aussage, dass er sich an einen Vertrag nicht gebunden fühlt. Hierin enthalten ist die Erklärung, die zum Vertragsschluss führende Erklärung widerrufen zu wollen. Der Gesetzgeber will nach § 355 Abs 1 S 2 selbst die kommentarlose Rücksendung der Ware als Widerrufserklärung verstanden wissen. Erforderlich ist aber, dass der Verbraucher zu erkennen gibt, von welchem Vertrag er sich lösen möchte. Sind zwischen Verbraucher und Unternehmer mehrere gleichartige Verträge geschlossen worden,

so wird es erforderlich sein, dass der Verbraucher den Vertrag, von dem er sich lösen möchte, dadurch genau bezeichnet, dass er Geschäftsnummer oä und Datum, an dem der Vertrag geschlossen wurde, in seiner Erklärung angibt. Das Widerrufsrecht ist nicht an Bedingungen geknüpft. Insbesondere kann der Verbraucher auch dann seine Willenserklärung widerrufen, wenn ihm kein **Gewährleistungsrecht** zusteht. Es ist nach § 355 Abs 1 S 2 auch nicht erforderlich, dass der Verbraucher den Widerruf begründet. Unschädlich ist es also erst recht, wenn der Verbraucher in seiner Widerrufserklärung fehlerhafte Begründungen angibt, etwa die Rückgabe der Sache unzutreffend damit begründet, dass sie fehlerbehaftet sei. Etwas anderes gilt freilich, wenn der Verbraucher ausdrücklich kaufrechtliche Gewährleistungsansprüche wie Nacherfüllung gemäß § 437 Nr 1 oder Minderung gemäß § 437 Nr 2, zweite Alt geltend macht. Diese Rechte sind an bestimmte Voraussetzungen, insbesondere die Mangelhaftigkeit der verkauften Ware, geknüpft, die der Verbraucher darzulegen hat. Kommt sowohl ein Widerruf als auch eine Anfechtung in Betracht, so wird eine eindeutige Auslegung einer Erklärung, sich vom Vertrag lösen zu wollen, nicht immer möglich sein. Anstelle der Irrtumsanfechtung wird jedoch regelmäßig der Widerruf gewollt sein, da seine Voraussetzungen für den Verbraucher leichter darzulegen sind und im Zweifel der Verbraucher den für ihn günstigeren Rechtsbehelf wählen wollte.

c) Adressat des Widerrufs

Der Verbraucher hat den Widerruf gemäß §§ 357 Abs 1 S 1, 355 Abs 2 S 1, 349 **14** **gegenüber dem Unternehmer zu erklären**. Die Erklärung des Widerrufs ist eine empfangsbedürftige Willenserklärung, die nach § 130 Abs 1 S 1 mit Zugang wirksam wird. Die Beweislast dafür, dass der Widerruf dem Unternehmer auch tatsächlich zugegangen ist, trägt nach den allgemeinen Regeln der Verbraucher. Auch wenn § 355 Abs 1 S 2, zweiter Halbsatz etwas anderes vermuten lässt, liegt das Zugangsrisiko ebenfalls beim Verbraucher. Trotz des missverständlichen Wortlauts („zur Fristwahrung genügt die rechtzeitige Absendung") meint die Vorschrift jedoch nur, dass es unschädlich ist, wenn der Widerruf den Unternehmer nach **Fristablauf** erreicht, solange der Widerruf nur fristgemäß erklärt wurde. Geht der Widerruf dem Unternehmer gar nicht zu, muss er nach der Wertung des § 130 Abs 1 S 1 als unwirksam angesehen werden (so auch MünchKomm/WENDEHORST[4] § 312d Rn 60; RING, FernAbsG Teil IV Art 2 Rn 91; LORENZ JuS 2000, 833, 836). Es wird jedoch aus Gründen des Verkehrsschutzes allgemein für zulässig gehalten, dass der Verbraucher die Widerrufserklärung nachholt, wenn die Erklärung auf dem Transportweg verloren gegangen ist (MünchKomm/ULMER[4] § 355 Rn 39 mwNachw). Die Schwierigkeit in diesem Fall liegt freilich darin, die Erklärung des Widerrufs und den Verlust auf dem Transportweg nachzuweisen. Dies mag durch ein Ausgangs-Protokoll eines Faxes geschehen, das zwar keinen Anscheinsbeweis für den Zugang der Erklärung, wohl aber Beweis für dessen Versendung erbringen kann (BGH, NJW 1995, 665 mwN; aA OLG München MDR 1999, 286 bei damit verbundener eidesstattlicher Versicherung; zur E-Mail wie hier HÜLBACH, in: SCHUSTER (Hrsg), Vertragshdb Telemedia [2001], Kap 13 Rn 33; ERNST MDR 2003, 1091, 1092).

Der Unternehmer kann **Empfangsboten** einsetzen. Dem Verbraucher muss aber in **15** jedem Fall gemäß § 355 Abs 2 S 1 mitgeteilt werden, an wen er den Widerruf zu richten hat. Der Unternehmer wird aus Praktikabilitätsgründen dazu neigen, den Empfänger des Widerrufs an einer Niederlassung anzusiedeln, die auch für Reklamationen zuständig ist. Widerrufsempfänger kann, abhängig von der Vertriebsstruktur des Unternehmers, auch ein Dritter sein (HÄRTING § 3 FernAbsG Rn 21 mwNw).

3. Widerrufsfrist

16 § 355 regelt die Frist, innerhalb derer bei Verbraucherverträgen das Widerrufsrecht ausgeübt werden muss. §§ 355 ff können aber nach § 355 Abs 1 S 1 nur angewandt werden, wenn „einem Verbraucher durch Gesetz ein Widerrufsrecht nach dieser Vorschrift" eingeräumt wird. § 312d verweist in Abs 1 S 1 auf § 355 und damit auch auf die dortige Fristenregelung. Neben § 355 sind bei der Fristberechnung gleichfalls die strengeren Sonderregelungen des § 312d Abs 2 zu beachten.

a)   Dauer der Widerrufsfrist
17 Die Widerrufsfrist beträgt für den Verbraucher im **ungünstigsten Fall zwei Wochen, im günstigsten Fall ist sie unbegrenzt.** Im Regelfall ist die Widerrufsfrist nach zwei Wochen abgelaufen (§ 312d Abs 1 S 1 iVm § 355 Abs 1 S 2). Wird dem Verbraucher erst nach dem Vertragsschluss mitgeteilt, dass ihm ein Widerrufsrecht zusteht, beträgt die Widerrufsfrist einen Monat (§ 355 Abs 2 S 2). Unterlässt es der Unternehmer, den Verbraucher mit den in § 312c Abs 2 iVm § 1 BGB-InfoV genannten Informationen zu versorgen, endet die Widerrufsfrist „spätestens" 6 Monate, nachdem der Vertrag geschlossen wurde (§ 355 Abs 3 S 1), bei Verträgen über die Lieferung von Waren „spätestens" 6 Monate, nachdem die Ware beim Verbraucher eingegangen ist (§ 355 Abs 3 S 2). Der Begriff „spätestens" zeigt, dass die Widerrufsfrist früher enden kann, wenn die erforderliche Belehrung nachgeholt wird. Zugleich folgt aus der Formulierung aber auch, dass die 6-Monats-Frist nicht verlängert wird, wenn der Unternehmer zB 2 Tage vor Fristablauf seine Informationspflichten erfüllt. Für die Berechnung der Frist ist auf die allgemeinen Regeln, insbesondere auf §§ 186 ff zurückzugreifen.

18 Das Widerrufsrecht ist gänzlich unbefristet, wenn der Verbraucher nicht ordnungsgemäß hierüber belehrt wurde, § 355 Abs 3 S 3. Die Vorschrift wurde als Folge der Entscheidung des EuGH in der Sache Heininger durch das **OLG-Vertretungsänderungsgesetz** eingefügt (vgl hierzu MEINHOF NJW 2002, 2273, 2274; ROTT BB 2005, 53; FELKE/ JORDANS NJW 2005, 710; HÄRTING/SCHIRMACHER CR 2005, 48; KOCHER DB 2004, 2679). Nach früherem Recht (§ 361a aF) sollte das Widerrufsrecht des Verbrauchers auch dann nach 6 Monaten erlöschen, wenn der Verbraucher zuvor nicht darüber informiert wurde, dass er seine Willenserklärung widerrufen kann. Diese Regelung wurde vom EuGH bei Haustürgeschäften für gemeinschaftsrechtswidrig gehalten. Da der Gesetzgeber mit der **Schuldrechtsmodernisierung** ua das Ziel verfolgte, das Verbrauchervertragsrecht zu vereinheitlichen, lag es nahe, eine einheitliche Regelung über den Lauf der Widerrufsfrist zu schaffen. In § 355 Abs 3 S 3 wurde daher geregelt, dass das Widerrufsrecht des Verbrauchers nicht erlöschen soll, wenn er zuvor nicht oder nur fehlerhaft darüber belehrt wurde. Die hierdurch entstehende Situation ist für den Unternehmer unbefriedigend (daher kritisch DOMKE BB 2005, 1582). Eine Korrektur durch Rückgriff auf den Gedanken des Rechtsmissbrauchs ist wegen der europarechtlichen Vorgaben jedoch nur in engen Grenzen möglich (ebenso DOMKE BB 2005, 1582). Die Praxis muss daher wissen, wie denn eine ordnungsgemäße Widerrufsbelehrung auszusehen hat. Der Gesetzgeber hat sich dieses Problems angenommen und für Rechtssicherheit gesorgt, indem er das Bundesministerium für Justiz in

Art 245 EGBGB dazu ermächtigt hat, als Bestandteil der BGB-InfoV ein Muster für eine ordnungsgemäße Widerrufs- und Rückgabebelehrung festzulegen. Hält sich der Unternehmer an dieses Muster, ist er zumindest auf der sicheren Seite. Nach § 14 Abs 1 u 2 BGB-InfoV wurde ordnungsgemäß über das Widerrufs- und Rückgaberecht belehrt, wenn die im Anhang der BGB-InfoV enthaltenen Muster verwandt worden sind.

b) Beginn der Widerrufsfrist

Die Widerrufsfrist beginnt nach § 355 Abs 2 S 1 zu laufen, wenn der Unternehmer **19** den **Verbraucher ordnungsgemäß über das Widerrufsrecht belehrt** hat. Hierzu ist es neben der Information über das Widerrufsrecht erforderlich, dass der Verbraucher erfährt, an wen der Widerruf zu richten ist und dass er auf die Möglichkeit, die Frist durch rechtzeitige Absendung der Ware einzuhalten, hingewiesen wird. Im Fernabsatzrecht sind gemäß § 312d Abs 2 neben diesen allgemeinen Regeln einige Besonderheiten zu beachten. Die Widerrufsfrist beginnt nicht, bevor der Unternehmer seine Informationspflichten aus § 312c Abs 2 erfüllt hat. Liegen dem Verbraucher die entsprechenden Informationen vor, so richtet sich der genaue Zeitpunkt, an dem die Widerrufsfrist beginnt, nach dem Vertragsgegenstand. Bei Verträgen über die Lieferung von Waren beginnt die Frist nicht vor dem Tage ihres Eingangs beim Empfänger, bei Verträgen über die wiederkehrende Lieferung gleichartiger Waren nicht vor der ersten Teillieferung und bei Dienstleistungen nicht vor dem Tag des Vertragsschlusses. Damit die Widerrufsfrist beginnen kann, müssen also neben den in § 355 Abs 1 S 2 genannten Bedingungen zwei weitere Voraussetzungen erfüllt sein: der Unternehmer muss die Informationspflichten aus § 312c Abs 2 erfüllt haben und die in Abs 2 genannten qualifizierten Bedingungen, die sich nach dem Vertragstyp richten, müssen eingetreten sein.

aa) Erfüllung der Informationspflichten aus § 312d Abs 2

Gemäß § 312d Abs 2 beginnt die Widerrufsfrist nicht zu laufen, bevor der Unter- **20** nehmer seine Informationspflichten aus § 312c Abs 2 iVm § 1 BGB-InfoV erfüllt hat. Erfüllt der Unternehmer seine Pflichten nur unvollständig oder fehlerhaft, beginnt die Frist noch nicht. Hinsichtlich der Einzelheiten und des Umfangs der Informationspflichten wird auf die Kommentierung zu § 312c Rn verwiesen.

bb) Einmalige Warenlieferung

Bei Fernabsatzverträgen über die Lieferung von Waren beginnt die Widerrufsfrist, **21** wenn die Ware **beim Verbraucher eingegangen** ist, § 312d Abs 2. Der Unternehmer kann dem Damoklesschwert des Widerrufsrechts bei Fernabsatzverträgen über die Lieferung von Waren nicht dadurch entgehen, dass er sich vorbehält, die Ware erst nach Ablauf der Frist zu liefern. Eine solche Abrede würde dazu führen, dass die Schwebezeit niemals endet, und ist deswegen nicht nur im Formularvertrag nach § 308 Nr 1 unwirksam (PALANDT/HEINRICHS[64] § 312d Rn 4; ders § 308 Rn 9; s auch MünchKomm/WENDEHORST[4] § 312d Rn 72; LÜTCKE § 312d Rn 33), sondern allgemein schlicht deshalb, weil dann nie eine Leistungspflicht bestehen würde. Wann die Ware eingegangen ist, richtet sich nach Sinn und Zweck der Vorschrift. Zu berücksichtigen ist also, dass der Verbraucher die Möglichkeit haben muss, die Ware zu überprüfen. Das ist nach allgemeiner Ansicht am ehesten möglich, wenn man den Begriff des Wareneingangs dem der **Ablieferung in §§ 438 Abs 2 BGB, 377 Abs 1 HGB** angleicht (zB MünchKomm/WENDEHORST[4] § 312d Rn 73; PALANDT/HEINRICHS[64] § 312d Rn 4; LÜTCKE § 312d

Rn 33). Bei Verträgen über die einmalige Lieferung von Waren beginnt die Frist daher zu laufen, wenn die Ware dergestalt in den Machtbereich des Verbrauchers gelangt ist, dass er tatsächlich die Möglichkeit hat, die Sache zu untersuchen (ständige Rechtsprechung des BGH zu § 438 Abs 2, zuletzt BGH NJW 2000, 1415; zustimmend Mankowski, Beseitigungsrechte [2003] 796). Das ist bei der Holdschuld – die bei Fernabsatzverträgen freilich kaum einmal vorkommen dürfte – der Fall, wenn die Ware beim Unternehmer abgeholt und tatsächlich an den Verbraucher übergeben wurde (vgl Münch-Komm/Wendehorst[4] § 312d Rn 73; Mankowski, Beseitigungsrechte [2003] 796). Bei der im Fernabsatzrecht gängigeren Schickschuld muss der Empfänger die Sache angenommen haben, wobei der Eingang nicht fingiert werden kann, wenn sich der Verbraucher im Annahmeverzug befindet (Mankowski, Beseitigungsrechte [2003] 796 mwN).

22 Zweifelhaft ist, ob die Widerrufsfrist zu laufen beginnt, wenn dem Empfänger mangelhafte Ware **(peius)** oder andere Ware als bestellt **(aliud)** geliefert wird. Bei einer Schlechtlieferung hat der Zustand der Ware keinen Einfluss auf den Beginn der Widerrufsfrist (so auch MünchKomm/Wendehorst[4] § 312d Rn 75; MünchKomm/Ulmer[4] § 355 Rn 58). Die Widerrufsfrist wurde im Interesse des Rechtsfriedens begrenzt, um dem Verbraucher nicht die Möglichkeit zu geben, das Ende der Widerrufsfrist immer weiter hinauszuzögern. Im Übrigen macht es unter dem Gesichtspunkt des fernabsatzrechtlichen Schutzzweckes keinen Unterschied, ob die Ware mangelhaft ist oder nicht: der Verbraucher erhält so oder so eine faktische Prüfungsmöglichkeit. Auch bestehen die verbraucherschützenden Regelungen gerade unabhängig davon, ob ein kaufrechtlicher Gewährleistungsanspruch besteht.

23 Unklarer ist die Rechtslage, wenn andere Waren als bestellt geliefert werden. Einige sehen in § 434 Abs 3, durch den **aliud- und peius-Lieferungen** in der kaufrechtlichen Gewährleistung gleichgestellt werden, ein Indiz dafür, dass die Widerrufsfrist bei Fernabsatzverträgen auch dann beginnt, wenn der Unternehmer eine andere als die bestellte Ware liefert (so MünchKomm/Wendehorst[4] § 312d Rn 75). Hiergegen spricht jedoch die fernabsatztypische Gefährdungslage. Der Verbraucher kann sich gerade kein Bild von der bestellten Ware machen, wenn er eine andere erhält. Um sich entscheiden zu können, ob er an dem Vertrag festhalten möchte, muss er zumindest die Möglichkeit bekommen, sich einen Eindruck von der bestellten Ware – sei sie auch mangelhaft oder seinen Bedürfnissen nicht entsprechend – zu verschaffen. Das ist nicht möglich, wenn er andere Ware als bestellt erhält. Im Übrigen würde für den Unternehmer die Möglichkeit geschaffen, das ungeliebte Widerrufsrecht zu umgehen, wenn er die Frist dadurch verkürzen könnte, dass er dem Verbraucher zunächst eine andere Ware liefert. Es ist daher davon auszugehen, dass die Lieferung eines **aliud** nicht ausreicht, um die Widerrufsfrist in Gang zu setzen (so im Ergebnis auch Mankowski, Beseitigungsrechte [2003] 797). Wertungswidersprüche zu den kaufrechtlichen Gewährleistungsvorschriften sind aus Gründen des Verbraucherschutzes in Kauf zu nehmen, zumal § 434 Abs 3, Alt. 1 keine übergreifende Wirkung beinhaltet.

24 Empfänger der Ware ist der Verbraucher, der den Vertrag mit dem Unternehmer geschlossen hat, oder aber auch eine vom Verbraucher benannte dritte Person. Die Widerrufsfrist beginnt daher auch zu laufen, wenn der Unternehmer die Ware an einen **Dritten ausliefert, der ihm zuvor vom Verbraucher benannt wurde.** Der Verbraucher muss sich dann freilich die Prüfungsmöglichkeit des Dritten zurechnen lassen.

Bei einem **Kauf auf Probe im Sinne des § 455** soll die Widerrufsfrist nicht vor dem 25
Zeitpunkt beginnen, in dem der Kaufvertrag nach Ablauf der Billigungsfrist und
Billigung für den Verbraucher wirksam geworden ist (so BGH NJW-RR 2004, 1058; hierzu
Westermann EWiR 2004, 899; Schulte-Nölke LMR 2004, 138). Das führt im Ergebnis zu
einer Kumulation der Fristen, die nur schwer zu rechtfertigen ist. Beide Fristen
wollen dem Verbraucher eine verlängerte Überlegungsfrist gewähren. Beim Kauf
auf Probe soll dem Verbraucher die Gelegenheit zur Prüfung der Tauglichkeit der
Sache gegeben werden (vgl Staudinger/Mader [2004] § 454 Rn 5). Im Fernabsatzrecht soll
das Widerrufsrecht den Verbraucher vor den spezifischen Gefahren eines Fernabsatzgeschäfts schützen (so Rn 1 f). Die Begründungen laufen auf dasselbe heraus. Der
Verbraucher kann sich vom Vertrag lösen, ohne dass er dafür einen Grund geltend
machen müsste. Ob es deshalb tatsächlich gerechtfertigt ist, dem Verbraucher eine
verlängerte Widerrufsfrist zu gewähren, darf bezweifelt werden (kritisch auch Westermann EWiR 2004, 899, 900).

cc) Wiederkehrende Warenlieferung

Verpflichtet sich der Unternehmer, gleichartige Waren wiederkehrend zu liefern, 26
beginnt die Widerrufsfrist an dem Tag, an dem die erste Teillieferung beim Verbraucher eingegangen ist. Die Fernabsatzrichtlinie sieht eine solche Sonderregelung
für **Sukzessivlieferungen** nicht vor (Mankowski, Beseitigungsrechte [2003] 798, hält die Abweichung für nicht gerechtfertigt, da zuungunsten des Verbrauchers von den Vorgaben der Richtlinie
abgewichen werde, und fordert deshalb eine richtlinienkonforme Reduktion der Alternative auf
Null, so dass im Ergebnis auch für Sukzessivlieferungsverträge § 312d Abs 2, zweite Alt gelten soll).
Durch sie können aber Unklarheiten in der Rechtsanwendung verhindert werden.
Sukzessivlieferungsverträge werden zwar als einheitliches Vertragsverhältnis begrif-
fen. Da die Lieferung jedoch abschnittsweise erfolgt, wäre es zu Unklarheiten gekommen, wenn man den Beginn der Widerrufsfrist auch hier nach der Regelung
über die einmalige Lieferung von Waren bestimmt hätte (vgl RegE FernAbsG BT-Drucks
14/2658, 43). Insbesondere wäre im Dunkeln geblieben, ob die Widerrufsfrist erst bei
vollständiger Bewirkung der Leistung oder bereits bei der ersten Teillieferung zu
laufen beginnt. Da der Verbraucher bei gleichartigen Leistungen bereits mit der
ersten Teillieferung entscheiden kann, ob die Ware seinen Vorstellungen entspricht,
ist es auch im Interesse der Rechtssicherheit angemessen, auf diesen Zeitpunkt
abzustellen.

Noch nicht gesagt ist damit, wann **Waren als gleichartig bewertet werden können** 27
und wann von einer wiederkehrende Leistung die Rede sein kann. Der Regierungsentwurf zum Fernabsatzgesetz (auf S 43) gibt Hinweise für die Gleichartigkeit:
Dort ist als Beispiel ein Kaufvertrag über ein mehrbändiges Lexikonwerk und als
Gegenbeispiel die regelmäßige Lieferung unterschiedlicher Bücher durch einen
Buchclub genannt. Der Verbraucher muss also schon aus der ersten Teillieferung
auf die Eigenschaften der restlichen Lieferungen schließen können, die für ihn
dann keine bösen Überraschungen mehr bringen sollen. Nur dann kann er sich eine Meinung dazu bilden, ob der Vertrag Bestand haben soll. Wegen dieses Zwe-
kes der Vorschrift erfordern gleichartige Waren die gleiche Beschaffenheit, eine
vollständige Identität wird nicht erforderlich sein. Zu weit geht es aber, schon die
Lieferung gleicher Sachen (etwa die wiederkehrende Lieferung unterschiedlicher
Bücher) für ausreichend zu halten (so aber Härting § 3 FernAbsG Rn 32, wie hier:
Mankowski, Beseitigungsrechte 797). Eine **wiederkehrende Lieferung** liegt nach überein-

stimmender Auffassung bereits vor, wenn die Lieferung aus mindestens zwei Abschnitten besteht (vgl MünchKomm/Wendehorst[4] § 312d Rn 76; Lütcke § 312d Rn 44; Härting § 3 FernAbsG Rn 31).

28 § 312d regelt den **Fristbeginn** bei wiederkehrender Lieferung von ungleichartigen Waren. Zwei Konstellationen sind hierbei zu unterscheiden. Zum einen sind Verträge denkbar, die sich nicht in einzelne Teile aufspalten lassen. Hierbei handelt es sich um Verträge, bei denen der Verbraucher in der Regel einen einheitlichen Kaufpreis zu zahlen hat und der Leistungsumfang von Anfang an feststeht, technische oder sonstige Schwierigkeiten verhindern es aber, die Waren in einer einzigen Lieferung zu versenden. (MünchKomm/Wendehorst[4] § 312d Rn 78 nennt als Beispiel den Fall, dass zunächst Computerhardware und nach Erscheinen eines updates die dazugehörige Software geliefert wird. Gleiches gilt für einen Vertrag, der die Lieferung von Software und die dazugehörigen updates umfasst.) Bei solchen einheitlichen Verträgen kann der Schutzzweck des Fernabsatzrechts nur erreicht werden, wenn der Verbraucher auch noch nach der letzten Teillieferung den gesamten Vertrag widerrufen kann. Es ist nämlich vernünftigerweise nur möglich, den Vertragsgegenstand zu beurteilen, wenn der Verbraucher auch die letzten Lieferungen erhalten hat. Anders sind Konstellationen zu bewerten, für die der Regierungsentwurf (RegE FernAbsG BT-Drucks 14/2658, 43) das Beispiel einer Lieferung unterschiedlicher Bücher im Rahmen eines Buchclubvertrags nennt. Solche Verträge sind teilbar und der Verbraucher kann für jede Teillieferung gesondert entscheiden, ob sie seinen Erwartungen entspricht. Es wäre daher unbillig, für die Berechnung der Widerrufsfrist auf den vollständigen Eingang aller Waren abzustellen (so aber Tonner BB 2000, 1413, 1417; Roth JZ 2000, 1013, 1018; Palandt/Heinrichs[64] § 312d Rn 4; Mankowski, Beseitigungsrechte [2003] 797; unklar RegE FernAbsG BT-Drucks 14/2658, 43: Bei „gleichartigen Leistungen (…) kann der Verbraucher schon nach der ersten Teillieferung der Ware prüfen und sich entscheiden, ob er an dem Vertrag festhalten möchte oder nicht. Insofern kann die 2-Wochenfrist nach Eingang der ersten Teillieferung beginnen. Das ist jedoch nicht mehr angemessen, wenn es sich um verschiedenartige Teillieferungen handelt [zB die regelmäßige Lieferung unterschiedlicher Bücher durch einen Buchclub]"). Es würde zu einer Ungleichverteilung des Risikos führen, wenn der Unternehmer, nachdem der Verbraucher die ersten Teillieferungen ohne Beanstandungen genossen hat, kurz vor Ablauf des Vertrages den Widerruf des gesamten Vertrages befürchten müsste. Es ist vielmehr interessengerecht, dass in solchen Fällen dem Verbraucher für jede einzelne Teillieferung ein Widerrufsrecht zusteht, für das die 14-Tagesfrist mit Eintreffen der Ware zu laufen beginnt, welches aber auf die Wirksamkeit des gesamten Vertrages keine weiteren Auswirkungen hat (so auch MünchKomm/Wendehorst[4] § 312d Rn 77 f; Lütcke § 312d Rn 40).

dd) Dienstleistungen

29 Bei Verträgen über die Erbringung von Dienstleistungen beginnt die Widerrufsfrist nicht vor dem Tage des Vertragsschlusses. Der Vertrag gilt nach den allgemeinen Regeln als geschlossen, wenn die Annahmeerklärung wirksam geworden ist. Ist der Vertrag schwebend unwirksam, läuft die Frist erst an, wenn die Erklärung genehmigt wurde, und nicht schon bei Abgabe. Vor diesem Hintergrund wäre es sinnvoll gewesen, den Unternehmer in § 1 Abs 2 BGB-InfoV zu verpflichten, den Verbraucher über den Zeitpunkt, an dem der Vertrag zustande gekommen ist, zu belehren. Der Gesetzgeber hat dies wohl ursprünglich vorgehabt, jedoch davon abgesehen, nachdem der Rechtsausschuss die Befürchtung geäußert hatte, dass es dem Unternehmer nur schwer möglich sei, den Zeitpunkt des Vertragsschlusses in allen Fällen genau bewerten zu können (BT-Drucks 14/7052, 196).

c) Beweislast

Die **Beweislast für den Fristbeginn trifft den Unternehme**r, § 355 Abs 2 S 4. Die **30** Fernabsatzrichtlinie hatte es in Art 11 Abs 3 den Mitgliedstaaten überlassen, es bei den allgemeinen Regeln, nach denen der Verbraucher den Beweis zu führen hätte, zu belassen oder aber die Beweislast dem Unternehmer zu übergeben. Da es dem Verbraucher „in der Regel kaum möglich sein wird, den Negativbeweis zu führen, dass er die notwendigen Informationen nicht erhalten hat" (RegE FernAbsG BT-Drucks 14/2658, 43), hat sich der Gesetzgeber entschlossen, dem Unternehmer die Beweislast aufzubürden. Die Beweislastverteilung bleibt die gleiche, wenn streitig ist, ob die weiteren für den Fristbeginn erforderlichen Voraussetzungen eingetreten sind.

4. Erlöschen des Widerrufsrechts bei Dienstleistungen

§ 312d Abs 3 enthält Sonderreglungen über das Erlöschen des Widerrufsrechts bei **31** Dienstleistungen. Die Umsetzung der FernAbsFinanzDienstRL führte dazu, dass mit Abs 3 Nr 1 eine Sonderregelung für Finanzdienstleistungen in die Vorschrift eingefügt wurde; Nr 2 entspricht der vorherigen Fassung von Abs 3. Der neu eingefügte Abs 3 Nr 1 setzt Art 6 Abs 2 lit c FernAbsFinanzDienstRL nahezu unverändert um und nimmt nur einige sprachliche Änderungen vor, die durch die bisherige Fassung der Vorschrift bedingt sind. Erlischt das Widerrufsrecht nach § 312d Abs 3, muss der Unternehmer den Verbraucher dennoch zuvor über dessen Widerrufsrecht belehren (so auch LG Hamburg CR 2001, 475, 476; OLG Karlsruhe CR 2002, 682, 683). Wenn § 312d Abs 3 davon spricht, dass das Widerrufsrecht erlischt, setzt das schon begrifflich voraus, dass es zunächst einmal bestanden haben muss. Daraus folgt, dass der Unternehmer den Verbraucher selbst dann über das Widerrufsrecht zu informieren hat, wenn zwischen Widerrufsbelehrung und Beginn der Ausführungshandlungen nur ein geringer Zeitraum liegt (OLG Karlsruhe aaO; LG Hamburg aaO; zweifelnd Lütcke § 312d Rn 62).

a) Finanzdienstleistungen

Bei Fernabsatzverträgen über Finanzdienstleistungen erlischt das Widerrufsrecht, **32** wenn der Vertrag von beiden Seiten auf ausdrücklichen Wunsch des Verbrauchers vollständig erfüllt ist, bevor er von seinem Widerrufsrecht Gebrauch macht. Durch Abs 3 Nr 1 wird der Verbraucherschutz in dem für den Verbraucher besonders riskanten Bereich der Finanzdienstleistungen erhöht. Im Unterschied zu sonstigen Dienstleistungen, bei denen gemäß Abs 3 Nr 2 das Widerrufsrecht schon mit **Beginn der Ausführung** – die ausdrückliche Zustimmung des Verbrauchers vorausgesetzt – erlischt, muss im heiklen Bereich der Finanzdienstleistungen der Vertrag von beiden Seiten **vollständig erfüllt** sein. Der Verbraucher kann damit über einen längeren Zeitraum von dem Widerrufsrecht Gebrauch machen und er hält es auch in seinen Händen, ob das Widerrufsrecht erlischt oder nicht, da es auf die *beidseitige* Erfüllung des Vertrages ankommt. Der erhöhte Schutz rechtfertigt sich aus den **Besonderheiten von Finanzdienstleistungen**. Diese haben nicht selten erhebliche Auswirkungen auf die wirtschaftliche Situation des Verbrauchers und prägen deshalb sein künftiges Leben stärker als sonstige Dienstleistungen. Deswegen ist es erforderlich, dem Verbraucher in diesem Bereich ein stabileres Schutzschild zur Verfügung zu stellen.

aa) Beidseitige und vollständige Erfüllung des Vertrags

33 Der Vertrag muss von beiden Seiten vollständig erfüllt sein, bevor der Verbraucher sein Widerrufsrecht ausgeübt hat. Erforderlich ist also, dass Verbraucher und Unternehmer die gegenseitig geschuldeten Leistungen im Sinne von § 362 vollständig bewirkt haben, wobei unter Leistungen jeweils der **Leistungserfolg und nicht etwa die Leistungshandlung** zu verstehen ist (ständige Rechtsprechung des BGH, in jüngerer Zeit auch BGH NJW 1999, 210 zum Streit, ob neben dem Bewirken der Leistung ein subjektives Tatbestandsmerkmal zur Erfüllung gehört, vgl Staudinger/Olzen [2000] Vorbem 7 ff zu §§ 362 mwNw). Durch diese Regelung hat es der Verbraucher zwar grundsätzlich selbst in der Hand, durch Nichtleistung zu verhindern, dass sein Widerrufsrecht erlischt (so auch Härting DB 2003, 1777, 1781). Ob das aber in der Praxis tatsächlich dazu führen wird, dass er länger Zeit hat, darüber nachzudenken, ob an dem Vertrag festgehalten werden soll, ist wegen des Charakters von Finanzdienstleistungen zweifelhaft. Finanzdienstleistungen sind, wie die beispielhafte Aufzählung in § 312b Abs 1 S 2 zeigt, ua Dienstleistungen im Zusammenhang mit einer Kreditgewährung oder einer Geldanlage. Betrachtet man die Abwicklung solcher Geschäfte, wird schnell deutlich, dass es in der Praxis oftmals nicht dazu kommen dürfte, dass dem Verbraucher durch Abs 3 Nr 1 tatsächlich eine längere **Überlegungsfrist** eingeräumt wird. Deutlich wird dies bei Finanzdienstleistungen, die eine Geldanlage zum Gegenstand haben. In diesen Verträgen verpflichtet sich der Unternehmer dazu, das Kapital des Verbrauchers in Wertpapieren oder ähnlichem anzulegen. Der Unternehmer wird hierbei kaum in Vorleistung treten, sondern seine vertraglichen Verpflichtungen erst erfüllen, wenn der Verbraucher ihm das Kapital zur Verfügung gestellt hat. Nachdem der Verbraucher das getan hat, sind seine vertraglichen Verpflichtungen vollständig erfüllt und er hat es jetzt nicht mehr in der Hand, durch Nichtleistung das Erlöschen des Widerrufsrechts zu verhindern. Ob daher Abs 3 Nr 1 tatsächlich das erhoffte stabile Schutzschild ist, bleibt abzuwarten.

bb) Auf ausdrücklichen Wunsch des Verbrauchers

34 Der Vertrag muss von beiden Seiten auf **ausdrücklichen Wunsch des Verbrauchers** vollständig erfüllt sein, bevor der Verbraucher sein Widerrufsrecht nutzt. Im Unterschied zu Abs 3 Nr 2, nach dem der Verbraucher dem Beginn der Ausführung *zugestimmt* oder diese *selbst veranlasst* haben muss, hat der Gesetzgeber bei Abs 3 Nr 1 den ausdrücklichen *Wunsch* des Verbrauchers als Voraussetzung dafür genannt, dass der Vertrag erfüllt werden kann, bevor der Verbraucher von seinem Widerrufsrecht Gebrauch macht. Abs 3 ist damit ein Beispiel für die Verwirrung, die entstehen kann, wenn unterschiedliche Richtlinien in einer gemeinsamen Vorschrift umgesetzt werden. Fraglich ist, ob mit der unterschiedlichen Wortwahl auch eine inhaltliche Abweichung verbunden ist. Eine nach dem Wortlaut gerichtete **Auslegung der Vorschrift** ergibt, dass mit der Formulierung „Wunsch des Verbrauchers" gewissermaßen ein Oberbegriff der in Abs 3 Nr 2 gewählten Formulierungen gebildet wird. Ein Wunsch als frei geäußerter Wille kann auf eigene Initiative (Abs 3 Nr 2: *selbst veranlasst)* und auf Aufforderung des Unternehmers (Abs 3 Nr 2: *zugestimmt)* formuliert werden. Ein inhaltlicher Unterschied zu Abs 3 Nr 2 ergibt sich also nicht; der Gesetzgeber wäre daher gut beraten gewesen, innerhalb der Vorschrift inhaltsgleiche Tatbestandsmerkmale mit derselben Wortwahl zu versehen. Da er das nicht getan hat, verdichtet sich der Dschungel der ohnehin schon unübersichtlich gefassten fernabsatzrechtlichen Vorschriften.

Der **Wunsch** des Verbrauchers muss **ausdrücklich erklärt** werden. Es reicht also nicht **35** aus, auf den konkludent erklärten Willen des Verbrauchers zurückzugreifen. Vielmehr muss er seinen Wunsch besonders deutlich zu erkennen geben. Es kann daher nicht genügen, wenn der Verbraucher formularmäßig, etwa durch Anerkennung der AGB des Unternehmers, seine Zustimmung zu erkennen gibt. Hierdurch würde dem Schutzzweck der Vorschrift zuwidergehandelt werden. Abs 3 Nr 1 will den Verbraucher in dem für ihn besonders riskanten Bereich der Finanzdienstleistungen in verstärktem Maße schützen und verlangt daher, dass der Verbraucher ausdrücklich den Wunsch äußert, dass der Vertrag vor Ausübung des Widerrufsrechts von beiden Seiten vollständig erfüllt wird. Das ist nicht der Fall, wenn der Verbraucher nur eine vorformulierte Erklärung unterzeichnet, die der Unternehmer der Bestellung beigefügt hat. Hierdurch würde der Verbraucher in unangemessener Art und Weise benachteiligt und eine solche Regelung wäre daher wegen § 307 Abs 1 S 1 unwirksam. Nimmt der Unternehmer eine derartige Klausel in seine AGB auf, versucht er in der Regel, durch einseitige Vertragsgestaltung, seine eigenen Interessen (das Erlöschen des Widerrufsrechts) auf Kosten des Verbrauchers durchzusetzen, ohne die Belange des Verbrauchers (ein weiterhin bestehendes Widerrufsrecht) in angemessener Form zu berücksichtigen. Ein solches Vorgehen will das Gesetz durch § 307 Abs 1 S 1 verhindern und § 312d Abs 3 soll es nicht erfassen.

b) Sonstige Dienstleistungen

Bei **Verträgen über die Erbringung sonstiger Dienstleistungen** erlischt das Widerrufs- **36** recht nach § 312d Abs 3 Nr 2 ohne Rücksicht auf den Ablauf der Frist, wenn der Unternehmer mit Zustimmung des Verbrauchers vor Ende der Widerrufsfrist mit der Ausführung begonnen hat oder wenn der Verbraucher die Ausführung selbst veranlasst hat. In der Praxis dürfte Abs 3 Nr 2 dazu führen, dass dem Verbraucher bei Verträgen über sonstige Dienstleistungen kein Widerrufsrecht mehr zusteht, wenn die Dienstleistung erbracht ist. Um das Risiko eines widerrufenen Vertrags zu vermeiden, wird der Unternehmer entweder mit der Ausführung der Dienstleistung abwarten, bis die Widerrufsfrist abgelaufen ist oder er wird sich vom Verbraucher ausdrücklich bestätigen lassen, dass er mit der Ausführung beginnen soll. Rechtspolitisch lässt sich diese weitreichende Einschränkung des Widerrufsrechts damit rechtfertigen, dass Dienstleistungen im Unterschied zu Verträgen über die Lieferung von Waren nicht *in natura* rückabgewickelt werden können. Diese Wertung steht allerdings im Widerspruch zum eigentlichen Schutzzweck des § 312d. Dem Verbraucher wird im Fernabsatzrecht die Möglichkeit gegeben, sich vom Vertrag zu lösen, weil er vor Erfüllung des Vertrags gerade nicht die Chance hat, die Qualität des Vertragsgegenstands zu überprüfen. Handelt es sich bei dem Vertragsgegenstand um eine Dienstleistung, so wird der Verbraucher erst dann beurteilen können, ob er an dem Vertrag festhalten möchte, wenn die Dienstleistung ausgeführt wurde und er die Möglichkeit hat, die Qualität der Leistung zu bewerten. Unterschiede zum Vertragsschluss im stationären Handel bestehen hierbei nur wenige. Auch dort ist der Verbraucher weitestgehend auf die Angaben des Unternehmers angewiesen. Er ist daher an und für sich nicht wesentlich schlechter gestellt als beim Vertragsschluss im stationären Handel (AIGNER/HOFMANN, Das Fernabsatzrecht im Internet 6 bezweifeln aus diesem Grund die generelle rechtspolitische Legitimation eines Widerrufsrechts bei Fernabsatzverträgen über Dienstleistungen). Dort bleibt dem Verbraucher jedoch die Möglichkeit, den Unternehmer zu den Details der angebotenen Dienstleistung zu befragen und sich dadurch ein genaueres Bild vom Angebot zu machen.

Auch bei Fernabsatzverträgen über Dienstleistungen besteht daher ein grundsätzlicher Schutzbedarf des Verbrauchers. Der Schutz wird versagt, wenn ihm das Widerrufsrecht *de facto* abgeschnitten wird. Um diesen Wertungswiderspruch zu vermeiden, wird mit guten Gründen vorgeschlagen, § 312d Abs 3 Nr 2 teleologisch zu reduzieren und das **Widerrufsrecht nur bei unteilbaren Dienstleistungen auszuschließen**. Eine solche liegt vor, wenn unter Berücksichtigung aller Umstände, namentlich der berechtigten Interessen des Unternehmers und seiner bereits getroffenen Dispositionen, der Ausschluss des Widerrufsrechts den Vertrag nur im Ganzen erfassen kann (MünchKomm/Wendehorst[4] § 312d Rn 92). Durch ein solches Verständnis von § 312d Abs 3 wird dem Schutzzweck der Vorschrift am ehesten entsprochen und die berechtigten Interessen des Unternehmers werden gleichfalls berücksichtigt. Teilbare Dienstleistungen, also Dauerschuldverhältnisse wie Miet- oder Providerverträge, können durch Widerruf *ex nunc* beendet werden, ohne dass dem Unternehmer unzumutbare Nachteile entstünden.

aa) Beginn der Ausführung

37 Der Unternehmer muss mit der Ausführung der Dienstleistung begonnen haben. **Abgrenzungsprobleme** können sich ergeben zwischen dem Beginn der Ausführung und **Vorbereitungshandlungen**, die nicht in unmittelbarem Zusammenhang zu der Leistungserbringung stehen. Das Problem stellt sich auch in anderen Rechtsordnungen und in anderem Kontext, ohne dass man hier zu einer befriedigenden Lösung gekommen wäre (Restatement [2nd] Contracts, § 43 im Hinblick auf die Bindung an ein Vertragsangebot). Da § 312d Abs 3 Nr 2 den Unternehmer davor schützen soll, dass er die vertraglich geschuldete Leistung erbracht hat und auf seinen Kosten sitzen bleibt, muss darauf abgestellt werden, ob der Unternehmer Tätigkeiten vorgenommen hat, die dem Verbraucher zugute kommen (vgl MünchKomm/Wendehorst[4] § 312d Rn 93; Lütcke § 312d Rn 61). Schaltet der Telekommunikations-Unternehmer einen Mobilfunkanschluss frei, beginnt er ebenso mit der Ausführung der Dienstleistung wie der Wohnungsmakler, der telefonisch Informationen an einen Interessenten weitergibt (Neises NZM 2000, 889, 893; vgl zu weiteren Beispielen Fuchs ZIP 2000, 1273, 1284). Auch Vorbereitungshandlungen wie die Anfahrt zum Kunden oder die Erstellung eines Kontos können als Beginn der Ausführung der Dienstleistung bewertet werden, wenn der Unternehmer hierbei im Rahmen der geschuldeten Leistungshandlung Arbeitszeit aufgewendet hat (so auch MünchKomm/Wendehorst[4] § 312d Rn 94; Lütcke § 312d Rn 60; Härting § 3 FernAbsG Rn 57). Derartige Handlungen münden in aller Regel unmittelbar in die eigentliche Vertragserfüllung und sind daher nicht von diesen zu trennen. Nicht ausreichend sind freilich allgemeine Handlungen, die nicht spezifisch im Hinblick auf den einzelnen zu erfüllenden Vertrag vorgenommen wurden, selbst wenn sie dem Verbraucher zugute kommen.

bb) Ausdrückliche Zustimmung oder Veranlassung des Verbrauchers

38 Das Widerrufsrecht erlischt nur, wenn der Unternehmer **mit ausdrücklicher Zustimmung oder auf Veranlassung des Verbrauchers** tätig geworden ist. Diese Einschränkung trägt dem aus § 242 folgenden Verbot des rechtsmissbräuchlichen Verhaltens Rechnung *(venire contra factum proprium)*. Bevor der Verbraucher seine Zustimmung erteilt, ist er auf die hiermit verbundenen Rechtsfolgen hinzuweisen (vgl hierzu § 312c Rn 69). Andernfalls kann das Widerrufsrecht schon begrifflich nicht erlöschen, da es ja gar nicht erst entstanden ist (vgl LG Hamburg CR 2001, 475, 476). Stimmt er in Kenntnis der Konsequenzen der sofortigen Ausführung der Dienstleistung zu, wäre es rechtsmissbräuchlich, wenn er sich im Nachhinein dennoch auf ein Widerrufsrecht berufen würde.

Bei der Zustimmung des Verbrauchers handelt es sich um eine **geschäftsähnliche** **39** **Handlung** (PALANDT/HEINRICHS[60] § 3 FernAbsG Rn 6), die angesichts des geänderten Wortlauts der Vorschrift (in § 3 Abs 1 S 3 Nr 2 lit b FernAbsG war noch von der „Zustimmung des Verbrauchers" die Rede) nicht mehr konkludent erfolgen kann (so auch ausdrücklich der Gesetzgeber, vgl BT-Drucks 14/6040, 169). Eine formularmäßige Zustimmung des Verbrauchers durch Anerkennung von AGB kann nicht genügen (so auch LÜTCKE § 312d Rn 58). Erforderlich ist vielmehr, dass der Verbraucher sein Einverständnis eindeutig und bewusst zu erkennen gibt. Der Begriff „Zustimmung" deutet darauf hin, dass der Unternehmer die Initiative ergriffen hat. Hierfür spricht auch, dass Abs 3 Nr 2 zwischen der Veranlassung des Verbrauchers und dessen Zustimmung unterscheidet. Die Zustimmung ist grundsätzlich formfrei, der Unternehmer ist jedoch gut beraten, wenn er sich vom Verbraucher schriftlich bestätigen lässt, dass er damit einverstanden ist, dass der Unternehmer mit der Ausführung der Dienstleistung beginnt. Will der Unternehmer bei Vertragsschlüssen im Internet sicherstellen, dass er zu einem späteren Zeitpunkt die Zustimmung des Verbrauchers nachweisen kann, empfiehlt es sich, den Internetauftritt so zu gestalten, dass der Verbraucher erst dann sein Angebot abgeben kann, wenn er zuvor dem Beginn der Ausführung durch einen Mausklick zugestimmt hat.

Veranlasst der Verbraucher, dass der Unternehmer mit der Ausführung der Dienst- **40** leistung beginnt, muss er – anders als bei der Erteilung der Zustimmung – selbst aktiv werden. Der Gesetzgeber hat als Hauptanwendungsfall dieser Alternative den **Online-Download** genannt (RegE FernAbsG BT-Drucks 14/2658, 43), hierbei jedoch übersehen, dass es sich bei dieser Art von Vertrag gerade nicht um einen Vertrag über eine Dienstleistung, sondern um einen Vertrag über die Lieferung von Waren handelt (vgl die Kommentierung zu § 312b Rn 12), so dass das Widerrufsrecht des Verbrauchers nicht nach Abs 3 Nr 2 erlöschen kann. Von einer Veranlassung des Verbrauchers kann demnach vor allen Dingen ausgegangen werden, wenn der Unternehmer auf Initiative des Verbrauchers hin tätig wird. Die Initiative kann darin liegen, dass der Verbraucher den Unternehmer auffordert, mit der Ausführung der Dienstleistung zu beginnen; denkbar ist aber auch, dass der Verbraucher den Beginn der Dienstleistung selbst veranlasst. Ein solcher Fall liegt vor, wenn der Verbraucher **Informationen aus Datenbanken, Fax- oder Voicediensten** abruft. Sein Widerrufsrecht erlischt dann gemäß § 312d Abs 3 (so auch FUCHS ZIP 2000, 1273, 1284; MEENTS CR 2000, 610, 613). Einige meinen, dass das Widerrufsrecht des Verbrauchers wegen § 312d Abs 4 Nr 1, Alt. 3 ausgeschlossen ist, wenn er Datenbanken abruft (HÄRTING § 3 FernAbsG Rn 74; LORENZ JuS 2000, 833, 839), zum Teil wird die Frage offen gelassen (RING, FernAbsG Teil III Art 1 Rn 233; MORITZ CR 2000, 61, 67). Letztlich spielt es keine Rolle, für welche Lösung man sich entscheidet – dem Verbraucher bleibt ein Widerrufsrecht in jedem Fall verwehrt.

Dagegen erklärt der Verbraucher **nicht ausdrücklich seine Zustimmung**, wenn er eine **41** Tastenkombination zur Entgegennahme eines Verbindungsaufbaus eines R-Gesprächs betätigt (zu Recht AG Braunschweig CR 2004, 752, 753). Die Zustimmung wird hier höchstens konkludent erteilt. Es fehlt an der Eindeutigkeit der Erklärung und ihrer bewussten Äußerung. Indem der Verbraucher eine Tastenkombination drückt, kann er eine Vielzahl von Erklärungen abgeben. Der vom Gesetz verlangten Klarheit und Transparenz genügt das nicht.

5. Kein Ausschluss des Widerrufsrechts nach § 312d Abs 4

42 Abs 4 enthält einen Katalog von Vertragstypen, bei denen das Widerrufsrecht ausgeschlossen ist, da dem Unternehmer aufgrund der besonderen Umstände eine **Rückabwicklung des Vertrags nicht zugemutet werden kann** (RegE FernAbsG BT-Drucks 14/2658, 44). Das Fernabsatzrecht im Übrigen bleibt jedoch anwendbar, insbesondere ist der Unternehmer auch weiterhin verpflichtet, den Verbraucher gemäß § 312c zu informieren. § 312d Abs 4 setzt Art 6 Abs 3 der Fernabsatzrichtlinie nahezu wörtlich um. Lediglich Art 6 Abs 3, erster Spiegelstrich FernAbsRL findet sich an anderer Stelle in § 312d Abs 3 Nr 2. Dagegen setzte der Gesetzgeber Art 6 Abs 3, zweiter Spiegelstrich FernAbsRL zunächst nicht um, da angenommen wurde, dass die Ausnahmevorschrift nur für Finanzdienstleistungen relevant sein könnte, für die das Fernabsatzrecht ohnehin nicht anzuwenden sei (RegE FernAbsG BT-Drucks 14/2658, 44). Bei anderen Waren oder Dienstleistungen sei nicht denkbar, dass ihr Preis von der Entwicklung auf den Finanzmärkten abhänge (RegE FernAbsG BT-Drucks 14/2658, 44). Nachdem aber in der weiteren Entwicklung ein Regelungsbedarf für den Fernabsatz von Edelmetallen festgestellt wurde und darüber hinaus mit der Umsetzung der FernAbsFinanzDienstRL das Fernabsatzrecht auch für Finanzdienstleistungen geöffnet wurde, hat sich der Gesetzgeber dazu entschlossen, den Grundgedanken von Art 6 Abs 3, zweiter Spiegelstrich FernAbsRL gemeinsam mit Art 6 Abs 2 lit a FernAbsFinanzDienstRL in die „neue" Ausnahmeregelung Abs 4 Nr 6 einfließen zu lassen (RegE FernAbsG BT-Drucks 14/2658, 44).

43 Das Widerrufsrecht besteht in den in Abs 4 genannten Fällen nicht, soweit nicht ein anderes bestimmt ist. Aus der Formulierung folgt, dass die Parteien § 312d Abs 4 abbedingen können. Das wird in der Praxis selten der Fall sein und kann daher auch nicht konkludent angenommen werden. Die Ausnahmetatbestände wurden geschaffen, weil bei den von ihnen geregelten Fällen die **Rückabwicklung** des Vertrages für den Unternehmer unzumutbar wäre (RegE FernAbsG BT-Drucks 14/2658, 44). Es ist daher nur schwer vorstellbar, dass der Unternehmer dem Verbraucher ein Widerrufsrecht einräumen will.

44 Bei dem Ausnahmekatalog in Abs 4 handelt es sich um **eng zu fassende Ausnahmen**. Grundsätzlich gilt nach ständiger Rechtsprechung des EuGH, dass „Ausnahmen von gemeinschaftsrechtlichen Vorschriften eng auszulegen sind" (EuGH v 13.12.2001 Rs 481/99, Slg. 2001 I-9945; für die Parallelvorschriften im deutschen Recht bestätigt von OLG Dresden CR 2001, 819, 820). Eine analoge Anwendung zu Lasten des Verbrauchers kommt daher auch nicht mit der Abs 4 zugrundeliegenden Begründung, ein Widerrufsrecht sei dem Unternehmer nicht zumutbar, in Frage (so auch LÜTCKE § 312d Rn 66). Besteht Streit, ob die Voraussetzungen eines Ausnahmetatbestands gegeben sind, trifft nach den allgemeinen Regeln den Unternehmer die **Beweislast** für die Umstände, aus denen sich ein Ausnahmetatbestand ergibt (vgl BGH MDR 2003, 732). Eine Obliegenheit des Unternehmers, das Entstehen eines Widerrufsrechts nicht unnötig zu verhindern und solche Maßnahmen zur **Vermeidung der Ausnahmetatbestände** zu treffen, die ihm ohne weiteres **möglich und zumutbar** sind (MünchKomm/WENDEHORST[4] § 312d Rn 23), lässt sich dem Gesetz nicht entnehmen.

Missbräuchlichem Verhalten kann nur über das Umgehungsverbot des § 312f begegnet werden.

a) Individuell gefertigte Waren

Das Widerrufsrecht ist ausgeschlossen bei Verträgen über die Lieferung von Waren, **45** die nach **Kundenspezifikation** angefertigt werden oder eindeutig auf die persönlichen Bedürfnisses des Verbrauchers zugeschnitten sind, § 312d Abs 4 Nr 1, Alt 1 und 2. Der Begriff ist enger als der der nicht vertretbaren Sache iSd § 91. Die rechtspolitische Begründung dieser Ausnahme liegt auf der Hand. Anders als bei Massenprodukten, auf die das Fernabsatzrecht zugeschnitten ist und die der Unternehmer bei einem fehlgeschlagenen Vertrag an andere Verbraucher weitergeben kann, können maßgefertigte Waren nicht mehr zu einem wettbewerbsfähigen Preis weiterverkauft werden. Betrachtet man die ersten beiden Alternativen, die in Abs 4 Nr 1 genannt sind, fällt auf, dass zwischen ihnen eine große Schnittmenge besteht. Waren, die nach Kundenspezifikationen angefertigt werden, sind zugleich eindeutig auf die persönlichen Bedürfnisse des Verbrauchers zugeschnitten. Nach Kundenspezifikation angefertigt sind etwa Maßanzüge, mit einer persönlichen Gravur versehene Schmuckstücke oder Grabsteine (2004 wurde das Internet von deutschen Steinmetzen als Wirtschaftsraum entdeckt, über das sich auch Grabsteine vertreiben lassen, FAZ v 1.3.2004, 13). Die zweite Alternative der Ausnahmevorschrift geht weiter. Während Kundenspezifikation schon dem Wortsinn nach bedeutet, dass der Verbraucher detaillierte Vorgaben über den Zuschnitt der Ware macht und diese den Angaben entsprechend angefertigt wird, ist den persönlichen Bedürfnissen des Verbrauchers bereits entsprochen, wenn er aus dem Angebot des Unternehmers eine Ware komponiert, die von anderen Verbrauchern zumindest nicht regelmäßig angefordert wird und vom Unternehmer daher nicht ohne weiteres erneut veräußert werden kann (in diesem Sinne auch Schmidt-Räntsch, in: Bamberger/Roth § 312d Rn 26; MünchKomm/Wendehorst[4] § 312d Rn 27). Auf die persönlichen Bedürfnisse des Verbrauchers zugeschnitten sind dementsprechend Möbel, die aus einer Angebotspalette des Unternehmers individuell zusammengestellt werden, und Kraftfahrzeuge, die vom Verbraucher gewünschte Extras enthalten.

Um einen effektiven Verbraucherschutz zu gewährleisten, darf die **Ausnahmerege-** **46** **lung jedoch nicht zu weit verstanden** werden. Im Sinne des Schutzzweckes der Vorschrift, der darin liegt, dass eine Rückabwicklung des Vertrages für den Unternehmer unzumutbar ist, kommt es darauf an, ob dem Unternehmer durch die Rücknahme der Ware erhebliche wirtschaftliche Nachteile entstehen, weil die Ware erst auf Bestellung des Kunden nach dessen besonderen Wünschen angefertigt wurde (vgl BGH NJW 2003, 1665, 1666; Anmerkungen hierzu von Wendehorst BGH EWiR § 3 FernAbsG 1/ 03, 711; Fischer DB 2003, 1103). Nicht ausreichend in diesem Zusammenhang ist das allgemeine Risiko, das der Unternehmer bei jedem Fernabsatzgeschäft eingeht und das im Widerrufsrecht des Verbrauchers begründet ist. Dieses Risiko hat der Unternehmer nach dem Willen des Gesetzgebers zu tragen, und es wird durch die Vorteile, die der Fernabsatz für ihn mit sich bringt, ausgeglichen.

Die **Rechtsprechung** nennt zwei Voraussetzungen, die kumulativ erfüllt sein müssen, **47** damit angenommen werden kann, dass dem Unternehmer durch die Rücknahme der Ware ein erhöhtes wirtschaftliches Risiko entsteht (vgl hierzu ausführlich BGH MDR 2003, 732, 733). Zum einen darf der Unternehmer die vom Kunden veranlasste An-

fertigung der Ware nicht ohne weiteres rückgängig machen können. Hierzu ist erforderlich, dass es einen unvertretbaren wirtschaftlichen Aufwand erfordert, die
Bestandteile der Ware wieder in den Zustand zu versetzen, in dem sie sich vor der
Zusammensetzung befunden haben. Der BGH hat im Fall eines im **Baukastensystem**
(sog built-to-order-Verfahren) hergestellten **Notebooks** festgelegt, dass die Schwelle
zum unvertretbaren wirtschaftlichen Aufwand nicht überschritten ist, wenn der Wert
der aufgewandten Arbeitszeit **weniger als 5% des Warenwertes** beträgt (BGH NJW
2003, 1665, 1666). Aus dieser Entscheidung kann jedoch nicht abgeleitet werden, dass
im Einzelfall nicht auch höhere Kosten vom Unternehmer hinzunehmen sind (so auch
BRÖNNEKE MMR 2004, 127 Fn 7), jedoch ist die 5% Marke ein erster wichtiger Fingerzeig
in diesem Zusammenhang. Jedenfalls bemisst sich die Grenze zum unvertretbaren
wirtschaftlichen Aufwand nicht nach absoluten Beträgen. Abzustellen ist auf einen
Prozentwert, dessen Höhe von den konkreten Umständen des Einzelfalles abhängt,
maßgeblich beeinflusst von der durchschnittlichen Umsatzrendite des Unternehmers.

48 Zum anderen müssen die Angaben des Verbrauchers die Sache so individualisiert
haben, dass der Unternehmer sie wegen ihrer besonderen Gestalt nicht mehr oder
nur noch mit erheblichem wirtschaftlichen Verlust weiter veräußern kann (so zuvor
schon die Stimmen in der Literatur, etwa HÄRTING § 3 FernAbsG Rn 68; PALANDT/HEINRICHS[61] § 3
FernAbsG Rn 8). Auf diesem Hintergrund wurde die Anfertigung nach Kundenspezifikation oder der Zuschnitt auf die besonderen persönlichen Bedürfnisse bei einem
im built-to-order Verfahren erstellten Notebook ebenso verneint (BGH MDR 2003,
732, 733) wie bei einem Standard-Notebook, bei dem nach Bestellung des Kunden
gängige Zusatzkomponenten wie Netzteil, zweiter Akku, ISDN-Karte, TV-Karte
und CD-Brenner eingefügt wurden (BGH NJW 2003, 1665, 1666; zuvor OLG Frankfurt aM
CR 2002, 638, 639). Bei solchen Verträgen greift die Ausnahmeregelung aus Abs 4 Nr 1,
Alt 1 und 2 nicht, so dass der Verbraucher den Vertrag widerrufen kann. Kein
Widerrufsrecht besteht dagegen bei Leiterplatten, die nach spezifizierten Größen-
angaben der Besteller hergestellt werden (LG Essen v 4.6.2003 – 44 O 18/03). Muss der
Unternehmer bei der Erstellung der Leiterplatten den speziellen Bedürfnissen des
Verbrauchers Rechnung tragen, so ist davon auszugehen, dass sich die Platten nicht
mehr mit verhältnismäßig geringem Aufwand ohne Beeinträchtigung ihrer Substanz
und Funktionsfähigkeit wieder trennen lassen (LG Essen aaO). Ob ein fertiges Produkt verkauft wird oder ein Kauf nach **Kundenspezifikation** erfolgt, richtet sich nach
der Verkehrsanschauung. Bezeichnet die Auftragsbestätigung den Vertragsgegenstand mit einer Typenbezeichnung und dem Markennamen, spricht das dafür, dass
eine Standardkonfiguration geliefert wird (vgl LG Frankfurt aM CR 2003, 412, 413).
Betrifft der Fernabsatzvertrag handelsübliche **Standardsoftware**, ist das Widerrufsrecht des Verbrauchers auch dann nicht gemäß § 312d Abs 4 Nr 1 ausgeschlossen,
wenn sich auf der Rechnung des Unternehmers ein Vermerk findet, der angibt, dass
die Ware „speziell für den Verbraucher bestellt und deshalb nicht storniert oder
zurückgegeben werden kann" (so zu Recht LG Memmingen v 10.12.2003 – 1H O 2319/03).

b)   Ungeeignet für die Rücksendung
49 § 312d Abs 4 Nr 1, Alt 3 schließt das Widerrufsrecht auch aus, wenn die Ware
aufgrund ihrer Beschaffenheit nicht für eine Rücksendung geeignet ist. Die Ware muss
nicht von vornherein zur Rücksendung ungeeignet sein; es reicht aus, wenn der
Zustand später eintritt. Der Widerruf ist aber nicht nach Abs 4 Nr 1, Alt 3 ausge-

schlossen, wenn die Unmöglichkeit der Rückgabe auf den Untergang der Sache zurückzuführen ist. Vielmehr muss gerade die Beschaffenheit der Ware die Ursache dafür sein, dass eine Rücksendung nicht möglich ist (so auch KAMANABROU WM 2000, 1417, 1425). Das wird immer dann der Fall sein, wenn es dem Unternehmer nicht zugemutet werden kann, dass er die Ware zurücknimmt, weil sie sich nicht mehr in dem Zustand befindet, in dem er sie an den Verbraucher ausgeliefert hat. Der Gesetzgeber hat bei dieser Vorschrift Verträge über die Lieferung von Heizöl im Sinn gehabt, welches den hierfür vorgeschriebenen DIN-Normen entsprechen muss. Diese werden unter Umständen nicht mehr erfüllt, wenn das Heizöl sich mit dem im Tank des Verbrauchers befindlichen Heizöl vermischt, wodurch außerdem zusätzliche Qualitätsstandards beseitigt werden könnten (RegE FernAbsG BT-Drucks 14/2658, 44).

Zur Antwort auf die Frage, in welchen anderen Fällen eine „rückstandslose" (RegE **50** FernAbsG BT-Drucks 14/2658, 44) Rückgabe der Waren nicht möglich ist, sollte man unter Berücksichtigung von Sinn und Zweck der Vorschrift darauf abstellen, ob bei der Rücksendung ausgeschlossen ist, dass der **Verbraucher auch weiterhin wirtschaftlich von ihr profitiert** (SCHMIDT-RÄNTSCH, in: BAMBERGER/ROTH § 312d Rn 28; MünchKomm/ WENDEHORST[4] § 312d Rn 32; LORENZ JuS 2000, 834, 839; ROTH/SCHULZE RIW 1999, 924, 928; missverstanden von MICKLITZ/REICH BB 1999, 2093, 2094). Das ist zu bejahen bei literarischen oder wissenschaftlichen Werken, die als Dateien auf elektronischem Wege vertrieben werden (sog E-Books; dieses Beispiel hat der Gesetzgeber gewählt, vgl RegE FernAbsG BT-Drucks 14/2658, 44). Bezieht der Verbraucher Dateien auf diesem Weg, hat er vor Ablauf der Widerrufsfrist die Möglichkeit, die Daten auf seinem Rechner zu speichern und sich dadurch ihren wirtschaftlichen Wert zu sichern. Der Unternehmer hingegen hat kein Interesse daran, dass der Verbraucher eine im Wege des **Download** erworbene Datei an ihn zurückgibt. Indem § 312d Abs 4 Nr 1, Alt 3 das Widerrufsrecht bei E-Books ausschließt, hat der Gesetzgeber den elektronischen Vertrieb gegenüber anderen Formen des Fernabsatzes privilegiert. Wird das literarische Werk nicht als E-Book, sondern in gebundener Form vertrieben, besteht ein Widerrufsrecht zugunsten des Verbrauchers. Angesichts des Ausnahmecharakters von Abs 4 reicht es nicht aus, dass der Verbraucher von dem gedruckten Buch Fotokopien erstellen kann und dadurch die Möglichkeit besitzt, sich einen Teil des wirtschaftlichen Wertes des Vertragsgegenstandes anzueignen. Der Unternehmer hat nämlich an der Rücknahme einer gedruckten Ausgabe noch ein wirtschaftliches Interesse, da er diese noch an einen anderen Verbraucher weiter veräußern kann.

Elektronische Bauteile wie RAM-Bausteine, Motherboards und Speichermedien **51** sollen hingegen keine Waren sein, die aufgrund ihrer Beschaffenheit für eine Rücksendung nicht geeignet sind. Das überzeugt zwar unter dem Gesichtspunkt, dass sie nach der Benutzung durch den Verbraucher noch in ihrer ursprünglichen Form vorhanden und damit für den Unternehmer nutzbar seien (OLG Dresden CR 2001, 819, 820). Ob das Ergebnis angemessen ist, wird aber bereits dann zweifelhaft, wenn man bedenkt, dass eine Verseuchung der Bauteile und Speichermedien durch Computerviren, trojanische Pferde, Würmer uä droht, wenn der Verbraucher sie testet. Das OLG Dresden ließ sich hiervon nicht beeindrucken und verneinte die Anwendbarkeit von Abs 4 Nr 1, Alt 3 (OLG Dresden aaO). Ob diese Bewertung Bestand haben wird, bleibt abzuwarten. Es sprechen gute Gründe dafür, dass die unter Umständen hohen Prüfkosten, die der Unternehmer aufzuwenden hat, um festzustellen, ob sich die Bauteile auch weiterhin in einem einwandfreien Zustand befinden, dazu führen, dass ihm die Rücknahme nicht zugemutet werden kann und daher die Ausnahmeregelung in § 312d Abs 4 Nr 1, 3. Alt greift (in dem Sinne auch STEINS CR 2002, 180 f; kritisch auch WILMER/HAHN-WILMER, Fernabsatzrecht 342 f). Diese Bedenken dürfen freilich nicht dazu führen, dass das Widerrufsrecht des Verbrauchers in jedem Fall ausgeschlossen wird, wenn er die Ware benutzt hat. Der Unternehmer wird die Ware dann zwar nicht mehr zu dem ursprünglichen Preis verkaufen können, der Unterschied ist jedoch nicht so groß, dass es gerechtfertigt wäre, das Widerrufsrecht auszuschließen.

c) Verderbliche Ware

52 Kein Widerrufsrecht besteht nach § 312d Abs 4 Nr 1, Alt 4 und 5 bei Fernabsatzverträgen zur Lieferung von Waren, die schnell verderben können oder deren Verfallsdatum überschritten würde. Die **Formulierung der „schnellen Verderblichkeit"** in § 312d Abs 4 Nr 1, Alt 4 wirft zwei Fragen auf: Wie ist der Begriff „schnell" in diesem Zusammenhang zu verstehen? Muss der konkret gelieferte Gegenstand schnell verderblich sein oder reicht es aus, dass vergleichbare Gegenstände grundsätzlich schnell verderblich sind?

53 Zuweilen geht man davon aus, dass Waren schnell verderblich sind, wenn sie innerhalb von 6 Wochen üblicherweise verderben (LÜTCKE § 312d Rn 77; ähnlich auch OELRICHS ZLR 2001, 45, 63). Es ist aber zweifelhaft, ob ein fester Zeitrahmen den Besonderheiten des jeweiligen Vertragstyps gerecht werden kann. Im Einzelfall lassen sich sachgerechte Ergebnisse eher erzielen, wenn die Definition nicht an einen konkreten Zeitrahmen geknüpft ist. Schnell verderbliche **Lebensmittel** sind daher solche, deren typische Lebensdauer nach der Transportzeit und einer angemessenen Verweilzeit beim Verbraucher zu einem überwiegenden Teil abgelaufen ist (ähnlich ENDE/KLEIN, Grundzüge des Vertriebsrechts im Internet 194; MünchKomm/WENDEHORST[4] § 312d Rn 34). Die Transportzeit ist hierbei in Anlehnung an die gesetzlich vermutete Postlaufzeit (zB § 41 Abs 2 VwVfG) zu berechnen und beträgt daher in der Regel drei Tage. Die angemessene Verweilzeit beim Verbraucher ist nach der Widerrufsfrist zu bestimmen und beträgt somit zwei Wochen.

54 Ob eine Ware schnell verderblich ist oder nicht, muss anhand einer *ex ante*-Beurteilung entschieden werden (so auch MünchKomm/WENDEHORST[4] § 312d Rn 35; MEISTERERNST ZLR 2001, 489, 491). So besteht am ehesten die Möglichkeit, einen Missbrauch der Vorschrift durch Unternehmer oder Verbraucher zu verhindern. Der Verbraucher kann dann nicht einwenden, dass Ware, die der Unternehmer im Überschuss produziert hat (etwa Schokoladen-Ostereier), im Lager des Unternehmers ohnehin verderben würde und daher Abs 4 Nr 1, Alt 4 nicht einschlägig sei. Dem Unternehmer wiederum bleibt es verwehrt, Ware so lange zurückzuhalten, bis sie in naher Zukunft verderben würde. Von dem Ausschluss des Widerrufsrechts in § 312d Abs 4 Nr 1, Alt 4 können Unternehmer profitieren, die **Lebensmittel, Kosmetika, Arzneimittel oder Schnittblumen** im Fernabsatz vertreiben. Das Widerrufsrecht ist auch nach Abs 4 Nr 1, Alt 4 ausgeschlossen, wenn die im Fernabsatz vertriebene Ware schnell verderblich wurde, weil der Verbraucher sie nicht fachgerecht gelagert hat. Es wäre nicht interessengerecht, wenn der Verbraucher „ungestraft" dafür sorgen könnte, dass sich die Qualität der gelieferten Ware verringert. Das Widerrufsrecht ist nur nach Abs 4 Nr 1, Alt 4 ausgeschlossen, wenn sich die Qualität der Ware verringert hat. Wird nur die Funktionsfähigkeit des Vertragsgegenstandes getestet, führt das nicht dazu, dass dem Verbraucher kein Widerrufsrecht mehr zusteht. Hierdurch wäre der Schutzzweck des Fernabsatzrechts gefährdet (vgl hierzu OLG Dresden CR 2002, 180, 181).

Die Vorschrift kann nicht analog angewandt werden auf Fernabsatzverträge über **55** **Waren, die an ein bestimmtes Ereignis gebunden sind.** Zu denken ist hierbei etwa an Fanartikel, die zu der Fußball-Weltmeisterschaft 2006 in Deutschland hergestellt werden. § 312d Abs 4 Nr 1, Alt. 4 und 5 schließt nur Fernabsatzverträge über Waren aus, die nach Ablauf einer bestimmten Zeit nicht mehr zu gebrauchen sind. Aber auch bei anlassbezogenen Gegenständen ist ein völliger Funktionsausschluss bei Ablauf des Anlasses nur selten gegeben. Jedenfalls kann in Anbetracht der detaillierten Regelungen in den §§ 312b bis 312d nicht ohne weiteres von einer planwidrigen Regelungslücke ausgegangen werden, so dass eine analoge Anwendung auch insoweit nicht zulässig ist.

Ware, deren **Verfallsdatum überschritten** würde, ist naturgemäß auch Ware, die **56** schnell verderben kann. Abs 4 Nr 1, Alt. 5 ist also ein Unterfall von Abs 4 Nr 1, Alt. 4. Unklar bleibt, warum der Gesetzgeber hier den Konjunktiv verwandt hat. Das Verfallsdatum muss in Übereinstimmung mit anerkannten technischen Normen festgesetzt worden sein (so auch PALANDT/HEINRICHS[64] § 312d Rn 9; ENDE/KLEIN, Grundzüge des Vertriebsrechts im Internet 194). Hierzu zählen Haltbarkeitsfristen, die nach den gesetzlichen Bestimmungen für **Arzneimittel, Lebensmittel oder Kosmetika** berechnet wurden. Nur wenn ein Datum, das auf solch objektive Weise berechnet ist, überschritten würde, ist das Widerrufsrecht ausgeschlossen. Andernfalls bestünde für den Unternehmer die Möglichkeit, sich des Risikos eines widerrufenen Vertrages zu entledigen, indem er selbst ein besonders kurzes Verfallsdatum bestimmt. Der Unternehmer braucht kein Widerrufsrecht zu befürchten bei Verträgen über Waren, deren Verfallsdatum innerhalb der Widerrufsfrist zuzüglich drei Tage Versanddauer abläuft. Um zu verhindern, dass der Unternehmer die für ihn günstige Regelung in § 312d Abs 4 Nr 1, Alt 5 ausnutzt und ältere Waren veräußert, deren Verfallsdatum überschritten würde, ist die Vorschrift einschränkend auszulegen. Sie gilt nur für Waren, die ohnehin nur eine kurze Haltbarkeitsfrist haben oder bei denen das in Kürze erreichte Verfallsdatum eine vertraglich vereinbarte Eigenschaft darstellt. Erfüllt der Unternehmer seine Informationspflichten aus § 312c Abs 2 iVm § 1 BGB-InfoV nicht (ordnungsgemäß) und erlischt das Widerrufsrecht deshalb wegen § 355 Abs 3 erst nach 6 Monaten, kann sich der Unternehmer nicht auf § 312d Abs 4 Nr 1, Alt 5 berufen. Das würde zu einem Wertungswiderspruch innerhalb des Gesetzes führen: § 355 Abs 3 bestraft den Unternehmer, der seinen Informationspflichten nicht vollständig nachgekommen ist. Es wäre widersprüchlich, wenn derselbe Unternehmer zugleich privilegiert wäre, indem er nicht befürchten müsste, dass der Verbraucher von seinem Widerrufsrecht Gebrauch macht (so auch MünchKomm/WENDEHORST[4] § 312d Rn 35; **aA** anscheinend LÜTCKE § 312d Rn 77).

d) Entsiegelte Ware
Der Verbraucher kann sein Widerrufsrecht nach § 312d Abs 4 Nr 2 nicht nutzen, **57** wenn er die im Fernabsatz bestellten Audio- oder Videoaufzeichnungen oder Software entsiegelt hat. Die Begriffe Audio- und Videoaufzeichnungen sowie Software sind weit zu verstehen und umfassen jede nur denkbare **Form von Datenträgern.** Als Beispiele sind zu nennen: Diskette, ZIP-Diskette, CD, CD-Rom, DVD, DAT-Band, Speicherkarte, USB-Drive, Schallplatte, Videokassette uä. Die Ausnahmeregelung

will das Urheberrecht schützen (RegE FernAbsG BT-Drucks 14/2658, 44) und trägt den Entwicklungen der Technik Rechnung, die es ohne weiteres ermöglichen, dass der Verbraucher die Datenträger innerhalb der Widerrufsfrist kopiert und sich dadurch ihren wirtschaftlichen Wert zueignet. Es wäre dem Unternehmer nicht zuzumuten, wenn er dennoch die Datenträger zurücknehmen müsste.

58 Abs 4 Nr 2 setzt aber voraus, dass der Unternehmer die Ware versiegelt hat. Der **Begriff des Siegels** darf hierbei nicht zu eng verstanden werden, insbesondere kann nicht auf § 136 StGB zurückgegriffen werden. § 136 StGB soll die staatliche Autorität schützen, indem es unter Strafe gestellt wird, wenn ein amtliches Kennzeichen mit Beglaubigungscharakter (CRAMER/STERNBERG-LIEBEN in SCHÖNKE/SCHRÖDER § 136 StGB Rn 19) beschädigt wird. Abs 4 Nr 2 verfolgt einen weit trivialeren Zweck. Das Urheberrecht soll geschützt werden und zu diesem Zweck soll verhindert werden, dass der Verbraucher den Datenträger illegal kopieren kann. Der Datenträger muss deshalb durch besondere Vorkehrungen vor illegalen Kopien geschützt sein (in dem Sinne auch ENDE/KLEIN, Grundzüge des Vertriebsrechts im Internet 195; LÜTCKE § 312d Rn 82). Hierfür reicht es aus, wenn der Datenträger so verpackt ist, dass der Verbraucher die Verpackung entfernen muss, um auf ihn zugreifen zu können. Entsiegelung meint daher, dass der Verbraucher die Software nutzen kann, nachdem er eine erkennbar zur Wahrung eines Urheberrechts geschaffene Sperre überwunden hat, etwa indem eine verschlossene und äußerlich durch die Aufschrift damit erkennbar „versiegelte" Hülle um eine CD-Rom geöffnet wird (LG Frankfurt aM CR 2003, 412, 413). Erfasst ist auch eine elektronische Versiegelung (vgl SCHMIDT-RÄNTSCH VuR 2000, 427, 432). Es reicht daher aus, wenn der Verbraucher im Menü einer Software das Zustandekommen einer Lizenzvereinbarung zu den Bedingungen des Herstellers der Software bestätigt. Eine Entsiegelung liegt dagegen nicht vor, wenn der Verbraucher mit einem Kennwort eine Sperre für die Nutzung von BIOS-Software überwindet – derartige Software wurde als der Hardware zugehörige Grundausstattung bereits im Haus des Unternehmers genutzt und das Kennwort dient lediglich dazu, die unberechtigte Veränderung der BIOS-Einstellungen zu verhindern, nicht aber dem Schutz eines Urheberrechts (LG Frankfurt am Main CR 2003, 412, 413; ähnlich BRÖNNEKE MMR 2004, 127, 128). Nachdem der Verbraucher die technische Vorrichtung entfernt hat, durch die verhindert wurde, dass der Datenträger nutzbar ist, ist sein Widerrufsrecht wegen Abs 4 Nr 2 ausgeschlossen. Im Übrigen kommt dem Siegel gerade eine Signalfunktion zu. Es soll den Verbraucher bei der Nutzung der Ware zur Vorsicht mahnen.

59 Zugunsten des Verbrauchers kann von der Vorschrift durch **vertragliche Vereinbarung abgewichen** werden (s o Rn 6). Manche meinen, dass der Verbraucher sein Widerrufsrecht auch bei entsiegelter Ware ausüben kann, wenn es in dem Vertrag heißt, dass der Verbraucher die versiegelte Ware **zur Ansicht behalten** könne, da „Ansicht" nur so zu verstehen sei, dass der Verbraucher den Gegenstand benutzen und testen dürfe (s o LÜTCKE § 312d Rn 83). Einem solchen Verständnis begegnen jedoch Bedenken. Der Gesetzgeber hat zugunsten des Unternehmers entschieden, indem er bei entsiegelten Datenträgern kein Widerrufsrecht zulassen will. Diese grundsätzliche Entscheidung ist im Sinne der Rechtssicherheit zu respektieren, und wenn von ihr abgewichen werden soll, erfordert das einen eindeutigen Wortlaut in der zwischen Verbraucher und Unternehmer getroffenen vertraglichen Vereinbarung. Hierfür genügt es nicht, wenn vereinbart wird, dass der Verbraucher die Ware

„zur Ansicht" behalten darf. Eine solche Formulierung muss nicht zwangsläufig in dem Sinne verstanden werden, dass der Verbraucher die Datenträger auch nutzen darf. Vielmehr macht eine Ansicht im wörtlichen Verständnis auch dann Sinn, wenn der Verbraucher die Ware nicht testet. Häufig wird er nämlich Details des gelieferten Datenträgers erst dadurch erkennen können, dass er die auf der Verpackung enthaltene Produktbeschreibung liest. Nachdem er diese zur Kenntnis genommen hat, kann er sich ein Urteil darüber bilden, ob er an dem Vertrag festhalten will oder nicht. Um die berechtigten Interessen des Unternehmers zu schützen, sollte der Verbraucher aber nach Entsiegelung der Ware auch dann nicht mehr berechtigt sein, sein Widerrufsrecht auszuüben, wenn vertraglich vereinbart wurde, dass er die Ware „zur Ansicht" erhält.

Das Widerrufsrecht ist nicht ausgeschlossen, wenn der Verbraucher Software, die zur **60** Steuerung eines Gerätes dient, entsiegelt (so auch BRÖNNEKE MMR 2004, 127, 128). In diesem Fall greift der Schutzzweck von Abs 4 Nr 2 nicht ein. Der Unternehmer muss durch die illegale Verbreitung von **Treibersoftware** in der Regel keinen wirtschaftlichen Schaden befürchten. Zum einen sind derartige Dateien regelmäßig im Internet frei verfügbar. Zum anderen dürfte die kopierte Software, nachdem der Verbraucher die dazugehörige Hardware zurückgegeben hat, nutzlos sein, da sie nur im Zusammenhang hiermit gebraucht werden kann. Anders ist die Situation zu bewerten, wenn die mitgelieferte Software unabhängig von der Hardware gebraucht werden kann. Wird eine solche Software, die einen eigenen wirtschaftlichen Wert darstellt, vom Verbraucher entsiegelt, ist von der Möglichkeit eines Teilwiderrufs nur bzgl der mitgelieferten Hardware auszugehen (vgl die Beispiele bei BRÖNNEKE MMR 2004, 127, 128). Für die Software bleibt dagegen das Widerrufs- und Rückgaberecht des Verbrauchers ausgeschlossen.

Nicht unter Abs 4 Nr 2 fallen **Musik- oder Videodaten und Software, die per Down-** **61** **load erworben** wurden. Aufgrund des besonderen Vertriebsweges werden diese gerade nicht als versiegelte Datenträger geliefert. Eine analoge Anwendung der Vorschrift verbietet sich aufgrund ihres eng zu begreifenden Ausnahmecharakters und ist im Übrigen auch gar nicht erforderlich: Dateien, die per Download erworben werden, können nicht „rückstandsfrei" an den Unternehmer zurückgegeben werden, so dass ein Widerrufsrecht nach § 312 Abs 4 Nr 1, Alt 3 ausgeschlossen ist (vgl oben unter Rn 40, 50).

e) Zeitungen, Zeitschriften, Illustrierte

Auch bei der Lieferung von **Zeitungen, Zeitschriften und Illustrierten** besteht kein **62** Widerrufsrecht, § 312d Abs 4 Nr 3. Der Gesetzgeber ging hierbei davon aus, dass solche Produkte nur eine geringe Halbwertzeit besitzen, da sie stets an aktuelle Ereignisse geknüpft sind und ihr wirtschaftlicher Wert deswegen nach Benutzung rapide sinkt (RegE FernAbsG BT-Drucks 14/2658, 44). Nichts ist älter als die Zeitung von gestern. Zeitschriften sind Publikationen, die im Unterschied zu Zeitungen nicht täglich, sondern regelmäßig erscheinen. Illustrierte sind eine besondere Form von Zeitschriften, ihre gesonderte Erwähnung ist allein beispielhaft. Aus der Formulierung wird deutlich, dass nur Druckerzeugnisse vom Anwendungsbereich der Ausnahmeregelung betroffen sind (so auch HÄRTING § 3 FernAbsG Rn 86). Andere Publikationsformen, insbesondere sog E-Paper, werden von dem Ausnahmetatbestand nicht erfasst (so aber MünchKomm/WENDEHORST[4] § 312d Rn 39; MEENTS, Verbraucherschutz im Internet 223). Es gibt keinen überzeugenden Grund dafür, Abs 4 Nr 3 weit auszulegen und elektronische Publikationsformen mit einzubeziehen. Zum einen spricht der Wortlaut der Vorschrift klar gegen ein solches Verständnis. Zum anderen gibt es E-Paper-Waren, die aufgrund ihrer Beschaffenheit nicht für eine Rücksendung geeignet sind, so dass ein Widerrufsrecht des Verbrauchers bereits wegen Abs 4 Nr 1, Alt 3 ausgeschlossen ist. Auch **Bücher** sind nicht von der Ausnahmeregelung erfasst. Warum das so sein soll, erschließt sich mir nicht ohne weiteres (ebenfalls rätselnd: Hk-VertriebsR/ Micklitz Rn 34). Will man den entscheidenden Grund für den Ausschluss eines Widerrufsrechts bei Publikationen in der Aktualität des Druckerzeugnisses sehen (so offenbar MünchKomm/Wendehorst[4] § 312d Rn 40), so rechtfertigt sich eine unterschiedliche Behandlung von Büchern und Zeitschriften nicht ohne weiteres. Gerade solche Zeitschriften, die sich mit wissenschaftlichen Themen beschäftigen, stellen zwar aktuelle Entwicklungen dar, verlieren aber nicht an Wert, wenn sie älter werden. Warum der Unternehmer bei Verträgen über solche Zeitschriften kein Widerrufsrecht befürchten muss, bei Verträgen über Bücher aber schon, leuchtet nicht ein. Auch kann Büchern nicht stets ein aktueller Bezug abgesprochen werden. So ist es zB denkbar, dass ein Reiseführer erworben wird, der nur zur Vorbereitung auf eine spezielle Reise geeignet ist, danach für den Verbraucher aber keinen Wert mehr besitzt. Der Verbraucher kann sich hierbei den wirtschaftlichen Wert des Buches in gleicher Weise aneignen, wie das bei Zeitschriften möglich ist. Warum steht ihm dann aber in einem solchen Fall ein Widerrufsrecht zu? Eine unterschiedliche Behandlung lässt sich auch nicht dadurch rechtfertigen, dass sich Zeitschriften leicht kopieren lassen und der Verbraucher sich ihren Wert deshalb leichter zueignen kann, als das bei Büchern der Fall ist (so offenbar Ende/Klein, Grundzüge des Vertriebsrechts im Internet 196). Auch Bücher lassen sich ohne weiteres in kürzester Zeit kopieren, so dass eine unterschiedliche Behandlung auch aus diesen Gründen fragwürdig ist. Die Fallgruppenbildung ist daher unglücklich und hätte genauer präzisiert werden müssen. Bei Kalendern handelt es sich dagegen nicht um eine der privilegierten Gruppen (vgl OLG Hamburg NJW 2004, 1114, 1115 die Zeitschrifteneigenschaft eines Filmkalenders verneinend).

63 Zu beachten bleibt, dass das Widerrufsrecht nur ausgeschlossen ist, soweit nicht ein anderes durch vertragliche Vereinbarung oder gesetzliche Regelung bestimmt ist. Handelt es sich bei dem Vertrag über die Lieferung von Zeitschriften um ein **Abonnement**, so greift als gesetzliche Regelung § 505 Abs 1 S 1 ein. Sofern die Bagatellgrenze aus §§ 505 Abs 1 S 2 u 3, 491 Abs 2 Nr 1 überschritten wurde, steht dem Verbraucher ein Widerrufsrecht zu bei einem Vertrag, der die regelmäßige Lieferung gleichartiger Sachen zum Gegenstand hat (vom Gesetzgeber ist die Vorschrift ausdrücklich genannt worden, RegE FernAbsG BT-Drucks 14/2658, 44).

f)   Wett- und Lotteriedienstleistungen
64 Kein Widerrufsrecht besteht nach § 312d Abs 4 Nr 4 ferner bei Fernabsatzverträgen, die zur Erbringung von Wett- und **Lotteriedienstleistungen** geschlossen wurden. Sogenannte Online-Casinos sind einer der am stärksten expandierenden Geschäftsbereiche im Internet. Es wird geschätzt, dass 2004 weltweit über 16 Milliarden US-Dollar umgesetzt wurden. Damit wäre der Umsatz seit 1999 um mehr als ein Zwanzigfaches gestiegen (die Daten sind einer Studie der Marktforschungsgesellschaft Datamonitor entnommen, vgl Leupold/Bachmann/Pelz MMR 2000, 648; zu allgemeinen rechtlichen Problemen bei Online-Casinos Dietlein/Woesler K&R 2003, 458 ff). Verträge über Wett-

und Lotteriedienstleistungen beinhalten ein **spekulatives Element** (RegE FernAbsG BT-Drucks 14/2658, 44) und sind dadurch gekennzeichnet, dass die Beteiligten zur Unterhaltung oder aus Gewinnstreben über den Gewinn oder Verlust eines Vermögenswerts ein ungewisses Ereignis entscheiden lassen, dessen Eintritt nicht in ihren Händen liegt (vgl zur straf- und gewerberechtlichen Zulässigkeit von Glücksspielen im Internet LEUPOLD/BACHMANN/PELZ MMR 2000, 648). **Kein Vertrag zur Erbringung einer Wett- oder Lotteriedienstleistung** liegt dagegen vor, wenn der Unternehmer vom Verbraucher online abgegebene Lottotipps an eine Lottogesellschaft weiterleitet. Hierbei handelt es sich um einen reinen Geschäftsbesorgungsvertrag ohne spekulativen Charakter, durch den dem Verbraucher für seine Gegenleistung keine Gewinnchance eingeräumt wird (so zu Recht OLG Karlsruhe CR 2002, 682, 683). Das konkrete Geschäft muss nicht notwendigerweise als Wette oder Lotterie bezeichnet werden, auch bei Gewinnspielen, Tombolas, Preisausschreiben und Auslosungen bleibt das Widerrufsrecht ausgeschlossen. Warum das so ist, liegt auf der Hand: Das Risiko eines Geschäftes über Wett- oder Lotteriedienstleistungen würde einseitig auf die Schultern des Unternehmers gelegt, wenn der Verbraucher nach Eintritt des Ereignisses, das über Wohl oder Wehe seines Einsatzes entscheidet, seine Willenserklärung widerrufen kann.

Streitig ist, welche Auswirkungen die **in §§ 762, 763 getroffene Wertung** auf Abs 4 **65** Nr 4 hat. Nach § 762 Abs 1 S 2 kann der Verbraucher bei Spiel oder Wette seinen Einsatz nicht zurückfordern, „weil eine Verbindlichkeit nicht bestanden hat". Verträge über Wett- und Lotteriedienstleistungen sind unvollkommene Verbindlichkeiten und lösen nach §§ 762, 763 grundsätzlich gerade keine voll gültigen Verbindlichkeiten aus, so dass der Verbraucher eigentlich nicht verpflichtet wäre, den Vertrag zu erfüllen. Hiervor will ihn das Fernabsatzrecht aber gerade schützen. Der Verbraucher soll nicht einen Vertrag erfüllen müssen, den er bei Kenntnis aller Umstände nicht abgeschlossen hätte. Dieser Zweck kann nicht erreicht werden, wenn der Vertrag ohnehin nicht zur Leistung verpflichtet, sondern im Falle der Leistung nur einen Rechtsgrund darstellt. Dem Verbraucher bleibt es bei solchen Verträgen unbenommen, sie nicht zu erfüllen und dadurch seine Entscheidungsfreiheit zu wahren. Um dem fernabsatzrechtlichen Schutzzweck gerecht zu werden, ist Abs 4 Nr 4 daher in **teleologischer Reduktion** nur auf solche Verträge anzuwenden, bei denen der Verbraucher zur Leistung verpflichtet ist, was regelmäßig bei staatlich genehmigten Lotterien oder Ausspielungen der Fall ist, § 763 S 1 (in diesem Sinne auch SCHMIDT-RÄNTSCH, in: BAMBERGER/ROTH § 312d Rn 32; PALANDT/HEINRICHS[64] § 312d Rn 12; **aA** MünchKomm/WENDEHORST[4] § 312d Rn 44, die dem Verbraucher ein Widerrufsrecht so lange belassen will, wie die Ziehung noch nicht erfolgt ist und Zahl und Höhe der insgesamt von allen Teilnehmern geleisteten Einsätze keinen Einfluss auf den weiteren Fortgang des Geschäfts haben; OLG Karlsruhe CR 2002, 682, 683 vertritt die Auffassung, dass alle Dienstleistungen unter die Ausnahmeregelung fallen, denen ein spekulatives oder aleatorisches Element innewohne, da Abs 4 Nr 4 auf europäisches Recht zurückgehe und daher nicht nach den Begrifflichkeiten des deutschen Zivilrechts auszulegen sei). Es stellt sich die Frage, warum Abs 4 Nr 4 nicht auf solche Verträge über Wett- und Lotteriedienstleistungen beschränkt bleibt, die sich etwa auf den einmaligen Kauf eines Lotterieloses beschränken. Bei Dauerschuldverhältnissen wie einem Jahreslos wäre es sachgerechter gewesen, wenn dem Verbraucher die Möglichkeit gegeben worden wäre, sich mit *ex nunc*-Wirkung von dem Vertrag zu lösen (so auch LÜTCKE § 312d Rn 87). In das Gesetz *de lege lata* hineinlesen kann man dies freilich nicht.

g) Versteigerungen

66 Auch bei Verträgen, die in Form von **Versteigerungen im Sinne des § 156** geschlossen
werden, besteht nach Abs 4 Nr 5 kein Widerrufsrecht. Die restlichen Regelungen
des Fernabsatzrechts gelten aber auch für Versteigerungen, so dass der Unternehmer
seine Informationspflichten auch weiterhin zu erfüllen hat. Damit geht das **deutsche
Recht über die europäischen Vorgaben hinaus**. Art 3 Abs 1 vierter Spiegelstrich Fern-
AbsRL schließt Verträge, die bei einer Versteigerung geschlossen werden, gänzlich
vom Anwendungsbereich der Richtlinie aus. Im Referentenentwurf und auch noch
im Regierungsentwurf des Fernabsatzgesetzes sollte diese Vorgabe eigentlich in § 1
Abs 3 Nr 7 lit c eins zu eins übernommen werden, da „Versteigerungen im Wege des
Fernabsatzes unangemessen behindert würden, wenn der Verbraucher ein gesetzliches Widerrufsrecht hätte" (RefE FernAbsG Referat I B 2 3420/12-4 44). Diese Lösung
erwies sich aus verbraucherschutzrechtlichen Gesichtspunkten als bedenklich. Gerade Versteigerungen, bei denen Neuwaren häufig mit wesentlich unter dem Neu-
preis liegenden Mindestgeboten offeriert werden, locken den Verbraucher und regen
durch die Möglichkeit, die Ware wesentlich unter dem Marktwert zu erwerben, den
Spieltrieb und den Besitzinstinkt des Verbrauchers an (so zu Recht ROTH/SCHULZE RIW
2000, 924, 926; allgemein zum „winner's curse" COX/ISAAC, In Search of the Winner's Curse [1984]
Economic Inquiry 22, S 579–592; KRÄKEL, Auktionstheorie und interne Organisation [1992]).
Darüber hinaus befindet sich der Verbraucher auch bei Versteigerungen in einer
fernabsatztypischen Gefährdungslage. Er kann die Ware nicht begutachten, bevor er
ein Gebot abgibt. Diese Kritik hat sich der deutsche Gesetzgeber zu Herzen genommen und Versteigerungen in den grundsätzlichen Anwendungsbereich des Fernabsatzrechts einbezogen. Die jetzige **Regelung überzeugt**. Durch die weiterhin bestehenden Informationspflichten des Unternehmers bleiben die Interessen des Verbrauchers in ausreichendem Maße gewahrt. Ein Widerrufsrecht dagegen würde wohl
das Aus für **Online-Versteigerungen** bedeuten (so auch LÜTCKE § 312d Rn 89), da die
Möglichkeit bestünde, an der Versteigerung teilzunehmen, ohne das Risiko eines
rechtsverbindlichen Gebots befürchten zu müssen.

67 Für die Reichweite der Ausnahmeregelung ist es von entscheidender Bedeutung, wie
man den Begriff Versteigerung versteht. Mit besonderem Interesse dürften die
Betreiber von sogenannten Online-Auktionshäusern wie **eBay** die Diskussion ver-
folgen (zum Verbraucherschutz bei Internetauktionen vgl HOFFMANN/HÖPFNER EWS 2003, 107 ff;
zu den im Rahmen von Online Auktionen auftretenden Gewährleistungsfragen CICHON/PIGHIN CR
2003, 435 ff; zum Vertragsschluss bei Online-Auktionen WIEBE MMR 2000, 323 ff). Der Erwerb
von gebrauchten und neuen Gegenständen über Auktionsplattformen des Internets
erfreut sich steigender Beliebtheit und für seine Abwicklung spielt es eine nicht
unerhebliche Rolle, ob dem Verbraucher ein Widerrufsrecht zusteht oder nicht. Ob
die sog Internet-Auktionen Versteigerungen im Rechtssinne sind, war lange Zeit
zweifelhaft (vgl zum Streitstand mit ausführlichen Verweisen auf das Schrifttum MünchKomm/
WENDEHORST[4] § 312d Rn 45). In jüngerer Zeit hat sich mit guten Gründen in der Rechtsprechung die Auffassung durchgesetzt, dass wegen der zugrunde liegenden besonderen Vertragsbedingungen zumindest Verträge, die über die populärsten Online-
Auktionsplattformen **eBay** geschlossen werden, als Kaufverträge und nicht als Verträge, die bei einer Versteigerung geschlossen werden, zu bewerten sind (BGH ZIP
2004, S 2334: In dieser vielbeachteten eBay-Entscheidung stellte der BGH fest, dass das Widerrufsrecht des Verbrauchers bei einem über eBay mit einem Unternehmer geschlossenen Kaufvertrag
nicht ausgeschlossen ist, vgl zu der Entscheidung auch HANSEN ZGS 2004, S 455; BGH NJW 2002,

363 = „ricardo.de", 364; AG Kehl CR 2004, 60, 61; AG Schwäbisch Gmünd v 23. 7. 2002 – 8 C 130/01;
LG Köln v 6. 3. 2003 – 33 O 67/03; LG Hof CR 2003, 854; LG Hof CR 2002, 844; LG Offenburg v
19. 4. 2002 – 1 S 89/02; LG Memmingen NJW 2004, 2389, 2390; LG Konstanz CR 2004, 862 [Ls]; AG
Menden, MMR 2004, 502; aA AG Osterholz-Scharmbeck v 23. 8. 2002 – 3 c 415/02; AG Bad Hersfeld
MMR 2004, 500). Die Verträge kommen hierbei nach den allgemeinen Regeln der
§§ 145 ff zustande. Das online abgegebene Höchstgebot des Käufers ist eine wirksame, auf den Abschluss eines Kaufvertrages mit dem Verkäufer gerichtete Willenserklärung, die der Verkäufer dadurch annimmt, dass er auf der Online-Auktions-
plattform eine Angebotsseite für die Versteigerung des Kaufgegenstandes einrichtet
und hierbei ausdrücklich erklärt, er nehme bereits zu diesem Zeitpunkt das höchste,
wirksam abgegebene Kaufangebot an. Einige sprechen bei solchen Kaufverträgen
von einem **„Kauf auf Höchstgebot"** (zB SCHMIDT-RÄNTSCH, in: BAMBERGER/ROTH § 312d
Rn 33). Solche Verträge unterliegen ohne weiteres den Bestimmungen des Fernabsatzrechts und der Ausschluss des Widerrufsrechts nach Abs 4 Nr 5 greift nicht
durch. Zweifelhaft wird allerdings in der Regel sein, ob der Verkäufer die notwen-
dige Unternehmereigenschaft besitzt (vgl hierzu LG Hof CR 2003, 854 sowie oben unter
§ 312b Rn 8). Ebenfalls keine Versteigerung liegt vor, wenn der Verkäufer einen
Artikel in die Internetseiten von **eBay** einstellt und dem Käufer hierbei die Option
gibt, die Ware per „Sofortkauf" zu erwerben (vgl AG Moers NJW 2004, 1330). Der
Verkäufer gibt ein verbindliches Angebot ab, indem er erklärt, die angebotene Ware
zu dem ausgewiesenen Preis zu verkaufen.

Versteigerungen im Sinne des § 156 zeichnen sich im Gegensatz hierzu dadurch aus, **68**
dass der **Vertrag unmittelbar durch den Zuschlag zustande** kommt und ein abgegebenes Gebot erlischt, wenn ein höheres Gebot abgegeben wurde oder die Versteigerung ohne Erteilung des Zuschlags geschlossen wird. Solche echten Versteigerungen können unter gleichzeitiger Anwesenheit der Parteien geschlossen werden,
jedoch ist auch denkbar, dass sie als **Online-Versteigerungen** organisiert sind. Die
echte Online-Versteigerung hat eine andere rechtliche Konstruktion als der Kauf auf
Höchstgebot. So liegt eine Online-Versteigerung vor, wenn der Vertrag zwischen
Versteigerer und Verbraucher ohne weiteres durch den Zuschlag zustande kommt.
Ein Kauf auf Höchstgebot dagegen liegt vor, wenn sich der Versteigerer nach Ende
der Bietfrist verpflichtet, das höchste Angebot anzunehmen. Welche der beiden
Alternativen anzunehmen ist, richtet sich nach den AGB des Online-Auktionshau-
ses. Will der Unternehmer sicher gehen, dass das Geschäft als echte Online-Versteigerung bewertet wird und er deshalb kein Widerrufsrecht zu befürchten hat,
empfiehlt es sich, in den AGB festzulegen, dass die Feststellung des Höchstgebots
ähnlich wie der Zuschlag als Annahme des Höchstgebots zu bewerten ist (überzeugender Vorschlag von SCHMIDT-RÄNTSCH, in: BAMBERGER/ROTH § 312d Rn 33). Abs 4 Nr 5 ist
nicht anwendbar, wenn der Vertrag, den die Parteien schließen wollen, formbedürftig ist und daher durch den Zuschlag gar nicht zustande kommen kann. Versteigerungen im Fernabsatz sind nicht nur als Online-Auktionen denkbar. Ebenso ist es
möglich, dass der Verbraucher per Telefon oder Telefax auf einer Auktion bietet.
Auch in diesen Fällen steht ihm kein Widerrufsrecht zu, da es dem spekulativen
Charakter des Geschäftes widerspricht und letztlich die Durchführung einer solchen
Versteigerung unmöglich machen würde.

h) Schwankungen auf dem Finanzmarkt
Abs 4 Nr 6 nimmt Verträge vom Widerrufsrecht aus, die Waren oder (Finanz-) **69**

Dienstleistungen zum Gegenstand haben, deren Preis auf dem Finanzmarkt Schwankungen unterliegt, auf die der Anbieter keinen Einfluss hat. Wie schon bei § 312b Abs 2 ist der Gesetzgeber auch hier von der im BGB üblichen Regelungstechnik, Beispiele nicht in die Vorschriften aufzunehmen, abgewichen und hat drei **Illustrationen aus der FernAbsFinanzDienstRL** übernommen, die jedoch nicht abschließend zu verstehen sind.

70 Die Ausnahmeregelung betrifft Verträge über Waren wie Edelmetalle und Verträge über Dienstleistungen im Zusammenhang mit **Devisen, Geldmarktinstrumenten**, handelbaren Wertpapieren, Anteilen an Aktiengesellschaften, Finanztermingeschäften, Zinstermingeschäften, Zins- und **Devisenswaps** sowie Swaps auf Aktien- oder Aktienindexbasis (sog „equity swaps"), Kaufoptionen uä. Ähnlich wie Verträge zur Erbringung von Wett- und Lotteriedienstleistungen beinhalten auch diese Verträge ein hohes spekulatives Element, das Verbraucher und Unternehmer zu gleichen Teilen tragen. Es wäre unangemessen, das Risiko einseitig dem Unternehmer aufzubürden, indem der Verbraucher den Vertragsschluss widerrufen kann, wenn sich das Wertpapier nicht in der von ihm gewünschten Weise entwickelt. Im Unterschied zu Art 6 Abs 2 lit a, vierter Spiegelstrich FernAbsFinanzDienstRL spricht Abs 4 Nr 6 nicht von „Anteilen an Anlagegesellschaften", sondern von „Anteilscheinen, die von einer Kapitalanlagegesellschaft oder einer ausländischen Investmentgesellschaft" ausgegeben werden. Hiermit wird auf den Wortlaut von § 2 Abs 1 S 2 WpHG zurückgegriffen (RegE FernAbsG BT-Drucks 14/2658, 45; s auch FELKE/JORDANS WM 2004, 166, 170). § 2 Abs 1 S 2 WpHG wurde durch das Gesetz zur Umsetzung von EG-Richtlinien zur Harmonisierung bank- und wertpapieraufsichtsrechtlicher Vorschriften eingefügt und beendete die Diskussion darüber, ob auch Anteilscheine von in- oder ausländischen Kapitalanlagegesellschaften Wertpapiere im Sinne des WpHG sind (zum Meinungsstand vor der Umsetzung vgl ASSMANN/SCHNEIDER-ASSMANN, WpHG § 2 Rn 17).

IV. Rückgaberecht

71 § 312d Abs 1 S 2 bestimmt, dass dem Verbraucher bei Verträgen über die Lieferung von Waren anstelle des Widerrufsrechts ein **Rückgaberecht** eingeräumt werden kann. Die Fernabsatzrichtlinie selbst sieht ein solches Recht nicht vor, überlässt es aber im 14. Erwägungsgrund den Mitgliedstaaten, weitere Bedingungen und Einzelheiten für die Ausübung des Widerrufsrechts festzulegen. Diese Chance hat der deutsche Gesetzgeber genutzt und sich an anderen verbraucherschützenden Gesetzen wie dem Haustürwiderrufsgesetz oder dem Verbraucherkreditgesetzes orientiert, in denen dem Verbraucher ein Rückgaberecht eingeräumt wird (vgl RegE FernAbsG BT-Drucks 14/2658, 44). Abs 1 S 2 entspricht der Regelung in § 3 Abs 3 S 1 FernAbsG. § 3 Abs 3 S 2 FernAbsG, nach dem das Rückgaberecht in den gleichen Fällen ausgeschlossen sein soll wie das Widerrufsrecht, ließ der Gesetzgeber im Verlaufe der **Schuldrechtsmodernisierung** zu Recht unter den Tisch fallen, da durch die neue systematische Stellung der Regelung in Abs 1 S 2 deutlich wird, dass sich die Folgeabsätze auf das Rückgaberecht ebenso beziehen wie auf das Widerrufsrecht (vgl BT-Drucks 14/6040, 169). Abs 1 S 2 verweist für die Einzelheiten des Rückgaberechts auf § 356 (vgl hierzu die ausführliche Kommentierung bei STAUDINGER/KAISER [2004] § 356), wobei insbesondere die Voraussetzungen des § 356 Abs 1 erfüllt sein müssen. Ein Rückgaberecht kann daher nur vereinbart werden, wenn der Vertrag auf Grund eines Verkaufsprospektes geschlossen wurde, der eine deutlich gestaltete Belehrung über das Rückgaberecht enthält, der Verbraucher den Verkaufsprospekt in Abwesenheit des Unternehmers eingehend zur Kenntnis hat nehmen können und ihm das Rückgaberecht in Textform eingeräumt worden ist. Wird das Rückgaberecht nicht wirksam vereinbart, hat das nicht zur Folge, dass der Verbraucher gänzlich ohne Schutz dasteht. Ihm steht nach wie vor ein Widerrufsrecht aus § 312d Abs 1 S 1 iVm § 355 zu, bei dem ihm jedoch im Unterschied zum Rückgaberecht wegen § 357 Abs 2 S 3 die Kosten für die Rücksendung auferlegt werden können, wenn der Wert der Bestellung 40 Euro nicht übersteigt (aA MünchKomm/WENDEHORST[4] § 312d Rn 113, die das Vertrauen des Verbrauchers darauf, dass er sich ohne zusätzliche Kosten vom Vertrag lösen könne, für schützenswerter hält und deshalb davon ausgeht, dass der Verbraucher bei einem unwirksam vereinbarten Rückgaberecht in keinem Fall Versandkosten zu tragen hat). Die **Rechtsfolgen der Rückgabe** finden sich ebenso wie die des Widerrufs in § 357.

1.   Unterschiede zwischen Rückgabe- und Widerrufsrecht

Der Verbraucher kann sein Widerrufsrecht gemäß § 355 Abs 1 S 2 ausüben, indem er **72** die Sache kommentarlos an den Unternehmer zurückschickt. Auch das Rückgaberecht wird gemäß § 356 Abs 2 S 1 ausgeübt, indem der Verbraucher die Sache zurücksendet. Auf den ersten Blick scheinen sich die beiden Verbraucherrechte in **weiten Teilen sehr ähnlich** zu sein. Dennoch bestehen Unterschiede. Nutzt der Verbraucher sein Widerrufsrecht, so können ihm nach § 357 Abs 2 S 3 die regelmäßigen Kosten der Rücksendung auferlegt werden, wenn der Wert der bestellten Ware 40 Euro nicht überschreitet. Diese Möglichkeit besteht bei einem Rückgaberecht nicht. Ein Rückgaberecht ist daher zumindest dann für den Unternehmer günstiger, wenn der übliche Bestellwert seiner Waren 40 Euro übersteigt. Denn in einem solchen Fall erhält er mit der Mitteilung des Verbrauchers, sich von dem Vertrag lösen zu wollen, zugleich den Vertragsgegenstand zurück. Das ist nicht zwangsläufig der Fall, wenn der Verbraucher sein Widerrufsrecht nutzt. Hierzu gibt ihm § 355 Abs 1 S 2 neben der kommentarlosen Rücksendung der Ware noch andere Optionen. Es reicht zB aus, wenn er dem Unternehmer per E-Mail mitteilt, dass er sein Widerrufsrecht ausüben möchte. Das ist für den Unternehmer ungünstig. Gegebenenfalls muss er dem Vertragsgegenstand hinterherlaufen, Mahnungen uä verschicken, wodurch sich sein Verwaltungsaufwand in nicht unbeträchtlicher Weise erhöht (SCHMIDT-RÄNTSCH, in: BAMBERGER/ROTH § 312d Rn 9 schlägt aus diesem Grund gerade für größere Unternehmen vor, ein Rückgaberecht vorzusehen). Für den Verbraucher ist dagegen die Nutzung eines Widerrufsrechts einfacher als die Nutzung eines Rückgaberechts, bei dem erst ein Paket mit der bestellten Ware versandfertig gemacht werden muss. Auch wenn er bei einem Rückgaberecht nicht befürchten muss, die Kosten der Rücksendung auferlegt zu bekommen, so wird es ihm durch diesen zusätzlichen Aufwand erschwert, sein Widerrufsrecht auszuüben. Um den Verbraucher nicht über die Maßen zu benachteiligen, setzt § 356 Abs 1 relativ hohe Voraussetzungen, unter denen es möglich ist, das Widerrufsrecht durch ein Rückgaberecht zu ersetzen. Der Unternehmer wird sich in der Regel dagegen entscheiden, ein Rückgaberecht anstelle des Widerrufsrechts zu vereinbaren, wenn der Bestellwert unter 40 Euro liegt. Zu einer anderen Entscheidung dürfte er nur gelangen, wenn bei einer **Abwägung zwischen den Mehrkosten der Rücksendung und den Vorteilen des Rückgaberechts** das Letztere überwiegt.

2.   Voraussetzungen des Rückgaberechts

73 Wie sich aus § 312d Abs 1 S 2 ergibt, unterliegt das Rückgaberecht den gleichen Voraussetzungen wie das Widerrufsrecht. Es bedarf eines wirksamen Fernabsatzvertrags und die Rückgabe der Sache muss fristgerecht erfolgen. Wesentliche Unterschiede zum Widerrufsrecht ergeben sich nur bei der **Ausübung**. Während das Widerrufsrecht „in Textform" erfolgen kann, muss das Rückgaberecht grundsätzlich durch die Rücksendung der Sache ausgeübt werden, § 356 Abs 2 S 1. Nur wenn die Sache nicht als Paket verschickt werden kann, ist es möglich, das Rückgaberecht durch ein Rücknahmeverlangen auszuüben, § 356 Abs 2 S 1, zweite Alternative. In diesem Zusammenhang stellt sich die Frage, was unter einem Paket zu verstehen ist. Von der deutschen Post werden Postpakete definiert als verpackte und adressierte Güter, die ein Gewicht von bis zu 20 kg haben dürfen (§ 1 Abs 2 AGB der Deutschen Post Paket/Express National, Stand 1.3.2002 in Verbindung mit S 58 Preisliste Briefe, Päckchen und Pakete, Stand 1.7.2004). Aus dieser Gewichtsbeschränkung wurde zum Teil der Schluss gezogen, dass ein Rücknahmeverlangen gemäß § 356 Abs 2 S 1 ausgeübt werden könne, wenn der zu versendende Gegenstand mehr als 20 kg wiege, da in einem solchen Fall ein Versand als Paket ausgeschlossen sei (so Lütcke § 312d Rn 108; Palandt/Putzo[61] § 8 VerbrKrG Rn 8; MünchKomm/Ulmer[4] § 356 Rn 24; MünchKomm-Ulmer[3] § 8 VerbrKrG Rn 30). Diese Auffassung ist jedoch zu eng. Es ist nach dem Wegfall des Briefmonopols nicht mehr zeitgemäß, nur auf Postpakete abzustellen – ein Paketmonopol gab es schon vorher nicht. Im Übrigen ist sich anscheinend auch die Deutsche Post nicht ganz sicher, dass Gegenstände, die mehr als 20 kg wiegen, nicht als Paket versandt werden können. Ansonsten würden an anderer Stelle ihrer AGB kaum besondere Versandbedingungen für Pakete „mit einem Gewicht über 20 kg" genannt werden (Punkt 2.1 der Versandbedingungen Paket, Stand 1.7.2003). Entscheidend ist, dass der Charakter eines Paketes erhalten bleibt. Das ist nur bei allzu großen Speditionssendungen ausgeschlossen, die nur schwerlich als einheitliches Paket zu verpacken sind. Nicht als Paket versandt werden können danach etwa Flügel, Klaviere oder sperrige Möbelstücke. Eine weitere Präzisierung bleibt der Rechtsprechung vorbehalten.

74 Für die **Frist**, innerhalb derer das Rückgaberecht auszuüben ist, verweist § 356 Abs 2 S 2 auf § 355, so dass die gleichen Grundsätze gelten wie bei der Ausübung des Widerrufsrechts. Die Sachen müssen innerhalb von 14 Tagen zurückgegeben werden und die Frist beginnt nur bei ordnungsgemäßer Belehrung über das Rückgaberecht zu laufen (vgl hierzu im Einzelnen oben unter Rn 18).

V.   Konkurrenzen, § 312d Abs 5

75 § 312d Abs 5 regelt das Zusammentreffen von fernabsatzrechtlichen Widerrufsrechten und Widerrufsrechten nach den Vorschriften über Finanzierungshilfen, Teil- und Ratenzahlungsverträge und Verbraucherdarlehensverträge. Die Vorschrift wurde durch das **OLG-Vertretungsänderungsgesetz** eingefügt. Um eine Doppelung des Widerrufsrechts zu verhindern, tritt im Kollisionsfalle das Widerrufsrecht nach § 312d zurück (vgl Beschlussempfehlung des Rechtsausschusses, BT-Drucks 14/9266, 45). Da als Folge der Umsetzung der **FernAbsFinanzDienstRL** das Fernabsatzrecht nunmehr auch für Finanzdienstleistungen gilt, hat der Gesetzgeber die Konkurrenzregel auf Verbraucherdarlehensverträge erweitert und deshalb § 495 in die Vorschrift aufgenommen (vgl RegE eines Gesetzes zur Änderung der Vorschriften über Fernabsatzverträge bei Finanzdienstleistungen, 45). Für den Verbraucher ist § 312d die günstigere Regelung. Abweichend von § 355 Abs 2 S 1 beginnt die Widerrufsfrist nicht schon mit Erteilung der Widerrufsbelehrung, sondern erst, wenn der Unternehmer seinen Informationspflichten aus § 312c Abs 2 nachgekommen ist (vgl auch oben unter § 312c Rn 16 ff). Damit der Verbraucher bei Finanzierungshilfen, Teil- und Ratenzahlungsverträgen oder Verbraucherdarlehensverträgen nicht schlechter steht als im Fernabsatzrecht, verweist § 312d Abs 5 S 2 auf § 312d Abs 2 und erklärt ihn bei derartigen Verträgen für entsprechend anwendbar. Für die Ausübung des Widerrufsrechts in den in § 312d Abs 5 genannten Fällen ergeben sich daher keine Unterschiede. Im Ergebnis bedeutet dies, dass auch bei Verbraucherdarlehensverträgen die Informationspflichten nach § 312c dieses Gesetzes iVm § 1 BGB-InfoV gelten (vgl RegE eines Gesetzes zur Änderung der Vorschriften über Fernabsatzverträge bei Finanzdienstleistungen, 46).

VI. Wertersatz bei Fernabsatzverträgen über Finanzdienstleistungen

§ 312d Abs 6 setzt Art 7 Abs 3 FernAbsFinanzDienstRL um. Der Unternehmer darf **76** bei Fernabsatzverträgen über Finanzdienstleistungen abweichend von § 357 Abs 1 iVm den Vorschriften über den gesetzlichen Rücktritt nur dann vom Verbraucher eine anteilige Vergütung der tatsächlich erbrachten Dienstleistung verlangen, wenn er den Verbraucher über diese Rechtsfolge informiert hat, bevor er mit der Ausführung der Dienstleistung begonnen hat. Darüber hinaus muss der Verbraucher ausdrücklich zugestimmt haben, dass der Unternehmer mit der Ausführung der Dienstleistung beginnt, bevor die Widerrufsfrist abgelaufen ist. Für beide Voraussetzungen trägt der Unternehmer nach den allgemeinen Regeln die Beweislast (vgl RegE eines Gesetzes zur Änderung der Vorschriften über Fernabsatzverträge bei Finanzdienstleistungen, 46). Abs 6 entspricht von seiner Struktur her § 485 Abs 5, der die Rechtsfolgen des Widerrufsrechts bei Teilzeit-Wohnrechteverträgen abweichend von § 357 regelt. Die Vorschrift begünstigt den Unternehmer und ist eine Konsequenz der in Abs 3 getroffenen unterschiedlichen Regelungen über das Erlöschen des Widerrufsrecht bei Finanzdienstleistungen und sonstigen Dienstleistungen. Bei Fernabsatzverträgen über Dienstleistungen, die nicht Finanzdienstleistungen sind, erlischt das Widerrufsrecht nach Abs 3 Nr 2, wenn der Unternehmer mit ausdrücklicher Zustimmung des Verbrauchers mit der Ausführung der Dienstleistung beginnt. Für Finanzdienstleistungen hingegen gilt Abs 3 Nr 1. Das Widerrufsrecht erlischt, wenn der Vertrag von beiden Seiten auf ausdrücklichen Wunsch des Verbrauchers vollständig erfüllt ist, bevor der Verbraucher sein Widerrufsrecht ausübt. Hat der Unternehmer dagegen nur mit der Ausführung begonnen, kann der Verbraucher sein Widerrufsrechts auch weiterhin nutzen. Das birgt für den Unternehmer die Gefahr, dass er auf den Kosten für die bereits erbrachten Leistungen sitzen bleibt. Aus diesem Grund gibt ihm Abs 6 die Möglichkeit, vom Verbraucher Wertersatz hierfür zu verlangen. Damit der Verbraucher hiervon nicht überrascht wird, sondern schon bei Vertragsschluss die Möglichkeit besitzt, sich hierauf einzustellen, muss der Unternehmer ihn über diese Rechtsfolge ausdrücklich informieren. Insofern verschärft Abs 6 die ohnehin schon weitreichenden Informationspflichten des Unternehmers.

Der Unternehmer muss den Verbraucher vor Abgabe der Vertragserklärung darauf **77** hinweisen, dass er anteiligen Wertersatz zu leisten hat. Der **Umfang des Wertersatzes**, den der Verbraucher für die erbrachte Dienstleistung zu leisten hat, richtet sich nach den allgemeinen Regeln, insbesondere also nach § 346 Abs 2 S 1 Nr 1 (vgl hierzu STAUDINGER/KAISER [2004] § 346 Rn 136 f). Abs 6 schreibt keine bestimmte Form vor, an die sich der Unternehmer bei dem Hinweis halten müsste. Ein Hinweis kann mündlich oder schriftlich erfolgen. Da dem Unternehmer aber die Beweislast dafür obliegt, dass er den Verbraucher tatsächlich auf die in Abs 6 genannte Rechtsfolge hingewiesen hat, ist er gut beraten, wenn er die Schriftform beibehält und sich gegebenenfalls bestätigen lässt, dass der Verbraucher den Hinweis erhalten hat.

78 Gerade bei **Online-Geschäften** wird es jedoch kaum möglich sein, den Verbraucher schriftlich zu informieren. Der Hinweis muss nämlich „vor Abgabe der Vertragserklärung" erfolgen, also bereits bevor der Unternehmer seine Informationspflichten aus § 312c erfüllt (dort heißt es zum Zeitpunkt: „rechtzeitig vor Abschluss eines Fernabsatzvertrags", vgl § 312c Rn 17). Bei Online-Geschäften ist es als *invitatio ad offerendum* zu werten, wenn der Unternehmer Waren oder Dienstleistungen auf seiner Internet-Seite anbietet (so auch PALANDT/HEINRICHS[64] § 312b Rn 4; HÄRTING § 1 FernAbsG Rn 49; KÖHLER NJW 1998, 185, 187; LÜTCKE § 312b Rn 42; AIGNER/HOFFMANN, Fernabsatzrecht im Internet Rn 91; DÖRNER AcP 202 [2002] 363, 377; ERNST, Vertragsgestaltung im Internet Rn 11; OLG Frankfurt aM MMR 2003, 405, 406; AG Butzbach MMR 2002, 765; aA SCHNEIDER K&R 2001, 344, 345). Der Verbraucher gibt also bereits dann eine Vertragserklärung ab, wenn er auf die Internetseite des Unternehmers reagiert und die dort angebotene Dienstleistung bestellt. Der Unternehmer muss daher sicher gehen, dass der Verbraucher bereits jetzt über die Rechtsfolge des Abs 6 informiert ist. Ihm ist deswegen auch im Hinblick auf die bereits erörterte Beweislastverteilung zu raten, seine Internet-Seite so zu gestalteten, dass der Verbraucher durch einen Mausklick bestätigen muss, über die in Abs 6 genannte Rechtsfolge informiert worden zu sein, bevor er sein Angebot abgibt. Solche technischen Schwierigkeiten ergeben sich nicht, wenn der Verbraucher vor der Abgabe des Angebotes mit dem Unternehmer in Kontakt tritt, um nähere Einzelheiten über die angebotene Finanzdienstleistung zu erfahren. In einem solchen Fall kann der Unternehmer den Verbraucher auf die Rechtsfolgen hinweisen, wenn er seine Anfrage beantwortet.

79 Der Verbraucher muss im Übrigen, nachdem er darüber informiert wurde, dass er bei Widerruf des Vertrages bereits erbrachte Dienstleistungen zu vergüten hat, ausdrücklich zugestimmt haben, dass der Unternehmer vor Ende der Widerrufsfrist mit der Ausführung der Dienstleistung beginnt. Zu den **Einzelheiten** dieses Tatbestandmerkmals wird auf die Ausführungen zu Abs 3 Nr 2 verwiesen (so unter Rn 34 f).

§ 312e
Pflichten im elektronischen Geschäftsverkehr

(1) Bedient sich ein Unternehmer zum Zwecke des Abschluss eines Vertrages über die Lieferung von Waren oder über die Erbringung von Dienstleistungen eines Tele- oder Mediendienstes (Vertrag im elektronischen Geschäftsverkehr), hat er dem Kunden

1. angemessen, wirksame und zugängliche technische Mittel zur Verfügung zu stellen, mit deren Hilfe der Kunde Eingabefehler vor Abgabe seiner Bestellung erkennen und berichtigen kann,

2. die in der Rechtsverordnung nach Art. 241 des Einführungsgesetzes zum Bürgerlichen Gesetzbuche bestimmten Informationen rechtzeitig vor Abgabe von dessen Bestellung klar und verständlich mitzuteilen,

3. den Zugang von dessen Bestellung unverzüglich auf elektronischem Wege zu bestätigen und

4. die Möglichkeit zu verschaffen, die Vertragsbestimmungen einschließlich der Allgemeinen Geschäftsbedingungen bei Vertragsschluss abzurufen und in wiedergabefähiger Form zu speichern.

Bestellung und Empfangsbestätigung im Sinne von Satz 1 Nr. 3 gelten als zugegangen, wenn die Parteien, für die sie bestimmt sind, sie unter gewöhnlichen Umständen abrufen können.

(2) Absatz 1 Satz 1 Nr. 1 bis 3 findet keine Anwendung, wenn der Vertrag ausschließlich durch individuelle Kommunikation geschlossen wird. Absatz 1 Satz 1 Nr. 1 bis 3 findet keine Anwendung, wenn zwischen Vertragsparteien, die nicht Verbraucher sind, etwas anderes vereinbart wird.

(3) Weitergehende Informationspflichten auf Grund anderer Vorschriften bleiben unberührt. Steht dem Kunden ein Widerrufsrecht gemäß § 355 zu, beginnt die Widerrufsfrist abweichend von § 355 Abs. 2 Satz 1 nicht vor Erfüllung der in Absatz 1 Satz 1 geregelten Pflichten.

Verordnung über Informations- und Nachweispflichten nach bürgerlichem Recht
(BGB-Informationspflichten-Verordnung – BGB-InfoV)

Abschnitt 2. Informationspflichten bei Verträgen im elektronischen Geschäftsverkehr

§ 3. BGB-InfoV Kundeninformationspflichten des Unternehmers bei Verträgen im elektronischen Geschäftsverkehr
Bei Verträgen im elektronischen Geschäftsverkehr muss der Unternehmer den Kunden gemäß § 312e Abs 1 S 1 Nr 2 des Bürgerlichen Gesetzbuchs informieren:
1. über die einzelnen technischen Schritte, die zu einem Vertragsschluss führen,
2. darüber, ob der Vertragstext nach dem Vertragsschluss von dem Unternehmer gespeichert wird und ob er dem Kunden zugänglich ist,
3. darüber, wie er mit den gemäß § 312e Abs 1 Satz 1 Nr 1 des Bürgerlichen Gesetzbuchs zur Verfügung gestellten technischen Mitteln Eingabefehler vor Abgabe der Bestellung erkennen und berichtigen kann,
4. über die für den Vertragsschluss zur Verfügung stehenden Sprachen und
5. über sämtliche einschlägigen Verhaltenskodizes, denen sich der Unternehmer unterwirft, sowie die Möglichkeit eines elektronischen Zugangs zu diesen Regelwerken.

Materialien: Art 10, 11 Richtlinie 2000/31/EG über bestimmte rechtliche Aspekte der Dienste der Informationsgesellschaft, insbesondere des elektronischen Geschäftsverkehrs im Binnenmarkt („Richtlinie über den elektronischen Geschäftsverkehr"/E-Commerce-Richtlinie)

Gregor Thüsing

vom 8.6.2000, ABlEG Nr L 178, 1; Gesetz zur Modernisierung des Schuldrechts Regierungsentwurf BT-Drucks 14/6040, 169 ff; Stellungnahme des Bundesrats und Gegenäußerung der

Bundesregierung BT-Drucks 14/6857, 20 f, 56; Bericht des Rechtsausschusses BT-Drucks 14/7052, 192.

Systematische Übersicht

I.   Allgemeines _____ 1

II. Entwicklung der Vorschrift _____ 3

III. Anwendungsbereich _____ 6
1.   Vertrag im elektronischen
     Geschäftsverkehr _____ 7
a)   Tele- oder Mediendienst _____ 8
aa) Tele- oder Mediendienst _____ 10
bb) Dienste der Informationsgesellschaft 14
b)   Sich bedienen _____ 20
c)   Zum Zwecke des Vertragsschlusses _ 22
2.   Personeller Anwendungsbereich ____ 23
a)   Unternehmer _____ 24
b)   Kunde _____ 25
3.   Vertragsgegenstand _____ 26

IV. Pflichten des Unternehmers _____ 27
1.   Ausnahmen _____ 28
a)   Vertragsschluss durch ausschließlich
     individuelle Kommunikation _____ 29
aa) Individuelle Kommunikation _____ 30
bb) Vertragsschluss _____ 31
b)   Anderweitige Vereinbarung _____ 33
2.   Inhalt der Pflichten _____ 36
a)   Berichtigung von Eingabefehlern __ 37

aa) Vor Abgabe der Bestellung _____ 38
bb) Technische Mittel, Eingabefehler zu
     erkennen und zu berichtigen _____ 39
b)   Informationspflichten _____ 41
c)   Bestätigung der Bestellung _____ 45
aa) Bestätigung _____ 46
bb) Zugang der Bestellung _____ 51
cc) Unverzüglich _____ 54
dd) Auf elektronischem Wege _____ 55
d)   Abrufbarkeit der Vertragsbestim-
     mungen _____ 56

V.   Rechtsfolgen der Verletzung
     der Pflichten _____ 60
1.   Verzögerter Beginn der Widerrufs-
     frist _____ 61
2.   Allgemeine Rechtsfolgen _____ 64
a)   Nichtigkeit _____ 65
b)   Anfechtung _____ 66
c)   Culpa in contrahendo
     (§§ 311 Abs 2, 241 Abs 2) _____ 71
d)   Nachträgliche Unterrichtung _____ 72
e)   Unterlassungsklagen _____ 73

VI. Verhältnis zu anderen Vorschriften _ 74

Alphabetische Übersicht

AGB _____ 1, 35, 43, 50, 56 ff
Annahmeerklärung _____ 46 f

Bestellformular _____ 38, 67
Bestellung _____ 1 f, 37 ff, 45 ff

E-Commerce-Richtlinie _____ 3, 8, 34, 51, 53 f
EGG _____ 8
Eingabefehler _____ 1, 37 ff, 63, 66 f, 71
E-Mail _____ 29 ff, 47 f, 55, 58
Empfangsbestätigung _____ 47, 51 ff

Faxabruf _____ 58

Funk _____ 18

Individualkommunikation _____ 10, 13
invitatio ad offerendum _____ 22

Kontaktaufnahme _____ 38
Korrektur _____ 39 ff
Kunde _____ 25, 61

Massenkommunikation _____ 11, 13
MDStV _____ 8 f, 12 f

Notifizierungsgebot _____ 5

Printmedien	43	Vertragsparität	1
Provider	16	Vertragsschluss	1, 7 f, 22 f, 29, 31 f
TDG	8 f, 10 f, 74	Widerrufsfrist	4, 60 ff, 68
Transparenzgebot	43	Wissenserklärung	46
Transparenzrichtlinie	5, 14 f, 17 f		
		Zugangsbestätigung	47 f, 54
UKlaG	1, 64, 73		
UWG	64, 73		

I. Allgemeines

§ 312e bestimmt, welche Pflichten den Unternehmer treffen, wenn er sich „zum **1** Zwecke des Abschlusses eines Vertrags" eines Tele- oder Mediendienstes bedient. Wie die Vorschriften über Fernabsatzverträge legt auch § 312e Anforderungen fest, die bei Verträgen im elektronischen Geschäftsverkehr zu beachten sind. Die Norm schweigt dagegen zum Inhalt des Vertrags. Dies wird bereits in der systematischen Stellung der Vorschrift deutlich. Sie befindet sich im Untertitel „Besondere Vertriebsformen" des Titels „Begründung, Inhalt und Beendigung von Schuldverhältnissen", nicht jedoch im Abschnitt über „Einzelne Schuldverhältnisse". Der **Vertrag kann ua als Kauf-, Dienst- oder Werkvertrag ausgestaltet** sein (vgl hierzu unten Rn 26). **E-Commerce-Verträge und Fernabsatzverträge** bilden eine große Schnittmenge. Der wesentliche Unterschied zwischen den beiden Vertriebsformen besteht zum einen in dem weiteren personellen Anwendungsbereich von § 312e, der auch Geschäfte zwischen Unternehmern erfasst. Zum anderen beschränkt sich § 312e auf das Fernkommunikationsmittel Tele- oder Mediendienst (vgl zum Verhältnis zwischen §§ 312b bis 312d und § 312e die Ausführungen in Vorbem 28 zu §§ 312b ff). Da § 312e auch bei B2B-Geschäften zu beachten ist, kann der Schutzzweck der Vorschrift nicht nur in der Form fehlender **Vertragsparität** liegen, die ua Grund für die Schutzregelungen der §§ 312b bis 312d ist. Die dort vorgebrachte Begründung der Privilegierung des Verbrauchers trifft zwar bei zwischen Unternehmer und Verbraucher geschlossenen E-Commerce-Verträgen gleichermaßen zu, da diese ebenfalls als Fernabsatzverträge einzuordnen sind. Es muss jedoch noch andere Gründe geben, die es rechtfertigen, dass der Unternehmer auch dann die Informationspflichten des § 312e Abs 1 S 1 zu erfüllen hat, wenn er den Vertrag auf Augenhöhe mit einem anderen Unternehmer schließt. Diese Gründe sind in erster Linie in den **technischen Unwägbarkeiten** zu suchen, die bei E-Commerce-Verträgen auftreten können. Der Kunde muss davor geschützt werden, dass der Unternehmer seine Einflussmöglichkeiten auf die technische Gestaltung des Tele- oder Mediendienstes dazu nutzt, die **Vertragsschlussmodalitäten** zu verdunkeln. § 312e Abs 1 S 1 Nr 1 stellt deshalb sicher, dass der **Kunde Eingabefehler** leicht berichtigen kann, bevor er seine Bestellung abgibt. Daneben stellt § 312e Abs 1 S 1 Nr 4 sicher, dass der Kunde die **AGB** des Unternehmers in „wiedergabefähiger Form" speichern kann. Auch diese Regelung dient dem Schutz des Kunden. Ändert der Unternehmer nach dem Vertragsschluss seine AGB, muss der Kunde beweisen können, dass seinem Vertrag die alten AGB des Unternehmers zugrunde lagen. Letztlich sollen die unternehmerischen Pflichten, die sich aus § 312e Abs 1 S 1 ergeben, eine formal faire Vertragsanbahnung und einen **formal fairen Vertragsschluss** sicherstellen (vgl MünchKomm/WENDEHORST[4] § 312e Rn 1). Die Vorschriften beseitigen nicht eine strukturell gestörte Vertragsparität, sondern verhindern den **Missbrauch moderner Technologien** und wenden sich damit gegen eine situationsbedingte Vertragsimparität. Gleichwohl ist § 312e eine verbraucherschützende Norm und wird als solche auch von § 2 Abs 2 Nr 2 UKlaG definiert (ebenso MünchKomm/WENDEHORST[4] § 312e Rn 3; ERNST VuR 1999, 397 ff).

2 Abs 1 bestimmt den **Anwendungsbereich der Vorschrift** und legt darüber hinaus die unternehmerischen Pflichten fest. Im Übrigen stellt Abs 1 S 2 eine unwiderlegbare Vermutung für den **Zugang von Bestellungen und Empfangsbestätigungen** auf. Abs 2 S 1 schließt die Anwendung von Abs 1 S 1 Nr 1 bis 3 aus, wenn der Vertrag ausschließlich durch individuelle Kommunikation zustande gekommen ist. Abs 2 S 2 legt fest, unter welchen Voraussetzungen weite Teile der Vorschrift abbedungen werden können. Abs 3 enthält schließlich eine **Konkurrenzregel** sowie eine Sonderregelung für die Fälle, bei denen dem Kunden im elektronischen Geschäftsverkehr ein Widerrufsrecht zusteht.

II. Entwicklung der Vorschrift

3 § 312e wurde durch das **Schuldrechtsmodernisierungsgesetz** neu ins BGB aufgenommen. Anders als bei § 312b bis § 312d gab es eine Regelung für E-Commerce Verträge im deutschen Recht zuvor nicht. Die Vorschrift setzt Art 10 und 11 der Richtlinie 2000/31/EG über bestimmte rechtliche Aspekte der Dienste der Informationsgesellschaft, insbesondere des elektronischen Geschäftsverkehrs, im Binnenmarkt, sog **E-Commerce-Richtlinie**, um (vgl zur Entwicklung des Umsetzungsgegenstandes sowie zur Umsetzung dessen sonstiger Vorschriften Vorbem 15 zu §§ 312b ff). Die E-Commerce-Richtlinie hatte unter anderem zum Ziel, den elektronischen Geschäftsverkehr gemeinschaftsweit zu stärken (vgl den 3. Erwägungsgrund der Richtlinie). Dieses Ziel verfolgt auch § 312e, jedoch sind nicht alle Mitgliedstaaten dem deutschen Vorbild der fristgerechten Umsetzung gefolgt. In den Niederlanden beispielsweise ist erst im Januar 2003, also ein Jahr nach dem Ende der Umsetzungsfrist, ein Umsetzungsentwurf in das niederländische Parlament eingebracht worden (vgl hierzu SUJECKI MMR 2003, 378: Gesetz v 13.5.2004 zur Umsetzung der E-Commerce-Richtlinie 2000/31/EG, in Kraft seit 30.6.2004, Staatsblad Nr 210 und Nr 285, 2004).

4 Eine § 312e Abs 3 S 2 vergleichbare Regelung findet sich in der E-Commerce-Richtlinie nicht. Nach dieser Vorschrift beginnt für den Fall, dass dem Kunden ein Widerrufsrecht nach § 355 zusteht, die Widerrufsfrist nicht vor Erfüllung der in § 312e Abs 1 S 1 genannten Pflichten. Die Abweichung von den Vorgaben der Richtlinie ist aber europarechtlich zulässig, da durch sie sichergestellt werden soll, dass die in Art 10 und 11 E-Commerce-Richtlinie genannten Pflichten eingehalten werden (RegE SMG BT-Drucks 14/6040, 173). Ebenso unbedenklich ist es, dass § 312e dem Wortlaut nach auf Verträge über die Lieferung von Waren oder die Erbringung von Dienstleistungen beschränkt ist. Eine solche Begrenzung findet sich zwar in der E-Commerce-Richtlinie nicht. Jedoch ist wie schon bei § 312b (ausführlich die dortige Kommentierung bei § 312b Rn 12 f) insbesondere der Begriff der Dienstleistung im europäischen Sinne, also weit, auszulegen. Das führt im Ergebnis dazu, dass immer dann von einem Vertrag über die Erbringung einer Dienstleistung auszugehen ist, wenn kein Vertrag über die Lieferung von Waren vorliegt. Der **Anwendungsbereich von § 312e** wird daher **nicht europarechtswidrig beschränkt**, indem Abs 1 nur auf Verträge über die Lieferung von Waren oder über die Erbringung von Dienstleistungen Bezug nimmt. § 312e verpflichtet nur den Unternehmer. Die E-Commerce-Richtlinie dagegen legt in Art 10 und 11 dem Dienstanbieter Informationspflichten auf. Hierin liegt nur scheinbar ein Widerspruch. Zwar definiert Art 2 lit b E-Commerce-Richtlinie den Dienstanbieter als jede natürliche oder juristische Person, die einen Dienst der Informationsgesellschaft anbietet. Unter den Begriff „Dienst der Informationsgesellschaft" fallen aber nach Art 2 lit a E-Commerce-Richtlinie in Verbindung mit Art 1 Nr 2 Richtlinie 98/34/EG in der Fassung der Richtlinie 98/48/EG Dienstleistungen, die in der Regel gegen Entgelt erbracht werden. Auch der 18. Erwägungsgrund der E-Commerce-Richtlinie macht deutlich, dass die Pflichten der Richtlinie die gewerblich handelnde Person treffen soll. Dienste der Informationsgesellschaft werden hier als wirtschaftliche Tätigkeiten beschrieben, die „insbesondere" im Online-Verkauf von Waren bestehen können. Der Gesetzgeber hat daher bei der Umsetzung den Vorgaben der Richtlinie entsprochen, als er zum Zwecke eines kohärenten Sprachgebrauchs auf den Unternehmerbegriff des § 14 zurückgegriffen hat.

Noch im Gesetzgebungsverfahren zur Schuldrechtsmodernisierung wurden zum Teil **5** Bedenken geäußert, ob § 312e unwirksam sein könnte, weil dem aus der **Transparenzrichtlinie** folgenden **Notifizierungsgebot** nicht Genüge getan wurde (HOEREN MMR 2001, Heft 09 V). Die Transparenzrichtlinie (Richtlinie 83/189/EWG des Rates v 28. 3. 1989 über ein Informationsverfahren auf dem Gebiet der Normen und technischen Vorschriften, AblEG Nr L 109 v 26. 4. 1983, 8, ersetzt durch die Richtlinie 98/34/ EG des europäischen Parlaments und des Rates über ein Informationsverfahren auf dem Gebiet der Normen und technische Vorschriften und Vorschriften für die Dienste der Informationsgesellschaft, AblEG Nr L 204 v 21. 7. 1998, 34) galt ursprünglich nur für die Anmeldung nationaler Standards. Nachdem ihr Anwendungsbereich 1997 auf Dienste der Informationsgesellschaft ausgedehnt wurde, müssen nunmehr auch nationale Vorschriften für diesen Bereich angezeigt werden (s ausführl das zur Richtlinie 98/48/EG erschienene Vademecum der Kommission unter http://europa.eu.int/comm/en terprise/tris/vade9848/index_de.pdf). Hierdurch soll verhindert werden, dass Mitgliedstaaten im Bereich des Informationsrechts binnenmarktswidrige Bestimmungen erlassen. Der Mitgliedstaat muss das Gesetzgebungsvorhaben noch während des Gesetzgebungsverfahrens anmelden und ist in einer sich anschließenden 18monatigen Frist, innerhalb derer die Kommission prüft, ob Bedenken gegen das Projekt bestehen, gehindert, das Verfahren weiter voranzutreiben. Gesetze, die unter Missachtung dieses Gebotes erlassen werden, sind unwirksam (EuGH – CIA Security International SA gegen Signalson SA und Securitel SPRL – Slg 1996, I-2201). Da das Schuldrechtsmodernisierungsgesetz mit § 312e dieses Gesetzes und § 3 BGB-InfoV Regelungen über Dienste der Informationsgesellschaft enthält, hätte der Gesetzgeber eigentlich die Kommission von seinem Vorhaben informieren müssen. Dies ist im Zuge der umfangreichen Arbeiten zur Schuldrechtsmodernisierung offensichtlich übersehen worden (vermutet auch HOEREN aaO). Ob hierdurch freilich die Unwirksamkeit der Vorschrift verursacht wird, ist zweifelhaft. § 312e setzte eine gemeinschaftsrechtliche Richtlinie weitgehend wortgleich um. Ein Verstoß gegen die Regeln des Binnenmarktes ist deshalb eher fernliegend. Zu einem anderen Schluss kann man nur kommen, wenn dem Mitgliedstat bei der Umsetzung ein größerer Gestaltungsspielraum zusteht (s auch das Negativkriterium in Art 10 der Richtlinie 98/48/EG). In diesem Fall dient das **Notifizierungsgebot** dazu, bei fehlerhafter Umsetzung rechtzeitig tätig werden zu können (HOEREN aaO, deutet an, dass auch bei Art 10 und 11 der gewährte Spielraum groß genug sei, um eine gemeinschaftsrechtswidrige Umsetzung zu ermögli-chen). Für Art 10 und 11 E-Commerce-Richtlinie trifft dies jedoch nicht zu, so dass bis auf weiteres von der Wirksamkeit der Vorschriften ausgegangen werden kann (so auch Lütcke § 312e Rn 1; MünchKomm/Wendehorst[4] § 312e Rn 11).

III. Anwendungsbereich

6 Der Anwendungsbereich von § 312e ist eröffnet, wenn sich ein Unternehmer zum Zwecke des Abschlusses eines Vertrags über die Lieferung von Waren oder die Erbringung von Dienstleistungen eines Tele- oder Mediendienstes (Vertrag im elektronischen Geschäftsverkehr) bedient.

1. Vertrag im elektronischen Geschäftsverkehr

7 Wesentliche Anwendungsvoraussetzung von § 312e ist, dass es sich um einen Vertrag im elektronischen Geschäftsverkehr handelt. Kennzeichnendes Merkmal eines solchen Vertrags ist die **Verwendung eines Tele- oder Mediendienstes zum Zwecke des Vertragsschlusses**. Diese Voraussetzung verdeutlicht, dass der Anwendungsbereich von § 312e deutlich enger gesteckt ist als bei §§ 312b bis 312d. Wesentliche Voraus-setzung eines Fernabsatzvertrags ist, dass der Vertragsschluss unter ausschließlicher Verwendung von Fernkommunikationsmitteln erfolgt. Fernkommunikationsmittel in diesem Sinne sind Tele- oder Mediendienste, daneben aber auch Telefongesprä-che, Serienbriefe ua (vgl hierzu die Kommentierung zu § 312b unter Rn 38 f).

a) Tele- oder Mediendienst
8 Die E-Commerce-Richtlinie selbst kennt die Begriffe des Tele- oder Mediendienstes nicht, sondern spricht von Diensten der Informationsgesellschaft. Im deutschen Recht ist der überwiegende Teil der Richtlinie durch das Gesetz über den elektro-nischen Geschäftsverkehr **(EGG)** umgesetzt worden. Dieses Gesetz ändert **TDG** und **MDStV**, deren Regelungsbereiche von der Richtlinie maßgeblich betroffen wurden. **TDG** und **MDStV** gelten für Teledienste und Mediendienste und diese Begrifflich-keiten wurden auch nach der Umsetzung beibehalten. Der Gesetzgeber sah sich aus Gründen der Kohärenz gehalten, bei § 312e keine neuen Formulierungen einzufüh-ren sondern auf den Wortlaut des geltenden Rechts zurückzugreifen (RegE SMG BT-Drucks 14/6040, 170; vgl im Übrigen oben unter Rn). Diese Meinung ist erst im Verlaufe des Gesetzgebungsverfahrens entstanden. Noch im ersten Diskussionsentwurf zum SMG wollte der Gesetzgeber die Formulierung des Umsetzungsgegenstandes überneh-men. Dies schien sinnvoll, denn **TDG** und **MDStV** beschränken sich im Unterschied zur E-Commerce-Richtlinie nicht auf wirtschaftlich ausgerichtete Informations- und Kommunikationsdienste des elektronischen Geschäftsverkehrs, sondern erfassen neben elektronischen Abrufdiensten im Fernabsatz auch elektronische Verteil-dienste. Der Gesetzgeber hat dieses Problem jedoch erkannt und zurecht darauf hingewiesen, dass aus der Übernahme der Begrifflichkeiten nicht darauf geschlossen werden kann, dass § 312e den Anwendungsbereich der E-Commerce-Richtlinie überschreitet (RegE SMG BT-Drucks 14/6040, 170). Der Anwendungsbereich der Vor-schrift wird vielmehr bereits dadurch eingegrenzt, dass die Nutzung **zum Zwecke eines Vertragsschlusses** erfolgen muss. Diese Einschränkung zeigt, dass es nicht aus-reicht, wenn sich der Unternehmer eines bloßen elektronischen Verteildienstes be-dient (zweifelnd MünchKomm/Wendehorst[4] § 312e Rn 6 f, die vorschlägt, den Begriff „Tele- oder

Mediendienst" einschränkend auszulegen, um zu verhindern, dass der Anwendungsbereich der E-Commerce-Richtlinie überschritten wird). Erforderlich ist vielmehr, dass der Kunde den Tele- oder Mediendienst zum Zwecke einer Bestellung auch elektronisch individuell abrufen kann.

Um sich dem Inhalt der Begrifflichkeiten zu nähern, kann zunächst auf die in **TDG** **9** bzw **MDStV** gebrauchten Definitionen zurückgegriffen werden (so auch LÜTCKE § 312e Rn 5 ff; MASUCH, in: BAMBERGER/ROTH § 312e Rn 11; PALANDT/HEINRICHS[64] § 312e Rn 2; Anw-Komm-BGB/RING § 312e Rn 9; BOENTE/RIEHM JURA 2002, 222, 226; aA MünchKomm/WENDE-HORST[4] § 312e Rn 23, die ungeachtet des Wortlauts von § 312e von vornherein ausschließlich auf die europäische Tatbestandsvoraussetzung „Dienste der Informationsgesellschaft" zurückgreifen will). Zur weiteren Bestimmung der Begriffe ist im Hinblick auf eine richtlinienkonforme Auslegung auch der Begriff der Dienste der Informationsgesellschaft heranzuziehen.

aa) Tele- oder Mediendienste
§ 2 Abs 1 bis 3 TDG definiert **Teledienste** wie folgt: **10**

> **§ 2 Geltungsbereich**
>
> (1) Die nachfolgenden Vorschriften gelten für alle elektronischen Informations- und Kommunikationsdienste, die für eine individuelle Nutzung von Daten wie Zeichen, Bilder oder Töne bestimmt sind und denen eine Übermittlung mittels Telekommunikation zugrunde liegt (Teledienste).
>
> (2) Teledienste im Sinne des Absatzes 1 sind insbesondere
> 1. Angebote im Bereich der Individualkommunikation (zum Beispiel Telebanking, Datenaustausch),
> 2. Angebote zur Information oder Kommunikation, soweit nicht die redaktionelle Gestaltung zur Meinungsbildung für die Allgemeinheit im Vordergrund steht (Datendienste, zum Beispiel Verkehrs-, Wetter-, Umwelt- oder Börsendaten, Verbreitung von Informationen über Waren und Dienstleistungsangebote),
> 3. Angebote zur Nutzung des Internets oder weiterer Netze,
> 4. Angebote zur Nutzung von Telespielen,
> 5. Angebote von Waren oder Dienstleistungen in elektronisch abrufbaren Datenbanken mit interaktivem Zugriff und unmittelbarer Bestellmöglichkeit.
>
> (3) Absatz 1 gilt unabhängig davon, ob die Nutzung der Teledienste ganz oder teilweise unentgeltlich oder gegen Entgelt möglich ist.

Erforderlich ist, dass die Daten mittels Telekommunikation im Sinne des TKG **11** übertragen werden (vgl hierzu detailliert ROSSNAGEL/SPINDLER § 2 TDG Rn 17 f). Ferner muss es sich um Dienste handeln, die für die *individuelle* Nutzung bestimmt sind. Ein Teledienst liegt daher nicht vor, wenn die Übertragung der Daten der **Massenkommunikation** dienen soll. Das Kommunikationsmittel muss zur Punkt-zu-Punkt-Kommunikation (vgl zum Begriff ROSSNAGEL/SPINDLER aaO) genutzt werden und den Austausch zwischen zwei Individuen ermöglichen. Die in Absatz 2 aufgeführte Liste von Telediensten ist nicht abschließend. Sie ist bewusst offen gehalten („insbesondere"), um bei den zu erwartenden technischen Entwicklungen Anpassungen zu ermöglichen. Teledienste sind beispielsweise Datenbanken mit pornographischem Inhalt, auf die mittels eines sog Dialers zugegriffen werden kann (vgl LG Berlin MMR 2002, 630). Seriösere Beispiele für Teledienste sind juristische Datenbanken wie juris oder beck-online.

12 **Mediendienste** sind in § 2 Abs 1 und 2 **MDStV** wie folgt definiert:

§ 2 (Geltungsbereich)

(1) Dieser Staatsvertrag gilt für das Angebot und die Nutzung von an die Allgemeinheit
gerichteten Informations- und Kommunikationsdiensten (Mediendienste) in Text, Ton
oder Bild, die unter Benutzung elektromagnetischer Schwingungen ohne Verbindungsleitung oder längs oder mittels eines Leiters verbreitet werden. Die Bestimmungen des
Rundfunkstaatsvertrages bleiben unberührt. Ferner bleiben die Bestimmungen des Teledienstgesetzes in der in einem Bundesgesetz erstmalig beschlossenen Fassung, die Bestimmungen des Telekommunikationsgesetzes sowie der Bereich der Besteuerung unberührt.

(2) Mediendienste im Sinne von Absatz 1 sind insbesondere

1. Verteildienste in Form von direkten Angeboten an die Öffentlichkeit für den Absatz
   von Waren oder Erbringung von Dienstleistungen, einschließlich unbeweglicher
   Sachen, Rechte und Verpflichtungen, gegen Entgelt (Teleshopping),

2. Verteildienste, in denen Messergebnisse und Datenermittlungen in Text oder Bild mit
   oder ohne Begleitton verbreitet werden,

3. Verteildienste in Form von Fernsehtext, Radiotext oder vergleichbaren Textdiensten,

4. Abrufdienste, bei denen Text-, Ton- oder Bilddarbietungen auf Anforderung aus
   elektronischen Speichern zur Nutzung übermittelt werden, mit Ausnahme von solchen
   Diensten, bei denen der individuelle Leistungsaustausch oder die reine Übermittlung
   von Daten im Vordergrund steht, ferner von Telespielen.

13 Auch die Liste der Mediendienste, die in Absatz 2 genannt werden, ist nicht abschließend. Vielmehr handelt es sich um eine beispielhafte Aufzählung von Mediendiensten, die die Definition des Abs 1 S 1 mit Leben füllen soll. Gemeinsam haben
die Dienste, dass sie „an die Allgemeinheit gerichtet sind". Hierbei handelt es sich
dann auch dem Wortlaut nach um den wesentlichen Unterschied zwischen Tele- und
Mediendiensten. Teledienste sind für die Individualkommunikation gedacht, Mediendienste für die Massenkommunikation. Eine Abgrenzung zwischen den Diensten ist jedoch schwieriger als es zunächst den Anschein hat. Es ist charakteristisch für
die neueren Dienste, die insbesondere über das Internet angeboten werden, dass sie
zunächst für eine breite Öffentlichkeit bereitgehalten werden. Genutzt werden sie
dann aber als individuelles Kommunikationsmittel zwischen Nutzer und Unternehmer. Eine Abgrenzung nach dem Kriterium **Individualkommunikation/Massenkom-
munikation** ist daher kaum möglich. Wie man die Dienste im Einzelnen voneinander
abzugrenzen hat, ist zwar umstritten (vgl hierzu Lütcke § 312e Rn 8–15; Beucher/Leyen-
decker/Rosenberg, Mediengesetze § 2 MDStV Rn 1; Engel-Flechsig/Maennel/Tetenborn
NJW 1997, 2981, 2983; Gounalakis/Rhode CR 1998, 487, 490; Heyl ZUM 1998, 115, 117; Krö-
ger/Moos AfP 1997, 675, 680; Rossnagel NVwZ 1998, 1, 3), im Rahmen des Anwendungsbereichs von § 312e aber ohne Belang. Die Nutzung von Tele- wie Mediendiensten
führt gleichermaßen dazu, dass der Unternehmer die Pflichten aus § 312e zu beachten hat. Eine nähere Abgrenzung kann daher in diesem Zusammenhang dahinste-
hen.

bb) Dienste der Informationsgesellschaft

14 Die Begriffe Tele- oder Mediendienste sind **richtlinienkonform auszulegen**. Als
Maßstab dient hierbei die von der europäischen Vorlage verwandte Formulierung
„Dienste der Informationsgesellschaft". Dem Umsetzungsgegenstand selbst lässt

sich keine Definition des Begriffs entnehmen. Vielmehr verweist die E-Commerce-Richtlinie in Art 2 lit a auf die Begriffsdefinition in Art 1 Nr 2 der Richtlinie 98/34/ EG **(Transparenzrichtlinie)** in der Fassung der Richtlinie 98/48/EG. Dort heißt es in Art 1 Nr 2: „Dienst: eine Dienstleistung der Informationsgesellschaft, dh jede in der Regel gegen Entgelt elektronisch im Fernabsatz und auf individuellen Abruf eines Empfängers erbrachte Dienstleistung." Die Richtlinie 98/34/EG in der Fassung der Richtlinie 98/48/EG präzisiert die Bestimmung weiter und definiert ihre Einzelbestandteile. Ausgeschlossen werden Hörfunkdienste und Fernsehdienste im Sinne der Richtlinie 89/552/EWG. Darüber hinaus sind in einem Anhang Beispiele von Diensten aufgeführt, für die die Definition nicht gelten soll.

Auch wenn Art 1 Nr 2 der Transparenzrichtlinie von Dienstleistungen spricht, kann **15** daraus nicht geschlossen werden, dass hiermit der übliche **europarechtliche Dienst-leistungsbegriff** gemeint ist. Vielmehr ergibt sich insbesondere aus dem 18. Erwägungsgrund der E-Commerce-Richtlinie, dass mit Dienst jede einzelne Tätigkeit gemeint ist, die anlässlich des Abschlusses oder der Durchführung eines anderen Geschäfts geleistet wird. Der Dienst selbst muss nicht als solcher Gegenstand eines entgeltlichen Vertrags sein, auch das Unterhalten eines Online-Katalogs über Waren mit interaktiver Zugriffsmöglichkeit und unmittelbarer Bestellmöglichkeit ist ein Dienst im Sinne der Richtlinie (vgl zu weiteren Beispielen MünchKomm/WENDEHORST[4] § 312e Rn 25; FREYTAG CR 2000, 600, 602; MAENNEL MMR 1999, 187, 188).

Der Dienst muss aber in der Regel **gegen Entgelt** erbracht werden. Hiermit sind **16** „wirtschaftliche Tätigkeiten" (vgl 18. Erwägungsgrund der E-Commerce-Richtlinie) gemeint. Es reicht nicht aus, dass die Tätigkeit typischerweise gegen Entgelt erbracht wird. Dieses Kriterium trifft auf alle Dienste zu, die typischerweise im Internet erbracht werden und ist deshalb als Abgrenzungskriterium ungeeignet (so auch LÜTCKE § 312e Rn 16; PICHLER ELR 1999, 74, 76). Richtigerweise ist darauf abzustellen, ob die Tätigkeit regelmäßig nur zu wirtschaftlich eigennützigen Zwecken erbracht wird (so auch MünchKomm/WENDEHORST[4] § 312e Rn 26). Das kann auch dann zu bejahen sein, wenn der eigentliche Nutzer des Dienstes dem Unternehmer kein Entgelt zahlt. **Providerverträge**, bei denen Privatkunden der unentgeltliche Zugang zum Internet gewährt wird, betreffen Dienste der Informationsgesellschaft (vgl zu weiteren Beispielen MünchKomm/WENDEHORST Rn 25 f). Derartige Dienste werden für gewöhnlich nur gegen Entgelt angeboten und der Provider handelt zu wirtschaftlich eigennützigen Zwecken, da die Dienste durch einen Dritten – in der Regel durch Werbung – finanziert werden. „Gegen Entgelt" heißt aber auch „gegen Entgelt von Dritten".

Als weitere Tatbestandsmerkmale nennt Art 1 Nr 2 Transparenzrichtlinie **im Fern-** **17** **absatz erbrachte Dienstleistungen, die individuell abrufbar sind.** Im Fernabsatz erbrachte Dienstleistungen sind Dienstleistungen, die ohne gleichzeitige physische Anwesenheit der Vertragsparteien erbracht werden, wie etwa Dienstleistungen des Telebankings oder insbesondere Online-Datendienste (vgl zu weiteren Beispielen Münch-Komm/WENDEHORST[4] § 312e Rn 29). Nicht unter den Begriff fallen die in Anhang V der Transparenzrichtlinie aufgeführten Dienste. Genannt ist dort die Untersuchung in der Praxis eines Arztes mit Hilfe elektronischer Geräte in Anwesenheit des Patienten ebenso wie die Konsultation eines elektronischen Katalogs in einem Geschäft in Anwesenheit des Kunden. Ebenso ausgeschlossen sind die Buchung eines Flugtickets über ein Computernetz, wenn sie in einem Reisebüro in Anwesenheit des

Kunden vorgenommen wird sowie die Bereitstellung elektronischer Spiele in einer Spielhalle in Anwesenheit des Benutzers.

18 Jede Dienstleistung ist elektronisch erbracht, wenn sie mittels Geräten für die elektronische Verarbeitung (einschließlich digitaler Kompression) und Speicherung von Daten am Ausgangspunkt gesendet und am Endpunkt empfangen wird und vollständig über Draht, über Funk, auf optischem oder anderem elektromagnetischem Wege gesendet, weitergeleitet oder empfangen wird. Anhang V der Transparenzrichtlinie enthält auch eine Liste von Diensten, die nicht elektronisch erbracht werden. Genannt werden hierbei Offline Dienste wie der Vertrieb von Software auf CD-Roms oder Disketten sowie Dienste, die nicht über elektronische Verarbeitungs- und Speicherungssysteme erbracht werden, wie etwa Sprachtelefondienste, anwaltliche Beratung per Telefon/Telefax uä. Ebenfalls nicht elektronisch erbracht werden Dienste, die zwar mit elektronischen Geräten, aber in materieller Form erbracht werden, bspw Geldausgabe- oder Fahrkartenautomaten, sowie der Zugang zu gebührenpflichtigen Straßennetzen, Parkplätzen usw, selbst wenn elektronische Geräte bei der Ein- oder Ausfahrt den Zugang und/oder die korrekte Gebührenentrichtung kontrollieren.

19 Die Dienstleistung muss schließlich auf **individuellen Abruf eines Empfängers** erbracht werden. Das ist der Fall bei Dienstleistungen, die durch die Übertragung von Daten auf individuelle Anforderung erbracht werden. Nicht darunter fallen Dienste, die im Wege einer Übertragung von Daten ohne individuellen Abruf gleichzeitig für eine unbegrenzte Zahl von einzelnen Empfängern erbracht werden (sog Punkt-zu-Mehrpunkt-Übertragung).

b) Sich bedienen

20 § 312e verpflichtet Unternehmer, die sich eines Tele- oder Mediendienstes *bedienen*. Art 10 und 11 der E-Commerce-Richtlinie richten sich dagegen an den Dienst*anbieter*. Die unterschiedliche Wortwahl hat jedoch rein sprachliche Gründe. Insbesondere wird der Anwendungsbereich der Vorschrift nicht eingeschränkt, wenn der **Unternehmer nur der Nutzer eines Tele- oder Mediendienstes** ist (so aber Tettenborn MMR 1999, 516, 518; Tettenborn/Bender/Lübben/Karenfort K&R 2001, Beilage 1 zu Heft 12, 1, 6, nach denen § 312e nicht anwendbar sein soll, wenn Unternehmer und Kunde per E-mail kommunizieren, ohne dass der Unternehmer selbst den E-Mail Dienst bereitstellen würde). Zum einen wäre ein solches Verständnis mit dem Schutzzweck der Vorschrift nicht vereinbar. § 312e soll den Kunden vor den technischen Unwägbarkeiten des elektronischen Geschäftsverkehrs schützen. Diese bestehen unabhängig davon, ob der Unternehmer selbst einen Tele- und Mediendienst anbietet oder einen solchen nur zur Abwicklung seiner Geschäfte nutzt. Zum anderen spricht auch der – zugegebenermaßen missglückte – restliche Wortlaut der E-Commerce-Richtlinie gegen ein solches Verständnis. Die E-Commerce-Richtlinie versteht als Dienst der Informationsgesellschaft jede Tätigkeit, die anlässlich des Abschlusses oder der Durchführung eines Geschäfts geleistet wird (vgl oben unter Rn 4). Unter diesen Voraussetzungen bietet auch derjenige einen Dienst an, der den Tele- oder Mediendienst nur nutzt. Dem deutschen Sprachgebrauch entsprechend ist es jedoch nahe liegend, in einem solchen Fall davon zu sprechen, dass der Unternehmer sich eines Dienstes bedient. Inhaltliche Unterschiede sind hiermit nicht verbunden (so auch MünchKomm/ Wendehorst⁴ § 312e Rn 37).

Der **Unternehmer „bedient" sich eines Tele- oder Mediendienstes**, wenn er ihn be- **21**
wusst und zielgerichtet einsetzt. Insofern besteht eine Übereinstimmung zum Verwenden von Fernkommunikationsmitteln im Sinne von § 312b (vgl hierzu näher oben
unter § 312b Rn 41, Hk-VertriebsR/Micklitz § 312e Rn 36 stellt dagegen mir unverständlich darauf
ab, dass dem Begriff „verwenden" ein „intentionales Moment" innewohne, während „bedienen"
neutraler und technischer erscheine). Die Unterschiede in der Wortwahl zwischen § 312b
und § 312e zeigen erneut, wie schädlich die Umsetzung verschiedener Richtlinien in
einem engeren Zusammenhang für Übersichtlichkeit und Verständnis des Gesetzes
ist. Ähnlich wie bei § 312d Abs 3 (vgl hierzu § 312d Rn 31 f) wäre auch bei § 312b und
§ 312e eine einheitliche Sprachregelung wünschenswert gewesen.

c) Zum Zwecke des Vertragsschlusses

Der Unternehmer muss sich des Tele- oder Mediendienstes **zum Zwecke des Ab-** **22**
schlusses eines Vertrags bedienen. Art 10 und 11 der E-Commerce-Richtlinie kennen
dieses Tatbestandsmerkmal nicht, da die dort gemeinten Dienste der Informationsgesellschaft von vornherein auf wirtschaftlich ausgerichtete Informations- und Kommunikationsdienste beschränkt sind. Um zu verhindern, dass der Anwendungsbereich von § 312e überschritten wird, hat der Gesetzgeber die Beschränkung eingefügt (RegE SMG BT-Drucks 14/6040, 170; vgl hierzu auch oben Rn 7). Im Einzelfall kann es
schwierig sein zu beurteilen, ob die Dienste zum Zwecke des Abschlusses eines
Vertrags eingesetzt werden. Unstreitig ist, dass die Nutzung von Tele- oder Mediendiensten zumindest dann den Abschluss eines Vertrags bezweckt, wenn sie die
Willenserklärungen der Parteien übermitteln, die unmittelbar zum Abschluss des
Vertrags führen. Diese Voraussetzung ist beispielsweise erfüllt, wenn der Kunde auf
der Internetseite des Unternehmers ein Produkt auswählt und bestellt und der
Unternehmer die Bestellung auf elektronischem Wege annimmt. Richtigerweise
wird vorgeschlagen, dass § 312e auch gilt, wenn der Kunde aufgrund einer unter-
nehmerischen *invitatio ad offerendum* eine Ware auf elektronischem Wege bestellt,
die weitere Kommunikation zwischen den Parteien aber nicht mittels Tele- oder
Mediendiensten vonstatten geht (MünchKomm/Wendehorst[4] § 312e Rn 41). Der Unternehmer soll sich den Pflichten des § 312e nicht entziehen können, indem er das
Angebot des Kunden per Fax statt auf elektronischem Wege annimmt. Um dem
Schutzzweck der Vorschrift zu entsprechen, ist darauf abzustellen, ob der Kunde die
Bestellung auf elektronischem Wege abgegeben hat (so zutreffend Boente/Riehm JURA
2002, 222). Nur so ist sichergestellt, dass technische Fehler, die bei der Bestellung
auftreten, nicht zu Lasten des Kunden gehen. Folglich bleibt für § 312e kein Raum,
wenn die Einladung zum Vertragsschluss mittels eines Tele- oder Mediendienstes
erklärt wird, der Kunde die Bestellung jedoch durch nicht-elektronische Fernkommunikationsmittel, etwa ein Fax oder Telefonat, abgibt. In einem solchen Fall kommen dem Kunden – so er denn Verbraucher ist und die übrigen Voraussetzungen von
§ 312b Abs 1 erfüllt sind – immer noch die **Schutzmechanismen des Fernabsatzrechts**
zugute.

2. Personeller Anwendungsbereich

Der personelle Anwendungsbereich ist bei § 312e weiter als bei §§ 312b bis 312d. **23**
Während das Fernabsatzrecht nur für Verträge zwischen Unternehmer und Verbraucher gilt, muss § 312e auch beachtet werden, wenn sich zwei Unternehmer
gegenüberstehen. In jedem Fall muss ein Unternehmer am **Vertragsschluss** beteiligt

sein, Verträge zwischen Verbrauchern fallen nicht in den Anwendungsbereich von § 312e.

a) Unternehmer

24 Auf der einen Seite des Vertrags muss ein Unternehmer stehen. Es gilt die **Definition des § 14**. Hinsichtlich der im elektronischen Geschäftsverkehr auftretenden **Besonderheiten** kann auf die Kommentierung zum Unternehmerbegriff bei § 312b verwiesen werden (vgl § 312b Rn 8; MünchKomm/WENDEHORST[4] § 312e Rn 14–16 weist zurecht darauf hin, dass der E-Commerce-Richtlinie eine Beschränkung auf berufliche oder gewerbliche Tätigkeiten nicht besonders deutlich zu entnehmen ist).

b) Kunde

25 Auf der anderen Seite des Vertrags im elektronischen Geschäftsverkehr steht ein **Kunde**. Hierbei kann es sich um einen Verbraucher oder um einen Unternehmer handeln. Kunde ist jede natürliche oder juristische Person oder rechtsfähige Personenvereinigung, die einen Tele- oder Mediendienst nutzt. Keine Rolle spielt der Zweck, zu dem der Kunde handelt. Der Gesetzgeber hat hierbei nicht den in der E-Commerce-Richtlinie gebrauchten Begriff des Nutzers übernommen, sondern sich nach langem hin und her für den Begriff des Kunden entschieden. Ursprünglich war vorgesehen, dass der Vertragspartner des Unternehmers Empfänger heißen sollte (RegE SMG BT-Drucks 14/6040). Dem Rechtsausschuss ist dann aufgefallen, dass das Bürgerliche Recht auch an anderer Stelle eine Richtlinie umgesetzt und hierbei den Begriff des Kunden übernommen hat (BT-Drucks 14/7052, 192; der Rechtsausschuss nennt als „Parallelvorschrift" allerdings fälschlicherweise § 675a. Tatsächlich übernimmt jedoch § 676g den Begriff des Kunden aus dem Umsetzungsgegenstand, der Richtlinie 97/5 über grenzüberschreitende Überweisungen [sog Überweisungsrichtlinie]). Im Übrigen wären Missverständnisse kaum zu vermeiden gewesen, hätte man es beim Begriff Empfänger belassen. Insbesondere wäre unklar geblieben, ob der Empfang des Tele- oder Mediendienstes gemeint ist oder ob der Begriff auf den Empfang der Willenserklärung durch den Unternehmer zurückgeht (BT-Drucks 14/7052, 192).

3. Vertragsgegenstand

26 § 312e gilt nur für Verträge über die Lieferung von Waren oder die Erbringung von Dienstleistungen. Diese Formulierung führt bei europarechtskonformer Auslegung nicht zu einer Einschränkung des Anwendungsbereichs des § 312e. Ein **Vertragsgegenstand beliebiger Art** genügt, sofern er seinem Wesen nach geeignet ist, den Gegenstand von entgeltlichen Geschäften zu bilden (MünchKomm/WENDEHORST[4] § 312e Rn 17 ff; LÜTCKE § 312e Rn 22). Hier ist auf den **weiten Dienstleistungsbegriff des europäischen Sekundärrechts** zurückzugreifen (vgl hierzu die Kommentierung zu § 312b Rn 12 f), so dass im Ergebnis alle Vertragstypen in den Anwendungsbereich der Vorschrift fallen.

IV. Pflichten des Unternehmers

27 Die Pflichten des Unternehmers im elektronischen Geschäftsverkehr sind in Abs 1 S 1 Nr 1 bis 4 geregelt. Der Anwendungsbereich dieses Pflichtenkatalogs wird durch Abs 2 zT ausgeschlossen. Bei individueller Kommunikation und bei abweichender vertraglicher Vereinbarung zwischen den Parteien finden Abs 1 S 1 Nr 1 bis 3 keine

Anwendung. Bevor daher auf den Inhalt der einzelnen Pflichten eingegangen werden kann, soll zunächst untersucht werden, unter welchen Voraussetzungen der Unternehmer Abs 1 S 1 Nr 1 bis 3 nicht zu beachten braucht.

1. Ausnahmen

Abs 2 schränkt den Anwendungsbereich von Abs 1 S 1 Nr 1 bis 3 ein und bestimmt **28** darüber hinaus, inwieweit von den Regelungen in Abs 1 Nr 1 bis 3 durch vertragliche Vereinbarungen abgewichen werden kann. Abs 2 S 1 setzt Art 10 Abs 4 E-Commerce-Richtlinie um, durch Abs 2 S 2 wird Art 10 Abs 1 und 2 sowie Art 11 Abs 1 E-Commerce-Richtlinie Rechnung getragen.

a) Vertragsschluss durch ausschließlich individuelle Kommunikation

Nach Abs 2 S 1 werden Abs 1 Nr 1 bis 3 nicht angewandt, wenn der Vertrag aus- **29** schließlich durch **individuelle Kommunikation** geschlossen wird. Auf diese Weise geschlossene Verträge werden vom Schutzzweck der Vorschrift nicht umfasst. § 312e soll den Kunden vor allen Dingen vor den technischen Unwägbarkeiten schützen, die beim Vertragsschluss im elektronischen Geschäftsverkehr auftreten können. Werden Verträge aber durch den Austausch individueller – elektronischer – Kommunikation (zB E-Mails) geschlossen, besteht diese Gefahr nicht. Sie ähneln eher dem Vertragsschluss am Telefon oder per Brief und weisen nicht die typischen Besonderheiten des Online-Handels auf (so zu Recht BT-Drucks 14/6040, 172). Dieser ist vielmehr dadurch gekennzeichnet, dass sich der Unternehmer mit dem Tele- oder Mediendienst an eine unbegrenzte Zahl nicht individualisierbarer potenzieller Kunden wendet.

aa) Individuelle Kommunikation

Die Ausführungen des Gesetzgebers zu der in Abs 2 S 1 geregelten Bereichsaus- **30** nahme taugen nur bedingt dazu, der **Tatbestandsvoraussetzung der „individuellen Kommunikation"** Konturen zu verleihen. Zum Teil ist die Argumentation des Gesetzgebers wohl auch von der technischen Entwicklung überholt worden. Er ging 2001 noch davon aus, dass E-Mails auch in Zukunft in gleicher Weise verwendet würden wie herkömmliche Briefe. Phänomene wie das der sog Werbe-Spams, bei denen der Unternehmer massenhaft E-Mails mit Verkaufsangeboten an potentielle Kunden versendet, sind seinerzeit noch nicht als das besondere Ärgernis angesehen worden, welches sie inzwischen darstellen. Bedient sich der Unternehmer aber derartiger Werbe-Spams, stellt sich die Frage, ob auch in einem solchen Fall Abs 2 S 1 einschlägig sein soll. Ein inhaltlicher Unterschied zu der Situation, in der der Unternehmer einen Verkaufskatalog ins Internet stellt (dieses Beispiel hat der Gesetzgeber gewählt, um die individuelle Kommunikation von den spezifischen Besonderheiten des Online-Handels abzugrenzen, BT-Drucks 14/6040, 172), ist nicht mehr erkennbar. Es ist nicht unmittelbar einzusehen, warum der Unternehmer dann auch in diesen Fällen durch Abs 2 S 1 privilegiert werden sollte. Dagegen spricht auch der 39. Erwägungsgrund der E-Commerce-Richtlinie, der mahnt, dass die Ausnahmeregelungen nicht dazu führen sollen, dass die Pflichten der Richtlinie umgangen werden. Diese Gefahr bestünde ohne Zweifel, wenn bei der Nutzung von **Massen-E-Mails** die Pflichten des § 312e nicht mehr befolgt werden müssen. Allerdings legt der Wortlaut der Richtlinie zunächst nahe, dass jedenfalls E-Mails immer als individuelle Kommunikation anzusehen sind. In Art 10 Abs 4 heißt es: „Die Absätze 1 und 2 gelten nicht für

Verträge, die ausschließlich durch den Austausch von elektronischer Post oder durch damit vergleichbare individuelle Kommunikation geschlossen werden." Indem elektronische Post als Oberbegriff genannt wird, macht die Richtlinie deutlich, dass E-Mails immer als individuelle Kommunikation anzusehen sind und dass andere Kommunikationsformen denkbar sind, die dieselben Voraussetzungen erfüllen (Tettenborn/Bender/Lübben/Karenfort K&R 2001, Beilage 1 zu Heft 12, 1, 25, nennen als Beispiel Verträge, die im Rahmen eines online-chats geschlossen werden; Lütcke § 312e Rn 24 meint, dass auch der massenhafte Versand von E-Mails stets als individuelle Kommunikation anzusehen sei; MünchKomm/Wendehorst[4] § 312e Rn 48 schlägt eine zweistufige Prüfung vor, bei der auf der ersten Stufe die Kommunikationsform nach einer technisch-formalen Betrachtungsweise auszulegen ist und auf der zweiten Stufe das hierbei gefundene Ergebnis den Umständen des Einzelfalls angepasst werden kann). Allerdings wurden die Väter der Richtlinie von der technischen Entwicklung überholt. Auch aus Sicht des Kunden stellen massenhaft versandte E-Mails nur eine individualisierte Kommunikation dar, wenn der Verteiler zumindest eine Vorstellung von der Person des Empfängers hat. Andernfalls werden die E-Mails nicht in Ansehung der konkreten Person versandt, sondern lassen sich eher mit Postwurfsendungen vergleichen, die vom Unternehmer zu Marketingzwecken eingesetzt werden. Eine bloße Abgrenzung nach formalen Kriterien reicht nicht aus. Massenhaft versandte E-Mails sind daher grundsätzlich nicht als eine Form von individueller Kommunikation anzusehen, so dass der Unternehmer an die Pflichten aus § 312e Abs 1 Nr 1 bis 3 gebunden bleibt, wenn er zu Marketingzwecken massenhaft E-Mails versendet.

bb) Vertragsschluss
31 Undeutlich ist, was das Gesetz mit der Formulierung *„wenn der Vertrag [...] geschlossen wird"* meint. Es bedarf der Präzisierung, ob hierunter nur der Vertragsschluss selbst fällt oder die Voraussetzungen der Ausnahmeregelung nur erfüllt sind, wenn auch die Vertragsanbahnung ausschließlich durch individuelle Kommunikation erfolgt ist. Letzteres würde den Anwendungsbereich der Vorschrift erheblich einschränken. Der Unternehmer müsste dann den Pflichtenkatalog des Abs 1 S 1 Nr 1 bis 3 nicht erfüllen, wenn sowohl Vertragsanbahnung als auch Vertragsschluss selbst ausschließlich durch individuelle Kommunikation erfolgen würde. Dagegen wären die Pflichten von ihm zu beachten, wenn die Vertragsanbahnung etwa erfolgt, indem der Unternehmer auf seiner Internetseite Waren anbietet, der Vertrag selbst aber mittels E-Mails zwischen Unternehmer und Kunde geschlossen wird. Der Unternehmer wird benachteiligt, wenn neben dem Vertragsschluss auch die Vertragsanbahnung ausschließlich durch individuelle Kommunikation erfolgen muss, damit die Voraussetzungen von Abs 2 S 1 erfüllt sind. Auf der Grundlage eines solchen Verständnisses müsste er größeren Aufwand betreiben, um den Verpflichtungen aus Abs 1 S 1 Nr 1 bis 3 entgehen zu können. Er könnte zur Vertragsanbahnung nicht mehr massenkompatible Tele- oder Mediendienste anwenden und durch technische Vorrichtungen, die dazu führen, dass der Vertrag selbst per E-Mail geschlossen wird, den lästigen Pflichten aus Abs 1 S 1 Nr 1 bis 3 entgehen. Stattdessen müsste er schon zur Vertragsanbahnung individuell mit dem Kunden kommunizieren, was zeit- und damit auch kostenintensiver wäre (es sei denn, der Unternehmer bedient sich der oben erläuterten Möglichkeit der Werbe-Spams).

32 Wie weit oder wie eng der Begriff **„Vertragsschluss"** zu verstehen ist, wird nicht einheitlich beantwortet. Zum Teil wird die Auffassung vertreten, dass die unter-

nehmerischen Pflichten nur dann nach Abs 2 S 1 ausgeschlossen sein sollen, wenn auch in der Phase der Vertragsanbahnung, die dem Vertragsschluss zeitlich unmittelbar vorgelagert ist und unmittelbar zum Vertragsschluss überleiten soll, individuell zwischen Unternehmer und Kunden kommuniziert wird (MünchKomm/WENDE-HORST[4] § 312e Rn 50). Gegen eine solche Auffassung spricht der Wortlaut von § 312e Abs 2 S 1 und dessen europarechtlicher Vorgabe. In Art 10 Abs 4 E-Commerce-Richtlinie heißt es: *„Die Absätze 1 und 2 gelten nicht für Verträge, die ausschließlich durch den Austausch von elektronischer Post oder durch damit vergleichbare individuelle Kommunikation geschlossen werden."* Ausnahmeregelungen des europäischen Sekundärrechts sind grundsätzlich eng zu verstehen (vgl EuGH – Heininger – Slg 2001, I-9945; für die Parallelvorschriften im deutschen Recht bestätigt von OLG Dresden CR 2001, 819, 820 sowie die Kommentierung zu § 312d Rn 44), eine analoge Anwendung entgegen dem Wortlaut ist daher grundsätzlich nicht zulässig. Die europäische Ausnahmeregelung sieht nicht vor, dass die unternehmerischen Pflichten nicht zu erfüllen sind, wenn im Vorfeld des Vertragsschlusses zwischen den Parteien individuell kommuniziert wird. Die Ausnahme in Abs 2 S 1 greift deswegen nicht, wenn der Unternehmer zur Bestellung zwar ein elektronisches Formular bereithält, die eingegebenen Informationen dann aber nicht an einen Webserver sondern als E-Mail an einen Mailserver übermittelt werden (so im Ergebnis auch GLATT ZUM 2001, 390, 392).

b) Anderweitige Vereinbarung

Abs 1 S 1 Nr 1 bis 3 sowie Abs 1 S 2 finden keine Anwendung, wenn zwischen **33** **Vertragsparteien, die nicht Verbraucher sind, etwas anderes vereinbart** wird, Abs 2 S 2. Die Vorschrift übernimmt damit die Einschränkungen in Art 10 Abs 1 und 2 sowie Art 11 Abs 1 und 2 E-Commerce-Richtlinie, wonach die dort geregelten Verpflichtungen gelten sollen „außer im Fall abweichender Vereinbarungen zwischen Parteien, die nicht Verbraucher sind". Nach Abs 2 S 2 soll auch die Zugangsfiktion des Abs 1 S 2 durch vertragliche Vereinbarung ausgeschlossen werden können. Ursprünglich verfolgte der Gesetzgeber einen anderen Plan. Die Zugangsfiktion sollte nicht abbedungen werden können (RegE SMG BT-Drucks 14/6040, 172). Damit wäre der E-Commerce-Richtlinie entsprochen worden, die eine derartige Einschränkung ebenfalls nicht enthält. Das hätte aber einen logischen Bruch innerhalb der Vorschrift zur Folge gehabt. Denn die Zugangsfiktion bezieht sich nur auf Abs 1 S 1 Nr 3, der seinerseits auch nach der Fassung des Regierungsentwurfs abdingbar sein sollte. Wenn aber die Ausnahmeregelung durch vertragliche Vereinbarung komplett ausgeschlossen werden kann, muss sie auch teilweise abdingbar sein.

„Aus Gründen der besseren Lesbarkeit" (RegE SMG BT-Drucks 14/6040, 172) wollte der **34** Gesetzgeber bei der Umsetzung ursprünglich eine positive Formulierung wählen und auf die Unternehmereigenschaft des § 14 abstellen. Auf Stellungnahme des Bundesrates (Anlage 2 zu BT-Drucks 14/6857, Nr 64) wurde dann doch **die Formulierung der E-Commerce-Richtlinie** übernommen, da der Unternehmerbegriff kein vollumfänglicher Gegenbegriff zum Verbraucherbegriff sei und deshalb die Fassung des Regierungsentwurfs die Richtlinie nicht vollständig umsetze. Voraussetzung von Abs 2 S 2 ist also, dass die Parteien nicht Verbraucher sind. Diese Einschränkung kann sich nach der Systematik der Vorschrift nur auf den Kunden beziehen, da der Anbieter des Tele- oder Mediendienstes ohnehin Unternehmer und damit kein Verbraucher ist. Eine Partei, die nicht Verbraucher ist, muss nicht zwangsläufig Unternehmer sein. Vielmehr fallen hierunter auch Idealvereine, gemeinnützige Stiftungen und

öffentliche Einrichtungen, deren Rechtsbeziehungen ausschließlich öffentlich-recht-
lich ausgestaltet sind (s hierzu auch STAUDINGER/WEICK [2004] § 13 Rn 30).

35 Die Vereinbarung über den Ausschluss von Abs 1 S 1 Nr 1 bis 3 kann nach dem
ausdrücklichen Willen des Gesetzgebers für einen einzelnen Vertrag aber auch für
eine Vielzahl von Verträgen als **Rahmenvereinbarung** getroffen werden (RegE SMG,
BT-Drucks 14/6040, 172). Eine entsprechende Vereinbarung muss vor dem eigentlichen
Vertragsschluss erfolgen (RegE SMG, BT-Drucks 14/6040, 172; LÜTCKE § 312e Rn 26). In
diesem Zusammenhang wird die Frage aufgeworfen, ob eine abweichende Vereinbarung auch mittels **AGB** getroffen werden kann. Ein gewichtiges Argument gegen
die Zulässigkeit der Vereinbarung durch Allgemeine Geschäftsbedingungen liefert
§ 307 Abs 2 Nr 1. Durch § 312e Abs 1 S 1 Nr 1 bis 3 werden die Interessen des
Kunden geschützt. Wenn diese Schutzmechanismen nicht mehr vorhanden sind, wird
in nicht unerheblichem Maße in seine rechtlich geschützten Interessen eingegriffen,
so dass eine derartige Klausel unwirksam wäre (vgl PALANDT/HEINRICHS[64] § 312e Rn 10;
aA ohne weitere Begründung MASUCH, in: BAMBERGER/ROTH § 312e Rn 39). Eine Vereinbarung,
durch die Abs 1 S 1 Nr 1 bis 3 ausgeschlossen wird, kann deshalb nicht durch AGB
getroffen werden (so auch PALANDT/HEINRICHS[64] § 312e Rn 10; mit abweichender Begründung
LÜTCKE § 312e Rn 27; **aA** MASUCH, in: BAMBERGER/ROTH § 312e Rn 39; BOENTE/RIEHM Jura 2002,
222, 227; differenzierend MünchKomm/WENDEHORST[4] § 312e Rn 56, die bei Pflichten, die sich auf
den Vertragsschluss selbst beziehen, die Einbeziehung von AGB für unzulässig, bei nachvertraglichen Pflichten jedoch für zulässig hält).

2. Inhalt der Pflichten

36 § 312e Abs 1 S 1 Nr 1 bis 4 regeln Pflichten, die der Unternehmer beim Abschluss
eines Vertrags im elektronischen Geschäftsverkehr zu beachten hat. Die Pflichten
sind in zeitlicher Reihenfolge aufgelistet. Durch Abs 1 S 1 Nr 1 bis 4 in Verbindung
mit § 3 BGB-InfoV werden Art 10 Abs 1 bis 3 sowie Art 11 Abs 1 und 2 E-Commerce-Richtlinie in sprachlich gestraffter Form umgesetzt. Die Regelungstechnik
insbesondere von Abs 1 S 1 Nr 2 ist hierbei an § 312c angelehnt. Die grundsätzliche
Informationspflicht des Unternehmers ist in Abs 1 S 1 Nr 2 geregelt, während sich
die einzelnen Informationen, die dem Verbraucher zu erteilen sind, § 3 BGB-InfoV
entnehmen lassen (vgl auch STAUDINGER/THÜSING [2003] Art 241 EGBGB Rn 5).

a) Berichtigung von Eingabefehlern

37 Nach Abs 1 S 1 Nr 1 muss der Unternehmer dem Kunden angemessene, wirksame
und zugängliche technische Mittel zur Verfügung stellen, mit deren Hilfe der Kunde
Eingabefehler vor Abgabe seiner Bestellung erkennen und berichtigen kann. Die
Regelung setzt Art 11 Abs 2 E-Commerce-Richtlinie unter im Wesentlichen wört-
licher Übernahme des Richtlinientextes um. Die Pflicht wird ergänzt durch Abs 1
S 1 Nr 2 in Verbindung mit § 3 Nr 3 BGB-InfoV, wonach der Unternehmer den
Kunden darüber zu informieren hat, wie er mit den zur Verfügung gestellten technischen Mitteln Eingabefehler vor Abgabe der Bestellung erkennen und berichtigen
kann.

aa) Vor Abgabe der Bestellung

38 Der Kunde muss mögliche Eingabefehler schon **vor Abgabe seiner Bestellung** erkennen und berichtigen können. Der Unternehmer muss deshalb bereits zum Zeit-

punkt, in dem er eine Bestellmöglichkeit eröffnet, die Pflicht erfüllen (vgl RegE SMG BT-Drucks 14/6040, 171). Eine Bestellmöglichkeit eröffnet der Unternehmer, wenn er auf seiner Internetseite Waren anbietet und dem Kunden dort ein elektronisch abrufbares Bestellformular zur Verfügung stellt. Die Pflicht aus Abs 1 S 1 Nr 1 ist daher nicht erfüllt, wenn der Unternehmer in der schriftlich versandten Bestellbestätigung dem Kunden das Recht einräumt, sein bereits abgegebenes Angebot zu korrigieren (vgl Lütcke § 312e Rn 30). Wenn das Gesetz von der Abgabe einer *Bestellung* spricht, so darf das nicht zu eng verstanden werden. Ursprünglich hatte der Gesetzgeber geplant, der Vorschrift eine Legaldefinition des Begriffs beizufügen. Der Regierungsentwurf von § 312e Abs 1 S 1 Nr 1 sprach von der *„auf den Vertragsschluss gerichteten Willenserklärung (Bestellung) des Kunden"*. Diese Formulierung wurde jedoch zu recht als zu eng kritisiert (Schneider K&R 2001, 344, 345), da es gerade für den Laien nur schwerlich erkennbar sei, ob eine Erklärung, die sich äußerlich als Vertragserklärung ausnehme, auch tatsächlich eine solche sei. Diese Kritik hat den Rechtsausschuss überzeugt (BT-Drucks 14/7052, 192) und auf dessen Initiative ist es dann zu der jetzigen Fassung der Vorschrift gekommen. Mit der **Bestellung im Sinne des Abs 1 S 1 Nr 1** ist daher nicht nur die Vertragserklärung des Kunden selbst gemeint, sondern erfasst ist **jede Art der Kontaktaufnahme zwischen Kunden und Unternehmer, die dem Vertragsschluss vorgelagert** ist. Eine Bestellung in diesem Sinne liegt auch dann vor, wenn der Kunde sich nur über die Verfügbarkeit der angebotenen Waren erkundigt. Diese Lösung steht im Einklang mit den Vorgaben der Richtlinie, die bei dem bezweckten Kundenschutz keine Rücksicht auf vertragsrechtliche Kategorien nimmt (vgl Lütcke § 312e Rn 32). Stellt man darauf ab, ob im Verhältnis zwischen Unternehmer und Kunde eine Datenübermittlung stattgefunden hat, fallen konsequenterweise jene Vorgänge heraus, bei denen der Kunde die Waren, für die er sich interessiert, in einem virtuellen Einkaufskorb zwischenspeichert, ohne sie an den Unternehmer zu übermitteln (MünchKomm/Wendehorst[4] § 312e Rn 64; **aA** Micklitz EuZW 2001, 133, 141; Schneider K&R 2001, 344, 345).

bb) Technische Mittel, Eingabefehler zu erkennen und zu berichtigen

Der Unternehmer muss dem Kunden angemessene, wirksame und zugängliche techni- **39** sche Mittel zur Verfügung stellen, mit deren Hilfe der Kunde Eingabefehler erkennen und berichtigen kann. Zum Teil wird vertreten, dass den gemeinschaftsrechtlichen Vorgaben nur Genüge getan werde, wenn neben reinen Eingabefehlern – die dadurch entstehen, dass sich der Kunde verschreibt, vertippt oder verklickt – auch **Motivirrtümer** zu erkennen und berichtigen sein sollen (so Hk-VertriebsR/Micklitz § 312e Rn 57). Eine Korrektur müsse auch in den Fällen möglich sein, in denen der Kunde sich die Warenbestellung nicht vollständig überlegt habe und sich Sekunden später anders entscheidet (Hk-VertriebsR/Micklitz aaO). Diese Begründung will nicht recht einleuchten. Zum einen ist der Wortlaut von § 312e Abs 1 S 1 Nr 1 und der entsprechenden Vorschrift in Art 11 Abs 2 E-Commerce-Richtlinie klar. Von einem Eingabefehler kann dem Wortsinn nach nur die Rede sein, wenn der Kunde eine andere Taste getippt oder eine andere Funktion angeklickt hat, als er eigentlich vorgehabt hat. Bedient der Kunde dagegen die Tasten, die er auch bedienen wollte, ist sich aber über den Inhalt der damit abgegebenen Erklärung nicht sicher, so hat er bei der Eingabe keinen Fehler gemacht. Ein Eingabefehler liegt deswegen schon aus diesem Grunde nicht vor. Zum Zweiten wird ein Motivirrtum nicht von dem Schutzzweck des § 312e erfasst. Hauptzweck der Vorschrift ist es, den Kunden vor den technischen Unwägbarkeiten des elektronischen Geschäftsverkehrs zu schützen. Es

mag sein, dass der Kunde im elektronischen Geschäftsverkehr durch die spektaku-
läre Internetpräsenz des Unternehmers dazu verleitet werden kann, übereilte Willenserklärungen abzugeben. Vor diesen Gefahren wird der Kunde, der zugleich
Verbraucher ist, jedoch durch das fernabsatzrechtliche Widerrufsrecht geschützt,
das grundsätzlich auch im elektronischen Geschäftsverkehr gilt. Die Unterscheidung
zwischen Eingabefehler und Motivirrtum, die auch den Unterschied zwischen § 119
Abs 1 und § 119 Abs 2 prägt, muss als gesetzgeberisch gewollt anerkannt werden.

40 Der Unternehmer erfüllt diese Pflicht, indem dem Kunden vor der endgültigen
Versendung seiner Bestellung eine Zusammenfassung seiner Angaben angezeigt
wird, die er dann gegebenenfalls korrigieren kann (vgl LÜTCKE § 312e Rn 31; GLATT
ZUM 2001, 390, 395; GRIGOLEIT NJW 2002, 1151, 1157). Auch während der Eingabe muss
der Kunde seine Angaben jederzeit korrigieren können. Hierfür reicht es aus, dass
die üblichen Funktionstasten, die dazu führen, dass eingegebene Zeichen wieder
entfernt werden, auch weiterhin funktionieren. Um dem Kunden die technischen
Mittel zur Verfügung zu stellen, muss der Unternehmer nicht etwa Informationen an
den Kunden versenden. Es genügt, dass der Unternehmer in den von ihm verwandten Tele- oder Mediendienst technische Mittel integriert, die eine Korrektur ermöglichen (vgl Hk-VertriebsR/MICKLITZ § 312e Rn 64). Die **technischen Mittel** müssen darüber
hinaus **„angemessen, wirksam und zugänglich"** sein. Diese Begriffe sind ihrem natür-
lichem Sinne entsprechend zu verstehen und stehen im Zusammenhang mit der
Möglichkeit, Eingabefehler zu berichtigen. Dementsprechend ist ein technisches
Mittel angemessen, um die Korrektur zu ermöglichen, wenn es für den Unternehmer
keine unzumutbare Belastung bedeutet, das Mittel zur Verfügung zu stellen. Das
Mittel ist wirksam, wenn es dazu geeignet ist, Eingabefehler zu korrigieren. Die
Zugänglichkeit des Mittels ist schließlich zu bejahen, wenn der Kunde ohne Schwie-
rigkeiten auf das Mittel zurückgreifen kann und nicht erst größere (technische)
Hindernisse überwinden muss, um an das Mittel zu gelangen. Die drei Vorausset-
zungen müssen kumulativ vorliegen.

b) Informationspflichten

41 Der Unternehmer muss dem **Kunden** die in § 3 BGB-InfoV bestimmten Informationen rechtzeitig vor Abgabe von dessen **Bestellung** klar und verständlich mitteilen,
§ 312e Abs 1 S 1 Nr 2. § 312e Abs 1 S 1 Nr 2 beruht auf der gleichen Regelungstechnik wie § 312c Abs 1 S 1 Nr 1. Die einzelnen Informationspflichten, die der
Unternehmer zu erfüllen hat, finden sich nicht im BGB, sondern sind „im Interesse
einer besseren Lesbarkeit" (RegE SMG BT-Drucks 14/6040, 171) in § 3 BGB-InfoV ausgelagert. Die Rechtsgrundlage dieser Vorschrift findet sich in **Art 241 EGBGB** (vgl
hierzu ausführl STAUDINGER/THÜSING [2003] Art 241 EGBGB). In ihr ist der Richtlinientext
von Art 10 Abs 1 und 2 E-Commerce-Richtlinie im Wesentlichen wörtlich übernommen worden. Der Unternehmer muss also den Kunden informieren über die
einzelnen technischen Schritte, die zu einem Vertragschluss führen (§ 3 Nr 1 BGB-
InfoV), darüber, ob der Vertragstext nach dem Vertragsschluss vom Unternehmer
gespeichert wird und ob er dem Kunden zugänglich ist (§ 3 Nr 2 BGB-InfoV),
welche Möglichkeiten der Erkennung und Korrektur von Eingabefehlern bestehen
(§ 3 Nr 3 BGB-InfoV), welche Sprachen für den Vertragsschluss zur Verfügung
stehen (§ 3 Nr 4 BGB-InfoV) sowie über die Verhaltenskodices, denen sich der
Unternehmer unterwirft und deren elektronischer Abrufbarkeit (§ 3 Nr 5 BGB-
InfoV; vgl zu den bestehenden Verhaltenskodices VANDER K&R 2003, 339).

Diese Informationen hat der Unternehmer **dem Kunden rechtzeitig zur Verfügung zu** 42
stellen. Die Untersuchung des identischen Wortlauts bei § 312c Abs 1 hat gezeigt,
dass die Voraussetzung erfüllt ist, wenn der Kunde die Informationen zur Kenntnis
nehmen kann, bevor er zum ersten Mal den Vertragsgegenstand betreffende Daten
an den Unternehmer übermittelt (vgl im Einzelnen die Kommentierung zu § 312c Rn 20).

Die **Informationen** müssen **„klar und verständlich" erteilt** werden (vgl zu den Informa- 43
tionspflichten im elektronischen Geschäftsverkehr auch WOITKE BB 2003, 2469, 2472). Die Formulierung geht auf Art 10 Abs 1 E-Commerce-Richtlinie zurück, durch den der
Diensteanbieter verpflichtet wird, die Informationen „klar, verständlich und unzweideutig" zu erteilen. Der Gesetzgeber hat aus sprachlichen Gründen darauf
verzichtet die Wortdoppelung des europäischen Rechts vollständig zu übernehmen; eine inhaltliche Abweichung ist hiermit jedoch nicht verbunden: die Adjekti-
ve klar und unzweideutig sind als Synonyme zu verstehen. Vorschriften über die
Verständlichkeit der Informationen finden sich in nahezu allen gemeinschaftsrechtlichen Informationstatbeständen. Grundlegend war das **Transparenzgebot von**
Art 5 Abs 1 der AGB-Richtlinie, wonach schriftlich wiedergegebene Klauseln stets
„klar und verständlich" sein müssen. Ähnliche Regelungen finden sich in der Pauschalreiserichtlinie, der Fernabsatzrichtlinie (vgl auch die Erläuterungen zu § 312c Rn 27)
und der Überweisungsrichtlinie (vgl hierzu FLEISCHER ZEuP 2000, 772, 786 f). Das Gebot der Verständlichkeit ist bei der Umsetzung der unterschiedlichen sekundär-
rechtlichen Informationspflichten jeweils übernommen worden. Ob Informationen
in klarer und verständlicher Weise erteilt wurden, richtet sich daher auch nach
dem europäischen Verständnis dieser Begriffe. Abzustellen ist deswegen auf die
Erkenntnismöglichkeiten und Erwartungen des mündigen europäischen Durch-
schnittskunden bei Verträgen der in Rede stehenden Art (vgl FLEISCHER aaO mwN;
eingehend die Erläuterungen bei § 312c Rn 27 f). Wie diese Formel schon zeigt, ist anhand der Umstände des Einzelfalls zu entscheiden, ob dem Transparenzgebot des
§ 312e Abs 1 S 1 Nr 2 Genüge getan wurde. Allgemeingültige Regelungen lassen
sich kaum aufstellen. Verfehlt ist es daher, dem Verbraucher, der elektronische
Medien nutzt, höhere Kenntnisse zuzusprechen als dem Nutzer von herkömmlichen Printmedien (so aber REICH EuZW 1997, 581, 584). Auch bei den Informationspflichten des elektronischen Geschäftsverkehrs ist es zweifelhaft, ob der Unternehmer den Anforderungen genügt, wenn er die Informationen durch Vorlage seiner AGB übermittelt.

Hinsichtlich der **Einzelheiten der Informationspflichten** wird auf die Kommentierung 44
zu Art 241 EGBGB verwiesen (STAUDINGER/THÜSING [2003] Art 241 EGBGB Rn 4–8).

c)   Bestätigung der Bestellung
Der Unternehmer muss den Zugang der **Bestellung** des **Kunden** unverzüglich auf 45
elektronischem Wege bestätigen, § 312e Abs 1 S 1 Nr 3. Die Vorschrift setzt Art 11
Abs 1 erster Spiegelstrich E-Commerce-Richtlinie um. Um bei der Umsetzung der
deutschen Rechtsterminologie gerecht zu werden, wählte der Gesetzgeber die Formulierung „Zugang der Bestellung", anstatt den Wortlaut der Richtlinie „Eingang
der Bestellung" zu übernehmen (vgl RegE SMG BT-Drucks 14/5040, 172). Abs 1 S 1 Nr 3
enthält vier **Tatbestandsvoraussetzungen**, deren Inhalt es zu klären gilt: Bestätigung,
Zugang der Bestellung, unverzüglich, auf elektronischem Wege.

aa) Bestätigung

46 Der Unternehmer muss den Zugang der Bestellung bestätigen. Bei dieser Bestätigung handelt es sich nicht um eine Willenserklärung. Sie ist als **reine Wissenserklärung** eine geschäftsähnliche Handlung und ähnelt insoweit der Anzeige einer verspätet eingegangenen Annahmeerklärung nach § 149 S 1 oder einer Abtretungsanzeige gemäß § 409 Abs 1 S 1 (vgl hierzu auch BODENSTEDT MMR 2004, 719; HASSEMER MMR 2001, 635, 636). Es ist aber möglich, dass der Unternehmer die Wissenserklärung mit einer Willenserklärung, der Annahme oder der Ablehnung des Angebotes, verbindet. Er begibt sich in einem solchen Fall jedoch in die Gefahr, einen Vertrag zu schließen, ohne zuvor überprüfen zu können, ob er ihn auch erfüllen kann. Das kann bei Verträgen im elektronischen Geschäftsverkehr besonders riskant werden, da denkbar ist, dass aufgrund von Softwarefehlern Waren versehentlich zu deutlich geringeren Preisen angeboten werden (wird ein solches Angebot angenommen, um die Zahlung einer Vergleichssumme zu veranlassen, handelt der Kunde uU rechtsmissbräuchlich, OLG München MMR 2003, 274; zu den Voraussetzungen BODENSTEDT MMR 2004, 719). Nimmt der Unternehmer die Bestellung mit der Bestätigung an, muss er sich auf das häufig dünne Eis des Anfechtungsrechts begeben, um sich von dem Vertrag lösen zu können.

47 Im Zweifelsfall wird es jedoch schwierig sein, eine **Annahmeerklärung** von einer **Zugangsbestätigung** abzugrenzen (ausführlich hierzu sowie zu den Rechtsfolgen einer nachlässig formulierten Zugangsbestätigung BODENSTEDT MMR 2004, 719). Den allgemeinen Regeln entsprechend kommt es hierbei auf den objektiven Empfängerhorizont gemäß §§ 133, 157 an. Die Rechtsprechung hatte einige Fälle zu entscheiden, in denen die Einordnung der Erklärungen zweifelhaft war. Zunächst hatte das AG Butzbach (AG Butzbach NJW-RR 2003, 54; kritisch hierzu KIMMELMANN/WINTER JuS 2003, 532, 535) über einen Fall zu urteilen, bei dem der Unternehmer auf die elektronische Bestellung des Kunden binnen einer Stunde mit einer E-Mail antwortete, in der es hieß: „Vielen Dank für Ihre E-Mail. Wir werden Ihren Auftrag umgehend bearbeiten." Das Gericht war der Meinung, dass sich aus dieser Erklärung nicht die Annahme des zuvor vom Kunden unterbreiteten Angebots auf Abschluss eines Kaufvertrags ableiten lasse. Unter Berücksichtigung der besonderen Verkehrssitten des elektronischen Geschäftsverkehrs sei der E-Mail nicht zu entnehmen, dass der Unternehmer das Angebot des Kunden vorbehaltlos annehmen wolle, da der Kunde aufgrund der besonderen Umstände des Einzelfalles – der Kaufpreis war ganz besonders günstig und der Kunde hatte eine besonders große Menge geordert – nicht damit habe rechnen können, dass der Unternehmer in derart kurzer Zeit in der Lage gewesen sei, zu überprüfen, ob er die Bestellung auch ausführen könne (AG Butzbach 55). Das OLG Frankfurt aM (OLG Frankfurt aM MMR 2003, 405) hatte sich dann mit einem Fall zu beschäftigen, bei dem der Kunde im Onlinekaufhaus eines Unternehmers Computer und Computerzubehör bestellte, das aufgrund einer Formeländerung in der Software versehentlich mit nur einem Prozent des vom Unternehmer tatsächlich geforderten Betrages ausgezeichnet war. Die Bestellung des Kunden beantwortete der Unternehmer binnen einer Minute per E-Mail mit dem Wortlaut „Vielen Dank für Ihren Auftrag, den wir so schnell als möglich ausführen werden". Das Gericht vertrat die Auffassung, dass es sich bei dieser E-Mail nicht nur um eine Auftragsbestätigung im Sinne von § 312e Abs 1 S 1 Nr 3 handele. Vielmehr könne die Erklärung nach dem objektiven Empfängerhorizont nur als Annahme des Angebots verstanden werden. Hierfür spreche insbesondere der Hinweis auf die schnellstmögliche Ausführung des Auftrags. Wenn der Unternehmer nur den Zugang der Bestellung bestätigen wolle, sich die Annahme des Angebotes aber noch offen halten wolle, müsse er dieses eindeutig klarstellen (OLG Frankfurt aM 406). Diese rechtliche Bewertung wurde bestätigt von einem Urteil des LG Köln (LG Köln MMR 2003, 481; hierzu MANKOWSKI MMR 2003, 853), dem ein vergleichbarer Sachverhalt und insbesondere eine identisch formulierte E-Mail eines Unternehmers zugrunde lag. Das Urteil des OLG Frankfurt steht im Widerspruch zu der Entscheidung des AG Butzbach. Die Unternehme haben in beiden Fällen ähnlich formuliert. Zwischen der Zusage, einen Auftrag auszuführen und dem Versprechen, einen Auftrag zu bearbeiten, liegt kein Unterschied der eine unterschiedliche rechtliche Bewertung rechtfertigen würde (anders: LG Köln 482). Legt man die Erklärungen der Unternehmer in beiden Fällen aus der Sicht eines objektiven Empfängers aus, ist insbesondere das allgemeine Sprachverständnis zu berücksichtigen. Nach diesem Maßstab muss auch das Versprechen, alsbald mit der Bearbeitung des Auftrages zu beginnen, so verstanden werden, als nehme der Unternehmer das Angebot an. Kaum nahe liegend ist es demgegenüber, die Formulierung so zu verstehen, als solle der Auftrag zunächst geprüft werden. Es besteht berechtigte Hoffnung, dass sich die Rechtsauffassung des OLG Frankfurt durchsetzen wird. Gerade im Sinne der Sicherheit im Rechtsverkehr muss es der Unternehmer ausdrücklich klarstellen, wenn er lediglich den Zugang der Bestellung bestätigen will. Hierfür reicht es nicht aus, wenn davon die Rede ist, den Auftrag des Kunden zu **„bearbeiten"**. In diesem Sinne hat auch das AG Westerburg entschieden (AG Westerburg MMR 2003, 609, 610). Es hatte über einen Fall zu entscheiden, in dem der Unternehmer die Bestellung des Kunden mit einer E-Mail beantwortete, in der es hieß: „Vielen Dank für Ihre Bestellung (…), die wir so schnell wie möglich für Sie bearbeiten werden." Das AG Westerburg sah hierin zurecht die Annahme des Vertragsangebotes und nicht eine Bestätigung des Zugangs der Bestellung. Nach dem LG Gießen stellt die von einem Online-Shop versendete E-Mail „Wir wünschen Ihnen viel Freude mit der Sie in Kürze erreichenden Bestellung" mit dem Zusatz „Keine Auftragsbestätigung" lediglich eine Empfangsbestätigung dar (LG Gießen v 4. 6. 2003 - 1 S 413/02). In einem anderen Fall (Kauf von acht Gartenhäusern zu einem infolge eines Softwarefehlers zu niedrig angegebenen Preis von je 1 €) hat das LG Hamburg recht unternehmerfreundlich entschieden, die Mitteilung „Wir senden Ihre Bestellung an die bei dem jeweiligen Artikel angegebene Adresse" stelle lediglich eine Empfangsbestätigung dar (LG Hamburg v 4. 6. 2004 – 306 O 440/03). Dass die Abgrenzung von Annahme und Empfangsbestätigung innerhalb desselben Gerichts hinsichtlich vergleichbarer Sachverhalte unterschiedlich ausfallen kann, zeigen zwei Entscheidungen des AG Hamburg-Barmbek. Der Kunde konnte eine „Bestellbestätigung" anfordern: „Wenn Sie möchten, können Sie die Bestätigung, dass Ihre Bestellung bei uns eingegangen ist, ausdrucken und zu Ihren Unterlagen nehmen." Nach AG Hamburg-Barmbek v 21. 11. 2003 – 820 C 111/03 handelt es sich bei der daraufhin versendeten Erklärung des Online-Shops lediglich um Eingangsbestätigung, nach AG Hamburg-Barmbek v 3. 12. 2003 – 811B C 61/03 bereits um die Annahmeerklärung; letztere Entscheidung hat das LG Hamburg aufgehoben (NJW-RR 2004, 1568).

In einigen Entscheidungen wurde der **Begriff der Zugangsbestätigung jedoch zu weit**   **48**
verstanden. Die Gerichte bewerteten es nicht als Annahme des Angebots, wenn der Unternehmer in der auto-reply-E-Mail ankündigte, die Ware alsbald an eine bestimmte Adresse zu verschicken (LG Essen MMR 2004, 49, 50; LG Hamburg Urt v 12. 5. 2004

– 306 O 440/03, nicht rechtskräftig, hierzu BODENSTEDT EWiR 2004, 739; ähnlich LG Gießen MMR 2004, 194; s auch Rn 47). Aus dem objektiven Empfängerhorizont ist es aber sachgerechter, diese Erklärung als Annahme auszulegen (so auch BODENSTEDT EWiR 2004, 739, 740). Eine Ankündigung, die bestellte Ware an eine bestimmte Adresse zu versenden, ist nur dann sinnvoll, wenn der Unternehmer die Bestellung tatsächlich ausführen will. Andernfalls müsste er sich über den Versand der Ware keine Gedanken machen. Auch wird es den Besonderheiten des elektronischen Geschäftsverkehrs nicht gerecht, wenn man die Erklärung nur als Zugangsbestätigung verstehen will. Die Bestellung über das Internet hat andere rechtliche Rahmenbedingungen als der herkömmliche Versandhandel, der per Telefon, Telefax oder Post betrieben wird. Für Bestellungen im elektronischen Geschäftsverkehr hat der Gesetzgeber ausdrücklich vorgesehen, dass der Unternehmer den Zugang der Bestellung bestätigt. Diese Pflicht besteht im herkömmlichen Versandhandel nicht. Der Unternehmer sollte sorgfältig bei der Erfüllung dieser Pflicht vorgehen. Nachlässigkeiten können nicht zu Lasten des Verbrauchers gehen (vgl BODENSTEDT EWiR 2004, 739, 740).

49 Will der Unternehmer nur den Zugang der Bestellung bestätigen, das Angebot jedoch noch nicht annehmen, muss er das ausdrücklich erklären. Zu diesem Zweck mag folgende **Muster-Formulierung** sinnvoll sein: „Herzlichen Dank für Ihre Bestellung, die wir heute erhalten haben. In den nächsten Stunden werden wir überprüfen, ob wir Ihre Bestellung zu den von Ihnen gewünschten Konditionen ausführen können. In den nächsten Tagen werden Sie eine weitere E-Mail von uns erhalten, in der wir Ihnen mitteilen, ob wir Ihr Angebot annehmen." (vorgeschlagen von BODENSTEDT MMR 2004, 719).

50 Es ist auch denkbar, dass der Unternehmer in seinen **AGB** bestimmt, zu welchem Zeitpunkt das Angebot des Kunden angenommen werden soll. Einen derartigen Fall hatte das AG Wolfenbüttel zu entscheiden (AG Wolfenbüttel MMR 2003, 492). Hier enthielten die AGB des Unternehmers eine Klausel, in der es hieß: „Der eigentliche Vertrag kommt dann so zustande, dass wir die Bestellung bestätigen, wodurch wir in ein Kaufangebot einwilligen." Das AG Wolfenbüttel stellt zurecht fest, dass diese Klausel grundsätzlich wirksam sei. Wenn der Unternehmer aber auf die Bestellung des Kunden mit einer E-Mail antwortet, in der es heißt: „Der Preis für die Platte war natürlich ein Fehler im Katalog", dann kann das nur als Ablehnung verstanden werden. In jedem Fall stellt diese Formulierung klar, dass die Bestellung des Kunden zwar eingegangen ist, der Unternehmer einen Vertragsschluss zu diesen Bedingungen aber ablehnt.

bb) Zugang der Bestellung

51 Für den **Zugang der Bestellung und der Empfangsbestätigung** enthält § 312e Abs 1 S 2 eine Sonderregelung. Bestellung und Empfangsbestätigung gelten danach als zugegangen, wenn die Parteien, für die sie bestimmt sind, sie unter gewöhnlichen Umständen abrufen können. Abs 1 S 2 setzt Art 11 Abs 1 zweiter Spiegelstrich E-Commerce-Richtlinie um. Der Gesetzgeber hat die Vorgaben der Richtlinie um das Merkmal der möglichen Kenntnisnahme „unter gewöhnlichen Umständen" ergänzt und damit die Rechtsprechung des BGH zum Zugang einer Willenserklärung (BGHZ 67, 271) übernommen (vgl RegE SMG BT-Drucks 14/6040, 172). Notwendig war dies wohl nicht: Die in § 312e gemeinten Erklärungen werden ohnehin von § 130 umfasst. Da in § 312e keine Sonderregelungen für den elektronischen Geschäftsverkehr geschaffen werden sollten (RegE SMG BT-Drucks 14/6040, 170), hätte eine solche Regelung im Allgemeinen Teil erfolgen sollen.

§ 312e Abs 1 S 2 setzt den virtuellen Briefkasten einer realen Empfangsvorrichtung **52** gleich. Der **Zugang einer E-Mail** kann daher angenommen werden, wenn die Nachricht auf dem Server eingegangen ist und unter gewöhnlichen Umständen abgerufen werden kann. Es ist nicht erforderlich, dass die E-Mail auch tatsächlich abgerufen wurde. So ergeben sich unter Beachtung der herrschenden Meinung zum Zugang einer Erklärung unter Abwesenden (vgl hierzu nur STAUDINGER/SINGER/BENEDICT [2004] § 130 Rn 108 mwN) keine Besonderheiten. Möglich ist jedoch, dass die technischen Besonderheiten des E-Mail-Verkehrs eine andere Bewertung erforderlich machen. Nahezu jedes E-Mail-Programm hat heutzutage die Möglichkeit, die Abwesenheit des Inhabers des E-Mail-Kontos durch einen **Abwesenheitsassistenten** anzuzeigen. Hierbei wird jede eingehende **E-Mail per auto-reply** mit einer Nachricht beantwortet, die dem Absender mitteilt, dass der Empfänger der Nachricht für eine genauer definierte Zeit nicht in der Lage sein wird, seine E-Mails abzurufen. Es ist noch nicht entschieden, ob diese technische Vorrichtung den Zugang einer E-Mail hindert. Einen ersten Hinweis mag die Rechtsprechung und Kommentierung zu § 130 geben. Hier ist allgemein anerkannt, dass der Zugang vollendet ist, wenn die Kenntnisnahme durch den Empfänger möglich und nach der Verkehrsanschauung zu erwarten ist (BGHZ 67, 271, 272). Ist der Empfänger aufgrund von Umständen, die in seinem Risikobereich liegen wie Urlaub, Krankheit oder Haft nicht in der Lage, den Inhalt der übermittelten Erklärung zur Kenntnis zu nehmen, steht das dem Zugang der Erklärung nicht entgegen (PALANDT/HEINRICHS[64] § 130 Rn 5 mwNw). Eine andere Bewertung ist selbst dann nicht geboten, wenn der Absender der Erklärung von der Abwesenheit des Empfängers wusste und dessen Interimsadresse kannte (BAG NJW 1989, 606, 607). Entscheidend ist allein, dass die Erklärung in den Machtbereich des Empfängers gelangt ist und dieser die Möglichkeit hat, die Erklärung zur Kenntnis zu nehmen. Da der Gesetzgeber bei der Neufassung des Abs 1 S 2 ausdrücklich der Rechtsprechung des BGH Rechnung tragen wollte, sind deren Grundsätze auch auf den Zugang von Bestellungen und Empfangsbestätigungen im Sinne des § 312e anwendbar. Für den Zugang von E-Mails bei der Verwendung eines Abwesenheitsassistenten bedeutet das, dass die Erklärung dem Empfänger nach wie vor zugeht, wenn sie auf dem Server des von dem Empfänger verwandten E-Mail-Kontos eingegangen ist und dieser die Möglichkeit der Kenntnisnahme hatte. Diese Möglichkeit besteht bei einem beruflichen E-Mail-Konto während der üblichen Geschäftszeiten, bei einem privaten E-Mail-Konto am dem Versand folgenden Abend. Sollten besondere Umstände eine andere Bewertung rechtfertigen, lassen sich diese Härten durch § 242 ausgleichen (vgl zum Zugang von E-Mails MEHRINGS MMR 1998, 30, 33; FRINGUELLI/WALLHÄUSER CR 1999, 93, 99; vBERNSTORFF RIW 2000, 14, 15; PALANDT/HEINRICHS[64] § 130 Rn 7a; ULTSCH NJW 1997, 3007, 3008; MORITZ CR 2000, 61, 63; VEHSLAGE DB 2000, 1801, 1804; KAISER/VOIGT K&R 1999, 446, 447).

Da **Abs 1 S 2 von Art 11 Abs 1 zweiter Spiegelstrich E-Commerce-Richtlinie abweicht 53** (dort heißt es: „Bestellung und Empfangsbestätigung gelten als eingegangen, wenn die Parteien, für die sie bestimmt sind, sie abrufen können"; ein Hinweis auf die gewöhnlichen Umstände fehlt), wurde vereinzelt die Auffassung vertreten, Abs 1 S 2 setze die europäischen Vorgaben nicht richtlinienkonform um (so wohl SCHNEIDER K&R 2001, 344, 347). Jedoch bleibt die deutsche Umsetzung gerade nicht hinter der

europäischen Vorgabe zurück. Der europäische Gesetzgeber hatte zwar zunächst
geplant, den Vertragsschluss im elektronischen Geschäftsverkehr gemeinschaftsweit
einheitlich zu regeln und zu diesem Zweck im rechtstechnischen Sinne vom Zugang
von Bestellung und Empfangsbestätigung gesprochen (so noch der Kommissionsentwurf
der E-Commerce-Richtlinie v 8. 6. 2000, AblEG Nr C 30/4 v 5. 2. 1999; hierzu näher HOEREN MMR
1999, 192; MAENNEL MMR 1999, 187). Hiervon wurde jedoch im weiteren Verlauf des
Verfahrens wieder abgesehen und es wurde auf den untechnischen Begriff des
„Eingangs" zurückgegriffen. Der deutsche Gesetzgeber hat daher keine sekundär-
rechtliche Verpflichtung verletzt, indem er Art 11 Abs 1 zweiter Spiegelstrich
E-Commerce-Richtlinie bei der Umsetzung erweitert hat (so auch LÜTCKE § 312e Rn 51;
HASSEMER MMR 2001, 635, 637). **Zweifel an der Vereinbarkeit von Abs 1 S 2 mit europä-
ischem Recht** werden daneben noch geäußert, weil die Vorschrift den elektronischen
Geschäftsverkehr gegenüber herkömmlichen Verträgen diskriminiere (HASSEMER
MMR 2001, 635, 638). Der Widerruf einer per E-Mail abgegebenen Willenserklärung
gemäß § 130 Abs 1 sei mit einem deutlich geringerem Aufwand verbunden als der
Widerruf einer Willenserklärung, die auf herkömmlichem Wege übermittelt worden
sei (HASSEMER aaO). Das ist verfehlt. Gegen diese Auffassung spricht zum einen der
Wille des Europäischen Gesetzgebers, den Abschluss von Online-Verträgen nicht
europaweit regeln zu wollen, sondern die Besonderheiten der unterschiedlichen
Rechtsordnungen zu akzeptieren. Das deutsche Recht über den Zugang von – auf
elektronischem oder herkömmlichem Wege übermittelten – Willenserklärungen ist
daher zu beachten (so auch LÜTCKE § 312e Rn 52). Auch in tatsächlicher Hinsicht überzeugt die Argumentation nicht. Es ist nicht mit größerem Aufwand verbunden, einen
Brief abzuschicken als die Erklärung auf elektronischem Wege abzugeben. Zwar
muss zu diesem Zweck das Haus verlassen werden, jedoch ist dieser Aufwand
hinnehmbar. Auch bei elektronischen Erklärungen muss schließlich zunächst der
Computer gestartet werden, bevor die Erklärung abgegeben werden kann. Im Übrigen wäre die Behinderung der Warenverkehrsfreiheit durch legitime Gründe des
Allgemeinwohls – den Vertrauensschutz – gerechtfertigt.

cc) Unverzüglich

54 § 121 Abs 1 S 1 definiert unverzüglich als **„ohne schuldhaftes Zögern"**. Diese Definition kann bedenkenlos für § 312e Abs 1 S 1 Nr 3 übernommen werden, obwohl die
Vorschrift auf europarechtliche Vorgaben zurückgeht und EG-Richtlinien grundsätzlich autonom auszulegen sind (vgl LÜTCKE § 312e Rn 49; MünchKomm/WENDEHORST⁴
§ 312e Rn 97; MARLY, in: GRABITZ/HILF Bd 3 A4 Rn 6). Schon das Reichsgericht wusste
zwar, dass unverzüglich nicht gleichbedeutend mit sofort ist (RGZ 125, 115, 118) und
dem Anfechtenden in den Fällen der §§ 119, 120 eine angemessene Überlegungszeit
zur Verfügung stehen müsse. Bei § 312e liegt der Fall jedoch anders. Hier gibt es für
den Unternehmer nichts zu überlegen, wenn er den Empfang der Bestellung bestätigt. Er gibt hierdurch keine Willenserklärung ab, durch die er rechtlich gebunden
wäre, sondern erklärt nur, die Bestellung erhalten zu haben. In einem solchen Fall ist
die Antwort schuldhaft verzögert, wenn der Unternehmer darauf verzichtet, Vorkehrungen zu treffen, die den Zugang der Bestellung zeitnah zu ihrem Eintreffen
bestätigen. Dazu stellt die moderne Technik das auto-reply-Verfahren zur Verfügung. Hierbei wird jede auf dem Server eintreffende Nachricht mit einer Nachricht
beantwortet, in der dem Kunden das Eintreffen der Nachricht bestätigt werden
kann. Stellen die Tele- oder Mediendienste des Unternehmers dieses Verfahren zur
Verfügung, verzögert der Unternehmer die Bestätigung schuldhaft, wenn er nicht

davon Gebrauch macht. Hierdurch wird deutlich, dass der Unternehmer gut beraten ist, die Zugangsbestätigung nicht mit der Annahme des Angebotes zu verbinden (vgl hierzu auch oben Rn 47).

dd) Auf elektronischem Wege

Der Unternehmer muss den Zugang der Bestellung auf elektronischem Wege be- **55**
stätigen. Hiermit sind **E-Mails** gemeint (MünchKomm/WENDEHORST[4] § 312e Rn 96). Bei Verträgen über die Erbringung einer Dienstleistung kann die Empfangsbestätigung auch darin bestehe, dass der Unternehmer die Dienstleistung online erbringt (so ausdrücklich der 34. Erwägungsgrund, Satz 5 der E-Commerce-Richtlinie).

d) Abrufbarkeit der Vertragsbestimmungen

Der Unternehmer ist gemäß § 312e Abs 1 S 1 Nr 4 verpflichtet, dem Kunden die **56**
Möglichkeit zu verschaffen, die Vertragsbestimmungen einschließlich der AGB bei Vertragsschluss abzurufen und in wiedergabefähiger Form zu speichern. Die Vorschrift setzt Art 10 Abs 3 der E-Commerce-Richtlinie um und kann gemäß Abs 2 auch bei Rechtsgeschäften, die zwischen Unternehmern geschlossen werden, nicht abbedungen werden, da sie nicht ausschließlich dem Verbraucherschutz dient, sondern daneben noch die Rechtssicherheit im Internet stärken will (vgl hierzu Rn 53 sowie HASSEMER MMR 2001, 635, 636). Als **Vertragsbestimmungen** gelten sämtliche Regelungen des Vertrags. Hauptpflichten fallen hierunter ebenso wie die vertraglich geregelten Nebenpflichten. Ein Ausdrücklichkeitserfordernis ist damit jedoch nicht verbunden. Auch die allgemeinen Geschäftsbedingungen müssen dem Kunden in der von Abs 1 S 1 Nr 4 genannten Form zur Verfügung stehen.

Abs 1 S 1 Nr 4 könnte zu dem Schluss verleiten, die Vorschrift verschärfe das **AGB-** **57**
Recht, da gemäß § 310 Abs 1 S 1 gegenüber Unternehmern die strengen Anforderungen für die wirksame Einbeziehung von AGB, insb § 305 Abs 2 Nr 2, nicht gelten sollen. Vor diesem Hintergrund verwundert es zunächst, dass nach § 312e Abs 1 S 1 Nr 4 auch der Unternehmer vor Vertragsschluss die Möglichkeit haben muss, die Vertragsbedingungen abzurufen und sie in wiedergabefähiger Form zu speichern. Gegen die Annahme, dass Abs 1 S 1 Nr 4 die §§ 305 ff bei Verträgen im elektronischen Geschäftsverkehr verschärfen will, sprechen jedoch systematischer Zusammenhang der Vorschrift sowie deren Entstehungsgeschichte (so auch LÜTCKE § 312e Rn 57 ff; MünchKomm/WENDEHORST[4] § 312e Rn 102 f; BOENTE/RIEHM JURA 2002, 222, 228). Die Vorschriften aus dem Untertitel „Besondere Vertriebsformen" schaffen keine neuen Vorgaben für den Vertragsschluss selbst, sondern stellen Bedingungen, die bei nach allgemeinen Regeln geschlossenen Verträgen zu beachten sind. Der Vertragsschluss selbst wird weder von § 312e noch von §§ 312b bis d geregelt. Die Frage, ob die AGB zum Vertragsinhalt geworden sind, kann daher auch bei Verträgen im elektronischen Geschäftsverkehr nur nach der Maßgabe der §§ 305 ff beantwortet werden. Selbst wenn der Unternehmer dann seiner Verpflichtung aus § 312e Abs 1 Satz 1 Nr 4 nicht nachkommt, ändert das am Bestehen des Vertrages nichts. Auch die Entstehungsgeschichte der Vorschrift verdeutlicht, dass der Gesetzgeber die AGB-Regeln nicht verschärfen wollte. Der Entwurf der Vorschrift sah noch vor, dass der Unternehmer dem Kunden die Möglichkeit verschaffen müsse, die Vertragsbedingungen und die *einbezogenen* Allgemeinen Geschäftsbedingungen zur Kenntnis zu nehmen. Hiermit sollte ausdrücklich klargestellt werden, dass „die Einbeziehungsvoraussetzungen des § 2 Abs 1 AGBGB nicht berührt werden" (RegE SMG BT-Drucks 14/6040, 172). Diese

Formulierung wurde dann im weiteren Gesetzgebungsverfahren geändert, da nach Hinweis des Bundesrats erkannt wurde, dass der zunächst im Regierungsentwurf vorgesehene Zeitpunkt, an dem die Pflichten aus Abs 1 S 1 Nr 4 erfüllt sein müssen, zu spät sei (Stellungnahme der Bundesregierung, BT-Drucks 14/6857, Nr 62). Vielmehr ging der Gesetzgeber davon aus, dass die Vertragsbedingungen einschließlich der Allgemeinen Geschäftsbedingungen dem Kunden bereits bei Abschluss des Vertrags vorliegen müssen. Diese Rechtsauffassung war mit der zunächst gewählten Formulierung nicht zu vereinbaren, so dass eine Änderung notwendig wurde. Das ändert jedoch nichts daran, dass Abs 1 S 1 Nr 4 keine Auswirkungen auf die wirksame Einbeziehung der AGB hat. Zu möglichen Rechtsfolgen s Rn 60 f.

58 Der Kunde muss die Möglichkeit haben, die relevanten Informationen bei Vertragsschluss abzurufen und sie in wiedergabefähiger Form zu speichern. Da § 312e die Pflichten im elektronischen Geschäftsverkehr regelt, muss die Möglichkeit bestehen, die **Informationen auf elektronischem Wege abzurufen**. Der Abruf auf andere Weise – etwa per Faxabruf – kann dagegen nicht genügen (so auch MünchKomm/Wendehorst[4] § 312e Rn 105). Der Unternehmer wird auf der sicheren Seite sein, wenn er dem Kunden die Vertragsbestimmungen und die AGB per E-Mail zukommen lässt. Die Formulierung „Abruf von Informationen" legt allerdings nahe, dass es auch ausreicht, wenn der Unternehmer dem Kunden einen Hyperlink zur Verfügung stellt, unter dem der Kunde für eine angemessene Zeit die Informationen beziehen kann und sie dann entweder ausdruckt oder in einer beliebigen anderen Form speichert. Wählt der Unternehmer die zweite Möglichkeit, muss er den Kunden freilich darüber informieren, wie er über den Hyperlink an die Informationen gelangt. Hierbei handelt es sich dann aber nicht um eine selbstständige Informationspflicht. Vielmehr wird sie bereits durch § 3 Nr 2 BGB-InfoV abgedeckt.

59 Aus dem Anwendungsbereich der Vorschrift ergibt sich auch, dass eine **elektronische Form der Speicherung** gemeint sein muss (vgl MünchKomm/Wendehorst[4] § 312e Rn 107; Glatt ZUM 2001, 390, 391; Boente/Riehm Jura 2002, 222, 227). Das bedeutet, dass der Kunde die Möglichkeit haben muss, die Daten auf der Festplatte seines Computers oder auf einem anderen Datenträger zu speichern.

V. Rechtsfolgen der Verletzung der Pflichten

60 § 312e Abs 3 S 2 bestimmt für den Fall, dass dem Kunden ein Widerrufsrecht nach § 355 zusteht, dass die **Widerrufsfrist** erst beginnt, wenn der Unternehmer die in Abs 1 S 1 genannten Pflichten erfüllt hat. Abgesehen von dieser Bestimmung enthält § 312e keine Regelung über die Rechtsfolgen, die eine Nichterfüllung der Pflichten aus Abs 1 S 1 nach sich zieht. Hieraus darf freilich nicht geschlossen werden, dass weitere Sanktionen bei einem Verstoß gegen die in Abs 1 S 1 normierten Pflichten ausgeschlossen sind. Der Gesetzgeber hat vielmehr darauf verzichtet, in § 312e ein und dieselbe Rechtsfolge für eine Verletzung der unterschiedlichen Pflichten festzulegen, da den in Abs 1 S 1 bestimmten Pflichten unterschiedliches Gewicht zukommt (RegE SMG BT-Drucks 14/6040, 173, vgl noch zum Diskussionsentwurf Grigoleit WM 2001, 597, 600). Um dieser Absicht genügen zu können, erschien es dem Gesetzgeber aus nachvollziehbaren Gründen am interessengerechtesten, die Rechtsfolgen eines Pflichtenverstoßes nach den allgemeinen Vorschriften des Schuldrechts zu sanktionieren. Diese sehen ein differenziertes und effektives Sanktionssystem für den Fall eines Verstoßes gegen vorvertragliche Informationspflichten und sonstige vertragliche Pflichtverletzungen vor (RegE SMG aaO). Nach dem verzögerten Beginn der **Widerrufsfrist** als besondere Rechtsfolge des § 312e (vgl hierzu unter Rn 61) ist im Anschluss zu prüfen, inwieweit sich für die allgemeinen schuldrechtlichen Regeln über Nicht- oder Schlechterfüllung Besonderheiten im elektronischen Geschäftsverkehr ergeben (vgl unten Rn 64).

1. Verzögerter Beginn der Widerrufsfrist

Steht dem **Kunden** ein Widerrufsrecht nach § 355 zu, beginnt die **Widerrufsfrist** ab- **61**
weichend von § 355 Abs 2 S 1 erst, nachdem der Unternehmer die Pflichten aus § 312e Abs 1 S 1 erfüllt hat, Abs 3 S 2. § 312e begründet selbst kein eigenes Widerrufsrecht, sondern setzt ein solches voraus. Widerrufsrechte, bei denen § 312e zu beachten sind, können sich etwa aus § 495 Abs 1 oder § 505 Abs 1 ergeben. Am häufigsten wird § 312e jedoch zu beachten sein, wenn zwischen Unternehmer und Verbraucher ein Fernabsatzvertrag geschlossen wurde und dem Verbraucher ein Widerrufsrecht gemäß § 312d Abs 1 S 1 iVm § 355 zusteht. Fernabsatzverträge, bei denen ein Tele- oder Mediendienst als Fernkommunikationsmittel eingesetzt wurde, sind in aller Regel auch Verträge im elektronischen Geschäftsverkehr (vgl zum Verhältnis zwischen §§ 312b bis d und § 312e die Anmerkungen bei Vorbem 26 zu §§ 312, 312a). Aufgrund dieser großen Schnittmenge zwischen den beiden Vertriebsformen liegt es auf der Hand, dass Abs 3 S 2 der entsprechenden Vorschrift § 312d Abs 2 nachempfunden wurde. Hätte man darauf verzichtet, eine solche Regelung auch in die Vorschrift über den elektronischen Geschäftsverkehr einzufügen, wäre es zu einem Wertungswiderspruch zwischen den Vorschriften über Verträge im elektronischen Geschäftsverkehr – bei denen es sich ja auch um Fernabsatzverträge handelt, wenn der Kunde Verbraucher ist – und den Vorschriften über Fernabsatzverträge gekommen. Es lässt sich nicht rechtfertigen, dass der Lauf der Widerrufsfrist bei einem im elektronischen Geschäftsverkehr geschlossenen Fernabsatzvertrag nur von der Erfüllung der Informationspflichten aus § 312c Abs 1 und 2, nicht aber von den in diesen Fällen gleichermaßen zu beachtenden Pflichten aus § 312e Abs 1 S 1 abhängen soll (RegE SMG BT-Drucks 14/6040, 173; krit hierzu MünchKomm/WENDEHORST[4] § 312e Rn 115; SCHNEIDER K&R 2001, 344, 348). Auch im elektronischen Geschäftsverkehr wird der Unternehmer deshalb mit einem hinausgeschobenen Fristbeginn bestraft, wenn er seinen Pflichten nicht nachkommt. Für Verträge, die in den Anwendungsbereich von § 312b und § 312e fallen, hat das zur Folge, dass der Unternehmer einige Anstrengungen zu unternehmen hat, bevor die Widerrufsfrist in Gang gesetzt wird. Neben den Pflichten aus § 312e Abs 1 S 1 muss der Verbraucher über das Widerrufsrecht belehrt werden, der Unternehmer muss die Informationspflichten aus § 312c Abs 2 erfüllen und die vom Gegenstand des Vertrages abhängigen Voraussetzungen aus § 312d Abs 2 müssen gegeben sein.

Abs 3 S 2 unterscheidet nicht zwischen den einzelnen Pflichten. Die Rechtsfolge, **62**
eine verlängerte Widerrufsfrist, tritt nach dem Wortlaut des Gesetzes unabhängig davon ein, ob die nicht erfüllte Pflicht mit dem Widerrufsrecht des Verbrauchers in einem Zusammenhang steht oder ob sie für die Ausübung des Widerrufsrechts ohne Bedeutung ist. Zuweilen ist das nicht sachgerecht. In der Praxis führt eine streng am Wortlaut orientierte Auslegung der Vorschrift dazu, dass die Widerrufsfrist gemäß § 355 Abs 3 auch dann auf 3 Monate ausgedehnt wird, wenn der Unternehmer eine

untergeordnete Pflicht nicht erfüllt hat. Dass eine solche Lösung nicht im Sinne der Vorschrift sein kann, zeigt sich, wenn man als Beispiel die Pflicht aus § 312e Abs 1 S 1 Nr 2 iVm § 3 Nr 5 BGB-InfoV heranzieht. Vergisst der Unternehmer bei der Erfüllung seiner Pflichten, den Verbraucher über einen von mehreren Verhaltenskodices zu informieren, beeinträchtigt das den Verbraucher nicht in der Wahrnehmung seines Widerrufsrechts. Es beeinträchtigt die Interessen des Unternehmens jedoch erheblich, bei einem solchen **vergleichsweise unbedeutenden Verstoß** von einer Verlängerung der Widerrufsfrist ausgehen zu müssen. Abs 3 S 2 muss deswegen so verstanden werden, dass sich die Widerrufsfrist nur verlängert, wenn der Unternehmer eine Pflicht verletzt hat, die für die Ausübung des Widerrufsrechts von Bedeutung ist oder nach den konkreten Umständen des Einzelfalls sein kann (PALANDT/HEINRICHS[64] § 312e Rn 11; zum gleichen Ergebnis gelangt auch MünchKomm/WENDEHORST[4] § 312e Rn 113, jedoch mit der Begründung, dass die Rechtsfolge von Abs 3 S 2 nicht eintrete, wenn sie in keinem Verhältnis zur Pflichtverletzung des Unternehmers stehe). Dogmatischer Ansatzpunkt mag die teleologische Reduktion sein oder eine am Verhältnismäßigkeitsgebot orientierte verfassungskonforme Auslegung; ggf greift § 242 BGB.

63 Unklar ist, wie zu verfahren ist, wenn der **Unternehmer die zunächst versäumte Pflicht zu einem späteren Zeitpunkt nachholt.** Beginnt in einem solchen Fall die zweiwöchige **Widerrufsfrist** zu laufen oder verbleibt es bei einer verlängerten Frist? Der Wortlaut von Abs 3 S 2 spricht dafür, dass die reguläre Widerrufsfrist zu laufen beginnt, wenn der Unternehmer das Pflichtversäumnis nachholt. In der Vorschrift heißt es, dass die Widerrufsfrist *nicht vor Erfüllung der in Abs 1 S 1* geregelten Pflichten beginnt. Diese Formulierung beinhaltet die Möglichkeit, die Pflichten nachzuholen und nach Vertragsschluss zu erfüllen. Dieses Ergebnis erscheint jedoch insofern bedenklich, als einige der Pflichten aus Abs 1 S 1 nur vor Abgabe der Bestellung erfüllt werden können. So verpflichtet Abs 1 S 1 Nr 1 den Unternehmer, dem Kunden technische Mittel zur Verfügung zu stellen, mit denen er Eingabefehler *vor* Abgabe der Bestellung berichtigen kann. Nach Abs 1 S 1 Nr 2 müssen dem Kunden *vor* Abgabe seiner Bestellung bestimmte Informationen zur Verfügung stehen. Das ist jedoch nicht mehr möglich, wenn es der Unternehmer zunächst versäumt hat, diesen Verpflichtungen nachzukommen. In solchen Fällen reicht es aber für die nachträgliche Ingangsetzung der Frist aus, wenn der Unternehmer die Pflichten zweckentsprechend nachholt (SCHMIDT-RÄNTSCH, in: BAMBERGER/ROTH § 312e Rn 38; DÖRNER AcP 202 [2002] 363, 378). Hat der Unternehmer es etwa entgegen Abs 1 S 1 Nr 3 zunächst versäumt die Bestellung des Kunden unverzüglich zu bestätigen, so beginnt die Widerrufsfrist, wenn dem Kunden die Annahme des Unternehmers zugeht. In diesem Fall ist dem Schutzzweck der Vorschrift Genüge getan und auch der Unternehmer wird nicht unverhältnismäßig belastet. Es würde den Grundgedanken des Verbraucherschutzes widersprechen, wenn dem Unternehmer keine Gelegenheit geboten würde, die versäumten Pflichten nachzuholen. Dem Verbraucher kann das nur zum Vorteil gereichen. Abzulehnen ist deswegen die Auffassung, dass der Unternehmer durch die Nachholung der Pflichten nur dann erreichen könne dass die zweiwöchige Widerrufsfrist in Gang gesetzt werde, wenn sich der Mangel als solcher sinnvoll beheben lasse (so aber MünchKomm/WENDEHORST[4] § 312e Rn 117).

2. Allgemeine Rechtsfolgen

Weitere Sanktionen, die ein Verstoß gegen die Pflichten aus Abs 1 S 1 nach sich **64** zieht, sind dem **allgemeinen Schuldrecht** zu entnehmen. Der Gesetzgeber hat bewusst darauf verzichtet, weitere besondere Rechtsfolgen für die Nichterfüllung der Pflichten im unternehmerischen Geschäftsverkehr zu schaffen (RegE SMG BT-Drucks 14/6040, 173). Als mögliche Sanktionen kommen insbesondere in Frage die Nichtigkeit bzw Anfechtbarkeit des Vertrages, eine Haftung aus *culpa in contrahendo*, ein Anspruch des Kunden auf nachträgliche Unterrichtung sowie eine Unterlassungsklage gemäß § 13 UWG bzw § 3 UKlaG.

a) Nichtigkeit
Verstößt der Unternehmer gegen seine Pflichten aus § 312e Abs 1, hat das **nicht** die **65** **Nichtigkeit** des Vertrages zur Folge (RegE SMG BT-Drucks 14/6040, 173; LÜTCKE § 312e Rn 61; GRIGOLEIT WM 2001, 597, 600). Eine solche Rechtsfolge würde im Widerspruch zu anderen Teilen der Vorschrift stehen. Wenn es in Abs 3 S 2 heißt, dass die Widerrufsfrist bei Nichterfüllung der Pflichten verlängert wird, dann kann das nur bedeuten, dass der Vertrag also solches bestehen bleibt. Wäre der Vertrag nichtig und damit *ex tunc* unwirksam, wäre ein weiterhin bestehendes Widerrufsrecht sinnlos. Der Kunde könnte ohnehin nur eine folgenlose Erklärung widerrufen. Zudem hat der Gesetzgeber ausdrücklich nicht gewollt, dass der Verstoß gegen eine oder mehrere Pflichten aus Abs 1 S 1 die Nichtigkeit des Vertrags nach sich zieht (vgl RegE SMG BT-Drucks 14/6040, 173). Der Kunde würde beeinträchtigt, wenn er durch den nichtigen Vertrag nicht einmal einen durchsetzbaren Anspruch auf nachträgliche Erteilung der Informationen hätte. Da § 312e dem Kundenschutz dient, wollte der Gesetzgeber verhindern, dass der Kunde aufgrund des nichtigen Vertrags benachteiligt ist. Zunächst war sogar geplant, in den Normtext einzufügen, dass der Vertrag auch wirksam ist, wenn der Unternehmer seine Pflichten nicht erfüllt. Dieser Gedanke ist dann aber verworfen worden, da „eine solche Klarstellung eine an sich klare Rechtslage ungewollt in Zweifel ziehen würde und auch Unklarheiten hinsichtlich der anderen möglichen Folgen begründen würde" (RegE SMG BT-Drucks 14/6040, 173).

b) Anfechtung
Die Besonderheiten des Vertragsschlusses im Internet öffnen die Tür für Irrtümer **66** bei der Bestellung. Gerade für den technisch unerfahrenen Kunden ist der Online-Rechtsverkehr voll von Risiken. Kommt der Unternehmer der Pflicht aus Abs 1 S 1 Nr 1 nicht nach und stellt dem Kunden keine technischen Mittel zur Verfügung, mit deren Hilfe der Kunde **Eingabefehler** berichtigen kann, ist es denkbar, dass der Kunde falsche Vorstellungen über den Ablauf einer Eingabe hat und ohne es zu wollen eine Bestellung vornimmt. Zu Fehlvorstellungen des Kunden über die Bestellung kann es auch kommen, wenn der Unternehmer der Informationspflicht nicht nachkommt und dem Kunden die nach § 3 BGB-InfoV erforderlichen Informationen vorenthält. Solche Konstellationen rufen geradezu nach dem Anfechtungsrecht. Hierbei muss zwischen Erklärungen unterschieden werden, bei denen der Kunde über den Inhalt im Irrtum war, und solchen, bei denen der Kunde gar keine Erklärung abgeben wollte und aufgrund fehlerhafter Einschätzung der technischen Mittel der Internetseite eine Bestellung abgegeben hatte.

67 Hat sich der Kunde über den Inhalt seiner Erklärung geirrt – etwa wenn, er beim Ausfüllen des Bestellformulars die Mengenangabe falsch angegeben hat –, dann kann er diese nach § 119 Abs 1 anfechten. Ein solcher Irrtum kann auch dann bestehen, wenn es der Unternehmer versäumt hat, den Kunden den Vorgaben von Abs 1 S 1 Nr 2 iVm § 3 BGB-InfoV entsprechend – etwa wie er mit den zur Verfügung gestellten technischen Mitteln Eingabefehler berichtigen kann – zu informieren. Die Anfechtungserklärung muss unverzüglich, also ohne schuldhaftes Zögern erfolgen, § 121 Abs 1 S 1. Die Anfechtungsfrist beginnt mit positiver Kenntnis des Anfechtungsberechtigten von den Anfechtungsgründen, also von seinem Irrtum (so bereits RGZ 134, 25, 32). Im elektronischen Geschäftsverkehr muss die Anfechtung deswegen unverzüglich erfolgen, nachdem der Unternehmer seine Informationspflichten nachgeholt hat.

68 Erlangt der Kunde die Informationen ohne Dazutun des Unternehmers, erscheint es zunächst, als würde der Unternehmer privilegiert, wenn die Anfechtungsfrist ungeachtet dessen beginnt. Schließlich ist er seinen Pflichten nicht nachkommen und hat den Kunden über wesentliche Punkte im Dunkeln gelassen. Darüber hinaus spricht auch die Wertung, die in der Regelung über die Widerrufsfrist getroffen wurde, dafür, dass der Unternehmer selbst die Informationspflichten erfüllen muss, damit die Anfechtungsfrist zu laufen beginnt. Steht dem Kunden im elektronischen Geschäftsverkehr ein Widerrufsrecht zu, beginnt die Widerrufsfrist nicht vor Erfüllung der in Abs 1 S 1 genannten Pflichten. Die Antwort scheint klar: auch bei der Berechnung der Widerrufsfrist muss es auf den Zeitpunkt ankommen, an dem der Unternehmer seinen Pflichten nachkommt. Bei genauerer Betrachtung erwachsen freilich Zweifel an dieser Lösung. Bedenken bestehen insbesondere hinsichtlich der Schutzwürdigkeit des Kunden. Das **Anfechtungsrecht** verfolgt ein anderes Ziel als das **Widerrufsrecht**. Ein **Gleichlauf der Fristen** ist **nicht geboten**. Der kurzen Anfechtungsfrist des § 121 liegt die Überlegung zugrunde, dass es „die Rücksicht auf die Lage des Gegners gebiete, den Zustand der Ungewissheit über den Stand des Rechtsgeschäfts möglichst abzukürzen" (Prot I 235). Dieser Grundsatz gilt auch für Verträge, die im elektronischen Geschäftsverkehr geschlossen werden. Im Übrigen bedarf es für einen umfassenden Kundenschutz keines Rückgriffs auf das Anfechtungsrecht. Dem Kunden steht – erlangt er die Informationen ohne Dazutun des Unternehmers – auch weiterhin ein Widerrufsrecht zu, welches für ihn gegenüber dem Anfechtungsrecht der günstigere Rechtsbehelf ist. Macht er von dem Widerrufsrecht Gebrauch, muss er weder begründen, warum er nicht mehr an dem Vertrag festhalten möchte, noch hat er etwaige Schadensersatzansprüche des Unternehmers zu befürchten. Verträge können dagegen nur angefochten werden, wenn der Anfechtende einen Anfechtungsgrund geltend machen kann. Im Übrigen kann der Anfechtungsgegner vom Anfechtenden nach § 122 den Ersatz des Vertrauensschadens verlangen.

69 War sich der Kunde dagegen überhaupt nicht im Klaren darüber, eine rechtsverbindliche Erklärung abzugeben, liegt ein **Mangel des Erklärungsbewusstseins** vor. Die rechtliche Bewertung eines solchen Falls ist nach wie vor strittig. Mit der Entscheidung des BGH aus dem Jahre 1984 (BGHZ 91, 324, 329 mit umfangreichen Nachweisen der vertretenen Meinungen; bestätigt von BGHZ 109, 171, 177) dürfte das Problem für die Praxis jedoch geklärt sein. Die vom BGB gewährte Freiheit in der Form der Ausdruckshandlungen umschließt zugleich das Risiko, dass eine Erklärung falsch verstanden wird. Ein Verhalten, dass für den Erklärungsempfänger wie eine Willenserklärung erscheint, muss dem Erklärenden auch dann zugerechnet werden, wenn er kein Erklärungsbewusstsein hatte. Er kann dann aber seine Erklärung in entsprechender Anwendung von § 119 Abs 1 anfechten.

In keinem Fall muss der Kunde fürchten, dass ihn der Unternehmer nach erfolgter **70** Anfechtung aus § 122 auf den Ersatz des Vertrauensschadens in Anspruch nimmt. Der Unternehmer würde sich rechtsmissbräuchlich verhalten, wenn er es zunächst unterlässt, den Kunden zu informieren und so dazu beiträgt, dass der Kunde beim Vertragsschluss benachteiligt ist, später jedoch ihn wegen eines Vertrauensschadens vor Gericht bringen will. Einem derartigen Anspruch lässt sich der Einwand vom Verbot des widersprüchlichen Verhaltens aus § 242 *(venire contra factum proprium)* entgegenhalten. Er wäre daher nicht durchsetzbar (das hat schon der Gesetzgeber so gesehen, vgl RegE SMG BT-Drucks 14/6040, 173).

c)   Culpa in contrahendo (§§ 311 Abs 2, 241 Abs 2)
Erfüllt der Unternehmer seine Pflichten aus Abs 1 S 1 schuldhaft nicht, so verletzt er **71** gesetzlich geregelte vorvertragliche Schutz- und Rücksichtsnahmepflichten und sieht sich uU einem Anspruch aus §§ 311 Abs 2, 241 Abs 2 ausgesetzt. Hierzu muss dem Kunden ein Schaden entstanden sein. Dieser kann darin liegen, dass er ungewollt einen Vertrag geschlossen hat, wenn dieser Vertrag wirtschaftlich nachteilig für ihn ist (BGH NJW 1998, 302; bestätigt in BGH NJW-RR 1998, 904 [906]; gegen die Einschränkung wirtschaftlicher Nachteiligkeit zurecht ua LORENZ ZIP 1998, 1053; WIEDEMANN JZ 1998, 1176; FLEISCHER AcP 200 [2000] 91 ff). Im Einzelfall dürfte es schwer fallen, die **Kausalität zwischen der Pflichtverletzung des Unternehmers und dem eingetretenen Schaden** nachzuweisen. Die Beweislast liegt beim Kunden entsprechend den allgemeinen Regeln. Die bloße Pflichtverletzung darzulegen reicht nicht, denn nicht jede Pflichtverletzung ist ursächlich für die Schäden des Kunden. Versäumt es der Unternehmer beispielsweise, den Kunden über die für den Vertragsschluss zur Verfügung stehenden, aber nicht genutzten Sprachen zu informieren oder fehlt die Bekanntmachung der Verhaltenskodices, denen sich der Unternehmer unterworfen hat, besteht regelmäßig keine kausale Beziehung zwischen der Pflichtverletzung und einem etwaigen Schaden. Kausalität kann vielmehr nur dann angenommen werden, wenn der Unternehmer den Kunden nicht über die näheren Umstände informiert, die zum Vertragsschluss führen oder wenn er keine technischen Mittel zur Verfügung stellt, mit deren Hilfe der Kunde Eingabefehler berichtigen kann (so auch MünchKomm/WENDEHORST[4] § 312e Rn 122; LÜTCKE § 312e Rn 64; HASSEMER MMR 2001, 635, 639; GRIGOLEIT WM 2001, 597, 601). Diese Pflichten schützen die vorvertragliche Willensbildung des Kunden und ihre Verletzung lässt eine ursächliche Verbindung zu dem entstehenden Schaden vermuten. Besteht ein Anspruch aus §§ 311 Abs 2, 241 Abs 2, ist er gemäß § 249 Abs 1 auf den Ersatz des Vertrauensschadens gerichtet. Ein Schadensersatzanspruch wegen Verschuldens bei Vertragsschluss kann ausnahmsweise auf Ersatz des Erfüllungsinteresses gerichtet werden, wenn feststeht, dass ohne das schädigende Verhalten ein Vertrag zu anderen, für den Geschädigten günstigeren Bedingungen zu Stande gekommen wäre (BGH NJW 2001, 2875). Möglich ist damit die Aufhebung (vgl HASSEMER MMR 2001, 639, 639) und nach überwiegender Auffassung auch die Anpassung des Vertrags (stRsp, zuletzt BGH NJW 1999, 2032; vgl auch PALANDT/HEINRICHS[64] § 311 Rn 59 mwN). Ist die Aufhebung des Vertrags gewollt, ist dies jedoch nur von Bedeutung, wenn dem Kunden kein Widerrufs- oder Rückgaberecht (mehr) zusteht.

d) Nachträgliche Unterrichtung

72 Der Kunde kann den Unternehmer auch auf nachträgliche Erfüllung der Informationspflichten in Anspruch nehmen (RegE SMG BT-Drucks 14/6040, 173). Das wird jedoch nur in den seltensten Fällen sinnvoll sein. Zu denken ist etwa daran, dass der Unternehmer dem Kunden nachträglich die Verhaltenskodices zur Verfügung stellt, denen er sich unterworfen hat oder dass er ihm nachträglich die Vertragsbedingungen in wiedergabefähiger Form überreicht. Der Kunde dürfte dagegen im Nachhinein kein Interesse mehr an Informationen über die einzelnen technischen Schritte, die zum Vertragsschluss führen, haben.

e) Unterlassungsklagen

73 Verstöße gegen die Pflichten aus Abs 1 S 1 eröffnen des Weiteren die Möglichkeit einer Unterlassungsklage nach § 13 UWG bzw § 2 UKlaG. Für unseriöse Unternehmer mag es relativ leicht zu verschmerzen sein, wenn einzelne Geschäfte scheitern, da durch die bewusste Missachtung der Pflichten aus Abs 1 S 1 genügend andere Geschäfte geschlossen werden, bei denen die Kunden aus Bequemlichkeit oder Unkenntnis der Rechtslage davon absehen, ihre Rechte gerichtlich geltend zu machen. Unterlassungsansprüche nach § 13 UWG bzw § 2 UKlaG, die von einem wirtschaftlich potenten und juristisch fachkundigen Verbraucherschutzverband durchgesetzt werden, entfalten für den Unternehmer dagegen eine stärkere abschreckende Wirkung. Darüber hinaus geht der Unterlassungsklage eine Abmahnung voraus, die für den Unternehmer kostenpflichtig ist (zB BGH NJW 1991, 1229, 1230). Beachtet der Unternehmer die Pflichten aus Abs 1 S 1 nicht, begründet das nach § 2 Abs 1 u 2 Nr 1, 2 UKlaG einen Unterlassungsanspruch, den nach § 3 UKlaG ua ein qualifizierter Verbraucherschutzverband im Sinne von § 4 UKlaG geltend machen kann. Ein Unterlassungsanspruch kann auch aus § 13 UWG bestehen, wenn der Unternehmer eine sittenwidrige Handlung im Wettbewerb begeht, indem er die Pflichten aus Abs 1 S 1 missachtet (vgl im Einzelnen BOENTE/RIEHM JURA 2002, 222, 229).

VI. Verhältnis zu anderen Vorschriften

74 Nach § 312e Abs 3 S 1 bleiben weitergehende Informationspflichten aufgrund anderer Vorschriften unberührt. Die Regelung ist § 312c Abs 4 nachempfunden und hat lediglich deklaratorische Bedeutung (RegE SMG BT-Drucks 14/6040, 172). Weitergehende Informationspflichten werden sich in erster Linie aus § 312c Abs 1 und 2 iVm § 1 BGB-InfoV ergeben (vgl hierzu die Anmerkungen zu §§ 312c Rn 52; zum Verhältnis zwischen Fernabsatz- und E-Commerce Geschäften vgl oben Vorbem 28 zu § 312b ff). Die fernabsatzrechtlichen Informationspflichten sind zT umfassender als im elektronischen Geschäftsverkehr, teilweise bleiben sie aber auch dahinter zurück. Daneben können sich Informationspflichten auch noch aus § 6 TDG ergeben.

§ 312f
Abweichende Vereinbarungen

Von den Vorschriften dieses Untertitels darf, soweit nicht ein anderes bestimmt ist, nicht zum Nachteil des Verbrauchers oder Kunden abgewichen werden. Die Vorschriften dieses Untertitels finden, soweit nicht ein anderes bestimmt ist, auch Anwendung, wenn sie durch anderweitige Gestaltungen umgangen werden.

Materialien: Art 12 Abs 1 Richtlinie 97/7/EG über den Verbraucherschutz bei Vertragsschlüssen im Fernabsatz, ABlEG Nr L 144, 19; Art 6 Richtlinie 85/577/EWG betreffend den Verbraucherschutz im Falle von außerhalb von Geschäftsräumen geschlossenen Verträgen, ABlEG Nr L 372, 31; Regierungsentwurf Gesetz über Fernabsatzverträge und andere Fragen des Verbraucherrechts sowie zur Umstellung von Vorschriften auf Euro BT-Drucks 14/2658, 45; Regierungsentwurf Gesetz über den Widerruf von Haustürgeschäften und ähnlichen Geschäften BT-Drucks 10/2876, 14; Regierungsentwurf Gesetz zur Modernisierung des Schuldrechts BT-Drucks 14/6040, 174.

Systematische Übersicht

I.	**Allgemeines**	1	**IV.**	**Umgehungsverbot**	14
			1.	Tatbestand	15
II.	**Entwicklung der Vorschrift**	3	a)	Tatbestandsvermeidung	16
			b)	Tatbestandserschleichung	17
III.	**Unabdingbarkeit, § 312f S 1**	5	2.	Rechtsfolgen	18
1.	Verzichtbarkeit	6			
2.	Rechtsfolgen	13			

Alphabetische Übersicht

Abweichung	7	Umsetzung	2, 4, 6, 13
Mindeststandard	1	Verbraucherverträge	6
		Verzichtserklärung	8
Nachteil	5 ff, 13		
		Widerrufsbelehrung	10
Umgehungsgeschäft	14 ff	Widerrufsrecht	6 f, 9 f
Umgehungsverbot	2, 4, 14, 17		

I. Allgemeines

§ 312f regelt Zweierlei: § 312f S 1 setzt Art 12 Abs 1 FernAbsRL um. Dort heißt es, **1** dass der Verbraucher auf die Rechte des Fernabsatzrechts nicht verzichten kann. Die Regelung will einen **Mindeststandard** für den Verbraucherschutz schaffen und damit verhindern, dass die Regelungen ausgehöhlt werden (vgl MünchKomm/WENDEHORST[4] § 312f Rn 1). Die Rechte des Verbrauchers dürfen vertraglich nicht eingeschränkt werden. Andernfalls bestünde die Gefahr, dass der Unternehmer als stärkere Vertragspartei den Verbraucher vor Vertragsschluss auf einen Verzicht drängen würde; die Schutzvorschriften würden leer laufen.

Im diesen Sinne hielt es der Gesetzgeber bei der Umsetzung der FernAbsRL für **2** sinnvoll, ein **ausdrückliches (wenngleich deklaratorisches) Umgehungsverbot** zu normieren (RegE FernAbsG BT-Drucks 14/2658, 45). Da mit den §§ 312 bis 312e für den Unternehmer ein nicht unerheblicher Aufwand verbunden ist, könnte er in Versuchung geraten, die Vorschriften zu umgehen. Dem soll das Umgehungsverbot des § 312f S 2 entgegenwirken (vgl BT-Drucks 14/2658, 45).

II. Entwicklung der Vorschrift

3 Die Regelung des § 312f ist im Rahmen des Schuldrechtsmodernisierungsgesetzes aus § 5 Abs 1 HWiG und § 5 Abs 1 FernAbsG hervorgegangen. Es wurden lediglich redaktionelle, nicht aber inhaltliche Änderungen vorgenommen.

4 § 312f S 1 ist eine **klassische Norm des Verbraucherschutzes**. Entsprechende Vorgaben finden sich – anknüpfend an das französische Analogon der *fraude de loi* – in Art 12 Abs 1 FernAbsRL sowie in Art 6 der HWiRL. Da Art 12 Abs 1 FernAbsRL von sämtlichen Rechten spricht, die dem Verbraucher aufgrund der Umsetzung der Fernabsatzrichtlinie zustehen, ist § 312f analog anwendbar auf die Vorschriften, die bei der Umsetzung der Richtlinie nicht ins FernAbsG und später in §§ 312b bis 312d eingefügt wurden (so auch MünchKomm/Wendehorst[4] § 312f Rn 4). Die E-Commerce-Richtlinie enthält zwar keine ausdrückliche Regelung über die Unabdingbarkeit ihrer Vorschriften. Jedoch liefern Art 10 und 11 E-Commerce-Richtlinie abschließende Regelungen über die Abdingbarkeit der § 312e zugrunde liegenden Richtlinienbestimmungen. Der Umkehrschluss ergibt die Unabdingbarkeit der Vorschriften im Übrigen (so MünchKomm/Wendehorst[4] § 312f Rn 3).

§ 312f S 2 findet keine ausdrückliche Parallelvorschrift in den europäischen Vorlagen. Allerdings entspricht das **Umgehungsverbot** dem Sinn und Zweck der verbrauchsschutzrechtlichen Richtlinien sowie dem Gebot gemeinschaftsfreundlichen Verhaltens aus Art 10 EG.

III. Unabdingbarkeit, § 312f S 1

5 § 312f S 1 bestimmt, dass von den Vorschriften des zweiten Untertitels **nicht zum Nachteil des Verbrauchers oder des Kunden abgewichen werden** kann.

1. Verzichtbarkeit

6 Das Unabdingbarkeitsgebot aus § 312f S 1 erfasst entgegen dem Wortlaut nicht nur die Vorschriften über Haustürgeschäfte, Fernabsatzverträge und E-Commerce-Geschäfte. Um eine **richtlinienkonforme Umsetzung** zu gewährleisten (vgl oben Rn 4) wird die Vorschrift vielmehr analog auf alle Vorschriften angewandt, die durch die Umsetzung der Fernabsatzrichtlinie entstanden sind. Hierbei handelt es sich insbesondere um die Regelung über unbestellte Leistungen in § 241a. Auch die Vorschriften über das Widerrufsrecht bei Verbraucherverträgen in §§ 355 bis 359, über den Missbrauch von Zahlungskarten in § 676h sowie die kollisionsrechtliche Regelung in Art 29 EGBGB sind im Zusammenhang mit der Umsetzung der FernAbsRL bzw der HWiRL entstanden, so dass von ihnen analog § 312f ebenfalls nicht zum Nachteil des Verbrauchers oder Kunden abgewichen werden kann.

7 Die **Vorschriften der §§ 312 ff sind halbzwingend** (vgl MünchKomm/Wendehorst[4] § 312f Rn 13; Palandt/Heinrichs[64] § 312f Rn 1). Unzulässig sind nur Abweichungen, die zum Nachteil des Verbrauchers oder Kunden wirken. Wann eine Abweichung für den Verbraucher oder Kunden nachteilig ist, beurteilt sich nicht nach einer Gesamtwürdigung, die den Ausgleich nachteiliger Klauseln durch verbraucherfreundliche Abreden erlaubt, sondern anhand einer wertenden Betrachtung der jeweiligen Einzel-

norm (vgl Härting § 5 FernAbsG Rn 11; vRottenburg in: vWestphalen/Emmerich/vRotten-
burg § 18 VerbrKrG Rn 4; MünchKomm/Wendehorst⁴ § 312f Rn 13; Lüttcke § 312f Rn 6;
Bülow ZIP 1998, 945). Entscheidend sind die Umstände des Einzelfalls, so dass sich
der Verbraucher entsprechend seiner jeweiligen Situation auf die günstigere Regelung – Gesetz oder Vertrag – berufen kann. Daneben gibt es Vereinbarungen, die
stets ungünstiger sind: Eine unzulässige **Abweichung** läge etwa vor, wenn das **Widerrufsrecht** des Verbrauchers an Gründe geknüpft würde, die auch den Gewährleistungsvorschriften des Kaufrechts die Tür öffnen. Ausdrücklich zulässig ist es gemäß
§ 312d Abs 1 S 2 dagegen, bei der Lieferung von Waren das **Widerrufsrecht** durch ein
Rückgaberecht zu ersetzen, denn dieses ist gegenüber dem Widerrufsrecht kein
schwächerer Rechtsbehelf, zumindest wenn die Haftungs- und Entschädigungsregelungen mit abweichen (so auch MünchKomm/Wendehorst⁴ § 312f Rn 13). Dagegen ist eine
Abweichung, die zugunsten des Verbrauchers oder Kunden von den Vorgaben des
Fernabsatzrechts abweicht, zulässig. Insbesondere können die Parteien ein **Widerrufsrecht** auch bei den Verträgen vereinbaren, für die ein solches nach § 312d Abs 4
als gesetzliches Recht ausgeschlossen ist.

Von § 312f S 1 werden auch **einseitige Verzichtserklärungen** des Verbrauchers oder **8**
Kunden erfasst (vgl LG Fulda NJW-RR 1987, 1460; MünchKomm/Wendehorst⁴ § 312f Rn 9;
Bülow ZIP 1998, 945, 948), obwohl die Vorschrift ihrem Wortlaut nach nur für Vereinbarungen gilt. Eine Erweiterung auf einseitige Verzichtserklärungen ist aber
wiederum erforderlich, um eine richtlinienkonforme Auslegung zu gewährleisten.
Sowohl in der HWiRL als auch in der FernAbsRL heißt es, dass „der Verbraucher
auf die Rechte nicht verzichten" kann. In der Regel wird die einseitige Verzichtserklärung nur schwer von einer Vereinbarung abzugrenzen sein und es ist auch
zweifelhaft, ob es in der Praxis hierzu kommen wird. Üblicher wird es sein, dass
der Verbraucher eine vom Unternehmer vorformulierte Verzichtserklärung unterzeichnet. Hierin liegt aber eine Vereinbarung (LG Fulda NJW-RR 1987, 1460, 1461). In
der Vorlage der vorgefertigten Verzichtserklärung durch den Unternehmer ist ein
Angebot auf den Abschluss eines Verzichtsvertrages zu sehen, welches der Verbraucher durch Unterzeichnung der Erklärung annimmt.

Die **Bestätigung des Kunden**, dass die Auftragserteilung nach vorangegangenem **9**
Angebot erfolgt sei, stellt eine zum Nachteil des Kunden getroffene unwirksame
Vereinbarung dar, wenn dadurch das an sich bestehende Widerrufsrecht vertraglich
ausgeschlossen werden soll (AG Ettenheim NJW-RR 2004, 1429).

§ 312f S 1 erfasst dagegen nicht die Situationen, in denen der Unternehmer den **10**
Verbraucher nach § 312c ordnungsgemäß belehrt hat und der **Verbraucher nach
Vertragsschluss auf sein Widerrufsrecht verzichtet**. Hierzu müssen aber die Vorgaben
über die Widerrufsbelehrung vollständig erfüllt worden sein (so auch Lüttcke § 312c
Rn 3, aA Krämer ZIP 1997, 93 ff; Härting § 5 FernAbsG Rn 5, die davon ausgehen, dass der
Verbraucher auch [wirksam] auf sein Widerrufsrecht verzichten kann, wenn er nicht zuvor darüber
aufgeklärt worden ist). Ohne umfassende Informationen ist der Verbraucher nicht in
der Lage, die Reichweite seines Verzichts realistisch einzuschätzen. Der Unternehmer könnte sich einen wettbewerbswidrigen Vorteil erschleichen, wenn er den Verbraucher zunächst nicht über das Widerrufs- oder Rückgaberecht informiert und im
Anschluss einen Verzichtsvertrag anbietet. Ist der Verbraucher aber ordnungsgemäß
informiert worden, kann er auch auf sein Widerrufs- oder Rückgaberecht verzichten.

Es steht ihm frei, das Widerrufsrecht auszuüben. Im Umkehrschluss muss er auch darauf verzichten können, von seinem Widerrufs- oder Rückgaberecht Gebrauch zu machen (vRottenburg, in: vWestphalen/Emmerich/vRottenburg § 18 VerbrKrG Rn 4; Bülow § 18 VerbrKrG Rn 3 gehen dagegen davon aus, dass ein Verzicht auf das Widerrufsrecht generell unzulässig ist).

11 Ebenso wenig schließt es § 312f S 1 aus, dass der Verbraucher oder Kunde auf den vollständigen Erhalt der Informationen nach § 312c Abs 1 S 1 bzw § 312e Abs 1 S 1 Nr 2 verzichtet, wenn er zuvor ausdrücklich darauf hingewiesen wurde, um welche Informationen es sich handelt und der Unternehmer ihm die Möglichkeit gegeben hat, in zumutbarer Weise von den Informationen Kenntnis zu nehmen (ebenso Münch-Komm/Wendehorst[4] § 312f Rn 10, die jedoch „verfassungsrechtliche Bedenken" hegt; **aA** Härting § 5 FernAbsG Rn 5). Es würde auf eine den Verbraucherinteressen zuwiderlaufende Entmündigung des Verbrauchers oder Kunden hinauslaufen, wenn dieser gezwungen würde, sich bereits bekannte Informationen wiederholt anhören zu müssen.

12 Schließen Unternehmer und Verbraucher oder Kunde nach Vertragsschluss einen **Vergleich im Sinne von § 779**, in dem sie im Wege des gegenseitigen Nachgebens ua vereinbaren, dass der Verbraucher oder Kunde auf einen Teil seiner Rechte verzichtet, ist diese Vereinbarung nicht wegen § 312f S 1 unwirksam (so auch Palandt/Heinrichs[64] § 312f Rn 1; zustimmend für den Fall, dass Tatsachen streitig bleiben und der Unternehmer nicht die objektive Beweislast trägt bzw die rechtliche Bewertung des Falles auch unter Heranziehung des Gesetzes und gefestigter Rechtsprechung unklar bleibt MünchKomm/Wende-horst[4] § 312f Rn 12). Diese Bewertung ist aus verbraucherschutzrechtlichen Gesichtspunkten geboten. Andernfalls würde der Verbraucher oder Kunde in einen gerichtliche Prozess gezwungen, dessen Ausgang offen ist und den er verlieren könnte (im Arbeitsrecht wird eine ähnliche Diskussion darüber geführt, ob es gegen § 12 EFZG verstößt, wenn Arbeitnehmer und Arbeitgeber einen Vergleich schließen, in dem der Arbeitnehmer seinem (früheren) Arbeitgeber einen fälligen Lohnfortzahlungsanspruch erlässt, verneinend: BAG NJW 1977, 1213, 124 [zu § 9 LFZG]; vgl zur Diskussion Schliemann, in: Henssler/Willemsen/Kalb § 12 EFZG Rn 10 ff).

2. Rechtsfolgen

13 Weichen die Parteien zum **Nachteil** des Verbrauchers oder Kunden von den Vorschriften der §§ 312 ff sowie von den sonstigen Vorschriften ab, die der **Umsetzung** der Fernabsatzrichtlinie dienen, führt das dazu, dass die vom Gesetz abweichende Vereinbarung unwirksam ist. Der Vertrag im Übrigen bleibt jedoch wirksam (vgl Palandt/Heinrichs[64] § 312f Rn 1; MünchKomm/Wendehorst[4] § 312f Rn 14). Alles andere würde den Verbraucher unangemessen **benachteiligen**. § 312f S 1 bezweckt einen einseitigen Schutz des Verbrauchers oder des Kunden. Dieser Schutz würde ihm entzogen, wenn nicht nur die **nachteiligen** Vereinbarungen unwirksam wären, sondern er daneben auch die **Vorteile** des Vertrags verlieren würde. § 306 gilt, wenn eine abweichende Vereinbarung ausnahmsweise nicht durch AGB sondern individuell getroffen wurde, analog (MünchKomm/Wendehorst[4] § 312f Rn 14). § 139 Abs 2 findet keine Anwendung.

IV. Umgehungsverbot

§ 312f S 2 enthält ein ausdrückliches **Umgehungsverbot** für die Verbraucherschutz- **14**
vorschriften. Die §§ 312a bis 312e finden daher auch Anwendung, wenn sie durch
vom Wortlaut des Gesetzes nicht erfasste, jedoch funktionell vergleichbare Gestaltungen umgangen werden. **Umgehungsverbote** regeln den Konflikt zwischen der
prinzipiellen Befugnis der Parteien, Rechtsverhältnisse nach ihrem Belieben zu
gestalten, und der Existenz zwingender, von den Parteien als lästig empfundener
Normen, deren Anwendung sie zu verhindern trachten (vgl SIEKER, Umgehungsgeschäfte
1; BENECKE, Gesetzesumgehung im Zivilrecht, 1; LUTTER, in: FS Stiefel 505, 508; ausführl STAU-
DINGER/SACK [2003] § 134 Rn 144–160). In den Verbraucherschutzgesetzen sind Umgehungsverbote Ausdruck eines besonderen Schutzanliegens des Gesetzgebers (vgl im
Fernabsatzrecht RegE FernAbsG BT-Drucks 14/2658, 45: „Da mit den Schutzvorschriften des Fern-
absatzgesetzes für den Unternehmer ein gewisser Aufwand verbunden ist, der unseriöse Anbieter zu
Umgehungsversuchen veranlassen könnte, ist ein Umgehungsverbot notwendig"). In der rechts-
wissenschaftlichen Literatur ist die Notwendigkeit solcher Regelungen zurecht bestritten worden (vgl SIEKER, Umgehungsverbote 8 ff, 37; STAUDINGER/SCHLOSSER [1998] § 7
AGBGB Rn 1; SOERGEL/HEFERMEHL § 134 Rn 37; FLUME AT II § 17 Rn 4; Medicus, BGB AT
Rn 661; TEICHMANN JZ 1985, 314, 316; aA Löwe AGBG § 7 Rn 4; GRAMLICH/ZERRES ZIP 1998,
1299, 1303). Sie ist ein Rechtsinstitut zwischen Auslegung und Analogie. Es spricht
viel dafür, dass die Verbrauchervorschriften selbst so zu verstehen sind, dass sie der
scheinbar zulässigen Regelung entgegenstehen. Ist eine Vereinbarung als Umgehungsgeschäft zu bewerten, so wird dadurch nur positiv umschrieben, dass der
Umgehungsversuch selbst gescheitert ist. Zu diesem Ergebnis kommt aber auch
der, der die Verbraucherschutzvorschrift als Verbotsgesetz auslegt (so auch SIEKER,
Umgehungsgeschäfte S 37; ähnlich TEICHMANN, Die Gesetzesumgehung 64 ff; PALANDT/HEINRICHS
§ 312f Rn 2; **aA** MünchKomm/MAYER-MALY/ARMBRÜSTER § 134 Rn 11 ff). Die Aussage von
§ 312f S 2 erschöpft sich letztlich darin, dass die Vorschriften der §§ 312 bis 312e für
anwendbar erklärt werden. Hierbei handelt es sich um eine deklaratorische Aussage,
die die Übersichtlichkeit des Gesetzes beeinträchtigt. Die Bedeutung von § 312f S 2
reduziert sich auf eine Appell- und Klarstellungsfunktion (vgl SIEKER, Umgehungsgeschäfte 39; zu der Parallelvorschrift in § 7 AGBG aF ULMER, in: BRANDNER/HENSEN AGBG § 7
Rn 4). Insbesondere bestimmt die Vorschrift nicht selbst, inwieweit die einschlägigen
Normen auf den Umgehungssachverhalt anwendbar sind, sondern verweist den
Rechtsanwender darauf, den Geltungsanspruch des jeweiligen Gesetzes auch gegenüber Umgehungsversuchen durchzusetzen.

1. Tatbestand

§ 312f S 2 greift ein, wenn die Parteien ihre vertraglichen Beziehungen so gestalten, **15**
dass die §§ 312 ff nicht anwendbar sind, obwohl sie ihrem Schutzzweck nach eingreifen müssten. Der Unternehmer muss die vertraglichen Beziehungen nicht ab-
sichtlich so gestalten, dass die Verbraucherschutzvorschriften umgangen werden. Es
reicht aus, wenn die objektiven Voraussetzungen eines **Umgehungsgeschäfts** gegeben
sind (vgl MünchKomm/WENDEHORST[4] § 312f Rn 15; PALANDT/HEINRICHS § 312f Rn 2; WASSER-
MANN JuS 1990, 723; allgemein zu Umgehungsgeschäften BENECKE, Gesetzesumgehung im Zivilrecht [2004]; grundlegend TEICHMANN, Die Gesetzesumgehung [1962]). Der Verbraucher ist
auch dann schutzwürdig, wenn der Unternehmer nicht in böser Absicht handelt. Bei
Umgehungsgeschäften wird zwischen Tatbestandsvermeidung und Tatbestandser-

schleichung unterschieden (vgl zu den Begrifflichkeiten grundlegend TEICHMANN, Die Gesetzesumgehung [1962] 50; eine solche Unterscheidung nimmt auch MünchKomm/WENDEHORST[4]
§ 312f Rn 16 ff vor).

a) Tatbestandsvermeidung

16 Hier führen formale Voraussetzungen dazu, dass die §§ 312 ff nicht anwendbar sind,
obwohl der Lebenssachverhalt unter den Schutzzweck des Gesetzes fällt. Ein ge-
läufiges Beispiel im Bereich des Fernabsatzrechts ist der Unternehmer, der den
Antrag eines Verbrauchers dadurch annimmt, dass er ihn bei der Auslieferung der
Ware einen Vertrag unterschreiben lässt (OLG Schleswig NJW 2004, 231: Verträge, die auf
telefonische Bestellung bei einer so genannten „Bestellhotline" zu Stande kommen, fallen auch dann
in den Schutzbereich der Vorschriften über den Fernabsatz, wenn zusammen mit der Auslieferung
der Ware dem Verbraucher durch einen Mitarbeiter eines Logistikunternehmens ein schriftlicher
Vertrag zur Unterschrift vorgelegt wird). Damit wird der Vertrag nicht unter ausschließlicher Verwendung von Fernkommunikationsmitteln geschlossen, so dass §§ 312b bis
312d nicht anwendbar wären (vgl aber bereits oben § 312b Rn 41). **Kein Umgehungsgeschäft** liegt dagegen vor, wenn der Unternehmer sich dazu entscheidet, seine Waren
und Dienstleistungen nicht in einem ausschließlich auf die Verwendung von Fernkommunikationsmitteln ausgerichteten System zu vertreiben (vgl RegE FernAbsG BT-
Drucks 14/2658, 45). So muss ein Unternehmer nicht fürchten, gegen § 312f S 2 zu
verstoßen, wenn er objektiv nicht über ein für den Fernabsatz organisiertes Ver-
triebs- und Dienstleistungssystem verfügt und in Anzeigen und ähnlichem darauf
verzichtet, seine Telefon- bzw Faxnummer anzugeben. In der Rechtsprechung zu der
Vorgängervorschrift von § 5 Abs 1 HWiG lassen sich einige Beispiele finden, die
illustrieren, wodurch Unternehmer versucht haben, den Schutzvorschriften des
HWiG zu entfliehen. Ein **Umgehungsgeschäft** wurde angenommen bei dem Verkauf
von Waren in einer Hotelhalle während eines Hotelaufenthaltes des Verbrauchers
(OLG Frankfurt aM NJW 1994, 1805, 1806). Es wurde als Umgehungsgeschäft bewertet,
wenn die Parteien den Vertrag an einem neutralen Ort geschlossen haben und
anschließend zur Klärung weiterer Details in die Wohnung des Verbrauchers gegangen sind (OLG Dresden NJW 1995, 1164). Gleiches gilt, wenn dem Verbraucher auf
dessen privater Baustelle angeboten wird, Baustoffe zu kaufen (OLG Zweibrücken
NJW 1995, 140) oder ein Vertrag über eine entgeltliche Leistung in die Form eines
Beitritts zu einer Genossenschaft oder einem Verein gefasst wird (BGH NJW 1997,
1069; OLG München NJW 1996, 263; LG Bonn MDR 1998, 337; **aA** OLG Karlsruhe NJW 1991, 433;
s auch KROHN/SCHÄFER WM 2000, 112; WASSERMANN JuS 1990, 723; richtigerweise wird man hier
§ 312 bereits unmittelbar anwenden können, s § 312 Rn 29). Hier kommt es freilich darauf an,
dass durch die besondere Vertragsgestaltung lediglich verdeckt wird, dass die Erbringung entgeltlicher Leistungen vereinbart wird: nicht die Mitgliedschaft in der
Genossenschaft oder dem Verein, sondern der Erwerb einer Sache oder eines Nut-
zungsrechts muss im Vordergrund stehen. **Kein Umgehungsgeschäft** liegt dagegen
vor, wenn der Vertrag bei einem gemeinsamen Essen von Geschäftspartner geschlossen oder dort vorbereitet wird (BGH NJW-RR 1997, 177).

b) Tatbestandserschleichung

17 Bei der Tatbestandserschleichung dagegen bemüht sich der Unternehmer darum,
einen für ihn günstigen Tatbestand zu verwirklichen, auch wenn bei am Gesetzes-
wort orientierter Betrachtung der Tatbestand nicht erfüllt ist. Als Beispiele bieten
sich die Ausnahmevorschriften in § 312b Abs 4 bzw § 312d Abs 4 an (vgl insoweit auch

schon oben § 312b Rn 90, § 312d Rn 42). Als **Umgehungsgeschäft** mag man es auch bewerten, wenn der Unternehmer eine standardisierte Ware als „Ihr ganz persönliches, extra für Sie angefertigtes Exemplar" bezeichnet und dadurch versucht, einen Ausschluss des Widerrufs nach § 312d Abs 4 Nr 1 zu erreichen. Dieses Beispiel zeigt aber auch, wie entbehrlich letztlich die Kodifizierung des Umgehungsverbots ist (vgl hierzu schon oben Rn 14). Bei verständiger Auslegung von § 312d Abs 4 Nr 1 kann bereits kein Zweifel daran bestehen, dass die Ware eben nicht nach Kundenspezifikation angefertigt wurde bzw eindeutig auf die persönlichen Bedürfnisse des Kunden zugeschnitten ist. Um zu erkennen, dass die fernabsatzrechtlichen Vorschriften anwendbar bleiben, hätte es § 312f S 2 nicht bedurft. Ebenso kann es nicht als Umgehungsgeschäft gewertet werden, wenn der Unternehmer Online-Auktionshäuser systematisch nutzt, um wiederholt gleiche oder ähnliche Ware abzusetzen (wie hier LÜTCKE § 312f Rn 10; aA MünchKomm/WENDEHORST[4] § 312f Rn 20: HEIDERHOFF MMR 2001, 640, 643). Eine Umgehung der fernabsatzrechtlichen Vorschriften kann in einem solchen Fall schon deshalb nicht angenommen werden, weil es sich nach herrschender Meinung bei Rechtsgeschäften, die unter Nutzung von Auktionsplattformen abgewickelt werden, um besondere Kaufverträge und nicht etwa um Versteigerungen im Sinne des § 156 handelt (vgl hierzu ausführlich oben § 312d Rn 67 f). Im Übrigen hat der Gesetzgeber „echte" Versteigerungen bewusst vom Anwendungsbereich des Fernabsatzrechts ausgeschlossen werden. Diese Entscheidung darf dem Unternehmer nicht zum Nachteil gereichen, wenn er sich in seinem Geschäftsbetrieb auf diese Art des Vertragsschlusses beschränkt. Ebenso liegt noch kein Umgehungsgeschäft allein deshalb vor, weil ein nicht beurkundungspflichtiges Geschäft vom Notar beurkundet wurde. Bei dieser Form ist ein hinreichender Übereilungsschutz gewahrt; § 312 Abs 2 Nr 3 spricht nur von Beurkundung, nicht von Beurkundungspflicht (aA in einem besonders gelagerten Fall OLG Karlsruhe ZBB 2002, 341; s auch § 312 Rn 170).

2. Rechtsfolgen

Wird ein **Umgehungsgeschäft** bejaht, finden die §§ 312 ff Anwendung. Durch den **18** deklaratorischen Charakter von § 312f S 2 ändert sich auch nichts an der Beweislast (vgl MünchKomm/WENDEHORST[4] § 312f Rn 22). Die Beweislast trägt daher nach den allgemeinen Regeln der Normbegünstigung grundsätzlich derjenige, der sich auf darauf beruft, dass die Voraussetzungen einer für ihn günstigen Norm gegeben oder nicht gegeben sind. Soweit davon ausgegangen wird, dass im Einzelfall die Beweislast aber auch auf die andere Partei übergehen kann, wenn die Rechtslage eindeutig ist und der behauptete Umgehungstatbestand Ausnahmecharakter trägt (so MünchKomm/ WENDEHORST[4] § 312f Rn 22), muss sich dies nach den allgemeinen Regeln richten.

Sachregister

Die fetten Zahlen beziehen sich auf
die Paragraphen, die mageren Zahlen auf
die Randnummern.

Abonnementvertrag
Pay-TV als gemischter Vertrag **311** 30
Zeitschriftenbezugsvertrag als gemischter
Vertrag **311** 30
Zeitungen/Zeitschriften/Widerrufsrecht
des Verbrauchers **312d** 63
Absorptionsprinzip
Gemischte Verträge/Frage anwendbarer
Rechtsnormen **311** 32 ff
Abstandnahme vom Vertrag
Enttäuschtes Vertrauen auf Vertragszu-
standekommen
s. Culpa in contrahendo
Abstraktes Schuldverhältnis
Schuldersetzung/Vereinbarung eines–
311 84
Abstraktes Schuldversprechen
s. Schuldversprechen (abstraktes)
Abtretung
als Vertragsänderung **311** 65
Abzahlungsgeschäfte
AbzG 1984/befristetes Verbraucher-
Widerrufsrecht **Vorbem 312, 312a** 14
Änderung eines Vertrages
s. Vertrag/Vertragsrecht
Akkreditiv
Bankenhaftung aus Cic **311** 110
Aliud-Lieferung
Verbraucher-Widerrufsrecht **312d** 22
Allgemeine Geschäftsbedingungen
Änderungsrecht eines Vertragspartners
311 56
Angebotsannahme/Zeitpunktbestimmung
312e 50
Angemessenheit/Inhaltskontrolle **311** 21
Fernabsatzgeschäfte/Einbeziehung von–
312b 56 f; **312c** 93
Fernabsatzverträge/Unternehmer-Infor-
mationserteilung durch– **312c** 32 f
Individuelle Kommunikation im elektro-
nischen Geschäftsverkehr **312e** 35
Zugangsbestätigung im elektronischen
Geschäftsverkehr/Frage der AGB-
Einbeziehung **312e** 57
Allgemeinheit
und Mediendienste **312b** 29
Altenheimvertrag
als gemischter Vertrag/Nachweise, Fund-
stellen **311** 30
Vertragsauflösung/anwendbares Recht
311 39
Amtshaftung
und Verschulden bei Vertragsabschluß
311 96

Anbahnung eines Vertrages
Elektronischer Geschäftsverkehr
s. dort
Fernkommunikationsmittelverwendung
s. Fernabsatzverträge
Haustürgeschäfte/an der Vertragsanbah-
nung Beteiligte **312** 36 ff
Rücksichtnahmeschuldverhältnis
s. Culpa in contrahendo
Vertragsanbahnungsgespräche **312b** 42
**Anfängliche Unmöglichkeit/anfängliches Unver-
mögen**
s. Unmöglichkeit/anfängliche
Anfechtung
Elektronischer Geschäftsverkehr **312e** 66 ff
Haustürgeschäfte/Widerrufsrecht **311** 44 ff
Haustürgeschäfte/Widerrufsrecht und
Anfechtungslage **311a** 44 f
Vertragsbeseitigung und Anfechtung
311 115 f
Angemessenheitskontrolle
Ausschluß allgemeiner Inhaltskontrolle
von Verträgen **311** 20
Anlagen
Kapitalanlagen
s. dort
Annahmeerklärung
und Bestätigung einer Kundenbestellung/
Abgrenzung **312e** 47
Anpassungsklauseln
als Änderungsverpflichtung **311** 60
Ansparverträge
Begriff/Sittenwidrigkeitsfrage **Vorbem 312,
312a** 41
Anweisung
Annahme/Begebungsvertrag **311** 15
Vertragsabschluß und Schriftformerfor-
dernis **311** 10
Apotheke
Arzneimittelvertrieb im Fernabsatz
312b 112
Arbeitnehmerüberlassungsvertrag
als gemischter Vertrag/Nachweise, Fund-
stellen **311** 30
Arbeitsplatz
und Haustürsituation **312** 78 ff
Arbeitsrecht
Anfängliche Leistungshindernisse
311a 45, 58, 60 ff
Arbeitsvertrag/Änderung in selbständigen
Dienstvertrag **311** 54, 59
ArbeitszeitG-Verstöße **311a** 61
Auflösungsvereinbarung/Form **311** 79

Arbeitsrecht (Forts.)
und BGB-Regelung von Vertriebsformen
312 85
Culpa in contrahendo 311 110 f, 125,
128, 139, 144
Gemischter Vertrag/Kündigung eines
Vertragsteils 311 39
Gesamtzusage/Frage vertraglicher Eini-
gung 311 16
und Haustürgeschäftsvorschriften 312 12,
82 ff
Kündigungserklärungen/einverständliche
Aufhebung 311 67
Schutz wirtschaftlich Schwächerer 311 20
Tätigkeits- und Beschäftigungsverbote/
nichtige Verträge 311a 60
Tarifvertrag/Form der Beendigung 311 80
Vertragsabschluß und Schriftformerfor-
dernis 311 10
Arglist
Vertragsabschluß/Haftung aus Culpa in
contrahendo 311 116
Arzneimittel
als verderbliche Ware/Widerrufsrecht des
Verbrauchers 312d 52 ff
Arzneimittel- und Medizinproduktrecht
und Fernabsatzrecht/Verhältnis 312b 111 f
Kennzeichnung von Fertigarzneimitteln
312c 133
Arzt/Ärztliche Behandlung
Aufklärungspflichten/Haftung aus Culpa
in contrahendo 311 121
Belegarztvertrag als gemischter Vertrag
311 30
Elektronische Geräte/Anwendung 312e 17
Tätigkeits- und Beschäftigungsverbote/
nichtige Verträge 311a 60
Zahnarztprothetik 311 42
Atypische Verträge
s. Vertrag/Vertragsrecht
Aufhebung des Vertrages
s. Vertrag/Vertragsrecht
Aufklärungspflicht
Culpa in contrahendo-Haftung/Einzel-
fälle verletzter– 311 119 ff
Auflassung
Grundstücksübereignung/Aufhebungsver-
trag 311 80
Aufnahme von Vertragsverhandlungen
Rücksichtnahmeschuldverhältnis
s. Culpa in contrahendo
Aufsichtsbehörde
Finanzdienstleistungen/Unternehmerin-
formation 312c 77 ff
Aufwendungen
Anfängliches Leistungshindernis/Ersatz
vergeblicher– 311a 40
Culpa in contrahendo/Ersatz vergeblicher
311 138, 144

Ausbildungsvertrag
Vertragstyp/Gesetzgeber-Aufnahme
311 29
Ausländische Investmentanteile
Widerrufsrecht AuslInvestmG 312b 107 f
Ausländisches Recht
Verbraucherschutz mit Widerrufsrecht
Vorbem 312, 312a 62 ff
Verbraucherschutz mit Widerrufsrecht/
Länderhinweise Vorbem 312, 312a 62 ff
Auslobung
und anfängliches Leistungshindernis
311a 8
als einseitige Verpflichtung 311 15
Ausschreibung
und Durchführungsvertrauen 311 110 f,
140
Automatenaufstellungsvertrag
Aufklärungspflichten/Haftung aus Culpa
in contrahendo 311 120
als gemischter Vertrag/Nachweise, Fund-
stellen 311 30
Automatenverträge
Verwendung von Warenautomaten, von
automatisierten Geschäftsräumen
312b 84 ff

Bankdienstleistungen
als Finanzdienstleistungen 312b 24
Bankvertrag
als gemischter Vertrag/Nachweise, Fundstellen 311 30
Baubetreuervertrag
Provisionsansprüche Dritter/Aufklärungs-
pflicht 311 144
Baubetreuungsvertrag
Aufklärungspflichten/Haftung aus Culpa
in contrahendo 311 120
als gemischter Vertrag/Nachweise, Fundstellen 311 30
Bauherrenmodelle
Aufklärungspflichten/Culpa in contrahendo 311 126
als Haustürgeschäft 312 20, 173
und Prospekthaftung 311 157
Bausparkasse
Aufklärungspflichten/Culpa in contrahendo 311 124
Bausparvertrag
als Haustürgeschäft 312 20
Bauträgervertrag
Aufklärungspflichten/Haftung aus Culpa
in contrahendo 311 120
als gemischter Vertrag/Nachweise, Fund-
stellen 311 30
und Prospekthaftung 311 157
Verhandlungsführertätigkeit 312 63
Bauwerkserrichtung
Fernabsatzverträge/Frage anwendbaren
Rechts 312b 73

Bedarfsgegenstände
Fernabsatzverträge/ausgeschlossene
Anwendung des Rechts **312b** 74 ff
Bedingung
Anfängliches Leistungshindernis/
Vertragsabschluß für den Leistungsfall
311a 24 ff
Anpassungsklauseln und Änderungsvertrag **311** 60
Vertragswirksamkeit/von der Wirksamkeit anderer Verträge abhängige **311** 53
Vertragszustandekommen/Culpa in
contrahendo **311** 114
Beförderungsmittel
Überraschendes Ansprechen **312** 110
Beförderungsverträge
Fernabsatzverträge/ausgeschlossene
Anwendung des Rechts **312b** 79 ff
Befristung
Dauerschuldverhältnisse/Verlängerung
befristeter **311** 67
Begebungsvertrag
Aussteller-/Annehmerverpflichtung
311 15
Beherbergungsvertrag
als gemischter Vertrag/Nachweise, Fundstellen **311** 30
Belegarztvertrag
als gemischter Vertrag/Nachweise, Fundstellen **311** 30
Belehrung des Verbrauchers
Widerrufs- und Rückgaberecht
Vorbem 312, 312a 46; **312c** 45, 69
Belgien
E-Commerce-RL/Umsetzung **Vorbem 312, 312a** 67
FernabsatzRL/Umsetzung **Vorbem 312b-f** 47 f
Verbraucherschutz mit Widerrufsrecht/
Umsetzung der EG-RL **Vorbem 312, 312a** 64
Beratervertrag
als Haustürgeschäft **312** 20
Berufliche Stellung
und Sachwalterhaftung **311** 151 ff
Beschaffungsrisiko
Anfängliches Leistungshindernis **311a** 47
Beschlagnahme
Anfängliches Leistungshindernis **311a** 28, 62 f, 65
Bestätigung einer Kundenbestellung
im elektronischen Geschäftsverkehr
s. dort
Bestellung
Verbraucherbestellung und mündliche
Verhandlung/ausgeschlossenes Rückgabe- und Widerrufsrecht **312** 140 ff
Beurkundung von Rechtsgeschäften
Vertragsabschluß/Formerfordernis (Übersicht) **311** 10

Beweisrecht
Culpa in contrahendo **311** 148
Fernabsatzverträge **312b** 9, 54
Haustürgeschäfte **312** 71, 125 f, 175 ff
Verbraucher-Widerrufsrecht **312d** 30
BGB-Gesellschaft
Umdeutung nichtiger Errichtung **311** 41
Bierlieferungsvertrag
als gemischter Vertrag/Nachweise, Fundstellen **311** 30
Bildtelefon
als Fernkommunikationsmittel **312b** 29
Bildüberlassungsvertrag
als gemischter Vertrag/Nachweise, Fundstellen **311** 30
Bote
Fernabsatzverträge/Boteneinsatz beim
Vertragsabschluß **312b** 32
Buchhaltungsarbeiten/Abschlußentwürfe
als gemischter Vertrag/Nachweise, Fundstellen **311** 30
Bühnenaufführungsvertrag
als gemischter Vertrag/Nachweise, Fundstellen **311** 30
Bürgschaft
Aufklärungspflichten/Haftung aus Culpa
in contrahendo **311** 122
als Haustürgeschäft **312** 27
Unternehmerbürgschaft für eine Verbraucherschuld **312b** 21
Verbrauchererklärung und Verbraucherschutz **312** 18
Vertragsabschluß und Schriftformerfordernis **311** 10
Vertragsänderung und Sicherungsrecht
311 68
Bundesrepublik Deutschland
E-Commerce-RL/Umsetzung **Vorbem 312, 312a** 67

CD-Rom
und elektronischer Geschäftsverkehr/
Abgrenzung **312e** 18
Entsiegelte Ware/ausgeschlossenes
Verbraucher-Rücktrittsrecht **312d** 57 ff
CISG
Anfängliches Leistungshindernis **311a** 13
Fernabsatzverträge und E-Commerce-
Geschäfte/Verhältnis **Vorbem 312b-f** 36 f
Vertragsverhandlungsstadium **311** 98
CMR-Übereinkommen
Fernabsatzverträge und E-Commerce-
Geschäfte/Verhältnis **Vorbem 312b-f** 38 f
Consultingvertrag
als gemischter Vertrag/Nachweise, Fundstellen **311** 30
Culpa in contrahendo
Abschluß eines Vertrages
— Abbruchgrund, triftiger **311** 111
— Anfechtung des Vertrages **311** 115

Culpa in contrahendo (Forts.)
- Enttäuschtes Vertrauen bei Abstandnahme **311** 109 ff
- Formerfordernis/Anschein eines fehlenden **311** 112
- Genehmigung eines Dritten **311** 114
- Objektive Hindernisse/Kenntnis, Kennenmüssen **311** 113
- Pflichtwidrige Herbeiführung durch falsche Angaben/durch verletzte Aufklärungspflichten **311** 117 ff
- Pflichtwidrige Herbeiführung durch Täuschung/Drohung **311** 116

Anbahnung eines Vertrages
- Angebotserteilung ohne Anfrage **311** 100
- Einverständnis späterer geschäftlicher Beziehung **311** 100
- Probefahrt **311** 100

Aufhebung einer Ausschreibung **311** 110, 140

Aufnahme ähnlicher Geschäftskontakte
- Einverständnis beider Teile **311** 103
- Geschäftlicher Kontakt/Erfordernis **311** 102
- Stadium vor eigentlicher Vertragsanbahnung **311** 101

Aufnahme von Vertragsverhandlungen
- Geltungsbereich **311** 99

BGB-Einzelbestimmungen/gewohnheitsrechtlicher Grundsatz **311** 92

CISG-Anwendbarkeit **311** 98

Elektronischer Geschäftsverkehr/Unternehmerpflichtverletzungen **312e** 71

Erfüllungsfrage **311** 94, 139

Fallgruppen (Übersicht) **311** 95, 99 ff

Gefälligkeitshandlungen **311** 97

Gesetzeswidriger Vertrag/Vertragspartnerhaftung **311a** 67 ff

Gewährleistungsrecht/Verhältnis **311** 129

Haustürgeschäft/Ausschluß des Widerrufsrechts und Gerichtsstandsfrage **312a** 19

Haustürgeschäfte und Rücksichtnahmegebot **311** 49

Haustürgeschäfte/Überrumpelung des Verbrauchers **Vorbem 312, 312a** 49

Leistungsfähigkeit/Vertrauen hierin **311a** 68

Minderjährigkeit **311** 104, 132

Öffentlich-rechtliche Verträge **311** 96

Rücksichtnahmeschuldverhältnis
- Beendigung **311** 106
- Entstehungsgründe **311** 99 ff
- Entwicklung des Kontakts **311** 105
- Erfüllungsfrage **311** 94
- Schutzpflichtenverweis **311** 107 f
- Vertragsabschluß/enttäuschtes Vertrauen bei Abstandnahme **311** 109 ff

Schadensersatzansprüche

Culpa in contrahendo (Forts.)
- Entgangener Gewinn als Vertrauensschaden **311** 145
- Erfüllungsinteresse/abzulehnendes **311** 133
- Erfüllungsinteresse/Haftungsobergrenze **311** 141
- Integritätsinteresse **311** 137
- Mitverschulden **311** 146
- Verjährung **311** 147
- Vertragsaufhebung/Vertragsaufrechterhaltung **311** 142 ff
- Vertrauensschaden **311** 138, 143, 145

Schuldrechtsmodernisierung/Kodifizierung **311** 93

Schuldverhältnis/vorläufiger Charakter **311** 94

Schutzpflichtenverweis **311** 107 f

Sondergesetzliche Regelungen/Verhältnis **Vorbem 312, 312a** 49

Unerlaubte Handlung/Ergänzung durch vorvertragliche Schutzpflichten **311** 95

Verhandlungspartner/Verhandlungsgehilfe **311** 135 f

Verschuldensfrage **311** 130 ff

Vertrag mit Schutzwirkungen für Dritte/Abgrenzung **311** 161

Dänemark
E-Commerce-RL/Umsetzung **Vorbem 312, 312a** 67

FernabsatzRL/Umsetzung **Vorbem 312b-f** 49 f

Verbraucherschutz mit Widerrufsrecht/Umsetzung der EG-RL **Vorbem 312, 312a** 65

Darlehensvermittlung
Vertragsabschluß und Schriftformerfordernis **311** 10

Darlehensvertrag
Aufklärungspflichten/Culpa in contrahendo **311** 126

als Haustürgeschäft **312** 23

Kaufpreisforderung/Schuldersetzung **311** 83

Schuldumwandlung in ein Darlehen **311** 65

Vertragsänderungen **311** 65

Widerruf kreditfinanzierter Immobiliengeschäfte/darlehensfinanzierter Beitritte zu Immobilienfonds **312** 3 ff

DAT-Band
Entsiegelte Ware/ausgeschlossenes Verbraucher-Rücktrittsrecht **312d** 57 ff

Datenbanken
Verbraucherabruf von Informationen **312d** 40

Datenlieferung
Download **312b** 16

Dauerschuldverhältnisse
Änderung tatsächlicher Verhältnisse/
Vertragstypänderung **311** 59
Fernabsatzverträge/Unterscheidung von
Vereinbarungen und Vorgängen
312b 90 ff
Kündigung/einverständliche Kündigungs-
aufhebung **311** 67
Verlängerung befristeter– **311** 67
Depotgeschäfte
als Bankdienstleistung **312b** 25
Devisenverträge
Verbraucher-Widerrufsrecht/Ausschluß
312d 69 f
Dienstleistungen
Fernabsatzgeschäfte/Erbringung von–
s. Fernabsatzgeschäfte
Dienstverschaffungsvertrag
als gemischter Vertrag/Nachweise, Fund-
stellen **311** 30
Dienstvertrag
Änderung eines Arbeitsvertrages in
selbständigen– **311** 54, 59
Elektronischer Geschäftsverkehr **312e** 1
als Haustürgeschäft **312** 20
Zahnarztprothetik **311** 42
Dingliche Rechte
Fernabsatzverträge/ausgeschlossenes
Recht **312b** 72
Direktunterrichtsvertrag
als gemischter Vertrag/Nachweise, Fund-
stellen **311** 30
Direktvertrieb
Elektronischer Geschäftsverkehr
s. dort
Europäische Vorgaben/Vereinheitli-
chungsprobleme bei der Umsetzung
Vorbem 312b-f 28
Fernabsatzgeschäfte
s. dort
Haustürgeschäfte
s. dort
Disketten
und elektronischer Geschäftsverkehr/
Abgrenzung **312e** 18
Entsiegelte Ware/ausgeschlossenes
Verbraucher-Rücktrittsrecht **312d** 57 ff
als Textform **312c** 43
Diskontierungsvertrag
als gemischter Vertrag/Nachweise, Fund-
stellen **311** 30
Distributionsvertrag
als gemischter Vertrag/Nachweise, Fund-
stellen **311** 30
Doppelwirkungen im Recht
Verbraucherprivilegierungen **312d** 10
Download
Datenrückgabe und Verbraucher-Wider-
rufsrecht **312d** 50 f
Software **312b** 16; **312c** 107

Dritter/Dritte
Anfängliches Leistungshindernis/keine
Haftungsbegründung– **311a** 4
Eigenhaftung/Haftung nach Vertrags-
grundsätzen (Verhandlungsgehilfe;wirt-
schaftliches Eigeninteresse) **311** 151 ff
Haftung zwischen den Parteien
stehender– **311** 162
Drohung
Vertragsabschluß/Haftung aus Culpa in
contrahendo **311** 116
Drucksachen
als Fernkommunikationsmittel **312b** 29
Dual-use-Geschäfte
Rechtsnatur des Vertrages **312** 11
DVD
Entsiegelte Ware/ausgeschlossenes
Verbraucher-Rücktrittsrecht **312d** 57 ff

E-Mail
und Begriff individueller Kommunikation
im elektronischen Geschäftsverkehr
312e 30
Bestätigung einer Kundenbestellung im
elektronischen Geschäftsverkehr
312e 47
Bestellung/Bestätigung des Zugangs im
elektronischen Geschäftsverkehr
312e 55
Fernabsatzverträge/Unternehmerinforma-
tionspflichten **312c** 44
als Fernkommunikationsmittel **312b** 29
per auto-reply **312e** 52
Terminals/Bereichsausnahme bei Fernabsatzverträgen **312b** 89
Werbung/unerwünschte **312c** 130
Zugang **312e** 52
eBay
Powerseller-Bezeichnung (Unternehmerei-
genschaft) **312b** 8
Wiederrufsrecht des Verbrauchers/Reich-
weite des Ausschlusses bei Versteige-
rungen **312d** 67
Ehegatten
Haustürgeschäfte und Ehegattenmitver-
pflichtung **312** 52
Haustürgeschäfte/Ehegattenhandlung für
den Unternehmer **312** 65
Eigenhändlervertrag
als gemischter Vertrag/Nachweise, Fund-
stellen **311** 30
Eigenhaftung eines Dritten
Haftung nach Vertragsgrundsätzen/
Verhandlungsgehilfe;wirtschaftliches
Eigeninteresse) **311** 151 ff
Eingabefehler
Elektronischer Geschäftsverkehr
s. dort
Einlagengeschäfte
als Bankdienstleistung **312b** 25

Einreden/Einwendungen
Einredeverzicht **311** 57
Nichtigkeitseinwand **311** 58
Einseitiges Rechtsgeschäft
Anfängliches Leistungshindernis **311a** 8
Schuldverhältnisbegründung/gesetzliche
Ausnahme **311** 5, 15 ff
Verbraucherschutz **312** 18
Vertragsänderung durch– **311** 55 f
Elektronische Bauteile
Datenrückgabe und Verbraucher-Wider-
rufsrecht **312d** 50 f
Elektronische Datenbank
Recherche **312c** 108
Elektronischer Geschäftsverkehr
Abzugrenzende Vorgänge **312e** 18
AGB-Bestimmung der Angebotsannahme
312e 50
AGB-Vertragsbestimmungen/Kenntnis-
verschaffung **312e** 57
Anfechtung aufgrund Pflichtenverstoßes
des Unternehmers **312e** 66 ff
Anfechtungsrecht/Widerrufsrecht-
Vergleich **312e** 68
Annahmeerklärung und Zugangsbestäti-
gung/Abgrenzung **312e** 47
auto-reply-E-Mail **312e** 48, 52
Begriff der elektronischen Erbringung/
Beispiele **312e** 18
Bestätigung der Bestellung/Unternehmer-
pflicht **312e** 45 ff
CISG-Verhältnis **Vorbem 312b-f** 36 f
CMR-Verhältnis **Vorbem 312b-f** 38 f
Culpa in contrahendo/verletzte Informa-
tionspflichten **312e** 71
Dienstanbieter-Informationspflichten/
Anwendungsbereich der Norm **312e** 4
Dienstleistungen/Warenlieferungen als
Vertragsgegenstand **312e** 26
Durchschnittskunde **312e** 43
E-Commerce-RL/Herkunftslandprinzip
als Kollisionsnorm **Vorbem 312b-f** 40 ff
E-Commerce-RL/Umsetzung
Vorbem 312b-f 23 ff; **312e** 3
E-Mail-Zugang **312e** 52
E-Mail/Frage individueller Kommunika-
tion **312e** 30
Eingabefehler/Unternehmerpflicht zur
Berichtigung **312e** 37 ff
Elektronische Abrufmöglichkeit der
Vertragsbestimmungen **312e** 58
Elektronische Speicherung der Vertrags-
bestimmungen **312e** 58
Elektronischer Weg der Zugangsbestäti-
gung **312e** 55
Erfüllung der Unternehmerpflichten/
verzögerte, nachgeholte **312e** 61 ff
Europäische Grundlage/E-Commerce-RL
Vorbem 312b-f 11
Fernabsatzgeschäfte/Unterschiede, Über-
schneidungen **Vorbem 312b-f** 29 ff

Elektronischer Geschäftsverkehr (Forts.)
Fernabsatzverträge/Verhältnis, Unter-
schiede **312e** 1, 61
Fernkommunikationsmittel/auf Tele-
oder Mediendienste beschränkte **312e** 1
Fernkommunikationsmittel/Einsatz
312e 61
Gefahren des Tele- und Mediendienstes
312e 1
Halbzwingendes Recht **312f** 7
Informationspflichten/Fernabsatzverträge
Vorbem 312b-f 29
Informationspflichten/nachvertragliches
Empfängerverlangen **312e** 72
Informationspflichten/unberührt bleiben-
de (Konkurrenzen) **312e** 74
Informationspflichten/Unternehmer-
pflichten BGB-InfoV **312e** 41 ff
IPR/Grundsatz freier Rechtswahl
Vorbem 312b-f 34 f
Kaufvertrag/Dienstvertrag/Werkvertrag
312e 1
Klarheit/Verständlichkeit der Informatio-
nen **312e** 43
Kunde als Verbraucher/als Unternehmer
312e 25
Kundenbestellung/Unternehmerpflicht
zur Bestätigung **312e** 45 ff
Nachteilsabweichung vom halbzwingen-
den Recht **312f** 13
Nichtigkeitsfolge aufgrund Pflichtenver-
stoßes/auszuschließende **312e** 67
Notifizierungsgebot **312e** 5
Privilegierung des elektronischen
Vertriebs **312d** 50 f
Rahmenvereinbarung/Ausschluß von
Unternehmerpflichten **312e** 35
Regelungskern **Vorbem 312b-f** 8
Schuldrechtsmodernisierung **Vorbem 312b-
f** 11, 26
Schuldrechtsmodernisierung/E-Commer-
ce-RL-Umsetzung **312e** 3
Schutzzweckcharakter/technische Unwäg-
barkeiten **312e** 1
Technologiemißbrauch/Verhinderung
312e 1
Tele- oder Mediendienst/Vertragsab-
schlußverwendung
– Abruf/individueller **312e** 19
– Auslegung/richtlinienkonforme **312e** 14
– Begriff der Mediendienste **312e** 12 ff
– Begriff des Teledienstes **312e** 10
– Dienstleistungsbegriff/Abgrenzung des
europarechtlichen **312e** 15
– Einsatz **312e** 61
– Elektronisch erbrachte Dienste **312e** 18
– Entgeltlicher Dienst **312e** 16
– Fernabsatz/individueller Abruf **312e** 17
– Gesetz über elektronischen Geschäfts-
verkehr (EGG) **312e** 8

Elektronischer Geschäftsverkehr (Forts.)
— Individualkommunikation/Massen-
  kommunikation **312e** 11 ff
— Providerverträge **312e** 16
— Sich-bedienen **312e** 20 f
— TDG/MDStV **312e** 8 f
— TransparenzRL **312e** 14 f
— Vertragsabschluß/Zweck des Sich-
  bedienens **312e** 22
Transparenzgebot **312e** 43
Transparenzrichtlinie und Notifizierungs-
  gebot **312e** 5
Umgehungsverbot **312f** 14 ff
Unabdingbarkeitsgebot **312f** 6
Unternehmer-Kunde-Vertrag **312e** 23 ff
Unternehmervereinbarungen/abweichen-
  de **312e** 33 f
UWG-Rechtsbehelfe bei Pflichtverletzun-
  gen **312e** 73
Verarbeitungs- und Speichersysteme/
  erforderliche **312e** 18
Verbrauchervorteile/Verbrauchernachteile
  Vorbem 312b-f 6
Vertragsabschluß/ausschließlich individu-
  elle Kommunikation als Pflichtenaus-
  schluß **312e** 28 ff
Vertragsabschluß/Geltung allgemeiner
  Regeln **312e** 57
Vertragsabschluß/Sicherstellung eines
  formal fairen **312e** 1
Vertragsbegründung/hierbei zu beachten-
  de Regelungen **312e** 1
Vertragsbestimmungen/Abrufbarkeit als
  Unternehmerverpflichtung **312e** 56 ff
Vertragsgegenstand/weiter Dienstlei-
  stungsbegriff **312e** 26
Vertragsparität/technische Unwägbarkei-
  ten **312e** 1
Vertragstypik/offengelassene **312e** 1
Verzichtserklärungen des Verbrauchers/
  einseitig unzulässige **312f** 8
Warenlieferungen/Dienstleistungen als
  Vertragsgegenstand **312e** 26
Widerrufs- und Rückgaberecht
— Anfechtung und Widerruf/Verhältnis
  312e 68
— Belehrung/ordnungsgemäße/Verbrau-
  cherverzicht nach Vertragsabschluß
  312f 10
— Unternehmerpflicht und Widerrufs-
  frist/verzögerter Beginn **312e** 60 ff
— Widerrufsrecht nach anderen
  Vorschriften/vorausgesetztes **312e** 61
Wissenserklärung des Unternehmers/
  Zugang der Bestellung **312e** 46
Zugang der Bestellung/Unternehmerbe-
  stätigung **312e** 45 ff
Embargo
Anfängliches Leistungshindernis **311a** 65 f
Emissionsprospekt
und Prospekthaftung **311** 157

Energielieferungsvertrag
als gemischter Vertrag/Nachweise, Fund-
  stellen **311** 30
als Haustürgeschäft **312** 20
Entgangener Gewinn
als Vertrauensschaden **311** 145
Entgeltlichkeit
Haustürgeschäfte **312** 13 ff
Entsiegelte Ware
Ausschluß des Verbraucher-Widerrufs-
  rechts **312d** 57 ff
Erbvertrag
Aufhebung **311** 81
Erfüllung/Erfüllungsanspruch
Abgeänderte Forderung/nachträgliche
  Unmöglichkeit **311** 70
Anfängliches Leistungshindernis/Haftung
  auf das Erfüllungsinteresse **311a** 32 ff
Fernabsatzverträge/Informationspflichten
  des Unternehmers **312c** 99 ff
Fernkommunikationsmittel/Fernabsatz-
  verträge **312b** 43
und Haftung aus Culpa in contrahendo
  311 94, 139
Haustürgeschäft/Ausschluß des Wider-
  rufsrechts und Gerichtsstandsfrage
  312a 19
Ersatzleistung
Anfängliches Leistungshindernis/
  Vertragswirksamkeit und Bestand von–
  311a 22
Ersetzung einer Schuld
s. Schuldersetzung (Novation)
EuGH-Rechtsprechung
HaustürwiderrufsRL/Heiniger und Diet-
  ziger-Entscheidungen **Vorbem 312**,
  312a 33
Heiniger-Entscheidung/Bedeutung für
  Haustürwiderrufsvorschriften **312a** 7;
  Vorbem 312b-f 18, 25, 31, 33
Verbraucherleitbild **312c** 28
Europäisches Recht
Auslegungsfragen/Rechtsforbildung
  Vorbem 312b-f 32 f
Dienstleistungsbegriff **312e** 15, 26
E-Commerce-RL **Vorbem 312b-f** 1, 5, 11,
  23 ff
E-Commerce-RL/Text **Vorbem 312b-f** 74
E-Commerce-RL/Umsetzung **312e** 3 ff, 8
FernabsatzRL **Vorbem 312b-f** 1, 5, 11 ff
FernabsatzRL/Text **Vorbem 312b-f** 73
FernabsatzRL/Umsetzung in den
  Mitgliedstaaten **Vorbem 312b-f** 45 ff
FernAbsFinanzDienstRL **Vorbem 312b-f** 1,
  11, 14, 18
FernAbsFinanzDienstRL/Text
  Vorbem 312b-f 75
FernAbsFinanzDienstRL/Umsetzung in
  den Mitgliedstaaten **Vorbem 312b-f** 72
Grundfreiheiten/Drittwirkung **311** 6
HaustürwiderrufsRL **312** 2

Europäisches Recht (Forts.)
HaustürwiderrufsRL/deutsches Haustür-
widerrufsrecht **Vorbem 312, 312a** 30 ff
Kommissionsinitiativen zur europäischen
Informationsgesellschaft **Vorbem 312b-
f** 24
TeilzeitwohnrechteRL **Vorbem 312, 312a** 33
Time-Sharing-RL **312b** 64
TransparenzRL **312e** 5
TransparenzRL/Dienste der Informati-
onsgesellschaft **312e** 14 ff
Verbraucherbegriff **Vorbem 312, 312a** 5
Versandhandel/Bedeutung **Vorbem 312b-
f** 13
Vertragsabschlußfreiheit/Vertragsinhalts-
freiheit **311** 6
Vertragsfreiheit als Gemeinschaftsgrund-
lage **311** 6
Expertenhaftung
Eigenhaftung eines Dritten/Haftung nach
Vertragsgrundsätzen **311** 151 ff

Factoring
als gemischter Vertrag/Nachweise, Fund-
stellen **311** 30
Fälligkeit
und Erfüllungsinteresse/Schadensersatz-
berechnung **311a** 39
Faktische Vertragsverhältnisse
als Sachprobleme **311** 12
Falsche Angaben
Vertragsverhandlungen und fahrlässige
Erteilung– **311** 117
Faxgeräte
s. Telefax
Fernabsatzverträge
Abgabe der Vertragserklärung/Bedeutung
vorvertraglicher Informationspflichten
312c 16 ff
Abweichungen vom halbzwingenden
Recht/unzulässige **312f** 7
Abwicklung in Stufen **Vorbem 312b-f** 3
AGB-Einbeziehung **312b** 56 f
AGB-Übermittlung von Informationen
312c 32
Allgemeine Rechtbehelfe **Vorbem 312,
312a** 39 ff
Anknüpfung an eine Unternehmensstruk-
tur **312b** 2
Ansagedienste **312c** 106
Antiquariat **312b** 14
Anwendbares Recht/Bekanntgabe **312c** 83
Anwendungsbereich des Fernabsatzgeset-
zes/zeitlicher **Vorbem 312b-f** 19 ff
Anwendungsbereich/Konkurrenzsituatio-
nen **312b** 96 ff
Arzneimittelrecht/Konkurrenzfragen
312b 111; **312c** 133
Arzneimittelvertrieb (Internet-Apotheke)/
Konkurrenzfragen **312b** 112

Fernabsatzverträge (Forts.)
Aufsichtsbehörde/Verbraucherkenntnis
312c 79
Ausgenommene Verträge/Bereichsausnah-
men **312b** 58 ff
Auskunftsdienst **312c** 66
Auslandsunternehmen **312c** 56
AuslInvestmG-Widerrufsrecht/Konkur-
renzfragen **312b** 107 f
Außergerichtliche Beschwerdeverfahren/
Verbraucherkenntnis **312c** 87
Austausch- und Leistungsvorbehalt
312c 64
Automatenverträge/ausgenommene
Vertragsabschlüsse **312b** 84 ff
Automatisierte Geschäfsräume/ausge-
nommene Verträge **312b** 84 ff
Bankdienstleistungen **312b** 25
Bauwerkserrichtung/ausgenommene
Verträge **312b** 73
Beförderung/ausgenommene Dienstlei-
stungen **312b** 79 ff
Begriff **312b** 1, 6
Bestellformular **312c** 22
Beweislast/Ausnahmetatbestände **312f** 18
Beweislastfragen **312b** 4, 9 f
BGB-InfoV s. unter Informationspflichten
des Unternehmers
Bürgschaft eines Unternehmers für
Verbraucherschuld **312b** 21
CD-Rom als Informationsträger **312c** 42
CISG-Verhältnis **Vorbem 312b-f** 36 f
Clearingstelle **312c** 88
CMR-Verhältnis **Vorbem 312b-f** 38 f
Dauerhafter Datenträger/Verhältnis zur
Textform **312c** 37
Dauerschuldverhältnisse/durch Vereinba-
rungen begründete, an diese anschlie-
ßende Vorgänge **312b** 90 ff
Dauerschuldverhältnisse/Informations-
pflichten **312c** 117 ff
Depotgeschäfte **312b** 25
Dialer-Vermietung **312b** 22
Dienstleistungen/ausgenommene Verträge
312b 79 ff
Dienstleistungen/Auslegung im europä-
ischen Recht **312b** 13, 18
Dienstleistungen/Erbringung **312b** 12 f,
17 ff
Dienstleistungen/Verständnis als
Auffangtatbestand **312b** 17
Dingliche Rechte/ausgenommene **312b** 72
Disketten als Informationsträger **312c** 42 f
Download von Software **312c** 107
Download-Lieferungen von Software/von
Dateien **312b** 16
und E-Commerce-Geschäfte/Abwick-
lungshinweise **Vorbem 312b-f** 3
E-Mail als Informationsträger **312c** 44
E-Mail-Terminals/öffentlich zugängliche
312b 89

Fernabsatzverträge (Forts.)
E-Mail-Werbung/unerwünschte **312c** 130
eBay-Powerseller **312b** 8
Ehevermittlung **312b** 20
Elektronische Dateien/Recherche
312c 108
und elektronischer Dateienvertrieb/Privi-
legierung **312d** 50 f
Elektronischer Geschäftsverkehr/Geltung
der Regeln im Fernabsatzgeschäft
312c 132
Elektronischer Geschäftsverkehr/Schnitt-
menge **312e** 1
Elektronischer Geschäftsverkehr/Unter-
schiede, Überschneidungen
Vorbem 312b-f 29 ff
Entstehungsgeschichte **Vorbem 312b-f** 12 ff
EuGH-Rechtsprechung zum Verbraucher-
leitbild **312c** 28
Europäische Grundlagen/FernabsatzRL,
FernAbsFinanzDienstRL **Vorbem 312b-
f** 11 ff
Fax-Abrufdienste **312c** 106
Fax-Geräte/öffentlich zugängliche
312b 89
FernabsatzRL/synoptischer Überblick zur
Umsetzung deutschen Rechts
Vorbem 312b-f 18
FernabsatzRL/Umsetzung **312b** 1, 3 f,
58 f, 93 ff; **Vorbem 312b-f** 15 ff; **312c** 5 f
FernabsatzRL/Umsetzung in den
Mitgliedstaaten **Vorbem 312b-f** 45 ff
Fernabsatzverträge/Übersicht über zeitli-
chen Anwendungsbereich **Vorbem 312b-
f** 22
FernAbsFinanzDienstRL/Umsetzung
312b 23 f, 92, 96; **Vorbem 312b-f** 18;
312c 2
Fernkommunikationsdienstleistungen
— Ausnahmen von nachvertraglichen
Informationspflichten **312c** 106 ff
— Beispiele **312c** 106
Fernkommunikationsmittel/Verwendung
— Anbahnung des Vertrages/Abschluß
des Vertrages **312b** 35 ff
— Ausschließliche Verwendung **312b** 28,
34 ff
— Ausschließliche Verwendung/Frage
teleologischer Reduktion **312b** 38 ff
— Boteneinsatz **312b** 32
— Einschränkungen bei der Verwen-
dung/weitergehende Informations-
pflichten (Konkurrenzfragen)
312c 128 ff
— Erfüllung des Vertrags/Vertragsab-
schluß **312b** 43
— FernabsatzRL/Aufzählung **312b** 29
— Haustürgeschäftssituation/vergleichba-
re **312b** 38
— Internetplattform **312b** 29, 30
— Online-Zeitungen **312b** 29

Fernabsatzverträge (Forts.)
— Persönliches Verkaufsgespräch/Schutz-
bereichsabgrenzung **312b** 35, 38 ff
— Stellvertreter-Einbeziehung **312b** 31
— Tele- und Mediendienste **312b** 29
— Telefon **312b** 29, 33, 35
— Teleshopping **312b** 29
— Typische Beispiele als Regeltechnik
312b 29
— Versandhandelsmittel **312b** 29
— Verwendung des Kommunikationsmit-
tels **312b** 41 f
— Video-Text **312b** 29
— Zufälliger Einsatz **312b** 38
Fernunterricht/ausgenommene Verträge
312b 61 ff
Finanzdienstleistungen/Begriff, Anwen-
dungsfälle **312b** 23 ff
Finanzdienstleistungen/Konkurrenzver-
hältnisse **312b** 98 ff
Finanzdienstleistungen/vorvertragliche
Informationspflichten
s. unten u.Informationspflichten des
Unternehmers
Finanzierungshilfen und Finanzdienstlei-
stungen/Konkurrenzverhältnis **312b** 102
Finanzierungsleasing **312b** 27
Form der Informationserklärung
312c 21 ff, 114
Freizeitgestaltung/ausgenommene Dienst-
leistungen **312b** 79 ff
Garantie- und Gewährleistungsfristen
312c 42
Garantiefonds/Verbraucherkenntnis
312c 89
Gastronomie/ausgenommene Dienstlei-
stungen **312b** 79 ff
Gefahren/Chancen **Vorbem 312b-f** 3
Gelegenheitskäufe **312b** 46
Gewährleistungs- und Garantiebedingun-
gen **312c** 120 f
Grundstückskaufgeschäfte/ausgenom-
mene **312b** 69 ff
Günstigkeitsprinzip **312b** 95
Halbzwingendes Recht **312f** 7
Handelsregister **312c** 56
Haushaltsgegenstände/ausgenommene
Lieferverträge **312b** 74 ff
Haustürgeschäfte/Abgrenzung
Vorbem 312, 312a 26 ff; **312a** 2;
Vorbem 312b-f 29
Haustürgeschäfte/ausgeschlossene
Konkurrenz **312b** 98 ff
Hotlines **312c** 106
Informationspflichten des Unternehmers
— ABG-Fernabsatzverträge bei Finanz-
dienstleistungen **312c** 126
— AGB-Informationsübermittlung
312c 32 ff

Fernabsatzverträge (Forts.)

— Andere Vorschriften/unberührt blei-
  bende weitergehende Rechte
  312c 131 ff
— Anwendbares Recht/Bekanntgabe vor
  Vertragsabschluß (Finanzdienstlei-
  stungen) **312c** 83 ff
— Außergerichtliche Beschwerdeverfah-
  ren/Bekanntgabe vor Vertragsab-
  schluß (Finanzdienstleistungen)
  312c 87 f
— Austausch- und Leistungsvorbehalt
  312c 64
— Befristete Gültigkeitsdauer von Infor-
  mationen **312c** 73
— Bestellformular **312c** 22
— Bezahlsysteme und Fernkommunikati-
  onsdienste **312c** 111
— BGB-InfoV **Vorbem 312b-f** 8
— BGB-InfoV-Konkretisierung **312c** 52 ff,
  115 ff
— BGB-InfoV-Vergleich **312c** 2, 3, 24
— Dauerhafte Informationswiedergabe-
  möglichkeit **312c** 41 ff
— Dauerschuldverhältnisse **312c** 119
— Download von Software **312c** 107
— Druckbild/Aufbau/Umfang der Infor-
  mationen **312c** 29
— E-mail-Verwendung **312c** 44
— Elektronische Datenbank/Recherchen-
  vertrag **312c** 108
— Elektronischer Geschäftsverkehr/
  Besonderheit **312c** 109, 132
— Elektronischer Geschäftsverkehr/
  Vergleich der Informationspflichten
  312e 74
— Erfüllung des Vertrages/sofortige
  Leistung bei Fernkommunikations-
  diensten **312c** 106
— Erfüllungszeitpunkt und nachvertragli-
  che Informationspflichten **312c** 99 ff
— Faxabruf **312c** 44
— FernabsatzRL, FernAbsFinanz-
  DienstRL/Umsetzung und Informati-
  onspflichtenharmonisierung **312c** 2, 5
— FernabsatzRL/Umsetzung **312c** 106
— Fernabsatzverträge/nachvertragliche
  Informationspflichten **312c** 96 ff
— Fernabsatzverträge/Umfang nachver-
  traglicher Informationspflichten
  312c 116 ff
— FernAbsFinanzDienstRL/Umsetzung
  312c 106, 128
— Fernkommunikationsleistungen/
  Ausnahme von nachvertraglichen
  Informationspflichten **312c** 106 ff
— Fernkommunikationsmittel/weiterge-
  hende Einschränkungen bei Verwen-
  dung (Konkurrenzverhältnisse)
  312c 129 f

Fernabsatzverträge (Forts.)

— Fernkommunikationstechniken/indivi-
  duelle Kontaktierung **312c** 9
— Finanzdienstleistungen/Besonderheiten
  bei Fernabsatzverträgen **312c** 126 ff
— Finanzdienstleistungen/Informations-
  pflichten bei Fernabsatzverträgen
  312c 122
— Finanzdienstleistungen/nachvertragli-
  che Informationspflichten **312c** 97
— Finanzdienstleistungen/Telefonab-
  schluß, ähnliche Kommunikationsmittel **312c** 49
— Finanzdienstleistungen/Vertragsab-
  schluß auf Verbraucherverlangen
  312c 47 f
— Finanzdienstleistungen/vorvertragliche
  Informationen (Besonderheiten/
  Ausnahmen) **312c** 36 ff, 46 ff
— Finanzdienstleistungen/Zurverfügung-
  stellung weiterer Informationen
  312c 74 ff
— Form der Information/dem eingesetz-
  ten Mittel entsprechende **312c** 22 ff
— Form nachvertraglicher Informations-
  pflichten **312c** 114
— Form vorvertraglicher Informations-
  pflichten (Finanzdienstleistungen)
  312c 36 ff
— Garantiefonds/Bekanntgabe vor
  Vertragsabschluß (Finanzdienstlei-
  stungen) **312c** 89 ff
— Handelsregisternummer **312c** 56
— Hauptgeschäftätigkeiten und
  Aufsichtsbehörden/Bekanntgabe vor
  Vertragsabschluß (Finanzdienstlei-
  stungen) **312c** 77 ff
— Hörfunkwerbung **312c** 20
— Homepage-Veröffentlichung **312c** 44
— Informationskenntnisnahme/Frage
  tatsächlicher **312c** 51
— Kataloge/Prospekte/Internetseite
  312c 20, 22
— Kosten der Kommunikationsnutzung
  312c 72
— Kündigungsbedingungen **312c** 118 f
— Kündigungsbedingungen und Vertrags-
  strafen/Bekanntgabe vor Vertragsab-
  schluß (Finanzdienstleistungen)
  312c 81 f
— Kundendienst/Gewährleistung/Garan-
  tiebedingungen **312c** 120 f
— Laufzeit des Vertrages **312c** 63
— Liefer- und Versandkosten **312c** 67
— Link **312c** 22, 29 f, 51
— M-Commerce/Einsatz mobiler Tele-
  fongeräte **312c** 31
— Mehrwertdienste **312c** 3
— Nachvertragliche Informationspflich-
  ten/Zeitpunkt, Bedeutung vollständi-
  ger Erfüllung **312c** 95 ff

Fernabsatzverträge (Forts.)
— Preisangabe **312c** 65 f
— Produktmerkmale/wesentliche
  312c 61 ff
— Rechtsanwalt-Hotlines **312c** 106
— Regelungsgeflecht/verworrenes **312c** 4
— Registernummer/gleichwertige
  Kennung **312c** 55
— Risikoangaben vor Vertragsabschluß
  (Finanzdienstleistungen) **312c** 80
— Schriftzeichenwiedergabe/Schriftzei-
  chendauerhaftigkeit (Textform)
  312c 39 ff
— Schuldrechtsreform **312c** 6
— Schutzfunktion **Vorbem 312b-f** 8
— Sex-Hotlines **312c** 106
— SMS-Informationsdienste **312c** 106
— Software-Download **312c** 107
— Sprache **312c** 34 f
— Sprachenverwendung/Bekanntgabe vor
  Vertragsabschluß (Finanzdienstlei-
  stungen) **312c** 86
— Sukzessivlieferungsverträge und nach-
  trägliche Informationspflichtenerfül-
  lung **312c** 105
— Telefonanruf/fehlendes Einverständnis
  312c 9
— Telefonanruf/Geschäftszweckdarstel-
  lung **312c** 13
— Telefonanruf/Identitätsnachweis
  312c 3, 8 ff
— Telefonanruf/Informationspflichtener-
  füllung **312c** 23 ff
— Telefonische Ansagedienste **312c** 106
— Textform **312c** 36 ff, 114
— Transparenzgebot und AGB-rechtliches
  Transparenzgebot **312c** 25, 32
— Transparenzgebot und Unternehmer-
  identität **312c** 56
— Transparenzgebot und Verbraucherleit-
  bild **312c** 27
— Unternehmensvertreter/Idenitätsanga-
  be **312c** 57
— Unternehmeranschrift **312c** 112 f
— Unternehmeranschrift/ladungsfähige
  Anschrift **312c** 58 f
— Unternehmeridentität **312c** 54 ff
— Urkundenzurverfügungstellung/
  Finanzabsatzverträge über Finanz-
  dienstleistungen **312c** 126
— UWG-Verstöße durch Informations-
  pflichtverletzung **312c** 15
— Verbraucherverzicht **312f** 11
— Verletzte Informationspflichten
  312c 123
— Verletzte Pflichten **312c** 15, 92 ff, 123 ff
— Vertragsbestimmungen/Bekanntgabe
  vor Vertragsabschluß (Finanzdienst-
  leistungen) **312c** 75 f
— Vorvertragliche Pflichten/Informati-
  onsvorlage **312c** 20

Fernabsatzverträge (Forts.)
— Warenlieferung und nachvertragliche
  Informationspflichtenerfüllung
  312c 101, 103 f
— Widerrufs- und Rückgaberecht/Beleh-
  rung **312c** 45
— Widerrufs- und Rückgaberecht/Beleh-
  rung über Einzelheiten **312c** 69 ff
— Zahlungs- und Lieferbedingungen
  312c 68
Informationsveranstaltungen/Abgrenzung
  312b 42
Inkrafttreten/zeitlicher Anwendungsbe-
  reich **Vorbem 312b-f** 19 ff
Interessenausgleich des Gesetzes **312b** 46
Internet-Apotheke **312b** 112
Internet-Auktionsplattform **312c** 71
Internetangebote **312b** 8, 56
Internetseite/Informationserteilung
  312c 20
IPR/Grundsatz freier Rechtswahl
  Vorbem 312b-f 34 f
KAGG-Widerrufsrecht/Konkurrenzfra-
  gen **312b** 105 f
Kommunikationsmittel/Einsatz moderner
  Vorbem 312b-f 4
Konkurrenzsituationen **312b** 96 ff
Kosten genutzter Fernkommunikations-
  mittel **312c** 72
Kreditgeschäfte **312b** 25
Kündigungsbedingungen/Informations-
  pflichten **312c** 118 f
Kündigungsbedingungen/Vertragsstrafe
  312c 81
Kundendiensthinweis **312c** 120
KWG-Anwendungsbereich/Verhältnis
  312b 24
Ladungsfähige Unternehmeranschrift
  312c 58 f
Lebensmittelfertigpackungen/Abtropfge-
  wichtsangabe **312b** 113
Lebensmittellieferung/ausgenommene
  Verträge **312b** 74 ff
Lehrmaterialien-Kauf **312b** 63
Leistungserbringung selbst/unmaßgebli-
  che **312b** 44 f
Liefer- und Versandkosten **312c** 67
Link **312c** 22, 29 f
M-Commerce **312c** 31
Maklerverträge **312b** 20
Mediendienstestaatsvertrag **312b** 113
Medizinproduktbereich/Konkurrenzfra-
  gen **312b** 111
Mehrwertdienste **312c** 3
Mehrwertdienste im Fernsprechbereich
  312b 22
Nachteilsabweichung vom halbzwingen-
  den Recht **312f** 13
Öffentliche Fernsprecher/ausgenommener
  Telekommunikationsbetrieb **312b** 88 f

Fernabsatzverträge (Forts.)
OLG-Vertretungsänderungsgesetz/Bedeutung **Vorbem 312b-f** 18, 21
opt-in-/opt-out-Modell **312c** 130
Organisiertes Vertriebs- und Dienstleistungssystem
— Ausgeschlossene Geschäfte/zufälliger Mitteleinsatz **312b** 46
— Auslegung/weite, restriktive **312b** 49 ff
— Beweislast **312b** 53
— Faktisches System/Schein-Fernabsatz-System **312b** 50
— Gesamtabwicklungsfrage **312b** 47
— Internet-Seite **312b** 51
— Konkretisierung im Einzelfall als Rechtsprechungsaufgabe **312b** 48
— Schutzzweckgedanke und Unternehmerauftreten **312b** 53
— Werbung/Bedeutung **312b** 51, 53
Pauschalreise/ausgenommene Verträge **312b** 83
Persönlicher Kundenkontakt/fehlender **Vorbem 312b-f** 3
Postfachanschrift eines Unternehmers **312c** 59
Preisangaben **312c** 65
Preisangabeverordnung/Anwendung **312b** 113; **312c** 133
Privatsphäre des Verbrauchers **312c** 8
Produktionsmerkmale **312c** 61 f
Provider und Hosting-Verträge **312b** 17
Provider-Vertrag **312b** 22
Providervertrag **312b** 87
Ratenlieferungsverträge und Finanzdienstleistungen/Konkurrenzverhältnis **312b** 103
Rechtsanwalt/Mandant **312b** 19
Rechtswahlklauseln **312c** 85
Regelungskern **Vorbem 312b-f** 8
Risiken von Finanzinstrumenten **312c** 80
Rückgabe- und Widerrufsrecht/Unterschiede **312d** 72
Schriftzeichen/Dauerhaftigkeit **312c** 41 ff
Schriftzeichen/Wiedergabe **312c** 39 ff
Schuldrechtsmodernisierung/BGB-Integration des FernAbsG **312b** 5; **Vorbem 312b-f** 4, 17, 20
Schuldverhältnis/geregelte Begründung **312b** 1
Server des Verbrauchers **312c** 44
Sicherungsinstrumente für Finanzdienstleistungen/Verbraucherkenntnis **312c** 90
SMS-Informationsdienste **312c** 106
Software/Download **312c** 107
Softwarekauf **312b** 16
Spezialitätsprinzip/Günstigkeitsprinzip als Ausnahme **312b** 95
Sprache/Informationserteilung **312c** 34 ff, 86
Strom/Gas/Wasser als Waren **312b** 15

Fernabsatzverträge (Forts.)
Sukzessivlieferungsvertrag/Informationspflichten **312c** 105
Supermarkt-Warenbestand/ausgenommene Lieferungen **312b** 76
Tatbestandsvermeidung/Tatbestandserschleichung **312f** 16 ff
Teilzeit-Wohnrechteverträge/ausgenommene **312b** 64 ff
Telefon-Hotlines **312b** 88
Telefonanruf/Identitätshinweis **312c** 3
Telefonanruf/Informationserteilung **312c** 23 ff
Telefon/Begriff **312c** 49
Telefonische Rechtsberatung **312b** 19
Telefonwerbung/unerwünschte **312c** 130
Telekommunikationsanbieter/ausgenommene Verträge über Benutzung öffentlicher Fernsprecher **312b** 88 f
Telekommunikationsrecht/Anwendung spezieller Informationspflichten **312b** 113
Textform-Informationen **312c** 2, 4, 36, 37 ff
Transparenzgebot und Informationspflichten **312c** 27, 32, 34 f, 56
Umgehungsverbot **312f** 14 ff
Unabdingbarkeitsgebot **312f** 6
Unterbringung/ausgenommene Dienstleistungen **312b** 79 ff
Unternehmensstruktur/Bedeutung **312b** 2
Unternehmer-Hauptgeschäftstätigkeit **312c** 77 f
Unternehmerbegriff **312c** 5
Unternehmerbegriff/europäische Vorgaben **312b** 3, 7
Unternehmerbegriff/fernabsatzrechtliche Besonderheiten **312b** 8
Unternehmerbeteiligung **312b** 7
Unternehmereigenschaft/Beweislast **312b** 9
Unternehmeridentität/Anschrift des Unternehmers **312c** 3, 10, 54 ff
UWG-Rücktrittsrecht/Konkurrenzfrage **312b** 110
UWG-Schutz der Verbraucher-Privatsphäre **312c** 9, 130
UWG-Verstöße aufgrund Informationspflichtverletzung **312c** 15, 92, 123
Verbraucherbegriff/europäische Vorgaben **312b** 4, 7
Verbraucherbeteiligung **312b** 7
Verbraucherdarlehen und Finanzdienstleistungen/Konkurrenzverhältnis **312b** 98 ff
Verbraucherdarlehen/besondere Regelung, Konkurrenzfrage **312b** 25
Verbraucherdarlehen/weitergehende Informationspflichten **312c** 132
Verbrauchereigenschaft/Beweislast **312b** 9
Verbraucherleitbild **312c** 28

Fernabsatzverträge (Forts.)
Verbrauchervorteile/Verbrauchernachteile
Vorbem 312b-f 6; **312c** 1
Verfügungstellung von Informationen
312c 51
Verletzte Pflichten
— Nachvertragliche Informationspflich-
ten/verletzte **312c** 123 ff
— Telefonanruf und Informationspflicht-
verletzung **312c** 15
— Vorvertragliche Informationspflichten/
verletzte **312c** 92 ff
Versandhandel als klassische Form
Vorbem 312b-f 4, 13
Versicherungen **312b** 26
Versicherungsverträge und deren Vermitt-
lung/ausgenommene **312b** 68, 104
Vertragsabschluß/Bedeutung vorvertragli-
cher Informationspflichten **312c** 16 ff
Vertragsabschluß/Erfüllung nachvertragli-
cher Informationspflichten **312c** 99 ff
Vertragsabschluß/geregelter **312b** 1
Vertragsabschluß/Vertragserfüllung und
Verwendung von Kommunikationsmit-
teln **312b** 42
Vertragserklärung/Bedeutung, Verhältnis
zur Willenserklärung **312c** 18 f
Vertragslaufzeit **312c** 63
Vertragstyp/offener **312b** 1
Vertreter eines Unternehmers im Verbrau-
cher-Mitgliedstaat **312c** 57
Verwendung von Fernkommunikations-
mitteln **312b** 41 f
Verzichtserklärungen des Verbrauchers/
einseitig unzulässige **312f** 8
Warenauslieferung und Vertragsunter-
zeichnung/Umgehungsverbot **312f** 16
Warenautomaten/ausgenommene
Verträge **312b** 84 ff
Warenlieferung **312b** 12 f, 15 f
Warenlieferung und Verbraucherinforma-
tion **312c** 103
Warenlieferung/ausgenommene Verträge
312b 58 ff
Werbeveranstaltung/Abgrenzung **312b** 42
Widerrufs- und Rückgaberecht
— Ablieferung der Ware/Beginn der
Widerrufsfrist **312d** 21
— Abonnement **312d** 63
— Aliud-Lieferung/peius-Lieferung
312d 23
— Angefochtene/nichtige Vertragserklä-
rungen **312d** 10
— Arzneimittel als verderbliche Ware
312d 54, 56
— Ausführung einer Dienstleistung/Erlö-
schen des Widerrufsrechts **312d** 36 ff
— Begründung des Widerrufs/nicht erfor-
derlicher **312d** 13
— Belehrung über Einzelheiten **312c** 69 ff

Fernabsatzverträge (Forts.)
— Belehrung über das Widerrufsrecht/
Beginn der Widerrufsfrist **312d** 19 ff
— Belehrung/ordnungsgemäße/Verbrau-
cherverzicht nach Vertragsabschluß
312f 10
— Belehrungsumfang (BGB-InfoV)
312c 69 ff
— Beweislast/Beginn der Widerrufsfrist
312d 30
— Beweislast/Zugang **312d** 14
— Bücher **312d** 62
— CD-Rom **312d** 57 f
— CD/DVD/DAT-Bund/USB-Drive
312d 57
— Datenträger als entsiegelte Ware
312d 57
— Devisengeschäfte **312d** 70
— Dienstleistungen/Beginn der Wider-
rufsfrist **312d** 29
— Dienstleistungen/begrenzter Schutz
312d 3
— Dienstleistungen/Erbringung sonstiger
312d 36
— Dienstleistungen/Erlöschen (Sonderre-
gelungen) **312d** 31 ff
— Dienstleistungen/Finanzdienstleistun-
gen **312d** 32 ff
— Dienstleistungen/verlängerte Überle-
gungsfrist **312d** 3
— Dogmatische Konstruktion **312d** 5
— Doppelung des Widerrufsrechts/zu
verhindernde **312d** 75
— Download **312d** 61
— E-mail **312d** 72
— eBay-Auktionsplattform **312d** 67
— Elektronische Bauteile **312d** 51
— Empfangsbote **312d** 15
— Entsiegelte Ware **312d** 57 ff
— FernabsatzRL, FernAbsFinanz-
DienstRL/Umsetzung **312d** 6 ff, 31,
75 f
— FernunterrichtsG/Modellcharakter
312d 5
— Finanzdienstleistungen/beidseitige und
vollständige Vertragserfüllung auf
Verbraucherforderung-Erlöschen des
Widerrufsrechts **312d** 32 ff
— Finanzierungsdienstleistungen/Werter-
satz **312d** 76 ff
— Finanzierungshilfen/Konkurrenzfrage
312d 75
— Finanzmarktprodukte mit Schwankun-
gen/ausgeschlossenes Widerrufsrecht
312d 69
— Form des ausgeübten Rückgaberechts/
Rücksendung **312d** 73
— Form der Widerrufserklärung **312d** 12,
73
— Fristablauf/Zugang später **312d** 14

Fernabsatzverträge (Forts.)
- Frist/Dauer der Widerrufsfrist
  312d 17 ff
- Geldmarktinstrumente **312d** 70
- Gesetzliche Regelung/Verhältnis §§
  312d, 355 **312d** 1
- Gewährleistungsrechte/nicht erforderliche **312d** 13
- Individuell gefertigte Ware/Rückabwicklungsausschluß **312d** 45 ff
- Informationsabruf **312d** 40
- Inhalt der Willenserklärung **312d** 13
- Kauf auf Probe **312d** 25
- Konkurrenzen **312d** 75
- Kosmetika als verderbliche Ware
  312d 54, 56
- Kosten der Rücksendung **312d** 72
- Lebensmittel als verderbliche Ware
  312d 54, 56
- Mängel gelieferter Ware/Beginn der
  Widerrufsfrist **312d** 22
- Mängel des Vertragsgenstandes **312d** 13
- Motherboards **312d** 51
- Musikdaten **312d** 61
- Nichtige/angefochtene Vertragserklärungen **312d** 10
- OLG-Vertretungsänderungsgesetz
  312d 8, 18, 75
- Online-Download **312d** 40, 50
- Online-Geschäfte **312d** 78
- Online-Versteigerung **312d** 68
- Online-Versteigerungen **312d** 66 ff
- Optionen **312d** 70
- Ratenzahlungsvertäge/Konkurrenzen
  312d 75
- Rechtsvereinheitlichung **312d** 4
- Risikoverteilung/problematische **312d** 2
- Rückabwicklungsausschluß/Ausnahmekatalog **312d** 42 ff
- Rückgabe- und Widerrufsrecht/Unterschiede **312d** 72
- Rückgaberecht bei Warenlieferung/
  Einräumung anstelle des Widerrufsrechts **312d** 71
- Rückgaberecht bei Warenlieferung/
  erforderliche Voraussetzungen
  312d 71, 73
- Rücksendungseignung, fehlende/Rückabwicklungsausschluß **312d** 49 ff
- Rücktrittsrecht/besonderes **312d** 5
- Schallplatten **312d** 57
- Schuldrechtsmodernisierung **312d** 8,
  18, 71
- Schutzfunktion **Vorbem 312b-f** 8
- Schutzrechtscharakter **312d** 2, 5
- Software-Erwerb per Download
  312d 61
- Software-Entsiegelung **312d** 60
- Spiel/Wette als unvollkommene
  Verbindlichkeiten **312d** 65

Fernabsatzverträge (Forts.)
- Teilzahlungsverträge/Konkurrenzen
  312d 75
- Telefonischer Widerruf **312d** 12
- Treibersoftware-Verbreitung **312d** 60
- Unternehmer als Adressat **312d** 14 f
- Urheberrechtsschutz **312d** 57 ff
- Verbraucherdarlehen/Konkurrenzen
  312d 75
- Verderbliche Ware/Rückabwicklungsausschluß **312d** 52 ff
- Verkaufsprospekt und Rückgaberecht
  312d 71
- Versteigerungen/ausgeschlossenes
  Widerrufsrecht **312d** 66 ff
- Videokassetten **312d** 57
- Waren/an Zeitereignis gebundene
  312d 55
- Warenlieferung/Beginn der Widerrufsfrist **312d** 21
- Wett- und Lotterieleistungen/ausgeschlossenes Widerrufsrecht **312d** 64 f
- Willenserklärung auf Vertragsabschluß/Widerruf **312d** 10
- Wünsche des Verbrauchers/beidseitige
  und vollständige Erfüllung von
  Finanzdienstleistungen **312d** 32 ff
- Zeitungen/Zeitschriften/Illustrierte
  312d 62
- Zins- und Devisenswaps **312d** 70
Wohnungseigentum/ausgenommene
  Geschäfte **312b** 71
Wohnungsverwaltung **312b** 20
Zahlungs- und Lieferungsbedingungen
  312c 68
Fernkommunikationsdienstleistungen
  Fernabsatzverträge/Ausnahme von nachvertraglichen Unternehmer-Informationspflichten **312c** 106 ff
Fernkommunikationsmittel
  Günstigkeitsprinzip für das Fernabsatzrecht **312c** 128
  Verbraucherverträge unter ausschließlicher Verwendung
  s. Fernabsatzverträge
Fernunterrichtsvertrag
  Fernabsatzrechtliche Regelungen/ausgeschlossene Anwendung **312b** 61 ff
  als Haustürgeschäft/Gerichtsstand
  312a 19
  Informationspflichten des Unternehmers
  312b 62
  Vertragstyp/Gesetzgeber-Aufnahme
  311 29
  Widerrufs- und Rückgaberecht **312a** 3
Fertighausvertrag
  als gemischter Vertrag/Nachweise, Fundstellen **311** 30
Filmbezugs-/Filmbestellungsvertrag
  als gemischter Vertrag/Nachweise, Fundstellen **311** 30

Filmverwertungsvertrag
und Gewährleistungsrecht 311 41
Finanzdienstleistungen
s. Fernabsatzverträge
Finanzierungsberatung
Aufklärungspflichten/Culpa in contra-
hendo 311 127
Finanzierungshilfen
und Fernabsatzrecht/Konkurrenzverhält-
nis 312b 102
Widerrufs- und Rückgaberecht 312a 3
Finanzierungsleasing
als Finanzdienstleistung 312b 27
Finanzierungsvertrag
Prozeßfinanzierungsvertrag als gemischter
Vertrag 311 30
Finanzinstrumente
Risiken/Unternehmerinformationen bei
Finanzdienstleistungen 312c 80
Finanzmarktinstrumente
Finanzmarkt-Schwankungen/ausgeschlos-
senes Verbraucher-Widerrufsrecht
312d 69 f
Finnland
E-Commerce-RL/Umsetzung **Vorbem 312,**
312a 67
FernabsatzRL/Umsetzung **Vorbem 312,**
312a 51 f
Form
Fernabsatzverträge/Informationserteilung
durch den Unternehmer 312c 21 ff,
37 ff, 114
Kündigungserklärungen/einverständliche
Aufhebung 311 67
Vertragsänderungen/Einhaltung der
Vertragsbegehungsform 311 61
Vertragsänderungen/formbedürftige bei
formfreier Vertragsbegründung 311 62
Vertragsänderungen/formfreie 311 63
Vertragsaufhebung/formbedürftige
Vertragsbegründung; grundsätzliche
Formfreiheit 311 78 ff
Vertragsbestand und Formzweckfrage
311 80
Vertragserklärungen 312 31
Vertragsrecht/Formerfordernis und Culpa
in contrahendo 311 112
Vertragsrecht/Grundsatz der Formfrei-
heit; Ausnahmen hiervon 311 10
Widerrufserklärung des Verbrauchers
312d 12 ff
Franchising
als gemischter Vertrag/Nachweise, Fund-
stellen 311 30
als Haustürgeschäft 312 20
Frankreich
E-Commerce-RL/Umsetzung **Vorbem 312,**
312a 67
FernabsatzRL/Umsetzung **Vorbem 312,**
312a 53 f

Frankreich (Forts.)
Verbraucherschutz mit Widerrufsrecht/
Umsetzung der EG-RL **Vorbem 312,**
312a 66
Freiberufler
und Verbrauchereigenschaft/Arbeitsstelle
und Haustürsituation 312 83 f
Freizeitveranstaltung
Fernabsatzverträge/ausgeschlossene
Anwendung des Rechts 312b 79 ff
und Haustürgeschäfte 312 94 ff
Frist
Verbraucher-Widerrufsrecht 312d 16 ff
Frist/Nachfristsetzung
Anfängliches Leistungshindernis/Haftung
auf das Erfüllungsinteresse 311a 36

Garantie
Anfängliches Leistungshindernis 311a 47,
62
als atypischer Vertrag 311 31
Fernabsatzverträge/dauerhafte Unterneh-
mer-Informationspflichten 312c 42
Mietvertrag/Garantiehaftung für Mängel
bei Vertragsabschluß 311a 5
Garantiefonds
Finanzdienstleistungen/Unternehmerin-
formation 312c 89 ff
Gas
als Warenlieferung 312b 15
Gastaufnahmevertrag
als gemischter Vertrag/Nachweise, Fund-
stellen 311 30
Gastronomie
Fernabsatzverträge/ausgeschlossene
Anwendung des Rechts 312b 79 ff
Gebäude
Öffentlich zugängliche/überraschendes
Ansprechen 312 120
Gefälligkeitshandlungen
Abgrenzung zum vertraglichen Schuldver-
hältnis/zum gefälligkeitsbegründenden
Schuldverhältnis 311 11
und Schutzpflichtenentstehung 311 97
Geldmarktinstrumente
Finanzmarkt-Schwankungen/ausgeschlos-
senes Verbraucher-Widerrufsrecht
312d 69 f
Gemeinde
Privatrechtsverträge und Aufklärungs-
pflicht 311 123
Verhandlungsabbruch nach Teilungsge-
nehmigung 311 111
Gemischte Verträge
s. Vertrag/Vertragsrecht
Genehmigungserfordernisse
Anfängliches Leistungshindernis 311a 64
Culpa in contrahendo 311 114
Kündigungserklärungen/einverständliche
Aufhebung 311 67
und Vertragsänderungen 311 64

Gesamtgläubigerschaft
und Haustürgeschäft **312** 53
Gesamtschuldnerschaft
und Haustürgeschäft **312** 53
Gesamtzusage
als Vertragsabschluß **311** 16
Geschäftlicher Kontakt
und Rücksichtnahmeschuldverhältnis
s. Culpa in contrahendo
Geschäftsbesorgungsvertrag
als Haustürgeschäft **312** 20
Geschäftsfähigkeit
und Haustürgeschäft **312** 54
Geschäftsgrundlage
Vertrag/Grundlage eines anderen Vertrages **311** 53
Geschäftsräume
Vertragsabschluß außerhalb
unternehmerischer–
s. Haustürgeschäfte;Fernabsatzverträge;
Elektronischer Geschäftsverkehr
Gesellschaftsrecht
Auseinandersetzungsguthaben/Schuldersetzung **311** 88
und Prospekthaftung **311** 157
und vertragliche Inhaltsbestimmung
311 20
Gesellschaftsvertrag
Culpa in contrahendo **311** 110
und Dienstvertrag/verschmolzener
Vertragstyp **311** 44
Gesellschaftsbeitritt als Haustürgeschäft
312 22
Gesetzesrecht
Vertragsinhalt/Bezugnahme **311** 25 f
Gesetzeswidriger Vertrag
Abwicklung/Cic-Haftung **311a** 67 ff
Gewerbeordnung § 56 Abs 1 Nr 6 **311a** 43
Haustürgeschäfte/ausreichender gesetzlicher Schutz **311a** 42 f
Gesetzliches Schuldverhältnis
Anfängliches Leistungshindernis **311a** 10
Culpa in contrahendo
s. dort
Gesetzliches Verbot
und anfängliches Leistungshindernis
311a 7, 9, 15, 56 ff
und Verbraucherverträge/Verbraucherschutzregelungen **Vorbem 312, 312a** 42 f
Gestaltungsrechte
Vertragsänderung durch einseitiges
Rechtsgeschäft **311** 55
Gestattungsvertrag
als gemischter Vertrag/Nachweise, Fundstellen **311** 30
Gewährleistungsrecht
Culpa in contrahendo/Verhältnis **311** 129
Fernabsatzverträge/Unternehmerinformationen **312c** 121
und gemischte Verträge **311** 41

Gewährleistungsrecht (Forts.)
Sach- oder Rechtsmängel als anfängliche
Leistungshindernisse **311a** 5
und Verbraucher-Widerrufsrecht **311** 48;
312d 13
Verbraucher-Widerrufsrecht/aliud- und
peius-Lieferung **312d** 22, 23
Zahnarztprothetik **311** 42
Gewerberecht
und Haustürgeschäfte/Reisegewerbe
Vorbem 312, 312a 51 f
Reisegewerbe **Vorbem 312, 312a** 51 f
und Verbotsgesetz **Vorbem 312, 312a** 43
Gewohnheitsrecht
Cic-Haftung vor ihrer Kodifizierung
311 92
Girovertrag
Vertragstyp/Gesetzgeber-Aufnahme
311 29
als Vertragsverhältnis **311** 18
GmbH-Geschäftsführer
Haftung bei wirtschaftlichem Eigeninteresse **311** 155
und Sachwalterhaftung **311** 152
GmbH-Gesellschaftsanteil
Veräußerung/Verschweigen von Gesellschaftsschulden **311** 144
Griechenland
E-Commerce-RL/Umsetzung **Vorbem 312, 312a** 67
FernabsatzRL/Umsetzung **Vorbem 312b-f** 45 f
Großbritannien
E-Commerce-RL/Umsetzung **Vorbem 312, 312a** 67
FernabsatzRL/Umsetzung **Vorbem 312, 312a** 55 f
FernAbsFinanzDienstRL/Umsetzung
Vorbem 312, 312a 72
Verbraucherschutz mit Widerrufsrecht/
Umsetzung der EG-RL **Vorbem 312, 312a** 67
Grundschuld
Sicherungsgrundschuld/Bestellung als
Haustürgeschäft **312** 28
Grundstücksgleiche Rechte
Fernabsatzverträge/ausgeschlossenes
Recht **312b** 71
Grundstückskaufvertrag
Aufhebung/Formfrage **311** 78, 80
Aufklärungspflichten/Haftung aus Culpa
in contrahendo **311** 119
Culpa in contrahendo **311** 114
Fernabsatzverträge/ausgeschlossenes
Recht **312b** 69 ff
als Haustürgeschäft **312** 26
und Mietvertrag/Verschweigen **311** 145
als zusammengesetzter Vertrag **311** 52
Günstigkeitsprinzip
im Fernabsatzrecht **312b** 93 ff

Haushaltsgegenstände
Fernabsatzverträge/ausgeschlossene Anwendung des Rechts 312b 74 ff
Haustürgeschäfte
Abweichungen vom halbzwingenden Recht/unzulässige 312f 7
Allgemeine Rechtbehelfe Vorbem 312, 312a 39 ff
Anfechtung 311 44 ff
Anlageberatung/Anlagevermittlung 312 21
Arbeitnehmerwohnung 312 86
Arbeitsplatz/mündliche Verhandlung 312 78 ff
Arbeitsrecht/Änderung von Arbeitsverträgen 312 82 ff
Auffangtatbestand/Funktion 312a 2, 14, 22
Aufklärungspflichten/verletzte und Cic-Haftung Vorbem 312, 312a 49
Auftragsverhältnis 312 18
Aufzählung von Haustürsituationen/enumerative 312 73
Bagatellgeschäfte 312 13
Bauherren- und Erwerbermodelle 312 173
Belehrungserfordernisse zu Widerrufs- und Rückgaberechten 312 129 f
Bestellung, provozierte 312 151 ff
Bestellung, vorhergehende/ausgeschlossenes Rückgabe- und Widerrufsrecht 312 140 ff
Bestimmung des Verbrauchers/Kausalitätsfrage 312 68 ff
Beweislast 312 71, 175 ff
Bürgschaftsverlangen 312 18, 27
Culpa in contrahendo 312a 19
Darlehensverträge 312 23 ff
Ehegatte/mitverpflichteter 312 52
Ehegatte/Unternehmerehegatte 312 65 f
Einseitig verpflichtende Erklärungen 312 18
Entgeltliche Leistung 312 13, 14 ff
Erfüllungsansprüche/Folgeansprüche 312a 19
EuGH-Entscheidung Heininger/Bedeutung 312 7 f
Europäisches Recht/HaustürwiderrufsRL Vorbem 312, 312a 30 ff
Europäisches Recht/HaustürwiderrufsRL als Grundlage 312 2, 7
Falsus procurator 312 43 ff
Fernabsatzgeschäfte/Abgrenzung 311 26 ff; 312a 2, 11; Vorbem 312b-f 29
Fernabsatzgeschäfte/keine Auffangfunktion der– 312a 11
Fernunterrichtsverträge als– 312a 19
Fernunterrichtsvertrag/Auffangfunktion der– 312a 2
Finanzierungshilfen/Auffangfunktion der– 312a 2
Fortwirkende Haustürsituation 312 70

Haustürgeschäfte (Forts.)
Freizeitveranstaltungen 312 94 ff
Gegenseitige Verträge 312 15
Gemischte Verträge 312 15
Gerichtsstand 312a 16 ff
Gesamtschuldner/Gesamtgläubiger 312 53
Geschäftsfähigkeit 312 54
Geschäftsräume/nicht erfaßte 312 93
Gesellschaftsbeitritt 312 21
Gewerbeordnung Vorbem 312, 312a 42 f
Grundschuldbestellung (Sicherungsgrundschuld) 312 28
Grundstücksverträge 312 26
Halbzwingender Normcharakter 312 8
Halbzwingendes Recht 312f 7
Hotelaufenthalt 312f 16
Immobiliendarlehensverträge ohne die Eigenschaft von– 312a 13
Informationspflichten des Unternehmers/Verbraucherverzicht 312f 11
Internationales Privatrecht Vorbem 312, 312a 54 ff
InvestitionsG/Verträge zugleich als– 312a 19
InvestmentG/Auffangfunktion der– 312a 2, 10
Kaffee- und Butterfahrten 312 108
Klage aus Haustürgeschäften 312a 16 ff
Klageverzichtsvereinbarung 312 88
Kleingeschäfte/sofortige Leistung und Bezahlung 312 164 ff
Konkurrenzprobleme 312a 1 ff
Markt- oder messeähnliche Leistungsschauen/Abgrenzung 312 109
Mehrheit von Verbrauchern 312 35
Mündlichkeitserfordernis 312 77
Nachteilsabweichung vom halbzwingenden Recht 312f 13
Notarielle Beurkundung als Verbrauchererklärung 312 169 ff
OLG-Vertretungsrechtsänderungsgesetz/Konkurrenzproblematik 312 9
Ort der Erklärung/unerheblicher 312 76
Partyverkäufe 312 91
Persönliche Verhandlungsführung 312 67
Privatwohnung/mündliche Verhandlung 312 89 ff
Ratenlieferungsverträge/Auffangfunktion der– 312a 2, 10
Realkreditverträge 312 24, 33 f
Rechtsnachfolger 312 33
und Reisegewerberecht/Verhältnis Vorbem 312, 312a 52
Schrottimmobilien 312 81
Schuldanerkenntnis 312 18
Schuldrechtsmodernisierung/Einheitlichkeit des Verbraucherschutzes 312 6, 7
Schuldrechtsmodernisierung/EuGH-Urteil Heininger und Subsidiaritätsklausel 312 7

Haustürgeschäfte (Forts.)
Subsidiaritätsklausel als Ausschlußklausel
312a 12
Subsidiaritätsvorschrift 312a 1 ff
Synallagma 312 16
Tatbestandsvermeidung/Tatbestandser-
schleichung 312f 16 ff
als Teilzeit-Wohnrechteverträge 312a 19
Teilzeit-Wohnrechteverträge/Auffang-
funktion der– 312a 2
Telefon-Marketing/Teleshopping (Fern-
absatzgeschäfte) 312 75
Telefonische Anfrage 312 150
Überraschungsmoment 312 154 ff
Überrumpelungsschutz 312 1; Vorbem 312,
312a 10
Umgehungsverbot 312 73; 312f 14 ff
Unabdingbarkeitsgebot 312f 6
Unentgeltliche Verträge/Abgrenzung
312 17
Unerlaubte Handlung 312a 19
Unterhaltungsangebote 312 94 ff
Unternehmer-Verhandlungsführerschaft
312 57 ff
Verbraucher-Unternehmer-Verträge
312 9 ff
Verbraucherdarlehen/Auffangfunktion
der– 312a 2, 10
als Verbraucherdarlehensgeschäft 312a 19
Verbraucherinitiative zur vorhergehenden
Bestellung 312 140 ff
Verbraucherschutz/Übereilungsschutz
312 1
Verbundene Geschäfte/darlehensfinan-
zierte zu geschlossenen Immobilien-
fonds 312 3 ff
Verbundene Geschäfte/Widerruf kreditfi-
nanzierter Immobiliengeschäfte 312 3 ff
Vereinsbeitritt 312 29
Verkehrsflächen, öffentlich zugängliche/
überraschendes Ansprechen 312 118 ff
Verkehrsmittel/überraschendes Anspre-
chen 312 110 ff
Versicherungsverträge/ausgeschlossene
Rückgabe- und Widerrufsrecht
312 133 f
Vertragsarten (erfaßte) 312 19 ff
Vertreter- oder Vermittlertätigkeit für den
Unternehmer 312 61
Vertreterhandeln 312a 20
Vertretung des Verbrauchers 312 38 ff, 81
Vertrieb von Waren/Dienstleistungen
312 14 ff
Verzichtserklärung 312 18
Verzichtserklärungen des Verbrauchers/
einseitig unzulässige 312f 8
Vorhergehende Bestellung 312 140 ff
und Wettbewerbsrecht Vorbem 312,
312a 53
Widerrufliche Vertragserklärung 312 30 ff
Widerrufs- und Rückgaberecht 312 127 f

Haustürgeschäfte (Forts.)
— Auffangtatbestandsfunktion 312a 2
— Auffangtatbestandsfunktion/anwend-
bare 312 10
— Belehrung/ordnungsgemäße/Verbrau-
cherverzicht nach Vertragsabschluß
312f 10
— Maßgabe anderer Vorschriften 312a 3
— Vorgängerregelung HWiG 1986
Vorbem 312, 312a 2
Widerrufs- und Rückgaberecht/
Ausschlüsse 312 131 ff
Widerrufs- oder Rückgaberecht/Konkur-
renzverhältnis und Geltungsvorrang
312a 1 ff
Widerrufsberechtigter Verbraucher
312 33 ff
Zeitlicher Zusammenhang/Verhandlung
und Vertragserklärung 312 70
Heimvertrag
als gemischter Vertrag/Nachweise, Fund-
stellen 311 30
Herkunftslandprinzip
E-Commerce-RL als Kollisionsnorm
Vorbem 312b-f 40 ff
Hörfunk
als Fernkommunikationsmittel 312b 29
Hofübergabevertrag
als gemischter Vertrag/Nachweise, Fundstellen 311 30
Honorarverteilungsvertrag
als gemischter Vertrag/Nachweise, Fundstellen 311 30
Hosting-Verträge
und Dienstleistungsbegriff 312b 17
Hotlines
als Fernkommunikationsdienstleistung
312c 106

Individuelle Kommunikation
Vertragsabschluß im elektronischen
Geschäftsverkehr 312e 28 ff
Informationslieferungsvertrag
als gemischter Vertrag/Nachweise, Fund-
stellen 311 30
Informationspflichten
BGB-InfoV/Auslagerung aus dem BGB
Vorbem 312b-f 10
Elektronischer Geschäftsverkehr
s. dort
Fernabsatzverträge
s. dort
Kommissionsinitiativen zur europäischen
Informationsgesellschaft Vorbem 312b-
f 24
Verbraucherschutzrecht und Unterneh-
mer-Informationspflichten 312c 1
Informationsveranstaltungen
Abgrenzung ggü Vertragsanbahnungsge-
sprächen 312b 42

Inkassovertrag
als gemischter Vertrag/Nachweise, Fundstellen **311** 30
Insolvenz
Insolvenzverwalter/Haftung auf das negative Interesse **311a** 12
Internationales Privatrecht
E-Commerce-RL **Vorbem 312b-f** 34 f
E-Commerce-RL/Herkunftslandprinzip als Kollisionsnorm **Vorbem 312b-f** 40 ff
Grundsatz freier Rechtswahl/E-Commerce-RL;FernabsatzRL **Vorbem 312b-f** 34 f
Haustürgeschäfte/Widerrufsrecht **Vorbem 312, 312a** 54 ff
Internet
Angebot auf der Unternehmer-Internetseite **312d** 78
Arzneimittelvertrieb im Fernabsatz **312b** 112
Fernabsatzverträge/Veräußerung über Auktionsplattform **312c** 71
Fernabsatzvertrag **312b** 30
Informationserteilung des Unternehmers **312c** 20
Online-Shopping
s. Elektronischer Geschäftsverkehr
Organisiertes Vertriebssystem **312b** 51
und Providerverträge **312b** 87
Unternehmerisches Handeln **312b** 8
Warenerwerb über– **312b** 29
Internetmärkte
Haftung zwischen den Parteien stehender Dritter **311** 162
Investmentgesetz
Widerrufs- und Rückgaberecht **312a** 3
Irland
E-Commerce-RL/Umsetzung **Vorbem 312, 312a** 67
FernabsatzRL/Umsetzung **Vorbem 312, 312a** 57 f
Verbraucherschutz mit Widerrufsrecht/ Umsetzung der EG-RL **Vorbem 312, 312a** 68
Italien
E-Commerce-RL/Umsetzung **Vorbem 312, 312a** 67
FernabsatzRL/Umsetzung **Vorbem 312, 312a** 59 f
Verbraucherschutz mit Widerrufsrecht/ Umsetzung der EG-RL **Vorbem 312, 312a** 69

Joint-venture-Vertrag
als gemischter Vertrag/Nachweise, Fundstellen **311** 30
Juristsche Personen
Unternehmereigenschaft **Vorbem 312, 312a** 6
Just-in-time-Vertrag
als gemischter Vertrag/Nachweise, Fundstellen **311** 30

Kaffee- und Butterfahrten
Haustürgeschäfte bei Freizeitveranstaltungen **312** 108
Kapitalanlagegesellschaften
und Fernabsatzrecht/Konkurrenzfrage **312b** 105 f
Kapitalanlagen
Anlageberatungs-/Anlagevermittlungsverträge als Haustürgeschäfte **312** 21
Aufklärungspflichten/Culpa in contrahendo **311** 124
und Prospekthaftung **311** 157
Publikums-KG und Beitrittsverhandlungen **311** 151
Vermittlung durch Finanzberater/Frage eines Haustürgeschäftes **312** 39
Katalog
als Fernkommunikationsmittel **312b** 29
Kauf mit Montageverpflichtung
Gemischter Vertrag/Hauptleistung **311** 42
Kaufvertrag
Änderung in ein Schenkungsversprechen **311** 62
Anfängliches Leistungshindernis **311a** 5, 28, 57
Culpa in contrahendo **311** 105, 108, 119, 123, 131, 144
Direktvertrieb
s. dort
Elektronischer Geschäftsverkehr **312e** 1
Fernabsatzverträge **312b** 1
als gemischter Vertrag mit verschmolzenen Typen **311** 44
Kaufpreisforderung/Umwandlung in Darlehensanspruch **311** 83, 88
Lehrmaterialien **312b** 63
Sach- oder Rechtsmängel als anfängliche Leistungshindernisse **311a** 5
als zusammengesetzter Vertrag **311** 50
Klage/Klagbarkeit
Haustürgeschäfte **312a** 16 ff
Klageverzichtsvereinbarung/fehlender Haustürgeschäftscharakter **312** 88
Know-how-Vertrag
als gemischter Vertrag/Nachweise, Fundstellen **311** 30
Kombinationsprinzip
Gemischte Verträge/Frage anwendbarer Rechtsnormen **311** 32 ff
Kommunikationsmittel
Fernkommunikationsmittel
s. dort
Kontokorrent
Saldoanerkennung und Schuldersetzung **311** 90
Kraftfahrzeugkauf
Haftung bei wirtschaftlichem Eigentinteresse **311** 155
Kreditgeschäfte
Aufklärungspflichten/Culpa in contrahendo **311** 126

Kreditgeschäfte (Forts.)
    als Bankdienstleistung **312b** 25
    als Finanzdienstleistungen **312b** 24
    Widerruf kreditfinanzierter Immobilienge-
        schäfte/darlehensfinanzierten Immobi-
        lienbeitritts **312** 3 ff
Kreditkartenvertrag
    als gemischter Vertrag/Nachweise, Fund-
        stellen **311** 30
Kreditwesengesetz
    und Finanzdienstleistungen **312b** 24
Kündigung
    Dauerschuldverhältnisse/einverständliche
        Aufhebung einer– **311** 67
    Fernabsatzverträge/Unternehmerinforma-
        tion über Kündigungsbedingungen
        312c 81, 118
    Gemischter Vertrag/Vertragsteilkündi-
        gung **311** 39 ff
Kunde
    Vertragspartner im elektronischen
        Geschäftsverkehr **312e** 25
Kundendienst
    Fernabsatzverträge/Unternehmerinforma-
        tionen **312c** 120

Ladengeschäfte
    und Direktvertrieb/Verbraucherschutz-
        recht **Vorbem 312, 312a** 7 ff
Lando-Kommission
    Vertragsfreiheit als Grundregel **311** 6
Leasing
    Finanzierungsleasing **312b** 27
    als gemischter Vertrag/Nachweise, Fund-
        stellen **311** 30
    als Haustürgeschäft **312** 20
Lebensmittel
    Abtropfgewicht **312b** 113
    Fernabsatzverträge/ausgeschlossene
        Anwendung des Rechts **312b** 74 ff;
        312d 52 ff
Leibrente
    Vertragsabschluß und Schriftformerfor-
        dernis **311** 10
Leistungserbringung
    Fernkommunikationsmittel/Fernabsatz-
        verträge **312b** 43 ff
Leistungsgegenstand
    Vertragsänderung/Schuldersetzung **311** 72
Leistungshindernis bei Vertragsabschluß
    s. Unmöglichkeit der Leistung/anfängli-
        che
Leistungsumfang
    und Vertragsänderung **311** 66
Lieferungsvertrag mit Montageverpflichtung
    als gemischter Vertrag/Nachweise, Fund-
        stellen **311** 30
Link
    Informationserteilung durch den Unter-
        nehmer **312c** 30

Lizenzvertrag
    Culpa in contrahendo **311** 110
    als gemischter Vertrag/Nachweise, Fund-
        stellen **311** 30
Luxemburg
    E-Commerce-RL/Umsetzung **Vorbem 312,
        312a** 67

M-Commerce
    Informationserteilung durch den Unter-
        nehmer **312c** 31
Mängelhaftung
    s. Gewährleistungsrecht
Maklervertrag
    Aufklärungspflichten/Haftung aus Culpa
        in contrahendo **311** 120
    als Fernabsatzvertrag **312b** 20
    als Haustürgeschäft **312** 20
Managementvertrag
    als gemischter Vertrag/Nachweise, Fund-
        stellen **311** 30
Markt/Messe
    Abgrenzung zu Freizeitveranstaltungen
        312 109
Mediendienste
    s. Tele- und Mediendienste
Medizinproduktrecht/Arzneimittelrecht
    und Fernabsatzrecht/Verhältnis **312b** 111 f
Mehrwertdienste
    im Fernsprechbereich **312b** 22; **312c** 3
Mietvertrag
    Aufklärungspflichten/Haftung aus Culpa
        in contrahendo **311** 120
    Fernabsatzverträge **312b** 1
    Garantiehaftung für Mängel bei Vertrags-
        abschluß **311a** 5
    Gemischter Vertrag/Hauptleistung **311** 42
    Gemischter Vertrag/Kündigung eines
        Vertragsteils **311** 39
    Gestellung des Bedienungspersonals/
        gemischter Vertrag **311** 30
    Kündigungsfristen in Formularverträgen
        311 26
    Leihe/Umwandlung **311** 71
    Mietgegenstand/Auswechselung **311** 71
    Schutz wirtschaftlich Schwächerer **311** 20
    Vertragsabschluß und Schriftformerfor-
        dernis **311** 10
    Vertragsänderung und Identitätsfrage
        311 73
    Vertragsänderungen/formbedürftige
        311 62
    Wohnraummiete/Erhöhung durch Gestal-
        tungsrechte **311** 55, 60
Minderjährigkeit
    und Haftung aus Culpa in contrahendo
        311 104
Mitverschulden
    Anfängliches Leistungshindernis **311a** 17,
        49 ff, 74
    Culpa in contrahendo **311** 146

Nacherfüllungsanspruch
und anfängliches Leistungshindernis
311a 5
Nebenpflichten
Anfängliches Leistungshindernis/
Vertragswirksamkeit und Bestand von–
311a 21
und Erfüllungsanspruch **311** 94
Nichteheliche Lebensgemeinschaft
als gemischter Vertrag/Nachweise, Fund-
stellen **311** 30
Nichtigkeit
Anfängliches Leistungshindernis/früheres
Nichtigkeitsdogma **311a** 2, 19
Elektronischer Geschäftsverkehr **312e** 65
Gesetzeswidriger Vertrag/Frage der
Vertragsnichtigkeit **311a** 56 ff
Nichtigkeitseinwand/nicht einseitig
verzichtbarer **311** 58
Verbraucherverträge/Rückabwicklung
312d 10
Niederlande
E-Commerce-RL/Umsetzung **Vorbem 312,**
312a 67
Notarielle Beurkundung
Verbraucher-Willenserklärung/ausge-
schlossenes Rückgabe- und Widerrufs-
recht **312** 169 ff
Vertragsabschluß/Formerfordernis (Über-
sicht) **311** 10
Notifizierungsgebot
TransparenzRL und Regelung des elek-
tronischen Geschäftsverkehrs **312e** 5
Novation
s. Schuldersetzung

Öffentlich zugängliche Verkehrsflächen
Überraschendes Ansprechen **312** 110
Öffentlich-rechtlicher Vertrag
Anfängliches Leistungshindernis **311a** 11
und Verschulden bei Vertragsabschluß
311 96
Öffentliche Fernsprecher
Fernabsatzverträge/Bereichsausnahme
312b 88 f
Öffentliches Recht
Tätigkeits- und Beschäftigungsverbote/
nichtige Verträge **311a** 60 ff
Österreich
E-Commerce-RL/Umsetzung **Vorbem 312,**
312a 67
FernAbsFinanzDienstRL/Umsetzung
Vorbem 312, 312a 72
Verbraucherschutz mit Widerrufsrecht/
Umsetzung der EG-RL **Vorbem 312,**
312a 75
OLG-Vertretungsänderungsgesetz
EuGH-Entscheidung Heininger/Klarstel-
lung zum Widerrufs- und Rückgabe-
recht **Vorbem 312, 312a** 25, 31; **312d** 8,
75

OLG-Vertretungsänderungsgesetz (Forts.)
FernAbsFinanzDienstRL/Umsetzung
Vorbem 312b-f 18
Widerrufs- und Rückgaberecht/Rechts-
normenverhältnis **311** 25; **312a** 9 ff
Online-Auktionshäuser
Widerrufsrecht des Verbrauchers/Reich-
weite des Ausschlusses bei Versteige-
rungen **312d** 67, 68
Online-Banken
und Fernabsatzrecht **312b** 90
Online-Geschäfte
Angebot auf der Unternehmer-Internetsei-
te **312d** 78
Online-Shopping
s. Elektronischer Geschäftsverkehr
Online-Zeitungen
als Mediendienst **312b** 29
Optionsgeschäfte
Aufklärungspflichten/Culpa in contra-
hendo **311** 124
Optionsrecht
als Vertragsverhältnis **311** 18
Organisation
Fernabsatzverträge/organisiertes
Vertriebs-/Dienstleistungssystem
312b 46 ff

Pachtvertrag
Aufklärungspflichten/Haftung aus Culpa
in contrahendo **311** 120
und Bierbezugsvertrag/zusammengesetzter
Vertrag **311** 50
Partnervermittlungsvertrag
als Haustürgeschäft **312** 20
Patronatvertrag
als gemischter Vertrag/Nachweise, Fundstellen **311** 30
Pay-TV-Abonnementvertrag
als gemischter Vertrag/Nachweise, Fund-
stellen **311** 30
Peius-Lieferung
Verbraucher-Widerrufsrecht **312d** 22
Penny Stocks
Aufklärungspflichten/Culpa in contrahendo **311** 124
Persönliche Beziehungen
und Eigenhaftung des Verhandlungsgehilfen **311** 153
Persönlichkeitsrecht
und Direktmarketing/Verbraucherschutz
312c 129 f
Pfandrecht
Vertragsänderung und Sicherungsrecht
311 68
Poolvertrag
als gemischter Vertrag/Nachweise, Fundstellen **311** 30
Portugal
FernabsatzRL/Umsetzung **Vorbem 312,**
312a 61 f

Portugal (Forts.)
Verbraucherschutz mit Widerrufsrecht/
Umsetzung der EG-RL **Vorbem 312,
312a** 70

Preisangaben
Fernabsatzgeschäfte/Unternehmer-Informationspflicht **312c** 65

Preisangabeverordnung
und Fernabsatzgeschäfte/Informationspflichten **312b** 113; **312c** 133

Pressewerbung
als Fernkommunikationsmittel **312b** 29

Privatsphäre
und Telefonkontaktaufnahme **312c** 8

Privatwohnung
und Haustürsituation **312** 78 ff

Produktmerkmale
Fernabsatzgeschäfte/Unternehmer-Informationspflicht **312c** 61 f

Prospekthaftung
Aufklärungspflichten/Culpa in contrahendo **311** 124
Vertragsabschlußherbeiführung/pflichtwidrige **311** 157

Provider
und automatisierter Geschäftsraum/
Abgrenzung **312b** 87
und Dienstleistungsbegriff **312b** 17
Internet-Zugangsgewährung/Erbringung
einer Dienstleistung **312b** 22

Providerverträge
Dienste der Informationsgesellschaft
312e 16

Prozeßfinanzierungsvertrag
als gemischter Vertrag/Nachweise, Fundstellen **311** 30

Prozessuales Verhalten
Vertrag hierüber als gemischter Vertrag/
Nachweise, Fundstellen **311** 30

Qualitätssicherungsvereinbarung
als gemischter Vertrag/Nachweise, Fundstellen **311** 30

Rahmenverträge
und Parteienbindung **311** 22 f
Vertragskoppelung **311** 53

Ratenlieferungsverträge
und Fernabsatzrecht/Konkurrenzverhältnis **312b** 103
Fernabsatzrecht/Überschneidungen
312b 99
Widerrufs- und Rückgaberecht **312a** 3

Realkreditvertrag
als Haustürgeschäft **312** 24

Rechtliche Unmöglichkeit
Anfängliches Leistungshindernis **311a** 15

Rechtsanwalt
Anwalt-Hotlines **312b** 19
und Prospekthaftung **311** 157

Rechtsgeschäftsähnliches Schuldverhältnis
Culpa in contrahendo
s. dort

Reisegewerbe
und Haustürgeschäfte/Verhältnis
Vorbem 312, 312a 51 f

Reisevertrag
Darlehensverträge § 56 Abs 1 Nr 6 GewO
Vorbem 312, 312a 42 f
als Haustürgeschäft **312** 20
Reisegewerbe/GewO-Sondervorschriften
311 51
Vertragstyp/Gesetzgeber-Aufnahme
311 29

Rückgaberechte des Verbrauchers
s. Widerrufs- und Rückgaberecht

Rückgängigmachung eines Vertrages
nach pflichtwidriger Herbeiführung/
Culpa in contrahendo-Haftung
311 142 ff

Rücksendung der Ware
Widerrufsrecht des Verbrauchers/
Ausschluß bei Ungeeignetheit der–
312d 49

Rücksichtnahmepflichten
und Haftung aus Culpa in contrahendo
s. Culpa in contrahendo
Haustürgeschäfte **Vorbem 312, 312a** 49

Rücktritt
Gemischter Vertrag/Vertragsteilrücktritt
311 39 ff

Rücktrittsrecht
Widerrufs- und Rückgaberecht des
Verbrauchers als besonderes– **312d** 5

Rückwirkender Vertragsabschluß
Anfängliches Leistungshindernis **311a** 20

Rundfunk
als Fernkommunikationsmittel **312b** 29

Sachenrecht
und Typenzwang **311** 20

Sachwalterhaftung
Eigenhaftung eines Dritten/Haftung nach
Vertragsgrundsätzen **311** 151 ff

Schadensersatzansprüche
Culpa in contrahendo
s. dort
Fernabsatzverträge/verletzte Informationspflichten **312c** 94, 125
Haustürgeschäft/Ausschluß des Widerrufsrechts und Gerichtsstandsfrage
312a 19
Unmöglichkeit/anfängliche
s. dort
UWG-Anspruchsgrundlage/Informationspflichtverletzung des Unternehmers bei
Fernabsatzverträgen **312c** 15

Schadensersatzansprüche statt der ganzen Leistung
Anfängliches Leistungshindernis/Teilunmöglichkeit und fehlendes Teilleistungsinteresse **311a** 51 ff

Schadensersatzansprüche statt der Leistung
Anfängliches Leistungshindernis/Schuldnerhaftung auf das positive Interesse **311a** 32 ff

Schallplatten
Entsiegelte Ware/ausgeschlossenes Verbraucher-Rücktrittsrecht **312d** 57 ff

Scheckrecht
und Schuldneuschaffung **311** 84, 87

Schenkung
Auflagenhinzufügung **311** 62
Kaufvertragsänderung ein Schenkungsversprechen **311** 62
Vollzogene Schenkung/Aufhebungsvertrag **311** 62

Schiedsgutachtervertrag
als gemischter Vertrag/Nachweise, Fundstellen **311** 30

Schiedsrichtervertrag
als gemischter Vertrag/Nachweise, Fundstellen **311** 30

Schriftform
Arbeitsvertrag/Aufhebungsform **311** 79
Vertragsrecht/Ausnahmen von der Formfreiheit **311** 10

Schuldanerkenntnis
und Schuldneuschaffung **311** 84, 86
Verbrauchererklärung und Verbraucherschutz **312** 18
Vertragsabschluß und Schriftformerfordernis **311** 10

Schuldbeitritt
als Haustürgeschäft **312** 20

Schuldersetzung (Novation)
Abgeänderte Forderung/nachträgliche Unmöglichkeit **311** 70
oder abgeänderter Vertrag/Abgrenzung **311** 71 ff, 82, 85
Abstrakter Schuldersetzung/Schuldneuschaffung **311** 84
Anerkenntnis, deklaratorisches/Abgrenzung **311** 86
Beispiele **311** 87 ff
Kausale Schuldersetzung/Schuldumschaffung **311** 83
Neuer Rechtsgrund/neue Verbindlichkeit **311** 82
Parteienidentität **311** 85
Parteiwille **311** 85

Schuldmitübernahme
als gemischter Vertrag/Nachweise, Fundstellen **311** 30

Schuldrecht
Allgemeines Schuldrecht/Schuldverhältnisse aus Verträgen **Vorbem 311–311a** 1

Schuldrechtliche Verpflichtung
Genehmigung/erforderliche behördliche **311a** 64
Gesetzeswidriger Vertrag/Frage der Vertragsnichtigkeit **311a** 56 ff

Schuldrechtsmodernisierung
Anfängliches Leistungshindernis/Aufgabe des früheren Nichtigkeitsdogmas **311a** 2, 19
BGB-InfoV/Verordnungsermächtigung **312c** 52
Cic-Kodifikation **311** 93
Einheitlichkeit des Verbraucherschutzes **312** 7
Elektronischer Geschäftsverkehr **312e** 3 ff
Fernabsatzverträge/BGB-Integration **Vorbem 312, 312a** 24; **312b** 5; **Vorbem 312b-f** 11, 17, 20
Fernabsatzverträge/Informationspflichten des Unternehmers **312c** 6
HWiG/BGB-Integration **Vorbem 312, 312a** 24
Rückgaberecht und Widerrufsrecht des Verbrauchers/Anwendung **312d** 71
Schuldrechtsvereinheitlichung als Ziel **Vorbem 312b-f** 27
und Schuldverhältnisse aus Verträgen/Übersicht **Vorbem 311–311a** 2
Verbraucherschutzrecht/BGB-Integration **Vorbem 312, 312a** 2; **312b** 5; **Vorbem 312b-f** 27; **312d** 8
Vertriebsformen, besondere/Zusammenfassung Haustürgeschäfte, Fernabsatzverträge und E-Commerce **Vorbem 312, 312a** 22, 24
Widerrufs- und Rückgaberecht/Vorschriften besonderer Gesetze **312a** 6

Schuldübernahme
als Vertragsänderung **311** 65

Schuldverhältnisse
aus Culpa in contrahendo s. dort
Einseitige Begründung/Zulässigkeit aufgrund Gesetzes **311** 5, 15 ff
Gefälligkeitsgrundlage **311** 11
Schuldersetzung/Abgrenzung zur bloßen Inhaltsänderung **311** 82
aus Verträgen s. Vertrag/Vertragsrecht

Schuldverschreibung auf den Inhaber
Begebungsvertrag **311** 15

Schuldversprechen (abstraktes)
als Schuldersetzung (Novation) **311** 88
und Schuldneuschaffung durch abstraktes Schuldverhältnis **311** 84
Vertragsabschluß und Schriftformerfordernis **311** 10

Schutzpflichten
und Rücksichtnahmeschuldverhältnis s. Culpa in contrahendo

Schweden
  E-Commerce-RL/Umsetzung **Vorbem 312,
    312a** 67
  FernabsatzRL/Umsetzung **Vorbem 312,
    312a** 65 f
  Verbraucherschutz mit Widerrufsrecht/
    Umsetzung der EG-RL **Vorbem 312,
    312a** 71
Selbständigkeit
  und Verbrauchereigenschaft/Arbeitsstelle
    und Haustürsituation **312** 83 f
Sicherungsgeschäfte
  als Haustürgeschäfte **312** 28
Sicherungsrechte
  und Vertragsänderung **311** 68
Sittenwidrigkeit
  Anfängliches Leistungshindernis **311a** 17
  Haustürgeschäfte/Vorliegen besonderer
    Umstände **312** 1; **Vorbem 312, 312a** 41
  Verbraucherverträge **Vorbem 312, 312a** 41
SMS (short message service)
  als Fernkommunikationsdienstleistung
    312c 106
  als Fernkommunikationsmittel **312b** 29
Software
  Entsiegelte Ware/ausgeschlossenes
    Verbraucher-Rücktrittsrecht **312d** 57 ff
  Entwicklungsvertrag als atypischer
    Vertrag **311** 31
  Fernabsatzverträge/handelsübliche Stan-
    dardsoftware;kundenspezifizierte
    312d 48
  Lieferung im Wege des Download
    312b 16; **312c** 107
  Lieferungsverträge/Zuordnung zum
    Warenbegriff **312b** 16
  Überspielen mittels Kabels **312b** 16
Spanien
  E-Commerce-RL/Umsetzung **Vorbem 312,
    312a** 67
  FernabsatzRL/Umsetzung **Vorbem 312,
    312a** 63 f
  Verbraucherschutz mit Widerrufsrecht/
    Umsetzung der EG-RL **Vorbem 312,
    312a** 73
Speicherkarte
  Entsiegelte Ware/ausgeschlossenes
    Verbraucher-Rücktrittsrecht **312d** 57 ff
Spezialitätsprinzip
  im Fernabsatzrecht **312b** 95
Sponsoring
  als gemischter Vertrag/Nachweise, Fund-
    stellen **311** 30
Sprache
  Fernabsatzverträge und Transparenzgebot
    312c 34
  Finanzdienstleistungen und Unternehmer-
    informationspflicht **312c** 86
Stellvertretung
  Fernabsatzgeschäfte und Vertreteridentität
    im Verbraucher-Mitgliedstaat **312c** 57

Stellvertretung (Forts.)
  Fernabsatzverträge und Vertretereinschal-
    tung **312b** 31
  Haustürgeschäfte und Vertreterbeteiligung
    312 38 ff
Stiftung
  Stifterverpflichtung/Rechtsgeschäft
    besonderer Art **311** 17
Strafrecht
  Verbot der Leistungserbringung/Nichtig-
    keit des Verpflichtungsgesetzes **311a** 59
Strom
  als Warenlieferung **312b** 15
Sukzessivlieferungsverträge
  Fernabsatzverträge/nachvertragliche
    Informationspflichten **312c** 105
  Verbraucher-Widerrufsrecht **312d** 26 ff
Swaps
  Finanzmarkt-Schwankungen/ausgeschlos-
    senes Verbraucher-Widerrufsrecht
    312d 69 f

Tankstellenvertrag
  als gemischter Vertrag/Nachweise, Fund-
    stellen **311** 30
Technische Unwägbarkeiten
  Bedeutung im elektronischen Geschäfts-
    verkehr **312e** 1
Teilzahlungsgeschäfte
  Vertragsabschluß und Schriftformerfor-
    dernis **311** 10
Teilzeit-Wohnrechteverträge
  Begriff **312b** 65
  Fernabsatzrecht/nicht anwendbares
    312b 64
  als Haustürgeschäft/Gerichtsstand
    312a 19
  Time-Sharing-RL **312b** 64
  Vertragsabschluß und Schriftformerfor-
    dernis **311** 10
  Vertragstyp/Gesetzgeber-Aufnahme
    311 29
  Widerrufs- und Rückgaberecht **312a** 3
  Wohngebäudebegriff **312b** 66
Tele- und Mediendienste
  Begriff der Mediendienste **312b** 29;
    312e 12
  Begriff der Teledienste **312e** 10
  als Fernkommunikationsmittel **312b** 29
  Individualkommunikation/Massenkom-
    munikation **312e** 10 ff
  TDG/MDStV-Geltung **312e** 8
  Vertrag im elektronischen Geschäftsver-
    kehr/Verwendung von– **312e** 7 ff
Telefax
  Abruf von Informationen durch den
    Verbraucher **312d** 40
  und elektronischer Geschäftsverkehr/
    Abgrenzung **312e** 18
  als Fernkommunikationsdienstleistung
    312c 106

Telefax (Forts.)
als Fernkommunikationsmittel **312b** 29
Öffentlich zugängliche Fax-Geräte
312b 89
Werbung/unerwünschte **312c** 130
Telefon
und ähnliches Fernkommunikationsmittel
312c 49
Angebotsabgabe **312b** 33
Ansagedienste/Fernkommunikations-
dienstleistungen **312c** 106
Begriff **312c** 49
Betreiber von öffentlichen Telefondien-
sten **312b** 113
und elektronischer Geschäftsverkehr/
Abgrenzung **312e** 18
Fernabsatzverträge und Informationserteilung **312c** 23
Fernabsatzverträge/Direktmarketing und
Verbraucher-Persönlichkeitsschutz
312c 129 f
Fernabsatzverträge/Unternehmerkontakt
aufgrund– **312c** 8 ff
Fernabsatzvertrag **312b** 30
als Fernkommunikationsmittel **312b** 22,
29, 33
als öffentlicher Fernsprecher/Fernabsatz-
geschäfte und Bereichsausnahme
312b 88 f
Telefonwerbung/unaufgeforderte als
grundsätzlich sittenwidrige **Vorbem 312,**
312a 53; **312c** 8 ff
Verbraucheranfrage/ausgeschlossenes
Rückgabe- und Widerrufsrecht **312** 150
Telefon-Hotlines
Fernabsatzrecht **312b** 88
Telefon-Marketing
und Haustürgeschäfte **312** 74 f
Telefonische Rechtsberatung
Anwalt-Hotlines **312b** 19
Telekommunikation
Betreiber von öffentlichen Telefondien-
sten **312b** 113
Tele- oder Mediendienste
s. dort
Telekommunikationsanbieter
Öffentliche Fernsprecher/Bereichausnah-
me bei Fernabsatzverträgen **312b** 88 f
Teleshopping
als Fernkommunikationsmittel **312b** 29
und Haustürgeschäfte **312** 74 f
als Mediendienst **312b** 29
Telespiel
Teilnahme via Internet **312b** 29
Textform
Fernabsatzverträge/Informationserteilung
durch den Unternehmer **312c** 37 ff
Widerrufserklärung des Verbrauchers
312d 12 ff

Transparenzgebot
Fernabsatzverträge und Informationspflichten **312c** 27
Transparenzrichtlinie
und Notifizierungsgebot/Regelung des
elektronischen Geschäftsverkehrs **312e** 5
Treu und Glauben
Anfängliches Leistungshindernis **311a** 27,
29, 57
Geschäftseinheit Erwerbsgeschäft/Finan-
zierungsgeschäft **312** 4
Hauptvertragstyp und Nebenleistungsbe-
rücksichtigung **311** 42
Vertragsänderung/einseitiges Änderungsrecht **311** 56
Trödelvertrag
als gemischter Vertrag/Nachweise, Fundstellen **311** 30

Überrumpelungsschutz
bei Haustürgeschäften **Vorbem 312,**
312a 10
Überweisungsvertrag
Vertragstyp/Gesetzgeber-Aufnahme
311 29
Umwandlung
Schuldverhältnis durch Schuldersetzung
s. Schuldersetzung (Novation)
Unerlaubte Handlung
Haustürgeschäft/Ausschluß des Wider-
rufsrechts und Gerichtsstandsfrage
312a 19
Minderjährigenhaftung **311** 104
Persönlichkeitsrecht des Verbrauchers/
Eingriff durch Direktmarketing
312c 129 f
und vorvertragliche Schutzpflichten
311 95
Ungerechtfertigte Bereicherung
Gefälligkeitsverhältnis als Rechtsgrund
311 11
Gesetzeswidriger Vertrag/Abwicklung
311a 67 ff
und Schuldneuschaffung durch abstraktes
Schuldverhältnis **311** 84
Verbraucherverträge/Rückabwicklung
312d 10
UNIDROIT
Anfängliches Leistungshindernis **311a** 13
Unmöglichkeit der Leistung
Abbruch der Vertragsverhandlungen
wegen– **311** 111
Abgeänderte Forderung/nachträgliche
Unmöglichkeit **311** 70
und Vertragszustandekommen/enttäusch-
tes Vertrauen **311** 113
Unmöglichkeit der Leistung/anfängliche
Abkehr vom Nichtigkeitsdogma **311a** 2,
19
Anfängliches Unvermögen, Unmöglich-
keit/Gleichstellung **311a** 1a, 14

Unmöglichkeit der Leistung/anfängliche
(Forts.)
Anfangstermin/Leistungsverbot vor
  Termineintritt **311a** 66
Anfechtungsklage/Vergleich hiermit
  311a 48
Arbeitsrecht **311a** 45, 58, 60f
Aufwendungen/Ersatz vergeblicher
  311a 40ff, 54
Ausgeschlossener Leistungsanspruch/
  wirksamer Vertrag **311a** 18ff
Bedingung zu beseitigenden Umstandes
  311a 24ff
Bedingung/Leistungsverbot vor Eintritt
  311a 66
Beschaffungsrisiko **311a** 47
Beschlagnahme/absolutes Verfügungsver-
  bot **311a** 28, 62f, 65
CISG-Regelung **311a** 13
Culpa in contrahendo/Verhältnis **311a** 3
Dispositivität **311a** 35
Dritthaftung/abzugrenzende **311a** 4
Einrede des nichterfüllten Vertrages
  311a 23
Embargo **311a** 64ff
Erfüllungsinteresse **311a** 27, 47
Ersatzanspruch **311a** 9, 22
Fälligkeitszeitpunkt und Schadensberech-
  nung **311a** 39
Fristsetzungserfordernis/Wegfall **311a** 36
Garantie **311a** 47, 62
Gegenleistung **311a** 23
Gegenseitiger Vertrag/Abwicklung §§
  320ff. **311a** 23
Genehmigungserfordernis/gesetzliches
  Leistungsverbot **311a** 64
Geschäftsgrundlage **311a** 30
Gesetzeswidriger Vertrag **311a** 7, 67ff
Gesetzeswidriger Vertrag/Cic-Frage
  311a 67ff
Gesetzeswidriger Vertrag/Wirksamkeits-
  frage **311a** 56ff
Gesetzliche Schuldverhältnisse/unan-
  wendbare Norm **311a** 10
Herausgabe der Ersatzes **311a** 22
Informationspflichtverletzung **311a** 68ff
Insolvenzverwalter/Haftung **311a** 12
Kaufvertrag **311a** 5, 28, 57
Leistungserbringung/Verbot **311a** 59
Mitverschulden **311a** 17, 49ff, 74
Nachträgliche Leistungshindernisse/
  Gleichstellung **311a** 1
Nebenpflichtenfortbestand **311a** 21
Negatives Interesse **311a** 3, 12, 32f, 35,
  48
Öffentlich-rechtliche Tätigkeits- und
  Beschäftigungsverbote **311a** 60
Öffentlich-rechtlicher Vertrag **311a** 11
Positives Interesse **311a** 3f, 12f, 32f
Qualitätsmängel **311a** 43, 55

Unmöglichkeit der Leistung/anfängliche
(Forts.)
Rechtliche Gründe für die Unmöglichkeit
  311a 15
Rechtsmängelhaftung **311a** 5, 62
Rückwirkender Vertragsabschluß **311a** 20
Sach- oder Rechtsmängel/unbehebbare
  311a 5, 53f
Sachmängelhaftung **311a** 5
Schadensersatzanspruch statt der ganzen
  Leistung/Teilunmöglichkeit **311a** 51ff
Schadensersatzanspruch statt der Leistung
  311a 32ff
Schadensersatzanspruch/einfacher wegen
  Informationspflichtverletzung **311a** 73
Schenkung **311a** 35
Schuldverhältnisse/erfaßte **311a** 8
Schutzpflichtenfortbestand **311a** 21
Schwarzarbeit **311a** 57
Sittenwidriger Vertrag **311a** 17
Stellvertretendes commodum **311a** 22
Strafrechtliche Verbotsgesetze **311a** 59
Treu und Glauben **311a** 27, 29, 57
Unvermögen/Vertretenmüssen **311a** 1a
Unzumutbare Leistung/Leistungsverwei-
  gerungsrecht **311a** 16
Veräußerungsverbot/relatives **311a** 63
Verfügungsmacht/fehlende **311a** 15
Verfügungsverbot **311a** 62
Verhandlungsgehilfe **311a** 72
Vermächtnis **311a** 9
Verpflichtungsgeschäft/Verbot **311a** 58f
Vertretenmüssen **311a** 43ff
Vertretergeschäft **311a** 46
Vorübergehendes Hindernis **311a** 37
Wirksamer Vertrag/ausgeschlossener
  Leistungsanspruch **311a** 18ff
Zwangsvollstreckung und Bedingungsein-
  tritt **311a** 27
Unterbringungsverträge
Fernabsatzverträge/ausgeschlossene
  Anwendung des Rechts **312b** 79ff
Unterlassungsansprüche
UWG-Anspruchsgrundlage/Informations-
  pflichtverletzung des Unternehmers bei
  Fernabsatzverträgen **312c** 15, 92, 123
UWG-Anspruchsgrundlage/Unternehmer-
  pflichtverletzungen im elektronischen
  Geschäftsverkehr **312e** 73
Unternehmensberater
und Sachwalterhaftung **311** 152
Unternehmer
Fernabsatzrechtliche Besonderheiten beim
  Unternehmerbegriff **312b** 8
Fernabsatzverträge/Identitätsmitteilung
  312c 12ff, 54ff
Haustürgeschäfte/Beteiligte auf der Seite
  des– **312** 56ff
Kriterien des Unternehmerbegriffs **312b** 8
Unternehmerbegriff/Verbraucherbegriff
  312e 34

Unternehmer (Forts.)
Verbraucherschutzrecht/Begriff des–
312 10; **Vorbem 312, 312a** 6; **312b** 3
Vertragsabschluß außerhalb seiner
Geschäftsräume
s. Elektronischer Geschäftsverkehr
Vertragsabschluß außerhalb seiner
Geschäftsräume
s. Fernabsatzgeschäfte
Vertragsabschluß außerhalb seiner
Geschäftsräume
s. Haustürgeschäfte
Unzumutbarkeit der Leistung
Anfängliches Leistungshindernis **311a** 16,
23 f, 30, 36 f, 40, 51
Urheberrecht
Entsiegelte Ware/ausgeschlossenes
Verbraucher-Rücktrittsrecht **312d** 57 ff
USB-Drive
Entsiegelte Ware/ausgeschlossenes
Verbraucher-Rücktrittsrecht **312d** 57 ff

Veräußerungsverbot
Relatives Veräußerungsverbot/Leistungs-
versprechen **311a** 63
Verbraucherdarlehen
als Fernabsatzgeschäft **312b** 25
Fernabsatzrecht und Informationspflich-
ten des Unternehmers **312c** 132
Fernabsatzrecht/Überschneidungen
312b 99
als Haustürgeschäft/Gerichtsstand
312a 19
Vertragsabschluß und Schriftformerfor-
dernis **311** 10
Vertragstyp/Gesetzgeber-Aufnahme
311 29
Widerrufs- und Rückgaberecht **312a** 3
Verbraucherschutzrecht
Allgemeine Rechtsbehelfe/Verhältnis
Vorbem 312, 312a 39 ff
BGB-Integration durch Schuldrechtsmo-
dernisierung **Vorbem 312b-f** 27
Einheitlichkeitsbestreben **312** 7
Elektronischer Geschäftsverkehr
s. dort
Fernabsatzverträge
s. dort
Grundsätzliche Möglichkeiten **Vorbem 312,
312a** 18
Halbzwingende Verbraucherschutzvor-
schriften **312** 8; **312f** 7
Haustürgeschäfte
s. dort
Internationales Privatrecht **Vorbem 312,
312a** 54 ff
Kundenbegriff im elektronischen
Geschäftsverkehr **312e** 25
Kundenmeistbegünstigungstheorie
Vorbem 312, 312a 39
Mindeststandard/Sicherung **312f** 1 ff

Verbraucherschutzrecht (Forts.)
Umgehungsverbot **312f** 14 ff
Unabdingbarkeit des Widerrufsrechts
312f 6 ff
Unternehmerbegriff **312** 10; **Vorbem 312,
312a** 6
Unternehmerbegriff/Verbraucherbegriff
312e 34
Unternehmerische Informationspflichten/
Instrument des Verbraucherschutzes
312c 1
Verbraucherbegriff **312** 10; **Vorbem 312,
312a** 5
Verbraucherdarlehen
s. dort
Verbrauchergeschäfte/Verbraucher- und
Unternehmerbegriff **Vorbem 312,
312a** 4 ff
Verbraucherleitbild/EuGH-Rechtspre-
chung **312c** 28
Verbraucherverträge/keine Verdrängung
allgemeinen Rechts **Vorbem 312, 312a** 39
Versicherungsverträge/anderweitiger
Schutz **312** 135 ff
Vertragsfreiheit **Vorbem 312, 312a** 18
Vertragszustandekommen/unberührt blei-
bendes allgemeines Recht **312b** 1
Vertriebsformen/besondere **Vorbem 312,
312a** 3
Widerrufs- und Rückgaberechte
— Fernabsatzverträge s. dort
— Haustürgeschäfte s. dort
Widerrufs- und Rückgaberechte/verein-
heitlichte Regelung §§ 355–359 **311** 23
Verbrauchsgüterkauf
als Haustürgeschäft **312** 19
Verbundene Geschäfte
Widerruf kreditfinanzierter Immobilienge-
schäfte/darlehensfinanzierter Beitritte
zu Immbolienfonds **312** 3 ff
Verderbliche Ware
und ausgeschlossenes Verbraucher-Wider-
rufsrecht **312d** 52 ff
Vereinbarungsdarlehen
und Leistungsgegenstand **311** 72
Vereinsbeitritt
als Haustürgeschäft **312** 29
Verfilmungsvertrag
als gemischter Vertrag/Nachweise, Fundstellen **311** 30
Verfügung
Schuldverhältnis/Änderung insgesamt
311 66
Vertragsänderung und Leistungsherabset-
zung **311** 66
Verfügungsverbot
Beschlagnahme/Vertragsnichtigkeit
311a 62
Vergleich
und Schuldersetzung (Novation) **311** 89

Verhandlungsführer
Haustürgeschäft/Unternehmerbeteiligung
  durch einen– 312 56 ff, 62 ff
Verhandlungsgehilfe
Anfängliches Leistungshindernis 311a 72
Culpa in contrahendo/Haftung des
  Geschäftsherrn 311 135 f
Eigenhaftung/Haftung nach Vertrags-
  grundsätzen 311 151 ff
Verjährung
Culpa in contrahendo 311 147
Verkehrsflächen
Öffentlich zugängliche/überraschendes
  Ansprechen 312 118 ff
Verkehrsmittel
Überraschendes Ansprechen 312 110
Vermächtnis
Anfängliches Leistungshindernis 311a 9
Rechtsnatur 311 17
Vermögenswirksame Leistungen
Aufklärungspflichten/Culpa in contra-
  hendo 311 125
Versandhandel
und Kommunikationsmittel 312b 29
Kommunikationsmittel/moderne
  s. Elektronischer Geschäftsverkehr
Verschulden/Vertretenmüssen
Anfängliches Leistungshindernis/wirksa-
  mer Vertrag und Schadensersatzhaftung
  311a 43 ff
Culpa in contrahendo 311 130 ff; 311a 69
Dritthaftung als Eigenhaftung 311 159
Versicherungsvertrag
Aufklärungspflichten/Culpa in contra-
  hendo 311 125
Dienstleistungen/Erbringung 312b 26
Fernabsatzrecht/ausgeschlossene Anwen-
  dung 312b 68
und Fernabsatzrecht/ausgeschlossene
  Konkurrenz 312b 104
Gerichtsstand 312a 19
Haustürgeschäfte/Ausschluß des Rückga-
  be- und Widerrufsrechts 312 133 ff
Verbraucherschutz 312 135 ff
Versteigerung
Haftung zwischen den Parteien stehender
  Dritter 311 162
Online-Auktionshäuser/eBay-Problematik
  312d 67
Verbraucher-Widerrufsrecht/ausgeschlos-
  senes 312d 66
Vertrag zu Lasten Dritter
Verbot 311 9
Vertrag mit Schutzwirkungen für Dritte
Rechtsgrundlage/Abgrenzung zur Cic-
  Haftung 311 161
Vertrag zugunsten Dritter
als Forderungsrecht eines Dritten 311 8
Vertrag/gegenseitiger
Anfängliches Leistungshindernis/Abwick-
  lung 311a 23

Vertrag/gegenseitiger (Forts.)
Haustürgeschäfte 312 15
Vertragsfreiheit
Änderungsrecht/Aufhebungsbefugnis
  311 4
und Europarecht 311 6
und marktwirtschaftliche Wirtschaftsordnung 311 2
Pacta sunt servanda 311 3
Rückgabe- und Widerrufsrecht bei
  Verbraucherverträgen Vorbem 312,
  312a 18
und Verbraucherschutzrecht Vorbem 312,
  312a 18
Vertragsabschlußfreiheit/Vertragsinhalts-
  freiheit 311 6, 20 ff
und Wettbewerb 311 2
Vertragsparteien
und Schuldersetzung (Novation) 311 85
und zusammengesetzter Vertrag 311 52
Vertragsübernahme
als Vertragsänderung 311 65
Vertrag/Vertragsrecht
s. a. Einzelne Vertragsarten
Änderung eines Vertrages
— Änderungsverpflichtung 311 60
— Dauerschuldverhältnisse/Änderung
  tatsächlicher Verhältnisse 311 59
— durch einseitiges Rechtsgeschäft
  311 55 f
— Formfragen 311 61 ff
— Gegenstand, Inhalt (von Anfang
  an;künftige Änderungen) 311 65 ff
— Identität des geänderten Vertrages
  311 68 f
— Leistungsherabsetzung/Leistungserhö-
  hung 311 66
— oder Schuldersetzung 311 71 ff
— Sicherungsrechte 311 68
— Verfügungselemente/Verpflichtungsele-
  mente 311 66
— durch Verzicht auf Vertragsrechte
  311 57 f
Allgemeine Geschäftsbedingungen
  s. dort
Anfängliche Unmöglichkeit/anfängliches
  Unvermögen
  s. Unmöglichkeit/anfängliche
Anfechtung 311 55
Angemessenheitsfrage 311 20
Anpassungsklausel 311 60
Arbeitsrecht
  s. dort
Aufhebung des Vertrages
— und andere Aufhebungsfälle 311 76
— Aufhebung eines Aufhebungsvertrages
  311 81
— Erlaß/Abgrenzung 311 77
— Formfragen 311 78 ff
— oder Schuldersetzung 311 77, 82 ff

Vertrag/Vertragsrecht (Forts.)
— Schuldverhältnis als Aufhebungsgegen-
  stand **311** 77
Chancengleichheit beider Seiten
  Vorbem 312, 312a 10
Culpa in contrahendo
  s. dort
Eigenhaftung eines Dritten/Haftung nach
  Vertragsgrundsätzen **311** 151 ff
Faktischer Vertrag **311** 12
Geschäftlicher Kontakt **311** 13
Geschäftsgrundlage eines anderen Vertra-
  ges **311** 53
Gesetzesrecht/Bezugnahme hierauf
  311 25 f
Gestaltende schuldrechtliche Verträge
  311 66
Pacta sunt servanda **311** 3
Rückgängigmachung eines Vertrages nach
  pflichtwidriger Herbeiführung
  311 142 ff
Schuldersetzung (Novation)
  s. dort
Schuldverhältnisse des Schuldrechts/
  Verhältnis **Vorbem 311–311a** 1
Schutzwirkung für Dritte
  s. Vertrag mit Schutzwirkungen für
  Dritte
Sicherstellung formal fairen Vertragsab-
  schlusses **312e** 1
Verbraucherschutz
  s. dort
Verbraucherschutzrecht
  s. dort
Verbraucherverträge/keine Verdrängung
  allgemeinen Rechts **Vorbem 312,
  312a** 39; **312b** 1
Vertragsabschluß und Leistungshindernis
  s. Unmöglichkeit der Leistung/anfängli-
  che
Vertragsabschluß/pflichtwidrige Herbei-
  führung
  s. Culpa in contrahendo
Vertragserklärung/Begriffsverwendung im
  Fernabsatzrecht **312c** 18
Vertragsfreiheit
  s. dort
Vertragsschluß/Begriffsverwendung im
  elektronischen Geschäftsverkehr
  312e 31 f
Vertragstyp
— Atypische Verträge/Übersicht **311** 31
— Elektronischer Geschäftsverkehr **312e** 1
— und Fernabsatzverträge **312b** 1
— Gemischte Verträge/Absorptionsprin-
  zip, Kombinationsprinzip **311** 32 ff
— Gemischte Verträge/doppelter
  Vertragstypus **311** 47 f
— Gemischte Verträge/Übersicht **311** 30
— Gemischte Verträge/verschmolzene
  Typen **311** 44 f

Vertrag/Vertragsrecht (Forts.)
— Gemischte Verträge/Vorliegen jeweils
  einheitlichen Vertrages **311** 48
— Nichtkodifizierte Typen (Innominat-
  verträge) **311** 28
— Typische Vertragsbildungen/Gesetzes-
  aufnahme (Übersicht) **311** 29
— und Vertragsänderung **311** 71
— Wechsel des Vertragstyps **311** 59
— Zusammengesetzte Verträge/Abgren-
  zung ggü gemischten Verträgen
  311 48
— Zusammengesetzte Verträge/Beispiele
  311 50 ff
Vertragsverhandlungen/Rücksichtnahme-
  schuldverhältnis
  s. Culpa in contrahendo
Vertragszustandekommen/enttäuschtes
  Vertrauen hierin
  s. Culpa in contrahendo
Verzicht auf Vertragsrechte **311** 57
Zustandekommen **Vorbem 311–311a** 3
Vertrauen
Vertragszustandekommen
  s. Culpa in contrahendo
Vertrauensschaden
Culpa in contrahendo
  s. dort
Vertriebsformen
BGB-Regelung §§ 312 ff **312** 85
Direktvertrieb/Gefahren **Vorbem 312,
  312a** 7 ff
Elektronischer Geschäftsverkehr
  s. dort
Fernabsatzgeschäfte
  s. dort
Haustürgeschäfte
  s. dort
Verzicht
Einredeverzicht **311** 57
Nichtigkeitseinwand **311** 58
Rechte aus einem Vertrag **311** 57
Verbrauchererklärung und Verbraucher-
  schutz **312** 18
Videokassetten
Entsiegelte Ware/ausgeschlossenes
  Verbraucher-Rücktrittsrecht **312d** 57 ff
Videotext
als Fernkommunikationsmittel **312b** 29
als Mediendienst **312b** 29
Völkerrecht
und Fernabsatzgeschäfte/E-Commerce-
  Geschäfte **Vorbem 312b–f** 36 ff
Voicedienste
Abruf von Informationen durch den
  Verbraucher **312d** 40
Vorvertrag
Rechtsnatur **311** 14, 60
Vorvertragliche Informationspflichten
Fernabsatzverträge
  s. dort

Warenautomaten
Verwendung von Warenautomaten, von
automatisierten Geschäftsräumen
312b 84 ff
Warenlieferung
Fernabsatzgeschäfte
s. dort
Haustürgeschäfte
s. dort
Warentermingeschäfte
Aufklärungspflichten/Culpa in contrahendo **311** 124
Wartungsvertrag
als gemischter Vertrag/Nachweise, Fundstellen **311** 30
Wasser
als Warenlieferung **312b** 15
Wechselrecht
und Schuldneuschaffung **311** 84, 87
Wechselvertrag
als gemischter Vertrag/Nachweise, Fundstellen **311** 30
Werbeagenturvertrag
als gemischter Vertrag/Nachweise, Fundstellen **311** 30
Werbemittel
als Fernkommunikationsmittel **312b** 29
Werbeveranstaltungen
Abgrenzung ggü Vertragsanbahnungsgesprächen **312b** 42
Werbung
Direktmarketing und Verbraucher-Persön-
lichkeitsschutz **312c** 129 f
Werkförderungsvertrag
als gemischter Vertrag/Nachweise, Fund-
stellen **311** 30
Werklieferungsvertrag
als Haustürgeschäft **312** 20
Werkverschaffungsvertrag
als gemischter Vertrag/Nachweise, Fund-
stellen **311** 30
Werkvertrag
Aufklärungspflichtverletzung/Anpassung
der Vergütung **311** 144
Elektronischer Geschäftsverkehr **312e** 1
Fernabsatzverträge **312b** 1
als Haustürgeschäft **312** 20
Sach- oder Rechtsmängel als anfängliche
Leistungshindernisse **311a** 5
Zahnarztprothetik **311** 42
Wertpapierhandel
Finanzmarkt-Schwankungen/ausgeschlos-
senes Verbraucher-Widerrufsrecht
312d 69 f
Wett- und Lotterieleistungen
Fernabsatzverträge/ausgeschlossenes
Widerrufsrecht **312d** 64 f
Wettbewerbsrecht
und Ausschreibungen öffentlicher Anbie-
ter **311** 140

Wettbewerbsrecht (Forts.)
Elektronischer Geschäftsverkehr/Unter-
nehmerpflichtverletzungen **312e** 73
Fernabsatzrecht/Eingriff in das Verbrau-
cher-Persönlichkeitsrecht **312c** 129 f
Fernabsatzrecht/Mißachtung von Infor-
mationspflichten **312c** 92 ff
und Haustürgeschäfte **Vorbem 312, 312a** 53
Nichtige Vereinbarung von Wettbewerbs-
verboten **311a** 58
Rücktrittsrecht aufgrund irreführender
Angaben **312b** 110
Telefonanrufe als individuelle Werbean-
rufe **312c** 9
Telefonwerbung/unaufgeforderte als
grundsätzlich sittenwidrige **Vorbem 312, 312a** 53
Überrumpelungsschutz **312** 1
Unterlassensvertrag als gemischter Vertrag
311 30
Unternehmeridentität/Bekanntgabe als
Informationspflicht **312c** 15
und vertragliche Inhaltsbestimmung
311 20
Widerrufs- und Rückgaberecht
s. a. Verbraucherschutz
und Anfechtungsklage **Vorbem 312, 312a** 44 f
Auffangtatbestand des Haustürgeschäfts
312a 2
Ausländisches Recht **Vorbem 312, 312a** 62 ff
AuslInvestmG-Widerrufsrecht **312b** 107 f
Belehrung des Verbrauchers/Eckstein des
Fernabsatzrechts **312c** 45, 69
Belehrung des Verbrauchers/unterbliebe-
ne **Vorbem 312, 312a** 46
Dienstleistungen **312d** 3 ff
Dogmatische Konstruktion **312d** 5
Einseitig verpflichtende Erklärungen
312 18
Elektronischer Geschäftsverkehr
s. dort
Fernabsatzverträge
s. dort
Fernunterrichtsverträge **312b** 62
Gemischte Verträge **312** 15
Haustürgeschäfte
s. dort
KAGG-Widerspruchsrecht **312b** 106
Kreditfinanzierte Immobiliengeschäfte/
darlehensfinanzierter Beitritt zu Immo-
bilienfonds **312** 3 ff
nach Maßgabe anderer Vorschriften/
Haustürgeschäft als Auffangtatbestand
312a 3
OLG-Vertretungsänderungsgesetz/Bedeu-
tung **Vorbem 312, 312a** 25, 29
Verbraucherbegriff/doppelter **312** 33
Vertragsfreiheit/bewahrte **Vorbem 312, 312a** 18

Widerrufs- und Rückgaberecht (Forts.)
Zweiseitig verpflichtende Verträge/
unvollkommene **312** 18
Wirtschaftliches Eigeninteresse
Eigenhaftung/Haftung nach Vertrags-
grundsätzen aufgrund– **311** 155 ff
Wirtschaftsprüfer
und Prospekthaftung **311** 157
Wissenserklärung
Bestätigung einer Kundenbestellung/elek-
tronischer Geschäftsverkehr **312e** 46
Wohnung
und Haustürsituation **312** 78 ff
Wohnungsvermittlungsvertrag
Vertragstyp/Gesetzgeber-Aufnahme
311 29

Zahlungsvertrag
Vertragstyp/Gesetzgeber-Aufnahme
311 29
Zahnärztliche Behandlung
Prothetik/Dienstvertrag;Gewährleistungs-
recht des Werkvertrages **311** 42

Zeitschriftenbezugsvertrag
als gemischter Vertrag/Nachweise, Fund-
stellen **311** 30
Zeitschriftenhändlervertrag
als gemischter Vertrag/Nachweise, Fund-
stellen **311** 30
Zeitungen/Zeitschriften/Illustrierte
Fernabsatzverträge/ausgeschlossenes
Verbraucher-Widerrufsrecht **312d** 62 f
Zinsen/Verzinsung
Zinseszinsverbot/verbotenes Verpflich-
tungsgeschäft **311a** 58
ZIP-Disketten
Entsiegelte Ware/ausgeschlossenes
Verbraucher-Rücktrittsrecht **312d** 57 ff
Zugangsbestätigung
Bestätigung einer Kundenbestellung im
elektronischen Geschäftsverkehr
s. dort
Zusammengesetzte Verträge
s. Vertrag/Vertragsrecht

J. von Staudingers
Kommentar zum Bürgerlichen Gesetzbuch
mit Einführungsgesetz und Nebengesetzen

Übersicht vom 21. November 2005

Die Übersicht informiert über die Erscheinungsjahre der Kommentierungen in der 13. Bearbeitung und deren Neubearbeitungen (= Gesamtwerk STAUDINGER). *Kursiv* geschrieben sind die geplanten Erscheinungsjahre.

Die Übersicht ist für die 13. Bearbeitung und für deren Neubearbeitungen zugleich ein Vorschlag für das Aufstellen des „Gesamtwerk STAUDINGER" (insbesondere für solche Bände, die nur eine Sachbezeichnung haben). Es wird empfohlen, die Austauschbände chronologisch neben den überholten Bänden einzusortieren, um bei Querverweisungen auf diese schnell Zugriff zu haben. Bei Platzmangel sollten die ausgetauschten Bände an anderem Ort in gleicher Reihenfolge verwahrt werden.

	13. Bearb.	Neubearbeitungen	
Buch 1. Allgemeiner Teil			
Einl BGB; §§ 1–12; VerschG	1995		
Einl BGB; §§ 1–14; VerschG		2004	
§§ 21–89; 90–103 (1995)	1995		
§§ 90–103 (2004); 104–133; BeurkG	2004	2004	
§§ 134–163	1996	2003	
§§ 164–240	1995	2001	2004
Buch 2. Recht der Schuldverhältnisse			
§§ 241–243	1995		
AGBG	1998		
§§ 244–248	1997		
§§ 249–254	1998	2005	
§§ 255–292	1995		
§§ 293–327	1995		
§§ 255–314		2001	
§§ 255–304			2004
§§ 311, 311a, 312, 312a–f		2005	
§§ 315–327		2001	
§§ 315–326			2004
§§ 328–361	1995		
§§ 328–361b		2001	
§§ 328–359			2004
§§ 362–396	1995	2000	
§§ 397–432	1999	2005	
§§ 433–534	1995		
§§ 433–487; Leasing		2004	
Wiener UN-Kaufrecht (CISG)	1994	1999	2005
VerbrKrG; HWiG; § 13a UWG	1998		
VerbrKrG; HWiG; § 13a UWG; TzWrG		2001	
§§ 491–507			2004
§§ 516–534		2005	
§§ 535–563 (Mietrecht 1)	1995		
§§ 564–580a (Mietrecht 2)	1997		
2. WKSchG; MÜG (Mietrecht 3)	1997		
§§ 535–562d (Mietrecht 1)		2003	
§§ 563–580a (Mietrecht 2)		2003	
§§ 581–606	1996	2005	
§§ 607–610	./.		
§§ 611–615	1999		
§§ 616–619	1997		
§§ 620–630	1995		
§§ 616–630		2002	
§§ 631–651	1994	2000	2003
§§ 651a–651l	2001		
§§ 651a–651m		2003	
§§ 652–704	1995		
§§ 652–656		2003	
§§ 705–740	2003		
§§ 741–764	1996	2002	
§§ 765–778	1997		
§§ 779–811	1997	2002	
§§ 812–822	1994	1999	
§§ 823–825	1999		
§§ 826–829; ProdHaftG	1998	2003	
§§ 830–838	1997	2002	
§§ 839, 839a	2002		
§§ 840–853	2002		
Buch 3. Sachenrecht			
§§ 854–882	1995	2000	
§§ 883–902	1996	2002	
§§ 903–924; UmweltHaftR	1996		

	13. Bearb.	Neubearbeitungen	
§§ 903–924		2002	
UmweltHaftR		2002	
§§ 925–984; Anh §§ 929 ff	1995	2004	
§§ 985–1011	1993	1999	
ErbbVO; §§ 1018–1112	1994	2002	
§§ 1113–1203	1996	2002	
§§ 1204–1296; §§ 1–84 SchiffsRG	1997	2002	
§§ 1–64 WEG	*2005*		

Buch 4. Familienrecht

§§ 1297–1320; NeLebGem (Anh §§ 1297 ff); §§ 1353–1362	2000		
§§ 1363–1563	1994	2000	
§§ 1564–1568; §§ 1–27 HausratsVO	1999	2004	
§§ 1569–1586b	*2006*		
§§ 1587–1588; VAHRG	1998	2004	
§§ 1589–1600o	1997		
§§ 1589–1600e		2000	2004
§§ 1601–1615o	1997	2000	
§§ 1616–1625	2000		
§§ 1626–1633; §§ 1–11 RKEG	2002		
§§ 1638–1683	2000	2004	
§§ 1684–1717; Anh § 1717	2000		
§§ 1741–1772	2001		
§§ 1773–1895; Anh §§ 1773–1895 (KJHG)	1999	2004	
§§ 1896–1921	1999		

Buch 5. Erbrecht

§§ 1922–1966	1994	2000	
§§ 1967–2086	1996		
§§ 1967–2063		2002	
§§ 2064–2196		2003	
§§ 2087–2196	1996		
§§ 2197–2264	1996	2003	
§§ 2265–2338a	1998		
§§ 2339–2385	1997	2004	

EGBGB

Einl EGBGB; Art 1–2, 50–218	1998	2005	
Art 219–222, 230–236	1996		
Art 219–245		2003	

EGBGB/Internationales Privatrecht

Einl IPR; Art 3–6	1996	2003	
Art 7, 9–12	2000		
IntGesR	1993	1998	
Art 13–18	1996		
Art 13–17b		2003	
Art 18; Vorbem A + B zu Art 19		2003	
IntVerfREhe	1997	2005	
Kindschaftsrechtl Ü; Art 19	1994		
Art 19–24		2002	
Art 20–24	1996		
Art 25, 26	1995	2000	
Art 27–37	2002		
Art 38	1998		
Art 38–42		2001	
IntWirtschR	2000		
IntSachenR	1996		

Gesamtregister	*2006*		
Vorläufiges Abkürzungsverzeichnis	1993		
Das Schuldrechtsmodernisierungsgesetz	2002	2002	
Eckpfeiler des Zivilrechts		2005	
BGB-Synopse 1896–1998	1998		
BGB-Synopse 1896–2000		2000	
100 Jahre BGB – 100 Jahre Staudinger (Tagungsband 1998)	1999		

Demnächst erscheinen

§§ 21–79		2005	
§§ 241–243		2005	
§§ 611–615		2005	
§§ 1–64 WEG	2005		
BGB-Synopse 1896–2005			2005

Dr. Arthur L. Sellier & Co. KG – Walter de Gruyter GmbH & Co. KG oHG, Berlin
Postfach 30 34 21, D-10728 Berlin, Telefon (030) 2 60 05-0, Fax (030) 2 60 05-222